Lübkemann · Strafrecht – Strafverfahrensrecht – Ordnungswidrigkeitenrecht

Strafrecht
Strafverfahrensrecht
Ordnungswidrigkeitenrecht

Lehr- und Arbeitsbuch
in praxisbezogener Darstellung

von

Wolfram Lübkemann

Erster Polizeihauptkommissar a. D.
Verwaltungsdiplominhaber (VWA)
vormals Fachlehrer und Fachbereichsleiter

VERLAG DEUTSCHE POLIZEILITERATUR GMBH
Buchvertrieb

Bibliographische Information der Deutschen Bibliothek

Die Deutsche Bibilothek verzeichnet diese Publikation in der Deutschen Nationalbibliographie; detaillierte bibliographische Daten sind im Internet über **http:/dnb.ddb.de** abrufbar.

Korrespondenzadresse:
Wolfram.Lübkemann.Strafrecht@online.de

Der Inhalt dieses Werkes
wurde auf chlorfrei gebleichtem
Papier gedruckt.

25., überarbeitete, Auflage 2008

Satz: VDP GMBH Buchvertrieb, Hilden
Druck und Bindung: Bonner Universitäts Buchdruckerei, Bonn
Printed in Germany
ISBN 978-3-8011-0584-6

Vorwort zur 25. Auflage

Die Vorauflage wurde wiederum komplett durchgearbeitet und aktualisiert. Betroffen waren alle Teilgebiete des Buches.

Einzuarbeiten war insbesondere das *‚Gesetz zur Neuregelung der Telekommunikationsüberwachung und anderer verdeckter Ermittlungsmaßnahmen sowie zur Umsetzung der Richtlinie 2006/24/EG'* vom 21.12.2007. Der Gesetzgeber verfolgte mit dieser umfassenden Gesetzesänderung das Ziel, das Recht der verdeckten strafprozessualen Ermittlungsmaßnahmen zu harmonisieren und entsprechend den Vorgaben des BVerfG rechtsstaatlich auszugestalten.

Insofern waren die Kap. C 14.1–10 komplett, aber auch in Teilen die Kap. C 1.8 Staatsanwaltschaft, C 1.9 Ermittlungsgericht, C 6 Beschlagnahme, C 7 Durchsuchung betroffen.

Zahlreiche Ergänzungen ergaben sich überdies aus der jüngsten Rechtsprechung des Bundesverfassungsgerichts und des Bundesgerichtshofes. Hervorzuheben sind:

- Ergänzungen zu den Maßregeln der Besserung und Sicherung, Kap. A 7.1;
- Überarbeitung des Tatbestandes der Unterlassenen Hilfeleistung, Kap. A 15.4;
- teilweise Neufassung des Tatbestandes des Vollrausches, Kap. A 17.3;
- Überarbeitung der Ausführungen zum Tatbestand des Widerstandes gegen Vollstreckungsbeamte, Kap. B 2;
- Ergänzung der Straftaten zum Schutz des Geheimnisbereichs, Kap. B 13.1;
- Berücksichtigung der BGH-Rechtsprechung zum Begriff des wichtigen Körpergliedes im Sinne von § 224 StGB, Kap. B 16.5;
- teilweise Neufassung der Ausführungen zum Tatbestand der Nötigung unter Berücksichtigung der Definition des Gewaltbegriffs durch das BVerfG, Kap. B 17.3;
- Ergänzungen zum Tatbestand des Raubes, Kap. B 19.2 und B19.3;
- Berücksichtigung der neu gefassten Tatbestände der Datenveränderung und Computersabotage, Kap. B 23.1;
- komplette Überarbeitug des Tatbestandes der Trunkenheit im Verkehr unter Einbeziehung des neu geschaffenen Tatbestandes „Alkoholverbot für Fahranfänger, § 24 c StVG", Kap. B 25.1 und B 25.2;
- umfassende Neugestaltung des Tatbestandes des Unerlaubten Entfernens vom Unfallort unter Berücksichtigung der Rechtsprechung des BVerfG zur Frage der Nachholpflicht bei unvorsätzlichem Entfernen, Kap. B 25.6;
- Ergänzungen zum Ablauf der Hauptverhandlung, Kap. C 1.4;
- Aktualisierung der Ausführungen im Exkurs „Polizeiliche Gefahrenabwehr", Kap. C 2.2;
- Berücksichtigung der Rechtsprechung des BGH zur Qualifizierung der Formvorschriften gem. §§ 105 – 107 StPO, Kap. 6.2, C 7.5, C 7.7;
- Die Ausführungen zur Durchsuchung beim Verdächtigen berücksichtigen die Rechtsprechung des BVerfG zur (verdeckten) Online-Durchsuchung, Kap. C 7.2;
- teilweise Neufassung der polizeilichen Ermächtigungen nach EU-Recht, Kap. C 10.8.6.

Ich bedanke mich für die freundliche Aufnahme des Lehrbuches, die es dem Verlag und mir in diesem Jahr gestattet, die 25. Auflage seit 1982 vorzulegen.

Sachkundige Anregungen werden mir auch künftig stets willkommen sein.

Stolberg, im März 2008 Wolfram Lübkemann

Vorwort zur 24. Auflage

Die Vorauflage von 2005 wurde vollständig durchgearbeitet. Neue gesetzliche Bestimmungen und die aktuelle Rechtsprechung und Literatur wurden dabei bis Januar 2007 berücksichtigt.

Als Einzeländerungen sind hervorzuheben:
- die Überarbeitung zahlreicher Passagen des Teils A dieses Lehrbuches;
- das 37. StrÄndG vom 11.2.05, das durch den Fortfall der §§ 180 b, 181 StGB und die Neufassung der §§ 232, 233, 233 a StGB eine Neuformulierung und -platzierung des Menschenhandels enthält (Kap. B 11.5 – 11.7, B 17);
- Ergänzungen zum Tatbestand des Hausfriedensbruchs (Kap. B 3), der gefährlichen Körperverletzung (Kap. B 16.3), des Erpresserischen Menschenraubes (Kap. B 17.4), der Geiselnahme (Kap. 17.5), des Diebstahls mit Waffen (Kap. B 18.5) sowie zum Thema Sicherstellung / Beschlagnahme (Kap. C 6.1 / 6.2);
- Einführung des StrÄndG zur Strafbarkeit der Nachstellung, § 238 StGB sowie weitere damit einhergehende Ergänzungen der StPO;
- die Einführung des Vergehenstatbestandes des Missbrauchs von Wegstreckenzählern nach § 22 b StVG (Kap. B 22.5);
- das 39. StrÄndGvom 1.9.2005 (Graffiti-Bekämpfungsgesetz) zur Ergänzung der §§ 303, 304 StGB (Kap. B 23.1 – 23.3);
- das Gesetz zur Umbenennung des früheren BGS in Bundespolizei vom 21.6.05 (Kap. C 1.13);
- das Gesetz zur Novellierung der forensischen DNA-Analyse (§§ 81 f, g, h StPO) unter Fortfall des DNA-Identifizierungsgesetzes vom 17.8.05 (Kap. C 4);
- das Gesetz zur Umsetzung des Urteils des BVerfG vom 3.3.04, das nunmehr die akustische Wohnraumüberwachung in den §§ 100 c – 100 f StPO festschreibt (Kap. C 14.8 – 14.9);
- Aktualisierung des sog. Schengenrechts (Kap. C 10.8.6);
- Berücksichtigung der Rspr. des BGHGSSt zur charakterlichen Ungeeignetheit zum Führen eines Kfz (Kap. C 6.3) sowie der des BVerfG zu den Anforderungen an Verfassungsgemäßheit einer präventiven Rasterfahndung (Kap. C 14.4).

Gesetzesentwürfe, die bei Redaktionsschluss noch nicht verabschiedet waren, wurden als Fußnote im entsprechenden Kap. angemerkt, z.B. die Abschaffung des Zeugnisverweigerungsrechts für Verlobte (Kap. C 3.2 V).

Ich bedanke mich bei den Nutzern des Lehrbuches und für sachkundige Anregungen aus dem Dozentenkreis.

Stolberg, im März 2007 — Wolfram Lübkemann

Vorwort zur 23. Auflage

Die Vorauflage wurde komplett durchgearbeitet und auf den Stand von Januar 2005 gebracht. Berücksichtigt wurden Gesetzgebung, Kommentarliteratur und in zahlreichen Fällen die aktuelle BGH- und OLG-Rechtsprechung.

Die Aktualisierung betraf beispielsweise folgende Themen:

Einfügung einer Übersicht zum Thema *„Begriff, Rechtsquellen und Struktur des Verwaltungsrechts“* (Kap. A 2.2) zur Komplettierung der für die Ausbildung maßgeblichen Rechtsgebiete.

Aktualisierung und Ergänzung der Übersicht „Maßregeln der Besserung und Sicherung“ (Kap. A 7).

Ergänzung der §§ 146, 151 a, 152 a, 263 a StGB und die Einfügung eines § 152 b StGB durch das 35. StrÄndG zur Bekämpfung von Betrug und Fälschung im Zusammenhang mit Zahlungsmitteln (Kap. B 9).

Ergänzung der Straftatbestände gegen die sexuelle Selbstbestimmung durch die Weiterentwicklung der Strafvorschriften (Neufassung der §§ 176, 176 a StGB; Ergänzung des § 179 III, VI, VII StGB; Einfügung der §§ 184 a,, b, c StGB; Umbenennung der früheren §§ 184 a, b, c StGB in nunmehr §§ 184 d, e, f StGB), Kap. B 11.

Einarbeitung des mit dem 36. StrÄndG vom 30.7.2004, in Kraft seit dem 6.8.2004, eingefügten Tatbestandes der *„Verletzung des höchstpersönlichen Lebensbereichs durch Bildaufnahmen, § 201 a“* (Kap. B 13).

Die §§ 223, 228, 240, 242, 243, 249, 250, 316 a, 261, 263, 267, 315 b StGB erfuhren jeweils geringere Ergänzungen.

Berücksichtigung des mit dem Zuwanderungsgesetz vom 30.07.2004 (in Kraft im Wesentlichen ab 1.1.2005) unter anderem eingeführten *Aufenthaltsgesetzes* als Ersatz für das bisherige Ausländergesetz.

Ergänzung des § 263 a StGB um die Abs. III/IV (Kap. B 21.3) durch das 35. StrÄndG, in Kraft seit dem 28.12.2003. § 263a III StGB enthält nunmehr eine strafbare Vorbereitungshandlung zum Computerbetrug. § 263 a IV StGB sieht bei freiwilligem Rücktritt bzw. tätiger Reue mit Verweis auf § 149 II/III Strafbefreiung vor.

Das *1. Justizmodernisierungsgesetzes* (JuMoG) vom 24.8.2004, in Kraft seit dem 1.9.2004 bzw. ab dem 1.2.2005, das vor allem Änderungen in der Ablauforganisation des Zivil- und Strafprozesses betrifft, enthält unter anderem eine Vielzahl von Änderungen der ZPO und der StPO. Soweit die Neuerungen die einzelnen Sachthemen dieses Lehrbuches betreffen, wurden sie berücksichtigt.

§ 152 I GVG ersetzt in seiner Neufassung den nicht mehr zeitgerechten Begriff des „Hilfsbeamten der Staatsanwaltschaft“ durch den der „Ermittlungsperson der StA“. Das bedingte eine entsprechende Änderung all jener StPO-Bestimmungen, die bisher dem Hilfsbeamten der StA Kompetenzen zuordneten, also z.B. § 81 a II StPO.

Nach der Neufassung des § 110 I StPO steht die *Durchsicht* von Papieren *auf Anordnung der StA* nunmehr auch deren Ermittlungspersonen zu. § 110 III StPO wurde wegen seiner praktischen Bedeutungslosigkeit gestrichen.

Das *Opferrechtsreformgesetz* (OpferRRG) vom 24.6.2004, in Kraft seit dem 1.9.2004, dient der Verbesserung der Rechte des Verletzten im Strafverfahren (Kap. C 1.11).

Berücksichtigung des *„Gesetzes zur effektiven Nutzung von Dateien im Bereich der StA“* (Datenaustausch) vom 10.9.2004; in Kraft seit dem 1.3.2005. Die Neuerung regelt u.a. den Online-Zugriff der StA auf INPOL- und INZOLL-Dateien sowie den Zugriff der Polizei auf das zentrale staatsanwaltschaftliche Verfahrensregister (Kap. C 2.11).

Einarbeitung des Gesetzes zur Verbesserung der Regelungen der DNA-Analyse vom 10.9.2004. Betroffen sind: §§ 81 e, f, g, 88 StPO; DNA-IFG (Kap. C 4).

Gesetzentwürfe, die bei Redaktionsschluss noch nicht verabschiedet waren, wurden als Fußnote im entsprechenden Kap. angemerkt.

Nach der Pressemitteilung des Bundesinnenministers vom 19.1.2005 soll der Bundesgrenzschutz angesichts der Vielfalt der ihm inzwischen übertragenen Polizeiaufgaben in „**Bundespolizei**" umbenannt werden. Das hierfür notwendige Gesetzgebungsverfahren über ein Bundespolizeigesetz (BPolG) ist noch nicht abgeschlossen.

Für das Interesse an diesem Lehrbuch und die sachkundigen Anregungen bedanke ich mich herzlich. Gerne stehe ich für Nachfragen zur Verfügung.

Stolberg, im März 2005 Wolfram Lübkemann

Vorwort zur 22. Auflage

Für die 22. Auflage habe ich das Werk vollständig durchgesehen und aktualisiert.

Gesetzgebung, obergerichtliche Rechtsprechung und ausgewählte Literatur konnten bis Dezember 2003 berücksichtigt werden.

Auf Gesetzesvorlagen, die die parlamentarischen Hürden noch nicht vollständig genommen hatten, wird an entsprechender Stelle hingewiesen.

Zahlreiche Urteile der obergerichtlichen Rechtsprechung sind zur Vertiefung, Klarstellung oder Lösung von länger schwelenden Problemen eingearbeitet worden. Immerhin war ein Zeitraum von eineinhalb Jahren Rechtsprechung zu berücksichtigen. Betroffen waren alle vier Teilbereiche des Buches.

Das Werk wird auf diese Weise weiterhin seinem Anspruch gerecht, solides Grundwissen zu vermitteln sowie vertiefende Kenntnisse zur Problembewältigung, wie sie an den Fachhochschulen für den praktischen **Polizeidienst** gefordert werden, zu präsentieren. Falllösungen zu allen wichtigen Themen ermöglichen die Kontrolle des Erlernten.

Mit Verweisungen wird sichergestellt, dass eine komplexe Erarbeitung der einzelnen Themenbereiche und eine gezielte Wiederholung angrenzenden Stoffes möglich ist, ohne durch wiederholte Darstellung den Umfang des Buches unangemessen auszuweiten. Die zahlreichen **Exkurse** sichern in diesem Sinne das Verständnis für relevante Rechtsgebiete des **bürgerlichen Rechts** und des **Polizeirechts**.

Die Darstellung der Grundrechtsrelevanz repressiver Maßnahmen wurde mit Sorgfalt fortgesetzt. Nach dem Muster der StPO nun auch für das OWiG spezifisch abgefasste Datenschutzbestimmungen der §§ 49 a–49 d OWiG habe ich in Kap. D. 2.2 und C 2.11 berücksichtigt. Der Waffenbegriff nach dem Waffengesetz i. d. F. vom 11.10.02 wurde innerhalb des Kap. B 18.5 in einem speziellen Exkurs erläutert. In Auseinandersetzung mit der jüngsten Literatur zur rechtlichen Einordnung ed. Maßnahmen nach § 81 b Alt. 2 StPO wurde Kap. C 5 im Wesentlichen neu gestaltet.

Für die freundliche Aufnahme des Lehrbuches und die sachkundigen Anregungen bedanke ich mich an dieser Stelle recht herzlich.

Stolberg, im Januar 2004 Wolfram Lübkemann

Aus dem Vorwort zur 1. Auflage

Das Lehr- und Arbeitsbuch **„Strafrecht und Strafverfahrensrecht für Polizeibeamte“** ist das Ergebnis einer langjährigen Entwicklung.

Bei der Auswahl der anzuwendenden Methodik der Stoffdarbietung erwies es sich als vorteilhaft, dass ich Erfahrungen aus meiner Lehrtätigkeit an Grundlehrgängen und Lehrgängen zurVorbereitung auf die I. und II. Fachprüfung nutzen konnte. Zudem ergab sich die glückliche Fügung, dass ich wesentliche Vorarbeiten zur Verwirklichung der Neukonzeption der Ausbildung im Fach Straf-, Strafprozess-, Ordnungswidrigkeiten- und Zivilrecht für den Bereich der Bereitschaftspolizei NRW leisten durfte.

Die hierdurch gewonnenen Erfahrungen halfen entscheidend die Idee zu realisieren, ein ganzheitlich berufsbezogenes **Studienbuch für Polizeibeamte** zu entwerfen.

Aus dieser Zielsetzung waren folgende Bedingungen zwingend abzuleiten:

- **Erfassung aller wichtigen Unterrichtsthemen** von der Grundausbildung über die Bereitschaftspolizei bis zum Lehrgang mit abschließender I. Fachprüfung in den Rechtsgebieten
  - Strafrecht (Allgemeiner Teil, Besonderer Teil)
  - Strafverfahrensrecht
  - Ordnungswidrigkeitenrecht (Allgemeiner Teil des OWiG, Verfahrensvorschriften, Einzelne Bußgeldtatbestände)
- **didaktische Aufbereitung aller Themen** für den Unterricht und das Selbststudium
- **Themendarstellung durch**
  - exemplarischen Einstiegsfall
  - übersichtliche Grafik
  - verständliche polizeibezogene Erläuterungen
  - exemplarische Fallösungen
  - Übungsaufgaben
- **Praxisbezogenheit** durch sorgfältig ausgewählte Fälle des polizeilichen Alltags
- **zusätzliche Verwendbarkeit**
  - **als Repetitorium** für weiterführende Lehrgänge
  - für die behördliche Aus- und Fortbildung ...

Stolberg, im August 1982 Wolfram Lübkemann

Inhaltsverzeichnis

---

*) Die Paragraphen *ohne* Gesetzesbezeichnung beziehen sich in Teil A und Teil B auf das Strafgesetzbuch (StGB), in Teil C auf die Strafprozessordnung (StPO), in Teil D auf das Ordnungswidrigkeitengesetz (OWiG).

Abkürzungsverzeichnis

a.A.	anderer Ansicht
Abb.	Abbildung
AD	Antragsdelikt
AE	Aufenthaltsermittlung
AG	Ausführungsgesetz, Amtsgericht
a.F.	alte Fassung
AIDS	aquired immune deficiency syndrom
Alt.	Alternative
a.M.	anderer Meinung
Anm.	Anmerkung
Arg.	Argument
Art.	Artikel
AT	Allgemeiner Teil
BDSG	Bundesdatenschutzgesetz
BayObLG	Bayerisches Oberstes Landesgericht
BGB	Bürgerliches Gesetzbuch
BGBl.	Bundesgesetzblatt
BGH 4 StR	Bundesgerichtshof, 4. Strafsenat
BGHSt.	Entscheidungen des Bundesgerichtshofs in Strafsachen, amtliche Sammlung
BGHZ	Entscheidungen des Bundesgerichtshofs in Zivilsachen, amtliche Sammlung
BKA	Bundeskriminalamt
BRAO	Bundesrechtsanwaltsordnung
BSG	Bundessozialgericht
BtMG	Betäubungsmittelgesetz
BVerfG	Bundesverfassungsgericht
BVerfGE	Entscheidungen des Bundesverfassungsgerichts, amtliche Sammlung
BVerwG	Bundesverwaltungsgericht
bzgl.	bezüglich
DAR	Deutsches Autorecht
DE, Dsp., DÜ	Datenerhebung, -speicherung, -übermittlung
DVA	Datenverarbeitungsanlage
DJZ	Deutsche Juristenzeitung
DNA	**D**eoxyribo**n**ucleic **A**cid
DRiG	Deutsches Richtergesetz
EG	Einführungsgesetz
EGMR	Europäischer Gerichtshof für Menschenrechte
EMRK	Europäische Menschenrechtskonvention

EP/StA	Ermittlungsperson/en der Staatsanwaltschaft (§ 152 GVG)
Erl.	Erlass
EV	Erweiterter Verfall
FA	Führungsaufsicht
FEntzG	Freiheitsentziehungsgesetz
FS	Freiheitsstrafe
GemRdErl.	Gemeinsamer Runderlass
GenStA	Generalstaatsanwalt
GG	Grundgesetz für die Bundesrepublik Deutschland
GS	Geldstrafe
GVBl.	Gesetz- und Verordnungsblatt
GVG	Gerichtsverfassungsgesetz
GewSchG	Gewaltschutzgesetz
HB	Haftbefehl
HIV	human immune deficiency virus
h.L. / M.	herrschende Lehre / Meinung
i.d.F.	in der Fassung
IM	Innenminister(ium)
IRG	Gesetz über die internationale Rechtshilfe in Strafsachen
JGG	Jugendgerichtsgesetz
JuS	Juristische Schulung
JW	Juristische Wochenschrift
JWG	Jugendwohlfahrtsgesetz
JZ	Juristenzeitung
KTU	kriminaltechnische Untersuchung
KG	Kammergericht Berlin
LDSG	Landesdatenschutzgesetz
LG	Landgericht
Lit.	Literatur
LP	Legalitätsprinzip
MDR	Monatsschrift für Deutsches Recht
m.w.Hw. / Nw.	mit weiteren Hinweisen / Nachweisen
MRK	Menschenrechtskonvention
n.F.	neue Fassung, neue Folge
NJW	Neue Juristische Wochenschrift
NRW	Nordrhein-Westfalen
OB	Ordnungsbehörde
OD	Offizialdelikt
OrgKG	Gesetz zur Bekämpfung des illegalen Rauschgifthandels und anderer Erscheinungsformen der Organisierten Kriminalität vom 15. Juli 1992 (BGBl I 1302)
OLG	Oberlandesgericht

OLGSt	Entscheidungen der Oberlandesgerichte zum Straf- und Strafverfahrensrecht
OVG	Oberverwaltungsgericht
OWi	Ordnungswidrigkeit
OWiG	Ordnungswidrigkeitengesetz
pbD/pbl	personenbezogene Daten/Informationen
PD	Privatklagedelikt
RAD	Relatives Antragsdelikt
RdNr.	Randnummer
RGSt	Entscheidungen des Reichsgerichts in Strafsachen
RiStBV	Richtlinien für das Straf- und Bußgeldverfahren
Rspr.	Rechtsprechung
RW	Rechtswidrigkeit
SE	Sachverhaltserforschung
Schmidt, Eb.	Lehrkommentar zu StPO
StA	Staatsanwaltschaft; Staatsanwalt
StPO	Strafprozessordnung
str.	strittig
StVA	Straßenverkehrsamt
st.Rspr.	ständige Rechtsprechung
StVG	Straßenverkehrsgesetz
StVO	Straßenverkehrsordnung
StVZO	Straßenverkehrs-Zulassungs-Ordnung
tbm.	tatbestandsmäßig
TBM	Tatbestandsmerkmal(e)
TK	Telekommunikation
U-Haft	Untersuchungshaft
UrhG	Urheberrechtsgesetz
VA	Verwaltungsakt
v.A.w.	von Amts wegen
Verbr.	Verbrechen
Verg.	Vergehen
Verk.Mit.	Verkehrsrechtliche Mitteilungen
VersammlG	Versammlungsgesetz
Verw.Rspr.	Verwaltungsrechtsprechung in Deutschland
VG	Verfallsgegenstand
VO	Verordnung
VRS	Verkehrsrechtssammlung
VS	Vermögensstrafe
VStGB	Völkerstrafgesetzbuch
VwGO	Verwaltungerichtsordnung
ZPO	Zivilprozessordnung

Literaturverzeichnis

I. Lehrbücher

Haft, Strafrecht, Allgemeiner Teil, 9. Aufl., München 2004; Besonderer Teil, 7. Aufl., München 1998 [JuS Schriftenreihe], (zitiert: Haft AT/BT).

Jescheck, Lehrbuch des Strafrechts, Allgemeiner Teil, 5. Aufl., Berlin 1996 (zitiert: Jescheck AT).

Roxin, Strafverfahrensrecht, Studienbuch, 37. Aufl., München 2004 (zitiert: Roxin).

Wessels/Beulke, Strafrecht, Allgemeiner Teil, 32. Aufl., Heidelberg 2002 (zitiert: Wessels/Beulke AT).

II. Kommentare

Göhler, Ordnungswidrigkeitengesetz, 14. Aufl., München 2006 (zitiert: Göhler)

Heesen/Hönle/Peilert, Bundesgrenzschutzgesetz – BGSG mit VwVG und UZwG, 4. Auflage Hilden 2002 (zitiert: Heesen).

Hentschel, Straßenverkehrsrecht, 38. Aufl., München 2005 (zitiert: Hentschel).

Karlsruher Kommentar zur StPO, 5. Auflage München 2003 (zitiert: KK).

Meyer-Goßner, Strafprozessordnung, 50. Aufl. München 2007 (zitiert M-G)

Kleinknecht/Müller/Reitberger, Loseblattkommentar zur Strafprozessordnung 35. Aktualisierungslieferung 2003, Berlin. (zitiert: KMR).

Lackner/Kühl, Strafgesetzbuch mit Erläuterungen, 26. Aufl., München 2007 (zitiert: Lackner/Kühl).

Löwe-Rosenberg, Kommentar zur StPO u. zum GVG, 25. Aufl. Berlin 1999 (zitiert: LR).

Palandt, BGB, 65. Aufl., München 2006 (zitiert: Palandt).

Rebmann/Roth/Herrmann, Gesetz über Ordnungswidrigkeiten, 3. Aufl., 6. Lieferung 2002, Kohlhammer (zitiert: Rebmann/Roth/Herrmann).

Schönke-Schröder, Strafgesetzbuch, 27. Aufl., München 2006 (zitiert: SchöSchr).

Systematischer Kommentar (SK) zur StPO, 32. Aufbaulieferung 2003 (zitiert: SK-StPO).

Tegtmeyer/Vahle, Polizeigesetz NRW mit Erläuterungen, 9. Aufl. Stuttart 2004 (zitiert: Tegtmeyer/Vahle).

Thomas-Putzo, ZPO, 22. Aufl., München 1999 (zitiert: Thomas-Putzo).

Tröndle/Fischer Strafgesetzbuch und Nebengesetze, 55. Aufl., München 2008 (zitiert: Tröndle/Fischer).

III. Rechtsprechung

BGH/OLG mit Zahlen: Entscheidungen des Bundesgerichtshofs, eines Oberlandesgerichts in Strafsachen (zitiert nach Band und Seite).

Verkehrsrechtliche Mitteilungen (zitiert: VM, nach Band und Seite).

Verkehrsrechts-Sammlung (zitiert: VRS, nach Band und Seite).

NStZ-Rechtsprechungsreport, Verlag H. C. Beck (zitiert: NStZ-RR nach Jahr und Seite).

IV. Zeitschriften

Juristische Schulung (zitiert: Jus, nach Jahr und Seite).

Monatsschrift für Deutsches Recht (zitiert: MDR, nach Jahr und Seite).

Neue Juristische Wochenschrift (zitiert: NJW, nach Jahr und Seite).

Neue Zeitschrift für Strafrecht (zitiert: NStZ, nach Jahr und Seite).

Neue Zeitschrift für Verkehrsrecht (zitiert: NZV, nach Jahr und Seite).

Strafverteidiger, Juristische Fachzeitschrift (zitiert: StV nach Jahr und Seite).

Registrierte Kriminalität in Deutschland

Die nachfolgende vom Bundeskriminalamt (BKA) jährlich erstellte **Hauptübersicht** zur **„Polizeilichen Kriminalstatistik“** vermittelt einen Einblick in die Bedeutung der einzelnen Straftaten, -gruppen. Staatsschutz- u. Verkehrsdelikte sind nicht erfasst.

Straftaten(gruppe) – Auswahl	erfasste Fälle		
	1995	2001	2005
Mord und Totschlag, fahrlässige Tötung	3 928	2 641	3 549
Vergewaltigung, sexuelle Nötigung	6 175	7 891	8 133
Raubdelikte, Erpressung	**63 470**	**57 108**	**54 841**
Gefährliche und schwere Körperverletzung	**95 759**	**12 0 345**	**147 122**
Vorsätzliche leichte Körperverletzung	**204 313**	**275 669**	**347 207**
Straftaten gegen die persönliche Freiheit	116 072	151 051	163 414
Diebstahl			
– ohne erschwerende Umstände	**1 530 796**	**1 475 375**	**1 415 530**
– unter erschwerenden Umständen	**2 317 512**	**1 496 352**	**1 311 518**
Betrug	**623 182**	**793 403**	**949 921**
Unterschlagung	67 738	**92 254**	**103 933**
Urkundenfälschung	81 077	74 223	64 430
Widerstand gegen die Staatsgewalt und Straftaten gegen die öffentl. Ordnung[1]	**115 402**	**122 598**	**126 694**
Begünstigung, Strafvereitelung, Hehlerei, Geldwäsche	28 525	29 033	28 950
Brandstiftung, Herbeiführen einer Brandgefahr	22 757	26 122	24 045
Straftaten geg. das WaffenG. u. das Kriegswaffenkontrollg[2].	23 143	21 937	37 023
Straftaten gegen das AuslG. u. das AsylverfG[2].	213 950	187 269	103 435
Beleidigung	115 240	161 941	179 721
Sachbeschädigung	**607 909**	**719 602**	**718 405**
Umweltdelikte (StGB)	35 643	30 950	18 376
Rauschgiftdelikte (BtMG)	158 477	246 518	276 740
Straftaten insgesamt	6 668 717	**6 363 865**	**6 391 715**

Verhältnis Diebstahl/übrige Kriminalität 2001

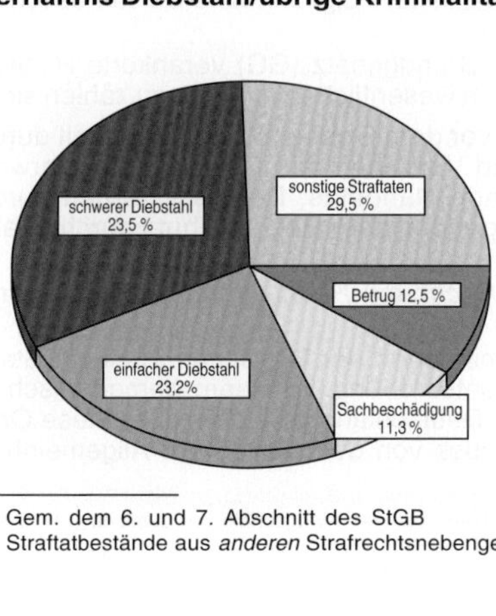

Tatverdächtigenanteil nach Altersgruppen

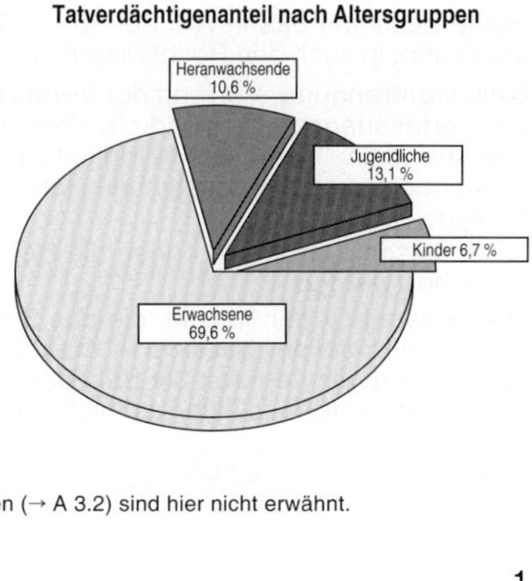

1) Gem. dem 6. und 7. Abschnitt des StGB
2) Straftatbestände aus *anderen* Strafrechtsnebengesetzen (→ A 3.2) sind hier nicht erwähnt.

Teil A

Strafrecht – Allgemeiner Teil

Einführung

Die Hinführung zum *Strafrecht* folgt einer langen Tradition in der polizeilichen Aus- und Fortbildung und beleuchtet vorerst die Begriffe *Recht und Rechtsordnung*. Sie werden in den Kap. A 1 und 2 in ihren groben Dimensionen dargestellt, um den Standort des Strafrechts in diesem Rechtssystem aufzuzeigen.

Sodann erfolgt ab Kap. A 3 die Hinwendung zum Strafrecht selbst. In den folgenden Kapiteln dieses Lehrbuches werden – anders als in juristischen Lehrbüchern – benachbarte Themenbereiche durch eigene Kapitel oder – je nach Bedeutung – eingeschobene *Exkurse* beleuchtet, um den Blick vom Strafrecht auf die umliegenden bedeutsamen Themen des Rechts zu richten (Modultechnik).

Bedeutungserfassung im hier angestrebten Sinne setzt immer wieder voraus, den Blick von der fokussierten Strafrechtsthematik auf die sie jeweils umgebenden Rechtsgebiete zu lenken, damit vom Detail auf das Ganze zu richten, und so ein angemessenes Gespür für die Gesamtrechtsordnung zu entwickeln.

Das folgende Beispiel mag dies verdeutlichen:

Während in Kap. A 7 die Rechtsfolgen der Straftat behandelt werden, wird im nachfolgenden Kapitel das Jugendstrafrecht mit seinen speziellen Rechtsfolgen dargestellt. Ein anschließender Exkurs befasst sich sodann mit der Rechts-, Geschäfts- und Deliktsfähigkeit junger Menschen, also mit der Auswirkung des kindlichen und jugendlichen Alters im Zivilrecht.

Das Jurastudium, das zum umfassend ausgebildeten Volljuristen mit der einheitlichen Befähigung zum Richteramt, zum höheren Verwaltungsdienst sowie zum Rechtsanwalt und Notar führt, beinhaltet notwendiger Weise eine wissenschaftliche Ausbildung im engeren Sinne. Polizeiliche Rechtsausbildung muss dagegen notwendige juristische Inhalte und Zusammenhänge mit Blick auf die polizeiliche Praxis vermitteln.

1 Recht, Rechtsordnung

Die Auseinandersetzung mit dem Begriff Recht geht in der Antike bis auf Anaximander von Milet (etwa 610 – 546 v. Chr.) zurück und hat in der Folgezeit viele Geister beschäftigt. [1]

Heute bestimmt das in Art. 20, 28 I 1, 78 III Grundgesetz (GG) verankerte Rechtsstaatsprinzip auch den Rechtsbegriff, zu dessen wesentlichen Inhalten zu zählen sind:

Gewaltentrennung, Vorrang der Verfassung vor dem Gesetz, Kontrolltätigkeit durch die Verfassungsgerichtsbarkeit, Vorrang und Vorbehalt des Gesetzes bei Verwaltungshandeln, Verhältnismäßigkeit staatlichen Handelns, Rechtssicherheit durch Berechenbarkeit des staatlichen Handelns, gerichtlicher Rechtsschutz durch unabhängige Richter.

Nach diesen Vorgaben können die Begriffe *Recht* und *Rechtsordnung* wie folgt umschrieben werden:

Die Gesamtheit der Regeln, die das Zusammenleben der Menschen in einem Staat ermöglichen sollen, bezeichnet man als Rechtsordnung. In einem demokratischen Rechtsstaat, als den sich die Bundesrepublik Deutschland versteht, muss diese Ordnung bestimmte Qualitäten aufweisen. Sie muss von dem Willen der Allgemeinheit

1) Zu den Klassikern des Rechtsdenkens vgl. Sie z.B. F. Haft: Aus der Waagschale der Justizia, C.H. Beck, München, zum Rechtsbegriff ggf. SK-Rudolphi, Bd. 1 AT vor § 1.

getragen werden und allgemein gültige, durch Sitte, Kultur, Religion, Geschichte geprägte Werte respektieren und schützen.

Insbesondere muss diese Ordnung aber auch die Rechtssicherheit des Einzelnen garantieren, d. h. seinen Anspruch auf Achtung und Schutz der Menschenwürde, Verwirklichung von Freiheit und Gleichheit sowie lückenlosen Rechtsschutz. Schließlich muss die Rechtsordnung in einem *sozialen* Rechtsstaat einen gerechten Ausgleich zwischen den Einzel- und den Gemeinschaftsinteressen gewährleisten.

Die Summe aller Regelungen, die diesen ordnenden Charakter haben, bezeichnet man als *objektives* Recht. Der von der Rechtsordnung dem Einzelnen verliehene rechtliche Herrschaftsbereich gegenüber anderen Rechtssubjekten (Menschen, Institutionen) wird dagegen als *subjektives* Recht bezeichnet. Es ist dies die Summe der Befugnisse, Ansprüche, Abwehrrechte, die sich aus dem objektiven Recht ergibt.

In Betracht kommen z. B. Eigentums-, Besitz- oder Urheberrechte, Forderungen aus Kauf-, Miet- oder anderen Verträgen, Notwehr und sonstige Selbsthilferechte, Rechtsbehelfe und Rechtsmittel gegen Verwaltungsakte oder Gerichtsurteile usw.

Es ist zwischen **öffentlichem** und **privatem Recht** zu unterscheiden:

Das *öffentliche Recht* regelt die Rechtsbeziehungen zwischen dem Staat und dem Einzelnen sowie die Rechtsverhältnisse der Träger öffentlicher Gewalt (z. B. Bundes-, Landes- und Kommunalbehörden) untereinander. Zum öffentlichen Recht zählen mithin u. a. das Staats-, Völker-, Kirchen-, Straf-, Steuer- und Sozialrecht sowie das Zivil-, Verwaltungs- und Strafverfahrensrecht. Ein Kennzeichen des öffentlichen Rechts besteht darin, dass der Staat durch seine handelnden Organe den Einzelnen erforderlichenfalls zur Befolgung der Gesetze *zwingen* kann, z. B. im Rahmen der Gefahrenabwehr, der Strafverfolgung, der Wehrpflicht, Schulpflicht usw. Im öffentlichen Recht ist der Einzelne daher dem Staat untergeordnet (Subordinationsprinzip).

Das *Privat- oder Zivilrecht* regelt die Rechtsbeziehungen der Einzelnen untereinander. Die Beteiligten (Parteien) sind sich dabei gleichgeordnet. Glaubt sich jemand in seinen *privaten* Rechten verletzt, so steht es ihm frei, das Zivilgericht um Klärung der Rechtslage zu ersuchen. Das geschieht i. d. R. durch Erhebung der Zivilklage. Das Gericht entscheidet nach dem Sachvortrag der streitenden Parteien im Rahmen des geltenden Rechts. Der formelle Ablauf des Verfahrens ist dabei zwingend durch die Zivilprozessordnung (ZPO)[1] vorgegeben. Sie gehört deshalb als Verfahrensvorschrift zum öffentlichen Recht. Auch der Staat kann im Rahmen der sog. *Fiskalverwaltung* Partei im Sinne des Privatrechts sein, etwa beim Abschluss von Kaufverträgen.

2 Bürgerliches Recht und Verwaltungsrecht

2.1 Begriff und Rechtsquellen des bürgerlichen Rechts

Das bürgerliche Recht ist ein Teil des *Privatrechts.* Letzterer unterscheidet dieses Rechtsgebiet vom *öffentlichen* Recht.

Das *allgemeine Privatrecht* geht als „Recht des täglichen Lebens" jedermann an, da es die privat*recht*lichen Beziehungen des Einzelnen zu seiner Umwelt regelt, z. B. den Begriff der *Rechts- und Geschäftsfähigkeit*, den Inhalt und die Auswirkungen eines *Schuldverhältnisses,* das Vorliegen einer *„unerlaubten Handlung"* (→ A Kap. 22) sowie *Ehe-, Familien- und Erbrechtssachen.*

Das *allgemeine Privatrecht* ist im Bürgerlichen Gesetzbuch (BGB) und in einer Vielzahl dazu ergangener spezieller nebengesetzlicher Regelungen enthalten.

Die Materie des *allgemeinen* Privatrechts wird als **bürgerliches Recht** bezeichnet.

In Abgrenzung zum allgemeinen Privatrecht (bürgerl. Recht) enthält das *besondere* oder *spezielle Privatrecht* Regelungen für bestimmte Personen und Lebensbereiche.

Hierzu gehören: das *Handelsrecht,* also das Sonderrecht des Kaufmanns, das im We-

1) Vgl. Sie Kap. C 1.7 Exkurs: Zivilgerichtsbarkeit.

sentlichen im Handelsgesetzbuch (HGB) niedergelegt ist, das *Gesellschaftsrecht*, dies ist das Recht der juristischen Personen des Privatrechts (u. a. GmbH, OHG, KG, AG), das *Wirtschaftsrecht*, d. h. die Normen, die die selbständige Erwerbstätigkeit in Industrie, Handel, Handwerk etc. regeln (GewO, HandwerksO, KartellG, UrhG, Wertpapierrecht, Banken- u. Börsenrecht u. a. m.), sowie das *Arbeitsrecht*, das Sonderrecht für Arbeitnehmer (geregelt u. a. im BGB, HGB u. der GewO). Arbeitsrecht ist zum großen Teil aber auch öffentliches Recht, z. B. bzgl. der Arbeitsschutzbestimmungen nach dem BetriebsverfG., dem TarifvertragsG, dem KündigungsschutzG und dem LohnfortzahlungsG).
Das allgemeine und besondere Privatrecht enthält das sog. **materielle Privatrecht.**

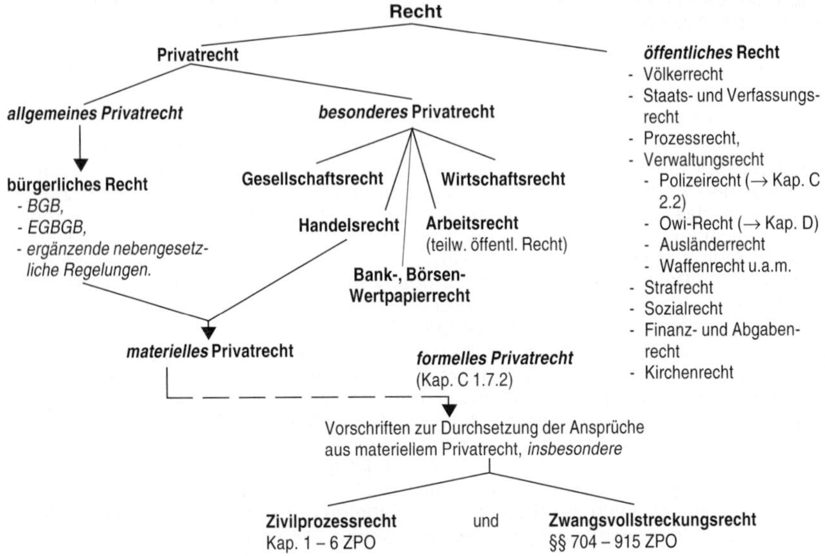

Die Vorschriften, die die Durchsetzung nach materiellem Privatrecht entstandener Rechte und Pflichten regeln, bezeichnet man als **formelles Privatrecht.** Zum formellen Privatrecht gehören insbesondere das Prozessrecht und das Zwangsvollstreckungsrecht. Die vorstehende Abb. veranschaulicht die aufgezeigten Zusammenhänge.

Die wichtigste Rechtsquelle für das *bürgerliche Recht* ist das BGB vom 18.08.1896. Es ist am 01.01.1900 in Kraft getreten und trotz zahlreicher Änderungen in seiner zum Teil schwer zugänglichen Diktion sowie in seiner Struktur unverändert geblieben. Im Zuge der ‚sozio-ökonomischen' Entwicklung und der Rechtsprechung der Verfassungsgerichte entstanden zahlreiche Spezialgesetze als *nebengesetzliche Regelungen des bürgerlichen Rechts,* z. B. Grundbuchordnung, Ehegesetz, Wohnraumkündigungsschutzgesetz, Verbraucherschutzgesetze, Haftpflichtgesetze.

Exkurs: Die inhaltliche Gliederung des BGB im Überblick

Das BGB gilt als Gesetzgebungswerk von hohem wissenschaftlichen Rang. Die Bewältigung der Regelung der vielfältigen Lebensbereiche setzte einen hohen Abstraktionsgrad, die Verwendung einer Vielzahl spezifischer Rechtsbegriffe (Termini) sowie eine komplizierte Verweisungstechnik voraus. Die nachfolgende Aufstellung informiert über den Standort der einzelnen Regelungsbereiche, die insgesamt 2385 Paragraphen umfassen.

Bürgerliches Gesetzbuch (BGB)				
1. Buch	**2. Buch**	**3. Buch**	**4. Buch**	**5. Buch**
Allgemeiner Teil §§ 1–240	**Schuldrecht** §§ 241–853	**Sachenrecht** §§ 854–1296	**Familienrecht** §§ 1297–1921	**Erbrecht** §§ 1922–2385
Allgemeine, vor die Klammer gezogene Regeln: ● **Rechts- u. Geschäftsfähigkeit** natürl. u. jurist. Personen; ● Begriff Sachen, Tiere; §§ 90 ff. ● Grundsätze des Rechtsgeschäfts: Willenserklärung, Vertrag, Vertretung. §§ 104 ff. ● Fristen, Termine, Verjährung; ● Ausübung der **Selbsthilferechte**, §§ 228 ff. ● Sicherheitsleistung, §§ 232 ff.	*Recht der Schuldverhältnisse zw. Gläubiger und Schuldner:* ● **Allgemeines Schuldrecht,** §§ 241–432: – Inhalt, Wirkung von Schuldverhältnissen; – allgem. Vertragsrecht; – Erlöschen v. Schuldverhältnissen ... ● **Besonderes Schuldrecht,** §§ 433–853; – einzelne Schuldverhältnisse: Kauf, Tausch, Schenkung, Miete, Pacht, Leihe, Werkvertrag, Bürgschaft u. a. m. – **Unerlaubte Handlg.;** §§ 823 ff.	*Besitz und Eigentum* ● **Besitzrecht,** §§ 854 ff. ● **Inhalt des Eigentums,** §§ 903 ff. ● **Rechtsgeschäftlicher** Eigentumserwerb ... an – Grundstücken, §§ 925 ff. – an bewegl. Sachen §§ 929 ff. ● Eigentumserwerb durch **Realakt,** §§ 937 ff. ● Dienstbarkeiten: – Nießbrauch ... §§ 1018 ff. ● Hypothek ... §§ 1113 ff. ● Pfandrecht an Sachen und Rechten, §§ 1204 ff.	*Eherecht und Verlöbnis* ● Eingehung, Nichtigkeit, Anfechtbarkeit ● Eheliches Güterrecht ● Scheidung, Unterhalt, Versorgungsausgleich ● Verwandtschaft – elterliche Sorge ... §§ 1626 ff. ● Vormundschaft §§ 1773 ff. ● Betreuung, §§ 1896 ff. ● Pflegschaft, §§ 1909 ff.	*Erbrecht* ● Erbfolge, rechtl. Stellung der Erben ● Haftung der Erben ● Erbschaftsanspruch ● Testament ● Erbvertrag ● Pflichtteil ● Erbschein ...

2.2 Begriff und Rechtsquellen des Verwaltungsrechts

Neben dem **Zivilrecht**, dem **Strafrecht** und dem **Verfassungsrecht** bildet das **Verwaltungsrecht** einen weiteren umfassenden Rechtsbereich. Es gehört wie das Strafrecht und das Verfassungsrecht zum *öffentlichen Recht* und regelt die Formen staatlicher Tätigkeit, die weder Gesetzgebung noch Regierung noch Rechtsprechung sind. Öffentliche Verwaltung ist die auf die Ausführung der Bundes- und Landesgesetze gerichtete Tätigkeit durch Bundes-, Landes-, Kommunalbehörden sowie Körperschaften, Stiftungen und Anstalten des öffentlichen Rechts.

Beispiele: *Verkehrssperrung durch die Polizei, um aktuelle Rettungsmaßnahmen der Feuerwehr zu ermöglichen.*
Ausweisung des Ausländers K. durch die Ausländerbehörde der Stadt Köln.
Verbot eines angemeldeten Aufzuges von Rechtsextremisten durch die örtlich zuständige KPB.
Versagung einer Baugenehmigung durch die örtlich zuständige Bauordnungsbehörde.
Entzug der Fahrerlaubnis eines 78-Jährigen wegen körperlicher Gebrechen durch die zust. Straßenverkehrsbehörde.
Tätigkeiten des KBA, der Bergämter, der AOK, des WDR.

Man unterscheidet in *Allgemeines* und *Besonderes* Verwaltungsrecht.

Das **Allgemeine Verwaltungsrecht** umfasst

– das *Verwaltungsorganisationsrecht*

Beispiele: *Zuständigkeit, Organisationsaufbau der Träger öffentlicher Verwaltung, geregelt in Art. 83 ff. GG, den Landesverfassungen, Gemeindeordnungen und diversen Organisationsgesetzen, z. B. LOG oder POG NRW.*

– die *Handlungsformen* der öffentlichen Verwaltung (VwVfG Bund/Länder)

Beispiele: *Erlass, Rücknahme, Widerruf von Verwaltungsakten, Schließung öffentlich-rechtlicher Verträge und Erlass von Satzungen als hoheitliche Tätigkeit in Abgrenzung zu den privatrechtlichen Tätigkeiten im Rahmen der so genannten Fiskalverwaltung, wie etwa Ankauf von Mobiliar.*

– *Grundsätze des Verwaltungshandelns*

Beispiele: *Gesetzmäßigkeit der Verwaltung, Ermessen, Verhältnismäßigkeit, Selbstbindung der Verwaltung.*

– das *Verwaltungsverfahren* als nach außen wirkende Behördentätigkeit.

Beispiele: *Einleitung und Durchführung nichtförmlicher und förmlicher Verfahren nach den VwVfG.*
Verwaltungsvollstreckungsverfahren, z.B. zur Durchsetzung unanfechtbarer VA (VwVG); Widerspruchsverfahren als verwaltungsgerichtliches Vorverfahren (§§ 68 ff., 80 VwGO).

Das **Besondere Verwaltungsrecht** umfasst eine Vielzahl verwaltungsrechtlicher *Spezialgebiete,* für die einerseits die Grundsätze des Allgemeinen Verwaltungsrechts gelten, die aber darüber hinaus spezifische Lebensbereiche regeln, z.B.:

– ***Beamtenrecht, Kommunalrecht, Polizeirecht, Ordnungswidrigkeitenrecht, Straßenverkehrsrecht,***
– ***Ausländerrecht, Baurecht, Schulrecht, Umweltrecht, Waffenrecht, Versammlungsrecht.***

Verwaltungsgerichtsbarkeit (VwGO)

Die Bundesrepublik ist nach Maßgabe der Art. 1 III, 20 III, 28 GG ein Rechtsstaat. Als solcher unterwirft sie die staatliche Tätigkeit einer wirksamen Kontrolle durch rechtsprechende Organe (Art. 19 IV GG). Nach der verwaltungsgerichtlichen Generalklausel des § 40 I VwGO ist in allen *öffentlich-rechtlichen Streitigkeiten nichtverfassungsrechtlicher Art* der Verwaltungsrechtsweg gegeben, soweit die Streitigkeit nicht durch Bundesgesetz einem anderen Gericht ausdrücklich zugewiesen ist, z. B. dem Finanz-(AO) oder Sozialgericht (SGB, SGB I u. X).

Die Verwaltungsgerichtsbarkeit wird in den Ländern durch organisatorisch und sachlich unabhängige Verwaltungsgerichte (VG) für Streitigkeiten in 1. Instanz (§ 45 VwGO) und je ein Oberverwaltungsgericht/Verwaltungsgerichtshof (OVG/VGH) als Berufungsinstanz (§§ 46 – 48 VwGO) sowie durch das Bundesverwaltungsgericht (BVG) mit Sitz in Leipzig (§ 2 VwGO) als Revisionsinstanz (§§ 49 – 51 VwGO) ausgeübt.

3 Das deutsche Strafrecht

3.1 Begriff, Aufgabe, Ziel, Prinzipien, Herkunft des Strafrechts

Das **Strafrecht** ist der Teil des öffentlichen Rechts, der sich mit der Straftat und der Bestrafung des Täters befasst.

Die **Straftat** stellt eine vom Gesetz umrissene Unrechtshandlung dar *(Gesetzlichkeitsprinzip)*, für die dem Täter als Rechtsfolge bestimmte Strafen und ggf. Maßregeln der Besserung und Sicherung angedroht werden (duales Rechtsfolgensystem, Kap. A 7).

Die Strafe (Freiheits- und Geldstrafe) trifft nach dem *Schuldprinzip* nur den schuldhaft handelnden Täter. Sie dient dem Schuldausgleich, der Sühne und Abschreckung (Kap. A 6).

Maßregeln sollen schuldunabhängig den gefährlichen Täter bessern bzw. vor ihm schützen. Hat der Täter schuldhaft gehandelt, entfalten die Maßregeln eine ergänzende Wirkung, hat er schuldlos gehandelt, treten sie ggf. an die Stelle der Strafe.

Der Verfassungsgrundsatz der *Verhältnismäßigkeit* gebietet bei der Auswahl der staatlichen Machtmittel, das Strafrecht als „Ultima Ratio" erst dann anzuwenden, wenn dies zur Wahrung des öffentlichen Friedens unerlässlich ist. Nach ständiger Rspr. des BVerfG darf **Aufgabe** des Strafrechts deshalb nur der Schutz der *elementaren* Gemeinschaftswerte sein. Erst wenn die Mittel des Zivil- und Verwaltungsrechts ungeeignet sind, darf der Gesetzgeber das Strafrecht einsetzen.

In diesem Sinne sind auch die mit dem Strafrecht verknüpften **Ziele** zu sehen, nämlich die Sicherung des Rechtsfriedens, die Verhinderung sozialschädlichen Verhaltens und die Gewährleistung der grundgesetzlich garantierten freien Entfaltung der Persönlichkeit (Art. 2 I GG).

Die **Prinzipien** des deutschen Strafrechts ergeben sich aus

- Art. 103 II GG und dem wortgleich lautenden § 1 StGB:
  „Keine Straftat ohne Gesetz – nullum crimen sine lege."
  „Keine Strafe ohne Gesetz – nulla poena sine lege."
- dem nach der Rspr. des BVerfG mit Verfassungsrang ausgestatteten, in den §§ 46 I, 18, 20 StGB realisierten, Schuldgrundsatz:
  „Keine *Strafe* ohne Schuld – nulla poena sine culpa."

Aus Art. 103 II GG / § 1 StGB leiten sich folgende Konkretisierungen ab:

Bestimmtheitsgebot: Der Wortlaut des Gesetzes muss *hinreichend bestimmt* sein. Der Gesetzgeber ist jedoch nicht gehindert, auch Begriffe zu verwenden, die eine Wertung durch den Rechtsanwender erfordern (z.B.: höchstpersönlicher Lebensbereich in § 201 a [Kap. B 13.1], verwerflich in § 240 II [Kap. B 17.2], gefährliches Werkzeug in §§ 244, 250 [Kap. B 18.5 und 19.3]), wenn eine präzisere Tatbestandsumschreibung nicht möglich ist.

Analogieverbot: Im materiellen Strafrecht ist die Heranziehung von Analogien zum Nachteil des Angeklagten verboten. Die Abgrenzung von Wortlaut und Analogie erfolgt durch den Wortlaut des gesetzlichen Tatbestandes. Was der Gesetzgeber formuliert, darf der Rechtsanwender nicht über den allgemeinen Wortsinn hinaus interpretieren und damit umgehen, erweitern oder reduzieren (BVerfG – 2 BvR 2202/01 vom 21.11.2002 zu § 13). Von der verbotenen Analogie ist die gebotene Auslegung einer Strafvorschrift zu unterscheiden (Kap. 13.3).

Verbot der Anwendung von Gewohnheitsrecht: Die Gerichte dürfen kein Gewohnheitsrecht zur Strafbegründung anwenden. Da der Bereich des Strafrechts inzwischen aber weithin kodifiziert ist, bleibt für etwaiges ergänzendes Gewohnheitsrecht auch faktisch kein Anwendungsbereich mehr. Das früher gewohnheitsrechtlich verbürgte Züchtigungsrecht der Lehrer gegenüber Kindern ist durch die modernen Schulgesetze längst aufgehoben. Allerdings wird in der Rechtswissenschaft darüber gestritten, ob das gewohnheitsmäßige Züchtigungsrecht der *Eltern* angesichts der Neufassung des § 1631 II BGB noch gelten kann (Näheres in Kap. B 16.2). Grundsätzlich gilt aber, dass Richtern

Beispiele aus dem drakonischen Strafsystem der „CCC".
Quelle: Postkarten Anfang des 20 Jh. Privatsammlung PD a. D. Rolf Wellenbeck, Aachen.

durch das Analogieverbot und das Verbot der Anwendung des Gewohnheitsrechts verwehrt ist, durch (eigene) Rechtsfortbildung Straftatbestände und Rechtsfolgen zu schaffen.

Rückwirkungsverbot: Die anzuwendende Strafvorschrift muss zur Tatzeit gesetzliche Gültigkeit gehabt haben. Die Feststellung rückwirkender Strafbarkeit ist unzulässig (§ 2). Nach h.M. bezieht sich das Rückwirkungsverbot jedoch nicht auf das Gebiet der Straf*verfolgung.* So konnte z.B. die Verjährung für Mord und Völkermord in späteren Jahren aufgehoben werden (§ 78 II StGB, § 5 VStGB).

Die **Hauptquelle** des deutschen Strafrechts, das heutige *Strafgesetzbuch* in seiner jeweils gültigen Fassung, basiert auf dem StGB des Deutschen Reiches vom 15.05.1871. Dessen früheste Vorgängerin war die von Karl V. im Jahre 1532 auf dem Reichstag zu Regensburg verkündete „Peinliche Gerichtsordnung (PGO)", die auch als *Constitutio Criminalis Carolina (CCC)* bekannt ist.

Die CCC stellte eine Synthese von deutschem und dem weit höher entwickelten mittelalterlich-italienischen Stadtrecht dar, das wiederum aus römischem und kanonischem (päpstlichem) Recht hervorgegangen war.

Die CCC sah ein für heutige Vorstellungen grausames Strafsystem vor. Die Grausamkeit der Strafe musste der Gräßlichkeit des Verbrechens entsprechen. Die Strafen wurden exemplarisch vollzogen, d. h. durch sie wurden alle mitbestraft, die sich des gleichen Verbrechens schuldig gemacht hatten, aber nicht gefasst worden waren. Die Strafpraxis bestand aus einem komplizierten System von Ehrenstrafen (u. a. am Pranger stehen), Körperstrafen (Verstümmelung), unehrenhaften Todesstrafen (u. a. Verbrennen, Ertränken) und „ehrenhaften" Todesstrafen (z. B. Hinrichten durch das Schwert).

Im Mittelpunkt des frühneuzeitlichen Strafprozesses stand das Geständnis, da man einen reinen Indizienbeweis zunächst für unzulässig hielt. Das Geständnis durfte bei erheblichem Tatverdacht durch Einsatz der Folter (sog. *peinliche* Befragung, deshalb PGO!) erzwungen werden. Der Richter war Ankläger, Vernehmender und Urteilender in einer Person, das Verfahren daher *inquisitorisch*. Die Strafaktion wurde schließlich zum ritualisierten Schauspiel, mit dessen Hilfe die Obrigkeit die Zustimmung des Volkes suchte, diesem aber auch die Gräßlichkeit der „Missetat" vor Augen führte, um es abzuschrecken.

Die CCC blieb bis ins 17. Jh. hinein Grundlage des deutschen Strafrechts.

Später entstanden in der Folge der Reichszersplitterung zahlreiche Partikulargesetze, z. B. das Preußische Allgemeine Landrecht von 1794, das Bayerische StGB von 1813 von P. J. A. Feuerbach, der als der *Vater der modernen Strafrechtswissenschaft* gilt, das Preußische StGB von 1851 und schließlich das StGB des Norddeutschen Bundes vom 31.05.1870, das ein Jahr später als das oben bereits zitierte StGB des Deutschen Reiches verkündet wurde.[1]

3.2 Die Struktur des Strafrechts

Im Strafrecht unterscheidet man – ähnlich wie im Verwaltungs- und im Zivilrecht – zwischen *materiellem* und *formellem* Recht.

Das **materielle Strafrecht** legt die Merkmale der einzelnen Straftaten fest und beschreibt die Rechtsfolgen, die an die Tatbegehung geknüpft sind.

Beispiel **§** 223 I Körperverletzung: *„Wer einen anderen körperlich misshandelt oder an der Gesundheit beschädigt (Merkmale = TB), wird mit Freiheitsstrafe bis zu fünf Jahren oder mit Geldstrafe bestraft" (Rechtsfolge).*

Das StGB enthält einen Allgemeinen Teil **(AT)** und einen Besonderen Teil **(BT).**

Der AT (§§ 1 – 79 b) enthält die Lehre vom Verbrechen und dessen Rechtsfolgen. Dies sind allgemeine Vorschriften, die für die Beurteilung der Straftat, des Straftäters und für die Anwendbarkeit der Rechtsfolgen verbindlich sind.

Beispiele:

- *Geltungsbereich des StGB (§§ 1 – 10),*
- *Schuld (§§ 19 f., 33, 35),*
- *Rechtsfolgen (§§ 38 ff.) ,*
- *Strafantrag (§§ 77 ff.) und Verjährung (§§ 78 ff.),*
- *Rechtswidrigkeit (§§ 32, 34),*
- *Grundlagen der Strafbarkeit (§§ 13 – 21),*
- *Versuch, Täterschaft, Teilnahme (§§ 25 ff.).*

Im BT (§§ 80 ff.) werden die einzelnen Straftatbestände beschrieben und die jeweiligen Rechtsfolgen genannt.

Neben dem BT des StGB enthalten auch zahlreiche **Spezialgesetze** Straftatbestände. Sie bilden das sog. **Strafnebenrecht**. Zu nennen sind hier u. a.: das *Waffengesetz (WaffG),* das *Versammlungsgesetz (VersammlG),* das *Betäubungsmittelgesetz (BtMG),* das *Straßenverkehrsgesetz (StVG).*

Auch für das Strafnebenrecht gelten die Vorschriften des AT des StGB!

Die Strafnebengesetze enthalten vielfach auch leichtere Unrechtstatbestände, für deren Begehung als Rechtsfolge keine Strafe, sondern *Geldbuße* angedroht ist. Während die Strafe die Reaktion auf *kriminelles Unrecht* mit entehrendem Charakter darstellt, ist die Geldbuße eine Antwort auf *Verwaltungsunrecht* mit geringerem ethischen Unwertgehalt.

Beispiel: *Zum Vergleich mögen der Straftatbestand § 316 StGB (Trunkenheit im Verkehr) und der Bußgeldtatbestand § 24 a StVG (Promille-Grenze) dienen.*[2]

Der Gesetzgeber bezeichnet die Gesetzesverstöße, deren Rechtsfolge die *Geldbuße* ist, als *Ordnungswidrigkeiten (OWi).* Das grundlegende Gesetz für OWi ist das Ordnungswidrigkeitengesetz (OWiG).[3]

---

1) Nachw. u. a. bei SK-Rudolphi/Horn/Samson, Systematischer Kommentar zum StGB, Bd. 1 AT (Loseblattausgabe) und Wessels/Beulke, AT. Vgl. Sie auch „Strafzweck und Straftheorien" in Kap. A 6.
2) Einzelheiten sind in Kap. B 25.2 dargestellt.
3) Das OWiG ist im Teil D dieses Lehrbuches dargestellt.

Im **formellen Strafrecht** sind die Regeln festgelegt, nach denen das Strafverfahren zu betreiben ist. Man bezeichnet das formelle Strafrecht auch als Strafverfahrens- oder Strafprozessrecht. *Ziel* des Strafprozesses ist die Wiederherstellung des Rechtsfriedens auf dem Wege eines gewissenhaften Strebens nach Gerechtigkeit in streng justizförmiger Weise und in Übereinstimmung mit den Verfassungsnormen. Das Strafverfahrensrecht ist in gewisser Weise angewandtes Verfassungsrecht (BVerfGE 32, 373, 383), es ist der Seismograph für das Maß angewandter *materieller Rechtsstaatlichkeit!*

Der Strafprozess ist kein Parteienprozess wie das Zivilverfahren nach der ZPO[1], das von der Dispositionsfreiheit der Parteien beherrscht wird und in dem die richterliche Entscheidung aufgrund einer vom Parteivorbringen abhängigen formellen Wahrheit ergeht. Für den *Strafprozess* sind vielmehr der *Verfolgungszwang* und das *Anklagemonopol der Staatsanwaltschaft* (StA) sowie die *Aufklärungspflicht* des Strafgerichts von *Amts wegen* kennzeichnend (Näheres in Teil C 1 dieses Lehrbuches).

Das *formelle Strafrecht* ist im Wesentlichen in folgenden Gesetzen enthalten:

Strafprozessordnung (StPO), Gerichtsverfassungsgesetz (GVG), Jugendgerichtsgesetz (JGG), Strafvollzugsgesetz (StVollzG).[2]

Die **StPO** (vom 01.02.1877, in ihrer jeweiligen Neufassung) regelt den Gang des Strafverfahrens von der ersten Verfolgungsmaßnahme durch die Polizei oder die StA über die Anklageerhebung durch die StA, den Ablauf der Gerichtsverhandlung, die Zulässigkeit und den Ablauf von Rechtsmittelverfahren bis zur Rechtskraft des Urteils und seiner Vollstreckung (Näheres in Kap. C 1.3).

Das **GVG** (vom 27.01.1877, in seiner jeweiligen Neufassung) regelt u. a. den Begriff und die sachliche Zuständigkeit der sog. *ordentlichen* Gerichtsbarkeit (§§ 12 ff.), die Besetzung der Spruchkörper (§§ 59 ff.), die örtl. Zuständigkeit der StA sowie die Stellung der sog. Ermittlungspersonen der StA (§ 152) (Näheres in Kap. C 1.7).

Das **JGG** (vom 04.08.1953, in seiner jeweiligen Neufassung) enthält besondere Regelungen für die Besetzung der Spruchkörper, die Beurteilung jugendlicher und heranwachsender Straftäter sowie spezielle Rechtfsolgen (Näheres in Kap. A 10).

Das **StVollzG** (vom 16.03.1976, in der jeweiligen Neufassung) regelt den Vollzug von Freiheitsstrafen und freiheitsentziehenden Maßregeln.

Zusammenfassung:

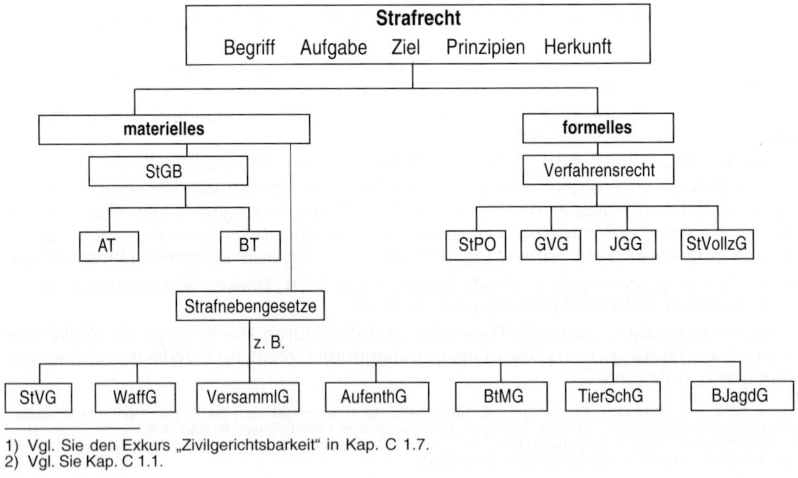

1) Vgl. Sie den Exkurs „Zivilgerichtsbarkeit" in Kap. C 1.7.
2) Vgl. Sie Kap. C 1.1.

4 Der Geltungsbereich des deutschen Strafrechts, §§ 3 – 7

Das Strafgesetzbuch gilt [1]

für Inlandstaten

Inland, Luftraum, Küstengewässer, Hoheitsfahrzeuge; andere dt. Fz. außerhalb fremder Hoheitsgebiete (§§ 3, 4, 9)

Einschränkungen:
- Exterritorialität
- Indemnität
- NATO-Truppenstatut.

→ *Territorialitätsprinzip*

Mord an Bord eines deutschen Schiffes

An Bord des Hamburger Frachters (5900 BRT) ist ein chilenischer Seemann von seinem philippinischen Arbeitskollegen erstochen worden, weil er das Radio in der gemeinsamen Kabine nicht leiser drehen wollte. Wie der deutsche Wahlkonsul in Acapulco mitteilte, ereignete sich die Tat auf hoher See rund 180 Kilometer von dem mexikanischen Hafenort entfernt.

für Auslandstaten[2]

gegen bestimmte inländische Rechtsgüter, §§ 5, 7 I

geg. international geschützte Rechtsgüter, § 6

unabhängig vom Recht des Tatortes

z. B.
- Straftaten geg. d. BRD
- Straftaten geg. d. sexuelle Selbstbestimmung (§§ 176-176 b, § 182), wenn der Täter Deutscher ist
- bestimmte Umweltstraftaten u. a. m.

→ *Real- oder Schutzprinzip*

z. B.
- Völkermord
- Angriff auf den Luftverkehr
- unbefugter Vertrieb von Betäubungsmitteln
- Menschenhandel
- Verbreitung pornographischer Schriften gem. § 184 III/IV

→ *Universal- oder Weltrechtsprinzip*

gegen Deutsche § 7 I

von Deutschen, §§ 5 Nr. 8, 9; 7 II Nr. 1 Alt. 1

von Ausländern bei Nichtauslieferung, § 7 II Nr. 1 Alt. 2, Nr. 2

wenn die Tat am Tatort mit Strafe bedroht ist oder der Tatort keiner Strafgewalt unterliegt, und wenn

→ *Schutzprinzip*

- der Täter z. Z. der Tat Deutscher war oder
- es nach der Tat geworden ist

→ *Personalitätsprinzip*

- der Täter im Inland angetroffen wird

→ *Prinzip der stellvertretenden Strafrechtspflege*

---

1) Das StGB gilt nach Maßgabe des § 2 VStGB auch für Völkermord, Verbrechen gegen die Menschlichkeit und Kriegsverbrechen, und zwar unabhängig davon, ob die Tat im Ausland begangen worden ist und Bezug zum Inland aufweist.

2) Eine Verurteilung im Ausland hindert die deutschen Behörden (Gerichte) nicht an einer erneuten Verfolgung (Verurteilung); Art. 103 II GG (ne bis in idem) gilt nur für Verurteilung durch deutsche Gerichte (BVerfG NJW 1961, 868; BGH MDR 1969; 680). Die im Ausland verhängte und vollzogene Strafe ist jedoch gem. § 51 III anzurechnen. In verfahrensrechtlicher Hinsicht ist § 153 c Nr. 3 StPO bedeutsam, der eine erneute Verfolgung ins Ermessen des Staatsanwaltes stellt (Opportunitätsprinzip), sofern die zu erwartende Strafe nach der Anrechnung nicht mehr ins Gewicht fiele.

5 Überblick über die Wissenschaften vom Verbrechen

Die Verbrechensbekämpfung ist eine umfassende sozial- und sicherheitspolitische Aufgabe des Staates. Sie besteht in der *Kriminalprophylaxe* und der *Verbrechensrepression.*

Verbrechensbekämpfung

Kriminalprophylaxe	**Verbrechensrepression**
Ordnung der gesellschaftlichen Bedingungen zur Erzielung von Rechtstreue.	Verfolgung von Straftaten.
Ursachenforschung und -bekämpfung im Vorfeld der Tatbegehung.	Verurteilung des schuldigen Täters.
	Vollstreckung der verhängten Urteile.

Mit der Verbrechensrepression befassen sich die nachfolgend skizzierten Wissenschaften:

- **Kriminalistik**
  Sie umfasst die unmittelbare represssive und präventive Verbrechensbekämpfung mit taktischen, technischen und strategischen Mitteln und Methoden unter Berücksichtigung kriminologischer Erkenntnisse.
  - **Kriminaltaktik**
    Lehre von den technischen, psychologischen und prozessökonomischen Vorgaben zur Entdeckung strafbarer Handlungen und zur Täterermittlung.
  - **Kriminaltechnik**
    Lehre von den sachlichen Beweismitteln und wissenschaftlichen Methoden der Sachverhaltserforschung.
- **Kriminologie**
  Sie erfasst das empirische Wissen über das Enstehen der Kriminalität und die Möglichkeiten ihrer Bekämpfung. Ihre Erkenntnisse dienen der Kriminalpolitik zur Entwicklung gesellschaftlicher Strategien mit dem Ziel der Verbrechenskontrolle bzw. -verhütung.
  Die Kriminologie ist eine interdisziplinäre Wissenschaft mit den Teilgebieten: Kriminalsoziologie, Kriminalpsychologie, Kriminalbiologie, Kriminalprävention, Kriminalphänomenologie, Kriminalstatistik, Kriminalgeographie, Kriminalätiologie, Kriminalviktimologie und Kriminalsanktionen.
- **Strafvollzugskunde**
  - Vollzugsrecht (StVollzG)
  - Behandlungsforschung.
- **Kriminalpolitik**
  Sie ist Teilgebiet der allgemeinen Rechtspolitik. Ihr obliegt die Gewinnung und Realisierung der Ordnungsvorstellungen für den Bereich des Strafrechts durch entsprechende gesetzgeberische Aktivitäten. Ihr Ziel ist der möglichst weitgehende Schutz der Bürger in ihren elementaren Rechten.
  Sie bedient sich der allgemeinen Wissenschaften, im Besonderen kriminologischer Erkenntnisse unter Berücksichtigung der von der Strafrechtswissenschaft aufgezeigten rechtlichen Gestaltungsmöglichkeiten.
  Beispiel *ist das Verbrechensbekämpfungsgesetz vom 01.12.94 mit einer Vielzahl von Maßnahmen, die sich gegen die Alltags- u. die Organisierte Kriminalität wenden.*
- **Strafrechtswissenschaft**
  Sie hat die für die Rechtsanwendung geltenden Regeln systematisch darzustellen und fortzuentwickeln.
  Sie beschäftigt sich mit der normativen Abgrenzung, mit Auslegungs- und Analogiefragen und gewährleistet so eine gleichmäßige und transparente Rechtsanwendung. Sie zeigt damit die rechtlichen Gestaltungsmöglichkeiten auf für kriminalpolitische Zielsetzungen.
  Beispiele *sind die Garantenlehre zu § 13 oder die Einflussnahme auf das gesetzgeberische Vorhaben zur Neuregelung des Abtreibungsrechts (§§ 218 ff.).*

6 Strafzweck – Straftheorien

Die Strafe soll die Schuld des Täters ausgleichen und ihm die Möglichkeit zur Sühne geben; sie soll die verletzte Rechtsordnung wahren und den Rechtsfrieden wiederherstellen (§ 46).

Der Gesetzgeber hat darauf verzichtet, eine Definition des *Strafzwecks* vorzugeben. Nach der Rspr. des BVerfG[1] kommen i. S. d. sog. *Vereinigungstheorie* Aspekte der *Generalprävention*, der *Verteidigung der Rechtsordnung*, der *Spezialprävention* und des notwendigten *Schuldausgleichs* in Betracht. An Rechtsfolgen steht heute ein sehr differenziertes System von Strafen und Maßregeln bzw. Maßnahmen zur Verfügung (Näheres in Kap. 7.1). Einen Überblick über die Wandlung und den Inhalt des Strafzwecks vermittelt die nachfolgende Abb.

Vgl. Sie ergänzend die Ausführungen in Kap. A 3.1.

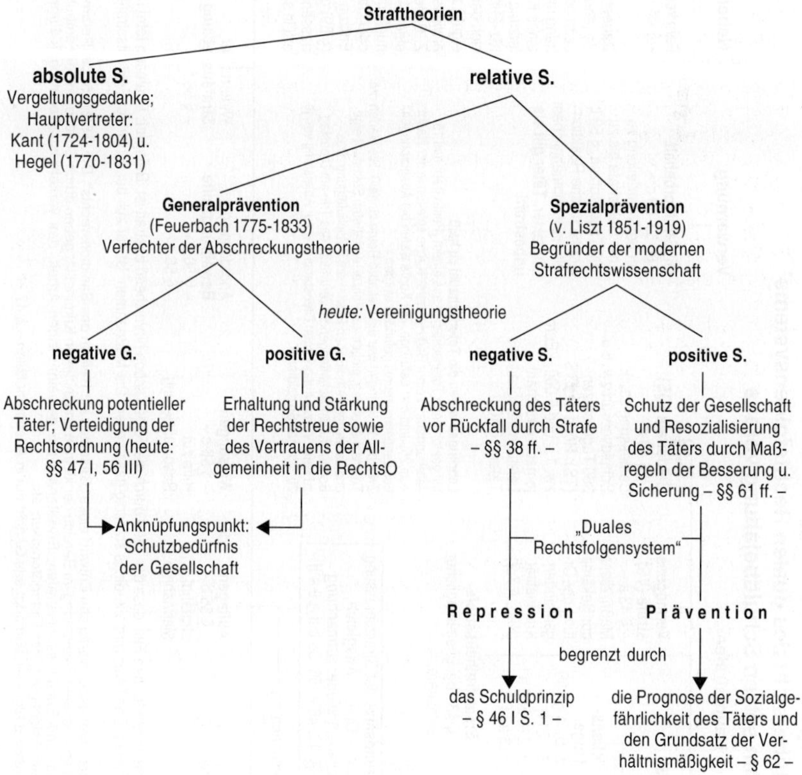

1) Tröndle/Fischer zu § 46 m. w. Nachw. Ergänzende Literatur: Rüping H., Grundriss der Strafrechtsgeschichte, München 1981; Haft F., Aus der Waagschale der Justitia, München; Dülmen R. v., Theater des Schreckens: Gerichtspraxis und Strafurteile der frühen Neuzeit, München, Haft StGB AT.

7 Rechtsfolgen der Straftat, §§ 38 - 76 a

7.1 Gesamtübersicht des dualen Rechtsfolgensystems[1]

A. Strafen setzen Schuldbejahung voraus

Hauptstrafen

Freiheitsstrafe (FS)
– §§ 38, 39 –

- **zeitige**
  Dauer: 1 Monat bis 15 Jahre[2]
- **lebenslange**
  z. B. in §§ 80, 81, 211, 212 II, 220 a I, 316 a III

Strafaussetzung
– §§ 56, 56 a –
zur Bewährung bei Verurteilung zu FS bis max. 2 Jahren

Vermögensstrafe (VS)
– § 43 a –
Maßn. dient der Bekämpfung der Organisierten Kriminalität (Kap. A 7.2)

Ersatzfreiheitsstrafe
-§ 43 - bei uneinbringlicher Geldstrafe.

Geldstrafe (GS)
– §§ 40 a –
Bemessung nach Schuldvorwurf zw. 5 u. 360 Tagessätzen (TS); Höhe des TS zw. 1,– und 5 000,– Euro je nach wirtschaftl. Leistungsfähigkeit des Täters, § 40 II.

Grundsätze der Strafzumessung, Täter – Opfer – **Ausgleich,** Schadens**wiedergutmachung**
– §§ 46, 46 a, 56, 56 b II, 59 a II –

Verwarnung

mit Strafvorbehalt
– §§ 59–59 c –
nur bei Verurteilung zu einer Geldstrafe bis zu 180 Tagessätzen, § 59 I; strafrechtliche Reaktion mit maßnahmeähnlichem Charakter. **Täter gilt als unbestraft!**

Lehrlingen waren die Totenschädel zu heiß
Mit gestohlenen Totenschädeln aus einem „Pest-Grab“ des 15. Jahrhunderts in einer Bad Honnefer Kirche spielten in der Nacht zum 25. Juni drei Lehrlinge. Die Köpfe waren bei Ausgrabungen des Landesmuseums gefunden worden.
Zwei der 17-Jährigen war die makabre Beute zu heiß. Sie warfen die Totenschädel weg, gingen zur Polizei, erstatteten Selbstanzeige und baten den katholischen Pfarrer um Entschuldigung. Das Bonner Jugendschöffengericht verurteilte das Trio am Dienstag zu einer Verwarnung wegen Diebstahls und zur Ableistung von je 20 Stunden Sozialdienst.

Nebenstrafen

Fahrverbot
– § 44 –

Dauer: 1–3 Monate
Begehung einer Straftat beim oder im Zusammenhang mit dem Führen eines Kfz oder unter Verletzung der Pflichten eines Kfz-Führers, ohne dass sich der Täter als ungeeignet zum Führen von Kfz erwiesen hat (s. § 69).
Z. B. bei Flucht nach einem Verkehrsunfall mit nur leichtem Personen- oder Sachschaden. Der Entzug der Fahrerlaubnis (§ 69) geht vor, wenn dessen Voraussetzungen erfüllt sind.

Nebenfolgen

Verlust
– § 45 –
der Amtsfähigkeit, des Stimmrechts, der Wählbarkeit.

Dauer:
max. 5 Jahre; zulässig nur bei Verbrechen, wenn eine FS von mindestens 1 Jahr auch verhängt wird.

verbunden mit

- Festlegung der **Bewährungszeit** zw. 2 und 5 J. – § 56 a –
- **Auflagen** – § 56 b – strafähnl. Maßnahme oder
- **Weisungen** – § 56 c – Hilfe zur Resozialisierung
- Anordnung der **Bewährungshilfe** – § 56 d – – § 56 e –
- Widerruf der **Strafaussetzung** – § 56 f –
- Straferlass – § 56 g –
- Aussetzung des **Strafrestes** – §§ 57, a, b –

Absehen von Strafe (§ 60) für den Fall, dass der Täter durch die Folgen schon hinreichend bestraft ist. **Beispiel:** Ehemann tötet fahrlässig durch verschuldeten Verkehrsunfall die mitfahrende Ehefrau. Der Täter wird allerdings schuldig gesprochen. Die Maßnahmen[1] ist nur zul. bei verwirkter Freiheitsstrafe bis zu 1 Jahr.

1) Der Gesetzgeber berät gegenwärtig den Entwurf eines „Gesetzes zur Reform des Sanktionsrechts“. Drs. 15/2725. Die Reform soll den Gerichten mehr Gestaltungsmöglichkeiten mit spezialpräventiver Zielrichtung im Bereich der kleinen und mittleren Kriminalität geben durch Erweiterung der ambulanten Sanktionsmöglichkeiten zur Vermeidung kurzer Freiheits- und Ersatzfreiheitsstrafen: Erweiterung der gemeinnützigen Arbeit, des verkehrsstrafrechtlichen Fahrverbots, der Verwarnung mit Strafvorbehalt, verbesserte Berücksichtigung der Opferinteressen etc.
2) Freiheitsstrafe unter 6 Monaten verhängt das Gericht nur in Ausnahmefällen – § 47 –!

B. Maßregeln können unabhängig von der Schuld des Täters angeordnet werden[1]

Maßregeln der Besserung u. Sicherung, §§ 61 ff.

freiheitsentziehende

Unterbringung in einem psychiatrischen Krankenhaus – § 63–§ 71 –
Pflege psychiatrisch kranker, gemeingefährlicher Straftäter.

Unterbringung in einer Entziehungsanstalt – § 64–§ 71 –
Maßnahme dient der Heilung rauschsüchtiger Hangtäter.

Maßnahmen nach §§ 63, 64 werden i. d. R. vor Verbüßung einer verhängten FS vollzogen (§ 67 I).

Unterbringung in der Sicherungsverwahrung – § 66 –
Maßnahme dient der Sicherung der Allgemeinheit vor gefährlichen Hangverbrechern. Der Vollzug folgt dem der Freiheitsstrafe (Umkehrschluss aus § 67 I).

Vorbehalt der Unterbringung in der Sicherungsverwahrung – § 66 a.

Nachträgliche Anordnungen der Unterbringung in der Sicherungsverwahrung – § 66 b –,
d. h. während des Vollzugs der Freiheitsstrafe.

Verfahrensregelungen

– §§ 67–67 g.

sonstige

Führungsaufsicht (FA) – §§ 68–68 g –
Maßnahme kommt nach § 68 I unter drei Voraussetzungen in Betracht:
- das verletzte Gesetz muss sie vorsehen (z. B. §§ 181 b, 239 c, 245, 256, 262, 263)
- Verurteilung zu mindestens sechsmonatiger FS
- Gefahr der Begehung weiterer Straftaten nach Strafverbüßung.

§ 68 II sieht die FA obligatorisch vor bei Aussetzung von Maßnahmen nach §§ 67 b, c, d, 68 f.

Der Verurteilte untersteht einer Aufsichtsstelle. Zusätzlich bestellt das Gericht einen Bewährungshelfer – § 68 a.

Gerichtliches Weisungsrecht während der FA – § 68 b.

Entziehung der Fahrerlaubnis – §§ 69–69 b – 71 III (Kap. C 6.3) –
Sicherungsmaßnahme vor Straftätern, die sich als ungeeignet zum Führen von Kfz. erwiesen haben.
In den Fällen der §§ 315 c, 316, 142 – auch in Verbindung § 323 a – ist die Maßregel obligatorisch.

Berufsverbot – §§ 70–70 b – 71 II –
Sicherungsmaßnahme vor Personen, die eine rechtswidrige Tat – wegen der sie verurteilt od. gem. § 20 nicht verurteilt wurden – unter Missbrauch ihres Berufes od. Gewerbes od. grober Pflichtverletzung begangen haben, wenn die Gefahr des Missbrauchs od. grober Pflichtverletzung zu weiteren erheblichen rw. Taten besteht.

Selbstständige Anordnung – § 71 –
Die Maßnahmen nach §§ 63, 64, 70, 74 dürfen auch angeordnet werden, wenn das Strafverfahren wegen Schuld- oder Verhandlungsunfähigkeit des Täters nicht durchführbar ist.

Verbindung von Maßregeln – § 72 –
Auswahl bei mehreren zulässigen Maßregeln, wenn der erstrebte Zweck durch einzelne erreichbar ist. Grds. werden die Maßregeln nebeneinander angeordnet. Bei mehreren freiheitsentziehenden Maßregeln bestimmt das Gericht die Reihenfolge der Vollstreckung.

Sonstige Maßnahmen

Einziehung, §§ 74 ff. , 76 a (Kap. C 6.4)

Der Einziehung unterliegen
- Gegenstände, die für eine vors. Tat gebraucht wurden oder bestimmt waren (Instrumente der Tat) oder die aus einer vors. Tat hervorgebracht wurden (Produkte der Tat);
- Beziehungsgegenstände der Tat, wenn das Gesetz sie ausdrücklich vorschreibt, wie z. B. in § 69 III S. 2.

Erweiterte Einziehung – § 74 a.

Einziehung des Wertersatzes – § 74 c.

Unbrauchbarmachung – § 74 d –
von Gegenständen zur Herstellung von Schriften (§ 11 III) strafrechtlichen Inhaltes.

Verfall – §§ 73 ff., 76 a (Kap. C 6.4)
Maßnahme zur Abschöpfung des aus einer rw. Tat erlangen Vermögensvorteils sowie zur Wiederherstellung verletzten Rechts. Beispiele: Bestechungslohn, Diebesbeute.
Ansprüche von Geschädigten gehen vor.

Verfall des Wertersatzes – § 73 a –
in Form eines Geldbetrages.

Erweiterter Verfall, § 73 d –
Verweist das Gesetz auf § 73 d, ordnet das Gericht den Verfall auch dann an, wenn nur Umstände die Aufnahme des Verfalls rechtfertigen. (Kap. A 7.2).

1) Sozialtherapeutische Maßnahmen werden nach dem **StVollzG** beim Strafvollzug getroffen.

7.2 Vermögensstrafe (VS), § 43 a und Erweiterter Verfall (EV), § 73 d

Beide Rechtsfolgen wurden durch das sog. *OrgKG* vom 15.07.92 in das StGB eingeführt. Sie dienen der Abschöpfung von Gewinnen insbesondere aus den Straftaten, die typisch für die **Organisierte Kriminalität**[1] sind. Den Tätern sollen die Mittel für den Aufbau bzw. die Erhaltung ihrer kriminellen Organisationen entzogen werden.

Voraussetzungen/Unterschiede

Vermögensstrafe, § 43 a[2]

1. bandenmäßige

Erweiterter Verfall, § 73 d

1. banden- oder gewerbsmäßige

Begehung eines entsprechenden Verweisungs-TB, u. a:

- Geldfälschung, §§ 146, 150
- Schwerer Menschenhandel, §§ 181, 181 c
- (dirigistische) Zuhälterei, §§ 181 a, 181 c
- Diebstahl, §§ 244, 244 a
- Hehlerei, §§ 260, 260 a
- Erpressung, §§ 253 IV, 255, 256 II
- Geldwäsche, § 261
- Einschleusen von Ausländern, §§ 96, 97 AufenthG
- Verleitung zur Asylantragstellung, §§ 84, 84 a AsylVfG
- Rauschgifthandel, § 30 c, § 33 BtMG
- Waffenhandel, §§ 52 a I, 53 I S. 1, 56 WaffG

Vermögensstrafe:

2. Verhängung einer lebenslangen oder einer zeitigen FS von mehr als zwei Jahren.
3. Maßnahme ist fakultativ.
4. Höhe der VS richtet sich nicht nach §§ 40, 41, sondern allein nach dem Tätervermögen.
5. VS darf sich nicht auf Verfallsgegenstände erstrecken.
6. *Anm.:* § 43 a wird verfahrenstechnisch ergänzt durch
   - § 111 o StPO: Anordnung des dinglichen Arrestes,
   - § 111 p StPO: Vermögensbeschlagnahme.[5]

Erweiterter Verfall:

2. Uneingeschränkte tatrichterliche Überzeugung von der deliktischen Herkunft des Gegenstandes, ohne dass die rechtswidrigen Taten im Einzelnen festgestellt werden müssen.[3]
3. Maßnahme ist obligatorisch.
4. Rangfolge:
   Verfall gem. § 73 hat Vorrang vor dem Erweiterten Verfall nach § 73 d.
5. § 73 d verfolgt vermögensordnende und normstabilisierende Ziele.[4]

---

1) Näheres zum Begriff der Organisierten Kriminalität in Kap. B 20.6.
2) § 43 a ist lt. Beschl. d. BVerfG v. 20.3.02 – 2 BvR 794/95 mit Art. 103 II GG unvereinbar und **nichtig**.
3) BGH NStZ '95, 125; NJW '95, 1367 zur verfassungskonformen Auslegung des § 73 d, der lediglich voraussetzt, dass „Umstände die Annahme rechtfertigen" müssen bzgl. der deliktischen Herkunft der Gegenstände.
4) Das Rechtsinstitut des § 73 d gerät nach Auffassung des BVerfG (2 BvR 564/95 v. 14.1.2004) nicht mit dem Grundsatz „keine Strafe ohne Schuld" in Konflikt, da es weder strafenden noch strafähnlichen Charakter hat.
5) Vgl. Sie hierzu in Kap. C 6.4.

8 Grundzüge des Jugendstrafrechts

Zielsetzung des Jugendgerichtsgesetzes (JGG)[1]

Die Tat eines Jugendlichen bedarf der besonderen Würdigung. Er ist als junger Mensch in seiner sittlichen, ethischen und verstandesmäßigen Entwicklung noch nicht ausgereift. Daher beurteilt er die Tragweite seines Tuns oft nicht richtig. Dieser entwicklungsbedingte Umstand soll sich für ihn gegenüber einem Erwachsenen strafrechtlich nicht nachteilig auswirken.

Begeht daher ein Jugendlicher eine Straftat, so bestimmen sich die Rechtsfolgen nicht nach dem Strafgesetzbuch, sondern nach dem Jugendgerichtsgesetz.

Im JGG dominiert der *Erziehungsgedanke!* Die Jugendstrafe ist *Ultima Ratio* (§ 5 II JGG).

Geltungsbereich des JGG

§ 1 I JGG: Das JGG gilt, wenn ein Jugendlicher oder ein Heranwachsender eine *Straftat* begeht.

Das JGG gilt nicht für Kinder, da diese strafrechtlich noch nicht verantwortlich sind (§ 19 StGB). Das Vormundschaftsgericht kann ihnen gegenüber nur Schutzmaßnahmen (§§ 1631 II, 16666, 1838 BGB) oder Erziehungsmaßregeln nach §§ 55 ff. JWG anordnen.

§ 1 II JGG: *Kind* ist, wer zum Zeitpunkt der Tat noch nicht 14 Jahre alt ist. *Jugendlicher* ist, wer zum Zeitpunkt der Tat 14, aber noch nicht 18 Jahre alt ist. *Heranwachsender* ist, wer zum Zeitpunkt der Tat 18, aber noch nicht 21 Jahre alt ist.

Geltungsbereich des StGB im Jugendstrafrecht

Die allgemeinen Vorschriften (§§ 1-79 b) des StGB gelten, soweit im JGG nichts anderes bestimmt ist (§ 2 JGG).

Verantwortlichkeit Jugendlicher

Ein *Jugendlicher* ist strafrechtlich nur verantwortlich, wenn er zum Zeitpunkt der Tat nach seiner sittlichen oder geistigen Entwicklung reif genug ist, das Unrecht der Tat einzusehen (intellektueller Aspekt) und nach dieser Einsicht zu handeln (voluntatives Element), § 3 S. 1 JGG.

Unter den gleichen Voraussetzungen kann ein Jugendlicher auch wegen einer Ordnungswidrigkeit zur Verantwortung gezogen werden (§ 12 I S. 2 OWiG).

Der Richter kann jedoch gegen einen strafrechtlich nicht verantwortlichen Jugendlichen Erziehungsmaßnahmen verhängen, wenn dies der einzige Weg ist, den Jugendlichen wieder auf den rechten Weg zu führen (§ 3 S. 2 JGG).

Verantwortlichkeit Heranwachsender

Der *Heranwachsende* wird nur dann wegen einer begangenen Straftat nach dem JGG zur Verantwortung gezogen,

wenn das Gericht feststellt, dass er zum Zeitpunkt der Tat nach seiner sittlichen oder geistigen Entwicklung einem Jugendlichen gleichstand

oder

wenn es sich nach der Art, den Umständen oder den Beweggründen der Tat um eine (typische) Jugendverfehlung handelt (§ 105 JGG).

Für Verfehlungen Heranwachsender sind der Jugendrichter, das Jugendschöffengericht und die Jugendkammer auch dann zuständig, wenn das allgemeine Strafrecht anzuwenden ist (§ 108 JGG).

1) Im Unterschied zum JGG befasst sich das Jugendschutzgesetz (JuSchG) mit der *Abwehr jugendgefährdender Sachverhalte* in der Öffentlichkeit (Gaststätten, Tanzveranstaltungen, Spielhallen, jugendgefährdende Orte, Al-koholgenuss, Rauchen, Kauf von Rauchwaren) und im Bereich der Medien (Anwesenheit bei Filmveranstaltungen, Kennzeichnung von Filmen, Liste jugendgefährdender Medien). Straf- und Bußgeldvorschriften sollen helfen, die Regeln des JuSchG zu effektivieren.

Für die Abwicklung des Strafverfahrens gegen Heranwachsende gilt ganz überwiegend das allgemeine Verfahrensrecht (StPO), § 109 JGG.Für die Vollstreckung und den Vollzug gilt in Ausnahmefällen das Jugendstrafrecht (§ 110 JGG). Privatklage (§§ 374 ff. StPO) gegen Heranwachsende ist zulässig, wie sich aus § 109 JGG ergibt.

Rechtsfolgen einer Jugendstraftat (§ 5 JGG)

1. Erziehungsmaßregeln (§§ 9 ff. JGG)
   - Erteilung von Weisungen zur geordneten Lebensführung (§§ 10, 11 JGG), insbesondere die Auferlegung des T-O-A, § 10 I S. 3 Nr. 7 JGG
   - Anordnung, Erziehungshilfe in Anspruch zu nehmen, § 12 JGG.
2. Zuchtmittel (§§ 13 ff. JGG)
   - Verwarnung
   - Erteilung von Auflagen (Wiedergutmachung, Entschuldigung u. a.)
   - Jugendarrest
     - Freizeitarrest (ein bis zwei Freizeiten der wöchentlich. Freizeit des Jugendl.)
     - Kurzarrest (maximal 2 Freizeiten = 4 Tage)
     - Dauerarrest (1 Woche bis maximal 4 Wochen)

   Zuchtmittel haben nicht die Rechtswirkung einer Strafe.
3. Jugendstrafe (§§ 17 ff. JGG; 6 Mon. – 5 bzw. 10 Jahre).
4. Strafaussetzung und Bewährungshilfe (§§ 21-27 ff. JGG).
5. Nebenfolgen (§ 45 StGB) dürfen gemäß § 6 JGG nicht angeordnet werden.
6. Als Maßregeln der Besserung und Sicherung im Sinne des StGB (Kap. A 7) können
   - die Unterbringung in einem psychiatrischen Krankenhaus oder in einer Entziehungsanstalt (§ 61 Nr. 1 und 2 StGB),
   - die Führungsaufsicht (§ 61 Nr. 4 StGB) und
   - die Entziehung der Fahrerlaubnis (§ 61 Nr. 5 StGB)

   angeordnet werden (§§ 7, 8 JGG).

Für die Aburteilung einer Jugendstraftat sind zuständig

- beim AG der Jugendrichter als Einzelrichter und das Jugendschöffengericht,
- beim LG die Jugendkammer (§§ 33 ff. JGG).

Anklage wird durch Jugendstaatsanwälte erhoben (§§ 36, 37 JGG).

Die Verfahren finden unter Beteiligung der **Jugendgerichtshilfe** statt (§ 38 JGG). Sie wird von den Jugendämtern mit Vereinigungen für Jugendhilfe ausgeübt.

Auf Antrag der StA wird im **vereinfachten Jugendverfahren** entschieden, wenn zu erwarten ist, dass der **Jugendrichter** nur Weisungen erteilt, Zuchtmittel verhängt, auf Fahrverbot (§ 44 StGB; § 25 StGB), Entzug der Fahrerlaubnis (§ 69 StGB), Verfall (§ 73 StGB) oder Einziehung (§ 74 StGB) erkennt (§ 76 JGG).

Privatklage (§§ 374 ff. StPO) kann gegen **Jugendliche** nicht erhoben werden. In entsprechenden Fällen vertritt die StA die Anklage (§ 80 JGG).

Verbüßung vom Jugendarrest und Jugendstrafen (§ 90 JGG)

- Dauer- und Kurzarrest werden in Jugendarrestanstalten vollzogen.
- Freizeitarrest in Freizeitarresträumen (§ 1 Jugendarrestvollzugsordnung).
- Freiheitsstrafen werden in Jugendstrafanstalten verbüßt (§ 92 JGG).

Bis zur Rechtskraft des Urteils kann das Gericht *vorläufige* Anordnungen zur Erziehung des Jugendlichen treffen (§ 71 JGG), z. B. auch die einstweilige Unterbringung in ein geeignetes Heim anordnen.

Der **Strafmakel** eines zur Jugendstrafe verurteilten Jugendlichen kann bei einwandfreier Führung von Amts wegen oder auf Antrag durch Richterspruch beseitigt werden (§ 97 I S. 1 und 2 JGG).

U-Haft darf gegen Jugendliche nur unter **besonderer** Berücksichtigung des Verhältnismäßigkeitsgrundsatzes angeordnet werden (§ 72 JGG). Sie soll in besonderen Hafträumen (erzieherisch!) vollzogen werden (§ 93 JGG).

Ein Fall aus der Praxis

Beichtstuhl beschmutzt, Punker muss Kirche putzen

Würzburg – Einfallsreich zeigte sich ein Jugendrichter in Würzburg gegenüber einem Punker, der in der Marienkirche am Marktplatz in einen Beichtstuhl uriniert hatte. Der wegen Störung der Religionsausübung angeklagte 18-Jährige wurde zu vier Tagen Sozialdienst am Tatort verurteilt, wo er nach Rücksprache mit dem zuständigen Pfarrer für Reinigungsarbeiten eingesetzt wird.

Das Gericht warnte den jungen Mann davor, dabei noch einmal eine „Show" abzuziehen, und kün-digte für den Fall erneuter „Scherze" in der Kirche einen Dauerarrest von vier Wochen an.

Diversion und Täter-Opfer-Ausgleich

Gegen den (i. d. R.) erstmalig straffällig gewordenen Jugendlichen/Heranwachsenden soll im Bereich der *leichten und mittleren Kriminalität* ein förmliches Starfverfahren nur stattfinden, wenn der erzieherische Zweck sonst nicht erreicht werden kann (**Diversion** gem. §§ 45 II 47 JGG). Die Polizei regt in geeigneten Fällen die Diversion bei der StA an und verständigt das Jugendamt, wenn fürsorgerische Maßnahmen alsbald notwendig sind.

Mit der Weisung, sich um einen **Täter-Opfer-Ausgleich** zu bemühen (§ 10 I S. 3 Nr. 7 JGG), sollen Jugendlichen und Heranwachsenden die Folgen ihrer Tat verdeutlicht und oft vernachlässigte Opferbelange der Geschädigten berücksichtigt werden. Insofern ist der T-O-A eine ergänzende Maßnahme, die zur Diversion führen kann.

Die Polizei regt den T-O-A bei der StA an und unterrichtet zugleich das Jugendamt. Den Beteiligten händigt sie ein entsprechendes Merkblatt aus. Die StA sieht von einer Strafverfolgung ab, wenn der T-O-A erfolgreich durchgeführt oder aber ernsthaft versucht worden ist *und* weitere erzieherische Maßnahmen nicht notwendig erscheinen, § 45 II JGG (vgl. Sie zum Ganzen Ihre ministeriellen Weisungen und Kap. C 1.10 zum T-O-A im Erwachsenenstrafrecht).

Exkurs: Rechts- und Geschäftsfähigkeit junger Menschen[1]

Neben der strafrechtlichen Handlungsfähigkeit sind die Rechts- und Geschäftsfähigkeit im Leben junger Menschen von besonderer Bedeutung. Die wesentlichen Inhalte dieser Begriffe werden deshalb zur komplexen Erfassung der Rechtssituation junger Menschen im Anschluss an die Darlegung ihrer strafrechtlichen Verantwortlichkeit erläutert.

Rechtsfähigkeit	Geschäftsfähigkeit	Deliktsfähigkeit
Fähigkeit, *Träger* von Rechten (z. B. Eigentumsrecht) und Pflichten (z. B. Steuerpflicht) zu sein. Die R. ist identisch m. d. *Partei*fähigkeit im Zivilprozess, nämlich Beklagter oder Kläger zu sein (§ 50 I ZPO). Rechtsfähig sind *natürliche* und *juristische* Personen (§§ 1, 1923 II; §§ 21 ff. BGB).	Fähigkeit, durch eigenes Handeln *rechtswirksame Willenserklärungen* abgeben und damit Rechtsgeschäfte tätigen zu können (Form der Handlungsfähigkeit). G. begründet *Prozess*fähigkeit im Zivilprozess, d. h. das Recht, Rechtshandlungen in eigener Person wahrzunehmen (§§ 51, 52 ZPO).	Fähigkeit, für „unerlaubte Handlungen" (§ 823 BGB) zu *haften* (Form der Handlungsfähigkeit). Für *natürl.* Personen gelten §§ 823 ff. BGB; für *jur. P.* §§ 30, 31, 89 BGB sowie § 14 StGB, § 9 OWiG. Näheres zur Deliktsfähigkeit in Kap. A 22.2.

Zur Geschäftsfähigkeit rechtsfähiger Personen

Von der Rechtsfähigkeit ist die *Geschäftsfähigkeit* streng zu unterscheiden. Ein 14-Jähriger kann z. B. Eigentum erwerben, etwa an einem Geschenksparbuch über 1 000 Euro (= Rechtsfähigkeit); er ist allerdings nicht berechtigt, selbständig über das Sparguthaben zu verfügen. Dazu fehlt ihm die Geschäftsfähigkeit.

1) Näheres z. B. bei Palandt.

Deutlich wird dies auch bei den juristischen Personen. Eine GmbH kann zwar als Rechtspersönlichkeit in einem Zivilprozess verklagt werden (Parteifähigkeit), sie kann jedoch nicht selbst handeln, d. h. Rechtsgeschäfte wahrnehmen. Dazu benötigt sie Organe, d. h. natürliche Personen, die geschäftsfähig sind und damit die Fähigkeit haben, rechtswirksame Willenserklärungen abzugeben.

Die nachfolgende Aufstellung zeigt die wesentlichen Inhalte und Unterscheidungen der Geschäftsfähigkeit.

Geschäftsfähigkeit ist die Fähigkeit zur selbstständigen Abgabe rechtswirksamer Willenserklärungen. Das BGB unterscheidet drei Altersstufen mit unterschiedlichen Rechtswirkungen.		
Geschäftsunfähige	**beschränkt Geschäftsfähige**	**Geschäftsfähige**
● **Kinder,** die das 7. Lj. noch nicht vollendet haben, § 104 Nr. 1; ● dauernd **Geisteskranke**, § 104 Nr. 2; ● vorübergehend **Geistesgestörte**, § 105 II.	**Minderjährige**, die zwar das 7. Lebensjahr, aber noch nicht das 18. Lebensjahr vollendet haben, § 106.	**Personen ab 18 J.**, sofern sie nicht geisteskrank oder geistesgestört sind.
	rechtsgeschäftliche Folgen	
Nichtigkeit der Willenserklärung (WE) und damit des Rechtsgeschäfts, § 105 BGB. Geschäftsunfähige können nur durch ihren *gesetzlichen Vertreter* oder durch einen *Vormund* Rechtsgeschäfte für und gegen sich wirksam abschließen. **Beispiel:** Erwerb einer Eigentumswohnung für einen 6-Jährigen durch seinen Vater. Der Sohn erwirbt auf diese Weise das Recht an der Sache, wird Eigentümer; zugleich „erwirbt" er auch die aus dem Eigentum resultierenden Pflichten (z. B. Abgaben), deren rechtsgeschäftliche Wahrnehmung wiederum nur durch einen Geschäftsfähigen für und gegen ihn erfolgen kann. Ein Geschäftsunfähiger kann allerdings als **Bote** fremde WE überbringen und auf diese Weise durch *tatsächliches* (nicht rechtsgeschäftliches) Handeln am Zustandekommen eines Rechtsgeschäftes mitwirken. **Beispiel:** Abgabe eines Lottozettels durch einen 6-Jährigen unter Zahlung der Gebühr in Höhe von 24,50 Euro durch Hingabe eines von der Mutter mitgegebenen 50-Euro Scheines. Ein *Geschäft des tägl. Lebens, das ein volljähriger Geschäftsunfähiger* mit *geringfügigen* Mitteln getätigt hat, ist nach Maßgabe des § 105 a wirksam. **Fall:** Nicht erkennbarer 20jähriger Geisteskranker kauft Zigaretten am Kiosk.	*Grundsätzlich* bedarf der Minderjährige zur Abgabe einer rechtswirksamen WE der Einwilligung seines gesetzl. Vertreters (§ 107 BGB). Wurde ein Rechtsgeschäft ohne diese Einwilligung abgeschlossen (z. B. bei eigenmächtigem Kauf eines CD-Players durch einen 14-Jährigen für 250 Euro) ist dieses gem. § 108 BGB **schwebend unwirksam**. Das bedeutet: ● Das Rechtsgeschäft wird *wirksam* bei nachträglicher Genehmigung durch den ges. Vertreter. ● Das Rechtsgeschäft (z. B. der Kaufvertrag gem. § 433 BGB) wird von Anfang an *unwirksam* (nichtig), wenn die Genehmigung auf Anfrage verweigert oder innerhalb von zwei Wochen nach Empfang der Aufforderung nicht gegenüber dem Vertragspartner des Minderjährigen erklärt wird (§ 108 II BGB). ● Bis zur Abgabe der Genehmigung kann auch der andere widerrufen, es sei denn, er hat die Minderjährigkeit oder das Fehlen der Genehmigung gekannt (§ 109 BGB). *Ausnahmen* von der Notwendigkeit der Zustimmung des ges. Vertreters: ● Taschengeldkäufe gem. § 110 BGB. ● Rechtsgeschäfte, die dem Minderjährigen lediglich rechtliche Vorteile bringen, § 107 BGB; z. B. Annahme eines Geschenkes, §§ 516 ff. BGB, ohne Eingehung einer rechtsgeschäftlichen Verpflichtung. ● Rechtsgeschäfte bei der selbständigen Führung eines genehmigten Erwerbsgeschäftes gem. § 112 BGB. ● Eingehung und Wahrnehmung von gestatteten Arbeitsverhältnissen gem. § 113 BGB.	Fähigkeit, durch eigenes Handeln Rechte und Pflichten zu erwerben, zu verändern oder aufzuheben. Wer ein Rechtsgeschäft mit einem Minderjährigen abschließt, kann sich nicht auf guten Glauben in dessen Geschäftsfähigkeit berufen. Die Vorschriften über die Geschäftsfähigkeit wirken absolut. Die Risiken liegen einseitig beim geschäftsfähigen Partner.

9 Die Zweiteilung der Straftaten

Die Zweiteilung der Straftaten in **Verbrechen** und **Vergehen** dient der Typisierung der einzelnen Straftaten nach ihrem Schweregrad. Er bedeutet eine Abstufung der Delikte nach ihrem Unrechtsgehalt und der aus ihm folgenden Strafwürdigkeit. Daneben ist die Zweiteilung ein gesetzestechnisches Hilfsmittel zur verkürzten Darstellung strafrechtlicher Bestimmungen.

Beispiele:
Die Strafbarkeit des Versuchs *(§ 23 I) ist bei Verbrechen stets gegeben, bei Vergehen nur, wenn das Gesetz dies ausdrücklich vorsieht (so beim Diebstahl, § 242 II, nicht aber bei der Trunkenheit im Verkehr, § 316).*

Die Strafbarkeit des „Versuchs der Beteiligung“ *an einer Straftat ist nur bei Verbrechen gegeben (§ 30).*

Die Nebenfolge „Verlust der Amtsfähigkeit, der Wählbarkeit und des Stimmrechts“ *kommt nur bei Verbrechen in Betracht (§ 45).*

Der Tatbestand der „Bedrohung“ *setzt die Androhung eines Verbrechens voraus (§ 241).*

Die Einstellung der Strafverfolgung (durch die StA!) wegen Geringfügigkeit ist nur bei Vergehen zulässig (§§ 153, a StPO).

Verbrechen	und	**Vergehen**
↓	sind an der *angedrohten (!)* Strafe zu erkennen	↓
Mindestfreiheitsstrafe		Mindestfreiheitsstrafe
ab 1 Jahr [1]		unter 1 Jahr oder GS [1]

Beispiele: *Die schwere Brandstiftung gemäß § 306 ist ein Verbrechen, weil die Mindestfreiheitsstrafe ein Jahr beträgt.*

Die gemeinschädliche Sachbeschädigung gemäß § 304 ist ein Vergehen (= FS bis zu drei Jahren oder Geldstrafe),

- *weil bei nicht genanntem Mindestmaß der FS diese automatisch bei einem Monat (§ 38 II) und damit unter einem Jahr liegt und*
- *weil das Gesetz eine Geldstrafe alternativ nur bei Vergehen androht.*

So genannte „besonders schwere Regelfälle“ oder „minder schwere Fälle“, die abweichend von dem Regelstrafrahmen zur Schärfung oder Milderung der Strafe führen, bleiben für die Einteilung der Straftaten in Verbrechen / Vergehen unberücksichtigt (§ 12 III StGB).

Beispiele: *Der Betrug in einem „besonders schweren Fall“ (§ 263 III) bleibt daher ein Vergehen, obwohl die Strafandrohung auf ein Verbrechen hindeutet.*

Der Raub in einem „minder schweren Fall“ (§§ 249 II) bleibt ein Verbrechen, obwohl die Strafandrohung auf ein Vergehen hindeutet!

Der Deliktscharakter der Tat ändert sich jedoch, wenn in einem folgenden Absatz des betreffenden Paragraphen ‚neue Tatbestandsmerkmale hinzugefügt‘ werden.

Beispiel: *Die Freiheitsberaubung (§ 239 I) wird dann zu einem Verbrechen, wenn sie* ***über eine Woche*** *gedauert hat (§ 239 III).*

Zusammenfassung:

1. Entscheidend für die Art des Deliktcharakters ist die *abstrakte* Strafandrohung und nicht das im Einzelfall verhängte Strafmaß!
2. Allgemeine Umschreibungen wie „in besonders schweren Fällen“ oder „in minder schweren Fällen“ ändern nur den Strafrahmen, nicht den Deliktcharakter!
3. Der Deliktcharakter ändert sich aber, wenn aufgrund neuer/anderer Tatbestandsmerkmale auch der Strafrahmen geändert wird!

1) Unabhängig von den angedrohten Regelstrafen kann gem. § 41 neben der Freiheitsstrafe eine Geldstrafe in den Fällen verhängt werden, in denen der Täter in Bereicherungsabsicht handelte.

10 Grundbegriffe aus dem Bürgerlichen, dem Straf- und dem Ordnungswidrigkeitenrecht

Unterscheidung: Unerlaubte Handlung, Straftat, Ordnungswidrigkeit

Rechtsgebiet / Merkmale:	Bürgerliches Recht	Strafrecht	Ordnungswidrigkeitenrecht[1]
Bezeichnung der Person(en):	Beklagter – Kläger, Schuldner – Gläubiger	Beschuldigter, Angeschuldigter, Angeklagter	Betroffener
Rechtsgrundlage:	Bürgerliches Gesetzbuch (BGB)	Strafgesetzbuch (StGB)	Ordnungswidrigkeitengesetz (OWiG)
*Delikts-*bezeichnung:	unerlaubte Handlung, §§ 823 ff. BGB[2]	Straftatbestand als Verbrechen oder Vergehen	Bußgeldtatbestand (z. B. §§ 111-130 OWiG, § 24 a StVG, § 53 WaffG)
Art des Fehlverhaltens:	Verletzung einer Zivilrechtsnorm	Verletzung einer Strafrechtsnorm	Verletzung einer mit Bußgeld bewehrten Norm
Unrechtsgehalt:	ziviles Unrecht	kriminelles Unrecht, entehrend	Ordnungsunrecht
Merkmale der Tat:	widerrechtl. u. schuldh. Verletzung von Rechtsgütern od. Rechten anderer (§ 823 BGB)	tbm, rw. u. schuldhafte Verletzung eines Gesetzes, das als Rechtsfolge die Strafe vorsieht	tbm, rw. u. vorwerfbare Verletzung eines Gesetzes, das als Rechtsfolge eine Geldbuße vorsieht
Rechtsfolge:	Wiedergutmachung, Verpflichtung zum Schadenersatz	Strafe, Maßregeln §§ 38 ff., 61 ff.	Geldbuße, Einziehung, Verfall: §§ 17 ff., 22 ff., 29 a, OWiG
Verfolgung:	durch den Verletzten selbst durch Anrufung des Gerichts (die Polizei wird ggf. zur Anspruchsicherung tätig)	durch die Polizei und die Staatsanwaltschaft = StA (StA leitet das Verfahren), §§ 160, 161, 163 StPO	durch die Polizei und die Verwaltungsbehörden (Verw.-Behörde leitet das Verfahren), §§ 35 ff., 53 OWiG
Haftung bei:	Deliktsfähigkeit, §§ 827, 828 (Ausnahme § 829) BGB	Strafmündigkeit, §§ 19 -21 StGB, § 3 JGG	Verantwortlichkeit, § 12 OWiG
Ahndung:	keine Ahndung! Das **Zivilgericht** – AG, LG, OLG, BGH – stellt im Urteil nur die Rechtslage fest und damit in der Regel, wer Schadenersatz leisten muss (Kap. C 1.7.2).	durch die **Strafgerichte** – AG, LG, OLG, BGH (Näheres Kap. C 1.7.1).	durch die zuständige **Verwaltungsbehörde**: bei Einspruch des Betroffenen durch das Amtsgericht (Verfahrensablauf in Kap. C.1.12).

Viele Straftaten, z. B.: Beleidigung, Körperverletzung, Diebstahl, Betrug, stellen zugleich eine Personen- oder Rechtsverletzung i. S. v. § 823 I od. II BGB dar und begründen damit eine Verpflichtung zum Schadenersatz nach Maßgabe der §§ 823 ff. BGB.

1) Das Rechtsgebiet wird in Teil D dieses Lehrbuches behandelt.
2) Näheres hierzu in Kap. A 22.

11 Wiederholungsaufgaben, -fragen zu Kap. 1–10

1. Die Rechtsordnung unseres Staates besteht aus Normen des privaten und öffentlichen Rechts.
   Erläutern Sie die Begriffe *privates* und *öffentliches* Recht!
2. Nennen Sie Gesetze, die privates Recht / öffentliches Recht enthalten!
3. Erläutern Sie den Unterschied zwischen dem *allgemeinen* und dem *besonderen* Privatrecht!
4. Erläutern Sie den Begriff und die Struktur des *Verwaltungsrechts.*
5. Definieren Sie die Begriffe *materielles* und *formelles* Strafrecht!
6. In welchen Gesetzen ist das materielle, in welchen das formelle Strafrecht niedergelegt?
7. Was ist im Allgemeinen Teil des Strafgesetzbuches geregelt?
8. Welche Aufgaben obliegen der *Kriminalpolitik*, welche der *Strafrechtswissenschaft*?
9. Welche Teilgebiete rechnen zur interdisziplinären Wissenschaft der *Kriminologie?*
10. Nennen Sie Fälle, in denen das deutsche Strafrecht auch im Ausland gilt!
11. Was besagt die *Vereinigungstheorie* im Zusammenhang mit den Straftheorien?
12. Nennen Sie die Haupt- und Nebenstrafen!
13. Wie wird die Geldstrafe bemessen?
14. Wodurch unterscheiden sich Geldstrafe und *Vermögensstrafe*, Verfall und *Erweiterter Verfall*?
15. Einem 14-Jährigen wird die Begehung eines Diebstahls nachgewiesen. Unter welchen Voraussetzungen muss er mit einer Verurteilung rechnen?
16. In welchen Fällen ist ein 19-Jähriger nach dem JGG zur Verantwortung zu ziehen?
17. Inwiefern ist zwischen Rechts- und Geschäftsfähigkeit *natürlicher Personen* zu unterscheiden?
18. Erläutern Sie den Begriff der *beschränkten* Geschäftsfähigkeit!
19. Inwiefern ist an der angedrohten Rechtsfolge einer Straftat erkennbar, ob es sich um ein *Verbrechen* oder *Vergehen* handelt?
20. Wer eine Urkundenfälschung gemäß § 267 I begeht, wird mit Freiheitsstrafe (FS) bis zu 5 Jahren oder mit Geldstrafe bestraft.

    § 267 III sieht für besonders schwere „Regelfälle" eine FS nicht unter einem Jahr vor.

    § 267 IV droht FS von einem Jahr bis zu zehn Jahren, in minder schweren Fällen von sechs Monaten bis zu fünf Jahren dem an, der die Tat als „Mitglied einer Bande, ..." begeht.

    Bestimmen Sie den Deliktcharakter der Handlung nach I, III und IV!
21. Welchen Rechtsgebieten sind die Begriffe Straftat, Ordnungswidrigkeit, unerlaubte Handlung zuzuordnen?
22. Welche *Rechtsfolgen* ziehen die vorgenannten Handlungen nach sich?
23. Wer ist zuständig für die *„Ahndung"* dieser Handlungen?
24. An welcher gesetzlichen Formulierung erkennt man unzweifelhaft, ob eine Handlung eine Straftat oder eine Ordnungswidrigkeit darstellt?
25. Erläutern Sie Begriff und Funktion von Diversion und Täter-Opfer-Ausgleich!

12 Allgemeines zur Lehre von der Straftat

12.1 Deliktstypen

Der Gesetzgeber hat die Straftatbestände des Besonderen Teils des StGB zu unterschiedlichen Typen dogmatisch ausgeformt. Die Kenntnis der Zuordnung einer Straftat zu einem bestimmten Deliktstyp ist bedeutsam für die Auslegung der Handlung und für die Prüfungsfolge.

Die nachfolgende Aufstellung vermittelt zunächst einen Überblick.

Unterscheidungsmerkmale			
Handlungsform	**Handlungsergebnis**	**Angriffsintensität**	**Täterqualifikation**
Begehungsdelikte Tatvollendung setzt aktives Tun voraus; z. B. § 242, § 267, § 239 b. **Unterlassungsdelikte** Tatvollendung durch passives Verhalten. **– echte** Täter kann jedermann sein; z. B. §§ 138, 323 c, 123 Alt. 2, 315 c I Nr. 2 g. **– unechte** Täter kann nur ein Garant sein. Näheres in Kapitel A 15.	**Tätigkeitsdelikte** Schlichtes Handeln genügt zur Tatvollendung, z. B. §§ 123 1. Alt., 142, 153, 202, 239 I. **Erfolgsdelikte** **– einfache** Handlung + Kausalität + Erfolg + Vorsatz/Fahrlässigkeit z. B. §§ 263, 229. **– erfolgsqualifizierte, § 18** Vorsatz zu bestimmter Tatverwirklichung, z. B. § 223 + (mindestens) Fahrlässigkeit hinsichtlich der eingetretenen (kausalen) Folge; z. B. in § 226 oder in § 239 IV, § 221 III.	**Verletzungsdelikte** Die Verletzung eines Menschen od. die Beschädigung einer Sache sind Voraussetzung der TB-Verwirklichung; z. B. §§ 212, 303, 223. **Gefährdungsdelikte** **– konkrete** z. B. §§ 221 I, 315 a, b, c. Handlung + Kausalität + konkrete Gefahr + Vorsatz/Fahrlässigkeit. **– abstrakte** z. B. § 316. Der Eintritt einer konkreten Gefahr gehört nicht zur Tatvollendung.	**allgemeine Delikte** Täter kann hiernach jedermann sein; z. B. § 242. **eigenhändige Delikte** Täter ist nur die körperlich handelnde Person; z. B. §§ 153 ff., 173, 316. **Sonderdelikte, § 28** Täter kann nur eine durch persönliche Merkmale qualifizierte Person sein. **– echte, § 28 I** z. B. §§ 348 I, 331 f.; = strafbegründende Wirkung für qualifiz. Täter, für andere Milderung gem. § 49 I; **– unechte, § 28 II** z. B. §§ 201 III, 258 a; = strafschärfende Wirkung für qualifiz. Täter, für andere Bestrafung nach dem Grunddelikt.

12. 2 Gesamtüberblick und Standortbestimmung der einzelnen Funktionen im Deliktsaufbau

Straftat

Unrecht – **Schuld**

Handlung	**Tatbestandsmäßigkeit**	**Rechtswidrigkeit**		
Handlungslehren A 12.4	**Tatbestandslehre** A 13	**Lehre von den Rechtfertigungsgründen** A 16	**Schuldlehre** A 17	**Voraussetzungen der Strafbarkeit außerhalb des Unrechts und der Schuld** A 17.7
● kausale ● finale ● soziale	● Begriff ● Funktion	● Rechtswidrigkeit	● Schuldfähigkeit	● objektive Bedingung der Strafbarkeit (Behandlung nach dem Tatbestand)
● Handlungsbegriff als Definition strafrechtl. relevanten Verhaltens	● Deliktstypus: differenzierte dogmatische Ausformung z. B. beim Begehungs-, Unterlassungs-, Sonderdelikt A 12.1, A 15	● Rechtfertigungsgründe	● Vorsatzschuld u. ● Fahrlässigkeitsschuld	● Strafausschließungsgründe
● differenzierte Deutung des Handlungswillens je nach Handlungslehre	● objektiver Tatbestand ● subjektiver Tatbestand ● Vorsatz[1] ● Tatbestandsirrtum ● Fahrlässigkeit (= objektive Komponente)	● Erlaubnistatbestandsirrtum (= eingeschränkte Schuldtheorie des BGH)	● Unrechtsbewusstsein (= Ausschluss eines etwaigen Verbotsirrtums)	● Strafaufhebungsgründe ● Strafmilderungsgründe
● Handlungslehren bestimmen den Deliktaufbau in Klausuren	● Kausalität (bei den Erfolgsdelikten) ● Äquivalenztheorie A 13.7		● Zumutbarkeit *oder* Fehlen von Entschuldigungsgründen	● Strafantrag (bei Antragsdelikten)
	● Versuch A 18 ● Täterschaft A 19.1, 19.3 ● Teilnahme A 19.1, 19.4			● Konkurrenzen ● Gesetzes- ● Ideal- ● Realkonkurrenz A 20 ● Verjährung A 21

1) Nach der neueren Lehre erfüllt der Vorsatz eine Doppelfunktion. Er wird einerseits zum Tatbestand gerechnet und andererseits zur Schuld, wo er allerdings nur noch im Rahmen bestimmter Irrtumsfälle Bedeutung gewinnt. Bei der Fahrlässigkeit gehört die objektive Komponente zum TB, die subjektive zur Schuld. Einzelheiten sind in Kapitel A 12.4 u. A 14 dargestellt.

12.3 Der Begriff der Straftat[1]

Die Straftat wird allgemein als eine tatbestandsmäßige, rechtswidrige und schuldhafte Handlung eines Menschen definiert, für die das verletzte Gesetz als Rechtsfolge die Betrafung des Täters vorsieht. Die nachfolgende Skizze veranschaulicht dies.

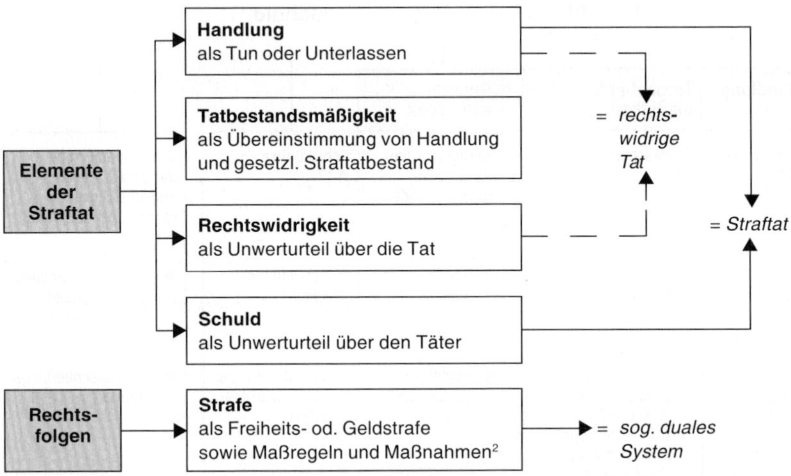

Die nur scheinbar einfache Definition der Straftat offenbart bei näherer Betrachtung komplizierte Zusammenhänge, mit deren Darstellung sich der Allgemeine Teil des StGB (AT StGB) ganz überwiegend befasst, Zusammenhänge, deren Inhalte und Beziehungen die Wissenschaft zu zahlreichen Theorien und Lehren angeregt hat.[3]

Die Kenntnis der Begriffselemente der Straftat in ihren Grundzügen ist Voraussetzung für die zutreffende Feststellung, ob jemand sich im Sinne der Tatbestände des Besonderen Teils des StGB (BT StGB) oder der eines sog. Strafrechtsnebengesetzes[4] strafbar gemacht hat.

Das Verständnis der Beziehungen dieser Elemente zueinander vermittelt erst die Fähigkeit, methodisch und damit exakt und allgemeinverbindlich an die Beurteilung der strafrechtlich relevanten Lebenssachverhalte heranzugehen. Diese Fertigkeit wird in dem Maße von Polizeibeamten erwartet, wie es ihrer Aufgabe entspricht, Feststellungen im Rahmen der Strafverfolgung in verwertbarer Form den Staatsanwaltschaften und Gerichten zuzuleiten.

Auf die Ausführungen in Kap. C 2 wird hingewiesen.

---

1) Zum Begriff der unerlaubten Handlung gem. § 823 BGB vgl. Sie Kap. A 22 und A 10 sowie zum Begriff des Bußgeldtatbestandes Kap. D 1.3.
2) Dazu Näheres in Kap. A 7.
3) Haft AT, SchöSchr.,Tröndle/Fischer.
4) Näheres zu diesem Begriff in Kap. A 3.

12.4 Der Handlungsbegriff im Strafrecht

Strafrechtliche Haftung kann nur aus einem bestimmten *menschlichen Verhalten* abgeleitet werden. Dieses Verhalten kann in einem *Tun* (Hauptfall), aber auch in einem *Unterlassen* eines gebotenen Tuns bestehen, wie sich aus § 13 (Begehen durch Unterlassen) oder z. B. auch aus § 323 c (Unterlassene Hilfeleistung) ergibt.

Handlung = Tun oder Unterlassen

Die praktische Bedeutung des Handlungsbegriffs besteht zunächst darin, mit seiner Hilfe die menschlichen Verhaltensformen zu umschreiben, die Grundlage einer strafrechtlichen Wertung sein sollen.

Der Handlungsbegriff erfüllt damit eine **Filterfunktion** in dem Sinne, sog. Nicht-Handlungen aus der (weiteren) strafrechtlichen Wertung auszuschließen.

Als Nicht-Handlungen kommen Bewegungen (Verhaltensweisen) aber nur in Betracht, wenn bei ihnen der geistige Steuerungsapparat *völlig* ausgeschlossen war; war er dagegen nur eingeschränkt, ist die Handlung zu bejahen.

Die Abgrenzung kann schwierig sein und in Einzelfällen die Heranziehung einer sachverständigen Aussage notwendig machen.

Die nachfolgende Abb. veranschaulicht eine (grobe) Abrenzung von Nicht-Handlungen und Handlungen.[1]

Nicht-Handlungen	Handlungen
– Mit willensausschließender Gewalt erzwungene Bewegungen (vis absolua): A stößt B urplötzlich an; dieser strauchelt und stürzt auf ein Kleinkind, das eine Rückgratverletzung erleidet. B hat nicht gehandelt, A hat fahrlässig bzgl. der Kindesverletzung gehandelt (§ 229). – Bewegungen im Zustand der Bewusstlosigkeit, z. B. in Hypnose, unter Narkose oder im Schlaf oder im Krampf. – Reflexbewegungen, soweit sie nicht voraussehbar waren (z. B. verursacht durch plötzl. Wespenstich).	– Nur mit willensbeugender Gewalt erzwungenes Verhalten (vis compulsiva) Der flüchtige A fordert den Taxifahrer T mit vorgehaltener Pistole auf, den Polizeibeamten P niederzufahren. A u. T handeln, T handelt in entschuldigendem Notstand (§ 35). – Bewegungen im Zustand bloßer Bewusstseinsstörungen, etwa bei Volltrunkenheit. – Kurzschlusshandlungen; Affekttaten. – Automatisierte Handlungen, z. B. Überreaktion eines Kraftfahrers, der das Steuer verreißt u. einen Fußgänger überfährt.

Anm.: Nur in den (seltenen) Fällen, in denen die Handlungsqualität strittig ist, muss sie in Klausuren geprüft werden.

Abgesehen von dieser groben Filterfunktion des Handlungsbegriffs war in der Strafrechtslehre traditionell strittig, wie der **Handlungswille** beschaffen sein muss, an den sich die weitere Bewertung der Tat anzuschließen hat.

In den seit der Jahrhundertwende entwickelten *Handlungslehren*[2] ging es darum, für alle Formen menschlichen Handelns, also für das (aktive) Tun und das (passive) Unterlassen, und zwar jeweils in seinen vorsätzlichen und fahrlässigen Varianten, einen sowohl dogmatisch wie pragmatisch akzeptablen Ausgangspunkt für die strafrechtliche Bewertung zu finden.

Es handelt sich hierbei um die in der Zeit der Jahrhundertwende herrschende klassische **kausale** (*Beling, v. Liszt)*, die aus der Kritik an ihr in den 30er Jahren entstandene **finale** *(Welzel)* und die zwischen beiden vermittelnde neuere **soziale** *(Eb. Schmidt, Jescheck)* Handlungslehre.

---

1), 2) Zum Handlungsbegriff und zu den Handlungslehren vgl. Sie ggf. die einschlägige Kommentarliteratur.

Rspr. und Lehre haben bis heute keinen einheitlichen, für alle Phänomene menschlicher Handlung gleichgut geeigneten Oberbegriff finden können. Teilweise wird dies auch wegen der Komplexität des Handlungsbegriffs gar nicht für möglich gehalten. Jedenfalls haben die Auseinandersetzungen um die „richtige" Handlungslehre deutlich gemacht, an welcher Stelle des Straftatsystems Vorsatz und Fahrlässigkeit zu prüfen sind. Um diese Entscheidung nachvollziehen zu können, ist eine gewisse Kenntnis der Handlungslehren hilfreich. Einen Überblick vermittelt der nachfolgende Exkurs.

Exkurs: Handlungslehren – Standort von Vorsatz und Fahrlässigkeit im Verbrechensaufbau

Die (klassischen) **Kausalisten** (v. Liszt, Beling, Baumann/Weber/Mitsch u. a.) vertraten die Auffassung, der Handlungsbegriff habe lediglich die Aufgabe, einen brauchbaren Anknüpfungspunkt für die strafrechtliche Subsumtion zu ermitteln. Entscheidend sei allein ein Willensimpuls, der die Muskeltätigkeit des Menschen zum Handeln anrege. Die Willens*beschaffenheit* des Handelnden müsse dabei völlig unbeachtet bleiben.

Probleme: Dass aber der Vorsatz Bestandteil des Handlungsunrechts ist, zeigen die vom Gesetzgeber bei der Tatbestandsumschreibung häufig benutzten *finalen Tätigkeitswörter* (z. B. „Widerstandleisten" in § 113, „Vorspiegeln" in § 263, dem „Wild nachstellen" in § 292). Bei einer rein kausalen Deutung ginge der Handlungs*sinn* verloren. Auch der Tatbestand des *versuchten* Delikts ließe sich ohne Prüfung des Vorsatzes nicht nachweisen. Dogmatische Schwierigkeiten ergeben sich weiter bei der Behandlung des *Unterlassungsdelikts* (weil eine Muskelanspannung gerade nicht erfolgt) und bei der Teilnahme (§§ 25 II, 26, 27) an fremder Haupttat.

Der in den 20er Jahren entwickelte sog. **neoklassische** Verbrechensbegriff (Baumann/Weber) anerkennt zwar die Existenz der subjektiven TBM (z. B. die Zueignungsabsicht in § 242; die Zielvorstellung beim Vorsatz, § 22), weist Vorsatz und Fahrlässigkeit aber weiterhin ausschließlich der Schuld zu.

Die **Finalisten** (Welzel, Maurach, Kaufmann u. a.) gehen davon aus, dass menschliches Handeln stets nur zweckgerichtetes, *finales*, Handeln sein könne und nicht nur Muskeltätigkeit. Handeln sei *zweckhafte Gestaltung der Außenwelt* und umfasse daher notwendig auch die subjektive Seite des Handelns.

Die Finalisten behandeln deshalb den Vorsatz und die Fahrlässigkeit im (subjektiven) Tatbestand.

Auf diese Weise ist es bereits auf der Tatbestandsebene möglich, z. B. Totschlag und Fahrlässige Tötung zu unterscheiden. Der finale Aufbau des Straftatsystem ist heute vielfach üblich. Die h. M. hat sich indes nicht ohne Einschränkung zum Finalismus bekannt (Haft AT).

Probleme: Die Schwäche des Finalismus zeigt sich beim Aufbau des Unterlassungsdelikts (denn beim Unterlassungsdelikt findet gerade keine gesteuerte Bewegung statt) sowie beim Fahrlässigkeitsdelikt, bei dem es regelmäßig an einem zielgerichteten Handeln fehlt. Dies gilt in besonderem Maße bei der *unbewussten* Fahrlässigkeit.

Die Schwächen der kausalen und finalen Handlungslehre führten zu einer Fortbildung des Handlungsbegriffs.

Es entstand die **Soziale Handlungslehre** (Begründer Eb. Schmidt, Jeschek, Wessels). Die Lehre wird heute von vielen Strafrechtslehrern vertreten, wenn auch in teilweise unterschiedlichen Varianten (Nachweise bei Roxin AT § 8).

Die soziale Handlungslehre sucht die *soziale Dimension der menschlichen Handlung* mit zu erfassen. Nicht die bloße Zweckhaftigkeit (Finalisten), sondern der *soziale Sinn* der Handlung rückt damit in den Blickpunkt.

Die soziale Handlungslehre versteht sich als „vermittelnde Lehre", die im Ergebnis den kausalen und finalen Handlungsbegriff nicht aus-, sondern einschließt. Sie beabsichtigt, Vorsatz-, Fahrlässigkeits- und Unterlassungsdelikte angemessener abbilden und bewerten zu können (Haft AT).

Auch die soziale Handlungslehre rechnet den Vorsatz und die objektive Komponente der Fahrlässigkeit (Verletzung der im Verkehr erforderlichen Sorgfalt) zum Tatbestand.

Kritiker dieser Lehre wenden sich gegen die Unschärfe des Begriffs der „Sozialerheblichkeit" des Handelns.

Fazit: Der Streit um die „zutreffendste" Handlungslehre hat heute an Bedeutung verloren. Geblieben ist allenfalls der Streit darüber, an welcher Stelle des Deliktaufbaus Vorsatz und Fahrlässigkeit zu prüfen sind.

Ganz überwiegend wird dem *Vorsatz* heute eine Doppelfunktion zugewiesen[1], nach der er grundsätzlich im (subjektiven) Tatbestand und ausnahmsweise (im Falle des sog. Erlaubnistatbestandsirrtums) im Komplex der Schuld zu prüfen ist. Im Falle der *Fahrlässigkeit* wird deren objektive Komponente (Verletzung der im Verkehr erforderlichen Sorgfalt) im objektiven Tatbestand, deren subjektiver Aspekt (individuelle Vorhersehbar- und Vermeidbarkeit) im Bereich der Schuld – als Fahrlässigkeitsschuld – geprüft. Der Große Senat des BGH verneinte beim sog. Erlaubnistatbestandsirrtum[2] die „Vorsatzschuld", bejahte aber den *Tatbestands*vorsatz.[3] Die nachfolgende Abb. zeigt die unterschiedlichen Auswirkungen im Deliktsaufbau.

Dem Aufbau zu C ist der Vorzug zu geben, da er die Schwächen des finalen und kausalen Aufbaus weitgehend ausschließt. Der Aufbau wird auch in diesem Lehrbuch verwendet.

A. Kausaler Aufbau i. S. d. neoklassischen Verbrechensbegriffs:	**B. Finaler Aufbau:**	**C. Aufbau nach der „Eingeschränkten Schuldtheorie des BGH[4]" und der in der h. L. vertretenen „Doppelfunktion des Vorsatzes":**
Tatbestand ● objektive TBM ● subjektive TBM – spezielle Absichten, Motive, Tendenzen (z. B. in §§ 164, 187, 226 II, 259, 267)	***Tatbestand*** ● objektive TBM ● subjektive TBM – **Vorsatz / Fahrlässigkeit** – Absichten, Motive, Tendenzen	***Tatbestand*** ● objektiver TB (Kap. A 13.6) – bei Fahrlässigkeitstaten (Kap. A 14.3) – objekt. Komponente der F. ● subjektiver TB – **Tatbestandsvorsatz** – ggf. Tatbestandsirrtum, § 16 – Absichten, Tendenzen, Motive
Rechtswidrigkeit	***Rechtswidrigkeit***	***Rechtswidrigkeit***
Schuld ● Schuldfähigkeit ● **Schuldform** – Vorsatz – Fahrlässigkeit ● Unrechtsbewusstsein ● Fehlen von Entschuldigungsgründen	***Schuld*** ● Schuldfähigkeit ● Unrechtsbewusstsein ● Fehlen von Entschuldigungsgründen	***Schuld*** ● Schuldfähigkeit ● Vorsatzschuld – indiziert durch den TB-Vorsatz, daher nur im Fall des Erlaubnistatbestandsirrtums zu prüfen[5] ● Fahrlässigkeitsschuld (Kap. A 17.4) – subjektive Komponente der Fahrlässigkeit ● Unrechtsbewusstsein (Kap. A 17.5) ● Fehlen von Entschuldigungsgründen (Kap. A 17.6)

1) Tröndle/Fischer vor § 13.
2) Ein Erlaubnistatbestandsirrtum ist gegeben, wenn der Täter über die sachlichen Voraussetzungen eines Rechtfertigungsgrundes (→ A 16) irrt, d.h. irrig Tatumstände für zutreffend hält, die im Fall ihres *wirklichen* Zutreffens die Tat rechtfertigen würden (→ A 17.4).
3) BGH GSSt 2, 36 NJW'88, 2310.
4) BGH 2, 194 ff., Näheres in Kap. A 17.4.
5) Der Begriff wird in Kap. A 17.4 erläutert.

13 Der Tatbestand

13.1 Typisierung und Auslesefunktion

Mit dem Instrument des Straftatbestandes hat der Gesetzgeber die *strafwürdigen* Unrechtshandlungen aus einer größeren Masse denkbarer Unrechtshandlungen

z. B.: – *Ordnungswidrigkeiten,*
- *Anstiftung zum Selbstmord,*
- *versuchte Anstiftung zu einem Vergehen,*
- *fahrlässige Beihilfe zu fremder Tat,*
- *fahrlässige Sachbeschädigung (aber: § 823 BGB)*

ausgesondert und so genau wie möglich umschrieben (typisiert). Durch die im jeweiligen Strafparagraphen festgelegte Rechtsfolge (Übersicht in Kap. A 12.1) wird außerdem die staatliche Strafgewalt definiert.

Beispiel:

§ 242 Diebstahl

(1) Wer eine fremde bewegliche Sache einem anderen in der Absicht wegnimmt, die Sache sich oder einem Dritten rechtswidrig zuzueignen, wird mit Freiheitsstrafe bis zu fünf Jahren oder mit Geldstrafe bestraft.

(2) Der Versuch ist strafbar.

13.2 Garantiefunktion

Der gesetzliche Straftatbestand erfüllt mit der genauen Festlegung von *Unrechtshandlung und Rechtsfolge* eine **Fundamental- und Garantiefunktion** im Sinne von Art. 103 II GG. Nach dieser Verfassungsnorm kann eine Tat nur bestraft werden, wenn die Strafbarkeit *gesetzlich* bestimmt war, *bevor* die Tat begangen wurde. Daraus ergibt sich:

„Keine Straftat ohne Gesetz" (nullum crimen sine lege).
„Keine Strafe ohne Gesetz" (nulla poena sine lege).

Art. 103 II GG ist gleich lautend mit § 1 StGB. Dessen Verletzung kann über Art. 103 II GG mit der **Verfassungsbeschwerde** (Art. 93 I Nr. 4 a GG) gerügt werden.

Dies ist z. B. geschehen mit der Anrufung des BVerfG zu der Frage, ob das Verweilen auf der Straße für Kraftfahrer Gewalt (Sitzblockade) im Sinne der Nötigung sei.[1]

Es ging hierbei um die Rechtsfrage, ob die Bejahung des Gewaltbegriffs auf diesen Sachverhalt noch **zulässige Auslegung** oder bereits durch Art. 103 II GG **verbotene Analogie** war. Letzteres entschied das BVerfG und hob das Urteil auf. Ohne den Gewaltbegriff selbst zu definieren, stellt der 1. Senat des BVerfG fest, Kriterium für die Auslegung von Gesetzesbegriffen (gemeint waren die des BT) sei „der mögliche Wortsinn des Gesetzes", der die „äußerste Grenze zulässiger richterlicher Interpretation markiere". „Die Schließung *möglicher Strafbarkeitslücken* dürfe nicht durch richterliche Auslegung erfolgen (es wäre verbotene Analogie!), sondern sei Angelegenheit des Gesetzgebers". An anderer Stelle stellte das zitierte BVerfG fest, dass die Ausweitung des Gewaltbegriffs in § 240 I im Zusammenhang mit Sitzdemonstrationen gegen das Gebot der „Vorhersehbarkeit strafrechtlicher Verbote" verstoße und damit den sich aus § 103 II ergebenden **Bestimmtheitsgrundsatz** verletze.

13.3 Auslegung von Tatbestandsmerkmalen (TBM)

Das *Bestimmtheitsgebot* für Straftatbestände, das aus Art. 103 II GG hergeleitet wird, richtet sich an den Gesetzgeber, der Straftatbestände so genau wie möglich zu fixieren hat.

Noch im vorigen Jahrhundert ging man davon aus, dass es möglich sei, Gesetze bestimmt und eindeutig zu formulieren, so dass ihre *Auslegung* im Einzelfall überflüssig

1) BVerfG NStZ '95, 275; Näheres in Kap. B 17.2.

und daher zu verbieten sei.[1] Heute ist anerkannt, dass eine derart genaue Umschreibung aller Tatbestände nicht möglich ist, weil sie den so überaus variantenreichen Gegebenheiten des Lebens nicht gerecht würde. Ein bisher scheinbar klar erfasstes Tatbestandsmerkmal in einem Sachverhalt kann plötzlich zum Problem werden.

Beispiele: *Gewaltbegriff bei Sitzdemonstrationen im Rahmen des § 240, Lippenstift als Scheinwaffe i. S. d. § 250 I 2 StGB [2], Langlaufloipe als Sache i. S. v. § 303.*

Die h.M. löst diese Probleme durch die Anwendung bestimmter *Auslegungsmethoden.*

Unter der verfassungsgerichtlichen Vorgabe, dass die allgemeine Wortbedeutung jede Auslegung begrenzt, haben sich folgende Regeln herausgebildet, die jeweilige Auffassung argumentativ darzustellen:

- *grammatische* = Wortauslegung;
- *systematische* = Frage nach dem Sinn der Norm unter Berücksichtigung des Systemzusammenhangs, in dem sie steht;
- *historische* = Auslegung durch Ermittlung des Regelungsziels des (damaligen) Gesetzgebers;
- *teleologische* = Auslegung nach dem aktuellen Sinn und Zweck des Gesetzes;
- *verfassungskonforme* = Auslegung im Rahmen des geltenden Verfassungsrechts.

Zur *Relativierung* sei angemerkt: Die Auslegungsregeln gelten für den Ausnahmefall, für den Normalfall (etwa 99 % aller Fälle) haben sie keine Bedeutung.

13.4 Tatbestandsmäßigkeit des Handelns

Aus der Garantiefunktion des Straftatbestandes folgt in jedem Einzelfall die Notwendigkeit des exakten Nachweises der Tatbestandsmäßigkeit einer Handlung (erst danach ist – in einer Klausur – auf Rechtswidrigkeit und Schuld einzugehen!).

***Tatbestandsmäßigkeit* =**
Übereinstimmung von Straftatbestand und Sachverhalt!

Die sich aus einem bestimmten Sachverhalt (SV) ergebende *Handlung* eines Menschen ist dann *tatbestandsmäßig,* wenn sie in allen Einzelheiten einem gesetzlichen *Straftatbestand* (TB) entspricht. Dies gilt auch für Versuchs- (§§ 22, 23) und Teilnahmehandlungen (§§ 25 II, 26, 27), für vorsätzliche und fahrlässige Delikte (§ 15).

Die Unterordnung eines SV unter die gesetzlichen Merkmale eines TB nennt man *Subsumtion!*

13.5 Subsumtionstechnik und Fallbearbeitung

Der Nachweis der Tatbestandsmäßigkeit einer Handlung hat in objektivem Gutachtenstil zu erfolgen.

Das Gegenstück dazu bildet der *juristische Urteilsstil.* Dieser nimmt das Ergebnis der Prüfung mit der Formulierung des Urteils vorweg – z. B. Mantu hat sich wegen Diebstahls gem. § 242 strafbar gemacht. Danach erst erfolgt die Begründung.

Beim Gutachtenstil ist es umgekehrt. Wie sich aus Kap. A 12.4 ergibt, muss man sich zunächst darüber klar geworden sein, welchen *Klausuraufbau* man nehmen will. Die sich daraus ergebende *Systematik* muss durchgängig beachtet werden.

Die Prüfung jedes einzelnen Merkmals erfolgt im Wege der *Subsumtion.* Auf diese Weise müssen alle sachverhaltsrelevanten Rechtsfragen angesprochen werden, allerdings in unterschiedlicher Breite, und zwar nach dem Grundsatz: je problematischer ein Merkmal ist, umso vollständiger die Subsumtion.

1) Haft AT § 5 m. w. Nw.
2) BGH NJW '96, 2663. Mit dem 6. StrRG wurde dieser Fall nunmehr unter § 250 I Nr. 1 b gefasst.

Die Subsumtion eines rechtlichen TBM anhand des SV erfolgt *grds.* in *vier Schritten.* Die Methodik zeigt das nachfolgende Beispiel:

Sachverhalt:	Mantu erschlägt den Dackel seines Nachbarn, der ihn schon wiederholt angekläfft hat, durch mehrere wuchtige Hiebe mit seinem Spazierstock.
Aufgabe:	Prüfen Sie, inwiefern sich Mantu strafbar gemacht hat!
Methodik:	
Obersatz:	Indem Mantu den Hund erschlug, könnte er eine Sachbeschädigung i. S. v. § 303 StGB begangen haben.
	1. TBM „Sache"
1. Obersatz zum Problem:	Fraglich ist, ob der Hund des Nachbarn eine Sache ist.
2. Definition des rechtlichen Merkmals:	Sachen sind körperliche Gegenstände i. S. v. § 90 BGB. Auf Tiere sind gem. § 90 a BGB die Vorschriften über Sachen entsprechend anzuwenden.
3. SV unter die Definition:	Der Hund des Nachbarn ist ein Tier.
4. Ergebnis:	Daher ist der Hund gem. § 90 a BGB als Sache i. S. v. § 303 zu subsumieren.
	2. TBM „fremd"
1. Obersatz zum Problem:	Fraglich ist, ob der Hund des Nachbarn für Mantu eine fremde Sache ist.
2. Definition d. Merkmals:	Fremd sind Sachen, wenn sie im Eigentum oder Miteigentum eines anderen stehen.
3. SV unter die Definition:	Der Hund gehörte dem Nachbarn des Mantu.
4. Ergebnis:	Daher ist der Hund für Mantu eine fremde Sache i. S. v. § 303.
Anmerkung:	Der Gutachtenstil soll nicht unbeholfen und lebensfremd sein. Deshalb sind sinnvolle Möglichkeiten der Vereinfachung zu nutzen. Das Merkmal ‚fremd' liegt so offensichtlich vor, dass es knapper und damit souveräner subsumiert werden kann (und sollte).
	Beispiel:
	Der Hund steht im Eigentum des Nachbarn und ist daher für Mantu fremd.
	3. TBM „zerstören"
1. jeweils wie oben	Fraglich ist, ob der Hund des Nachbarn von Mantu zerstört worden ist.
2.	Im Sinne des § 303 sind Sachen zerstört, wenn ihr bestimmungsgemäßer Gebrauch aufgehoben ist.
3.	Der Hund wurde von Mantu getötet. Der Kadaver hat für den Nachbarn keinen Wert oder Nutzen mehr.
4.	Der Hund ist daher i. S. v. § 303 zerstört worden.
Anmerkung:	Auch hier wirkt der Subsumtionsvorgang in vier Schritten zu steif und gewollt problematisiert. Eine zusammenfassende Subsumtion wäre deshalb richtiger.
	Beispiel:
1. – 4.:	Der Hund wurde von Mantu getötet und daher im Sinne des § 303 zerstört.

	4. TBM „Vorsatz"
1. Obersatz zum Problem:	Fraglich ist, ob Mantu den Hund vorsätzlich zerstört hat.
2. Definition d. subjektiven TBM:	Vorsätzlich handelt, wer mit Wissen *und* Wollen den (objektiven) TB eines Strafgesetzes erfüllt.
3. SV unter die Definition:	Aus dem Umstand, dass Mantu *mehrfach* auf den Hund einschlug, ist zu folgern, dass ihm die (mögliche) Zerstörung der Sache bewusst war. Da es sich um den Hund seines Nachbarn handelte, ist davon auszugehen, dass ihm bekannt war, dass der Hund eine für ihn fremde Sache war. Daraus, dass Mantu mehrmals wuchtig mit seinem Spazierstock zuschlug, ist zu folgern, dass er den Hund töten, d. h. die Sache zerstören wollte.
4. Ergebnis:	Mantu hat vorsätzlich und damit tatbestandsmäßig i.S.v. § 303 gehandelt.
	5. „Rechtswidrigkeit"
1. Obersatz zum Problem:	Fraglich ist, ob die Zerstörung der Sache i. S. v. § 228 BGB (Defensivnotstand) gerechtfertigt war.
2. Definition d. Rechtfertigungsgrundes:	§ 228 BGB setzt eine Notstandslage voraus, in der von der (später) zerstörten fremden Sache eine Gefahr ausgeht, die den Eintritt eines Schadens ernstlich befürchten ließ. Die schädliche Abwehrmaßnahme gegen die gefährdende Sache muss erforderlich sein, insbesondere dürfen mildere Mittel nicht verfügbar sein.
3. SV unter Definition:	Einerseits ist anerkannt, dass jedes Rechtsgut bedroht sein kann, also auch die Ruhe vor Belästigung. Das wiederholte, aber ansonsten folgenlose Kläffen stellt indes keine Gefahrenlage dar, die zu einer unmittelbaren zerstörerischen Maßnahme Anlass gegen konnte. Mantu hätte aus § 823 I BGB einen Anspruch auf entsprechende Maßnahmen des Hundehalters zivilrechtlich durchsetzen können.
4. Ergebnis:	Die Zerstörung der Sache war nicht nach § 228 BGB gerechtfertigt. Da andere Rechtfertigungsgründe offensichtlich auch ausscheiden, ist die Zerstörung der Sache rechtswidrig.
	6. „Schuld" Auf dieser dritten Ebene der Straftatstruktur wären nunmehr zu prüfen: Schuldfähigkeit, Unrechtsbewusstsein, etwaige Entschuldigungsgründe. Hierzu wird auf die Ausführungen in Kap. A 17 verwiesen.

13.6 Die Struktur des Tatbestandes

In der vorstehenden Fallösung sowie in Kap. A 12.4 wurde bereits deutlich, dass der Tatbestand nicht nur das äußerlich wahrnehmbare Geschehen beschreibt, sondern darüber hinaus auch bestimmte psychische Gegebenheiten, die in der Person des Täters gegeben sein müssen. Man unterscheidet deshalb zwischen **objektivem** und **subjektivem** Tatbestand. Die Unterscheidung ist wichtig für den Aufbau eines Gutachtens, also einer Strafrechtsklausur!

13.6.1 Deskriptive und normative TBM

Tatbestandsmerkmale (TBM) können zudem sowohl **deskriptive** (beschreibende, sinnlich wahrnehmbare) als auch **normative** (wertausfüllungsbedürftige) Merkmale enthalten (für Letztere genügt es, wenn der Täter von ihnen eine ungefähre Bedeutungskenntnis hatte [sog. Parallelwertung in der Laiensphäre nach BGH]). Die genaue Grenzziehung zwischen deskriptiven und normativen TBM wird nicht immer möglich sein. Dies ist aber für den Aufbau einer Strafrechtsklausur nicht bedeutsam.

Die nachfolgende Abb. veranschaulicht die vorstehend beschriebene Struktur am Beispiel des Diebstahls (§ 242):

TBM	– *objektive*	– *subjektive*
- *deskriptive*	**Sache, Wegnahme**	**Vorsatz** bzgl. Sache, Wegnahme
- *normative*	**fremd**	**Zueignungsabsicht**

13.6.2 Objektiver und subjektiver TB

Der objektive TB beschreibt im Einzelnen

- den Täterkreis und damit, ob *jedermann* Täter sein kann („Wer ...") oder ob ein *Sonderdelikt* gegeben ist, bei dem eine bestimmte *Täterqualifikation* vorliegen muss, z. B. Amtsträger in § 348, Garant in § 13;
- die *Tatsituation*, z. B. Unglücksfall in § 323 c oder hilflose Lage (des Opfers) in § 221;
- das *Tatobjekt*, z. B. die Urkunde in § 267, das Gebäude in § 306;
- die *Tathandlung*, z. B. „Wegnahme" in § 242, „Fälschen" in § 267;
- besondere *Tatmodalitäten*, z. B. Mitführen einer Waffe beim Raub in § 250 I 1 a;
- bei den Erfolgsdelikten (Kap. A 12.1) den *Kausalzusammenhang* zwischen Tathandlung und Erfolg als *ungeschriebenes* TBM des objekt. TB (Kap. A 13.7 unten – Kausalität im Strafrecht);
- die *Fahrlässigkeit* in ihrer *objektiven* Komponente (Kap. A 12.4), nämlich der objektiven Sorgfaltspflichtverletzung und Voraussehbarkeit des Erfolges (zum Begriff Kap. A 14.3).

  Zur *subjektiven* Komponente gehören die persönliche (subjektive) Pflichtverletzung, eben die individuelle Vorhersehbar- und Vermeidbarkeit. Sie wird der *Schuld* zugerechnet, und zwar der Schuldform als sog. *Fahrlässigkeitsschuld*. Enthält ein Klausur-Sachverhalt keine Hinweise auf die Täterpersönlichkeit, ist die Fahrlässigkeitsschuld durch die Bejahung der objektiven Komponente gegeben (Indizwirkung).

> Soweit im Gesetz eine „rechtswidrige" (in § 303), eine „widerrechtliche" (in § 123) oder eine „unbefugte" (in § 324) Handlungsweise gefordert wird, handelt es sich regelmäßig nicht um (normative) TBM, sondern um zusätzliche Klarstellungen, dass eben nur rechtswidrige Handlungen bestraft werden sollen. Die hiermit umschriebene Rechtswidrigkeit bezeichnet man als *allgemeines Verbrechensmerkmal* einer Straftat.
>
> Anders verhält es sich jedoch bei solchen Tatbeständen, die ohne die zuvor genannten Umschreibungen nicht einmal im Ansatz Unrecht erkennen lassen würden. Das Führen eines Titels wird erst dann Unrecht, wenn es „unbefugt" erfolgt (§ 132 a; ähnlich in § 132, § 242, § 246, § 263). In diesen Fällen sind die Begriffe „unbefugt", „rechtswidrig" (normative) TBM und als solche zu prüfen!

Der subjektive Tatbestand

Traditionell umstrittten ist, *welche* subjektiven Merkmale zum subjektiven TB zu rechnen sind. Nach wohl h. M. (Näheres in Kap. A 12.4) fallen darunter:

- der *Tatvorsatz*, der sich auf sämtliche Merkmale des objektiven TB erstrecken muss. Ist dies nicht der Fall, handelt der Täter im Tatbestandsirrtum (§ 16 I), der den Vorsatz ausschließt, so dass allenfalls Bestrafung wegen fahrlässiger Begehung in Betracht kommt, sofern das Gesetz diese vorsieht (§ 15). Irrt der Täter bei einer Wegnahmehandlung über das Merkmal „fremd", weil er z. B. glaubt, dass das im Straßengraben vorgefundene alte Fahrrad herrenlos ist, handelt er nicht vorsätzlich. Die fahrlässige Begehung ist nach §§ 242, 15 nicht mit Stafe bedroht.

- *Motive* (z. B. Habgier in § 211), Absichten (z. B. Zueignungsabsicht in § 242), Gesinnungsmerkmale (z. B. rücksichtslos in § 315 c).
- Kenntnis und Billigung des *Kausalzusammenhanges* bei Erfolgsdelikten (Kap. A 12.6).

Objektive Bedingungen der Strafbarkeit sind Merkmale außerhalb des Unrechtstatbestandes. Daraus folgt, dass sich Vorsatz und Fahrlässigkeit auf sie *nicht* zu beziehen brauchen und dass ein Irrtum des Täters hierüber auch keine den Vorsatz ausschließende Wirkung hat. Gleichwohl ist von ihrem Vorliegen die Strafbarkeit der Tathandlung abgängig. Die wichtigsten Beispiele sind:

- die Rechtmäßigkeit der Amtsausübung in § 113 (Widerstand gegen VB),
- die Herbeiführung einer schweren Folge in § 231 (Beteiligung an einer Schlägerei),
- die im Rausch begangene Straftat in § 323 a,
- die Nichterweislichkeit der Wahrheit in § 186 (Üble Nachrede).

Aufbaumäßig sollte die objektive Bedingung der Strafbarkeit im Anschluss an den Tatbestand beprüft werden (sog. Tatbestandsannex).[1]

13.7 Kausalität und objektive Zurechnung

Bei den Erfolgsdelikten, also den Delikten, zu deren Vollendung neben dem Handeln des Täters auch der Eintritt eines Erfolges gehört,

Beispiele:

- *Totschlag, § 212* = *Tod eines Opfers,*
- *Betrug, § 263* = *Eintritt eines Vermögensschadens,*
- *Gefährdung des Straßenverkehrs, § 315 c* = *konkreter Gefährdungseintritt,*

ist der *Kausalzusammenhang* als notwendiges Bindeglied zwischen dem *vom Willen getragenen Verhalten und seinem Erfolg* zu prüfen. Diese *kausale* Verknüpfung gehört zum objektiven Tatbestand. Sie ist Tatumstand i. S. v. § 16 I, auf den sich der *Vorsatz erstrecken muss* (und auf den sich daher im Einzelfall auch der Tatbestandsirrtum erstrecken *kann,* und zwar mit der Folge des Vorsatzauschlusses).

Bei den Fahrlässigkeitsdelikten muss das Nichterkennen des Kausalzusammenhanges auf vorwerfbarer Verletzung der erforderlichen Sorgfaltspflicht beruhen.

Wie die Kausalität *beschaffen* sein muss und *wann* sie als *gegeben* akzeptiert werden kann, ist in verschiedenen Theorien dargestellt worden. Die Rspr. folgt noch ganz überwiegend der sog. Bedingungs- oder Äquivalenztheorie.[2]

Nach ihr ist jede Handlung kausal, die nicht hinweggedacht (bei den unechten Unterlassungsdelikten nicht hinzugedacht) werden kann, ohne dass der konkrete Erfolg entfiele (sog. Conditio sine qua non-Formel). Jede Bedingung gilt dabei als gleichwertig, nämlich äquivalent.

Beispiel: *Ein 3-Jähriger, den die Mutter nicht an die Hand genommen hat, läuft plötzlich vom Gehweg hinter einem abgestellten Pkw hervor auf die Fahrbahn, wo er von einem korrekt fahrenden Pkw-Fahrer erfasst und tödlich verletzt wird.*

Kausale Handlungen für den Todeseintritt sind hier einerseits die Unterlassung der gebotenen Beaufsichtigung des Kindes, denn bei Hinzudenken der gebotenen Beaufsichtigung durch entsprechendes Festhalten des Kindes wäre der Erfolg, der Tod des Kindes, nicht eingetreten.

---

1) Vgl. Sie Kap. A 17.7.

2) Im Zivilrecht wurden mit der Relevanztheorie und der Adäquanztheorie einschränkende Kausalitätstheorien entwickelt. Dies war notwendig, denn im Zivilrecht gibt es mit der Gewährleistungs- u. Gefährdungshaftung auch Haftung ohne Vorsatz und Fahrlässigkeit, so dass eine haftungsbegrenzende Korrektur über diese Elemente nicht möglich ist. Nachweise zu diesen Lehren bei SchöSchr., Tröndle jeweils vor § 13; Haft AT.

Der Mutter ist der eingetretene Erfolg auch unter dem Gesichtspunkt der Fahrlässigkeit anzulasten (§§ 222, 13). Denn mit der *objektiven* Sorgfaltspflichtverletzung ist die Tat tbm. (was hier die Rechtswidrigkeit indiziert) und mit der auch zu bejahenden *subjektiven* Vorwerfbarkeit der Pflichtverletzung (Fahrlässigkeitsschuld) ist die rw. Tat auch schuldhaft begangen.

Andererseits ist aber auch das Verhalten des Pkw-Fahrers kausal für den Verletzungserfolg, denn seine Handlung, das Fahren zu dieser Zeit an dieser Stelle, ist nicht hinwegdenkbar, ohne dass der konkrete Erfolg entfiele. Da der Pkw-Fahrer aber korrekt fuhr, ist in der gegebenen Situation schon keine objektive Sorgfaltspflichtverletzung (subjektiver TB) festzustelllen. Damit entfällt hier bereits die *tatbestandsmäßige* Verursachung.

Ein ganz anderes Bild entsteht, wenn man die Fahrlässigkeit im Sinne der Anwendung der *kausalen* Handlungslehre (Kap. 12.4) allein im Bereich der *Schuld* prüft. Denn dann ergibt sich, dass der Pkw-Fahrer tbm. (und rechtswidrig) gehandelt hat und ihm *lediglich* der Schuldvorwurf erspart bleibt. Seinem Handeln haftet also der Makel des begangenen Tatunrechts an (vgl. Sie Kap. A 12.2).

Dieses Ergebnis befriedigt nicht. In der Lit.[1] wurde daher die **„Lehre von der objektiven Zurechnung"** entwickelt.

Objektiv zurechenbar ist danach ein verursachter Erfolg nur dann, wenn die ihn herbeiführende Handlung eine *„rechtlich missbilligte Gefahr geschaffen hat und diese sich in tatbestandstypischer Weise in dem Erfolg niedergeschlagen hat"*.

Nach dieser Lehre wäre die Fahrweise im obigen Fall nicht kausal und damit schon nicht tbm. gewesen, da durch die *konkrete Fahrweise* keine rechtlich missbilligte Gefahr geschaffen wurde, die dem Fahrer hätte zugerechnet werden können.

In der Lit. ist die Lehre von der objektiven Zurechnung weitgehend anerkannt. Die Rspr. löst die Fragen der objektiven Zurechnung noch ganz überwiegend nach den Grundsätzen der Kausalität, da wissenschaftlich gefestigte Rechtsgrundsätze noch nicht hinreichend zur Verfügung stehen. Dennoch wirkt sich die Lehre bereits aus. So hält die neuere Rspr. den *rechtlichen* Kausalzusammenhang bereits in den *Fällen eigenverantwortlicher Selbstverletzung oder Selbstgefährdung des Verletzten* nicht mehr für gegeben.[2]

Sog. überholende (oder abgebrochene) Kausalität

Wird die Fortwirkung einer gesetzten Ursache durch ein neues Tun unterbrochen, spricht man von der so genannten *„Überholenden Kausaltät"*. Gemeint ist damit, dass der Erfolg nicht durch frühere, sondern völlig unabhängig davon durch eine spätere Handlung (einer anderen Person) herbeigeführt wurde.

Beispiel: *Mantu löst den Bremsschlauch am Pkw des von ihm gehassten Schmitt derart, dass die Bremswirkung nach wenigen Bremsvorgängen total ausfallen wird. Schmitt fährt mit dem Fahrzeug an, wird aber nach wenigen Metern von einem wartepflichtigen Lkw-Fahrer tödlich verletzt.*

Lösung: Der Tod des Schmitt trat völlig unabhängig von Mantus Tun durch ein nachfolgendes anderes Ereignis ein. Mantu (bei entsprechendem Tatvorsatz): §§ 315 b, 211, 22, 52; Lkw-Fahrer: § 222, ggf. auch § 315 c.

Schaubild: Mantu – gelöster Bremsschlauch....................Tod =——▸ erhoffter Erfolg.
Lkw-Fahrer – Vorfahrtverletzung....................Tod =——▸ verursachter Erfolg.

Anmerkung: Für den Polizeibeamten ist es wichtig, den ursächlichen Zusammenhang zwischen Handlung (Tun/Unterlassen) und Erfolg wenigstens in den Grundzügen zu kennen, um tatbestandliches Verhalten im Ansatz richtig einordnen zu können. Die Kenntnis ist wichtig, um im Rahmen des Strafverfolgungsauftrages alle notwendigen tataufklärenden Ermittlungen betreiben zu können.

1) Tröndle/Fischer und SchöSchr. vor § 13, Haft AT.
2) Tröndle/Fischer und SchöSchr. vor § 13 mit umfangreichen Nachweisen.

Verursachen mehrere Bedingungen (Verhaltensweisen verschiedener Personen) *alternativ* (praktisch selten, Lehrbuchfall) oder *kumulativ* (im Zusammenwirken, Fall 3-Jähriger oben) den Erfolg, bleibt die Kausalität jeder einzelnen Handlung bestehen.[1]

Fragen der Rechtswidrigkeit und Schuld werden bei der Beurteilung der Kausalität noch nicht geprüft.

Übungsfall: Mantu führt einen Lkw-Zug, wie sich später herausstellt, mit einem Alkoholgehalt im Blut von 1,6 ‰. In einer Ortschaft überholt er einen Radfahrer mit einem später sachverständig festgestellten vorgeschriebenen Abstand von 2 m. Der überholte Radfahrer gerät durch nicht mehr festzustellende Umstände unter die Hinterachse des Hängers und wird tödlich verletzt.

Aufgabe: Argumentieren Sie, ob Mantu gem. §§ 315 c I, 222, 52 oder (nur) nach § 316 verantwortlich ist.

14 Der Vorsatz als Element des subjektiven Tatbestandes

Nachfolgend wird in Anlehnung an die h. L. und die Ausführungen in Kap. A 12.4, A 13.6 der Vorsatz als Element des *subjektiven* TB behandelt.

Die Fahrlässigkeit ist dagegen teils dem objektiven TB (bzgl. der objektiv-pflichtwidrigen Sorgfaltspflichtverletzung), teils der Schuld (bzgl. der subjektiven Vorhersehbarkeit und Vermeidbarkeit) – Fahrlässigkeitsschuld – zuzurechnen. Das bedeutet, dass es bei dem Fahrlässigkeitsdelikt *keinen* „subjektiven" *TB* gibt!

Wer nach der *Kausalen Handlungslehre* vorgehen will, darf die Merkmale „Vorsatz" und „Fahrlässigkeit" erst als *Schuldform* im Bereich der Schuld prüfen.

14.1 Die Vorsatztat

Gem. § 15 ist grundsätzlich nur vorsätzliches Handeln strafbar. Fahrlässiges Handeln ist dagegen dann strafbar, wenn das verletzte Gesetz dies ausdrücklich vorsieht (z. B. §§ 316, 229). Aus § 16 I S. 1 ergibt sich, dass der Täter *dann* vorsätzlich handelt, wenn er bei der Tatbegehung (§ 8) *alle* Umstände des gesetzlichen TB kennt. Die näheren Anforderungen wurden durch die Rspr. und Lehre entwickelt. Weit verbreitet ist die Formel von dem „Vorsatz als subjektives Spiegelbild des objektiven Tatbestandes".

Bzgl. der wertausfüllungsbedürftigen „normativen" TBM (Kap. A 13.6) genügt es jedoch, dass der Täter von ihnen eine ungefähre Bedeutungskenntnis hatte, dass er ihren rechtlich-sozialen Bedeutungsinhalt richtig erfasst hat (sog. Parallelwertung in der Laiensphäre).[2]

***Beispiel:** Der Täter muss den Begriff der* Urkunde *in § 267 nicht* definitiv *kennen. Es genügt z. B. beim Bierfilz, dass ihm bewusst ist, dass der Wirt die Striche auf ihm zu dem Zweck vermerkt, später eine exakte Forderung stellen und nachweisen zu können. Reduziert der Täter die Anzahl solcher Zeichen, wird ihm das Bewusstsein der Veränderung einer Urkunde im Sinne des Gesetzes unterstellt (Strafbarkeit gem. §§ 267 I, 52, 263 I, 22, 23).*

Eine ähnliche Einschränkung wird bei den *Erfolgsdelikten* hinsichtlich des Wissens um die in Gang gesetzte Kausalkette gemacht. Auch hier genügt ein vergröbertes Vorstellungsbild beim Täter.

***Beispiel:** Kinski versetzt seinem Nebenbuhler in Verletzungsabsicht mehrere Stiche mit einem Messer in die Brust. Sein Opfer verstirbt infolge des starken Blutverlustes vor Einlieferung ins Krankenhaus (§ 227). Für die Kenntnis des Kausalverlaufs genügt, dass dieser hier innerhalb der Grenzen* allgemeiner Lebenserfahrung *liegt.*

1) Zu den in der Praxis selten vorkommenden Lehrbuchfällen, in denen die hier aufgeführten Grundsätze nicht ohne weiteres zu einer befriedigenden Lösung führen, wird auf Haft AT hingewiesen.
2) BGHSt 3, 248, NJW '53, 113; zur Problematik insgesamt Krauss in NJW '96, 2850; SchöSchr. u. Tröndle zu § 22.

> Die Bedeutung dieser beiden Einschränkungen besteht darin, dass sich der Täter in diesen Fällen nicht auf einen *Tatbestandsirrtum* berufen kann, der Vorsatzausschluss zur Folge hätte, so dass allenfalls eine Bestrafung wegen fahrlässiger Begehung in Betracht käme (§ 16 I S. 2).

Der Vorsatz setzt neben der *Kenntnis* der Tatbegehung auch den *Willen* zur Tatbestandsverwirklichung voraus. Vorsatz bedeutet deshalb ein Handeln mit Wissen und Wollen in bezug auf die (wesentlichen) objektiven TBM.

Je nach der Ausprägung der Elemente „Wissen" und „Wollen" unterscheidet man *verschiedene Vorsatzstufen*. Dies veranschaulicht die nachfolgende Abb.

Vorsatzstufen	**Vorsatzinhalt**		
	Wissen	**+**	**Wollen**
Eventualvorsatz (dolus eventualis)	Täter hält die Tatbetandsverwirklichung (TBV) für möglich. **Beispiel**: Zwei Jugendliche schießen mit Steinschleudern auf einen Rohbau und verletzen einen Bauarbeiter am Kopf.	+	Der Eintritt des Erfolges wird ggf. in Kauf genommen. Die Folge, evtl. Personen zu verletzen, war ihnen gleichgültig (§§ 223, 224 I = Eventualvorsatz).
Direkter Vorsatz (dolus directus, 2. Grad)	Täter hält die TBV für sicher; *Das Wissenselement dominiert.* **Beispiel:** Der angetrunkene Mantey hat mit seinem Pkw einen Radfahrer angefahren. Dieser ist besinnungslos und blutet stark aus einer Handschlagader. M. erkennt, dass der Radfahrer ohne fremde Hilfe verbluten wird.	+	Der Erfolg kann in diesem Fall sogar unerwünscht sein. M. entfernt sich in Kenntnis dieses Umstandes, ohne Hilfsmaßnahmen zu veranlassen, weil er die Einleitung eines Strafverfahrens fürchtet. Der Radfahrer verstirbt (§§ 229; 53, 212, 13; 52, 142).
Absicht (dolus directus, 1. Grad)	Täter hält die TBV für sicher oder möglich. **Beispiel:** Mantu legt bei einer Bank einen von ihm gefälschten Euroscheck vor. Er hat Pech.	+	Die TBV ist Handlungsziel; *das Wollen ist dominant.* Sein Handeln war von der Vorstellung geleitet, sich auf diese Weise zu bereichern (Absicht bzgl. §§ 267 I, 52, 263 I, 22, 23).

Die Bedeutung der unterschiedlichen Vorsatzstufen

Bei den „einfachen" Vorsatzdelikten unterscheidet der Gesetzgeber nicht zwischen den Vorsatzvarianten.

Beispiele: *§§ 202, 212, 223, 240, 303, 304.*

In bestimmten §§ verwendet der Gesetzgeber allerdings *Umschreibungen* für den Vorsatz.

Beispiele:
„Wer absichtlich oder wissentlich" in § 258; „wider besseres Wissen" in §§ 145 d, 164, 187, 278; „böswillige Vernachlässigung" in § 225 I, „um sich zu bereichern" in § 259.

In solchen Fällen kommt es dem Gesetzgeber darauf an, für diese Tatbestände die mildere Form des Eventualvorsatzes auszuschließen, um entweder den strengsten Grad des Vorsatzes (die *Absicht)* oder die Wissentlichkeit (den *direkter Vorsatz)* zu fordern.

Absichtlich handelt, *wem es darauf ankommt,* einen bestimmten TB zu verwirklichen.

Wissentlich handelt, *wer als sicher* voraussieht, dass er einen bestimmten TB verwirklicht, obwohl dies nicht sein Handlungs*ziel* zu sein braucht.

14.2 Der Tatbestandsirrtum[1]

Fall: Zwei Männer im Alter von 18 und 21 Jahren wurden von einer Zivilstreife bei einem Pkw-Aufbruch angetroffen. Beim 21-Jährigen fanden die Beamten eine geladene Gaspistole. Der 18-Jährige bestritt, von der Existenz der Waffe gewusst zu haben. Beide hatten sich erst ca. zwei Stunden vor der Tat in einer Gaststätte kennen gelernt.

Strafbarkeit: 21-Jähriger gem. §§ 244 I 1 a, 22; 18-Jähriger gem. §§ 242, 243 I 2, 22.

Kennt der Täter bei Begehung der Tat einen Umstand des gesetzlichen Tatbestandes (also mindestens eines der vorausgesetzten TBM) nicht, handelt er insofern auch nicht vorsätzlich (§ 16 I S. 1). Diese Regelung trägt dem Umstand Rechnung, dass der Täter sich ja nicht in der im Straf-§ erwarteten Weise gegen die Rechtsordnung auflehnen, insofern also nicht rechtsuntreu werden wollte.

Beispiel: *Der 18-Jährige ist im vorstehenden Fall daher nur Täter nach §§ 242, 243 I 2, 22, da ihm die qualifizierenden TBM des § 244 I 1 a unbekannt waren.*

Die Strafbarkeit wegen *fahrlässiger* Begehung bleibt unberührt (§ 16 I S. 2). Allerdings müsste das in Betracht kommende Gesetz Bestrafung wegen Fahrlässigkeit vorsehen (§ 15).

Die Irrtumsproblematik ist im Gesetz nur in groben Umrissen geregelt, so dass sich in vielen Teilbereichen Einzelfragen ergaben, deren Beantwortung durch die Rspr. und Lehre erfolgen musste. Bei Handlungskomplexen mit mehrfacher Tatverwirklichung oder verschiedenen Teilnahmeformen muss entsprechend differenziert geprüft werden.

In der Rspr. und Lehre ist die Abgrenzung von Tatbestandsirrtum (Vorsatzausschluss gem. § 16 I) und Subsumtionsirrtum (Verbotsirrtum mit Schuldausschluss, § 17) heftig umstritten.[2]

Noch komplizierter wird die Abgrenzung **zwischen** dem zum straflosen Wahndelikt führenden „umgekehrten" Subsumtionsirrtum, bei dem der Täter *in Kenntnis des Sachverhaltes aufgrund fehlender rechtlicher Kenntnisse* das Vorhandensein eines gesetzl. TB annimmt *und somit den Anwendungsbereich der gesetzl. Norm zu seinen Ungunsten ausdehnt* – **und** dem ggf. strafbaren untauglichen Versuch, bei dem der Täter irrig Tatumstände einer Norm für gegeben hält, die im realen Falle die Tatvollendung bewirkt hätten.

Beispiel *für ein strafloses Wahndelikt: Kinski glaubt als Beifahrer den Tod eines Fußgängers mitverursacht zu haben, weil er sich – wie der alkoholisierte Fahrer – nach einem von diesem verursachten VU zu Fuß von der Unfallstelle entfernt hat. Als er am nächsten Tag in der Presse liest, dass der Fußgänger infolge verspäteter Hilfeleistung in einem Krankenhaus verstorben ist, stellt er sich aus Gewissensnot der Polizei.*

Strafbarkeit des K nicht nach §§ 212, 13 wegen verkannter Garantenpflicht, aber nach § 323 c, weil er nach dem Unglücksfall seine Hilfeleistung verletzt hat.

Beispiel *für einen untauglichen Versuch: Mantey glaubt irrtümlich in der Dunkelheit einen Fußgänger am Fahrbahnrand angefahren zu haben. Er entfernt sich ohne anzuhalten, wobei er damit rechnet, dass der Fußgänger ohne Hilfeleistung versterben könnte. In Wahrheit war ein Reh gegen seinen Klein-Lkw gerannt.*

Strafbarkeit des M weder nach §§ 142, 22, 23 noch nach §§ 221 I, 22, 23 mangels Versuchsstrafbarkeit, wohl wegen versuchten Totschlages durch Unterlassen gem. §§ 212, 22, 23, 13.

Für die **polizeiliche Praxis** genügt die grds. Kenntnis und Bedeutung der Irrtumsregelung. Der Polizeibeamte hat Ansätzen möglicher Irrtumsfälle in Vernehmungen nachzugehen, um deren spätere staatsanwaltliche und gerichtliche Bewertung sicherzustellen (§ 163 I S. 1).

Die nachfolgende Übersicht enthält zum besseren Verständnis auch Ausführungen zum Verbotsirrtum, der als Schuldelement allerdings nicht schon den Tatbestand, sondern, wenn er unvermeidbar war, den Schuldvorwurf beseitigt (→A 17,5).

1) Nähere Ausführungen zum Erlaubnistatbestandsirrtum in Kap. A 17.4
2) Vgl. Sie bei SchöSchr. und Tröndle/Fischer.

Der Irrtum[1]

Tatbestandsirrtum, § 16 I S.1

Fehlvorstellung über objektive TBM = *Tatsachenunkenntnis* (→ *A 17.4)*

Folgen:

- Vorsatzausschluss gem. § 16 I S. 1
- ggf. Bestrafung wegen fahrl. Begehung nach Maßgabe der §§ 15, 16 I S. 2.

1. Irrtumsfälle:

- Die irrige Annahme eines in Wahrheit nicht bestehenden TB (sog. umgekehrter TBI) führt zum untauglichen Versuch (Näheres Kap. A 18).

  Fall: T ändert *seine* Vertragskopie in der Annahme des § 267. Er will sie später als Anspruchsnachweis vorlegen.
- Die *fehlerhafte* Deutung eines *richtig* erkannten Sachverhaltes als vermeintliches Unrecht stellt ein strafloses Wahndelikt dar.

  Fall: T glaubt, sein Beischlaf mit der Schwägerin sei strafbar i. S. v. § 173.
- Der Irrtum über eine Tätereigenschaft, z. B. über die Umstände, die die Garantenstellung beim unechten UD begründen.
- Der Tatverlaufsirrtum bei Erfolgsdelikten als *erhebliche* Abweichung vom vorgestellten Kausalverlauf.

  Fall: Täter lädt sein geknebeltes Opfer in den Kofferraum seines Pkw, um es in einem entfernten Waldstück zu töten und zu vergraben. Das Opfer erstickt aber schon während der Fahrt. Der Täter führt den Rest seines Planes aus (§ 239 I, IV [Kap. B 17.3], § 222 tritt hinter § 239 IV zurück).
- Der Irrtum über Täterqualifikation beseitigt den Vorsatz bzgl. des erschwerenden TB.

  Beispiel: Ein Täter hat beim Pkw-Aufbruch nicht bedacht, dass er seine „Walther-PPK" im Handschuhfach seines Pkw mitführte (Beweisfrage: §§ 242, 243 bzw. § 244 I 1).
- Der Erlaubnistatbestandsirrtum (Täter irrt über die tats. Voraussetzungen eines Rechtfertigungsgrundes) (→A 17.4).

  Fall: nächtl. Fußgänger glaubt irrig an einen bevorstehenden Angriff und schlägt zu (ggf. Bestrafung nach § 229).

2. Der rechtlich unbeachtliche Irrtum

- Fall des „error in objecto" oder „error in persona".
  - bei Gleichwertigkeit des Objekts (A tötet nicht B, sondern C) = Irrtum unbeachtlich.
  - bei Ungleichwertigkeit des Objekts (A tötet nicht ein vermeintliches Reh, sondern den Jäger) = Irrtum beachtlich (ggf. § 222).
- Fall des „aberatio ictus", **z. B**. das abgefeuerte Geschoss geht fehl und tötet einen Unbeteiligten (h. M. §§ 211, 22; §§ 229, 52).
- Falsche rechtliche Bewertung der Tat (sog. Subsumtionsirrtum).

  Beispiel: laienhaft falsche Bewertung des Urkundenbegriffs § 267.
- Irrtum über
  - die objekt. Bedingung der Strafbarkeit (z. B. Tod eines Menschen in § 231);
  - die Rechtfertigung der Tat (ggf. § 17);
  - ein Schuldmerkmal;
  - einen pers. Strafausschließungs- oder -aufhebungsgrund.

Verbotsirrtum, § 17

Rechtliche Fehlbewertung der Tat. Das Verhalten des Täters ist objektiv rechtswidrig, er selbst hält es jedoch für erlaubt (sog. Erlaubnisirrtum) (→ A 17.5).

Das Bewusstsein, gegen ein gesetzliches Verbot zu verstoßen, gehört nicht zum TB, sondern ist Element der Schuld (des Unrechtsbewusstseins).

Fälle:

- Irrtum über die sich aus einer Garantenstellung ergebende Erfolgsabwendungspflicht (*Subsumtionsirrtum).*
- Ein Unfallverursacher glaubt, bei Hinterlassen eines Zettels nicht warten zu brauchen (*Erlaubnisirrtum).*

Bewertung:

War der Irrtum unvermeidbar, entfällt die Schuld, war er jedoch vermeidbar, bleibt die Schuld bestehen. Die Strafe kann allerdings gemildert werden (§ 17 S. 2, § 49 I).

Unvermeidbar ist der Irrtum dann, wenn

trotz individuell möglicher Gewissensanspannung kein Anlass für Zweifel besteht.

Der Grundsatz „in dubio pro reo" findet Anwendung.

Abgrenzung:

- Während der Irrtum über die *tatsächlichen* Voraussetzungen eines Rechtfertigungsgrundes nach § 16 zu werten ist (nach der sog. eingeschränkten Schuldtheorie des BGH), gilt der Irrtum über *Inhalt und Grenzen* eines RG als Verbotsirrtum i.S.v. § 17.
- Der Irrtum über einen Entschuldigungsgrund i. S. v. § 35 II führt zur Verneinung der Schuld.
- Ein grober Irrtum beim untauglichen Versuch i. S. v. § 23 III führt zum Schuldspruch u. ggf.

1) Literatur: SchöSchr., Tröndle/Fischer; BGH NJW '96, 1604 zur Abgrenzung § 16 / § 17 am Fall des Irrtums über die Erlaubnisfreiheit von Rauschgiftbesitz zur Aufdeckung verbotenen Rauschgifthandelns.

14.3 Die Fahrlässigkeitstat[1]

Das Strafgesetzbuch unterscheidet als Formen des Unrechts Vorsatz und Fahrlässigkeit. Im Gegensatz zum Vorsatz ist fahrlässiges Handeln nur dann strafbar, wenn das Gesetz dies *ausdrücklich* vorsieht (§ 15; z. B. § 316 II).

Die Fahrlässigkeit ist als besondere Verhaltensform auf der Tatbestandsebene und als Schuldform auf der Schuldebene zu prüfen (Doppelfunktion der Fahrlässigkeit).

Ebenso wie beim Vorsatz unterscheidet man „Erfolgsdelikte" und „schlichte Tätigkeitsdelikte". Die unterschiedlichen Anforderungen veranschaulicht das nachfolgende Schaubild.

Fahrlässige Erfolgsdelikte	„Schlichte" fahrlässige Tätigkeitsdelikte
z. B. fahrl. Tötung infolge eines VU, § 222 ***Merkmale:*** Handlung + Kausalzusammenhang + Erfolg	z. B. fahrl. Trunkenheit im Verkehr, § 316 II ***Merkmale:*** Handlung + als reiner Gesetzesverstoß – ohne Folgen.

Die Erfolgsverursachung kann sowohl in einem Tun als auch in einem Unterlassen (§ 13) bestehen. Die vorstehenden Beispiele stellen Begehungsdelikte dar. Die Unterlassungsdelikte werden in Kap. A 15 dargestellt.

Begrifflich ausgeschlossen sind bei Fahrlässigkeitstaten:
- der *subjektive* Tatbestand (Kap. A 12.4, A 13.6, A 14),
- der Tatbestandsirrtum, § 16 I (Kap. A 14.2) und der Versuch, § 22 (Kap. A 18),
- mittelbare Täterschaft, § 25 I und Mittäterschaft, § 25 II (Kap. A 19.3),
- Anstiftung, § 26 und Beihilfe, § 27 (Kap. A 19.4).

Fall: Albertz glaubt in der Abenddämmerung im Nachbargarten eine streunende Katze zu bemerken. Er schießt mit einer auf der Terrasse bereitliegenden Steinschleuder – und trifft seinen Nachbarn.

Argument: Albertz irrte über das TBM Mensch. Ihm fehlte das Bewusstsein, auf einen Menschen zu schießen. Deshalb ist der Tatbestand der *vorsätzlichen* Körperverletzung gem. §§ 223, 224, 16 nicht erfüllt. Wenn eine *vorsätzliche* TB-Verwirklichung ausscheidet, muss geprüft werden, ob das Gesetz auch fahrlässiges Handeln mit Strafe bedroht und ob der Täter fahrlässig gehandelt hat (§15)!

Fahrlässiges Handeln ist gekennzeichnet als

Außerachtlassung der objektiv gebotenen Sorgfalt als tatbestandliches Verhaltensunrecht	→ bei individueller Fähigkeit, die objekt. Sorgfaltspflicht zu erkennen und zu erfüllen.
Sorgfaltsmaßstab: gewissenhafter Mensch aus dem Verkehrskreis des Täters (z. B. Kraftfahrer, Arzt)	*Prüfungsmaßstab*: persönl. Fähigkeiten, Lebenserfahrung und individuelles Können des Täters.

Prüfungsfolge beim Fall oben:		**Argumente** in Stichworten:
Tatbestand:	1. Tathandlung – Taterfolg – Kausalität:	– Schuss – Körperverletzung – Kausalität (A 13.7)
	2. objektive Sorgfaltspflichtverletzg. bei objekt. Voraussehbarkeit:	– Schießen an bewohnten Orten ist ordnungswidrig; Folgen dieser Art sind generell vorstellbar (A 13.7).
Rechtswidrigkeit:		– Rechtfertigungsgründe sind nicht ersichtlich.
Schuld:	1. Schuldfähigkeit:	– Nach Sachverhalt zu unterstellen (A 17.2).
	2. Fahrlässigkeitsschuld als subjektive Sorgfaltspflichtverletzung:	– Sorgfaltsgebot dieser Art war nach SV für Albertz erkennbar und zu erfüllen.
	3. Unrechtsbewusstsein:	– Gewissensanspannung hätte mindestens *Zweifel* a. d. Gefährlichkeit seines Tuns ausgelöst (A 17.5).
	4. Fehlen von Entschuldigungsgründen:	– Voraussetzungen von §§ 33, 35 sind nicht gegeben.
Sonstiges: Fehlen von	– Strafausschließungs- und -aufhebungsgründen:	– Hierauf ist nur bei Anlass einzugehen (A 17.7).
	– Verfahrenshindernissen:	– § 229 ist PD (§ 374 StPO) u. AD, bei bes. öff. Inter. ist ein Antrag nicht notwendig (§ 230 I), A 17.7.

1) Literatur: Haft, AT, Fischer, Tröndle/Fischer, SchöSchr.zu § 15.

14.4 Fahrlässigkeit und Leichtfertigkeit

Während der Gesetzgeber zwischen Fahrlässigkeit schlechthin und Leichtfertigkeit unterscheidet, haben Rspr. und Lehre wie beim Vorsatz zwei abgestufte Grade des Fahrlässigkeitsbegriffs entwickelt, nämlich die *unbewusste* und die *bewusste F.* Einerseits ist diese Unterscheidung für die Strafzumessung (§ 46) wichtig, weil sie neben anderen Faktoren das Maß der Pflichtwidrigkeit kennzeichnet, andererseits dient das feinere Definitionsraster der bewussten F. und des bedingten Vorsatzes der genaueren Unterscheidung zwischen vorsätzlicher und fahrlässiger Tatbegehung. Denn bewusste F. und bedingter V. stehen sich begrifflich sehr nahe und sind deshalb häufig nur schwer zu unterscheiden. Beiden gemeinsam ist die Voraussicht, dass der Erfolg eintreten *kann.* Sie unterscheiden sich allein darin, dass der bedingt vorsätzlich handelnde Täter den Erfolg, so er denn eintreten sollte, billigt, während der bewusst fahrlässig Handelnde auf dessen Nichteintritt vertraut.

Nach BGH 1 StR 280/71 darf dieses Vertrauen auf den Nichteintritt eines Erfolges aber nicht nur in einer vagen Hoffnung bestehen, dergestalt nämlich, dass sich der Erfolg wider Erwarten schon nicht verwirklichen werde. Zur Problemlösung werden in der gerichtlichen Beweisaufnahme die Bewertung der Aussagen einvernommener Personen und – nicht selten – Sachverständigen-Gutachten von besonderer Bedeutung sein.

Wenn der Gesetzgeber einen erhöhten Grad der Fahrlässigkeit für eine strafrechtliche Sanktion voraussetzt, benutzt er den Begriff der Leichtfertigkeit.

Das *Bestimmtheitsgebot* (Art. 103 II GG) und das aus dem Rechtsstaatsprinzip des Art. 20 III GG folgende *Schuldprinzip* sind durch die Strafdrohung wegen Leichtfertigkeit nicht verletzt.[1]

Das nachfolgende Schaubild veranschaulicht die Zusammenhänge.

Fahrlässigkeit		
unbewusste F.	**bewusste F.**	**Leichtfertigkeit**
z. B.: §§ 222, 229, 306 d, 316 II StGB, § 21 II StVG, §§ 52 a IV WaffG		z. B.: §§ 176 b, 178, 239 a III, 251, 306 c, 316 a III
Täter lässt die verkehrsübliche Sorgfaltspflicht außer Acht, zu der er nach seinen persönlichen Verhältnissen *verpflichtet* und *fähig* ist, und erkennt deshalb nicht, dass er den Tatbestand eines Gesetzes verwirklicht. **Beispiel:** Ein Kraftfahrer bemerkt nicht, dass er auf regennasser Fahrbahn mit zu hoher Geschwindigkeit in eine Kurve hineingefahren ist, gerät ins Schleudern und verursacht dadurch einen VU mit Personenschaden. **Gegenbeispiel:** Ein Kraftfahrer, der sein Fahrzeug in vorgeschriebener Weise führt, fährt eine Person an, die *unvermittelt* vom rechten Fahrbahnrand auf die Fahrbahn lief. Hier beseitigte der „Vertrauensgrundsatz" den Vorwurf der objektiven Pflichtwidrigkeit.	Täter hält es für möglich, dass er den gesetzlichen Tatbestand verwirklicht, *vertraut jedoch pflichtwidrig* darauf, dass er ihn nicht verwirklichen werde. Kurzformel: *Es wird schon gut gehen!!* **Beispiel:** Wer trotz Erkennens der Möglichkeit von Gegenverkehr in einer unübersichtlichen Kurve überholt, darf nicht darauf vertrauen, es werde ihm auf der Gegenfahrbahn kein Fahrzeug entgegenkommen. Vertraut er dennoch darauf und kommt es zur Gefährdung oder Schädigung anderer, handelt er *bewusst* fahrlässig (und – je nach den Umständen – sogar leichtfertig).	Sie entspricht der *groben* Fahrlässigkeit des bürgerlichen Rechts. Ihr liegt ein *besonderer Grad* von Nachlässigkeit/Leichtsinn zugrunde. Der Täter muss in ungewöhnlich hohem Maße in leichtsinniger oder gleichgültiger Weise gehandelt haben (BGH NJW '97, 3323). **Beispiel:** Ein Täter knebelt bei einem Raubüberfall den überwältigten und gefesselten Nachtwächter, obwohl er erkennt, dass sein Opfer stark *verschnupft ist.* Als sein Opfer am anderen Morgen gefunden wird, ist es erstickt (§ 251). *Anm.:* Die Abgrenzung zum bedingten Vorsatz und damit zum sog. „Raubmord", § 211, 249, 251 52 wird notwendig, aber schwierig sein. Der Gesetzgeber verwendet (seit dem 6. StrRG) die Formel: „... wenigstens leichtfertig ..." und erfasst damit auch grds. vorsätzliches Handeln, sofern dieses nicht nach einer anderen Vorschrift mit höherer Strafe bedroht ist.

1) BGH NJW '97, 3323 – zum TB der leichtfertigen Geldwäsche, § 261 V.

15 Die Struktur der Unterlassungsdelikte [1]

15.1 Einführung

Neben dem Begehungsdelikt, das ein aktives Tun voraussetzt, bildet das Unterlassen einer erwarteten Handlung eine weitere Form des strafrechtlich zurechenbaren Verhaltens. Unterlassungsdelikte treten in zwei strukturell völlig verschiedenen Formen auf, und zwar einerseits

- als einfaches *echtes* Unterlassen, bei dem sich die Tat allein als Verstoß gegen eine Gebotsnorm und damit im bloßen Unterlassen einer vom Gesetz erwarteten Tätigkeit darstellt (sog. Ommissivdelikt)

und andererseits

- als Erfolg verursachendes *unechtes* Unterlassen (als delicta commissiva per ommissionem), bei dem der nichthandelnde Täter einen Erfolg verursacht, zu dessen Abwendung er als Garant objektiv in der Lage und rechtlich verpflichtet gewesen wäre.

Die nachfolgende Aufstellung veranschaulicht diese Ausführungen.

Unterlassungsdelikte (UD)	
Echte UD[2]	**Unechte UD[3] gem. § 13**
Mit Strafe bedrohter Verstoß gegen eine konkrete Gebotsnorm eines Strafgesetzes. **Beispiel:** Der die Bundesstraße 1 befahrende K bemerkt 150 m vor sich einen Pkw, der offensichtlich gegen einen Baum geprallt ist. Die heftig gegebenen Haltezeichen einer Frau ignoriert er jedoch, obwohl er neben dem Unfallfahrzeug eine männliche Person regungslos liegen sieht. Durch einen nachfolgenden Kraftfahrer kann noch rechtzeitig ärztliche Hilfe herbeigeholt werden (unterlassenen Hilfeleistung gem. § 323 c für K). **Weitere Beispiele:** §§ 123 I 2. Alt.: Nichtentfernen bei Hausfriedensbruch 138: Nichtanzeige geplanter Verbrechen 221 I 2. Alt (str.): Verlassen in hilfloser Lage 225: KV durch böswillige Vernachlässigung 315 c I Nr. 2 g: Straßenverkehrsgefährdung durch Unterlassen der Kenntlichmachung ... **Der Täter wird ohne Rücksicht auf die Folgen seines Unterlassens dafür bestraft, dass er es unterließ, aktiv zu handeln, obwohl ihm ein Strafgesetz in seiner Situation ein Handeln zur Pflicht machte.** *Täter* kann bei den echten Unterlassungsdelikten *jedermann* sein, der das Gebot zu handeln verletzt. Strafbar ist nur vorsätzliches Nichthandeln.	Verletzung einer *außerstrafrechtlichen* Verpflichtung, die zur Verursachung eines **Erfolges** führt (bzw. beim Versuch [§ 22] führen sollte), der durch ein Strafgesetz mit Strafe bedroht ist. Sog. *begehungsgleiches* Unterlassen. **Beispiel:** Hauseigentümer A verletzt an einem Wintermorgen seine Streupflicht, so dass eine ältere Per-son auf dem glatten Gehweg vor seinem Haus stürzt und sich dadurch einen Oberschenkelbruch zuzieht (fahrlässige Körperverletzung gem. § 229, 13). Nichtstreuen = Unterlassung Streupflicht = außerstrafrechtliche Verpflichtung durch Ortssatzung Folge = Körperverletzung, deren Verursachung gegen ein Strafgesetz (§ 229) verstößt. **Täter kann nur sein, wer eine (besondere) außerstrafrechtliche Verpflichtung hatte, den drohenden Erfolg abzuwenden (= Sonderdelikt!). Eine solche Verpflichtung nennt man *Garantenpflicht od. -stellung.*** Im obigen Fall hatte A eine solche Garantenpflicht, denn er war gemäß Ortssatzung verpflichtet zu streuen und auf diese Weise Schadensfolgen abzuwenden. Strafbar ist auch fahrlässiges Nichthandeln, wenn das verletzte Gesetz, wie hier § 229, Bestrafung wegen Fahrlässigkeit vorsieht.

1) Zur Differenzierung der Deliktstypen im Strafrecht vgl. Sie Kap. A 12.a.

2, 3) Auch im Ordnungswidrigkeitenrecht gibt es echte (z. B. § 15 StVO – unterlassene Sicherung liegen gebliebener Fahrzeuge) und unechte Unterlassungsdelikte (§ 8 OWiG). Die Ausführungen gelten also auch sinngemäß für das Ordnungswidrigkeitenrecht Vgl. Sie im Übrigen Teil D 1.

15.2 Die Garantenstellung beim unechten Unterlassungsdelikt, § 13

Nach § 13 I 1. HS ist derjenige, der es unterlässt, einen Erfolg abzuwenden, der zum Tatbestand eines Strafgesetzes gehört, nur dann strafbar, „wenn er rechtlich dafür einzustehen hat, dass dieser Erfolg nicht eintritt“. Personen, denen diese Erfolgsabwendungspflicht obliegt, nennt man *Garanten.* Die Garanteneigenschaft ist also Voraussetzung für die Tatbestandsverwirklichung. *Unechte* Unterlassungsdelikte sind deshalb *Sonderdelikte*, deren Täter nur der Garant und nicht jedermann sein kann.
Insofern begründen Handlungspflichten, die jedermann betreffen, keine Garantenstellung, denn sie setzen keine besondere Beziehung des Täters zum gefährdeten Rechtsgut voraus. Man spricht bei diesen Delikten deshalb von *echten* Unterlassungsdelikten.

Beispiel: *Wer einem schwer verletzten Unfallopfer nicht die ihm mögliche notwendige Hilfe leistet, wird unabhängig von den Folgen seines Unterlassens allein wegen seiner Untätigkeit gem. § 323 c bestraft (Näheres in Kap. A 15.4).*

Der Gesetzgeber hat allgemein festgestellt, dass die Erfolgsabwendungspflicht nur durch *Rechtspflichten* entstehen darf. Daher ergibt sich allein aus Freundschaft, Kameradschaft, Nachbarschaft, Haus- oder Zechgemeinschaft o. Ä. noch keine Garantenstellung. Allerdings hat der Gesetzgeber nicht definitiv festgelegt, *wen* die von ihm vorausgesetzte Rechtspflicht zum Handeln treffen soll, sondern dies der Rechtsprechung und Lehre überlassen. Die Umstände, die die Garantenstellung begründen, sind daher sog. *ungeschriebene* Tatbestandsmerkmale des ue.UD (BGH-GSSt 16, 158).

Nach der überkommenden Lehre, der die Rechtsprechung noch ganz überwiegend folgt, ergibt sich die **Garantenstellung** aus folgenden Positionen:[1]

- **Rechtssatz** (Beschützer-Garant):

Beispiele:

§ 1353 I S. 2 BGB, § 2 LPartG:	*Ehegatten und Lebenspartner tragen füreinander Verantwortung*
§ 1626 I,1631 I BGB:	*Sorgepflicht der Eltern gegenüber ihren minderjährigen Kindern sowie Ausschluss von Gefährdungen durch die Kinder.*
§ 1 PolG NRW:	*Gefahrenabwehrpflicht der Polizeibeamten,*[2]
§ 28 StVO:	*Beaufsichtigung von Haus- und Stalltieren, die den Verkehr gefährden können.*[3]
Ortssatzung:	*Streupflicht der Hausbesitzer.*

- **tatsächliche Gewährübernahme für ein fremdes Rechtsgut:**

Wer sich verpflichtet, für den Schutz bestimmter Rechtsgüter zu sorgen, wird zum (Beschützer-)Garanten, wenn sich andere im Vertrauen auf seine Einsatzbereitschaft einer Gefahr aussetzen oder auf anderweitigen Schutz verzichten.

Beispiele: *Übernahme*
- *der Betreuung eines Babys, Kleinkindes, Kranken;*
- *des Wachdienstes für eine Firma; des Bereitschaftsdienstes durch einen Arzt (OLG Köln, NJW '91, 764);*
- *der Fahrausbildung durch einen Fahrlehrer im Rahmen einer konkreten Ausbildungsfahrt.*
- *Inverkehrbringen von Produkten: z. B. Rückrufaktion eines Automobilherstellers.*

Entscheidend ist die *freiwillige* und *tatsächliche* Pflichtenübernahme, gleichgültig, welche Ursachen sie hat; auf eine vertragliche Grundlage nach dem BGB kommt es nicht an.

Fall: Transport eines erkennbar stark Betrunkenen durch einen Taxifahrer.

Der Taxifahrer darf die einmal übernommene Beförderung nicht deshalb aufgeben und den Hilflosen ohne sonstige Maßnahmen zurücklassen, weil dieser sich bei einer Fahrtunterbrechung stark beschmutzt hat. Wird der Zurückgelassene tödlich überfahren, handelt der Taxifahrer tbm. i. S. v. §§ 221 I 2, III, IV; 13, 18 (LG Zweibrücken, VRS '00, 284).

---

1) Die im Übrigen auch nach Obhuts- und Sicherungspflichten im Sinne der neueren Lehre eingeteilt werden können. (SchöSchr. zu § 13; Haft AT). Danach bezeichnet man den Garanten als **Beschützer**- bzw. **Überwachungsgaranten** (Wessels/Beulke AT).
2) Ausführlich zur Garantenstellung von Polizeibeamten Kap. C 2.5.
3) Während die bloße Unterlassung der Beaufsichtigung ein echtes Unterlassungsdelikt gem. § 28 StVO darstellt, wäre ein dadurch verursachter Verkehrsunfall mit Todesfolge gem. § 222 ein unechtes Unterlassungsdelikt.

- **vorangegangenes gefährdendes Tun (sog. Ingerenz):**

Wer durch sein Tun oder Unterlassen die Gefahr für den Eintritt schädlicher Erfolge *begründet* oder *steigert*, ist verpflichtet, die daraus drohenden Schäden zu *verhindern (= Überwachungsgarant)*. Das gefahrbegründende Verhalten muss *rechtswidrig = pflichtwidrig* gewesen sein.[1]

Beispiel: *Ein Gastwirt, der einem Gast übermäßig alkoholische Getränke verabreicht hat, ist verpflichtet, die Fahrt seines Gastes zu verhindern, wenn dieser offensichtlich so betrunken ist, dass er sich nicht mehr eigenverantwortlich verhalten kann (§ 20 Nr. 2 GaststG). Strafbarkeit des Wirtes §§ 316, 27, 13.*

Abgrenzung: *Bagatellgefahren begründen noch keine Garantenpflicht, so wenn z. B. nur die Fahrtauglichkeit eines Kraftfahrers, nicht aber seine Schuldfähigkeit in Frage steht.*

Gegenbeispiel: *Kinski verletzt einen Angreifer in Notwehr (§ 32) ersichtlich lebensgefährlich. Er entfernt sich, der Angreifer verstirbt infolgedessen. Kinskis gefahrenbegründendes* Vor*verhalten war nicht rechtswidrig. Er ist deshalb weder Täter aus Verletzung einer Garantenpflicht (dann kämen § 227 bzw. 212 in Betracht) noch aus Verletzung einer Obhutspflicht i.S.v. § 221 I Nr. 2, sondern wegen* unterlassener Hilfeleistung *gem. § 323 c verantwortlich.*

- **einer im eigenen Herrschaftsbereich liegenden Gefahrenquelle:**

Hauptfälle sind hier Eigentum oder Besitz an Sachen oder gefährlichen Anlagen, Halten von Tieren oder Kraftfahrzeugen, Stellung als Wohnungsinhaber oder Gastwirt (der Gastwirt muss z. B. Ausschreitungen in seinem Lokal verhindern). Die Gefahr muss von der zu verantwortenden Sache ausgehen, und der Täter muss die ihm obliegende Überwachungspflicht verletzt haben (= Überwachungsgarant).

Beispiel: *Halten bissiger Hunde auf dem eigenen Grundstück, ohne entsprechende Vorkehrungen oder Warnungen zu treffen (§§ 833, 834 BGB).*

- **enge Gemeinschaftsbeziehung** (auch *spezielles* Treueverhältnis oder *besonderes* Vertrauensverhältnis = Beschützergarant) durch:

- *natürliche Verbundenheit*

  Beispiele: *Sohn ggü. hilfsbedürftiger Mutter; Verlobte bei tatsächlicher Lebensgemeinschaft; Geschwisterteil, der den anderen in seine tatsächliche Obhut genommen hat.*

- *Vertrauensgemeinschaften*

  Beispiele: *Arbeitskameradschaft (z. B. im Bergwerk, bei Sprengungen); Hausgemeinschaft im Falle übernommener Obhutspflichten; Segelcrew.*

- *bewusst eingegangene Gefahrengemeinschaften*

  Beispiel: *Bergsteiger- oder Taucherexpeditionen.*

- *enge, auf Treu und Glauben (§ 242 BGB) begründete Geschäftsbeziehungen, in denen der eine darauf angewiesen ist, dass ihm der andere die für die Entscheidung maßgeblichen Umstände offenbart (BGH NJW '00, 3013 f.).*

  Beispiele: *Kredit- und Versicherungsgeschäfte; Gebrauchtwagenkauf.*

  Gegenbeispiele: *1. Bankkunde erkennt, dass ihm 1 000 Euro zuviel ausgezahlt werden. Argument: Die Risiken gewöhnlicher Geschäftsführung liegen hier ausschließlich beim Betreiber.*
  2. Inhaber eines Girokontos erkennt Falschbuchung oder Fehlüberweisung in Höhe von 6 000 Euro und verfügt per Überweisungsauftrag. Argument: Die Unterhaltung eines Girokontos schafft keine besondere Vertrauensbeziehung, die eine Garantenstellung begründet. Die Kontoführung und ordnungsgemäße Buchung fällt gem. § 676 f. BGB allein in den Pflichtenkreis der Bank (BGH 5 StR 433/00 vom 8.11.2000).

Möglichkeit und Zumutbarkeit der Erfolgsabwendung:

Die sich aus der Garantenstellung ergebende Garantenpflicht gilt nach der Rspr. und h. L. allerdings nur dann als verletzt, wenn der Unterlassende auch die *Möglichkeit* der Erfolgsverhinderung hatte und diese ihm *rechtlich* zuzumuten war. Einzelheiten folgen in Kap. A 15.3.

---

1) BGH NJW '90, 2560, 2563; BGH NStZ '00, 494.
Thematik ist strittig. Näheres bei SchöSchr. und Tröndle/Fischer zu § 13.

15.3 Die Merkmale des unechten Unterlassungsdelikts im Einzelnen

Fall: Eine Mutter lässt ihren 3-jährigen Sohn fünf Minuten unbeaufsichtigt auf dem Gehweg vor ihrem Haus spielen. Plötzlich läuft das Kind hinter einem abgestellten Pkw hervor auf die Fahrbahn, um zu einem Kätzchen auf der gegenüberliegenden Straßenseite zu eilen. Das Kind wird von einem herannahenden Pkw erfasst und verletzt. Der Pkw-Fahrer fuhr korrekt.

1. Eintritt eines strafwürdigen Erfolges

Strafwürdiger Erfolg ist im obigen Fall die (fahrlässige) Verletzung des Kindes gem. § 229.

2. durch Unterlassen eines rechtlich gebotenen Tuns

Da der Kraftfahrer korrekt fuhr, bleibt die unterlassene Beaufsichtigung des Kindes durch die Mutter zu prüfen. Sie hat die zur Verhinderung des strafwürdigen Erfolges objektiv gebotene Handlung, nämlich die gründlichere Beaufsichtigung ihres Kindes, unterlassen.

3. (hypothetische) Kausalität zwischen Unterlassen und strafwürdigem Erfolg

Die Kausalität des Unterlassens für den Erfolg muss durch Hinzudenken des gebotenen Tuns (daher hypothetische Kausalität = abgewandelte Conditio-Formel) ermittelt werden. Ein Unterlassen ist danach dann kausal für den Erfolg, wenn das gebotenen Tun nicht **hinzu**gedacht werden kann, ohne dass der Erfolg in seiner konkreten Gestalt mit an Sicherheit grenzender Wahrscheinlichkeit entfiele (BGH NStZ '00, 583). Zweifel hieran gehen zugunsten des Täters (in dubio pro reo). Bleiben mehrere gleichrangig handlungspflichtige Personen jeweils für sich untätig, setzt jede eine maßgebliche Ursache für den Erfolg.

Zum Fall:

Wäre die Mutter ihrer Beaufsichtigungspflicht (§ 1626 I BGB) ordnungsgemäß nachgekommen, hätte sie verhindert, dass der 3-Jährige auf die Straße laufen konnte. Die Verletzung des Kindes, der strafwürdige Erfolg, wäre dann mit an Sicherheit grenzender Wahrscheinlichkeit nicht eingetreten.

Das Unterlassen war daher kausal für den Erfolg.

4. Garantenstellung des Täters

Das Unterlassen kann der Mutter nur angelastet werden, wenn sie gegenüber ihrem Kind eine Garantenstellung innehatte.

Garant ist, wer im konkreten Fall rechtlich und persönlich dafür einzustehen hat, dass der schädigende (strafwürdige) Erfolg nicht eintritt. Die Garantenstellung kann nur durch eine Rechtspflicht begründet werden. Diese Rechtspflicht ergibt sich im vorliegenden Fall aus § 1626 II BGB (Obhuts- od. Beschützerpflicht der Eltern).

5. tatsächliche Möglichkeit und objektive Zumutbarkeit der Erfolgsabwendung

Der Unterlassende muss neben der Rechtspflicht zum Einschreiten auch die tatsächliche Möglichkeit haben, den Erfolgseintritt zu verhindern, und es müssen ihm die hierzu geeigneten Maßnahmen nach Lage des Falles auch *rechtlich zuzumuten sein* (BGH 6, 46 ff.). Im vorliegenden Fall dürften die Möglichkeit und Zumutbarkeit der Erfolgsabwendung auf der Hand liegen.

Möglichkeit und Zumutbarkeit der Erfolgsabwendung sind nach Rechtsprechung und wohl überwiegender Auffassung in der Literatur ungeschriebene Tatbestandsmerkmale. Man folgert dies aus der vom Gesetz vorgegebenen Entsprechensklausel (§ 13). Beide Merkmale begrenzen daher die Erfolgsabwendungspflicht. Bei Verneinung schließen sie bereits den Tatbestand aus und nicht erst – wie sonst bei der Verneinung der Zumutbarkeit – die Schuld.

An der *tatsächlichen Möglichkeit* der Erfolgsabwendung kann es z. B. fehlen, wenn der Garant über körperliche Mängel verfügt, oder wenn er die zur Rettung notwendigen Hilfsmittel, Fähigkeiten nicht besitzt.

***Beispiel:** Kommt für die Rettung seiner ertrinkenden Ehefrau nur der Schwimmeinsatz des Ehemannes in Betracht, so entfällt für ihn die tatsächliche Möglichkeit der Erfolgsabwendung, wenn er Nichtschwimmer ist.*

An der *objektiven Zumutbarkeit* der Erfolgsabwendung fehlt es, wenn es schlechthin unbillig wäre, von dem Garanten im konkreten Fall ein entsprechndes positives Handeln zu verlangen, denn die Rechtsordnung kann nichts objektiv Unzumutbares gebieten.

***Beispiel:** Ein Nachtwächter, der von einem Einbrecher mit der Pistole bedroht wird, unterlässt die Alarmierung seiner Kollegen, wodurch es dem Täter gelingt, mit der Beute zu entkommen.*

Die Erfolgsabwendung gilt nach der Rechtsprechung aber dann als zumutbar, wenn mit ihr die Gefahr der eigenen Strafverfolgung verbunden ist.

***Beispiel:** Ein unter Alkoholeinfluss stehender Kraftfahrer verlässt nach dem von ihm verursachten Verkehrsunfall aus Angst um seinen Führerschein den Unfallort, ohne sich um das schwer verletzte Unfallopfer zu kümmern. Der Verletzte stirbt auf der verspäteten Fahrt zum Krankenhaus.*

6. Entsprechensklausel als Gleichwertigkeitskorrektiv

Das Unterlassen muss in seinem Unrechtsgehalt einer positiven (aktiven) Tatbestandsverwirklichung entsprechen (= begehungsgleiches Unterlassen). Bei *schlichten* Erfolgsdelikten – das sind solche, die auf die reine Verursachung abstellen – ist dies stets der Fall. Im obigen Fall entspricht daher das Unterlassen der Mutter einer aktiven Tatverwirklichung.

***Beispiele** für schlichte Erfolgsdelikte: §§ 212, 222, 223, 229, 303.*

Bei Tatbeständen, die spezifische Begehungsweisen umschreiben (sog. verhaltensgebundene Delikte), hat die Entsprechensklausel Bedeutung. Nach ihr muss sich der in den Handlungsmerkmalen des Begehungsdeliktes vertypte Unrechtsgehalt auch im konkreten Unterlassen wiederfinden.

***Beispiel:** TB gem. §§ 153, 164, 180, 211, 216, 234 a, 263 etc.*

Im Falle der gefährlichen Körperverletzung durch einen hinterlistigen Überfall (§ 224) würde sich z. B. die Fragestellung ergeben: Handelt der Unterlassunstäter, der das Opfer nicht warnt, hinterlistig, wenn dieses durch Täuschung abgelenkt, dann aber urplötzlich niedergeschlagen wird? Zur Verdeutlichung: Ein Gastwirt weiß, dass ein kleiner unbotmäßiger Dealer von einem Schlägertyp in einen Nebenraum gelockt wird, um ihn dort niederzuschlagen. Begehungstäter: §§ 223, 224. Gastwirt: §§ 223, 27, 13.

7. Subjektiver Tatbestand

Hier ist der Vorsatz der Erfolgsverursachung zu prüfen (vgl. Sie auch Kap. A 12.4, 13.6,14).

Der *Vorsatz* (Handeln mit Wissen und Wollen) muss sich erstrecken auf die

geschriebenen TBM	+	**ungeschriebenen TBM**
– Erfolg – etwaige Tatmodalitäten des durch Unterlassen verwirkten TB.		– Merkmale der Garantenstellung – Kausalität – Möglichkeit und Zumutbarkeit der geforderten Handlung.

Fahrlässiges Handeln erfordert den Nachweis der vorstehenden TBM und anstelle des Vorsatzes den der

– Verletzung der verkehrsüblichen Sorgfaltspflicht (objektive Komponente), und zwar im obj. TB.	– individuellen Vorhersehbarkeit (subjektive Komponente, die als sog. Fahrlässigkeitsschuld im Bereich der Schuld zu prüfen ist).

Im vorliegenden Fall dürfte unbewusste Fahrlässigkeit in Betracht kommen.

8. Sonstige Probleme im Einzelfall

Mittäterschaft, mittelbare Täterschaft (BGH NJW '03, 522 – Nichtaufhebung des Schießbefehls) **und Teilnahme** sind beim unechten UD möglich. Ihre Beurteilung richtet sich nach den allgemeinen Grundsätzen (§§ 25 ff.). Zu beachten ist jedoch, dass Täter eines unechten UD nur der Garant sein kann. Es handelt sich daher um ein Sonderdelikt mit der Folge, dass Nichtgaranten nur Teilnehmer (Anstifter, Gehilfen) sein können. Der **Versuch** des unechten UD sowie der **Rücktritt** sind nach den Grundsätzen des § 22 bzw. § 24 möglich. Ein Versuch liegt vor, wenn der zur Erfolgsabwendung verpflichtete Täter in Kenntnis seiner Garantenpflicht untätig bleibt und infolge der Untätigkeit die Gefahr des tatbestandsmäßigen Erfolges nach seiner Vorstellung unmittelbar nahe gerückt ist.Falls er nun doch noch den Erfolg verhindert, bleibt er gem. § 24 I straflos (BGH 2 StR NStZ '03, 28),

Beispiel: *Aus Gleichgültigkeit unterlässt es ein Wachmann, wegen eines beginnenden Schwelbrandes Alarm zu geben. Durch die Aufmerksamkeit eines anderen Mitarbeiters wird ein Großbrand gerade noch verhindert (§§ 306 ff., 13, 22, 23).*

9. Zusammenfassung aller Merkmale des unechten UD

Tatbestandsmäßigkeit	1. Eintritt eines Erfolges 2. Unterlassung eines gebotenen Tuns 3. (hypothetische) Kausalität zw. Unterlassung und Erfolg 4. Garantenstellung 5. Möglichkeit und Zumutbarkeit der Erfolgsabwendung 6. Entsprechensklausel (7.) im Falle der Fahrlässigkeit hier die *objektive* Sorgfaltspflichtverletzung 7. subjektiver TB (Vorsatz) – Vorsatzausschluss bei Irrtum über Garanten**stellung** (§ 16)
Rechtswidrigkeit	1. tbm. Handeln indiziert die Rechtswidrigkeit 2. Ausschluss bei Vorliegen rechtfertigender Pflichtenkollision.
Schuld	1. Schuldfähigkeit 2. Schuldform Die Vorsatzschuld ist indiziert durch den TB-Vorsatz u. deshalb nur im Falle des Erlaubnistatbestandsirrtums zu prüfen (Kap A 12.4 und 17.4). Fahrlässigkeitsschuld (Kap. A 14.3) als subjektive Komponente der objekt. Sorgfaltsverletzung. 3. Unrechtsbewusstsein (= Verbotskenntnis), ggf. Ausschluss bei unvermeidbarem Irrtum über die Handlungs**pflicht** als Verbotsirrtum i. S. v. § 17 (Kap. A 17.4). Die Unzumutbarkeit normgemäßen Verhaltens schließt beim ue. UD schon auf TB-Ebene den TB aus, so dass die Prüfung der Elemente Rechtswidrigkeit und Schuld entfällt.

15.4 Der Tatbestand der unterlassenen Hilfeleistung, § 323 c

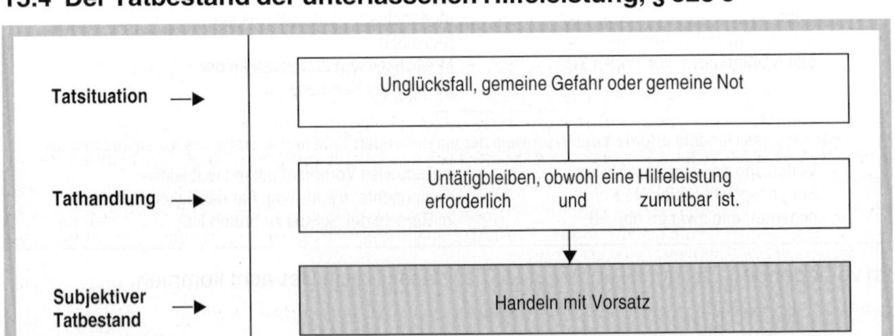

Erläuterungen:

Ausgangsfall: Die Mehrheit leistet keine Hilfe in der Not

Bochum. – Zwei Drittel der Menschen leisten keine Erste Hilfe bei Unfällen. Das kostet zahlreiche Verletzte in Notsituationen das Leben, sagten Experten zum Erste-Hilfe-Tag am Wochenende und forderten wesentlich mehr Fortbildung in diesem Bereich ... „Alle 67 Minuten stirbt in Deutschland ein Mensch an den Folgen eines Verkehrsunfalls. Zehn Prozent von ihnen könnten gerettet werden, wenn Unfallzeugen statt untätig zuzusehen, Erste Hilfe leisten würden", sagte der Vorsitzende der Arbeitsgemeinschaft der in Bayern tätigen Notärzte, Prof. Peter Sefrin... (AN Nr. 216, '99).

Unter den in § 323 c genannten Voraussetzungen hat jedermann die Pflicht, Hilfe zu leisten. Zur Erfüllung dieser Pflicht bedarf es keines Erfolges. Wer die erforderliche und mögliche sowie ihm zumutbare Hilfe leistet, ist straflos, auch wenn diese Hilfe letztlich erfolglos bleibt. § 323 c ist subsidiär gegenüber einem korrespondierenden vorsätzlichen *unechten* UD sowie einem auf den gleichen Erfolg gerichteten vorsätzlichen Begehungsdelikt. Zu Fahrlässigkeits-TB steht § 323 c in Tateinheit. § 323 c ist OD und Vergehen.

Der **objektiveTatbestand** setzt zunächst eine der folgenden Ausnahmesituationen voraus:

a) Ein **Unglücksfall** ist jedes plötzliche Ereignis, das eine erhebliche Gefahr für Personen oder Sachen von bedeutendem Wert mit sich bringt oder zu bringen droht.

Beispiele: – *ein durch Notwehrhandlung →A 16.3.1 schwer verletzter Angreifer;*
– *unmittelbar bevorstehender Selbstmordversuch;*
– *Schwelbrand in einer Scheune.*

Problematisch ist die Einbeziehung deliktischer Angriffe auf fremdes Eigentum, da der Gesetzgeber offensichtlich keine Pflicht zum Einschreiten für „jedermann" bei zu befürchtenden Sachbeschädigungen und Diebstählen begründen wollte.

Beispiel: *Beim abwesenden Nachbarn beobachteter nächtlicher Einstieg.*

b) **Gemeine Gefahr** ist ein Zustand, bei dem die Möglichkeit erheblichen Schadens für unbestimmt viele Personen oder bedeutende Sachwerte nahe liegt.

Beispiel: *Von einem Getränkefahrzeug sind in einer scharfen Kurve zwei Bierkästen auf die Fahrbahn einer Kreisstraße gestürzt. Es ist bereits dunkel.*

c) **Gemeine Not** ist eine die Allgemeinheit betreffende Notlage.

Beispiele: *Situationen, die bei großen Unwettern, Überschwemmungen, Erdbeben entstehen.*

Die **Tathandlung** besteht im Unterlassen der erforderlichen und zumutbaren Hilfeleistung. Die Hilfeleistung muss sich auf die Abwehr weiterer Schäden beziehen und im Zeitpunkt der Kenntniserlangung von der Tatsituation **objektiv erforderlich** und möglich sein. Das ist zum Beispiel dann *nicht* der Fall, wenn bei einem schweren Verkehrsunfall bereits erkennbar ausreichend Hilfe geleistet wird und andere Verkehrsteilnehmer weiterfahren – oder, wenn dem Schwerverletzten mangels Kenntnisse nicht geholfen werden kann.

Die Hilfleistung muss auch **zumutbar** sein. Die Zumutbarkeit ist abhängig von der Größe der Gefahr und den Fähigkeiten des Hilfspflichtigen. Sie ist insbesondere zu bejahen, wenn sie

- die körperlichen und geistigen Kräfte des Hilfspflichtigen nicht überfordert,
- ohne erhebliche eigene Gefahr geleistet werden kann und
- ohne Verletzung anderer wichtiger Pflichten (Güterabwägung!) möglich ist.

Die **Zumutbarkeit** entfällt nicht schon deshalb, weil der Hilfspflichtige befürchten muss, sich der Gefahr der Strafverfolgung auszusetzen.

Beispiel: *Ein an einem VU unbeteiligter Pkw-Fahrer setzt trotz erkannter Notwendigkeit einer Hilfeleistung seine Fahrt fort, da er befürchtet, sich wegen seiner Alkoholisierung polizeilicher Verfolgungsmaßnahmen auszusetzen.*

Die Tat ist **vollendet,** wenn sich der Wille des Hilfspflichtigen, nicht Hilfe zu leisten, nach außen manifestiert, z. B. durch ein Zögern oder Verlassen des Ortes.

Im Falle verspäteten Helfens nach anfänglichem Zögern kann es am Tatvorsatz fehlen.

Für den **subjektiven Tatbestand** ist vorsätzliches Handeln erforderlich; bedingter Vorsatz →A 14.1 genügt. Das bedeutet, dass der Hilfspflichtige eine entsprechende Gefahrenlage für möglich gehalten haben muss und sich dennoch entschloss, nicht zu helfen, obwohl dies erforderlich und ihm zuzumuten war. Erforderlichkeit und Zumutbarkeit →A 17.1 sind TBM. Ein Irrtum hierüber →A 14.2 schließt den Vorsatz aus.

Fallbearbeitung

Der Leser wird nunmehr über genügend Sachkenntnis verfügen, um Sachverhalte, bei denen als Handlungsvariante ein Unterlassen in Betracht kommt, methodisch richtig prüfen zu können. Der nachfolgende Sachverhalt gibt Gelegenheit dazu. Zur Kontrolle wurde das Ergebnis jeweils vermerkt. Um die Abgrenzung zum Tatbestand der „Unterlassenen Hilfeleistung" gem. § 323 c besser zu veranschaulichen, wurde dieser vorab erläutert, obwohl er dogmatisch in den Teil B, den „Besonderen Teil" des StGB, gehört.

Fall: In einer Ermittlungssache wurden folgende Fakten festgestellt: Zeugenaussagen zufolge schnitt Kinski mit einem Sportwagen bei hoher Geschwindigkeit die vor dem Ortsteil X befindliche unübersichtliche Linkskurve der regennassen X-Straße. Dabei konnte er dem ihm mit einem Krad entgegenkommenden Meier nicht mehr rechtzeitig ausweichen, so dass sich die Fahrzeuge streiften und der Kradfahrer stürzte. Der ganz offensichltich schwer verletzte Meier wurde von Kinski und seinem Beifahrer Mantey in den Straßengraben gebettet, doch dann entfernten sich beide mit dem Sportwagen, ohne weitere Maßnahmen zu treffen.

Meier verstarb infolge der starken inneren Blutungen, die er sich durch den Sturz zugezogen hatte. Nach Auskunft der Ärzte hätte Meier gerettet werden können, wenn er ca. 30 Minuten früher ins Krankenhaus eingeliefert worden wäre.

Es steht fest, dass Kinski und Mantey die Einlieferung in ein Krankenhaus mindestens eine Stunde früher hätten bewirken können.

Die Täter hatten insbesondere deshalb nichts zur Rettung des Schwerverletzten unternommen, um sich der Strafverfolgung zu entziehen. Kinski hatte den Pkw, den er, ohne im Besitze einer Fahrerlaubnis zu sein, lenkte, zuvor entwendet.

Ergebnis:

a) Kinski hat als Garant (Ingerenz) durch Unterlassen den Tatbestand des Totschlages erfüllt (§§ 212, 13). Die Tat steht in Tatmehrheit (§ 53) zu den vorausgegangenen Tatbeständen nach §§ 242, 243, 315 c I Nr. 2, [§ 21 StVG] sowie mit dem der nachfolgenden Flucht gem. § 142.
   Für den Fall, dass Kinski der bedingte Tötungsvorsatz bei Verlassen der Unfallstelle (= Gleichgültigkeit bzgl. des Schicksals des Verletzten) nicht nachzuweisen ist, bleibt der Tatvorwurf des Aussetzens (§ 221→B 15) in der Begehungsform des Verlassens. § 221 I Nr. 2 ist ein Vergehen bzw. im Falle III ein Verbrechen (= Todeseintritt als kausale Folge des Verlassens). Für Kinski bestand auch im Sinne des § 221 I Nr. 2 eine spezielle Beistandspflicht gegenüber dem Verletzten. Zur Begründung der Rechtspflicht sind die Grundsätze über die Entstehung der Garantenstellung heranzuziehen. § 323 c tritt gegenüber § 221 I Nr. 2 und §§ 212, 13 aufgrund seiner Subsidiaritätsstellung zurück. Auch der Tatbestand der fahrlässigen Tötung (§ 222) tritt hinter § 221 zurück, da die Vorsatztat aufgrund ihres größeren kriminellen Gehalts stets der fahrlässigen Tat vorgeht. Konkurrenzlehre →A 20

b) Mantey kann der Tatbestand der mittäterschaftlichen Begehung zu §§ 212, 13, 25 II nicht angelastet werden, da ihm insofern die Garantenstellung fehlte. Teilnahmehandlungen gem. §§ 26, 27 →A 19.4 sind allerdings möglich. Allerdings gibt der Fall hierfür nichts her. Dies gilt auch für die übrigen Handlungen, die Kinski anzulasten sind. Übrig bleibt der Tatbestand der „Unterlassenen Hilfeleistung" gem. § 323 c.

16 Die Rechtswidrigkeit

16.1 Allgemeines

Wer den Tatbestand eines Strafgesetzes verwirklicht, z. B. durch:

- böswilliges Niederschlagen eines harmlosen Passanten (vors. Körperverletzung, § 223 I),
- arglistiges Einsperren eines Menschen in einen Kellerraum (Freiheitsberaubung, § 239 I),
- Beschädigen eines fremden Hundes durch einen Fußtritt (Sachbeschädigung, § 303 I),

handelt in der Regel auch rechtswidrig. Daraus folgt der Merksatz:

Der Tatbestand indiziert die Rechtswidrigkeit.

Es kann jedoch Situationen geben, z. B.

- Verletzung eines Angreifers durch einen Tritt in den Unterleib (KV gem. §§ 223, 224) = Notwehr gem. § 32,
- Festhalten eines zahlungsunwilligen/-unfähigen Gastes durch den Gastwirt (Freiheitsberaubung gem. § 239) = erlaubte Selbsthilfe gem. § 229 BGB bzw. Selbsthilfe gem. § 704 BGB,
- Beschädigung eines angreifenden Terriers durch einen Fußtritt (Sachbeschädigung gem. § 303) = Defensivnotstand, § 228 BGB,

in denen die Verwirklichung des gesetzlichen Tatbestandes (ausnahmsweise) durch einen Erlaubnis-TB gerechtfertigt ist. Die Wirkung des tatbestandlichen Verhaltens zeigt die nachfolgende Skizze:

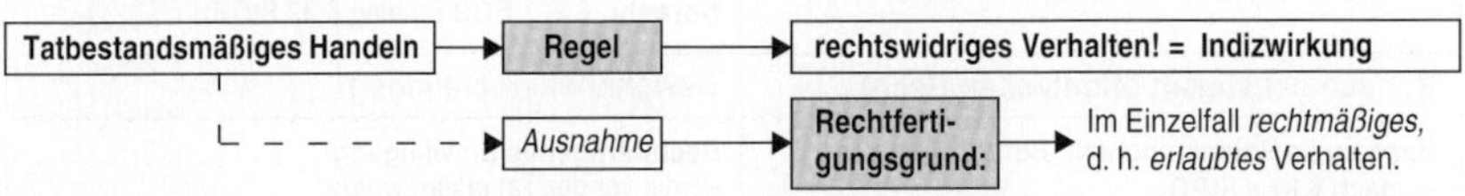

Eine Handlung ist also rechtswidrig, wenn sie den Tatbestand eines Strafgesetzes verwirklicht und ein Rechtfertigungsgrund (= Erlaubnistatbestand) nicht vorliegt. Erst in der Wertungsstufe der Rechtswidrigkeit fällt mithin die endgültige Entscheidung über die Rechtmäßigkeit oder die Rechtswidrigkeit der Tat.

Das im Einzelfall gerechtfertigte Verhalten bleibt zwar tatbestandsmäßig, enthält aber keine Rechtspflichtverletzung.

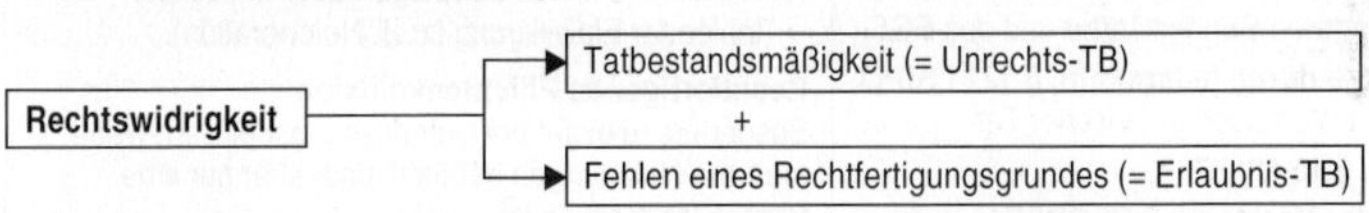

Die Frage, ob ein tbm. Handeln rechtswidrig ist, beantwortet sich nicht nur nach dem StGB, sondern richtet sich an die *gesamte Rechtsordnung*, also an das übrige öffentl. Recht und an das Zivilrecht. Es gilt der Grundsatz der *Einheit und Widerspruchsfreiheit der Rechtsordnung*, d. h., dass das Strafrecht nicht verbieten kann, was das übrige Recht erlaubt. Gründe, die tbm. Handeln im Einzelfall rechtfertigen können, sind in der gesamten Rechtsordnung zu finden. Vgl. Sie die nachfolgende Aufstellung unter A 16.2.

Der Polizeibeamte muss die wichtigsten Rechtfertigungsgründe kennen, da von ihm erwartet wird, dass er weitreichende strafprozessuale Maßnahmen gegen solche „Täter" unterlässt, die offensichtlich zu ihrem Handeln berechtigt waren. In Zweifelsfällen wird der Polizeibeamte jedoch die Personalien der „Beteiligten" und Zeugen feststellen und Sachbeweise sichern, um eine gründliche Überprüfung der Sachlage durch den polizeilichen Ermittlungsdienst und die Staatsanwaltschaft zu gewährleisten.

16.2 Die wichtigsten Rechtfertigungsgründe (R.)[1] nach ihrer jeweiligen Herkunft

Strafrechtliche R.	Zivilrechtliche R.
Notwehr, § 32 Abwehr eines gegenwärtigen, rechtswidrigen Angriffs. Notwehr geht vor Notstand (Spezialität). **Rechtfertigender Notstand, § 34** Notwendige Verletzung fremder Rechtsgüter zur Rettung wesentl. höherwertiger Güter. §§ 228, 904 BGB gehen als spezielle R. vor! **Wahrnehmung berechtigter Interessen, § 193** Bedeutsam bei beleidigenden Äußerungen gem. §§ 185 ff. **Einwilligung des Verletzten in eine KV, § 228** Die Tat darf nicht sittenwidrig sein. Bedeutsam für: – ärztliche Eingriffe, – leichte Regelverstöße beim Sport etc.	**Defensivnotstand, § 228 BGB** Einwirkung auf eine *gefahrdrohende Sache*, wie etwa ein angreifender Hund (nur Sachgefahrabwehr!). **Aggressivnotstand, § 904 BGB** Einwirkung auf eine *neutrale Sache* zur Abwehr einer gegenwärtigen Gefahr, etwa Entweichen auf ein Privatgrundstück vor angreifenden Jugendlichen. Fehlen einer Handlungsalternative. **Erlaubte Selbsthilfe, §§ 229 ff. BGB** Festnahmerecht od. Recht zur Wegnahme von Sachen, wenn obrigkeitliche Hilfe (z. B. Polizei) nicht rechtzeitig zu erlangen ist. Grenzen u. Folgepflichten ergeben sich aus § 230 BGB. **Spezielle Selbsthilferechte** – des Vermieters, § 562 b BGB, – des Gastwirtes, § 704 BGB, – des Pächters, § 592 BGB, – des Besitzers, § 859 BGB. **Notwehr, § 227 BGB** (analog § 32 StGB).

R. nach sonstigem öffentlichen Recht	Gewohnheitsrechtliche R.
Handeln im Rahmen hoheitl. Befugnisse, u. a.: – **nach § 81 a StPO** körperliche Untersuchung des Beschuldigten – **nach § 12 PolG NRW** (bzw. anderen Polizeigesetzen) Identitätsfeststellung zur Gefahrenabwehr – **nach §§ 758, 808, 883, 909 ZPO** Vollstreckungsbefugnisse des Gerichtsvollziehers – **auf Grund rechtm. dienstlicher Weisung** z. B. § 58 LBG NW, 59 PolG NRW bzw. ähnl. Vorschriften der anderen Bundesländer und des BGS. – **vorl. Festnahme durch jedermann, § 127 I StPO,** bei Betreffen od. Verfolgen auf frischer Tat. – **Notwehr gem. § 15 OWiG** – **rechtfertigender Notstand, § 16 OWiG**	**Rechtfertigende Einwilligung**[2] – die vor der Tat erklärt wurde, – nicht gegen die guten Sitten (§ 138 BGB) verstößt, – frei von wesentlichen Willensmängeln ist und – ein disponibles Rechtsgut des einwilligungsfähigen Verfügungsberechtigten betrifft; – Handeln des Täters in Kenntnis der Einwilligung. **Mutmaßliche Einwilligung** nach hypothetischem Willen des Rechtsgutträgers; z. B. – in Fällen rechtlich zulässiger, aber tatsächlich fehlender Einwilligung (z. B. Notoperation). **Rechtfertigende Pflichtenkollision** Besonders relevant bei Unterlassungsdelikten, wenn mehrere Handlungen geboten sind, aber nur eine tatsächlich möglich ist.

Rechtfertigungsgründe enthalten nach h. M. – ähnlich wie die Straftatbestände – objektive und subjektive Elemente. Zur Notwehr gehört z. B. *subjektiv* der *Verteidigungswille*. Fehlt er, handelt der Täter in Wahrheit mit Angriffswillen, so dass seine Tat rechtswidrig ist. In einer Klausur sind zunächst die objektiven und sodann die subjektiven Elemente des Erlaubnistatbestandes zu prüfen.

---

1) Rechtfertigungsgründe gelten nach h.M. auch für Amtsträger, soweit sie ihrem Wesen nach nicht widersprüchlich sind (z. B. § 229 BGG) oder sofern nicht im Einzelfall durch speziellere Vorschriften eine engere und abschließende Sonderregelung getroffen ist (z. B. beim Schusswaffengebrauch). Vgl. Sie ggf. BayObLG JZ '91, 936.

2) Zur Problematik und Unterscheidung von tatbestandsausschließendem Einverständnis des von der Tat Betroffenen und der rechtfertigenden Einwilligung des Rechtsgutträgers vgl. Sie z. B. bei Wessels/Beulke AT.

16.3 Erläuterung der praktisch wichtigsten Rechtfertigungsgründe

16.3.1 Die Notwehr, § 32

Fall: Als sie fremde Finger auf ihrem Körper spürte, wurde die 24-jährige Frau in ihrer Erdgeschosswohnung wach. Ein Femder war über den Balkon in ihre Wohnung eingestiegen und hatte sich an die schlafende Frau herangemacht. Ihr würde „was passieren", wenn sie schreien würde, drohte ihr der Unhold. Die couragierte Frau ergriff eine neben ihr auf dem Nachttisch stehende Kristallvase und schlug sie dem Eindringling derart heftig gegen den Kopf, dass dieser an den Folgen des Schlages zwei Stunden später im Krankenhaus verstarb.

Schaubild:

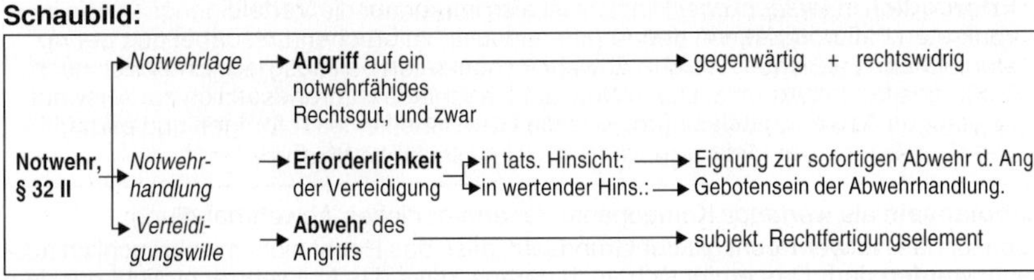

Notwehrlage

Der **Angriff** ist jede durch menschliches Verhalten drohende Verletzung rechtlich geschützter Interessen. Es kommen vorsätzliche, aber auch – wenngleich seltener – fahrlässige Verletzungshandlungen in Betracht. Auch im Unterlassen kann ein Angriff liegen, wenn eine Rechtspflicht zum Handeln besteht.

Gegenwärtig ist der Angriff, der unmittelbar bevorsteht, stattfindet oder noch andauert.

Der Angriff dauert so lange an, bis die Gefahr für das bedrohte Rechtsgut entweder völlig abgewendet (z. B. *Angreifer wendet sich vom Opfer ab*) oder in den endgültigen Verlust umgeschlagen ist (z. B. *Dieb konnte sich erfolgreich mit der Beute vom Tatort entfernen*).

Rechtswidrig ist jeder Angriff, der den Bewertungsnormen des Rechts objektiv zuwiderläuft und nicht durch einen Erlaubnissatz (Rechtfertigungsgrund) gedeckt ist. Ein Angriff kann also auch von schuldlos handelnden Personen ausgehen (Kind, Geisteskranker).

Notwehrhandlung

Verteidigung kann Schutzwehr oder Trutzwehr sein. Sie kann auch zugunsten eines Dritten erfolgen, dann nennt man sie *Nothilfe.* Nothilfe darf nicht aufgezwungen werden (BGH StV '87, 59).

Erforderlichkeit (§ 32 II): Vorab einige von der Rspr. entwickelte Grundsätze:

1. Das Notwehrrecht beruht grundsätzlich nicht auf dem Güterabwägungsprinzip.

   Deswegen kommt es auf die Verhältnismäßigkeit der Schäden, die durch die Verteidigung drohen, grundsätzlich nicht an.

   Eine konkret lebensgefährdende Verteidigung (z. B. Messerstich in den Bauch) darf, solange der Angreifer nicht seinerseits das Leben des Verteidigers unmittelbar bedroht, nur in Ausnahmefällen als letztes Mittel der Verteidigung eingesetzt werden.[1]
2. Es gilt der Grundsatz: „Das Recht braucht dem Unrecht nicht zu weichen." Die Ausübung des Notwehrrechts darf sich aber nicht selbst als Rechtsmissbrauch darstellen.[2]
3. Notwehrfähig ist jedes dem Angegriffenen oder einem Dritten zustehende Gut oder rechtlich anerkannte Interesse.
4. Es gilt weiter: Die Intensität des Angriffs bestimmt das Maß der Verteidigung! Je nach Sachlage kann eine Stufenfolge i. d. Schwere der Verteidigung **geboten** sein (z. B. *Warnung bei erster Beleidigung, Ohrfeige im Moment der Wiederholung; oder Warnschuss vor gezieltem Schuss*). Die Abstufung kann unterbleiben, wenn ihre Wirkung für

---

1) BGH NJW '96, 2315, NStZ 96, 29.
2) BGH 3 StR 490/01 v. 7.3.2002 zur Einschränkung des Notwehrrechts bei schuldhaft herbeigeführter Notwehrlage.

die Abwehr zweifelhaft ist[1] oder die Verteidigungslage des Angegriffenen verschlechtert würde, so im Ausgangsfall oben.

6. Nur wenn **mehrere geeignete** Verteidigungsmittel zur Verfügung stehen, ist das den Angreifer am wenigsten beeinträchtigende zu wählen (z. B. *Hinderung des ertappten Einbrechers an der Flucht durch Einschließen, statt auf ihn einzuschlagen oder ihn fluchtunfähig zu schießen*). Der Gebrauch der Schusswaffe zur Verteidigung des Eigentums kann nur als Ultima Ratio in Betracht kommen.[2]

Erforderlich in *tatsächlicher* Hinsicht ist also immer nur die Verteidigungsart, die im konkreten Fall *nötig* ist, um den Angriff endgültig zu brechen *und* dabei den *geringsten* Schaden anrichtet. Welche Abwehr im konkreten Fall nötig ist, richtet sich nach der Intensität des Angriffs. Der in Notwehr Handelnde ist grundsätzlich zur Auswahl desjenigen Abwehrmittels befugt, das die Gewissheit einer sofortigen und endgültigen Beseitigung der Gefahr gewährt (BGH 4 StR NStz '96, 508).

Gebotensein als *wertende* Komponente der erforderlichen Abwehrhandlung:

Auch für das Notwehrrecht gilt der Grundsatz, dass das Recht nicht missbräuchlich ausgeübt werden darf. Das ergibt sich auch daraus, dass das Notwehrrecht nicht nur dem Rechtsgüterschutz Einzelner, sondern gerade auch der *Bewährung des Rechts gegenüber dem Unrecht* dienen soll.

Konsequenz: Auch wenn dem Angegriffenen gar kein weniger einschneidendes Mittel zur Verfügung steht, den Angriff abzuwehren, kann nach den *besonderen Umständen der konkreten Situation* eine Verteidigung unangemessen, nicht geboten, damit rechtsmissbräuchlich und deshalb rechtswidrig sein.

Rechtsmissbrauch kommt nach der Rspr. in folgenden Fällen in Betracht:

- bei Bagatellangriffen,
- bei erheblichem Missverhältnis zwischen angegriffenem und durch die Notwehrhandlung beeinträchtigtem Rechtsgut (Frage: krasses Missverhältnis?),
- bei Angriffen durch Kinder oder Geisteskranke,
- bei rechtswidrig oder sozialethisch verwerflich provozierten Angriffen[3],
- bei Angriffen unvermeidbar irrender Personen[4].

In diesen Fällen wird ein Ausweichen, soweit es ohne Preisgabe berechtigter eigener Interessen zuzumuten ist, gefordert. Schimpfliche Flucht wird nicht zugemutet.

Besteht keine Ausweichmöglichkeit, ist (Schutzwehr stets) ein zur Abwehr unternommener Gegenangriff unter Schonung des Angreifers zulässig[5].

Intensiver Notwehrexzess, § 33,

ist dann gegeben, wenn der „Verteidiger" bei objektiv gegebener Notwehrlage bewusst über das nach § 32 II *erforderliche Maß* der Abwehrhandlung hinausgeht, sie also intensiviert (oder wenn der Verteidiger über die *gebotene* Abwehr hinausgeht).

Fall: Mantu wird von einem ihn anbettelnden Obdachlosen am Mantel festgehalten. Mantu tritt so heftig dem Obdachlosen gegen die Beine, dass dieser sich eine komplizierte Kniefraktur zuzieht.

Die objektiven Voraussetzungen des Erlaubnistatbestandes Notwehr sind mangels Erforderlichkeit der Abwehrhandlung hier nicht gegeben. Mantus Handlung (§§ 223, 224) ist rechtswidrig. Im Bereich der Schuld wäre festzustellen, dass Mantu auch schuldhaft gehandelt hat, da in seinem Fall die entschuldigenden Voraussetzungen nach § 33 (Notwehrüberschreitung aus Verwirrung, Furcht, Schrecken) offensichtlich nicht gegeben sind.

1) BGH 3 StR StV '99, 143.
2) BGH NStZ '93, 333; LG München NJW '88, 1860.
3) BGH 2 StR 237/05 v. 2. 11. 05.
4) BSG JZ 2000, 96.
5) BGH NStZ 2001, 143 f.; 2002, 425.

Extensiver Notwehrexzess

ist gegeben, wenn der „Verteidiger" die Notwehrlage *zeitlich* irrtümlich ausdehnt.

Fall: Der 53-jährige Albertz wird von einem ihm offensichtlich überlegenen Punker geohrfeigt und geboxt. A. kann den Angreifer aber plötzlich wirksam in den Unterleib treten.
Als der am Boden liegende Punker sich unter Schmerzen erheben und entfernen will, tritt Albert ihn noch zweimal heftig in den Rücken, weil er glaubt, der Punker werde seinen Angriff fortsetzen. Der Punker bleibt schwer verletzt am Boden liegen.

Die Fußtritte in den Rücken des Punker waren objektiv nicht mehr erforderlich. A. hielt sie aber subjektiv für notwendig. Er irrte daher über die objektiven Voraussetzungen eines Erlaubnistatbestandes (Gegenwärtigkeit des Angriffs). Diesen *Erlaubnistatbestandsirrtum* bezeichnet man auch als Putativnotwehr oder als extensiven (ausgedehnten) Notwehrexzess.
Die TB der §§ 223, 224 sind gegeben. Die Handlung ist rechtswidrig. Eine Rechtfertigung durch Notwehr entfällt, da die Fußtritte in den Rücken des Punkers objektiv nicht mehr erforderlich waren. A. hielt sie aber irrig dafür. Er irrte damit über die *tatbestandlichen* Voraussetzungen eines *Rechtfertigungsgrundes.* Dieser Irrtum hat auf der *Schuldebene* vorsatzausschließende Wirkung[1] (Verneinung des Vorwurfs der Vorsatzschuld). Da die fahrlässige Begehung der Tat aber auch strafbar ist, wäre nun die Fahrlässigkeitsschuld[2] nach objektiven und subjektiven Kriterien zu prüfen und hier wohl zu bejahen, so dass A. strafbar nach § 229 wäre.

Verteidigungswille

Als *subjektives* Rechtfertigungselement wird gefordert, dass der in Notwehr Handelnde sich mit **Verteidigungswillen** zur Wehr setzt. Zusätzliche andere Motive sind unschädlich (z. B. Freude, dem Angreifer bei dieser Gelegenheit einen Denkzettel verpassen zu können). In Fällen so genannter *„Absichtsprovokation"* liegt kein Verteidigungswille, sondern (verdeckter) Angriffswille vor, so dass die Handlung rechtswidrig ist.[3]
Die Rechtmäßigkeit der *Nothilfe* setzt voraus, dass derjenige, in dessem Interesse sie erfolgt, mit der Hilfeleistung einverstanden ist. Das Einverständnis wird jedoch nur gefordert, wenn der Angegriffene berechtigt und fähig ist, über sein gefährdetes Rechtsgut zu verfügen.

***Beispiele**: Abwehr sexueller Handlungen an einer 13-Jährigen ohne deren Zustimmung; Hilfe eines Betrunkenen, der ausgeraubt werden soll.*

Der praktische Fall

Zum Kampf um Parklücke zwischen Fußgänger und Pkw-Fahrer (BayObLG NJW '95, 2646):
Sachverhalt: F. stand in der City von München in einer Parklücke, um diese für einen Freund freizuhalten. Der Angeklagte P. fuhr mit seinem Pkw Daimler-Benz in die Parklücke ein. Er rechnete damit, der F. werde die Parklücke unter dem Zwang des auf ihn zurollenden Fahrzeuges räumen. Als dies jedoch nicht geschah, stieß das Fahrzeug F. an, der zu Fall kam und sich dabei Knieverletzungen zuzog.

Das Gericht bestätigte die Verurteilung des Pkw-Fahrers P. wegen *fahrlässiger* Körperverletzung (§ 229).

Den Einwand, er sei in *berechtigter* Ausübung von Notwehr gewesen, ließ das Gericht nicht gelten. Zwar räumte es ein, dass auch die freie Benutzung des öffentlichen Verkehrsraums ein *notwehrfähiges Recht* sei.

Andererseits ließ es unentscheiden, ob das Versperren einer Parklücke durch die Anwesenheit eines Fußgängers nach der aktuellen Rspr. des BVerfG und des BGH (Einzelheiten hierzu in Kap. B 17.2) als Gewalt zu definieren und ob deren Anwendung in derartig gelagerten Fällen als rechtswidrig i. S. v. § 240 II zu werten sei. Jedenfalls

1) Vgl. Sie ggf. unter Kap. A 12.4 und Kap. A 17.4.
2) Kap. A 14.3 .
3) OLG Stuttgart, NJW '92, 850. BGHSt 39, 374, 378.

stellte das Gericht fest, dass selbst bei Bejahung einer Notwehrlage die *Verteidigungshandlung*, die hier zu einer nicht unerheblichen Gefährdung und einer Schädigung des Angreifers geführt habe, in Anbetracht des relativ geringwertigen verteidigten Rechtsgutes als *offensichtlicher Rechtsmissbrauch* zu bewerten sei. Dies gelte auch dann, wenn es kein milderes Mittel gegeben habe. In dieser Konstellation sei das Mittel aus „Rechtsbewährungs- und Individualschutzgründen" unzulässig gewesen.

16.3.2 Die „erlaubte Selbsthilfe", § 229 BGB und das „Selbsthilferecht des Besitzers", § 859 BGB

Fall: Der Schausteller Sch. erspähte gegen 22.00 Uhr in der Nähe des Aachener Kirmesplatzes einen jungen Mann, der ihm gegen 16.00 Uhr des gleichen Tages aus seiner Losbude eine Armbanduhr im Wert von 85 Euro entwendet hatte und damit fliehen konnte. Der Täter wollte sich entfernen, als er von Sch. angesprochen wurde. Als Sch. ihn nunmehr ergriff, schlug der Täter auf ihn ein, bis der Schausteller ihm einen gezielten Boxhieb ins Gesicht versetzte. Der Boxhieb löste ein Nasenbluten beim Verdächtigen aus und veranlasste ihn, die entwendete Uhr wieder herauszugeben.

Lösung: Sch. hat die Tatbestände der Körperverletzung gemäß § 223 und der Nötigung, § 240, erfüllt. Es fragt sich, inwiefern diese tatbestandlichen Handlungen des Sch. gerechtfertigt sind.

a) Eine Rechtfertigung durch Notwehr (§ 32 StGB) scheidet aus, da der Angriff (Diebstahlshandlung) nicht mehr gegenwärtig war.

b) Rechtfertigung durch erlaubte Selbsthilfe des Besitzers, § 859 II?

Vorbemerkung: Gem. § 858 I handelt in *verbotene Eigenmacht*, wer dem Besitzer „ohne dessen Willen" und widerrechtlich (ohne Rechtfertigungsgrund) den Besitz entzieht (z. B. durch Diebstahl) oder ihn im Besitz stört (z. B. anhaltende Lärmimmissionen eines Nachbarn).

Der Gesetzgeber erlaubt dem Besitzer, sich dieser verbotenen Eigenmacht mit Gewalt zu erwehren, § 858 I (Besitzwehr), differenziert aber zwischen beweglichen und unbeweglichen Sachen wie folgt:

Wird dem Besitzer eine *bewegliche* Sache mittels verbotener Eigenmacht weggenommen (z. B. Diebstahl im Fall oben), darf er sie dem auf frischer Tat betroffenen oder verfolgten Täter (analog § 127 I StPO) mit Gewalt wieder abnehmen, § 859 II (Besitzkehr). Ist das Merkmal frische Tat nicht mehr gegeben, kann allenfalls ein Selbsthilferecht aus § 229 hergeleitet werden. Dazu später noch.

Wird dem Besitzer eines *Grundstückes* (unbewegliche Sache) durch verbotene Eigenmacht der Besitz entzogen (z. B. Parken auf Privatgrundstück = Teilentziehung), darf er *sofort* nach Entziehung den Täter (bzw. dessen Fahrzeug) entsetzen und sich so seines Besitzes wieder bemächtigen, § 859 III.

Problematisch[1] ist das Merkmal „sofort" bei der Maßnahme nach § 859 III. Nach der Rspr. bedeutet dies, so schnell wie nach den objektiven Maßstäben möglich ab dem Zeitpunkt der verbotenen Eigenmacht und nicht ab Kenntnisnahme hiervon. Das Zeitspektrum bewegt sich zwischen 30 Minuten und ca. drei Stunden.[2] Sieben Std. rechtfertigen nach Ansicht des AG München[3] jedenfalls nicht mehr die Selbsthilfe.

Entscheidend ist bei unberechtigtem Parken auf Privatgrundstücken aber die Einleitung der Abschleppmaßnahme, nicht der Zeitpunkt ihrer Durchführung.

---

1) Vereinzelt wird in der Literatur auch die Auffassung vertreten (Schünemann in DAR '97, 267 ff.), Besitzkehr sei als Spezialfall der Selbsthilfe gemäß § 229 ebenfalls nur zulässig, wenn obrigkeitliche Hilfe nicht rechtzeitig zu erlangen sei. Die h. M. lehnt jedoch hier die Anwendung des Subsidiaritätsgrundsatzes ab (Nachweise bei Schünemann).
2) Nachweis bei Palandt zu § 859.
3) NJW '96, 853.

Wirkungen:

1. Widerstand des „Eigenmächtigen" gegen die rechtmäßige Besitzwehr oder -kehr ist rechtswidrig und kann ggf. weitere haftungsrechtliche Folgen nach § 823 I BGB[1] sowie Straftatbestände auslösen.
2. Bei Nichtbeachten der Selbsthilfegrenzen begeht der handelnde Besitzer seinerseits verbotene Eigenmacht (sofern nicht § 229 BGB greift), gegen die sich der Ersttäter seinerseits zur Wehr setzen darf. Das liegt daran, dass § 859 nur die aktuelle Besitzposition und nicht die Rechtmäßigkeit hierin schützen will.

   Beispiel: *Wer als „Besitzer" seinen Besitz am Folgetag dem Dieb wieder abnimmt, handelt rechtswidrig, wenn nicht die Voraussetzungen der Selbsthilfe nach § 229 BGB vorliegen, d. h. wenn Name und Wohnsitz des Täters bekannt sind und ein endgültiger Verlust der Sache, etwa durch Weiterverkauf, nicht zu befürchten ist.*
3. Scheidet die Selbsthilfe des Besitzers aus den erwähnten Gründen aus, bleiben ihm zur Durchsetzung seiner Rechte je nach Lage des Falles
   - die Besitzentziehungsklage, § 861 BGB; Ziel: Wiedereinräumung des Besitzes;
   - die Besitzstörungsklage, § 862 BGB; Ziel: Unterlassung besitzstörender Handlungen;
   - Schadenersatzklage, § 823 I; Ziel: Finanzieller Ersatz für einen eingetretenen materiellen Schaden (Abschleppkosten, Fahrtkosten etc.).

Anmerkung: Die Polizei wäre im Fall „verbotswidriges Parken auf Privatgrundstück" zwar zur Gefahrenabwehr zuständig (§ 1 I S. 1 u. 2 PolG NRW), da mit dem Hausfriedensbruch (§ 123) eine Straftat vorliegt, deren Andauern sie abzuwehren hätte. Sie würde aber im Regelfall aus Gründen der Verhältnismäßigkeit von einer Abschleppmaßnahme absehen.
Als milderes Mittel käme hier die Halterfeststellung und eine entsprechende Datenmitteilung zum Zwecke privater Inanspruchnahme des Halters in Betracht (§§ 1 II, V S. 1, 25 I, 29 II PolG NRW und entsprechende Landesgesetze).

Vgl. Sie zum *Besitzrecht* den Exkurs **Sachenrecht** in Kap. B 18.3 V Ziff. 3:

Weiter zum Schausteller-Fall oben:

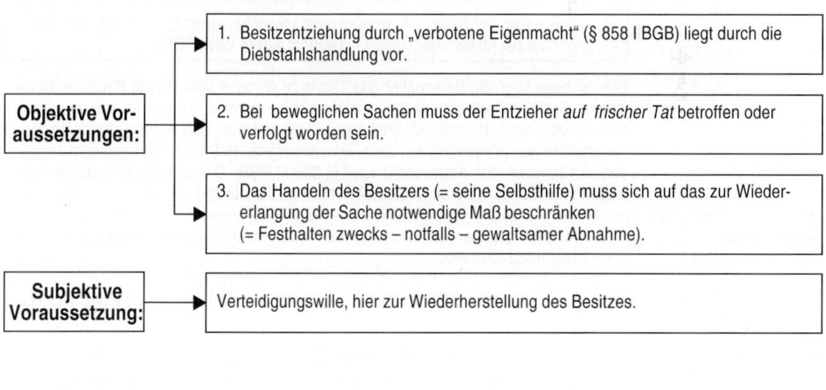

1) Näheres in Kap. A 22.

Zwischenergebnis:

Eine Einwirkung auf den Tatverdächtigen war nach § 859 I, II BGB *nicht* gerechtfertigt, da ein Verfolgen auf *frischer* Tat nicht mehr vorlag.

c) Eine Rechtfertigung durch § 127 I StPO scheidet aus den gleichen Gründen aus.

d) Rechtfertigung durch *(erlaubte) Selbsthilfe, §§ 229, 230 BGB?*

Objektive Voraussetzungen:

1. Vorhandensein eines gerichtlich durchsetzbaren privatrechtlichen Anspruchs.[1]

Hier besteht ein Anspruch nach § 823 BGB, da mit dem Diebstahl eine „unerlaubte Handlung" vorliegt, die den Täter zum Schadenersatz verpflichtet.

2. Unmöglichkeit der rechtzeitigen Erlangung staatlicher Hilfe.

Eine Anrufung des Gerichts gem. § 230 III BGB zur Anordnung des persönlichen Arrestes gem. § 918 ZPO oder das Abwarten polizeilichen Einschreitens würde die Durchsetzung des Anspruchs (erheblich) in Frage stellen, da zu befürchten ist, dass sich der unbekannte Täter endgültig entfernen wird. Somit besteht auch:

3. Gefahr der Vereitelung oder wesentlichen Erschwerung der Durchsetzung des Anspruchs, falls auf Selbsthilfe verzichtet würde.

4. Zur Abwendung dieser Gefahr muss die gewählte Selbsthilfehandlung *objektiv erforderlich* sein.

Der Täter ist hier der Flucht verdächtig. Er ist unbekannt und trachtet danach, sich zu entfernen. Unter diesen Voraussetzungen durfte Sch. den Verdächtigen *festnehmen* und auch den Widerstand, den dieser leistete, mit Gewalt beseitigen. Der Boxhieb war hier notwendig, da die Gefahr bestand, dass sich der Tatverdächtige losreißen werde.

5. Die Grenzen der Selbsthilfe wurden nicht erkennbar verletzt, denn Sch. tat nicht mehr als zur Abwehr der Gefahr notwendig war (§ 230 I BGB).

Sch. ist berechtigt, die Personalien des Täters zu erfragen oder ihn der Polizei zu übergeben, die einen Personalienaustausch vornehmen würde und von Amts wegen prüfen müsste, ob strafprozessuale Maßnahmen zu treffen wären. Sch. könnte aber auch den Tatverdächtigen (Verpflichteten) ohne Einschaltung der Polizei zum Amtsgericht bringen und dort *persönlichen Arrest* beantragen (§ 230 III BGB). Diese Maßnahme dürfte aber wegen ihres Zeitpunktes Schwierigkeiten machen (22.00 Uhr)

Subjektive Voraussetzung:

Sie war auch gegeben, da Sch. erkennbar in Selbsthilfeabsicht und nicht etwa in einer Art Lynchjustiz handelte.

Ergebnis: Sch. handelte gem. § 229 BGB rechtmäßig, was die Tatbestandserfüllung der §§ 223, 240 anlangt.

Anmerkung: Der gezielte Boxhieb war auch gem. § 32 gerechtfertigt, da Sch. – wie nachgewiesen – berechtigt war, den Tatverdächtigen festzuhalten. Soweit dieser sich nämlich wehrte, beging er einen rechtswidrigen Angriff, den Sch. offenbar nur durch den gezielten Boxhieb abwehren konnte.

---

1) Hierzu Näheres in BayObLG NSZZ '91, 134, 195.

16.3.3 Defensiver und aggressiver Notstand, §§ 228, 904 BGB

Fall: A reizt eine vor einem Kaufhaus angebundene Dogge. Als das Tier die Leine zerreißt und auf ihn zuspringt, wirft er einen vor dem Kaufhaus aufgestellten Warenstand um.
Folge: Die Vorderläufe des Hundes sind gebrochen, einige Waren und das Regal sind beschädigt.

Lösung: A hat vorsätzlich den Tatbestand des § 303 erfüllt, und zwar bzgl. der Einwirkung auf den Hund und auf den Warenstand.
Die Handlung könnte jedoch gerechtfertigt sein,

a) gemäß § 228 BGB – *defensiver Notstand* – bzgl. der Beschädigung des Hundes:

Objektive Voraussetzungen:

1. Von der Sache droht eine Gefahr.
2. Zur Abwehr der Gefahr ist die Beschädigung oder Zerstörung der Sache notwendig.
3. Der angerichtete Schaden darf nicht unverhältnismäßig größer sein als der, den es abzuwehren gilt.

Subjektive Voraussetzung:

1. Der Täter muss die Notstandslage kennen und
2. mit *Wehrabsicht* handeln (Das wäre dann nicht der Fall gewesen, wenn der Täter das Tier gereizt hätte, *um* ihm dann zu schaden!).

Eigenes Verschulden schließt die Notlage nicht aus, verpflichtet jedoch zum Schadenersatz, § 228 II BGB.

Ergebnis: Der Fall ist so klar, dass hier ohne weitere Darlegung von Gründen festgestellt wird, dass die Tat gerechtfertigt war und A zum Schadenersatz verpflichtet ist.

b) gemäß § 904 BGB – *aggressiver Notstand* – bzgl. der Beschädigung der ausgestellten Waren und Regale:

Objektive Voraussetzungen:

1. Einem Rechtsgut droht Gefahr, hier der Gesundheit des A.
2. Zu deren Abwendung ist die *Einwirkung* auf eine *fremde* Sache, von der *keine* Gefahr ausgeht (neutral), erforderlich.

   Vom Regal geht keine Gefahr aus. Dadurch, dass es auf das Tier fällt, wird die Gesundheitsgefahr für A behoben. Ein anderes Mittel kam nicht in Betracht, insbesondere nicht die Flucht.

3. Der drohende Schaden muss unverhältnismäßig größer sein als der, der durch die Zerstörung oder Beschädigung der neutralen Sache entsteht.

   Diese Voraussetzung trifft hier zu, weil ein mittlerer Sachschaden von etwa 1 000,– DM einer gegenwärtig drohenden erheblichen Gesundheitsschädigung für A gegenübersteht.

Subjektive Voraussetzung:

Handeln mit Rettungswillen.

Ergebnis: Die Tat war gerechtfertigt, der Täter aber schadenersatzpflichtig gem. § 904 S. 2 BGB.

Für §§ 228, 904 BGB gilt das Güterabwägungsprinzip. Bei § 904 BGB muss das zu rettende Gut *erheblich* wertvoller sein. Bei § 228 BGB darf der Schaden, der eintritt, *nicht unverhältnismäßig größer* sein als der, der durch die Einwirkung auf diese Sache entsteht.

16.3.4 Der rechtfertigende Notstand, § 34 StGB, § 16 OWiG

Zur **Unterscheidung:** Bei der tatbestandlichen Verwirklichung einer mit Bußgeld bedrohten Handlung kann § 16 OWiG bei der Begehung einer mit Strafe bedrohten Handlung § 34 als Rechtfertigungsgrund die Rechtswidrigkeit ausschließen.

Fall: Ein Taxifahrer T. beobachtet nachts einen in Schlangenlinien fahrenden Pkw-Fahrer. Als dieser schließlich einen Verkehrsunfall verursacht und danach mit hoher Geschwindigkeit flieht, lässt er über seine Taxizentrale die Polizei verständigen und verfolgt den Pkw-Fahrer, um Standortmeldungen durchgeben zu können. Seinen Fahrgast lässt er aus Sorge, den Fliehenden aus den Augen zu verlieren, nicht aussteigen, obwohl dieser mehrfach protestiert.

Schaubild:

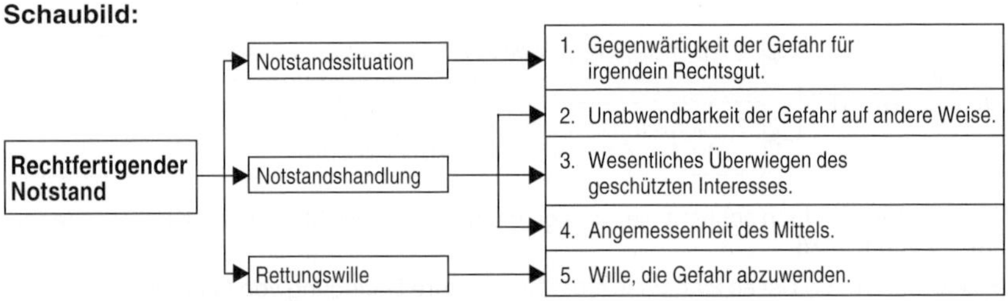

Lösung: T. hat den Tatbestand der Freiheitsberaubung, § 239, erfüllt. Die Handlung könnte jedoch gemäß § 34 gerechtfertigt sein.

Objektive Voraussetzungen

1. Bestehen einer Notstandssituation (= Kollisionslage). Sie muss sich als eine *gegenwärtige Gefahr* für ein Rechtsgut (= Interesse) darstellen, die *nur* dadurch abgewendet werden kann, dass ein anderes Rechtsgut (= Interesse) verletzt wird. Zur Rettung des einen Rechtsgutes muss die Verletzung des anderen also erforderlich sein. Es darf keinen anderen Ausweg geben!

Hier steht das Interesse des Fahrgastes, sich frei bewegen zu können, dem Interesse des Geschädigten (VU!) und dem der Allgemeinheit, eine weitere Gefährdung zu unterbinden, gegenüber.

2. *Nur* durch die vorübergehende Einschränkung der Bewegungsfreiheit des Fahrgastes bestand eine reale Erfolgsaussicht, den flüchtigen Fahrer bald zu ergreifen und damit weiteren Schaden bzw. die Fortdauer der von ihm ausgehenden Gefahren zu unterbinden (Es sei unterstellt, dass Fahrstrecke, Geschwindigkeit und Leistungsvermögen der Fahrzeuge ein kurzfristiges Anhalten zum Zwecke des Aussteigens des Fahrgastes ausschlossen!).

3. Das geschützte Interesse muss das beeinträchtigte *wesentlich überwiegen.* Hier stand eine kurze Freiheitsbeschränkung den oben genannten quantitativ und qualitativ höher zu bewertenden Interessen gegenüber.

Der Taxifahrer hat die Kollisionslage richtig und damit zugunsten des höherwertigen Interesses gelöst.

4. Die Aufopferung des verletzten Interesses (Freiheitsbeschränkung) muss sich als *angemessenes* Mittel zur Gefahrenabwehr darstellen, d.h. es muss mit den rechtsethischen Prinzipien der Rechtsordnung übereinstimmen.
Die *geringfügige* Freiheitsbeschränkung kann hier wohl als angemessenes Mittel zur Abwehr der drohenden erheblichen Gefahr gewertet werden. Voraussetzung ist aber, dass das Leben oder die Gesundheit des Fahrgastes nicht konkret gefährdet wurden!

Subjektive Voraussetzungen

5. Der Täter (Taxifahrer) muss mit Rettungswillen gehandelt haben. Dies war dem Sachverhalt zufolge der Fall.

Ergebnis: Die Freiheitsberaubung war unter diesen Umständen gerechtfertigt. Die Überschreitung der zulässigen Höchstgeschwindigkeit sowie andere Verkehrsverstöße des Taxifahrers waren als Bußgeldtatbestände in diesem Zusammenhang gemäß § 16 OWiG gerechtfertigt.

16.3.5 Die vorläufige Festnahme durch jedermann, § 127 I StPO

Fall: Pater sperrt Dieb in Beichtstuhl. exp. München – Pater K., Geistlicher in einem Münchener Kloster, fing einen Kirchendieb, indem er den Mann kurzerhand in den Beichtstuhl einsperrte, bis die Kripo kam. Manfred Sch. (39) hatte in der Sakristei ein wertvolles Reliquienbild mitgehen lassen.

Lösung: Der Pfarrer hat objektiv den Tatbestand der Freiheitsberaubung (§ 239) z. N. des Manfred Sch. erfüllt. Die mit der Tathandlung des Einsperrens verbundene Nötigung (§ 240) stellt kein selbständig zu ahndendes Unrecht dar (Kap. B 17.2 u. 3).
Die Freiheitsberaubung könnte durch das jedermann zustehende Festnahmerecht gem. § 127 I StPO gerechtfertigt sein.

Objektive Voraussetzungen:

1 a) Betreffen auf frischer Tat *oder*
Antreffen bei Tatausführung oder unmittelbar danach noch am Tatort oder in dessen unmittelbarer Nähe. Dieses Merkmal dürfte im vorliegenden Fall wohl erfüllt sein, wenn der Pfarrer den Dieb mit seiner Beute noch in oder in der Nähe der Kirche antraf.

1 b) Verfolgen auf frischer Tat
Dies ist gegeben, wenn der Täter nach Betreffen auf frischer Tat geflohen ist und sofort verfolgt wird o d e r wenn er unmittelbar nach Tatbegehung entdeckt und aufgrund eindeutiger Anhaltspunkte (Spur, Sicht, Gehör) verfolgt wird.

2 a) Fluchtverdacht *oder*
Im Einzelfall muss nach allgemeiner Lebenserfahrung die Annahme gerechtfertigt sein, der Täter werde sich ohne die Festnahme der Verantwortung entziehen. Im vorliegenden Fall kann unterstellt werden, dass der dem Pfarrer unbekannte Tatverdächtige sich ohne ein Einschreiten des Pfarrers mit unbekanntem Ziel entfernt hätte.

2 b) Nichtfeststellbarkeit der Identität des Tatverdächtigen
Täter ist unbekannt und kann sich nicht oder nicht hinreichend ausweisen oder die Feststellung der Person ist nicht oder nur unter Schwierigkeiten möglich (Beispiele: *Menschenmenge, Dunkelheit*).

3 Verhältnismäßigkeit der Maßnahme
Der Grundsatz der Verhältnismäßigkeit gilt wie bei allen Rechtseingriffen auch hier. Zwischen Freiheitsbeschränkung und Anlass darf jedenfall kein erkennbares Missverhältnis bestehen. Überprüfungen sind ohne Verzögerung vorzunehmen. Im Fall wird unterstellt, dass das Einsperren nötig war, um die Polizei verständigen zu können, ohne dem Täter Gelegenheit zu geben, doch noch zu fliehen.

(Fortsetzung Folgeseite)

Subjektive Voraussetzung: →	**Ermöglichung der Strafverfolgung** Diese Voraussetzung stellt das *subjektive* Rechtfertigungselement dar. Die Festnahme muss zu dem Zweck erfolgen, ein Strafverfahren gegen den Täter *zu ermöglichen.* Andere Motive allein, etwa Sicherung zivilrechtlicher Ansprüche, können die Festnahme jedenfalls nicht nach § 127 I S. 1 StPO rechtfertigen. In Betracht kämen dann aber Erlaubte Selbsthilfe (§ 229 BGB) oder Selbsthilfe des Besitzers (§ 859 BGB).

Ergebnis: Die Freiheitsberaubung durch Einsperren des Diebes bis zum Eintreffen der Polizei war gerechtfertigt. Für die Beamten der StA und des Polizeidienstes ist § 127 I S. 1 StPO auch anwendbar. Die Indentitätsfeststellung durch die Strafverfolgungsorgane erfolgt jedoch nach §§ 163 b, c StPO (Kap. C 9).

Grenzen des Festnahmerechts nach § 127 I S. 1 StPO

Eine Rechtspflicht zur vorläufigen Festnahme für jedermann besteht nicht. Aus der subjektiven Voraussetzung, nämlich der Zielsetzung, mit der vorläufigen Festnahme das Strafverfahren gegen den Verdächtigen zu ermöglichen, folgt, dass die Maßnahme nur statthaft ist, wenn Strafverfolgungsorgane nicht zugegen sind.

Lässt der Festnehmende den Tatverdächtigen nicht schon bald wieder frei, etwa nach der Personalienfeststellung, ist der Festgenommene unverzüglich den Strafverfolgungsorganen zu überstellen. Zu diesem Zweck darf er bis zum Eintreffen der Polizei (Regelfall) festgehalten oder – sofern notwendig – in einen Raum eingeschlossen werden.

Das Festnahmerecht aus § 127 I S. 1 StPO deckt auch die Wegnahme von Sachen des Festzunehmenden, wenn dadurch die Selbstgestellung (gewöhnlich bei der Polizei) erzwungen werden soll und kann (z. B. Abnahme einer Tasche).

Körperverletzungen sind nur dann aus § 127 I S. 1 StPO gerechtfertigt, wenn sie sich als natürliche Folge unmittelbar aus der Festnahme ergeben (z. B. Schmerz als Folge des erforderlichen festen Zupackens). Ein gegen die vorläufige Festnahme geleisteter Widerstand kann im Rahmen der Notwehr (§ 32) gebrochen werden.

§ 127 I S. 1 StPO rechtfertigt nicht die Durchsuchung der Person, wohl die Abnahme offen mitgeführter Beute oder anderer Beweismittel (z. B. Tatwaffe).

Problematisch ist die Festnahme des nur *vermeintlichen* Täters durch jedermann. Darf der sich, der tatsächlich keine rechtswidrige Tat begangen hat, im Rahmen der Notwehr (§ 32) zur Wehr setzen? Oder ist es unbillig, dem im öffentlichen Interesse Festnehmenden das Risiko eines schuldlosen Irrtums aufzubürden?

Fall: Vermeintlich betrunkener Pkw-Fahrer von anderem Kraftfahrer festgenommen und der Polizeistreife überstellt. Die Beamten fanden heraus, dass der 20-jährige Pkw-Fahrer, der noch drei junge Leute an Bord hatte, aus purem Übermut in Schlangenlinien gefahren, im Übrigen aber fahrtüchtig war und niemanden gefährdet hatte.

Rspr. und Lehre sind hierzu nicht einig.[1] Das BayObLG MDR '86, 956 (ebenso OLG Hamm NStZ '98, 370) hat auf das Augenblicksurteil des in begründeter Überzeugung Festnehmenden abgestellt (sog. Verdachtslösung).

Ausgehend von dem Nothilfegedanken, der allen Selbsthilferechten zugrunde liegt und dem weitreichenden Eingriff in die Grundrechtsposition des von der Festnahme Betroffenen, arg. die Anhänger der sog. Tatlösung[2], dass der Festnehmende das Risiko dafür trägt, dass er den wirklichen Tatverdächtigen ergriffen hat. Irrt er sich hierin, ist seine Maßnahme rechtswidrig, so dass der vermeintliche Täter sich gegen den *Angriff des Festnehmenden* im Rahmen der Notwehr (§ 32) zur Wehr setzen kann.

Folgte man der Gegenmeinung, bliebe die Festnahme bei einem nicht vom Festnehmenden zu vertretenen Irrtum rechtmäßig, was eine Notwehrhandlung des Festgenommenen ausschlösse.

Problem: Bei *Kindern* entfällt das Festnahmerecht nach § 127 I StPO, da sie gem. § 19 schuldunfähig sind und ein Strafverfahren gegen sie deshalb nicht in Betracht kommt.

1) Nachweise bei Kleinknecht/M-G zu § 127 StPO.
2) Kargel NSZZ '00, 8, 9 in Fußnote 21 sowie S. 13.

Ein Ergreifen im Rahmen der *erlaubten Selbsthilfe* (§ 229 BGB) oder die *Selbsthilfe des Besitzers bzw. Besitzdieners* (§§ 859, 860 BGB) kann in Betracht kommen. Die Polizei darf tatverdächtige Kinder im Rahmen des § 163 b II StPO festhalten oder nach Polizeirecht, z. B. nach § 9 PolG NRW (Befragungsrecht) oder nach § 12 PolG NRW (Identitätsfeststellung).[1]

17 Die Schuld

Im deutschen Strafrecht gilt nach der Rechtsprechung des BVerfG der Grundsatz: „Keine Strafe ohne Schuld" (nulla poena sine culpa). Dieses Schuldprinzip lässt sich aus Art. 1 I, 20 III und 103 II GG ableiten.[2] § 46 I bringt das Schuldprinzip auf die Formel: „Die Schuld des Täters ist Grundlage für die Zumessung der Strafe. ..."
Unter Schuld versteht die Rspr. und h. L. die seelische Beziehung des Täters zu seiner Tat und die Wertung dieser Beziehung als vorwerfbar. Das Ordnungswidrigkeitenrecht vermeidet den Begriff der Schuld und setzt an seine Stelle den der Vorwerfbarkeit (§ 1 I OWiG). Während dem ersten das Element der sozialethischen Missbilligung anhaftet, ist in dem letzteren der nicht entehrende Vorwurf eines bloßen Ordnungsverstoßes enthalten (→ A 10). Mit der Bejahung der Tatbestandsmäßigkeit und der Rechtswidrigkeit einer Handlung ist das Tatunrecht, d. h. die Verletzung der Rechtsordnung festgestellt. Im Schuldkomplex geht es darum, ob dem Täter die rechtswidrige Tat auch persönlich anzulasten, d. h. vorzuwerfen ist. Die nachfolgende Abbildung verdeutlicht die Zusammenhänge.

17.1 Die Schuldelemente – Übersicht

Tatbestandsmäßigkeit	→	**Rechtswidrigkeit**	→	**Schuld**
Übereinstimmung von Handlg. u. gesetzl. Tatbestand. – Kap. A 13		Unwerturteil der Rechtsordnung über die Tat. – Kap. A 16 –		Unwerturteil über den Täter und seine Beziehung zur Tat

Die Elemente der Schuld

Schuldfähigkeit	**Schuldform**	**Unrechtsbewusstsein**	**Zumutbarkeit**[3]
Der Täter ist schuldfähig, wenn er fähig ist, das Unrecht der Tat *einzusehen* und *dieser Einsicht gemäß zu handeln.* Schuldunfähigkeit liegt vor bei ● Altersunreife, § 19 StGB, § 3 JGG (→ A8) ● seelischen Störungen i. S. v. § 20. Verminderte Schuldfähigkeit (§ 21) ist nur ein *Strafmilderungsgrund.*	● *Vorsatzschuld* (indiziert durch den Tatbestandsvorsatz) ist nur im Falle des Erlaubnistatbestandsirrtums zu prüfen (→ A 12.4 u. A 16.3). ● *Fahrlässigkeitsschuld als subjektive* Komponente der *Fahrlässigkeit.* (→ A 14.3 u. A 17.4). (Zum Aufbau nach der finalen und Kausalen Handlungslehre → A 12.4).	Der Täter muss wissen, dass seine Tat gegen die Rechtsordnung verstößt. Dazu reicht, dass er nach allgemeinem Rechtsempfinden zumindest Zweifel an der Richtigkeit seines Verhaltens bekommen hat = *aktuelles UB* oder hätte bekommen müssen = *potentielles UB.* Der Verbotsirrtum (§ 17) führt zur Verneinung des Unrechtsbewusstseins, d. h. ● bei *fehlender Einsicht* in das Verbot zu handeln und bei ● *Unvermeidbarkeit* dieses Irrtums.	Vom Täter muss in seiner Situation ein rechtmäßiges Verhalten erwartet werden können. Die Zumutbarkeit rechtsrichtigen Verhaltens entfällt beim Vorliegen eines Entschuldigungsgrundes: ● entschuldigender Notstand (§ 35), ● Überschreitung der Notwehr aus Verwirrung, Furcht oder Schrecken (§ 33), ● Handeln aufgrund einer für verbindlich gehaltenen Anweisung (u.a. §§ 56 II 3 BBG, 38 II 2 BRRG, 5 I WStG, ● entschuldigende Pflichtenkollision.

1) Vgl. Sie ggf. die einschlägigen Polizeigesetze.
2) Zu den Grundproblemen der Schuldlehre vgl. Sie ggf. Wessels/Beulke zu § 10.
3) Oder auch: Fehlen von Entschuldigungsgründen.

17.2 Schuldfähigkeit, §§ 19, 20, 21 StBG; § 3 JGG

Die Erhebung des Schuld*vorwurfs* setzt die Schuld*fähigkeit* des Täters zum Zeitpunkt der Tat voraus. Dabei ist zunächst das Alter des Täters (§ 19 StGB, § 3 JGG), sodann seine Einsichts- und Steuerungsfähigkeit (§§ 20, 21) maßgebend.

Altersstufen der Schuldfähigkeit

Kinder sind gem. § 19 absolut schuldunfähig. Ein Gegenbeweis ist wegen der gesetzlichen Klarstellung ausgeschlossen, und zwar unabhängig von der im Einzelfall festgestellten Reife des kindlichen Täters. Der Umstand wirkt als Prozesshindernis, so dass strafprozessuale Maßnahmen gegen Kinder nicht getroffen werden dürfen.[1] Die „rechtswidrige Tat" eines Kindes kann aber Anknüpfungspunkt für Teilnahmehandlungen (§§ 25 II, 26, 27) und Anschlussdelikte (§§ 257, 259) sein.

Jugendliche sind *bedingt* schuldfähig (§ 3 JGG). Bei Bejahung ihrer Schuld sind die Rechtsfolgen aus dem JGG zu nehmen.[2] Notwendige strafprozessuale Maßnahmen dürfen getroffen werden.

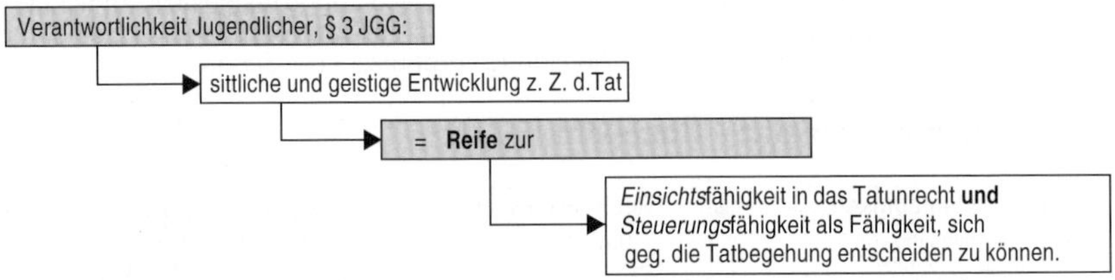

Heranwachsende gelten grundsätzlich als schuldfähig (§§ 105, 106, JGG). Bei ihrer Gleichstellung mit Jugendlichen oder bei Jugendverfehlungen werden die Rechtsfolgen dem JGG entnommen, ansonsten sind sie gem. § 106 JGG zu mildern.[3]

Ein Heranwachsender ist einem Jugendlichen *gleichzustellen*, wenn in ihm noch in größerem Umfang Entwicklungskräfte wirken.

Entscheidend für das Vorliegen einer *Jugendverfehlung* ist, ob unabhängig vom generellen Reifegrad des Heranwachsenden die konkrete Tat auf jugendlichen Leichtsinn, Unüberlegtheit oder soziale Unreife zurückgeht.

Der Tatrichter bzw. die Jugendkammer haben bei Anlegung dieser Maßstäbe einen Beurteilungsspielraum, den sie sachlich und rechtlilch auszufüllen haben (BGH 1 StR NStZ-RR '99, 26).

Erwachsene gelten als unbedingt schuldfähig. Die Schuldfähigkeit wird unterstellt, solange nicht Anhaltspunkte für das Gegenteil vorliegen. Aus dem Verfassungsgrundsatz *„Keine Strafe ohne Schuld"* ergibt sich jedoch eine gesetzliche Verpflichtung zur Prüfung der Schuldelemente in jedem Einzelfall.

Schuldunfähigkeit infolge seelischer Störungen z. Z. der Tat

Kommt nach den vorbeschriebenen Altersstufen die Schuldfähigkeit des Täters in Betracht, kann sie im Einzelfall noch nach § 20 entfallen (oder nach § 21 erheblich vermindert sein). Die Schuldfähigkeit entfällt gem. § 20, wenn der Täter z. Z. der Tat wegen bestimmter körperlicher Störungen (= biologisches Element) einsichts- oder steuerungsunfähig war (= psychologisches Element). Eine Ausnahme bildet hierbei nur der Fall der sog. *„Actio libera in causa"*, auf die später noch eingegangen wird. Die Elemente des § 20 veranschaulicht die nachfolgende Abb.

---

1) – 3) Die Einzelheiten sind in Kap. A 8 dargestellt.

Schuldunfähigkeit wegen seelischer Störungen, § 20[1]

biologische Merkmale	+	**psychologische Merkmale**
● *krankhafte seelische Störungen* (z. B. endogene Psychose, Hirnverletzungen, Schizophrenie) ● *tief greifende Bewusstseinsstörung* (z. B. Ermüdung, Schock, Vollrausch, hypnotische Zustände, hochgradige Angst- oder Zornaffekte) ● *Schwachsinn als hochgradige Intelligenzschwäche* ● *andere schwere seelische Abartigkeit* (z. B. Neurose, Triebstörung, Psychopathie).[2]		*Unfähigkeit, das Unrecht der Tat einzusehen* (mangelnde Einsichtsfähigkeit = intellektueller Aspekt) ***o d e r*** *Unfähigkeit, nach dieser Einsicht zu handeln* (mangelnde Steuerungsfähigkeit = voluntativer Aspekt).
Der gesetzliche Katalog ist abschließend geregelt. Die Merkmale sind in der Psychiatrie und Psychologie erforscht.		Die Merkmale sind im Einzelfall auf ihren Schweregrad u. ihre Bedeutung für die konkrete Tat zu prüfen.

Die Bejahung der Schuldunfähigkeit setzt die Feststellung eines biologischen *und* eines darauf bezogenen psychologischen Merkmals voraus.

War die Einsichts- o d e r Steuerungsfähigkeit nach den Kriterien des § 20 (nur) *erheblich vermindert*, gilt der Täter als schuldfähig. Seine Strafe kann jedoch nach Maßgabe des § 49 gemildert werden. Dies ergibt sich aus § 21.

Abgrenzung: Ein nur intellektuell bedingtes fehlendes Unrechtsbewusstsein berührt die Schuldfähigkeit nicht, kann aber gem. § 17 als Verbotsirrtum entschuldigende Wirkung haben.

Maßregeln der Besserung und Sicherung (§§ 61 ff.)[3] können auch gegen den schuldunfähigen Täter einer rechtswidrigen Tat getroffen werden. Sie dienen allein präventiven Zwecken und nicht der Sühne (sog. Zweispurigkeit des Rechtsfolgensystems).
Strafe setzt Schuld voraus, Maßregeln sollen unabhängig von ihr den Täter bessern oder/und die Allgemeinheit vor ihm schützen.

17.3 Der Vollrausch, § 323 a und der Fall der „actio libera in causa“[4]

Zum Vollrausch gemäß § 323 a

Die Schuldfähigkeit desTäters kann infolge einer zur Tatzeit vorliegenden tief greifenden Bewusstseinsstörung ausgeschlossen sein. Sofern der Täter diese Bewusstseinsstörung vorsätzlich oder fahrlässig durch übermäßigen Alkoholgenuss, Medikamentenmissbrauch oder Rauschgiftkonsum herbeigeführt hat, kommt seine Bestrafung entweder nach den Grundsätzen der **„actio libera in causa“** oder wegen **„Vollrausches nach § 323 a“** in Betracht. § 323 a dient dem Schutz der Allgemeinheit vor den Gefahren, die von Berauschten ausgehen.[5]

1) Zur Beurteilung der Schuldunfähigkeit ist stets die Heranziehung eines Gutachtens durch die StA / das Gericht erforderlich. Im polizeilichen Ermittlungsverfahren kommt die Anordnung einer körperlichen Untersuchung gem. § 81 a StPO in Betracht.
2) Im Einzelnen Tröndle/Fischer zu § 20.
3) Näheres hierzu in Kap. A 7.
4) Literatur: Tröndle/Fischer.
5) Hierzu nachfolgend noch kritisch BGH 4 StR, NStZ, 97, 22.

Fall: Kinski verlässt im volltrunkenen Zustand eine Gaststätte und begibt sich auf den Heimweg. Als er unterwegs in einem abgestellten Pkw einen wertvollen Fotoapparat bemerkt, schlägt er kurzentschlossen die Scheibe des Fahrzeugs mit einem vorgefundenen faustgroßen Stein ein und ergreift die Beute. Kinski wird wenig später von der Polizei gefasst. Die Auswertung der Blutprobe ergibt eine BAK zur Tatzeit von 3,2‰.

Falllösung:

1. Kinski hat einen Diebstahl in einem besonders schweren Falle begangen (§§ 242, 243 I 1). Er handelte rechtswidrig, aber nicht schuldhaft. Kinski befand sich zum Tatzeitpunkt infolge hochgradiger Alkoholisierung von 3,2 ‰ in einem die Schuldfähigkeit ausschließenden Zustand tief greifenden Bewusstseinsstörung, der die Steuerungsfähigkeit ausschloss.
2. Eine Bejahung der Schuld nach den Grundsätzen der „actio libera in causa" scheidet aus, da Kinski sich nach Falllage nicht in den die Schuld ausschließenden Rausch versetzt hat, *um* darin den Diebstahl zu begehen.
3. In Betracht kommt eine Bestrafung wegen Vollrausches gem. § 323 a.
   a) Kinski versetzte sich durch Alkoholkonsum in einen seine Schuldfähigkeit ausschließenden Rausch. Kinski müsste sich vorsätzlich oder fahrlässig berauscht haben.
   b) Vorsätzlichen Vollrausch begeht derjenige, der sich wissentlich und willentlich in den rauschbedingten Zustand möglicher Schuldunfähigkeit versetzt. Dabei genügt es, wenn der Täter den Eintritt des Rausches für möglich hält und billigend in Kauf nimmt (bedingter Vorsatz). Beim fahrlässigen Vollrausch beachtet der Täter den Eintritt des die Schuldfähigkeit ausschließenden Rausches in *vorwerfbarer* Weise nicht. Im Fall wäre die Frage des vorsätzlichen oder fahrlässigen Sichberauschens durch das Gericht konkret zu prüfen.
   c) Objektive Strafbarkeitsbedingung des Vollrausches ist die Begehung einer rechtswidrigen Tat im Rausch, für die der Täter wegen der rauschbedingten Schuldunfähigkeit (§ 20) nicht bestraft werden kann. Diese Voraussetzung ist durch die begangene Diebstahlshandlung erfüllt.

Der BGH sah in seiner früheren Rspr. (Nachweise bei Tröndle/Fischer) hierin bereits die Tatverwirklichung. Nachdem jedoch der Große Senat (→zur Funktion C 1.7.1) angemahnt hatte, dass der verfassungsrechtlich verankerte Schuldgrundsatz zu beachten sei, fordert die Rspr. über die objektive Bedingung der Begehung der rechtswidrigen Tat hinaus eine engere Vorwerfbarkeitsbeziehung zwischen dem Sichberauschen und der späteren Tat (hier dem Diebstahl).

Der Tatbestandsaufbau des § 323a

I. *Tathandlung* →	Versetzen in einen die Schuldfähigkeit ausschließenden Rauschzustand durch alkoholische Getränke oder andere berauschende Mittel.
Subjektiver TB: →	Vorsätzliches oder fahrlässiges Versetzen in den Rausch.
Objektive Bedingung der Strafbarkeit →	Begehung einer rechtswidrigen Tat in dem die Schuld ausschließenden Rauschzustand.
Subjekt. Beziehung zur Rauschtat: →	Vorhersehbarkeit der Begehung irgendwelcher Ausschreitungen strafbarer Art im Rausch. *Schuldgrundsatz.*
II.:	Strafbegrenzung – niemals höher als die angedrohte Höchststrafe der im Rausch begangenen rechtswidrigen Tat.
III.:	Bestimmte Verfolgungsvoraussetzungen der im Rausch begangenen Tat gelten auch für § 323 a.

Danach *muss für den Täter zumindest während des Sichberauschens vorhersehbar gewesen sein, dass er im Rausch irgendwelche Ausschreitungen strafbarer Art begehen wird.* Das gibt der vorliegende Fall nicht her, so dass Kinski nach dieser engeren Auslegung straflos bleiben würde.[1]

1. Der **Vollrausch** gilt nach der h. M. als abstrakt-gemeingefährliches Delikt, dessen Unrecht darin liegt, dass der Täter durch die in § 323 a genannten Mittel seine *Schuldunfähigkeit vorwerfbar herbeiführt.* Zweifel an der Schuldunfähigkeit gehen zugunsten des Täters. § 323 a ist nur *Auffangtatbestand,* so dass bereits bei nur verminderter Schuldfähigkeit z. Z. der Tat aus der verletzten Tat bestraft wird (§ 21). War die Begehung der im Rausch begangenen Tat voraussehbar oder gewollt, kommt die Bestrafung nach dem Rechtsinstitut der „actio libera in causa“ in Betracht; dazu weiter unten.

2. Die Bestrafung des Täters erfolgt immer nur aus § 323 a, nicht nach der begangenen rechtswidrigen Tat, selbst wenn diese ein Verbrechen darstellt (z. B. Totschlag, Raub).

3. Die Strafe (FS – 5 J. oder GS) darf aber nicht höher sein als die Strafe, die für die im Rausch begangene Tat angedroht ist (Auswirkung bei einfachen Vergehenstatbeständen), § 323 a II.

Ein Gesetzentwurf des Bundesrates zur Änderung des § 323 a (Drs. 13/9349) sieht ein Strafmaß bis zu 10 J. für die Fälle vor, in denen der Täter im Vollrausch eine besonders schwere Straftat begangen hat, z. B. § 212.

4. Sind bestimmte Voraussetzungen an die Verfolgung der im Rausch begangenen Tat geknüpft (z. B. Strafantrag in § 248 a, §§ 77 ff; Ermächtigung, Strafverlangen (§ 77 e), so gelten diese auch für die Rauschtat (§ 323 a III).

5. Die Tat wird als OD verfolgt, d. h. Privatklage u. Nebenklage (§§ 374, 395 StPO) sind nicht zulässig.

6. Bei einer BAK ab 3,0 ‰ wird Schuldunfähigkeit allgemein anerkannt.[2] Ein verbindlicher Erfahrungssatz aus medizinischer Sicht besteht jedoch nicht.[3] Schuldunfähigkeit kann auch schon bei 2,5 ‰ BAK vorliegen.[4] Zur Ermittlung der Schuldfähigkeit sind im Rahmen einer Gesamtwürdigung neben der BAK auch das Erscheinungsbild des Täters sowie sein Verhalten vor, während und (gleich) nach der Tat zu beurteilen. Der BAK kommt daher nur eine – wenn auch wichtige – Indizwirkung zu. Entscheidend sind die alkoholbedingten Auswirkungen auf die freie Willensbestimmung des Täters (BGH 3 StR NStZ ’97, 592).

Die *Auswirkungen* einer bestimmten BAK können nach gesicherter Auffassung der Rechtsmedizin je nach physischer und psychischer Körperverfassung selbst bei derselben Person von Fall zu Fall verschieden sein.

Der BGH hat auf dieser Grundlage eine Entscheidung bestätigt, in der einem Angeklagten bei einer ermittelten BAK von 3,94 ‰ nur eine erheblich herabgesetzte Schuldfähigkeit gem. § 21, nicht aber Schuldunfähigkeit (§ 20) zugebilligt worden war (NStZ ’87, 545).

Nach BGH 4 StR NStZ ’97, 591 (3,79 ‰) sind bei der Gesamtabwägung auch Alkoholgewöhnung und Alkoholtoleranz des Täters zu berücksichtigen. Denn alkoholgewohnte Personen sind selbst bei sehr hohen BAK-Werten in ihrer Leistungsfähig-keit in weitaus geringerem Maße von der Alkoholintoxination beeinträchtigt als nicht trinkgewohnte Menschen.

1) Mit dieser Einschränkung greift also auch § 323a bei Rauschtaten nicht so ohne weiteres, so dass der Schutz der Allgemeinheit vor Rausch-Straftätern nur bedingt gegeben ist. In der Lit. wird deshalb auch eine Neufassung der Vorschrift durch den Gesetzgeber gefordert.
2) BGH NStZ ’91, 127.
3) BGH 1 StR VRS ’98, 74.
4) OLG Düsseldorf, Blutalkohol ’98, 78.

Zur Rechtsfigur der „actio libera in causa"

Die Übersetzung bedeutet: Handlung, die ihre Ursache im Zustand der Willensfreiheit hat.

Mit der Rechtsfigur der *„actio libera in causa"* kennzeichnet man die Verantwortlickeit für eine Handlung, die der zur Tatzeit schuldunfähige Täter zu einem Zeitpunkt, zu dem er noch schuldfähig war, geplant, vorausgesehen oder pflichtwidrig nicht vorausgesehen hat.

Für eine solchermaßen begangene Handlung gilt der Täter deshalb als verantwortlich, weil er ihre Ursache zu einem Zeitpunkt setzte, als er noch nach freiem Willen entscheiden konnte. Der Fall der vorsätzlichen „actio libera in causa" ist selten.

Beispiel: Der wegen häufiger Krankheit entlassene Arbeiter Baier will in der Holzhandlung seines ehemaligen Arbeitgebers aus Rache über seine Entlassung Feuer legen, hat aber nicht den Mut dazu. Baier trinkt sich daher durch reichlichen Alkoholgenuss Mut an und führt die Tat zu einem Zeitpunkt aus, in dem er infolge Alkoholgenusses schuldunfähig ist. Baier ist gem. § 306 strafbar.

Die *fahrlässige* Form der „actio libera in causa" ist häufiger anzutreffen.

Sie setzt voraus, dass der Täter
- sich vorsätzlich oder fahrlässig in einen Rauschzustand versetzt hat,
- in diesem (an sich schuldunfähigen) Zustand eine bestimmte (= voraussehbare!) Straftat begeht,
  - die er pflichtwidrig nicht vorausgesehen hat (= unbewusste Fahrlässigkeit) oder
  - die er zwar für möglich, deren Eintritt er aber im konkreten Fall für vermeidbar gehalten hat (= bewusste Fahrlässigkeit).

Abwandlung des vorstehenden Beispiels: Baier hat den festen Vorsatz, die Holzhandlung seines ehemaligen Arbeitgebers anzuzünden. Tatausführung und -zeitpunkt stehen aber noch nicht fest. Nach einem ausgiebigen Trinkgelage in seiner Stammkneipe, währenddessen ihm der Tatplan zeitweise wieder in den Sinn kam, gerät er fahrlässig in den Zustand des § 20. Als er wenig später an der auf seinem Heimweg liegenden früheren Arbeitsstätte vorbeikommt, schlägt er dort eine Fensterscheibe ein und entzündet vorgefundenes Papier, das er in die Holzhandlung hineinwirft. Die Halle brennt nahezu ab.

Baier hat den TB der vorsätzlichen Brandstiftung gem. § 306 erfüllt. Die Tat ist auch rechtswidrig. Baier handelte aber z. Z. der Tat gem. § 20 ohne Schuld.

In Betracht kommt die fahrlässige Brandstiftung gem. § 306 d nach den Grundsätzen der fahrlässigen a. l. i. c. Die *vorsätzliche* Begehung nach § 306 über das Rechtsinstitut der a. l. i. c. scheidet aus, da B. z. Z. des Sichberauschens keinen *konkreten* Tatvorsatz hatte.

Fallbearbeitung

Fall: Kinski fährt wie jeden Freitag gleich nach Arbeitsschluss mit seinem Pkw zu seiner Stammkneipe. Er weiß, dass er mit Freunden möglicherweise so viel Alkohol zu sich nehmen wird, dass er dann fahruntüchtig oder sogar volltrunken sein wird. Kinski vertraut jedoch darauf, dass er, falls er zu viel getrunken haben sollte, wie schon öfter – wenn auch nicht immer – die Kraft aufbringen werde, seinen Pkw stehen zu lassen und zu Fuß nach Hause zu gehen.

Tatsächlich spricht Kinski so kräftig dem Alkohol zu, dass er in einen seine Schuldfähigkeit ausschließenden Rausch gerät (§ 20). In diesem Zustand entschließt er sich, die Heimfahrt anzutreten.

Unterwegs gerät er mit seinem Fahrzeug von der Fahrbahn ab und überfährt einen Fußgänger, der sofort tot ist. Kinski entfernt sich von der Unfallstelle, kann aber später von der Polizei ermittelt werden. Untersuchungen ergaben eine Blutalkoholkonzentration von 3,1 ‰ zur Tatzeit.

Lösung

a) Fahrlässige Tötung des Fußgängers, § 222?

Den Tatbestand erfüllt, wer *durch Fahrlässigkeit den Tod eines Menschen verursacht.* Kinski hat den Tod des Fußgängers in vorhersehbarer und vermeidbarer Weise einerseits dadurch verursacht, dass er ihn in alkoholbedingt fahruntüchtigem Zustand überfuhr.

Andererseits hat er den Tod des Fußgängers auch dadurch verursacht, dass er sich bereits vor der Fahrt in einen Rausch versetzt hat, obwohl für ihn nicht ausschließbar war, anschließend noch ein Kfz zu führen. Mit Beginn des Trinkens war die Gefahr eines sich dann ereignenden tödlichen Verkehrsunfalls objektiv vorhersehbar. K. handelte damit tbm. i. S. d. § 222. Die Tat war auch rechtswidrig.

Kinski war jedoch infolge seines Rausches zum Zeitpunkt des Verkehrsunfalles nicht schuldfähig (§ 20).

Fraglich ist, ob sich der Schuldvorwurf zur fahrlässigen Tötung bereits unmittelbar aus der das gesamte Geschehen erfassenden Sorgfaltspflichtverletzung ergibt oder aber erst unter Anlegung der Grundsätze der fahrlässigen a. l. i. c.

Der BGH[1] hat in einem gleich gelagerten Fall den Rückgriff auf die Rechtsfigur der a. l. i. c. jedenfalls bei verhaltensneutralen fahrlässigen Erfolgsdelikten aufgegeben. Er führte aus: *„Gegenstand des strafrechtlichen Vorwurfs ist bei § 222 – wie auch bei anderen fahrlässigen Erfolgsdelikten – jedes in Bezug auf den tatbestandsmäßigen Erfolg sorgfaltswidrige Verhalten des Täters, das den Erfolg ursächlich herbeiführt. Aus diesem Grunde bestehen, wenn mehrere Handlungen als sorgfaltswidrig in Betracht kommen (hier das Sichbetrinken trotz erkennbarer Gefahr einer anschließenden Trunkenheitsfahrt einerseits und die Fahrt selbst andererseits) keine Bedenken, den Fahrlässigkeitsvorwurf an das zeitlich frühere Verhalten anzuknüpfen, das dem Täter – anders als das spätere – auch als schuldhaft vorgeworfen werden kann“.*

Ergebnis: Verhaltensneutrale Delikte sind solche, die nicht an eine bestimmte Art und Weise der Begehung geknüpft sind – wie eben §§ 222, 229. Danach ist Kinski im vorliegenden Fall im Sinne der fahrlässigen Erfolgsverursachung uneingeschränkt schuldfähig. Der Rückgriff auf die Grundsätze der a. l. i. c. ist nicht erforderlich.

b) Fahrlässige Gefährdung des Straßenverkehrs, § 315 c I 1 a, III 1?

Kinski hat vorsätzlich als fahruntüchtiger Kraftfahrer am Straßenverkehr teilgenommen und dadurch eine konkrete Lebensgefahr für einen anderen herbeigeführt. Hinsichtlich der Herbeiführung der konkreten Gefahr handelte er *objektiv sorgfaltswidrig.* Der objektive Tatbestand des § 315 c I a, III 1 ist damit verwirklicht. Die Handlung war auch rechtswidrig, da ein Rechtfertigungsgrund nicht vorlag.

Fraglich ist, ob dem Kinski wegen der Tat (§ 315 c III 1) ein Schuldvorwurf (Fahrlässigkeitsschuld) nach den Grundsätzen der a. l. i. c. gemacht werden kann, da er zum Zeitpunkt der Tat infolge seines reichlichen Alkoholgenusses (3,1 ‰) ansonsten schuldunfähig (§ 20) wäre.

Der BGH[2] hat hierzu festgestellt, dass das vorsätzliche oder fahrlässige Sichbetrinken vor der geplanten oder in Kauf genommenen (oder fahrlässig nachfolgenden) Tat noch kein Teil der Tatbestandsverwirklichung für *Verkehrsstraftaten* (z. B. § 315 c) sei. Diese setzten voraus, dass der Täter das Fahrzeug *führt* (Anm.: § 315 c ist verhaltensgebunden, der Täter muss z.Z. der Tat Fahrzeugführer gewesen sein!). Im Sichberauschen in Fahrbereitschaft läge aber noch nicht der Beginn der Trunkenheitsfahrt; es könne dem Täter auch nicht als schuldhaftes Vorverhalten angelastet werden. Das Gesetzlichkeitsprinzip aus Art. 103 II GG, § 1 StGB verböte hier eine Anwendung der Grundsätze der a. l. i. c. als *strafbarkeitsbegründendes Gewohnheitsrecht.* § 20 fordere nach seinem eindeutigen Wortlaut die Schuldfähigkeit des Täters „bei Begehung der Tat“.

Die fahrlässige Tatverwirklichung nach § 315 c scheidet danach aus.

1) BGH 4 StR (Urt. v. 22.8.1996) NJW '97, 138; JZ '97, 50; NStZ '97, 228.

2) Der BGH (wie Fußnote 1) lehnte damit die in der von ihm zitierten Lit. gegensätzliche Auffassung ab, der die Vorstellung zugrunde liegt, dass bereits das Trinken ein Anfang der Ausführung der (geplanten) Tat sei (sog. Tatbestandslösung). Für andere als verhaltensgebundene Verkehrsdelikte hält der 4. Senat des BGH die Anwendung der a. l. i. c. zwar auch für bedenklich, ohne sie jedoch gänzlich abzulehnen.

Anders als der für Verkehrsstraftaten zuständige 4. Senat hält der 3. Strafsenat des BGH in seinem Urt. vom 19.2.97 (NStZ '97, 230) die Grundsätze der actio libera in causa auch weiterhin (allgemein) für anwendbar. Er führt im Urteilstenor aus: *„Der Senat hält an den vom Bundesgerichtshof in ständiger Rechtsprechung vertretenen Grundsätzen zur actio libera in causa fest. Die Entscheidung des 4. Strafsenats vom 22. August 1996 steht dem nicht entgegen*[1]*, weil sie sich auf Delikte der Straßenverkehrsgefährdung und des Fahrens ohne Fahrerlaubnis bezieht."*

Der 3. Strafsenat hält die Anwendung der Grundsätze der a. l. i. c. aber auch für Verkehrsdelikte über das sog. *Tatbestandsmodell* für anwendbar. Danach handele es sich um einen Fall *mittelbarer Tatbegehung*, indem sich der Täter im schuldfähigen Zustand zum Werkzeug seiner eigenen Tat mache. Die mittelbare Täterschaft sei auch bei den *eigenhändigen* Delikten (wie z. B. §§ 316, 315 c StGB, § 21 StVG) möglich, denn eigenhändige Delikte schlössen nur die Täterschaft *Dritter* aus.

Zum Argument des 4. Strafsenats, *dass mit dem Sichbetrinken ja noch kein Führen i. S. v. § 315 c StGB oder § 21 StVG gegeben sei,* stellt der 3. Strafsenat fest, dass die Tathandlung bereits mit dem Ansetzen zum *Aus-der-Hand-geben* des Geschehensablaufs begänne, und es daher genüge, wenn zu diesem Zeitpunkt Schuld gegeben sei. Was danach geschehe, sei ein in Lauf gesetzter Automatismus...

Im Ergebnis ist festzustellen, dass der 3. Strafsenat von sich aus keine Veranlassung sah, die bisherige Handhabung der Rechtsfigur der a. l. i. c. einzuschränken, dass er die Auffassung des 4. Strafsenats bzgl. der *Verkehrsstraftaten* aber akzeptiert.

Die weitere Entwicklung bleibt abzuwarten.

c) Vollrausch, § 323 a?

Zu prüfen ist nunmehr aber, ob Kinski die Verwirklichung des § 315 c I, III und des § 142 (unerlaubtes Entfernen vom Unfallort) über den Tatbestand des § 323 a anzulasten ist.

Kinski hatte sich mindestens fahrlässig in einen die Schuldfähigkeit ausschließenden Rausch (3,1 ‰) versetzt (= objektiver Tatbestand)

und in diesem Zustand rechtswidrige Taten (§ 315 c I, III [Kap. B 25.3]; § 142 [Kap. B 25.6]) begangen (= objektive Bedingung der Strafbarkeit!).

Die Tat ist rechtswidrig.

Da er gem. § 20 nicht bestraft werden kann, greift der Auffangtatbestand des § 323 a.

Ergebnis: Kinski ist strafbar wegen fahrlässiger Tötung (§ 222) in Tateinheit (§ 52) [2] mit fahrlässigem Vollrausch (§ 323 a).

17.4 Vorsatz- und Fahrlässigkeitsschuld mit Fallbearbeitung

Strafrechtlich relevantes Handeln muss entweder vorsätzlich oder fahrlässig geschehen sein. Zum Begriffsinhalt Vorsatz / Fahrlässigkeit wird auf Kap. A 14.1 / 14.3 verwiesen. Nach der klassischen Strafrechtslehre, die von der *kausalen Handlungslehre* ausgeht, sind Vorsatz und Fahrlässigkeit als Formen der *Schuld* zu prüfen. Nach der *neueren Lehre* (Näheres in Kap. A 12.4) sind Vorsatz und Fahrlässigkeit Verhaltensform und Schuldform zugleich.

Bei den **Vorsatzdelikten** liegt regelmäßig mit der Bejahung des Tatbestandsvorsatzes auch der Schuldvorsatz vor. Er ist deshalb als Schuldform nur in dem selteneren Fall des sog. **Erlaubnistatbestandsirrtums** zu prüfen. Nur in diesem Fall kommt dem Vorsatz eine *Doppelfunktion* zu.

1) Anderenfalls hätte der 3. Strafsenat die Sache gem. § 132 II GVG dem Großen Senat für Strafsachen vorlegen müssen.
2) Näheres zu den Konkurrenzen in Kap. A 20.

Bei den **Fahrlässigkeitsdelikten** ist zu differenzieren. Die Beurteilung der Fahrlässigkeit erfolgt auf der Tatbestandsebene bzgl. des objektiv anzulegenen Maßstabes (Frage: Wurde die von *jedermann* zu fordernde Sorgfalt beachtet?). Auf der Schuldebene ist sodann unter Anlegung eines subjektiven Maßstabes zu prüfen, ob der Täter die von ihm zu fordernde Sorgfalt nach *seinen* individuellen Kenntnissen und Fähigkeiten beachtet hat. Im Gegensatz zum Vorsatz ist nach dieser h.L. die Fahrlässigkeit in jedem Fall zweimal zu prüfen. Ergänzend wird auf die Kap. A 12.4, 13.6 und A 14.3 hingewiesen.

Zur Methodik der Vorsatzschuldprüfung beim Erlaubnistatbestandsirrtum

Fall: Kinski befindet sich an einem verkaufsoffenen Samstag in einer stark frequentierten Fußgängerpassage der Aachener City.

Plötzlich wird er von einem jungen Mann (O.) derart angerempelt, dass er beinahe zu Boden gestürzt wäre. K. greift sofort nach seiner Gesäßtasche und stellt fest, dass die Geldbörse nicht mehr vorhanden ist. In der Annahme, dass O. ihm die Geldbörse entwendet hat, sucht er diesen, der sich nach knapper Entschuldigung eilig entfernen will, festzuhalten. Das gelingt ihm erst, nachdem er ihn mit einem Beinhaken zu Fall gebracht hat. O. zog sich dabei Hautabschürfungen an Händen und Knien zu.

Kinski fand seine Geldbörse später zu Hause. O. erstattet Anzeige gegen Kinski.

Strafbarkeit des Kinski?

Lösung: Kinski könnte sich nach **§ 223** strafbar gemacht haben, indem er O. zu Fall brachte.

1. Tatbestandsmäßigkeit

Kinski hat den objektiven TB des § 223 sowohl in der Form der Gesundheitsbeschädigung als auch in der Form der körperlichen Misshandlung z. N. des O. erfüllt (Einzelheiten hierzu in Kap. B 16.2).

Kinski handelte auch mit Wissen und Wollen in Bezug auf diese Körperverletzung, da er O. mit dem Beinhaken gezielt zu Fall brachte, um ihn an der weiteren Flucht zu hindern. Die mit einem hierbei verursachten Sturz im Allgemeinen verbundenen Verletzungen dürfte K. im Falle ihres Eintretens mindestens billigend in Kauf genommen haben. Auch der subjektive TB des § 223 ist daher erfüllt.

2. Rechtswidrigkeit

Es fragt sich, ob die Tat des K. durch Notwehr (§ 32) gerechtfertigt war. O. müsste Kinski dann rechtswidrig angegriffen haben, und dieser Angriff müsste noch angedauert haben. Das Anrempeln als fahrlässige Rechtsgutverletzung war bereits abgeschlossen, so dass mangels Gegenwärtigkeit eines Angriffs eine Notwehrlage objektiv nicht gegeben war. K. konnte sich auch nicht auf (erlaubte) Selbsthilfe i. S. v. § 229 BGB (Kap. A 16.3) berufen, denn O., der seine Rechte nicht verletzt hatte, war nicht verpflichtet, die Handlung von K. zu dulden. Andere Rechtfertigungsgründe sind nicht ersichtlich.

3. Schuld

Von der Schuldfähigkeit des K. ist nach dem Sachverhalt auszugehen, da keine Anhaltspunkte für §§ 19, 20 vorliegen.

Fraglich ist, ob Kinski in einem **Erlaubnistatbestandsirrtum** über die vermeintliche Täterschaft des O. gewesen ist, als er diesen zu Fall brachte. Ein solcher Irrtum würde nach h. M. in Lit. und Rspr. (rechtsfolgenverweisende eingeschränkte Schuldtheorie des BGH [BGH St 2, 194 ff.])[1] den Vorsatzschuldvorwurf zugunsten des Kinski entfallen lassen.

Ein Erlaubnistatbestandsirrtum bei Kinski setzt voraus, dass er z. Z. der Tat über die *tatsächlichen* Voraussetzungen eines anerkannten Rechtfertigungsgrundes (hier § 32 oder § 229 BGB) im Irrtum war, d.h., dass er irrig Tatumstände für gegeben hielt, die im

1) Zu den Merkmalen der heute weithin abgelehnten Vorsatztheorie, den Mängeln der strengen Schuldtheorie sowie den Einzelheiten der heute vom BGH und der h. M. angewandten eingeschränkten Schuldtheorie vgl. Sie ggf. bei Tröndle/Fischer, SchöSchr. zu § 16. Zur Fallbearbeitung des Erlaubnistatbestandsirrtums vgl. Sie ggf. JA 2006, 550, 564.

Fall ihres wirklichen Gegebenseins die Tat gerechtfertigt hätten. (Abgrenzung: Der Irrtum über die *rechtlichen* Voraussetzungen eines Rechtfertigungsgrundes wäre als Verbotsirrtum i. S. v. § 17 zu behandeln).

K. hatte geglaubt, von O. bestohlen worden zu sein, also die *tatsächlichen* Umstände einer Notwehrlage (oder eines Anspruchs i. S. v. § 229 BGB) angenommen. Der von dem vermeintlichen Diebstahl ausgehende rechtswidrige Angriff war danach auch noch gegenwärtig, da sich der vermeintliche Dieb (O.) mit der Beute noch nicht in Sicherheit gebracht hatte (i. S. v. § 229 BGB war auch *obrigkeitliche Hilfe* nicht rechtzeitig zu erlangen).

K. hatte in der gegebenen Situation auch das zur wirksamen Abwehr mildeste Mittel eingesetzt (Erforderlichkeitsmerkmal). K. handelte schließlich auch mit dem Ziel, den vermeintlichen Schaden abzuwehren, also mit Verteidigungswillen (bzw. in Selbsthilfeabsicht).

Kinski hat damit alle tatsächlichen Umstände des objektiven Erlaubnistatbestandes der Notwehr (bzw. der Selbsthilfe) irrtümlich für gegeben angenommen. Auch das subjektive Rechtfertigungselement des Verteidigungswillens war gegeben.

Somit handelte K. in einem Erlaubnistatbestandsirrtum, der in analoger Anwendung des § 16 I die *Vorsatz*schuld beseitigt. TBM und Rechtswidrigkeit, mit der Folge, dass O. sich hätte zur Wehr setzen dürfen!, bleiben bestehen.

Zwischenergebnis

Kinski hat sich nicht nach § 223 strafbar gemacht.

In Betracht kommt jedoch eine fahrlässige Begehung nach **§ 229.** Denn der Vorsatzausschluss nach § 16 I S. 1 berührt nicht die Bestrafung wegen fahrlässiger Begehung der Tat.

1. Tatbestand

Kinski hat durch seinen Beinhaken die Ursache für eine strafrechtlich relevante Folge, nämlich die Verletzung des O. gesetzt.

K. müsste bei der Annahme, O. habe ihm die Geldbörse entwendet, *objektiv sorgfaltswidrig* gehandelt haben, und die Möglichkeit dieser fehlerhaften Annahme müsste *objektiv vorhersehbar* gewesen sein (objektive Komponente).

Im zutreffenden Fall wäre auf der Schuldebene weiter zu prüfen, ob K. nach seinen persönlichen Fähigkeiten in der Lage war, die objektive Sorgfaltspflichtwidrigkeit zu erkennen (subjektive Komponente).

Nun, die Erfahrungen des täglichen Lebens lassen die Vorstellung, O. habe sich in der geschilderten Situation mit der entwendeten Geldbörse entfernen wollen, nahe liegen.

Es bestand auch keine Möglichkeit, den Sachverhalt unter Verzicht auf die eingeleitete Selbsthilfemaßnahme aufzuklären, ohne die vermeintliche Anspruchsdurchsetzung ernsthaft zu gefährden.

Eine objektive Sorgfaltspflichtverletzung kann unter diesen Umständen verneint werden und damit auch der *Tatbestand* der fahrlässigen Körperverletzung.

K. bleibt daher straffrei.

17.5 Unrechtsbewusstsein, § 17

„Fehlt dem Täter bei Begehung der Tat die *Einsicht*, Unrecht zu tun, so handelt er ohne Schuld, wenn er diesen Irrtum nicht vermeiden konnte ..." (§ 17 Verbotsirrtum).

Nach der Schuldtheorie (Kap. A 17.4) gibt es neben dem *Tatbestands*vorsatz das selbständige *Schuld*merkmal *„Unrechtsbewusstsein"*. Fehlendes Unrechtsbewusstsein (= unvermeidbarer Verbotsirrtum, § 17) berührt nach dieser Theorie nicht den Vorsatz, sondern ist allein für die Schuld des Täters maßgeblich.

Der Täter muss z. Z. der Tat das Bewusstsein haben, gegen rechtliche Ver- oder Gebote zu verstoßen. Er braucht nicht zu wissen, welche Strafnormen er verletzt, es genügt vielmehr der Gedanke daran, gegen irgendwelche Normen des Zivilrechts, des Strafrechts oder des Verwaltungsrechts zu handeln. Aus der Rechtsfigur der „unbewussten Fahrlässigkeit" folgt schon, dass der Täter kein aktuelles Unrechtsbewusstsein zu haben braucht. Es genügt vielmehr die Feststellung, dass er Unrechtsbewusstsein hätte haben können (sog. potentielles Unrechtsbewusstsein).

Beispiel: *Vor der Kasse eines Fußballstadions hat sich eine Reihe von ca. 40 Wartenden gebildet. Kinski löst sich aus der Reihe und stellt sich dicht vor der Kasse an. Ein Fußballfan empört sich und fordert Kinski auf, sich wieder zu entfernen. Als dieser nicht reagiert, versetzt ihm der Fußballfan einen Stoß gegen die Brust. Kinski taumelt, stürzt und zieht sich schmerzhafte Prellungen am rechten Bein zu. Der Fußballfan glaubte sich zu seinem Handeln berechtigt – zu Unrecht.*

Das Unrechtbewusstsein kann im Einzelfall (auch beim zurechnungsfähigen) Menschen fehlen, weil er die Ver- oder Gebotsnorm nicht kennt oder verkennt.[1]

Beispiel: *Kinski, der eine unbestrittene Geldforderung in Höhe von 200 Euro gegen seinen Arbeitskollegen Huber hat, entwendet diesem in einem „günstigen" Moment diesen Betrag aus dessen Geldbörse.*

Kinski weiß, dass er tatbestandlich einem anderen etwas wegnimmt, um es fortan zu behalten. Er handelt tatbestandsmäßig i. S. d. § 242 (Diebstahl). Die Handlung ist auch rechtswidrig, da die Rechtsordnung ein eigenmächtiges Handeln unter den gegebenen Umständen nicht vorsieht. K. irrte hier aber möglicherweise über das Verbotensein seines Tuns. Ein solcher Irrtum würde, *wenn* er für K. *unvermeidbar* war, als Verbotsirrtum (§ 17) zur Verneinung des Unrechtsbewusstseins und damit der Schuld führen. War er hingegen vermeidbar, bleibt die Schuld bestehen. Die Strafe kann dann allenfalls nach § 49 I gemildert werden.

Der Irrtum ist unüberwindlich, wenn der Täter trotz der ihm nach den Umständen des Falles, seiner Persönlichkeit sowie seinem Lebens- und Berufskreis zuzumutenden Anspannung des Gewissens die Einsicht in das Unrechtmäßige seines Handelns nicht zu gewinnen vermochte. Das setzt voraus, dass er alle seine geistigen Erkenntniskräfte eingesetzt und etwa auftauchende Zweifel durch Nachdenken und erforderlichenfalls durch Einholung von Rat beseitigt hat.[2]

Ergebnis: Der Irrtum war nach diesen Grundsätzen in den vorstehenden Fällen (Kap. B 17.5) wohl vermeidbar. Es kann allenfalls Strafmilderung gem. § 49 I in Betracht kommen.

17.6 Zumutbarkeit – Fehlen von Entschuldigungsgründen, §§ 33, 35

Während die Schuldunfähigkeit (A 17.2) und das fehlende Unrechtsbewusstsein (A 17.5) die Entstehung der Schuld *ausschließen,* also Schuldausschließungsgründe sind, lassen die Entschuldigungsgründe die bis dahin entstandene Schuld *entfallen.*[3] Ausgangspunkt für ihre Existenz ist folgende Erkenntnis:

Es gibt Ausnahmesituationen, in denen dem Täter ein normgemäßes Verhalten nicht mehr zugemutet werden kann. Es sind dies Fälle außergewöhnlicher Bedrängnis, Konflikte, in denen der Motivationsdruck sich derart extrem steigert, dass der *schuldfähige* Täter für die in dieser Situation verübte rechtswidrige Tat entschuldigt wird (Notwehr ist also ggf. zulässig!). Zu unterscheiden sind folgende Entschuldigungsgründe:

1. Notwehrüberschreitung, § 33;
2. Entschuldigender Notstand, § 35;
3. Entschuldigende Pflichtenkollision;
4. Handeln auf Grund einer für verbindlich gehaltenen, aber rechtswidrigen dienstlichen Anweisung (u.a. §§ 56 II 3 BBG, 38 II 2 BRRG, 5 I WStG).

---

1) Zum Begriff des Verbotsirrtums und seiner Abgrenzung zum Tatbestandsirrtum (§§ 16, 17) vgl. Sie ggf. BGH NJW '96, 1604 sowie Kap. A 14.2.
2) BGH in std. Rechtsprechung.
3) So Haft AT, 5. Teil; für Schuldausschließungsgrund Tröndle/Fischer zu § 33. Die systematische Einordnung ist str. Nachw. bei SchöSchr. zu § 33.

§ 33: Überschreitung der Notwehr (Notwehrexzess)	**§ 35: Entschuldigender Notstand**
Vorliegen einer Notwehrlage, § 32 + Überschreitung der Grenzen aus Verwirrung, Furcht oder Schrecken	Handeln in Abwehr einer *anders nicht* abwendbaren gegenwärtigen Gefahr für Leben, Leib oder Freiheit des Täters oder ihm *nahe stehender* Personen.
Beispiel 1: Sportschütze S erschießt den nachts in seinem Keller überraschten Einbrecher, indem er in panischer Angst fünf Schüsse auf ihn abfeuert, obwohl es nach Lage der vorhandenen Sicherungsvorkehrungen ausgereicht hätte, die zum Wohnraum führende Kellertür zu verschließen (= entschuldigender *intensiver* Notwehrexess → A 16.3). **Beispiel 2:** Dem 43-Jährigen Bankangestellten Eder, der auf dunkler Straße von einem jungen Mann mit Messer angegriffen wird, sitzt der Schock dermaßen in den Gliedern, dass er noch blindlings auf den nach den ersten Verteidigungsschlägen bereits kampfunfähig zu Boden gegangenen Angreifer eintritt, wodurch dieser sein rechtes Augenlicht einbüßt (= entschuldigender (str.) *extensiver* Notwehrexess → A 16.3). ● Bei der sog. *Putativ*notwehr (vermeintliche Notwehr) liegt ein Erlaubnistatbestandsirrtum vor, bei dem analog § 16 I 1 die *Vorsatz*schuld entfällt. Beim Putativnotwehr*exess* kann der hinzugetretene Affekt im Rahmen der nach § 16 I 2 vorzunehmenden Prüfung der Fahrlässigkeitschuld entfallen, so dass Bestrafung wegen fahrlässiger Begehung in Betracht kommt.	**Beispiel 1:** Klassischer Fall des griechischen Philosophen *Karneades* (214-129 v. Chr.), wonach zwei Schiffbrüchige um eine Bootsplanke kämpfen, die nur einen von ihnen tragen kann, so dass schließlich der Unterlegene ertrinkt. **Beispiel 2:** Mantey stößt dem von ihm als Geisel genommenen Taxifahrer einen Revolver ins Genick und fordert ihn auf, den Polizeibeamten P. niederzufahren. In seiner Todesangst gehorcht er. P. ist sofort tot. ● Konnte dem Täter die Hinnahme der Gefahr zugemutet werden, weil er sie selbst verursacht hatte oder weil er sie im Rahmen von Berufspflichten (z. B. Polizei, Feuerwehr) etc. hinzunehmen hat, kommt eine Entschuldigung nicht in Betracht. Ggf. ist Strafmilderung gem. § 49 I möglich (§ 35 I 2). § 35 II regelt den *Putativnotstand*, danach wird der Täter dann nicht bestraft, wenn er sich in einem *unvermeidbaren* Irrtum nach I befand.

Zur entschuldigenden Pflichtenkollision

Konfliktlösungen, die nach § 33 oder § 35 nicht möglich sind, weil sie nicht in deren Schema passen, werden nach dem in Rspr. und Lit. allgemein anerkannten sog. „Übersetzlichen Entschuldigungsgrund bei rechtlich unlösbarer Pflichtenkollision“ vorgenommen.

Beispiel: *Der Notarzt kann an der Unfallstelle nur einem von zwei Schwerverletzten helfen, der andere verstirbt infolgedessen. Andere Hilfe war nicht zeitgerecht erreichbar.*

Argumente: Der TB des §§ 212, 13 ist rechtswidrig erfüllt. § 34 kann die Tathandlung nicht rechtfertigen, da die betroffenen Rechtsgüter gleichwertig sind. Der Entschuldigungsgrund des § 35 scheidet aus, da die Verletzten dem Arzt nicht nahe stehen. Dennoch muss die Tat entschuldigt sein, weil die Rechtsordnung nichts Unmögliches verlangen darf.[1]

Handeln auf dienstliche Weisung (u.a. §§ 56 II 3 BBG, 38 II 2 BRRG, 5 I WStG)

Die *verbindliche* (d.h. rechtmäßige) Weisung wirkt für Handlungen eines Nachgeordneten im Rahmen seiner Befolgungspflicht als *Rechtfertigungsgrund.*

Eine Weisung ist *unverbindlich*, wenn mit ihr eine rechtswidrige Tat begangen, gegen die Menschenwürde verstoßen oder gegen allgemein anerkannte Regeln des Völker-rechts verstoßen würde. Die unverbindliche Weisung kommt als *Entschuldigungsgrund* nur in Betracht, wenn der Weisungsgebundene sie als verbindlich angesehen hat und die Unverbindlichkeit für ihn nicht ersichtlich war.[2]

1), 2) Zur Vertiefung vgl. Sie bei Haft AT, Wessels/Beulke AT m.w.Nw.

17.7 Voraussetzungen der Strafbarkeit außerhalb der Unrechtshandlung und der Schuld

Selbst wenn TBM, RW u. Schuld gegeben sind, bleibt der Täter straffrei, wenn eine bestimmte andere, bisher systematisch nicht erfassbare Voraussetzung der Strafbarkeit fehlt. Die nachfolgende Aufstellung vermittelt hierüber einen Überblick. Vgl. Sie auch Kap. A 12.2.

Bezeichnung	Inhalt
1. Objektive Bedingung der Strafbarkeit[1]	Sie steht den Tatbestandsmerkmalen nahe und wird deshalb auch als Tatbestands*annex* bezeichnet. Sie ist aufbaumäßig im Anschluss an die Tatbestandsmäßigkeit zu behandeln. Beispiele sind: ● die Rechtmäßigkeit der Amtsausübung in § 113, ● die Nichterweislichkeit der beleidigenden Tatsache in § 186, ● der Tod oder die schwere Körperverletzung bei der Schlägerei in § 231, ● die Begehung einer rechtsw. Tat im Vollrausch gem. § 323 a. ● Indemnität von Abgeordneten, Art. 46 I S. 1 GG, § 36.[2] Die dogmatische Vereinbarkeit mit dem Schuldprinzip und dem Willkürverbot folgt nach BGHSt 16, 124 aus der strafbarkeits*begrenzenden* Funktion der objektiven Bedingung der Strafbarkeit, die darin besteht, dass zum *Handlungsunwert* des Tatbestandes noch ein bestimmter *Erfolgsunwert* hinzukommen muss. Auf ihn braucht sich aber weder Vorsatz noch Fahrlässigkeit zu erstrecken. Irrtumsregeln (Kap. A 14.2) sind daher unbeachtlich, § 18 (Verantwortlichkeit für besondere Folgen der Tat) ist unanwendbar. Vertiefungshinweis: SchönSchr. zu § 227 a. F. = § 231 n. F.
2. Strafausschließungsgründe – *persönliche* – *sachliche*	● Angehörigenverhältnis bei der Strafvereitelung, § 258 VI. ● Beteiligung an der Vortat bei Begünstigung und Strafvereitelung, §§ 257 III S. 1, 258 V. ● Wahrheitsbeweis in § 186.
3. Strafaufhebungsgründe	● Rücktritt vom Versuch, § 24. ● Rücktritt vom Versuch der Beteiligung an einem Verbrechen, § 31. ● Tätige Reue nach strafbarer Vorbereitung der Wertzeichen- oder Geldfälschung, § 149 II/III oder eines Computerbetruges, § 263 a IV.
4. Strafmilderungsgründe	In bestimmten Fällen kann das Gericht nach pflichtgemäßem Ermessen unter besonderen Voraussetzungen ● von Strafe absehen oder sie mildern, z. B. beim Aussagenotstand, § 157, bei verminderter Schuldfähigkeit, § 21 oder ● den Täter für straffrei erklären, z. B. bei wechselseitig begangenen Beleidigungen, § 199. ● Tätige Reue oder freiwilliger Rücktritt nach dem Angriff auf den Luft- oder Seeverkehr, § 320 I.
5. Strafverfolgung hindernisse	Hierzu gehören: ● Prozessvoraussetzungen, wie z. B. der Strafantrag in §§ 77 ff., die Ermächtigung anstelle des Strafantrages bei Beleidigung von Gesetzgebungsorganen etc. i. S. v. § 194 IV sowie die ● Prozesshindernisse, z. B. die Amnestie oder die Verjährung i. S. v. §§ 78 ff. oder die Exterritorialität, §§ 18 ff. GVG.

1) Vgl. Sie hierzu in Kap. A. 13.6.2.
2) Die Immunität gem. Art. 46 I S. 2, II-IV GG stellt dagegen nur ein zeitliches Hindernis der Verfolgbarkeit dar. Die Verfolgungsverjährung (Kap. A 21) ruht während des Immunitätsschutzes. Dieser endet mit Ablauf des Mandats oder mit der Aufhebung der Immunität durch das entsprechende Gesetzgebungsorgan.

18 Der Versuch der vorsätzlichen Tat, §§ 22 – 24

18.1 Übersicht über die Phasen der Tatverwirklichung[1]

Das vorsätzliche Delikt lässt sich im Allgemeinen in vier Entwicklungsabschnitte gliedern. Die Zeitspanne der einzelnen Phasen kann unterschiedlich sein (spontane Körperverletzung/ organisierter Diebstahl).

Gedankenspiel und **Entschlussfassung**

Stets straflos! **Beispiel:** Mantu bekundet in einer Bar seinen Plan, einen Golf GTI entwenden zu wollen.

Vorbereitungshandlung

Handlung(en) im Vorfeld der Tatverwirklichung. Sie soll(en) die Ausführung der geplanten Tat ermöglichen bzw. erleichtern. **Beispiel:** Auskundschaften des Tatortes.

Die Vorbereitungshandlung ist nur strafbar, wenn das Gesetz dies bestimmt, z. B.: Verabredung eines Verbrechens, § 30 oder §§ 83, 149, 202 c, 263 a III, 275, 303 b IV, 310 I.

Die Phasen der Tatverwirklichung

Versuch, § 22

Die TBM sind noch *nicht alle* erfüllt. Der Täter hat aber nach seiner Vorstellung von der Tat zu deren Verwirklichung unmittelbar angesetzt.

Beispiel:

Kinski hat von einem ge-parkten Pkw die Reifen demontiert. Er wird von einer Polizeistreife ergriffen, bevor er sich mit den Reifen entfernen kann (§§ 242, 22, 23 I).

Vollendung

Verwirklichung *aller* zum gesetzlichen Tatbestand gehörigen Merkmale.

Beispiele:

- bei § 242 mit der erfolgten Wegnahme,
- bei § 212 mit dem Todeseintritt.

Mittäterschaft (§ 25 II) und Beihilfe (§ 27) sind noch möglich!

Beispiel: Mantu hat mit seiner Beute das Geschäft (Tatort) verlassen. An der nächsten Kreuzung sieht er in einem Pkw seinen Freund F. F nimmt ihn in Kenntnis der mitgeteilten Umstände mit (= §§ 27 oder 25 II zu §§ 242, 243 I 1 für F je nach Vereinbarung).

Beendung

Die Tathandlung findet ihren endgültigen Abschluss. Beginn der Verjährung, § 78 a.

Beispiele:

- Täter stellt seine KV-Hdlg. endgültig ein.
- Der Dieb hat seine Beute in Sicherheit gebracht.

Begünstigung, § 257, Strafvereitelung, § 258 und Hehlerei, § 259 sind aber noch möglich.

Beispiel: Mantu sucht nach dem Diebstahl eine Gaststätte auf und verkauft dort Kinski einen Teil seiner Beute. Kinski ist deren Herkunft bekannt (= § 259 für K.)

Arten des Versuchs

unbeendeter V.

Täter hat nach seiner Vorstellung von der Tat noch nicht alles getan, was zur Tatvollendung notwendig ist.

Beispiel: Mantu holt mit einem Messer aus, um seinem Opfer einen Stich in den linken Oberarm zu versetzen. (§§ 223, 224 I 2, 22, 23 I).

beendeter V.

(§§ 223, 224 I 2, 22). Täter hat nach seiner Vorstellung von der Tat alles getan, was zur Tatverwirklichung nötig ist.

Beispiel: Absendung eines Erpresserbriefes mit der Aufforderung, 5 000 Euro an einem bestimmten Ort zu hinterlegen (§§ 263 I, II, 22).

qualifizierter V.

Die Versuchshandlung beinhaltet bereits die Vollendung einer anderen Tat.

Beispiel: Mantu schießt in Tötungsabsicht auf O., trifft sein Opfer in den linken Arm und wird von anderen überwältigt (= versuchte Tötung mit vollendeter gefährlicher Körperverletzung §§ 212/ 211, 22, 223, 224, 52).

untauglicher V.

Die Tathandlung ist *objektiv nicht* geeignet, den vorgestellten Tatbestand zu verwirklichen, weil Mittel oder/und Objekt untauglich sind.

Beispiel: Mantu will seinen Widersacher erschießen, doch der Schlagbolzen seiner Pistole funktioniert nicht. (§§ 211 od. 212, 22).

1) Literatur: Wessels/Beulke, Haft, AT, Tröndle/Fischer, SchöSchr. zu §§ 22 ff.

18.2 Allgemeines

Ausgangsfall: Mit lauten Hilferufen und reaktionsschnellen Tellerwürfen hat eine 65-Jährige Frau aus Berlin-Reinickendorf zwei Eindringlinge um ihre Beute gebracht und sie in die Flucht gejagt. Die Täter hatten sich gewaltsam Einlass in die Wohnung der Frau verschafft und sie mit einer Modellpistole bedroht.

Der Versuch kommt ebenso wie die Teilnahme (§§ 25 II ff.) nur bei *Vorsatzdelikten* in Betracht. Das ergibt sich schon aus der Legaldefinition in § 22, wonach der Täter „nach seiner Vorstellung von der Tat" zu deren Verwirklichung unmittelbar angesetzt haben muss.

Im *zeitlichen Ablauf* einer Straftat liegt der Versuch zwischen der in aller Regel straflosen Vorbereitungshandlung und der Tatvollendung.

Der *Strafgrund* für den Versuch ist die nach außen erkennbar in Erscheinung getretene Auflehnung des Täters gegen die Rechtsordnung.

Die *Strafbarkeit* des Versuchs ergibt sich aus § 23. Danach ist der Versuch des Verbrechens stets, der des Vergehens nur dann strafbar, wenn das Gesetz dies bestimmt.

***Beispiel** für Vergehen: § 242 II (Diebstahl) ; **Gegenbeispiel:** § 266 (Untreue).*

Der Versuch kann *milder bestraft* werden als die vollendete Tat (§ 23 II, § 49 I). Entscheidend dafür ist nach der std. Rspr. des BGH die „Gesamtschau der Tatumstände und die Täterpersönlichkeit".

Hat der Täter aus *grobem Unverstand* die Untauglichkeit seiner Versuchshandlung nicht erkannt, kann das Gericht von Strafe absehen oder sie nach seinem Ermessen mildern (23 III, § 49 II).

18.3 Struktur und Aufbau des Versuchs, § 22

Die Abgrenzung zwischen Vorbereitung und Versuch nimmt das Gesetz nach *subjektiv-objektiven Kriterien* vor. Da ja nicht alle Tatbestandsmerkmale erfüllt sein können, ergibt die Überprüfung einzelner objektiv wahrnehmbarer Teilaspekte der Handlung auch nur dann einen strafrechtlich relevanten Sinn, wenn man sie in Beziehung zu einem konkreten Tatvorsatzes stellt.

***Beispiel:** Mantu stellt sich an einer dunklen Straßenecke einer jungen Passantin in den Weg, die in der einen Hand eine Tasche trägt.*

Das äußere Geschehen kann erst dann als Versuch einer Raubhandlung, Vergewaltigung oder sexuellen Nötigung oder aber als straflose Belästigung beurteilt werden, wenn die Vorstellung, der Tatplan des Täters erkennbar geworden ist.

Die nachfolgende Abb. verdeutlicht diese Zusammenhänge.

Der Täter muss nach *seiner* Vorstellung von der Tat	→	**subjektive** Tatseite (= Tatplan)
zu deren Verwirklichung unmittelbar angesetzt haben.	→	**objektive** Tatseite (= ausführungsnahe Handlung)

Der *unmittelbare Ansatz* zur Tatverwirklichung ist aber nicht erst dann gegeben, wenn der Täter schon ein TBM verwirklicht hat (Teilaktstheorie),

***Beispiel:** Mantu schlägt auf sein Opfer ein, um es zu berauben.*

sondern bereits dann, wenn er nach seinem *Tatplan* Handlungen vornimmt, die im ungestörten Fortgang *unmittelbar* zur Tatbestandsverwirklichung führen sollen (Gefährdungsaspekt) oder die in *unmittelbarem* räumlichen und zeitlichen Zusammenhang mit ihr stehen[1] (Eindringen in die Schutzsphäre des Opfers).

---

1) BGH NJW '80, 1759; BGH NStZ '89, 473 m. w. Nw.

Fall: M. und K. hatten einen 14 cm langen Nagel in den rechten Vorderreifen eines Pkw getrieben. Am Nagel hatten sie einen dünnen Draht befestigt, dessen Ende sie mit einem Zaun verbanden. Sie rechneten damit, dass der Fahrer des Pkw – ein Geldbote – nach wenigen Metern Fahrt mit defektem Reifen anhalten müsse. Dann wollten sie sich zunächst scheinbar hilfswillig nähern, um den Geldboten schließlich auszurauben. Hierzu kam es aber nicht mehr, da M. und K. kurz nach Anbringung des Nagels von der Polizei festgenommen wurden (Fall lag BGH-Entscheid [NJW '80, 1759] zugrunde).

Die *Abgrenzung* des Versuchs von der prinzipiell straflosen Vorbereitungshandlung wird trotz der Vorgaben des BGH nicht immer einfach sein.

So setzt der Täter bereits zur Tat an, wenn er seinem Opfer eine Falle stellt, doch wirkt dieser Angriff auf das geschützte Rechtsgut erst dann *unmittelbar*, wenn sich das Opfer nach dem Täterplan z. B. in den Wirkungskreis des vorbereiteten Tatmittels / des Täters begibt. Insofern ist die Strafbarkeit des Versuchs nicht völlig losgelöst von einer Gefährdung des geschützten Rechtsgutes (BGH StV '97, 632).

Beispiele:

- *Auflauern des Opfers am Tatort,* wenn *sich das Opfer derart genähert hat, dass der Täter zur vorgestellten Tatausführung übergehen kann.*
- *Aufnahme der Verfolgung seines unmittelbar fliehenden Opfers, um es zusammenzuschlagen (BGH NJW '03, 150; Kap. B 16.5).*
- *Klingeln an der Wohnungstür,* wenn *der geplante Diebstahl – bei Abwesenheit des Opfers –* sofort *erfolgen soll.*
- *Bereitstellung eines vergifteten Getränkes (13.00 Uhr) für das erst am Abend erwartete Opfer. Der BGH (StV '97, 632) sah hierin noch keinen strafbaren Versuch.*

Prüfungsfolge beim versuchten Delikt:

1. Feststellung der Nichterfüllung des objektiven TB und der Strafbarkeit des Versuchs
2. Tatentschluss = vollständiger Tatplan, z. B. §§ 242, 243 I 2
3. unmittelbarer Ansatz zur Tatverwirklichung

18.4 Besonderheiten

Auch der **untaugliche Versuch** (Definition oben Kap. 18.1) ist grundsätzlich strafbar. Denn der Gesetzgeber will, dass der Täter, der *nach seiner Vorstellung von der Tat* zu deren Realisierung unmittelbar ansetzt, bereits bestraft wird, gleichgültig, ob er die vorgestellte Tat in der von ihm gewählten Art und Weise überhaupt vollenden konnte (subjektive Theorie). Auch die Strafwürdigkeit des untauglichen Versuchs liegt in der Auflehnung des Täters gegen die Rechtsordnung und wird in §§ 22, 23 III vorausgesetzt.

Varianten des untauglichen Versuchs sind:[1]

– der Versuch mit untauglichen Mitteln am tauglichen Objekt

Beispiel: *Die Schusswaffe, die zur Tötung eines Menschen verwendet wird, erweist sich infolge eines Funktionsfehlers als untauglich zur Schussabgabe.*

– der Versuch mit tauglichen Mitteln am untauglichen Objekt

Beispiel: *Diebstahlsversuch bei Unkenntnis des Täters darüber, dass ihm eine Diebesfalle gestellt wurde und zu seiner Überführung die Einwilligung des Gewahrsamsinhabers in die Wegnahme vorliegt (= kein vollendeter Diebstahl, da es mangels Gewahrsamsbruchs nicht zur Wegnahme kommen konnte).*

Beim **Wahndelikt**, das vom untauglichen Versuch zu unterscheiden ist, nimmt der Täter irrig an, mit seinem *richtig erkannten* Handeln gegen eine Ver- oder Gebotsnorm zu verstoßen. Das Wahndelikt ist nicht strafbar.

Beispiel: *Täter glaubt, mit der* wahrheitswidrigen schriftlichen Erklärung, *sein zum Verkauf angebotener Pkw sei unfallfrei, eine Urkundenfälschung zu begehen (bei Vermögensschädigung aber Betrug, § 263).*

1) Zur weiteren Differenzierung, insbesondere zum Versuch des untauglichen Subjekts, vgl. Sie ggf. bei Tröndle/Fischer oder SchöSchr. zu § 22.

Vom **fehlgeschlagenen Versuch** spricht man, wenn der Täter erkennt, dass er sein Ziel nicht mehr oder allenfalls durch eine neue Tathandlung erreichen kann.

Beispiel: *Der Hausierer kann der Hausfrau H. die fälschlich als Orientteppich angepriesene geringwertige Ware nicht „verkaufen", da diese unsicher ist und ablehnt.*

Der Täter kann sich in solchen Fällen nicht auf den strafbefreienden Rücktritt berufen.

Beim **qualifizierten Versuch** gilt die Besonderheit, dass der Täter durch den Rücktritt nur hinsichtlich der Versuchshandlung straffrei bleibt. Wegen einer im qualifizierten Versuch enthaltenen vollendeten Tat bleibt er strafbar.

Beispiel: *Kinski ist in Diebstahlabsicht nachts in ein Geschäftshaus eingebrochen. Aus Furcht, entdeckt zu werden, entfernt er sich ohne Diebesgut. Straffreiheit hinsichtlich des versuchten Diebstahls in einem besonders schweren Fall (§§ 242, 22, 243 I 1, 24 I), doch Strafbarkeit bezüglich der vollendeten Handlungen nach § 123, § 303.*

Im Falle des **mittäterschaftlichen Versuchs** treten alle Mittäter in das Versuchsstadium ein, sobald einer von ihnen zur Tatbegehung unmittelbar ansetzt (BGH NJW '93, 2251).

Beispiel: *T. und M. sind vor einer leer stehenden Villa eingetroffen, in die sie einsteigen wollen (= noch straflose Vorbereitungshandlung). Als T. das Gartentor überklettert hat, erscheint die Polizei.*

18.5 Der Rücktritt vom Versuch, § 24

Gibt der Täter *freiwillig* die weitere Tatausführung auf (beim unbeendeten Versuch) oder verhindert er deren Vollendung (beim beendeten Versuch), bleibt er straffrei hinsichtlich der Versuchshandlung (§24 I 1). Dies gilt auch, wenn er sich beim beendeten Versuch freiwillig und ernsthaft bemüht hat, die Tat aber ohne sein Zutun nicht vollendet wurde (§ 24 I 2), oder wenn er beim untauglichen oder objektiv fehlgeschlagenen Versuch die mangelnde Tauglichkeit oder das Scheitern seines Versuchs nicht erkannt hat.[1] § 24 stellt nach h. M. einen *persönlichen* Strafaufhebungsgrund dar.

Freiwillig ist der Rücktritt, wenn der Täter selbständig aus eigenen Motiven die Tatvollendung *endgültig* aufgibt bzw. einen bereits geleisteten Tatbeitrag rückgängig macht, bevor er erkennt, dass seine Tat entdeckt wurde oder nicht ausführbar ist. Seine Motive brauchen nicht sittlich billigenswert zu sein. Sogen. *Frank'sche Formel:* Der Täter will nicht mehr, obwohl er könnte!

Beispiel: *T erkennt, dass er sein aus Rache niedergestochenes Opfer zwar schwer, aber nicht lebensgefährlich verletzt hat. Um T die Folgen der Verletzungen spüren zu lassen und weil ihn sein Flehen anwidert, unterlässt er weitere Tötungshandlungen und entfernt sich nach einem abschließenden Fußtritt (§§ 211, 23, 24 I 1; § 224 I Nr. 2 und 5).*

Unfreiwillig ist der Rücktritt z. B., wenn der Täter sich entdeckt glaubt und deshalb flieht oder wenn er z. B. beim Diebstahl die erhoffte Diebesbeute nicht vorgefunden hat und auf die Mitnahme anderer Gegenstände verzichtet. *Frank'sche Formel*: Der Täter kann nicht, obwohl er möchte.[2]

Beim Rücktritt ist zw. unbeendetem und beendetem Versuch zu unterscheiden!

Der Versuch ist unbeendet, wenn der Täter glaubt, noch weiterhandeln zu müssen. Glaubt er jedoch, alles zur Vollendung der Tat Erforderliche getan zu haben, ist der Versuch beendet. Entscheidend ist die Vorstellung des Täters nach der letzten Ausführungshandlung (sog. **Rücktrittshorizont**); BGH NStZ '98, 614, NStZ '99, 299; BGH 2 StR 149/04 v. 29.9.2004.

Vom *unbeendeten Versuch* tritt der Täter wirksam zurück, wenn er freiwillig und endgültig von der weiteren Tatausführung absieht.

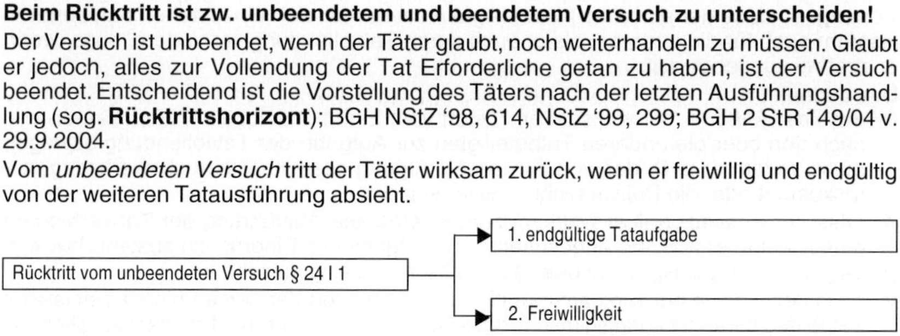

1) Zum Rücktritt vom unechten Unterlassungsdelikt vgl. Sie Kap. A 15.3 Ziff. 8.
2) BGH NJW '93, 2126 sowie BGH-GSSt NStZ '93, 433 m. w. Nw.

Fall: Der entlassene Autoschlosser will sich an seinem ehemaligen Chef rächen, ihn töten oder mindestens verletzen. Er hat sich unter dessen Auto gelegt, *um* die Bremsleitung so anzuzapfen, dass das Fahrzeug nach kurzem Gebrauch ohne Bremsfunktion sein wird. Teils aus Furcht, entdeckt zu werden, teils wegen vorhandener Skrupel gibt er die Tatausführung endgültig auf und entfernt sich.

Vom *beendeten Versuch* kann der Täter wirksam zurücktreten, wenn er aktiv und freiwillig den *Eintritt der Tatvollendung* verhindert oder sich zumindest freiwillig und ernsthaft bemüht, die Vollendung zu verhindern, wenn sie denn aus anderen Gründen ausbleibt.

Rücktritt vom beendeten Versuch § 24 I 2
- 1. Verhinderung der Tatvollendung
- 2. Freiwilligkeit
- 3. durch eigenes Zutun

Fallabwandlung 1:

Der Autoschlosser hat die Bremsleitung am Auto seines ehemaligen Chefs seinem Plan entsprechend „präpariert". Furcht und Skrupel bewegen ihn aber derart, dass er zurückkehrt und den *Schaden behebt* bzw. seinen früheren Chef *warnt.*

Fallabwandlung 2:

Als der Autoschlosser seinem Chef telefonisch von der Manipulation an der Bremsleitung Mitteilung macht, hatte dieser den Schaden schon bemerkt (§ 24 I S. 2.)

Misslingt die Rettungsaktion, tritt also die Tatvollendung ein (sein Chef ist in vorstehender Fallabwandlung 2 bereits tödlich verunglückt, als der „rettende" Anruf des Täters eingeht), ist der Täter strafbar. Seine Strafe könnte nur noch über § 46 (Grundsätze der Strafzumessung) gemildert werden.

Für den **Rücktritt eines von mehreren Tatbeteiligten** (Mittäter, Anstifter, Gehilfe) gelten die Besonderheiten des § 24 II.

Der einzelne Tatbeteiligte kann *nur* dadurch wirksam zurücktreten, dass er freiwillig die Vollendung der Tat verhindert oder sich aber nach Kräften in diesem Sinne bemüht hat, wenn sie ohne sein Zutun (aus anderen Gründen) unterbleibt.

Es genügt danach also nicht,
- dass sich ein Mittäter von den anderen Teilnehmern lediglich *lossagt,*
- dass der Anstifter den oder die Angestifteten nur *bittet*, von der Tat abzusehen, wenn diese doch handeln,
- dass der Gehilfe kurz vor der Vollendung der Tat seine weitere Mitwirkung *einstellt.*

Aus der gemeinsamen Absprache zur Tatbegehung ergibt sich eine gegenseitige Verantwortung, so dass der einzelne Tatbeteiligte nicht nur für sich einzustehen hat, sondern insofern auch für die anderen, als er auch deren Tatvollendung verhindern muss, wenn er straffrei ausgehen will.

Das bedeutet,
- dass der *Mittäter*, der wirksam am Tatort vom Einbruchsdiebstahl zurücktreten will, auch den oder die anderen Tatbeteiligten zur Aufgabe der Tatvollendung bewegen muss, indem er z. B. das von ihm zur Verfügung gestellte Einbruchswerkzeug zurücknimmt oder die Polizei rechtzeitig verständigt,
- dass der *Anstifter*, will er wirksam zurücktreten, die Ausführung der Tat verhindern muss, indem er z. B. die Angestifteten zur Aufgabe des Einbruchsdiebstahls bewegt, das Opfer rechtzeitig warnt oder die Polizei rechtzeitig einschaltet,
- dass der *Gehilfe* nur wirksam zurücktreten kann, wenn er seinen bisher geleisteten Tatbeitrag derart rückgängig macht, dass dieser, falls es doch zur Tatvollendung kommt, nicht mehr mitursächlich war, z. B. Rücknahme des bereitgestellten Einbruchswerkszeuges oder aber auch rechtzeitige erfolgreiche Warnung des Opfers.

Das freiwillige und ernsthafte Bemühen des Rücktrittswilligen reicht aber in jedem Fall, wenn die Tatvollendung

- durch andere Umstände verhindert wurde, z. B. durch rechtzeitiges Erscheinen der Polizei *oder* ...
- schließlich doch – aber unabhängig von dem früheren Tatbeitrag des Zurückgetretenen – gelang (§ 24 II 2).[1]

Fallbearbeitung

Fall: Mit lauten Hilferufen und reaktionsschnellen Tellerwürfen hat eine 65-Jährige Frau aus Berlin-Reinickendorf zwei Eindringlinge um ihre Beute gebracht und sie in die Flucht gejagt. Die Täter hatten sich gewaltsam Einlass in die Wohnung der Frau verschafft und sie mit einer Modellpistole bedroht .

Lösungsschritte zum Fall[2]

Versuch des gemeinschaftlich begangenen schweren Raubes (bzw. der schweren räuberischen Erpressung) zum Nachteil der 65-Jährigen Frau gem. §§ 249 (bzw. 255), 250 1b,[3] 22, 25 II.

- Feststellung der fehlenden Tatvollendung.
  (Der Versuch hat gegenüber der Tatvollendung nur subsidiäre Bedeutung!)
- Feststellung der Strafbarkeit des Versuchs.
  (Dies ist ja nach § 23 I nicht stets der Fall.)
- Definition des Versuchs, § 22.
  - Prüfung des Tatplanes.
    (Welche Tathandlung wollten die Verdächtigen begehen?)
  - Raubhandlung gem. § 249 oder § 255,
  - Qualifizierung im Sinne des § 250 I 1 b.
- Nachweis des unmittelbaren Ansatzes zur Tatverwirklichung nach Vorstellung der Täter.
  (Was haben die Tatverdächtigen bereits verwirklicht? Hier: mit gewaltsamem Einlassverschaffen, ganz unzweideutig aber mit Beginn der Bedrohung.)
  - Wichtig: Der unmittelbare Ansatz ist nicht erst dann gegeben, wenn der Täter schon ein TBM verwirklicht hat (z. B. Drohung beim Raub), sondern bereits dann, wenn er Handlungen vornimmt, die in ungestörtem Fortgang unmittelbar zur Tatbestandserfüllung führen sollen oder die im unmittelbaren räumlichen und zeitlichen Zusammenhang mit ihr stehen.
- Qualifizierter Versuch
  - Definition
  - Argument: Der Tatbestand des § 123 StGB ist mit dem widerrechtlichen Eindringen in die Wohnung der Geschädigten bereits vollendet.
- Täterschaftsform (Kap. A 19)
  - Mittäterschaft, § 25 I, II
    - Definition / Anwendung
- Rechtswidrigkeit
- Schuld
- Feststellungen außerhalb des Unrechts und der Schuld (Kap. A 12.2)
  - Konkurrenzen
  - Deliktscharakter, Verfolgbarkeit.

---

1) Zur Vertiefung vgl. Sie ggf. BGH 4 StR NStZ '99, 449.
2) Zur Subsumtionstechnik vgl. Sie ggf. Kap. A 13.5.
3) Vgl. Sie Kap. B 19.7.

19 Täterschaft und Teilnahme, §§ 25 – 30

19.1 Gesamtübersicht

Täterschaftsformen, § 25 I, II

Täter ist, wer eine Straftat selbst, durch einen anderen oder mit anderen gemeinsam begeht.

Alleintäterschaft
- stets *bei eigenhändiger* Tatverwirklichung
- es genügt auch ein *Teilbetrag mit Täterwillen;*
- bei den Sonderdelikten wird persönl. Qualifiikation vorausgesetzt, z. B. Amtsträgereigenschaft, Garantenstellung

mittelbare Täterschaft
- Täter benutzt einen anderen Menschen als Werkzeug
- *Tatinteresse und Tatherrschaft* hat nur der mittelbare Täter
- Tatmittler handelt
  - nicht tatbestandsmäßig
  - nicht rechtswidrig oder
  - nicht schuldhaft
- keine mittelbare Täterschaft bei *eigenhändigen* u. bei *Sonderdelikten*

Mittäterschaft
- *bewusstes u. gewolltes* Zusammenwirken mehrerer Täter zur Tatverwirklichung
- gemeinsames *Tatinteresse* u. gemeinsame Tatherrschaft
- auch *sukzessive* Mittäterschaft ist möglich
- keine Mittäterschaft im Falle eines *Exesses*!

Nebentäterschaft
- *voneinander unabhängige*, aber gleichzeitige Tatverwirklichung durch mehrere Täter am gleichen Objekt
- Begriff dient nur der Abgrenzung zur Mittäterschaft

Teilnahme im *engeren* Sinne, §§ 26, 27

Mitwirkung an *fremder* noch nicht beendeter rechtswidriger Tat. In Betracht kommen:

Anstiftung, § 26
- Anstifter weckt vors. in einem anderen den Entschluss zu einer bestimmten rechtsw. Tat
- Angestifteter muss die Tat freiwillig ausführen
- Anstifter muss die Tatvollendung wollen (sog. doppelter Anstiftervorsatz).

limitierte Akzessorietät
- ohne *rechtsw.* Haupttat keine strafbare Teilnahme, Ausnahme §§ 30, 111, 159 u. a.
- Teilnehmer ist unabhängig von der Schuld des Täters strafbar.

Beihilfe, § 27
- vors. Hilfeleistung zu vors. fremder rechtsw. Tat als Rat- oder/und Tathilfe
- Gehilfe muss die Vollendung der von ihm geförderten Tat wollen (sog. doppelter Gehilfenvorsatz).

Teilnahme im *weiteren* Sinne (Kap. B 20.1)

ist (anschließende) Beteiligung an einer bereits beendeten fremden Straftat. In Betracht kommen:

- Begünstigung, § 257, (Kap. B 20.2).
- Strafvereitelung, § 258, Strafvereitelung im Amte, § 258 a, (Kap. B 20.3).
- Hehlerei, §§ 259, 260, 260 a, (Kap. B 20.4).

19.2 Abgrenzung von Täterschaft und Teilnahme

Ausgangsfall:

A., B. und C. begehen seit einem halben Jahr aufgrund einer Absprache Diebstähle. In ihrer Stammkneipe erhalten sie eines Abends von dem Kellner K. den Hinweis, dass sie in dem Bungalow des z. Z. mit seiner Familie im Urlaub weilenden Pelzhändlers P. reiche Beute machen könnten.

A., B. und C. greifen den Tipp auf und kommen dabei überein, dass sie noch zwei Hilfskräfte zur Tatausführung benötigen.

Sie gewinnen zunächst den ihnen bekannten M., dem sie jedoch entgegen ihrer ursprünglichen Absicht partnerschaftliche Beteiligung zusichern müssen. Man kommt außerdem überein, dass G., ein verlässlicher Bekannter des M., mit einer Hilfsfunktion betraut werden soll.

An der nach Plan verlaufenden Tatausführung, bei der B. und M. durch ein Kellerfenster in den Bungalow des P. klettern, während C. und G. die Beute annehmen und im mitgeführten Lkw verstauen, konnte Chef A. jedoch aus unvorhergesehenen Gründen nicht teilnehmen.

M. führte ohne Kenntnis der übrigen Beteiligten eine Faustfeuerwaffe mit. H., ein alter Bekannter von A., B. und C., kaufte später einen Teil der Beute auf. Wirt W. verwahrte nach späterer Übereinkunft einen Teil der Beute für B. und C.

Aufgabe:

Prüfen Sie nach Bearbeitung des Themas, welcher Täterschaft bzw. Teilnahme A., B., C., M., G., K., H. und W. verdächtigt sind!

Bedienen Sie sich ggf. des am Ende dieses Abschnittes aufgezeichneten Lösungskonzepts.

Schaubild zur Verdeutlichung der Beziehungen:

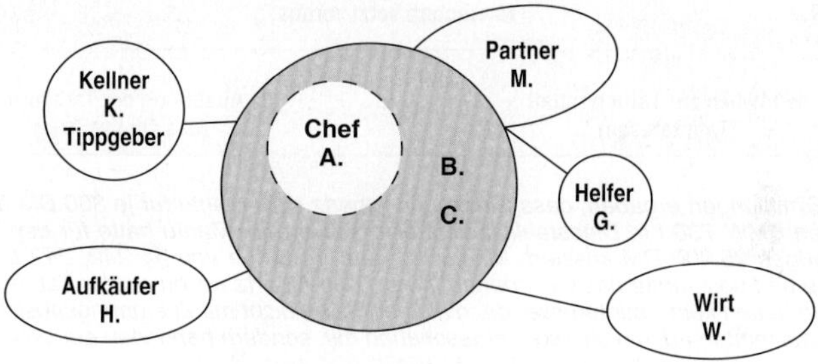

Wirken mehrere Personen bei der Verwirklichung eines Tatbestandes mit, gilt der Grundsatz:

„Täter ist, wer eine *eigene* Straftat begeht. Teilnehmer ist, wer sich an einer *fremden* rechtswidrigen Tat als Anstifter oder Gehilfe beteiligt".

Abgrenzungsschwierigkeiten ergeben sich immer wieder bei *den* Formen der Tatbeteiligung, bei denen sich das *äußere* Verhalten ähnelt, so beim Mittäter und Gehilfen und beim mittelbaren Täter und Anstifter.[1]

Objektive und subjektive Theorie

In der *Rechtslehre* hat sich die Lehre von der Tatherrschaft durchgesetzt.

Täter ist danach, wer als Zentralgestalt, als Schlüsselfigur des Geschehens die planvoll leitende oder mitgestaltende Tatherrschaft besitzt, die Tatausführung also nach seinem Willen beeinflussen kann.

Teilnehmer ist, wer ohne eigene Tatherrschaft als Randfigur des Geschehens entweder die Begehung der Tat veranlasst (Anstifter) oder fördert (Gehilfe).

In der *Rechtsprechung* wurde vornehmlich die subjektive Theorie vertreten. Täter ist danach, wer mit Täterwillen handelt und die Tat als eigene will. Teilnehmer ist, wer tätig wird, um die rechtswidrige Tat als fremde zu veranlassen oder zu fördern.

Die Strafsenate des BGH folgen der *subjektiv-objektiven Theorie.*[2] „Ob der Tatbeteiligte, der die objektiven Voraussetzungen der Mittäterschaft aufgrund seiner fördernden Tatbeiträge erfüllt hat, als Gehilfe oder Mittäter anzusehen ist, hängt davon ab, *ob er sie als eigene oder fremde wollte.* Ob das eine oder das andere zutrifft, ist aufgrund aller Umstände, welche von der Vorstellung des Tatbeteiligten umfasst waren, in wertender Betrachtung zu entscheiden. Für die Beurteilung fällt dabei ins Gewicht, ob der Beteiligte das Ob und das Wie des eigentlichen Geschehensablaufs mitbeherrschte", BGH 28, 348; 8, 393, 396. Die nachfolgende Abb. veranschaulicht diese komplexen Ausführungen.

Täterschaft setzt voraus:

den Willen zur Tatherrschaft (Tatinteresse) **und** **die Ausübung der Tatherrschaft (das Ob und Wie)**

Beispiel: *Ermittlungen ergaben, dass Kinski und Albertz dem Mantu für je 300 DM dabei geholfen hatten, einen BMW 730 i in Diebstahlsabsicht abzuschleppen. Mantu hatte für den Weiterverkauf des Fahrzeuges 25.000 DM kassiert. Mantu ist Täter im Sinne von §§ 242, 243 I, 25 I. Er hatte Tatinteresse und bestimmte das Geschehen. Kinski und Albertz waren an der Tat des Mantu beteiligt. Doch sie hatten kein Tatinteresse, denn sie handelten nicht mit Zueignungsabsicht, sondern für Lohn. Sie bestimmten auch nicht das Tatgeschehen mit, sondern handelten auf Weisung.*

19.3 Täterschaftsformen, § 25

Unmittelbare Täterschaft, § 25 I Alt. 1

Wer sämtliche Tatbestandsmerkmale eines Deliktes eigenhändig verwirklicht, ist stets Täter, gleichgültig, ob er für sich oder einen anderen handelt.

Beispiel: *Kinski sucht in einer Disko den Widersacher seines Freundes Mantu auf und schlägt ihn auf Wunsch des Mantu zusammen.*

1) Im Ordnungswidrigkeitenrecht gilt demgegenüber der so genannte Einheitstäterbegriff. Als Betroffener gilt dort jeder an der Verwirklichung einer Ordnungswidrigkeit Beteiligte (§ 14 OWiG), gleichgültig, ob er veranlasst, fördert oder mitausführt.

2) Tröndle vor § 25. NStZ '84, 413; NJW '85, 1013; NStZ '86, 384; '87, 233, 364.

Das Prinzip der Haftung als Täter für selbst verwirklichte Straftatbestände gilt für den Normaltypus der Delikte des StGB. Eine Eingrenzung erfährt es bei den Tatbeständen, die eine besondere Täterqualifikation voraussetzen. Es handelt sich hierbei um die sog. *eigenhändigen* Delikte und um die *Sonderdelikte*. Wer die in diesen Delikten vorausgesetzten Tatmodalitäten nicht erfüllt oder die geforderten Eigenschaften nicht aufweist, kann nur als Teilnehmer im Sinne der Anstiftung oder Beihilfe zur Verantwortung gezogen werden.

Beispiel: *Der Beifahrer des „kopflosen" Unfallverursachers hat diesen überredet, den Unfallort zu verlassen. Der Beifahrer kann hier mangels Täterqualifikation (er war nicht Unfallbeteiligter und deshalb auch nicht wartepflichtig) den Tatbestand der Unfallflucht gem. § 142 StGB nicht verwirklichen. Auch mittelbare Täterschaft scheidet aus, da sie als Variante der Täterschaft auch die entsprechende Täterqualifikation voraussetzt. Für den Beifahrer kommt daher nur die Teilnahmehandlung „Anstiftung zum unerlaubten Entfernen vom Unfallort" in Betracht.*

Eigenhändige Delikte sind z. B. auch die Eidesdelikte gem. §§ 153 ff. oder der Tatbestand der Trunkenheit im Verkehr, § 316. Sonderdelikte richten sich von vornherien nur an bestimmte Personen mit einem besonderen Ge- oder Verbot. Zu ihnen zählen die Straftaten im Amte (§§ 331 ff.) sowie die unechten Unterlassungsdelikte (§ 13). Täter kann in diesen Fällen nur sein, wer die geforderte amtliche Eigenschaft besitzt bzw. eine Garantenstellung innehat.

Mittelbare Täterschaft, § 25 I Alt. 2[1]

Mittelbarer Täter ist per Legaldefinition, wer die Straftat *durch einen anderen begeht*. Der mittelbare Täter bedient sich zur Verwirklichung der von ihm erstrebten Tat eines anderen Menschen als Werkzeug, als Tatmittler. Der Tatmittler handelt nicht als Täter oder Mittäter. In diesen Fällen kämen für den Hintermann entweder Anstiftung oder Mittäterschaft in Betracht. Kennzeichnend für die Situation der mittelbaren Täterschaft ist die *beherrschende Stellung des Hintermannes*, der das Werkzeug „in der Hand hat", es für sich handeln lässt. Mittelbarer Täter kann aber nur sein, wer die Tat auch selbst hätte ausführen können, d. h. über die entsprechende Täterqualifikation verfügt. Die nachfolgende Abbildung veranschaulicht die Struktur der mittelbaren Täterschaft.

Der mittelbare Täter beherrscht durch Willenskraft den Tatmittler als Werkzeug; dieses handelt		
nicht tatbestandsmäßig,	**nicht rechtswidrig** *oder*	**nicht schuldhaft**
z. B unvorsätzliches (= undoloses) Handeln im Falle des Tatbestandsirrtums, § 16.	**z. B.** Handeln in *rechtmäßiger* Amtsausübung, etwa bei vorläufiger Festnahme aufgrund eines bewusst falsch gegebenen Hinweises.	**z. B.** Ausführender ist schuldlos doloses Werkzeug i. S. v. § 19 (Kindesalter), § 20 (seelische Störungen), § 17 (Verbotsirrtum), § 35 (Handeln in der Situation des entschuldigenden Notstandes).

Beispiele:

1. Mantu bittet Kinski, ihm einen 50-DM-Schein vom Tabakwarenhändler wechseln zu lassen. Kinski, der ohnehin Zigaretten kaufen will und die „Blüte" nicht erkennt, willigt ein. Der Händler erkennt den Schwindel und verständigt die Polizei.

Argumente: *Mantu ist mittelbarer Täter (§§ 263 I, 22; 146 I Ziff. 3 bzw. 147 I). Mantu hat Tatinteresse und Tatherrschaft, da er den unwissenden Kinski in seinem Sinne zur Tatausführung veranlasst.*

Kinski fehlt das Bewusstsein der Tatverwirklichung. Er handelt nicht vorsätzlich. Kinski ist nicht tatbestandsmäßig handelnder Tatmittler.

1) Vgl. Sie zur Gesamtproblematik ggf. BGH NJW '96, 2042.

2. Auf Anordnung seiner Eltern musste ein 12-jähriger Junge aus Göppingen ein halbes Jahr lang Nacht für Nacht auf Baustellen einbrechen und Altmetall in seinen Ranzen packen. Weigerte sich der Junge, wurde er von seinen Eltern geschlagen.

Argumente: *Die im Hintergrund gebliebenen Eltern sind mittelbare Täter. Sie hatten Tatinteresse und bestimmten das Ob und Wie der Tatausführung (§§ 242, 243 I Nr. 1 und 3). Der 12-jährige Sohn handelte schon infolge seines Alters als nicht schuldhaftes Werkzeug.*

Abgrenzung: Erfüllt der unmittelbar Handelnde *alle* Voraussetzungen einer tatbestandsmäßigen, rechtswidrigen und schuldhaften Tat, ist der ihn Veranlassende entweder Mittäter (soweit Tatinteresse und Tatherrschaft gegeben sind) oder Anstifter (falls er sich auf die Hervorrufung des Tatentschlusses beschränkt).

Beispiel: *Mantu gibt Kinski zu verstehen, dass er Autozubehör zu günstigen Preisen aufkaufen würde. Kinski entwendet* nach eigenem Plan *von mehreren Fahrzeugen Zubehörteile und verkauft sie an den wissenden Mantu.*

Argumente: *Mantu beging Anstiftung zu §§ 242, 243 I, 26. Mittelbarer Täter kann er nicht sein, da ihm der Wille zur Tatherrschaft sowie die Tatherrschaft selbst fehlten. Außerdem beging er durch den Ankauf der gestohlenen Sachen Hehlerei (§ 259).*

Kinski führte die Diebstähle freiwillig und eigenhändig aus, wobei er *das Ob und das Wie bestimmte. Er handelte als Alleintäter gemäß § 242 und ggf. § 243 I, § 25 I Alt. 1.*

Mittäterschaft, § 25 II

Mittäterschaftliches Handeln ist gegeben, wenn mehrere Personen bewusst und gewollt unter gemeinsamer Tatherrschaft zusammenwirken.

Der BGH hat die Begriffsinhalte der Mittäterschaft in std. Rspr. wie folgt festgelegt[1] :

„Objektive Voraussetzung der Mittäterschaft ist auf der Grundlage gemeinsamen Wollens ... ein die Tatbestandsverwirklichung fördernder Beitrag, der sich auf eine Vorbereitungs- oder Unterstützungshandlung beschränken und auch auf dem Wege psychischer Einwirkung geleistet werden kann. Hat ein an der Tat Beteiligter einen solchen Beitrag geleistet, so ist er als Mittäter anzusehen, wenn er die Tat als eigene wollte. Die innere Willensrichtung muss beim Mittäter so beschaffen sein, dass sie seinen Tatbeitrag nicht als bloße Förderung fremden Tuns, sondern als Teil der Tätigkeit aller und dementsprechend die Handlungen der anderen als Ergänzung seines eigenen Tatanteils erscheinen lässt. Ob das der Fall ist, ist eine Frage, die auf Grund aller Umstände, die von der Vorstellung des Angeklagten umfasst waren, in wertender Betrachtung zu beantworten ist.

Wesentliche Anhaltspunkte für diese Beurteilung können sein der Grad des eigenen Interesses am Erfolg, der Umfang der Tatbeteiligung und die Tatherrschaft oder doch wenigstens der Wille zur Tatherrschaft, so dass Durchführung und Ausgang der Tat maßgeblich vom Willen des Angeklagten abhängen."

Merkmale der Mittäterschaft sind demnach:

- der gemeinsame Tatplan,
- die Täterqualität aller Beteiligten,
- die gemeinsame Tatausführung nach dem Prinzip der Arbeitsteilung,
- irgendeine Förderung durch Rat oder Tat im Vorfeld der Tat oder während ihrer Verwirklichung, jedenfalls aber vor ihrer Beendigung,
- die gegenseitige Zurechnung der Gesamttat, d. h. die Identifikation mit allen Teilhandlungen der Tat.

Im Ausgangsfall (oben 19.2) sind A., B., C. und M. Mittäter.

Sie haben die Tat nach gemeinsamem Tatentschluss arbeitsteilig durchgeführt. Alle drei hätten die Tat auch allein also eigenhändig ausführen können. Sie hatten Interesse an der Tat und waren als Partner auch an der Tatmitherrschaft beteiligt. Sie sahen die Tat, den Wohnungseinbruchdiebstahl (§§ 242, 244 I 3)[2], als ihr Werk an.

1) BGH NStZ '97, 336, BGH 2 StR 206/04 v. 18.10.2004.
2) Vgl. Sie Kap. B 18.5; BGH NStZ-RR '00, 327 f., BGH 3 StR 379/01.

Auf die Art der geleisteten Mitarbeit kommt es nicht an.

Daher ist auch der am Tatort nicht anwesende Chef A. als Mittäter anzusehen. Sein Einfluss wirkt als Bandenchef dergestalt, dass er die Tat, ohne bei ihrer Ausführung selbst Hand anzulegen, aus dem Hintergrund mitbeherrscht.

Chef A kommt auch als Mittäter i. S. d. Bandendiebstahls in Betracht. Ausgehend vom Verständnis der Bandenabrede hat der BGH-GSSt[1] entschieden, dass die besondere Gefährlichkeit der Ausführung des Bandendiebstahls (sog Ausführungsgefahr), von der *Form* der Beteiligung des einzelnen Bandenmitglieds unabhängig ist. Das gesetzliche Mitwirkungserfordernis *„als Mitglied einer Bande unter Mitwirkung eines anderen Bandenmitglieds stiehlt"* kann seinen Schwerpunkt in der Planung, Vorbereitung oder Ausführung der Tat haben. Ein örtliches und zeitliches Zusammenwirken der Bandenmitglieder bei der Wegnahmehandlung (Tatortanwesenheit) ist nicht gesetzliche Voraussetzung (Näheres in Kap. B. 18.5).

Von **sukzessiver** (nachfolgender) **Mittäterschaft** spricht man, wenn sich eine Person als Täter anschließt, nachdem bereits mit der Ausführung der Tat begonnen wurde.[2]

Beispiel: *Mantu hat in der Nähe einer Nachtbar eine männliche Person niedergeschlagen, um ihr die Brieftasche zu entwenden. In diesem Moment kommt der ihm bekannte Kinski, der sich zuvor in der Bar aufgehalten hatte, hinzu. Beide vollenden nach kurzer Verständigung die Tat und teilen die gemachte Beute unter sich auf.*

Exzess: Geht einer der Mittäter über den gemeinsam gefassten Tatplan ohne Kenntnis der übrigen hinaus, ist er für dieses Mehr an Tatverwirklichung allein verantwortlich. Im Ausgangsfall (oben 19.2) bedeutet das, dass M., der heimlich eine Pistole mitführte, allein den Tatbestand des § 244 I 1 a erfüllte.

Nebentäterschaft:

Diese Täterschaftsform ist gegeben, wenn mehrere Personen

– voneinander unabhängig, zur gleichen Zeit und am gleichen Ort – die gleiche Tat verwirklichen.

Beispiel: *Zwei Täter nutzen eine Brandkatastrophe auf ihre Weise aus und begehen unabhängig voneinander in einer halb ausgebrannten Lagerhalle einen Diebstahl (§§ 242, 243 I 6). Beide Täter sind Alleintäter. Man benutzt den Begriff Nebentäterschaft nur als Abgrenzung zur Mittäterschaft.*

19.4 Teilnahmeformen, §§ 26, 27, 30

Allgemeines:

Die Teilnahmeformen *Anstiftung* und *Beihilfe* setzen eine vorsätzliche rechtswidrige Haupttat eines *anderen* Menschen voraus. Sie sind von ihr abhängig (akzessorisch). Wegen dieser Abhängigkeit dürfen Teilnahmeformen auch erst nach Bejahung der fremden Haupttat geprüft werden.

Der *Strafgrund* der Teilnahme liegt darin, dass der Teilnehmer durch Hervorrufung des Tatentschlusses (bei der Anstiftung) oder durch gewisse Unterstützungshandlungen (bei der Beihilfe) eine rechtswidrige, nicht notwendig schuldhafte Haupttat eines anderen fördert.

Da für die Haupttat nicht schuldhafte, sondern nur rechtswidrige Begehung gefordert wird, ist die *Abhängigkeit* der Teilnahmehandlung von ihr *begrenzt* (limitiert). Das *RG* forderte dagegen eine *schuldhaft* begangene Haupttat (strenge Akzessorietät).

Für das Verhältnis Täterschaft und Teilnahme gilt, dass *alle* Handlungen *vorsätzlich* begangen worden sein müssen. Fahrlässige Teilnahme ist nicht mit Strafe bedroht. Ebenso nicht die vorsätzliche Teilnahme an fremder fahrlässiger Haupttat. Insofern käme allenfalls mittelbare Täterschaft in Betracht.

---

1) BGH-Großer Senat für Strafsachen, Beschluss v. 22.3.01, NStZ '01, 421 ff.
2) BGH NStZ '97, 336.

Während die Anstiftung *zeitlich* in jedem Fall *vor* Beginn, d. h. vor dem Versuchsstadium der Haupttat liegen muss, kann die Beihilfe vor der Versuchshandlung liegen (Beschaffung von Einbruchswerkzeug) oder während der Tatausführung erfolgen (Schmierestehen während der Ausführung von Diebstählen aus Kfz auf einem Parkplatz).

Kommt es trotz Hervorrufung des Tatenschlusses (etwa zum Pkw-Diebstahl) oder der Leistung des Unterstützungsbeitrages (z. B. Gehilfe fährt den Täter zum Tatort) nicht wenigstens zum Versuch der Haupttat, bleiben alle „Tatbeteiligten" straflos.

Der Versuch der Beteiligung im Sinne des § 30, der zeitlich vor dem Beginn der versuchten Haupttat liegt, ist nur bei Verbrechen strafbar (sowie in den Sonderfällen der §§ 111 u. 159). Einzelheiten hierzu folgen später in diesem Kapitel.

Zur Strafbarkeit der Tatbeteiligten

Während der Anstifter wie der Täter bestraft wird (§ 26), ist die Strafe des Gehilfen stets im Sinne des § 49 I zu mildern (§ 27 II). Die Anstiftung ist daher die schwerwiegendere Teilnahmeform, die ggf. eine ebenfalls gegebene Beihilfe verdrängen würde.

Beispiel: *Anstifung zum Kfz-Diebstahl mit Hinweisen zur zweckmäßigen Tatausführung.*

Nun könnte man zu der Ansicht neigen, dass mit dem Nachweis der Strafbegründungsschuld (verletzter Straf- § i. V. m. § 25, § 26 oder § 27) und der Festlegung der Strafmaßschuld (§ 46, Grundsätze der Strafzumessung) eine hinreichend gerechte und individuelle Strafe zu finden ist. Der Gesetzgeber hat aber die Abhängigkeit der Strafbarkeit mehrerer Tatbeteiligter durch §§ 28, 29 weiter modifiziert.

§ 28 I enthält zunächst eine Strafzumessungsregel für den *nicht qualifizierten* Teilnehmer. Nach ihr ist die Strafmilderung bei *dem* Teilnehmer zwingend, bei dem besondere persönliche Merkmale *fehlen*, die die Strafbarkeit des Täters *begründen.*

Beispiele *für täterbezogene (besondere persönliche) Merkmale:*

- Amtseigenschaft *bei den echten Amtsdelikten, §§ 331, 332, 336, 343, 344, 348 u. a.*
- Garantenstellung *beim unechten Unterlassungsdelikt, § 13.*

Die Strafe des Teilnehmers, bei dem die persönlichen Merkmale (Eigenschaften, Verhältnisse, Umstände, § 14 I) fehlen, ist aus der verwirkten Norm zu nehmen, doch über § 49 I zu mildern.

§ 28 II enthält eine Strafzumessungsregel für *den* Täter oder Teilnehmer, bei dem die besonderen persönlichen Merkmale *nicht* die Strafbarkeit *begründen, sondern* die Strafe ...

... schärfen	... mildern	... ausschließen
z. B. in §§ 243 I 3; 340; 244 I 2	**z. B.** in § 21, § 35 Var. 2;	**z. B.** in § 173 III, § 258 VI, § 32, § 36.

Beispiel: *A und B begehen gemeinsam (§ 25 II) einen Taschendiebstahl. A handelt dabei gewerbsmäßig. A: §§ 242, 243 I S. 2 Nr. 3. B: § 242.*

§ 29 bestimmt schließlich noch, dass Schuldausschließungs- und Entschuldigungsgründe (Kap. A 17.1) nur für *den* Täter wirken, bei dem sie vorliegen. So würde der 13-jährige Haupttäter eines Automatendiebstahls gem. § 19 straflos bleiben, sein 16-jähriger Mittäter wäre i. S. v. § 3 JGG und der 19-jährige Mittäter i. S. v. § 105 JGG strafbar.

Anstiftung, § 26

Im *Ausgangsfall* unter Ziffer 19.2 hatten A., B. und C., die auf Grund einer Übereinkunft seit mehreren Monaten gemeinsam Diebstähle begingen, von dem ihnen bekannten Kellner ihrer Stammkneipe den Hinweis erhalten, „dass sie in dem Bungalow des zur der Zeit in Urlaub weilenden Pelzhändlers P. reiche Beute machen könnten".

Der Tipp wurde aufgegriffen. Wenige Tage später wurde der Pelzhändler Opfer eines professionell vorbereiteten und durchgeführten Wohnungseinbruchdiebstahls, bei dem ein Tatbeteiligter heimlich eine Schusswaffe mitführte. Es ist nunmehr darzulegen, inwiefern der Kellner an der Tat beteiligt ist.

In Betracht kommt Anstiftung zu einem Wohnungseinbruchdiebstahl gem. §§ 242, 244 I 3, 26.

Die Struktur der Anstiftung zeigt die nachfolgende Abb.

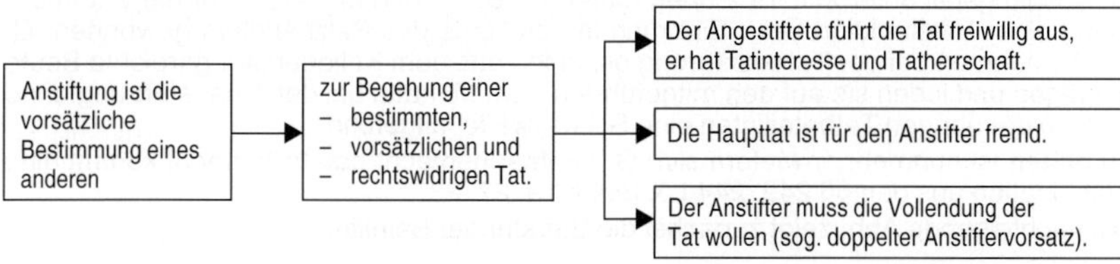

Die Anstifterhandlung „bestimmen" besteht in der *vorsätzlichen* Hervorrufung eines konkreten Tatentschlusses in einem anderen Menschen. Der BGH lässt jedoch in std. Rspr. eine verbale, die konkrete Tat *billigende* Einflussnahme auf den Täter bereits genügen. War der Täter schon zur Begehung der „angestifteten" Tat entschlossen, scheidet Anstiftung mangels Ursächlichkeit aus. Zauderte der Täter zuvor jedoch noch, die Tat auszuführen, ist Anstiftung sehr wohl gegeben. Der Versuch der Anstiftung ist nur bei Verbrechen strafbar (§ 30) sowie bei den Sondertatbeständen nach §§ 111 und 159. Andererseits kann der zum Grunddelikt (z. B. Raub gem. § 249) Entschlossene zur Qualifikation angestiftet werden. (z. B. durch Anraten des Mitführens einer Schusswaffe, § 250 I 1 a, § 26 [§ 11 II]).

Die Bestimmung des anderen zur Tat muss vorsätzlich erfolgen; fahrlässige Anstiftung ist nicht strafbar. Der Vorsatz des Anstifters muss sich einerseits auf eine in ihren wesentlichen Merkmalen konkretisierte Haupttat beziehen, nicht jedoch auf alle Einzelheiten. Zum anderen muss der Anstifter auch die Ausführung der Tat wollen, d.h. mindestens in Kauf nehmen (sog. doppelter Anstiftervorsatz). Der sog. „Agent provocateur" will *lediglich den Versuch* der Tat, nicht aber deren Vollendung.

Beispiel: *Die Geldbörse in der offenen Handtasche der als Lockvogel eingesetzten Polizeibeamtin. Da zunächst in die Wegnahme eingewilligt wird, kann der Täter keinen Gewahrsam brechen und daher den Diebstahl nicht vollenden.*

Problematisch ist der Fall, in dem die Tatvollendung nicht verhindert werden soll, um den Täter überführen zu können.

Die Anstiftungshandlung kann beliebig erfolgen, wie die Abb. oben zeigt. Im Falle der Nötigung darf der Angestiftete nicht unter unwiderstehlichem Zwang i. S. v. § 35 handeln, denn in dem Falle käme nicht Anstiftung, sondern mittelbare Täterschaft in Betracht.

Für den **Exzess** des Haupttäters haftet der Anstifter nicht.

Beispiel: *Mantu stiftet Albertz zum Einbruchsdiebstahl an, der wendet Gewalt gegen den plötzlich erscheinenden Hausbesitzer an. Mantu: §§ 242, 244 I 3, 26; Albertz: §§ 249, 223, 123, 303 (je nach Konstellation).*

Wenn der Angestiftete weniger verwirklicht, kommt dies auch dem Anstifter zugute.

Beispiel: *Mantu hat Albertz zum Einbruchsdiebstahl angestiftet. Albertz braucht aber nicht einzubrechen, weil er die Eingangstür unverschlossen vorfindet.*

Begeht der Angestiftete schließlich eine *andere Tat*, bleibt der Anstifter straflos, denn er muss ja zu einer bestimmten Tat angestiftet haben, zu der es dann auch gekommen sein muss.

Beispiel: *Der zur Körperverletzung Angestiftete begeht schließlich nur eine Beleidigung.*

Bei **erfolgsqualifizierten Delikten** (z. B. § 226 I) haftet der Anstifter für den Erfolg nur dann, wenn er in Bezug auf ihn auch wenigstens fahrlässig gehandelt hat (§ 18!).

Anstiftung zur Anstiftung ist als mittelbare Anstiftung zur Haupttat strafbar (sog. Kettenanstiftung).

Argumentieren Sie nun zum Ausgangsfall! Bedenken Sie auch die Regelung in § 28 und § 16.

Beihilfe, § 27

Im Ausgangsfall unter Ziff. 19.2 oben hatten A., B., C. und M. den G. für die Wahrnehmung einer Hilfsfunktion beim Einbruch in das Haus des Pelzhändlers gewonnen. G. und C. nahmen bei der Tatausführung die ihnen aus dem Kellerfenster gereichte Beute entgegen und luden sie auf den mitgeführten Lkw. M. hatte bei der Tatausführung ohne Wissen der übrigen Tatbeteiligten eine Schusswaffe mitgeführt.

Zu prüfen ist nunmehr, inwiefern sich G. strafbar gemacht hat. In Betracht kommt eine Kombination aus den §§ 242, 244 I 3, 244 I 1 a, 27, 28.

Die nachfolgende Abb. zeigt zunächst die Struktur der Beihilfe.

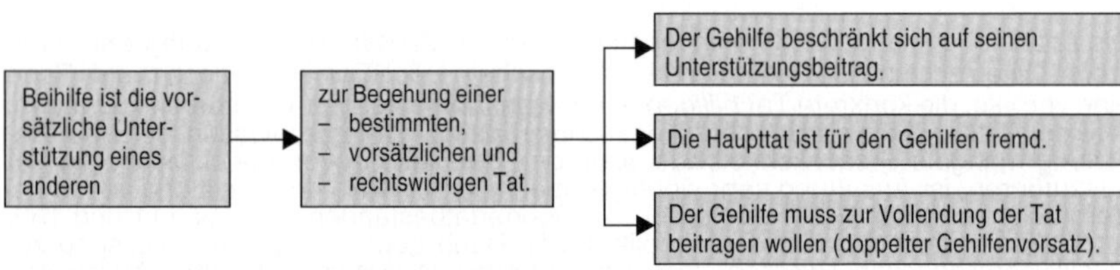

Die **Gehilfentätigkeit** besteht in der vorsätzlichen Förderung einer *fremden,* vorsätzlich begangenen rechtswidrigen Tat.

Das setzt voraus, dass nicht der Gehilfe, sondern eine andere Person Täter im Sinne von § 25 (oben Ziff. 19.3) ist. Tatinteresse und Tatherrschaft sind also beim Gehilfen nicht gegeben. Wenn er allerdings *alle* Merkmale einer rechtswidrigen Tat in seiner Person erfüllt, ist er auch dann Täter, wenn er im Wesentlichen für einen anderen handeln wollte oder gar kein Tatinteresse besaß.

Beispiel: *G., der sich absprachegemäß dem Nebenbuhler seines Freundes Mantu in einer Gaststätte nur fluchthindernd in den Weg stellen will,*

– M. = §§ 223, 224 I Nr. 4, 25 I –

– G. = §§ 223, 224 I Nr. 4, 27 I –

tritt diesem kräftig ins Gesäß, als er bemerkt, dass G. nach den ersten Schlägen des M. geschickt zurückweichen kann.

– G. nunmehr = § 223, 224 Nr. 4, 25 II.

Der im Übrigen *kausale Beitrag* des Gehilfen muss nach der Rspr. nicht „Conditio sine qua non“ für das Gelingen der Haupttat sein, doch muss er die Tatverwirklichung fördern.[1] Insofern genügt es bereits, wenn die Freundin des Einbrechers diesem Lederhandschuhe mitgibt, dieser die Tat aber ohne deren Benutzung ausführt.

Die *Förderung* der fremden rechtswidrigen Tat kann durch Rat (psychisch oder intellektuell) oder/und Tat (physisch oder technisch) erfolgen.

Beispiele: *Zerstreuung von Restzweifeln durch die Freundin des Täters, so dass der geplante Raub letztlich durchgeführt wird; Verschaffen eines Lageplanes; Charakterisierung des auserkorenen Opfers, das der Täter erpressen will. Mitwirkung bei der Tatausführung wie im Ausgangsfall etc.*

Beihilfe kann bereits im *Vorbereitungsstadium* der rechtswidrigen Haupttat, aber auch in der Zeitspanne zwischen *Vollendung und Beendung* der Tat geleistet werden.

1) BGH NStZ '85, 318

Beispiele: *Kinski erklärt sich vor der Tatausführung bereit, die Beute, die Mantu zu machen hofft, in seiner Garage einstweilen zu lagern.*

Mantu hat mehr Beute aus einer Lagerhalle herausschaffen und in der Nähe notdürftig versteckt lagern können als er allein fortschaffen könnte. Er kehrt mit Kinski zurück und bringt mit diesem auch den Rest der Beute in Sicherheit. Kinski erhält einen kleinen Anteil.

Ob *nach Tatvollendung* sukzessive *Beihilfe* (§ 27) *oder Begünstigung* (§ 257) vorliegt, hängt nach h. M. von der Willensrichtung des Handelnden ab. Beihilfe ist gegeben, wenn der Helfende die Haupttat beenden helfen wollte, Begünstigung, wenn er dem Täter die erlangten Tatvorteile (z. B. gegen Entziehung zugunsten des Berechtigten) sichern will.[1]

Der *Gehilfe muss wissen* (bedingter Vorsatz genügt), dass er eine vorsätzliche rechtswidrige Tat unterstützt (fahrlässige Beihilfe ist nicht strafbar), und dass es mit seiner Hilfe zur Vollendung des Delikts kommen wird (sog. doppelter Gehilfenvorsatz, ähnlich dem bei der Anstiftung). Der *Agent provocatuer* will die Vollendung der Haupttat nicht, ebenso nicht *der* „Gehilfe", der z. B. bewusst einen nicht passenden Schlüssel für eine Werkstatt übergibt, um dem weiteren Drängen des Täters zu entgehen. Wenn im letzteren Fall die Tat als Einbruch erfolgt, bleibt der „Gehilfe" mangels Ursächlichkeit seines Tuns und mangels entsprechender Vorsatzkombination straflos.

Der Gehilfe braucht nur die wesentlichen Merkmale des vom Täter zu verwirklichenden Tuns zu kennen. Einzelheiten der Tat, wann, wo, wem gegenüber und unter welchen Details die Tat ausgeführt werden soll, muss er nicht kennen.[2]

Beispiel: *G. hatte T. Spezialdrähte zum Ausleeren von Geldspielautomaten der Marke „Merkur" nach einer Probevorführung verkauft. Mit ihrer Hilfe gelang es T. in der Folgezeit, ca. 7.000 DM aus entsprechenden Automaten zu erbeuten (nach BayObLG, NJW '91, 2582). §§ 242, 243 I S.2 Nr. 2, 27, 28 II für G.*

Zur sog. **limitierten Akzessorietät** gelten die Ausführungen zu Ziff. 19.4 oben sinngemäß. Dasselbe gilt für die Wirkungen der §§ 28, 29.

Für den sog. **Exzess** haftet nur der Täter. Dem Gehilfen kommt § 16 I zugute.

Beispiel: *Der Diebstahlsgehilfe, der von der mitgeführten Schusswaffe des Täters nichts weiß (so im Ausgangsfall oben), haftet nur aus §§ 242 (bzw. i. V. m. § 243), 27.*

Beihilfe zu den sog. **erfolgsqualifizierten Delikten** (z. B. § 251, Raub mit Todesfolge) ist möglich, wenn sich der Vorsatz auf das Grunddelikt (hier § 249, § 255 oder § 252) erstreckt und die Leichtfertigkeit auf die Verursachung der schweren Folge (§ 11 II).

Beispiel: *Aushändigung eines Totschlägers an den bekanntermaßen zum Raubüberfall entschlossenen und als gewalttätig bekannten Täter.*

Im Übrigen gilt für die Haftung bei erfolgsqualifizierten Delikten § 18, der mindestens Fahrlässigkeit hinsichtlich der schweren Folge voraussetzt.

Beihilfe zur Beihilfe ist Beihilfe zur Haupttat.

Beispiel: *A. organisiert einen Lageplan, B. überbringt ihn C., der danach auf eigene Faust einen Diebstahl ausführt. A. und B. werden danach von ihm entlohnt.*

Für die **Rangfolge** von Täterschaft und Teilnahme gilt:

Beihilfe wird von der Anstiftung, beide Arten der Teilnahme werden von der Täterschaft aufgezehrt.

Der **Versuch** der Beihilfe ist straflos.

Beispiel: *Mantu verschafft Kinski Details über die Lebensgewohnheiten eines Juweliers, in dessen Wohnung Kinksi fette Beute zu machen hofft. Kinski kann infolge eines Verkehrsunfalles, bei dem er verletzt wird, die Tat nicht ausführen.*

Argumentieren Sie nun zum Ausgangsfall. Bedenken Sie dabei auch die Regelungen der §§ 16 und 28!

---

1) BGHSt. 4, 133; SchöSchr. zu § 27 m. w. Nw.
2) BGH NJW '82, 2453 f.; SchöSchr. zu § 27.

Versuch der Beteiligung, §§ 30, 31

Fall: Mordauftrag per Zeitungsanzeige

Erfurt – Mit einer zukunftsträchtig klingenden Annonce – „Welcher vorbestrafte und arbeitslose junge Mann zwischen 20 und 30 Jahren möchte in der BRD neu anfangen und sucht einen Job" – hat eine eifersüchtige Frau aus Westdeutschland in ostdeutschen Zeitungen einen Mörder gesucht.

Die 46-Jährige wollte die Frau ihres ehemaligen Liebhabers töten lassen. Doch der 33-jährige Vorbestrafte aus Erfurt, der sich auf die Anzeige bei der rachsüchtigen Frau gemeldet hatte, offenbarte sich der Polizei, schilderte die Erfurter Staatsanwaltschaft am Dienstag. Der Erfurter sollte 5 000 Euro für den „Mord auf Bestellung" erhalten.

Von der unter Ziff. 19.4 oben dargelegten Akzessorietät der Teilnahme von der Haupttat macht das Gesetz in § 30[1] eine Ausnahme.

Nach § 30 sind bereits gewisse Vorbereitungshandlungen zu einem **Verbrechen** strafbar. Es geht dabei um Handlungen, die *vor* Beginn des Versuchsstadiums (§ 22) liegen.

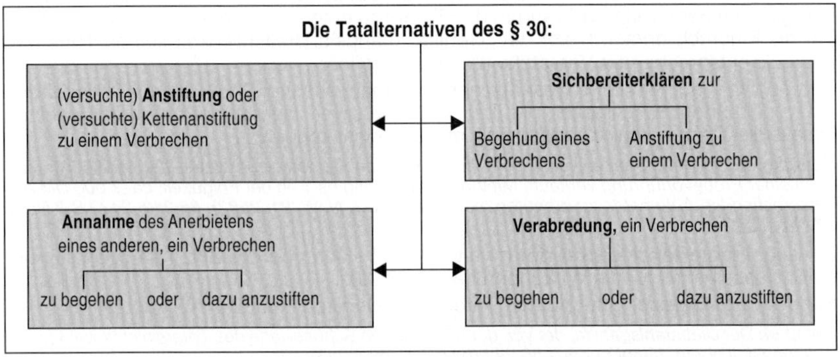

Die Tatalternativen müssen sich jeweils auf ein *bestimmtes* Verbrechen beziehen. Die Absprachen müssen mit dem Bewusstsein getroffen werden, das entsprechende Verbrechen auch tatsächlich realisieren zu wollen. Allgemeine Meinungsäußerungen wie „Wir sollten einen Banküberfall begehen" oder „Ich würde den umbringen, wenn der mein Mädchen angefasst hätte" genügen nicht, denn der Strafgrund liegt darin, dass mit einer *konkreten Absprache eine Kausalkette in Gang gesetzt wird, die nicht mehr ohne weiteres beherrschbar ist* und wegen der Schwere der besprochenen Tat erhebliche Gefahren für andere in sich birgt. Eine Beteiligung in der Form der Beihilfe (§ 27) ist nicht nach § 30 strafbar.

Für den *Rücktrittswilligen* enthält § 31 eine *besondere Regelung*, denn die Rücktrittsregelung des § 24[2] kann nicht gelten, da es ja im Falle des § 30 noch nicht zum Versuch (zum unmittelbaren Ansatz) des geplanten Verbrechens gekommen ist.

Analog § 24 bestimmt § 31, dass der Beteiligte gem. § 30 dann straflos bleibt, wenn er nach Abstimmung einer dort genannten Variante *freiwillig* die Tat verhindert. Für den Fall, dass es aus anderen Gründen ohnehin nicht zur Tatverwirklichung gekommen wäre, genügt sein freiwilliges und ernsthaftes Bemühen.

1) Weitere mit Strafe bedrohte Vorbereitungshandlungen sind z. B. die Vorbereitung der Fälschung von Geld und Wertzeichen (§ 149) und die Vorbereitung der Fälschung von amtlichen Ausweisen (§ 275).

2) Kap. A 18.5

Fallbearbeitung

Lösung des Ausgangsfalles zu oben 19.2:[1]

Festigen Sie nun Ihr Wissen, indem Sie die richtigen *Argumente* für folgende Lösungen finden. Gehen Sie dabei in folgender Reihenfolge vor:

Haupttäter	A.[2], B. und C.	§§ 242, 244 I 3, 244 I 2, 244 a, 25 II
– Tatbestandsmäßigkeit		
– Rechtswidrigkeit		
– Schuld		
Beteiligungsform des Partners M.		
– Tatbestandsmäßigkeit	M.	§§ 242, 244 I 3, 25 II §§ 244 I 1 a, 25 I (Exzess) §§ 28 I, 29 I S. 1, 35 I i. V. m. § 53 III 1a, 1b WaffG
– Rechtswidrigkeit		
– Schuld		
Beteiligungsform der Teilnehmer i. e. S.		
– Anstiftung	K.	§§ 242, 244 I 3[3], 26, 28 II
– Beihilfe	G.	§§ 242, 244 I 3[3], 27, 28 II
– Rechtswidrigkeit / Schuld		
Beteiligungsform der Teilnehmer i. w. S.		
– Hehlerei	H.	§§ 259 I, 25 I
– Begünstigung	W.	§§ 257 I, 25 I
– Rechtswidrigkeit / Schuld		

Der praktische Fall: Argumentieren Sie!

Ließ Ehefrau ihren Mann von Polizisten erschießen?

Nachts rief die Frau eines Bergmanns die Polizei an. Mein Mann randaliert und will alle erschießen! Ein Polizist öffnete die Tür zum Schlafzimmer, in dem sich der – unbewaffnete – Bergmann verschanzt hatte, sah einen Schatten und erschoss den Mann. Hatte die Frau das so gewollt? Der Staatsanwalt in Saarbrücken ermittelt jetzt wegen „vorsätzlicher Tötung ihres Mannes in mittelbarer Täterschaft": Die Frau habe beim Hilferuf falsche Angaben über den Waffenbesitz ihres Mannes gemacht. Zeugen: In der Ehe hat's gekriselt.

20 Strafzumessung bei mehreren Gesetzesverletzungen, Konkurrenzlehre, §§ 52 – 54[4]

20.1 Allgemeines

Verletzt der Täter ein Strafgesetz mehrmals oder verschiedene Strafgesetze, erhebt sich die Frage, *wie* er wegen dieser Rechtsgutverletzungen zur Verantwortung zu ziehen ist, ob nämlich eine Gesamtstrafe oder mehrere Einzelstrafen verhängt werden müssen. Die *Klarstellungsfunktion des Schuldspruchs* gebietet die exakte Angabe des festgestellten Tatunrechts im Urteil (BGH 31, 380; 39, 100).

Eine Antwort darauf gibt die *Konkurrenzlehre*.

Die Fragestellung ist zwar – anders als in der Praxis des Juristen – für die Wahrnehmung der polizeilichen Aufgaben von untergeordneter Bedeutung. Dennoch wird es für den Polizeibeamten hilfreich sein, die wichtigsten Aspekte der Konkurrenzlehre zu kennen. Denn er muss wissen, welche Strafparagraphen von ihm in einer Strafanzeige vermerkt werden müssen und auf welche verzichtet werden kann. Schließlich wird dieses Wissen ihn in den Stand versetzen, die entscheidenden Handlungsmerkmale eines TB im Anzeigentext hervorzuheben bzw. in der weiteren Ermittlung schwerpunktmäßig zu erforschen.

1) Zur Subsumtionstechnik vgl. Sie ggf. Kap. A 13.5.
2) Vgl. Sie bzgl. des Bandenchefs die Ausführungen in Kap. B 18.5!
3) Da die Bandenmitgliedschaft ein strafschärfendes persönliches Merkmal i. S. v. § 28 II ist, können Anstifter und Gehilfen als Nichtmitglieder der Bande auch nicht als Teilnehmer zu § 244 I 2 zur Verantwortung gezogen werden. Näheres oben in Kap. A 19.4.
4) Vertiefungshinweise: Haft, AT; Tröndle/Fischer, SchöSchr.

Im Teil B dieses Lehrbuches werden die einzelnen Straftatbestände unter „I. Allgemeines" charakerisiert und dem System der übrigen Straftaten zugeordnet, wobei Begriffe der Konkurrenzlehre verwendet werden, die an dieser Stelle näher zu erläutern sind.

Fall: Der alkoholisierte Albertz (1,7 ‰ BAK) bedrohte die 20-jährige Christa C. mit einem Taschenmesser und zwang sie, ihn mit ihrem Kfz an einen abgelegenen Ort zu fahren, wo er sie vergewaltigte. Im Anschluss daran übernahm er selbst das Steuer des Kfz und brachte die C. durch die Androhung, ihr sonst die Kehle durchzuschneiden, dazu, ihn zu begleiten. Albertz fuhr mit hoher Geschwindigkeit, verlor die Gewalt über das Fahrzeug und stieß gegen eine Leitplanke, wodurch an dem Pkw der C. wirtschaftlicher Totalschaden entstand. Anschließend fuhr Albertz mit dem aber noch fahrbereiten Pkw einem anderen Pkw-Fahrer dicht auf und überholte trotz Gegenverkehrs. An einer Kreuzung konnte ein Zusammenstoß mit einem vorfahrtberechtigten Pkw-Fahrer nur dadurch vermieden werden, dass dieser eine Vollbremsung ausführte.

Der BGH (NStZ '89, 73) kam zu der Tatbestandskombination: §§ 177 (I/II 1/IV 1), **52**, 239, 237[1], 248 b, 315 c (I 1/I 2a).

20.2 Tateinheit, § 52 und Tatmehrheit, § 53[2]

Tateinheit (Idealkonkurrenz)

Festsetzung einer Strafe nach dem schwersten Delikt „Absorptionsprinzip"

Eine Handlung

- im natürlichen Sinne (einheitliches Tun bei natürlicher Betrachtungsweise) – verletzt entweder
  - mehrere Strafgesetze
    - **Beispiele:**
      - Gefährdung des Straßenverkehrs mit fahrlässiger Tötung: §§ 315 c, 222, 52;
      - Raub in einer Wohnung: §§ 249, 123, 52;
      - Körperverletzung z. N. eines Polizeibeamten, der eine Festnahme durchführen will: §§ 223, 113 I, 52.
    - (= ungleichartige Tateinheit)
  - dasselbe Strafgesetz mehrfach
    - **Beispiel:**
      - Ein Pkw-Fahrer gerät aus Unachtsamkeit auf den Gehweg und verletzt Fußgänger, §§ 229, 52:
    - (= ungleichartige Tateinheit)
- im rechtlichen Sinne – Verklammerung – mehrere Handlungen im natürl. Sinne
  - **Beispiele:**
    - Dauerdelikte
      - unerlaubter Besitz von BtM (§ 29 I BtMG), Schusswaffen (§ 52 III 2 WaffG);
    - mehraktige Delikte
      - Handeln mit Fortsetzungszusammenhang[3]
      - Teilüberschneidung durch Klammerwirkung: Fall oben §177→ § 239→ §§ 248 b, 315 c.
  - **z. B.** drei Pkw-Aufbrüche nach Plan zur gleichen Zeit am gleichen Ort

Tatmehrheit (Realkonkurrenz)

Bildung einer Gesamtstrafe durch Erhöhung der höchsten Einzelstrafe „Asperationsprinzip"

Mehrere selbständige Einzelhandlungen verletzen

- mehrere Strafgesetze (ungleichartige TM) od.
- dasselbe Strafgesetz mehrfach (gleichartige TM)

Beispiele:

- Trunkenheit im Verkehr mit anschließendem Widerstand gegen die angekündigte körperliche Untersuchung, §§ 316, 113, 53;
- Ermittlungen ergeben, dass Mantu innerhalb einer Woche drei ihm günstig erscheinende Gelegenheiten spontan zum Diebstahl ausgenutzt hat (§§ 242, 243, 53).
- Täter benutzt nach vorgefasster Absicht die zuvor entwendete Scheckkarte am Geldautomaten (§§ 242, 263 a, 53).

---

1) § 237 wurde zwischenzeitlich durch das 33. StÄG aufgehoben.
2) Literatur: Tröndle/Fischer „Vor § 52".
3) Die Feststellung eines Fortsetzungszusammenhanges ist für den Beginn der Verjährung von Bedeutung (mit letztem Teilakt, § 78 a; BGH '89, 1615). Das Institut der „fortgesetzten Handlung" ist durch die neuere Rspr. weitgehend aufgegeben worden (BVerfG NStZ '94, 494 zum Handeltreiben mit Rauschgift sowie BGHSt NJW '94, 2368 zur fortgesetzten Steuerhinterziehung).
Auch die Tötung ihrer beiden Kinder durch die Mutter nach einheitlichem Tatplan und in enger Zeitfolge bewertete der BGH *nicht* als natürliche Handlungseinheit, sondern als TM (BGH NStZ ,96, 129).

20.3 Gesetzeskonkurrenz

Die Gesetzeskonkurrenz ist im Gesetz selbst nicht geregelt, sondern durch Rspr. und Lit. aus dem Verständnis des Straftatensystems entwickelt worden.

Gesetzeskonkurrenz besteht dann, wenn eine rechtswidrige Handlung mehrere Straftatbestände verwirklicht, von denen der eine den anderen ausschließt. Der ausgeschlossene Tatbestand wird im Schuldspruch nicht berücksichtigt. Die nachfolgende Abb. veranschaulicht die angesprochenen Beziehungen.

Unterfälle der Gesetzeskonkurrenz

I. Spezialität

Der spezielle Tatbestand enthält denknotwendig alle Merkmale eines anderen (Grund-) Tatbestandes, der zurücktritt.

Beispiele:

§ 177 → § 240
§ 244 → § 242.

Qualifikation bedeutet, dass das spezielle Delikt der schwerere Fall ist (etwa § 244 zu § 242).

Privilegierung ist dann gegeben, wenn der leichtere Fall spezieller Tatbestand ist (etwa § 216 zu § 212).

Spezialität ist auch gegeben, wenn verschiedene Tatbestände zu einem anderen Delikt verschmelzen (etwa § 249 gegenüber §§ 242, 240; § 250 I a / b gegenüber §§ 244 I 1 a / b.

II. Konsumtion

Bei Begehung der Haupttat werden zwar nicht notwendig (= Spezialität), aber doch regelmäßig andere Delikte mitverletzt, ohne dass diese als Grundtatbestand angesehen werden können (h.L.).

Beispiele:

§§ 242, 243 I 1 → §§ 303, 123;
§§ 177 ff. → § 185;

Der deliktische Gehalt der konsumierten Tat wird bereits von dem konkurrierenden Tatbestand erschöpfend berücksichtigt.[1]

Auch Vor- und Nachtaten werden von der Haupttat konsumiert (= mitbestraft).

Beispiele:

§ 30, Verabredung eines Verbrechens bei anschließender Tatausführung (etwa Raub, 249).

Vernichten (§ 303) eines zuvor gestohlenen (§ 242) Autoradiogerätes.

III. Subsidiarität

Der Begriff kennzeichnet ein Konkurrenzverhältnis, in dem ein TB zurücktritt, weil ein anderes, mit höherer Strafandrohung behaftetes Delikt gleichfalls erfüllt ist. Es wird zwischen *formeller* und *materieller S.* unterschieden.

Formelle S. ist an der sog. gesetzl. Subsidiaritätsklausel erkennbar, z. B. in:

§ 145 d	zu §§ 164, 258 (B 8, B 20)
§ 248 b	zu §§ 242, 246 (B 18)
§ 265 a	zu § 263 (B 21)
§ 265	zu § 263
§ 22 StVG	zu § 267 (B 22)

Materielle S. ergibt sich aus der Höhe der Strafandrohung mehrerer tbm. erfüllter Delikte, z. B.:

Versuch	ggü. Vollendung (A 18)
Beihilfe	ggü. Anstiftung (A 19)
Fahrlässigkeit	ggü. Vorsatz (A 12.7)
abstrakte (z. B. § 316)	ggü. konkr. Gef.'delikten, z. B.§315 c (B25.1)
Körperverletzungs-	ggü. Tötungsdelikten (B 14)

1) Der BGH (1 StR 470/00 v. 7.8.01) ist der Auffassung, dass die Verwirklichung eines Regelbeispiels eines schweren Falles für die Frage der Konkurrenz grds. außer Betracht zu bleiben habe. Regelbeispiele seien zwar tatbestandlich ausgestaltet (z. B. § 243 I S. 2 - Kap. B 18.4), enthielten aber der Sache nach nur Strafzumessungsregeln.
Gesetzeseinheit zwischen Diebstahl in einem besonders schweren Fall nach § 243 I S. 2 Nr. 1, 2 und Sachbeschädigung scheide jedenfalls dann aus, wenn die Sachbeschädigung bei konkreter Betrachtung von dem regelmäßigen Verlauf eines Diebstahls in einem besonders schweren Falle abweiche, von einem eigenständigen nicht aufgezehrten Unrechtsgehalt geprägt sei und sich deshalb nicht als sog. typische Begleittat erweise.
In dem zu entscheidenden Fall hatte der Angeklagte den Tankautomaten einer Selbstbedienungstankstelle aufgebrochen und daraus 8 000 Euro entwendet. Der dabei entstandene Schaden belief sich auf 20 000 Euro.

21 Die Verjährung von Straftaten, §§ 78 ff. und Ordnungswidrigkeiten, §§ 31 ff. OWiG

Der Gesetzgeber unterscheidet zwischen:[1]

Verfolgungsverjährung
§§ 78 – 78 c StGB bzw. §§ 31 – 33 OWiG

Ausschluss der ***Ahndung*** der Tat und der Anordnung von Maßnahmen und Nebenfolgen nach Ablauf einer bestimmten Frist!

Die Fristen der Verfolgungsverjährung – § 78 II/III StGB bzw. § 31 II OWiG – betragen bei

Straftaten

- bei angedrohter lebenslanger FS = 30 J.
- bei angedrohter Höchststrafe von
  - > 10 J. = 20 J.
  - > 5 J. = 10 J.
  - > 1 J. = 5 J.
  - bis zu 1 J. = 3 J.
- Mord verjährt nicht (§ 78 II).
- Verbrechen nach dem VStGB verjähren ebenfalls nicht (§ 5 VStGB).

Ordnungswidrigkeiten

- bei angedrohter Höchstgeldbuße von
  - > 15 000 EUR = 3 J.
  - > 2 500 EUR = 2 J.
  - > 1 000 EUR = 1 J.
  - bis zu 1 000 EUR = 6 Mon.
- bei Verkehrs-Owi = 3 Mon.; nach Erlass des Bußgeldbescheides oder nach Erhebung der öffentl. Klage = 6 Mon. (§ 26 III StVG).

Beginn der Verfolgungsverjährung – § 78 a StGB bzw. § 31 III OWiG

- mit Beendung der Tat oder
- mit dem Eintritt eines zum Tatbestand gehörenden Erfolges

Ruhen der Verfolgungsverjährung – § 78 b I-V StGB bzw. § 32 OWiG

- Das Ruhen hemmt den Beginn oder Weiterlauf der Verjährung. Eine bereits abgelaufene Zeit verfällt dem Täter/Betroffenen nicht. Wird z. B. die Immunität eines Abgeordneten nicht aufgehoben, ruht die Verjährung für die Dauer der Abgeordneteneigenschaft. Der Beginn oder Weiterlauf wird nur verschoben.

Unterbrechung der Verfolgungsverjährung – § 78 c StGB bzw. § 33 OWiG

- Unterbrechung bedeutet im Gegensatz zum Ruhen die Beseitigung des schon abgelaufenen Teils einer noch laufenden Verjährungsfrist durch bestimmte Prozesshandlungen (§ 78 c I 1 12 StGB bzw. § 33 I 1 15 OWiG), und zwar mit der Wirkung, dass die Frist von neuem zu laufen beginnt, z. B. durch die erste Vernehmung des Beschuldigten bzw. Betroffenen durch die Polizei.

Vollstreckungsverjährung
§§ 79 – 79 b StGB bzw. § 34 OWiG

Ausschluss der ***Vollstreckung*** rechtskräftiger Strafen, Maßnahmen und Nebenfolgen nach Ablauf einer bestimmten Frist!

Fristen, Ruhen, Verlängerung der Vollstreckungsverjährung bei

Straftaten

gem. §§ 79 – 79 b

Ordnungswidrigkeiten

gem. § 34 OWiG

1) Zu den Einzelheiten vgl. Sie z. B. bei Tröndle/Fischer zu §§ 78 ff.

22 Die unerlaubte Handlung, §§ 823 ff. BGB

22.1 Übersicht über die nach § 823 ff. BGB geschützten Rechtsgüter

So wie die Verletzung von Strafgesetzen und Bußgeldvorschriften dem *Staat* einen *Anspruch* verleiht, nämlich auf prozessuale Ahndung des Verstoßes, gewährleistet das *bürgerliche Recht* (→ A 1) dem *Einzelnen* das Recht, seine Ansprüche aus Rechtsverletzungen anderer geltend zu machen und ggf. nach *Zivilprozessrecht* durchzusetzen.

Voraussetzung ist hierfür im bürgerlichen Recht stets die Geltendmachung einer zutreffenden *Anspruchsgrundlage*.

Eine derartige Anspruchsgrundlage bezeichnet man auch als *Schuldverhältnis*.

Schuldverhältnisse (→ Exkurs A 2) entstehen durch

– *Rechtsgeschäft*, d. h. aus Vertrag (§ 305 I BGB) oder

  Beispiele: *Kaufvertrag, § 433 BGB, Mietvertrag, § 535 BGB.*

– *Gesetz.*

  Beispiele: *Geschäftsführung ohne Auftrag, §§ 677 ff. BGB,*
  Ungerechtfertigte Bereicherung, §§ 812 ff. BGB
  Unerlaubte Handlung, §§ 823 ff. BGB.

Vertragliche und deliktische Schadenersatzansprüche schließen sich gegenseitig nicht aus. Der Geschädigte (Gläubiger) kann den Schädiger (Schuldner) aus beiden Rechtsgrundlagen in Anspruch nehmen.

Beispiel: *Der Vermieter eines Wohnheimes hat sich nachweislich eine Woche Zeit gelassen, bevor er für die stillstehende Heizung neuen Brennstoff bestellte. Bedingt durch die winterlich kalte Witterung erkrankten zwei Mieter, einer von ihnen war drei Wochen arbeitsunfähig.*

Ansprüche der Mieter ergeben sich einerseits aus dem Vertragsrecht, nämlich aus §§ 535 I S. 2, 536 I BGB (Reduzierung des Mietzinses) sowie § 536 a I BGB (Schadenersatz wegen Nichterfüllung). Darüber hinaus besteht aus **unerlaubter Handlung** (§ 823 I)ein Anspruch auf Geldrente wegen *Verdienstausfallschadens* gem. § 843 I, IV BGB (BGHZ 21, 116). Dieser Anspruch geht allerdings gem. § 4 LohnfortzahlG bzw. analog § 255 BGB (bei Angestellten) auf den Arbeitgeber über.

Der gesetzliche Tatbestand der unerlaubten Handlung lautet:

„§ 823 BGB (Schadenersatzpflicht)

(1) Wer vorsätzlich oder fahrlässig das Leben, den Körper, die Gesundheit, die Freiheit, das Eigentum oder ein sonstiges Recht eines anderen widerrechtlich verletzt, ist dem anderen zum Ersatz des daraus entstehenden Schadens verpflichtet.

(2) Die gleiche Verpflichtung trifft denjenigen, welcher gegen ein den Schutz eines anderen bezweckendes Gesetz verstößt. Ist nach dem Inhalte des Gesetzes ein Verstoß gegen dieses auch ohne Verschulden möglich, so tritt die Ersatzpflicht nur im Falle des Verschuldens ein."

Fall nach einem Bericht der *Neue Ruhrzeitung Essen*: Seine Durchlaucht Wolff-Dietfried von Hann[1] hat seinen Führerschein verloren. Ein französisches Gericht verurteilte den Prinzen wegen Fahrens mit 211 km/h zudem zu 728 Euro Bußgeld. Der Prinz war über die Autobahn A 6 in Richtung Lyon gebraust. Die Polizei stoppte den Haudrauf. Die zulässige Höchstgeschwindigkeit betrug 130 km/h. Einen Monat muss der Deutsche sich nun fahren lassen...

Der Text war mit einem Porträtfoto des Prinzen bebildert mit dem Vermerk: Rasant unterwegs und von der Polizei gestoppt: (es folgten Name und Stammhaus des Prinzen).

Der Prinz verklagte die Neue Ruhrzeitung Essen auf Unterlassung der Wort- und Bildberichterstattung.

1) Personenbezogenen Daten wurden geändert.

Er machte geltend, die individualisierende Berichterstattung habe sein *allgemeines Persönlichkeitsrecht* rechtswidrig verletzt. Die Zeitung hielt dem entgegen, es habe ein erhebliches Informationsinteresse der Öffentlichkeit an der Berichterstattung bestanden...

Der BGH (VI ZR 288/04 vom 15.11.2005) wies das Begehren des Prinzen, das auf §§ 1004 I S. 2, 823 I BGB gestützt war, ab. Er stellte fest, dass die mit der Berichterstattung gegebene Beeinträchtigung des verfassungsrechtlich garantierten Persönlichkeitsrechts des Prinzen (Art. 1 I, 2 I GG), das zivilrechtlich als *sonstiges Recht* i.S.v. § 823 I BGB geschützt ist, in Abwägung mit der sachlichen Bedienung des Informationsinteresses der Öffentlichkeit (Art. 5 I, II GG) nicht rechtswidrig gewesen sei. Es hob hervor, dass die Wortberichterstattung (für die nach §§ 22, 23 KunstUrhG zulässige Bildveröffentlichung [→ B 13.2] gilt insofern nichts anderes) nicht die Intim-, oder Privatsphäre, sondern die *Sozialsphäre* betroffen habe. Eine derartige Berichterstattung sei nur dann rechtswidrig, wenn sie der Befriedigung der Neugier eines bestimmten Publikums diene, der Stigmatisierung oder Prangerwirkung.

§ 823 BGB enthält in I und II zwei voneinander unabhängige Anspruchsgrundlagen:

absolute Rechte gem. § 823 I BGB

a) **ausdrücklich genannte:**
Leib, Körper, Gesundheit, Freiheit, Eigentum

b) **sonstige absolute Rechte**:
- *dringliche Rechte*
  - Nießbrauch, §§ 1030 ff. BGB
  - Pfandrecht, §§ 1204 ff. BGB
  - Anwartschaftrechte, insbes. im Sachen- u. Erbrecht
  - Aneignungsrechte, §§ 958 ff. BGB
- *Besitz*, §§ 854 ff. BGB
- *immaterielle Rechtsgüter*
  - Patent- u. Urheberrechte u. a.
- *das allgemeines Persönlichkeitsrecht,* auf den Schutz der Menschenwürde und das Recht auf freie Entfaltung der Persönlichkeit, Art. 1 I, 2 I GG
  - Ehrverletzungen → B 12
    - Verletzung der Intimsphäre → B 13.1
    - heimliche Tonbandaufnahmen
    - Recht am eigenen Bild nach §§ 22 ff. KUG → B 13.2
    - Recht auf Unterlassung ungerechtfertigter individualisierender Wortberichtserstattung durch die Medien → Fall oben;
  - Namensrecht, § 12 BGB
- *Recht am eingerichteten und ausgeübten Gewerbebetrieb* bzgl. Bestand, Erscheinungsform, Kundenstamm etc.
  Beispiel: Blockkade eines Zeitungsverlages durch Demonstranten.

sonstige Schutzgesetze gem. § 823 II BGB

Verstoß gegen ein „sonstiges den Schutz eines anderen bezweckendes Gesetz“,

hierzu gehören nach der Rspr.:
- *alle Normen, die – wenigstens auch – dem Schutz des Einzelnen zu dienen bestimmt sind*
  - also zahlreiche Tatbestände des StGB, u. a.:
    - Beleidigung, §§ 185 ff. StGB
    - Delikte, die den persönl. Lebens- u. Geheimnisbereich verletzen, §§ 201 ff. StGB
    - Körperverletzungsdelikte, §§ 223 ff. StGB.
- Arbeitnehmerschutzgesetze aus dem Gewerbe- und Arbeitsrecht
- *das Vermögen als Ganzes*
  - z. B. Schädigungen durch Betrügereien.

22.2 Die Systematik des Rechts der unerlaubten Handlung[1]

A. Haftungsbegründende Tatbestände

Grundtatbestände → Elemente: ← **Spezialtatbestände**[2]

1. Handlung – Tun / Unterlassen
2. Schaden
3. Kausalität (*hier:* Adäquanztheorie, vgl. Sie Kap. A13.7)
4. Rechtswidrigkeit (Fehlen von Rechtfertigungsgrd. z. B. §§ 227 ff. BGB
5. Verschulden
   - *Deliktsfähigkeit*, § 828:
     - frühestens ab Vollendung des 7. Lebensjahres (I);
     - bei Verursachung von Unfällen mit Kfz, Schienen- oder Schwebebahnen nur bei *vorsätzlicher* Schadenszufügung, *wenn* der Täter 7, aber noch nicht 10 Jahre alt ist (II);
     - im Übrigen muss bei noch nicht vollendetem 18 Lj. die für die Verantwortlichkeit erforderliche *Einsichtsfähigkeit* vorliegen (III).
   - *Ausschluss d. Verantwortlichkeit bei Unzurechnungsfähigkeit*, § 827
     - Bewusstlosigkeit
     - krankhafte Störung der Geistestätigkeit
     - bei verschuldetem Vollrausch gilt Haftung wegen Fahrlässsigkeit
   - *Vorsatz oder Fahrlässigkeit* (F. = Verletzung der im Verkehr erforderlichen Sorgfalt [§ 276 II]. *Objekt.* Fahrlässigkeitsbegriff im Gegensatz zum Strafrecht [Kap. A 14.3]).

↓ Verletzung absoluter Rechte, § 823 I

↓ Verletzung eines Schutzgesetzes, § 823 II ← Mittäter, Anstifter u. Gehilfen haften als Gesamtschuldner, §§ 830, 840

↓ Kreditgefährdung, § 824

↓ Verletzung der sexuellen Selbstbestimmung § 825

↓ Sittenwidrige vorsätzliche Schädigung § 826

↓ Haftung des Geschäftsherrn für seinen Verrichtungsgehilfen, § 831

↓ Haftung des Aufsichtspflichtigen, § 832

↓ Haftung des Tierhalters u. -aufsehers, §§ 833, 834

↓ Haftung des Grundstücks- u. Gebäudebesitzers, §§ 836-838

↓ Amtshaftung, § 839; Art. 34 GG

↓ Billigkeitshaftung Deliktsunfähiger, § 829

B. Haftungsausfüllende Tatbestände[3]

Inhalt, Art und Umfang der Schadenersatzleistung bestimmen sich grundsätzlich nach §§ 249 ff.: Naturalrestitution [§ 249 lesen!], Schadenersatz in Geld, Ersatz für entgangenen Gewinn, Ersatz bei ideellem Schaden (§§ 250 ff.), werden aber u. a. **wie folgt ergänzt:**

Ersatzpflicht erstreckt sich bei Körperverletzung auch auf Erwerbsnachteile ..., § 843

Ersatzansprüche Dritter
- für entgangene Dienste, § 845,
- bei Tötung, § 844

Mitverschulden des Verletzten, § 846 bzw. § 254 BGB.

Abwehransprüche analog § 1004 I S. 2 BGB:
Alle deliktisch geschützten Rechtsgüter sind auch negatorisch geschützt, so dass bei rechtswidriger Verletzung und bestehender Wiederholungsgefahr ein Unterlassungsanspruch entsprechend §§ 1004 I S. 2, 823 I BGB besteht.

1) Näheres bei Palandt.
2) Haftungstatbestände können sich auch aus *Spezialg*esetzen ergeben, z.B.: §§ 7 ff. StVG, § 2 Haftpflichtgesetz, § 1 Produkthaftpflichtgesetz, § 1 Umwelthaftpflichtgesetz.
3) Ansprüche aus u. H. verjähren in 10 Jahren von dem Zeitpunkt, in dem der Verletzte vom Schaden und Schädiger Kenntnis hat, sonst in 30 Jahren (§ 852 BGB).

Teil B

Strafrecht – Besonderer Teil

1 Öffentliche Aufforderung zu Straftaten, § 111

I. Allgemeines

Rechtsfolge: Bestrafung wie ein Anstifter, § 26 (I)[1]; bei erfolgloser Aufforderung FS – 5 J. od. GS (II).

Deliktstyp: je nach der Tat, zu der aufgefordert wurde, Verg./Verbr. Die Tat ist stets OD, auch wenn zur Begehung eines AD aufgefordert wurde.

Rechtsgut: ergibt sich aus der Tat, zu deren Begehung aufgefordert wurde, ist aber auch der innere Gemeinschaftsfriede, der durch die Eigenart der Aufforderung unbestimmt vieler Menschen potentiell gefährdeter ist als bei der Aufforderung an Einzelpersonen.

Konkurrenzen: § 111 stellt als *Auffangvorschrift* solche Arten der vollendeten oder versuchten Anstiftung unter Strafe, die durch die Tatbestände der §§ 26, 30 nicht erfasst werden können, weil hiernach die Anstiftung einer bestimmten Person oder eines individuell ansprechbaren Personenkreises und eine konkret bezeichnete Straftat gefordert werden.

Tateinheit ist z. B. möglich mit Landfriedensbruch (§ 125). Beteiligt sich der Täter an den Taten, zu deren Begehung er aufgefordert hat, tritt § 111 zurück.

II. Ausgangsfall

Am 23.08.94 steuerte das LKA Düsseldorf folgendes Fernschreiben über ein beim PP Duisburg eingegangenes Flugblatt der „Initiative der Berliner Punk- und Skinbewegung“ (Auszug):

„... am 24.09.94 in Duisburg. alle deutschen punks treffen sich am hbf. es darf kein stein auf dem anderen bleiben! hieß es am 6. august noch: wir legen hannover in schutt und asche, so lautet unser motto für den 24. september: duisburgs gelump, endgültig zu klump! wir machen aus der wichserstadt nr. 1 ein zweites hiroshima! zieht euch warm an.“

III. Tatbestandsaufbau

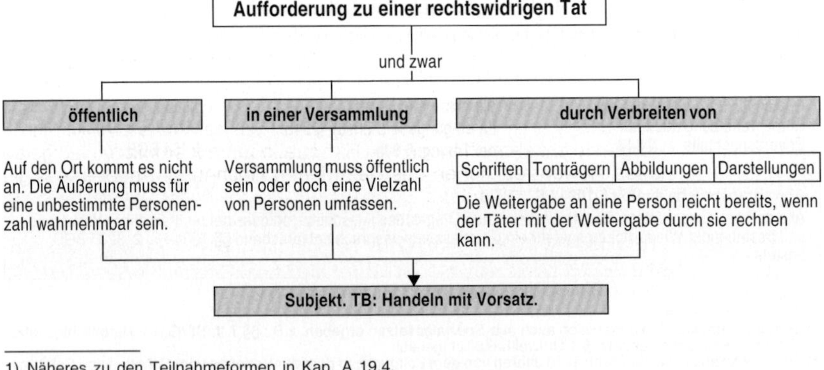

1) Näheres zu den Teilnahmeformen in Kap. A 19.4.
Bei der Aufforderung zu Owi gilt § 116 OWiG (Näheres in Kap. D 3.3).

IV. Erläuterungen

Tathandlung ist die Aufforderung an andere Personen, und zwar verbal, konkludent oder schriftlich, rechtswidrige vorsätzliche Taten zu begehen. Die Aufforderung muss unbestimmt viele Adressaten erreichen. Im Gegensatz zur Anstiftung nach §§ 26, 30 genügt es, wenn die Aufforderung die Art der Tat kennzeichnet. Einzelheiten der Tat, wie Tatobjekt, Zeit und Ort, brauchen nicht bezeichnet zu werden.

Im Ausgangsfall wurde allgemein zu Gewaltdelikten wie Landfriedensbruch (§ 125), Sachbeschädigung (§§ 303 f.), Brandstiftung (§§ 306 ff.), Körperverletzung (§§ 223 ff.) und Totschlag (§ 212) aufgefordert. Das genügt im Falle des § 111 zur Tatkonkretisierung.

Die Aufforderung muss in bestimmter Form erfolgen, damit sie einen unbestimmten Personenkreis erreicht. Näheres ergibt sich aus der Skizze zu III.

Im Ausgangsfall erfolgte sie durch Verbreiten eines Flugblattes an unbestimmt viele Personen.

Subjektiver Tatbestand: Es genügt, wenn der Täter billigend in Kauf nimmt, dass seine Aufforderung ernst genommen wird (bedingter Vorsatz). Er muss wissen, dass sie objektiv das Ansinnen stellt, eine tatbestandsmäßige und rechtswidrige Tat zu begehen.

Im Ausgangsfall dürfte sogar davon auszugehen sein, dass es dem oder den Auffordernden auch auf die Begehung von Gewalttätigkeiten ankam (direkter Vorsatz). Ob sie mit ihrem Aufruf auch an die Begehung von Brandstiftung und Totschlag dachten, muss ermittelt werden.

Sofern die Aufforderung ohne Erfolg bleibt, richtet sich die (mildere) Bestrafung des Täters nicht nach §§ 26 oder 30, sondern nach § 111 II.

Abgrenzung: Fordert der Täter zu einer *bestimmten*, in ihren Einzelheiten *konkretisierten* Tat auf und richtet sich die Aufforderung an *bestimmte* individualisierbare Personen, kommt im Erfolgsfalle seine Bestrafung nach § 26, im Falle der versuchten Anstiftung zu einem Verbrechen, eine solche nach § 30 in Betracht.

Die öffentliche Billigung bestimmter Straftaten aus dem Katalog der §§ 138 I 1-5, 126 I wird nach § 140 bestraft (Näheres in Kap. B 6).

2 Widerstand gegen Vollstreckungsbeamte, §§ 113, 114

I. Allgemeines

Rechtsfolge: FS – 2 J. oder GS (I); FS von 6 Mon. – 5 J. (II).

Deliktstyp: Offizialdelikt, Vergehen, Versuch nicht strafbar.

Rechtsgut: § 113 schützt sowohl die Durchsetzung des Staatswillens bei dessen Vollstreckung als auch den Vollstreckungsbeamten, der in diesem Sinne tätig wird.

Konkurrenzen: § 113 I Alt. 1 ist ein *Spezialfall der Nötigung* gem. § 240 I (Kap. B 17.2), der den Täter insofern privilegiert, als ein geringeres Grundstrafmaß angedroht und eine für den Täter günstigere Irrtumsregelung (IV) vorgesehen ist. Der Gesetzgeber trägt damit den bei Vollstreckungshandlungen leicht entstehenden Konfliktsituationen mit emotional fehlgeleiteten Abwehrreaktionen des Betroffenen Rechnung. Andererseits gilt § 240 II für § 113 mit der Folge nicht, dass die Anwendung / Drohung von Gewalt ggü. dem VB stets rechtswidrig ist.[1]

Tateinheit (§ 52, Kap. A 20.2) ist häufig mit Körperverletzung und Beleidigung gegeben. Je nach Tatablauf oder Zielrichtung können diese Tatbestände auch in *Tatmehrheit* (§ 53) stehen.

1) Tröndle/Fischer m. w. Nw. zu § 113.

II. Ausgangsfall

Polizisten in Not

Mönchengladbach – Zwei Streifenwagenbesatzungen hielt ein Ehepaar in der Altstadt in Atem. Als der Ehemann in Handschellen im Wagen saß, weil die Polizei vermutete, er wolle sich nicht ausweisen, stürzte sich seine 24-jährige Frau auf einen Beamten und trat und schlug auf ihn ein.

Im gleichen Moment rammte der Festgenommene einem weiteren Polizisten den Kopf in den Magen. Vor Gericht kam jetzt die Revanche: 1 200 und 300 Euro Geldstrafe wegen Widerstands, Körperverletzung und Beleidigung.

III. Tatbestandsaufbau

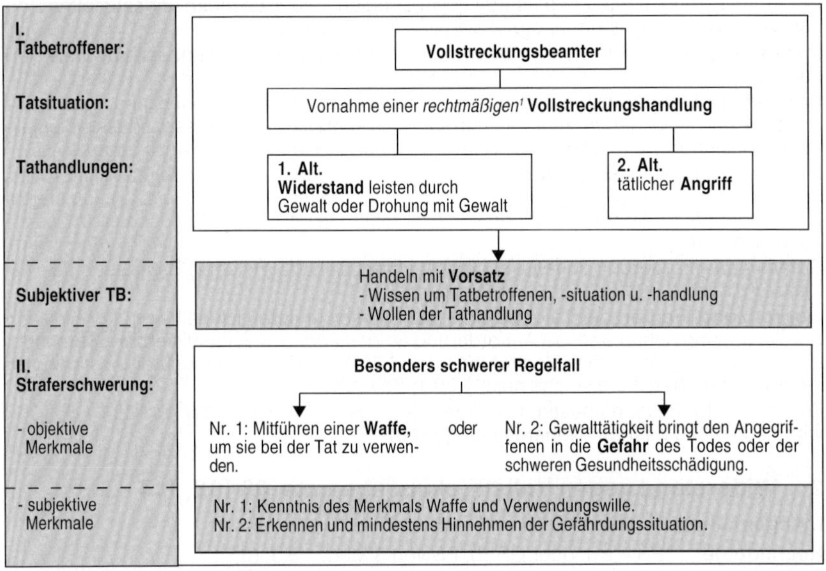

IV. Erläuterungen

Geschützter Personenkreis

a) Amtsträger (§ 11 I 2) und Soldaten der Bundeswehr[2], soweit sie zur Vollstreckung von Gesetzen, RechtsVO, Urteilen, Gerichtsbeschlüssen oder Verfügungen berufen sind (§ 113 I).

Beispiele: *Polizeibeamte im Ausgangsfall. Zollbeamte bei der Kontrolle des Reisegepäcks, Bundespolizeibeamte bei der Überprüfung eines Reisenden im Flughafen Köln–Bonn. Soldaten im Wachdienst, die eine Personenüberprüfung vornehmen. Gerichtsvollzieher bei der Vornahme einer Zwangsvollstreckung. Vollzugsdienstkräfte gem. §§ 14, 66 I, 68 VwVGNW und § 13 OBG NRW.*

---

1) Nach § 113 III ist nur der Widerstand gegen eine *rechtmäßige* VH strafbar. Traditionell uneinig ist die Literatur in der dogmatischen Einordnung des Rechtmäßigkeitsbegriffs. Die besondere Irrtumsregelung (III S. 2 u. IV) spricht dafür, dass der Begriff *kein* TBM ist. Denn ein Irrtum über die tatsächlichen Voraussetzungen der Rechtmäßigkeit der VH hätte, würde man die R. als TBM ansehen, vorsatzausschließende Wirkung (§ 16 I), dies will der Gesetzgeber aber gerade durch III u. IV verhindern. Näheres bei Tröndle zu § 113. Es erscheint zweckmäßig, die Frage der *Rechtmäßigkeit* der VH (ohne Stellungnahme zur Rechtsnatur) unmittelbar im Anschluss an die Prüfung des subjektiven TB vorzunehmen. In Fällen, in denen sie zu verneinen sein wird, sollte sie aus ökonomischen Gründen vorgezogen werden.

2) §§ 113, 114 II, 125, 125 a sind auch auf Soldaten und Beamte der in Deutschland stationierten Truppe der NATO anwendbar (Viertes StrÄndG., BGBl. I S. 2566).

b) Personen, die – ohne Amtsträger zu sein – die Rechte und Pflichten eines Polizeibeamten haben oder die Ermittlungspersonen der StA sind (§ 114 I).

Beispiele: *Bestätigte Jagdaufseher, die Berufsjäger oder forstlich ausgebildet sind (§ 25 II BJagdG), Forstschutzbeauftragte gem. § 53 LFoGNW, Fischereiaufseher gem. § 54 LfischereiG, Feuerwehrleute im Einsatz nach §§ 30, 31 FSHG, die nicht Amtsträger sind.*

Die Abgrenzung kann im Einzelfall schwierig sein. Scheidet die Anwendbarkeit der §§ 113, 114 aus, bleibt an deren Stelle der Tatbestand der versuchten bzw. vollendeten Nötigung (§ 240) zu prüfen.

c) Zu dem geschützten Personenkreis der §§ 113 I und 114 I gehören gem. § 114 II auch die zur Unterstützung einer Vollstreckungshandlung *hinzugezogenen* Hilfspersonen.

Beispiele: *Zeugen bei einer Hausdurchsuchung (§ 105 II StPO). Schlosser, der im Wege der Ersatzvornahme (§ 52 PolG NRW) zur Öffnung einer Wohnungstür herangezogen wurde. Der die körperliche Untersuchung eines Beschuldigten vornehmende Arzt (§ 81 a StPO).*

Der aus *eigenem* Entschluss tätig werdende Helfer ist nicht geschützt, es sei denn, dass nach Sachlage von einem stillschweigenden Einverständnis der unterstützten Person ausgegangen werden konnte.

Vollstreckungshandlung (VH)

Die vorbezeichneten Personen sind nur dann geschützt, wenn sie eine Vollstreckungshandlung vornehmen.

Vollstreckung ist die Verwirklichung des auf einen bestimmten Fall bezogenen Staatswillens gegenüber Personen oder Sachen. Dieser Staatswille muss dabei erforderlichenfalls mit hoheitlichen Zwangsmitteln durchgesetzt werden können.

In Betracht kommen hier alle polizeilichen Maßnahmen, die aufgrund strafprozessualer oder polizeirechtlicher Eingriffsbefugnis getroffen werden dürfen.

Eine VH liegt demnach bei einfacher Gesetzesanwendung wie bei Streifenfahrten, allgemeiner Verkehrsregelung, Vernehmungen, Befragungen von Personen etc. nicht vor.

Problematisch kann die Beurteilung von Beginn und Ende der VH sein. Der BGH NJW '82, 208 hat hierzu unter Hinweis auf seine bisherige Rechtsprechung folgende Feststellungen getroffen:

„Ein Polizeibeamter, der den Täter einer rechtswidrigen Handlung auf einem Festplatz sucht, um ihn zur Rückgabe einer Sache an den Geschädigten zu veranlassen, unternimmt damit bereits eine bestimmte VH.

Das Betreten eines Hauses zur Verhaftung eines Straftäters ist bereits als VH zu bewerten, selbst wenn der Gesuchte nicht angetroffen werden wird.

Eine VH ist solange nicht beendet, wie das Verhalten des VB in so engem Zusammenhang mit der Durchsetzung des Staatswillens steht, dass es nach natürlicher Lebensauffassung als Bestandteil der zur Regelung des Einzelfalles ergriffenen Maßnahme angesehen werden kann ... Deshalb gehört auch der Rückweg des Polizeibeamten über das Gelände, das er nur zur Vornahme einer bestimmten VH betreten hat, zu seinem am Rande dieses Geländes abgestellten Dienstfahrzeug noch zu der vorgenommenen VH."

Tathandlungen nach § 113

In Betracht kommen das „*Widerstandleisten mit Gewalt* oder *durch Drohung mit Gewalt*" (Alt. 1) und der „*tätliche Angriff*" (Alt. 2).

Widerstand

Widerstand ist jede *aktive* Tätigkeit, die geeignet und dazu bestimmt ist, die Durchführung der Vollstreckungshandlung zu vereiteln oder zu erschweren. Es ist nicht nötig, dass die Amtshandlung tatsächlich verhindert oder aber wesentlich erschwert wird. Aus diesem Grunde erübrigte sich auch eine Versuchsregelung in § 113.

Widerstand leisten durch Gewalt

Hilflos auf dem Gehweg

Aachen – Eine französische Mittvierzigerin machte abends auf die Beamten einer Streife in der Harscampstraße einen hilfebedürftigen Eindruck. Sie saß, nur mit einem Oberteil und einem seidenen Slip bekleidet, auf dem Bürgersteig. Als die Beamten ihr anrieten, sie mit einem Rettungswagen in ein Krankenhaus bringen zu lassen, reagierte sie unerwartet aggressiv und beleidigte die Helfer gröblich. Ruhig blieb dagegen ihr Hund, der bei ihr stand. Da die Frau den Alkoholrausch nicht auf der Straße ausschlafen sollte, kam sie in das Polizeigewahrsam. Dorthin musste sie mit sanfter Gewalt gebracht werden, denn sie wollte nicht freiwillig in den Funkwagen einsteigen. Vor dem Polizeipräsidium mussten die Beamten wieder nachhelfen und die sich nun sogar heftig Sträubende aus dem Fahrzeug herausziehen.

Gewalt ist die durch tätiges Handeln bewirkte *Kraftäußerung*, die sich unmittelbar oder mittelbar gegen den Beamten richtet und die Vollstreckungshandlung verhindern oder erschweren soll.

Für die Annahme der Gewalt genügt z. B. das Verriegeln der Fahrertür von innen, um einer Verkehrskontrolle i. S. d. § 36 StVO zu entgehen.[1]

Selbst dann, wenn der „Delinquent" – wie im vorstehenden Fall die „aggressive Französin" – wegen der Übermacht der Polizeibeamten letztlich gar keine Chance hat, die Vollstreckungshandlung wesentlich zu erschweren oder gar zu vereiteln, ist der Tatbestand des § 113 erfüllt. Da die Tat ein Offizialdelikt ist, muss sie auch in solchen Fällen verfolgt (angezeigt) werden. Das gebietet das Legalitätsprinzip aus § 163 StPO. Ein Ermessensspielraum ist insofern nicht gegeben. Wird die Verfolgung „großherzig" unterlassen, ist der Verdacht der Strafvereitelung im Amte (§ 258 a) gegeben.

Anders wäre der vorstehende Fall der Französin zu bewerten gewesen, wenn diese sich beim Verlassen des Fustkw nicht heftig gesträubt, sondern nur unwesentlich gesperrt hätte, so dass die Beamten mit lediglich sanftem Druck hätten nachhelfen müssen. Im Zweifel sollte Anzeige erstattet werden, schon allein deshalb, um im Falle einer Gegenanzeige nicht in Beweisnöte zu geraten. Die StA kann bei Geringfügigkeit der Tathandlung die Verfolgung immer noch einstellen (§§ 153 ff. StPO).

Abgrenzung: *Passives* Verhalten oder Ungehorsam erfüllen nicht den Tatbestand des § 113.

Beispiel: *Demonstranten, die ein „Sit-in" veranstalten, müssen nach ergangener Auflösungsverfügung fortgetragen werden.*[2]

Widerstand leisten durch Drohung mit Gewalt

Drohung mit Gewalt ist die Ankündigung der Anwendung der unter Ziff. 3.1 beschriebenen Gewalt, auch wenn die angekündigte Gewalt erst *nach* der Vollstreckungshandlung angewendet werden soll (bzw. kann).

Beispiel: *Der betrunkene Raufbold stellt den ihn abführenden Beamten wutschnaubend eine Tracht Prügel in Aussicht.*

> Nötigt der Täter den rechtmäßig handelnden Vollstreckungsbeamten nicht mit Gewalt oder Drohung mit Gewalt, sondern „nur" durch Drohung mit einem anderen „empfindlichen Übel" zur Unterlassung der Maßnahme oder wendet der Täter die Tatmittel des § 113 schon vor oder erst nach der VH an, so ist § 113 tatbestandlich nicht erfüllt.

Beispiel: *Bei einer Verkehrskontrolle mit positiv verlaufenem Alcotest fordert der Delinquent, ein ortsansässiger, dem Beamten gut bekannter Geschäftsmann, die Unterlassung der körperlichen Untersuchung (§ 81 a StPO) und der Anzeigenerstattung nach § 316. Er stellt in Aussicht, andernfalls dem Dienststellenleiter von der hohen Verschuldung des Beamten Mitteilung machen zu wollen.*

1) OLG Düsseldorf 5 Ss 160/95 – 49/96 I v. 5.6.96.
2) Vgl. Sie auch die Ausführungen zum Gewaltbegriff in § 240 in Kap. B 17.2.

Der Beamte trifft dennoch die notwendigen Verfolgungsmaßnahmen.

Der Tatbestand des § 113 ist nicht erfüllt, da der Täter keine Gewalt angedroht hat. Allerdings ist der Tatbestand der versuchten Nötigung gegeben (§§ 240 I/ III, 22, 23).

Aus dem Sachzusammenhang folgert die h. M. aber, dass der an sich höhere Strafrahmen des § 240 durch den des § 113 begrenzt werden muss. Der Täter bleibt also im Sinne des § 113 privilegiert.

Der tätliche Angriff

Tätlicher Angriff ist jede feindselige unmittelbar auf den Körper des Amtsträgers gerichtete Einwirkung, ohne Rücksicht auf deren Erfolg.

Der Angriff muss während der Vornahme der VH erfolgen. Er braucht sich jedoch nicht *gegen* die Durchführung der Amtshandlung zu richten. Geschützt wird durch diese Alt. des § 113 also in erster Linie der Amtsträger bzw. der Hinzugezogene.

***Beispiel:** Polizeibeamte, die anlässlich einer Rauferei die Personalien der „Kampfhähne" feststellen, werden plötzlich von unbeteiligten Burschen mit leeren Bierflaschen beworfen.*

Zu einer körperlichen Berührung braucht es beim tätlichen Angriff nicht gekommen zu sein. Selbst wenn im vorstehenden Beispiel die Flaschen ihr Ziel verfehlen, wäre der tätliche Angriff zu bejahen, hier in Tateinheit mit versuchter gef. Körperverletzung (§§ 113, 52, 223, 224, 22, 23).

Häufig sind Sachverhalte, in denen beide Tatalternativen (Widerstand / tätlicher Angriff) gegeben sind. Der Ausgangsfall oben unter II. beweist dies.

Rechtmäßigkeit der Vollstreckungshandlung

Eine Bestrafung des Täters nach § 113 setzt in jedem Falle voraus, dass die Vollstreckungshandlung rechtmäßig war (113 III).

Um VB in unübersichtlichen oder spannungsreichen Situationen angemessen zu schützen, beurteilt die h. M[1] die Rechtmäßigkeit der Diensthandlung nach dem sog. *strafrechtlichen* Rechtmäßigkeitsbegriff und nicht nach dem engeren Raster des materiellen Verwaltungsrechts.

Nach dem *strafrechtlichen Rechtmäßigkeitsbegriff* kommt es – unabhängig von der materiellen Rechtmäßigkeit der Maßnahme – darauf an, ob der VB

a) örtlich (regelmäßig innerhalb der Landesgrenzen) und sachlich (auch außerhalb der eigentlichen Dienstzeit) *zuständig* war,

b) die sachlichen Eingriffsvoraussetzungen der *Ermächtigung* in der gegebenen Situation pflichtgemäß geprüft hat,

c) *wesentliche Förmlichkeiten* zum Schutz des Betroffenen gewahrt hat

   ***Beispiele:** Bekanntgabe des Haftbefehls (§ 114 a I StPO), Androhung unmittelbaren Zwanges vor seiner Anwendung, soweit möglich (z. B. § 56 PolG NRW), Belehrung des Verdächtigen/Unverdächtigen (§ 163 b I S. 1, II S. 1 StPO).*

d) und bei Ermessensentscheidungen (bes. im Polizeirecht!) sein *Ermessen pflichtgemäß ausgeübt* hat (z. B.: §§ 105 II, 81 b 2. Alt. StPO; §§ 8 ff. PolG NRW oder §§ 21 ff. BPolG), auch wenn er zu *sachlich* falschen Ergebnissen kommt.

Beispiele:

Nimmt ein Polizeibeamter eine nächtliche Hausdurchsuchung vor, weil er den Begriff der Gefahr *im* Verzug *(§ 104 I StPO) falsch interpretiert hat, ist die Maßnahme wegen Nichtbeachtung der formellen Rechtmäßigkeitsvoraussetzungen rechtswidrig.*

Wesentliches Formerfordernis einer Festnahme zur Identitätsfeststellung (§ 163 b StPO) ist, dass dem Beschuldigten eröffnet worden ist, welches Fehlverhalten ihm zur Last gelegt wird. Fehlt dieses wesentliche Formerfordernis, so ist die Festnahme rechtswidrig und Notwehr gegen sie zulässig. Die Belehrung darf unterbleiben, wenn der Vollstreckungszweck etwa durch Flucht oder Angriff gefährdet wäre, oder wenn der Grund der IF auf der Hand liegt (KG NJW '02, 3789).

---

1) BGHSt 21, 334, 363; OLG Dresden NJW '01, 3643; KG NStZ '06, 414; BVerfG 1 BvR 1090/06.

Nimmt ein Polzeibeamter einen Unschuldigen vorläufig fest, den er wegen Verkennung sachlicher *Umstände für dringend tatverdächtig hält, bleibt die Amtshandlung formal rechtmäßig; eine Gegenwehr des Betroffenen wäre rechtswidrig. Er muss die Maßnahme dulden, kann aber mit Rechtsbehelfen später dagegen vorgehen.*

Besondere Irrtumsregelung

§ 113 IV enthält eine besondere, in ihrem Anwendungsbereich differenzierte Irrtumsregelung für den Fall, dass der Täter eine rechtmäßige Vollstreckungshandlung irrtümlich für rechtswidrig gehalten hat.

Danach ist schließlich der Täter nicht nach § 113 StGB strafbar (die Tat bleibt aber rechtswidrig), wenn aus seiner *Sicht ein unvermeidbarer Verbotsirrtum und Unzumutbarkeit des Verzichts auf sofortigen Widerstand vorlag* (BGHSt 21, 334).

Subjektiver Tatbestand

Der Täter muss **vorsätzlich** handeln, d. h. mit Wissen und Wollen (Kap. A 14.1).

Er muss *wissen*, dass sich seine Tat gegen einen bei einer Vollstreckungshandlung befindlichen Amtsträger (oder eine ihm gleichgestellte Person, § 114 I/II) richtet. Hierbei braucht er die VH nur allgemein aus der *Laiensphäre* als Diensthandlung zu erkennen.

Er muss *wollen* (mindestens aber in Kauf nehmen), dass die Vollstreckungshandlung durch seine Tat verhindert oder aber erschwert wird.

Beim tätlichen Angriff *braucht* der Täter allerdings *nicht* den Vorsatz zu haben, die *Vollstreckungshandlung* zu erschweren oder zu verhindern. Er muss aber wissen, dass der Beamte eine konkrete Diensthandlung vornimmt (Beurteilung aus der Laiensphäre).

Im Falle des § 113 II muss sich der Vorsatz auch auf die erschwerenden Merkmale beziehen →etwaiger Waffeneinsatz bzw. →Gefährdungselemente.

Besonders schwere Fälle des Widerstandes

§ 113 II ist eine *Strafzumessungsvorschrift* für besonders schwere Fälle. Es werden zwei sogenannte *Regelbeispiele* genannt.[1]

a) Bei-sich-Führen einer **Waffe** durch den Täter oder einen Beteiligten.

   Der Begriff Waffe ist hier sowohl im technischen als auch im nichttechnischen Sinne (gefährliches Werkzeug) zu verstehen. Es genügt, wenn der Täter die „Waffe" erst unmittelbar am Totort ergreift. Für den Vorsatz (um zu) reicht es, wenn der Täter die Waffe nur ggf., d. h. je nach Lageentwicklung, verwenden will.

   Beispiel: *Hinderung eines Polizeibeamten an einer Personenkontrolle durch plötzliches Vorhalten einer Pistole.*

b) **Herbeiführen** einer **Todesgefahr** oder der **Gefahr** einer **schweren Gesundheits- schädigung,** und zwar durch eine Gewalttätigkeit. Der Täter muss dabei einen entsprechenden Gefährdungsvorsatz gehabt haben (BGH 26,176).

   Beispiel: *Ein Pkw-Fahrer fährt unter plötzlicher Beschleunigung seines Fahrzeuges auf den ihm ein Haltezeichen gebenden Polizeibeamten zu. Der Beamte kann sich nur mit äußerster Anstrengung durch einen Sprung zur Seite retten, §§ 113 I/II; 52, 315 b (Kap. B 25.5).*

Fallbearbeitung

1. Fall: nach BayObLG – RReg 5 St 387 / 79

Am 25.10. ... gegen 17.00 Uhr führten drei Polizeibeamte aufgrund eines richterlichen Durchsuchungsbefehls auf dem Anwesen des A. eine Durchsuchung durch, wobei sie es versäumten, Zeugen hinzuzuziehen.

Bei Eintreffen der Beamten war nur der zehnjährige Sohn des A. anwesend. Die Beamten veranlassten diesen, seine Mutter telefonisch herbeizurufen, und begannen sogleich mit der Durchsuchung des Anwesens.

Nachdem die Ehefrau des A. eingetroffen war, wandten sich die Beamten der Durchsuchung der Werkstätte des A. zu. Als dann dieser heimkam und von der Durchsuchung erfuhr, geriet er in große Erregung, stürzte in die Werkstatt und forderte die Beamten auf, sein Grundstück zu verlassen.

1) Näheres zur Bedeutung der Regelbeispieltechnik in Kap. B 18.4.

Einer der Beamten erklärte dem A., dass die Durchsuchung zwecks Auffindens von Beweismitteln richterlich angeordent sei und forderte ihn auf, die Amtshandlung nicht zu stören. Daraufhin ergriff A. einen ein schweren Hammer, erhob ihn gegen den Beamten B. und schrie diesen an, sie sollten sich „schleichen", sonst werde er ihm den „Hammer hintauf hauen".

2. Aufgabe: Prüfen Sie, ob sich A. strafbar gemacht hat!

3. Fallösung:

Mit dem drohenden Erheben des Hammers gegen den Beamten B. könnte A. einen Widerstand gegen Vollstreckungsbeamte gemäß § 113 StGB begangen haben.

Dann müsste A. Vollstreckungsbeamten (VB), die mit der Vornahme einer rechtmäßigen Vollstreckungshandlung (VH) befasst waren, z. B. mit Gewalt gedroht haben, um die Durchführung der VH zu verhindern (oder zu erschweren).

Polizeibeamte sind Amtsträger, die befugt sind, Amtshandlungen erforderlichenfalls mit hoheitlichem Zwang durchzusetzen, gleichgültig ob sie hierbei auf Anordnung (hier zur Durchsetzung eines Gerichtsbeschlusses) oder aufgrund eigener Entscheidung tätig werden. Die Beamten sind somit VB.

Die Beamten befanden sich auch bei der Vornahme einer konkreten VH, als sie das Anwesen des A. nach Beweismitteln durchsuchten, da diese Amtshandlung mit Zwang durchsetzbar war. Die VH dauerte auch noch an, als A. den Hammer gegen den Beamten B. erhob.

Die drohende Geste mit dem Hammer stellte eine aktive Tätigkeit dar, mit der die ordnungsgemäße Durchführung der VH offenbar vereitelt werden sollte. Sie ist daher als Widerstand im Sinne des Gesetzes zu qualifizieren. Geleistet wird der Widerstand in diesem Falle durch Drohung mit Gewalt gegen die Person des Beamten B., da in der Geste des A. die Ankündigung liegt, er werde auf B. einschlagen, falls dieser mit seinem Kollegen die VH nicht beende.

A. handelt auch vorsätzlich, da er wohl wusste, dass sich seine Handlung gegen Amtsträger richtete, die eine konkrete Amtshandlung vornahmen, und weil er die Fortsetzung dieser Amtshandlung offensichtlich verhindern wollte.[1]

Da § 113 einen effektiven Nötigungserfolg nicht voraussetzt, sondern sowohl erfolgeiche wie auch erfolglose, ja sogar untaugliche Widerstandshandlungen erfasst, handelte A. damit tatbestandsmäßig.

Gemäß § 113 III ist eine Bestrafung des Täters wegen Widerstandes jedoch nur möglich, wenn die vom Täter behinderte VH rechtmäßig war.[2]

Im vorliegenden Falle könnte die VH wegen Missachtung wesentlicher Förmlichkeiten (§ 105 II StPO) rechtswidrig gewesen sein. § 105 II StPO schreibt die Zuziehung von Zeugen vor, soweit dies ohne Gefährdung des Durchsuchungserfolges möglich ist.

Ob die Zuziehung von Zeugen ohne Gefährdung des Durchsuchungserfolges möglich ist, hat der durchsuchende Beamte nach pflichtgemäßem Ermessen zu entscheiden. Ist er nach gewissenhafter Prüfung des Einzelfalles zu dem Ergebnis gelangt, dass eine Zuziehung von Zeugen ohne Gefährdung des Erfolges der Durchsuchung nicht möglich ist, so handelt er auch dann rechtmäßig, wenn er sich in der Beurteilung der *tatsächlichen* Verhältnisse geirrt hat.

Im vorliegenden Fall ist nicht feststellbar, dass der Durchsuchungserfolg bei Zuziehung von Zeugen objektiv in Frage gestellt gewesen wäre. Auch bestand kein Anhaltspunkt dafür, dass die Beamten irrig eine derartige Lage angenommen haben. Näher lag vielmehr die Annahme, dass sie § 105 II StPO *ungeprüft* gelassen hatten, weil er ihnen nicht bekannt oder nicht gegenwärtig war (Davon soll hier ausgegangen werden. Das Bay-ObLG

1) Soweit bei Falllösungen nach der kausalen Handlungslehre vorgegangen wird, ist der Vorsatz erst als Schuldform bei der Beurteilung der Schuld zu prüfen.
2) An dieser Stelle sollte die Rechtmäßigkeit der VH geprüft werden. Falls sie hätte bejaht werden müssen, wäre anschließend zu prüfen und festzustellen gewesen, dass die erschwerenden Merkmale eines Regelbeispiels aus § 113 II vorlagen.

hatte die Sache zur Aufklärung gerade dieses Umstandes an die erste Instanz zurückgewiesen!).

Unter *diesen* Umständen aber muss die VH als *rechtswidrig* qualifiziert werden. Gemäß § 113 III kann A. somit nicht wegen Widerstandes gegen VB bestraft werden.[1]

Indem A. die Polizeibeamten mit Hammerschlägen bedrohte, hat er gleichzeitig versucht, sie zum Abbruch der Durchsuchung (Unterlassen) zu nötigen (§§ 240, 22). Der Nötigungsversuch kann allerdings nicht als verwerflich i. S. v. § 240 angesehen werden, da A. infolge der rechtswidrigen Durchsuchungshandlung in Notwehr (§ 32) handelte (Näheres zur Notwehr in Kap. A 16.3).

4. Ergebnis:

A. hat sich nicht strafbar gemacht. Sein Handeln war durch Notwehr gerechtfertigt.

3 Hausfriedensbruch, § 123[2, 3]

I. Allgemeines

Rechtsfolge: FS – 1 J. oder GS.

Deliktstyp: Vergehen, Vers. *nicht* strafbar, AD gem. § 123 II und zugleich PD gem. § 374 StPO. Die StA wird daher nur dann *öffentliche Klage* erheben, wenn der Geschädigte einen Strafantrag gestellt hat, *und* wenn die Klageerhebung im öffentlichen Interesse liegt (§ 376 StPO). Besteht kein öffentl. Interesse, kann der Verletzte beim zuständigen AG Privatklage erheben, nachdem er zuvor einen (erfolglosen) Sühnetermin bei der örtlich zuständigen Schiedsperson wahrgenommen hat (§§ 374, 380 StPO).

Antragsberechtigt: (§§ 77 ff.) ist der Inhaber des Hausrechts, z. B. der Mieter, Pächter, Eigentümer.

Rechtsgut: Hausrecht gem. Art. 13 GG.

Konkurrenzen: Soweit der Hausfriedensbruch regelmäßiger Bestandteil eines anderen Deliktes ist, wird er von diesem miterfasst und damit als selbständiges Unrecht verdrängt (z. B. in §§ 124, 243 I 1, 244 I 3). In allen anderen Fällen verschiedenartiger Tatverwirklichung besteht je nach konkreter Sachlage Ideal- oder Realkonkurrenz (§§ 52, 53).[4]

II. Ausgangsfall

Leer stehendes Wohnhaus von vier Obdachlosen besetzt

Köln – Vier Obdachlose, drei Männer und eine Frau, haben seit vier Tagen Quartier in einem kleinen leer stehenden Altbau an der Aachener Straße bezogen, um sich auf diese Weise vor den Unbilden der winterlichen Witterung zu schützen. Das Haus gehört einer Handelskette, die es für den Neubau eines Einkaufscenters abreißen lassen will.

Die Obdachlosen hatten die rückwärtige Tür aufgebrochen und so das Haus betreten. Die undichten Fenster hatten sie notdürftig abgedichtetet. Da die Obdachlosen bisher nicht bereit waren, das Haus wieder zu verlassen, wurde von dem Bevollmächtigten des Handelsunternehmens Strafanzeige wegen Hausfriedensbruchs erstattet. Zu Recht?

---

1) BGH NStZ '86, 84, 85; BGH StB 18/06 v. 31.1.2007.
2) Literaturhinweis: Tröndle/Fischer, SchöSchr.
3) Zur polizeilichen Verfolgung von Privatklagedelikten → Teil C 1.12.
4) Zur Konkurrenzlehre wird auf die Ausführungen in Kap. A 20 hingewiesen.

III. Tatbestandsaufbau

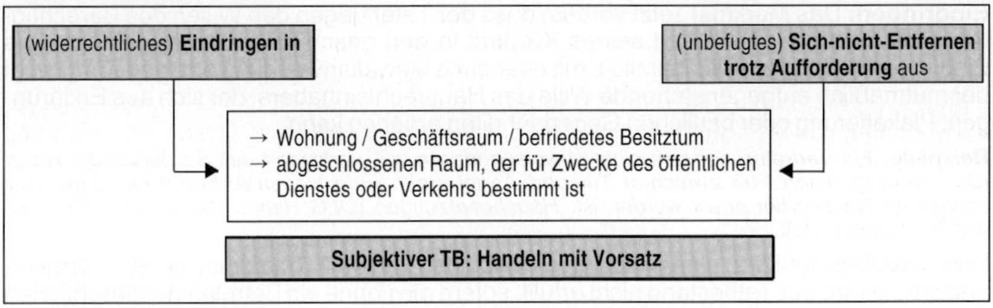

IV. Erläuterungen

Geschützte Orte

Wohnung ist die Räumlichkeit, deren Hauptzweck darin besteht, Menschen als Unterkunft (persönliche Bleibe) zu dienen. Auf eine Nächtigungsmöglichkeit kommt es nicht an. Zu der Wohnung rechnen alle dazugehörigen Nebenräume wie z. B. Treppen, Flure, Keller, Garagen. Auch bewegliche Sachen kommen als Wohnung in Betracht.

***Beispiele:** Wohnhaus, Zimmer des Untermieters, Hotelzimmer, Obdachlosenasyl, Jagdhütte; aber auch: Wohnschiffe, Wohnwagen, Wohnzelte.*

Leer stehende Häuser zählen zum Begriff „Besitztum". Pkw und Lkw, die mit keinen besonderen Vorrichtungen zum Wohnen versehen sind, sind nicht im Sinne von § 123 geschützt.

Geschäftsräume sind Räume, die hauptsächlich gewerblichen, künstlerischen oder wissenschaftlichen Zwecken dienen. Die Räume brauchen nicht verschlossen zu sein. Zu den Räumen rechnen auch die zu ihnen gehörenden Nebenräume wie Flure, Treppen, Toiletten usw.

***Beispiele:** Werkstätten, Läden, Bürocontainer, Zirkuszelte usw.*

Befriedetes Besitztum ist ein räumlicher Bereich, der in den Schutzbereich einer natürlichen oder juristischen Person einbezogen und äußerlich erkennbar eingehegt ist. Eine vollständige Umschließung oder tatsächlich wesentliche Erschwerung des Zugangs ist nicht erforderlich.

***Beispiele:** Tankstellengelände mit jederzeit geöffneten Zufahrten, leer stehende Gebäude, Friedhöfe, eingefriedete Äcker oder Weiden, Hausgärten mit offenem Zugang etc.*

Pkw und Lkw rechnen nicht zum befriedeten Besitztum, da hierunter nur unbewegliche Sachen fallen.

Abgeschlossene Räume des öffentlichen Dienstes oder Verkehrs:

Abgeschlossen ist ein Raum dann, wenn er in einer dem befriedeten Besitztum entsprechenden Weise räumlich abgegrenzt ist. Dem *öffentlichen Dienst* dient der Raum, wenn in ihm bestimmungsgemäß Tätigkeiten nach öffentlich-rechtlichen Vorschriften wahrgenommen werden.

***Beispiele:** Rathaus, Polizeiwache, Wahllokal, eingezäuntes Militärgelände.*

Abgeschlossen Räume des *öffentlichen Verkehrs* sind die der Allgemeinheit zugänglichen Räume für den öffentlichen Personen- und Güterverkehr. Geschützt sind außer Fahrzeuge auch die den Beförderungszwecken dienenden Gebäudeteile.

***Beispiele:** Busse des öffentlichen Personennahverkehrs (ÖPNV), Bahnhöfe, Bahnhofshallen, Eisenbahnabteile oder-waggons, Fährschiffe, Abfertigungshallen.*

Tathandlungen

Eindringen: Das Merkmal setzt voraus, dass der Täter gegen den Willen des Berechtigten zumindest mit einem Teil seines Körpers in den geschützten Raum gelangt. Das Eindringen kann offen oder heimlich, mit oder ohne Gewaltanwendung erfolgen. Es genügt der mutmaßlich entgegenstehende Wille des Hausrechtsinhabers, der sich aus Erklärungen, Plakatierung oder baulichen Gegebenheiten ergeben kann.

Beispiele: *Ein Vertreter, der sich nicht abweisen lassen will, verhindert das Schließen der Haustür, indem er einen Fuß zwischen Tür und Angel stellt. Eine Hausfrau betritt ein Kaufhaus, obwohl ihr Hausverbot erteilt worden ist. Hausbesetzungen (OLG Hamm, NStZ '82, 202), etwa wie im* Ausgangsfall.

Durch das Beschmieren einer Haustür, das Abladen von Müll, Telefonterror oder Lärmverursachung wird der Tatbestand nicht erfüllt, sofern dies ohne ein Betreten der geschützten Räumlichkeiten erfolgt.[1]

Bei Räumen mit genereller Zutrittserlaubnis (z. B. Gaststätten, Kaufhäuser, öffentl. Verkehrsmittel) ist nach h. M. ein tbm. Eindringen erst dann gegeben, wenn das äußere Erscheinungsbild oder das Verhalten des Täters nicht mehr zu dem des berechtigten Personenkreises gehört.

Beispiele: *Heimliches Betreten eines Einfamilienhauses. Betreten eines Geschäftes durch einen erkennbar Lieferanten vorbehaltenen Seiteneingang.*

Eindringen als unechtes Unterlassungsdelikt (UD): Der Begehungstatbestand des Eindringes kann auch durch Unterlassen verwirklicht werden, ohne dass eine besondere Aufforderung (wie bei der Alt. 2) ergangen sein muss.

Beispiel: *Ein Kinobesucher versteckt sich nach der ersten Vorstellung auf der Toilette, um den folgenden Film ohne Zahlung des Eintrittspreises sehen zu können (§§ 123, 265 a, 52).*

Sich-nicht-Entfernen trotz Aufforderung (echtes UD!):

Bei dieser 2. Alt. handelt es sich um ein *echtes* Unterlassungsdelikt.[2] Selbständige Bedeutung erlangt diese Begehungsart nur dann, wenn der Täter zunächst befugt eintrat, die Befugnis zum Verweilen aber danach durch eine Aufforderung des Berechtigten erlischt. Die einmalige Aufforderung genügt! Der Aufforderung ist ohne schuldhaftes Zögern Folge zu leisten.

Beispiel: *Eine Hausfrau fordert einen Vertreter vergebens auf, ihre Wohnung zu verlassen.*

Berechtigter i. S. d. 1. u. 2. Alt. ist der Inhaber des Hausrechts sowie jede andere von ihm beauftragte oder ermächtigte Person. Ehepaare sind gleichberechtigt. Ein Ehepartner ist ohne Einverständnis des anderen Partners nur dann berechtigt, den Gast aufzufordern, die Wohnung zu verlassen, wenn ihm eine Duldung desselben nicht zugemutet werden kann. Auch Kinder können – in Abwesenheit der Eltern – zur Aufforderung berechtigt sein, wenn sie über die entsprechende Reife verfügen.

Macht ein **privater** Hausrechtsinhaber seine Geschäfts- oder Verkehrsräume der Allgemeinheit zugänglich, so dürfen Zutrittsverbote nicht gegen gesetzliche Vorschriften (z.B. §§ 134 BGB, 1 UWG) oder gegen die guten Sitten (§ 138 I BGB) verstoßen, insbesondere nicht bestimmte Personen diskriminieren.

Für Räume mit **öffentlich-rechtlicher** Zweckbestimmung darf nur dann ein Betretungsverbot verhängt werden, wenn dies zur Abwendung von Gefahren für die Sicherheit oder Funktionstüchtigkeit geboten ist.

Beispiel:*Einer Person ist wegen mehrfacher massiver Unruhestiftung vom Bürgermeister verboten worden, das Amtsgebäude zu betreten. Für den Fall notwendiger Inanspruchnahme darf sie sich nur an den parterregelegenen Infoschalter wenden.*

Nach Wegfall der unmittelbaren Gemeinwohl- und Grundrechtsbindung (Art. 87 e III GG, ENeuOG[3]) können öffentliche Eisenbahninfrastrukturunternehmen **Bahnhofsverbote** wie

1) OLG Zweibrücken m. w. Nw. NStZ '85, 456; ggf. aber §§ 303, 223 (bzw. § 823 BGB [Kap. A 22]).
2) Näheres zu diesem Begriff in Kap. A 15.
3) Gesetz zur Neuordnung des Eisenbahnwesens vom 27.12.1993.

sonstige Private, die ihre Räume der Allgemeinheit zugänglich gemacht haben, erteilen, soweit nicht besondere gesetzliche Bindungen wie die Beförderungspflicht entgegenstehen. Die Pflicht zur Beförderung (§ 10 AEG) beinhaltet dann auch grundsätzlich, dass der Zutritt zu Reisezwecken von einem Bahnhofsverbot auszunehmen ist (OLG Hamburg II 143/04 vom 3.12.2004).

Bedeutung: Eisenbahnunternehmen brauchen ihre Empfangsgebäude zu Kommunikationszwecken der Bürger nicht mehr verfügbar zu halten und können durch gezielte Aufenthaltsverbote verhindern, dass ihre Anlagen zu Treffpunkten sozialer Randgruppen werden.

Subjektiver Tatbestand[1]

Der Täter muss mit **Vorsatz** (bedingter genügt) handeln. Das bedeutet, dass er in der 1. Alt. das Bewusstsein haben muss, entgegen dem Einverständnis des Berechtigten einzudringen, während er im Falle der 2. Alt. Kenntnis von der Aufforderung haben muss, sich zu entfernen. Dass das Fehlverhalten sodann gewollt ist, kann unter diesen Umständen regelmäßig unterstellt werden.

Rechtswidrigkeit

Die vom Gesetzgeber verwendeten Begriffe „widerrechtlich" (Alt. 1) und „ohne Befugnis" (Alt. 2) sind keine TBM.[2] Die Rechtswidrigkeit des Eindringens oder Verweilens kann durch öffentlich-rechtliche Befugnisse oder privatrechtliche Erlaubnissätze entfallen.

Beispiele: *Polizeirechtliche und strafprozessuale Betretungs- und Durchsuchungsrechte. Rechtfertigender Notstand gem. § 34 StGB und § 904 BGB. Rechtfertigung aus Vertrag. Wer z. B. als Gast in einer Gaststätte nicht durch störendes Verhalten berechtigten Anlass zu einer Aufforderung i. S. d. 2. Alt. gegeben hat, hat einen Rechtsanspruch auf Aufenthalt erworben, der solange dauert, wie es die Erfüllung des Vertragszweckes (Verzehr der bestellten Speise) erfordert.*

Die Hausbesetzung im **Ausgangsfall** könnte durch rechtfertigenden Notstand (§ 34, Kap. A 16.3) gerechtfertigt gewesen sein. Dann allerdings hätte die Gesundheitsgefahr auf andere Weise nicht abwendbar sein dürfen. Das ist hier allerdings zweifelhaft, da die Kommunen Asyle für Obdachlose verfügbar halten müssen und diese oder andere geeignete Räume vermutlich auch angeboten haben.

4 Schwerer Hausfriedensbruch, § 124

I. Allgemeines

Rechtsfolge: FS – 2 J. oder GS.

Deliktstyp: qualifizierter Fall des Hausfriedensbruchs (§ 123); Verg., OD, Vers. nicht strafbar.

Rechtsgut: Hausrecht und öffentliche Sicherheit.

Konkurrenzen: Je nach den Einzelfallumständen kommen Ideal- oder Realkonkurrenz (§§ 52, 53[3]) zu Körperverletzungs-, Freiheits- und Eigentumsdelikten in Betracht; zum Tatbestand des Landfriedensbruchs (§ 125) besteht Tateinheit; § 123 wird von § 124 konsumiert.

II. Ausgangsfall

Aachen – Die Großkundgebung am ... in Aachen verlief im Wesentlichen friedlich. Wie ein Polizeisprecher mitteilte, hat man lediglich sechs Personen vorübergehend festnehmen müssen. Die Festgenommenen hatten während der Kundgebung vor dem Rathaus mit ca. 25 weiteren Personen versucht, das Rathaus durch einen unverschlossenen Seiteneingang zu stürmen. Dabei hatten sie allerdings Pech. Sie gelangten in einen Vorraum, in dem sich ein Zug der Polizeireserve bereithielt und sogleich die ersten sechs Eindringlinge festnahm. Die übrigen wichen zurück und

---

1) Sofern bei Falllösungen nach der *kausalen* Handlungslehre vorgegangen wird, ist der Vorsatz als Schuldelement (Schuldform) erst bei der Beurteilung der Schuld zu berücksichtigen (Kap. A 12.4).
2) Kap. A 13.6.
3) Grundsätzliches zu diesen Begriffen in Kap. A 20.

tauchten in der Menge unter. Einer der Festgenommenen gab auf Befragen an, man habe aus Protest gegen die Wohnungspolitik der Stadt „Aggressionen freisetzen wollen“.

III. Tatbestandsaufbau

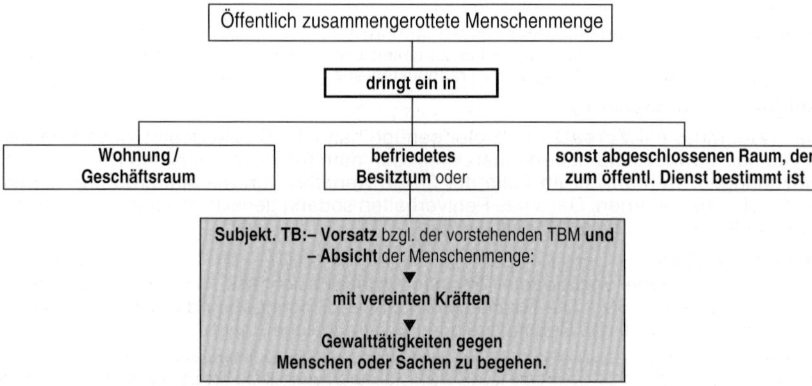

IV. Erläuterungen[1]

Die **Tathandlung** besteht in der Teilnahme an einer *öffentlichen Zusammenrottung* und im *Eindringen* in bestimmte geschützte Objekte, und zwar in der *Absicht, gemeinsam Gewalttätigkeiten* zu begehen. Täter ist demnach jeder, der als Mitglied der Menschenmenge eindringt oder sich am Eindringen Einzelner durch z. B. anfeuernde Zurufe beteiligt. Die engeren Voraussetzungen der Teilnahme i. S. v. §§ 25 ff. (Kap. A 19) brauchen nicht gegeben zu sein. Es genügt bereits ein Sichanschließen oder ein Verbleiben in der Menge in dem Bewusstsein und mit der Akzeptanz, dadurch die Tatbegehung zu fördern.

Sog. Abwiegler oder Journalisten in Ausübung ihres Berufes gelten insofern nicht als Täter. Bei „nur“ Neugierigen kann je nach ihrer inneren Einstellung zum Geschehen Täterschaft in Betracht kommen.

Eine **Menschenmenge** ist eine Personenmehrheit, die räumlich vereinigt ist und deren Zahl nicht sofort überschaubar ist, so dass es für den äußeren Eindruck auf das Hinzukommen oder Hinweggehen Einzelner nicht mehr ankommt (h. M.). Weitere Indikationen sind das Fehlen einer unmittelbaren Kommunikation und das Entstehen massenpsychologischer Phänomene.[2] Der BGH hat festgestellt, dass in diesem Sinne eine Ansammlung von 15 bis 20 Personen eine Menschenmenge darstellen kann.[3]

Zusammengerottet hat sich eine Menschenmenge dann, wenn sie äußerlich erkennbar von dem Willen zu aktueller friedensstörender Aggression beherrscht wird. Als **öffentlich** zusammengerottet gilt diese Menschenmenge dann, wenn ohne Rücksicht auf die Örtlichkeit die Möglichkeit des Anschlusses beliebig vieler Menschen besteht.

Beispiel: *Arbeitnehmer, die sich auf einem größeren Firmengelände von der friedlichen Belegschaft abspalten, um das Gebäude des Vorstandes zu stürmen und zu demolieren.*

Das **Eindringen** in eine der im Gesetz genannten Örtlichkeiten setzt wie in § 123 (Kap. B 3) ein Betreten gegen den Willen des Berechtigten voraus. Ein unbefugtes Verweilen wie in § 123 reicht dagegen nicht.

1) Literatur hierzu und im folgenden Tröndle/Fischer und SchöSchr. zu § 124.
2) OLG Düsseldorf PTV '90, 229.
3) BGH NStZ '86, 70.

Das Merkmal **mit vereinten Kräften** verlangt, dass das aktive gewalttätige Vorgehen Einzelner von der psychologischen Grundhaltung der Menge gebilligt wird. Die psychologische Basis der Akteure muss gewissermaßen die feindliche Grundhaltung der Menge sein. Es reicht zur Vollendung des Tatbestandes, wenn auch nur einer aus der Menge in entsprechender Absicht eingedrungen ist.

Unter **Gewalttätigkeit** im Sinne des § 124 gilt der Angriff auf Personen oder Sachen in ihrer körperlichen Integrität, also der Einsatz physischer Kraft durch aggressives Tun.

Beispiele: *Absicht der Beschädigung / Zerstörung von Mobiliar in einer Diskothek / Ausgangsfall.*

Abgrenzung: Gewalttätiges Eindringen durch Zerstörung der Haustür eines leer stehenden Gebäudes in der Absicht, dieses anschließend besetzt zu halten, genügt nicht zur Erfüllung des Tatbestandes; es müssen vielmehr im *Innern* des geschützten Raumes Gewalttätigkeiten geplant sein. Hier kommt aber Landfriedensbruch in Betracht (Kap. B 5).

Subjektiver Tatbestand[1]

Die **Absicht** der Menschenmenge, mit vereinten Kräften Gewalttätigkeiten zu begehen, muss spätestens beim Eindringen vorliegen. Zur tatsächlichen Begehung von Gewalttätigkeiten braucht es aber anders als beim Tatbestand des Landfriedensbruchs (§ 125) nicht zu kommen (= Ausgangsfall).

Der einzelne Täter muss vorsätzlich handeln. Der Vorsatz setzt die Kenntnis der Zusammenrottung und des Eindringens voraus sowie das Bewusstsein der Förderung der von der Menge beabsichtigten Gewalttätigkeiten durch die Anwesenheit in der Menge, auch wenn die Gewalttätigkeiten von ihm nicht verübt wurden.

Vollendet ist die Tat, wenn mindestens einer aus der zusammengerotteten Menschenmenge in entsprechender Absicht mit mindestens einem Teil seines Körpers eingedrungen ist.

5 Landfriedensbruch, §§ 125, 125 a

5.1 Landfriedensbruch, § 125

I. Allgemeines

Rechtsfolge:	§ 125 I: FS – 3 J. oder GS. (§ 125 a: FS v. 6 Mon. – 10 J.)
Deliktstyp:	Vergehen, Offizialdelikte, der Versuch ist nicht strafbar.
Rechtsgut:	Öffentliche Sicherheit, öffentlicher Friede, ungestörte Ausübung des Rechts auf Versammlungsfreiheit.
Konkurrenzen:	Die *Subsidiaritätsklausel* des § 125 I besagt, dass die Vorschrift für *die* Täter zurücktritt, denen im Einzelfall die Verübung schwererer Taten anzulasten ist. *Tateinheit oder -mehrheit* (Kap. A 20) kann u. a. in Betracht kommen mit § 124, §§ 303 ff., §§ 223 ff.; 27 VersammlG (Kap. B 5.3).

1) Sofern bei Falllösungen nach der kausalen Handlungslehre vorgagangen wird, ist der Vorsatz als Schuldelement (Schuldform) erst bei der Beurteilung der Schuld zu berücksichtigen (Näheres in Kap. A 12.4).

II. Ausgangsfall

Unfriedliche Demonstration. *Foto: ddp*

Krefeld – Ausschreitungen während der Feierlichkeiten zum 300. Jahrestag der ersten deutschen Einwanderung in Amerika am 25.6.1983. Vermummte Demonstranten bewarfen Polizisten und die Autos der amerikanischen Gäste mit Steinen.

III. Tatbestandsaufbau des § 125

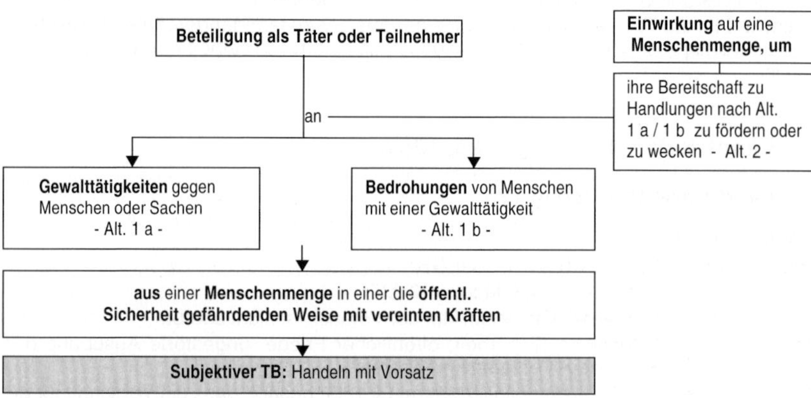

IV. Erläuterungen

Gewalttätiger Landfriedensbruch (Alt. 1 a / 1 b):

Täter / Tathandlung: Die Bezeichnung „Täter oder Teilnehmer" gilt hier im Sinne eines sog. *Einheitstäterbegriffs*. Jeder, der sich in der Menschenmenge befindet und aktiv handelt, gilt als Täter/Teilnehmer im Sinne dieser Vorschrift.

Beispiele: *Werfen von Gegenständen, Anreichen von Wurfgeschossen, Abgeben anfeuernder Rufe etc.*

Problematisch und umstritten ist, ob Neugierige, die sich passiv in der Menschenmenge aufhalten, aber ihre Anwesenheit als psychischen Beitrag zur Stärkung der friedensstörenden Menge sehen, bereits tbm. handeln.[1] Man wird dies wohl mit dem Argument

1) Hierzu m. w. Hw. Tröndle/Fischer zu § 125.

ablehnen müssen, dass hierdurch noch kein Gewalttätigkeiten oder Bedrohungen unterstützendes Verhalten zum Ausdruck kommt.

Teilnehmer *außerhalb* der Menschenmenge kommen gem. §§ 26, 27 zu § 125 in Betracht.

Beispiel: *Ein von der agierenden Menge abgesetzter Mann macht einzelne Täter darauf aufmerksam, dass in einer nahen Nebenstraße eine große Anzahl geeigneter Wurfgeschosse lagere.*

Die **Begehung von Gewalttätigkeiten** – Alt 1 a – setzt Angriffe auf Personen oder Sachen in ihrer körperlichen Substanz, also den Einsatz physischer Kraft durch aggressives Tun, voraus.

Beispiele: *Umstürzen von Fahrzeugen, Durchbrechen einer Polizeikette, Barrikadenbau unter Verwendung gewalttätig beschaffter Gegenstände.*

Harmlose, ungefährliche Gewalt ist keine Gewalttätigkeit i. S. v. § 125 I.[1]

Beispiel: *Der Sitzstreik auf der Fahrbahn ist allenfalls Gewalt i. S. v. § 240.*

Einen Erfolg braucht die Gewalttätigkeit nicht gehabt zu haben.

Beispiele: *fehlgegangener Steinwurf, Versuch, einen Pkw umzuwerfen.*

Bedrohungen von Menschen mit Gewalttätigkeiten – *Alt. 1 b*–: Das *angedrohte* Übel muss eine Gewalttätigkeit sein. Die Drohung muss sich gegen einen Menschen richten. Es reicht, wenn durch die Realisierung angekündigter Gewalt gegen Sachen Menschen zu Schaden kommen können.

Die Verwirklichung der Drohung braucht nicht beabsichtigt zu sein. Erforderlich ist aber, dass sie ernst aufgefasst werden soll.

Menschenmenge: Zur Begriffsbestimmung wird auf Kap. B 4 verwiesen.

Nicht erforderlich ist, dass sich die Menschenmenge *öffentlich* zusammengerottet hat und ungehinderte Anschlussmöglichkeit besteht.

Beispiel: *Ca. 25 extreme Versammlungsteilnehmer funktionieren eine geschlossene Versammlung in der Weise um, dass sie den Leiter und die Redner unter Androhung wüster Schläge zum Schweigen zu bringen versuchen.*

Mit vereinten Kräften: Das aktive gewalttätige Vorgehen Einzelner muss von der psychologischen Grundhaltung der Menschenmenge gebilligt sein. Es reicht daher, wenn eine Person aus der Menschenmenge unter dem zustimmenden Geschrei der übrigen aktiv Gewalttätigkeiten oder Drohungen mit Gewalttätigkeiten vornimmt.

In einer die öffentliche Sicherheit gefährdenden Weise: Dies ist gegeben, wenn für unbestimmt viele Menschen oder Sachen eine Schadensgefahr besteht, wenn also in der Allgemeinheit das Gefühl der Sicherheit vor randalierenden Mengen beeinträchtigt wird und der Eindruck der Schutzlosigkeit entsteht.

Sog. aufwieglerischer Landfriedensbruch (*Alt. 2*):

Die 2. Alternative „Einwirkung auf eine Menschenmenge, um ihre Bereitschaft zur Begehung von ... zu fördern" setzt begrifflich schon eine unfriedliche Menschenmenge voraus (so Tröndle).

Richtiger ist wohl, auch das Wecken der Bereitschaft ... für ausreichend zu erachten (so SchöSchr. und Lackner zu § 125 m. w. Nw.).

Als Einwirkung ist jede verbale oder symbolische Beeinflussung zu verstehen. Auf den Erfolg kommt es nicht an. Der Täter kann auch ein Außenstehender sein.

Beispiel: *Aufwiegler, Anheizer, der die Menschenmenge z. B. mittels Megaphon anruft, um ihren Zorn zu entfachen.*

Befindet sich der Täter *in* der Menschenmenge, gewinnt die Alt. 2 nur Bedeutung, wenn die Einwirkung ohne Erfolg blieb, da ansonsten schon Alt. 1 a oder 1 b gegeben wäre.

1) Zur näheren Abgrenzung zum Gewaltbegriff in § 240 vgl. Sie ggf. Kap. B 17.2.

Subjektiver Tatbestand[1]**:**
Der Täter muss mit Vorsatz handeln, bedingter genügt. Bei der Alt. 2 muss der Täter mit Absicht (um!) handeln, d. h. es muss ihm darauf ankommen, die Bereitschaft der Menschenmenge zu Handlungen gemäß Alt. 1 a oder 1 b zu bewegen.

Vollendet ist § 125 I in seiner 1. Alt. mit Beginn der Beteiligung an Gewalttätigkeiten oder der Bedrohung von Menschen mit Gewalttätigkeiten, in seiner 2. Alt. mit Beginn der Einwirkung auf die Menschenmenge, um ihre Bereitschaft zur Begehung von ... zu wecken/fördern.

§ **125 II** stellt klar, dass die Irrtumsregelung des § 113 III, IV auch für § 125 I gilt, soweit die Gewalttätigkeiten oder die Bedrohung zugleich einen Widerstand gegen Vollstreckungsbeamte darstellen.

5.2 Der besonders schwere Fall des Landfriedensbruchs, § 125 a

Ein besonders schwerer Fall liegt i. d. R. vor, wenn der Täter

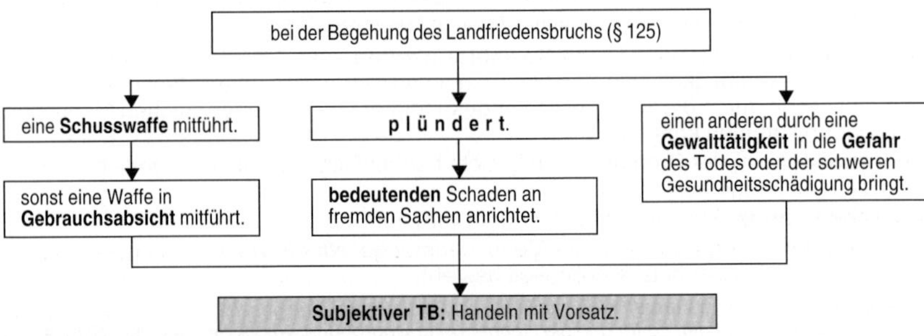

§ 125 a nennt Regelfälle des schweren Landfriedensbruchs. Die Verwendung der Regelbeispieltechnik bedeutet, dass ein Abweichen hiervon durch die Gerichte mit entsprechender Begründung möglich ist.[2]

5.3 Verbot der passiven Bewaffnung, der Vermummung sowie der Zusammenrottung, §§ 27, 17 a VersammlG

I. Ausgangsfall

Am 18.03.1996 berichtete die Presse über Tausende kurdischer Demonstranten, die in ganz Deutschland Polizei, Grenzschutz, Feuerwehr und Rettungsdienste in Atem gehalten hatten. Ungeachtet eines am 15.03.1996 vom VG Gelsenkirchen erlassenen Verbots hatten Anhänger der verbotenen PKK versucht, zu der von der „Friedensinitiative für eine demonkratisch-politische Lösung in Kurdistan" aufgerufenen Großkundgebung in Dortmund zu gelangen.

Um dies zu verhindern, hatten Polizei und BGS an vielen Orten Kontrollstellen nach Polizeirecht (z. B. nach § 12 I Nr. 4 PolG NRW, § 23 II Nr. 3 BGSG) eingerichtet.

An verschiedenen Orten, unter anderem auf der A 44 am deutsch-belgischen Grenzübergang Aachen-Lichtenbusch, kam es zu gewalttätigen Ausschreitungen, in deren Verlauf zahlreiche Personen, darunter auch Polizeibeamte, verletzt sowie Streifenwagen beschädigt und teilweise zerstört wurden. (insoweit Straftaten gem.: § 113 I, II; §§ 125, 125 a; §§ 223, 224; §§ 303, 305 I Nr. 2).

An mehreren Kontrollstellen wurden Busse mit PKK-Anhängern angehalten, die Schutzschilde, Helme, Wurfgeschosse und Schlaginstrumente mitführten.

Vgl. Sie hierzu die nachfolgenden Ausführungen. Auf die verfahrensrechtlichen Ausführungen zur Kontrollstelleneinrichtung in Kap. C 14.2 wird ergänzend hingewiesen.

---

1) Im Rahmen der *kausalen* Handlungslehre gilt der Vorsatz als Schuldelement und ist daher erst bei der Beurteilung der Schuld zu berücksichtigen (Näheres Kap. A 12.4).
2) Vgl. Sie die Ausführungen zur Regelbeispieltechnik in Kap. B 17.2.

II. Tatbestandsaufbau des § 27 I u. II Nr. 1 u. 2 VersammlG (Verg., OD)

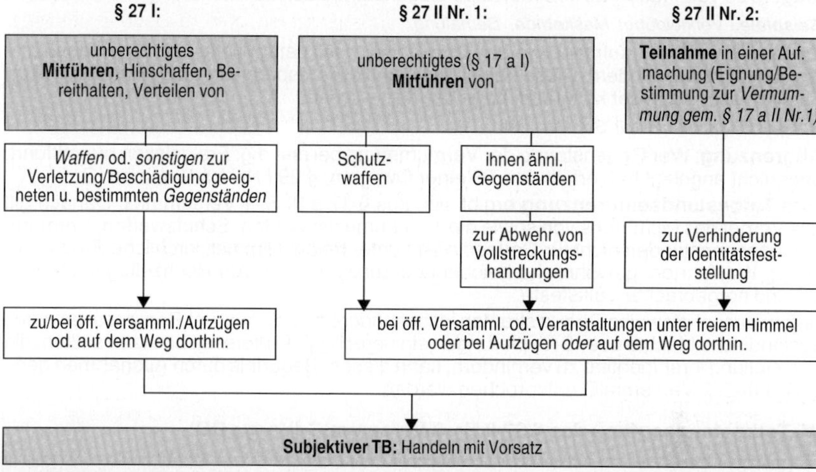

III. Erläuterungen

§ 27 I erfasst das Mitführen etc. von Waffen i. t. S. schlechthin und das Mitführen anderer Gegenstände, soweit diese ihrer Art nach zur Verletzung oder Beschädigung geeignet und bestimmt sind.

Der gesetzl. Hinweis, *ohne dazu behördlich ermächtigt zu sein* schließt für Polizeibeamte bereits den Tatbestand aus und nicht erst auf der zweiten Ebene die Rechtswidrigkeit.

§ 27 II Nr. 1 erfasst das Mitführen von Schutzwaffen schlechthin, das Mitführen anderer Gegenstände nur, wenn sie den Umständen nach mitgeführt werden, Vollstreckungsmaßnahmen von Trägern von Hoheitsbefugnissen abzuwehren.

Schutzwaffen i. t. S. sind solche Gegenstände, die nach ihrer spezifischen Zweckbestimmung der Verteidigung gegen Angriffe dienen.

Beispiele: *Schutzschilde, Panzerhemden etc.*

Auf eine Verwendungsabsicht kommt es bei der Mitführung von Schutzwaffen *i. t. S.* deshalb nicht an, weil von ihnen grds. schon eine gefahrvolle aggressionsstimulierende Wirkung ausgeht. Den Schutzwaffen i. t. S. *entsprechende Gegenstände* sind solche Mitttel, die nach Eignung *und* Bestimmung durch ihren Träger die Wirkung von Schutzwaffen entfalten.

Beispiele: *Bandagen, Schutzbrillen und -schilde etc.*

Abgrenzung: Das subjektive Merkmal der Bestimmung zur Vollstreckungsabwehr soll verhindern, dass das Mitführen solcher Gegenstände in *friedfertiger* Absicht bereits strafbar ist. Ob Personen, die den Schutzwaffen i. t. S. entsprechende Gegenstände mitführen, dies in Vollstreckungsabwehrabsicht tun, muss nach der jeweiligen Lage beurteilt werden.

Beispiel: *Das Mitführen von Tauen rechtfertigt i. d. R. die Schlussfolgerung, dass eine undurchlässige Menschenmauer gebildet werden soll.*

Werden ohne behördliche Erlaubnis nicht Schutz-, sondern Aggressivwaffen bei öffentl. Versammlungen oder Aufzügen mitgeführt, zu ihnen hingeschafft oder dort bereitgehalten oder verteilt, ergibt sich die Strafbarkeit der Täter bereits aus § 27 I VersammlG, ggf. auch in Tateinheit mit §§ 28, 29, 35, 37, 53 WaffG.

§ 27 II Nr. 2 erfasst eine **Aufmachung**, die geeignet ist, die Identitätsfeststellung ihres Trägers zu verhindern. Es kommen also Gegenstände der Vermummung in Betracht.

Beispiele: *Verkleidung, Maskerade, Bemalung.*

Es genügt, wenn die Aufmachung *den Umständen nach* darauf gerichtet ist, die Identitätsfeststellung zu verhindern. Diese Feststellung und ein entsprechendes Bewusstsein beim Täter müssen nach der konkreten Lage beurteilt werden.

Beispiel: *Wollmütze mit Sehschlitzen.*

Abgrenzung: Wer Gegenstände der Vermummung bei den o.g. Ereignissen nur mitführt, aber nicht angelegt hat, erfüllt den TB einer Owi gem. § 29 I Nr. 1 a VersammlG.

Eine **Tatbestandseingrenzung** ergibt sich aus § 17 a III S. 1 VersammlG. Danach gilt das Verbot des Mitführens von sowie die Teilnahme mit Waffen, Schutzwaffen, Vermummungsgegenständen nicht für Gottesdienste unter freiem Himmel, kirchliche Prozessionen u. Wallfahrten, gewöhnliche Leichenbegräbnisse, Züge von Hochzeitsgesellschaften und hergebrachte Volksfeste.

Sofern ausnahmsweise Demonstranten insbesondere zum Schutz vor Repressalien durch ausländische Mächte oder Gruppierungen ein berechtigtes Interesse besitzen sollten, die Feststellung ihrer Identität zu verhindern, kann diesem Bedürfnis durch Ausnahmen gem. § 17 a III S. 2 VersammlG entsprochen werden.

IV. Tatbestandsaufbau des § 27 II Nr. 3 VersammlG (Verg.; OD)

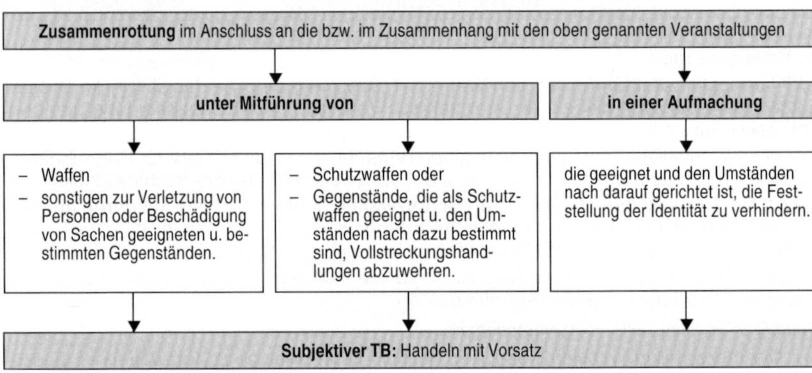

Eine Menschenmenge hat sich im Sinne dieser Vorschrift **zusammengerottet**, wenn sie in äußerlich erkennbarer Weise von dem gemeinsamen Willen zu bedrohlichem oder gewalttätigem Handeln beherrscht wird.

Beziehungsgegenstände, also Waffen, entsprechende Gegenstände, Schutzwaffen und Mittel der Vermummung können gem. § 30 VersammlG eingezogen werden, so dass ihre Beschlagnahme nach §§ 111 b ff. StPO (Kap. C 6.4) in Betracht kommt.

Auf die Eigentumsverhältnisse kommt es dabei im Sinne von § 74 a StGB und § 23 OWiG nicht an.

Fallbearbeitung

Fall (nach einem Auszug aus den polizeilichen Tagesberichten)

Als am 09.04. ..., gegen 18.00 Uhr, Polizeibeamte in Essen die Personalien von sechs Rockern feststellen wollten,

- die auf einem Kirmesplatz Besuchern mit dem Anzetteln einer wüsten Schlägerei gedroht
- sich z. T. unter rücksichtslosem Fortdrängen und -stoßen anderer an einer Schießbude Platz verschafft und
- durch Einkreisen einige Kirmesbesucher längere Zeit daran gehindert hatten, sich zu entfernen,

kam es zu Widerstandshandlungen und dem Einsatz des Reizstoffsprühgerätes. Nachdem fünf Rocker festgenommen und einer Polizeisonderwache zugeführt worden waren, drangen ca. 20 weitere Rocker in die Räume der Wache ein, um ihre festgenommenen Gesinnungsgenossen gewaltsam zu befreien.

17 Rocker wurden bei diesem Vorgehen nach einem heftigen Handgemenge überwältigt und vorläufig festgenommen. Zahlreiche Schlagringe, Stahlruten, Messer, Wurfsterne wurden sichergestellt.

Aufgabe: Prüfen Sie,

a) welcher Straftaten die Rocker bis zum Einschreiten der Polizeibeamten auf dem Kirmesplatz verdächtig waren,

b) welche weiteren Straftaten sie bei ihrer Festnahme begangen haben könnten und

c) welcher Straftaten sich die 20 Rocker verdächtig machten, die in die Polizeiwache eindrangen und versuchten, ihre Gesinnungsgenossen gewaltsam zu befreien!

Argumentieren Sie mindestens zu folgendem TB: §§ 185, 223, 224, 239, 240, 241, 123 – 125 a, 120, 113, 25 StGB; §§ 37, 53 WaffG.

6 Übersicht über die Straftaten gegen den öffentlichen Frieden, die in besonderem Maße geeignet sind, das Sicherheitsgefühl der Allgemeinheit zu verletzen[1], §§ 124–140

Schwerer Hausfriedensbruch – § 124, Verg., OD –	Eindringen in Schutzobjekte des § 123 durch eine zusammengerottete Menschenmenge in gewalttätiger Absicht (Näheres in Kap. B 4).
Landfriedensbruch – §§ 125, 125 a, Verg., OD –	Beteiligung an Gewalttätigkeiten aus einer Menschenmenge bzw. die Einwirkung auf sie, um ihre Bereitschaft zu deren Begehung zu wecken (Näheres in Kap. B 5).
Störung des öffentl. Friedens durch Androhung von Straftaten – § 126, Verg., OD –	Androhung / Vortäuschung bestimmter schwerer *Katalog*taten in einer Weise, die geeignet ist, den öffentl. Frieden zu stören. **Beispiel:** Versenden von Pseudo-Milzbrandbriefen (= entsprechende Kennzeichnung, aber mit gewöhnlichem Salz gefüllt) per Post. Fall nach OLG Frankfurt/M. NStZ-RR '02, 209. Mit dem Versenden dieser Briefe suchte der Täter den Irrtum zu erregen, die Verwirklichung der Katalogtat eines Mordes (= mit gemeingefährlichen Mitteln) stehe bevor (Tateinheit mit § 145 I 1 und § 145 d I 1 u. 2).
Bildung bewaffneter Gruppen – § 127, Verg., OD –	Bilden oder Befehligen bewaffneter Gruppen, Versehen einer Gruppe mit Waffen...; Anschluss an bewaffnete Gruppen. **Beispiel:** Wehrsportgruppe Hoffmann.
Bildung krimineller Vereinigungen, – § 129, Verg., OD –	in der Form organisierter Verbände mit Befehlsstruktur (über die Bande i. S. v. § 244 hinausgehend!) und dem Ziel der Begehung von Straftaten. Tathandlungen: Gründung, Werbung, Unterstützung, Mitgliedschaft. **Beispiele**: mafiose Verbände, Rauschgiftringe, Schlepperbanden.
Bildung terroristischer Vereinigungen – § 129 a, Verbr.; i. S. v. III Verg. – (→ § 129 b)	Gründung/Unterstützung von/ Werbung für/ Mitgliedschaft in Vereinigungen, deren Ziel es ist, besonders schwere, für Terrororganisationen charakteristische *Katalog*taten zu begehen. **Beispiele:** Baader-Meinhof-Bande, Antiimperialistische Zelle -AIZ-.
Volksverhetzung – § 130, Verg., OD –	Aufstacheln zum Hass geg. Teile der Bevölkerung od. zu Gewalt ... geg. sie; Angriff auf die Menschenwürde durch Beschimpfen ... von Teilen der Bevölkerung; Verbreiten, Herstellen etc. von Schriften entsprechenden Inhalts; Verharmlosung von NS-Straftaten i. S. v. § 220 a (sog. Auschwitzlüge).

1) Der 7. Abschnitt des BT des StGB, zu dem diese Straftaten gehören, enthält eine Reihe weiterer 'Straftaten gegen die öffentliche Ordnung', von denen die praktisch bedeutsamsten in den Kapiteln B 3, B 4, B 5, B 7, B 8, B 25.6 dargestellt sind.

Anleitung zu Straftaten – § 130 a, Verg., OD –	Wecken, Fördern der Bereitschaft anderer zur Begehung bestimmter *Katalog*taten durch Schriften, Anschläge etc. **Beispiel**: Anleitung zu Sprengstoffattentaten in Flugschriften.
Gewaltdarstellung – § 131, Verg., OD –	Tbm. handelt, wer *Schriften,* die eine Verharmlosung unmenschlicher Grausamkeiten ausdrücken oder diese in einer die Menschenwürde verletzenden Weise darstellen ...,1. verbreitet, 2. öffentl. ausstellt, 3. Personen unter 18 J. anbietet..., 4. herstellt, vorrätig hält ..., um sie i. S. d. Ziff. 1-3 zu verwenden ..
Belohnung und Billigung von Straftaten – § 140, Verg., OD –	schwerster Art (Katalog) *nach* deren Begehung. **Beispiel**: Anerkennung eines Brandanschlages auf ein Asylbewerberheim durch Flugblätter.

7 Missbrauch von Notrufen und Beeinträchtigung von Unfallverhütungs- und Nothilfemitteln, § 145

I. Allgemeines

Rechtsmittel: FS – 1 J. oder GS. (I); FS – 2 J. oder GS. (II).

Deliktstyp: Verg. OD, Versuch nicht strafbar, abstraktes Gefährdungsdelikt.

Rechtsgut: Schutz der Allgemeinheit vor Unglücksfällen und deren Auswirkungen; Verlässlichkeit von Notrufen und Hilferufen.

Konkurrenzen: Abs. 2 ist gegenüber §§ 303, 304 subsidiär.

II. Ausgangsfälle

1. Fall nach OLG Braunschweig, NJW 1977, 280.

Der Gastwirt Aretz rief gegen 3.40 Uhr über den Fernsprechanschluss 2233 die örtliche Polizeidienststelle an und forderte mit lallender Stimme, ein Funkwagen solle zu seiner Gaststätte kommen. Als der Beamte B. nach dem Grund des Ersuchens fragte, antwortete er: „Quassele nicht so lange, sonst passiert etwas".

Der Beamte beendete das Gespräch, ohne der Anforderung zu entsprechen.

Gegen 3.52 Uhr rief Aretz über Notruf 110 abermals die Polizeidienststelle an und sagte zu B.: „Du Idiot, schick mir einen Streifenwagen zu meiner Gaststätte."

Trotz ausdrücklichen Befragens nannte Aretz keinen Grund für die Anforderung des Funkwagens. B. hielt es nicht für ausgeschlossen, dass in der Gaststätte des A. nach Tätlichkeiten oder infolge Alkoholgenusses eine hilflose Person sein könnte, die einen polizeilichen Einsatz erfordere und entschloss sich, den einzig verfügbaren Streifenwagen per Funk zu entsenden.

Den eintreffenden Beamten erklärte Aretz nur: „Ich wollte euch nur einmal zeigen, dass ich schon geschlossen habe."

2. Fall nach OLG Frankfurt/M. – Versenden von Pseudo-Milzbrandbriefen – NStZ-RR '02,209.

Durch entsprechende Medienberichte in den USA angeregt, fertigte T mehrere Zettel mit der Aufschrift „Probieren Sie das supersensationelle Gesundheitspulver von Dr. med. Mills-Brandt! Wenigstens kein geschmackloser Scherz!" Diesen Zettel steckte T in Briefumschläge mit Sichtfenster und fügte etwas Speisesalz hinzu. Drei Briefe wurden auf einer Poststelle angehalten. Wegen des Verdachts eines Anschlages wurde die Polizei verständigt, die umfangreiche Sicherungsmaßnahmen veranlasste. T hatte mit entsprechenden Reaktionen gerechnet. § 145 I 1 (konkludentes Vortäuschen), §§ 126 II, 145 d I 1 u. 2, 52.

III. Tatbestandsaufbau

Tatbestandmäßig handelt, wer → **absichtlich** oder **wissentlich**[1] = **subjekt. TB**

Notrufe oder -zeichen

Bsp.: Betätigen des Feuermelders, einer Feuersirene, einer Alarmanlage; Abgabe von SOS-Rufen od. mdl. Hilferufe. Alarmierung der Polizei über Rufsäule oder Notruf 110[2], auch ohne weitere Angaben.
Nicht schon die falsche Alarmierung der Polizei über ihren allgemeinen Telefonanschluss (anders aber Ziff. 2 bzw. § 118 OWiG) oder lediglich bei Einschalten des Polizeimelders (§ 118 OWiG).

→ **missbraucht.**

Gebrauch ohne entsprechende Gefahrenlage; Zweckentfremdung; ohne Rücksicht auf etwaige Folgen.

vortäuscht,

- der Polizei
- der Feuerwehr
oder
- sonstigen Personen

dass

→ wegen eines **Unglücksfalles** (VU, Betrunkener auf der Fahrbahn) od. einer **gemeinen Gefahr od. Not** (Seuchengefahr, Feuersbrünste, Überschwemmungen, Giftgaskatastrophe)

→ **die Hilfe anderer erforderlich ist.**

Beispiele:
- Grundloses Alarmieren eines Krankenwagens.
- Versenden von Pseudomilzbrandbriefen.[3]

die zur **Verhütung** von Unglücksfällen oder gemeiner Gefahr **dienenden**

Warn- oder **Verbotszeichen** (öff./priv.)

- alle Verkehrszeichen und Einrichtungen,
- nach VU aufgestellte Warndreiecke,
- Verbotsschilder gegen unbefugtes Betreten gefährl. Geländes

→ **beseitigt,** → **unkenntlich macht** oder → **in ihrem Sinn entstellt.**

Schutzvorrichtungen (öff./priv.)

- Absperrmaterial an Baustellen,
- Leitplanken,
- Bretterzaun an Baustellen

die zur **Hilfeleistung** bei Unglücksfällen oder gem. Gefahr **bestimmten**

Rettungsgeräte oder andere Sachen (öff./priv.)

- Schwimmwesten,
- Erste-Hilfe-Material,
- Feuerpatschen,
- Feuerlöscher,
- zum Transport Verletzter bereitgestellter Pkw

→ **beseitigt,** **verändert,** **unbrauchbar macht.**

Beispiele:
Entfernung
- des Schildes „Vorsicht! Bissiger Hund" von einem Gartentor;
- von Warnzeichen an Baustellen (s. auch § 315!);
- der Warnzeichen (Totenkopf) von Giftfässern.

- Täter entfernt in einem Behördenhaus einen Feuerlöscher von seinem Platz;

oder

- Ablassen des Löschschaumes aus einem Feuerlöscher eines Bürohauses.

1) Zu diesen Begriffen vgl. Sie Kap. A 14.1.
2) BGH NStZ **1986,** S. IV.
3) OLG Frankfurt/M NStZ-RR '02, 209

IV. Bearbeitung des Ausgangsfalles

1. Indem der Gastwirt Aretz den Beamten B. am Telefon als „Idiot“ bezeichtete und ihn dabei duzte, beging er eine Beleidigung gem. § 185 (Kap. B 12). Rechtswidrigkeit und Schuld sind offensichtlich gegeben. Die Tat wird auf Antrag verfolgt (§§ 123 II, 77, 77 a), sofern dies im öffentlichen Interesse liegt (§§ 374, 376 StPO), was hier bejaht werden kann (RiStBV Ziff. 86).

2. Aretz beging außerdem eine Ordnungswidrigkeit gem. § 118 OWiG. Denn wer ohne triftigen Grund den Einsatz eines Fustkw der Polizei veranlasst, nimmt eine „grob ungehörige Handlung“ im Sinne dieser Vorschrift vor. § 118 OWiG kommt insbesondere dann in Betracht, wenn der Anrufer den gewöhnlichen Telefonanschluss der Polizei benutzt. Rechtswidrigkeit und Vorwerfbarkeit sind gegeben.

3. Mit der grundlosen Benutzung des Notrufes 110 könnte der Gastwirt den Tatbestand des § 145 erfüllt haben. Nach der Rechtsprechung des BGH (NStZ ‘86, S. IV) ist die Wahl der Notrufnummer 110 und die Forderung eines Funkstreifenwagens auch dann ein Verstoß nach § 145 I 1, wenn sich bereits aus den Worten des Anrufers ergibt, dass dieser sich nur einen Scherz erlauben wollte.

Der BGH begründet seine Auffassung einerseits mit der besonderen technischen Ausgestaltung der Notrufanschlüsse der Telekom, die in Notfällen rasche Hilfe durch die Notrufträger (Polizei 110, Feuerwehr 112) gewährleisten sollen.

Die Hilfeleistung ist nach Meinung des BGH auch nicht von weiteren Erklärungen des Anrufers abhängig. Ergibt sich bereits aus der Mitteilung, dass Hilfe nicht erforderlich ist, so ändert das seiner Auffassung nach nichts an dem bereits eingetretenen Missbrauch des Notrufes.

Der BGH berücksichtigte bei seiner Entscheidung auch ausdrücklich den Umstand, dass dem Notruf 110 im täglichen Leben eine herausnehmend wichtige Bedeutung zukommt. Schließlich sieht er aus diesen Gründen auch ein kriminalpolitisches Bedürfnis, den unbefugten Gebrauch zu pönalisieren.

4. Der Tatbestand i. S. v. § 145 d I 1 kann Aretz nicht angelastet werden, da er den Polizeibeamten gerade über den Anlass im Unklaren gelassen hatte (Kap. B 8.1).

5. Konkurrenzen und Ergebnis:
Aretz, der gegen zwei Strafgesetze, nämlich § 185 und § 145, und gegen eine Bußgeldvorschrift verstoßen hat, ist gem. § 21 OWiG nur wegen der Straftaten zur Verantwortung zu ziehen. Letztere stehen in Idealkonkurrenz (Kap. A 20.2) zueinander.

Anmerkung zum Ausgangsfall 2
T hat *konkludent* i. S. v. § 145 I 1 den wahrheitswidrigen Schein erweckt, dass mit dem Öffnen der Briefe eine unbestimmte Anzahl von Personen gefährdet wird und daher wegen einer gemeinen Gefahr die Hilfe anderer erforderlich ist.

8 Vortäuschen einer Straftat und falsche Verdächtigung

8.1 Vortäuschen einer Straftat, § 145 d

I. Allgemeines

Rechtsfolge:	FS – 3 J. oder GS.
Deliktstyp:	Vergehen, OD; der Versuch ist nicht strafbar; abstraktes Gefährdungsdelikt.
Rechtsgut:	Schutz der Rechtspflege sowie Schutz vor ungerechtfertigter Auslösung behördlicher Maßnahmen durch gezielte Täuschungshandlungen, die darauf ausgerichtet sind, repressive oder präventive Maßnahmen fehlzuleiten.
Konkurrenzen:	§ 145 d ist gegenüber §§ 164, 258, 258 a, 265 *subsidiär.*

II. Ausgangsfall

Köln – Das Vortäuschen von Straftaten wurde zu einem Milliarden-Geschäft.

Als professioneller Pechvogel ist ein Kölner Versicherungskaufmann Anwärter für das Guiness-Buch der Rekorde: Wie die Kripo ermittelte, täuschte der 32-Jährige in 62 Fällen vor, Opfer von Straftaten und sonstigen Schadensfällen geworden sein. In fünf Jahren kassierte er 600 000 Euro Schadenersatz.

Die Kripo ist sicher, dass in diesem „Geschäft" mittlerweile zahlreiche, noch unentdeckte Profis tätig sind:

„Ein Teil des Kriminalitätsanstiegs der letzten Jahre geht auf das Konto von Vortäuschungen. Viele Einbrüche, Diebstähle und Raubüberfälle sind fingiert. Manch einer, der sich als Opfer einer Brandstiftung darstellt, hat das Feuer selbst gelegt. Meist zielen Vortäuschungen auf einen Versicherungsbetrug" (Kap. B 21.1).

Doch es werden auch (aus Rache) Vergewaltigungen und Bombenattentate, (aus purer Freude am Unfug), Erpressungen oder Entführungen erfunden.

Nach Unfällen wird oft behauptet, der Wagen sei zuvor gestohlen worden. Ein Mercedes-Mitarbeiter hatte einen „Jahreswagen" bestellt, wurde aber seinen alten nicht sofort los. Ausweg aus der Geldklemme: Er meldete den Wagen als gestohlen, ließ ihn verschrotten und kassierte bei der Versicherung (§ 145 d – § 265 – § 263).

Der neueste Trend sind Autobrände: Eine Detailstudie ergab, dass von 180 untersuchten Autobränden die Hälfte Betrug war.

Den Kölner Rekord-Pechvogel brachte „Kommissar Zufall" zu Fall: Ein Autoaufbruch kam einem Beamten merkwürdig vor. Bei einer Haussuchung wurden dann die angeblich gestohlenen Wertsachen gefunden. Die Ermittlungen laufen jetzt gegen weitere 15 Helfer, darunter ein Anwalt.

III. Tatbestandsaufbau

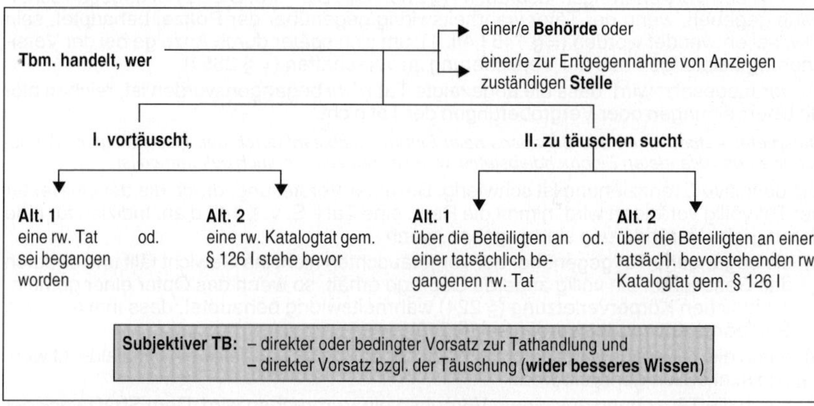

IV. Erläuterungen

Täuschungsadressat sind Behörden oder zur Entgegennahme von Anzeigen zuständige Stellen. Behörden (§ 11 I 7) sind Organe der öffentlichen Verwaltung, die staatliche Aufgaben wahrnehmen, z. B. Gerichte, kommunale Dienststellen (z. B. Ordnungsämter), Polizeibehörden, Bundesbahn, Bundespost, Industrie- und Handelskammern. Zur Entgegennahme von Anzeigen zuständige Stellen sind gem. § 158 I StPO die Staatsanwaltschaften, die Behörden und Beamten des Polizeidienstes und die Amtsgerichte.

Aus dem Schutzzweck der Norm folgt, dass es genügt, wenn z. B. die Polizei durch andere Personen von dem Verdacht einer Straftat Kenntnis erhält; z. B. Postbedienstete alarmieren die Polizei wegen eines vermeintlichen Milzbrandbriefes.

Die **Täuschungshandlung** besteht in der Mitteilung wahrheitswidriger Angaben. Diese kann mündlich oder schriftlich, durch den Täter, durch Dritte (Fall der mittelbaren Täterschaft!) oder durch Spurenlegen erfolgen. Öffentliches Behaupten, das keine verbale Äußerung zu sein braucht, genügt dann, wenn der Täter damit rechnet, dass seine Täuschungshandlung mittelbar einer Behörde oder entsprechenden Stelle bekannt wird.

Fall nach einem Disziplinarvorgang: Am ... täuschten Polizeischüler in einer Straße der Düsseldorfer Altstadt Passanten eine gewaltsame Entführung vor, indem sie mit gezogenen Pistolen verabredungsgemäß auf ihr „Opfer", einen Kollegen, zuliefen, ihn in den bereistehenden Pkw zerrten und davonbrausten. Ein Passant erstattete Anzeige bei der Polizei.

Im vorstehenden Fall dürften die Polizeischüler damit gerechnet und billigend in Kauf genommen haben, dass Passanten in ihrem Verhalten eine tatsächliche Straftat, nämlich eine Freiheitsberaubung (§ 239) erkennen und die Polizei verständigen würden. Ein Vortäuschen im Sinne des Abs. 1 Alt. 1 war daher gegeben.

Abs. 1 Alt 1 erfasst das Vortäuschen irgendeiner in Wahrheit *nicht* begangenen rechtswidrigen Tat.

Wie bereits im *Ausgangsfall* dargelegt, wird § 145 d häufig im Vorfeld beabsichtigter Betrügereien z. N. von Versicherungen begangen. § 145 d ist dann regelmäßig *strafbare* Vorbereitungshandlung des nachfolgenden Betruges.

Dieser ist erst dann vollendet, wenn die getäuschte Versicherung den „Schaden" ersetzt. Eine Versuchshandlung im Sinne des Betruges (§ 263 I, § 22) liegt dann vor, wenn der Täter zur Täuschung der Versicherung ansetzt, wenn er also den angeblichen Schaden mündlich oder schriftlich vorträgt.

Abgrenzung:

Der Fall des Versicherungsmissbrauchs (§ 265, Kap. B 21.1 u. B 21.2) ist dagegen schon dann gegeben, wenn der Täter wahrheitswidrig gegenüber der **Polizei** behauptet, sein Pkw sei entwendet worden (= § 145 I Alt. 1), um sich später durch Anzeige bei der Versicherung Leistungen aus der Versicherung zu verschaffen (= § 265 I).

Da vorausgesetzt wird, dass die angezeigte Tat *nicht* begangen worden ist, reichen bloße Übertreibungen oder Vergröberungen der Tat nicht.

Beispiele: *Aufbauschen des Schadens beim Einbruchdiebstahl durch den Geschädigten, Vortäuschen eines vollendeten Einbruchdiebstahls, wenn es nur zum Versuch gekommen ist.*

Die definitive Grenzziehung ist schwierig. Bei einer Verstellung, durch die der Charakter der Tat völlig verändert wird, nimmt die Rspr. eine Tat i. S. v. § 145 d an. Indizien für eine derart grobe Veränderung sind gegeben, wenn

a) die begangene Tat gegenüber der vorgetäuschten nicht ins Gewicht fällt und dadurch das Geschehen ein völlig anderes Gepräge erhält, so wenn das Opfer einer gemeinschaftlichen Körperverletzung (§ 224) wahrheitswidrig behauptet, dass ihm auch die Geldbörse entwendet worden sei (§ 249!) oder
b) durch die Täuschung aus einem Antrags- oder Privatklagedelikt ein Offizialdelikt wird, und schließlich generell, wenn
c) durch die Täuschung aus einem Vergehen ein Verbrechen wird. Dem Strafzweck der Norm entsprechend kommt es stets darauf an, ob der Umfang der erforderlichen Maßnahmen hinsichtlich des vorgetäuschten Delikts erheblich über dem liegt, der wegen der tatsächlich begangenen Tat ohnehin anfällt.

Wesentlich ist grundsätzlich, ob die Täuschungshandlung zu einer Verfolgungsmaßnahme Anlass geben kann. Wer sich z. B. wahrheitswidrig selbst bezichtigt oder Anzeige gegen „unbekannt" erstattet, handelt daher tatbestandsmäßig.

Beispiel: *Rentner X., Vater eines des Kfz-Diebstahls verdächtigen 19-jährigen Banklehrlings, behauptete gegenüber einem ermittelnden Kriminalbeamten,* **er** *habe das Fahrzeug entwendet, um die Aufkündigung des Ausbildungsvertrages zu verhindern.*

Im **Ausgangsfall 2 des Kap. B 7** hat T i. S. v. § 145 d I Alt. 1 vorgetäuscht, eine rechtswidrige Tat (§§ 211, 22) sei begangen worden. Zugleich hat er tateinheitlich i. S. v.

§ 145 d I Alt. 2 vorgetäuscht, die Verwirklichung einer im § 126 I 2 genannten rechtswidrgen Tat (§ 211) stehe bevor.

Abs. 1 Alt 2 erfasst das Vortäuschen einer in Wahrheit *nicht* bevorstehenden rechtswidrigen *Katalogtat* gem. § 126 I.

Beispiele: *B., der sich wichtig tun will, erklärt wahrheitswidrig auf der K-Wache, in der Gaststätte „Zur scharfen Kurve" ein Gespräch verfolgt zu haben, demzufolge in den Abendstunden des nächsten Tages der Geldbote der Fa. X überfallen und ausgeraubt werden solle.*

Häufige Fälle sind weiter die Ankündigung bevorstehender Explosionen und Brandstiftungen.

Die Vortäuschung von Straftaten, die nicht zum Katalog des § 126 I zählen, ist nicht tatbestandsmäßig. So etwa, wenn bekannt wird, dass der Skinhaed Marc Schmitt bei einer Polizeidienststelle wahrheitswidrig behauptet hat, dass in der örtlichen Adenauerstraße *Fahrzeugaufbrüche* geplant gewesen seien. Im Übrigen muss der Anschein erweckt worden sein, die Tatausführung stehe unmittelbar oder doch in Kürze bevor. Die Ankündigung, eine Katalogtat stünde „demnächst" bevor, ist nicht tatbestandsmäßig, da die Präventivorgane noch nicht *unmittelbar* in ersthafter Weise fehlgeleitet werden.

Abs. 2 Alt. 1 erfasst die versuchte oder vollendete Täuschung über die *Beteiligten* an einer tatsächlich begangenen rechtswidrigen Tat. Dies kann einerseits durch falsche Selbstbezichtigung erfolgen.

Beispiel: *A., der keinen Führerschein besitzt, behauptet wahrheitswidrig, das Fahrzeug gefahren zu haben, um seinen betrunkenen Bruder, der Vertreter ist, vor dem Verlust des Führerscheines zu bewahren.*

§ 258 (Strafvereitelung) scheidet hier wegen des Angehörigenprivilegs aus (§ 258 VI). Allerdings besteht Tateinheit mit Abs. 1 Alt. 1.

Hätte A. eine Fahrerlaubnis besessen, wäre sein wahrheitswidriger Hinweis auch nicht nach § 145 d strafbar, da er unter diesen Umständen gar keine Straftat begangen und daher auch keine falsche Ermittlungstätigkeit ausgelöst hätte.

> Der Rechtsgrundsatz, dass niemand gezwungen werden darf, sich selbst zu belasten, führt bei § 145 d II Nr. 1 (wie auch bei § 164 I Alt. 1 - Kap. B 8.2) zu einer Einschränkung des Tatbestandes.
> Schweigt der Beschuldigte oder bestreitet er die ihm vorgeworfene Tat, bleibt er auch dann straflos i. S. v. § 145 d oder § 164, wenn dadurch zwangsläufig eine bestimmte andere Person in Verdacht gerät.

Abs. 2 Alt. 2 erfasst die versuchte oder vollendete Täuschung über den oder die Beteiligten an einer *bevorstehenden* rechtswidrigen *Katalogtat* aus § 126 I.

Beispiel: *Merkat, der nach Zeitungsberichten damit rechnet, dass in den bevorstehenden Nachtstunden im Großkaufhaus Horten in Köln eine Bombe explodieren wird, teilt der örtlichen Polizeiinspektion anonym mit, dass es sich bei einem der Täter um den 30-jährigen Marc Prull handelt, von dem er weiß, dass dieser schon vor ca. drei Jahren verstorben ist.*

Subjektiver Tatbestand: Die Täuschung muss wider besseres Wissen erfolgen, dass heißt mit direktem Vorsatz. Der Täter muss also positiv wissen, dass die rechtswidrige Tat nicht begangen worden ist oder bevorsteht bzw. dass die Angaben über Tatbeteiligte nicht der Wahrheit entsprechen. Hinsichtlich der übrigen Merkmale genügt bedingter Vorsatz.

Der Täter muss also mindestens billigend in Kauf nehmen, dass seine Täuschungshandlung einer Behörde oder einer Entgegennahme von Anzeigen zuständigen Stelle bekannt wird.

Vollendet ist die Tat in allen Varianten mit Kenntniserlangung seitens der Behörde oder eines ihrer Amtswalter. Unerheblich ist, ob es tatsächlich zu Verfolgungs- oder Präventivmaßnahmen gekommen ist.

8.2 Falsche Verdächtigung, § 164

I. Allgemeines

Rechtsfolge: FS – 5 J. oder GS.

Deliktstyp: Vergehen, OD, Versuch nicht strafbar.

Rechtsgut: Rechtspflege vor sachlich nicht gerechtfertigter Inanspruchname sowie Bewahrung des Einzelnen vor Maßnahmen irregeführter Behörden.[1]

II. Ausgangsfall

Verfahren eingestellt nach Anonymanzeige

Aachen – Als „völlig haltlos“ wertete nun auch die Aachener Staatsanwaltschaft die in einer anonymen Anzeige gegen den Technischen Beigeordneten der Stadt W. erhobenen Vorwürfe. Das Ermittlungsverfahren wurde daraufhin eingestellt. Wie die StA am Mittwoch in einer Pressemitteilung darstellte, hatte der Anzeiger Mitte Februar angegeben, bestimmte baurechtliche Genehmigungen seien bei der Stadt W. nicht korrekt und unbeeinflusst bearbeitet worden. Daraufhin bat die StA den Oberkreisdirektor im Wege der Amtshilfe, eine sachkundige Überprüfung vorzunehmen ... Eine ‚sorgfältige Prüfung‘ erbrachte aber die Haltlosigkeit der Vorwürfe. Es stehe fest, dass die von dem Urheber der Anzeige beanstandeten Vorgänge in jeder Hinsicht einwandfrei bearbeitet worden seien.

Gegen den unbekannten Anzeiger leitete die StA zwischenzeitlich ein Ermittlungsverfahren, wegen falscher Verdächtigungen ein.

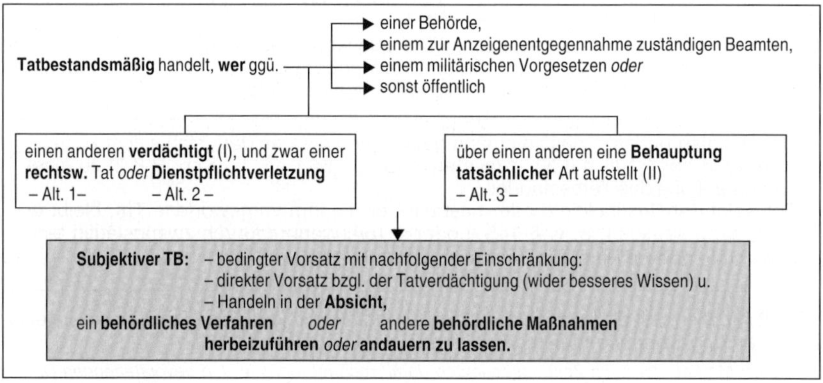

III. Tatbestandsaufbau

IV. Erläuterungen

Der Kreis der **Täuschungsadressaten** ist gegenüber dem in § 145 d (B 8.1) erweitert. Während dort nur Behörden und zur Anzeigenaufnahme zuständige Stellen / Personen gem. § 158 StPO in Betracht kommen, kann der Tatbestand des § 164 auch durch entsprechende Behauptungen gegenüber militärische Vorgesetzte oder durch öffentliche Kundgabe erfüllt werden. Öffentlich ist die Verdächtigung / Behauptung dann begangen, wenn sie von einem größeren, miteinander nicht näher verbundenen Personenkreis wahrgenommen werden kann.

1) SchöSchr. zu § 164 m. w. Nw.

Tathandlung ist das Verdächtigen eines anderen bzw. die Aufstellung einer entsprechend denunzierenden Tatsachenbehauptung über einen anderen.

Gemeint ist damit die *unwahre* Beschuldigung, durch die der Verdacht

- einer rechtswidrigen Tat (§ 11 I 5),
- einer nach Disziplinarrecht verfolgbaren Dienstpflichtverletzung (z. B. Alkohol im Dienst) oder
- einer sonstigen, ein behördliches Verfahren auslösenden Beweislage (z. B. Entzug der Schankerlaubnis, Rücknahme einer Baugenehmigung)

geschaffen wird.

Die Verdächtigung muss geeignet sein, einen Anfangsverdacht zu begründen und damit ein Verfahren auszulösen oder fortdauern zu lassen, so im *Ausgangsfall.* Der Verdacht muss dabei auf eine *bestimmte* (identifizierbare) *Person* gelenkt worden sein. Insofern unterscheidet sich dieser Tatbestand von dem des § 145 d, nach dem es ausreicht, wenn der Täter z. B. wahrheitswidrig gegenüber einem Polizeibeamten angibt, er sei von dem Fahrer eines roten Pkw mit dem Kennzeichen K – ..., weitere Daten unbekannt, von der Fahrbahn abgedrängt worden und deshalb auf einen geparkten Pkw aufgefahren.

Im Ausgangsfall wurde der verantwortliche Technische Beigeordnete, in dessen Aufsichtsbereich das Bauamt fällt, einer Dienstpflichtverletzung verdächtigt.

Zur notwendigen Einschränkung des Tatbestandes bei § 164 I Alt. 1 vgl. Sie Kap. B 8.1 zu § 145 II Nr.1.

Abgrenzung: Das Verdächtigen bereits verstorbener Personen kann den Tatbestand des § 189 „Verunglimpfung des Andenkens Verstorbener" erfüllen.

Das Verdächtigen, also das Hervorrufen, Verstärken oder Umlenken eines Verdachts, kann durch die Aufstellung mündlicher oder schriftlicher Behauptungen, aber auch durch sog. Schaffen einer Beweislage, nämlich durch gezielte Spurenlegung, erfolgen.

Die Verdächtigung kann auch durch pflichtwidriges Unterlassen[1] begangen werden, wenn der Täter eine Rechtspflicht hatte, den wahren Sachverhalt zu berichten.

Beispiel: *Ein Streifenbeamter stellt den Ablesefehler seines Kollegen beim Alcotest nicht richtig und lässt diesen die Entnahme einer Blutprobe (§ 81 a StPO) anordnen.*

Subjektiver Tatbestand:

Der Täter muss hinsichtlich der Beschuldigung *wider besseres Wissen* gehandelt haben. In diesem Sinne handelt, wer die Unwahrheit seiner Angaben positiv kennt (direkter Vorsatz).

Die Erstattung sog. *Aufklärungsanzeigen*, d. h. Mitteilung von Verdachtsgründen im Interesse einer Tataufklärung sowie andere vertrauliche Hinweise eines Bürgers an einen Polizeibeamten, erfüllen den Tatbestand des § 164 nicht.

Der Täter muss schließlich in der *Absicht* handeln, ein behördliches Verfahren oder andere behördliche Maßnahmen herbeizuführen oder andauern zu lassen. Das setzt nach der Rspr. nicht nur zielgerichtetes (absichtliches) Handeln voraus, sondern lässt schon ein Handeln mit dem Wissen ausreichen, dass die Verdächtigung zwangsläufig zur Einleitung eines Verfahrens etc. führen wird (direkter Vorsatz).

Vollendet ist die Tat, wenn die Beschuldigung der Behörde bzw. dem Amtsträger zur Kenntnis gebracht ist bzw. wenn sie öffentlich bekannt gemacht ist, und zwar ohne Rücksicht darauf, ob behördliche Reaktionen erfolgen.

1) Einzelheiten zum Handeln durch Unterlassen oben Kap. A 15.

9 Geld- und Wertzeichenfälschung im Überblick, §§ 146 ff.[1]

A. Schutzobjekte

Geld, §§ 146, 147, 152; **Wertzeichen,** §§ 148, 152; **Wertpapiere,** §§ 151, 152; **Zahlungskarten, Euroscheckvordrucke,** § 152 a.

§§ 146, 149 sind international geschützte Rechtsgüter. Ihre Verfolgung erfolgt unabhängig vom Tatort nach dem sog. Weltrechtsprinzip (§ 6 Nr. 7).

Gem. § 151 stehen dem Geld bestimmte Wertpapiere gleich, wenn sie gegen Nachahmung besonders gesichert sind. Dazu gehören u. a. Aktien und Reiseschecks. Aus den §§ 152,152 a ergibt sich, dass auch ausländische Zahlungsmittel, Wertzeichen etc. geschützt sind.Geldfälschungsdelikte sind *Sonderfälle der Urkundenfälschung* (§ 267). Alle Straftaten stellen *Offizialdelikte* dar.

In den Fällen der §§ 146, 152 a, 152 b ist gem. § 150 I der sog. *erweiterte Verfall* (§ 73 d, Kap. A 7.2) möglich, wenn der Täter als Mitglied einer Bande gehandelt hat, die sich zur fortgesetzten Begehung solcher Taten verbunden hat. § 73 a ist auch anzuwenden, wenn der Täter (nur) gewerbsmäßig gehandelt hat. In den übrigen Fällen können durch die Tat erlangte Vorteile gem. §§ 73 ff. dem Staat verfallen. § 150 II sieht obligatorisch die Einziehung der gefälschten Produkte und der in § 146 genannten Fälschungsmittel vor.

B. Strafbare Vorbereitungshandlungen

Vorbereitung der Fälschung von Geld, Wertzeichen, Wertpapieren und Euroscheckvordrucken und -karten
§§ 149 (151, 152, 152 a I 2 b), Verg., OD

Tathandlung:

Herstellen, feilhalten, sich verschaffen, verwahren, überlassen von ... →	... Platten, Formen, Negative etc., entsprechend geeignetem Papier ... →	... zum Zwecke der Fälschung = FS – 5 J.; sonst FS – 2 J. / GS →	Straflosigkeit bei tätiger Reue, § 149 II, III

Ordnungswidrig i. S. v. § 127 OWiG handelt dagegen nur, wer ohne Befugnis solche Sachen herstellt etc., die zur Geldfälschung verwendet werden können bzw. wer gem. § 128 OWiG papiergeldähnliche Drucksachen oder Abbildungen herstellt oder verbreitet, u. zwar ohne Fälschungsabsicht. Rechtsfolge bis zu 10 000 Euro Geldbuße sowie Einziehung der Gegenstände.

C. Strafbare Ausführungshandlungen

Geldfälschung, § 146 I, Verbr.	**Inverkehrbringen von Falschgeld, § 147, Verg.**	**Wertzeichenfälschung, § 148, Verg.**	**Fälschung von** - **Zahlungskarten, Schecks, Wechsel, § 152 a I (Verg.)** - **Zahlungskarten mit Garantiefunktion (§ 152 b IV) u. Euroscheckvordrucken, § 152 b I (Verbr.)**
● Nachmachen von Geld ● Verfälschen von echtem Geld ● sich Verschaffen von Falschgeld/Feilhalten	Privilegierungstatbestand für die vors. Weitergabe von unvorsätzlich erworbenem Falschgeld	Nachmachen Verfälschen Sichverschaffen ● Inverkehrbringen ● Wiederverwertung nach entspr. Manipulation	● Nachmachen, verfälschen ● sich oder einem anderen verschaffen ● Feilhalten, Überlassen ● Gebrauchen

↓

● **in der Absicht, dass es** als echt in Verkehr **gebracht** oder dass ein solches Inverkehrbringen ermöglicht **werde** bzw.
● **Inverkehrbringen** solcher Fälschungsprodukte.

↓

II. – gewerbsm. Handeln
– Handeln als Bandenmitglied

§§ 252 a III, 1526 II – gewerbsmäßiges Handeln
– Handeln als Bandenmitglied

---

1) Das 35. Strafrechtsänderungsgesetz zur Bekämpfung von Betrug und Fälschung im Zusammenhang mit unbaren Zahlungsmitteln ergänzt die §§ 146, 151, 152 a, 263 a und führte § 152 b ein. § 152 a ist danach als Grundtatbestand für Fälschungshandlungen im Zusammenhang mit Zahlungskarten ohne Garantiefunktion, Schecks und Wechsel ausgestaltet. Der neue § 152 b schützt die mit Garantiefunktion ausgestatteten Karten (sog. Drei-Partner-System).

10 Die Aussagedelikte im Überblick, §§ 153 ff.[1]

Rechtsgut: Innerstaatliche Rechtspflege vor Verfälschung ihrer Entscheidungsgrundlagen.

Deliktstypus: Alle Aussagedelikte sind Offizialdelikte; (schlichte) Tätigkeitsdelikte, da es auf eine Rechtsgutbeeinträchtigung nicht ankommt; abstrakte Gefährdungsdelikte, selbst die konkrete Gefahr für die Verfälschung ist nicht TBM; sowie eigenhändige Delikte; mittelbare Täterschaft wird von § 160 erfasst; Teilnahme gem. §§ 26, 27 ist möglich.

Tathandlungen:	**Falsche uneidliche Aussage**	**Falsches Schwören (Meineid)**	**Falsches Versichern an Eides statt**	**Verleitung zur Falschaussage i. S. v. §§ 153, 154, 156**	**Versuch der Anstiftung zur Falschaussage i. S. v. § 153 od. 156**
Vorsatz:	§ 153	§ 154 (Verbr.)	§ 156	§ 160, Vers. strafb.	§ 159
Fahrlässigkeit:	O	§ 163 Sorgfaltspflichtverletzung: mangelnde Vorbereitung, Konzentration, Artikulation	§ 163	O	O
Besonderheiten:	Grunddelikt	Qualifikation zu § 153; Vorbereitg. gem. § 30 strafb. Eidesformel: §§ 66 c, 66 d StPO, 481 I, 484 ZPO	3. Grundtyp mit eigenständiger Beteuerungsformel zur Glaubhaftmachung unrichtiger Angaben	Fall der mittelbaren Täterschaft (A 19.1); Hintermann muss von Gutgläubigkeit des Verleiteten ausgehen, sonst gilt § 26!	§ 159 ergänzt § 30 I, der nur bei Verbr. gilt
Täter:	Zeugen, Sachverständige (SV)	Zeugen, SV, Partei im Zivilprozess	jedermann	jedermann	jedermann
zuständige Stelle / Behörde:	Gerichte, Ermittlungsrichter, Notare gem. § 22 II BNotO; Prüfungsstelle des Patentamtes, § 33 PatG; parlamentarische Untersuchungsausschüsse, Art. 44 GG	Gericht	Vollstreckungs- u. Vormundschaftsgericht z. B.	entsprechend §§ 153, 154, 156	entsprechend §§ 153, 156
Falschaussage:	über Tatsachen, nicht Werturteile. Widerspruch zw. Wort und Wahrheit nach objekt. Theorie des BGH 7, 148	durch Missbrauch der feierlichen Beteuerungsformel qualifizierte Falschaussage	Hauptfall: wahrheitswidrige Glaubhaftmachung in der Zwangsvollstreckung beim Offenbaren des Vermögens, §§ 294, 707, 769, 807, 920, 936 ZPO	Täter bestimmt einen Unwissenden zur falschen Aussage, indem er in ihm über den Aussagegegenstand einen Irrtum herbeiführt. Aussagender ggf. § 163!	Täter versucht den Aussagepflichtigen zur Falschaussage zu bewegen. Kommt es zur Aussage, gilt § 26 zu § 153 bzw. § 156

1) Nachweise bei Tröndle/Fischer, SchöSchr.

Fortsetzung auf S. 130

Fortsetzung von S. 129

Tathandlungen:	**Falsche uneidliche Aussage**	**Falsches Schwören (Meineid)**	**Falsches Versichern an Eides statt**	**Verleitung zur Falschaussage i. S. v. §§ 153, 154, 156**	**Versuch der Anstiftung zur Falschaussage i. S. v. § 153 od. 156**
Vollendung:	mit Abschluss der Vernehmung	mit Beendigung des Schwures	mit Abgabe der mdl. od. schriftl. Versicherung und Zugang	mit Falschaussage des Verleiteten	mit Einwirkung auf die Aussageperson
Aussagenotstand, § 157:	für Zeugen, SV fakultative Milderung bzw. Absehen von Strafe (kein Entschuldigungsgrund i. S. v. § 35, da die Hinnahme von Strafe stets zumutbar ist)	für Zeugen, SV fakultative Milderung	O	O	O
Berichtigung der Falschaussage, § 158:	fakultative Milderung oder Absehen von Strafe bei *rechtzeitiger* Berichtigung; persönl. Strafaufhebungs- bzw. -milderungsgrund		O	O	
Konkurrenzen:	Häufig ist Idealkonkurrenz gegeben mit §§ 145 d, 164 (Vortäuschen einer Straftat, Falschverdächtigung – Kap. B 8.2), § 187 (Verleumdung – Kap. B 12.4), §§ 257, 258 (Begünstigung, Strafvereitelung – Kap. B 20.1).				

11 Straftaten gegen die sexuelle Selbstbestimmung, §§ 174 ff.

11.1 Systematik

Sexuelle Nötigung, Vergewaltigung,
§ 177, Verbr., FA

I. Nötigung einer Person
- mit Gewalt,
- unter Drohg. m. ggw. Gef. f. L/L *oder*
- unter Ausnutzung einer schutzlosen Lage des Opfers,

sexuell. Handlg. des Täters oder Dritter an sich zu dulden oder am Täter oder an Dritten vorzunehmen (ab 1 J. FS).

II.: bes.schw. Regelfälle:
- Vollzug d. Beischlafes,
- besondere Erniedrigung des Opfers,
- gemeinschaftl. Handeln. (FS ab 2 J.).

III weitere schw. Fälle:
- Mitführen einer Waffe od. eines gef. Werkzeuges ...
- Verursachung der Gefahr einer schw. Gesundheitsschädigung (FS ab 3 J:).

IV: FS ab 5 J.:
- Verwendung einer Waffe od. eines gef. Werkzeuges;
- schw. Misshandlg. od. Verursachung einer Todesgefahr.

Sex. Nötigung u. Vergewaltigung mit leichtfertiger Verursachung des Todes,
§ 178, Verbr., FS ab 10 J.

Sexueller Missbrauch ...

von Schutzbefohlenen
- Pers. unter 16 bzw. 18 J.,
- noch nicht 18-J. Kind d. Täters;

§ 174, Verg., Vers. strafb., FA.

von Gefangenen, behördl. Verwahrten od. Kranken u. Hilfsbedürftigen in Einrichtg.
§ 174 a, Verg.,Vers.strafb.; FA

unter Ausnutzung einer Amtsstellung ...,
§ 174 b, Verg., Vers.strafb. FA

unter Ausnutzung eines Beratungsverhältnisses ...,
§ 174 c, Verg., OD, Vers.strfb.

von Kindern ...,
§ 176 I /II Verg., OD,Vers. strafb.; III Verbr.;
§ 176 a, Verbr., qualifiz. Fälle;
§ 176 b, Verbr., m. Todesfolge, FA (B 11.2)

widerstandunfähiger Personen,
§ 179 (FA): *)
- infolge geistiger/ seelischer Störungen/ einer Suchtkrankheit / Bewusstseinsstörung,
- infolge körperl. Widerstandsunfähigkeit

I u. II Verg., OD, Vers. strafb.
V. Verbr.
VII. Qualifikation nach § 177 IV Nr. 2 u. § 178 b gilt entsprechend.

von Jugendlichen,
§ 182, Verg., OD, FA
I: Missbrauch einer Person unter 16 J. durch Person ab 18 J. zu sex. Hdlg. unter Ausnutzung einer Zwangslage od. geg. Entgelt.
II. Missbrauch o. g. Pers. durch Pers. ab 21 J., und zwar unter Ausnutzung d. Unerfahrenheit des Opfers (RAD=III).
IV. Absehen von Strafe.

Förderung ...

... sexueller Hdlg. Minjähriger
- unter 16 J.,
- unter 18 J. geg. Entgelt,
- unter 18 J. unter Missbrauch d. Vertrauensst. des Täters;

§ 180, Verg., Vers. z. T. strafb., OD, FA.

Ausbeutung von Prostituierten,
§ 180 a, Verg., OD.
Näheres Kap. B 11.3.

Zuhälterei,
§ 181 a, Verg., FA, VS, EV.,
Näheres Kap. B 11.4.

Menschenhandel zum Zeck der sexuellen Ausbeutung,
§ 232 I, Verg., FA, EV, OD, Vers. strafbar, § 232 II Verbr. Kap. B 11.5.

Menschenhandel zum Zweck der Ausbeutung der Arbeitskraft,
§ 233 I Verg., FA, EV, OD Vers. strafbar, § 233 III Verbr. Kap 11.5

Förderung des Menschenhandels,
§ 233 a, Verg., FA, EV, OD.

Anm.: §§ 232-233 a wurden mit dem 37. StrÄndG v- 11.2.05 in den 18. *Abschnitt* des StGB eingeführt, §§ 180 b, 181 a.F. gestrichen

Exhibitionismus,
§ 183, Verg., AD.
Belästigung eines anderen durch einen Mann mittels exhibitionistischer Handlung.

Erregung öffentlichen Ärgernisses,
§ 183 a, Verg., OD.
wissentlich durch öffentl. Vornahme sexuell. Hdlg. – subsidiär ggüb. § 183 –

Verbreitung pornografischer Schriften,
§ 184, Verg., OD,
in einer Vielzahl ernumerativ aufgeführter Fälle.

Verbreitung gewalt- oder tierpornografischer Schriften,
§ 184 a, Verg., OD.

Verbreitung, Erwerb und Besitz kinderpornografischer Schriften, § 184 b, Verg., OD.

Verbreitung pornografischer Darbietungen durch Rundfunk, Medien- oder Teledienste, § 184 c, Verg., OD.

Ausübung der verbotenen Prostitution,
§ 184 d, Verg., OD,
bei beharrlicher Verletzung durch RechtsVO erlassener Verbote, der Prostitution nachzugehen.

Verbotene Ausübung d. Prostitution, Werbung für Prostitution,
§ 120 OWiG (Teil D),
Einzelverstöße i. S. v. § 184 a; Werbung für entgeltl. sex. Hdlg. in bestimmter Form.

Jugendgefährdende Prostitution
§ 184 e, Verg., OD,
an Örtlichkeiten, an denen sich Pers. unter 18 J. aufhalten, sofern sie dadurch sittlich gefährdet sind.

Grob anstößige, belästigende Handlung
§ 119 OWiG (Teil D), öffentl. Anpreisen von sex. Hdlg., das geeignet ist, andere zu belästigen, grab anstößiges Verbreiten von Mitteln des sexuellen Gebrauchs.

Erläuterungen: Eine sexuelle Handlung ist ein Verhalten, das nach seinem äußeren Erscheinungsbild eine Beziehung zum Geschlechtlichen aufweist (BGH NStZ '85, 24) und im Hinblick auf das jeweils geschützte Rechtsgut von einiger Erheblichkeit ist (BGH NStZ '92, 432); § 184 f.
Abkürzungen: FA = Führungsaufsicht, VS = Vermögensstrafe, EV = Erweiterter Verfall (§§ 181 b, c, 68, 43 a, 73 d, Näheres Kap. A 7). Ggw. Gef. f. L/L = gegenwärtige Gefahr für Leib oder Leben. Die Leibesgefahr muss von einiger Erheblichkeit sein.

11.2 Sexueller Missbrauch von Kindern, §§ 176, 176 a, 176 b

I. Allgemeines

Rechtsgut: von vorzeitigen sexuellen Erlebnissen ungestörte geistige und körperliche Entwicklung des Kindes (§ 176) sowie Schutz vor sexueller Misshandlung, Gesundheitsschädigung und schwerer Gesundheitsgefährdung (§§ 176 a, b).

Art der sex. Hdlg.: vorsätzliche gleich- oder ungleichgeschlechtliche Sexualbezogenheit.

II. Tatbestandsaufbau

§ 176 I – III: FS von 6 Mon. – 10 J., in bes. schw. Fällen FS ab 1 J.; Verg., OD, FA

Vornahme / Vornehmen lassen
sexueller Handlungen
an einem Kind durch den Täter / durch ein Kind am Täter

Bestimmen eines Kindes zur Vornahme/zum Vornehmenlassen
sexueller Handlungen
an Dritten / durch einen Dritten an dem Kind selbst

§ 176 IV: FS v. 3 Mon. – 5 J., Verg., Vers. strafbar mit Ausnahme von Ziff. 3, 4 u. V

1. *Vornahme* sexueller Handlungen *vor* einem Kind;
2. *Bestimmen* eines Kindes, dass es sexuelle Handlungen *an sich* vornimmt;
3. *Einwirken* auf ein Kind durch Schriften (§ 11 III), um es zu einer sexuellen Handlung zu bringen.
4. *Einwirken* auf ein Kind *durch* Vorzeigen pornographischer Abbildungen ..., Abspielen entsprechender Tonträger oder durch entsprechende Reden.

§ 176 V, FS v. 3 Mon. – 5 J.
wenn der Täter ein Kind für Taten nach I – IV anbietet, nachzuweisen verspricht oder sich mit einem anderen zu einer solchen Tat verabredet.

§ 176 VI: Der Versuch ist strafbar – außer im Falle IV Nr. 3 u. 5 und V.

§ 176 a: Schwerer sexueller Missbrauch von Kindern, FS ab 1 J. (I) bzw. ab 2 J. (II)

I. *Sexueller Missbrauch* von Kindern i. S. v. §§ 176 I/II, wenn der Täter wegen einer solchen Tat innerhalb der letzten 5 Jahre rechtskräftig verurteilt worden ist.

– II:	Vollzug des *Beischlafes* oder ähnlicher mit dem Eindringen in den Körper verbundener Handlungen durch Person über 18 mit einem Kind (Nr. 1).	Sexueller Missbrauch i. S. v. § 176 I und II von mehreren *gemeinschaftlich begangen* (Nr. 2)	Verursachung einer *schweren Gesundheitsschädigung* od. einer erhebl. Schädigung d. körperl. od. seel. Entwicklung des Kindes (Nr. 3).

– III: Handelt der Täter oder ein anderer Beteiligter i. d. *Absicht*,
- die Tat nach § 176 I – III, IV Nr. 1, 2 oder § 176 VI zum Gegenstand einer pornographischen Schrift zu machen, die nach § 184 b I – III verbreitet werden soll, ist die Strafe FS ab 2 J.

– IV: In minder schw. Fällen des I ist die Strafe FS v. 3 Mon. – 5 J., in solchen des II FS v. 1 – 10 J.

– V: FS nicht unter 5 J. droht dem Täter, wenn er das Kind in den Fällen des § 176 I oder II
- bei der Tat körperlich *schwer misshandelt* oder
- durch die Tat in die *Gefahr des Todes* bringt.

§ 176 b: Sexueller Missbrauch von Kindern mit Todesfolge, lebenslange FS od. FS ab 10 J.

- sexueller Missbrauch i. S. v. §§ 176 oder 176 a,
- Todesverursachung beim Kind,
- wenigstens *leichtfertig* (zum Begriff Kap. A 14.4).

11.3 Ausbeutung von Prostituierten, § 180 a

I. Allgemeines

Rechtsfolge: FS – 3 J. od. GS.

Deliktstyp: Verg., OD, der Versuch ist deliktsbedingt nicht vorgesehen.

Rechtsgut: Schutz der Prostituierten vor typischen Berufsgefahren sowie Schutz Jugendlicher vor Prostitutionsaufnahme.

Konkurrenzen: Tatbestände der Zuhälterei (§ 181 a) und des Menschenhandels (§§ 180 b, 181) gehen vor. Millieubedingt kann Tateinheit oder Tatmehrheit mit einer Vielzahl von Straftaten gegeben sein.

II. Ausgangsfall

Bordellkönig zu achtzehn Monaten Haft verurteilt

Frankfurt – Jahrelang hatte der Kaufmann Arthur C. in seinen nach und nach erworbenen drei Häusern in F. attraktiven Frauen Unterkunft für horrenden Mietzins gewährt.

Die Damen gingen ausnahmslos dem horizontalen Gewerbe nach.

In dem Prozess vor dem LG F. war Arthur C. allerdings nur zu beweisen, dass er die Damen in Kenntnis ihrer Tätigkeit ausgebeutet hatte. Wer die von ihm geforderten Gelder nicht zahlen konnte, wurde aus den günstig gelegenen Objekten unter Zurückhaltung hoher Kautionen, notfalls unter Gewaltanwendung oder Drohung, hinausgedrängt.

Bestimmende Einflussnahme auf die bei ihm wohnenden und arbeitenden Dirnen war Arthur C. nach der gerichtlichen Beweisaufnahme nicht mit der erforderlichen Sicherheit nachzuweisen gewesen, so dass er schließlich nur wegen „Förderung der Prostitution" verurteilt werden konnte.

III. Tatbestandsaufbau

I. Gewerbsmäßige Unterhaltung / Leitung eines Betriebes für Prostituierte
(offen: Bordell; getarnt: z. B. Massagesalon)

unter persönlicher oder wirtschaftlicher Abhängigkeit d. Prostituierten.

II 1. Wohnunggewähren oder gewerbsmäßiges Gewähren von Unterkunft / Aufenthalt	**II 2. Wohnunggewähren zur Prostitutionsausübung unter**
einer Person unter 18 J. zur Ausübung der Prostitution.	**Anhalten zur Prostitution** oder **Ausbeutung d. Prostituierten.**

Subjektiver TB: Vorsatz

IV. Erläuterungen

Das gewerbsmäßige Vermieten von Wohnungen / Räumen an Personen ab 18 J. zum Zwecke der Prostitutionsausübung ist für sich gesehen noch nicht strafbar.

Nicht selten sind solche Örtlichkeiten jedoch Brutstätten eines weiten kriminellen Spektrums über Nötigung, Freiheitsberaubung, Zuhälterei, Menschenhandel, Körperverletzung, unerlaubtem Glücksspiel und Betäubungsmittelhandel, Steuerhinterziehung u. a. m.

Der Nachweis dieser Delikte ist sehr schwierig, da die betroffenen Opfer regelmäßig unter Druck stehen und daher aus Angst vor Repressalien keine umfassenden Geständnisse ablegen. So ergab sich wohl auch im Ausgangsfall nur ein „Minimalnachweis".

Auf die nachfolgenden Kap. B 11.4 bis B 11.6 wird hingewiesen.

11.4 Zuhälterei, § 181 a

I. Allgemeines

Rechtsfolge: FS von 6 Mon. – 5 J. (I); FS – 3 J. od. GS im Falle der kupplerischen Z. (II); FA (§ 181 b); *VS* [1] u. EV im Falle der dirigistischen Z. (§ 181 c).

Deliktstyp: Vergehen, OD; der Versuch ist deliktsbedingt nicht vorgesehen.

Rechtsgut: Dispositionsfreiheit der Prostituierten und Schutz vor Abhängigkeit und Ausbeutung (I); Schutz vor sozialem Schaden durch gewerbsmäßige Geschäftemacherei (II).

Konkurrenz: Zwischen den Varianten I 1 und I 2 ist Tateinheit möglich; II tritt hinter I zurück. Je nach Konstellation ist Tateinheit mit anderen Sexualstraftaten möglich sowie mit Körperverletzung, Nötigung, Erpressung Freiheitsberaubung etc.

II. Ausgangsfall

Alsdorf – Hohe Umsätze forderte der Gastwirt Jo K. von seinen Animierdamen, denen er im Obergeschoss seiner Abendgaststätte Unterkunft und im Übrigen freie Kost gewährte. Die Damen mussten ihre Einnahmen täglich bei ihm abgeben und erhielten dafür ein wöchentliches Taschengeld.

III. Tatbestandsaufbau

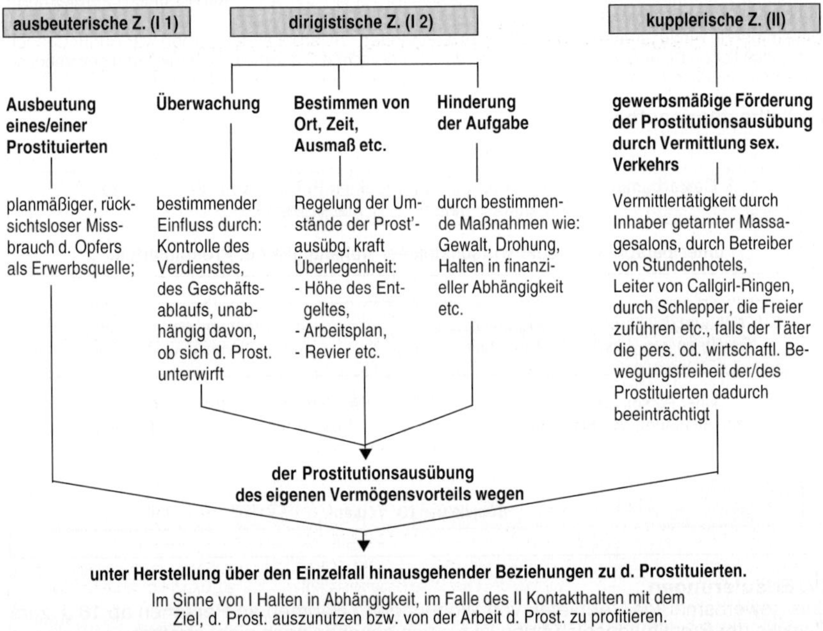

IV. Erläuterungen

Täter und Opfer können Frauen und Männer sein, auch als Transsexuelle, Homosexuelle oder Lesben. Ort der Prostitutionsausübung kann eine speziell angemietete Wohnung, eine Privatwohnung, die Straße, aber auch ein Bordell sein. Die Tathandlungen können nach Maßgabe des III auch gegen Ehegatten gerichtet sein.

1) § 43 a – Verhängung der Vermögensstrafe – ist nach der Entscheidung des BVerfG vom 20.03.02. verfassungswidrig und nichtig (Kap. A 7.2).

11.5 Menschenhandel zum Zwecke der sexuellen Ausbeutung, § 232 [1]

I. Allgemeines

Rechtsfolge: FS v. 6 Mon. – 10 J. (I); FA, EV gem. § 233 b; FS 1 – 10 J. (III). Strafreduzierung in minder schweren Fällen (V).

Deliktstyp: Verg. OD, Versuch strafbar (II); Verbr. im Falle III.

Rechtsgut: Schutz der sexuellen Selbstbestimmung, der körperlichen Unversehrtheit und der persönlichen Freiheit solcher Personen, die alters- oder situationsbedingt besonderen Gefahren der Prostitution ausgesetzt sind.

Konkurrenzen: Tateinheit(§ 52) oder *Tatmehrheit* (§ 53) kommen in Betracht mit Freiheitsberaubung, Raub, Erpressung, Körperverletzung, Beleidigung, Sexuelle Nötigung, Zuhälterei.

II. Ausgangsfall

Lagebild – Frauen- und Mädchenhandel ist eine Form der *Organisierten Kriminalität* (→ B 20.5). Die häufig in (internationalen) Verbrecherringen agierenden Täter nutzen die Hilflosigkeit und Illegalität der oft als Touristen eingereisten oder auch mit dem Versprechen der Heirats- oder Arbeitsvermittlung angeworbenen ausländischen Frauen aus, um sie der Prostitution in ausbeuterischer Form zuzuführen.

Aber auch das Ausnutzen einer *sonstigen Zwangslage* in der Form ernster persönlicher und wirtschaftlicher Bedrängnis bzw. die Ausnutzung altersbedingter Unreife soll mit der Vorschrift bekämpft werden.

III. Tatbestandsaufbau

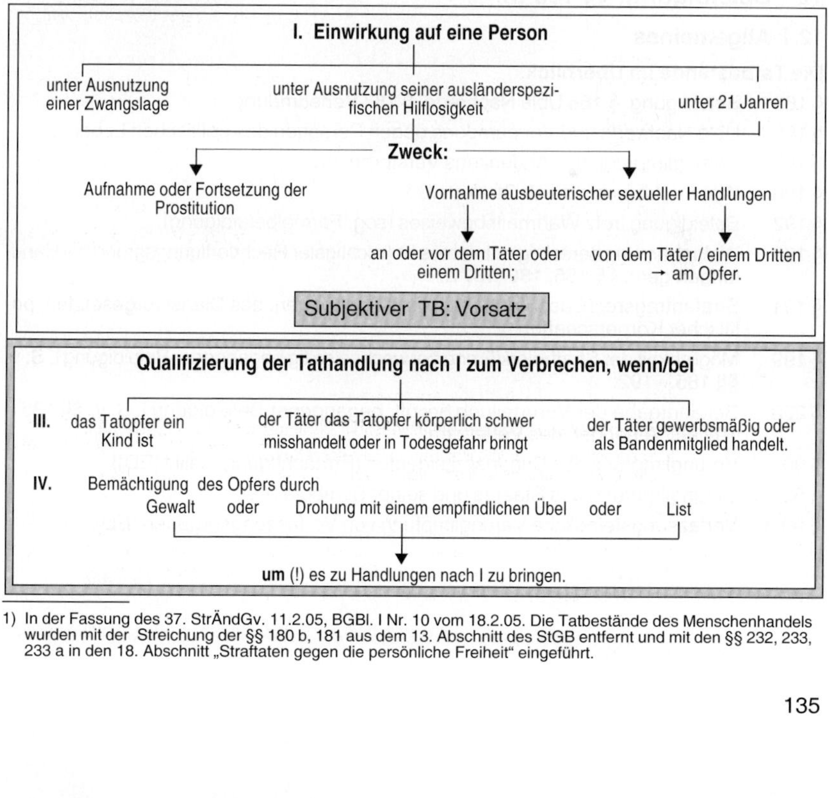

1) In der Fassung des 37. StÄndGv. 11.2.05, BGBl. I Nr. 10 vom 18.2.05. Die Tatbestände des Menschenhandels wurden mit der Streichung der §§ 180 b, 181 aus dem 13. Abschnitt des StGB entfernt und mit den §§ 232, 233, 233 a in den 18. Abschnitt „Straftaten gegen die persönliche Freiheit" eingeführt.

11.6 Menschenhandel zum Zwecke der Ausbeutung der Arbeitskraft, § 233

Tatbestandsaufbau

- Tatopfersituation wie in § 232 I
- Handlungszweck ist hier aber → **eine Person zu bringen**

in Sklaverei, Leibeigenschaft, Schuldknechtschaft

oder

zur Aufnahme / Fortsetzung einer Beschäftigung, deren Bedingungen in auffälligem Missverhältnis zu vergleichbaren Tätigkeiten stehen.

Der Versuch ist strafbar, Rechtsfolgen wie in § 232 I, dessen III - V entsprechend gelten.

11.7 Förderung des Menschenhandels, § 233 a

Tatbestandsaufbau

- Vorschubleisten beim Menschenhandel nach §§ 232, 233
  durch → Anwerben, Befördern, Weitergeben, Beherbergen, Aufnahme einer Person.
- Rechtsfolge: FS v. 3 Mon. - 5 J.;
  FS v. 6 Mon. - 10 J. beim Handeln nach § 232 III, IV.
- Der Versuch ist strafbar.

12 Beleidigung, §§ 185 ff.

12.1 Allgemeines

Die Tatbestände im Überblick:

§ 185	Beleidigung, § 186 Üble Nachrede, § 187 Verleumdung.
§ 188	Üble Nachrede und Verleumdung gegen Personen des politischen Lebens.
§ 189	Verunglimpfung des Andenkens Verstorbener.
§ 190	Wahrheitsbeweis durch Strafurteil.
§ 192	Beleidigung trotz Wahrheitsbeweises (sog. Formalbeleidigung).
§ 193	Wahrnehmung berechtigter Interessen (wichtigster Rechtfertigungsgrund bei Handlungen gem. §§ 185, 186, 187 a.
§ 194	Strafantragsrecht des Verletzten, der Angehörigen, des Dienstvorgesetzten, politischer Körperschaften.
§ 199	Möglichkeit der Straffreierklärung bei wechselseitig begangener Beleidigung i. S. v. §§ 185 – 192.
§ 200	Bekanntgabe der Verurteilung bei öff. begangener Beleidigung i. S. v. §§ 185 – 192 auf Verlangen des Verletzten.
§ 90	Verunglimpfung des Bundespräsidenten (Ermächtigungsdelikt [ED]).
§ 90 a	Verunglimpfung des Staates und seiner Symbole (AD).
§ 90 b	Verfassungsfeindliche Verunglimpfung von Verfassungsorganen (ED).

Rechtsfolgen: FS bis zu 1 J. bzw. bis zu 5 J. oder GS.

Deliktstyp: Alle Beleidigungsdelikte sind Vergehen. Mit Ausnahme der TB nach § 90 – 90 b handelt es sich um Antragsdelikte (§ 194) und *zugleich* um Privatklagedelikte (§ 374 StPO). Die Erhebung der *öffentlichen Klage* durch die StA setzt damit sowohl den Strafantrag des Verletzten (§§ 77 ff.) als auch öffentliches Interesse an der Strafverfolgung voraus (§§ 374, 376 StPO).[1]

Rechtsgut in den TB nach §§ 185 ff. ist die *Ehre*, d. h. der Anspruch des Menschen auf Achtung seiner Persönlichkeit. Dieser Anspruch steht auch Kindern, Geisteskranken und zur Tatzeit Bewusstlosen zu.

Bei Verstorbenen gilt § 189, der das Pietätsgefühl der Angehörigen schützt.

Man unterscheidet zwischen *faktischem* und *normativem* Ehrbegriff. Unter ersterem versteht man die sog. „subjektive Ehre", also das Ehrgefühl und die sog. äußere Ehre, den „guten Ruf". Beides kann aus der Sicht des Betroffenen überzogen, entartet oder gar nicht vorhanden sein. Der normative Ehrbegriff beinhaltet den Achtungsanspruch des Einzelnen in der Rechtsgemeinschaft unabhängig von Habitus und Verhalten. Die h. L. und die Rspr. verbinden im sog. *normativ-faktischen Ehrbegriff* alle diese Gesichtspunkte. Ob danach im Einzelfall eine Beleidigung vorliegt oder nur eine straflose Taktlosigkeit, ist jeweils Tatfrage.

Bei sexuellen Übergriffen (Kap. B 11) sind geschlechtsbezogene Handlungen (= schamverletzend!) dann als beleidigend (= ehrverletzend) zu bewerten, wenn nach den Gesamtumständen in dem Verhalten des Täters eine von ihm zugleich gewollte Demütigung des Opfers liegt, welche über den eigentlichen geschlechtlichen Übergriff hinausgeht.[2]

Die Ehre ist ein höchstpersönliches Rechtsgut. Eine Missachtenskundgebung muss sich daher auch gegen einen *bestimmten* Ehrträger gerichtet haben. Aus § 194 III 2 und IV folgert die ganz h. M. aber, dass der Gesetzgeber auch Personengemeinschaften für beleidigungsfähig hält.

Beleidigungsfähig sind demnach:

- der *einzelne* lebende Mensch.
- Einzelpersonen unter einer *Sammelbezeichnung*, sofern
  - der Kreis der Betroffenen klar abgrenzbar ist
  - und der Personenkreis so überschaubar ist, dass ein ausreichender Bezug auf individualisierbare Mitglieder vorliegt (BGH 14, 48; 19, 235).

Beispiele:
„Das Säufer- und Hurenpack der Familien Kinsky, Mantu und Albertz".
„In der Fraktion der ‚Bündnis 90/Die Grünen' im Stadtrat X befinden sich zwei Schwule".

Gegenbeispiel:
„Alle Radrennfahrer sind impotent". Hier fehlt ein ausreichender Individualbezug.

- größere *Personengesamtheiten*, unabhängig von ihrer Rechtsform, soweit sie
  - genau abgrenzbar sind,
  - eine rechtl. anerkannte soziale Funktion erfüllen und
  - einen einheitlichen Willen bilden (BGH 6, 186).

Beispiele:
„Die Soldaten der Bundeswehr sind Mörder", BVerfG NJW '94, 2943; BVerfG NJW '95, 3303.
„Das BKA ist eine Zentrale staatlichen Terrors", AG Köln, 225 c Cs 1398/77.

Gegenbeispiel:
„Wenn Schweine fliegen könnten, brauchten Bullen keine Hubschrauber", auf einem Autoaufkleber; BGH '89, 1365; BayObLG NJW '90, 921 f.; NStZ '88, 365.
Hier fehlt es am Merkmal der einheitlichen Willensbildung bei der Polizei, die deshalb als Gesamtheit nicht beleidigungsfähig ist; anders: „Wenn Schweine in NRW ... ".

1) Einzelheiten zu den Verfolgungsvoraussetzungen ergeben sich aus Kap. C 1.12 u. 2.2.
2) BGH NStZ '92, 33; '93, 182. Näheres in Kap. B 12.2.

Die Struktur der Beleidigungsdelikte:

Die Beleidigung eines anderen Menschen, also die Verletzung seines Achtungsanspruchs, kann in einem herabsetzenden Werturteil oder einer ehrenrührigen Tatsachenbehauptung liegen.

Eine **Tatsachenbehauptung** ist gegeben, wenn die Eigenart der Äußerung einer objektiven Klärung zugänglich ist und als etwas Geschehenes beweisbar ist. Ein **Werturteil** ist anzunehmen, wenn die Richtigkeit oder Unrichtigkeit der Äußerung eine Angelegenheit der persönlichen Überzeugung bleibt.

Die Grenzziehung ist nicht immer einfach. Ggf. entscheidet das jeweils überwiegende Element.

Tatsachenbehauptungen sind nur gegenüber dem Beleidigten, Werturteile auch gegenüber einem Dritten möglich.

Die nachfolgende Abb. veranschaulicht die Zusammenhänge.

Kundgabe gegenüber

dem Beleidigten: stets strafb. gem. § 185 od. 192 (Auffangtatbestand)
Varianten:
- Du hast mich bestohlen! (als falsche Tatsachenbehauptung)
- Du Schwein! (Werturteil)
- Ohrfeige. (Tätlichkeit als Werturteil)

einem Dritten:[1]

als herabsetzendes **Werturteil:** stets nur § 185
= Kommentar (pers. Meinung) zu gegenwärtigen, vergangenen oder künftigen Geschehnissen.
Beispiel: Polizeibeamter K. ist ein Berufslügner.

als ehrenrührige **Tatsachenbehauptung:**
= Information über Ereignisse, Zustände, die beweisbar sind.
Beispiel: Mantey ist wegen Vergewaltigung vorbestraft. Hier eröffnen sich folgende Varianten:

Tatsache ist unwahr:
Verleumdung, § 187, falls der Täter die Unwahrheit seiner behaupteten ehrenrührigen Tatsache gekannt hat.

Qualifikationen:
- öffentl. Verleumdung i. S. v. § 187 2. HS
- Verleumdung gegen Personen des pol. Lebens, § 188.

Tatsache ist wahr:
Formalbeleidigung, § 192, wenn die Kundgabe der Ehrverletzung unter beleidigenden Umständen erfolgte:
Beispiel: Laute Kundgabe auf Manteys Verlobungsfeier.

Wahrheitsgehalt ist nicht beweisbar:
Üble Nachrede, § 186, wenn die nicht böswillig „weitergereichte" ehrenrührige Tatsache nicht beweisbar ist. Das Risiko der Nichtbeweisbarkeit trägt der Täter.

Qualifikationen:
- öffentl. ... Begehung, § 186, 2. HS
- üble Nachrede gegen Personen des pol. Lebens, § 188.

---

1) Das BVerfG (NStZ '94, 403) erkennt – wie bisher schon die h. M. – eine beleidigungsfreie Privatsphäre als Bestandteil des allgem. Persönlichkeitsrechts der freien Entfaltung der Persönlichkeit gem. Art. 2 I GG an. Beleidigende Äußerungen über Dritte sind danach im engsten Familienkreis und anderen damit verleichbaren Vertrauensverhältnissen (enge Freundschaft, Partnerschaft außerhalb der Ehe) straflos.
Fall nach OLG Frankfurt, NStZ '94, 404: In einem von der Gefängnisleitung abgefangenen Brief eines Häftlings an seine frühere Lebensgefährtin hieß es u. a.: „... Ich hab's echt satt, mich kotzt diese verfluchte Administrationsscheiße dieser *Pappnasen* an ... diese *Pisser* da vorne in der Verwaltung ... Lady, was hältst du davon, wenn wir demnächst vor einem Standesbeamten stehen? ..." Der Leiter der JVA erstattete Anzeige wegen Beleidigung, doch aus o. g. Gründen ohne Erfolg.

12.2 Beleidigung, § 185

I. Ausgangsfall

Politesse beleidigt

Würzburg – Einer Politesse im Dienst die Mütze zu entziehen und sie sich zum Gaudium der Passanten selbst aufzusetzen, erfüllt den Tatbestand der Beleidigung. Dies entschied eine Richterin am Amtsgericht zu Würzburg und verurteilte einen 40-jährigen Prokuristen zu einer Geldstrafe von 1 200 Euro.

II. Tatbestandsaufbau

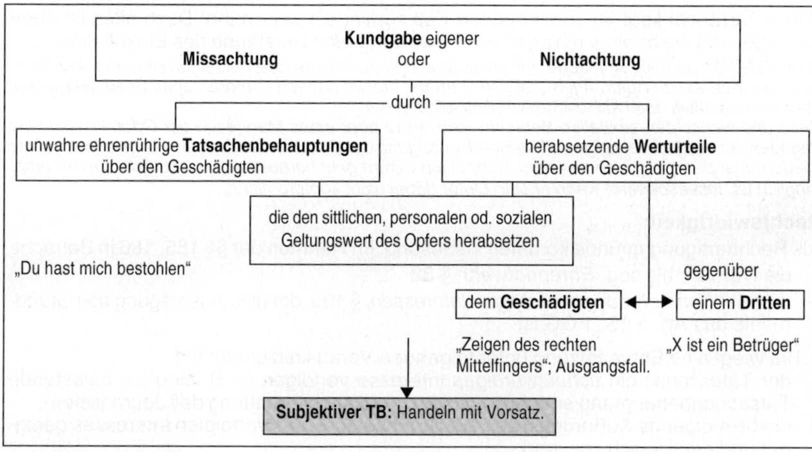

III. Erläuterungen

Die Definition der Beleidigung geht auf die Rspr. des RG und die des BGH[1] zurück. Eine Legaldefinition enthält § 185 nicht – im Gegensatz zu §§ 186, 187, die allerdings auch für § 185 eine Orientierung abgeben. Ob eine Ehrverletzung durch Missachtung oder Nichtachtung vorliegt, ist von den Gerichten im Einzelfall unter Abwägung der gegebenen Tatsituation zu ermitteln.[2] Maßgebend ist dabei nicht, wie der Geschädigte, sondern wie ein *verständiger Dritter* die Äußerung versteht (sog. objektiver Erklärungswert).[3]

Die *Tathandlung* kann mündlich, schriftlich, symbolisch (so im Ausgangsfall) oder durch Tätlichkeiten erfolgen. Im letzteren Fall sieht das Gesetz Strafverschärfung vor.

Vollendet ist die Beleidigung, wenn sie einem anderen zugegangen ist.

Subjektiver Tatbestand:

Der Täter muss vorsätzlich handeln. Das setzt den Kundgabewillen und das Bewusstsein der Ehrenkränkung voraus. Bedingter Vorsatz genügt → A 12.4.

Das Problem Sexualbeleidigung:

Bei sexuellen Übergriffen liegt ein herabsetzendes Werturteil oder eine ehrenrührige Tatsachenbehauptung nach der Rsp. dann vor, wenn der Täter zum Ausdruck bringen will, sein Opfer weise einen seine Ehre mindernden Mangel auf, weil man mit ihm so etwas ohne weiteres machen kann.[4] Es kommen also nur Fälle in Betracht, bei de-

---

1) RG Bd. 40, 416; BGH 1, 289; 16, 63.
2) BGH NJW '89, 3030. Zahlreiche Einzelfälle bei Tröndle/Fischer.
3) OLG Düsseldorf NJW '92, 1335.
4) BGH NStZ '92, 33; '93, 182.

nen der Demütigungscharakter der Tat in den Vordergrund tritt und ein eigenständiges Gewicht erlangt.[1)]

Fall: Ein 18-Jähriger hatte im Vorübergehen einer attraktiven jungen Dame die Hand von vorn zwischen die Oberschenkel geschoben.

Der BGH[2] lehnte den Tatbestand der sex. Nötigung (§ 177 I) mit dem Arg. ab, dass die Hdlg. so überraschend vorgenommen worden sei, dass das Opfer keinen Abwehrwillen habe bilden können, was die Anwendung des § 177 aber voraussetze.

Ein Angriff auf die sexuelle Selbstbestimmung erfüllt nach der Rspr. des BGH [3] nur dann den TB des § 185, wenn nach den Gesamtumständen in dem Verhalten des Täters zugleich eine – von ihm gewollte – herabsetzende Bewertung des Opfers zu sehen ist.

Dieser Verdacht liegt im vorstehenden Fall zumindest sehr nahe. Doch alles ist eben Tatfrage, und die bedingt eine genaue Bewertung *aller* Umstände des Einzelfalles.

Beispiele: *Die „plumpe Anmache" mit eindeutigem Sinn, das taktlose Vorzeigen sexueller Abbildungen oder das lästige Aufdrängen „zotigen Humors" stellen danach unmoralisches Sexualverhalten, aber für sich allein noch keine (Sexual-)Beleidigung dar.*

Beim unerwünschten sexuellen Betasten einer Frau oder eines Mannes in der Öffentlichkeit wird dagegen der Verdacht einer gewollten Herabwürdigung der Geschlechtsehre nahe liegen. Das könnte wiederum anders sein, wenn es dem Täter allein darum geht herauszufinden, ob sein „Opfer" empfänglich ist, insbesondere, wenn er sein Opfer dabei nicht kompromitiert,.

Rechtswidrigkeit:

Als Rechtfertigungsgründe kommen insbesond. im Rahmen der §§ 185, 186 in Betracht:

- die Notwehr als sog. *Ehrennotwehr,* § 32
- und die *Wahrnehmung berechtigter Interessen,* § 193, der eine Ausprägung des Grundrechts aus Art. 5 I S. 1 GG ist.

§ 193 wiegt eine Ehrverletzung unter folgenden Voraussetzungen auf:

1. der Täter muss ein *schutzwürdiges* Interesse verfolgen (z. B. eine ihn belastende Tatsachenbehauptung entkräften wollen; die Berichterstattung des Journalisten),
2. die beleidigende Äußerung muss zur Durchsetzung des verfolgten Interesses geeignet und erforderlich sein und
3. die beleidigende Äußerung muss sich bei Abwägung der widerstreitenden Interessen (Güter- und Interessenabwägung) als *angemessenes* Mittel erweisen.

Fall: In dem Vorwurf der *Wegelagerei* anlässlich einer verdeckt durchgeführten Geschwindigkeitskontrolle sah das OLG Düsseldorf (NStZ-RR2003, 295f.) die Grenze zur Schmähkritik noch nicht überschritten, da nicht die Diffamierung der Polizeibeamten, sondern das Bedürfnis und Recht des Bürgers, staatliche Sanktionen auch mit drastischen Worten kritisieren zu dürfen, im Vordergrund gestanden hätte und damit vorrangig i.S.v. Art. 5 I S. 1 GG und § 193 zu bewerten gewesen sei.

Zu beachten ist aber, dass die Bejahung der Rechtfertigung durch Wahrnehmung berechtigter Interessen den Tatbestand der Formalbeleidigung (§ 192) nicht automatisch mit rechtfertigt.

Beispiel: *In einem Strafverfahren war X. wegen unerlaubten Betreibens einer Abfallentsorgungsanlage vom Polizeibeamten P. angezeigt worden. Am ersten Tag der Hauptverhandlung hatte X. die Tat bestritten und den Polizeibeamten als Lügner dargestellt. Am zweiten Verhandlungstag bezeichnete X. den Polizeibeamten als „bedenkenlosen Berufslügner".*[4]

Die Darstellung des P. als Lügner stellt die Behauptung einer ehrenrührigen Tatsache dar, da sie im konkreten Verfahren dem Beweis zugänglich ist. Sie war vom Gericht als Wahrnehmung berechtigter Interessen – hier Ausübung und Verteidigung von Rechten – i. S. v. § 193 StGB bewertet worden.

Die Bezeichnung des P. als bedenkenlosen Berufslügner *wertete das Gericht als* Werturteil, *„das in seiner Verallgemeinerung dem Beweis nicht zugänglich ist".*

Das Gericht sah in dieser Äußerung eine „überzogene" pauschalierte Abwertung des P., für die auch der erforderliche Zusammenhang mit der beabsichtigten Rechtsverfolgung (Verteidigung) fehlte. Es lehnte daher eine Rechtfertigung nach § 193 StGB ab und sprach X. einer Beleidigung schuldig.

---

1) OLG Karlsruhe 1 Ss 13/02 v. 6.6.02.
2) BGH NStZ '89, 78; '93,78.
3) BGH NJW '89, 3029 sowie Fußnote 1; OLG Bamberg NStZ '07, 96.
4) OLG Hamburg NStZ-RR '97, 103.

12.3 Üble Nachrede, § 186

I. Ausgangsfall

Aachen – Ein Realschulrektor einer Schule im Kreis Aachen hatte in seinem Kollegium den Verdacht geäußert, dass Schülern in dem nahe gelegenen Süßwarengeschäft auch sog. weiche Drogen gegen Entgelt überlassen würden. Der Inhaber des bezeichneten Geschäfts erfuhr davon und erstattete Anzeige. Der Schulleiter fand niemanden, der die Richtigkeit seiner Aussage bestätigen wollte ...!

Behauptung	Ausdruck eigenen Wissens, das der Täter als richtig hinstellt.
oder	
Verbreitung	Mitteilung fremden Wissens an Dritte, auch wenn Vertraulichkeit ausbedungen wurde.
einer **nicht erweislichen** Tatsache	Die Nicht-Erweislichkeit der Tatsache ist *objektive Bedingung der Strafbarkeit* und nicht TBM. Kann der Täter den Wahrheitsbeweis seiner Aussage nicht antreten, wird er bestraft, selbst wenn ihm die Aussage wahrhaft erschien.
in Bezug auf einen **anderen**	also über irgendeine andere lebende Person.
die **geeignet** ist, diesen verächtlich zu machen od. in der öffentl. Meinung herabzuwürdigen	Die Eignung genügt. § 185 ist abstraktes Gefährdungsdelikt. Hinstellen als pflichtlosen Menschen. Rufschmälerung.
Subjektiver TB:	Handeln mit Vorsatz.

II. Tatbestandsaufbau

III. Erläuterungen

Als üble Nachrede gelten die *rufgefährdenden* Tatsachenbehauptungen bzw. -verbreitungen gegenüber Dritten. Es gilt der Grundsatz: „Wer über einen anderen etwas Entehrendes berichtet, soll strafbar sein, wenn es ihm nicht gelingt, den Wahrheitsbeweis seiner Aussage anzutreten."

Das Gesetz sieht *Straferhöhung* von einem auf zwei Jahre vor (Entsprechendes gilt bei der Geldstrafe), wenn die Tat öffentlich oder durch Verbreiten von Schriften begangen wurde. Bei übler Nachrede und Verleumdung gegen *Personen des politischen Lebens* gilt § 188.

Subjektiver Tatbestand:

Der Täter muss *vorsätzlich* handeln, d. h. in dem Bewusstsein, dass die von ihm verbreitete oder behauptete Tatsache geeignet ist, den anderen entsprechend zu verletzen. Bei Kenntnis der Unwahrheit der verbreiteten oder behaupteten Tatsache gilt § 187.

12.4 Verleumdung, § 187

I. Ausgangsfall

Münster – Ein arbeitsloser Gartenfacharbeiter hatte sich eine besonders gemeine Gerüchte-Kampagne einfallen lassen. Im Umfeld seines Opfers, einem angesehenen Facharzt, klebte er Zettel an Müllcontainer, auf denen die Beschuldigung zu lesen war: „Herr Dr. M. hat seine 12-jährige Tochter vergewaltigt, und seine Frau weiß davon."

II. Tatbestandsaufbau

Behauptung	Ausdruck eigenen Wissens.
oder	
Verbreitung	Mitteilung an andere Personen.
einer **unwahren** Tatsache über einen anderen,	Lüge.
die **geeignet** ist, denselben verächtlich zu machen, in der öffentl. Meinung herabzuwürdigen oder seine Kreditfähigkeit zu gefährden.	Die Eignung genügt bereits, zu einer Rufschädigung braucht es nicht gekommen zu sein. Erweiterung ggü. § 186; Kredite vermögensrechtlicher Art.
Subjektiver TB:	– Direkter Vorsatz bzgl. der Unwahrheit (wider besseres Wissen), – bedingter oder direkter Vorsatz bzgl. der übrigen TBM.

III. Erläuterungen

Rufmord ist ein hinterhältiges „Verbrechen". Der Verleumder will zerstören, Schaden zuführen. Zu einem fairen Kampf ist er in aller Regel nicht fähig. Auslösendes Moment ist in vielen Fällen Neid. Der Täter handelt nach dem Motto: Irgendetwas von den von mir in die Welt gesetzten Gerüchten wird schon hängen bleiben. Der obige Fall zählt zu den seltenen Fällen, in denen der Täter schließlich überführt wurde. Er erhielt 3 600 Euro Geldstrafe. Obwohl das Opfer damit rehabilitiert war, blieb die Wirkung nicht aus, einzelne Freunde gingen auf Distanz, viele Patienten blieben aus.

Subjektiver Tatbestand:

Der Täter muss bzgl. der beleidigenden Umstände mit Vorsatz handeln, bedingter Vorsatz genügt mit folgender Einschränkung: Hinsichtlich der *Unwahrheit* der Tatsache muss der Täter mit *direktem* Vorsatz handeln. Ist dieser nicht nachweisbar, kommt ggf. der TB der üblen Nachrede (§ 186) in Betracht.

13 Der Schutz der Privatsphäre, §§ 201 ff.; §§ 22 ff. KunstUrhG (KUG)

Das durch die hochtechnisierte Massengesellschaft zunehmend bedrohte Rechtsgut des *persönlichen Lebens- u. Geheimnisbereichs* wird durch verschiedene Rechtsgebiete in differenzierter Form geschützt. Verfassungsrechtlich geht es um den Schutz des allgemeinen Persönlichkeitsrechts aus Art. 2 I i. V. m. Art. 1 I GG: Recht auf informationelle Selbstbestimmung (BVerfGE 65, 1,43).

13.1 Der Schutz des Geheimnisbereichs nach §§ 201 ff.

Strafrecht	Zivilrecht	Verwaltungsrecht
Strafrechtl. Schutz der Privatsphäre gem. §§ 201 – 205; Delikte nach §§353 a – 356 gehen vor. Der Täter muss *unbefugt* handeln. Einverständnis beseitigt den TB, allgem. Rechtf'grd. beseitigen die Rw.	Schadenersatzanspruch aus § 823 I BGB bei Verschulden des Schädigers; Beseitigungs- u. Unterlassungsanspruch analog § 1004 I BGB bei rechtswidrigen Eingriffen (→ A 22).	Schutz personenbezogener (pb.) Daten vor Missbrauch bei der Datenverarbeitung (DV) nach dem BDSG und den LDSG.

Verletzung der Vertraulichkeit des Wortes, § 201.
Rechtsfolge: FS -5 J. od.GS; I u. II = AD, § 205 I; III = OD; der Vers. ist strafbar.
Schutzgut ist das nichtöffentl. u. „live" *gesprochene Wort*, das nicht für einen unbestimmten Personenkreis vorgesehen ist.
Tathandlung: heiml. Aufnahme eines Gesprächs auf Kassette; Gebrauch solcher Aufn.; Dritten zugängl. machen; Abhören mittels techn. Mittel; öffentl. Mitteilen „aufgenommener od. abgehörter" Worte.
Fälle: Ein PI-Leiter nimmt das auf Vertraulichkeit angelegte Gespräch mit dem Leiter GS heimlich auf einen Tonträger auf.
Ein Privatmann hatte sein Telefon laut gestellt, so dass seine erwachsene Tochter sein Gespräch mit einem Vertragspartner mithören konnte (BVerfG NJW '02, 3619).

Verletzung des höchstpersönlichen Lebensbereichs durch Bildaufnahmen, § 201 a
Rechtsfolge: FS – 1 J. oder GS, Tatmittel können eingezogen werden (IV); AD gem. § 205 I.
Schutzgut: Unantastbarkeit des *höchstpersönlichen Lebensbereichs*, d.h. der inneren Gedanken- und Gefühlswelt mit ihren äußeren Erscheinungsformen wie Sexualleben, Krankheiten, engsten Beziehungen in der Familie etc., die dem Einblick Außenstehender vorenthalten bleiben sollen, vor Bloßstellung durch Anfertigung, Gebrauch von Bildaufnahmen.
Tathandlung:
- unbefugtes *Herstellen* oder *Übertragen* von Bildaufnahmen einer Person, die sich in einer Wohnung oder einem gegen Einblick besonders geschützten Raum befindet (I),
- *Gebrauch* oder Zugänglichmachen nach I hergestellter Bildaufnahmen (II),
- unbefugter/es Gebrauch / Zugänglichmachen *befugt* hergestellter Bildaufnahmen (III).

Fälle:
- Bildaufnahme, die ein Paar in seiner Wohnung beim Entkleiden zeigt oder eine Person am Pissoir einer Gaststätte (I).
- Entgegennahme, Kopieren oder Speichern solcher Bilder durch Dritte (II).
- Umherreichen eines Nacktfotos von der Exverlobten im Freundeskreis (III).

Verletzung des Briefgeheimnisses, § 202.
Rechtsfolge: FS – 1 J. od. GS; AD gem. § 205 I u. zgl. PD gem. § 374 StPO.
Schutzgut: *Schriftgut* jedweder Art, inkl. *Abbildungen*, sofern es verschlossen od. sonst gegen Einsichtnahme gesichert ist.
Tathandlung: Aufreißen eines Briefes; sonst zugänglich machen des Inhaltes, etwa mit techn. Hilfsmitteln; Aufbruch von verschl. Behältnissen, in denen Schriftstücke oder Abbildungen liegen.
Fall: Tom hebelt den verschlossenen Aktenkoffer seines Freundes auf und findet das vermutete Aktfoto von seiner – Toms – Frau.

Ausspähen von Daten, § 202 a.
Rechtsfolge: FS – 3 J. od. GS; RAD gem. § 205 I.
Schutzgut: Interesse des Berechtigten, *besonders gesicherte Daten* vor unberechtigtem Zugriff (Datendiebstahl, Computerspionage) zu schützen.
Tathandlung: Kenntnisnahme, -gabe über Computer mittels unbefugter Eingabe eines Passwortes; Kopieren von Daten (II) auf Kassette, Programmdiskette; Entschlüsselung übermittelter Daten.
Fall: WDF Maier nimmt Kenntnis von einem Speichersatz seines DGL unter Eingabe des für ihn nicht bestimmten Passwortes.

Abfangen von Daten, § 202 b
Rechtsfolge: FS – 2 J/GS mit Subsidiaritätsklausel, RAD gem. § 205 I.
Schutzgut: Schutz der nichtöffentlichen Datenübermittlung vor Datenklau.
Tathandlung: Verschaffen von Daten i. S. v. § 200 b II aus nichtöffentl. DÜ oder aus elektromagnetischer Abstrahlung einer DVA, soweit es unter Anwendung technischer Mittel geschieht.
Vorbereiten des Ausspähens (§ 202a) / Abfangens (§ 202 b) von Daten, § 202c.

Fortsetzung S. 144

Verletzung von Privatgeheimnissen, § 203.
Rechtsfolge: FS – 2 J. od. GS; AD gem. § 205 I; Sonderdelikt (§ 28 I).
Schutzgut: anvertraute *Privat-, Betriebs-* od. *Geschäftsgeheimnisse* vor Offenbarung; Sonderdelikt = gesetzl. bestimmter Täterkreis.
Tathandlung: Offenbaren fremder Geheimnisse, die dem Täter in beruflicher Eigenschaft anvertraut oder sonst bekannt geworden sind, und zwar unbefugt, d. h. ohne ges. Ermächtig. bzw. ohne Einwilligung des Berechtigten.
Fall: Arzthelferin teilt ihrer Freundin vertraulich mit, dass bei deren früheren Schulfreund Aids-Verdacht diagnostiziert worden sei.

Verwertung fremder Geheimnisse, § 204.
Rechtsfolge: FS – 2 J. od. GS; AD gem. § 205 I; Sonderdelikt.
Schutzgut: wie bei § 203.
Tathandlung: Verwertung, also wirtschaftl. Ausnutzung zur Gewinnerzielung durch den Schweigepflichtigen.
Fall: Verkauf von Beweisinformationen durch eine RA-Gehilfin an die Gegenpartei.

Verletzung des Post- oder Fernmeldegeheimnisses, § 206.
Rechtsfolge: FS - 5 J. od. GS; OD. § 206 ersetzt nach der Umstrukturierung des Post- und FM-Wesens den § 354 a. F. Im Gegensatz zu § 354 a. F. ist eine Amtsträgerschaft nur noch i. S. v. § 206 III 1 u. IV erforderlich.
Schutzgut: Post- u. FM-Geheimnis (Art. 10 GG, § 39 II PostG, § 85 TKG) sowie das öffentliche Interesse an der Sicherheit und Zuverlässigkeit des Postverkehrs und der Telekommunikation (TK).
Tathandlung: § 206 enthält mit unterschiedlichem Täterkreis vier Grundtatbestände in I, II Nr. 1 u. 2, IV und einen zur selbständigen Tat erhobenen Teilnahmetatbestand in II 3.
Fälle: Ein Zusteller der Post AG öffnet einen an seinen Nachbarn gerichteten Brief, bevor er ihn in dessen Briefkasten einwirft.
Ein Mitarbeiter der PostAG äußert am Stammtisch belustigende Passagen aus einem an einen gemeinsamen Bekannten gerichteten Telegramm. Über den Inhalt des Telegrammes hatte ihn ein Kollege aus der Telegrammannahme in Kenntnis gesetzt.

Ergänzende Bestimmungen: §§ 17, 18 *UWG* bei Verrat oder Verwertung von Geschäfts- und Betriebsgeheimnissen; § 303 a, Datenveränderung und § 303 b, Computersabotage (Kap. B 23).

13.2 Der Schutz des Rechts am eigenen Bild, §§ 22 ff. KUG[1]

I. Allgemeines

Schutzgut: Das „Recht am eigenen Bild" ist Teil des *allgemeinen Persönlichkeitsrecht* i. S. v. Art. 2 I i. V. m. Art. 1 I GG. Der BGH (JZ '95, 1116) leitet dar-aus das grundsätzliche Verbot ungenehmigter Bildaufnahmen her.[2] Das Andenken bleibt über den Tod hinaus nach Art. 1 I GG geschützt. § 22 S. 3 u. 4 KUG billigt dem Verstorbenen bis zu 10 J. einen sog. „postmortalen Schutz" zu.[3]

Tatbestand: Nach § 22 KUG dürfen *Bildnisse* nur mit Genehmigung des Abgebildeten (od. seiner Angehörigen, § 22. S. 3 u. 4 KUG) *verbreitet od. öffentl. zur Schau gestellt* werden. Ausnahmen enthalten §§ 23, 24 KUG.

Strafbar ist nach § 33 KUG aber nur die vorsätzliche *Verbreitung* oder das *vors. öffentliche Zur- Schau-Stellen* von Bildnissen, nicht schon deren Anfertigung, selbst wenn sie in dieser Absicht erfolgt, denn der Versuch ist nicht strafbar.

1) Gesetze betreffend das Urheberrecht an Werken der bildenden Künste und der Fotografie vom 9.1.1907, in der Fassung vom 16.2.2001.

2) Aus Art. 2 I, 1 I GG ergibt sich auch der Schutz vor unberechtigter identifizierender *Wort*berichterstattung durch die Presse. Ob danach das allgemeine Persönlichkeitsrecht i.S.v. § 823 I BGB verletzt ist oder das berechtigte Informationsinteresse der Öffentlichkeit bedient wurde, muss sich aus der Abwägung von Anlass und Person auf der einen Seite und Form und Wirkung der Berichterstattung sowie dem Informationsinteresse der Öffentlichkeit im Sinne von Art. 5 GG auf der anderen Seite ergeben (→ A 22).

3) Die Rspr. billigt Toten generell ein allgem. Persönlichkeitsrecht bei groben Entstellungen ihres Lebensbildes zu (BVerfG NJW '71, 1645; BGHZ 50, 133 (136 ff.); 107, 384 (391).

Abgrenzung: § 201 a pönalisiert nur das unbefugte Herstellen/Übertragen/Gebrauchen/Zugänglichmachen von Bildaufzeichnungen aus dem *höchstpersönlichen Lebensbereich* einer Person, nicht aber deren Herstellung etc. in allgemein zugänglichen Räumen oder in der Öffentlichkeit (Kap. B 13.1).

Rechtsfolge: FS – 1 J. od. GS; AD gem. § 33 II KUG und PD gem. § 374 StPO. Ein Anspruch auf Vernichtung oder Erwerb des Bildnisses ergibt sich aus §§ 37 ff. KUG.

Unerlaubte Handlung: Schon die nach § 22 KUG *unbefugte Anfertigung* von Bildnissen ist als *unerlaubte Handlung* gegen ein „sonstiges Recht eines anderen" nach § 823 I BGB (→Kap. A 22) deliktisch geschützt, mit der Folge, dass der Verletzte bzw. sein Rechtsnachfolger (§ 22 S. 3 und 4 KUG)

- im Falle eines Schadeneintritts auf Schadenersatz (§ 823 I BGB) und
- für den Fall drohender Wiederholung auf Unterlassung klagen kann (§ 1004 I S. 2 BGB).

Im Falle der Bereicherung durch rechtswidrige Nutzung des Bildnisses kann auf Herausgabe der ungerechtfertigten Bereicherung geklagt werden, §§ 812 ff. BGB.

II. Ausgangsfall

– Eine Fotoreporterin machte von einem uniformierten Polizeibeamten, der bei einer öffentlichkeitswirksamen „Abholzaktion" eingesetzt war, trotz einer vorangegangenen Abmahnung und Belehrung *Porträtaufnahmen* mit Blitzlicht. Der Polizeibeamte befürchtete eine Verletzung seines Rechts am eigenen Bild. Der Fotoapparat der Reporterin und der darin enthaltene Film wurden deshalb polizeilich sichergestellt, die Reporterin selbst wurde zur Personalienfeststellung mit zur Dienststelle genommen, da sie sich an Ort und Stelle geweigert hatte, ihre Personalien anzugeben.
Nachdem der Film entwickelt war – ein Bild zeigte den Polizeibeamten in Nahaufnahme –, wurden ihr die übrigen Lichtbilder und der Fotoapparat wieder ausgehändigt.

Die Reporterin begehrte mit ihrer Klage die Feststellung der Rechtswidrigkeit der polizeilichen Maßnahmen sowie die Herausgabe des einbehaltenen Lichtbildes.

III. Einschränkungen des Rechts am eigenen Bild

Unter einem *Bildnis* ist jede Wiedergabe der äußeren Erscheinungsweise einer Person zu verstehen, durch die diese erkennbar wird (BGH NJW '65, 2148). Gesichtszüge müssen dabei nicht notwendigerweise wiedergegeben werden (BGH NJW '79, 2205).

Verbreitung und öffentliche Zur-Schau-Stellung betreffen nicht nur die gewerbsmäßige, sondern jede Art von Verbreitung und Veröffentlichung, auch die unentgeltlich Weitergabe der Bildnisse an Freunde etc.

Die Grenzen des Rechts am eigenen Bild ergeben sich aus dem *Spannungsverhältnis* zwischen Publikationsinteresse und Persönlichkeitsschutz (BGH NJW '79, 2203; '96, 594, BVerfG DVBl '00, 353).

Ohne Einwilligung dürfen Bildnisse nach Maßgabe der §§ 23 S 1, 24 KUG angefertigt, vervielfältigt und zur Schau gestellt werden. Das Recht aus § 23 S. 1 KUG ist aber durch S. 2 in der Weise eingeschränkt, dass auch in diesen Fällen ein besonderes berechtigtes Interesse des Abgebildeten die Aufnahme, Verbreitung oder Zur-Schau-Stellung unzulässig machen kann (z. B. mit Tele gefertigtes Intimfoto, das einen bekannten Politiker mit einer attraktiven jungen Dame in einem Park zeigt).

Nach § 23 S. 1 KUG dürfen ohne Genehmigung grds. aufgenommen, verbreitet oder zur Schau gestellt werden:

1. Bildnisse von Personen aus dem Bereich der Zeitgeschichte;

Hierunter fallen sog. *absolute* Personen der Zeitgeschichte, wie Politiker, Künstler etc., die wegen ihrer Leistungen und Verdienste oder aus anderen Gründen (Straftäter) Gegenstand des öffentlichen Interesses geworden sind sowie *relative* Personen der Zeitgeschichte, die allein wegen des Zusammenhangs mit einem informationswürdigen Ereignis in den zeitgeschichtlichen Bereich geraten sind.

Die Erstellung des Bildnisses muss durch ein *sachliches* Interesse der Öffentlichkeit gerechtfertigt sein. **Ergänzend wird auf die Ausführungen in Kap. A 22 hingewiesen.**

Auf § 23 S. 1 KUG kann sich daher nicht berufen, wer nicht einem schutzwürdigen Informationsinteresse der Allgemeinheit nachkommen, sondern durch Verwertung des Bildnisses eines anderen *allein* sein Geschäftsinteresse befriedigen will (std. Rspr. u. a. BGH NJW '79, 2205; '92, 2084; '96, 593).

Das besondere Interesse des Abgebildeten darf nicht beeinträchtigt werden, so nicht seine Intimsphäre, seine Ehre, sein religiöses Empfinden (BGH NJW '96, 594; BGHZ 24, 208 ff.).

Ähnlich auch **Fall BGH** IV ZR 164/06 vom 3.7.2007, der die Veröffentlichung eines Urlaubsfotos von Oliver Kahn untersagte. Sein Spaziergang in weiblicher Begleitung auf der Strandpromenade in St. Tropez sei kein Ereignis von zeitgeschichtlicher Bedeutung, urteilte der Senat. Die fotografierte Situation gehöre daher zum regelmäßig geschützten Kernbereich der Privatsphäre des Prominenten.

Die Anfertigung von Porträtaufnahmen von **Polizeibeamten** im Einsatz ist regelmäßig unzulässig (OVG Rheinland-Pfalz, Urt. v. 30.04.97 – 11 A 11657/96), und zwar wegen des fehlenden sachlichen Bezugs an Information. Anders verhält es sich aber, wenn ein Polizeibeamter z. B. bei der Zwangsanwendung erkennbar ins Bild kommt, da dann ein Informationsinteresse der Öffentlichkeit am Geschehen anzuerkennen ist.

2. *Bilder*, auf denen die Personen nur als *Beiwerk* neben einer Landschaft oder sonstigen Örtlichkeiten erscheinen;

3. *Bilder* von Versammlungen, Aufzügen oder ähnlichen Vorgängen, an denen die dargestellten Personen teilgenommen haben.

Entscheidend ist bei Ziff. 2. und 3., dass nicht die einzelne Person (Bildnis!), sondern das Gesamtgeschehen oder eine Situation bildlich festgehalten wird.

Beispiele: *Demonstrationen, Karnevals- oder Sportveranstaltungen, Marktplatzbesucher etc.*

4. Bildnisse, die nicht auf Bestellung angefertigt sind, sofern die Verbreitung ... einem höheren Interesse der Kunst dient.

Nach § 24 KUG dürfen schließlich Bildnisse zum **Zwecke der Rechtspflege** und der **öffentlichen Sicherheit** angefertigt, verbreitet oder öffentlich zur Schau gestellt werden.

Soweit hierbei Porträtaufnahmen oder Übersichtsaufnahmen, die zur Anfertigung von Porträtaufnahmen geeignet sind, angefertigt werden, ist regelmäßig wegen des aus Art. 2 I und 1 I GG zu folgernden *Rechts auf informelle Selbstbestimmung als Teil des Persönlichkeitsrechts* ein Grundrechtseingriff gegeben, so dass eine spezielle gesetzliche Ermächtigung notwendig ist.

Dies sind nach *Strafprozessrecht* die Ed-Behandlung nach § 81 b und § 163 b StPO sowie der Einsatz techn. Mittel nach § 100 c I a StPO (Kap. C 14.8) sowie Fahndungen nach §§ 131–131 b → Kap. C 13.

Nach *Polizeirecht* kommen hier die jeweils expressis verbis in den PolG und dem BPolG geregelten Ermächtigungen der offenen und verdeckten Datenerhebung in Betracht; bei Versammlungen in geschlossenen Räumen und unter freiem Himmel gelten für die offene Datenerhebung die §§ 12 a, 19 a VersammlG.

IV. Zum Ausgangsfall

Das OVG stellte im Urteilstenor fest:

1. Die Polizei kann eine Kamera nebst Film eines Fotoreporters sicherstellen, wenn dies erforderlich ist, um die gegenwärtige Gefahr einer Straftat nach dem Kunsturheberrechtsgesetz durch unzulässige Verbreitung einer Porträtaufnahme *(i. S. v. § 33 KUG)* eines Polizeibeamten bei einem Einsatz abzuwehren.
2. Das Filmen und Fotografieren polizeilicher Einsätze ist zulässig. Es ist grundsätzlich davon auszugehen, dass unzulässige Lichtbilder nicht verbreitet werden. Eine gegen-

wärtige Gefahr für die öffentliche Sicherheit ist ausnahmsweise nur dann gegeben, wenn konkrete Anhaltspunkte dafür bestehen, dass Lichtbilder entgegen den Vorschriften des Kunsturhebergesetzes unter Missachtung des Rechts der Polizeibeamten am eigenen Bild auch veröffentlicht werden.

Anmerkung: Die Pressefreiheit findet ihre Schranken in den Vorschriften der allgemeinen Gesetze (Art. 5 II GG), zu denen auch Regelungen zur Gefahrenabwehr gehören.

Maßgeblich für die Einschätzung der bevorstehenden Gefahr sind die vorhandenen Erkenntnismittel, deren Auswertung objektiv richtig erfolgen muss.

Für die sachliche Zuständigkeit der Beamten galt hier die Einschätzung, dass eine Straftat bevorstand, zu deren Abwehr sie nach dem Polizeigesetz (für NRW gilt § 1 I S. 1 u. 2 PolG) originär zuständig war.

Als Voraussetzung für die getroffene Standardmaßnahme der Sicherstellung der Kamera akzeptierte das Gericht die Notwendigkeit zur Abwehr einer gegenwärtigen Gefahr (für NRW § 43 I Nr. 1 PolG). Nach ihr muss der Eintritt der Störung sofort oder in allernächster Zeit nach der allgemeinen Erfahrung als gewiss anzusehen sein, falls nicht in der vorgesehenen Form eingeschritten wird.

Die Kamera war nach Ablauf der Aktion wieder herauszugeben, da die Gründe für die Anordnung der Sicherstellung dann entfallen waren (für NRW gilt § 46 I S. 1 PolG).

Die Herausgabe des entsprechenden Bildes und Negatives schied auch *nach* der Aktion aus, da die Gründe, die zur Sicherstellung geführt hatten, dann erneut vorgelegen hätten (für NRW § 46 I S. 3 PolG). Die Sachen waren gem. § 45 IV Nr. 1 PolG (für NRW) zu vernichten.

Anders liegt der Fall, wenn – entsprechend den Erwägungen des OVG – von einer unzulässigen Verbreitung oder Zur-Schau-Stellung des Bildnisses *nicht* ausgegangen werden kann, weil der Reporter dies glaubhaft versichert oder ein Privatmann die Aufnahme für sich geschossen hat.

Mit der Aufnahme des Fotos und der Möglichkeit der Anfertigung eines Bildnisses von dem Polizeibeamten ist dessen „allgemeines Persönlichkeitsrecht" als Individualgut und damit ein Schutzgut der öffentlichen Sicherheit auch dann verletzt.

Maßnahmen zur Abwehr *dieser* Gefahr, die einen Organwalter der Polizei betrifft, gehören nach der herrschenden Annextheorie zur sonderpolizeilichen Zuständigkeit des gestörten Hoheitsträgers und begründen seine originäre Zuständigkeit (in NRW nach § 1 I S. 1 PolG).

Zur Gefahrenabwehr ist die Identitätsfeststellung des Fotografierenden zulässig (in NRW nach § 12 I Nr. 1 PolG zur Abwehr einer im Einzelfalle bestehenden, konkreten Gefahr) und – für den Fall weiterer bevorstehender Filmaufnahmen oder Fotos – auch die Sicherstellung der Kamera zur Abwehr dieser dann gegenwärtigen Gefahr.

Die Forderung der Herausgabe des Films wäre aber nunmehr, da *keine* Straftat droht und – hier unterstellt – auch nicht die Funktionsfähigkeit der Polizei[1] in Frage steht, die Wahrnehmung *privater* Rechte, denn § 22 KUG schützt das *private* Recht eines Dritten. Deshalb greift in so einem Fall das Subsidiaritätsprinzip gegenüber den Gerichten. Das heißt, die Polizei darf nicht mehr tun, als zum Schutz privater Rechte notwendig. Nach dem Personalienaustausch aber wäre der betroffene Beamte in der Lage, ohne Rechtsverlust sein privates Recht an dem gefertigten Bild *zivilgerichtlich* geltend zu machen.

Dies hat auch der VGH Mannheim (VBlBW '95, 282) festgestellt. In Nr. 2 seines Urteiltenors stellt er fest:

„Schreitet die Polizei zum Schutze des allgemeinen Persönlichkeitsrechts ein, so hat sie das Subsidiaritätsprinzip gegenüber der Zivilgerichtsbarkeit zu beachten. Dies gilt auch dann, wenn sie zum Schutz eines Persönlichkeitsrechts eines Amts- oder Funktionsträgers tätig wird."

1) Vgl. Sie hierzu ggf. OVG Münster 4 A 1697/83 vom 10.08.1984. In dem zugrunde liegenden Fall waren zwei Kriminalbeamte des Staatsschutzes anlässlich eines Demonstrationszuges in Münster gezielt von einem Mitarbeiter des in Münster erschienenen *City-Magazins* fotografiert worden.

14 Straftaten gegen das Leben, §§ 211 ff.

14.1 Gesamtübersicht

Straftaten gegen das Leben

Eigentliche Tötungsdelikte

Mord, § 211;
Tötung unter bes. verwerfl. Umständen, **Verbr.**

Totschlag, § 212;
sonstige vorsätzliche Tötung eines Menschen, **Verbr.**

Minder schwerer Fall des Totschlages, § 213;
Strafzumessungsvorschrift, kein selbst. TB.

Tötung auf Verlangen, § 216;
auf Grund eines ernstlichen und ausdrücklichen Verlangens des Getöteten, **Verg.**

Fahrlässige Tötung, § 222;
nicht vors. Todesverursachung durch Außerachtlassung der objektiv gebotenen Sorgfalt bei individueller Fähigkeit, die objektive Sorgfaltspflicht zu erkennen und zu erfüllen, **Vergehen.**

Besonderheiten

Aussetzung, § 221;
konkretes Lebens- u. Gesundheitsgefährdungsdelikt, **Verg. I, Verbr. III-IV.**

Völkermord, § 220 a;
Delikt geg. die Völkergemeinschaft und nicht gegen das Individualgut Leben – **Verbr.**

durch Todesfolge qualifiziertes Delikt – Verbr.
Merkmale: Vorsatz zur Grundhandlung (z. B. Raub, § 249) und mindestens *leichtfertige* Todesverursachung (§ 251).
oder
fahrlässige Verursachung der schweren Folge (§ 18), z. B. im Falle der Freiheitsberaubung mit Todesfolge, § 239 IV.

Straftaten gegen das *werdende* Leben

vor der Nidation[1]

ggf. strafbar nach dem **ESchG** [2], so etwa bei missbräuchlicher Anwendung von Fortpflanzungstechniken.

Strafbarkeit ärztl. Pflichtverletzungen: §§ 218 b, c.

Strafbare **Werbung** für Schwangerschaftsabbruch, § 219 a.

Strafbares **Inverkehrbringen** von Abtreibungsmitteln, § 219 b.

ab der Nidation bis Beginn der Geburt

Schwangerschaftsabbruch, §§ 218 ff [3]

- **strafbar** i. S. v. § 218, Verg., Versuch ist strafbar;
- **tatbestandslos** i. S. v. § 218 a I
  - Fristenlösung bis zur 12. Woche mit Nachweis einer Pflichtberatung gem. § 219 u. SchwKG [4]
- **nicht rechtswidrig** i. S. v. § 218 a II u. III bei
  - medizinisch-sozialer Indikation (II) u.
  - kriminologischer Indikation (hier nur bis zur 12. Woche) III;
- **persönl. Strafausschließungsgrund,** § 218 IV S. 1
  - bei Abbruch bis zur 22. Woche nach ärztl. Beratung[5],
- **fakultatives Absehen von Strafe,** § 218 IV S. 2
  - bei bes. Bedrängnis der Schwangeren z. Z. des Eingriffs.

---

1) Einnistung des befruchteten Eies in der Gebärmutter, i. d. R. bis zum 13. Tag nach der Empfängnis.
2) Embryonenschutzgesetz.
3) In Kraft seit dem 1.10.1995 mit dem sog. Schwangeren- und Familienhilfeänderungsgesetz (SFHÄndG) gem. BVerfG zum 2. Fristenlösungsurteil (BVerfGE 88, 203 ff.).
4), 5) § 219 und Schwangerenkonfliktgesetz.

14.2 Mord und Totschlag, §§ 211, 212

I. Allgemeines[1]

Rechtsfolge: Mord: lebenslange FS; Totschlag: FS nicht unter 5 J.
Deliktstyp: Verbr., sog. absoluter Haftgrund gem. § 112 III StPO.
Rechtsgut: Geschützt ist der *lebende* Mensch.

Das *Menschsein* beginnt juristisch in dem Moment, in dem der Geburtsakt einsetzt, nicht erst mit dessen Vollendung. Die *Leibesfrucht* wird gem. §§ 218 ff. geschützt, und zwar ab der *Nidation* bis zum Beginn des Geburtsaktes. Die Nidation ist die Einnistung des befruchteten Eies in der Gebärmutter. Sie ist i. d. R. bis zum 13. Tag nach der Empfängnis abgeschlossen. Steht der Empfängniszeitpunkt nicht fest, wird die Einnistung durch Rückrechnung auf die letzte Menstruation ermittelt. Das Menschsein *endet* nach überwiegender Meinung mit dem sog. Gehirntod. Praktische Bedeutung hat dies bei Transplantationen.

Während die *Leibesfrucht* unter bestimmten Voraussetzungen abgetötet werden darf (§ 218 a), ist jede lebensverkürzende Handlung – so auch die aktive Euthanasie – ein tatbestandsmäßiges Tötungsdelikt. *Euthanasie* (gr. schöner Tod) bedeutet in diesem Zusammenhang die *Sterbehilfe* für unheilbar Kranke.

Der Versuch der ***Selbsttötung*** sowie die Beteiligung durch Beihilfe oder Anstiftung an fremder Selbsttötung sind straflos, da es insofern an einer strafbaren Hauptat fehlt.[2]

Beispiele: *B. besorgt seiner Freundin wunschgemäß Schlaftabletten, die diese zum Zwecke der Selbsttötung einnimmt. A. empfiehlt seiner verzweifelten Freundin F., die erfahren hat, dass sie unheilbar erkrankt ist, die Selbsttötung mittels Schlaftabletten, die er ihr auch eilfertig besorgt. F. erwähnt in einem Abschiedsbrief, dass sie dem Rat ihres „Freundes" gefolgt sei.*

Der Gehilfe/Anstifter ist jedoch nur straflos, wenn und soweit die Selbsttötung auf einer *freiverantwortlichen Willensentscheidung* und einer Gefährdungsherrschaft des sich Tötenden beruht, d. h. solange keine psychische Störung oder Zwangsvorstellung erkennbar ist. Strafbare Tötung in *mittelbarer Täterschaft* liegt daher vor, *wenn* das Opfer durch

- Zwang (z. B. Zermürbung, aufgenötigte Gifteinnahme),
- Täuschung (z. B. wahrheitswidrige Mitteilung an den Kranken, er sei unheilbar erkrankt) oder
- Ausnutzung von Willensmängeln (z. B. bei Geisteskranken, Betrunkenen)

in den Tod getrieben wird, die Gefährdungsherrschaft also bei einem Dritten liegt.[3)]

Durch Nichtverhinderung der Selbsttötung kann der *Garant* den Tatbestand der Tötung (§§ 211, 212 oder 220 je nach Lage) durch pflichtwidriges *Unterlassen* erfüllen.[4]

Beispiel: *S., ein unverbesserlicher Schürzenjäger, unternimmt nichts, um seine enttäuschte Frau vom Freitod durch Einnahme einer tödlichen Dosis Schlaftabletten abzuhalten, obwohl er diese letzte Handlung seiner Frau bemerkt.*

Arg.: Hier lag kein ernsthaftes freies Verlangen zu Selbsttötung, sondern ein Handeln aus tiefer Enttäuschung vor. Aus dem Ehestand ergibt sich die gegenseitige Verpflichtung, Todesgefahren voneinander abzuwenden, *Garantenpflicht.*

Gegenbeispiel: *Andererseits haftet der Ehemann, der den letzten Wunsch seiner unheilbar kranken Frau respektiert und sie nach Einnahme einer Überdosis Schlaftabletten nicht „rettet" nach h. L. weder als Garant noch nach den Grundsätzen der Unterlassenen Hilfeleistung, § 323 c (A 15.4).*

Die bevorstehende Selbsttötung ist nach dem Großen Senat des BGH[5] ein *Unglücksfall*, der eine Rettungspflicht i. S. v. § 323 c für jedermann begründet, und zwar ab dem Zeitpunkt des Einsetzens der Hilflosigkeit des Suizidenten, d. h. seiner Unfähigkeit, sein Ver-

1) Literatur: Tröndle/Fischer, SchöSchr.
2) BGH NStZ '84, 410.
3) BGH 5 StR 66/03 v. 20.5.2003.
4) Zu den unechten Unterlassungsdelikten Näheres in Kap. A 15.
5) Nachweisle bei Tröndle/Fischer zu § 323 c.

halten zu korrigieren. Die h. L. verneint dies für die Fälle, in denen die Selbsttötung auf einer *freiverantwortlichen* Willensentscheidung beruht. Bejaht man mit dem BGH einen Unglücksfall, ist besonders die „Zumutbarkeit" von Rettungsmaßnahmen, gerade für nahestehende Angehörige, i. S. v. § 323 c zu prüfen.[1]

Konkurrenzen:

§ 211 zu §§ 212 ff.:

Die h.L. (SchöSchr. mwNw.) sieht in § 212 (Totschlag) den *Grundtatbestand* vorsätzlicher Tötungsdelikte; in § 216 (Tötung auf Verlangen) eine unselbstständige *Privilegierung* ggü. §§ 212, 211; in § 211 (Mord) eine *Qualifizierung* ggü. § 212.

Nach std. Rspr. des BGH sind § 211 und § 212 *artverschiedene* selbstständige TB, während § 216 einen selbstständigen *Sondertatbestand* darstellt, der §§ 211, 212 ausschließt.

Die gegensätzlichen Auffassungen von Rspr. und Lehre haben Konsequenzen für die Beurteilung von Tätern und Teilnehmern nach § 28 I und II.[2]

§§ 211 ff. zu §§ 223 ff. (Körperverletzung):

Da der Tötungsvorsatz den Vorsatz zur Körperverletzung einschließt, treten §§ 223 ff. i. d. R. als *subsidiär* zurück; zum Tötungsversuch stehen sie in Tateinheit (§ 52).[3]

§§ 222, 227 werden von §§ 211, 212 verdrängt (*Subsidiarität).*

II. Tatbestandsaufbau der §§ 211, 212

Mord, § 211

vorsätzliche Tötung eines anderen Menschen = Totschlag

unter Verwirklichung eines mordqualifizierenden Merkmals
Mordmerkmale sind nach der Rspr. des BGH angesichts der hohen Strafandrohung eng auszulegen (BGH-GSSt- 30,105; BGH NStZ '95, 231).

Beweggrund (Motiv)

Mordlust
ist die unnatürliche Freude an der Vernichtung eines Menschenlebens.
- *Sadismus.*

Befriedigung des Geschlechtstriebes
- *Tötung, um sich an der Leiche zu vergehen;*
- *Inkaufnahme des Todeseintritts beim Opfer als Folge der Vergewaltigung.*

Ausführungsart

Heimtücke
Heimtückisch tötet, wer in feindlicher Absicht bewusst (subjekt. Kriterium) die auf Arglosigkeit beruhende Wehrlosigkeit des Opfers ausnutzt (objekt. Kriterium).
- *Tötung eines Schlafenden (BGH NJW '69, 2292);*
- *Tötung aus dem Hinterhalt, in den das Opfer gelockt wurde.*

Grausam
tötet, wer seinem Opfer aus gefühlloser, unbarmherziger Gesinnung (subjekt. Kriterium) besonders starke Schmerzen/ Qualen körperlicher oder seelischer Art zufügt (objekt. Kriterium).
- *Ein Ehepaar lässt den bettlägrigen Großvater planmäßig verhungern, um sich seiner zu entledigen.*

verfolgter Zweck

Ermöglichung oder Verdeckung einer Straftat
- *Tötung von Tatzeugen;*
- *Tötung eines Menschen zum Zwecke ungestörter Wegnahme beim Raub (§ 52, § 251);*
- *Täter überfährt nach einem von ihm verursachten schweren Verkehrsunfall einen ihm Haltezeichen gebenden Polizeibeamten, um unerkannt zu entkommen (§ 52, § 315 b III).*

(Fortsetzung S. 151)

1) BGH 2 StR 206/04 vom 18.10.2004. Vgl. Sie auch Kap. A 15.4.
2) Vertiefungshinweise bei Tröndle/Fischer und SchöSchr. und Kap. A 19.4.
3) BGH 4 StR NJW '99, 69 unter betonter Aufgabe seiner früheren Rspr.

(Fortsetzung v. S. 150)

Beweggrund (Motiv)	Ausführungsart
Habgier ist die Steigerung der Gewinnsucht auf ein unerträglich anstößiges Maß, z.B.: – *Beseitigung eines Miterben;* – *Tötung beim Raub;* – *Tötung für Lohn.* **Sonst niedriger Beweggrund** ist ein besonders verachtenswertes auf tiefster Stufe stehendes Motiv, das unter keinen Umständen mehr menschlich verständlich erscheint. Ein Handeln aus Wut, Ärger, Hass und Rachsucht muss in diesem Sinne verwerflich sein (BGH StV 2001, 228); z.B.: – *Tötung des kranken Ehegatten, um mit einem gesunden Partner weiterzuleben;* – *Töten aus nichtigem Anlass, wie etwa beim Abreagieren frustbedingter Aggressionen ggü. Unbeteiligten (BGH NStZ '02, 84).* – *Blutrache wegen Verletzung eines Ehrenkodex (BGH 5 StR 341/05).*	**Mit gemeingefährlichen Mitteln** tötet, wer die Wirkung der von ihm angewandten Mittel nicht beherrscht, so dass unbestimmt viele andere Personen gefährdet sind (objekt. Kriterium); subjektiv wird die Kenntnis und Hinnahme der bes. Gefährlichkeit gefordert. – *Steinewerfen von Autobahnbrücken bei dichtem Fahrzeugverkehr (§ 52, § 315 b);* – *Tötung durch Herbeiführung von Explosionen oder durch Brandstiftung (§ 52, §§ 308 III, 306 c);* – *Lenken eines Kfz in zügigem Tempo über Gehwege mit dichtem Fußgängerverkehr unter Inkaufnahme der Tötung von Menschen (BGH 4 StR 168/05) – in Tateinheit (§ 52) mit § 315 b.*

Fallbearbeitung:

Mord oder Totschlag bei vorsätzlicher Tötung wegen verweigerter Zahlung vereinbarter Beträge?

Mantu hatte zwei junge Frauen, die er in seine Wohnung aufgenommen hatte, zum Zwecke der Prostitutionsausübung an einen Barbesitzer vermittelt. Dieser sollte ein Viertel des Verdienstes, den die Frauen erzielen würden, an Mantu zahlen. Der Barbesitzer stellte jedoch die Zahlungen nach zwei Wochen ein, als die Frauen zu ihm gezogen waren. Hartnäckig, aber vergeblich bemühte sich Mantu in den folgenden Wochen, den Barbesitzer zur vereinbarten Zahlung zu veranlassen. Bei einem erneuten, heftig geführten Streitgespräch zog Mantu plötzlich eine Pistole und erschoss den Barbesitzer aus Wut und Verärgerung über dessen Weigerung, seinem Zahlungsverlangen nachzugeben.[1]

Lösung: Mantu könnte einen Mord (§ 211) an dem Barbesitzer begangen haben. Dann müsste er ihn unter Verwirklichung eines mordqualifizierenden Merkmals vorsätzlich getötet haben.

Indem Mantu den Barbesitzer aus Verärgerung mit einem Schuss aus seiner Pistole niederstreckte, tötete er vorsätzlich einen anderen Menschen (§ 212).

Als ausführungsbezogenes Mordmerkmal könnte Heimtücke in Betracht kommen. Heimtückisch tötet, wer in feindlicher Willensrichtung die Arg- und Wehrlosigkeit seines Opfers bewusst zur Tötung ausnutzt oder wer sein Opfer tötet, nachdem er es in einen Hinterhalt gelockt oder ihm eine Falle gestellt hat. Gleiches gilt, wenn das überraschte Opfer mit einem gefährlichen Angriff nicht rechnen und ihm daher auch nicht ausweichen konnte. Wehrlos ist, wem die natürliche Abwehrbereitschaft und -fähigkeit fehlt oder wem die Möglichkeit sinnvoller Einwirkung auf den Täter genommen ist. Arglos ist, wer sich zur Tatzeit eines Angriffs nicht versieht. Die Wehrlosigkeit muss eine Folge der Arglosigkeit sein.[2]

Ob der Barbesitzer bei Abgabe des Schusses durch Mantu arglos war, hängt davon ab, ob er zu diesem Zeitpunkt „weder mit einem lebensbedrohlichen noch mit einem sonst erheblichen Angriff" gerechnet hat (BGH NStZ '91, 233 f.). Es erscheint unwahrscheinlich, dass der Barbesitzer trotz der vorausgegangenen, feindselig geführten verbalen Auseinandersetzungen nicht mit einem erheblichen Angriff gegen seine körperliche Un-

1) Fall nach BGH NJW '93, 1664.
2) Tröndle/Fischer zu § 211 m. w. Nachw. zur Rspr.

versehrheit gerechnet hat. Ebenfalls lässt sich nicht erkennen, dass Mantu den Barbesitzer mit Tötungsvorsatz in eine Falle gelockt hat.

Mantu hat somit nicht heimtückisch getötet.

Mantu könnte jedoch aus Habgier getötet haben, da er hartnäckig auf eine Fortsetzung der vereinbarten Zahlung bestanden hatte.

Habgier ist die Steigerung der Gewinnsucht zu einem durch Hemmungs- und Rücksichtslosigkeit geprägten unerträglichen Maß. Der Täter muss die Vorstellung haben, durch die Tötung einen Vermögensvorteil zu erlangen. In Betracht kommen nach der Rspr. u. a. die Tötung beim Raub, die Beseitigung des Erblassers, die Tötung für ein Entgelt, die Tötung in Erwartung der Auszahlung einer Lebensversicherung.[1]

Eine derartige Beziehung zwischen der Tötung des Opfers und einer Bereicherung des Täters ist im vorliegenden Fall aber nicht ersichtlich. Der Tod des Barbesitzers schloss künftige Zahlungen durch ihn gerade aus. Auch steht nicht fest, dass an seiner Stelle die Frauen die Zahlungen fortsetzen sollten. Die Feststellungen hatten lediglich ergeben, dass Mantu aus Wut und Verärgerung über die ausbleibenden Zahlungen getötet hattte.

Zu prüfen ist deshalb, ob Mantu bei dieser Motivation aus einem „niedrigen Beweggrund" getötet hat. Das setzt ein nach allgemeiner sittlicher Würdigung auf tiefster Stufe stehendes und deshalb besonders verachtenswertes Töten voraus. Ob dies der Fall ist, muss sich aus den Umständen der Tat, den Lebensverhältnissen des Täters und seiner Persönlichkeit ergeben. Hat der Täter mehrere Motive gehabt, kommt es darauf an, welches dem Geschehen sein wesentliches Gepräge gegeben hat. Bei dieser Gesamtwürdigung war es für den BGH (a. a. O.) von entscheidender Bedeutung, ob Mantu aus einem unbeherrschten Geltungsstreben und Rachetrieb gehandelt hat. Eine derart ungezügelte Selbstsucht hatte er dem Sachverhalt jedoch nicht entnehmen können (und deshalb die Sache zur weiteren Aufklärung zurückverwiesen).

Ergebnis: Anzulasten war Mantu jedenfalls der Totschlag (§ 212). Rechtswidrigkeit und Schuld sind problemlos und seien deshalb unterstellt. Die vom Tötungsvorsatz mit erfassten Körperverletzungsdelikte gem. §§ 223, 224 und 227 werden infolge Konsumtion verdrängt.

Anm.: Das BVerfG fordert angesichts der lebenslangen FS aus Gründen der Verhältnismäßigkeit eine restriktive Auslegung und Anwendung der Mordmerkmale (BVerfGE 45, 187, 267).

15 Übersicht über den Tatbestand der Aussetzung, § 221[2]

I. Allgemeines

Rechtsfolge:	FS v. 3 Mon. – 5 J. (I); FS v. 1 – 10 J. (II); FS ab 3 J. (III); Strafmilderungen (IV).
Deliktstyp:	Verg., OD (I); Verbr. (II und III); konkretes Lebens- u. Gesundheitsgefährdungsdelikt; II stellt einen qualifizierten, III einen erfolgsqualifizierten (§ 18) Fall dar.
Rechtsgut:	Schutz hilfloser Personen vor Lebens- u. (erhebl.) Gesundheitsgefahren.
Konkurrenzen:	Mit §§ 223 ff., 142 kommt häufig Idealkonkurrenz in Betracht; III verdrängt § 222 (Gesetzeskonkurrenz); §§ 211 ff. verdrängen § 221; bei Rücktritt (§ 24) vom Tötungsdelikt kann § 221 wieder in Betracht kommen.

1) Nachw. bei Tröndle/Fischer in § 211.
2) In der Fassung des 6. StrRG.

II. Ausgangsfälle

1. Köln. – Ein Freier hatte eine 16-jährige Prostituierte in einen Alkoholrausch versetzt und sie später im Waldgelände „Kottenforst" bei –7° nach dem Geschlechtsverkehr nahezu unbekleidet zurückgelassen. Mit gefährlicher Unterkühlung und leichten Erfrierungsmerkmalen an den Füßen wurde die junge Frau Stunden später gefunden.

2. Duisburg – Der Fahrer eines Ford-Transit hatte sich nach einem von ihm verursachten VU von der Unfallstelle entfernt, ohne sich um den in den Straßengraben geschleuderten, erkennbar schwer verletzten Fußgänger zu kümmern. Ein Lkw-Fahrer bemerkte ihn später im Scheinwerferlicht und veranlasste seine Rettung.

III. Tatbestandsaufbau

Grundtatbestand (I):

Versetzen eines Menschen in eine hilflose Lage: durch räumliches Verbringen, aber auch durch andersartige Verursachung einer gefahrbegründenden oder -steigernden Lage, so in **Fall 1.** **Täter** kann *jedermann* sein!

Im-Stich-Lassen eines schutzbefohlenen Menschen: durch räumliche Trennung vom *Schutzbefohlenen*; aber auch bei Nichterfüllung der Beistandspflicht durch Unterlassung ohne räumliche Trennung, so in **Fall 2.** **Täter** kann nur Obhuts- oder Beistandspflichtiger sein.[1]

Kausale Folge: *Gefahr* des Todes oder *Gefahr* der schweren Gesundheitsschädigung. Dies ist ein Zustand, in dem das Opfer schutzlos einer konkreten Lebens- od. erhebl. Leibesgefahr ausgesetzt ist.

Subjektiver TB: Der Täter muss vorsätzlich[2] handeln. Das setzt das Bewusstsein des **Versetzens** oder **Im-Stich-Lassens** voraus und die mindestens Inkaufnahme der Gefährdung durch die Tat.

Qualifikations-TB (II u. III)

1. Qualifikationstatbestand (II):

Tatbegehung nach I
- gegen sein *eigenes Kind* oder
- gegen ein Kind, das ihm zur *Erziehung* oder zur *Betreuung in der Lebensführung* anvertraut ist (nicht schon der Babysitter!) oder
- unter Verursachung einer schweren Gesundheitsschädigung des Opfers.

2. Qualifikationstatbestand (III):

Tatbegehung nach II
- unter Verursachung des *Todes* des Opfers.

Strafmilderung (IV):

Tatbegehung nach II od. III
- Fallkonstellationen, die die Tat trotz Vorliegens der äußeren Qualitätsmerkmale nach II oder III minder schwer erscheinen lassen.
  Die Tat bleibt ein Verbrechen (vgl. Sie ggf. Kap. A 9).

---

1) Für andere Personen kommt ggf. eine Hilfspflicht nach § 323 c (Kap. A 15.4) in Betracht.
2) Zur Stellung des Vorsatzes im Verbrechensaufbau vgl. Sie ggf. Kap. A 12.4 .

16 Körperverletzung, §§ 223 ff.

16.1 Gesamtübersicht

vorsätzliche KV

Körperverletzung, § 223

- FS – 5 J. od. GS;
- Verg., AD gem. § 230 u.
- PD gem. § 374 I Nr. 4 StPO;
- bei bes. öff. Interesse Verfolgung v. A. w., § 230 I 2. HS;
- Strafantragsrecht d. Dienstvorgesetzten ..., § 230 II;
- der Versuch ist strafbar (II).

gefährliche KV, § 224

- durch die gefährliche Begehungsart qualifizierter TB:
  - Giftbeibringung,
  - Verwendung gef. Werkzeuge,
  - hinterlistiger Überfall,
  - gemeinschaftlich,
- FS v. 6 Mon. – 10 J.,
- Verg., OD;
- der Versuch ist strafbar (II).

schwere KV, § 226

- durch den Eintritt bestimmter schwerer Folgen qualifizierter TB:
- fahrlässige Todesverursachung durch eine Verursachung FS v. 1 – 10 J; hierzu Näheres in Kap. 16.5;
  - in minder schw. F. FS v. 6 Mon. – 6 J.;
  - bei absichtlicher oder wissentlicher Verursachung FS ab 3 J.;
- in minder schw. Fällen FS v. 1 – 10 J.;
- stets Verbrechen

Körperverletzung mit Todesfolge, § 227

- fahrlässige Todesverursachung durch eine vorsätzliche Tat nach §§ 223, 224, 225, 226;
- FS ab 3 J. (I):
- in minder schw. Fällen FS v. 1 – 10 J.
- Verbrechen

KV im Amt, § 340

- FS v. 3 Mon. – 5 J.;
- in minder schw. Fällen FS – 5 J. od. GS.
- Verg., OD; Vers. strafbar (II);
- §§ 224 – 229 gelten entsprechend (III).

fahrlässige KV, § 229

- FS – 3 J. od. GS
- ohne Rücksicht auf die Folgen;
- AD gem. § 230 u
- PD gem. § 374 I Nr. 4 StPO;
- bei bes. öff. Interesse Verfolgung v. A. w., § 230 I 2. HS;
- Strafantragsrecht d. Dienstvorgesetzten ..., § 230 II.

Einwilligung, § 228 [1]

- rechtfertigende Einwilligung, wenn die Tat nicht gegen die guten Sitten verstößt;. Bemessung nach Tatschwere und -folge.

Misshandlung Schutzbefohlener, § 225

- durch vorsätzliche Verletzung eines besonderen Schutzverhältnisses qualifizierter TB:
  - quälen, roh misshandeln;
  - Gesundheitsschädigung durch böswillige Vernachlässigung;
- FS v. 6 Mon. – 10 J., in minder schw. Fällen FS – 5 J.oder GS (I); Verg.; OD; Versuch strafbar (II);
- im erfolgsqualifizierten Fall des III: 1 – 10 J. FS:
  - Todesgefahr, Gefahr schwerer Gesundheitsschädigung,
  - Gefahr erheblicher Schädigung d. körperl./ geistigen Entwicklung;
  - Verbrechen.

Beteiligung an einer Schlägerei, § 231

- vorsätzliche Beteiligung an einer Schlägerei oder einem von mehreren verübten Angriff,
- bei Todesfolge oder schwerer KV (§ 226);
- FS – 3 J. od. GS; Verg., OD;
- Strafausschluss bei nicht vorwerf. Beteiligung (III).

Strafantrag, § 230

- im Falle der TB nach §§ 223, 229;
- Ausnahme bei bes. öff. Interesse, § 230 I 2. HS;
- Antragsberechtigte (ergänzend §§ 77 ff.)

1) Die Sittenwidrigkeit einer KV hängt nach der Rspr. (BGH 3 StR 120/03) vom Gewicht der Misshandlung und der damit verbundenen weiteren Leibes- oder Lebensgefahr ab. Unerheblich ist danach, ob die Einwilligung *selbst* sittenwidrig ist. Auch auf den *Tatzweck allein* kann die Sittenwidrigkeit nicht gestützt werden.
Fall BGH 2 StR 505/03: Im gegenseitigen Einverständnis praktizierte sadomistische Handlungen, die zu KV führen, verstoßen nicht als solche schon gegen die guten Sitten i.S.v. § 228, sondern erst dann, wenn bei vorausschauender objektiver Betrachtung der Einwilligende durch die KV-Handlung in konkrete Todesgefahr gebracht wird. Ein Irrtum darüber gilt als Erlaubnistatbestandsirrtum i.S.v. § 16 I → Kap. A 14.2.

16.2 Der Grundtatbestand der Körperverletzung, § 223

I. Allgemeines

Rechtfolge: FS – 5 J. oder GS.

Deliktstyp: Verg., AD gem. § 230 StGB und PD gem. § 374 I 4 StPO; der Versuch ist strafbar; die KV im Amt (§ 340 I) ist ein OD.

Rechtsgut: körperliche Unversehrheit und körperliches Wohlbefinden.

Verfolgbarkeit: bei Stellung eines Strafantrages *und* Bejahung öffentl. Interesses (Kap. C 1.10 u. C 1.12); bei Bejahung *besonderen* öffentl. Interesses Verfolgung *auch ohne* Strafantrag v. A. w. gem. § 230 I 2. HS. Wurde die Tat gegen einen Amtsträger ... begangen, ist auch dessen Dienstvorgesetzter strafantragsberechtigt (§ 230 II).

Die KV mit Einwilligung des Verletzten ist nur dann rechtswidrig und verfolgbar, wenn die Tat trotz der Einwilligung gegen die guten Sitten verstößt (§ 228).

II. Tatbestandsaufbau

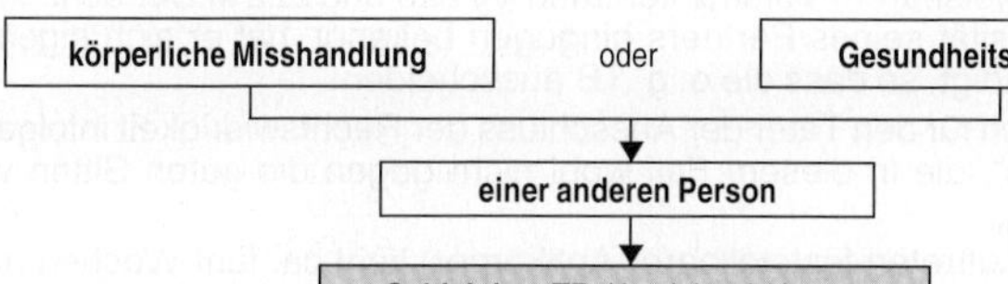

III. Erläuterungen

Die **körperliche Misshandlung** ist eine üble, unangemessene Behandlung, durch die das **körperliche** *Wohlbefinden* oder die **körperliche** Unversehrtheit nicht ganz unerheblich beeinträchtigt wird (BGH 14, 269).

Als *Wohlbefinden* bzw. *Unversehrtheit* gilt *der* Zustand, der vor der Einwirkung bestanden hat, so dass die Tat auch z. N. einer bereits verletzten oder Schmerzen empfindenden Person begangen werden kann.

***Beispiele** für die Beeinträchtigung d. körperl. **Wohlbefindens** sind die Schmerzzufügung, aber auch die Hervorrufung von Ekel, Schreck, Schock, Volltrunkenheit, falls dies zur nicht ganz unerheblichen Beeinträchtigung des **körperlichen** und nicht nur intellektuellen Wohlbefindens führt, sondern z. B. zum Erbrechen, zur Ohnmacht oder zur Lähmung.*

Die Beeinträchtigung der körperlichen **Unversehrtheit** kann erfolgen durch die Zufügung von *Wunden* oder das *Abschneiden des Kopfhaares* oder der *Barthaare*.

Das Opfer braucht die Behandlung nicht zu spüren (Betrunkener). Körperliche Berührung ist nicht notwendig (*heftiges* Erschrecken = Tatfrage!).

Eine **Gesundheitsschädigung** ist die Hervorrufung oder Steigerung eines – wenn auch nur vorübergehenden – **physischen** oder **psychischen** *Krankheitszustandes* (BGH NJW '60, 2253).

***Beispiele:** Zufügung einer größeren Wunde; Hervorrufung eines Schocks.*

Subjektiver TB: Der Täter muss vorsätzlich handeln, er muss sein Handeln erkennen und dessen mögliche Folgen in Kauf nehmen (bedingter Vorsatz) oder wollen (direkter Vorsatz).

Der **Versuch** (auch) der einfachen Körperverletzung ist mit Strafe bedroht.

Der Täter muss nach seiner Vorstellung von der Tat zu deren Ausführung unmittelbar angesetzt haben (vgl. Sie ggf. Kap. A 18 und § 22).

Beispiele: *Der Täter holt mit seinem rechten Arm aus, um seinem Opfer einen Boxhieb zu versetzen. Er wird von anderen am Zuschlagen gehindert.*
Aufnahme der Verfolgung seines unmittelbar fliehenden Opfers, um es zusammenzuschlagen (BHG NJW '03, 150; Kap. B 16.5).

Problem *Aids-Infektion:*[1]

Durch die Infizierung eines anderen Menschen mit einem HIV-Virus ist tbm. eine Körperverletzung gegeben. Der Betroffene ist mit dem Eintritt des Virus in seinen Körper infektiös. Er bleibt dies bei dieser bislang nicht heilbaren und bei Ausbruch tödlich verlaufenden Krankheit. Die Infizierung stellt daher eine Gesundheitsschädigung im Sinne des § 223 I (bei Fahrlässigkeit i. S. v. § 229) dar, auch wenn der Betroffene bis zum Ausbruch der Krankheit beschwerdefrei ist.

Da die Infizierung das Opfer in seinem Leben bedroht, erfüllt die vorsätzliche Handlung auch den TB der gefährlichen KV gem. § 224.[2]

Soweit im Einzelfall der Kausalitätsnachweis gelingt und dem Täter das Wissen um seine Krankheit und damit vorsätzliches Handeln nachgewiesen werden kann, kommen nach Ausbruch der Krankheit auch der Tatbestand der schweren KV gem. § 226 und bei tödlichem Verlauf der Krankheit auch der TB der KV mit Todesfolge gem. § 227 in Betracht. Bei nicht nachweisbarem Vorsatz kommen §§ 229 und 222 in Betracht. War dem Infizierten die Infektiösität seines Partners hingegen bekannt, hat er sich eigenverantwortlich selbst geschädigt, so dass die o. g. TB ausscheiden.

In Betracht kommt auch für den Täter der Ausschluss der Rechtswidrigkeit infolge Einwilligung seines „Opfers", die in diesem Fall wohl nicht gegen die guten Sitten verstößt (§ 228).

Die Inkubationszeit (Auftreten feststellbarer Antikörper) liegt ca. fünf Wochen nach der Ansteckung, die sich daran anschließende Latenzzeit (möglicher Krankheitsausbruch) kann ca. sechs Jahre dauern.

Die Freundin angesteckt: 2 Jahre für Aids-Kranken

Hamburg – Erst behauptete Installateur Jürgen S. (24), er habe Leukämie. Dann, als sein Husten nicht mehr aufhörte, log er seiner Freundin Birte (22) vor, an Tuberkulose erkrankt zu sein. Erst als sie seinen Arzt fragte und der ihr empfahl, einen Test machen zu lassen, erfuhr die Frau: ihr Freund hatte Aids – und sie inzwischen auch. Gestern stand der Installateur vor Gericht, weil er ungeschützt mit Birte geschlafen hatte.

Problem ärztlicher Heileingriff:

Nach der std. Rspr. erfüllt jede in die körperliche Unversehrtheit des Patienten eingreifende ärztliche Heilmaßnahme den TB der Körperverletzung.[3] Ihre Rechtfertigung erlangt die Maßnahme erst mit der ausdrücklichen oder doch stillschweigenden Einwilligung des Patienten oder seines Sorgeberechtigten. Die Wirksamkeit der Einwilligung setzt eine angemessene[4] Aufklärung des Einwilligenden voraus. Sog. Kunstfehler oder nicht notwendige Maßnahmen sind von der Einwilligung nicht gedeckt. In Situationen, in denen der Patient oder sein Sorgeberechtigter nicht befragt werden können (Notmaßnahme!), kommen die sog. mutmaßliche Einwilligung als Rechtfertigung, aber auch der rechtfertigende Notstand (§ 34) in Betracht. Problematischer wird die Situation, wenn der Todkranke, aber bei Bewusstsein befindliche Patient dem Arzt jeden Heileingriff untersagt und dies nach eindeutiger Einschätzung des Krankheitsbildes zum Tode des Patienten führen muss. Hierbei ist an den TB der unterlassenen Hilfeleistung (§ 323 c) und an die Grundsätze des unechten UD zu denken (Näheres Kap. A 15.2; B 14.2 I).

---

1) Vgl. Sie zu diesen Ausführungen ggf. die Nachweise bei Tröndle/Fischer, Lackner/Kühl oder SchöSchr.
2) BGH JZ '90, 195, 196 zu § 223 a a. F.
3) Die h. L. verneint die TB-Erfüllung des gelungenen Heileingriffs, da er das durch § 223 geschützte Rechtsgut gerade nicht gefährde, sondern erhalte (Nachweise bei SchöSchr. zu § 223).
4) Zum Umfang der ärztl. Aufklärungspflicht vgl. Sie ggf. BGH StV '96, 148 f.

Problem Züchtigungsrecht:
Auch die Züchtigung von Kindern (Ohrfeige, Schläge auf das Gesäß) duch die Eltern erfüllt den TB der Körperverletzung, wenn sie sich als *üble unangemessene* Behandlung darstellt (§ 223 I).
Falls die Züchtigung der erzieherischen Einwirkung diente, hielt sie die Rspr. bis zur Neufassung des § 1631 BGB im Einklang mit Art. 6 II GG als Gewohnheitsrecht für zulässig, sofern sie maßvoll von Personen ausgeübt wurde, denen das Züchtigungsrecht zuerkannt war.
Die **Personensorge** umfasst nach der *aktuellen* Fassung des § 1631 I BGB[1] die Pflicht und das Recht (die Altfassung nannte diese Begriffe in umgekehrter Reihenfolge!), das Kind zu pflegen, zu erziehen, zu beaufsichtigen und seinen Aufenthaltsort zu bestimmen.

§ 1631 II BGB verbietet in seiner Neufassung nun auch den Sorgeberechtigten „entwürdigende Erziehungsmaßnahmen, insbesondere körperliche und seelische Misshandlungen" schlechthin.[2] Sofern sich die körperliche Züchtigung des Kindes jedoch als maßvoll darstellt (z. B. leichter Klaps auf den Po), wird der TB der Körperverletzung nach § 223 I mangels Erheblichkeit zu verneinen sein. *Problematisch* kann wohl die *Abgrenzung* zur „üblen unangemessenen Behandlung" sein. Das Problem des elterlichen Züchtigungsrechts hat sich damit von der Rechtfertigungs- auf die Tatbestandsebene verlagert.
In Ziff. 235 RiStBV wird der StA folgende grds. Verfahrensweise vorgegeben: „Bei einer Kindesmisshandlung ist *besonderes* öffentliches Interesse an der Strafverfolgung (§ 230 I S. 1) grundsätzlich zu bejahen. Sind sozialpädagogische, familientherapeutische oder andere unterstützende Maßnahmen eingeleitet worden – etwa nach dem SGB VIII – und scheinen diese Erfog versprechend, kann ein öffentliches Interesse an der Strafverfolgung entfallen".

Subjektiver Tatbestand

Der Täter muss vorsätzlich gehandelt haben, bedingter Vorsatz genügt. Das setzt voraus, dass der Täter erkennt, dass er mit seiner Handlung eine andere Person verletzen wird oder verletzen könnte (Wissenselement) und dass er diese Folge herbeiführen will (direkter Vorsatz) oder dass er sich mit ihrem Eintritt abfindet, ihn in Kauf nimmt (Wollenselement → Kap. A 14.1).
Bei Fahrlässigkeit kommt § 229 in Betracht. Der Begriff der Fahrlässigkeit wird in Kap. A 14.3 erläutert.

Rechtfertigung der Körperverletzung durch Einwilligung, § 228

Die rechtfertigende Wirkung tritt nur ein, wenn die Tat nicht gegen die guten Sitten verstößt – d. h., „gegen das Anstandsgefühl aller billig und gerecht Denkenden". Ob dies der Fall ist, beurteilt die Rspr. nach Art und Umfang der KV und der damit verbundenen weiteren Lebens- oder Leibesgefahr. Je schwerwiegender die Körperfolgen sind bzw. die eingegangene Verletzungsgefahr, desto mehr bedarf es eines billigenden Tatzwecks, um die Sittenwidrigkeit der Tat entfallen zu lassen.

Beispiel: *Beim Autosurfen, bei dem sich ein Beteiligter (A.) auf das Autodach gelegt und mit den Händen an den Türholmen festgehalten hatte, während der andere (B.) die Fahrgeschwindigkeit immer mehr steigerte, waren schließlich die Fliehkräfte bei ca. 80 km/h so enorm geworden, dass A. in der Rechtskurve eines der befahrenen Feldwege vom Dach stürzte. Folgen: Schädel-Hirn-Trauma, das zu spastischer Lähmung und geistiger Behinderung führte.*

Das OLG Düsseldorf (NStZ-RR '97, 325) verneinte den TB des gefährlichen Eingriffs in den Straßenverkehr (§ 315 b I 3, Kap. B 25.5), da ein in diesem Sinne „pervertierter Eingriff" in dem zur Unterhaltung „missbrauchten" Fahren nicht gelegen habe. Es bejahte hingegen den TB der fahrlässigen Körperverletzung. Trotz der „einverständlichen Fremdgefährdung" lehnte es eine rechtfertigende Einwilligung ab, da angesichts von Tatzweck und Gefahrenausmaß ein Verstoß gegen die guten Sitten vorgelegen habe.

1) Gesetz i. d. F. v.27.6.2000 (BGBl. I S. 897).
2) Zum wissenschaftlichen Meinungsstreit vgl. Sie Roxin in JuS 2004, 177.

16.3 Gefährliche Körperverletzung, § 224[1]

I. Allgemeines

Rechtsfolge: FS v. 6 Mon. – 10 J.; in minder schw. Fällen FS v. 3 Mon. – 5 J.

Deliktstyp: Verg., OD; der Versuch ist strafbar (II).

Rechtsgut: Schutz der körperlichen Unversehrtheit vor besonders gefahrvoller Einwirkung.

Konkurrenzen: *Gesetzeskonkurrenz* besteht zu den *erfolgs*qualifizierten KV-TB §§ 226, 227 und zu den Tötungsdelikten (Kap. B 14), sofern die KV nur Durchgangsstadium ist. Zu *versuchten* Tötungsdelikten ist *Tateinheit* gegeben. Bei Verwirklichung *mehrerer Tatalternativen* des § 224 durch eine Handlung ist *eine* Tat gegeben (Ausgangsfall).

II. Ausgangsfälle

1. Schlag mit Beil sollte eine „Überraschung" sein

München – Ein Polizist und seine Freundin saßen beim Frühstück, als der Mann die junge Frau plötzlich bat, sie möge einmal die Augen schließen, er wolle sie überraschen. Die Freundin gehorchte. Der Mann öffnete ein Aktenköfferchen, holte ein Beil heraus und schlug einmal heftig zu. Die Frau hatte Glück. Im Krankenhaus konnte ihre klaffende Kopfwunde mit mehreren Stichen genäht werden.

Weder der Polizist noch seine Freundin machten vor der Polizei Angaben über etwaige Gründe für die Tat. Die 36-jährige Geschädigte will keine Anzeige erstatten.

2. Fall nach BGH 4 StR 347/05: Abel hatte beschlossen, den ihm verhassten Oleg nachts durch Pistolenschüsse auf sein Fahrzeug einen gehörigen Schreck einzujagen. Zur Tatausführung sollte Abels Freund Gans den hinter der Hecke lauernden Abel mittels Handy das Herannahen des von Oleg geführten Pkw ankündigen. Abel wollte auf die Reifen des Pkw zielen. Als geübter Schütze ging er davon aus, den Oleg nicht zu verletzen. Dass es durch die Beschädigung der Reifen zu einem Verkehrsunfall kommen könnte, nahmen beide in Kauf.

Abel traf den rechten Vorderreifen von Olegs Pkw mehrfach. Es gelang Oleg, sein Fahrzeug nach heftigem Schlingern ohne weiteren Schaden anzuhalten...

III. Tatbestandsaufbau

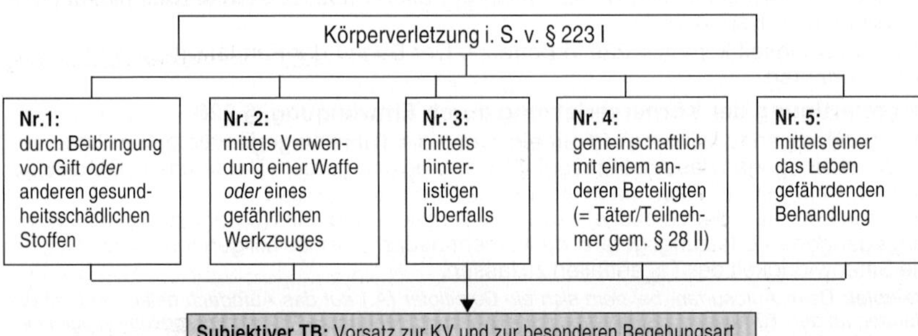

IV. Erläuterungen

Der mit dem 6. StrRG vom 26. 1. 1998 neu konzipierte TB der gefährlichen Körperverletzung nimmt in seiner ersten Tatvariante den TB der Vergiftung gem. § 229 I a. F. und im Übrigen die Tatalternativen des § 223 a a. F. auf.

Die Qualifikation gegenüber dem Grundtatbestand der KV nach § 223 besteht in der gefährlichen Begehungsart. Diese braucht nicht zu einer *konkreten* Gefahr einer *schweren* Gesundheitsschädigung geführt zu haben.

1) Literaturhinweis: Tröndle/Fischer, SchöSchr.

Aus der gegenüber § 223 deutlich höheren Strafandrohung folgt aber, dass die jeweils gewählte Begehungsart nach den *konkreten* Umständen des Einzelfalles *geeignet* gewesen sein muss, das Opfer erheblich zu verletzen.

Diese potentielle Gefahr einer erheblichen Verletzung sah der BGH NStZ '02, 86 in der Verwendung einer Zigarette, wenn sie auf der Haut des Opfers ausgedrückt wird, im Hinblick auf die nicht sicher absehbaren Folgen der Brandverletzung, wie Narbenbildung und sonstige Komplikationen (Variante § 224 I Nr. 2).

Die Tatvarianten des § 224 I:

Nach **Nr. 1** muss der Täter die KV (§ 223) dadurch begangen haben, dass er seinem Opfer Gift oder andere gesundheitsschädliche Stoffe „beigebracht" hat.

Während es sich bei Giftstoffen um chemisch oder chemisch-physikalisch wirkende Stoffe handelt (z. B. Arsen), kommen als „andere gesundheitsschädliche Stoffe" auch mechanisch, thermisch oder biologisch wirkende Mittel in Betracht (z. B. gestoßenes Glas, Gase, Vieren, Bakterien).

Fall: In einem Steinmetzbetrieb war es zwischen den Arbeitern T. und O. zu heftigen verbalen Streitigkeiten gekommen, in deren Verlauf T. den O. mit dem Rest einer hochprozentigen Salzsäure, mit der er gerade gearbeitet hatte, bespritzte. Einzelne Spritzer der Flüssigkeit trafen O. im Gesicht, so dass er ätzende Verbrennungen auf der rechten Wange erlitt (BGH JZ '84, 336).

Die Gifte/Stoffe müssen *geeignet* sein, die Gesundheit eines Menschen zu schädigen, und sie müssen *in diesem Sinne* auch verwendet worden sein.

Der Täter muss verletzen wollen (§ 223) und die Gefährlichkeit seines Tuns (§ 224) erkannt und zumindest in Kauf genommen haben (subjektiver TB).

Es genügt für das Merkmal „Beibringen", wenn die Stoffe/Gifte mit der Körperoberfläche des Opfers in Berührung gekommen sind, sie brauchen nicht ins Körperinnere gelangt zu sein (Fall oben).

Die Verabfolgung von Abführ-, Brech- oder Schlafmitteln genügt i. S. d. Nr. 1 nicht, kann allerdings tatbestandsmäßig i.S.v. § 223 sein (BGH NJW '79, 556).

Führt die Giftbeibringung zum Eintritt einer schweren Folge i. S. v. § 226 oder § 227, wird der TB des § 224 verdrängt. Beide Tatbestände stellen gegenüber § 224 erfolgsqualifizierte Handlungen dar.

Nr. 2 enthält die in der Praxis besonders häufig vorkommende Variante der Verwendung einer Waffe oder eines „anderen" gefährlichen Werkzeuges.

In Betracht kommen Waffen im technischen Sinne sowie alle Gegenstände, mit deren Einwirkung auf den Körper eines Menschen Verletzungen zugefügt werden können.

***Beispiele** für gefährliche Gegenstände: das Beil im Ausgangsfall 1 oben, Messer, Stöcke, Taue, fahrendes Fahrzeug, Steine, Schlüsselbund, brennende Zigarette etc.*

***Gegenbeispiel:** Fall 2 oben. Der Waffeneinsatz diente nicht der KV; diese wurde nur als ggf. eintretende Folge in Kauf genommen.*

Die Gegenstände müssen gegen den Körper des Opfers geführt werden. Im umgekehrten Falle kommt allenfalls die Nr. 5 in Betracht.

Körperteile (Faust des Boxers, unbeschuhter Fuß) scheiden als Mittel im Sinne der Nr. 2 aus. Allerdings kann in dem Fall, dass ein schwergewichtiger Boxer sein Opfer mit voller Wucht ins Gesicht trifft, eine das Leben gefährdende Behandlung i. S. d. Nr. 5 gegeben sein.

Gefährlich ist das Werkzeug, das nach seiner objektiven Beschaffenheit und der konkret gewählten Art seiner Verwendung *geeignet* ist, *erhebliche* Verletzungen herbeizuführen.

***Beispiele:** Der Stoß mit dem Kugelschreiber gegen das Gesäß eines anderen ist noch harmlos; wird der Kugelschreiber jedoch einem anderen ins Gesicht gestoßen, können erhebliche Verletzungen entstehen; er ist* dann *ein gefährliches Werkzeug.*

Auch die Schere wird nicht als gefährliches Werkzeug benutzt, wenn ein Täter sie dazu verwendet, einem anderen das Kopfhaar abzuschneiden, während sein Komplize das sich sträubende Opfer festhält. Allerdings kommt in diesem Fall die Nr. 4 in Betracht.

Ob der Tritt mit dem beschuhten Fuß eine gefährliche KV ist, hängt von der Art des Schuhwerks und der Intensität des Tritts bzw. der Empfindlichkeit des anvisierten Körperteils ab.

Die auf der Haut des Opfers ausgedrückte brennende Zigarette ist reglmäßig ein gefährliches Werkzeug i. S. v. § 224 I 2 (BGH 1 StR NStZ '02, 30; 4 StR, NStZ '02, 86). Die erhebliche Verletzungsgefahr liegt in den nicht sicher absehbaren Folgen einer Brandverletzung.

Der *subjektive TB* fordert auch hier den bedingten oder direkten Vorsatz zur KV d. h. die Kenntnis und mindestens Inkaufnahme der gefährlichen Begehungsart.

Ein weiteres Qualifikationsmerkmal gegenüber § 223 stellt der *hinterlistige Überfall* gem. **Nr. 3** dar. Das TBM setzt zweierlei voraus, zum einen den Überfall als plötzlichen, unerwarteten Angriff auf einen ahnungslosen Menschen, zum anderen die hinterlistige Ausführungsart dieses Angriffs. Der Angriff/Überfall ist nach der Rspr.[1] *dann* hinterlistig, wenn er vom Täter planmäßig *unter Verdeckung seiner wahren Absichten* ausgeführt wird, um dem Opfer die Chance zu nehmen, sich angemessen zu verteidigen.

Beispiele: *Ein bloßer Überraschungsangriff auf der Straße, bei dem der Täter sein Opfer unerwartet von vorn oder hinten angreift, genügt nicht (Fall 2 oben). Anders dagegen, wenn der Täter sein Opfer kommen sieht, sich in einen Hauseingang stellt, um das Opfer völlig überraschend und aus sicherer Position heraus zu treffen. Das hinterlistige Moment setzt also keine Kommunikation zum Opfer voraus, wie etwa im* ***Ausgangsfall 1*** *oben.*

Nr. 4 erfasst die *gemeinschaftlich* begangene KV, die der Täter mit mindestens einem weiteren *Beteiligten* am Tatort begangen haben muss.

Die bis zum 6. StrRG in § 223 a a.F. enthaltene Wendung *„von mehreren gemeinschaftlich"* setzte nach der Rspr. des BGH stets ein *mittäterschaftliches* (§ 25 II) Handeln voraus. In Übereinstimmung mit der h. L. lässt der BGH nunmehr wegen der in § 224 neugefassten Formulierung *„mit einem anderen Beteiligten gemeinschaftlich"* das *Zusammenwirken von Täter und Gehilfen* genügen, *wenn* deren Verhalten eine „verstärkte Gefährlichkeit der Körperverletzung für das Opfer begründet".[2]

Der BGH legt für die Auslegung des Beteiligten die gesetzliche Definition aus § 28 II und § 28 I zugrunde. Aus dem Sinn des Qualifikations-TB folgert er logisch ein notwendiges Zusammenwirken mit erhöhter Gefahr für das Opfer.

Danach genügt nunmehr die abgesprochene Präsenz eines abwartend bereitstehenden Gehilfen auf der Angreiferseite, die wegen des zu erwartenden Eingreifens das Opfer in seinen Chancen beeinträchtigt, Gegenwehr zu leisten, auszuweichen oder zu flüchten (Fall 2 oben: Ankündigungen des Opfers durch Gans).

Der *subjektive TB* setzt den Willen zur KV und das bewusste und gewollte Zusammenwirken der Tatbeteiligten voraus.

Nr. 5 schließlich qualifiziert die KV, die mittels einer das *Leben gefährdenden Handlung* begangen wurde.

Fall 1 oben: mit dem Beil zugefügte Kopfwunde.

Fall 2 oben: mit dem Zerschießen der Reifen in Kauf genommene Unfallgefahr.

Nach der Rspr. und h. M.[3] ist der TB der Nr. 5 bereits erfüllt, wenn die konkrete *Behandlung* nach der Lebenserfahrung *generell*[4] geeignet war, das Leben des Opfers zu gefährden.

So kommt es beim Hinabstoßen von einem Treppenabsatz oder beim Versetzen brutaler Fusstritte darauf an, ob

– nach den konkreten Umständen des gegebenen Falles

  Treppenhöhe, Überraschungsmoment oder erwarteter Stoß; Fusstritte gegen die Beine, das Gesäß oder in den Unterleib oder gegen den Kopf.

– generell die Befürchtung berechtigt ist, dass der Tod oder eine schwere Gesundheitsschädigung die Folge hätte sein können.

---

1) BGH NStZ '92, 490.
2) BGH 5 StR NStZ '03, 86.
3) BGH NJW '90, 129, OLG Düsseldorf JZ '95, 908 mit zahlreichen Nachw.
4) In der Lit. wird z. T. auch der Eintritt einer konkreten Lebensgefahr gefordert. Nw. bei SchöSchr. zu § 224.

Auf den *Eintritt* einer konkreten Lebensgefahr kommt es nicht an.

Der *subjektive* TB setzt voraus, dass der Täter die Umstände, aus denen sich die Lebensgefährlichkeit ergab, im Zeitpunkt seines Handelns kannte und mindestens in Kauf nahm.

Nach **II** ist der **Versuch** der gefährlichen KV (wie auch schon der der einfachen KV) strafbar. Danach muss der Täter *nach seiner Vorstellung von der Tat zur Ausführung eines der qualifizierenden Merkmale unmittelbar angesetzt haben (→ A 18.3).*

*Im **Ausgangsfall 1** war das Versuchsstadium spätestens mit Ergreifen des Beils gegeben, während das Mitführen des Koffers noch als straflose Vorbereitungshandlung einzustufen war.*

*Im **Ausgangsfall 2** war der Versuch mit der Beschädigung des Reifens unter Inkaufnahme eines VU mit Personenschadens gegeben.*

Führt die KV nach § 223 oder § 224 zum Eintritt einer bestimmten schweren Folge, ist ein **erfolgsqualifizierter Fall** nach §§ 226, 227 gegeben. Die näheren Einzelheiten dazu sind in Kap. 16.5 dargestellt.

Für den TB der **Körperverletzung im Amt, § 340,** gilt Folgendes:

- Nach I ist auch die einfache vorsätzliche KV ein OD; der Versuch ist strafbar (II).
- Rechtsfolge ist nicht wie bei § 223 FS – 5 J. oder GS, sondern *FS ab 3 Mon.*
- Die Tat ist ein *Sonderdelikt*, da der Täter nur ein Amtsträger (§ 11) oder ein Offizier/Unteroffizier der Bundeswehr (§ 48 I WStG) sein kann. Sie ist zugleich ein sog. *uneigentliches Amtsdelikt*, so dass für außenstehende Beteiligte § 223 gilt (§ 28 II).
- Eine etwaige Einwilligung der verletzten Person (§ 228) kann die Tat gem. III rechtfertigen. Dies erscheint fraglich, denn Rechtsgut nach § 340 ist u. a. der Schutz der Allgemeinheit vor Missbrauch der Amtsgewalt. Dieses Rechtsgut ist für den Einzelnen nicht disponibel.
- **III** stellt klar, dass
  - im Falle fahrlässiger KV die Besonderheiten des § 229 (→ Kap. 16.1),
  - im Falle qualifizierter KV-Handlungen die §§ 224 – 227 gelten, z. B. § 340 I, III i. V. m. § 224.

16.4 Misshandlung von Schutzbefohlenen, § 225

I. Allgemeines

Rechtsfolge: FS von 6 Mon. – 10 J. (I) bzw. FS ab 1 J. (III).
Strafmilderung in minder schweren Fällen des I u. III (IV).

Deliktstyp: Verg. (I), OD; der Versuch ist strafbar (II); Verbr. bei Verursachung einer qualifizierten Gefährdung des Opfers (III).

Begehen: durch Tun oder Unterlassen (echtes UD) (→ A 15).

Rechtsnatur: Täter (§ 25) kann nur sein, auf den das spezielle Schutzverhältnis zum Opfer zutrifft. Tatbeteiligte, auf die das besondere Pflichtenverhältnis nicht zutrifft, werden wegen Anstiftung oder Beihilfe zu § 225 bzw. bei Mittäterschaft gem. § 28 II aus §§ 223, 224 bestraft.

Konkurrenzen: *Tateinheit* (§ 52) mit §§ 224 ff. ist möglich, ebenso mit § 171, Verletzung der Fürsorge- oder Erziehungspflicht.

II. Ausgangsfall

Lörrach. – Weil ein zweijähriges Mädchen nicht essen wollte, wurde es brutal mit einem **Hammer** von seiner Mutter geschlagen. Dies gestand die inzwischen von der Polizei vernommene Mutter.

Das Kind war in das Städtische Krankenhaus eingeliefert worden. Dabei hatte die Mutter zunächst erklärt, dass die Zweijährige sich bei einem Treppensturz Blutergüsse zugezogen hätte.

Eine genauere zweite Untersuchung (§ 81 c StPO) ergab jedoch auch schwere innere Verletzungen, die keineswegs von einem Treppensturz herrühren konnten.

III. Tatbestandsaufbau

Tatbestandsmäßig handelt nach I, wer

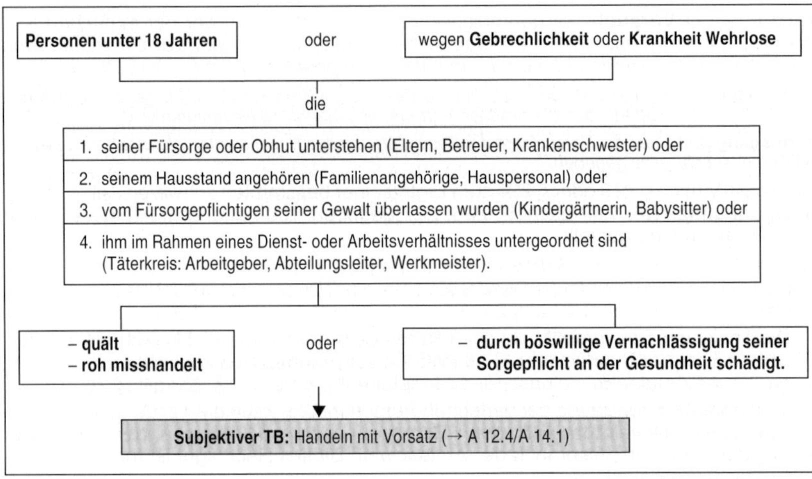

IV. Erläuterungen

Quälen ist die Verursachung länger andauernder oder sich wiederholender erheblicher Schmerzen oder Leiden körperlicher oder seelischer Art; z. B. *Versetzen eines Kleinkindes in Todesangst durch Einsperren in einen dunklen Keller.*

Rohes Misshandeln ist ein Tätigwerden aus gefühlloser Gesinnung, das sich in erheblichen Handlungsfolgen für das psychische oder physische Wohlbefinden des Opfers offenbart; z. B. *brutale Tracht Prügel.*

Böswillige Vernachlässigung: Unter böswillig ist ein Handeln aus Hass, Geiz, Eigennutz zu verstehen. Bei Kindern genügt es, wenn ihre Entwicklung durch die Verwahrlosung ernsthaft gehemmt oder gestört wird.

Fall: Eine allein erziehende junge Frau hatte ihr Kleinkind in einem winzigen Zimmer wochenlang sich selbst überlassen, ihm nur Speisen hingestellt, die Reste nicht fortgeräumt, das Kind nicht gesäubert und sich auch nicht mit ihm unterhalten.

Subjektiver TB: Der Täter muss in Kenntnis seiner Opferbeziehung und der Opfersituation handeln bzw. nicht handeln und als dessen Folge die Gesundheitsschädigung des Opfers wenigstens in Kauf nehmen.

Erfolgsqualifikation, III (Verbr.)

Die mit dem *Verbrechensbekämpfungsgesetz* vom 1.12.1994 eingeführten schweren *Regelfälle*, die *Vergehens-TB* darstellten, hat der Gesetzgeber mit dem *6. StrRG* vom 26. 1. 1998 zu **Verbrechens-**TB umgestaltet.

Der tatbestandliche Unterschied zu I liegt in der verursachten qualifizierten Gefahrenlage für den Schutzbefohlenen. Die nachfolgende Abb. verdeutlicht dies:

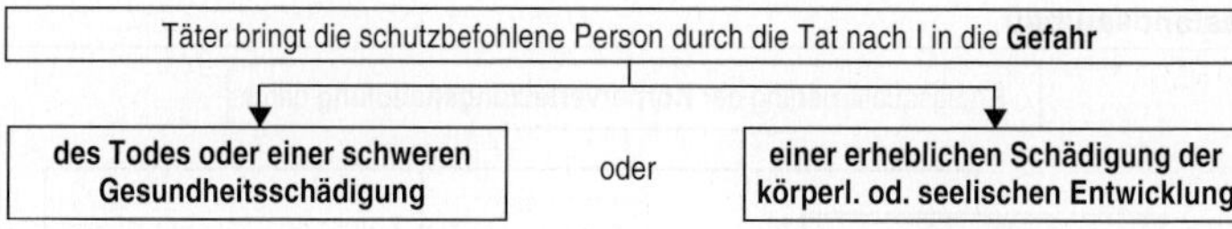

Im **Fall** BGH NJW '95, 2045 hatte eine deutsche Mutter aus Enttäuschung über die egoistische Lebensführung ihres libanesischen Ehemannes in einem Zeitraum von sieben Monaten ihre dreijährige Tochter mit zunehmender Heftigkeit und Häufigkeit geschlagen und getreten ... Dem häufig abwesenden Ehemann waren die Aggressionen seiner Ehefrau bekannt. Am ... schlug sie ihrer Tochter in Abwesenheit des Ehemannes derart heftig mit der flachen Hand ins Gesicht, dass diese gegen die Kante einer Anrichte stürzte und ein schweres Schädelhirntrauma erlitt, an dessen Folgen das Kind wenige Tage später verstarb ...

Der BGH erkannte im Falle der Mutter auf Körperverletzung mit Todesfolge (§ 226 a. F., jetzt § 227) in Tateinheit (§ 52) mit Misshandlung Schutzbefohlener (§ 223 b a. F., jetzt § 225).

Den Ehemann sprach der BGH vom Verdacht des § 226 II a. F., § 13 (= §§ 227 III n. F., § 13) frei, da seiner Tat nicht die *spezifische* Gefahr anhaftete, die *konkret* zum Tode des Opfers führte und verurteilte ihn wegen § 223 b I a. F., § 13 (= § 225 I n. F., § 13).

§ 225 IV enthält Strafzumessungsvorschriften für minder schwere Fälle des Grund- und Qualifikationstatbestandes. Der jeweilige Deliktscharakter Verg. (I) bzw. Verbr. (III) ändert sich dadurch nicht (Vgl. Sie Kap. A 9).

Ausgangsfall 1: *§§ 223, 224 I Nr. 2, 3, 5 StGB.*

Ausgangsfall 2: *§ 52 III 2 a WaffG, § 53 → § 315 b I, § 52 → § 303, §§ 223, 224 I Nr. 2, 4, 5, 22, 23 I; 25 II bzw. 27 StGB.*

16.5 Schwere Körperverletzung, Körperverletzung mit Todesfolge, §§ 226, 227

I. Allgemeines

Rechtsfolge: **§ 226 I** FS v. 1 – 10 J.; **§ 226 II** FS ab 3 J.; **§ 226 III** minder schw. Fälle; **§ 227 I** FS ab 3 J.; **§ 227 II** in minder schw. Fällen FS v. 1-10 J.

Deliktstyp: Verbrechen, erfolgsqualifiziert.

Konkurrenzen: §§ 226, 227 verdrängen §§ 224; § 227 verdrängt § 222; §§ 211, 212 verdrängen § 227 (Gesetzeskonkurrenz).

II. Ausgangsfälle

Fall 1:
Aachen – Völlig unmotiviert, so hieß es, hat ein 57-Jähriger in einer Wirtschaft in Haaren in der Nacht zum Sonntag ein Bierglas genommen und es einem 41-jährigen Gast zweimal mit Wucht ins Gesicht geschlagen.

Der Mann erlitt schwere Schnitt- und Rissverletzungen im Gesicht, hieß es im Polizeibericht. Die Wunden wurden im Klinikum Aachen versorgt.

Fall 2:
Leipzig – Nach einem Diskothekenbesuch hatten deutsche Jugendliche beschlossen, ausländische Jugendliche zusammenzuschlagen. Drei von ihnen verfolgten schließlich einen jungen Ausländer, der beim Anblick der mit Springerstiefeln und Lederjacken bekleideten Angreifer in panischer Angst auf ein Mehrfamilienhaus zulief. Er trat die untere Glasscheibe der verschlossenen Eingangstür ein und wand sich durch die Öffnung. Dabei zerschnitt er sich die Kniekehlschlagader und verblutete, bevor die Täter ihn fanden.

III. Tatbestandsaufbau

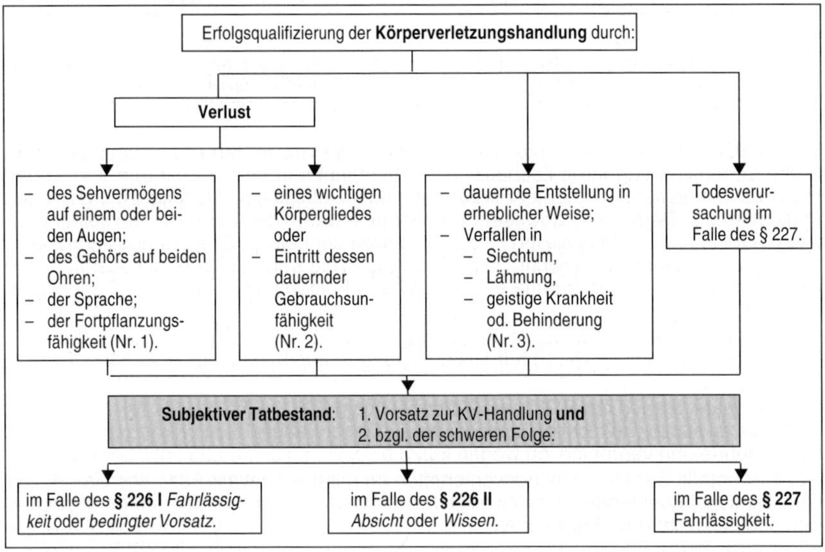

IV. Erläuterungen

Die erfolgsqualifizierten Körperverletzungsdelikte i. S. v. §§ 226, 227 setzen notwendigerweise eine **vorsätzliche** Tathandlung nach § 223 (§ 224) voraus. Fehlt es hieran, weil der Täter fahrlässig gehandelt hat, kann er nur wegen fahrlässiger KV (§ 229) oder – im Falle der Todesverursachung – wegen fahrlässiger Tötung (§ 222) zur Verantwortung gezogen werden.

Beispiel: *Mantu schießt mit einem Flobertgewehr in seinem Garten auf eine in eine Astgabel gestellte Konservendose, verfehlt diese aber und trifft seinen Nachbarn. Im Falle der Verletzung des Nachbarn greift § 229, im Falle seiner Tötung § 222.*

Als erfolgsqualifizierte Delikte fordern § 226 und § 227 einen **Unmittelbarkeitszusammenhang** zwischen vorsätzlicher Körperverletzung und eingetretener schwerer Folge. Dieser Zusammenhang ist nicht schon dann gegeben, wenn nach der im Strafrecht geltenden Äquivalenztheorie (→ Kap. A 13.7) die schwere Folge in irgendeiner Weise durch die Körperverletzung verursacht worden ist, die Körperverletzung also nicht hinweggedacht werden kann, ohne dass auch die schwere Folge entfiele.

Beispiele: *Der Tatbestand des § 227 bzw. § 226 ist daher nicht erfüllt, wenn das verletzte Opfer auf dem Weg ins Krankenhaus durch das Verhalten Dritter verunglückt und dabei den Tod oder eine Querschnittslähmung erleidet.*

Das Gleiche gilt, wenn das Opfer durch eigenverantwortliches Verhalten (Nachlässigkeit in der Wundbehandlung oder Sturz infolge vermeidbarer Unaufmerksamkeit auf der Flucht) die schwere Folge herbeiführt.

Die vorsätzliche Körperverletzung muss derart kausal zu einer der schweren Folgen geführt haben, dass zwischen Handlung und Folge ein *spezifischer, d. h. ein* handlungs- oder deliks*typischer Gefahrenzusammenhang* besteht.[1]

Beispiel: *Der geforderte Unmittelbarkeitszusammenhang besteht z. B. dann, wenn das Opfer in panischer Angst infolge der andauernden heftigen Misshandlung blindlings aus einem Fenster in die Tiefe stürzt und sich dadurch eine Lähmung (§ 226) oder den Tod (§ 227) zuzieht.*

1) Nachweise u. a. bei Tröndle/Fischer zu § 227.

Im **Ausgangsfall 2** hatten die Täter die Schwelle zum „jetzt geht es los" überschritten, als sie ihr flüchtendes Opfer verfolgten, so dass bereits der Versuch der gefährlichen KV gem. §§ 223, 224 I Nr. 4, 22, 23, 25 II gegeben war. Der BGH[1)] stellte zum Fall fest, dass die gefahrspezifische Beziehung zwischen der KV-Handlung und der Todes*folge* keine *vollendete* Körperverletzung voraussetzt. Die Flucht „Hals über Kopf" sei bei durch Gewalt und Drohung geprägten Straftaten geradezu deliktstypisch und entspringe dem elementaren Selbsterhaltungstrieb des Menschen.

Der eingetretene Todeserfolg lag für die Täter auch nicht außerhalb aller Lebenserfahrung und war deshalb voraussehbar.

Das Gericht verurteilte sie wegen versuchter Körperverletzung mit Todesfolge in Form eins „erfolgsqualifizierten Versuchs".

Die Verursachung der schweren Folge aus § 226 muss im Falle des I **fahrlässig** oder **bedingt vorsätzlich**, im Falle des II **absichtlich** oder **wissentlich**[2] erfolgt sein.

Im Falle der Körperverletzung mit Todesfolge (§ 227) lässt das Gesetz nur eine fahrlässige Erfolgsverursachung zu. Bei Vorsatz oder Absicht kommen je nach Tatausführung bzw. Motiv des Täters Totschlag oder Mord in Betracht (Näheres hierzu in Kap. B 14).

Die Strafabstufung für minder schwere Fälle in § 226 III und § 227 II ändert nicht den Deliktscharakter der Tat.

Zu den schweren Folgen des § 226:

Die in Betracht kommenden schweren Folgen ergeben sich aus der Skizze zu III. Eine schwere Folge i.S.v. Nr. 1 liegt auch dann vor, wenn durch Hilfsmittel die Abmilderung der Auswirkungen auf die Sehkraft, das Gehör oder die Sprache erreicht wird. Ob ein Verlust der jeweiligen Eigenschaft im Einzelfall eingetreten ist, wird regelmäßig gutachterlich festzustellen sein, ebenso, ob eine schwere Folge durch eine noch zumutbare Operation beseitigt werden kann (BGHSt 24, 315; BayObLG – 2 StRR 165/03 v. 20.4.2004).

Zum Verlust eines wichtigen Gliedes und zu seiner Gebrauchsunfähigkeit (Nr. 2):

Ein **Glied** ist ein Körperteil, das durch ein Gelenk mit einem anderen Körperteil verbunden ist, also Finger, Hand, Arm, Fuß, Bein. Andere Körperteile mit selbständiger Funktion, z. B. die Niere, rechnen entgegen OLG Neustadt u. SchöSchr. zu § 224 a. F., nach BGHSt 28, 100 nicht dazu. Der Gesetzgeber hat dieser Mindermeinung auch mit der Neufassung des § 224 a. F. zum jetzigen § 226 *nicht* entsprochen.

Die **Wichtigkeit** eines Körpergliedes bestimmte das RG und ihm folgend bisher auch der BGH *abstrakt und generalisierend* danach, ob der Verlust bzw. die Gebrauchsunfähigkeit eine wesentliche Beeinträchtigung der Lebensführung bedeutete.

Der BGH hält diese Auslegung für nicht mehr zeitgemäß und stellte nunmehr fest, dass dauerhafte körperliche Besonderheiten beim Tatopfer (Links- oder Rechtshänder, körperliche Behinderungen oder Vorschädigungen) bei der Beurteilung der Wichtigkeit eines Körpergliedes zu berücksichtigen sind BGH – 4 StR 522/06 vom 15.03.2007).

Der **Verlust** der beiden ersten Glieder des rechten Mittelfingers, der mit einer dauerhaften Versteifung des rechten Zeigefingers einherging, genügte dem Gericht, um das Merkmal der *dauerhaften* ***Gebrauchsunfähigkeit*** *eines wichtigen Körpergliedes* (Zeigefinger) festzustellen.

Dauernde Entstellung in erheblicher Weise (Nr. 3):

Hierunter ist eine **Verunstaltung** der Gesamterscheinung eines Menschen zu verstehen. Die Entstellung braucht *nicht sichtbar* zu sein (z. B. erhebliche Narben am Oberkörper), sie braucht auch *nicht unbehebbar* zu sein (z. B. Schönheitsoperation zur Beseitigung hässlicher Narben im Gesicht infolge Bespritzens mit kochendem Wasser).

---

1) BGH 5 StR NJW '03, 150.
2) Zu diesen Begriffen vgl. Sie Kap. A 14.1.

Sofern das beeinträchtigte Erscheinungsbild jedoch *auf zumutbare Weise* behoben werden kann (z. B. Zahnersatz für die durch einen Faustschlag eingebüßten Schneidezähne), ist die für einen Verbrechenstatbestand zu fordernde Schwere der Unrechtshandlung nicht gegeben.

Im **Ausgangsfall 1** ist je nach Ausmaß und Art der zugefügten Gesichtsverletzungen von § 224 I 2 und 5 bzw. § 226 I 3 auszugehen. Der Operationsaufwand könnte danach über das Maß einer zumutbaren Korrektur weit hinausgehen.

Verfallen in Siechtum, Lähmung, geistige Krankheit oder geistige Behinderung (Nr. 4):
Verfallen in ... bedeutet Entstehung einer andauernden (chronischen) Krankheit, deren Ende nicht abzusehen ist.

Siechtum ist ein Krankheitszustand, der ein Abnehmen der Körper- und Geisteskräfte bis zum Todeseintritt zur Folge hat (Fall: bewusste Ansteckung des Partners mit Aids).

Die Lähmung muss die Bewegungsfähigkeit des gesamten Körpers einschränken (z. B. eine Hüfte, den Nacken), sonst kommt ggf. Nr. 1 in Betracht (Versteifung eines Gliedes).

Geistige Krankheit oder geistige Behinderung können in der Form der Psychose, des Schwachsinns oder der Neurose gegeben sein.

Beispiele: *Verfallen in Epilepsie, Schizophrenie, unwiderstehliche Angstzustände; Beeinträchtigung der normalen Denkfähigkeit infolge erlittener Schädelverletzungen.*

Die definitive Festlegung der hier in Betracht kommenden Krankheitsbilder bleibt einem Sachverständigen-Gutachten vorbehalten.

Fallbearbeitung:

Liebhaber mit Gitarre zusammengeschlagen

Opfer gelähmt – Ehe geschieden

Mainz – Ein Versicherungsvertreter kam einen Tag früher von der Dienstreise zurück, als seine Frau glaubte. Was dann passierte, musste der Mann gestern in München vor Gericht erzählen. Denn er ist der Angeklagte ...

„Durch die Balkontür sah ich, wie meine Frau auf dem Sofa lag. Sie hatte keinen Rock an und auch sonst nichts. Vor ihr kniete ein Mann. Ich war wie von Sinnen und schlug mit einer Gitarre, die neben dem Sofa stand, dem Kerl über den Kopf."

Der „Kerl" war Gitarrist, er ist seitdem rechtsseitig gelähmt, stottert – Frührentner mit 37.

Aufgabe: Prüfen Sie, welcher Straftat(en) der Versicherungsvertreter V. verdächtigt ist!

Methodische Anmerkungen	**Lösungsbemerkungen**[1]
	Tatbestandsmäßigkeit:
Anknüpfung an den SV mit Angabe der verletzten Norm	Der Versicherungsvertreter (V.) könnte durch den Schlag mit der Gitarre auf den Kopf seines Nebenbuhlers (N.) den Tatbestand der schweren Körperverletzung gemäß §§ 226 I bzw. II StGB erfüllt haben.
Darstellung des Tatbestandsaufbaues und Bezeichnung der TBM.	Dies setzt zunächst voraus, dass der Tatbestand der einfachen vorsätzlichen Körperverletzung gemäß § 223 erfüllt ist. Die diese Körperverletzung bewirkende Handlung muss sodann ursächlich zu einer in § 226 genannten schweren Folge geführt haben. Die schwere Folge muss vom Täter i. S. v. § 226 I fahrlässig, i. S. v. § 226 II absichtlich oder wissentlich verursacht worden sein.

1) Die Lösungsschritte können sicher auch kürzer (problemorientiert) gefasst werden. Hier sollen Sie gleichzeitig in der richtigen Anwendung der Begriffsinhalte schulen. Diesem Zweck dienen auch die methodischen Anmerkungen. Zur Substitutionstechnik → Kap. A 13.5.

Methodische Anmerkungen	**Lösungsbemerkungen**
	Zu § 223:
Bezeichnung der TBM.	Den Grundtatbestand der Körperverletzung erfüllt, wer vorsätzlich einen anderen Menschen körperlich misshandelt oder an der Gesundheit schädigt.
Definition des TBM.	Die *körperliche Misshandlung* stellt eine üble, unangemessene Behandlung dar, durch die das körperliche Wohlbefinden oder die körperliche Unversehrtheit eines Menschen in nicht ganz unerheblicher Weise beeinträchtigt wird.
Anwendung.	Durch den offenbar mit großer Wucht geführten Schlag mit der Gitarre gegen den Kopf des N. dürften diesem ganz erhebliche Schmerzen zugefügt worden sein, so dass von einer üblen, unangemessenen Behandlung auszugehen ist. Die mit diesem Schlag verbundene Verletzung (vermutlich Platzwunde, jedenfalls aber Lähmung) des N. stellt auch eine nicht mehr ganz unerhebliche Beeinträchtigung seiner körperlichen Unversehrtheit dar.
Definition des TBM.	Als *Gesundheitsschädigung* gilt jede Herbeiführung oder Steigerung einer körperlichen, geistigen oder seelischen Krankheit.
Anwendung.	Da der Schlag zu einer anhaltenden Lähmung und zur Behinderung der Sprachfähigkeit führte, ist von der Hervorrufung einer Krankheit auszugehen.
Kausalität; kurz, da evident.	Ursächlichkeit und spezifischer Gefahrzusammenhang zwischen Handlung und Erfolg sind ganz offenbar gegeben.
Subjektiver TB: Definition des TBM.	V. handelt *vorsätzlich*, wenn er zum Zeitpunkt der Tat das Bewusstsein hatte, einen anderen Menschen durch sein Verhalten zu verletzen, und wenn er dies auch wollte, zumindest aber als Folge seines Handelns in Kauf nahm.
Anwendung.	In seinem Zorn trachtete er wohl danach, seinem Nebenbuhler einen schmerzhaften Denkzettel zu verabreichen, so dass das Bewusstsein und der direkte Wille zur Körperverletzung zu bejahen sind.[1] V. handelt daher mit direktem Vorsatz.[2]
Zwischenergebnis.	Damit ist der Grundtatbestand der vorsätzlichen Körperverletzung erfüllt.
	Zu § 224:[3]
Bezeichnung der TB-Alternativen.	Tatbestandsmäßig im Sinne dieser Vorschrift handelt, wer bei der Begehung einer Körperverletzung (§ 223) ein *gefährliches Werkzeug* verwendet, oder wer *mittels einer das Leben gefährdenden Behandlung* den Tatbestand des § 223 verwirklicht.
Definition des TBM.	Zu prüfen ist, ob die Gitarre ein gefährliches Werkzeug im Sinne des § 224 darstellt. Gefährlich ist nach h. M. *der* bewegliche Gegenstand, der bei der gewählten Art der Verwendung und nach seiner Beschaffenheit geeignet ist, erhebliche Verletzungen hervorzurufen.

1) Bei einer Lösung nach den Grundsätzen der kausalen Handlungslehre wäre der Vorsatz als Element der Schuld erst im Schuldkomplex zu prüfen (vgl. Sie hierzu Kap. A 12.4).
2) Auf die intensivste Form des Vorsatzes, die Absicht, in der der Täter hier handelt, braucht nicht eingegangen zu werden, da das Gesetz nur Vorsatz verlangt (Kap. A 14.1).
3) Da es sich bei § 226 um ein erfolgsqualifiziertes Delikt handelt, werden alle verletzten Tatbestände der Kette geprüft.

Methodische Anmerkungen	Lösungsbemerkungen
Anwendung.	Die Form dieses Musikinstrumentes erlaubt eine äußerst wirksame Handhabung als Schlaginstrument, wenn es – was hier wohl unterstellt werden kann – am Schaft erfasst wird. Wenn mit einem solchen Gegenstand ein wuchtiger Hieb gegen den schlagempfindlichen Kopf eines Menschen geführt wird, sind ganz erhebliche Verletzungen zu befürchten.
Zwischenergebnis.	V. benutzte somit ein gefährliches Werkzeug.
	Als hier ebenfalls zutreffende gefährliche Begehungsart kommt die Variante der das Leben gefährdenden Behandlung in Betracht.
Definition des TBM.	Nach der Rechtsprechung genügt dafür schon, dass die konkrete „Behandlung“ generell geeignet war, das Leben eines anderen Menschen erheblich zu gefährden.
Anwendung.	Durch den oben beschriebenen Schlag hätte der Schädel des N. zertrümmert werden können. Es dürfte insofern sogar eine konkrete Lebensgefahr bestanden haben.
Subjektiver TB:	V. müsste auch vorsätzlich im Sinne des § 224 gehandelt haben.
Definition des TBM.	Er handelte vorsätzlich, wenn er bei seiner Tatausführung das Bewusstsein der Gefahrenerhöhung hatte, und wenn er diese Gefährdung wollte oder jedenfalls in Kauf nahm.
Anwendung.	In seinem Zorn wollte er die dem N. zugedachten Schläge in ihrer Wirkung intensivieren, sonst hätte V. nicht zur Gitarre gegriffen. Es kann unterstellt werden, dass er im Moment des Zuschlagens das Bewusstsein hatte, N. besonders empfindlich zu treffen, dass er also die mit seinem Tun verbundene erhebliche Gefährdung des N. zumindest in Kauf nahm.
Zwischenergebnis.	Der Tatbestand der gefährlichen Körperverletzung ist in zwei Varianten erfüllt.
	Zu § 226:
Überleitung.	Zu prüfen ist, ob durch die Körperverletzungshandlung eine der in § 226 genannten schweren Folgen wenigstens fahrlässig (§ 226 I) oder gar absichtlich oder wissentlich (§ 226 II) verursacht worden ist.
Eingrenzung.	Die hier in Betracht kommenden schweren Folgen aus § 226 sind das Verfallen in Lähmung und der Verlust der Sprache.
Definition des TBM.	Das Merkmal Verfallen in Lähmung setzt eine andauernde, erhebliche Beeinträchtigung der Bewegungsfreiheit voraus, die den gesamten Körper in Mitleidenschaft zieht. Der Krankheitszustand braucht nicht unheilbar zu sein, andererseits muss er von einer Art sein, dass der Zeitpunkt seiner Beseitigung sich nicht absehen lässt.
Anwendung kurz, da evident.	Bei einer andauernden halbseitigen Körperlähmung der im Sachverhalt beschriebenen Art ist von einer Lähmung als schwere Folge im Sinne des § 226 auszugehen.
Definition des TBM.	Der Verlust der Sprache stellt die Unfähigkeit dar, artikuliert zu sprechen. Ein völliger Verlust der Stimme ist nicht erforderlich.
Anwendung.	Da N. seit der Tathandlung stottert, dürfte der Verlust der Sprache als weitere schwere Folge zu bejahen sein.

Methodische Anmerkungen	**Lösungsbemerkungen**
Bezeichnung der weiteren Voraussetzungen.	Diese Folgen müssen *kausal* auf die Körperverletzungshandlung zurückzuführen sein. Dass bedeutet bei erfolgsqualifizierten Delikten, dass zwischen Tathandlung und Tatfolge ein *spezifischer Gefahrenzusammenhang* bestanden haben muss.
Definition des Merkmals.	Eine aktive Handlung ist immer dann kausal, wenn sie nicht hinweggedacht werden kann, ohne dass damit zugleich auch mit an Sicherheit grenzender Wahrscheinlichkeit der konkrete Erfolg entfiele (Näheres in Kap. A. 13.7).
Anwendung.	Hätte V. den Schlag mit der Gitarre nicht ausgeführt, wären die o. g. Folgen ganz sicher nicht eingetreten. Die Handlung, also der Schlag, ist daher kausal für den konkreten Erfolg, die Lähmung und den Verlust der Sprache.
	Zwischen Tathandlung und Tatfolge bestand hier auch ein tatbestandsspezifischer unmittelbarer Gefahrzusammenhang.
	Die tatbestandsspezifische Gefahr ergab sich aus der Wucht des ausgeführten Schlages, die Unmittelbarkeit des Gefahrenzusammenhanges daraus, dass etwaige andere Momente ausschieden.
Überleitung zur Verantwortlichkeit für die schwere Folge.	Für die Erfolgsqualifikation muss dem Täter i. S. v. § 226 I mindestens Fahrlässigkeit zur Last gelegt werden können (§ 18).
Die objekt. Komponente der Fahrl. gehört zum TB.	Das setzt im Bereich des TB die Außerachtlassung der *objektiv* gebotenen (verkehrüblichen) Sorgfaltspflicht voraus. Sorgfaltsmaßstab ist ein besonnener und gewissenhafter Mensch in der Situation des handelnden Täters (Kap. A 14.3).
	Bei dem im SV geführten gewaltigen Schlag ist allgemein vorstellbar, dass schwerste Verletzungen, ja sogar der Tod des Opfers nahe liegende Folge sind. Die Einschätzung dieser Tatfolgen setzt keine besonderen Kenntnisse voraus.
	V. handelt daher objektiv fahrlässig i. S. v. § 226 I.
Abgrenzung.	Wissentliches oder absichtliches Herbeiführen der schweren Folge i. S. v. § 226 II lässt sich nach dem SV nicht definitiv beurteilen. Das Gleiche gilt für den auch denkbaren Versuch eines Tötungsdeliktes i. S. v. §§ 211 od. 212, 22.
	Rechtswidrigkeit:
Kurzer Hinweis, da evident.	Da Rechtfertigungsgründe offensichtlich nicht vorliegen, ist die Tatbestandsverwirklichung auch rechtswidrig.
	Schuld:
	1. Schuldfähigkeit
Definition.	V. ist schuldfähig, wenn er zum Zeitpunkt seines Handelns das Unrecht der Tat einsehen (Einsichtsvermögen) und gemäß dieser Einsicht handeln konnte (Steuerungsfähigkeit). Näheres in Kap. A 17.2.
Abgrenzung. Problem.	In Betracht kommen Schuldunfähigkeit i. S. v. § 20 und (alternativ) verminderte Schuldfähigkeit gem. § 21, und zwar infolge einer ggf. vorhandenen tief greifenden Bewusstseinsstörung, verursacht durch einen hochgradigen Zornesaffekt.

Methodische Anmerkungen	**Lösungsbemerkungen**
	Die Bejahung des § 20 würde die Schuld ausschließen, die Anwendung des § 21 zur Strafminderung führen.
	Grds. muss der geistig gesunde Mensch seine Affekte und sich beherrschen. In der Rspr. ist aber anerkannt, dass eine tief greifende Bewusstseinsstörung i. S. des § 20 in seltenen Fällen gegeben sein kann, wenn ein Mensch ausschließlich durch den Höchstgrad seiner Erregung in eine Lage gerät, in der er gänzlich die Selbstbestimmung und die Fassung verliert (BGH NStZ '97, 232).
	Die nachfolgenden Ausführungen gelten unter der Voraussetzung, dass Schuldunfähigkeit nach § 20 nicht in Betracht kommt (Zur Beurteilung der Schuldfähigkeit würde das Gericht ein Sachverständigen-Gutachten einholen).[1]
	2. Fahrlässigkeitsschuld
Hier ist die subjekt. Komponente der Fahrlässigkeit zu prüfen.	V. musste im Zeitpunkt seines Handelns individuell fähig gewesen sein, die objektiv gebotene Sorgfaltspflicht zu erkennen und durchschnittliche Verhaltenserwartungen zu erfüllen (Kap. A 17.4).
Definition des Merkmals.	Prüfungsmaßstab sind hierbei die *persönlichen* Fähigkeiten und die Lebenserfahrung des V.
Anwendung.	Mangels entgegenstehender Hinweise im SV wird man davon auszugehen haben, dass V – wie jeder andere Mensch auch – *subjekt* befähigt war, die nahe liegenden Folgen seiner Tathandlung zu erkennen und abzuwenden. Die fahrlässig verursachten Tatfolgen sind ihm daher anzulasten.
	3. Unrechtsbewusstsein
Anwendung.	V. dürfte unter den gegebenen Umständen erkannt haben, dass seine Handlungsweise Unrecht darstellt. Zweifel an der Rechtmäßigkeit seines Handelns hätten ihm aber auch in seiner speziellen Situation kommen müssen.
Voraussetzungen und Anwendung.	Das genügt bereits, sich Einhalt in seinem Tun zu gebieten (Kap. A 17.5).
Kurz, da evident.	4. Zumutbarkeit bzw. Fehlen von Entschuldigungsgründen
	Da eine Notstandssituation i. S. v. §§ 33 und 35 StGB nicht vorlag, war V. zuzumuten, sich rechtmäßig zu verhalten, also nicht auf N. einzuschlagen (Kap. A 17.6).
	Gesamtergebnis:
Zusammenfassung.	V. steht im Verdacht, eine Straftat im Sinne des § 226 I StGB begangen zu haben.
	Die Tat ist ein Verbrechen und daher ein Offizialdelikt.

Vermerk

Sofern die Gitarre beschädigt wurde und V. damit rechnete, wäre auch der TB des § 303 I tateinheitlich erfüllt.

1) Zur Frage der Schuldfähigkeitsbeurteilung in Fällen von „Eifersuchtswahn“ vgl. Sie ggf. BGH NStZ '98, 296 f.

16.6 Beteiligung an einer Schlägerei, § 231[1]

I. Allgemeines

Rechtsfolge: FS - 3 J. oder GS.

Deliktstyp: OD, Vergehen, abstraktes Gefährdungsdelikt.

Zweck der Vorschrift: Die Handlung ist wegen der Gefährlichkeit von Schlägereien und der Schwierigkeit, die Einzelverantwortlichkeit der Beteiligten für schwere Folgen aufzuklären, in dieser speziellen Art unter Strafe gestellt.

Nach I ist *der* nicht strafbar, dessen Beteiligung nicht vorwerfbar war (II).

Rechtsgut: Leib / Leben aller durch die Schlägerei / den Angriff Gefährdeten.

Konkurrenzen: *Tateinheit* ist insbesondere möglich mit §§ 224, 226, 227, 212, falls ein Einzeltatnachweis gelingt.

II. Ausgangsfall

Hamburg – Fünf Skinheads bedrängen einen Schwarzafrikaner, beschimpfen ihn zunächst, stoßen ihn dann zu Boden, treten auf ihn ein und entfernen sich schließlich, als ihr Opfer regungslos liegen bleibt. Durch einen der Fusstritte verlor der Geschädigte das linke Augenlicht ...

III. Tatbestandsaufbau

Schlägerei

Austausch *gegenseitiger Tätlichkeiten* unter aktiver Beteiligung von mindestens drei Personen, auch wenn von ihnen eine rechtmäßig handelt.

von mehreren verübter Angriff

Unmittelbar auf den Körper eines anderen zielende *feindliche* Einwirkung von mindestens zwei Personen mit einheitlichem Angriffswillen.

Beteiligung

Beteiligt ist jeder Anwesende, der vorsätzlich *und in feindseliger Weise* an den Tätlichkeiten physisch oder psychisch teilnimmt. Bei der Schlägerei ist auch der beteiligt, der sich in *Trutzwehr* (§ 32) verteidigt.
Beteiligt ist auch der, der sich vor Eintritt der schweren Folge entfernt oder erst nach ihrem Eintritt mitmischt.

In II wird klarstellend vermerkt, dass *der* „Beteiligte" straffrei bleibt, der zu keiner Zeit des Angriffs/der Schlägerei vorwerfbar beteiligt war (Friedensstifter, Neugierige, in Notwehr Handelnde).

Subjektiver TB: Handeln mit Vorsatz. [2]

Der Täter muss wissen, dass er an einer der genannten Auseinandersetzungen mitwirkt und dies auch wollen.

Objektive Strafbarkeitsbedingung[3]

ist der Eintritt des **Todes** oder einer **schweren KV** (§ 226). Vorsatz und Fahrlässigkeit brauchen sich auf den Eintritt dieser Bedingung also nicht zu erstrecken. Durch die Schlägerei oder den Angriff (also nicht erst durch eine konkret nachweisbare Einzelhandlung) muss eine der Folgen eingetreten sein. Insofern muss zwischen Schlägerei/Angriff ein gefahrspezifischer Ursachenzusammenhang[4] bestehen.
Ob bei einem Angreifer oder bei einem Angegriffenen die schwere Folge eintritt, ist ohne Belang.

1) Nachweise bei Tröndle/Fischer und SchöSchr.
2) Zum Standort des Vorsatzes im Verbrechensaufbau vgl. Sie ggf. Kap. A 12.4, A 14.
3) Zu diesem Begriff Näheres in Kap. A 17.7.
4) Näheres zur Kausalität in Kap. A 13.7.

17 Straftaten gegen die persönliche Freiheit, §§ 234 ff.

17.1 Gesamtübersicht

Menschenhandel zum Zweck der sexuellen Ausbeutung, § 232, Verg. I, Verbr. III (Kap. B 11.5). **Menschenhandel z. Zweck der Ausbeutung der Arbeitskraft**, § 233, Verg. I, Verbr. III (Kap. B11.6).**Förderung des Menschenhandels**, § 233 a, Verg. (Kap. B 11.7).
Schutz vor erzwungener oder aus Hilflosigkeit eingegangener Prostitution und ausbeuterischen sexuellen Handlungen sowie dem Verbringen in Sklaverei oder Arbeitsknechtschaft.

Menschenraub, § 234, Verbr.
Bemächtigung eines Menschen, um ihn in hilfloser Lage auszusetzen, in Sklaverei od. Leibeigenschaft zu bringen od. in fremde militärische Dienste. Spezialfall zu § 239.

Verschleppung, § 234 a, Verbr. Der Täter setzt einen anderen durch Verschleppung der Gefahr aus, aus politischen Gründen verfolgt zu werden.

Entziehung Minderjähriger, § 235, I/II AD, Verg., Vers. strafb.; IV/V Verbr.
Schutz des Personensorgerechts vor Entziehung oder Vorenthaltung von Kindern/Minderj. IV u. V enthalten Qualifikationen. Tateinheit (§ 52) möglich mit §§ 234, 239, 239 a.

Kinderhandel, § 236, Verg., OD, Vers. strafb.
Überlassen des eigenen Kindes unter 14 J./ unter grober Verletzung der Fürsorgepflicht/ einem anderen auf Dauer/ gegen Entgelt ...; – Aufnahme eines Kindes unter diesen Umständen; – unbefugtes Vermitteln der Adoption Minderj. gegen Entgelt.

Nachstellung § 238 (I = AD u. PD, II = OD u. Verg.; III u. IV = Verbr.) → B 17.2.
Schwerwiegende Beeinträchtigung der Lebensgestaltung seines Opfers durch unbefugtes und beharrliches Nachstellen in tatbestandlich unterschiedlich ausgeprägten Schweregraden. Rechtsgut ist neben der Entschließungs- und Handlungsfreiheit des Opfers auch seine körperliche Unversehrtheit.

Freiheitsberaubung, § 239 I = Verg., OD; Vers. strafb.; III u. IV = Verbr. → B 17.4.
Auf das Unterlassen jegl. Ortsveränderung gerichtete (spezielle) Nötigung durch Einsperren od. auf anderer Weise. III u. IV sind erfolgsqualifizierte (§ 18) TB.

Erpresserischer Menschenraub, § 239 a, Verbr. → B 17.5.
Bemächtigung od. Entführung eines Menschen, um die Sorge eines Dritten um das Wohl des Entführten zu einer *Erpressung* (§ 253) auszunutzen Die Tat richtet sich geg. die Freiheit des Entführten u. das Vermögen d. Erpressten. Erfolgsqualifizierung (§ 18) bei wenigstens leichtfertiger Todesverursachung.

Geiselnahme, § 239 b, Verbr. → B 17.6.
Bemächtigung, Entführung eines Menschen, um einen Dritten durch Drohung mit dem Tode od. der schw. KV (§ 226) d. Opfers zu *nötigen* (§ 240). Schutzgut ist neben Freiheit u. Integrität d. Geisel die Dispositionsfreiheit des Genötigten. Erfolgsqualifizierung (§ 18) bei leichtfertiger Todesverurssachung (II). § 239 a geht vor.

Nötigung, § 240, Verg., OD, Vers. strafb. → B 17.3.
Schutz vor Beeinträchtigung der freien Willensentschließung u. -betätigung durch Anwendung von Gewalt od. Androhung eines empf. Übels.

Bedrohung, § 241, Verg., PD, → B 17.7.
eines Menschen mit der Begehung eines *Verbrechens.* Die Vorschrift schützt den Rechtsfrieden und das Gefühl der Rechtssicherheit des Einzelnen.

Politische Verdächtigung, § 241 a, OD, Verg. Der Täter setzt einen anderen durch Anzeige od. Verdächtigung der Gefahr der Verfolgung aus politischen Gründen aus.

17.2 Nachstellung, § 238[1]

I. Allgemeines

Rechtsfolge: FS – 3 J. oder GS (I); bei Gefährdungsqualifikation nach II FS von 3 Mon. – 5 J.; bei Erfolgsqualifikation (§ 18) nach III FS v. 1 J. - 10 J.

Deliktstyp: Erfolgsdelikt, Verg. (I u. II), Verbr. (III); I ist RAD gem. IV und zugleich PD gem. § 374 StPO (→ C 2.7); II u. III sind OD. Nebenklage ist zugelassen (→ C 1.11).

Rechtsgut: Entschließungs- und Handlungsfreiheit, körperliche Unversehrtheit.

Konkurrenzen: Je nach Tatausführung kann die Handlung in Ideal- oder Realkonkurrenz (→ A 20.2) stehen mit *insbesondere:*

Hausfriedensbruch, § 123, Sachbeschädigung, § 303, Beleidigung, § 185, Verläumdung, § 187, Körperverletzung, §§ 223 ff., Tötungsdelikten, §§ 211 ff., Freiheitsberaubung, § 239, Nötigung, § 240, Bedrohung, § 241, sexueller Nötigung, § 177.

Die Tat (Nachstellen – Stalking) kann auch nach § 4 GewSchG mit FS – 1 J. oder GS bedroht sein, wenn der Täter eine *gerichtliche* Auflage nach § 1 GewSchG, *z.B.* nicht mehr mit dem Opfer zu kommunizieren, missachtet hat.

Fotografiert der Stalker sein Opfer z.B. mittels Tele in dessen Wohnung, wird i.d.R. auch eine Tat nach § 201 a (→ B 13.1) gegeben sein.

Maßnahmen: Anwendbarkeit des Haftgrundes der *Wiederholungsgefahr* bei besonders gefährlichen Stalking-Tätern (→ C 10.4, C 2.10).

Die *polizeirechtliche* Platzverweisung nach *§ 34 II PolGNW* (oder anderen PolG) kommt schon im Falle des § 238 I, die nach *§ 34 a PolG*NW im Falle des § 238 II in Betracht. Zur vorübergehenden Durchsetzung kann auch die Ingewahrsamnahme nach z.B. *§ 35 I PolGNW*, ggf. mit Verwaltungszwang (→ Exkurs in C 2.10), in Betracht kommen, sofern die vorl. Festnahme (→ C 10.3 bzw. C 10.4) ausscheidet.

II. Ausgangsfall:

Die unter dem **Begriff** „Stalking" bekannt gewordene Verhaltensweise des Nachstellens betrifft das *fortwährende unbefugte* Bemühen eines Täters, *unerwünschten* Kontakt zu einer Person aufzunehmen oder zu halten.

Als **Tathandlungen** kommen in Betracht das beharrliche Aufsuchen und Beobachten der Wohnung des Opfers, das Nachlaufen, Ansprechen, Bedrohen; Telefonterror; das Übersenden von E-Mails, SMS oder Briefen; diffamierende Einstellungen ins Internet; die Übermittlung/Veranlassung von Warensendungen etc. Die Zudringlichkeiten können außerdem zu Bedrohungen, körperlichen Übergriffen, Sachbeschädigungen, Hausfriedensbruch, zur Denunziation des Opfers u.a.m. führen.

Folgen: Psychisch können Stalker-Aktionen das Opfer in Angstzuständen versetzen, Depressionen auslösen und weitere Krankheiten hervorrufen.

Das Opfer kann sich auch zu einschneidenden Verhaltensänderungen veranlasst sehen, seine sozialen Kontakte einzuschränken, Schutzvorkehrungen zu treffen oder gar Arbeitsplatz und Wohnort aufzugeben.

Die **Täter** sind vielfach dem sozialen Nahraum des Opfers zuzurechnen. Häufig wollen ehemalige Partner ihr Opfer zurückgewinnen oder sanktionieren, ihre verletzte Ehre wieder herstellen oder sich für Vorgänge am Arbeitsplatz revanchieren. Ebenso häufig sind die

1) In Kraft seit dem 31. 3. 2007.
Quellen: BR -Drs. 48/06, BT -Drs. 16/575 und BT -Drs. 16/3641.

Täter aber auch auf Personen des öffentlichen Lebens wie Schauspieler, Sänger, Sportler, Politiker fokusssiert.

Die Konflikte bergen nicht selten eine beträchtliche und kaum einzuschätzende **Eskalationsgefahr**, die zur Verletzung weiterer Rechtsgüter und zur Begehung noch schwererer Straftaten führen kann.

III. Tatbestandsaufbau

I.: Nachstellen eines Menschen durch

unbefugte/s *und* **beharrliche/s**

1. **Aufsuchen** seiner räumlichen Nähe;
2. **Bemühen, Kontakt mit ihm herzustellen** unter Verwendung von Tele- oder sonstigen Kommunikationsmitteln oder über Dritte;
3. **Aufgabe** von Warenbestellungen oder Dienstleistungen unter missbräuchlicher Verwendung der pbD des Opfers durch den Täter oder von ihm veranlasste Dritte;
4. **Bedrohen** mit der Verletzung seines Lebens, seiner körperlichen Unversehrtheit, Gesundheit oder Freiheit oder z.N. einer ihm nahe stehenden Person;
5. **Vornahme** einer vergleichbaren Handlung;

kausale Folge: schwerwiegende Beeinträchtigung der Lebensgestaltung des Opfers.

II.: Gefährdungsqualifikation

liegt vor,

wenn der Täter das Opfer, einen Angehörigen oder eine andere dem Opfer nahe stehende Person

durch die Tat in die *Gefahr* des Todes oder einer schweren Gesundheitsschädigung gebracht hat.

III.: Erfolgsqualifikation (§ 18)

ist gegeben,

wenn der Täter den Tod des Opfers, eines Angehörigen oder einer anderen dem Opfer nahe stehenden Person

durch die Tat verursacht hat.

Subjektiver TB:

I: Vorsatz bzgl. des Tatverhaltens und der eingetretenen Tatfolge;

II: Vorsatz auch zum Eintritt der speziellen Gefährdung;

III:Vorsatz i. S. v. I (II), hinsichtlich der Tatfolge genügt Fahrlässigkeit (§ 18).

IV. Erläuterungen

Tathandlung nach I ist das *unbefugte* Nachstellen durch *beharrliche* unmittelbare oder mittelbare Annäherungshandlungen und näher bestimmte Drohungen.

Das **Nachstellen** i.S.v. I 1 umfasst das Aufsuchen, Anschleichen, Auflauern, Verfolgen, Anlocken etc.

Im gegebenen Kontext umschreibt der Begriff Handlungen, die darauf ausgerichtet sind, durch mittelbare oder unmittelbare Annäherungen an das Opfer in dessen persönlichen Lebensbereich einzugreifen und dadurch seine Handlungs- und Entschließungsfreiheit zu beeinträchtigen.

Beispiel: *Ein 62-jähriger hatte sich über mehrere Monate vor dem Haus der Schauspielerin Veronica Ferres aufgehalten und sie sowie ihre Tochter verfolgt und dadurch bedrängt, dass er sich ihnen immer wieder in den Weg gestellt und sie angesprochen hatte.*

Dem Ehemann des Opfers schlug der Angeklagte auf den rechten Arm, als der ihn nahe dem Wohnhaus der Familie zur Rede stellen und ein Foto von ihm machen wollte.

Der Eheleute erklärten, sie hätten Angst um ihr Leben gehabt und ihr Tagesablauf sei massiv gestört gewesen (verhandelt beim LG München am 4. und 11.12. 2006).

Das Nachstellen muss **unbefugt** und **beharrlich** erfolgt sein.

Beim Merkmal *unbefugt* handelt es sich um einen zum TB gehörenden Umstand, der dessen Anwendungsbereich beschränkt. Er stellt einerseits klar, dass ein ausdrückliches oder konkludentes („Opfer" fühlt sich geschmeichelt und lässt den „Täter" gewähren) Einverständnis des Opfers den *Tatbestand* ausschließt.

Andererseits handelt nicht tatbestandsmäßig, wer sich auf eine amtliche oder privatrechtliche Befugnis oder Erlaubnis stützen kann.

Beispiele: *Gerichtsvollzieher, der die Gewohnheiten seines Schuldners beobachtet, Polizeibeamte bei der Observation eines Verdächtigen, Pressereporter, der hartnäckig auf ein Interview oder Pressefoto lauert.*

Journalistische Tätigkeiten sind grundsätzlich durch die verfassungsrechtlich garantierte Pressefreiheit und Freiheit der Berichterstattung nach Art. 5 I GG gewährleistet, sofern nicht allgemeine Gesetze Schranken setzten (z.B. § 6 Landespressegesetz NRW – Sorgfaltsplichten oder § 201 a StGB → B 13.1 Verletzung des höchstpersönlichen Lebensbereichs durch Bildaufnahmen; Hausfriedensbruch, § 123 → B 3, Nötigung durch hartnäckiges Versperren des Weges, § 240 → B 17.4).

Das unbefugte Nachstellen muss auch in *beharrlicher* Form erfolgt sein. Der Begriff „beharrlich" wird z.B. auch in § 184 d verwendet und bedeutet ein wiederholtes Handeln oder andauerndes Verhalten. Eine bloße Wiederholung genügt aber nicht. Der Begriff bezeichnet vielmehr eine in der Tatbegehung zum Ausdruck kommende besondere Hartnäckigkeit und eine gesteigerte Gleichgültigkeit des Täters gegenüber dem gesetzlichen Verbot, und damit ein Indiz für die Gefahr weiterer Begehung.

Auch die zeitlichen Abstände der Teilhandlungen und ihr innerer Zusammenhang müssen berücksichtigt werden.

Erst aus der *Gesamtwürdigung* des Täterverhaltens ergibt sich, ob im Einzelfall nur lästiges, aber noch sozialadäquates Verhalten vorliegt oder die Handlung tbm. ist.

Die Nachstellungen des Täters nach I müssen schließlich eine **schwerwiegende Beeinträchtigung der Lebensgestaltung** des Opfers **zur Folge** haben.

Die Kausalität ist dann gegeben, wenn die Tathandlungen den Bereich des „Nur Belästigenden" erheblich und objektivierbar übertreffen und das Opfer in Angst, Panik, psychische Bedrängnis vor ständiger Beobachtung oder Kontaktaufnahme versetzen oder wenn der Belästigungsgrad so intensiv ist, dass das Opfer sich veranlasst sieht, z.B. sein Ausgehverhalten oder seine Erreichbarkeit wesentlich zu verändern oder Örtlichkeiten zu meiden.

Von **I 2 - 4** werden weitere häufige **Nachstellungshandlungen** erfasst.

Während es sich bei dem Verhalten nach I 1 um eine Form der physischen Annähe-rung handelt, erfasst I 2 unbefugte und beharrliche Nachstellungen durch Anrufe, E-Mails, SMS, Briefe oder Botschaften anderer Art durch den Täter oder von ihm beauftragte oder missbrauchte Dritte.

Beispiel: *Zwei Jahre hatte eine 43-jährige Krankenschwester dem Musiklehrer der eigenen Tochter nach einer kurzen Affäre nachgestellt und ihn mit Telefonterror belästigt.*

I 3 erfasst die Fälle, in denen der Täter Warenbestellungen oder Dienstleistungen für das Opfer vornimmt oder veranlasst, und zwar wiederum unbefugt *und* beharrlich in einer die Lebensgestaltung des Opfers schwerwiegenden Beeinträchtigung.

Beispiele: *Wiederholte Aufgabe zahlreicher Warenbestellungen an die Adresse des Opfers durch das Schalten unrichtiger Anzeigen in Zeitungen.*

Aufgabe von Annoncen als Kontaktanzeigen mit dem Angebot sexueller Handlungen im Namen des Opfers unter Preisgabe seiner pbD.

I 4 erfasst das unbefugte und beharrliche Bedrohen eines Menschen (Opfer selbst oder nahe stehende Person), ihn zu töten, in seiner körperlichen Unversehrtheit oder Gesundheit zu verletzen oder ihn in seiner Bewegungsfreiheit (§ 239) einzuschränken.

Auch diese Handlungen müssen sich als schwerwiegende Beeinträchtigung der Lebensgestaltung des Opfers kausal auswirken.

Beispiel: *Beharrliche Ankündigung des Täters, seiner ehemaligen Freundin entstellende Wunden im Gesicht beibringen zu wollen, nachdem sie eine Rückkehr definitiv ausgeschlossen hatte. Tateinheit mit Bedrohung (§ 241) wäre gegeben. Falls der Täter die* Rückkehr *erzwingen wollte, läge auch Tateinheit mit versuchter Nötigung vor (§§ 240, 22, 52).*

Die Bedrohung dem Opfer nahe stehender Personen ist in den TB einbezogen worden, da die Typik des Stalking in der Vergangenheit erkennen ließ, dass Täter oft nicht vor Pressionen gegenüber dem sozialen Umfeld des Opfers zurückschrecken.

I 5 dient als Auffangtatbestand für solche Stalking-Handlungen, die nicht erfasst bzw. gegenwärtig noch nicht konkret erkennbar sind. Es handelt sich um eine innertatbestandliche Analogie, die eine Orientierung an den vier konkret beschriebenen Handlungsalternativen gebietet.

Subjektiver Tatbestand

Der Täter muss vorsätzlich handeln (§ 15 → A 14). Das setzt im Kontext der Tat voraus, dass ihm bewusst ist, unbefugt und beharrlich jemanden nachzustellen und dass er zumindest in Kauf nimmt, dass er die Lebensverhältnisse seines Opfers dadurch schwerwiegend beeinträchtigt.

Gefährdungsqualifikation nach II

Auch die Qualifizierung nach II ist Erfolgsdelikt. Eine der in I beschriebenen Tathandlungen muss ursächlich das Opfer oder eine ihm nahe stehende Person in die konkrete Gefahr des Todes oder einer schweren Gesundheitsschädigung gebracht haben. Letztere ist weiter gefasst als der Begriff der schweren KV nach § 226.

Die Gefährdungsqualifikation kann durch die Tathandlung selbst oder als deren Folge eingetreten sein.

Beispiel: *Das Opfer flieht, als es den Täter zum wiederholten Male in einer einsamen Straße dicht hinter sich wahr nimmt, rennt kopflos auf die Fahrbahn und entgeht dort nur knapp einem folgenschweren Zusammenstoß mit einem Pkw.*

Die Beweisführung wird in solchen Fällen nicht leicht sein, zumal dem Täter im Sinne von II Vorsatz zum konkreten Nachstellen und mindestens bedingter Vorsatz bzgl. der eingetretenen Gefährdung nachgewiesen werden muss.

Erfolgsqualifikation nach III

III setzt voraus, dass der Täter durch die Tat den Tod des Opfers eines seiner Angehörigen oder einer anderen ihm nahe stehenden Person verursacht hat.

Beispiele: Das bereits psychisch erheblich belastete Opfer erleidet bei einem erneuten plötzlichen Erscheinen des Täters einen Herzstillstand; das Opfer begeht Selbstmord, um weiteren Nachstellungen zu entgehen oder kommt auf der Flucht vor dem nacheilenden Täter durch einen Sturz oder Verkehrsunfall zu Tode.

Für die Tathandlung gilt wiederum vorsätzliches Verhalten. Bzgl. der Erfolgsqualifizierung gilt § 18, d.h. dass es genügt, wenn dem Täter insoweit Fahrlässigkeit (→ A 14.3) zur Last gelegt werden kann.

17.3 Nötigung, § 240[1]

I. Allgemeines

Rechtsfolge: FS – 3 J. oder GS (I); in bes. schweren Fällen FS v. 6 Mon. – 5 J. (IV).

Deliktstyp: Verg., OD; der Versuch ist strafbar (III).

Rechtsgut: Freiheit der Willensentschließung und -betätigung.

Konkurrenzen: Der TB des § 240, der die Erzwingung einer beliebigen Verhaltensweise erfasst, ist Grundtatbestand für alle Freiheitsdelikte, der infolgedessen dann *zurücktritt*, wenn der gewollte Nötigungseffekt in *speziellen* Bestimmungen mit Strafe bedroht ist.

Gesetzeskonkurrenz besteht daher regelmäßig
- zum TB der Erprressung und zu den Raubdelikten (§§ 253, 249 ff.),
- zum erpresserischen Menschenraub und zur Geiselnahme (§§ 239 a, 239 b),
- zum TB des Widerstandes geg. Vollstreckungsbeamte (§ 113 I 1. Alt. →B 2).

Idealkonkurrenz kann je nach Falllage vorliegen
- mit Freiheitsberaubung, § 239, soweit über sie hinaus vom Opfer ein bestimmtes Verhalten erzwungen wurde,
- zum TB des gefährlichen Eingriffs in die Sicherheit des Straßenverkehrs (§ 315 b) oder den der Gefährung des Straßenverkehrs (§ 315 c),
- zu Begleittaten, wie z. B. Beleidigung (§ 185), Körperverletzung (§§ 223 ff.)

II. Ausgangsfall

1) Literaturhinweis: SchöSchr. und Tröndle/Fischer.

III. Tatbestandsaufbau

I. Veranlassung *(Willensbeugung)* eines anderen Menschen durch

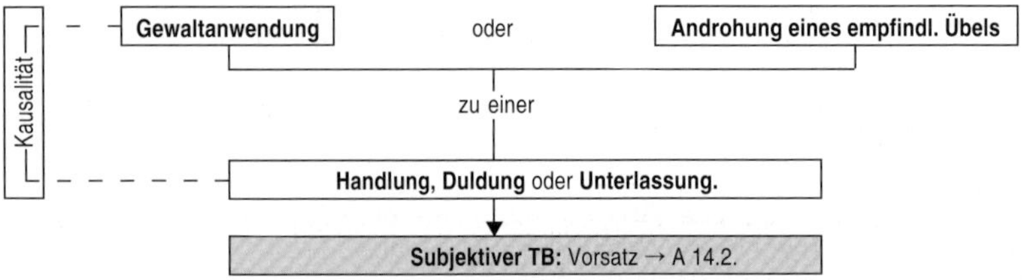

II. **Feststellung der Rechtswidrigkeit der Nötigung durch**
- **Verneinung** eines etwaigen Rechtfertigungsgrundes *und*
- **Bejahung** der Verwerflichkeit im Rahmen der sog. „Mittel-Zweck-Relation" (Verwerflichkeitsklausel).

IV: **Straferschwerung**
- **allgemein in besonders schweren Fällen (S. 1),**
- **besonders schwere Regelfälle sind (S. 2):**
  - Nötigung einer Person zur Vornahme einer sexuellen Handlung,
  - Nötigung einer Schwangeren zum Schwangerschaftsabbruch,
  - Missbrauch der Amtsbefugnis oder -stellung.

IV. Erläuterungen

Die **Tathandlung** besteht darin, dass der Täter vorsätzlich durch bestimmte Zwangsmittel im verwerflicher Weise auf die freie Willensbildung oder Willensbetätigung eines anderen Menschen Einfluss nimmt. Die Nötigung ist daher als *Willensbeugung* eines anderen Menschen zu verstehen.

Der **Nötigungseffek**t besteht darin, dass der Täter darauf abzielt, sein Opfer zu einer beliebigen Verhaltensweise, nämlich zu einer Handlung, Duldung oder Unterlassung zu bewegen. Die Umschreibung des Gesetzgebers ist so umfassend, dass jede denkbare Verhaltensweise in Betracht kommt, für die das angewandte Nötigungsmittel des Täters *kausal* ist. Häufig werden sich Überschneidungen ergeben, so dass eine eindeutige Zuordnung nicht möglich erscheint.

Beispiel: *Im Ausgangsfall unter oben II. bricht der Vorausfahrende seinen Überholvorgang ab und lässt die „Verfolger" an sich vorbeifahren: erzwungene* Handlung *bzgl. des Einscherens; erzwungene* Unterlassung *wegen des Abbruchs des Überholvorganges.*

Wichtig ist, dass eine Opferreaktion erzwungen wurde, die über die bloße Hinnahme des ausgeübten Zwanges hinausging.

Beispiel: *Ein 16-Jähriger „duldet" die plötzliche Abnahme seines Walkmans durch zwei gleichaltrige Burschen, die das Gerät unbesehen auf die Straße werfen und zerstören (§ 303). Hier liegt keine Nötigung vor, weil die Wegnahme Endzweck ist und nicht Mittel, auf die Willensbildung oder -betätigung des Opfers einzuwirken. Anders wäre es, wenn die Burschen den 16-Jährigen durch entsprechende Gebärden, Drohgesten dazu veranlasst hätten, seinen Gewahrsam an dem Gerät vorübergehend preiszugeben. Dann läge in der Preisgabe der Sache eine erzwungene Opferreaktion (Duldung) bzw. Handlung bei Herausgabe.*

Will der Täter andererseits nur *drohen,* aber kein bestimmtes Verhalten des Opfers erzwingen, kommt ggf. der Tatbestand des § 241, Bedrohung mit einem Verbrechen, in Betracht (Kap. B 17.7).

Beispiel: *Zwei 16-jährige Burschen richten auf ein 14-jähriges Mädchen eine Pistole, um sich an dem Schreck des Mädchens zu weiden.*

Als **Nötigungsmittel** kommen die Gewaltanwendung oder die Drohung mit einem empfindlichen Übel in Betracht. Das Element der *Zwangswirkung* ist beiden Mitteln gleich. Der Unterschied besteht jedoch darin, dass bei der Gewaltanwendung das Übel *gegenwärtig* ist, während bei der Drohung die Verwirklichung des Übels in *Aussicht gestellt* wird.

Beispiel: *Ein Gast, der einen Zechpreller am Verlassen einer Gaststätte hindern will, (= § 32, § 127 I StPO; § 229 BGB →A 16.2), wird von diesem zur Seite gestoßen (gegenwärtiges Übel Gewalt) bzw. gibt den Weg frei, als er die drohenden Gebärden des Täters bemerkt (Drohung als in Aussicht gestelltes empfindliches Übel, hier z. B. der Boxhieb).*

Der **Gewaltbegriff** kommt in vielen Tatbeständen des StGB vor, z. B. beim Widerstand ... (§ 113), bei der sexuellen Nötigung; Vergewaltigung (§ 177), beim Raub (§ 249). Im Wesentlichen liegt diesem Begriff die körperliche Kraftentfaltung zugrunde, um einen geleisteten oder erwarteten Widerstand zu brechen bzw. zu verhindern. Zuzeiten des RG wurde diese Definition auch auf die Gewalt i. S. d. Nötigung bezogen, wobei die Gewalt auch gegen Sachen gerichtet sein konnte, wenn sie sich nur körperlich auswirkte.

Beispiele *für die körperliche Kraftentfaltung:*

Festhalten einer Person. Hinausdrängen einer Person aus einem Raum.

Vernageln von Türen und Fenstern eines besetzten Hauses, um den Eigentümer oder die Polizei fern zu halten.

Inzwischen ist der Schwerpunkt des Gewaltbegriffs i. S. d. § 240 vom äußeren Täterverhalten auf die körperlich empfundene *Zwangswirkung* beim Opfer verlagert worden.[1]

Es muss danach eine *gewisse* Kraftentfaltung vorliegen, durch die entweder ein physischer *oder* ein psychischer Zwang auf das Opfer ausgelöst wird und den das Opfer als *körperlichen* Zwang empfindet. Körperlich wird ein psychischer Zwang dann empfunden, wenn ihm das Opfer nicht oder nur unter erheblicher Kraftentfaltung oder sonst unzumutbar begegnen kann (BGHSt 23, 126; BayObIG NJW '90, 59).

Beispiele:

Vorhalten einer geladenen Pistole oder Abgabe von Schreckschüssen, um ...
Listiges Beibringen von Betäubungsmitteln, ...

Scharfes Zufahren auf einen Fußgängerüberweg, um sich die Durchfahrt zu erzwingen.

Blockade des Verkehrs durch Menschen, die sich zu diesem Zweck auf die Fahrbahn begeben und unterhaken und so eine physische Barriere erichten.[1]

Aussperren eines Zutrittsberechtigten durch Verriegelung einer Eingangstür von innen.

Verhinderung des Überholtwerdens durch bewusst unnötiges längeres Linksfahren auf der BAB.

Die vorstehenden Fälle lassen unzweifelhaft das Merkmal einer *gewissen* Kraftentfaltung erkennen, die das Opfer auch als *körperliche* Zwangswirkung empfindet.

Der Gewaltbegriff hatte jedoch mit der Rspr. des BGH 23, 46 aus dem Jahr 1969 (sog. *Laepple*-Urteil zur Blockierung der Straßenbahn durch Besetzung der Schienen) eine gewisse „Vergeistigung" oder „Entmaterialisierung" erfahren. Nach dieser von jeher umstrittenen Auffassung (BVerfGE '73, 206 ff.) genügte es für die Bejahung des Gewaltbegriffs, dass der Täter mit „nur geringem körperlichen Kraftaufwand einen *psychisch* determinierten Prozess" beim Opfer in Gang setzte. Gewalt im Rahmen einer Sitzdemonstration lag deshalb schon vor, wenn die Fortsetzung der Fahrt nur deshalb unterblieb, um den/die ein Hindernis bildenden Demonstranten nicht zu verletzen, sie aber ansonsten tatsächlich möglich gewesen wäre.

Beispiel: *Der BGH (Beschl. v. 5.5.88, NJW '88, 1739 ff.) hatte noch in einem Fall, in dem sich fünf Personen auf eine Fahrbahn gesetzt hatten, um ein einzelnes Fahrzeug der Bundeswehr an der Weiterfahrt zu hindern, das Merkmal der Gewaltanwendung bejaht.*

---

1) Im Umkehrschluss aus BVerfG v. 24.10.01, 1 BvR 2173/93.

Das BVerfG[1] stellte nach einem Rechtsstreit durch alle Instanzen zum gleichen Blockadefall **Abgrenzung zur Sitzblockade im Straßenverkehr** verbindlich (§ 31 I BVerfGG) fest: „Die körperliche Anwesenheit an einer Stelle, die ein anderer einnehmen oder passieren möchte, genügt zur Erfüllung des Merkmals Gewalt *nicht*, falls der andere durch die Anwesenheit des Täters (nur) *psychisch* gehemmt wird, seinen Willen durchzusetzen. Diese einschränkende Auslegung des Gewaltbegriffs geböte Art. 103 II GG, der die Vorhersehbarkeit strafrechtlicher Verbote verlange."

Beispiele *für* fehlende *Gewalt sind danach im Gegensatz zur bisherigen Rspr.:*

Das Verbleiben *auf der Fahrbahn, um die Weiterfahrt eines Pkw-Fahrers zu unterbinden. Das Versperren einer Parklücke durch* bloßes Stehenbleiben. *Das laute* anhaltende Absingen von Liedern, *um einen Redner zu behindern.*

Der 1. Strafsenat des BGH[2] hat auf der Basis des vorstehend zitierten BVerfGE entschieden, dass auch *geringer* körperlicher Aufwand, wie das *Sichhinsetzen* oder das *Sich-auf-die-Fahrbahn-Begeben,* den Anforderungen an den Gewaltbegriff *dann* genügen kann, *wenn seine Auswirkungen den Bereich des rein Psychischen verlassen und (auch) physisch wirkend sich als körperlicher Zwang darstellen.*

Nach dem Fall des BGH hatten Fußgänger die beiden Richtungsfahrbahnen einer BAB *betreten* und damit zunächst nur *psychischen* Zwang gegenüber den *ersten* anhaltenden Kraftfahrern ausgeübt. Den von den angehaltenen Fahrzeugen ausgehenden und von den Tätern nachweisbar gewollten[3] unüberwindlichen *physischen* Zwang auf die nachfolgenden Kfz-Führer hat es als Gewalt i. S. v. § 240 definiert [4].

Der BGH hat in seiner Urteilsbegründung die Auffassung vertreten, dass die zitierte Rspr. des BVerfG keinesfalls Veranlassung gebe, „die Nötigung im Straßenverkehr mittels *Kraftwagen* mehr einzuschränken als es bisher der Fall war."

→Zum aktuellen Gewaltbegriff nach BVerfG – 2 BvR 932/06 vom 29.3.2007:

„ Mit seinen Beschlüssen vom 10. Januar 1995 (BVerfGE 92, 1 ff.) und 24. Oktober 2001 (BVerfGE 104, 92 ff.) hat das **Bundesverfassungsgericht** mit Blick auf Art. 103 II GG klargestellt, dass ein Täter Gewalt i. S. d. § 240 nur anwendet, wenn er durch körperliche Kraftentfaltung Zwang auf sein Opfer ausübt und dieser Zwang nicht lediglich psychisch wirkt, sondern körperlich empfunden wird ... nicht erforderlich (ist), dass die Kraftentfaltung des Täters eine bestimmte Intensität besitzt (BVerfGE 92, 1 ff.; BVerfGE 104, 92 ff.). Geringfügige körperliche Energie, wie das Anbringen einer Metallkette an zwei Torpfosten, kann für die Annahme von Gewalt ausreichen (BVerfGE 104, 92 ff) ..."

	ist → ein gewisses Maß *körperlicher* Kraftentfaltung,
Gewalt	die → Zwang auf das Opfer ausübt,
	der → körperlich empfunden wird.

1) BVerfGE 92, 1, 17; NStZ '95, 275; NJW '95, 1141.
2) BGH 1 StR NJW '95, 2643.
3) Form der mittelbaren Täterschaft, Näheres in Kap. A 19.3.
4) Das OLG Koblenz, NStZ-RR '98, 44, steht der Auffassung des BGH kritisch gegenüber. Es sieht keinen qualifizierten Unterschied zwischen „erster und zweiter Reihe" und hält die Gewaltdefinition des 1. Strafsenats des BGH als unvereinbar mit der verfassungsgerichtlichen Vorgabe des Gewaltbegriffs.

Fahrerisches Fehlverhalten im Straßenverkehr als Nötigung mit Gewalt:

1. Fall *nach* BVerfG – 2 BvR 932/06

Frau Meier befuhr mit ihrem Golf auf der Überholspur die 4-spurig ausgebaute Ringstraße in B. Die zulässige Höchstgeschwindigkeit betrug 50 km/h, auf beiden Fahrspuren herrschte dichter Kolonnenverkehr.

Hinter Frau Meier folgte Mantey mit seinem Porsche.

Um Frau Meier zu schnellerem Fahren oder aber zum Einscheren nach rechts zu veranlassen, betätigte Mantey den Blinker und – als Frau Meier nicht reagierte – gab in dichter Folge Hup- und Lichtsignale ab. Dabei fuhr er mit einer Geschwindigkeit von ca. 50 km/h bis auf etwa einen Meter an den Golf heran.

Mantey setzte diese bedrängende Fahrweise über eine Strecke von ca. 300 m fort. Trotz zunehmender Nervosität, Angst und Fahrunsicherheit gelang es Frau Meier endlich, sich in die dicht befahrene rechte Fahrspur hineinzuzwängen...

Lösungsskizze:

Indem Mantey Frau Meier durch sein bedrängendes Fahrverhalten veranlasst hatte, den linken Fahrstreifen freizugeben, könnte er sie im Sinne von § 240 mit Gewalt genötigt haben.

Nach § 240 wendet **Gewalt** an, wer durch körperliche Kraftentfaltung Zwang auf sein Opfer ausübt, der nicht lediglich psychisch wirkt, sondern auch körperlich empfunden wird.

Auf eine *bestimmte Intensität der Kraftentfaltung* des Täters kommt es nach BVerfG – 2 BvR 932/06, das sich insofern auf BVerfGE 92, 1 ff. vom 10.1.1995 und auf BVerfGE 104, 92 ff. vom 24.10.2001 bezieht, *nicht an.*

Bedrängendes Auffahren als körperliche Kraftentfaltung durch die verursachte dynamische Fahrbewegung kann **danach** als körperlicher Zwang empfunden und als Gewalt i. S. d. § 240 qualifiziert werden. Im Einzelfall kommt es dabei aber auf die Dauer und Intensität des bedrängenden Auffahrens, auf die gefahrene Geschwindigkeit, die allgemeine Verkehrssituation zum Zeitpunkt des täterschaftlichen Handelns und darauf an, ob der Täter beim Auffahrvorgang zugleich Signalhorn oder Lichthupe betätigt hat.

Werden diese Auswirkungen – einzeln oder im Verbund – körperlich empfunden, führen sie also zu physisch merkbaren Angstreaktionen, liegt Zwang vor, der gemessen an verfassungsrechtlichen Maßstäben Gewalt sein kann. Innerorts bedarf es wegen der im Regelfall niedrigeren Geschwindigkeiten einer besonders genauen Prüfung, ob Nötigungs- oder bloßes Ordnungsunrecht nach der StVO vorliegt.

Im **Fall** hat das BVerfG das TBM Gewaltanwendung als erfüllt gesehen.

Mantey hat Frau Meier zu einer bestimmten Handlung, alternativ schneller oder auf die rechte Fahrspur zu fahren, mit Gewalt genötigt.

Mantey wollte offensichtlich durch seine Fahrweise Frau Meier's Verhalten erzwingen.

Bei bedrängender Fahrweise muss ein Fahrzeugführer mit Furchtreaktionen anderer Verkehrsteilnehmer rechnen. Mantey handelte vorsätzlich.

Die Nötigung ist *rechtswidrig,* wenn die Gewaltanwendung zum angestrebten Zweck als verwerflich, d. h. sozial unverträglich anzusehen ist. Hierzu weiter unter →**Rechtswidrigkeit der Nötigung.**

2. Fall nach OLG Düsseldorf, NVZ '96, 288: Eine vorausfahrende Pkw-Fahrerin hatte als Linksabbiegerin eine entgegenkommende Radfahrerin passieren lassen wollen. Der Angeklagte, der hinter der Pkw-Fahrerin hielt, ließ die Hupe mehrmals lang und kurz in Intervallen ertönen, um die Zeugin zur Weiterfahrt zu veranlassen. Dabei nahm er billigend in Kauf, dass die Zeugin verunsichert und deshalb nervös und fahrunsicher wurde (vereinfachter Fall).

Das OLG führte aus: „Im Straßenverkehr *kann* Gewalt durch die Verursachung einer Gefahrenlage herbeigeführt werden, die einen anderen, durchschnittlich empfindenden Verkehrsteilnehmer in unüberwindbare Furcht versetzt ... Hierunter zählen Fälle des andauernden besonders dichten und bedrängenden Auffahrens unter Abgabe von Schall- und/oder Lichtzeichen.“

Das OLG hob den Schuldspruch des LG wegen versuchter Nötigung auf und verwies die Sache an eine andere Strafkammer des LG.

In seiner Urteilsbegründung wies das OLG darauf hin, dass die Urteilsfeststellungen des LG eine schwerwiegende – körperlicher Gewaltanwendung vergleichbarer – psychische Zwangswirkung auf die vorausfahrende Zeugin nicht auswiesen. Danach habe das mehrfache Hupen des Angeklagten den Grad einer **Belästigung** der Zeugin nicht überschritten. Das LG habe auch nicht festgestellt, dass die Zeugin nervös und fahrunsicher geworden sei, sondern nur, dass der Angeklagte eine solche Reaktion billigend in Kauf genommen habe.

Die Feststellungen des LG seien auch nicht geeignet, den **Versuch** der Nötigung zu begründen. Der hierzu erforderliche Nötigungsvorsatz müsse alle TBM der vollendeten Nötigung erfassen. Danach hätte der Angekl. als Täter einer versuchten Nötigung in seine Vorstellung aufnehmen müssen, dass er eine Gefahrenlage schaffte, die geeignet war, einen durchschnittlichen Verkehrsteilnehmer in Sorge oder Furcht geraten zu lassen und damit einer schwerwiegenden psychischen Zwangseinwirkung auszusetzen.

Eine Gefahrenlage dieser Art sei aber aufgrund der Urteilsfeststellungen nicht ersichtlich. Und die Vorstellung des Angekl., durch andauerndes Hupen die vorausfahrende Fahrzeugführerin nervös und fahrunsicher zu machen, reiche mangels Intensität der Einwirkung nicht aus, den Nötigungsvorsatz zu begründen.

Soweit im Übrigen als Tathandlung die *Drohung mit einem empfindlichen Übel* in Betracht komme, belegten die Urteilsfeststellungen nicht, dass der Angeklagte eine solche Drohung zumindest als möglich in seine Vorstellung aufgenommen habe ...

Drohung mit einem empfindlichen Übel:

Die Drohung ist das Inaussichtstellen eines *künftigen* Übels, auf dessen Eintritt der Drohende Einfluss hat oder zu haben vorgibt (BGH 16, 386). Sie muss sich gegen die Person richten, deren Wille gebeugt werden soll. Gleichgültig ist, ob der Täter die Drohung verwirklichen will oder kann; er muss nur wollen, dass das Opfer von der Ernsthaftigkeit ausgeht. Der Täter muss die Verwirklichung des angedrohten Übels als von seinem Willen abhängig darstellen. Es genügt eine Drohung, deren Verwirklichung sich gegen einen Dritten richtet, falls der Bedrohte darin ein *persönliches* Übel empfindet. Der Dritte braucht dem Genötigten aber nicht – wie in § 241 gefordert – nahe zu stehen.

Das angedrohte Übel muss ein *empfindliches* sein. Dies ist dann der Fall, wenn der in Aussicht gestellte Nachteil von solcher Erheblichkeit ist, dass die Drohung geeignet erscheint, den Bedrohten im Sinne des Täterverlangens zu motivieren. Früher hatte der BGH (NStZ '82, 287) auf die Einschätzung des Übels durch einen „besonnenen Durchschnittsmenschen" abgestellt. Seit 1992 betont er den Individualschutz-charakter der Vorschrift und geht von der individuell empfundenen Zwangslage des Opfers aus (BGH NStZ '92, 278).

Auch die Drohung mit einem an sich nicht pflichtwidrigen Unterlassen kann tatbestandsmäßig sein.

Beispiele:

Ein Gast, der einen Zechbetrüger am Verlassen der Gaststätte hindern will, gibt den Weg frei, als er die entschlossenen, drohenden Gebärden des Täters bemerkt.

Kinski, der bei einem Pkw-Aufbruch von einem ihm bekannten Zeugen betroffen wird, droht diesem an, sich für den Fall der Anzeigenerstattung an dessen 9-jährigen Sohn zu rächen.

Abteilungsleiter Mantu fordert für die Unterlassung einer Diebstahlsanzeige von der ertappten Verkäuferin die Bereitschaft zur Eingehung sexueller Beziehungen mit ihm.

***Fall:** BayObLG1 St RR 110/04: Androhung der Veröffentlichung von Missständen gegenüber einer Bank (Offenlegung von Unregelmäßigkeiten in der Bilanz), um die Einstellung eines Zwangsversteigerungsverfahrens, auf die kein Anspruch besteht, durchzusetzen (§ 240 I, II, III).*

Die Tathandlung ist **vollendet**, wenn der Genötigte infolge des auf ihn ausgeübten Drucks mit der Ausführung der von ihm verlangten Handlung beginnt. Ein Teilerfolg genügt, wenn die abgenötigte Handlung nach der Vorstellung des Täters eine eigenständige bedeutsame Vorstufe des gewollten Enderfolges darstellt.[1]

Beispiel: *Abteilungsleiter Mantu fordert von einer Verkäuferin, die er beim Diebstahl beobachtet hat, das Einverständnis zum Beischlaf. Die Verkäuferin willigt aus Sorge um den Verlust des Arbeitsplatzes ein. Die Freiheit der Willensbildung, die § 240 neben der Freiheit der Willensbetätigung schützt, ist mit dem erzwungenen Einverständnis bereits verletzt, die Tat daher vollendet, auch wenn es zu dem geforderten Beischlaf schließlich aus anderen Gründen nicht kommt.*

Der **Versuch** der Nötigung ist dann gegeben, wenn der Täter mit dem Einsatz eines Zwangsmittels begonnen hat, das Opfer dem Zwang aber standhält, sich nicht beein-flussen lässt. So z. B., wenn im Einstiegsfall der Vorausfahrende seinen Überholvorgang unbeirrt fortgesetzt hätte.

Ein Versuch ist aber auch dann gegeben, wenn das eingesetzte Zwangsmittel gar nicht *ursächlich* für das Opferverhalten war. So z. B., wenn im vorstehenden Beispiel „Abteilungsleiter Mantu", die Verkäuferin nicht aus Sorge um den drohenden Verlust des Arbeitsplatzes, sondern aus sexueller Neugier ihr Einverständnis erklärt hätte.

Zwar ist in diesem Falle die Androhung *mit*ursächlich für das gegebene Einverständnis, doch es fehlt an dem von der Rechtsprechung geforderten **nötigungsspezifischen Zusammenhang**, da die Opferreaktion letztlich nicht durch die Androhung, sondern durch andere Umstände bestimmt war.

Der Täter muss **vorsätzlich**[2] gehandelt haben. Dazu gehört das Bewusstsein, mit einem der Nötigungsmittel das Verhalten des Opfers zu erzwingen sowie der Wille hierzu.

Während der BGH bedingten Vorsatz (dolus eventualis) ausreichen lässt, wird in der Lit. zum Teil argumentiert, dass sich aus der Formulierung des Abs. 2 „angestrebter Zweck" ergebe, dass hinsichtlich des verursachten Opferverhaltens Absicht vorliegen müsse.

Rechtswidrigkeit der Nötigung (I/II):

Die Nötigung muss **rechtswidrig** sein (I). Dies setzt – wie bei anderen Straftatbeständen auch – voraus, dass kein Rechtfertigungsgrund die Tat rechtfertigt.

Beispiel: *Das gewaltsame Festhalten eines nach seiner Unfallverursachung flüchtenden Fußgängers zur Erzwingung seiner Legitimation wäre gem. § 127 I StPO (Zweck: Ermöglichung der Einleitung eines Strafverfahrens) oder nach § 229 BGB (Zweck: Sicherung privater Rechtsansprüche im Rahmen der erlaubten Selbsthilfe) gerechtfertigt →A 16.*

Fehlt ein Rechtfertigungsgrund, ist nach der Formel des § 240 II die Rechtswidrigkeit ausdrücklich festzustellen. Nach dieser *Rechtswidrigkeitsklausel* liegt eine *strafrechtlich* relevante Nötigung erst dann vor, wenn der Einsatz des Nötigungsmittels im Verhältnis zu der Art des erstrebten Zweckes als verwerflich angesehen werden muss (sog. Mittel – Zweck – Relation). § 240 II stellt damit ein gesetzliches Korrektiv dar, das eine Verknüpfung und Bewertung von Nötigungsmittel und Nötigungszweck fordert, um aus einer Vielzahl denkbarer Nötigungshandlungen die *strafwürdigen* Fälle herauszufiltern. § 240 zählt insofern zu den sog. offenen Tatbeständen.

Beispiele: *Chef Mantu eröffnet der sich auf ein Inserat hin bewerbenden attraktiven Dame, dass die Vergabe der lukrativen Sekretärinnenstelle an die Bereitschaft geknüpft sei, mit ihm intime Beziehungen einzugehen (unmoralisch, aber nicht rechtswidrig).*

Ein junges Pärchen drängelt sich unter dem Protest Wartender in eine vor einer Kinokasse stehende Schlange (Bagatellprinzip).

Die Rechtswidrigkeit im Sinne der zitierten Rechtswidrigkeitsklausel setzte nach BGH 17, 329 einen *erhöhten Grad sittlicher Missbilligung* voraus. Neuerdings stellt die Rspr. auf das ***sozial unerträgliche*** *Verhalten* ab. Ob dies der Fall ist, muss durch eine Gesamtwürdigung nach objektiven Kriterien ermittelt werden.[3]

1) BGH 3 StR 421/03 vom 11.12.2003.
2) Wer nach der kausalen Handlungslehre prüft, hat den Vorsatz im Komplex der Schuld zu erörtern (Kap. A 12.4).
3) BVerfGE 73, 257; BGH 35, 270, 275; BayObLG 1 St RR 110/04 vom 22. 9. 2004.

Die Verwerflichkeit nach der Betrachtung der Mittel – Zweck – Relation kann sich aus Folgendem ergeben:

aus der Sozialwidrigkeit des Mittels (M) —— oder/und ——► aus der Sozialwidrigkeit des angestrebten Zwecks (Z)

im Wege einer Gesamtbewertung
bzw. erst aus der Relation beider zueinander (R).

Im obigen **Fall 1 nach BVerfG** – 2 BvR 932/06 war folgende Wertung vorzunehmen:

Ein ordnungswidriges Interesse, unerlaubt schneller zu fahren (Z), und zwar unter rücksichtsloser Bedrängung und Gefährdung anderer (M), überschreitet den Unrechtsgehalt der Ordnungsverstöße nach §§ 1 II, 3 III 1, 7 I S. 1 StVO erheblich (R) und ist daher rechtswidrig i. S. v. § 240 I/II.

Anmerkung: Tateinheitlich erfüllte Mantey auch den Tatbestand der vorsätzlichen Gefährdung des Straßenverkehrs nach § 315 c I 2 b (III 1) →B 25.4 , indem er vorsätzlich grob verkehrswidrig und rücksichtslos falsch überholte und dadurch eine konkrete Gefahr für Leib oder Leben oder erhebliche Sachwerte anderer mindestens fahrlässig herbeiführte.

Abgrenzung zur Nötigung im Straßenverkehr: Fahrerisches Fehlverhalten wird von den Vorschriften der StVO erfasst.

Einmalige kurze Verkehrsvorgänge, z. B. durch Vorfahrtverletzung oder kurzfristiges nahes Auffahren reichen im Allgemeinen nicht aus. Bagatellprinzip!

Nach OLG Naumburg (DAR '98, 28) ist die Erzwingung eines Parkplatzes dann nicht sozial verwerflich, wenn das berechtigte (§12 V StVO) Hineinfahren in eine Parklücke, die ein Fußgänger ordnungswidrig versperrt (§ 1 II StVO), in maßvoller Weise geschieht und der Fußgänger keiner erheblichen Gefährdung ausgesetzt ist.

Gewaltsame Demonstrationen (z. B. Sitzblockaden) sind in diesem Sinne verwerflich, auch wenn das sog. **Fernziel**, z. B. die Friedenssicherung, der Umweltschutz etc., uneigennützig und allgemein anerkennenswert ist. Das angewandte Mittel ist im Verhältnis zum **Nahziel** zu sehen, und das ist bei Sitzblockaden die Einflussnahme auf andere Menschen durch Zwang in Form von Gewalt. Das Recht auf Versammlungsfreiheit i. S. v. Art. 8 VersammlG schützt aber nur die friedliche und gewaltfreie Demonstration (BGH NJW ´88, 1739 ff.).

Bei der **Nötigung von Amtsträgern** geht § 113 ggf. als Privilegierungsnorm vor (Kap. B 2). Die Nötigung eines Amtsträgers zur Aufhebung oder Unterlassung einer rechtmäßigen Diensthandlung gilt regelmäßig als verwerflich. Andererseits ist die Ankündigung einer Dienstaufsichtsbeschwerde grds. nicht rechtswidrig, es sei denn, dass eine falsche Sachdarstellung angekündigt wird, die den Amtsträger in Beweisnöte bringen könnte.

Umstritten ist die **„Rechtsnatur" der Verwerflichkeitsklausel des § 240 II** und damit ihre Stellung im Verbrechensaufbau. In der Lehre wird sie teilweise für eine den zu weit gefassten Tatbestand *einschränkende Tatbestandsergänzung* gehalten, und zwar mit der Folge, dass ein Irrtum über die Rechtswidrigkeit Tatbestandsirrtum (§ 16) wäre, mit der weiteren Folge des Vorsatzausschlusses und damit der Straflosigkeit, da § 240 die vorsätzliche Begehung voraussetzt. Der BGH und die h. L. sehen in der Verwerflichkeitsklausel eine *spezielle Rechtswidrigkeitsregel,* die für *die Beurteilung der Tatbestandsverwirklichung im Einzelfall heranzuziehen ist.* Diese Auffassung hat zur Folge, dass ein Irrtum des Täters über die Mittel-Zweck-Relation, als Verbotsirrtum (§ 17) zu werten ist, mit der Folge, dass mit seiner (selteneren) Bejahung die Schuld, nämlich das Unrechtsbewusstsein, zu verneinen ist.[1]

Klausurtechnisch ist die *Verwerflichkeitsklausel* im Anschluss an die Tatbestandsverwirklichung zu prüfen, und zwar mit der *einleitenden* Feststellung, dass ein allgemeiner Rechtfertigungsgrund nicht vorliegt. Diese Feststellung ist voranzustellen, da i. S. d. § 240 II nicht rechtswidrig sein kann, was ein allgemeiner Rechtfertigungsgrund erlaubt.

1) Einzelheiten zu dieser Problematik in Kap. A 13.6, 14.2 und A 17.5.

Besonders schwere Regelfälle der Nötigung (IV; S. 2 Nr. 1-3):

Ein besonders schwerer Regelfall liegt nach IV vor, wenn der Täter

- eine andere Person zur Vornahme einer sexuellen Handlung nötigt (Kap. B 11.1);
  – Nr. 1 –
- eine Schwangere zum Schwangerschaftsabbruch nötigt (Kp. B 14.1);
  – Nr. 2 –
- seine Befugnis oder Stellung als Amtsträger missbraucht.
  – Nr. 3 –

Nr. 1 erfasst als Regelfall nur die Nötigung zur *Vornahme* einer sexuellen Handlung. Für die Nötigung zur *Duldung* einer solchen Hdlg. kann aber ggf. IV S. 1 als nicht genannter schwerer Fall in Betracht kommen.

Die TB nach §§ 177-179 werden regelmäßig wegen ihrer höheren Strafandrohung vorgehen.

Als andere nichtgenannte schwere Fälle (IV S. 1) kommen Tathandlungen in Betracht, bei denen der Täter sein Opfer durch das Nötigungsmittel *Gewaltanwendung* in die Gefahr einer schweren Gesundheitsschädigung oder des Todes gebracht hat.

Anmerkungen zur sog. Regelbeispieltechnik:[1]

Das StGB *enthielt* zahlreiche Vorschriften, die für besonders schwere Fälle eine Strafschärfung vorsahen. Es handelte sich dabei um Strafzumessungsregeln für nicht konkret festgelegte Taterschwerungen (heute noch § 109 e IV; § 267 III a. F.).

Die moderne Strafgesetzgebung hat diese allgemein eröffnete höhere Strafzumessung durch die Verwendung der sog. *Regelbeispieltechnik* konkretisiert, um dem Tatrichter Anhaltspunkte für eine einheitlichere und genauere Anwendung der höheren Strafrahmen zu geben (z. B. §§ 243, 113 II, 121 III).

Diesem „Trend" folgte er auch mit dem 6. StrRG, das neben §§ 177 II, 263 III, 267 III, 268 V, 269 III nun auch für § 240 konkret gefasste Regelbeispiele einführt.

Diese Regelbeispiele sind ebenfalls Strafzumessungsregeln und keine Tatbestandsqualifikationen. Sie verändern daher den Deliktscharakter der Tat nicht.

Gleichwohl kommt den konkret gefassten Regelbeispielen eine *tatbestandsähnliche* Funktion zu, insofern nämlich, als

- die Tatmerkmale *wie* TBM (mit objektiven u. subjektiven Aspekten) zu prüfen sind,
- sich der Tatbestandsirrtum (§ 16, Kap. A 14.2) auch auf sie erstrecken kann,
- ihre Teilverwirklichung einen *Versuch* in einem schweren Falle darstellt,
- die Erschwerung auch dem *Teilnehmer*, der sie kennt, aber nicht eigenhändig verwirklicht hat, zugerechnet werden (falls sie nicht personengebunden sind [§ 28 II]).

Liegen die Voraussetzungen eines Regelbeispiels vor, besteht eine gesetzliche Vermutung (Indizwirkung) für einen besonders schweren Fall.

Die indizielle Wirkung kann aber dadurch kompensiert werden, dass *besondere* Umstände vorliegen, die die Anwendung des Grundstrafrahmens geboten sein lassen. Die Indizwirkung gilt auch für den umgekehrten Fall. Der Richter hat die Abweichung von der Regel in der Urteilsbegründung niederzulegen (§ 267 III 3 StPO).

Klausurmäßig gilt die Reihenfolge: Grundtatbestand, Rechtswidrigkeit, Schuld, schwerer Regelfall →B 18.4.

1) Vgl. Sie ggf. hierzu die Gesetzesmaterialien zum 6. StrRG.

17.4 Freiheitsberaubung, § 239

I. Allgemeines

Rechtsfolge: FS – 5 J. od. GS (I); FS v. 1 – 10 J. (III); FS ab 3 J. (IV); Strafmilderung in minder schweren Fällen nach III u. IV (V).

Deliktstyp: Verg. (I), OD, Versuch strafbar (II); Verbr. (III u. IV); Dauerdelikt.

Rechtsgut: potentielle persönliche Fortbewegungsfreiheit und körperliche Integrität.

Konkurrenzen: § 239 I ist gegenüber § 240 (Nötigung) grds. der *speziellere* TB. § 240 verdrängt § 239 I daher nur, wenn die Freiheitsberaubung notwendige Folge des Nötigungsmittels (Gewalt) ist. § 239 I wird *konsumiert* von den Entführungs-TB §§ 234, 234 a, 239 a, 239 b sowie von den Delikten, in denen die Freiheitsberaubung notwendige oder regelmäßige Nebenfolge ist (z. B. in § 177: Sexuelle Nötigung, Vergewaltigung; in § 249: Raub). Zu anderen Delikten kann ***Tateinheit*** (§ 52) bestehen, so zu den Körperverletzungsdelikten, §§ 223 ff.; § 239 IV verdrängt § 222 (Fahrlässige Tötung).

II. Ausgangsfall

Vermisste Frau lag gefesselt im Auto

München – Eine 24-jährige Oberhausener Zahnarzthelferin, die am 3. November von ihren Angehörigen als vermisst gemeldet worden war, ist in München gefesselt und geknebelt aufgefunden worden. Die völlig verstörte Frau lag in einem Personenwagen in einer Parkbucht im Münchener Stadtteil Neuperlach. Die Polizei berichtete am Mittwoch, die Frau leide offenbar an einer schweren psychischen Störung und sei nicht in der Lage, Angaben über ihr mysteriöses Verschwinden zu machen. Im Wagen fand man außerdem eine Spritze und Betäubungsmittel.

III. Tatbestandsaufbau

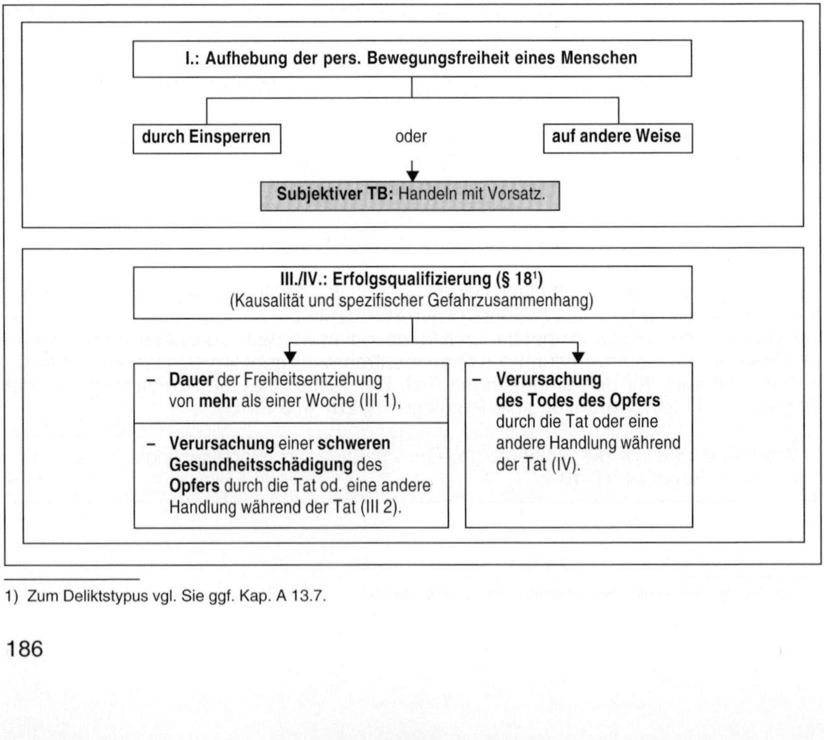

1) Zum Deliktstypus vgl. Sie ggf. Kap. A 13.7.

IV. Erläuterungen[1]

Die Vorschrift schützt in I die persönliche potentielle Fortbewegungsfreiheit des Menschen. **Freiheitsberaubung** ist deshalb die auf das Unterlassen jeglicher Ortsveränderung gerichtete Nötigung eines anderen Menschen. Wird jemand lediglich daran gehindert, einen bestimmten Ort aufzusuchen oder gezwungen, seinen Aufenthaltsort zu verlassen, ist nicht der TB des § 239, sondern ggf. der des § 240 (Kap. B 17.3) erfüllt.

Beispiel: *Ein Jugendlicher wird von Gleichaltrigen daran gehindert, eine Diskothek aufzusuchen, in der sich seine Freundin befindet.*

Tatobjekt kann jeder andere Mensch sein, der willkürlich, wenn auch nur mit Hilfe anderer oder mit Hilfsmitteln, seinen Aufenthaltsort verlassen kann, also auch Geisteskranke, Gebrechliche, nicht jedoch Kleinstkinder, die noch nicht über ihren Aufenthaltsort bestimmen können.

Auf einen *aktuellen* Fortbewegungswillen zur Tatzeit kommt es nicht an, so dass der TB auch erfüllt ist, wenn jemand nicht bemerkt, dass er eingeschlossen wird. Ähnliches gilt für den vorübergehend Bewusstlosen, der quasi jederzeit wieder aufwachen kann. Wer jedoch während der Tatzeitspanne nicht zur willkürlichen Ortsveränderung imstande war, wird nicht nach § 239 geschützt, da ihm die Fortbewegungsmöglichkeit nicht genommen wurde.

Die **Tathandlung** kann durch *Einsperren* oder *in anderer Weise* erfolgen.

Einsperren ist das Festhalten in einem umschlossenen Raum durch Versperren von Fenstern, Türen etc. Bestehende Ausgänge bleiben außer Betracht, wenn sie dem Opfer nicht bekannt sind oder wenn ihre Benutzung unzumutbar ist.

Beispiele: *Das Opfer kennt einen vorhandenen Hinterausgang oder den Schließmechanismus einer Tür nicht. Der dem Opfer verbleibende Ausweg führt nur durch den Kamin oder bedingt einen Sprung aus der 1. Etage etc.*

Die Tatvariante **auf andere Weise** stellt den Oberbegriff der Tathandlung dar. Einsper-ren ist als häufigste Begehungsform ein vom Gesetzgeber entsprechend hervorgehobenes Beispiel.

Auf andere Weise kann die Fortbewegungsfreiheit insbesondere durch den Einsatz von Nötigungsmitteln oder die Abnahme benötigter Fortbewegungsmittel aufgehoben werden, z. B. durch Abnahme der Krücken. In Betracht kommt jede Handlung, die dem Opfer seine Fortbewegungsfreiheit nimmt.

Wildwest im Wildpark

Essen – Einen üblen Streich leisteten sich zwei 17-jährige Burschen, die gestern nach Indianermanier einen 15-Jährigen im Stadtpark an einen Baum banden und sich sodann hohnlachend entfernten. Der 15-Jährige konnte erst zwei Stunden später aus seiner misslichen Lage befreit werden. Wie die Polizei mitteilte, wurden die jugendlichen Täter ermittelt.

Freiheitsberaubung von Fahrzeuginsassen

Kassel – Ein 20-Jähriger hatte sich in einer Disco angeboten, vier Jugendliche mit seinem Golf zu einem Sammeltaxi-Stand zu fahren. Kurz nach dem Start beschleunigte er sein Fahrzeug gegen den Protest der Mitfahrer derart stark, dass diese in Panik gerieten und den sofortigen Ausstieg forderten. Mantu fuhr in der riskanten Art weiter, geriet bei hoher Geschwindigkeit in einer unübersichtlichen Kurve ins Schleudern und prallte derart gegen einen Baum, dass zwei Insassen noch an der Unfallstelle verstarben. Tbm. i. S. v. §§ 239 I, IV (§ 222 tritt zurück), 315 c I 2 d, III, 52).[2]

Die Tatverwirklichung ist auch durch **Unterlassen** (§ 13) möglich, falls der Täter eine Garantenstellung (Kap. A 15) in Bezug auf das Opfer innehat.

Mainz – Böswillig eingeschlossen hielten Angestellte einer Bank in Mainz einen Abteilungsleiter im Tresorraum des Geldinstituts. Zum abendlichen Betriebsschluss verriegelten sie die schwere Doppeltür, ohne zunächst zu ahnen, dass ihr Chef noch im Tresorraum weilte. Als man wenig später den Chef vermisste, ließ man ihn einfach schmoren.

1) Literatur: Tröndle/Fischer u. SchöSchr. zu § 239.
2) BGH 4 StR NStZ 2005, 507.

Der unfreiwillig eingeschlossene Mann, der sein Schicksal erst bemerkte, als er den Raum wieder verlassen wollte, wurde Stunden später von der Polizei befreit.
Die Hintergründe des Geschehens waren bei Drucklegung noch nicht bekannt.

Der Tatbestand der Freiheitsberaubung kann auch in **mittelbarer Täterschaft** (Kap. A 19.3) erfüllt werden.

Beispiel: *In einer zwielichtigen Pinte bewirken zwei üble Typen durch bewusst falsche Angaben, dass Polizeibeamte einen in Wahrheit Unverdächtigen zwecks Identitätsfeststellung gem. §§ 163 b, c StPO mit zur Dienststelle nehmen; ggf. Tateinheit mit „Falscher Verdächtigung", § 164.*

Subjektiver Tatbestand: Die Tatverwirklichung setzt Vorsatz, bedingter genügt, voraus. Der Täter muss also das Bewusstsein haben, einen anderen in seiner Fortbewegungsfreiheit zu hindern und dies mindestens als Folge seines Handelns in Kauf nehmen.[1]

Tatvollendung: § 239 ist als so genanntes Dauerdelikt erst beendet, wenn die Fortbewegungsfreiheit des Opfers wieder hergestellt ist. Vollendet ist die Tat, sobald die Fortbewegungsfreiheit aufgehoben ist. Es genügt auch schon ein kurzes Festhalten oder Einsperren von einigen Sekunden Dauer.

Der **Versuch** der Freiheitsberaubung gem. I ist seit dem 6. StrRG strafbar (II). Die erfolgsqualifizierten Fälle nach III und IV stellen Verbrechen dar, deren Versuchsstrafbarkeit sich bereits aus § 23 ergibt.

Der Versuch einer F. ist gegeben, wenn der Täter nach seiner Vorstellung (Plan) von der Tat zu deren Verwirklichung unmittelbar ansetzt (§ 22, Kap. A 18.3), z. B. mit dem Ergreifen des Opfers am Arm.

Die **Widerrechtlichkeit** der F. kann insbesondere bei rechtmäßiger Amtsausübung (z. B. Ingewahrsamnahme) oder bei Vorliegen von allgemeinen Rechtfertigungsgründen (z. B. vorl. Festnahme, § 127 I StPO oder erlaubte Selbsthilfe, § 229 BGB) entfallen, aber auch im Rahmen sinnvoller Familienpflege (Stubenarrest).[2]

III und **IV** enthalten **Verbrechenstatbestände.** Sie unterscheiden sich von den häufig verwendeten besonders schweren Regelfällen (u. a. in §§ 240 IV, 243 I, 263 III, § 267 III) insbesondere dadurch, dass sie *fest umrissene* Qualifikations-TB darstellen.

Für die **Erfolgsqualifikation** nach III und IV gilt § 18.

Das bedeutet:

- mindestens bedingter Vorsatz zur Freiheitsberaubung im Sinne von I und
- wenigstens unbewusste Fahrlässigkeit hinsichtlich der Erfolgsverursachung.

Der für Erfolgsdelikte notwendige **Kausalzusammenhang**[3] ist gegeben, wenn die schwere Folge *durch die F.* eingetreten ist (z. B. F. über 7 Tage hinaus oder schwere Gesundheitsschädigung durch andauernde Unterkühlung [Oetker-Fall], Sprung des Opfers aus der 1. Etage in den Tod oder wie im Ausgangsfall oben) *oder*, wenn der Täter *während der F. durch eine (andere) Handlung* die schwere Gesundheitsschädigung oder den Tod des Opfers bewirkt (z. B. Erstickungstod durch Knebelung).

Im **Ausgangsfall** wären zu prüfen:

Fesselung	§ 223 I
Knebelung	§§ 223 I, 224 I 2
Anwendung der Spritze	§§ 223, 224 I 1
Transport im Kofferraum	§ 239 I
– bei mehr als einer Woche	§ 239 III 1
– schwere psychische Störung	§ 239 III 2.

1) Zur Stellung des Vorsatzes im Deliktsaufbau vgl. Sie Kap. A 12.4 und A 14.1 .
2) BGH 13, 197.
3) Zu den Begriffen Kausalität und objektive Zurechnung Näheres in Kap. A 13.7.

17.5 Erpresserischer Menschenraub, § 239 a

I. Allgemeines

Rechtsfolge: FS ab 5 J. (I); in minder schw. Fällen FS ab 1 J. (II); lebenslange FS oder FS ab 10 J. (III); Strafmilderung bei tätiger Reue nach Tatvollendung möglich (IV). Führungsaufsicht (§ 239 c).

Deliktstyp: Verbrechen.

Rechtsgut: Freiheit und Unversehrtheit des Entführten sowie Dispositionsfreiheit und Vermögen des Opfers bzw. des Erpressten.

Konkurrenzen: *Tateinheit* (§ 52) ist möglich mit §§ 211 ff., 223 ff., 253, 255, 249, 250. *Gesetzeskonkurrenz* besteht gegenüber §§ 235, 239, 240.

II. Ausgangsfall

Frau des Kassenleiters bedroht

Velbert – Ein mit einer Schreckschusspistole bewaffneter Mann hat am Donnerstagabend in Velbert mit einer Geiselnahme 23000 Euro erpresst. Nach Angaben der Polizei vom Freitag bedrohte er die im Auto wartende Frau eines Sparkassenleiters mit der Waffe und herrschte den nach Feierabend auf den Wagen zukommenden Mann an: „Los, hol Geld!" Um seine Frau nicht zu gefährden, holte der Sparkassenleiter aus dem Tresor „eine Hand voll" Geldbündel – rund 23000 Euro, wie eine spätere Bestandsaufnahme ergab.

Die Eheleute mussten den Erpresser anschließend mit ihrem Wagen in Richtung Essen fahren. In einem Waldgelände ließ er anhalten, sprang aus dem Auto und verschwand in der Dunkelheit...

III. Tatbestandsaufbau

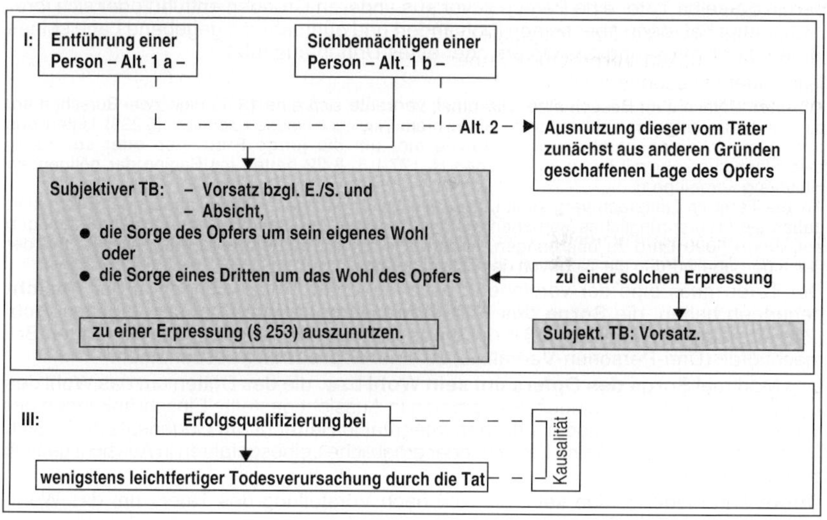

IV. Erläuterungen

Angriffsobjekt, d.h. Opfer der Entführung oder des Sichbemächtigens kann jede Person, also anders als in § 239 auch ein Säugling sein. Der Tatbestand bleibt auch erfüllt, wenn sich eine Austauschgeisel quasi freiwillig in die Gewalt des Täters begibt.

Tathandlungen sind das *Entführen* (Alt. 1 a - Entführungslage), das *Sichbemächtigen* (Alt. 1 b - Bemächtigungslage) sowie das entsprechende *Ausnutzen dieser* zuvor allerdings aus anderen Gründen vom Täter geschaffenen *Lagen* (Alt. 2).

Das **Ziel** des Täters, seine **Absicht**, besteht darin, den Entführten oder einen Dritten i. S. v. § 253 rechtswidrig zu erpressen.

Einkalkuliertes **Beugemittel** ist ihm dabei die Ausnutzung der Sorge des Opfers um sein eigenes Wohl oder die Ausnutzung der Sorge eines Dritten um das Wohl des Opfers (so im Ausgangsfall).

Das Merkmal **Entführen** setzt voraus, dass eine Person gegen ihren Willen an einen anderen Ort verbracht wird, wo es der Herrschaftsgewalt des Täters unterworfen ist. Die Entführung kann mit einem Sichbemächtigen zusammenfallen, diesem vorausgehen oder nachfolgen. Als **Mittel** der Entführung kommen Gewalt, Drohung oder List/ Täuschung in Betracht.

Beispiel: *Mantu entfernt sich von einem Spielplatz mit einem 5-jährigen Mädchen in seinem Pkw. Dem Mädchen hatte er eine Puppe versprochen. Von den Eltern wollte er über sein Handy Geld erpressen.*

Ein **Sichbemächtigen**[1] setzt die Begründung eines tatsächlichen Gewaltverhältnisses über eine andere Person derart voraus, dass diese an einer freien Selbstbestimmung gehindert ist. Zu einem Ortswechsel braucht es hierbei nicht zu kommen.

Im **Ausgangsfall** hatte der Täter die physische Herrschaftsgewalt über die im Fahrzeug wartende Ehefrau des Filialleiters dadurch erlangt, dass er sie mit einer Faustfeuerwaffe bedrohte und sie so an einer ungefährdeten Selbstbestimmung behinderte.

Nach **BGH NStZ '99, 509** ist ein Sichbemächtigen auch in der Weise möglich, dass das Opfer – selbst auf größere Distanz – mit einer nur scheinbar echten Schusswaffe bedroht und derart in Schach gehalten wird, dass es an einer freien Selbstbestimmung gehindert ist.

Das **Ausnutzen einer entsprechenden Lage des Opfers** entspricht den Fällen, in denen derselbe Täter eine Person zuvor aus anderen Gründen entführt oder sich ihrer bemächtigt hat, dann aber seinen Plan ändert und nunmehr die gegebene Lage seines Opfers zur Erpressung des Opfers oder eines Dritten ausnutzt.

Fall:

Münster – Nach dem Besuch einer Diskothek vertraute sich eine 18-Jährige zwei Burschen an, die wahrheitswidrig versprochen hatten, sie in ihrem Pkw nach Hause zu bringen (§ 239). Unterwegs bogen sie in einen verborgenen Feldweg ein, um die junge Frau – so oder so – zum Geschlechtsverkehr mit ihnen zu bewegen (§ 177 I 3, § 22 hätten mit Beginn der nötigenden Handlung vorgelegen).

Als die Täter im Gespräch vernahmen, dass ihr Opfer einziges Kind wohlhabender Eltern war, gaben sie ihr ursprüngliches Vorhaben auf und forderten per Handy den Vater der 18-Jährigen auf, ihnen 5000 Euro zu überbringen, andernfalls seine Tochter vergewaltigt werde. Bei der Geldübergabe wurden die Täter von der Polizei gefasst.

Der Täter muss eine der vorstehend beschriebenen Tathandlungen in der **Absicht** begangen haben, die **Sorge des Entführten/Bemächtigten** um sein eigenes Wohl (Zwei-Personen-Verhältnis) oder die **eines Dritten** um das Wohl des Entführten/Bemächtigten (Drei-Personen-Verhältnis) zu einer **Erpressung** auszunutzen.

Das Merkmal **Sorge des Opfers um sein Wohl** bzw. die des Dritten um das Wohl des Entführten ist weit auszulegen. Es kommen in Aussicht gestellte Einschränkungen der leiblichen, psychischen oder sittlichen Integrität in Betracht. Im Gegensatz zu § 239 b (Kap. B 17.6) brauchen keine Lebens- oder erhebliche Leibesgefahren in Aussicht gestellt zu werden.

Dritter kann jede Person sein, die sich nach Vorstellung des Täters um das Wohlergehen des Entführten etc. sorgen wird.

Dies kann wie im **Ausgangsfall** natürlich die Ehefrau als nahestehende Person sein, aber auch eine fremde, wie z. B. bei dem Sichbemächtigen eines Bankkunden und der Erpressung des Kassierers.

1) Zur Kritik an dem nur vorgetäuschten Sichbemächtigen - etwa unter Vorhalt einer ungeladenen Schusswaffe, BGH NStZ '02, 31 - vgl. Sie ggf. Tröndle/Fischer zu § 239 a.

Die Sorge des Opfers oder die des Dritten muss der Täter zu einer rechtswidrigen **Erpressung** i.S.v. § 253 ausnutzen wollen. Eine Ausnutzung der Situation zur Nötigung (§ 240) oder sexuellen Nötigung, Vergewaltigung (§ 177) wäre bei Inaussichtstellung eines entsprechend qualifizierten Übels tatbestandsmäßig i.S.v. § 239 b (Kap. B 17.6).

Geht der Täter über die Mindestforderung des § 253 hinaus, indem er gegen den Entführten etc. Gewalt anwendet oder ihm mit gegenwärtiger Gefahr für Leib oder Leben droht **(Ausgangsfall)**, besteht insofern Tateinheit (§ 52) mit §§ 255, 250.

Auch eine Wegnahme i.S.e. Raubhandlung nach § 249 ist tatbestandsmäßig, wenn der Täter schließlich die Wirkung seiner Drohung und Forderung nicht abwartet und selbst die erstrebte Beute an sich bringt.

Der BGH argumentiert, dass zwar im gegebenen Fall der engere Tatbestand des Raubes die Anwendung des weitenTatbestandes der räuberischen Erpressung ausschließt, dass aber neben dem speziellen Tatbestand des Raubes zugleich auch der allgemeine Tatbestand der räuberischen Erpressung erfüllt sei (BGH 2 StR 240/01 v. 19.9.01). Das von der Rspr. insofern angenommene Inklusivitätsverhältnis sieht im Raub den Spezialfall der Erpressung.

Beispiel: *Mantu betritt mit einer mit Platzpatronen geladenen Schreckschusswaffe (hierzu näher in Kap. B 18.5 und B 19.3) einen Supermarkt, richtet im Kassenbereich die Waffe auf eine Mitarbeiterin und fordert von der Kassiererin die Einnahmen. Als diese die Kasse daraufhin geöffnet hat, greift er selbst in die Kasse und entfernt sich anschließend mit dem erbeuteten Geld (§§ 239 a Alt. 1 b, 249, 250 II 1, 52).*

Abgrenzung: Ihrem Wortsinn nach wären die TB der §§ 239 a und 239 b besonders im Zwei-Personen-Verhältnis auch auf die Fälle der Erpressung (§§ 253, 255) und sexuellen Nötigung, Vergewaltigung (§ 177) anwendbar. Insofern nämlich, als jede Anwendung von Personengewalt oder Bedrohung des Opfers mit gegenwärtiger Gefahr für Leib oder Leben sich zugleich auch als Bemächtigungslage darstellt. Der BGH - GSSt (NJW '95, 471) fordert daher eine gewisse **Stabilisierung der Bemächtigungslage**, bevor sie im Sinne der beabsichtigten Erpressung (in § 239 a) bzw. Nötigung (in § 239 b) relevant werden kann.

Wenn danach die Bemächtigungslage *zugleich* das Raubmittel bzw. das Zwangsmittel zur sexuellen Nötigung/Vergewaltigung darstellt, scheidet die Anwendung des § 239 a bzw. § 239 b mangels eigenständiger Bedeutung aus.

Beispiel: *Mantu schlägt sein Opfer nieder und erhält unter Androhung weiterer Prügel von ihm die geforderte Geldbörse. Mantu hat sich hier durch den Niederschlag seines Opfers **bemächtigt** und nutzt die **Sorge des Opfers um sein Wohl** zur geplanten Erpressung aus. Ergebnis: §§ 253, 255, 223, 52; für § 239 a bleibt kein Raum.*

Zwischen der Bemächtigungslage und der beabsichtigten Erpressung muss nach der Rspr. des BGH[1] ein **funktionaler und zeitlicher Zusammenhang** dergestalt bestehen, dass der Täter sein Opfer a) *während der Dauer der Entführung* erpressen will und die abgepresste Handlung auch b) *während der Dauer der Zwangslage* vorgenommen werden soll.

Fall: A hatte sein Opfer mittels Waffengewalt in seine Gewalt gebracht und aufgefordert, u.a. die Kosten für die Verteidigung eines inhaftierten Bekannten des Angeklagten sowie Drogenschulden zu bezahlen. A ließ sein Opfer mit der Ankündigung wieder frei, im Weigerungsfall dessen Freundin durch mehrere Männer vergewaltigen zu lassen. Der Angeklagte wurde festgenommen, bevor es zur Zahlung der geforderten Geldbeträge gekommen war. Ergebnis: §§ 255, 250 II 1, 22, 23 I, 239 I, 52.

Qualifizierung: Ein *erfolgsqualifizierter* Fall des erpresserischen Menschenraubes liegt vor, wenn der *Täter* durch die Tathandlung des I *leichtfertig* den *Tod* seines *Opfers* verursacht.

Kausalität: Zwischen Tathandlung (Grunddelikt) und Folge muss ein Kausal- und Gefahrzusammenhang bestehen.

Die **Leichtfertigkeit** der Todesverursachung muss *objektiv* gegeben sein. Sie beinhaltet eine objektiv *grobe* Sorgfaltspflichtverletzung.

1) BGH 2 StR 111/05 NStZ 2005, 508; BGH 1 StR 86/05 v. 20.9.05.

Der Tod muss sich aus einer dem Grunddelikt anhaftenden Gefahr ergeben haben (sog. tatbestandsspezifischer Gefahrzusammenhang).

Beispiele: *Das vom Täter geknebelte Opfer erstickt. Der Täter verletzt das sich der Entführung widersetzende Opfer tödlich.*

Subjektiver Tatbestand: Der Täter muss im Falle Alt. 1 a und 1 b im Hinblick auf die Erpressung des Opfers oder eines Dritten mit *Absicht* (direkter Vorsatz) handeln, hinsichtlich aller übrigen TBM der Alt. 1 u. 2 genügt bedingter Vorsatz (→ A 13.7).

Unerheblich ist, ob der Täter für den Fall, dass das Opfer selbst oder der Dritte sich nicht erpressen lassen will, das seinem Opfer angedrohte Übel auch verwirklichen will.

Beispiel: *Mantu lässt sein Opfer frei, als er erkennt, dass sein Erpressungsversuch nicht zum gewünschten Ziel führt, da er eine Verletzung, ein längeres Festhalten oder die Tötung des Opfers vermeiden will.*

Im Falle der Erfolgsqualifizierung nach III muss dem Täter auch *subjektiv* Leichtfertigkeit anzulasten sein.

Leichtfertigkeit ist ein gesteigerter Grad der Fahrlässigkeit. Er ist identisch mit dem Begriff der *groben* Fahrlässigkeit des Zivilrechts. Der Täter muss in einer *ihm* vorwerfbaren ungewöhnlich leichtsinnigen oder gleichgültigen Weise gehandelt haben.

Beispiel: *Der Täter missachtet den Umstand, dass das von ihm geknebelte Opfer erkennbar verschnupft ist und entfernt sich für längere Zeit. Als er zurückkehrt, ist das Opfer erstickt.*

Abgrenzung: Sofern der Täter die qualifizierende Folge nicht leichtfertig, sondern ‚nur' bewusst oder unbewusst fahrlässig verursacht hat, ergibt sich die Strafbarkeit aus §§ 239 a **I**, 222, 52.

Vollendet ist die Tat, wenn der Täter
- im Falle der Alt. 1 a und 1 b eine Person entführt oder sich ihrer bemächtigt hat, in der Absicht ...
- im Falle der Alt. 2 – in Abänderung des ursprünglichen Plans – mit der Erpressung des Opfers oder des Dritten begonnen hat (z. B. Telefonanruf).
  Ein Erfolg braucht dem Täter also nicht beschieden zu sein.

Versucht ist die Tathandlung, wenn der Täter
- im Falle der Alt.1 a u. 1 b mit der Entführung oder der Bemächtigung in der Absicht ... begonnen hat.
- im Falle der Alt. 2 das Opfer mit *neuem* Sinneswandel, nämlich die Lage des Opfers zur Erpressung des Opfers selbst oder eines Dritten ausnutzen zu wollen, weiterhin festhält, ohne dass es bereits zum Versuchsstadium der Erpressung (etwa durch Geldforderung vom Opfer oder durch Absendung eines Erpresserbriefes an Dritte) gekommen ist.

IV. enthält eine *spezielle* **Rücktrittsregel,** mit der Folge, dass der Täter nach den Grundsätzen des § 49 I milder bestraft werden kann, wenn er das Opfer unter Verzicht auf die erstrebte Leistung in dessen Lebenskreis zurückkehren lässt, oder wenn er sich in diesem Sinne ernsthaft bemüht hat.

Im **Ausgangsfall** hat sich der Täter der Frau des Filialleiters unter Vorhalt einer Waffe bemächtigt. Sodann nutzte er die Sorge des eintreffenden Ehemannes um das Wohl seiner Frau zu einer rechtswidrigen Erpressung aus (§§ 239 a I, 255, 250 II 1; 52). Die nachfolgend erzwungene Fahrt in Richtung Essen stellt eine weitere räuberische Erpressung (§§ 253, 255, 250 II 1) dar. Die dem Ehemann abgenötigte unentgeltliche Beförderung führte zu einem Vermögensvorteil, aus dem der Täter sich zu Unrecht bereicherte. Der Einsatz der Waffe bewirkte hier zwar auch die Bemächtigung des Ehemannes und deren Andauern z. N. der Ehefrau. Indes gewann diese Bemächtigung keine eigenständige Bedeutung, da sie unmittelbar dazu diente, die Erpressungshandlung *Fahrt* zu erzwingen.

17.6 Geiselnahme, § 239 b[1]

I. Allgemeines

Rechtsfolge: FS ab 5 J. (I); in minder schw. Fällen FS ab 1 J.; bei Todesverursachung lebenslange FS oder FS ab 10 J. (II); Führungsaufsicht, § 239 c.

Deliktstyp: Verbrechen.

Rechtsgut: Freiheit und Unversehrtheit der Geisel sowie Dispositionsfreiheit des Opfers bzw. der genötigten Dritten.

Konkurrenzen: §§ 235, 239 und 240 treten i. d. R. hinter § 239 b zurück. Die vollendete oder versuchte Nötigung des Dritten steht in *Tateinheit* zu § 239 b, ebenso eine ggf. begangene Körperverletzung z. N. des Entführten etc.

§ 239 a und § 239 b können wegen ihrer unterschiedlichen Zielrichtung in Tateinheit zueinander stehen.[2]

II. Ausgangsfall

Eigenes Kind als Geisel genommen

München – Vergeblich hat ein 35-jähriger Mann mit der eigenen kleinen Tochter als Geisel von seiner Freundin ein Heiratsversprechen zu erpressen versucht. Der Täter hatte sich während einer kurzen Abwesentheit der Mutter Zutritt in die Wohnung veschafft. Nach zehn Stunden konnte die Polizei am Mittwochmorgen das fünf Monate alte Baby unverletzt aus der Wohnung befreien, nachdem die Frau zum Schein auf die Forderungen des Täters eingegangen war.[3]

III. Tatbestandsaufbau

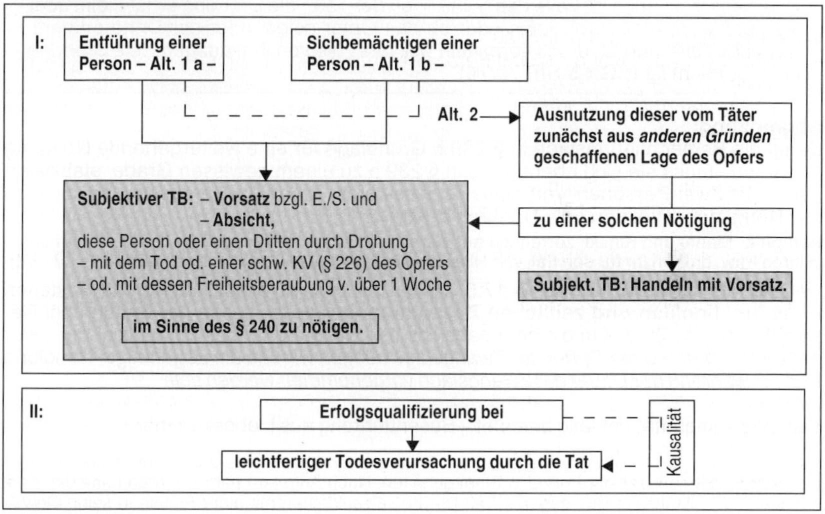

IV. Erläuterungen

Übereinstimmung § 239 b, § 239 a: Der Tatbestand der Geiselnahme entspricht dem des erpresserischen Menschenraubes (Kap. B 17.5). Auch der § 239 b enthält drei Tatalternativen, und in beiden Tatbeständen muss der Täter an das Opfer selbst oder an dritte Personen seine Forderungen richten (wollen).

III enthält die gleiche Erfolgsqualifizierung wie § 239 a.

1) Literaturhinweis: SchöSchr. und Tröndle/Fischer.
2) Näheres zu den Konkurrenzen in Kap. A 20.
3) Fallergänzung zur 23. Auflage.

Der Unterschied zu § 239 a besteht darin,
- dass sich der Täter des § 239 b nicht mit Erpressungsabsicht (§ 253), sondern mit Absicht der *Nötigung* (§ 240) an das Opfer selbst oder an einen Dritten wendet und
- dass der Täter des § 239 b zur Beeinflussung des Dritten *bestimmte Mittel* anwenden muss, nämlich die *Drohung* mit dem Tod oder der schweren Körperverletzung (§ 226) des Opfers oder mit seiner Freiheitsentziehung von mehr als einer Woche.

Den Unterschied mögen zwei Fälle aus der Praxis verdeutlichen.

Fall § 239 b: Ausgangsfall oben.

Allerdings wäre noch zu klären gewesen, ob der Täter (zugleich Vater) mit einer im Gesetz geforderten Folge für den Fall gedroht hat, dass seine Freundin ihm das geforderte Heiratsversprechen verweigerte. Ggf. käme nur versuchte Nötigung i.S.v. § 240 I/III in Betracht. Ob der Täter die nach § 239 b gebotene Drohung schließlich wahrmachen wollte, ist für die Tatbestandserfüllung ohne Belang, wenn er sie nur als ein für tauglich gehaltenes Mittel eingesetzt hat.

Fall § 239 a: Nach Zahlung von Lösegeld freigelassen

Berlin – Zwei Berliner Mädchen im Alter von 12 und 13 Jahren sind am Samstagmorgen entführt und nach einer Lösegeldzahlung am Abend bereits wieder freigelassen worden. Nach bisher unbestätigten Berichten betrug die Lösegeldsumme 200 000 Euro. Die beiden Mädchen sind nach Angaben der Polizei wohlauf. Von den Tätern fehlt noch jede Spur. Das Verbrechen war erst bekannt geworden, nachdem die Schülerinnen wieder auf freiem Fuß waren.

Unerheblich ist auch im Falle des § 239 b, ob der Täter die Drohung ernst meint oder sie überhaupt realisieren kann oder ob das Opfer selbst oder der Dritte erkennt, dass der Täter den Eindruck vermitteln will, dass die von ihm ausgehende Drohung ernst gemeint ist (BGH 5 StR 72/76).

Abgrenzung:
Damit die Bemächtigungslage in § 239 b Grundlage für eine weitergehende Nötigung sein kann, muss sie sich ebenso wie in § 239 a zu einem gewissen Grade stabilisiert haben. Im Zwei-Personen-Verhältnis fehlt es daran, wenn die Bemächtigung zugleich das Nötigungsmittel darstellt. Näheres in Kap. B 17.5.

Beispiel: Mantu und Kinski zerren die auf dem nächtlichen Heimweg befindliche 19-jährige O. in ihren Pkw, drohen ihr für den Fall von Hilferufen mit dem Tode und vergewaltigen sie (§ 177 I/II).

Der BGH (Nachweise in Kap. B 17.5) fordert für die Tatverwirklichung das Bestehen eines **funktionalen und zeitlichen Zusammenhanges** zwischen der Entführung/ Bemächtigung des Opfers und einer beabsichtigten Nötigung dergestalt, dass a) der Täter das Opfer *während der Dauer der Zwangslage nötigen will* und die abgenötigte Handlung auch b) *während der Dauer der Zwangslage vorgenommen werden soll.*

Fall: „Geiselnahme" unblutig beendet – Busentführung aus Liebeskummer

Essen/Venlo – Ein 27-jähriger Mann hat am Freitagabend über mehrere Stunden mit der Entführung eines Linienbusses die Polizei in Atem gehalten. Nach Angaben der Behörden hatte der stark angetrunkene Mann den Bus gegen 17.40 Uhr in Gelsenkirchen mit einer Pistole in seine Gewalt gebracht. Danach lotste er das Fahrzeug über Autobahnen durch das Ruhrgebiet Richtung niederländische Grenze. Einige Geiseln ließ er unterwegs frei, anderen gelang die Flucht.

Am Grenzübergang Venlo schlug die Polizei zu. Ein Sondereinsatzkommando nahm den Täter gegen 19.30 Uhr fest und befreite die zuletzt noch zwei Geiseln. Als Grund für die Tat gab der Mann Liebeskummer an.

Ergebnis: § 239 I StGB, § 52, § 54 WaffG; § 53 StGB. Die (notwendige) Nötigung geht im speziellen Tatbestand des § 239 I unter. Der Tatbestand des § 239 b ist nicht erfüllt.

Bezüglich der Merkmale **Erfolgsqualifizierung**, **subjektiver TB**, **Vollendung**, **Versuch** und **Tätige Reue** kann auf § 239 a in Kap. B 17.5 verwiesen werden.

17.7 Bedrohung, § 241

I. Allgemeines

Rechtsfolge: FS – 1 J. oder GS.

Deliktstyp: Vergehen, Versuch nicht strafbar: Privatklagedelikt, §§ 374, 376 StPO; Verfolgungspflicht besteht für die Polizei bereits dann, wenn öffentliches Interesse an der Strafverfolgung durch die StA *möglich* erscheint (→ C 1.10/1.12).

Rechtsgut: Rechtsfriede des Einzelnen vor Beeinflussung durch schwerwiegende Bedrohungen.

Konkurrenzen: *Tateinheit* ist z. B. möglich mit §§ 126, 185, 223 ff. Ist die Bedrohung Bestandteil anderer (spezieller) Delikte, tritt sie hinter diese zurück (z. B. §§ 113, 239 a, b, 240, 249-255).

II. Ausgangsfall

Mit Pistole und Messer bedroht – zweimal Polizei gerufen

Düren – Mit einem renitenten Zeitgenossen hatte es die Dürener Polizei in der Nacht zum Samstag zu tun. Gegen 0.50 Uhr wurden die Beamten in eine Wohnung in die Karlstraße gerufen, wo der 34-Jährige, der offenbar unter Alkoholeinwirkung stand, randalierte und seine Familie mit einem Messer bedrohte. Erst als der Mann die Wohnung verlassen hatte, kehrte Ruhe ein. Kurze Zeit später wurde die Polizei erneut gerufen: Der Mann war zurückgekehrt und drohte diesmal mit Messer und Pistole. Die Polizisten machten kurzen Prozess: Sie stellten die Waffen sicher und nahmen den 34-Jährigen in Gewahrsam. Das Motiv des Täters muss noch ergründet werden.

III. Tatbestandsaufbau

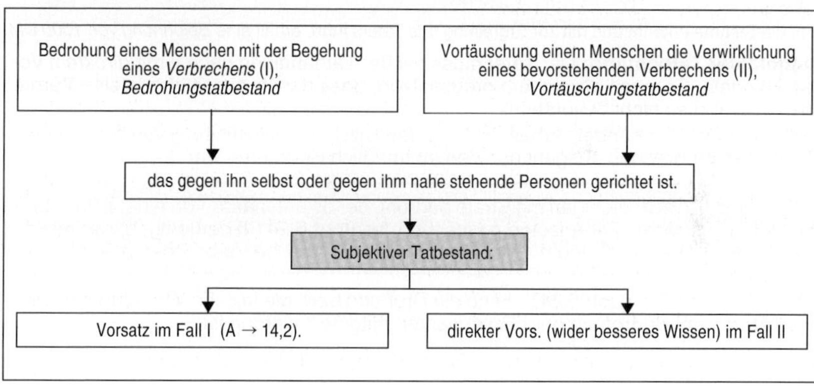

IV. Erläuterungen

Gegenstand der Drohung i. S. d. I ist die Ankündigung der Verübung eines Verbrechens, dessen wesentliche Merkmale konkret ersichtlich sind.[1]

Bedrohungs*opfer* kann jede andere Person sein, an die sich der Täter richtet.

Verbrechens*adressat* kann der Bedrohte oder eine ihm nahe stehende Person sein. Letztere muss dem Bedrohten so nahe stehen, dass er selbst sich durch das ihr angedrohte Übel in seiner Rechtssicherheit beeinträchtigt fühlt.[2]

Allgemeine Ankündigungen wie „Eines Tages werde ich dich für deine Gemeinheiten umbringen" sind nicht tatbestandsmäßig. Der Täter muss die von seinem Willen abhängige Begehung eines *Verbrechens* (§ 12 I) in Aussicht stellen und dabei den Eindruck der Ernstlichkeit erwecken. Die Drohung kann mündlich, durch Gesten (Ausgangsfall) oder auch schriftlich erfolgen. Auf die Realisierbarkeit der Drohung kommt es nicht an, auch nicht darauf, ob der Bedrohte die Bedrohung ernst auffasst.

Im *Ausgangsfall* wäre nachzuweisen, dass der Täter seinen Familienangehörigen angedroht hatte, einen oder mehrere von ihnen zu töten.

Subjektiver Tatbestand: Der Täter muss vorsätzlich handeln. Er muss das Bewusstsein haben, dass er ein Verbrechen androht, und er muss wollen, dass der Bedrohte die Bedrohung als ernst gemeint auffasst. Bedingter Vorsatz genügt.

Gegenstand der Drohung i. S. d. II ist die falsche Warnung vor einem in Wahrheit *nicht* bevorstehenden *Verbrechen.*

Fall: Wer kennt die Stimme des anonymen Bombendrohers?

Stolberg – Am Samstag, dem 7.4.1994, wurde unsere Diskothek wegen Bombendrohung geräumt; viele junge Leute wurden verschreckt. Feuerwehr und Polizei haben die Stimme des Unbekannten auf Band aufgezeichnet. Wir lassen dieses Band ab heute dreimal am Abend in unserer Discothek ablaufen.

Wer die Stimme erkennt und mit zur Ergreifung des Täters führt, erhält eine *Belohnung von 1000 DM.*

Subjektiver Tatbestand: Der Täter muss bei der Tathandlung nach II mit *direktem* Vorsatz handeln. Er muss als sicher voraussetzen, dass das in Aussicht gestellte Verbrechen in Wahrheit nicht bevorsteht.

Tatbestandsmäßig handelt daher nicht, wer fälschlich oder leichtsinnig von einem bevorstehenden Verbrechen ausgeht und den mutmaßlich Bedrohten warnt.

> Während § 138 denjenigen mit Strafe bedroht, der es unterlässt, von einer bevorstehenden (Katalog-) Tat Anzeige zu machen, bedroht § 241 II denjenigen, der wider besseres Wissen vor einem objektiv nicht bevorstehenden Verbrechen „warnt".

Vollendet ist die Tat nach § 241, wenn die Drohung bzw. die falsche Warnung mit Willen des Täters dem Bedrohten oder Getäuschten mitgeteilt worden ist.

1) BGH MDR '86, 795.
2) BVerfG NJW '95, 2776.

18 Diebstahl und Unterschlagung, §§ 242 ff.

18.1 Gesamtübersicht über die Straftaten gegen das Vermögen

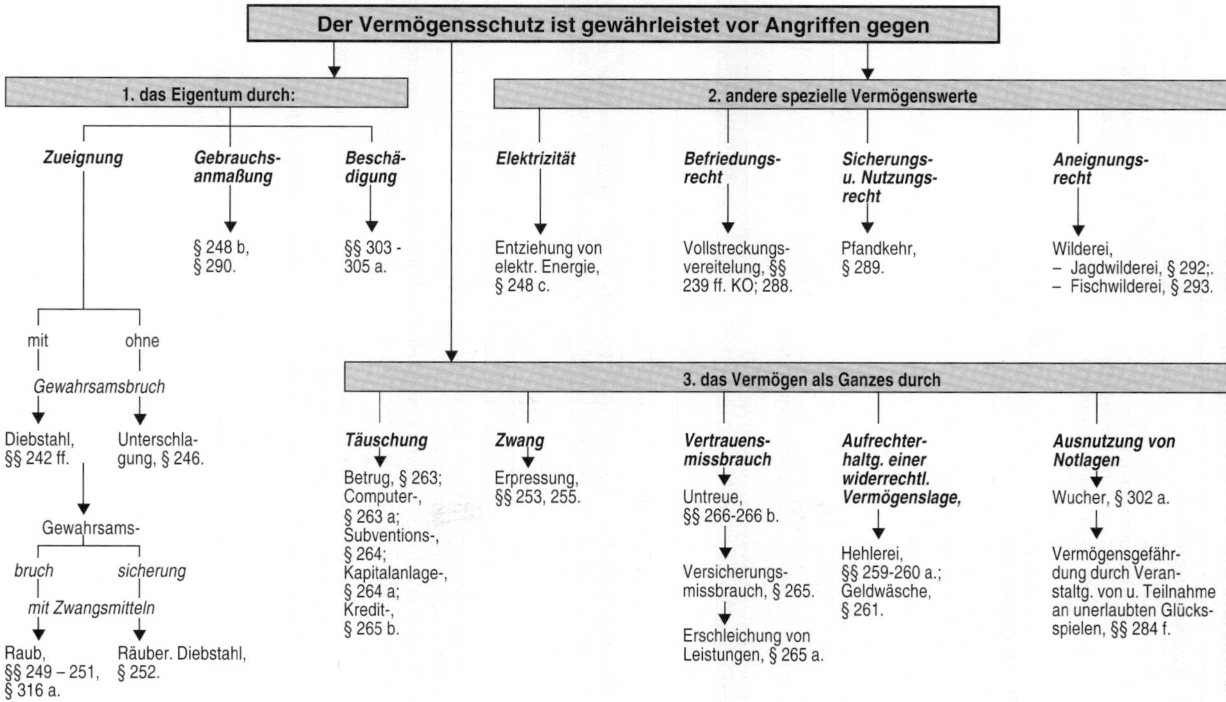

18.2 Diebstahl und Unterschlagung im Überblick

1. Qualifizierte Tatbestände **§§ 244, 244 a, 246**

- § 244 – Diebstahl mit Waffen
  – Bandendiebstahl
  – Wohnungseinbruchdiebstahl
- § 244 a – Schwerer Bandendiebstahl
- § 246 II – Unterschlagung einer *anvertrauten Sache*

2. Grund - Tatbestände **§§ 242, 246**

- § 242 - Diebstahl
  (§ 243 ist Strafzumessungsvorschrift und kein selbständiger TB!)
- § 246 I – Unterschlagung einer **nicht** anvertrauten Sache

3. Privilegierte Fälle[1] **§ 247**

§ 247 enthält keinen selbständigen TB, sondern ein *Verfolgungsprivileg* für den Täter, der in besonderer Beziehung zum Geschädigten steht.

Diebstahl, §§ 242 (243), 244, 244 a oder Unterschlagung, § 246

gegenüber

Angehörigen, § 11

Vormündern, §§ 1773 ff. BGB, Betreuern, §§ 1896 ff. BGB

Personen, mit denen der Täter in häuslicher Gemeinschaft lebt

wird nur nach Stellung eines Strafantrages (§§ 77 ff.) verfolgt.

- Das Angehörigenprivileg besteht gem. Legaldefinition des § 11 I 1 fort, wenn z. B. die Ehe, welche die Beziehung begründet, nicht mehr besteht.
- Häusliche Gemeinschaft i. d. S. ist eine auf freiem Entschluss beruhende Wohn- oder Hausgemeinschaft.
- Das Antragserfordernis und damit die Privilegierung gilt nur bei Tätern, bei denen die persönlichen Voraussetzungen vorliegen; andere Teilnehmer an der Tat werden v. A. w. verfolgt.
- Verletzter und damit antragsberechtigt ist der Eigentümer; neben ihm aber auch der Gewahrsamsinhaber, wenn dieser ein eigenes Recht an der Sache hat (Beispiel: Mieter, Entleiher).
- Die Privilegierung entfällt, wenn bei mehreren Eigentümern/Gewahrsamsinhabern auch nur einer nicht in der o. g. Beziehung zum Täter steht.

Fall: Gefasst wurde dank der Aufmerksamkeit eines Straßenpassanten der frühere Schwiegersohn S. des Großhändlers G., als er zum vermutlich zweiten Mal mit seinem Freund F. in den Verkaufsraum des Händlers eingedrungen war, um – wie er der Polizei eingestand – Werbepräsente zu entwenden. S. hatte sich mittels eines zurückbehaltenen Schlüssels Zugang verschafft.

Lösung: §§ 242, 243 I 1, 22, 247 für S. – Antragsdelikte.
§§ 242, 243 I 1, 22 für F. – Offizialdelikt.

Fortsetzung Folgeseite.

1) Privilegierte und leichte Fälle im Sinne der §§ 247 und 248 a sehen auch die Tatbestände nach §§ 248 c III, 259 II, 263 IV, 265 a III, 266 II vor. Nach § 266 b II ist nur ein Handeln im Sinne von § 248 a begünstigt.

4. Leichte Fälle **§ 248 a**

§ 248 a enthält keinen eigenen TB, sondern ein Verfolgungsprivileg für Täter, die nur *geringwertige* Sachen entwendet oder unterschlagen haben.

Diebstahl (nur! § 242) oder Unterschlagung (§ 246)

geringwertiger Sachen (z. Z. bis ca. 50 Euro)[1]

↓

Verfolgung nur bei Stellung eines Strafantrages

Ausnahme: StA hält im Einzelfall wegen *besonderen* öffentlichen Interesses die Strafverfolgung von Amts wegen für erforderlich![2]

Die **Wirkung** des § 248 a ist darauf beschränkt, dass die Tat unter den genannten Voraussetzungen zum Antragsdelikt wird. **Entscheidend** ist für die Anwendbarkeit des § 248 a nicht der Wert des erstrebten, sondern der des tatsächlich erlangten Diebesgutes.

Etwas anderes gilt nur bei § 243 II. Danach ist ein besonders schwerer Fall des Diebstahls nur dann ausgeschlossen, wenn sich Absicht *und* Realisierung auf einen geringwertigen Gegenstand beziehen.

Denn wer bei einem Einbruch viel stehlen will, sich aber mit wenig zufrieden geben *muss*, kann nicht besser gestellt werden als der, der gar keine Beute machen kann.[3]

Im Rahmen des § 242 aber gilt: Wer reiche Beute zu machen sucht, sich aber mit Sachen von geringem Wert zufrieden geben muss, wird unter den Voraussetzungen des § 248 a verfolgt.

Wer wenig sucht, dann aber Sachen von mehr als geringem Wert mitnimmt, wird v. A. w. verfolgt.

Antragsberechtigt (§§ 77 ff.) sind nach h. M. der Eigentümer und *der* Gewahrsamsinhaber, der ein eigenes Recht an der Sache hat (z. B. Mieter, Pächter).[4]

Ein **Irrtum** des Täters über den tatsächlichen Wert der Sache ist bedeutungslos. Es entscheidet stets die objektive Lage. Maßgeblich ist grundsätzlich der **Verkehrswert**. Wird die Sache nicht am Markt gehandelt, entscheidet nach h. M. ihr im Einzelfall jeweils zu ermittelnder Funktionswert (z. B. bei Ausweisen, ausgefüllten Formularen, Strafakten, Kreditkarten).[5]

Beim **Versuch** hängt das Antragserfordernis von der Geringwertigkeit der *erstrebten* Sache ab.

Bei fortgesetzter Handlung (= ein Tatentschluss/mehrere Ausführungsakte) entscheidet der Gesamtwert der entwendeten Sachen.

Scheidet ein *besonders schwerer Fall* des Diebstahls nach § 242, § 243 I wegen Geringwertigkeit aus (§ 243 II), kann je nach den Umständen des Einzelfalles Tateinheit (§ 52) mit §§ 123, 303 gegeben sein.

Beispiel: Kinski entwendet aus einem Warenautomaten gewaltsam Zigaretten im Wert von 30 Euro.

Argument: Ein besonders schwerer Fall scheidet aus gem. § 243 II. Gegeben sind: §§ 242, 248 a; 303; 52.

Fall: Mantu hebelt die Schmuckkassette seiner Bekannten auf und entwendet daraus deren Kreditkarte nebst abgelegter PIN, um an Geldautomaten Bargeld abzuheben.

Lösung: §§ 242, 243 I 2; 303; 52.

Argument: Ein Ausschluss der Strafverschärfung nach § 243 II kommt nicht in Betracht, da der *Funktionswert* der Kreditkarte über 50 Euro liegt.

1) OLG Zweibrücken (NStZ '00, 536) setzt die Grenze der Geringwertigkeit in Anbetracht der Preis- und Lohnentwicklung bei 100 DM, ebenso OLG Hamm 2 Cs 427/03 v. 28.7.2003 = 50 Euro.
2) Näheres zum Offizialprinzip und seine Ausnahmen im Kap. C 1.10 ff.
3) SchöSchr. zu § 243.
4) Tröndle/Fischer zu § 248 a.
5) Vgl. Sie auch Kap. 18.4 II Nr. 6 zum Begriff der Geringwertigkeit.

18.3 Diebstahl, § 242[1]

I. Allgemeines

Rechtsfolge: FS – 5 J. oder GS (I); Führungsaufsicht ist möglich (§ 245).

Deliktstyp: Vergehen, OD, AD i. S. v. § 248 a; der Versuch ist strafbar (II).

Rechtsgut: Eigentum *und* Gewahrsam, h. M.[2], so dass der Eigentümer und der Gewahrsamsinhaber, die nicht identisch sein müssen, als Verletzte anzusehen sind.

Das hat zur Folge, dass im Sinne des § 248 a auch der verletzte Gewahrsamsinhaber ein Strafantragsrecht hat (Näheres hierzu in Kap. B 18.2) und weiterhin, dass auch der Täter seinerseits vor Diebstahl der von ihm entwendeten Sache geschützt ist.

Während der vollendete Diebstahl zum endgültigen oder, falls die Sache wiedererlangt wird, vorübergehenden Gewahrsamsverlust führt, geht das *Eigentum* an der Sache nicht unter (soweit die Sache nicht vernichtet wird). § 935 I BGB bestimmt nämlich, dass an einer gestohlenen Sache *rechtsgeschäftlich* kein Eigentum erworben werden kann. Das gilt auch dann, wenn der *Erwerber in gutem Glauben* ist, die Sache von einem *Berechtigten* zu erlangen.[3]

Ausgenommen sind hiervon allerdings wieder die Fälle des sog. originären Eigentumserwerbs nach §§ 937 ff. BGB. Vgl. Sie im Einzelnen hierzu den nachfolgenden *Exkurs Sachenrecht* in diesem Kap.

Konkurrenzen: *Tateinheit (§ 52)* ist möglich u. a. mit

- § 29 I 1 BtMG: Täter entwendet in einer Arztpraxis während der Sprechstunde Betäubungsmittel;
- § 21 StVG: Täter fährt den von ihm entwendeten Pkw ohne Fahrerlaubnis;
- § 132: Täter tritt als Kriminalbeamter auf und „beschlagnahmt“ ein wertvolles Ölgemälde;
- § 136: Täter entwendet auf der Polizeiwache einen dienstlich beschlagnahmten Aktenkoffer.

Gesetzeskonkurrenz:

§ 242 wird von §§ 244, 249-252 verdrängt.

Straflose Nachtat (auch sog. mitbestrafte Nachtat) ist die Handlung, die der Täter an oder mit der entwendeten Sache vornimmt (sofern darin nicht eine neue Rechtsgutverletzung liegt).

Beispiel: *Täter beschädigt das von ihm entwendete Fahrrad nach Gebrauch.*

Tatmehrheit (§ 53) ist z. B. mit Betrug (§ 263 StGB) gegeben, wenn der Dieb die von ihm entwendete Sache, für die er keine Verwendung mehr hat (z. B. CD-Player), einem gutgläubigen Dritten verkauft, da hierin eine neue Rechtsgutverletzung liegt. Der Käufer kann wegen § 935 I BGB kein Eigentum erwerben.

Zum rechtsgeschäftlichen Eigentumserwerb vgl. Sie Ziff. 5 im nachfolgenden Exkurs Sachenrecht.

Tatmehrheit ist auch gegeben zwischen einem vorangegangenen Diebstahl einer Kreditkarte und dem planmäßig durchgeführten nachfolgenden Computerbetrug (§ 263 a, Kap. B 21.3).

Die Grundzüge der **Konkurrenzlehre** sind im Kap. A 20 dargestellt.

---

1) Mit einem *Exkurs Sachenrecht* unter Ziff. V.
Zum Klausuraufbau vgl. Sie Kap. B 18.4 I, zur Fallbearbeitung ebenfalls Kap. B 18.4.
2) Tröndle/Fischer zu § 242; Haft BT § 20.
3) Falls ihm die Herkunft der Sache bekannt ist, kommt der TB der Hehlerei (Kap. B 20.4) in Betracht.

II. Ausgangsfälle

1. Da war das Auto weg!

Alsdorf – Nur wenige Augenblicke ließ der Besitzer einer Imbissstube seinen Pkw, einen Opel Omega, in der Nacht zum Donnerstag mit laufendem Motor in der Jülicher Straße vor seiner Gaststätte stehen, um kurz einige Waren aufzuladen. Als er zurückkam, war der Wagen verschwunden.

2. Trickdiebstahl

Köln – Ein Unbekannter versperrte einer Frau den Einstieg in einen Stadtbus. Schließlich entfernte er sich. Kurz darauf bemerkte die Frau den Verlust ihrer Geldbörse.

3. Einbrecher suchte warmes Plätzchen

Bonn – Bei freier Kost und Logis wollte ein 26-jähriger Obdachloser auf Staatskosten überwintern: In Königswinter schlug er die Scheibe eines Antiquitätengeschäfts ein, nahm eine kostbare Vase und machte sich aus dem Staub. Nach seiner Festnahme gestand er den Einbruch und verriet, dass er die Straftat nur deshalb verübt habe, um in einer Gefängniszelle ein warmes Plätzchen für den Winter zu finden.

4. Reifenklau

Aachen – Zwei Heranwachsende hatten am Wochenende in einer versteckt gelegenen Garageneinfahrt von einem VW-Golf vier brandneue Reifen auf teuren Leichtmetallfelgen abmontiert und mitgehen lassen.

III. Tatbestandsaufbau

Tatobjekt:	fremde bewegliche Sache
Tathandlung:	Wegnahme durch Bruch fremden *und* Begründung neuen Gewahrsams
Subjektiver Tatbestand:	– *Vorsatz* bzgl. der Wegnahme der fremden Sache, – Handeln in der *Absicht* rechtswidriger Zueignung (ZA) (Eigen- oder Drittzueignungsabsicht) und – Vorsatz bzgl. der *Rechtswidrigkeit* der ZA.

IV. Erläuterungen

Sache

ist jeder körperliche Gegenstand ohne Rücksicht auf seinen Aggregatzustand und wirtschaftlichen Wert (§ 90 BGB[1]). Der Entzug elektrischer Energie wird von § 248 c erfasst.

Beweglich

d. h. transportabel muss eine Sache sein, auch wenn sie erst zum Zwecke der Wegnahme beweglich gemacht wurde. **Beispiel:** Ausbau der Fenster aus einem Neubau.

Fremd

ist jede Sache, die nicht im *Allein*eigentum des Täters steht und auch nicht herrenlos ist (§ 959 BGB). *Vergessene* oder *verlorene* Sachen sind fremde Sachen, sofern nicht der Eigentümer sie aufgibt (Dereliktion, § 959 BGB). In Freiheit lebende *wilde Tiere* sind herrenlos (§ 960 BGB). Bei ihrer Aneignung kommt § 292 (Jagdwilderei) oder § 293 (Fischwilderei) in Betracht.

Bei „Entwendung" *eigener Sachen* kann § 288 (Vereitelung der Zwangsvollstreckung) oder § 289 (Pfandkehr) in Betracht kommen.

Leichen sind keine eigentumsfähigen Sachen. Ihre Entwendung wird von § 168 I erfasst (Störung der Totenruhe), *anders* bei Leichen, die der Anatomie überstellt sind, bei Mumien oder entnommenen Explantaten.

Gewahrsam

Gewahrsam ist das von einem Herrschafts*willen* getragene *tatsächliche* Herrschaftsverhältnis über eine Sache.

Elemente: Wille + Möglichkeit

Herrschaftswille ist die Vorstellung, Sachherrschaft ausüben zu wollen. Er gilt auch bei Kindern (nicht Kleinkindern), Geisteskranken, Bewusstlosen, Betrunkenen, Schlafenden als vorhanden.

Herrschaftsmöglichkeit ist die *Fähigkeit* zur Ausübung von Sachherrschaft. Sie ist im Einzelfall nach den Anschauungen des täglichen Lebens zu beurteilen. Durch eine sozial übliche Trennung von der Sache wird die Herrschaftsmöglichkeit nicht aufgehoben.

***Beispiele:** zu Hause zurückgelassene Sachen bei einer Urlaubsreise; vergessenes Fahrrad am Fußballplatz (anders bei verlorenen Sachen – Geldbörse auf der Straße –, da die fehlende Kenntnis ihres Ortes der Ausübung der Sachherrschaft entgegensteht).*

Sachherrschaft besteht auch, wenn sich die Sache in einer von einem *generellen* Herrschaftswillen umfassten Gewahrsamssphäre befindet, ohne dass es auf den aktuellen Willen (Schlaf, Gedächtnis) ankommt.

***Beispiele:** Zeitung vor der Haustür gegen 5.30 Uhr; „verlegte" Sachen im Haus.*

Die für den Diebstahl relevanten Gewahrsamsformen

Mitgewahrsam

ist gleichrangige Sachherrschaft mehrerer über eine Sache.

***Beispiel.:** Gast – Gastwirt an der Garderobe.*

Bei Mitgewahrsam besteht Fremdgewahrsam, der gebrochen werden kann.

untergeordneter Gewahrsam

stellt im Verhältnis zum übergeordenten Gewahrsamsinhaber keine tatsächliche Sachherrschaft dar!

***Beispiel:** Verkäufer – Filialleiter; Der Filialleiter würde im Falle einer „Entwendung" Unterschlagung, § 246, begehen, da er im Verhältnis zu seinen Mitarbeitern übergeordneten (Allein-) Gewahrsam hat.*

Alleingewahrsam

ist die alleinige tatsächliche Herrschaft einer Person über eine Sache.

***Beispiele:** Pkw-Halter am Fahrzeug vor seinem Haus; Spediteur an den bei ihm zum Transport abgegebenen Sachen; Fernfahrer auf der Fahrt; der Dieb an der von ihm entwendeten Beute.*

Gewahrsam ist nicht gleichbedeutend mit **Besitz** i. S. d. §§ 854 – 872 BGB. Einzelheiten hierzu im nachfolgenden **Exkurs Sachenrecht.**
§ 855 BGB: Der **Besitzdiener**, z. B. der Klempnergeselle, ist nicht Besitzer, dennoch hat er gegenüber Dritten Gewahrsam an den ihm von seinem Meister zur Arbeitsverrichtung anvertrauten Sachen.
§ 857 BGB: Der **Erbe** ist zivilrechtlich Besitzer des Nachlasses, auch wenn er von dem Erbfall noch nichts weiß. Gewahrsam kann er also dann noch nicht haben.
§ 868 BGB: Der **Vermieter** (oder Entleiher, § 598 BGB) hat zivilrechtlich mittelbaren Besitz, aber keinen Gewahrsam bis zur Rückgabe der Mietsache.

1) Das gilt auch für lebende Tiere, die nach § 90 a S.1 BGB keine Sachen sind. Die sachenrechtlichen Vorschriften bleiben aber anwendbar, sofern sie nicht anderen Vorschriften – insbesondere dem Tierschutzgesetz – widersprechen (§ 90 a S.1 u. 2 BGB).

Wegnahme

Bruch fremden Gewahrsams + **Begründung neuen Gewahrsams**

Gewahrsamsbruch ist die Aufhebung der tatsächlichen Sachherrschaft ohne Zustimmung des bisherigen Inhabers.

Erlangung der Sachherrschaft, derart, dass ein anderer ohne vorherige Einwirkung auf den neuen Inhaber die Sachherrschaft nicht mehr ausüben könnte (BGH NJW '70, 1196).

Beispiele:

1. *Ergreift ein Täter in einem Kauhaus einen kleinen Gegenstand, z. B. eine Uhr, so liegt darin bereits ein Gewahrsamsbruch, wenn er die Uhr in der geschlossenen Faust verborgen hält oder in seiner Kleidung versteckt. Zwar ist der Gewahrsam des Täters noch nicht gesichert, solange er im Geschäft weilt, doch darauf kommt es nicht an (OLG Frankfurt MDR '93, 671).*
2. *Wer einen Warenautomaten mit falschen Münzen „öffnet", nimmt weg, da der Eigentümer die Zustimmung zur Aufhebung des Gewahrsams von einer ordnungsgemäßen Bedienung abhängig macht.*
3. *Wer sich als falscher Polizeibeamter eine „beschlagnahmte" Sache aushändigen lässt, nimmt weg.*
4. *Täter, die auf der Straße einen Pkw aufgebrochen haben,* vollenden *die Wegnahme in dem Moment, in dem sie sich mit der Beute vom Fahrzeug entfernen.*
5. *Bei einem Fahrzeugdiebstahl in einem bewachten Parkhaus dürfte die Wegnahme erst mit Verlassen des Gebäudes vollendet sein.*
6. *Wer in einem Selbstbedienungsladen Gegenstände, die er entwenden will, in einen Einkaufswagen legt und mit einem Kleidungsstück überdeckt, erlangt eigenen Gewahrsam erst, wenn er den Kassenbereich verlassen hat oder das Kassenpersonal seine Abfertigung als abgeschlossen ansieht (OLG Köln, NJW '84, 810). Der Täter begeht einen Trickdiebstahl und keinen Sachbetrug, da sich die Vermögensverfügung der (getäuschten) Kassiererin nur auf die bewusst eingetippten, nicht aber auf die verborgenen Waren bezieht (OLG Zweibrücken NStZ '95, 448).*
7. *Wer ohne Zahlungsabsicht an einer SB-Tankstelle tankt, bricht keinen fremden Gewahrsam (wegen des grds. vorhandenen Einverständnisses in den vom Kunden vorzunehmenden Zapfvorgang) und nimmt deshalb nicht weg. Fasst der Täter* ***nach*** *dem Tankvorgang den Entschluss, nicht zu zahlen, manifestiert sich mit dem Wegfahren die rechtswidrige Zueignung des getankten Kraftstoffes, so dass der TB der Unterschlagung gem. § 246 (Kap. B 18.7) gegeben ist. Vollendeter Betrug gem. § 263 (Kap. B 21.2) kommt in Betracht, wenn eine kausale Täuschungshandlung des Täters und eine daraus resultierende Vermögensverfügung des Getäuschten vorliegt. Auf den Tankvorgang bezogen setzte das voraus, dass der Tankwart/Kassierer den Kunden beobachtet und wegen seines scheinbar legalen Verhaltens bewusst tanken lässt. Rechnet der Täter zwar beim Tankvorgang damit, dass er beobachtet wurde (was i d. R. auch naheliegt), obwohl ihn in Wahrheit niemand konkret zur Kenntnis nahm, liegt gem. §§ 263 I, II, 22 versuchter Betrug vor (OLG Köln, NJW '02, 1059).*

Bedeutung der Unterscheidung Vollendung / Beendung

Die Tat ist mit der (erfolgreichen) Wegnahme vollendet. Beendet ist die Tat, wenn der Täter den Gewahrsam *nach den Umständen des Einzelfalles gefestigt und gesichert hat* (BGH NStZ '01, 88 f.; BGH 3 StR 384/07). Tatfrage ist also z. B.: Hat sich der Täter schon vom Tatort entfernt oder ist er gerade im Begriff, dies zu tun? Die Unterscheidung Vollendung/Beendung hat folgende Bedeutung:

Unterstützung des Diebes *vor* Beendung der Tat ist Beihilfe, § 27; *nach* Beendung ist sie Begünstigung, § 257. Raubmitteleinsatz (→B 19.2) *vor* Vollendung ist Raub, § 249; nach Vollendung, aber vor Beendung ist dies räuberischer Diebstahl, § 252; nach Beendung Nötigung, § 240. Notwehr, § 32, ist mit Beendung unzulässig. Erlaubte Selbsthilfe (§ 229 BGB →A 16.3.2) kann in Betracht kommen.

Versuchter Diebstahl liegt vor, sobald der fremde Gewahrsam nach dem Täterplan ernsthaft gefährdet erscheint. Im Übrigen muss geprüft werden, ob der Täter nach seiner Vorstellung von der Tat zu deren Verwirklichung unmittelbar angesetzt hat (Kap. A 18).

Beispiel: Betreten eines Einfamilienhauses in Diebstahlsabsicht.

Das Beobachten des Tatortes oder die Fahrt zum Tatort sind straflose Vorbereitungshandlungen zum Diebstahl.

Zueignungsabsicht (ZA)

Die Zueignungsabsicht stellt nach der sog. Vereinigungsformel des BGH NJW '85, 812 die **Anmaßung** einer eigentümer*ähnlichen* Herrschaftsmacht über eine Sache (Substanztheorie) oder den in ihr verkörperten Sachwert (Sparbuch, Heizdampf, Campinggas, Urkunde) dar (Werttheorie). Zur Verdeutlichung:

> Nur der Eigentümer hat gemäß § 903 BGB
> ein beliebiges Nutzungsrecht an seiner Sache + ein beliebiges Ausschlussrecht anderer von seiner Sache!
> *Näheres hierzu im nachfolgenden **„Exkurs Sachenrecht!“***

Rechtswidrigkeit der ZA

Sie ist gegeben, wenn die Zueignung im Widerspruch zum Eigentumsrecht des Geschädigten steht.
Dies ist der Fall, wenn der Täter
- keinen fälligen Rechtsanspruch (nach Zivilrecht) auf die Sache hat,
- ohne Einwilligung des Eigentümers oder
- ohne Rechtfertigungsgrund handelt.

Anm.: Auch die Rechtswidrigkeit der ZA ist TBM; ein Irrtum (§ 16 I) hierüber schließt den Vorsatz zur Tat und damit den TB des § 242 aus.

Zueignungsabsicht setzt daher voraus[1]**:**

die **Absicht** des Täters, **sich selbst** oder **einen Dritten** *wenigstens vorübergehend* an die Stelle des Eigentümers zu setzen, um die Sache beliebig wirtschaftlich zu **nutzen**. Auf eine Bereicherung kommt es (anders als beim Betrug) nicht an.
Absicht = direkter Vorsatz! (zu den Vorsatzformen Kap. A 14.1).
Aneignungs*absicht*

\+

den **Willen** des Täters, den Eigentümer faktisch (de jure geht das Eigentum durch die Tat nicht verloren) auf **Dauer** von der Sache auszuschließen.
Wille = (mindestens) *bedingter* Vorsatz – so etwa bei Preisgabe eines Pkw nach Gebrauch, wobei der Täter es dem Zufall überlässt, ob der Berechtigte das Fahrzeug zurückerhält.
Enteignungs*wille*

Zur Verdeutlichung nach BGH NJW '85, 812:

Aneignung (für sich oder Dritten):		(faktische) **Enteignung:**
ja	Vermieter nimmt seinem säumigen Mieter als *Pfand* für die Zahlung der rückständigen Miete zwei gerahmte Kupferstiche ab.	nein
ja	Dieb entwendet einem Schrotthändler Kfz-Altteile, um sie ihm später zum Verkauf anzubieten.	ja
ja	Unbefugter Gebrauch eines Kfz mit Rückführung (Näheres Kap. B 18.9).	nein
nein	Bloßer Sachentzug, etwa Verbergen einer Sache aus böswilliger Absicht.	ja
nein	Bloße Vernichtung einer fremden Sache.	ja
ja	Rückgabe einer Sache nach *wesentlicher* Wertminderung, etwa eine leere Batterie.	ja
ja	Rückgabe eines Fachbuches nach *langem* Gebrauch, so dass Ersatzbeschaffung notwendig war.	ja
ja	Eine Putzfrau entwendet auf ständiges Drängen ihres 21-jährigen Sohnes widerstrebend 15 Führerscheinformulare beim StVA, um endlich Ruhe vor ihm zu haben (sog. **Drittzueignung**).	ja
ja	Wegnahme eines fremden Sparbuches und Zurücklegung nach Abhebung eines Geldbetrages.	ja
ja	Nutzung eines fremden *Knöllchens*, das der Täter später an dem fremden Fz. wieder befestigt.	nein

Mit der Ergänzung des § 242 I durch das 6. StrRG wurde auch die Streitfrage um die Strafbarkeit der sog. **Drittzueignung**[2] beendet.

Es kommt nun nicht mehr darauf an, für wen der Dieb die Zueignung erstrebt. Nach dem Gesetz muss der Täter die Sache sich oder einem Dritten rechtswidrig zueignen wollen.

Zum subjektiven Tatbestand gehört neben der Zueignungs*absicht* auch das Bewusstsein ihrer Rechtswidrigkeit und schließlich der Vorsatz (Wissen und Wollen), eine *fremde bewegliche Sache wegzunehmen.*

Wegnahmevorsatz und **Zueignungsabsicht** beurteilen sich nach der Vorstellung des Täters zum Zeitpunkt der Wegnahme.

Beispiel: *Mantu lässt anlässlich eines Besuches bei Freunden ein vergoldetes Feuerzeug des Gastgebers gedankenlos in seine Jackentasche gleiten. Als er zu Hause den Umstand bemerkt, beschließt er, es zu behalten und ggf. seinen Besitz zu bestreiten.*

Argumente*: Zum Zeitpunkt der* Mitnahme *der (fremden beweglichen) Sache, fehlten Vorsatz und ZA. Als der Entschluss, die Sache zu behalten, verwirklicht wird, hat der Täter bereits Alleingewahrsam. Unterschlagung ist aber erst mit der Manifestation der Zueignung gegeben (Näheres in Kap. B 18.7).*

1) BGH NStZ '81, 63 m. w. Nw.
2) BGH NJW 1985, 812 f., BGH GSSt NJW '96, 402.

Exkurs: Sachenrecht[1]

1 Abgrenzung Schuldrecht – Sachenrecht[2]

Mit dem Begriff *Sachenrecht* wird der Inhalt der Rechtsnormen des *Dritten Buches* des BGB (§§ 854 – 1296) erfasst.[3] Das Sachenrecht regelt die Rechtsbeziehungen einer Person zu einer beweglichen oder unbeweglichen Sache. An ihr kann ein Rechtssubjekt (natürliche oder juristische Person des öffentlichen oder des Privatrechts) entweder *Besitz, Eigentum* oder ein sog. *sonstiges dingliches Recht* haben (Abb.).

Rechtssubjekte können haben:

Eigentum | **Besitz** | (sonstiges) **dingliches Recht**

an beweglichen oder unbeweglichen Sachen.

Das **Sachenrecht** bestimmt damit vornehmlich den *Status* einer Rechtsbeziehung zu einer Sache oder einem dinglichen Recht, während das Schuldrecht (Kap. A 2 – Exkurs) wirksame Kausalregelungen zum Erwerb und zur Veräußerung *dinglicher* Rechte enthält. Ob z. B. jemand verpflichtet ist, einem anderen das Eigentum an einer bestimmten Sache, etwa seinem Pkw, zu verschaffen, bestimmt sich nach *schuldrechtlichen* Vorschriften, hier insbesondere durch den Kaufvertrag (§ 433).

Ob der Käufer aber Eigentum an der **beweglichen** Sache erworben hat, ist nach Sachenrecht, z. B. nach § 929 zu beurteilen. Die unterschiedlichen Regelungsbereiche veranschaulicht die nachfolgende Abb.

Art des Rechtsgeschäfts:	Rechtsgeschäftlicher Inhalt	Thematische Zuordnung
1. **schuldrechtliches** Verpflichtungs- oder Kausalgeschäft: **a)** Inhalt	Abschluss eines Kaufvertrages (§ 433) über einen gebrauchten Porsche: – Abgabe eines inhaltlich vollständigen, an eine bestimmte Person gerichteten und empfangsbedürftigen ***Angebots*** als Willenserklärung über den Verkauf einer nach Art, Eigenschaft, Preis, Zahlungsbedingungen, Lieferzeit bestimmten Sache; – fristgerechte ***Annahme*** dieses Angebots als übereinstimmende Willenserklärung.	**Schuldrecht**
b) eingegangene Verpflichtungen: – § 433 I – § 433 II	*Verkäufer:* Verpflichtung zur fristgerechten Übergabe der vereinbarten Kaufsache zum Zwecke der Verschaffung des Eigentums. Die Sache muss vereinbarungsgemäß frei von Sachmängeln (§ 434) und Rechtsmängeln (§ 435) sein. Käufer: Verpflichtung zur vereinbarten Kaufpreiszahlung und Abnahme der Kaufsache.	
2. **sachenrechtliches** Erfüllungsgeschäft:	Übertragung des Eigentums an der Kaufsache durch: – ***Einigung*** zwischen Veräußerer und Erwerber darüber, dass das Eigentum an der Kaufsache übergehen soll (verfügender Vertrag) und – ***Übergabe*** der Kaufsache durch Verschaffung des unmittelbaren Besitzes (im Falle des § 929 S. 1) als Realakt. Andere Formen regeln §§ 929 S. 2, 930, 931. [4]	**Sachenrecht**

1) Die Ausführungen zum **Diebstahl** (§§ 243 ff.) werden in Kap. **B 18.4** fortgesetzt.
2) §§ ohne Gesetzesbezeichnung sind in diesem Exkurs solche des BGB.
3) Näheres zur inhaltlichen Gliederung des BGB in Kap. A 2 – Exkurs.
4) Zu den Varianten des Erwerbs von Nichtberechtigten vgl. Sie nachfolgend Ziff. 6.4.

Abgrenzung: Während das Schuldrecht verständlicherweise nur die Rechtsbeziehungen zwischen den vertragschließenden Parteien regelt, wirken die Herrschaftsrechte an Sachen gegenüber jedermann (Absolutheitsprinzip), z. B. als Abwehrrechte gegen Entziehung oder Störung bzw. als einklagbare Forderungsrechte nach erfolgter Entziehung oder Störung.

2 Der Regelungsbereich des Sachenrechts im Überblick

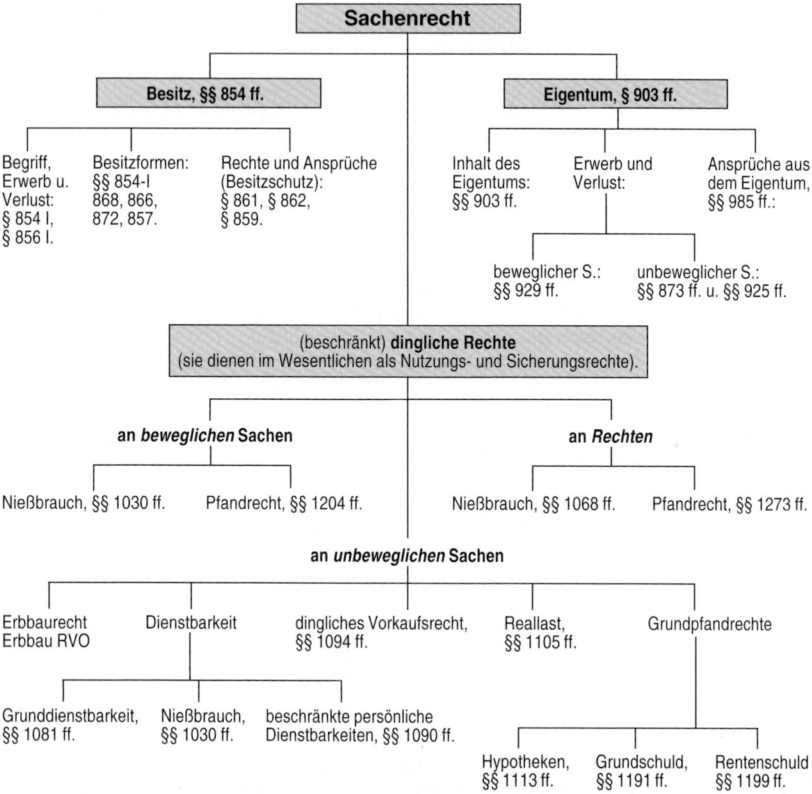

Während im *Schuldrecht* weitgehend der Grundsatz der *Vertragsfreiheit* gilt, hat der Gesetzgeber für die Formen des *dinglichen Rechts* einen abschließenden Katalog der rechtlich möglichen Konstellationen *zwingend* vorgegeben. Dieser Typenzwang dient der allgemeinen Rechtsanwendungsklarheit. Wer Eigentum, Besitz oder ein sonstiges dingliches Recht, wie z. B. ein Pfandrecht, ein Recht zum Nießbrauch oder eine Hypothek erwirbt, erlangt damit eine inhaltlich gegenüber *jedermann* klare Rechtsposition. Vertragschließende Parteien müssen sich also bei Verfügungen über dingliche Rechte den für ihre Absichten geeigneten Typ aussuchen und diesen bezeichnen.

Abweichungen bzw. Modifikationen können allerdings auf schuldrechtlicher Basis noch erfolgen. Sie stellen dann allerdings schuldrechtliche (einklagbare) Forderungen, aber keine dinglichen Rechte dar.

Beispiel: *Der Nießbraucher einer ihm überlassenen Moto-Cross-Maschine kann entgegen § 1037 I durch eine ergänzende schuldrechtliche Vereinbarung berechtigt werden, die Motorleistung des Fahrzeuges nach Bedarf wesentlich zu erhöhen.*

Der *Prototyp* des dinglichen Rechts ist das *Eigentum.* Der Eigentümer einer Sache hat das Recht, einzelne Herrschaftsbefugnisse aus seinem Recht auf Eigentum auf andere zu übertragen und damit sein Eigentum mit einem Nutzungs- oder Sicherungsrecht zu *belasten.* Man bezeichnet das so eingeräumte sonstige dingliche Recht auch als **beschränkt dingliches Recht.**

Die sonstigen oder beschränkt dinglichen Rechte gewähren wie das Eigentum und der Besitz Abwehr- und Herausgabeansprüche gegenüber anderen Personen gem. §§ 861 f., 985, 1004. Dies ergibt sich aus der gesetzlichen Verweisung in §§ 1065, 1227. Als absolut wirkende Rechte sind die dinglichen Rechte als sog. „Sonstiges Recht" i. S. v. § 823 I (unerlaubte Handlung) auch gegen deliktisches Handeln geschützt.[1]

Der *nachfolgende* Fall 1 soll u.a. verdeutlichen, dass auch der Eigentümer einer Sache die Rechtsposition, die er einem anderen als „beschränkt dingliches Recht" an seinem Eigentum eingeräumt hat, respektieren muss. Für die Dauer der vereinbarten Zeit geht das Recht am unmittelbaren Besitz dem des Eigentümers vor. Selbst wenn der Eigentümer diese Sache zwischenzeitlich veräußert (§ 931), hat der Erwerber die Rechtsposition des Besitzers zu respektieren (§ 986 I).

3 Besitz, §§ 854 ff.

Besitz und Eigentum werden im laienhaften Sprachgebrauch häufig synonym verwendet. Das mag u. a. daran liegen, dass der Besitzer einer Sache auch häufig deren Eigentümer ist. Nach § 1006 wird sogar zugunsten des Besitzers *gesetzlich vermutet,* dass der Besitzer einer *beweglichen* Sache auch deren Eigentümer ist. Tatsächlich bestehen aber zwischen beiden Begriffen ganz wesentliche Unterschiede, die für die *rechtsgeschäftliche*, aber auch für die *polizeiliche Praxis* von großer Bedeutung sind.

Fall 1: Mantu hatte Treumut für genau dreißig Tage seinen Lieferwagen unentgeltlich überlassen. Als Mantu nach vierzehn Tagen seinen Lieferwagen auf einem Parkplatz des gemeinsamen Wohnortes entdeckte, entschloss er sich spontan, das Fahrzeug für drei Tage wieder selbst zu nutzen. Als er mit dem Zweitschlüssel die Fahrzeugtür öffnen und davonfahren wollte, traf der von Treumut beauftragte Fahrer Kinski ein und versuchte Mantu nach einem erfolglosen Wortgefecht gewaltsam daran zu hindern wegzufahren. Mantu stieß ihn jedoch heftig zurück und fuhr anschließend davon. Kinski setzt Treumut von dem Vorfall in Kenntnis. Beide erscheinen erbost auf der Polizeidienststelle, um Anzeige gegen den wortbrüchigen und rabiaten Mantu zu erstatten.

Begriff und Funktion des Besitzes, Besitzschutz

Besitz ist das **tatsächliche** Herrschaftsverhältnis einer Person über eine Sache (§ 854).
Eigentum ist (dagegen) das *rechtliche* Herrschaftsverhältnis über eine Sache (§ 903).

Das Gesetz definiert den Begriff in der Weise, dass der *Besitz* einer Sache durch die Erlangung der *tatsächlichen* Gewalt über die Sache erworben wird. Während der Eigentumserwerb regelmäßig ein Rechtsgeschäft[2] voraussetzt, ist der Besitzerwerb ein sog. *Realakt.* Das hat zur Folge, dass auch *Geschäftsunfähige* (Kap. A 8) Besitz erwerben können und dass der Besitzerwerb auch *rechtswidriger* Natur sein kann. Der Besitz an einer Sache wird dadurch *beendigt*, dass der Besitzer die tatsächliche Gewalt an der Sache aufgibt (sie weggibt, nicht zurückfordert oder wegwirft) oder in anderer Weise verliert (etwa durch Wegnahme oder dadurch, dass er sie verliert), § 856 I.

1) Näheres hierzu in Kap. A 22.
2) Näheres hierzu in Kap. A 8 – Exkurs.

Fall 2: T. entwendet aus dem unverschlossen abgestellten Pkw des ihm bekannten A. ein Handy, das A. sich von B. geliehen hatte. T hinterlässt im Fahrzeug einen Vermerk, dass er das von ihm dringend benötigte Handy nach dem Wochenende zurückbringen werde.

T handelt in „verbotener Eigenmacht" (§ 858 I). Gleichwohl wird er durch den *Gewahrsamsbruch* Besitzer i. S. v. § 854 I. Da dieser Besitz aber fehlerhaft ist (§ 858 II), kann A., dessen Besitz beendigt ist, von ihm Wiedereinräumung des Besitzes verlangen (§ 861 I).

Vermerk: § 861 I ist eine Anspruchsgrundlage. Wer im bürgerlichen Recht von einem anderen etwas fordert, muss eine zutreffende Anspruchsgrundlage geltend machen. Ansonsten würde sein gerichtlich vorgetragenes Begehren (Klage) kostenpflichtig abgewiesen.

Der Gesetzgeber unterscheidet in den §§ 854 – 872 verschiedene Besitzformen:

- *nach der Intensität der Sachherrschaft:*
  - unmittelbaren und mittelbaren Besitz

    Unmittelbarer Besitz (§ 854 I) setzt eine enge räumliche, auf gewisse Dauer angelegte Sachbeziehung voraus, wie sie beim Mieter an der gemieteten Wohnung gegeben ist, beim 10-jährigen Kind an der gefundenen Geldbörse, beim Dieb an der entwendeten Sache. Der unmittelbare Besitz ist identisch mit dem Gewahrsam in § 242 StGB. Wer sich als unmittelbarer Besitzer eine fremde Sache rechtswidrig zueignet (z. B. durch Verkauf), begeht mangels Wegnahme (nur) Unterschlagung, § 246 StGB.[1]

    Mittelbarer Besitz wird nach § 868 durch die Verabredung eines *Besitzmittlungsverhältnisses* begründet. Das ist ein Rechtsverhältnis, das eine Person berechtigt bzw. verpflichtet, eine Sache auf Zeit (§ 868 ... auf Zeit zum Besitz berechtigt ...) unmittelbar für einen anderen zu besitzen. Das Gesetz nennt beispielhaft den Nießbrauch, die Pfandbestellung, die Pacht, die Miete und die Verwahrung.

    Der Mieter oder Entleiher eines Pkw ist danach unmittelbarer Fremdbesitzer (und Gewahrsamsinhaber), der Vermieter oder Ausleiher ist mittelbarer Besitzer (aber nicht Gewahrsamsinhaber!). Der Miet- oder Leihvertrag stellt das Besitzmittlungsverhältnis dar. Der mittelbare Besitzer darf dem unmittelbaren Besitzer die Sache nicht vor Ablauf der im Besitzmittlungsverhältnis vereinbarten Zeitspanne abnehmen. Dies wäre **verbotene Eigenmacht** (§ 858 I), gegen die sich der *unmittelbare* Besitzer gem. § 859 I/II gegenüber dem auf *frischer Tat* betroffenen (oder verfolgten) Täter gewaltsam wehren dürfte.[2] Näheres in Kap. A 16.3 zu § 859.
- *nach der Rechtsqualität des Besitzes:*
  - rechtmäßiger oder fehlerhafter Besitz

    Fehlerhaft ist der Besitz, der durch *verbotene Eigenmacht* erlangt wurde (§ 858 II). Das ist dann der Fall, wenn dem Besitzer *ohne dessen Willen* der Besitz *widerrechtlich* entzogen wird.

    Im **Fall 2** oben handelt T. in verbotener Eigenmacht (§ 858 I), als er das Handy ohne Einverständnis des unmittelbaren Besitzers A. ergreift.

    Die eigenmächtige Besitzergreifung i. S. d. § 858 I ist aber *nicht rechtswidrig*, wenn ein Gesetz die Entziehung oder Störung des Besitzes im konkreten Fall erlaubt.

    Hätte T. danach das Handy ergriffen, um die Polizei über eine gerade andauernde Schlägerei zu alarmieren, wäre die Eigenmacht über § 904 (Kap. A 16.3) gerechtfertigt gewesen
- *nach der sozialen Einordnung desjenigen, der die tatsächliche Gewalt ausübt:*
  - **Besitzer und Besitzdiener**

    Von dem Grundsatz, dass derjenige, der die tatsächliche Gewalt über eine Sache ausübt, auch deren Besitzer ist, macht das Gesetz in § 855 eine Ausnahme. Da-

1) Kap. B 18.7.
2) Der mittelbare Besitzer kann jedoch vom unmittelbaren Besitzer die Ausübung der tatsächlichen Gewalt über die Sache in der *geschuldeten Art* verlangen (z. B. sorgfältigen Umgang). Neben dem unmittelbaren Besitzer stehen auch dem mittelbaren Besitzer Besitzschutzrechte gegenüber einem *Dritten* zu, der in verbotener Eigenmacht handelt. Das ergibt sich aus § 869. Die h. L. weist ihm auch die Rechte aus § 859 zu.

nach ist jemand, dessen *Sachherrschaft weisungsabhänig* oder *-gebunden* ist, nicht Besitzer, sondern der *Besitzdiener* des Weisungsbefugten. Das hat zur Folge, dass er die Sache nach dessen Weisung zu behandeln, weiterzugeben oder zurückzugeben hat. Ein Recht gegenüber dem Besitzer steht dem Besitzdiener nicht zu (zumindest nicht nach Sachenrecht).

Verkauft ein Elektromonteuer ihm zur Arbeitsverrichtung überlassenes Werkzeug (Besitzdiener), begeht er Diebstahl, da er den unmittelbaren Besitz seines Besitzherrn, der im Sinne des § 242 StGB als Mitgewahrsam an dem Werkzeug zu qualifizieren ist, bricht.

Andererseits stehen dem Besitzdiener zur Verteidigung der Sache gegenüber *Dritten* die gleichen Rechte zu wie dem Besitzer (§§ 860, 859).

Im **Fall 1** bestand zwischen Mantu und Treumut ein *Besitzmittlungsverhältnis* (Leihe, § 598), nach dem Treumut genau dreißig Tage zur Ausübung der tatsächlichen Gewalt berechtigt war. Als Mantu bereits nach 14 Tagen den Lieferwagen wieder in seinen unmittelbaren Besitz bringen will, handelt er in verbotener Eigenmacht (§ 858 I), gegen die sich auch der Besitzdiener Kinski mit den Mitteln wehren darf, die dem Besitzer zustünden (§§ 860, 859).

Das Selbsthilferecht nach § 859 steht dem Besitzer oder seinem Besitzdiener nur bei „Betreffen oder Verfolgen des Täters auf frischer Tat" zu (§ 859 II, Faustrecht als Nothilfe!).[1] Da es Kinski nicht gelungen war, den Mantu auf frischer Tat in die Flucht zu schlagen, hatte Treumut (nur) einen einklagbaren Anspruch auf Wiedereinräumung des Besitzes am Lieferwagen (§ 861 I).

Strafrechtlich gesehen erfüllte Mantu die TB der Nötigung (§ 240 I), der Körperverletzung (§ 223 I) und des unbefugten Gebrauchs eines Kfz (§ 248 b).

- *nach der Anzahl der Personen, die den Besitz an einer Sache ausüben:*
  - **Alleinbesitz, Mitbesitz, Teilbesitz**

    Besitzen mehrere Personen eine Sache gemeinschaftlich, haben sie untereinander **Mitbesitz** gem. § 866, z. B. an der gemeinsam genutzten Waschküche in einem Mehrfamilienhaus. Stören sie sich gegenseitig in der Nutzung der Waschküche, können sie keine Besitzschutzansprüche (§ 858 ff.) gegeneinander geltend machen. In Betracht kommen Ansprüche aus Vertragsrecht gegen den Vermieter (§§ 537, 538).

    Teilbesitz ist gegeben, wenn ein Besitzer die Sachherrschaft nur über einen Teil der Sache ausüben kann, z. B. der Mieter einer Wohnung im Verhältnis zum Wohngebäude. Der Teilbesitzer kann gem. § 865 auch Besitzschutzansprüche gegen den Gebäudebesitzer, etwa bei Besitzstörung (§ 858 I) durch Lärm, geltend machen.

- *nach der inneren Willensrichtung des Besitzers:*
  - **Eigenbesitzer und Fremdbesitzer**

    Wer eine Sache als ihm gehörend besitzt, ist nach der Legaldefinition des § 872 **Eigenbesitzer.**

    Dies trifft auf den besitzenden Eigentümer, aber auch auf den Dieb zu, der die entwendete Sache weiter nutzen will.

---

1) Die Selbsthilfe wirkt als Rechtfertigungsgrund im Strafrecht (Kap. A 16.3), wenn sie z. B. die gewaltsame Einwirkung auf den in verbotener Eigenmacht handelnden Dieb – der auf frischert Tat betroffen oder verfolgt sein muss – notwendig macht. Körperverletzung und Nötigung wären gerechtfertigt. Die Anwendung des Selbsthilferechts aus § 229 wäre unabhängig von dem Merkmal „auf frischer Tat betroffen oder verfolgt" zulässig, führt aber – wie sich aus § 230 II ergibt – nicht zur direkten Besitzverschaffung, da der dingliche Arrest beim AG beantragt werden müsste. Eine gegen die Selbsthilfe des Besitzers (§ 859) gerichtete „Verteidigungshandlung" des Täters würde den Besitzer zu weiteren Abwehrmaßnahmen im Rahmen der Notwehr (§ 227) berechtigen. Dieses Notwehrrecht stünde in Konkurrenz zur strafrechtlichen Notwehr (§ 32 StGB). Beide Notwehrrechte setzen die Erforderlichkeit der Abwehr eines gegenwärtigen rechtswidrigen Angriffs voraus (Kap. A 16.3).

Fremdbesitzer ist dagegen derjenige, der eine Sache für einen anderen besitzen will. Mieter, Pächter, Pfandnehmer sind in diesem Sinne Fremdbesitzer, weil sie auf Zeit für einen anderen besitzen (Besitzmittlungsverhältnis, § 868).

Die Unterscheidung ist wichtig für andere Rechtspositionen. So setzt Eigentumserwerb durch den Realakt „Ersitzung" Eigenbesitz voraus (§§ 937 ff.). Beim Fruchterwerb nach § 955 erwirbt nur der „gutgläubige" Eigenbesitzer das Eigentum an Früchten und Erzeugnissen der Sache.

- *nach einer besonderen gesetzlichen Fiktion:*
  - **Erbenbesitz**

    § 857 stellt die Fiktion auf: Der Besitz geht auf den Erben über. Man kann hinzufügen, auch wenn dieser noch gar keine Kenntnis vom Erbfall hat. Der Erbe erlangt danach den Besitz in der Form wie ihn der Erblasser hatte, z. B. als Mitbesitz, unmittelbaren Besitz etc. Die Vorschrift dient dem Schutz des Erben vor unberechtigtem Zugriff auf sein „künftiges" Eigentum, das er erst mit Testamentsvollstreckung erwirbt.

    Erbenbesitz ist aber dann, wenn der Erbe noch keine Kenntnis von dem Erbfall hat und sich den unmittelbaren Besitz noch nicht verschaffen konnte, nicht zu verwechseln mit Gewahrsam i. S. d. § 242 StGB.

Fall 3 : Ein Mortorradfahrer verunglückt tödlich. Der einzige Erbe befindet sich mit unbekanntem Ziel im Urlaub. Würde dem tödlich Verunglückten die Brieftasche entwendet, läge in dieser Handlung kein besonders schwerer Fall des Diebstahls gem. §§ 242, 243 I 6, sondern nur eine Unterschlagung gem. § 246 StGB. Die Unterscheidung beeinträchtigt ganz wesentlich das in Betracht kommende Strafmaß.

4 Fallbearbeitung

1. Beurteilen Sie nun den Fall 1 oben
   – sachenrechtlich, – deliktsrechtlich i. S. v. § 823[1] und – strafrechtlich!

2.

Fall 4: Student Drau wird nachgewiesen, dass er den Fiat Uno 45 seines Kommilitonen Beier aufgebrochen und daraus ein Notebook der Marke Toshiba T-21 30 CS im Wert von 3999 Euro entwendet hat. Das Gerät, das Beier sich von seinem Freund Enders für die Dauer von dessen vierwöchigem Urlaub ausgeliehen hatte, übergab Drau zwei Stunden später gegen Zahlung von 100 Euro für eine Woche dem Pädagogik-Studenten Hilford. Beier fordert noch am selben Tag von Drau Schadenersatz und die sofortige Rückgabe des Notebooks, im Weigerungsfalle will er Anzeige erstatten ...

Entleiher Beier ←— (Leihvertrag, § 598) —1.— Eigentümer Enders
↓ 2.
Dieb Drau —3.— (Mietvertrag, § 535) —→ Mieter Hilford

Argumente:

Die Handlung des Drau stellt *strafrechtlich* einen Diebstahl gem. §§ 242, 243 I Nr. 1 StGB[2] dar. Die Sachbeschädigung gem. § 303 StGB wird konsumiert.[3] Das Sichverschaffen des gestohlenen Gerätes durch Hilford erfüllt den Tatbestand der Hehlerei (§ 259), wenn ihm die Herkunft des Gerätes bekannt war (Problem Bereicherungsabsicht).[4]

In der widerrechtlichen Verletzung fremden Eigentums (durch Diebstahl und Sachbeschädigung) lag gleichzeitig eine unerlaubte Handlung gem. § 823 I, die den *deliktisch* handelnden Drau zum Schadenersatz gegenüber Beier verpflichtet (Kap. A 22).

---

1) Vgl. Sie hierzu Kap. A 22.
2) Näheres in Kap. B 18.4.
3) Zur Konkurrenzlehre vergleichen Sie Kap. A 20.
4) Hierzu Näheres in Kap. B 20.5.

Sachenrechtlich stellt das Handeln des Drau verbotene Eigenmacht gem. § 858 mit der Folge dar, dass Beier als vorheriger Besitzer die Wiedereinräumung des entzogenen Besitzes von Drau verlangen kann (§ 861 I). Hilford muss als nachfolgender Besitzer die Fehlerhaftigkeit des Besitzes auch gegen sich gelten lassen (§ 858 II), so dass sich der Anspruch auf Wiedereinräumung des Besitzes gegen ihn richten würde (§ 861 I).

Enders könnte als Eigentümer des Notebooks schließlich auch aus dieser Position von dem fehlerhaften Besitzer Hilford die Herausgabe verlangen (§ 985). Hilford, der sich den Besitz durch eine Straftat (§ 259 StGB) verschafft hat, haftet dem Eigentümer nach den Vorschriften über den Schadenersatz wegen unerlaubter Handlung (§ 992).

Man sieht an diesem Beispiel, dass eine Handlung verschiedene Anspruchsgrundlagen verschiedener Personen nach bürgerlichem Recht auslösen kann. Der Anspruchsberechtigte kann sich bei der Geltendmachung seiner Rechte bei konkurrierenden Anspruchsgrundlagen derjenigen bedienen, die er am ehesten gerichtlich durchsetzen kann.

Die im Fall 4 angeklungenen eigentumsrechtlichen Positionen werden nachfolgend unter Ziff. 5 dargestellt.

5 Eigentum, §§ 903 ff.

5.1 Die rechtliche Dimension im Überblick

Begriff des Eigentums:

Eigentum ist das *rechtliche* Herrschaftsverhältnis einer Person über eine Sache, § 903.

Formen des Eigentums:

- Alleineigentum, § 903.
- Miteigentum nach Bruchteilen, §§ 1008 ff.
- Gesamthandseigentum, § 719.
- Wohneigentum nach dem WEG.[1]
- Treuhandeigentum.

Schutz des Eigentums

- gegen Vorenthaltung: *Herausgabeanspruch* gem. § 985 sowie gem. §§ 987, 990.
- gegen sonstige Störung: *Beseitigungs- u. Unterlassungsanspruch,* § 1004.
- nach Rechtshängigkeit: *Schadenersatzanspruch,* § 989.
- *Schadenersatzanspruch* geg. *bösgläubigen / deliktischen* Besitzer gem. § 990 / § 992.

Schranken des Eigentums ergeben sich aus dem

Grundgesetz

Inhalt und Schranken werden durch die Gesetze besimmt, Art. 14 I GG;

Sozialbindung des Eigentums, Art. 14 II GG;
Enteignung, Art. 14 III GG.

bürgerlichen Recht

- Nach § 903 endet die Verfügungsfreiheit dort, wo Gesetz oder Recht Dritter entgegenstehen.
- Rechte Dritter ergeben sich aus:
  - ihnen eingeräumten dinglichen Rechten, z. B. Mietrecht,
  - § 904, Notstand,
  - § 906, hinnehmbaren Einwirkungen v. Nachbargrundst.,
  - § 910, Überhang vom Nachbargrundstück,
  - § 912, Überbau des Nachbarn,
  - § 917, Notwegerecht zum Grundstück,
  - § 226, Schikaneverbot.

öffentlichen Recht

- Vorschriften des Umweltschutzrechts, wie
  - Immissionsschutz,
  - Naturschutz,
  - Landschaftspflege,
  - Gewässerschutz,
  - Abfallentsorgung,
- Bundesbaugesetz,
- Städtebauförderungsgesetz,
- Denkmalschutzgesetz u. a. m.

1) Gesetz über das Wohnungseigentum und das Dauerwohnrecht (BGBl. I 175).

Erwerb und Verlust des Eigentums

an beweglichen Sachen		an unbeweglichen Sachen	
durch Rechtsgeschäft	**kraft Gesetz (Realakt)**	**kraft Gesetz**	**durch Rechtsgeschäft**
– vom *Berechtigten,* §§ 929 ff. – vom *Nichtberechtigten,* §§ 932 ff.	– Verarbeitung etc., §§ 846 ff., – Fund, §§ 973 ff. – Aneignung, §§ 858 f. u. a. m.	– ges. Erbfolge, § 1922 – Buchersitzung, § 900 – Aneignung, §§ 927, f. u. a. m.	– z. B. Kaufvertrag + Auflassung, § 925 + Grundbucheintragung, § 873.

5.2 Begriff und Inhalt des Eigentums

Eigentum ist das **rechtliche** Herrschaftsverhältnis über eine Sache (§ 903).

Eine eigentliche *Legaldefinition* des Begriffs Eigentum enthält das Gesetz nicht. Der Gesetzgeber bestimmt aber in § 903 die **Befugnisse** des Eigentümers einer Sache, indem er dem Eigentümer einer Sache das Recht einräumt, mit seiner Sache nach Belieben zu verfahren und andere von jeder Einwirkung auszuschließen, *soweit nicht das Gesetz oder Rechte Dritter entgegenstehen.*

Das Eigentum ist damit im Vergleich mit dem Besitz (Ziff. 3 oben) und den beschränkt dinglichen Rechten (Ziff. 2 oben) das *umfassendste dingliche Recht* einer natürlichen oder juristischen Person an einer *beweglichen* oder *unbeweglichen Sache.*

Das bedeutet im *Grundsatz* ein beliebiges Verfügungsrecht – Verbrauch, Veräußerung, Belastung mit einem dinglichen Recht, z. B. Miete – unter gleichzeitigem Ausschluss anderer von der Sache.

Zu den Schutzrechten, die das Eigentum gewährt, und den Schranken, die seine Nutzung wohlabgestimmt begrenzen, vergleichen Sie zunächst die vorstehende Übersicht.

Rechtsformen des Eigentums

Der Gesetzgeber unterscheidet je nach dem Rechtsverhältnis, das eine Person zu einer Sache innehat, folgende Formen des Eigentums:

– Alleineigentum

Diese Form des Eigentums ist dann gegeben, wenn eine Sache nur *einer* (juristischen oder natürlichen) Person i. S. d. § 903 gehört. Andere Personen können an dieser Sache nur vom Eigentümer eingeräumte „beschränkt dingliche Rechte" haben.

Beispiel: *Abel hat sich von seinem ersparten Geld einen neuen Pkw gekauft. Er allein ist nach Abschluss des Kaufvertrages (§ 433) und der nach § 929 erfolgten Einigung und Übergabe Eigentümer des Pkw geworden. Er kann sein Eigentum am Pkw nun „belasten", indem er ihn für bestimmte Zeit an einen Freund verleiht oder vermietet.*[1]

– Miteigentum

Diese Rechtsform kennzeichnet die Eigentumsherrschaft *mehrerer* Personen über eine Sache. Man unterscheidet dabei das *Miteigentum nach Bruchteilen* (§§ 1008 ff.) und das *Gesamthandseigentum* (§ 719).

Miteigentum nach Bruchteilen ist in den Fällen gegeben, in denen mehrere Personen ein selbständiges Eigentumsrecht an einer Sache haben. Zwischen den Miteigentümern

1) Zur Vertiefung vgl. Sie ggf. die Ausführungen zum mittelbaren Besitz unter Ziff. 3 oben.

besteht eine *Gemeinschaft nach Bruchteilen*. Jeder Eigentümer kann nur über *seinen* Anteil rechtlich frei verfügen.

Beispiel: *Die Jungfamilien Abel, Bebel, Cebel und der allein stehende Debel haben gemeinsam ein Grundstück erworben und darauf ein Vier-Familien-Haus errichtet. Das Grundbuch wird alle vier Parteien zu einem Viertel als Grundstücks- und Hauseigentümer ausweisen (Miteigentum). An den ebenfalls im Grundbuch eingetragenen einzelnen Wohnungen haben die Parteien jeweils zu 100 % Alleineigentum. Das Wohnungseigentumsgesetz spricht in diesem Zusammenhang von* Sondereigentum. *Wohnungseigentum ist nach § 1 WEG das Sondereigentum an einer Wohnung i. V. m. dem Miteigentumsanteil an dem Haus.*

Zwischen den Ehepartnern der jeweiligen Wohnungen besteht *Gesamthandseigentum*, wenn sie in ehelicher Gütergemeinschaft[1] leben. Im Unterschied zur Bruchteilsgemeinschaft kann der Einzelne bei der Gesamthandsgemeinschaft *nicht* allein, sondern nur mit seinem Partner verfügen.

Nur Debel ist im vorstehenden Beispiel Alleineigentümer an seinem Sondereigentum Wohnung.

– Treuhandeigentum

Diese Form des Eigentums wird durch ein sog. Treuhandverhältnis zwischen dem Treuhänder (z. B. Bank) und dem Treugeber (z. B. Erwerber eines neuen Pkw) begründet. Bei dieser *Sicherheitstreuhand* wird die Bank zwar Volleigentümerin des Pkw (gegen Einräumung eines Kredites in Höhe des Kaufpreises) durch Vereinbarung eines sog. Besitzkonstitutes, wonach der Veräußerer (Treugeber) unmittelbarer Besitzer bleibt und der Erwerber (Bank als Treunehmer) mittelbarer Besitzer wird (§ 930). Sinn dieser Sicherungstreuhand ist aber, dass der Treunehmer (Bank) im Innenverhältnis zum Treugeber nicht frei über das Eigentum (Pkw) verfügen darf. In diesem Innenverhältnis erlangt die Bank (nur) die Rechtsstellung eines Pfandgläubigers, die sie berechtigt, die Sache (Pkw) herauszuverlangen (§ 985), um sich aus der Veräußerung der Sache zu befriedigen, falls der Kreditnehmer (Treugeber) mit seiner Zahlung in Verzug gerät.

5.3 Zum Schutz des Eigentums

Unter Eigentumsschutz versteht man den Schutz, den die Rechtsordnung dem Eigentümer als rechtlichen Herrscher gewährt. Vgl. Sie zunächst die Übersicht zu Beginn dieses Kap. Das BGB schützt das Eigentum insbesondere

im *Deliktsrecht*

- *gegen* rechtswidrige und schuldhafte **Beschädigung** nach § 823 I (unerlaubte Handlung, Kap. A 22), die Schadenersatzansprüche gegen den Verursacher auslöst.

  Beispiel: *Ein Kunde stößt fahrlässig oder vorsätzlich gegen ein Regal, so dass mehrere Porzellanteile zu Boden fallen und zerbrechen.*

im *Sachenrecht*

- durch einen *Herausgabeanspruch* des Eigentümers (§ 985) gegen den rechtsgrundlos Besitzenden (§ 986) im Falle der Vorenthaltung des Eigentums.

  Beispiel: *Mantu, der sich von Treumut für vier Wochen einen PC geliehen hatte, gibt diesen nach Ablauf der vereinbarten Zeit nicht heraus, sondern vertröstet den Entleiher immer wieder.*

- durch einen *Schadenersatzanspruch* des Eigentümers gegen denjenigen, der ihm seine Sache durch verbotene Eigenmacht (§ 858, Ziff. 3 oben) oder durch eine Straftat entzogen hat (§ 992) *oder* der beim Erwerb seiner Sache bösgläubig (§ 932 II) war (§ 990).

  Beispiele:

  Mantu hat wissentlich ein gestohlenes Autoradiogerät aufgekauft und in seinen Pkw eingebaut. Bei einem nicht von ihm verschuldeten Verkehrsunfall wird auch das Radiogerät beschädigt. Mantu haftet nach § 992, § 848, auch wenn er die Beschädigung des Radios nicht zu vertreten hat.

---

1) Vgl. Sie § 1408, wonach die Eheleute ihren Güterstand vertraglich vereinbaren können und §§ 1415 ff. zum Recht der Gütergemeinschaft.

Mantu hat sich von Kinski ein Motorrad ausgeliehen, obwohl er wusste, dass das Fz. gestohlen war. Infolge überhöhter Geschwindigkeit verursacht Mantu einen Verkehrsunfall, bei dem das Krad stark beschädigt wird. Mantu haftet als bösgläubiger Besitzer dem Eigentümer bei Vorliegen eines Verschuldens (§§ 990, 989). Die Haftung des Kinski nach § 992 bleibt unberüht. Der geschädigte Eigentümer wird sich an den wenden, der zahlen kann.

- *durch* einen *Unterlassungs- bzw. Beseitigungsanspruch* im Falle einer rechtswidrigen Eigentumsstörung, die nicht in einer Besitzentziehung oder Beschädigung der Sache, sondern in einer anderen Beeinträchtigung des Eigentums liegt (§ 1004 I/II).

Beispiele: *Eigentumsansprüche nach § 1004 können sich ergeben aus nachbarschaftlichen Lärm- oder Geruchsbelästigungen, widerrechtlichem Betreten fremder Grundstücke, wildem Plakatieren an Hauswänden, Ablagern von Gegenständen auf fremden Vorgärten u. a. m.*

6 Eigentumserwerb

6.1 Allgemeines

Der Eigentumserwerb nimmt im praktischen Leben und demzufolge auch im BGB einen breiten Raum ein. Die Formen des Eigentumserwerbs sind überaus vielfältig und entsprechen damit den unterschiedlichsten Bedürfnissen der Rechtssubjekte.

Einen Überblick vermitteln die nachfolgenden Abb. zu Ziff. 6.3 und 6.4.

Danach unterscheidet der Gesetzgeber zwischen dem im privaten wie im Wirtschaftsleben quantitativ wichtigsten

- ***rechtsgeschäftlichen*** (abgeleitenen = derivativen) **Eigentumserwerb**
  - an *beweglichen* oder *unbeweglichen* Sachen,
    - und zwar vom *Berechtigten* als Normalfall oder vom *Nichtberechtigten* bei gutgläubigem Erwerb –

und dem

- ***gesetzlichen*** *(originären)* **Eigentumserwerb**, der statt des Rechtsgeschäfts einen sog. Realakt voraussetzt, z. B. die Aneignung, Vermischung oder Ersitzung.

Für den *rechtsgeschäftlichen* Eigentumserwerb an ***beweglichen*** Sachen gilt die *Grund*formel:

- Kausalgeschäft als schuldrechtliches *Verpflichtungs*geschäft, z. B. Kaufvertrag (§ 433) und
- Einigung über den Eigentumsübergang sowie
- Übergabe der (Kauf-)Sache im Falle des § 929 S. 1 als sachenrechtliches *Erfüllungs*geschäft.

Für den *rechtsgeschäftlichen* Eigentumserwerb an ***Immobilien*** gilt die *Grund*formel:

- Kausalgeschäft als schuldrechtliches *Verpflichtungs*geschäft mit notarieller Beurkundung, z. B. Kaufvertrag gem. § 433, § 313 und
- Auflassung als Einigung von Veräußerer und Erwerber vor zuständiger Stelle (AG, Notar, Grundbuchamt, § 925) über den Eigentumsübergang und
- Eintragung ins Grundbuch, § 873, als sachenrechtliches Erfüllungsgeschäft.

Beim rechtsgeschäftlichen Eigentumserwerb an *beweglichen* Sachen differenziert das Gesetz aus praktischen Gründen insofern, als die Form der *Übergabe* differenziert *ersetzt* werden kann. Vgl. Sie hierzu die nachfolgende Übersicht unter Ziff. 6.4.

Der *gutgläubige* **Erwerb** beweglicher Sachen vom **Nichtberechtigten** (Nichteigentümer) vollzieht sich in den gleichen Formen wie der Erwerb vom Berechtigten. Das macht ein Vergleich der §§ 929, 930, 931 mit den Paralleltatbeständen nach §§ 932, 933, 934 deutlich. Der Erwerb vom *Nichtberechtigten* setzt in jedem Fall voraus, dass der Erwerber zum Zeitpunkt des Rechtsüberganges in ‚gutem Glauben‘ darüber war, das Eigentum vom Berechtigten zu erwerben (§ 932 I). Der gute Glaube wird versagt, wenn der Erwerber den Mangel beim Veräußerer *kannte* oder infolge *grober* Fahrlässigkeit nicht erkannte (II).

Beispiel: *Guter Glaube scheidet z. B. regelmäßig aus, wenn jemand einen Pkw weit unter Marktwert erwirbt, ohne sich den Kfz-Brief zeigen zu lassen, der regelmäßig den Veräußerer auch als Eigentümer ausweist (BGH NJW '96, 314).*

In **Abwägung der widerstreitenden Interessen** des gutgläubigen Erwerbers am rechtswirksamen Erwerb einerseits und des (bisherigen) Eigentümers vor Verlust seines Eigentums andererseits hat sich der Gesetzgeber wie folgt entschieden:

- Hatte der Eigentümer den unmittelbaren Besitz an seiner Sache einem anderen – aus welchem Rechtsgrund auch immer – übertragen, kann ein gutgläubiger Erwerber an ihr vom Nichtberechtigten Eigentum erwerben. Die Position des Eigentümers ist also gegenüber der des Erwerbers geschwächt.

  Beispiel: *Treumut verleiht seinen Pkw an Mantu für drei Tage. Mantu baut das Radio aus und veräußert es dem unwissenden Kinski. Danach gibt er das Fz. zurück und behauptet, das Radio sei entwendet worden.*

  Kinski erwarb hier gutgläubig Eigentum vom nichtberechtigten Mantu (§ 932 I). Mantu war zum Zeitpunkt des Verkaufs rechtmäßiger unmittelbarer Besitzer. Der Eigentümer und mittelbare Besitzer Treumut hatte ihm den unmittelbaren Besitz verschafft (§ 854). Der Leihvertrag (§ 598) stellte das Besitzmittlungsverhältnis dar (vgl. Sie hierzu Ziff.3 oben). Mantu beging mit dem Verkauf des in seinem Alleingewahrsam befindlichen Radios Unterschlagung z. N. Treumut (§ 246 StGB). Die anschließende Lüge, das Radio sei ihm entwendet worden, stellt sich als mitbestrafte Nachtat dar. Einen Betrug (§ 263 StGB) z. N. Kinski beging Mantu nicht, da Kinski Eigentum erworben hat und demgemäß keinen Schaden hatte (Näheres hierzu in Kap. B 21.2).

  Kinskis Verlust am Eigentum wird durch das Institut der *„ungerechtfertigten Bereicherung"* (§ 816 I) gemildert. Mantu muss danach als nichtberechtigter Veräußerer der Sache dem früheren Eigentümer Treumut den Kaufpreis herausgeben, den er durch seine Verfügung über die Sache erhalten hat. Er gilt i. S. d. Vorschrift als ungerechtfertigt bereichert.

  Eine Haftung Mantus als deliktischer Besitzer nach § 992 scheidet aus, da er sich nicht durch verbotene Eigenmacht den Besitz am Pkw verschafft hatte.

  Falls das Armaturenbrett durch den Ausbau des Radios aber beschädigt worden sein sollte, hätte Treumut zusätzlichen einen *deliktischen* Anspruch gegen Mantu auf Schadenersatz wegen unerlaubter Handlung (§ 823 I).

- Ist dem Eigentümer dagegen seine Sache ohne sein Zutun abhanden gekommen, wird sein Interesse höher eingestuft als das des gutgläubigen Erwerbers. In § 935 I bestimmt der Gesetzgeber, dass an gestohlenen, verloren gegangenen oder sonst abhanden gekommenen Sachen *(sonstiger* Besitzverlust ohne Zustimmung) kein gutgläubiger Erwerb möglich ist. Das gilt gem. § 935 I auch dann, wenn der Eigentümer nur mittelbarer Besitzer war, seine Sache aber dem unmittelbarem Besitzer (dem er sie z. B. geliehen hatte) in der vorbeschriebenen Form abhanden gekommen ist.

  Beispiel: *Mantu entwendet den Pkw des Treumut, baut das Radio aus und veräußert es an den gutgläubigen Kinski.*

  Kinski konnte gem. § 935 I S.1 kein Eigentum erwerben. Treumut kann die Herausgabe seines Eigentums daher gem. § 985 von ihm verlangen. Ist dies nicht mehr möglich, hat ihm Mantu als deliktisch handelnder Täter aus § 823 I wegen unerlaubter Handlung Schadenersatz zu leisten. Dies gilt auch für den entwendeten Pkw, falls Treumut ihn über § 985 I von dem jetzigen Besitzer nicht mehr erlangen kann.

  Gegenüber Kinski beging Mantu einen Betrug (§ 263 StGB), da dieser kein Eigentum erwerben konnte und daher in Höhe des entrichteten Kaufpreises geschädigt ist. Mantu hätte den erzielten Kaufpreis über § 823 I an ihn zurückzuzahlen.

- § 935 I findet wiederum keine Anwendung auf *Geld, Inhaberpapiere* oder Gegenstände, die *öffentlich* ersteigert wurden. Diese Ausnahme schützt das Vertrauen in die allgemeinen Zahlungsmittel sowie den Erwerb durch staatlichen Hoheitsakt (§§ 814 ff. ZPO).

  Allerdings setzt der Erwerb auch hier guten Glauben voraus, so dass z. B. die „wissende" Freundin des Diebes an dem Teil des ihr übergebenen entwendeten Geldes kein Eigentum erwirbt, sondern Hehlerei (§ 259 StGB, Kap. B 20.5) begeht.

6.2 Gesetzlicher oder originärer Eigentumserwerb

Aus praktisch sinnvollen Erwägungen lässt der Gesetzgeber in *bestimmten Fällen* (§§ 937 – 984) den Eigentumserwerb auch zu, ohne dass ihnen ein Rechtsgeschäft zugrunde liegt. Der Terminus hierfür ist der „gesetzliche oder originäre Eigentumserwerb". Einen Überblick vermittelt die nachfolgende Abb. unter Ziff. 6.3.

Die Voraussetzungen für die Fälle des originären Eigentumserwerbs sind gesetzlich genau definiert. Liegen sie vor, ist das Eigentum erworben. Geschäftsfähigkeit des Erwerbers, der durch sog. *Realakt* erwirbt, wird nicht gefordert.

An den Fällen der Ersitzung (§§ 937 ff.) und der Verbindung, Vermischung, Verarbeitung (§§ 946 ff.) sollen die strafrechtlich relevanten Konsequenzen verdeutlicht werden.

Ersitzung, §§ 937 – 945

Fall: Treumut ist in Finanznöten. Er entschließt sich deshalb, einen vor Jahren auf einem Antiquitätenmarkt erworbenen Klimt an einen Kunsthändler zu verkaufen. Der stellt fest, dass das Bild des österreichischen Malers und Zeichners des Jugendstils als gestohlen registriert ist.

Es stellt sich die Frage, ob Treumut Eigentümer des Bildes ist. Da das Bild offensichtlich gestohlen war, scheidet ein rechtsgeschäftlicher Eigentumserwerb aus, auch wenn Treumut z. Z. des Bilderwerbs in gutem Glauben war. Das ergibt sich aus § 935 I.

Treumut ist aber nach § 937 Eigentümer geworden,

– wenn er das Bild, also eine bewegliche Sache, mindestens 10 Jahre in Eigenbesitz hatte,
– und wenn er sich während dieser Zeit gutgläubig für den Eigentümer hielt.

Unterstellt, dass dies der Fall ist, kann Treumut sich als rechtmäßiger Eigentümer des Bildes betrachten.

Das hat zur Folge, dass das Recht des früheren Eigentümers untergegangen ist (§ 945). Er kann also keinen Herausgabeanspruch nach § 985 geltend machen. Treumut braucht keine Entschädigung zu zahlen.

Erwirbt der Kunsthändler das Bild in Kenntnis seiner Herkunft, begeht er keine Hehlerei (§ 259 StGB, Kap. B 20.5), da das Bild nicht *unmittelbar* aus einem Vermögensdelikt stammt.

Verbindung (§ 947), Vermischung (§ 948), Verarbeitung (§ 950)

Auch Verbindung, Vermischung, Verarbeitung stellen Realakte dar, die einen Eigentumserwerb ermöglichen. Wesentlich hierfür ist, dass durch diese Realakte die bisherige selbständige Existenz einer Sache aufgehoben ist. Die Wiederherstellung des früheren Zustandes kann nach dem Gesetz nicht verlangt werden. Allerdings kann derjenige, dessen Eigentum untergegangen ist, von dem, zu dessen Gunsten die Rechtsänderung eingetreten ist (der Eigentümer geworden ist), eine entsprechende Vergütung in Geld verlangen (§§ 949, 951 I), und zwar nach den Vorschriften über die Herausgabe wegen *ungerechtfertigter Bereicherung* (§ 812).

Beispiel: *Mantu hatte für seinen BMW einen Satz neuwertiger Winterreifen auf Felge entwendet. Nachdem er seinen Pkw zu Schrott gefahren und danach ein anderes Fabrikat erworben hatte, entschied er sich, die heiße Ware, die noch in seiner Garage lagerte, schnell loszuwerden. Er schenkte sie deshalb seinem Nachbarn Treumut, der einen BMW gleichen Typs fuhr. Treumut montierte zwei gut erhaltene Felgen an seinen Pkw und lagerte den Rest in seiner Garage. Dort wurden sie im Rahmen eines Ermittlungsverfahrens gegen Mantu entdeckt.*

Falls Treumut nicht im guten Glauben erworben hat, beging er durch die Annahme der gestohlenen Sachen Hehlerei gem. § 259 StGB. Selbst wenn er in gutem Glauben war, hat er jedenfalls die in seiner Garage liegenden Reifen und Felgen an den Eigentümer wieder herauszugeben (§ 985). Einwendungen im Sinne des § 986 I kann er nicht machen, da der Bestohlene gem. § 935 I noch Eigentümer ist.

Anders verhält es sich mit den montierten Felgen. Sie wurden durch die Montage fest mit dem Pkw verbunden, verloren damit ihren eigenen sachenrechtlichen Status und sind nunmehr als Bestandteil der „Hauptsache Pkw" anzusehen, so dass sie ins Eigentum

von Treumut übergegangen sind (§ 947 II). Der bisherige Eigentümer der Reifen kann allerdings von Treumut gem. § 951 I Geldersatz wegen ungerechtfertigter Bereicherung (§ 812) verlangen.
Von Mantu kann der Geschädigte wegen unerlaubter Handlung (§ 823 I) Schadenersatz verlangen (§ 951 II).[1]

6.3 Die Formen des Eigentumerwerbs im Überblick

Eigentumserwerb

an **beweglichen Sachen** und an ***unbeweglichen*** **Sachen (Immobilien):**

1. ***durch*** **Rechtsgeschäft = Vertrag**, § 305

Durch Vertragsabschluss entsteht ein **Schuldverhältnis**, §§ 241 ff.; das *Verpflichtungsgeschäft* ist i. d. R.
– der Kaufvertrag, §§ 433 ff. – der Tauschvertrag, § 515 oder – der Schenkungsvertrag, §§ 516 ff. –.

Das folgende *Erfüllungsgeschäft* ist sachenrechtlicher Natur (§§ 929 ff.).

Mobilien

- *Grundform* gem. § 929 S 1:
- **Einigung** über den Eigentumsübergang und
- **Übergabe** der Sache durch den Eigentümer an den Erwerber.
- Weitere Formen gem. §§ 929 S. 2, 930, 931.

Immobilien

- **Einigung** über Rechtsänderung (*Auflassung);* die Parteien müssen sie gleichzeitig vor Notar, Grundbuchamt *oder* Gericht erklären, (§ 925) und
- **Eintragung** ins Grundbuch, § 873.

2. ***durch*** **Realakt** = tatsächliches Handeln
(gesetzlicher oder originärer Eigentumserwerb)

Mobilien

- Ersitzung, §§ 937
- Verbindung, Vermischung, Verarbeitung, §§ 946 ff.
- Aneignung herrenloser Sachen, § 958
- Fund, §§ 973 ff., Schatzfund, § 984
- öffentliche Versteigerung, § 979
- Fruchterwerb, §§ 953, 954
- Surrogation, §§ 2019, 1370, 2111 I
- Inventareinverleibung, § 582 a II 2.

Immobilien

- ges. Erbfolge gem. §§ 1922, 2139
- Zwangsversteigerung (§ 90 ZVG)
- Buchersitzung, § 900
- Aneignung, §§ 927, 928.

1) Näheres hierzu in Kap. A 22.

6.4 Die Varianten des rechtsgeschäftlichen Eigentumerwerbs an bewegl. Sachen

vom Berechtigten, §§ 929 – 931

§ 929 S. 1: Einigung und Übergabe (Grundform).
Kauf einer Zeitung am Kiosk.

§ 929 S. 2: Einigung ohne Übergabe, wenn der Erwerber die Sache schon besitzt.
Erwerb eines zur Probe ausgeliehenen gebrauchten PC's.

§ 930: **Vereinbarung eines *Besitzkonstituts***, wonach der Veräußerer unmittelbarer Besitzer bleibt und der Erwerber mittelbarer Besitzer wird.
Häufig bei Sicherungsübereignung von Sachen gegen Gewährung einer Kreditsumme.

§ 931: **Abtretung des Herausgabeanspruchs** an den Erwerber, wenn ein Dritter unmittelbarer Besitzer ist.
E. verkauft den an L. verliehenen PC an N.
L. muss nach Ablauf der Leihzeit an N. herausgeben, § 986 I S. 1 (§ 985).

vom Nichtberechtigten, §§ 932 – 936

§ 932: **gutgläubiger Erwerb i. S. v.**
– § 929 S. 1
– § 929 S. 2
Ausschluss bei Bösgläubigkeit:
= Wissen oder grobe Fahrlässigkeit.

§ 933: **gutgläubiger Erwerb i. S. v. § 930.**

§ 934: **gutgläubiger Erwerb i. S. v. § 931.**
(§ 892: gutgläubiger Erwerb an Grundstücken; Ausschluss nur bei *Wissen*).

Interessenausgleich: Der frühere Eigentümer kann vom Veräußerer den Kaufpreis wegen ungerechtfertigter Bereicherung verlangen (§ 816 I).

§ 935 I: **Ausschluss des Eigentumerwerbs**
– bei gestohlenen Sachen,
– bei verloren gegangenen Sachen,
– bei sonst abhanden gekommenen Sachen,
(= sonstiger Besitzverlust ohne Zustimmung).

§ 935 II: **Ausnahmen von § 935 I**
– bei Geld, Inhaberpapieren oder
– bei öffentlicher Versteigerung (§§ 814 ZPO).

Die Ausnahmen dienen der Sicherheit des allgemeinen Zahlungsverkehrs und dem Vertrauen in staatl. Hoheitsakte.

Vorausgesetzt ist auch hier, dass der Erwerber in gutem Glauben beim Erwerb vom Nichtberechtigten war.

Fall: Freundin nimmt bösgläubig gestohlenes Geld an. Kein Eigentumserwerb, sondern Hehlerei, § 259 StGB.

18.4 Der besonders schwere Fall des Diebstahls, § 243

I. Allgemeines

Rechtsfolge: FS von 3 Mon. bis zu 10 J. Führungsaufsicht möglich (§ 245).

Deliktstyp: § 243 I enthält keine selbständige TB-Qualifikation, sondern eine *Strafzumessungsvorschrift* für *solche* Diebstähle (§ 242), deren Begehung erhöhte kriminelle Energie beim Täter voraussetzt. Der Gesetzgeber hat mit der sog. *Regelbeispieltechnik* in § 243 I S. 2 Fälle beschrieben, die ein erhöhtes Tatunrecht erkennen lassen.

Wesen dieser *Regelbeispieltechnik*[1] ist, dass das *Gericht* einerseits auch andere, nicht in § 243 I S. 2 genannte Diebstahlsfälle als schwere einstufen, andererseits aber von der Bejahung eines in § 243 I S. 2 genannten schweren Falles absehen kann, wenn das *Ergebnis der Bewertung der Gesamtumstände* der Tat dies rechtfertigt.

Nach § 243 II ist allerdings ein schwerer Fall nach I S. 2 Nr. **1- 6** ausgeschlossen, wenn sich Absicht und Tatausführung auf einen *geringfügigen* Gegenstand (z. Z. bis ca. 50 Euro) beziehen.

Die Merkmale der Regelbeispiele sind *wie* TBM zu prüfen. Auch auf sie ist § 16 (Tatbestandsirrtum, Kap. A 14.2) anwendbar.

Versuch: Daraus, dass § 243 I nur eine *Strafzumessungsvorschrift* darstellt, folgt, dass der Versuch begrifflich ausscheidet. Allerdings ist es möglich, bei einem Versuch des § 242 den Sonderstrafrahmen des § 243 I anzuwenden, wenn zur Verwirklichung eines *Regelfalls* des § 243 (z. B. Einbrechen) *unmittelbar angesetzt* wurde (= versuchter Diebstahl in einem besonders schweren Fall).[2]

Konkurrenzen: Vgl. Sie zunächst unter § 242 (Kap. B 18.3). § 123 wird in den Fällen des § 243 I 1 konsumiert, da er regelmäßig Begleittat ist. Gleiches gilt für § 303 im Falle des Einbruchsdiebstahls, soweit die Sachbeschädigung von dem regelmäßigen Verlauf eines Diebstahls in einem besonders schweren Falle nicht abweicht, sich also als sog. typische Begleittat erweist.[3]

Klausuraufbau bei §§ 242, 243:[4]

Objektiver TB des § 242:
- Wegnahme einer fremden beweglichen Sache.

Subjektiver TB:
- Vorsatz bzgl. der Wegnahme der fremden Sache
- Zueignungsabsicht (ZA)
  - Aneignungsabsicht
  - Enteignungswille
- Vorsatz bzgl. der Rechtswidrigkeit der ZA

Rechtswidrigkeit der Tat (Kap. A 16)

Schuld (Kap. A 17)

Straferschwerungen des § 243:
- objektive Merkmale
- subjektive Merkmale (= Kenntnis der erschwerenden Merkmale).

1) Vgl. Sie hierzu die umfassenden Ausführungen in Kap. B 17.2 und die Gesetzesmaterialien zum 6. StrRG.
2) Zur Indizwirkung der Regelbeispiele beim **versuchten** Diebstahl übereinstimmend und mit umfassenden Argumenten BayObLG, NJW 1980, 2207; BGH, NStZ 1984, 262; BGH NStZ '95, 339; BayObLG NStZ '97, 442.
3) BGH 1 StR 470/00 v. 7.8.01. Näheres im Kap. A 20.3.
4) *Fallbearbeitung* nachfolgend in diesem Kap.

II. Die 7 schweren Regelfälle des § 243 I S. 2[1]

Nr. 1: Bewirkung des Diebstahls (§ 242) durch:

Einbruch = gewaltsames Öffnen eines Raumes von außen; anschließendes Hineinlangen genügt. Substanzverletzung ist die Regel, aber nicht notwendig. Es reicht, wenn der Täter z. B. ein schweres Halltentor mit nicht unerheblicher Kraftaufwendung eine Spalt öffnet, um sich in die Halle hineinzuzwängen.

Einstieg = Benutzung nicht dafür vorgesehener Wege unter Überwindung von Hindernissen oder Schwierigkeiten, die sich aus der Eigenart der Umschließung ergeben. Der Täter muss, anders als beim Einbruch, mit dem überwiegenden Teil seines Körpers in den Raum gelangt sein.

Beispiele: *Extremes Hineinbeugen; Überklettern oder -springen einer Mauer; Durchzwängen durch eine dichte Hecke; Hineinkriechen durch ein offenes Kellerfenster.*

Nicht schon das Durchschreiten einer Öffnung im schadhaften Zaun.

Eindringen = Verschaffung von Zugang unter Einwirkung auf den Schließmechanismus (Tür, Fenster) mittels *falscher* Schlüssel oder anderer *nicht zur ordnungsgemäßen Öffnung bestimmter Werkzeuge* (Dietrich, Draht). Falsch ist der Schlüssel, der nach dem Willen des Berechtigten z. Z. d. Tat nicht mehr zum Betätigen des Schlosses bestimmt ist (= Entwidmung!).

Verborgenhalten = vorheriges Verstecken zum Zwecke späterer Diebstahlshandlung.

in

Gebäude	Dienst- oder Geschäftsraum	(anderen) **umschlossenen Raum**
Erdverbundenes Bauwerk, das durch Wände und Dach begrenzt ist, den Eintritt von Menschen gestattet und Unbefugte abhalten soll, z. B. Bürogebäude, Werkhallen, Festzelte.[2]	Polizeiwachen, Amtsräume in einem Rathaus, Sekretariat in einer Schule, Sprechzimmer, Läden, Werkstätten, Büros;	**Oberbegriff für alle umschl. Räume!** Raumgebilde, die (auch) zum Betreten von Menschen bestimmt und mit mindestens teilweisen künstl. Vorrichtungen zur Abwehr unbefugten Eindringens versehen sind. Die Räume brauchen nicht notwendigerweise verschlossen zu sein; entscheidend ist vielmehr, ob die Umschließung noch eine tatsächliche Schutzfunktion hatte.[3] **Beispiele:** *Zelte, Pkw-Fahrgastraum, eingehegte Gärten, mit Stacheldraht umzäunte Weide, Bauwagen, Zimmer in einem Bürogebäude, Ladefläche des Möbeltransporters.*

Anm.: Nutzt der Täter eine der o. g. Modalitäten, um sich zur Tatausführung Zugang in eine **Wohnung** zu verschaffen, ist der mit dem 6. StrRG unter anderem eingeführte TB des § 244 I Nr. 3 gegeben. Die angedrohte Mindeststrafe ist dann nicht drei, sondern sechs Mon. Freiheitsstrafe. Nähes in Kap. B 18.5.

1) Literaturhinweis: SchöSchr. u. Tröndle zu § 243.
2) BGH GSSt 1, 163.
3) Speziell zum umzäunten Grundstück BGH, Beschl. v. 7.12.1982 – 1 StR 725/82.

Nr. 2: Diebstahl besonders gesicherter Sachen

2.1 durch ein verschlossenes Behältnis

Ein Behältnis ist ein zur Aufnahme von Sachen dienendes und sie umschließendes Raumgebilde, das *nicht* dazu bestimmt ist, von Menschen betreten zu werden.[1]

Das Behältnis muss zur Tatzeit verschlossen gewesen sein.

Beispiele: *Koffer, Kofferraum beim Pkw, Handschuhfach, Geldkassette, Spiel- oder Geldautomat.*

Der Ort der Wegnahme oder der Öffnung ist nicht relevant.

2.2 durch eine andere Schutzvorrichtung

Die Funktion der – wie auch immer gearteten – Schutzvorrichtung muss nach Zweckbestimmung und Eignung in der besonderen Sicherung der Sache vor Wegnahme bestehen.

Beispiele: *Elektronische Wegfahrsperren bei Fahrzeugen, Kettenschlösser an Zweirädern, abschließbarer Dachgepäckträger auf einem Pkw.*

Gegenbeispiel: *Elektromagnetische Sicherheitsetiketten an Kleidungsstücken in Kaufhäusern gelten nach der Rspr. nicht als Schutzvorrichtung in diesem Sinne, da sie der Wiedererlangung der Sache, nicht aber dem eigentlichen Schutz vor Gewahrsamsbruch zu dienen geeignet sind.*[2]

Öffnet der Täter zum Beispiel in der Garderobe eines Kaufhauses gewaltsam das Sicherungsetikett eines Kleidungsstückes, begeht er demnach einen einfachen Diebstahl in Tateinheit mit Sachbeschädigung (§§ 242, 303, 52).

Nach OLG Düsseldorf (NJW '98, 1002) kann jedoch in diesem Fall die Annahme eines nicht expressis verbis genannten schweren Falles im Sinne von § 243 I S. 1 begründet sein. Ein Indiz hierfür sah das OLG in der zutage getretenen kriminellen Energie des Täters. Das OLG verwies die Sache zur erforderlichen umfassenden Würdigung von Tat und Täter an das AG zur erneuten Verhandlung zurück.

Demonstration der Tathandlungen an einem Fahrzeug:

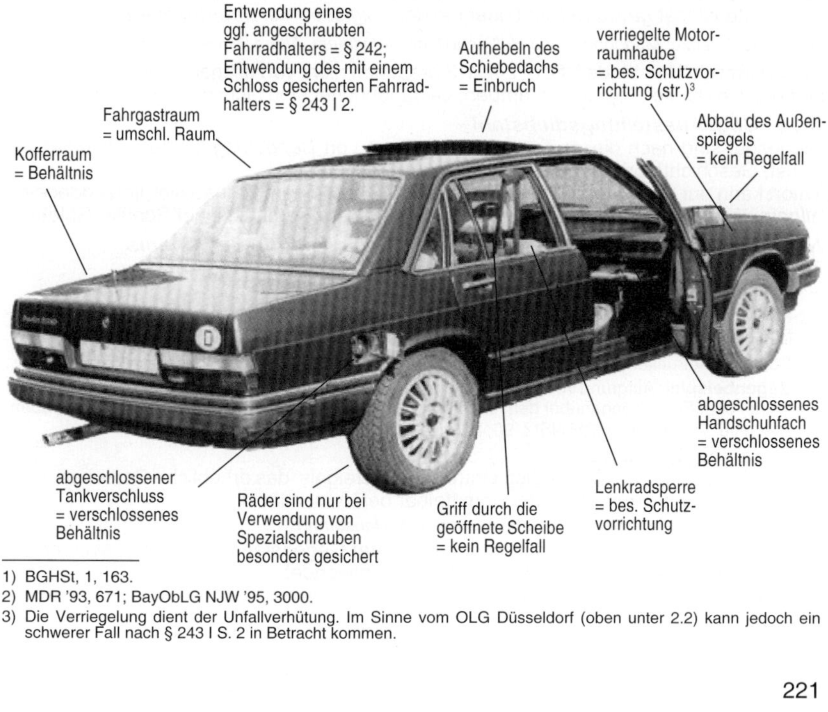

1) BGHSt, 1, 163.

2) MDR '93, 671; BayObLG NJW '95, 3000.

3) Die Verriegelung dient der Unfallverhütung. Im Sinne vom OLG Düsseldorf (oben unter 2.2) kann jedoch ein schwerer Fall nach § 243 I S. 2 in Betracht kommen.

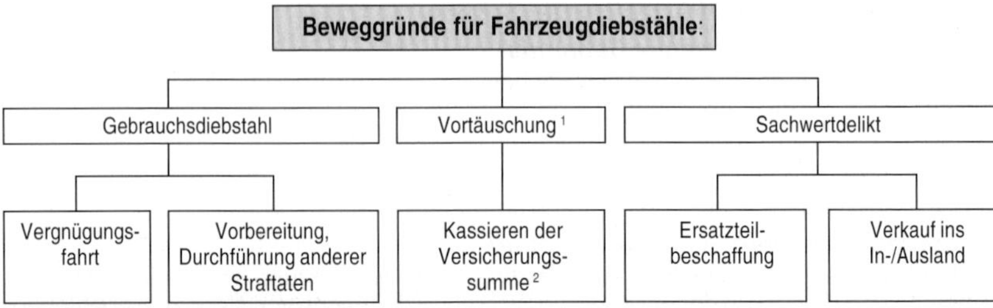

Nr. 3 : Gewerbsmäßiger Diebstahl

Das Merkmal „gewerbsmäßig“ ist gegeben, wenn sich der Täter aus wiederholter Tatbegehung eine nicht nur vorübergehende Einnahmequelle von einiger Dauer und einigem Umfang verschaffen will.[3]

Beispiel: *Spezialisierte Täter wie Hoteldiebe, Warenhausdiebe, Trickdiebe, sog. Automarder u. a.*

Nicht notwendig ist, dass der Täter *ausschließlich* durch diese Diebstähle seinen Lebensunterhalt bestreitet. Tatbestandsmäßig ist bereits die erste Tathandlung bei entsprechendem Gesamtplan.
Begehen drei oder mehr Täter den gewerbsmäßigen Diebstahl gemeinschaftlich, ist zu prüfen, ob die Kriterien des Bandendiebstahls im Sinne von § 244 I Nr. 2 (Kap. 18.5) gegeben sind.

Nr. 4 : Sog. Kirchendiebstahl

Dieses Merkmal setzt den Diebstahl aus einer Kirche oder einem anderen der Religionsausübung dienenden Raum (Betsaal, Kapelle) voraus, und zwar solcher Sachen, die dem Gottesdienst *gewidmet* sind oder die der *religiösen Verehrung* dienen.

Beispiele: *Kreuze, Madonnen- und Heiligenbilder, Votivtafeln, Altäre, Monstranzen.*

Erschwerende Umstände i. S. d. Ziff. 1-3 brauchen nicht vorzuliegen. Gebrauchsgegenstände, wie Bänke, Teppiche, Lampen, Gesangbücher sind nicht gem. Ziff. 4 geschützt.

Nr. 5 : Sog. Ausstellungsdiebstahl

Diebesgut sind nach dieser Tatvariante Sachen von *Bedeutung* für die Wissenschaft, Kunst, Geschichte oder für die technische Entwicklung.
Tatort kann nur eine *öffentliche Ausstellung* (z. B. auf einem Rathausvorplatz) oder eine *allgemein zugängliche Sammlung* sein (z. B. in einem Rathaus, einer Schule, Galerie).

Nr. 6: Diebstahl unter Ausnutzung von Hilflosigkeit und Bedrängnis

Ziff. 6 erfasst den Diebstahl unter *Ausnutzung*

- der **Hilflosigkeit** eines Menschen
  Hilflos ist derjenige, der sich aus eigener Kraft nicht gegen konkret drohende Gefahren schützen kann. Die Ursachen der Hilflosigkeit sind ohne Bedeutung.

  Beispiel: Betrunkener, Ohnmächtiger, erheblich Verletzter, Körperbehinderter.

  Gegenbeispiel: Aufgrund von Körperstatur oder Kondition dem Täter unterlegene Personen, wie Kinder oder Frauen gegenüber dem erwachsenen männlichen Täter, gelten nicht als hilflos; ebenso wenig Schlafende (BGH NStZ '90, 388).
- eines **Unglücksfalles**
  Ein Unglücksfall ist ein plötzlich eintretendes Ereignis, das erhebliche Personen- oder Sachschäden verursacht oder unmittelbar befürchten lässt.

  Beispiele: *Verkehrsunfall mit Schwerverletzten, Hausbrand.*

  Der Tatbestand ist auch erfüllt, wenn der Täter Gegenstände aus dem unverschlossen abgestellten Pkw eines Hilfeleistenden entwendet.

1) Vgl. Sie § 145 d (Kap. B 8) sowie § 265 (Kap. B 21.1).
2) Vgl. Sie § 263 (Kap B 21.2).
3) BGH NStZ '94, 193 f.

- einer **gemeinen Gefahr**
  Die gemeine Gefahr stellt eine katastrophenähnliche Situation dar, in der Schäden für unbestimmt viele Personen oder für erhebliche unüberschaubare Sachwerte drohen.
  Beispiel: *Flutwasserkatastrophe, bei der beschädigte Häuser zurückgelassen werden müssen.*

Abgrenzung:
Nach **§ 243 II** ist ein besonders schwerer Fall des Diebstahls ausgeschlossen, wenn sich die Tat (Regelfall nach Nr. **1 - 6**) nach Absicht und Realisierung auf einen **geringwertigen** Gegenstand bezieht (vgl. Sie ggf. auch Kap. B 18.2). Was noch als geringwertig eingestuft werden kann, ist gesetzlich nicht näher bestimmt und daher von der Rspr. festzustellen. Maßgeblich ist dabei der *Verkehrswert* einer Sache. Das OLG Zweibrücken sah die Grenze der Geringwertigkeit im Jahr 2000 in Anbetracht der Preis- und Lohnentwicklung bei 100 DM (jetzt ca. 50 Euro) gegeben (NStZ '00, 536).
Wird eine Sache nicht am Markt gehandelt, entscheidet ihr *Funktionswert*, so z. B. bei einer entwendeten Kreditkarte nebst PIN (nicht geringwertig) oder einer privaten Fotografie (geringwertig).

Nr. 7 : Diebstahl gefährlicher Schusswaffen oder von Sprengstoff
Ziff. 7 erfasst den Diebstahl *von*
- Handfeuerwaffen, deren Erwerb nach dem Waffengesetz erlaubnispflichtig ist (§§ 1 IV und § 28 WaffG),
- Maschinengewehren und -pistolen,
- voll- oder halbautomatischen Gewehren (§ 1 V WaffG, § 1 KriegswaffG),
- Sprengstoff enthaltende Kriegswaffen im Sinne des Kriegswaffenkontrollgesetzes (z. B. Handgranaten),
- Sprengstoff (§ 1 SprenG).

Auch selbst gefertigte Waffen i. d. S. werden erfasst.

Die Aufnahme des Schusswaffen- und Sprengstoffdiebstahls in den Katalog des § 243 I trägt dem Umstand Rechnung, dass – auch im Hinblick auf die von den entwendeten Gegenständen ausgehende Gefahr – bei derartigen Taten häufig ein überdurchschnittlicher Unrechts- und Schuldgehalt vorliegt.

Nach § 243 II ist I Nr. 7 von der Rücknahme der Strafschärfung ausgenommen, da Grund für die Strafschärfung die von der Entwendung dieser besonderen Tatobjekte ausgehende erhöhte Gefahr, nicht aber der Wert der Waffen oder des Sprengstoffs ist.

Abgrenzung: Problematisch ist die Abgrenzung zu dem mit dem 6. StrRG u. a. geänderten § 244. Nach § 244 I Nr 1 a der Neufassung ist der TB des Diebstahls mit Waffen erfüllt, wenn der Täter oder ein anderer Beteiligter beim Diebstahl, also zwischen Versuch und Vollendung, eine Waffe bei sich führt. Nach der Rspr. des BGH[1] zu § 244 a. F. genügte es bereits, wenn der Täter/Beteiligte die Waffe erst bei Tatausführung, also am Objekt, vorfand und ergriff. Nach neuer Rechtslage wäre daher im nachfolgenden Fall nicht nur ein schwerer Regelfall nach § 243 I 7, sondern auch der Diebstahl mit Waffen nach § 244 I 1 a gegeben, der natürlich der Strafzumessungsvorschrift des § 243 vorginge.

Für § 243 I 7 bleiben jedenfalls *die* Fälle, in denen die Waffen in verpacktem Zustand oder ohne Munition entwendet werden, so dass sie quasi am Tatort noch nicht einsatzbereit sind.

Diebstahl einer Flinte in E.
Essen – Am Samstagmorgen entwendete ein bisher Unbekannter vom Tresen eines um diese Zeit rege besuchten Waffengeschäftes in Essen eine Bockdoppelflinte, Marke Merkel, Modell 303 E, Kal 12/70, Nr. ... im Wert von 13065 Euro ...

Subjektive Tatseite der Handlungen nach Nr. 1 – 7:
Der Täter muss auch im Sinne der erschwerenden Umstände vorsätzlich handeln. Er muss also das Bewusstsein haben, erschwerende Umstände zu erfüllen und dies min-

1) BGH NStZ '84, 2, 16; '85, 547. Vgl. Sie außerdem Kap. B 18.5.

destens in Kauf nehmen. Bei einem Irrtum über die erschwerenden Umstände wird § 6 I 1 angewandt.[1] Ob Mittätern (§ 25 II) oder Teilnehmern (Gehilfen, § 27 oder Anstifter, § 26) ein schwerer Tatbeitrag i. S. d. Ziff. 1 – 7 anzulasten ist, muss in gesonderter Gesamtbetrachtung festgestellt werden. Die Taterschwerung nach Ziff. 3 gilt z. B. nur für den Teilnehmer, bei dem *gewerbsmäßiges* Handeln gegeben ist (§ 28 II).[2]

Auch wenn der Täter im Sinne mehrerer Ziffern gehandelt hat, wird er nur wegen *eines* schweren Falles verurteilt.

III. Fallbearbeitung:

Sachverhalt: Während eines Fußballoberligaspiels versehen Sie (PK) im Bahnhofsbereich Fußstreife. Als sich nach Spielende (21.00 Uhr) die heimwärts strebenden Fans dem Bahnhof nähern, bemerken Sie vor einem Spirituosengeschäft zwei Männer, von denen einer mit einem faustgroßen Stein die Schaufensterscheibe einschlägt, während sein Komplize einen Karton aus der Auslage nimmt, mit dem sich dann beide entfernen.

Sie nehmen die Verfolgung auf und stellen die Männer. In dem Karton entdecken Sie vier Flaschen Remy Martin. Die Männer, Mantu und Kinski, sind offenbar angetrunken.

Falllösung:[3]

Methodische Anmerkungen[4]	Lösungsschritte
	Tatbestandsmäßigkeit
Einstieg, Anknüpfung an den SV u. Nennung der in Betracht kommenden Straftat.	Indem Mantu und Kinski die Schaufensterscheibe des Spirituosengeschäfts einschlugen und einen Karton mit vier Flaschen entwendeten, könnten sie einen gemeinschaftlichen Diebstahl gem. §§ 242, 243 I 1, 25 II StGB begangen haben.
Definition	Eine Diebstahlshandlung begeht, wer eine fremde bewegliche Sache einem anderen in der Absicht wegnimmt, sich oder einem Dritten dieselbe rechtswidrig zuzueignen (§ 242 StGB).
Anwendung – § 242 – fremd	Fremd ist eine Sache, wenn sie zum Zeitpunkt der Tat im Eigentum oder Miteigentum eines anderen steht. Der Karton mit den vier Flaschen (bewegliche Sachen) gehörte in diesem Fall offensichtlich dem Ladeninhaber und war daher für M. und K. fremd.
Wegnahme – Definition	Mantu und Kinski mussten den Karton weggenommen haben. Das setzt voraus, dass sie fremden Gewahrsam brachen und neuen begründeten.
	Gewahrsam ist das tatsächliche Herrschaftsverhältnis eines Menschen über eine Sache, getragen von dem Herrschaftswillen und der Herrschaftsmöglichkeit.
– Anwendung	Der Herrschaftswille ist dem Ladeninhaber fraglos zu unterstellen. Die Herrschaftsmöglichkeit ist *auch dann* gegeben, wenn sich der Gewahrsamsinhaber im Rahmen des sozial Üblichen von seiner Sache entfernt hat. Dies ist der Fall, wenn ein Geschäftsinhaber sein Geschäft während der Ladenschlusszeiten verlässt.
	Der Ladeninhaber hatte daher Gewahrsam an den Gegenständen in seinem Geschäft.

1) Näheres zum Tatbestandsirrtum in Kap. A 14.2.
2) Vgl. Sie hierzu ggf. Kap. A 19.4.
3) Vgl. Sie das Prüfungsschema unter Kap. B 18.4 I.
4) Zur Subsumtionstechnik eingehend in Kap. A 13.5.

Methodische Anmerkungen	**Lösungsschritte**
	Indem M. und K. die Schaufensterscheibe einschlugen, den Karton an sich nahmen und sich damit entfernten, brachen sie den Gewahrsam des Ladeninhabers und begründeten eigenen. Sie haben also den Karton weggenommen. Hieran ändert der Umstand nichts, dass ihnen die Sachen von dem Polizeibeamten Augenblicke später wieder abgenommen wurden, denn der neu begründetete Gewahrsam braucht noch nicht gesichert zu sein.
Subjektiver TB: 1. Vorsatz – Definition	M. und K. mussten auch mit Vorsatz handeln.[1] Das setzt voraus, dass sie das Bewusstsein und den Willen hatten (Wissen und Wollen), femde Sachen wegzunehmen.
– Anwendung	Beides begegnet hier keinen Bedenken.
2. Zueignungsabsicht – Definition	Die Wegnahme muss in rechtswidriger Zueignungsabsicht (ZA) geschehen sein. ZA ist die Anmaßung einer eigentümerähnlichen Herrschaftsmacht über eine Sache. M. und K. mussten danach mit Aneignungs*absicht* für sich oder zugunsten eines Dritten (sog. Dritt-Zueignung) und mit Enteignungs*willen* gehandelt haben. Die Aneignungsabsicht setzt den mindestens *direkten* Vorsatz der Täter voraus, einen wirtschaftlichen Vorteil oder Nutzen aus der Sache ziehen zu wollen.
– Anwendung	Der Verzehr des Cognacs war das Ziel ihres Handeln, mithin war der notwendige Vorsatz gegeben. Ein Handeln mit Enteignungswillen setzt voraus, dass der Täter den Eigentümer auf Dauer von seinem Eigentum ausschließen wollte. Den dauernden Ausschluss braucht der Täter zwar nicht zu beabsichtigen, er muss ihn aber mindestens in Kauf nehmen. Im vorliegenden Fall ist die dauernde Enteignung die notwendige Folge der Nutzung der Sache. Ein Handeln in ZA ist daher im Ergebnis zu bejahen.
3. Rechtswidrigkeit der ZA	Die ZA musste *rechtwidrig* sein. Das ist hier der Fall, da M. und K. einerseits keinen fälligen Rechtsanspruch auf die Sachen hatten und andererseits auch kein Rechtfertigungsgrund ersichtlich ist.
Vorsatz bzgl. d. Rechtwidrigkeit der ZA	Das Bewusstsein der *Rechtswidrigkeit* der Zueignung kann M. u. K. unterstellt werden.
	Beteiligungsform:
Definition und Anwendung.	M. und K. hatten unzweifelhaft eigenes Interesse am Taterfolg. Die Tatherrschaft übten sie nach dem Prinzip der Arbeitsteilung gemeinsam aus. Sie handelten daher in Mittäterschaft (§ 25).[2]
	Rechtswidrigkeit:
Kurze Feststellung, da problemlos.	M. und K. handelten auch rechtswidrig, denn der Sachverhalt weist keine Rechtfertigungsgründe für ihr Verhalten auf.

1) Zur Stellung des Vorsatzes im Verbrechensaufbau vgl. Sie ggf. Kap. A 12.4.
2) Näheres zur Mittäterschaft in Kap. A 19.3.

Methodische Anmerkungen	Lösungsschritte
	Schuld:
Schuldfähigkeit, relevant für pol. Praxis.	Ob die Täter schuldunfähig (§ 20) waren oder ob ihre Schuld durch Alkoholgenuss gemindert (§ 21) war, lässt sich erst nach sachverständiger Auswertung der noch anzuordnenden Blutprobe sowie der damit verbundenen Tests definitiv feststellen.
Kurze Feststellung, da i. d. R. für polizeil. Beurteilung nicht sehr ergiebig.	Unrechtsbewusstsein und Zumutbarkeit (Fehlen von Entschuldigungsgründen), können nach Lage des Falles aber als gegeben unterstellt werden.
	Verwirklichung eines Regelbeispiels aus § 243 I S. 2:
§ 243 I ist Strafzumessungsregel u. keine TB-Qualifikation (wie etwa § 224 zu § 223); § 16 I gilt aber nach der Rspr. dennoch.	Da M. und K. zur Tatausführung eine Schaufensterscheibe einschlugen, ist zu prüfen, ob sie einen besonders schweren Fall des Diebstahls im Sinne der Strafzumessungsvorschrift des § 243 I S. 2 Nr. 1 StGB begangen haben. Dies ist u. a. dann der Fall, wenn der Täter zur Tatausführung in einen umschlossenen Raum, z. B. einen Geschäftsraum, einbricht.
	§ 243 II setzt dabei voraus, dass sich die Absicht des Täters und die Realisierung der Tat i. S. v. § 243 I S. 2 Nr. 1 - 6 auf eine nicht geringwertige Sache beziehen.
1. objektive Merkmale	Bei dem Spirituosengeschäft handelt es sich um einen Geschäftsraum. M. und K. brachen die Umschließung dieses Raumes gewaltsam auf, indem sie die Fensterscheibe zerstörten, um die Diebesbeute wegnehmen zu können. Ein Betreten des Raumes wird im Falle des Einbruchs nicht gefordert, so dass es ausreichte, dass die Täter nach gewaltsamer Überwindung der äußeren Umschließung in den Raum hineingriffen, um die Sache wegzunehmen.
	Die Diebesbeute stellt einen aktuellen Marktwert von mehr als 50 Euro dar.
2. subjektive Merkmale	Den Tätern kam es hier offenbar darauf an, durch gewaltsame Öffnung des umschlossenen Raumes von außen die Diebstahlshandlung auszuführen. Es wird unterstellt, dass die Täter den Verkaufswert ihrer Beute erkannten. *Andernfalls käme ein Tatbestandsirrtum i. S. v. § 16 in Betracht, der die Anwendbarkeit des § 243 I ausschlösse.* Die Voraussetzungen der Straferschwerung nach § 243 I S. 2 Nr. 1 sind daher für beide gegeben.
	Ergebnis:
Nennung der gesetzlichen Bestimmung.	M. und K. stehen nach diesen Ausführungen in dem *begründeten* Verdacht, einen gemeinschaftlichen Einbruchdiebstahl nach §§ 242, 243 I S. 2 Nr. 1, 25 StGB begangen zu haben.
Einordnen der Tat.	Die Tat ist ein Vergehen und Offizialdelikt.
Hinweis auf Konkurrenzen.	Die mit der Zerstörung der Schaufensterscheibe verbundene Sachbeschädigung (§ 303 StGB) wird als regelmäßiger Begleitumstand des Einbruchdiebstahls konsumiert.

18.5 Diebstahl mit Waffen, Bandendiebstahl, Wohnungseinbruchdiebstahl, § 244

I. Allgemeines

Rechtsfolge: FS v. 6 Mon. bis 10 J. (I); FA, § 245; im Falle I Nr. 2 sind VS (§ 43 a)[1] und EV (§ 73 d) anwendbar (III).[2]

Deliktstyp: OD, Verg.; der Versuch ist strafbar (II); qualifizierter Diebstahl.

Rechtsgut: Eigentum und Gewahrsam an bewegl. Sachen, aber wohl auch das erhöhte Schutzbedürfnis der von der Wegnahme betroffenen Personen.

Konkurrenzen: *Gesetzeskonkurrenz* in Form der Spezialität besteht gegenüber § 242. Ein Konkurrenzverhältnis zu § 243, der nur Strafzumessungsvorschrift ist, besteht nicht. Sachbeschädigung, § 303 und Hausfriedensbruch, § 123, werden als qualifizierende Merkmale von § 244 I 3 konsumiert.[3]

Tateinheit (§ 52) kann zwischen dem Diebstahl mit Waffen (I Nr. 1) und den TB des WaffG gegeben sein (z. B. §§ 51, 52 WaffG) sowie zwischen § 244 I Nr. 1, 2 und 3.

Bei Entwendung geringfügiger Sachen ist § 248 a *nicht* anwendbar.

Soweit sich die Tat ausschließlich gegen Angehörige etc. richtet (Fall: bewaffneter Sohn bricht nachts in das Büro seines Vaters ein), wird sie nur auf Antrag verfolgt, § 247.

§ 244 wird seinerseits von § 244 a, schwerer Bandendiebstahl, verdrängt.

II. Ausgangsfall

Aachen – Bei der Durchsuchung eines Einbrechers und seines bereits abgeführten Komplizen förderten Polizeibeamte eine ungeladene Pistole, Kal. 9 mm, eine geladene Schreckschusspistole und einen Schlagring zutage. Im Fahrzeug der beiden Ganoven fanden die Beamten diverses Einbruchswerkzeug wie Hämmer, Schraubendreher und -schlüssel, Stricke, Säcke und Teppichklebeband. Wie zu erfahren war, sollen auf das Konto der Tatverdächtigen zahlreiche z. T. überregionale Geschäftseinbrüche kommen.

III. Tatbestandsaufbau

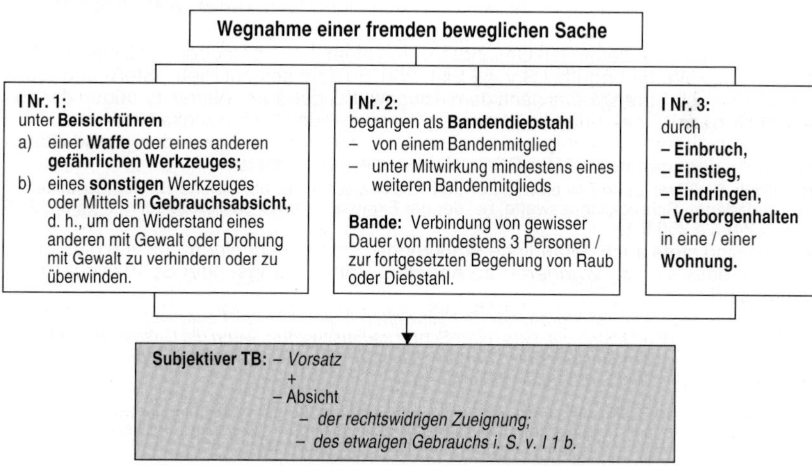

1) § 43 ist in seiner derzeitigen Fassung verfassungswidrig. vgl. Sie Kap A 7.2.
2) FA = Führungsaufsicht; VS = Vermögensstrafe; EV = erweiterter Verfall. Näheres zu diesen Begriffen in Kap. A 7.
3) BGH 1 StR 470/00 v. 7.8.2001.

IV. Erläuterungen

Allgemeines:

Der Gesetzgeber unterscheidet nach der *Neufassung durch das 6. StrRG* in **I Nr. 1 a** und **1 b** (Abb. oben unter III) zwischen dem Diebstahl unter Beisichführen von **Waffen** oder anderen **gefährlichen Werkzeugen** (Nr. 1a) durch den Täter oder einen anderen Tatbeteiligten (Gehilfe, Mittäter, Anstifter) und dem Beisichführen **sonstiger Werkzeuge oder Mittel** (Nr. 1 b), hier allerdings in Gebrauchsabsicht.

Wegen ihrer *erhöhten Gefährlichkeit* führt bereits das bewusste Beisichführen einsatzbereiter Waffen oder gefährlicher Werkzeuge zur Qualifikation, während das Beisichführen sonstiger Werkzeuge oder Mittel nur dann diese Brisanz erhält und damit tbm. ist, wenn mit ihnen etwaiger Widerstand gebrochen oder verhindert werden soll (was nicht selten eine schwer zu beweisende Tatfrage ist!).

Problematisch kann auch die Abgrenzung zwischen *gefährlichem Werkzeug* und *sonstigem* Werkzeug / Mittel sein.

In **I Nr. 2**, beim **Bandendiebstahl**, liegt der Qualifikationsgrund in der von der Bandenabrede ausgehenden *abstrakten Organisationsgefahr* und der *konkreten Ausführungsgefahr.*

I Nr. 3 enthält den **Wohnungseinbruchdiebstahl,** der vor In-Kraft-Treten des 6. StrRG Tatvariante des § 243 I Nr. 1 war. Die Erkenntnis, dass ein Eindringen in die Intimsphäre des Opfers nicht selten zu ernsten psychischen Störungen führt oder mit Gewalttätigkeiten gegen angetroffene Opfer verbunden ist oder auch zu Vandalismus in der Wohnung führt, hat den Gesetzgeber bewogen, diese Tatvariante nach § 244 I zu verschieben und damit das Mindestmaß der angedrohten FS von 3 auf 6 Mon. anzuheben.[1]

Diebstahl unter Beisichführen einer Waffe oder eines anderen gefährlichen Werkzeuges (I Nr. 1 a):

Die Begriffe **Waffe** und **gefährliches Werkzeug** werden im StGB nicht definiert. Die Begriffsinhalte sind daher im Einklang mit dem allgemeinen Sprachgebrauch und den Grundvorstellungen des Waffengesetzes durch die Rspr. auszulegen.

Der im *technischen Sinne* zu verstehende **Waffenbegriff** ergibt sich aus Anlage 1 zu § 1 IV WaffG i.d.F. vom 11.10.02. Auf den nachfolgenden **Exkurs** „Waffenbegriff" wird hingewiesen.

Schusswaffen, bei denen ein Geschoss durch einen Lauf getrieben wird, bilden einen Unterfall des Waffenbegriffs i.S.v. §§ 244, 250, zu dem sowohl Hieb-, Stoß- und Wurfwaffen als auch Sprengsätze nach dem KriegswaffG gehören. Waffen genügen der aus dem **Oberbegriff** „gefährliches Werkzeug" zu folgernden Gefährlichkeit aber nur, wenn sie zur Tatzeit funktionsfähig und einsatzbereit sind. Auf die Anwendungsmodalitäten kommt es dagegen nach BGH-GSSt 2/02 vom 4.2.03 nicht an.

BGH-Fall: EinTäter bedrohte eine hinter schusssicherem Glas befindliche Bankangestellte mit einer geladenen Schreckschusswaffe, bei der der Explosionsdruck nach vorn austritt (§§ 253,255 (bzw. § 249), § 250 II 1.

Waffen sind stets auch gefährliche Werkzeuge. Sie unterscheiden sich von diesen nur dadurch, dass sie von *vornherein* zu Angriffs-, Verteidigungs- oder Sportzwecken *bestimmt* sind.

Beispiele: *Brandsätze, Handgranaten; Schusswaffen beliebiger Art; Feuerwaffen i. S. v. Ziff. 2 Anl. 1, UA 1 zum WaffG, also u.a. Gas- oder Schreckschusswaffen, wenn die Gase bzw. der Explosionsdruck nach vorn entweichen können[2]; Schlagringe, Schlagstöcke; Spring-, Fall- und Faustmesser i. S. v. Anl. 1 UA 2 Ziff. 2 WaffG.*

---

1) Es war das entschiedene Anliegen des Gesetzgebers, mit dem 6. StrRG die überkommenen Wertungswidersprüche bei zahlreichen TB aufzuheben und die Rechtsfolgen damit dem zeitgemäßen Empfinden für die unterschiedlichen Rechtsgüter anzupassen. In diesem Sinne waren *insbesondere* betroffen, die TB zum Schutz
- der sexuellen und körperlichen Integrität,
- die Abstufung der schweren Diebstahls- und der Raubdelikte zueinander und
- eine entsprechende Anpassung bei den Betrugs-, Urkundenfälschungs- und Brandstiftungsdelikten.

2) BGH-GSSt 2/02 v. 4.2.03 entschied in einem Vorlageverfahren gem. § 132 II, III GVG dass Schreckschuss- und Gaswaffen unter dieser Voraussetzungen als Schusswaffen einzustufen seien.

Exkurs: Der Waffenbegriff i.S.v. § 1 II / IV WaffenG i.d.F. v. 26.03.2008

Schusswaffen (Anl. 1 Abschn. 1, UA **1**) Nr. 1.1: Gegenstände, die zum Angriff, zur Verteidigung, Signalgebung, Jagd, Distanzinjektion, Markierung, zum Sport oder Spiel **bestimmt** sind und bei denen Geschosse durch einen Lauf getrieben werden. Nr. 1.2: den Schusswaffen **gleichgestellt** sind tragbare Gegenstände, die zum Abschießen von Munition i.S.v. Ziff. 1.1 bestimmt sind (Schießkugelschreiber) oder mit denen feste Körper durch Muskelkraft verschossen und die Antriebskräfte durch eine Vorrichtung gespeichert werden können (Armbrust). Nr. 1.3: **wesentliche Teile** von Schusswaffen, u.a. Schalldämpfer, Lauf, Verschluss, Griffstück. Nr. 1.4: **Dekorationswaffen**, d.h. Schusswaffen, die nicht in bestimmter Form unbrauchbar gemacht sind. Nr. 1.5: **Salutwaffen** (veränderte Langwaffen, die für Theateraufführungen, Brauchtumspflege etc. bestimmt sind), wenn sie nicht in bestimmter Form unbrauchbar gemacht sind. Nr. 1.6: **Anscheinswaffen** (Nachbildungen von oder unbrauchbar gemachte Schusswaffen mit dem Aussehen echter Schusswaffen), soweit das Gesetz nicht Ausnahmen anerkennt, z. B. nach Größe oder Kennzeichnung. Nr. 2: **Arten von Schussswaffen** Nr. 2.1: Feuerwaffen als Schusswaffen i.S.v. Nr. 1.1. Nr. 2.2-5: Automatische Schusswaffen, Repetier-, Einzellader-, Langwaffen. Nr. 2.6-8: Schreckschuss-, Reizstoff-, Signalwaffen. Nr. 3 u. 4: Weitere wesentliche Teile / sonstige Vorrichtungen von Schusswaffen (Einsteckläufe, Zielscheinwerfer u.a.). Nr. 5 u. 6: Definition Reizstoffe, Nachbildungen von Schusswaffen.	**Tragbare Gegenstände** (Anl. 1 Abschnitt 1, UA **2**) Nr. 1: die **bestimmungsgemäß** die Abwehrfähigkeit von Menschen herabsetzen sind u.a.: - Stahlruten, Totschläger, Schlagringe, - Wurfsterne, Molotowcocktails, - amtl. nicht zugelassene Reizstoffwaffen, - Elektroimpulsgeräte, Präzisionsschleudern, Nunchakus. Nr. 2: die **sonst** nach Beschaffenheit, Handhabung oder Wirkungsweise denen von Nr. 1 oben gleichen und die in der Anl. näher beschrieben sind als: - Spring-, Fall-, Faust-, Butterflymesser, - amtl. nicht zugelassene Elektroimpulsgeräte. Straftatbestände: §§ 51, 52 WaffG; Einziehungs- u. Verfallsvorschrift: § 54 WaffG. Bußgeldtatbestände: § 53 WaffG; z. B. Führen von Anscheinswaffen, Hieb- oder Stoßwaffen oder Messer mit fester Klinge ab 12 cm.

Erlaubnisfrei sind nach der **Waffenliste** (Anlage 2 Abschnitt 2 UA 2 WaffG) Erwerb und Besitz **u.a.**	
a) von **Druckluft-,** Federdruckwaffen und Waffen für kalte Treibgase bis zu 7,5 Joule, sofern sie das Kennzeichen F im Fünfeck tragen (Nr. 1.1); b) von **Armbrüsten** (Nr. 1.10); Voraussetzung bei a) und b) nach § 2 I aber mindestes 18 Jahre. c) von **Schreckschuss-**, Reizstoff- und Signalwaffen mit PTB-Zulassungszeichen sowie Munition (Nr. 1.3 und 1.4).	Die Erlaubnis zum **Führen und Schießen** für Waffen nach c) wird mit dem **Kleinen Waffenschein** erteilt (§ 10 IV, V WaffG). Voraussetzungen nach § 4 I WaffG sind aber: - mindestens 18 Jahre und - persönliche Zuverlässigkeit und Eignung. Sachkunde-, Bedürfnis- und Haftpflichtversicherungsnachweis sind gem. Anl. 2 Abschnitt 2 UA 3 Nr. 2 nicht erforderlich.

Der Begriff des **gefährlichen Werkzeuges** ist entsprechend seines Sinnzusammenhanges mit den Waffen so auszulegen, dass es sich um einen Gegenstand handeln muss, der eine waffenähnliche generelle Gefährlichkeit aufweist. Aus seiner Waffenersatzfunktion muss sich ein *generelles erhebliches* Verletzungspotential ergeben. Nur so lässt sich das gefährliche Werkzeug von x-beliebigen anderen Gegenständen abgrenzen, bei deren Mitführung in nachweisbarer Gebrauchsabsicht I Nr. 1 b gegeben ist (BGH NStZ-RR '02, 265).

Beispiele: *Schlachtmesser; Baseballschläger, Eisenstange, Kettenstrang; Handwerkzeuge wie Hämmer, größere Schraubenschlüssel; gefährliche Hunde etc.*

Ein Vorlagebeschluss (§ 121 II GVG) des OLG Braunschweig (NJW '02, 1735) soll probate Abgrenzungskriterien zwischen I Nr. 1 a und b bringen. Der Fall: Ein Täter trug beim Diebstahl in einem Kaufhaus ein Taschenmesser in der Hose.

BGH 4StR 107/05 v. 12.7.05 sieht allein im ständigen Mitführen eines **Taschenmessers** mit einer Klingenlänge von 4,5 cm nicht schon das Merkmal „gefährliches Werkzeug" gegeben. Mangels schärferer Definitionen ist jeder Einzelfall in seiner speziellen Gegebenheit zu bewerten.

Beisichführen bedeutet ein *bewusstes* Mitführen durch den Täter, Mittäter, Gehilfen, und zwar dergestalt, dass die Waffe/das Werkzeug ohne großen Zeitaufwand und ohne nennenswerte Schwierigkeit verfügbar ist (BGH NStZ '98, 354).

Das ist nach BayObLG NJW '99, 2535 z. B. dann *nicht* der Fall, wenn der Täter ein feststehendes Messer während der Diebstahlshandlung in einem verschlossenen Rucksack mit sich trägt.

Der **Zeitraum** des Beisichführens muss sich auf irgendeinen Zeitpunkt zwischen Versuch und Vollendung beziehen, wobei es genügt, wenn der Täter die Waffe/das Werkzeug erst während der sich unmittelbar anschließenden Bergung der Beute ergreift.[1] Insofern ist auch der Zeitraum zwischen Vollendung bis zum Beginn der Beendung mit einbezogen.

Der Diebstahl durch *Berufswaffenträger*[2] und der Diebstahl *von* Schusswaffen (sofern funktionstüchtig und Munition verfügbar) stellt stets eine Qualifikation i. S. d. § 244 I 1 a dar.

Subjektiver TB bei I 1 a:

Gebrauchsabsicht wird *nicht* gefordert. Es genügt das bewusste Beisichführen bzw., dass der Täter damit rechnet, dass ein Mittäter oder Gehilfe die Waffe bzw. das gefährliche Werkzeug mitführt.

Diebstahl unter Beisichführen *sonstiger* Werkzeuge oder Mittel (I Nr. 1 b):

Sonstige Werkzeuge oder **Mittel** sind alle übrigen zur Zufügung von Verletzungen oder zur Drohung potentiell geeignete Tatmittel, die der Täter in der **Absicht** bei sich führt, mit ihnen einen etwaigen Widerstand einer anderen Person durch Gewalt oder durch Drohung mit Gewalt zu verhindern oder zu überwinden.

Im Gegensatz zu § 244 I 1 a kommt dem Tatmittel nach § 244 I 1 b nach seiner Beschaffenheit keine waffenähnliche Funktion zu. Seine Gefährlichkeit oder Wirksamkeit ergibt sich erst aus der Absicht seines zweckwidrigen Gebrauchs, wie etwa bei der Injektionsspritze, mit der dem Opfer ggf. gedroht werden soll.

Beispiele: *Pistolen- oder Bombenattrappen; ungeladene oder defekte Schusswaffen, Gaspistolen oder Schreckschusswaffen; Handschellen, Klebeband oder Strick zur Fesselung; Chloroform etc.*

§ 244 I 1 b ist auch dann erfüllt, wenn das Tatopfer die Ungefährlichkeit des Tatmittels erkennt, aber den Diebstahl aus Vorsicht dennoch geschehen lässt.

Abgrenzung: Wenn allerdings ein vom Täter in Verwendungsabsicht mitgeführter Gegenstand derart harmlos ist, dass er sich nur unter **Täuschung** des Opfers als wirksames Mittel einsetzen ließe, scheidet eine Qualifizierung nach § 244 I 1 b aus.

Der BGH[3] entschied dies in einem Fall, in dem eine Frau einer Kassiererin einen Labellostift in den Rücken gedrückt und sie aufgefordert hatte, den Inhalt der Kasse auszuhändigen (§ 255, aber nicht i. S. v. § 250 I Nr. 2 a. F., jetzt § 250 I 1 b).

Das Gebot der Einheitlichkeit der Rechtsanwendung gebietet es, die Tatmittel in § 244 und 250 unterschiedslos zu interpretieren.

Subjektiver TB bei I 1 b:

Der Täter muss das Werkzeug/Mittel in der Absicht, also mit mindestens direktem Vorsatz mitführen, es im Bedarfsfall im obigen Sinne zu verwenden.

Bandendiebstahl (§ 244 I Nr. 2):

Köln – Die tunesischen Staatsangehörigen A, B und C hatten sich auf die Begehung von Handta-

1) BGH NStZ '84, 2, 16; '85, 547 zu § 244 I a.F.
2) BVerfG zur Verfassungsgemäßheit dieser Auslegung in NStZ '95, 1 ff.
3) BGH NJW '96, 2663.

schendiebstählen spezialisiert. Zur erfolgreichen Ausführung der Taten hatten sie vier 12- bis 16-jährige Kinder befreundeter tunesischer Familien regelrecht ausgebildet.

Bevorzugte Tatorte waren innerstädtische Straßen und Plätze mit hohem Fußgängeraufkommen. Die Diebesbeute wurde geschickt oder durch plumpe Annäherung den Opfern entwendet, sogleich an bereitstehende Komplizen weiter gereicht und häufig erst nach einem abermaligen Wechsel B oder C ausgehändigt, von denen regelmäßig einer in Tatortnähe in einem Renault-Van bereitstand. A übernahm die Verwertung der Diebesbeute und zahlte den Eltern der Kinder einen ausgehandelten Anteil. Den Löwenanteil strichen A, B und C ein.

Vorbemerkung: Nach der früher ständigen Rspr. des BGH[1] war eine Bande der Zusammenschluss von mindestens *zwei* Personen, die sich für eine gewisse Dauer zur fortgesetzten Begehung von Raub oder Diebstahl verbunden hatten.

Die *täterschaftliche* (§ 25) Mitwirkung setzte dabei voraus, dass die Bandenmitglieder während der Tatausführung *zeitlich und örtlich*, wenn auch nicht notwendig körperlich, *zusammenwirkten* (Fall: Ein Täter wartet im Pkw, ein anderer bricht in der Nähe ein fremdes Fahrzeug in Diebstahlsabsicht auf).

Der i. S. v. § 132 II GVG angerufene BGH-GSSt[2] entschied sich einerseits für eine Einschränkung des Bandenbegriffs, indem er die Mindestzahl ihrer Mitglieder auf drei Personen anhob. Gleichzeitig entschied er sich für eine weite Auslegung des Mitwirkungserfordernisses beim Bandendiebstahl.

Leitsätze des BGH GSSt 1/00 v. 22.3.2001	**Entscheidende Kriterien aus der Urteilsbegründung**
Der **Begriff** der **Bande** – setzt den Zusammenschluss von mindestens **drei** Personen voraus, – die sich mit dem Willen verbunden haben, künftig für eine gewisse Dauer mehrere selbständige, im Einzelnen noch ungewisse Diebstähle oder Raubdelikte zu begehen.	– Die **Bandenabrede** begründet eine abstrakte **Organiationsgefahr** – durch enge Bindung und – Anreiz zur Tatfortsetzung – Auch Gehilfen können Bandenmitglieder sein. *Gefestigter* Bandenwille und Tätigwerden in übergeordnetem Bandenwillen sind nicht erforderlich.
Mitwirkungserfordernis Es genügt – wenn ein Bandenmitglied als Täter und – ein anderes Bandemitglied beim Diebstahl in irgendeiner Weise zusammenwirken. Die Wegnahmehandlung kann sogar durch einen bandenfremden Täter ausgeführt werden.	– Die **konkrete Ausführungsgefahr** entsteht bereits durch die bandenmäßige Arbeitsteilung in der Planungs-, Vorbereitungs- oder Ausführungsphase wenigstens zweier Bandenmitglieder, von denen mindestens einer Täterqualifikation haben muss. – Abgrenzung für den Fall, dass sich die Bande z. B. eines Nichtmitgliedes als Hilfsperson (Spezialisten) bedient.

Im Einzelnen:

Ein tatbestandsmäßiges Handeln als Bandentäter setzt die Bandenmitgliedschaft (Bandenabrede) und eine bandenmäßige Beteiligungsform (Mitwirkungserfordernis) an der konkreten Tat voraus.

Bandenabrede: Ob jemand Mitglied einer Bande ist, bestimmt sich allein nach der deliktischen Vereinbarung. Die Bandenabrede begründet die erhöhte *abstrakte* Gefährlichkeit der Bande, die darin liegt, dass die Mitglieder für eine gewisse Dauer eine Bindung eingehen, die ihnen ständigen Anreiz zur Fortsetzung ihrer kriminellen Tätigkeit bietet.

Ein gefestigter Bandenwille oder ein Tätigwerden in einem übergeordneten Banden-interesse sowie eine festgefügte Organisationsform, wie dies alles bei der kriminellen Vereinigung i. S. v. § 129 tatbestandlich gefordert wird, ist für die Bandenabsprache nicht erforderlich. Es genügt die Eingehung eines Zweckbündnisses zur effektiveren Erreichung individueller Ziele.

1) BGH 1 StR StV '98, 421, mit Hinweisen auf die frühere Rspr.
2) Beschl. v. 22.3.01, NStZ '01, 421 ff.

Folglich kommt es auch nicht darauf an, ob die Zusage des Einzelnen eine täterschaftliche (§ 25 I) Beteiligung oder eine Gehilfentätigkeit (§ 27) vorsieht. Der GSSt des BGH stellte ausdrücklich fest, dass die besondere Gefährlichkeit des Bandendiebstahls von der Form der Beteiligung der an der jeweiligen Bandentat Mitwirkenden Bandenmitglieder unabhängig ist.

Die Bandenabrede ist für sich gesehen nicht strafbewehrt. Sie wird es erst nach § 30, wenn sich die Abrede auf konkrete Diebstähle i. S. v. § 244 **a** oder auf bestimmte Raubdelikte, also auf *bestimmte* **Verbrechen** bezieht (Näheres Kap. A 19.4).

Zum Fall: Nach den vorstehenden vom BGH-GSSt herausgestellten Grundsätzen haben die Tunesier A, B und C ganz sicher eine Bandenabrede getroffen. Ob die 12- bis 16-Jährigen nach der getroffenen Absprache Mittäter oder Gehilfen waren, ist ohne Bedeutung, da sie auch in Gehilfenfunktion Bandenmitglieder sein können. Da ihre Mitwirkung wichtig und in Anbetracht ihrer Beschulung auf längere Dauer gerichtet war, kann von einer Bandenmitgliedschaft in Gehilfenfunktion ausgegangen werden.

Bandenmäßige Begehung (Beteiligungsform, Ausführungsgefahr): Ausgehend vom Verständnis der Bandenabrede hat der GSSt des BGH entschieden, dass die besondere Gefährlichkeit der Ausführung des Bandendiebstahls (sog. Ausführungsgefahr), von der *Form* der Beteiligung des einzelnen Bandenmitglieds unabhängig ist. Das gesetzliche Mitwirkungserfordernis *„als Mitglied einer Bande unter Mitwirkung eines anderen Bandenmitglieds stiehlt“* ist danach schon immer dann erfüllt, wenn ein Bandenmitglied als Täter mit einem anderen Bandenmitglied in *irgendeiner Weise* als Täter oder Gehilfe zusammenwirkt. Die Mitwirkung des einzelnen Bandenmitglieds kann ihren Schwerpunkt in der Planung, Vorbereitung oder Ausführung der Tat haben. Ein örtliches und zeitliches Zusammenwirken der Bandenmitglieder bei der Wegnahmehandlung (Tatortanwesenheit) ist nicht gesetzliche Voraussetzung.
Die Wegnahmehandlung als solche kann nach Auffassung des BGH sogar durch einen bandenfremden Täter ausgeführt werden, während die Bande selbst im Hintergrund bleibt. Entscheidend ist nur, dass die unmittelbareTatausführung des Nichtmitgliedes im Rahmen der Bandenabrede erfolgt.

Da die Bandenmitgliedschaft ein besonderes persönliches Merkmal i.S.v. § 28 II ist, kommt für teilnehmende Nichtmitglieder je nach Art ihrer Teilnahme Täterschaft, Anstiftung oder Beihilfe zu anderen Diebstahls-TB in Betracht (Näheres zu dieser Problematik in Kap. A 19.4).

Abgrenzung: Nur wenn ein Bandenmitglied eine Tat ganz allein oder ausschließlich mit bandenfremden Personen begeht, ist nach der jetzigen Auslegung bandenmäßiger Begehung ein Bandendiebstahl ausgeschlossen.

Subjektiver TB: Die Bandenmitglieder müssen vorsätzlich handeln, d. h. in dem Bewusstsein, absprachegemäß als Bande einen Diebstahl zu begehen.

Zum Kölner Fall: Nach der vom BGH-GSSt vertretenen weiten Auslegung des Mitwirkungserfordernisses brauchten A, B und C während der Tatausführung nicht am Tatort anwesend zu sein. Es genügte, dass sie als Bandentäter entscheidend in der Planungs-, Vorbereitungs- und Nachbereitungsphase, also in bandenmäßiger Arbeitsteilung am Gelingen der Taten beteiligt waren und sich die Handlungen der 12- bis 16-jährigen Bandengehilfen als eigene anrechneten. A, B und C sind daher des gemeinschaftlichen Bandendiebstahls (§§ 244 I 2, 25 II) verdächtig.

Die Tat ist gem. § 244 a zum Verbrechen des Schweren Bandendiebstahls qualifiziert, da sie die einzelnen Diebstähle zugleich gewerbsmäßig i. S. v. § 243 I S. 2 Nr. 3 begangen haben. Zu den Einzelheiten hierzu vgl. Sie die Ausführungen im nachfolgenden Kap. B 18. 6. Soweit die Bandenmitglieder noch nicht strafmündig waren (§ 19) schied ihre strafrechtliche Verantwortlichkeit aus, soweit sie Jugendliche waren, richtete sich ihre Verantwortlichkeit nach § 3 JGG (Näheres hierzu in Kap. A 17.2).

Für die Eltern der Bandengehilfen ist eine Bandenmitgliedschaft nach Falllage nicht zu begründen. Für sie kommt aber bei entsprechendem Wissen und Wollen Beihilfe zu den einzelnen Diebstahlshandlungen in Betracht (§§ 242, 27, 53). Sofern sie dabei gewerbsmaßig i. S. v. § 243 I S. 2 Nr. 3 handelten, war der Strafrahmen des § 243 I S. 1 anzuwenden.

Wohnungseinbruchdiebstahl (I Nr. 3):

Zur Entstehung vgl. Sie oben unter Ziff. IV – Allgemeines.

Mit der Bezeichnung Wohnungs*einbruch*diebstahl wurde die häufigste Begehungsform dieser schweren Diebstahlsvariante verwendet. Die Einzelheiten der Nr. 3 lassen erkennen, dass alle Varianten des Hineingelangens in eine Wohnung in Betracht kommen (Abb. oben III). Bezüglich dieser Tatmodalitäten kann auf Kap. B 18.4 verwiesen werden. Eine Änderung zum Recht *vor* In-Kraft-Treten des 6. StrRG ist insofern nicht eingetreten.

Angesichts der erhöhten Mindeststrafe für § 244 I 3, des Ausschlusses der Geringerwertigkeitsklausel (§ 243 II) und der Intention des Gesetzgebers, wonach § 244 I 3 die *besondere Intimsphäre* des Opfers schützen soll, dürfte der **Wohnungsbegriff** für § 244 I 3 gegenüber dem aus § 123 (Kap. B 3) restriktiv auszulegen sein.[1]

Wohnungen sind danach allseits umschlossene Räume, die Menschen zumindest vorübergehend als nach außen abgeschirmte Privat- und Geheimsphäre dienen.

Beispiele: *Wohnhaus inkl. Keller, Boden, Treppenhaus; Hotelzimmer, Campingzelt.*

Gegenbeispiele: *Pkw, Ladenlokal, frei stehendes Gartenhaus, leer stehendes Wohnhaus; Keller, Böden und Treppen in größeren Mietshäusern (schwierige Grenzziehung).*

Der Tatbestand setzt nicht vorraus, dass die Wegnahme in der Wohnung erfolgt.[2]

Beispiel: *Täter steigt durch ein offenes Badezimmerfenster in ein Wohn- und Geschäftshaus ein, findet dann freien Zugang in das Ladenlokal, entwendet dort Bargeld und verlässt den Tatort durch eine rückwärtige Tür des Geschäftsraums.*

Demonstration der Tathandlungen nach § 244 I Nr. 3

1) OLG Schleswig NStZ '00, 479 f. mit Literaturhinweisen.
2) BGH NStZ '01, 533.

18.6 Schwerer Bandendiebstahl, § 244 a[1]

I. Allgemeines

Rechtsfolge: FS v. 1 J. – 10 J. (I), in minder schweren Fällen FS v. 6 Mon. – 5 J. (II); FA, § 245; VS, *§ 43 a*[2]; EV, § 73 a (III).[3]

Deliktstyp: Verbrechen. Vorbereitungshandlungen sind daher bereits über § 30 strafbar.[4]

Rechtsgut: Schutz der Allgemeinheit und des Einzelnen vor den Gefahren der „Organisierten Kriminalität" (OK);[5]

Konkurrenzen: §§ 242, 243 I bzw. 244 I 1 od. 3 müssen zwar vorliegen, werden im *Ergebnis* aber von § 244 a verdrängt; § 244 a wird wiederum vom Bandenraub gem. § 250 I Nr. 2 (FS ab 5 J.)[6] verdrängt.

II. Ausgangsfall

Fall: Mantey, Kinski und Beier hatten sich darauf verständigt, aus Autohäusern hochwertige Gebrauchtfahrzeuge zu entwenden und nach Osteuropa zu verkaufen. Zu diesem Zweck suchten Mantey und Kinski in der Folgezeit nach jeweiligem Tipp von Beier, der als Autoverkäufer tätig war, verschiedene Autohäuser auf, nahmen von Beier ausgewählte Fahrzeuge, die jeweils im Freien abgestellt waren, in Augenschein und täuschten Kaufinteresse vor. Dabei lenkte einer von ihnen den Verkäufer ab, während der andere die Originalschlüssel des besichtigten Fahrzeuges gegen ähnliche, von Beier organisierte Schlüssel derselben Automarke austauschte.
Am jeweils folgenden Wochenende wurden von den Tätern in einem Zeitraum von drei Monaten insgesamt sieben mit einer elektronischen Wegfahrsperre ausgerüstete Fahrzeuge unter Verwendung der ausgetauschten Originalschlüssel entwendet. Ungeklärt blieb, von wem die Fahrzeuge jeweils von ihren Abstellplätzen entwendet worden waren (nach BGH-GSSt 1/00 v. 22.3.2001).

III. Tatbestandsaufbau

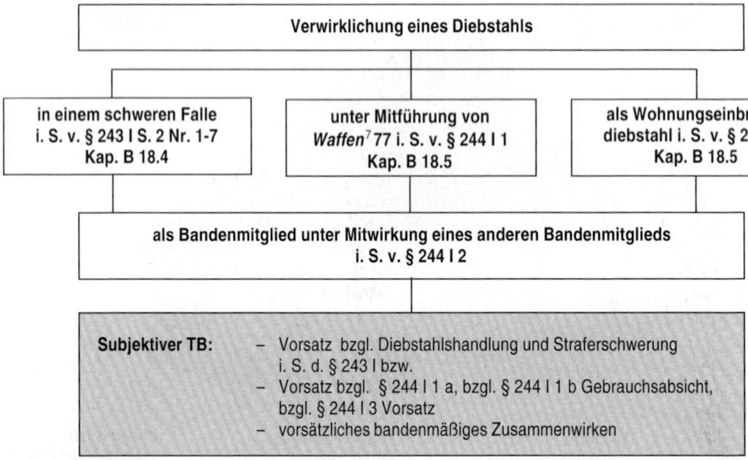

1) I. d. F. des 6. StrRG.
2) In seiner derzeitigen Fassung nichtig; vgl. Sie Kap. A 7.2.
3) Näheres zu diesen Begriffen in Kap. A 7.
4) Näheres in Kap. A 19.4.
5) Nähere Ausführungen zu diesem Begriff auch in Kap. B 20.5.
6) Kap. B 19.3.
7) Das Mitführen eines gefährlichen Werkzeuges genügt hier nicht!

IV. Erläuterungen

Der TB des § 244 a (a. F.) wurde mit dem ***OrgKG***[1] zur wirksameren Bekämpfung der Organisierten Kriminalität in das StGB aufgenommen. Er findet u. a. seine Ergänzung in den ebenfalls mit dem OrgKG geschaffenen TB

- der gewerbsmäßigen Bandenhehlerei (§ 260 a – Kap. 20.4),
- der Geldwäsche (§ 261 – Kap. B 20.5),
- des bandenmäßigen Handeltreibens ... mit Betäubungsmitteln (§§ 30, 30 a BtMG) und
- mit der Einführung der Vermögensstrafe (§ 43 a) und des Erweiterten Verfalls (§ 73 d).[2]

Dem gleichen Ziel dienen die mit dem ***Verbrechensbekämpfungsgesetz***[3] u. a. aufgenommenen TB

- des gewerbs- u. bandenmäßigen Einschleusens von Ausländern (§§ 96 II, 97 AufenthG) sowie
- die Erweiterung der Anwendbarkeit der Vermögensstrafe und des Erweiterten Verfalls auf die TB der Erpressung gem. §§ 253, 255 (Kap. B 19.6 u. 19.7) bei gewerbs- bzw. bandenmäßiger Begehung (§ 256) und
- die Erweiterung des für den TB der Geldwäsche aufgestellten Katalogs der relevanten Ursprungstaten (§ 261).[4]

Die Linie wurde mit dem ***6. StrRG***[5] weiter verfolgt, indem Vergehenstatbestände unter der Voraussetzung ihrer bandenmäßigen und zugleich gewerbsmäßigen Begehung als Verbrechenstatbeständen eingestuft wurden. Es sind dies:

- Betrug, § 263 V,
- Computerbetrug, § 263 a II i. V. m. § 263 V,
- Subventionsbetrug, § 264 III i. V. m. § 263 V,
- Urkundenfälschung, § 267 IV,
- Fälschung technischer Aufzeichnungen, § 268 V i. V. m. § 267 IV,
- Fälschung beweiserheblicher Daten, § 269 III i. V. m. § 267 IV.

Die Ausbildung der Taten zu Verbrechens-TB (außer §§ 253, 261) ermöglicht über den TB des § 30 (Kap. A 19.4), *Verabredung ... zu einem Verbrechen,* einen frühzeitigen repressiven Ermittlungsansatz.

Besonderheit: Während die Bandendelikte nach §§ 244 I Nr.2, 244a, 250 I Nr. 2 der irgendwie gearteten Mitwirkung eines zweiten Bandenmitgliedes bedürfen, woraus die bandenmäßige Ausführungsgefahr dieser Delikte abgeleitet wird, verzichtete der Gesetzgeber in den oben genannten Tatbeständen auf das Merkmal 'unter Mitwirkung eines anderen Bandenmitglieds' und lässt es genügen, dass der Täter die Tat 'als Bandenmitglied' – ggf. allein –, aber doch im Sinne der Bande begeht. Zur weiteren Unterscheidung der Bandendelikte mit und ohne Mitwirkungserfordernis vgl. Sie ggf. die Ausführungen in Kap. B 20.4 Ziff. VII.

Die Bandenabrede i.S.d. § 244 I 2 erfüllt *dann* bereits den Tatbestand der *Kriminellen Vereinigung* (§ 129), wenn eine gefestigte Organisationsstruktur gebildet wurde, innerhalb derer sich die Mitglieder einem verbindlichen Gruppenwillen unterzuordnen haben.

Einzelheiten zum Begriff der **Organisierten Kriminalität** (OK) sind in Kap. B 20.5 – Geldwäsche ... – dargestellt.

---

1) Gesetz zur Bekämpfung des illegalen Rauschgifthandels und anderer Erscheinungsformen der Organisierten Kriminalität (OrgKG) vom 15.07.1992, BGBl. I, 1302.
2) Näheres zu diesen Begriffen in Kap. A 7.2.
3) Gesetz zur Änderung des StGB, der StPO u. anderer Gesetze (Verbrechensbekämpfungsgesetz) vom 01.10.1994, BGBl. I, 3185 ff.
4) Näheres zum TB der Geldwäsche in Kap. B 20.5.
5) Sechtes Gesetz zur Reform des Strafrechts vom 26.01.1998.

Fallbearbeitung:

Mantey, Kinski und Beier könnten im Ausgangsfall oben unter II. einen **Bandendiebstahl** i. S. v. § 244 I 2 begangen haben.

Der Begriff Bande setzt den Zusammenschluss von mindestens drei Personen voraus, die sich mit dem Willen verbunden haben, künftig wenigstens für eine gewisse Dauer mehrere selbständige, im Einzelnen noch ungewisse Diebstähle oder Raubdelikte zu begehen *(Bandenabrede)*.

Der Sachverhalt legt diese Abrede nahe, da die drei Tatverdächtigen über einen längeren Zeitraum gut durchdachte Diebstähle hochwertiger Gebrauchtfahrzeuge organisiert, durchgeführt und ihren Weiterverkauf nach Osteuropa betrieben haben. Ein gefestigter Bandenwille und ein Tätigwerden in einem übergeordneten Bandeninteresse ist i. S. v. § 244 I 2 nicht notwendig. Es genügt, was hier zu unterstellen ist, wenn sie partnerschaftlich unter Verfolgung individueller Interessen im Sinne der Bandenabrede zusammenwirken wollten.

Nach der weiten Auslegung des *Mitwirkungserfordernisses* durch den BGH-GSSt 1/00, StV 2001, 399 genügt es, wenn ein Bandenmitglied als Täter und ein anderes Bandenmitglied als Täter oder Gehilfe beim Diebstahl in irgendeiner Weise zusammenwirken *(Ausführungsgefahr)*. Die Wegnahmehandlung selbst kann auch durch einen bandenfremden Täter ausgeführt werden, wenn dieser dabei im Auftrag der Bande handelt.[1]

Im vorliegenden Fall verwirklichte sich die Ausführungsgefahr des bandenmäßig organisierten Diebstahls der Fahrzeugschlüssel und Fahrzeuge dadurch, dass Mantey und Kinski die Fahrzeuge in Abstimmung mit Beier selbst wegnahmen oder – was ungeklärt blieb – durch einen Bandenfremden nach ihrem Plan wegnehmen ließen. In diesem Fall genügte es, dass M, K und B als Bandentäter entscheidend in der Planungs-, Vorbereitungs- und Nachbereitungsphase, also in bandenmäßiger Arbeitsteilung, am Gelingen der Taten beteiligt waren.

Mantey, Kinski und Beier sind daher verdächtig, einen gemeinschaftlichen Bandendiebstahl in insgesamt sieben Fällen (§§ 244 I Nr. 2, 25 II) begangen zu haben.

Die Tat ist gemäß § 244 a zum Verbrechen des **Schweren Bandendiebstahls** qualifiziert, da die entwendeten Fahrzeuge jeweils durch eine elektronische Wegfahrsperre i. S. v. § 243 I S. 2 Nr. 2 gegen Diebstahl besonders gesichert waren und die Täter zudem i. S. v. § 243 I S. 2 Nr. 3 die Diebstähle gewerbsmäßig ausgeführt haben.

Das gewerbsmäßige Handeln ergibt sich daraus, dass die Täter bei dem Umfang und der Ergiebigkeit ihres Planes sicherlich mit der Vorstellung gehandelt haben, sich aus wiederholter Tatbegehung eine nicht nur vorübergehende Einnahmequelle von einiger Dauer und einigem Umfang zu verschaffen.

Der subjektive Tatbestand fordert Vorsatz, hinsichtlich der Zueignung der Schlüssel und Fahrzeuge Absicht. Beides kann nach Falllage als gegeben unterstellt werden.

Rechtfertigungsgründe sowie Gründe, die die Schuld bei einem der Täter fraglich erscheinen lassen könnten, sind nicht ersichtlich.

Konkurrenzen:
Die sieben schweren Bandendiebstähle wurden durch mehrere selbständige Handlungen begangen, so dass zwischen ihnen Tatmehrheit (§ 53) besteht.

Ergebnis:
Mantey, Kinski und Beier haben schuldhaft einen Schweren Bandendiebstahl in sieben Fällen verübt.

1) BGH-GSSt 1/00, 399, NStZ '01, 421.

18.7 Unterschlagung, § 246

I. Allgemeines

Rechtsfolge FS – 3 oder GS (I); FS – 5 J. oder GS bei anvertrauten Sachen (II).

Deliktstyp: Vergehen, OD; der Versuch ist strafbar (III). Die Unterschlagung gegenüber Angehörigen etc. bzw. von geringwertigen Sachen stellt gem. §§ 247, 248 a ein Antragsdelikt dar (Kap. B 18.2).

§ 246 enthält eine allgemeine Subsidiaritätsklausel. Das bedeutet, dass § 246 nicht nur hinter den Zueignungsdelikten, sondern hinter *allen* Delikten mit höherer Strafandrohung zurücktritt.[1]

Rechtsgut: Schutz des Eigentums an bewegliche Sachen.

Konkurrenzen: *Tateinheit* kann z. B. bestehen zu § 133 (Verwahrungsbruch) und § 135 (Verstrickungsbruch), z. B. im Falle der Amtsunterschlagung.

Die nachfolgende Verwertung der unterschlagenen Sache, etwa durch Verbrauch oder Verkauf, ist im Allgemeinen *mitbestrafte Nachtat*, sofern keine neue Rechtsgutverletzung darin liegt. Der Verkauf einer unterschlagenen Sache an einen gutgläubigen Dritten wäre Betrug (§ 263) gegenüber diesem nach der sog. Makeltheorie.[2]

II. Ausgangsfälle

Fall 1: Der 45-jährigen Hausfrau S. läuft auf ihrem einsamen Nachhauseweg ein Siamkater zu. Das offenbar noch junge Tier erweist sich als so zutraulich, dass sie sich entschließt, den Kater zu behalten und mit nach Hause zu nehmen. Das Halsband, das der Kater trägt, entfernt sie.

Fall 2: Mantu schenkt seiner gutgläubigen Freundin F. einen von ihm ausge- und an F. weiterverliehenen wertvollen alten Bildband anlässlich eines Telefonats.

Fall 3: Zwei Jugendliche bestiegen einen am Theaterplatz in Aachen unverschlossenen abgestellten 67er Jaguar, überwanden gewaltsam die Lenkradsperre, schlossen das Fahrzeug kurz und fuhren in Richtung Eschweiler davon. Entgegen ihrer ursprünglichen Absicht – das Fahrzeug in Eschweiler vor der Feuerwehrwache abzustellen – entschlossen sie sich in der Nähe einer Diskothek in Stolberg spontan, das Fahrzeug zu verlassen und seine weitere Nutzung aufzugeben (nach einem Ermittlungsbericht der Kripo Aachen).

Fall 4: Mantu betankte seinen Pkw an der Selbstbedienungstankstelle des Pächters P. mit Benzin im Wert von 80 Euro. Er betrat den zu diesem Zeitpunkt leeren Kassenraum in Zahlungabsicht, nahm sich Lebensmittel im Wert von 10 Euro, legte die Ware und einen 100-Euro-Schein auf die Theke und nannte die Nr. der Zapfsäule. Der aus dem Nebenraum zurückgekehrte P. gab Mantu 90 Euro zurück. Dieser erkannte den Irrtum und entfernte sich ohne Bezahlung des Benzins.

III. Tatbestandsaufbau

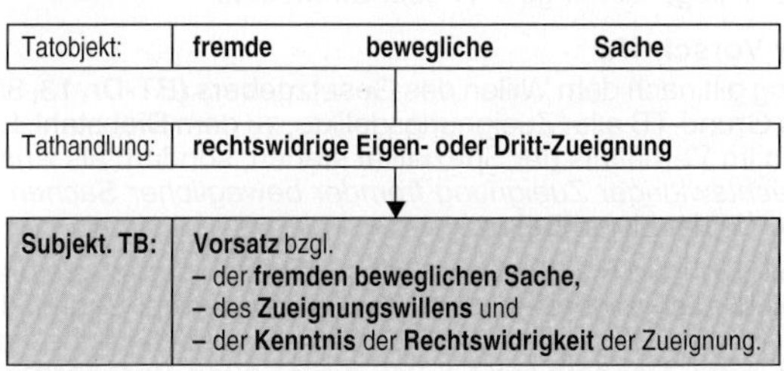

1) BGH 1 StR 513/01 v. 6.2.2002, NJW '02, 2188. In der Lit. wird teilweise die Auffassung vertrten, die Subsidiarität dürfe sich nur auf das Verhältnis der Vorschrift zu anderen Vermögendsdelikten beziehen. Näheres z. B. bei Tröndle/Fischer.

2) BGHGSSt 14, 38 ff., 44. Näheres in Kap. B 21.2.

IV. Erläuterungen

Vorbemerkung:

Die mit dem 6. StrRG verbundenen Änderungen wirken sich beim TB der Unterschlagung in ganz außergewöhnlichem Maße auf die bisherige Rspr. und Literatur aus. Jahrzehntelang haben sich Rspr. u. Lit. mit dem Phänomen der Unterschlagung, ihrer Beziehung zu den übrigen Zueignungsdelikten, ihrer Anwendbarkeit und der Frage des Analogieverbotes befasst.

Probleme bereiteten insbesondere die folgenden Fragen:

- Musste der Täter zum Zeitpunkt der Zueignung bereits (Allein-) Gewahrsam oder Besitz an der fremden beweglichen Sache haben?
- Waren Gewahrsam und Besitz synonym auszulegen? Kamen ggf. alle Besitzformen[1] in Betracht?
  Um Strafbarkeitslücken möglichst auszuschließen, suchte man mit der sog. *großen berichtigenden Auslegung* das Merkmal *Gewahrsam* nicht als TBM, sondern nur als Abgrenzungskriterium zum Diebstahl auszulegen, um jede Zueignung ohne Gewahrsamsbruch als Unterschlagung subsumieren zu können.
  Die Gegenmeinung argumentierte, dass diese Auslegung gegen das *Analogieverbot* verstoße und forderte in wörtlicher Auslegung des Merkmals Gewahrsam, dass seine Erlangung zeitlich vor der Zueignung liegen müsse.
  Der BGH vermittelte zwischen diesen Gegensätzen mit der von ihm gefundenen *kleinen berichtigenden Auslegung*[2], wonach es genüge, wenn Gewahrsamserlangung und Zueignung in einem Handlungsakt zusammenfielen.
- Schließlich entwickelte sich am § 246 a. F. noch der Streit um die Strafbarkeit der sog. *Drittzueignung.*
  Mit den hierzu bis hin zum 4. und 5. Strafsenat des BGH[3] kontrovers geführten Auffassungen hatte sich noch in jüngster Zeit der Große Strafsenat des BGH (BGH-GSSt 1/95 [BGHSt 41, 187]) zu befassen.

Das alles ist nunmehr Geschichte, nur noch geeignet, historisches Verständnis für den Wandel des Rechts zu vermitteln. Die praktische Handhabung des neuen § 246 kann aus sich heraus erfolgen. Wie konnte dies geschehen?

Drei Retuschen des Gesetzestextes sind die Ursache:

- der *Verzicht* darauf, dass der Täter die Sache z. Z. der Zueignung in seinem Besitz oder Gewahrsam gehabt haben muss,
- die *Ergänzung,* dass auch eine Drittzueignung den Tatbestand erfüllt, und
- die *Klarstellung,* dass § 246 I nur eine Aushilfsfunktion für die Fälle zukommt, dass die Tat nicht nach anderen Vorschriften mit schwererer Strafe bedroht ist (Subsidiaritätsformel). Hierin liegt allerdings ein *neuer* Streitpunkt:

Subsidiarität der Vorschrift:

Die Unterschlagung gilt nach dem Willen des Gesetzgebers (BT-Dr. 13, 8587, S. 43 zum 6. StrRG) nicht als Grund-TB aller Zueignungsdelikte, zu dem Diebstahl, Erpressung und ähnliche Straftaten im Verhältnis der Spezialität stehen, sondern als *Auffangtatbestand für alle Formen rechtswidriger Zueignung fremder beweglicher Sachen.* Diese Auffassung wird z. T. auch in der Lit. vertreten.[4]

Der BGH (1 StR 513/01 vom 6.2.2002) hat dies insoweit korrigiert, als die Formulierung „... wenn die Tat nicht nach anderen Vorschriften mit schwererer Straf bedroht ist" nur als allgemeine und nicht wie z. B. in §§ 145 d, 202, 316 als spezielle Subsidiaritätsvorschrift ausgelegt werden dürfe. **Deshalb trete § 246 hinter allen Vorschriften mit höherer Strafandrohung zurück.**

1) Vgl. Sie hierzu den Exkurs Sachenrecht in Kap. B 18.3 Ziff. V.
2) BGHSt 4, 67, 77; w. Nw. u. a. bei Tröndle/Fischer.
3) BGH 4 StR 416/93, BGHSt 40, 8; BGH 5 StR 386/94 und Beschluss vom 13.10.94 in NStZ '95, 131 ff.
4) Nachweise und Arg. bei Tröndle/Fischer.

Vor Anwendung des § 246 muss also als **Vorfrage** geklärt werden, ob *die Tat* nach anderen Vorschriften höher bestraft werden kann (= Abb.) *Eine Tat* i. S. v. § 246 liegt vor, wenn die Zueignungshandlung zeitgleich mit einem anderen Delikt zusammentrift.

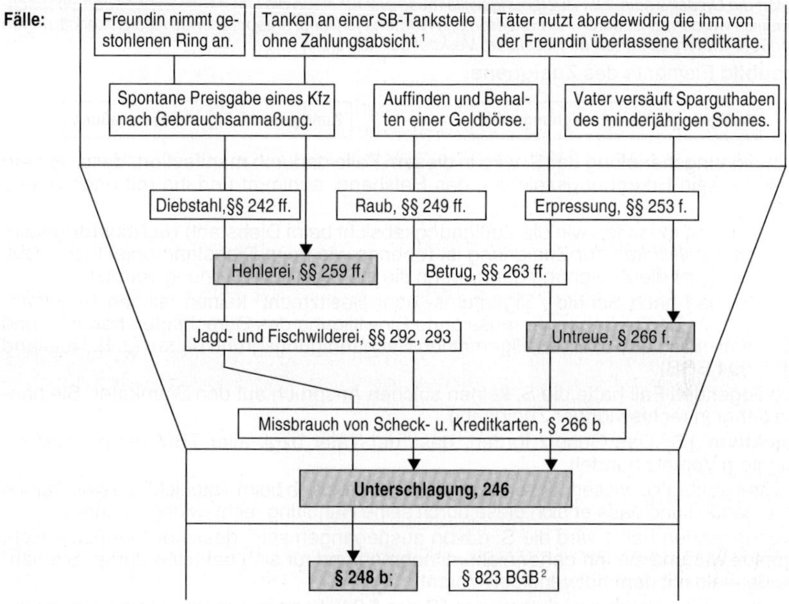

Die nachfolgenden Ausführungen gelten zugleich als **Fallbearbeitung.**

Im Ausgangsfall 1 war der Siamkater eine fremde bewegliche Sache für die Hausfrau.[3] Von einem Aussetzen des Tieres (Dereliktion, mit der Folge, dass das Tier herrenlos wäre, § 959 BGB) kann nicht ausgegangen werden. Dafür sprechen das Halsband, das das Tier trug und der Wert des Edelkaters.

Eine ggf. vorrangige Diebstahlshandlung schied aus, als die S. das Tier mit nach Hause nahm, da sie dadurch nicht den Gewahrsam eines anderen brach, denn das Tier war offenbar entlaufen und daher gewahrsamslos.

In Betracht kommt der TB der Unterschlagung nach § 246 I. Dann müsste die Hausfrau S. *sich* oder *einem anderen* den Siamkater rechtswidrig zugeeignet haben.

Die **Zueignung** beinhaltet – *ähnlich* wie beim Diebstahl – ein Handeln mit Aneignungs- und Enteignungs*willen*. Auch hier muss der Täter den Eigentümer aus seiner Position verdrängen wollen (§ 903 BGB sowie die Darstellung in Kap. B 18.3). Dies geschieht aber *nicht* durch *Wegnahme* in rechtswidriger Zueignungs*absicht*, sondern durch eine andere Art der Manifestation der Zueignung. Dies ist ein Verhalten, das für den (gedachten) Beobachter den Schluss zulässt, dass der Täter den Eigentümer aus seiner Position verdrängen und sich selbst (oder einen anderen im Falle der Drittzueignung) an seine Stelle setzen will. Der Wille allein, eine fremde bewegliche Sache künftig für sich zu behalten, genügt noch nicht.

1) Vgl. Sie hierzu Kap. B 18.3 – Beispiel 7 zum TBM „Wegnahme".
2) Zum Begriff der unerlaubten Handlung gem. § 823 BGB vgl. Sie den Exkurs in Kap. A 22.
3) Vgl. Sie hierzu Kap. B 18.3 – IV.

***Beispiel:** Mantu hat beschlossen, eine entliehene Spezialschlagbohrmaschine zu behalten. Er bringt sie nach Ablauf der Leihzeit nicht zurück.*

In diesem Verhalten liegt noch keine Unterschlagung, denn die nicht fristgerechte Rückgabe einer Leihsache ist nach außen noch keine Manifestation des Zueignungswillens. Nachlässigkeit oder Vergesslichkeit könnten die Ursache sein. Der Zueignungswille muss erst für einen die Umstände kennenden Beobachter deutlich werden, z. B. durch Abmontieren des Namensschildes, entsprechende Absichtserklärungen gegenüber Dritten, Leugnen des Besitzes, Verkauf der Maschine etc.

Schaubild Elemente des **Zueignens:**

Aneignungswille + Enteignungswille	+	Kundgabe der Eigentumsanmaßung

Die Zueignungshandlung der S. wird in diesem Falle dadurch manifestiert, dass sie dem Siamkater sein Erkennungszeichen, das Halsband, abnimmt und ihn mit nach Hause nimmt.

Die Zueignung muss (so wie die Zueignungsabsicht beim Diebstahl) **rechtswidrig** sein. Die *Widerrechtlichkeit* der Zueignung ist (ebenso wie beim Diebstahl) objektives TBM. Rechtswidrig ist die Zueignung dann, wenn sie die Eigentumsordnung verletzt.

Der Täter darf nach Schuld-, Eigentums- oder Besitzrecht[1] keinen fälligen Rechtsanspruch auf *die* Sache haben, er muss ohne Einwilligung des Berechtigten handeln, und er darf schließlich auch keinen allgemeinen Rechtfertigungsgrund haben (z. B. Notstand nach § 904 BGB).

Im vorliegenden Fall hatte die S. keinen solchen Anspruch auf den Siamkater. Sie handelte daher in rechtswidriger Zueignung.

Subjektiver TB: Das Gesetz fordert, dass der Täter bzgl. aller TBM mit mindestens bedingtem Vorsatz handelt.

Der Täter muss also wissen, davon ausgehen, dass es sich beim Tatobjekt um eine *fremde* Sache handelt und dass er sich diese durch seine Handlung rechtswidrig zueignet.

Im vorstehenden Fall 1 wird die S. davon ausgegangen sein, dass der Siamkater nicht herrenlos war und sie ihn daher nicht mitnehmen und für sich behalten durfte. Sie handelte deshalb mit dem notwendigen Vorsatz.

Anmerkung: Der Vorsatz und damit der TB des § 246 kann im Einzelfall durch einen sog. Tatbestandsirrtum (§ 16 I und Kap. A 14.2) ausgeschlossen sein. Das hätte im Fall 1 die Vorstellung bei der S. vorausgesetzt, eine streunende und daher herrenlose Katze aufgegriffen und sich angeeignet zu haben (§ 958 BGB). Nach Lage der Dinge (wertvolles Jungtier, Halsband) war das jedoch auszuschließen.

Die **Rechtswidrigkeit der Tat** bedarf hier keiner besonderen Prüfung, da dieses Merkmal bereits mit der Feststellung der Rechtswidrigkeit der Zueignung abschließend beurteilt wurde.

Die S. handelte auch **schuldhaft**. Die Feststellung kann so getroffen werden, da Schuldausschließungs- oder Entschuldigungsgründe nach dem SV offensichtlich nicht vorlagen.

Die Tat ist ein Vergehen und in diesem Fall ein Offizialdelikt, da die Geringwertigkeitsgrenze, die gegenwärtig noch bei etwa 50 Euro liegt, eindeutig überschritten wurde. Ein Strafantragserfordernis nach § 248 a ist daher nicht gegeben.

Anmerkungen zum Ausgangsfall 2:

Im Fall 2 kommt ebenfalls, mangels einer Vorschrift mit höherer Strafandrohung, der TB der Unterschlagung in Betracht.

Den Bildband hatte sich Mantu geliehen (§§ 598 ff. BGB). Er war daher für ihn eine fremde (bewegliche) Sache.

Diese Sache musste Mantu *sich* oder *einem Dritten* rechtswidrig zugeeignet haben.

Als er den Bildband seiner Freundin, die diesen bis dahin von Mantu nur leihweise empfangen hatte, schenkte (§§ 516 ff. BGB), eignete er ihn ihr zu. Mit dieser rechtsgeschäftli-

1) Näheres im Exkurs Sachenrecht in Kap. B 18.3.

chen Handlung, die zum Eigentumserwerb der F. führte[1], und damit zur Enteignung des Geschädigten, maßte sich Mantu die für die Zueignung typische eigentümerähnliche Position an.

Rechtswidrigkeit der Zueignung sowie Handeln mit dem notwendigen Vorsatz unterliegen keinen Bedenken. Die Tathandlung nach § 246 I ist damit gegeben.

Anmerkung: Nach früherem Recht, d. h. *vor* In-Kraft-Treten des 6. StrRG, war der TB des § 246 I *nicht* erfüllt, da § 246 a. F. voraussetzte, dass der Täter die Sache zum Zeitpunkt der Zueignung in Besitz oder Gewahrsam haben musste, wobei Besitz im Sinne von Gewahrsam ausgelegt wurde. Als Mantu seiner Freundin am Telefon den Bildband schenkte, hatte er daran aber keinen Gewahrsam mehr. Der Geschädigte konnte allerdings – damals wie heute – aus Vertragsverletzung oder aus unerlaubter Handlung zivilrechtlich gegen ihn vorgehen (Näheres im Exkurs Kap. A 22).

Auch die Drittzueignung – hier zugunsten der unwissenden Freundin – war nach früherem Recht nicht tbm. Allerdings genügte für den Aneignungswillen ein sehr weit gefasster Nutzen beim Täter, der – wie hier – darin bestehen konnte, sich durch die Handlung die Gunst der Beschenkten zu erhalten. Auf diese Weise wurden ansonsten unerträgliche Strafbarkeitslücken geschlossen.

Nach neuem Recht genügt es, auf den Hauptnutznießer abzustellen. Die Gewahrsamsfrage braucht nicht mehr erörtert zu werden. An deren Stelle ist die Subsidiaritätsprüfung getreten.

In Betracht kommt aber im *Fall 2* über § 246 I hinaus eine **veruntreuende Unterschlagung** nach § 246 II. Das setzt voraus, dass dem Täter – hier Mantu – das Tatobjekt **anvertraut** war. Anvertraut ist eine Sache dem Täter dann, wenn sie ihm mit der Maßgabe überlassen wurde, mit ihr im Interesse des Anvertrauenden zu verfahren.

Als Täter kommen u. a. in Betracht: Verwahrer, § 688 BGB; Entleiher, § 598 BGB; Mieter, § 535 BGB; Pächter, § 581 BGB; Käufer einer Sache unter Eigentumsvorbehalt, §§ 433, 455 BGB.

Hier war Mantu der Bildband im Rahmen des Schuldverhältnisse – Leihe – überlassen worden. Das setzt sorgsame Behandlung der Leihsache und vertraglich vereinbarte Rückgabe voraus.

Durch die rechtsgeschäftliche Weiterveräußerung verletzte Mantu diese schuldrechtliche Verpflichtung, er veruntreuete i. S. d. § 246 II.

Anmerkungen zum Ausgangsfall 3:

Der Jaguar war für die Jugendlichen eine fremde bewegliche Sache.

Eine Diebstahlshandlung schied aus, da sie bei Inbetriebnahme des Fz. die Absicht hatten, dafür Sorge zu tragen, das Fz. alsbald in den Herrschaftsbereich des Eigentümers zurückzuführen. Sie hatten damit zwar im Sinne der Zueignungsabsicht des Diebstahl-TB die (wenn auch nur vorübergehende) Aneignungsabsicht, aber es fehlte ihnen *zu diesem Zeitpunkt* der (notwendige) auf Dauer gerichtete Enteignungswille.

Es fragt sich, ob die spätere Planänderung, die in der *Preisgabe* des Jaguars in der Nähe einer Diskothek bestand, zur Verwirklichung des TB der Unterschlagung führte.

Das setzt eine rechtswidrige Zueignung zu *diesem* Zeitpunkt voraus.

Da aber die Zueignung die *gleichzeitige* Manifestation des Aneignungs- *und* Enteignungswillens voraussetzt, kann die spontane Preisgabe allein das TBM Zueignung nicht erfüllen.

Anmerkung: Wäre die Nutzungsänderung den Tätern *während* der Fahrt von Aachen nach Stolberg in den Sinn gekommen, wären Aneignungs- und Enteignungswille teilweise zeitgleich gegeben gewesen, so dass ihre Handlung den TB des § 246 I erfüllt hätte.

Da die Jugendlichen aber offenkundig nicht befugt waren, das Kfz gegen den Willen des Berechtigten in Gebrauch zu nehmen, erfüllten sie im Moment der Inbetriebnahme den TB des § 248 b. Die Tat ist ein AD. Näheres in Kap. B 18.8.

1) §§ 932, 935 f. BGB, Näheres im Exkurs zu Kap. B 18.3 Ziff. V.

Mit der gewaltsamen Überwindung der Lenkradsperre dürften die Täter tateinheitlich (§ 52) den TB der Sachbeschädigung erfüllt haben. Die Tat ist ebenfalls ein Vergehen und Antrags- und Privatklagedelikt.[1]

Mitbestrafte Nachtat: Hat der Täter durch ein Zueignungsdelikt (z. B. §§ 242, 244, 253, 259, 263) eine Sache erworben, stellt *deren spätere Verwertung* (z. B. durch Schenkung) keine Unterschlagung, sondern eine sogen. mitbestrafte Nachtat dar.[2]

Hat der Täter die Sache durch eine Straftat erworben, die kein Zueignungsdelikt darstellt, ist eine nachträgliche Zueignung möglich.

Beispiel: *Ausgangsfall 3 oben zu II, mit der Abwandlung, dass die Täter eine im Jaguar gefundene Geldbörse in Zueignung mitgenommen hätten (§ 246 I, nicht § 242, da sie bereits Gewahrsam an der Geldbörse hatten und eine Wegnahme mithin ausschied).*

Versuch: Auch der Versuch der Unterschlagung ist strafbar (III).[3]

Beispiel: *Fernfahrer Albertz, der alkoholische Getränke an Großkunden liefert, bietet einem Filialleiter eine günstige Palette edlen Weinbrandes zum Kauf ohne Rechnung an. Der Kunde lehnt ab und informiert Albertz' Chef über die seltsamen Verkaufspraktiken seines Fahrers.*

Fallbearbeitung

Argumentieren Sie zum Ausgangsfall 4, der der Entscheidung des OLG Koblenz nachgebildet ist (NStZ-RR '98, 364):

- kein Benzindiebstahl beim Betanken bzw. beim späteren Wegfahren mangels Wegnahme;
- keine betrügerische Entziehung der Zahlungspflicht (vgl. Sie hierzu Kap. B 21.2);
- Unterschlagung des Benzins

  Problem:
  - trotz Vermischung (§§ 947, 948 BGB – hierzu näher Ziff. 6.2 im Exkurs zu Kap. B 18.3), bestand für P. Miteigentum;
  - noch keine wirksame Übereignung i. S. v. § 929 S. 1 BGB durch Gestattung des Selbsttankens;
  - Argumente:
    - dingliche Einigungserklärung unter Vorbehalt späterer Bezahlung;
    - die Interessenlage zwischen Käufer und Verkäufer gebietet die Feststellung, dass der Eigentumsübergang erst mit der Zahlung zustande kommt (OLG Koblenz oben).

Das Benzin war daher für Mantu noch fremd. Mit dem Wegfahren eignete Mantu es sich rechtswidrig und vorsätzlich zu (§ 246 I).

18.8 Unbefugter Gebrauch eines Fahrzeuges, § 248 b

I. Allgemeines

Rechtsfolge: FS – 3 J. od. GS (I).

Deliktstyp: Vergehen; Antragsdelikt (III); der Versuch ist strafbar (II).

Rechtsgut: Die h. M. sieht das Gebrauchsrecht an Fahrrädern und Kfz als geschütztes Rechtsgut an[4] und nicht das Eigentum.

Antragsberechtigt: ist der Gebrauchsberechtigte, also z. B. der Eigentümer oder Mieter, Halter, Entleiher, Beauftragter.

Konkurrenzen: § 248 b kommt nur *subsidiär* in Betracht, also dann, wenn die Tat nicht nach anderen Vorschriften mit schwererer Strafe bedroht ist. §§ 242, 249 ff. gehen daher vor. *Tateinheit* (§ 52) kann z. B. mit Sachbeschädigung (§ 303), Hausfriedensbruch (§ 123), Nötigung (§ 240) oder auch Körperverletzung (§§ 223 ff.) bestehen.

Der Kraftstoffverbrauch bei Ingebrauchnahme eines Kfz ist *tatnotwendiges Unrecht* und begründet daher keinen selbständigen Tatbestand.

---

1) Zu den Verfolgungsvoraussetzungen vgl. Sie Kap. C 1.10 und C 1.12.
2) BGHSt – Großer Senat – 14, 38 ff., 44. Bei Verkauf einer gestohlenen Sache an einen gutgläubigen Käufer läge allerdings Betrug (§ 263) vor, da dieser gem. § 935 BGB kein Eigentum erwerben könnte (Exkurs in Kap. B 18.3 Ziff. V).
3) Zum Thema Versuch vgl. Sie Kap. A 18.
4) BGHSt 11, 47; LK zu § 248 b.

II. Ausgangsfall

Aachen – Die 16-jährigen Ralf W. und Thomas M. hatten ihren Spaß daran, das neue 18-Gang-Sportrad des 13-jährigen Werner S. gegen dessen großen Kummer auszuprobieren. Während einer von ihnen den Werner festhielt (§ 240), drehte der andere seine Runden (§ 248 b), bis zufällig eine Funkstreife der Polizei auftauchte. Die Beamten fanden die übereilte Flucht der Jugendlichen verdächtig und griffen zu ...

III. Tatbestandsaufbau		IV. Erläuterungen
Tatbestandsmäßig handelt, **wer** ein		
Fahrrad oder **Kraftfahrzeug**	=	Als Kfz gelten Land-, und Wasserfahrzeuge, die durch Maschinenkraft angetrieben werden; Landfahrzeuge dürfen nicht an Bahngleise gebunden sein. Der Gebrauch eines Anhängers ist *nicht* tbm.
gegen den Willen	=	Ohne Zustimmung.
des Berechtigten	=	Eigentümer oder andere im Einzelfall von ihm ermächtigte Personen mit Dispositionsbefugnis wie Mieter, Entleiher, Halter.
in Gebrauch nimmt	=	Vorübergehende artgemäße Benutzung als *Fortbewegungsmittel* mit oder ohne Motorkraft, und zwar unter zeitweiliger Brechung des fremden Gewahrsams.
Subjektiver TB: Vorsatz[1]	=	Bewusstsein der Ingebrauchnahme und des entgegenstehenden Willens.

Vollendet ist die Tat mit Beginn der Ingebrauchnahme, z. B. mit dem Kurzschließen der Zündung, dem Betätigen des Zündschlosses, dem Lösen der Handbremse, um das Fahrzeug fortzubewegen.
Beendet ist die Tat, wenn der Täter die Weiterfahrt endgültig aufgibt.
Versucht ist die Tat mit Beginn der unmittelbaren Ausführung, z. B. mit dem Öffnen der Fahrzeugtür, Abbocken des Kraftrades, der Beseitigung der Diebstahlssicherung am Fahrrad, um das Fahrzeug in Gebrauch zu nehmen. Auch im erfolglosen Start des z. B. defekten Motors ist eine Versuchshandlung zu sehen.
Abgrenzug des § 248 b zu § 242 und § 246:
„Die Frage, ob die Benutzung eines fremden Kraftfahrzeuges gegen den Willen des Berechtigten als Diebstahl oder als unbefugte Ingebrauchnahme zu beurteilen ist, beantwortet sich danach, ob der Täter über das fremde Fahrzeug selbstherrlich wie ein Eigentümer unter dauerndem Ausschluss des Berechtigten verfügen und zu diesem Zweck von vornherein den fremden Gewahrsam zugunsten des eigenen oder eines Dritten endgültig brechen will (Diebstahl), oder ob er sich von Beginn an mit der vorübergehenden eigenmächtigen Benutzung des Fahrzeugs und deshalb mit nur zeitweiliger Brechung des fremden Gewahrsams begnügen, diesen also nach Beendigung des Gebrauchs wiederherstellen will (unbefugte Ingebrauchnahme). Danach unterscheiden sich beide Straf-

1) Zum Vorsatz im Verbrechensaufbau vgl. Sie ggf. Kap. A 12.4.

tatbestände u. a. durch den für die unbefugte Ingebrauchnahme wesentlichen Willen zur Rückführung des Fahrzeugs in den Herrschaftsbereich des bisherigen Gewahrsamsinhabers. Mithin muss, soll lediglich unbefugter Gebrauch vorliegen, der Wille des Täters **im Zeitpunkt der Wegnahme** dahin gehen, den Berechtigten in eine solche Lage zu versetzen, dass er seine ursprüngliche Verfügungsgewalt über das Fahrzeug ohne besondere Mühe wieder ausüben kann."[1]

Maßnahmen der Rückführung können sein:

- Abstellen des Fahrzeuges an seinem ursprünglichen Ort;
- Abstellen des Fahrzeuges an einer Stelle, an der es in aller Regel kurzfristig bemerkt wird; z. B. vor einer Polizeidienststelle, auf einem Taxenstand oder vor einer Feuerwehrwache;
- telefonische Benachrichtigung des letzten Gewahrsamsinhabers über den genauen Standort des Fahrzeuges.

Hat der Täter *bereits zum Zeitpunkt der Wegnahme* nicht die Absicht der Rückführung, kommt **Diebstahl** in Betracht.

Hat der Täter das Fahrzeug mit dem Willen in Gebrauch genommen, es später in den Herrschaftsbereich des bisherigen Gewahrsamsinhabers zurückzuführen, so liegt **Unterschlagung** und nicht (nur) unbefugter Gebrauch von Fahrzeugen vor, wenn er *während* der Ingebrauchnahme diesen *Entschluss ändert* und das Fahrzeug später irgendwo abstellt und es so dem Zugriff anderer unbefugter Personen willkürlich aussetzt.

Im Ausgangsfall 3 zu Kap. B 18.7 kam § 246 nicht in Betracht, da die Planänderung *spontan* erfolgte und lediglich in der Preisgabe des Fahrzeuges bestand. Es fehlte zu diesem Zeitpunkt der (weitere) Aneignungs- d. h. Nutzungswille.

Unbefugte Fortsetzung des zunächst befugten Gebrauchs eines Fahrzeuges:

Zweifelhaft könnte sein, ob auch die unbefugte Fortsetzung einer zunächst befugten Ingebrauchnahme eines Kfz oder Fahrrades den Tatbestand des § 248 b erfüllt.

Beispiel: *Ein angemieteter oder geliehener Pkw wird über den vertraglichen Zeitraum hinaus benutzt und erst einen Tag später zurückgegeben.*

Gegen die Anwendung des § 248 b könnte sprechen, dass die unbefugte Fortsetzung des Gebrauchs jedenfalls einen Vertragsbruch darstellt, der die Möglichkeit zivilrechtlicher Sanktionen (z. B. Schadenersatz) eröffnet und somit die Anwendung des Strafrechts als schärfstes Eingriffsmittel des Staates erübrigt.

Die Rechtsprechung[2] verweist auf die Rechtsnatur des § 248 b als Dauerdelikt und bejaht seine Anwendung in den vorgenannten Fällen. Nach dem Sinn und Zweck, der im Schutz des Gebrauchsrechts liege, so wird argumentiert, erscheine es gleichgültig, ob jemand ein Fahrzeug von vornherein gegen den Willen des Berechtigten oder erst nach Ablauf des zeitlich beschränkten Einverständnisses in Gebrauch nehme.

Andere vertragswidrige Fahrzeugbenutzungen (Transport von Sperrgut anstatt von Personen) begründen dagegen nur zivilrechtliche Ansprüche.[3]

Fallbearbeitung

Fall: Der 19-jährige Autoschlosser Mantu „entwendet" gegen 20.00 Uhr aus der Werkstatt seines Meisters die 750er BMW eines Kunden. Zutritt zur Werkstatt kann er sich mühelos verschaffen, da er über einen eigenmächtig angefertigten Schlüssel verfügt.

Kurz vor der Ortschaft B bemerkt er eine am Fahrbahnrand liegende männliche Person. Er hält an, um dem Bewusstlosen zu helfen. Als er sich über den Hilflosen beugt, bemerkt er die neben diesem liegende Brieftasche, der er zwei 50-Euro-Scheine entnimmt. Ohne sich weiter um die Person zu kümmern, entfernt er sich sodann.

1) BGH NStZ '96, 38; BGH NJW '87, 266.
2) BGHSt 11, 47; OLG Schleswig, MDR '89, NStZ '90, 340.
3) VRS 39, 199.

In der Ortschaft C lässt Mantu entgegen seiner ursprünglichen Absicht, das Fahrzeug wieder in der Werkstatt abzustellen, die Maschine stehen. Er nimmt lediglich den Motoradhelm, der sich an dem Krad befunden hatte, an sich. Den Motorradhelm übergibt er am nächsten Tag seinem Freund Kinski, der ihm dafür 40,- Euro zahlt.

Aufgabe: Prüfen Sie, welcher Straftaten Mantu verdächtig ist!

Für Fortgeschrittene:

1. Prüfen Sie, ob der Freund Eigentum erwerben konnte! Vgl. Sie hierzu ggf. im Exkurs in Kap. B 18.3 V.
2. Prüfen Sie, inwiefern auch ein Tatverdacht i. S. d. §§ 259, 263 gegen Mantu / Kinski bestehen könnte! Vgl. Sie hierzu Kap. B 20.5 und B 21.2.

19 Raub und Erpressung, §§ 249 ff.

19.1 Gesamtübersicht

Raub, § 249	→ **Diebstahl** + Einsatz eines Raubmittels (RM) → Gewalt gegen Personen oder → Drohung mit gegenw. Gefahr für Leib / Leben. → zum Zwecke der **Wegnahme**

Räuberischer Diebstahl, § 252	→ **vollendeter Diebstahl** + → Betreffen auf frischer Tat → *und* Einsatz eines RM → zur **Beutesicherung**

Räuberische Erpressung, § 255	→ **Erpressung** + Einsatz eines RM → zur **Herausgabeerzwingung**

Qualifizierungen: § 250	→ I 1 a: **Beisichführen** einer **Waffe** oder eines **gefährlichen Werkzeuges;** I 1 b: **Beisichführen** eines anderen Werkzeuges / Mittels in **Gebrauchsabsicht;** I 1 c: **Verursachung** der **Gefahr** einer **schweren Gesundheitsschädigung** durch die Tat; I 2: **Bandenraub;** → II 1: **Verwendung** einer **Waffe** oder eines **gefährlichen Werkzeuges**; II 2: **Beisichführen** einer **Waffe** beim **Bandenraub;** II 3 a: **schwere körperliche Misshandlung bei der Tat;** II 3 b: **Verursachung** einer **Todesgefahr** durch die **Tat;** → III: Strafmaß für unbenannte **minder schwere Fälle.**
§ 251	→ **wenigstens leichtfertige Todesverursachung**

Räuberischer Angriff auf ..., § 316 a	→ I: **Leib, Leben** oder **Entschlussfreiheit** eines **Kraftfahrers** oder **Mitfahrers** + → Handeln **zur Begehung** einer Raubstraftat §§ 249, 250, 252, 255 → unter **Ausnutzung** der besonderen Verhältnisse des Straßenverkehrs. → II: Strafmaß für unbenannte **minder schwere Fälle;**
Qualifizierung:	→ **III: wenigstens leichtfertige Todesverursachung.**

19.2 Raub, § 249

I. Allgemeines

Rechtsfolge: FS nicht unter 1 Jahr (I); in minder schweren Fällen FS von 6 Mon. – 5 Jahre (II); Führungsaufsicht, §§ 68, 256 I.

Deliktstyp: Verbrechen.

Rechtsgut: Eigentum und Gewahrsam sowie die persönliche Freiheit.

Qualifizierungen: § 250, § 251.

Konkurrenzen: *Gesetzeskonkurrenz* besteht gegenüber
- §§ 242 ff., da deren TBM in § 249 bzw. § 250 enthalten sind;
- § 239, soweit die Freiheitsberaubung als Mittel der Wegnahme (als sogen. Raubmittel) eingesetzt wird;
- § 240, soweit der Raubmitteleinsatz mit einem Nötigungseffekt verbunden ist;
- § 255, der nach der Rspr. des BGH hinter den spezielleren TB des Raubes zurücktritt (sog. Exklusivität);
- einer vorausgegangenen versuchten räuberischen Erpressung (§§ 255, 22, 23 als mitbestrafte Vortat), wenn der Täter erst mit den Mitteln des Raubes (§ 249) sein Ziel erreicht (BGH – 4 StR 554/03).

Idealkonkurrenz, § 52, ist z. B. möglich mit
- erpresserischem Menschenraub (§ 239 a) oder Geiselnahme (§ 239 b), soweit sie neben dem Raubmitteleinsatz als *selbstständiges* Unrecht wirken;
- Körperverletzungsdelikten, da diese *nicht tatnotwendig* in der Gewaltanwendung gegen Personen enthalten sind;
- Tötungsdelikten, soweit sie die Folge der Gewaltanwendung (des Raubmitteleinsatzes) zum Zwecke der Wegnahme sind. Bei wenigstens „leichtfertiger" Todesverursachung ist die Tat jedoch i. S. v. § 251 qualifiziert.

II. Ausgangsfall

Auf Heimweg überfallen – Opfer kam ins Krankenhaus

Köln – Von einem dreisten Burschen überfallen wurde Samstag gegen 4.30 Uhr ein 21-jähriger Krefelder, der über die Hohestraße ging. Der Räuber schlug ihn mit Boxhieben zu Boden und entriss ihm seine Armbanduhr. Das Opfer kam von einem nächtlichen Gaststättenbummel. Es konnte den Täter nicht beschreiben. Passanten veranlassten vorsorglich seine Einweisung ins Krankenhaus. Die Polizei sucht Zeugen.

III. Tatbestandsaufbau

Tatobjekt:	– fremde bewegliche Sache →B 18.3
Tathandlung:	– Raubmitteleinsatz (RME): Gewalt gegen eine Person/Drohung mit gegenwärtiger Gefahr für Leib/Leben – Wegnahme
Subjektiver Tatbestand:	– Vorsatz bezüglich vorstehender TBM – Finalzusammenhang zwischen RME und Wegnahme – Handeln in rechtswidriger Zueignungsabsicht (ZA) →B 18.3 – Vorsatz bzgl. der objektiven Rechtswidrigkeit der ZA

IV. Erläuterungen

Die Abb. unter III. macht deutlich, dass der Täter ein sog. *Raubmittel* einsetzt, um sein Opfer zu *nötigen*, die beabsichtigte **Wegnahme** (→B 18.3 III) in rechtswidriger Zueignungsabsicht (ZA) zu dulden.

Raub ist daher ein aus *Nötigung* und *Diebstahl* zusammengesetzter selbständiger Tatbestand und nicht etwa ein (besonders) qualifizierter Diebstahl. Privilegien wie beim Diebstahl (§§ 247, 248 a → Kap. B 17.2) gelten daher auch nicht für die Raubdelikte.

Klausurmäßig ist direkt mit § 249 zu beginnen. Andere Tatbestände wie Sachbeschädigung (§ 303), Hausfriedensbruch (§ 123), Körperverletzung (§§ 223 ff.) etc. stehen ggf. in Tateinheit (§ 52) und sind insofern gesondert zu prüfen.

Beispiele:

Ein ungepflegter junger Mann will in einem Kaufhaus nach einer Wurstauslage greifen. Als er sich vom Verkäufer beobachtet sieht, stößt er diesem heftig gegen die Brust, nimmt die Wurst und entfernt sich.

Die Diebstahlshandlung, die an sich nach § 248 a ein leichter Fall ist (RAD), wird zum Raub, weil der Täter ein Raubmittel einsetzt (hier Gewalt gegen eine Person), um die Wegnahme in rechtswidriger ZA zu ermöglichen. Die Raubhandlung steht in Tateinheit (§ 52) zur einfachen Körperverletzung gem. § 223 I.

Der 18-jährigeTaugenichts Fred wird von seinem 65-jährigen Vater überrascht, als er gerade dessen Schreibtisch aufgehebelt hat. Als der Vater seinen Sohn an der Mitnahme mehrerer Scheine hindern will, schlägt dieser entschlossen auf ihn ein, nimmt das Geld und entfernt sich (§§ 249 I, 223 I, 52).

Wegen der Diebstahlshandlung an sich könnte Fred nur bestraft werden, wenn sein Vater gegen ihn Strafantrag stellte (§ 247 privilegiert bestimmte Täter). Aus dieser Diebstahlshandlung wurde jedoch ein Raub, da Fred zur Durchsetzung der Wegnahmehandlung in rechtswidriger ZA ein so genanntes Raubmittel (Gewalt gegen eine Person) einsetzte. Das Erfordernis der Antragstellung fällt weg. Die Tat ist ein Verbrechen, das von Amts wegen zu verfolgen ist.

Die Raubmittel

a) Gewalt gegen eine Person

Gewalt gegen eine Person ist die unmittelbare oder mittelbare *Zwangseinwirkung* auf den Körper einer Person, *um* einen gegen die **Wegnahme** gerichteten oder erwarteten Widerstand zu überwinden bzw. zu verhindern.[1]

Die Personengewalt braucht keine gegenwärtige Leibes- oder Lebensgefahr zu bewirken. Es genügt, wenn beim Opfer eine von dessen Willen unabhängige physische Reaktion eintritt, die seine Abwehrfähigkeit gegen die Wegnahme beeinträchtigt.

Beispiele:

Zuhalten des Mundes, um das Opfer daran zu hindern, vor dem Auffinden und Ergreifen der Diebesbeute in seinen Manteltaschen Hilfe herbeizurufen.

Ansprühen des Opfers mit einem harmlosen Spray, das ein reflexartiges Schließen der Augen bedingt und dem Täter ermöglicht, die Handtasche des Opfers ohne Mühe zu entwenden (§§ 249, 250 I b).

Die Gewalt darf sich nicht lediglich gegen Sachen richten (§ 243 I 1). Es genügt aber, wenn sie als physische Einwirkung vom Opfer empfunden werden soll, um einen vermuteten Widerstand zu brechen bzw. zu verhindern.

Wesentlich ist die körperliche *Zwangswirkung,* nicht das Maß der Kraftentfaltung. Das Opfer braucht nicht einmal zu merken, dass es beraubt werden soll.

Beispiele:

*1. **Ausgangsfall** für unmittelbare körperliche Einwirkung.*

*2. **Mit Pralinen „außer Gefecht“** – körperliche Zwangswirkung.*

***München** – Mit einer Praline, die ein rasch wirkendes starkes Schlafmittel enthielt, ist eine 50 Jahre alte Frau in der Nähe von München von einem Gangsterpärchen „außer Gefecht“ gesetzt worden. Die „Diebe“ bestahlen das schlummernde Opfer um 1 300 Euro.*

1) BGH NStZ ’86, 218.

Nach Angaben der Polizei hatte ein junges Paar an der Haustür der Frau geklingelt und Pralinen zum Kauf angeboten, deren Erlös einer Hilfsorganisation für Körperbehinderte zugute kommen sollte. Sie boten eine Kostprobe an. Nachdem die Frau die Praline gegessen hatte, fiel sie sofort in tiefen Schlaf. Beim Erwachen stellte sie den Verlust des Geldes fest.

***3. Seltsamer „Abschied" – Frau und Kinder eingesperrt** – mittelbare körperliche Zwangswirkung (BGH 20, 195).*

***Stolberg** – Einen seltsamen Abschied von seiner Freundin nahm am Dienstagmorgen in einer Wohnung der Eichsfeldstraße ein Mann, der dort mit ihr in einem eheähnlichen Verhältnis lebte. Der Mann stand am Dienstagmorgen auf und sperrte seine Freundin kurzerhand im Schlafzimmer ein. Dann nahm er aus der Handtasche der Frau 250 Euro, packte ein Radiogerät, ein Tonbandgerät und einen Plattenspieler ein und verschwand auf Nimmerwiedersehen. Vorläufig jedenfalls, denn sein Aufenthalt war gestern der Polizei, die nach ihm fahndet, noch unbekannt.*

Das Einsperren wirkte mittelbar körperlich. Es diente dazu, im Falle des Erwachens, Widerstand gegen die Wegnahmehandlung zu verhindern. Dass die Eingeschlossene in diesem Fall schlief und nichts bemerkte, ändert nach dem BGH nichts am Vorliegen des Merkmals Gewalt gegen Personen. Nach Auffassung des BGH bestand hier – und darauf kommt es allein an – ein sog. „Finalzusammenhang" zwischen Raubmitteleinsatz und Wegnahme.

***4. Vorhalten eines Revolvers** mit der Folge, dass das Opfer aus Furcht, erschossen zu werden, die Wegnahme „duldet" (BGHSt 23, 126 f.).*

5. Handtasche entrissen:

Gleich zweimal rissen am Wochenende bisher unbekannte jüngere Burschen älteren Frauen die Handtaschen aus den Händen.

Bei der *Unterscheidung* zwischen Handtaschen*diebstahl* und Handtaschen*raub* kommt es darauf an, ob der Täter einen Widerstand des Opfers in Rechnung gestellt und deshalb *mehr* Kraft aufgewendet hat als zur (blitzschnellen) Wegnahme erforderlich gewesen wäre (BGH 5 StR 105/77).

Beim *Wegreißen* der Handtasche wird regelmäßig vom Verdacht des Raubes auszugehen sein.

Wichtig ist hierbei, dass der einschreitende Polizeibeamte das Opfer genau nach dem Tathergang befragt und das Ergebnis aktenkundig macht.

Zu einem späteren Zeitpunkt sind *definitive* Aussagen häufig nicht mehr zu erlangen, da das Geschehen in der Erinnerung verblasst.

Finalzusammenhang

Die Gewaltanwendung muss nach der Vorstellung des Täters zur Realisierung der Wegnahmehandlung erfolgt sein (sog. *Finalzusammenhang*, nicht zu verwechseln mit dem Kausalzusammenhang, der enger wäre; Näheres in Kap. A 13.7).

Es reicht jedoch, wenn der Täter die Fortwirkung der aus anderen Gründen erfolgten Gewalt **augenblicklich** zum Zwecke der Wegnahme ausnutzt (BGH NStZ-RR '02, 304).

***Beispiel:** Der sexuell erregte Mantu hat die sich heftig wehrende O. am linken Handgelenk erfasst, um sie an sich zu ziehen. Dabei entdeckt er den goldenen Armreif der O. und streift ihn ab. O. stellt den Verlust des Armreifes erst fest, als Mantu sich entfernt hat (§§ 177 I, 22, 249, 52).*

Fall nach BGH 2 StR 283/03: Obdachloser O. wird in der Jagdhütte des J überrascht, schlägt diesen mit einem Stein nieder und fesselt ihn, um sich einen Fluchtvorsprung zu sichern. Als O. die Jagdhütte verlässt, entdeckt er den Pkw des J, kehrt zurück, nimmt dem J die Fahrzeugschlüssel aus der Jackentasche und fährt in Zueignungsabsicht mit dem Pkw davon. Strafbarkeit?

Argumente des 2. Senats: Durch die Aufrechterhaltung der rechtswidrigen Fesselung (§ 239) setzte sich die Gewaltanwendung fort, die O. nunmehr zur Wegnahme in rechtswidriger Zueignungsabsicht ausnutzte. Sein Urteil: §§ 123, 53, 224 I 1 und 5; 53, 239 I 2. Alt., 52, 250 I 1 b.

Anmerkung: Der Senat ließ die Frage, ob hier Gewalt durch Tun oder Unterlassen vorliege, offen, da gerade dann, wenn die Wegnahme der Gewalt zeitlich *dicht* nachfolge, dies keinen Unterschied mache. Bejaht man den Finalzusammenhang zwischen Gewalt und Wegnahme, erscheint doch die Anwendung von § 250 I 1 b fraglich.

Denn nach Fassung des Wegnahmevorsatzes führte O. kein Mittel mehr bei sich. Zulässige Auslegung oder verbotene Analogie (vgl. Sie Kap. A 3.1)?

b) Drohung mit gegenwärtiger Gefahr für Leib oder Leben

Beispiel: *Kinski wird im Büro einer Firma von dem Nachtwächter überrascht, als er gerade die Schubläden nach Geld durchsucht. Er herrscht den Nachtwächter an: „Leg' dich hin und halte die Schnauze, sonst mache ich dich fertig." Kinski bringt einige Wertgegenstände an sich und entfernt sich dann. In Wirklichkeit wäre er nicht so weit gegangen, den Nachtwächter ernstlich zu verletzen.*

- **Drohung**:
  ausdrückliches oder konkludentes Ankündigen[1] eines Übels, dessen Zufügung vom Täter offenbar abhängt und das Opfer treffen soll;
- mit gegenwärtiger **Gefahr für Leib oder Leben:**
  sichere oder hohe Wahrscheinlichkeit[2] des Todes oder *erheblicher* Verletzung der körperl. Unversehrtheit;
- **gegenwärtig:**
  unmittelbar oder in allernächster Zeit bevorstehend [3];
- Drohung mit Leibes- oder Lebensgefahr für **Dritte:**
  § 249 setzt ebenso wie die Tatbestände nach §§ 240, 252, 253, 255, 239 a, 239 b *nicht* voraus, dass sich das angewendete Zwangsmittel *unmittelbar* gegen das Tatopfer richtet. Es genügt, wenn das Tatopfer die gegen einen Dritten gerichtete Zwangswirkung als eigenen Nachteil empfindet (sog. Nötigungsdreieck), wenn ihm also der Dritte nahe steht, wenn er mit ihm Mitleid hat oder wenn er sich aus irgendeinem Grunde für ihn verantwortlich fühlt (BGH NStZ '96, 494).

Nicht erforderlich ist, dass das angekündige Übel wirklich durchführbar oder ernstlich gewollt ist oder dass der Bedrohte es für durchführbar hält oder ernstlich auffasst[4] (in diesen Fällen käme wohl i. d. R. nur Versuch in Betracht!).
Wesentlich ist aber, dass der Täter *will*, dass der Bedrohte an die Ersthaftigkeit und Durchführbarkeit der Drohung glaubt (sog. Finalzusammenhang). Denn es kommt nach der h. M. nicht auf die effektive Gefährdung des Opfers, sondern auf die besondere Wirksamkeit der Drohung an.

Vollendung und Versuch

Vollendet ist die Tat mit der **Wegnahme** (Näheres zur Wegnahme in Kap. B 18.3).

Versucht ist die Tat, wenn der Täter nach seiner Vorstellung von der Tat zu deren Verwirklichung unmittelbar angesetzt hat, z. B. mit Beginn der Gewaltanwendung oder der Drohung (Näheres zum Versuch Kap. A 18).

Fall: Überfall in der Toilette

Jülich – Wegen versuchten Raubes wurde am Dienstag in den Nachmittagsstunden in einer Gaststätte der Jülicher Innenstadt ein 36-jähriger Mann festgenommen. Der nach den Feststellungen der Kripo einschlägig Vorbestrafte ist gestern morgen dem Haftrichter in Düren vorgeführt worden. Der 36-Jährige folgte einem schon ziemlich angetrunkenen 30-jährigen Gast des Lokales in den Toilettenvorraum und schlug dort sofort auf den Angetrunkenen ein, der am Kopf verletzt wurde. Der Täter versuchte gleichzeitig, seinem Opfer die Geldbörse zu stehlen, wurde daran aber durch hinzueilende Lokalgäste gehindert (§§ 249 I, 22, 23; 52, 223 I).

Der **subjektive Tatbestand** muss umfassen:
- den Vorsatz[5] des Täters zur Wegnahme einer fremden beweglichen Sache, und zwar unter Einsatz eines Raubmittels (Finalzusammenhang);
- die Zueignungsabsicht (ZA) als gewollte Eigen- oder Drittzueignung[6];
- das Wissen um die *Rechtswidrigkeit* der ZA (→B 18.3 IV).

1) BGH JZ '89, 550.
2) und 3) BGH NStZ '96, 494.
4) BGH NJW '76, 976.
5) Zur Stellung des Vorsatzes im Verbrechensaufbau vgl. Sie Kap. A 12.4.
6) Zu diesen Begriffen vgl. Sie ggf. in Kap. B 18.3 und B 18.7.

19.3 Schwerer Raub, § 250

I. Allgemeines

Rechtsfolge: FS ab 3 J. (I) bzw. ab 5 J. (II); in minder schw. Fällen FS ab 1 J. (III).

Deliktstyp: Verbrechen.

Rechtsgut: Eigentum und Gewahrsam, vor allem aber hier wohl die persönliche Integrität.

Konkurrenzen: § 250 ist gegenüber §§ 249, 252 und 255 Qualifikationstatbestand. Zu den Tatbeständen nach §§ 51, 52 WaffG kann *Tateinheit* bestehen.
Mit § 224 od. § 226 kann Idealkonkurrenz (§ 52) gegeben sein.
Bei wenigstens leichtfertiger Todesverursachung gilt § 251.

II. Ausgangsfall

Opfer harmlose Farbe ins Gesicht gesprüht und brutal beraubt

Herzogenrath – Opfer eines Handtaschenraubes wurde eine 80-jährige, gehbehinderte Frau am Mittwoch gegen 19.00 Uhr. Am Markt sprühte ihr ein ca. 25-jähriger Mann eine – wie sich bald erwies – harmlose rote Farbe ins Gesicht und griff nach der Tasche der Frau.
Das Opfer hatte seine Augen alsbald wieder öffnen und den Täter erkennen können. Da die alte Dame die Tasche nicht losließ, entriss sie ihr der Täter mit solcher Gewalt, dass sie zu Boden stürzte und sich dabei eine Platzwunde am Kopf sowie eine komplizierte Verletzung des Schultergelenkes mit bleibender Bewegungseinschränkung des linken Arms zuzog.

III. Tatbestandsaufbau

Tathandlung i. S. v. §§ 249 (252, 255)

\+

Qualifizierung nach I

1 a: Beisichführen einer Waffe oder eines gefährlichen Werkzeuges bei der Tat;
1 b: Beisichführen eines sonstigen Werkzeuges / Mittels in *Gebrauchsabsicht;*
1 c: Verursachung der *Gefahr* einer schweren Gesundheitsschädigung *durch* die Tat;
2: Tatbegehung als *Bandenraub.*

oder

Qualifizierung nach II

1: *Verwenden* einer Waffe oder eines gefährlichen Werkzeuges bei der Tat;
2: Beisichführen einer *Waffe beim Bandenraub*;
3 a: *schwere* körperliche Misshandlung einer anderen Person *bei der Tat;*
3 b: Verursachung einer *Todesgefahr* für eine andere Person *durch* die Tat.

Subjektiver TB:
- Handeln mit *Vorsatz* und in rechtswidriger ZA wie in § 249;
- Finalzusammenhang zwischen Wegnahme und Raubmitteleinsatz,
- *Vorsatz* bzgl. des jeweiligen Qualifikationsmerkmals,
- im Sinne von I 1 b Mitführen in Gebrauchs*absicht.*

IV. Erläuterungen

Zu den Qualifikationsmerkmalen des I:

Nr. 1 a: Beisichführen einer **Waffe** oder eines **anderen gefährlichen Werkzeuges** durch den Täter oder einen anderen Tatbeteiligten:

Die Begriffsinhalte sind identisch mit denen des § 244 I 1 a. Insofern kann auf die Ausführungen in Kap. B 18.5 verwiesen werden.

Subjekt. TB: Es genügt, wenn der Täter **die Waffe/das gefährliche Werkzeug** im Bewusstsein der Eignung zur Unterstützung des jeweils vorgestellten *Raubmittels* derart bei sich führt, dass er sich ihrer ohne nennenswerten Zeitaufwand und ohne besondere Schwierigkeiten bedienen kann.[1]
Eine Verwendungsabsicht wird bei *diesen* Gegenständen nicht gefordert.

Nr. 1 b: Beisichführen sonstiger Werkzeuge oder **Mittel** in **Gebrauchsabsicht:**
Diese Tatvariante soll nach dem Willen des Gesetzgebers die Funktion eines *Auffangtatbestandes* erfüllen.

Erfasst werden zunächst solche Gegenstände / Mittel, die nach ihrer Zweckbestimmung zwar für den Menschen ungefährlich, aber bei einem *zweckwidrigen Gebrauch* doch geeignet sind, die Wirkung auf das Raubopfer erheblich zu intensivieren, die also *verwendungsspezifisch* gefährlich werden.

Beispiele: Injektionsspritze, Küchenmesser, Kugelschreiber, Körperspray, Paketband.

So ergab sich im **Ausgangsfall** durch die *Anwendung der harmlosen Farbe* eine Tatqualifikation i. S. v. § 250 I 1 b. Trotz der Anwendung des Tatmittels schied eine Qualifikation nach II Nr. 1 aus, da das Merkmal des generell gefährlichen Werkzeuges nicht gegeben war.

Erfasst werden sodann auch sog. **Scheinwaffen** (Spielzeugpistolen, als Bombe getarnter, aber nur mit Papier u. Holz gefüllter Schuhkarton), ungeladene Schusswaffen, Gas- oder Schreckschusspistolen[2], wenn sie der Täter oder ein anderer Tatbeteiligter (z. B. der Gehilfe) in Kenntnis des Täters in Gebrauchsabsicht bei sich führt oder anwendet.

Der **Große Senat** für Strafsachen (BGH-GSSt 2/02 v. 4.2.03) hat in einem Vorlageverfahren (§ 132 II GVG) funktionstüchtige geladene Schreckschusspistolen, bei denen der Explosionsdruck nach vorn austritt, in ihrer Gefährlichkeit den Gaspistiolen gleichgestellt und sie generell als Schusswaffen eingestuft, ohne dass es auf die Tatmodalitäten des Einzelfalles ankommt. Damit hat sich die bisher differenzierte Rechtsprechung zu diesem Thema erledigt.[3]

Fall BGH-GSSt: Ein Täter bedroht eine hinter schusssicherem Glas befindliche Bankangestellte mit einer geladenen Schreckschusswaffe, bei der der Explosionsdruck nach vorn austritt (§§ 253, 255 (bzw. 249), § 250 II 1).

Nach dem Wortlaut der Neufassung würden aber *auch völlig harmlose* Gegenstände (10 cm langes Kabelstück, 15 cm langes gebogenes Plastikrohr, Labellostift etc.)[4], falls sie der Täter oder ein anderer Tatbeteiligter während der Tat in Gebrauchsabsicht bei sich führt oder anwendet, tbm. i. S. v. Ziff. 1 b sein.

Der Gesetzgeber geht jedoch in der BT-Drs. 13/9064 davon aus, dass in Gebrauchsabsicht mitgeführte oder eingesetzte *völlig harmlose* Gegenstände / Mittel – bei deren Anwendung die **Täuschung** im Vordergrund steht – analog der Rspr. des BGH zum Labellostift (Fußn. 4) *nicht* den TB des § 250 erfüllen.

Nr. 1 c: Verursachung der **Gefahr** einer **schweren Gesundheitsschädigung:**
Die Tat ist „konkretes“ Gefährdungsdelikt, so dass die Gefahr tatsächlich bestanden haben muss.

Eine konkrete Gefahr einer schweren Gesundheitsschädigung besteht, wenn *durch* die Tat (Raubhandlung) ein Zustand herbeigeführt wird, in dem die nahe liegende Möglichkeit besteht, dass ein anderer eine ernsthafte langwierige Krankheit, eine ernsthafte Störung der körperlichen Funktionen oder eine erhebliche Beeinträchtigung seiner Arbeitskraft erleidet. Einbezogen sind auch die Gefahren, denen das Opfer allein wegen seiner individuellen besonderen Schadensdisposition durch die Raubhandlung ausgesetzt ist, so die

---

1) BGH NStZ '98, 354.
2) BGH-GSSt 2/02 v. 4.2.03. Näheres in Kap. B 18.5.
3) Vgl. Sie ggf. BGH 1 StR-1 AR 5/02 v. 3.4.02; BGH 3 StR JR '99, 33; BGH 2 StR NJW '02, 2889.
4) Vgl. Sie zu diesen Fällen z. B. BGH NJW '89, 2549 f. (Kabel, Tuch); BGH NJW '96, 2663 (Lippenstift); BGH NStZ '97, 184, f. (kurzes Plastikrohr).

80-Jährige im **Ausgangsfall**. Es genügen in Anbetracht des Strafrahmens (3 J. statt 5) auch Verletzungsfolgen, die nicht an die in § 226 (Kap. B 16.5) heranreichen.[1]

Die Gefahr kann für den Beraubten, aber auch für unbeteiligte Dritte entstanden sein. Sie braucht ihre Ursache auch nicht nur in der Raubmittelanwendung zu haben. Es genügt, dass sie *durch die Tat* ausgelöst wird. Insofern gilt der Zeitraum vom Beginn der Versuchshandlung bis zur Beendigung.

Der *gefahrenspezifische Zusammenhang* ist nicht nur auf die unmittelbare Raubhandlung und ihre Folge, sondern auch auf ein der Raubhandlung *unmittelbar nachfolgendes* Verhalten der Tatbeteiligten in der Fluchtphase zu beziehen.[2]

Beispiel: *Mantu, der bei einem Raub betroffen wurde, flieht in einem Pkw vor einer Fustkw-Besatzung. Gleich nach dem Start schneidet er mit hoher Geschwindigkeit eine Kurve und hätte dadurch fast einen Fußgänger überfahren, der sich im allerletzten Moment aber zur Seite werfen konnte.*

Es genügt jedoch nicht, wenn die Gefahr nur für einen Tatbeteiligten bestanden hat, denn das Gesetz bestimmt, dass der Täter oder ein anderer Tatbeteiligter *eine andere Person in die Gefahr gebracht haben muss.*

Beispiel: *Mantu streckt den vermeintlichen Verfolger nach einem Diebstahl mit einem Fausthieb nieder. Dieser stürzt unglücklich und erleidet eine schwere Schädelfraktur. Mantu hatte seinen Komplizen in der Dunkelheit für einen Verfolger gehalten (§§ 252, 250 II 3 a bzw. b, § 22 (= untauglicher Versuch [Kap. A 18.4], da der Mittäter kein taugliches Tatopfer ist); §§ 223, 224, 52, 25 II); Tatmehrheit zum vorausgegangenen Diebstahl (§§ 242, 53).*

Nr. 2: Tatbegehung als Bandenraub:

Die zum Bandendiebstahl ausgeführten Grundsätze sind auch auf den Bandenraub zu beziehen. Es wird daher auf die Ausführungen in Kap. B 18.5 und 18.6 hingewiesen.

Zu den Qualifikationsmerkmalen des II:

Nr. 1: Verwenden einer *Waffe* oder eines anderen *gefährlichen Werkzeuges* bei der Tat:

Bzgl. der Begriffe „Waffe“ und „anderes gefährliches Werkzeug“ kann auf die Ausführungen in Kap. B 18.5 verwiesen werden. Die Verwendung ungeladener Schusswaffen oder Scheinwaffen erfüllt nur den Auffangtatbestand des § 250 I 1 b.

Der Täter/Beteiligte **verwendet** das Tatmittel, wenn er es als Mittel der Gewaltausübung oder als Drohmittel einsetzt. Das Verwenden setzt *nicht* voraus, dass der Einsatz des zwar objektiv gefährlichen Tatmittels auch im Einzelfall eine *konkrete* Gefahr der erheblichen Verletzung anderer begründet hat.

Fall: Mantu bedrohte die allein anwesende, durch einen schusssicher verglasten Kassenraum geschützte Bankangestellte mit einer Gaspistole, die das geforderte Geld nur deshalb herausgab, weil sie eine etwaige Geiselnahme für den Fall des Erscheinens von Kunden abwenden wollte (§§ 253, 255, 250 II 1).

Nr. 2: Beisichführen einer **Waffe** beim **Bandenraub**:

Zwei Bedingungen werden hier gefordert, zum einen die Begehung der Tat als Bandenraub (I 2) und zum anderen das Beisichführen einer Waffe (I 1 a).

Das Beisichführen eines gefährlichen Werkzeuges genügt hier nicht.

Verwendungsabsicht wird nicht vorausgesetzt. Es genügt, dass der Täter die Waffe bewusst mitführt und – im Falle der Mittäterschaft, § 25 II –, dass dies dem anderen Täter oder Tatbeteiligten bekannt ist. Andernfalls gilt für den die Waffe heimlich mitführenden Täter die Straferschwerung des § 250 II allein (sog. Exzess).[3]

Auch dem Gehilfen wird der erhöhte Strafrahmen des II 2 angelastet, wenn er Kenntnis von der Mitführung der Waffe hat, allerdings über die obligatorische Milderungsvorschrift des § 49 I, wie sich aus § 27 II ergibt.

1) BGH 3 StR 52/02 v. 18.04.02.
2) BGH NJW '92, 2103 zum gefahrspezifischen Zusammenhang von Raubmitteleinsatz und -folge.
3) Zum Exzess vgl. Sie ggf. Kap. A 19.3.

Nr. 3: a: Schwere körperliche Misshandlung eines anderen **bei** der Tat:
b: Verursachung einer **Todesgefahr** für eine andere Person **durch** die Tat:

In Ziff. a wird nicht auf eine *bestimmte* Begehungsart oder Folge einer Körperverletzungshandlung (§§ 224 - 226, Kap. B 16.3 - 16.5), sondern auf das grobe Ausmaß schlechthin abgestellt. So können das brutale Zusammenschlagen oder die besonders rohe und schmerzhafte Fesselung eines Tatopfers in Betracht kommen (BGH NStZ '98, 461).

Im **Ausgangsfall** kommen in Betracht:
Alt. I 1 b - Einsatz harmloser Farbe,
Alt. I 1 c - Verursachung der Gefahr einer schweren Gesundheitsbeschädigung,
Alt. II 3 a - schwere körperliche Misshandlung einer anderen Person durch den Tat.
Allerdings ist in den Alt. I 1 c und II 3 a der Nachweis des mindestens bedingten Vorsatzes problematisch.
Die Tat steht in Tateinheit (§ 52) mit Körperverletzung, § 223. Der mindestens bedingte Vorsatz zu § 224 Nr. 5 (Kap. B 16.3) dürfte ebenfalls kaum nachzuweisen sein.

Die Wendung „bei der Tat" bezieht auch Handlungen ein, die anlässlich / während der Tat begangen werden, so an dem Opfer aus Enttäuschung darüber, dass keine Beute gemacht werden konnte.
Zum sog. *gefahrspezifischen Zusammenhang* vgl. Sie oben unter I 1 c.
Mit den TB der §§ 224 und 226 kann je nach Lage des Falles Idealkonkurrenz (§ 52) gegeben sein. § 223 wird im Rahmen der Gesetzeskonkurrenz konsumiert.

Ziff. b enthält – ähnlich wie die Tatvariante I 1 c – ein *konkretes* Gefährdungsdelikt, nur mit dem Unterschied, dass in diesem Falle eine *Todesgefahr* verursacht worden sein muss. Auch hier kann die Gefahr durch den Raubmitteleinsatz „Gewalt" unmittelbar als auch durch die Gewalteinwirkung bei der Flucht (rücksichtsloses Niederstechen eines hinzueilenden Helfers zur Erzwingung der Freigabe des Weges) eingetreten sein *(gefahrspezifischer Zusammenhang).*

Der **subjektive TB** setzt in allen Tatvarianten neben dem Vorsatz zur Raubhandlung im Sinne des § 249 (→B 19.2) auch das Wissen und Wollen der Tatqualifikation nach § 250 voraus. Bedingter Vorsatz zur Qualifikation genügt mit Ausnahme der Alt. I 1 b, nach der ein Beisichführen in Gebrauchs*absich*t gefordert wird.

19.4 Raub mit Todesfolge, § 251

I. Allgemeines

Rechtsfolge: lebenslange FS oder FS ab 10 J., im Übrigen gem. Kap. B 19.2

Deliktstyp: Verbrechen, erfolgsqualifiziertes Delikt i. S. v. § 18.

Rechtsgut: Leben, Eigentum, Gewahrsam.

Konkurrenzen: *Gesetzeskonkurrenz* mit Vorrang für § 251 besteht zu § 250 (Schwerer Raub), § 227 (Körperververletzung mit Todesfolge) und § 222 (Fahrlässige Körperverletzung).

Tateinheit besteht zwischen § 251 mit *vorsätzlicher* Todesverursachung und § 211 (Mord in der Variante des Tötens aus Habgier).[1]

II. Ausgangsfall

Bei einem nächtlichen Einsteigediebstahl in ein Elektrogeschäft werden Kinski und Mantu von dem 19-jährigen Sohn des Geschäftsinhabers überrascht. Bevor der 19-jährige Mann jedoch Alarm schlagen kann, schlägt ihm Mantu mit voller Wucht eine schwere Porzellanvase auf den Kopf. Die Täter entfernen sich zunächst unbehelligt mit ihrer Beute, können jedoch am nächsten Tag festgenommen werden. Der Geschädigte verstirbt an den Folgen des heftigen Schlages.

III. Tatbestandsaufbau

Raubhandlung mit

↓

leichtfertiger Todesverursachung eines anderen

IV. Erläuterungen

Durch den Raub muss ein *anderer* tödlich verletzt worden sein. Anderer in diesem Sinne ist nicht nur das eigentliche Raubopfer, sondern kann auch jede andere Person (Zeuge, Verfolger); nur eben nicht ein Tatbeteiligter sein.

Beispiele: *Bei der wilden Flucht nach einem Raubüberfall auf ein Juweliergeschäft rasen die flüchtigen Täter mit so hoher Geschwindigkeit davon, dass der Fahrer auf dem nächsten Fußgängerüberweg einen Fußgänger tödlich verletzt.*

Beim Verlassen der überfallenen Bank kommt es zu einem Schusswechsel zwischen den Tätern und der Polizei. Ein Fehlschuss eines der Tatbeteiligten tötet einen Passanten.

Im Ausgangsfall war die Todesverursachung die unmittelbare Folge der Raubhandlung*. Denn der Schlag mit der Vase auf den Kopf des Opfers, der dieses widerstandsunfähig machen sollte, führte unmittelbar zu dessen Tod.*

Die *Todesverursachung* muss durch den Raub erfolgt sein. In der Todesfolge muss sich eine für den Raub typische Gefahr niedergeschlagen haben. Der Zeitraum der Todesverursachung kann zwischen Versuch und tatsächlicher Beendung der Tat liegen.[2] Damit ist der *gefahrspezifische Zusammenhang* nicht nur auf die unmittelbare Raubhandlung und ihre Folge, sondern auch auf ein der Raubhandlung *unmittelbar nachfolgendes* Verhalten der Tatbeteiligten in der Fluchtphase zu beziehen.

Nach dem Gesetz muss die Todesverursachung *wenigstens leichtfertig* erfolgt sein. Das bedeutet, dass der Täter *objektiv* und *subjektiv* entweder infolge grober Achtlosigkeit die nahe liegende Möglichkeit der Todesverursachung nicht erkannt oder dass er sich über die klar erkannte Möglichkeit des Todeseintritts in grobem Leichtsinn hinweggesetzt hat.[3]

1) Einzelheiten im nachfolgenden Text.
2) Der BGH (NJW '92, 2103) hat in einem Leitsatz festgestellt: „Der Tatbestand des Raubes mit Todesfolge kann auch verwirklicht sein, wenn der Räuber Gewalt gegen eine Person nach Vollendung des noch nicht beendeten Raubes anwendet."
3) Sinngemäß OLG Nürnberg NStZ '86, 556.

Bei dem im Ausgangsfall beschriebenen brutalen Schlag auf den Kopf des Opfers ist dessen Todesverursachung nahe liegend und insofern auch leicht voraussehbar. Da Mantu dennoch so heftig zuschlug, handelte er auch mit der erforderlichen Leichtfertigkeit.

Fraglich war bis zum In-Kraft-Treten des *6. StrRG,* ob § 251 auch bei bewusster Inkaufnahme (bedingter Vorsatz) des Todes anzuwenden war. Mit Hinweis auf die Schranken des Art. 103 II GG hat der BGH dies früher abgelehnt (NStZ '84, 454).

Um Strafbarkeitslücken aber in den Fällen zu schließen, in denen entweder Vorsatz oder Leichtfertigkeit vorlag, ein Nachweis darüber aber nicht zu führen war, bezog der BGH unter Hinweis auf § 18 die Fälle vorsätzlicher Tötung später mit ein (BGH NStZ '92, 230; BGH-GSSt NJW '93, 1662).

Mit dem Hinweis in der Neufassung des § 251, dass der Täter *wenigstens* fahrlässig gehandelt haben muss, ist gesetzlich klargestellt, dass auch die vorsätzliche Todesverursachung tatbestandsmäßig ist.

Teilnehmer haften aus § 251 nur dann, wenn sie die konkrete Anwendung der Raubmittel gekannt und mindestens gebilligt haben.[1]

Der Ausgangsfall enthält hierzu keine näheren Angaben, so dass eine definitive Feststellung nicht erfolgen kann. Sofern Mantu urplötzlich und ohne jegliche Absprache zugeschlagen hat, läge seinerseits ein sog. Exzess vor, für dessen Folgen er allein verantwortlich wäre. Andernfalls läge ein Handeln in Mittäterschaft vor (§§ 251, 25 II).

19.5 Räuberischer Diebstahl, § 252

I. Allgemeines

Rechtsfolge: Der Täter wird wie ein Räuber bestraft, also gem. § 249, § 250, oder § 251. Führungsaufsicht kann nach Maßgabe der §§ 68 I, 256 I angeordnet werden.

Deliktstyp: Verbrechen.

Rechtsgut: Eigentum und Gewahrsam sowie die persönliche Freiheit und Integrität.

Qualifizierungen: §§ 250, 251 gelten entsprechend.

Konkurrenzen: Näheres unter Kap. B 19.2 – 19.4.

II. Ausgangsfall

Aachen – Während die Geschädigte im Kaufhof an der Wäscheabteilung stand, wurde ihr von einer jungen Frau aus der Handtasche das Portemonnaie entwendet. Die Tat wurde von einer Verkäuferin beobachtet.

Es gelang der Verkäuferin, die fliehende Diebin auf der Straße einzuholen. Als sie die Herausgabe der Geldbörse forderte, stieß die Täterin sie heftig zurück und setzte ihre Flucht fort...

1) BGH NJW '87, 77.

III. Tatbestandsaufbau

Betreffen beim Diebstahl auf frischer Tat

↓

Einsatz eines Raubmittels i. S. v. § 249

↓

Subjektiver TB:
- Vorsatz bzgl. Diebstahlshandlung und Raubmitteleinsatz
- Absicht der Beutesicherung.

IV. Erläuterungen

§ 252 bedroht denjenigen, der den *Gewahrsam* an der *gerade erlangten* Diebesbeute mit den *Raubmitteln verteidigt*.

§ 252 stellt kein erfolgsqualifiziertes Diestahlsdelikt, sondern ein *raubähnliches* Sonderdelikt dar. Die Bestrafung des Täters richtet sich beim räuberischen Diebstahl nach § 249, § 250 oder § 251.

Setzt der Täter also z. B. zur Verteidigung der gerade entwendeten Diebesbeute eine Schusswaffe ein, erfolgt seine Bestrafung nach § 250 II 1; §§ 51 bzw. 52 WaffG; § 52 StGB.

§ 252 wurde deswegen vom Gesetzgeber als Verbrechenstatbestand ausgestaltet, weil davon auszugehen ist, dass derjenige, der zur Erhaltung der eben entwendeten Beute gewalttätig wird, ebenso gehandelt hätte, wenn er bereits während oder vor der Wegnahme überrascht worden wäre.

Der Täter muss bei einem Diebstahl (§§ 242, 244, 244 a) betroffen worden sein.

Die *Vortat* des § 252 kann aber auch ein *Raub* selbst sein! Denn im Raub ist tatbestandlich ein Diebstahl enthalten!

Beispiel: *T. nimmt O. in einer Gaststätte gewaltsam die Brieftasche weg. O. verfolgt T. bis auf die Straße. Dort schlägt T. den O. nieder (§ 249; § 252, § 223, § 52).*

Abgrenzung zum Raub: Der Einsatz der Raubmittel zur Beutesicherung muss *nach* der tatbestandlichen Vollendung des Diebstahls geschehen; denn wendet der Täter die Raubmittel *vorher* an, sind sie Mittel zur Wegnahme, somit läge Raub vor!

Beispiel: *Mantu will in einem Laden eine Flasche Whisky entwenden. Als er sie gerade einstecken will, wird er vom Inhaber bemerkt. Mantu schlägt den Inhaber nieder und entfernt sich mit der Flasche (§ 249, § 223, § 52).*

Der Täter muss bei dem Diebstahl auf **frischer** Tat betroffen worden sein, und zwar
- entweder bei der Tatausführung am Tatort *oder*
- alsbald nach der Tatausführung in der Nähe des Tatortes!

Zwischen Tatausführung und Wahrnehmung des Täters muss demnach ein enger örtl. und zeitl. Zusammenhang bestehen.

Beispiel: *Ein Kaufhausdetektiv beobachtet einen Mann, der eine Armbanduhr heimlich in seine Tasche steckt. Als er den Täter kurz vor dem Ausgang des Geschäftes ansprechen und festhalten will, stößt dieser ihn brutal zurück und flieht (§ 252, § 223, § 52).*

Der **subjektive Tatbestand** muss umfassen:
- zunächst den Vorsatz zur Wegnahme einer fremden beweglichen Sache,
- Zueignungsabsicht,
- das Bewusstsein der *Rechtswidrigkeit* der erstrebten Eigen- oder Drittzueignung,
- den gewollten Einsatz eines „Raubmittels" mit der Absicht der Beutesicherung,
- ggf. das Wissen um Qualifikationsmerkmale i. S. v. §§ 250, 251.

Es reicht nicht aus, wenn der Täter die Mittel des Raubes *nur* einsetzt, *um* einer Feststellung seiner Person zu entgehen.

Beispiel: *Kinski wird von zwei jungen Männern verfolgt, die ihn beim Diebstahl eines Kofferradios beobachtet haben. Um schneller laufen zu können, wirft er schließlich das Radio fort. Als er dennoch von einem der Verfolger eingeholt wird, dreht er sich blitzschnell um und streckt diesen mit einem Fausthieb nieder (§ 242, § 53, § 240 I, § 223 I).*

Der Täter muss davon ausgehen, dass er die Raubmittel gegen eine Person einsetzt, die ihm die Beute wieder zugunsten des Bestohlenen abnehmen will.

Beispiel: *Kinski und Mantu sind nachts bei einem Juwelier eingebrochen. Als die Alarmanlage ausgelöst wird, fliehen beide hastig mit ihrer Beute, ohne weiter aufeinander zu achten. Als Mantu plötzlich Schritte hinter sich hört, dreht er sich um und gibt einen gezielten Schuss auf den Verfolger ab. In Wahrheit handelt es sich bei dem vermeintlichen Verfolger um seinen Komplizen Kinski, den er in die linke Schulter trifft.*

§§ 252 i. V. m. 250 II 1, 22; 211, 22; 224; 123, 303, 52, 25 I.

Wenn das Verhalten Mantus in den abgesprochenen Gesamtplan passte, muss sich auch der zum Opfer gewordene Mittäter Kinski diese Tatbestandskette anrechnen lassen (§ 25 II).

§ 252 verlangt nicht, dass dem Täter die Verteidigung der Beute glückt. Die Tat ist daher vollendet, *wenn der Täter das Raubmittel zur Beutesicherung anwendet.*

19.6 Erpressung, § 253

I. Allgemeines

Rechtsfolge: FS – 5 J. od. GS (I), in bes. schw. Fällen FS ab 1 J.(IV); FA, VS[1] und EV nach Maßgabe des § 256.

Deliktstyp: Vergehen, auch im Falle IV; der Versuch ist strafbar (III).

Rechtsgut: Vermögen, Dispositionsfreiheit.

Konkurrenzen: *Exklusivität* besteht gegenüber

- §§ 242 ff. (Diebstahl), da die erzwungene Vermögensverfügung (= Preisgabe der erstrebten Sache) in § 253 die beim Diebstahl vorausgesetzte Wegnahme der Sache ausschließt[2];
- § 263 (Betrug), da die dort ursächlich auf Täuschung beruhende Vermögensverfügung eben auch eine erzwungene Herausgabe der Sache, wie in § 253 vorausgesetzt, begrifflich ausschließt.

Gesetzeskonkurrenz besteht zu

- § 240 (Nötigung), die von dem spezielleren § 253 verdrängt wird.

Tateinheit ist möglich mit

- § 239 (Erpresserischer Menschenraub, Kap. B 17.4);
- § 259 (Hehlerei, Kap. B 20.5), wenn die abgenötigte Sache bereits aus einem Vermögensdelikt stammt und der Täter dies weiß.

II. Ausgangsfall

Aachen – Der Geschädigte fuhr mit seinem Fahrzeug in die Tiefgarage seines Wohnhauses. Mit im Fahrzeug waren seine beiden Hunde, Zwergspitze im Wert von jeweils 3000 Euro. Als der Geschädigte aus seinem Fahrzeug ausstieg, ließ er die beiden Tiere frei in der Garage umherlaufen. Im Eingangsbereich der Garage kam dem Geschädigten ein maskierter Mann entgegen und griff sich sofort einen der beiden Hunde. Mit den Worten „Geld her oder ich mach den Hund kaputt!" deutete der Täter kurz an, das Tier gegen eine Betonwand zu schleudern. Unter dem Eindruck, dass der Maskierte nicht zögern würde, den Hund zu töten, gab der Geschädigte dem Täter einen Geldbetrag in Höhe von 260 Euro. Auf den Hinweis, dass er über mehr Bargeld nicht verfüge, stieß der Maskierte eine Verwünschung aus, gab den Hund frei und entfernte sich im Laufschritt in Richtung Ausgang ...

1) Zur Anwendung der Vermögensstrafe vgl. Sie Kap. A 7.2.

2) Umstritten ist, ob das abgenötigte Verhalten eine Vermögensverfügung sein muss wie beim § 263. Die h. L. bejaht dies mit der Folge, dass eine Übereinstimmung von Erpressung (Weggabe) und Raub/Diebstahl (Wegnahme) nicht möglich ist.
Der BGH (StV '95, 416) bejaht eine Wegnahme i. S. v. § 242, § 249 nur dann, wenn der Täter nach dem äußeren Erscheinungsbild den Gewahrsamswechsel selbst vollzieht, indem er die Sache an sich nimmt (so schon BGH 14, 386, 390; 25, 224, 228).

III. Tatbestandsaufbau

I.

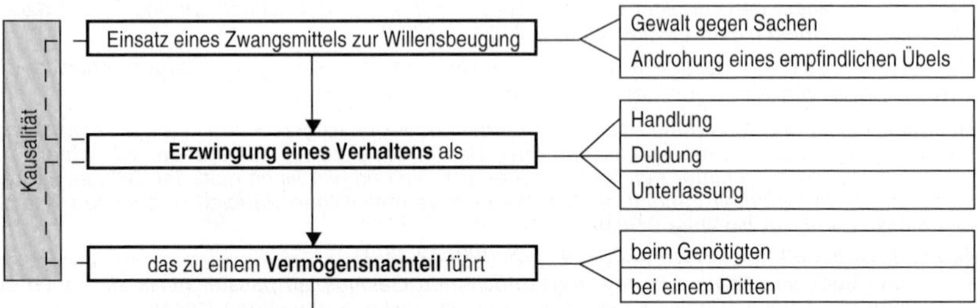

Subjektiver TB:
- **Vorsatz**[1] bzgl. vorstehender TBM u.
- Handeln in der **Absicht,** sich oder einen Dritten rechtswidrig zu **bereichern,**
- **Vorsatz** bzgl. der **Rechtswidrigkeit** der erstrebten Bereicherung.

II: Feststellung der Rechtswidrigkeit der nötigenden Handlung durch
- Verneinung eines etwaigen Rechtfertigungsgrundes ***und***
- Bejahung der Verwerflichkeit der sog. Mittel-Zweck-Relation.

IV: Straferschwerung
- allgemein in besonders schweren Fällen (S. 1),
- besonders schwere Regelfälle (S. 2):
  - gewerbsmäßige Begehung,
  - Tatbegehung als Bandenmitglied.

IV. Erläuterungen

Die Erpressung besteht in einer
- *nötigenden* Handlung (§ 240, Kap. B 17.2),
- durch die der Täter einen anderen dazu bestimmt,
- (quasi) eine *Vermögensverfügung* zu treffen,
- durch die dem *Vermögen* des Genötigten oder dem Vermögen eines Dritten ein *Nachteil* (Schaden) entsteht.
- Zwischen der nötigenden Handlung und dem abgenötigten Verhalten muss ein *Kausalzusammenhang* bestehen.
- Der Täter muss in der *Absicht* handeln, sich oder einen anderen (Dritten) zu Unrecht zu bereichern *(Bereicherungsabsicht)*.

§ 253 enthält *zwei* Elemente der Rechtwidrigkeit (RW) der Tat, nämlich
- die RW der nötigenden Handlung und
- die RW der erstrebten Bereicherung.

1) Zur Stellung des Vorsatzes im Verbrechensaufbau vgl. Sie ggf. Kap. A 12.4.

Das erste Element stellt ein „allgemeines Verbrechensmerkmal“ dar, das im klassischen Klausuraufbau unter „Rechtswidrigkeit der Tat“ zu prüfen ist. Das zweite ist nach der Rspr. als TBM qualifiziert, das infolgedessen unter „Tatbestandsmäßigkeit“ der Handlung zu untersuchen ist. Über die näheren Auswirkungen weiter unten.

Tatmittel sind bei der Erpressung *Gewalt* (gegen Sachen !) oder die Drohung mit einem *empfindlichen Übel* (so im **Ausgangsfall** mit der Ankündigung, den Hund zu töten). Im Gegensatz zur *Räuberischen Erpressung* (Folgekapitel) darf sich die Gewalt nicht gegen Personen richten und die Drohung darf nicht mit gegenwärtiger Gefahr für Leib oder Leben eines anderen verbunden sein. Bzgl. der Abgrenzung zu anderen Delikten wird auf die Gegenüberstellung in Kap. B 19. 1 hingewiesen.

Das abgenötigte Verhalten muss sich dabei als eine **Vermögensverfügung** darstellen, worunter die *h. L.* die Herausgabe (Hingabe) einer Sache versteht.[1]

Nach dem BGH[2] bedeutet Erpressung die „erzwungene Preisgabe von eigenen oder fremden Vermögenswerten, deren Schutz der Genötigte wahrnehmen kann und will“.

Vollzieht der *Täter* den Gewahrsamswechsel mit *eigener* Hand, ist Diebstahl bzw. Raub gegeben, zwingt er das Opfer oder einen Dritten (so bei der sog. Dreieckserpressung) z. N. des Opfers zur aktiven Mitwirkung am Gewahrsamswechsel (Übergabe), so ist Erpressung bzw. räuberische Erpressung gegeben.

Nach Auffassung des BGH (StV '95, 416) kommt es für die Unterscheidung Hingabe/ Wegnahme allein auf das *äußere Erscheinungsbild* der Tat an.

Der Begriff **Vermögen** umschreibt die Gesamtheit 200 aller wirtschaftlich messbaren Güter, also u. a. Bargeld, Aktien, Gegenstände, Rechte (z. B. die des Mieters, §§ 535 ff. BGB), Verbindlichkeiten (z. B. im Falle der Bürgschaft, § 765 BGB), Besitz, § 854 BGB.

Ein **Vermögensnachteil** ist jede wirtschaftlich messbare Schlechterstellung (Schaden).

Die **Vermögensverfügung** – nach dem zitierten BGH besser die Preisgabe der abgenötigten Sachen – des Erpressten muss einen Vermögensnachteil beim Erpressten oder einem Dritten zur Folge haben (sog. Stoffgleichheit).

Der BGH[3] verneinte diese Stoffgleichheit in einem Fall, in dem jemand genötigt worden war, BtM-Geschäfte in seinen Räumen zuzulassen.

Erpresster und Gebender müssen identisch sein, geschädigt kann dagegen auch ein Dritter sein.

Fall:

Berlin – Vier Unbekannte erschienen gegen Mitternacht in einem China-Restaurant und forderten 4 000 Euro Schutzgeld. Der Geschäftsführer zahlte, als zwei der Täter Bilder von den Wänden rissen, um ihrer Forderung Nachdruck zu verleihen.

Der Täter muss in der **Absicht** (= direkter Vorsatz) handeln, *sich oder einen Dritten zu Unrecht zu bereichern* (rechtswidrige Bereicherungsabsicht). Bereicherung ist jede günstigere Gestaltung der Vermögenslage.

***Beispiele**: Gefordertes Schweigegeld. Nutzung eines abgenötigten Mobilfons. Forderung einer Schutzgeldzahlung.*

Die erstrebte Bereicherung muss **rechtswidrig** sein.

Die Rechtswidrigkeit entfällt, wenn eine nach bürgerlichem Recht zulässige Forderung gestellt wird oder wenn ein fälliger Anspruch (etwa aus Kaufvertrag, §§ 434 ff. BGB) besteht.[4]

1) Tröndle/Fischer zu § 253 m. w. Nw.
2) BGH StV '95, 416 mit zahlreichen Hinweisen auf die Rspr. des BGH.
3) BGH NStZ '02, 254.
4) BGHSt 20, 136.

Da die **Rechtswidrigkeit** der erstrebten Bereicherung TBM ist, sind die Irrtumsregeln des § 16 I (Tatbestandsirrtum)[1] anwendbar. Glaubt der Täter aus tatsächlichen oder rechtlichen Gründen an den Bestand seiner Forderung, *erstrebt* er keine *unrechtmäßige* Bereicherung. Damit wäre die Handlung nicht tatbestandsmäßig.[2]

Beispiel: *Ehemann fordert vom „Freier“ seiner Frau die Zahlung des vereinbarten Dirnenlohnes, mit der Androhung, die Forderung sonst bei der Frau des Freiers erheben zu wollen. E. nimmt an, seine Frau habe nach dem Liebesdienst einen Rechtsanspruch auf das Geld (Rechtsansprüche entstehen jedoch nicht aus sittenwidrigen Geschäften, wie sich aus § 138 I BGB ergibt).*

Ob ein Anspruch auf **Fangprämien** besteht, die sich Geschäftsinhaber vom ertappten Ladendieb unter Androhung einer Anzeige (empfindliches Übel) zahlen lassen, wird in Lit. u. Rspr. unterschiedlich bewertet.[3] Falls aber ein Rechtsanspruch verneint wird, fehlt es am notwendigen Vorsatz bzgl. der *Rechtswidrigkeit* der erstrebten Bereicherung, wenn der Geschäftsinhaber glaubt, einen Rechtsanspruch auf die Prämie zu haben.

> In den Fällen, in denen das TBM „rechtswidrige Bereicherungsabsicht“ zu verneinen ist, besteht immer Anlass, den TB der Nötigung zu prüfen.

Fall: Büroangestellte B. fordert zum wiederholten Male von der Kollegin K., diesmal unter Androhung einer Strafanzeige wegen eines von der K. begangenen Bürodiebstahls, die Rückzahlung eines der B. geschuldeten Betrages in Höhe von 6 400 Euro. K. zahlt endlich.

Strafbarkeit der B.? In Betracht käme eine Erpressung z. N. der K.

B. hat mit einer Strafanzeige gedroht und damit ein empfindliches Übel für den Fall der Nichtzahlung in Aussicht gestellt. Sie hat die K. damit auch zur Auszahlung des Geldbetrages genötigt.

K. schuldete jedoch der B. das Geld. Diese hatte einen fälligen und einredefreien Anspruch. Indem K. zahlte, erlitt sie also keinen Vermögensschaden. Auch handelte B. nicht in *rechtsw.* Bereicherungsabsicht. Der TB der Erprerssung ist daher nicht erfüllt.

Gegeben ist jedoch eine Nötigung, § 240.[4] Die Drohung mit einer Strafanzeige stellt ein empfindliches Übel dar.

Die Androhung dieses Übels zur Durchsetzung eines bestehenden Anspruches ist sozial unerträglich und damit verwerflich i. S. d. § 240 II (Mittel-Zweck-Relation), da der Anspruch einem anderen Lebenssachverhalt entstammt und deshalb mit der anzuzeigenden Straftat nicht zusammenhängt (BGH NJW ’96, 2878).

Subjektiver Tatbestand:

Während hinsichtlich der erstrebten Bereicherung **Absicht** und damit **direkter** Vorsatz gefordert wird, genügt es, wenn der Täter bezüglich der übrigen TBM mit bedingtem Vorsatz[5] handelt, also z. B. (nur) in Kauf nimmt, dass er einem anderen einen Vermögensnachteil zufügt (die Unterscheidung ist aber wohl mehr theoretischer Natur).

Die Drohung braucht weder durchführbar noch ernsthaft gemeint zu sein. Es genügt, wenn der Bedrohte sie dafür halten soll.

Nimmt der Bedrohte die Bedrohung nicht ernst (mangelnde Kausalität), wird regelmäßig nur der Versuch einer Erpressung gegeben sein, der gem. III auch strafbar ist.

Die **Vollendung** der Erpressung ist im Moment des mit der Vermögensverfügung (Herausgabe der Sache) eingetretenen Vermögensnachteils gegeben. Es ist nicht notwendig, dass der Täter die eigene Bereicherung oder die eines Dritten tatsächlich realisiert.

1) BGH NJW ’86, 1623.
2) BGH 4 StR 628/87 mit Hinw. auf die bisherige Rspr.
3) Tröndle zu § 253 m. w. Nw.
4) Vgl. Sie Kap. B 17.2.
5) Zur Stellung des Vorsatzes im Deliktsaufbau Näheres in Kap. A 12.4.

Beispiel: *Der Erpresste hat in einer Diskothek den geforderten Betrag von 1500 Euro in einem Päckchen hinterlegt. Als der Täter später das Päckchen in Empfang nimmt, wird er von Polizeibeamten festgenommen.*

Die Tat ist **versucht**, wenn der Täter mit der Ausführung der Nötigung, also mit der Einwirkung auf das Opfer, begonnen hat. Der nachfolgende Fall verdeutlicht dies.

Autofahrer wurde überfallen

Aldenhoven – Vor dem Haftrichter endete ein Gaunerstück, das zwei Männer im Alter von 18 und 20 Jahren am Wochenende in Aldenhoven inszenierten. Die beiden forderten ihr Opfer auf, am nächsten Tag an einer bestimmten Stelle in Aldenhoven-Siersdorf Geld zu hinterlegen, anderenfalls werde seiner Frau und seinem Sohn etwas passieren. Der 22-Jährige informierte die Polizei, die dann am Samstag den vorgesehenen Ort der Geldübergabe observierte.

Der ältere der beiden Täter tauchte tatsächlich auf und wurde festgenommen. Sein 18-jähriger Komplize wurde im Zuge einer Fahndung ebenfalls gefasst.

Die **Rechtswidrigkeit** der nötigenden Handlung (II) setzt voraus:
- das Fehlen von Rechtfertigungsgründen und
- die defintive Feststellung der Verwerflichkeit.

Anders als die RW der erstrebten Bereicherung ist die RW der nötigenden Handlung nach den Maßstäben des II (ähnlich wie bei § 240 II[1]) als allgemeines Verbrechensmerkmal (Rechtswidrigkeit der Tathandlung) zu prüfen. Nach der sog. *Verwerflichkeitsklausel* des II müssen entweder das angewandte Mittel oder der verfolgte Zweck oder aber die Verknüpfung von Mittel und Zweck verwerflich, d. h. sittlich missbilligenswert sein.

Ein **besonders schwerer Fall** der Erpressung liegt gem. IV. **i. d. R**. vor, wenn der Täter

gewerbsmäßig gehandelt hat	oder	als Mitglied einer Bande handelt, die sich zur fortgesetzten Begehung einer Erpressung verbunden hat.

Fall:

Nürnberg – Türken forderten von ihren Landsleuten, die Lokale betrieben, Schutzgeld in Höhe von jeweils 2000 Euro. Um ihrer Forderung Nachdruck zu verleihen, überfiel ein Rollkommando einzelne Lokale und verwüstete diese. Bereits vorher hatten die Täter mit einer Pistole in die Decke zweier Lokale geschossen...

Zu dem Begriff *gewerbsmäßig* wird auf die Ausführungen in Kap. B 18.4, zu dem Begriff *Bande, die* ... auf die in Kap. B 18.5 hingewiesen.

Zur exakteren Rechtsanwendung hat der Gesetzgeber die zuvor unbenannten besonders schweren Fälle des IV mit dem am 01.12.1994 in Kraft getretenen *Verbrechensbekämpfungsgesetz* in konkret umrissene Regelfälle umformuliert. Ein Abweichen hiervon in der Rechtsanwendung setzt eine eindeutige Begründung des Gerichts voraus.[2] Andererseits sind die denkbaren besonders schweren Fälle nicht abschließend aufgezählt, so dass auch andere Konstellationen in Betracht kommen können.

***Beispiele**: Verursachung eines ungewöhnlich hohen Vermögensschadens, Verursachung einer Notlage beim Verletzten (so auch in § 263 III, § 263 a II, § 266 II, 267 III, § 268 V, § 269 III).*[3]

Es handelt sich bei den Fällen des IV um Schärfungen i. S. v. § 12 III, so dass der Deliktscharakter unverändert bleibt. Ebenso wie z. B. in § 243 stellen die Regelfälle keine Tatbestände dar, sondern Strafzumessungsregeln. Dennoch werden sie wie TBM behandelt. Die Irrtumsregeln des § 16 finden z. B. Anwendung. Zur Systematik des **Klausuraufbaus** vgl. Sie Kap. B 18.4 Ziff. I.

Die Neufassung der §§ 253 IV und § 256 II verfolgt nach dem Willen des Gesetzgebers (BT-Drucksache 12/6853) das Ziel, die i. d. R. gewerbsmäßig oder von Mitgliedern krimineller Banden (§ 129) begangene Erpressung von **Schutzgeldern** als typische Erscheinungsform der *Organisierten Kriminalität* höher zu bestrafen und den Tätern durch Ge-

1) Ausführlich hierzu in Kap. B 17.2.
2) Vgl. Sie zur Regelbeispieltechnik die Ausführungen in Kap. B 17.2 und B 18.4.
3) Vgl. Sie die Kap. B 21 und B 22.

winnabschöpfung (§§ 43 a, 73 d[1]) die finanzielle Basis für ihre „Unternehmen" zu entziehen bzw. sie zu schwächen.[2]

Fallbearbeitung

Fall nach BGH 4StR, NStZ '88, 216: Der Angeklagte A. hatte gegen S. Geldforderungen von 40 000 DM gerichtlich geltend gemacht. Da er den Ausgang des Zivilprozesses nicht abwarten wollte, S. aber jede Abschlagszahlung verweigerte, zwang A. den S. am ... mit Waffengewalt zur Übergabe seines Mercedes als Pfand und Druckmittel zur *privaten* Durchsetzung seiner Forderung. Aus Furcht um sein Leben duldete der S. auch, dass A. die im Mercedes gefundenen 960 DM des S. als Anzahlung behielt.

Lösungsanmerkungen:

Raub scheidet aus, da A. sich den Pkw nicht zueignen wollte. Nimmt der Täter eine Sache weg, um den Sachentzug als Druckmittel zur Durchsetzung einer Forderung zu nutzen, handelt er *nicht* mit *Zueignungsabsicht* (BGH NStZ-RR '98, 235).

Raub bzgl. der Wegnahme der 960 DM scheidet aus, da A. über die *Rechtswidrigkeit* der Zueignung *irrte* und sich somit in einem den Vorsatz ausschließenden Tatbestandsirrtum (Kap. A 14.2) befand; BGH wie vor.

Die std. Rspr. (BGH St 14, 386, 390; 41, 125) bejaht die *Duldung der Wegnahme* als *notwendige Opferreaktion* i. S. v. § 253.

Bzgl. der Inpfandnahme des Pkw *fehlt* es aber an der *notwendigen Stoffgleichheit* zwischen erstrebtem Vermögensvorteil und erlittenem Vermögensschaden.

Hinsichtlich der 960 DM besteht zwar Stoffgleichheit, doch wenn A. sich vorstellte, einen Rechtsanspruch auch auf dieses Geld infolge seiner Gesamtforderung zu haben, handelte er bzgl. der *notwendigen rechtswidrigen* Bereicherungsabsicht in einem den *Vorsatz ausschließenden Tatbestandsirrtum.*

Im Ergebnis bleiben Nötigung und je nach Art der Waffe ein Vergehen nach § 53 WaffG.

19.7 Räuberische Erpressung, § 255

I. Allgemeines

Rechtsfolge: Der Täter wird wie ein Räuber (§ 249) bestraft, mit der Folge, dass auch die Qualifizierungen des Raubes (§§ 250, 251) entsprechend gelten. FA, *VS*[3] und EV kommen nach Maßgabe des § 256 in Betracht.

Deliktstyp: Verbrechen; qualifizierter Fall der Erpressung (§ 253).

Rechtsgut: Vermögen und Freiheit des Einzelnen.

Konkurrenzen: *Gesetzeskonkurrenz* besteht gegenüber

- Raub, § 249, der als *Sonderfall der Erpressung* (BGHSt 14, 386, 390) dann zurücktritt, wenn das Opfer die geforderte Sache herausgibt. Ob dies der Fall ist, entscheidet das *äußere Erscheinungsbild der Tat* (BGH StV '95, 416; NStZ '98, 299).
- § 239, soweit die Freiheitsberaubung lediglich als Mittel zur Erzwingung der Herausgabe der Sache eingesetzt wird.
- Erpresserischem Menschenraub im Falle des *Sichbemächtigens* als unmittelbares Nötigungsmittel i. S. v. § 255 (BGHSt 39, 36, 41).[4]

Tateinheit (§ 52) ist u. a. möglich mit:

- Erpresserischem Menschenraub (§ 239 a), abgesehen vom vorstehend genannten Fall. § 239 a setzt nur die Absicht der Erpressung, nicht deren Vollendung voraus (BGH NStZ '86, 166).
- Körperverletzungs- und Tötungsdelikten, soweit sie die Folge der Gewaltanwendung sind (Kap. B 19.2).
- Dauerstraftaten nach §§ 52 a, 53 WaffG.

1) Näheres zu diesen Begriffen in Kap. A 7.2; § 43 a ist nichtig.
2) Auf die Ausführungen in Kap. B 18.5 und B 20.6 – Geldwäsche, § 261 – wird hingewiesen.
3) Vgl. sie Fußnote 1.
4) Zu dieser Problematik Näheres in Kap. B 17.4.

II. Ausgangsfall

Banküberfall

Auszug aus einem Fahndungsaufruf

Essen – Am ... gegen 16.00 Uhr, betrat ein Unbekannter, der sein Gesicht durch eine dunkle Sonnenbrille teilweise verdeckt hatte, die Filiale der Sparkasse Essen in der ...straße. Er legte eine weiße Plastiktüte vor den Kassenschalter und übergab dem Kassierer, zusammen mit einer weiteren Plastiktüte, einen handgeschriebenen Zettel (Abb.). Der Kassierer füllte daraufhin 17850 Euro in die zweite Plastiktüte und übergab sie dem Räuber. Dieser rannte mit seiner Beute davon. Die angebliche Bombe war ein schwarzer, 20 x 10 cm großer Musikkassettenkoffer, gefertigt aus Kunstleder. Im Koffer selbst befand sich noch eine Parkscheibe.

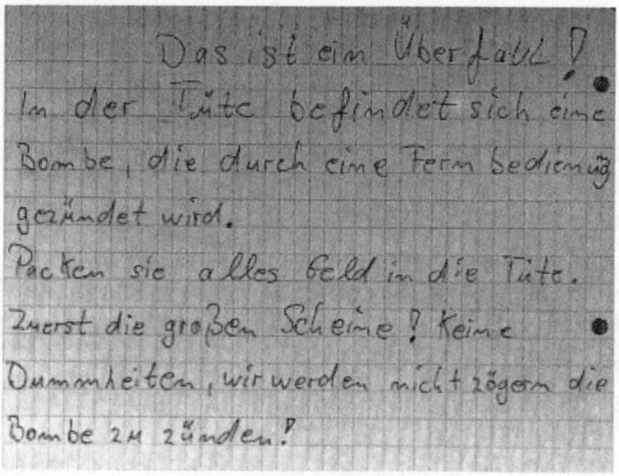
Das ist ein Überfall!
In der Tüte befindet sich eine Bombe, die durch eine Fernbedienung gezündet wird.
Packen sie alles Geld in die Tüte.
Zuerst die großen Scheine! Keine Dummheiten, wir werden nicht zögern die Bombe zu zünden!

vorgelegter Zettel

III. Tatbestandsaufbau

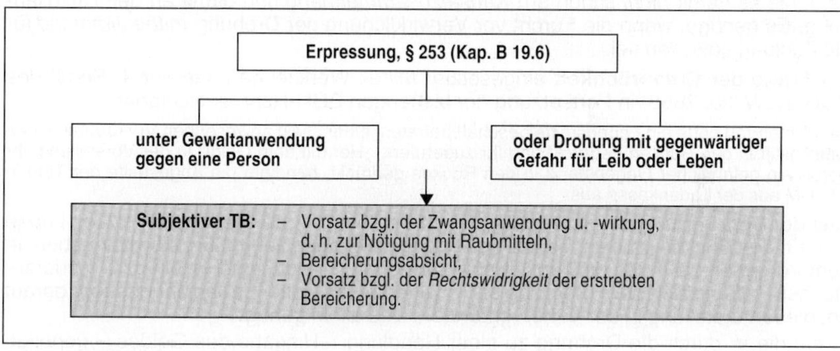

IV. Erläuterungen

Die Verwerflichkeit und Gefährlichkeit der Erpressung (§ 253) wird besonders gesteigert, wenn der Täter zur Tatausführung ein sog. *Raubmittel* einsetzt. So im Ausgangsfall, in dem der Täter vorgibt, eine zündfähige Bombe mitzuführen.

Die räuberische Erpressung *unterscheidet* sich lediglich dadurch vom Raub, dass der Täter im Falle des § 255 die Raubmittel einsetzt, *um* sich die verlangte Beute herausgeben zu lassen, während der Täter im Falle des § 249 die Raubmittel einsetzt, *um* einen Widerstand gegen die Wegnahmehandlung von vornherein auszuschließen oder zu brechen.

Für die Abgrenzung ist das äußere Erscheinungsbild der Tat maßgeblich (BGH StV '95, 416).

Dass das mit gegenwärtiger Leibes- oder Lebensgefahr bedrohte Opfer keine Handlungsalternative hat, steht der Annahme der Vermögens*verfügung* nach der Rspr. nicht entgegen.

Die Mittel der räuberischen Erpressung, nämlich Gewalt geg. eine Person oder Drohung mit gegenwärtiger Gefahr für Leib oder Leben, entsprechen denen des Raubes. Es wird daher auf die Ausführungen in Kap. B 19.2 hingewiesen.

Fraglich könnte sein, wie die **Gegenwärtigkeit** der Gefahr für Leib oder Leben beschaffen sein muss.

Fall 1: Ein Täter hatte einer Handelskette schriftlich und telefonisch vorgespiegelt, eine Tätergruppe plane, künftig Lebensmittel in den angeschlossenen Märkten zu vergiften, wenn die Fa. nicht bereit sei, 1,5 Mio. DM zu zahlen (BGH 1 StR 244/96 – NStZ '96, 494).[1]

Fall 2: Kurdische Asylbewerber hatten unter Landsleuten für die PKL Spenden eingefordert. Dabei hatten sie geäußert, „Wenn du nicht zahlst, knallen wir dich ab! Was dann passiert, musst du dir selbst überlegen! Ihr seid verbrannt!" (BGH 3 StR 180/96).

Beide **Senate** stellten fest, die Gefahr sei *dann* gegenwärtig, wenn die in Aussicht gestellte Schädigung an Leib oder Leben *bei ungestörter Weiterentwicklung der Geschehnisse nach menschlicher Erfahrung als sicher oder höchstwahrscheinlich zu erwarten sei, falls nicht alsbald eine Abwehrmaßnahme getroffen werde.*

Der 3. Senat hob hervor, es genüge eine Gefahr, die als *Dauergefahr über einen längeren Zeitraum in dem Sinne gegenwärtig sei, dass sie jederzeit in einen Schaden umschlagen könne. Auch das Fehlen einer Fristsetzung stelle gerade keinen Grund dar, die Gegenwärtigkeit der angedrohten Gefahr zu verneinen.*

Der 1. Senat stellte auch fest, Erpressungsopfer (Inh. der Marktkette) und zu Schaden kommende Personen (Kunden) brauchten nicht identisch zu sein. Auch sei die Androhung, durch die Lebensmittelvergiftung das Leben Dritter – der Kunden – zu schädigen, *geeignetes* Drohmittel i. S. v. § 255.

Wenn schließlich *unter Anraten der Polizei* ein Teil des geforderten Geldes gezahlt werde, fehle es damit *nicht* schon am *Kausalzusammenhang* und damit an der Tatvollendung. Es genüge, wenn die Furcht vor Verwirklichung der Drohung *mitbestimmend* für die Zahlung gewesen sei.

Zur **Frage der Gefährlichkeit** eingesetzter Mittel, Werkzeuge hatte der 4. Senat des BGH (NJW '96, 2663) in Fortsetzung der bisherigen BGH-Rspr. entschieden:

Fall: Eine Frau hatte ein Lebensmittelgeschäft betreten, einer allein anwesenden Verkäuferin einen Labellostift in den Rücken gedrückt und ihr zugerufen: „Her mit dem Geld!" In der Vorstellung, ihr werde ein gefährlicher Gegenstand in den Rücken gedrückt, händigte die Angestellte der Täterin 280 DM aus der Ladenkasse aus.

Aus der Begründung des 4. Senats: Indem die Täterin T. der Verkäuferin V. den Labellostift in den Rücken drückte, drohte sie mit gegenwärtiger Gefahr für Leib oder Leben. In dem Vorgehen der T. lag die konkludente Drohung, V. niederzuschießen bzw. niederzustechen, falls sie sich der Forderung der T. widersetzen sollte. Es kam ihr offenbar darauf an, diese Vorstellung in der V. hervorzurufen. Das allein genügt.

T. hat die V. durch die Drohung zu einer Handlung – Hingabe des Geldes – genötigt. Während im Schrifttum überwiegend eine Vermögensverfügung gefordert wird, die gerade dann nicht vorliegt, wenn dem Hingebenden angesichts der Drohung keine Verhaltensalternative bleibt, hat der BGH in std. Rspr. klargestellt, dass *jedes vermögensbeeinträchtigende Verhalten* hierfür genügt.

Durch die Hingabe des Geldes wurde dem Vermögen des Geschäftsinhabers ein Nachteil zugefügt, der dem erlangten Vorteil der T. entspricht. Bei der *Dreieckserpressung*, die hier vorliegt, genügt es, wenn die verfügende (erpresste) Person, imstande und willens war, den Schutz des fremden Vermögens wahrzunehmen (BGH StV '95, 416).

---

1) Vgl. Sie ggf. den ähnlich gelagerten Fall von BGH 4 StR StV '99, 377.

Da T offensichtlich die *Absicht* hatte, sich aus dem Vermögen des Ladeninhabers rechtswidrig *zu bereichern*, beging sie eine räuberische Erpressung i. S. v. § 255.

Fraglich war bis zum In-Kraft-Treten des 6. StrRG, ob T. auch tbm. i. S. v. § 250 I Nr. 2 (a.F.) gehandelt hat. Der Lippenstift stellt zwar ein Werkzeug dar, das die T. mitführte und das sie eingesetzt hatte, um den Widerstand eines anderen mit Drohung mit gegenwärtiger Gefahr für Leib oder Leben zu verhindern. Fraglich war aber, ob das angesichts seiner *definitiven Ungefährlichkeit* ausreichte für die in § 250 angedrohte Mindeststrafe von immerhin 5 Jahren.

Der BGH hielt in std. Rspr. daran fest, dass auch ungefährliche Werkzeuge taugliche Mittel i. S. v. § 250, a. F. (jetzt § 250 I 1 b) seien, wenn sie nach ihrem äußeren Erscheinungsbild den Eindruck eines gefährlichen Gegenstandes erweckten. Dies ergebe sich aus der Gesetzesfassung „um ... zu", wonach es dem Gesetzgeber zweifellos auf die *subjektive* Vorstellung beim Täter ankomme. Entscheidend sei danach die Vorstellung des Täters, Widerstand seines Opfers mit der Scheinwaffe überwinden zu können, dass er beabsichtige, die Waffe im Bedarfsfall einzusetzen *und* dass das Opfer daran glauben solle, es handele sich um ein entsprechend gefährliches Mittel.

Der oben zitierte 4. Senat stellte zum Labellostift fest, dass dieser Gegenstand schon nach seinem äußeren Erscheinungsbild *offensichtlich ungefährlich* und deshalb nicht geeignet sei, mit ihm auf den Körper eines anderen in erheblicher Weise einzuwirken. Einen solchen Gegenstand könne der Täter allenfalls unter *Täuschung* über dessen wahre Eigenschaften einsetzen. Dann aber stehe die Täuschung so sehr im Vordergrund, dass seine Qualifizierung als Werkzeug i. S. v. § 250 I Nr. 2 a. F. (= § 250 I 1 b) verfehlt wäre ...

Auch der Gesetzgeber geht in der BT-Drs. 13/9064 zum 6. StrRG davon aus, dass in Gebrauchsabsicht mitgeführte oder eingesetzte *völlig harmlose* Gegenstände/Mittel analog der Rspr. des BGH zum Labellostift *nicht* den TB des § 250 erfüllen.[1]

In Zweifelsfällen wird von einem minder schweren Fall i. S. v. § 250 III auszugehen sein, der FS von 1-10 J. vorsieht.

Zu den übrigen Anforderungen an die Tatqualifikation i. S. v. § 250, § 251 wird auf die Ausführungen in Kap. B 19.3/B 19.4 hingewiesen.

19.8 Räuberischer Angriff auf Kraftfahrer, § 316 a

I. Allgemeines

Rechtsfolge: FS ab 5 J.(I); in minder schw. Fällen FS v. 1 – 10 J. (II), bei wenigstens leichtfertiger Todesverursachung lebensl. FS oder FS ab 10 J. (III).
Bei mindestens tateinheitlichem Versuch einer Tat nach §§ 249 bis 255 kommen nach Maßgabe des § 256 FA (§ 68) und EV (§ 73 d) in Betracht.

Deliktstyp: Verbrechen.

Rechtsgut: Schutz von Kfz-Führern und -insassen während dieser spezifischen Teilnahme am Straßenverkehr vor räuberischen Angriffen.

Konkurrenzen: *Idealkonkurrenz,* § 52, besteht u. a. zu

- §§ 249 – 252, 255, wenn der Täter die Raubhandlung vollendet oder versucht, denn § 316 a fordert nicht die Vollendung oder den Versuch der vorgestellten Raubhandlung.
- Körperverletzungs- und Tötungsdelikten.

Gesetzeskonkurrenz besteht

- zwischen § 316 a III und § 222 im Falle *leichtfertiger* Todesverursachung,
- zu erpresserischem Menschenraub (§ 239 a I → Kap. B 17.4), wenn das Opfer zunächst entführt wird (1. Teilakt), um es später im Fahrzeug in räuberischer Absicht anzugreifen (2. Teilakt).
- gegenüber §§ 240, 239 I, die als typische Begleittaten ggf. zurücktreten.

1) Vgl. Sie ggf. die Ausführungen in Kap. B 19.3.

II. Ausgangsfall

Taxifahrer beraubt

Aachen-Haaren – Ein Taxifahrer wurde Opfer von zwei bisher unbekannten Räubern. Die beiden Männer waren in Haaren in das Auto gestiegen und wollten zum Flugplatz Merzbrück.

In der Nähe des Platzes ließen sie das Taxi anhalten. Plötzlich fielen die Täter über den Fahrer her, schlugen auf ihn ein, entrissen ihm die Geldtasche mit 600 Euro und flohen ...

III. Tatbestandsaufbau

I. **Angriff auf** Leib, Leben, Entschlussfreiheit eines Kfz-Führers oder Kfz-Mitfahrers

unter **Ausnutzung** der besonderen Verhältnisse des Straßenverkehrs

Subjektiver TB: – **Vorsatz** bzgl. Angriff und Ausnutzung
– **Absicht** – des Raubes, (§ 249)
– der räuberischen Erpressung *(§ 255) oder*
– des räuberischen Diebstahls (§ 252).

III. **Erfolgsqualifikation:** – wenigstens *leichtfertige* Todesverursachung eines anderen Menschen durch die Tat.

IV. Erläuterungen

Tathandlung ist der Angriff auf Leib, Leben oder Entschlussfreiheit des Kfz-Führers oder eines Mitfahrers während des Fahrzeugsbetriebs. **Tatopfer** kann daher nur sein, wer zum Tatzeitpunkt Kfz-Führer oder -Mitinsasse ist. Frühester **Tatzeitpunkt** ist der Beginn der Angriffshandlung. Es besteht also eine zeitliche Verknüpfung von Opferqualität und Angriffshandlung.

Kfz-Führer i.S.d. § 316 a ist, wer das Kfz in Bewegung zu setzen beginnt, es in Bewegung hält oder allgemein mit dem Betrieb des Kfz und/oder der Bewältigung von Verkehrsvorgängen beschäftigt ist.[1]

Bei verkehrsbedingtem Halt, wie etwa vor einer Verkehrssignalanlage oder im Verkehrsstau, ist nach dem zitierten Senat ein Führen zu bejahen, da der „Lenker des Kfz in diesen Situationen seine Aufmerksamkeit weiterhin auf das Verkehrsgeschehen richten muss und deshalb leichter zum Angriffsobjekt des Überfalls werden kann." Dies trifft nach Auffassung des Senats regelmäßig *dann nicht* mehr zu, „wenn das Opfer sein Kfz aus anderen Gründen zum Halten gebracht *und* den Motor abgestellt hat."

*Im **Ausgangsfall** wäre zu prüfen, ob der Angriff schon zu dem Zeitpunkt begonnen hatte, als der Taxifahrer noch mit dem Auskuppeln, Abbremsen, Anziehen der Handbremse beschäftigt war, der Motor noch lief und der Fahrer sichernd auf den übrigen Fahrzeugverkehr achten musste.*

Im **BGH-Fall**[2] hatten zwei Täter einen Taxisfahrer in Abänderung ihres ursprünglichen, aber in der Nähe gelegenen Fahrtziels angewiesen, auf einen einsamen Parkplatz zu fahren. Als das Opfer den Motor in Erwartung der folgenden Abrechnung aus- und die Innenbeleuchtung eingeschaltet hatte, ergriffen es die Täter und entwanden ihm gewaltsam die Brieftasche.

Der Senat lehnte den Tatbestand des § 316 a mit der Begründung ab, dass das Opfer zum Angriffszeitpunkt nicht mehr Führer eines Kfz gewesen sei.

Auch in der Nennung des abgelegenen Fahrtziels in geheimer Raubabsicht lag nach Auffassung des Gerichts noch kein **Angriff auf die Entschlussfreiheit des Opfers**, sondern eine *nicht* tatbestandsmäßige Arglist/Täuschung. Der **Angriff** setzt eine gegen die Entschlussfreiheit gerichtete feindliche Handlung voraus, deren objektiven Nötigungscharakter das Opfer wahrnimmt. Die feindliche Willensrichtung braucht das Opfer dagegen nicht erkannt zu haben.

---

1), 2) BGH 4 StR 150/03 vom 20.11.2003, der erstmals das TBM Kfz-Führer thematisiert hat und angesichts der hohen Strafandrohung eine engere, am Schutzzweck und den einzelnen TBM des § 316 a orientierte Auslegung für geboten hält. BGH 4 StR NStZ 2005, 638 f.

Beispiel: *Bereiten eines Hindernisses, das den herannahenden Kfz-Führer zum Anhalten veranlasst (Autofalle).*

Eine Täuschung hindert nach Auffassung des Senats nicht die Entschlussfreiheit. Das Opfer wird zwar manipuliert, empfindet aber seine Willensbildung und -betätigung weiterhin als frei.

Beispiele: *Einsteigen in Raubabsicht, Benennen eines abgelegenen Fahrtziels, Aufforderung anzuhalten sind noch straflose Vorbereitungshandlungen.*

Erst wenn der Täter sein Opfer zum Anhalten oder zur Weiterfahrt zwingt, indem er eine empfindliches Übel androht oder Gewalt anwendet, ist nach Auffassung des Senats ein tatbestandsmäßiger Angriff gegeben.

Beispiel: *Aufforderung anzuhalten, wenn im Moment des Fahrzeugstillstands die Raubhandlung beginnen soll. So ggf. im Ausgangsfall.*

Der Angriff muss außerdem unter **Ausnutzung der besonderen Verhältnisse des Straßenverkehrs** erfolgen. D. h. der Täter muss sich im Angriffszeitpunkt eine Gefahrenlage zunutze gemacht haben, die dem fließenden Verkehr eigen ist durch die typische Reduzierung der Abwehrmöglichkeiten und den Zwang zur Konzentration auf das Verkehrsgeschehen. Sie ist in der Regel während des Fahrvorganges gegeben, kann aber auch bei einem verkehrsbedingten oder vom Täter erbetenen vorübergehenden Halt vorliegen. Im letzteren Fall kommt es z.B. darauf an, ob bereits ausgekuppelt worden ist, ob bei einem Fahrzeug mit Automatikgetriebe die Handbremse bereits angezogen worden ist, der Fahrer noch angeschnallt ist oder noch absichernd auf den rückwärtigen Verkehr achtet etc.

Abgrenzung: Abweichend von der bisherigen Rspr. ist der oben zitierte 4. Senat der Auffassung, dass auch die „Vereinzelung“ des Opfers an einen Ort, an dem fremde Hilfe unwahrscheinlich ist, keine tbm. Angriffshandlung darstellt. Trotz der Herabsetzung der Abwehrmöglichkeit sei die Abgelegenheit des Überfallortes gerade keine spezifische Eigenschaft des Kfz-Verkehrs.

Dass die Raubhandlung schließlich *außerhalb des Fahrzeuges* vollendet werden soll, ist für die Tatbestandserfüllung unerheblich.

Nach **BGH 4 StR 394/03** vom 25.2.2004 hatten zwei Täter ihr Opfer

- gewaltsam in ein Fahrzeug gezerrt und an eine einsame Stelle entführt (§ 239 a I)
- unterwegs im Fahrzeug geschlagen und genötigt, sich freizukaufen (§§ 223, 224 I Nr. 4; §§ 255, 23)
- schließlich an einsamer Stelle aus dem Fahrzeug gezogen, um es auszurauben (§§ 249, 23) – dabei konnte das Opfer jedoch entfliehen.

Ergebnis: §§ 239 a I 1. Alt., 316 a I; 255, 23; 224 I Nr. 4; 52. §§ 240, 239 I treten als typische Begleittat zurück.

Subjektiver Tatbestand:

Der Angriff setzt naturgemäß Vorsatz voraus, wobei der Täter die Vorstellung haben muss, die besonderen Verhältnisse des Straßenverkehrs auszunutzen. Während des Angriffs muss der Täter die *Absicht* haben, eine Raubhandlung i.S.v. §§ 249 ff. zu begehen.

Die **Tatvollendung** setzt die Ausführung des Angriffs voraus, der **Versuch** der Tat den Beginn der Angriffshandlung.

Strafbefreiender **Rücktritt** (§ 24, Kap. A 19.5) kann in Betracht kommen. Er setzt voraus, dass der Angriff noch nicht abgeschlossen ist, denn sonst wäre Tatvollendung gegeben. In solchen Fällen kann aber ein **minder schwerer Fall i.S.v. II** in Betracht kommen.

§ 316 a III enthält eine **Erfolgsqualifikation**, wenn der Täter durch den Angriff oder die nachfolgende Raubhandlung sein Opfer oder einen Dritten wenigstens leichtfertig tötet.

20 Begünstigung, Strafvereitelung, Hehlerei und Geldwäsche

20.1 Gesamtübersicht

Begünstigung – § 257 –	**Strafvereitelung – § 258 –**	**Strafvereitelung im Amt – § 258 a –**
Wer *absichtlich* dem Täter einer rechtswidrigen Tat	Wer absichtlich oder *wissentlich*	Begehung der Strafvereitelung
Hilfe leistet, *um* diesem	ganz oder z. T. *vereitelt*, dass ein anderer wegen einer rechtsw. Tat	als *Amtsträger*, der zur *Mitwirkung* im Strafverfahren oder bei der Strafvollstreckung *berufen* ist.
die *Vorteile* der Tat zu sichern ...	der *Bestrafung* ... oder der *Strafvollstreckung* unterworfen wird.	
• FS – 5 J. oder GS. • Verg., OD. • Versuch ist nicht strafbar, da § 257 als Unternehmensdelikt ausgebildet ist. • Strafe ist von der Vortat abhängig (II). • Im Sinne des IV (§§ 247, 248 a) kann Begünsigung ein AD sein. • *Selbst*begünstigung erfüllt nicht den TB des § 257. • Begünstigung des Mittäters, Anstifters, Gehilfen an der gemeinsamen Vortat ist *straflos* (III). • Anstiftung eines an der Vortat *Unbeteiligten* zur Selbstbegünstigung oder zur Begünstigung der Teilnehmer der Vortat ist strafbar (III). • Vor der Haupttat zugesagte Begünstigung ist Beihilfe zur Haupttat (§ 27). • Mit §§ 258, 258 a, 259 ist Tateinheit (§ 52) möglich. • Schlichtes Tätigkeitsdelikt. **Fall:** Eltern verstecken die Diebesbeute ihres 20-Jährigen Sohnes.	• FS – 5 J. oder GS. • Verg., OD. • Der Versuch ist strafbar (IV). • Bestrafung ist von der Vortat abhängig (III). • Strafvereitelung in *eigener* Sache oder Anstiftung eines anderen zur eigenen Strafvereitelung ist straflos (V) = Selbstschutzprinzip. • Die Tat zugunsten eines *Angehörigen* (§ 11 I 1) ist *straffrei* (VI); • VI enthält ebenso wie V einen pers. Strafausschließungsgrund; die Tat bleibt ggf. im Hinblick auf die Hilfe zugunsten anderer Vortäter strafbar. • Mit § 257 ist Tateinheit möglich. • Erfolgsdelikt. **Fall:** Freundin leugnet die Anwesenheit ihres unfallflüchtigen Freundes in ihrer Wohnung.	• FS von 6 Monaten – 5 Jahre. • Verg., OD. • Uneigentliches Amtsdelikt. • Sonderdelikt, für Außenstehende gilt § 258 (§ 28 II). • Versuch ist strafbar (II). • Kein Angehörigenprivileg (III). • Erfolgsdelikt. **Fall:** Polizeibeamter unterlässt die Anordnung einer fälligen Blutprobe gegen seinen Bruder nach einer Fahrzeugkontrolle.

20.2 Begünstigung, § 257

I. Allgemeines

Rechtsfolge: FS – 5. J. oder GS (I); Die Strafe darf jedoch nicht schwerer sein als die für die Vortat angedrohte Strafe (II).

Deliktstyp: Vergehen, Offizialdelikt; i. S. d. IV (§§ 247, 248 a) ist die Begünstigung Antragsdelikt; unechtes Unternehmensdelikt.

Rechtsgut: Geschützt wird sowohl die *Rechtspflege* in ihrer Aufgabe, die Wirkungen von Straftaten zu beseitigen, als auch der *Anspruch des durch die Vortat Verletzten* auf Wiederherstellung des ursprünglichen Zustandes.[1]

Konkurrenzen: *Tateinheit;* § 52, ist insbesondere möglich mit:

Strafvereitelung (§ 258), falls der Begünstiger neben der Vorteilssicherung gleichzeitig die Strafvereitelung des Vortäters bezweckt;

Hehlerei (§ 259), falls der Begünstiger neben der Vorteilssicherung für den Vortäter *zugleich* mit Bereicherungsabsicht handelt.[2]

II. Einstiegsfall

In einer Ermittlungssache wurde folgender Sachverhalt aufgedeckt:

Der einschlägig vorbestrafte D. hatte bei einem Einbruchsdiebstahl wertvolle optische Geräte erbeutet. Da er sie einerseits nicht umgehend absetzen konnte und ihm andererseits die Aufbewahrung der Beute in seiner Wohnung zu riskant erschien, hatte er *nach* der Tat seinen Freund B. gebeten, die Gegenstände im Keller seines Hauses lagern zu dürfen. Dort wurden sie zwei Tage später von der Polizei entdeckt.

III. Tatbestandsaufbau

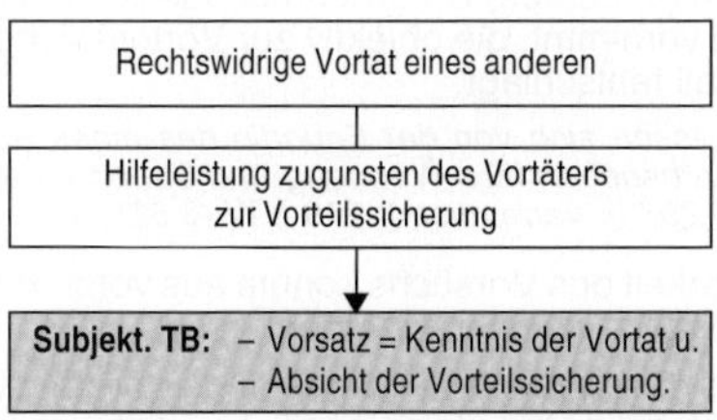

IV. Erläuterungen

Begriff: Begünstigung ist die Unterstützung eines Straftäters *nach* Begehung der Tat (so im Ausgangsfall).

Abgrenzung: Vor der Tatbegehung zugesagte Unterstützung ist Beihilfe (§ 27) zur Haupttat, die die Begünstigung verdrängt.

Beispiel: *Kinski weiß, dass sein Freund Mantu Ersatzteile für seinen Pkw von fremden Fahrzeugen entwenden will. Aus alter Verbundenheit bietet er Mantu an, in seiner Garage den Austausch der Fahrzeugteile vorzunehmen. Mantu nimmt an, wird aber später beim Umbau seines Fahrzeuges von der Polizei überrascht (K = § 242, § 27).*

Vortat: § 257 setzt die rechtswidrige (nicht notwendig schuldhafte und verfolgbare) Vortat eines anderen Menschen voraus.

Beispiel: *Albertz entwendete aus dem Installateurbetrieb seines Vaters verschiedene Materialien, die sein Freund Baltus bis zum Verkauf bei sich verwahrte. Da Albertz' Vater keinen Strafantrag stellte, konnte* sein Sohn *strafrechtlich nicht zur Verantwortung gezogen werden (§ 247).*

Für Baltus gilt § 257. Die Tat ist OD, wie sich aus § 257 IV S. 1 ergibt.

---

1) Im Einzelnen bei SchöSchr. und Tröndle zu § 257.
2) Näheres in Kap. B 20.5.

Art der Vortat: Die rechtswidrige Vortat muss dem Vortäter einen Vorteil gebracht haben, so im Ausgangsfall.

Als *Vortat* kommen zwar hauptsächlich Vermögensdelikte (u. a. Diebstahl, Unterschlagung, Raub, Erpressung, Betrug) in Betracht; doch können auch andere Delikte, sofern der Vortäter durch sie einen (irgendwie gearteten) Vorteil erlangt hat, der ihm nach der Rechtsordnung nicht zusteht, taugliche Vortat sein.

Beispiel: *Kinski verwahrt Faustfeuerwaffen seines Freundes Mantu, die dieser ihm mit dem Hinweis übergeben hatte, er habe Gründe anzunehmen, die Polizei werde bei ihm wegen des Verdachts des illegalen Waffenbesitzes eine Haussuchung vornehmen.*

Argumente: Mantu hat als Vortäter rechtswidrige (vermutlich auch schuldhafte und verfolgbare) Straftaten gemäß §§ 28, 35, 53 III WaffG begangen. Die Aufbewahrung der Waffen durch Kinski sichert Mantu Vorteile, nämlich die Hinderung der Beschlagnahme der Waffen zum Zwecke ihrer gerichtlichen Einziehung (§ 56 WaffG).

Die **Tathandlung** besteht im *Hilfeleisten* nach der Vortat. Hilfeleistung ist jede Unterstützungshandlung, die objektiv geeignet ist, dem Vortäter die Vorteile seiner Tat zu sichern.

Beispiel: *Aufbewahrung des Diebesgutes für den Vortäter (Ausgangsfall).*

Die Tathandlung kann auch durch **Unterlassen** erfolgen, wenn der Begünstiger Garant ist (Kap. A 15).

Beispiel: *Die Eltern sind verpflichtet, die Hortung gestohlener Sachen auf ihrem Grundstück durch ihren minderjährigen Sohn zu verhindern. Die Garantenstellung der Eltern ergibt sich aus §§ 1627, 1631 BGB. Eltern: § 257 I, § 13; Sohn: § 242 (§ 243 I).*

Vollendung der Tat: Auf den Erfolg der Hilfeleistung kommt es nicht an. § 257 ist kein Erfolgsdelikt, sondern ein (unechtes) Unternehmensdelikt, das dann vollendet ist, wenn der Täter eine Handlung vornimmt, die objektiv zur Vorteilssicherung geeignet ist, wenn sie auch im konkreten Fall fehlschlägt.

Beispiel: *Polizeibeamte lassen sich von der Feundin des eines Raubüberfalls verdächtigen Mantu nicht täuschen, durchsuchen ihre Wohnung und finden einen Teil des von Mantu geraubten Schmuckes. (F: § 257 u. vermutlich § 258 I, IV, § 52).*

Versuch: Auf die Strafbarkeit des Versuchs konnte aus vorstehenden Gründen – wie bei allen Unternehmensdelikten – verzichtet werden.

Subjektiver Tatbestand: Der subjektive Tatbestand erfordert einerseits die *Absicht* des Begünstigers, dem Vortäter die Vorteile seiner Tat zu sichern. Hinsichtlich der Kenntnis der rechtswidrigen Vortat genügt dagegen **Vorsatz**[1] (Wissen).

Eine *genaue* Vorstellung von der Vortat wird dabei *nicht* gefordert. Es ist daher gleichgültig, ob sich der Begünstiger als Vortat einen Diebstahl, Raub oder Betrug oder z. B. eine Erpressung vorstellt.

Der Begünstiger muss die Hilfe aber mit **Absicht**, das heißt mit (mindestens) direktem Vorsatz leisten. Es muss ihm *darauf ankommen*, dass dem Täter der Vorteil nicht wieder durch Organe des Staates (z. B. Polizei) oder durch den Verletzten entzogen wird.

Abgrenzung: Die Hilfeleistung braucht nicht das alleinige Ziel zu sein. Es handelt daher auch der Begünstiger mit Absicht, der die Hilfe in erster Linie des eigenen Vorteils wegen (in Aussicht gestellte Belohnung) leistet. Es muss nur die Vorteilssicherung als *sichere* Folge seines Handelns erkennen.[2]

Selbstbegünstigung gem. III, S. 1 stellt einen persönlichen Strafausschließungsgrund dar.

Die Begünstigungshandlung, die der strafbare Vortäter *sich selbst* oder/und einem *Mittäter* (§ 25 II) oder *Teilnehmer* (§§§ 26, 27) der *Vortat* leistet, erfüllt nicht den TB des § 257. Sie ist gewissermaßen straflose (oder mitbestrafte) Nachtat.

1) Soweit nach der *kausalen* Handlungslehre geprüft wird, ist der Vorsatz als Element der Schuld erst im Schuldkomplex zu berücksichtigen (Kap. A 12.4).
2) SchöSchr. zu § 257.

Beispiel: *Kinski verständigt seinen Komplizen Mantu darüber, dass die Polizei seine Wohnung durchsucht habe. Man sucht für die bis dahin bei Mantu lagernde Diebesbeute ein anderes Versteck, da man befürchtet, dass auch Mantus Wohnung durchsucht werden wird.*

Abgrenzung zu III S. 2: Die **Anstiftung** eines an der Vortat *Unbeteiligten* zur Selbstbegünstigung oder zur Begünstigung eines Teilnehmers der Vortat ist *strafbar.*

Im **Ausgangsfall** gilt daher für

D: §§ 242, 243 I, 53, 257 I, III S. 2, 26.

B: § 257 ggf. in Tateinheit mit § 258 I, IV.

Der Strafgrund liegt für diese Regelung (gegenüber jener nach III S. 1) darin, dass ein bislang Unbeteiligter in das strafbare Geschehen hineingezogen wird, ohne dass die in § 258 V gegebene notstands*ähnliche* Lage für den Vortäter gegeben wäre.

Prozessvoraussetzung gem. IV S. 1: Würde der Begünstiger als Täter (§ 25) oder Teilnehmer (§§ 26, 27) der Vortat nur auf Antrag verfolgt, so ist auch für die Verfolgung der Begünstigung ein Strafantrag Voraussetzung.

Beispiel: *Kinski verbirgt für Mantu die Diebesbeute, die Mantu bei einem Einstieg in die Firma von Kinskis Schwiegervater gemacht hat. Kinski stört dieser Umstand nicht, da er sich von seiner Frau und deren Familie getrennt hat.*

Argumente: Kinski wäre als Vortäter (Dieb) nur auf Antrag seines Schwiegervaters verfolgbar, da er Angehöriger im Sinne des § 247 ist. Das Angehörigenverhältnis besteht nämlich gemäß § 11 I 1 trotz Trennung der Ehepartner oder Auflösung der Ehe fort.

Wenn die Vortat entsprechend § 248 a und den auf ihn verweisenden Vorschriften (§ 263 IV, 259 II) ein *geringfügiges* Vermögensdelikt ist, kann der Begünstiger auch, ohne dass ein Strafantrag gestellt worden ist, von Amts wegen verfolgt werden, wenn dies in *besonderem* öffentlichen Interesse liegt (IV S. 2). Ansonsten ist der Strafantrag zwingend erforderlich (vgl. Sie § 257 IV S. 2 i. V. m. § 248 a 1. HS.).

Die Entscheidung über das besondere öffentliche Interesse liegt beim StA. Die Polizei wird zuvor die notwendigen Ermittlungen anstellen.

20.3 Strafvereitelung, §§ 258, 258 a

I. Allgemeines

Rechtsfolge: FS – 5 J. od. GS. Die Strafe darf jedoch nicht höher sein als die, die für die Vortat angedroht ist.

Deliktstyp: Verg., OD (auch dann, wenn die Vortat AD ist). Die Tat ist im Gegensatz zu § 257 (Kap. B 20.2) ein Erfolgsdelikt, deren Versuch strafbar ist.

Rechtsgut ist die *staatliche Rechtspflege,* die in der Wahrnehmung ihrer Aufgabe, den *staatlichen Strafanspruch* und die *Vollstreckung von Maßnahmen* (Maßregeln der Besserung und Sicherung, Kap. A 7) zu verwirklichen, nicht gehindert *werden* soll.

I erfasst die Vereitelung der *Verfolgung* nach einer rw. Tat.

II erfasst die Vereitelung der *Vollstreckung* aus einer rechtskräftigen gerichtlichen Entscheidung.

Konkurrenzen: *Tateinheit*, § 52, ist insbesondere möglich mit:

- Begünstigung, § 257 (Kap. B 20.2),
- Gefangenenbefreiung, § 120,
- Verwahrungs- und Verstrickungsbruch, §§ 133, 136,
- Hehlerei, §§ 259 ff. (Kap. B 20.4),
- Urkundenfälschung, § 267 (Kap. B 22).

II. Ausgangsfälle

Fall 1:

Blutprobe war plötzlich weg – Polizist muss „Freundschaftsdienst" nun teuer bezahlen

Bonn – Weil er die Blutprobe seines Freundes verschwinden ließ, ist ein 38-jähriger Polizeibeamter vom Bonner Landgericht zu 5 000 Euro Geldstrafe verurteilt worden. Zudem bezahlt der Beamte, der 20 Jahre die Polizeiuniform trug, seinen „Freundschaftsdienst" mit dem Verlust seines Arbeitsplatzes.

Nach einem Unfall hatte ein 44-jähriger Kaufmann und Sportmäzen schon auf dem Weg zur fälligen Blutprobe auf der Polizeiwache in S. nach seinem Freund, dem Polizeiobermeister S. R. gefragt, damit dieser „die Angelegenheit regelt". Doch vergebens: Dem angetrunkenen Kaufmann wurde Blut abgezapft, die Probe landete ordungsgemäß verpackt in einem Fach der Polizeidienststelle, um am nächsten Tat zur Auswertung an die Rechtsmedizin der UNI Bonn verschickt zu werden. Dort ist sie jedoch nie angekommen.

Denn: Am folgenden Tat kam – obwohl noch krankgeschrieben – zur Überraschung der Kollegen POM S. R. zur Dienststelle, um sich angeblich zwei Stunden lang „nach dem Dienstplan" zu erkundigen. Als der Beamte wieder ging, war auch die Blutpobe weg.

Ins Fäustchen lachen dürfte sich der Kaufmann: Gegen ihn konnte keine Verurteilung wegen Trunkenheitsfahrt erfolgen. Das entscheidende Beweismittel – eben die Blutpobe – ist ja spurlos verschwunden.

Fall 2:

M. hatte sich nach rechtskräftiger Verurteilung auf die Ladung der zuständigen StA zum Strafantritt nicht gemeldet.

Die StA erließ daher als Vollstreckungsbehörde (§ 451 StPO) einen Vollstreckungshaftbefehl gemäß § 457 I StPO gegen M.

Polizeibeamte, die den Haftbefehl vollstrecken wollten, trafen M. in seiner Wohnung, die er mit seinem Freund F. bewohnte, nicht an.

Bei einer Durchsuchung der Wohnung, die drei Stunden später erfolgte, ermittelten die Beamten, dass F. den inzwischen eingetroffenen M. gewarnt und ihm seinen Pkw zur Flucht überlassen hatte.

III. Tatbestandsaufbau

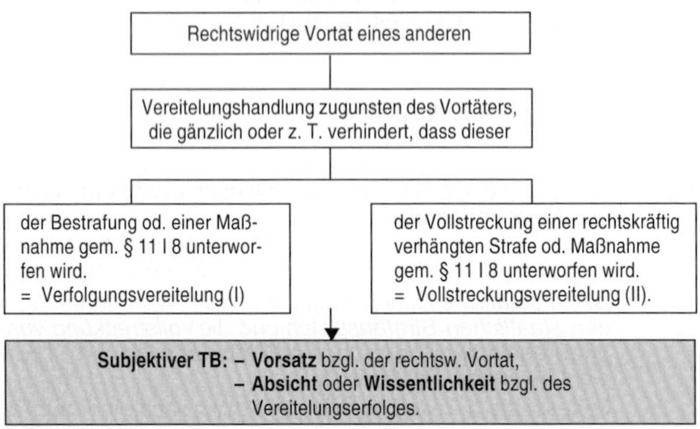

IV. Erläuterungen

Verfolgungsvereitelung gemäß I:

Vortat: § 258 I setzt als so genannte *Anschlussstraftat* die rechtswidrige Tat (§ 11 I 5) eines anderen voraus, wegen der eine Kriminalsstrafe (Freiheits-, Geld-, Nebenstrafe, Nebenfolge →Kap. A 7) oder *Maßnahme* (§ 11 I 8, Kap. A 7) zum Zeitpunkt der Strafvereitelungshandlung zu erwarten war.

Erziehungsmaßregeln und Zuchtmittel (§§ 9, 13 JGG → Kap. A 8) stellen keine Maßnahmen i.S.v. § 11 I 8 dar.

Eine Strafe droht jedoch nur, wenn die Vortat

- rechtswidrig und schuldhaft begangen wurde,
- kein Verfahrenshindernis besteht und
- kein persönlicher Strafausschließungsgrund vorliegt.[1]

Verfahrenshindernisse sind z. B.:

- der Verzicht auf Stellung eines Strafantrages (§§ 77 ff.), etwa in den Fällen der §§ 182, 205, 238, 247, 248 b;
- der Eintritt der Verfolgungsverjährung (§ 78).

Strafausschließungsgründe sind z. B.:

- der freiwillige Rücktritt (§§ 24, 163 II),
- besondere Regelungen des Gesetzgebers (§ 173 III).

Abgrenzung: Droht hingegen nur eine Maßnahme, z. B.: der Verfall des Gehilfenlohnes (§ 73), die Einziehung der Tatwaffe (§ 74), die Entziehung der Fahrerlaubnis (§ 69), so genügt zu deren Vollziehbarkeit bereits die *rechtswidrige* Tat.

Das Vorliegen der *Vortat*, aus der sich der staatliche Straf- und Maßnahmenanspruch ergibt, ist Tatbestandsmerkmal des § 258.

Tathandlung: Die Handlung des Täters besteht darin, dass er die gesetzmäßige Verhängung der Strafe oder die Anordnung der Maßnahme *ganz* oder *teilweise* vereitelt.

Beispiele:

- *Verbergen des verfolgten Vortäters.*
- *Beseitigung von Tatspuren, Tatwaffen, Beute (Ausgangsfall 1 in Tateinheit mit Verwahrungsbruch, § 133).*

Gegenbeispiele:

- *Berechtigte Aussageverweigerung zur Sache gegenüber der Polizei.*
- *Hinweis auf ein bestehendes Zeugnisverweigerungsrecht.*
- *Abraten durch den Rechtsanwalt, ein Geständnis abzulegen.*

Vollendet ist die Tat, die ein Erfolgsdelikt darstellt, wenn eine *objektive Besserstellung* des Vortäters erreicht wird. Nach BGH NJW '**59**, 495 genügt eine Verzögerung der Ermittlungen um sechs Tage noch nicht!

Das OLG Koblenz[2] sah eine entsprechende Besserstellung bereits in einer Verzögerung des staatlichen Zugriffs um zwei Tage. Der BGH entschied mit Urt. v. 4.8.1983 – 4 StR 378/83, dass es nicht erforderlich sei, dass die Strafverfolgung unmöglich gemacht werde. Der Vortäter müsse aber zumindest *geraume Zeit* der Betrafung entzogen oder in sonstiger Hinsicht in Bezug auf die Strafverfolgung besser gestellt worden sein. Auf eine Mindestzeitspanne hat sich der BGH, anders als das OLG Koblenz oben, nicht festgelegt.

Im Einstiegsfall 1 wird die Vollendung der Vereitelungshandlung besonders deutlich.

Vollstreckungsvereitelung gem. II:

Voraussetzung ist für diese Tatvariante eine *rechtskräftige* (§ 449 StPO) gegen einen anderen verhängte und noch nicht vollstreckte Strafe oder Maßnahme.

Tathandlung: Vereiteln im Sinne des Abs. II ist jede objektive Besserstellung des *Verurteilten* hinsichtlich des Ob, Wann und Wie der Vollstreckung.

Beispiele:

- *Ausgangsfall Nr. 2.*
- *Fluchthilfe für einen im offenen Vollzug befindlichen Strafgefangenen (= Tateinheit mit Gefangenenbefreiung, §§ 120, 52).*

---

1) SchöSchr. u. Tröndle zu § 258.
2) OLG Koblenz NJW '82, 2785.

Subjektiver Tatbestand:

Vorsatz[1]: Der Strafvereiteler muss in dem *Bewusstsein* handeln, dass der Vortäter eine rechtswidrige Vortat begangen hat (I), bzw. dass gegen diesen eine rechtskräftige Strafe oder Maßnahme verhängt worden ist (bedingter Vorsatz genügt).

Absicht, Wissentlichkeit: Hinsichtlich des Vereitelungs*erfolges* muss der Täter mit (mindestens) *direktem* Vorsatz handeln.

Versuch der Vereitelung:

Der Versuch der Strafvereitelung ist strafbar (IV). Er ist dann gegeben, wenn der Täter zur Herbeiführung des Vereitelungserfolges unmittelbar angesetzt hat (§ 22), ohne dass es zur objektiven Besserstellung des Vortäters gekommen ist.

Beispiel: *F. leugnet die Anwesenheit ihres unfallflüchtigen Freundes in ihrer Wohnung – vergeblich ...*

Strafvereitelung in eigener Sache (Abs. V):

Der Täter (Strafvereiteler) bleibt straflos, wenn er zugleich ganz oder zum Teil vereiteln will, dass er selbst wegen der Vortat bestraft wird.

Fall: T. hatte nachts sein gepachtetes Sägewerk in Brand gesteckt, um die Versicherungssumme zu kassieren (§§ 306 I, 265), nachdem ihm seine Freundin F. zugesichert hatte, ihm für die Tatnacht ein Alibi zu verschaffen (§§ 306 I, 265, 27).

In ihrer polizeilicher Vernehmung behauptet die F. *zunächst*, T. habe in der Tatnacht bei ihr geschlafen (§ 258 I, IV, V).[2]

Nach dem Wortlaut des § 258 V. ist es für den Strafausschluss der F. unschädlich, dass sie mit ihrer Vereitelungshandlung zugleich auch ihren Freund T. schützt.[3] Der zitierte BGH (Fußn. 2) versagt dem Täter dagegen das Selbstschutzprinzip des § 258 V. in den Fällen, in denen dieser seine (notstandsähnliche) Lage durch sein Vorverhalten (Zusage) provoziert hat.

Es fragt sich, ob diese Auslegung i. S. v. Art. 103 II verfassungskonform ist. Besser wäre eine gesetzliche Klarstellung.

Stiftet der Vortäter einen bislang Unbeteiligten zur Strafvereitelung (§ 258) und Begünstigung (§ 257) an, bleibt die Anstiftung zu § 258 straflos, während die Anstiftung zur Begünstigung (§ 257 III S. 2) strafbar ist.

Angehörigenprivileg (Abs. VI):

Strafvereitelung zugunsten eines Angehörigen (§ 11 I Nr. 1) ist stets straflos im Gegensatz zur Begünstigung (§ 257).

§ 258 VI stellt einen persönlichen Strafausschließungsgrund dar (Kap. A 17.7).

Strafvereitelung im Amte, § 258 a:

War der Täter (Strafvereiteler) als Amtsträger *verpflichtet*, an der Strafverfolgung oder -vollstreckung mitzuwirken, so liegt ein *qualifizierter* Fall der Strafvereitelung gemäß § 258 a vor.

Täter können insbesondere Polizeibeamte, Staatsanwälte, Richter, Justizbeamte sein.

Das Angehörigenprivileg gilt bei der Strafvereitelung im Amte nicht (§ 258 a III).

Hat ein Amtsträger *außerdienstlich* Kenntnis von einer Straftat erhalten (z. B. als Gast auf einer Party), kommt Strafvereitelung durch *Unterlassen* nur dann in Betracht, wenn eine Strafverfolgung nach dem Legalitätsprinzip (§ 163 StPO für den Polizeibeamten) geboten gewesen wäre.

Dies wäre bei außerdienstlicher Kenntnisnahme dann der Fall, wenn es sich um eine schwere, die Belange der Öffentlichkeit besonders berührende Straftat handelt (Näheres in Kap. C 2.2).

Im **Ausgangsfall 1** war nur der Tatbestand des § 258 (in Tateinheit mit Verwahrungsbruch, §§ 133, 52) gegeben, da der Beamte wegen seiner Dienstunfähigkeit nicht zur Strafverfolgung verpflichtet war.

1) Zur Stellung des Vorsatzes im Verbrechensaufbau vgl. Sie ggf. Kap. A 12.4.
2) Fall nach BGH – 2 StR NJW '98, 1327.
3) SchöSchr. zu § 258 m. w. Nw.

20.4 Hehlerei, §§ 259, 260, 260 a[1]

I. Allgemeines

Rechtsfolge:
- **§ 259** FS bis zu 5 J. od. GS. Führungsaufsicht (FA) gem. § 262.
- **§ 260** FS von 6 Mon. bis zu 10. J. (I); FA (§ 262); Vermögensstrafe (VS)[2], Erweiterter Verfall (EV) gem. III (hierzu Kap. A 7.2).
- **§ 260 a** FS von 1 – 10 J. (I); FA (§ 262); VS[3], EV (III).

Deliktstyp:
- **§§ 259, 260** Verg., OD; der Versuch ist strafbar.
  Im Falle der §§ 247, 248 a (Kap. B 18.2) ist Hehlerei (§ 259) ein AD.
- **§ 260 a** ist ein Verbr.; Vorbereitungshandlungen sind über § 30 (Kap. A 19.4) strafbar.
- **§§ 260, 260 a** sind relevant für den Haftgrund Wiederholungsgefahr gem. § 112 a StPO.

Rechtsgut: Vermögen an Sachen.

Konkurrenzen: *Gesetzeskonkurrenz* besteht gegenüber § 246 (Unterschlagung, Kap. B 18.7), der zurücktritt, wenn der Hehler z. B. eine vom Vortäter (Dieb) durch Kauf (§ 433 BGB) erworbene Sache weiterveräußert.

Idealkonkurrenz, § 52, ist u. a. möglich mit
- Betrug, § 263 (Kap. B 21), wenn der Hehler die vom Dieb erworbene Beute an einen gutgläubigen Erwerber weiterveräußert[4];
- Begünstigung, § 257 (Kap. B 20.2), wenn der Täter z. B. bei der Absatzhilfe *sowohl* die Vorteilssicherung des Vortäters als *auch* die eigene Bereicherung erstrebt.

Realkonkurrez, § 53, ist u. a. möglich bei Anstiftung (§ 26) und Beihilfe (§ 27) an der Vortat und anschließendem Ankauf der Diebesbeute.

Täter und Mittäter (§ 25 I/II) der Vortat können nicht Hehler sein, auch nicht nach Beuteteilung, da die Hehlerei die *Vortat eines anderen* voraussetzt.[5]

Fahrlässige Hehlerei von Edelmetallen und Edelsteinen ist nach § 148 b Gewerbeordnung strafbar (FS – 1 J. od. GS).

Für die *Steuerhehlerei* gilt § 374 AO (GS oder FS je nach TB bis zu 5 bzw. 10 J.

§ 260 verdrängt § 259, § 260 a verdrängt § 260.

II. Ausgangsfall

Fall 1: Für Diebesgut eine Lagerhalle gemietet – Frau Sieglinde betrieb Hehlerei en gros

Aachen – Hehlerei, die generalstabsmäßig geplant und betrieben wurde, stand vor der VII. Großen Strafkammer in einem mehrmonatigen Prozess zur Debatte. Der Vorsitzende Richter sah sich bei der Eröffnung des Prozesses einer Phalanx von zehn Angeklagten und Verteidigern gegenüber. ...

Hauptangeklagte war die 44-jährige Kauffrau S. aus A. Sie hatte, so die Anklage, vom Teppich bis zum Schmuck, von Textilien bis zu französischem Porzellan alles aufgekauft, was zwischen Köln und Aachen gestohlen worden war.

Angeklagt waren Kaufleute und Schlosser, Angestellte und eine Hausfrau aus der Region Aachen, Mönchengladbach, Duisburg, Köln.

Herausragende Fälle: Damenkleider für 9 000 Euro wurden von der Autobahn weg-„kassiert“ und später zu Schleuderpreisen verkauft ...

---

1) § 260 wurde mit dem OrgKG vom 15.7.92 erweitert, § 260 a neu eingefügt.
2),3) § 43 a – Verhängung der Vermögensstrafe – ist nach der Entscheidung des BVerfG vom 20.03.02 verfassungswidrig und nichtig (Kap. A 7.2).
4) Zu den komplizierten gesetzl. Regelungen des Eigentumserwerbs vom Nichtberechtigten vgl. Sie im Exkurs Sachenrecht zu Kap. B 18.3.
5) BGH NJW ’85, 501.

Schmuck und Uhren im Wert von 180 000 Euro gingen durch die Hände der cleveren Geschäftsfrau, die immer Abnehmer wusste. Bügelmaschinen, Cordhosen, 80 Jeans aus Spanien, Zigaretten für eine halbe Million, Waffen und Teppiche für 300 000 Euro sowie Fleischkonserven und Pelze aus einem in Langerwehe geplünderten Haus waren im „Angebot".

Für die 600 Pakete, die bei diesem Groß-Diebstahl erbeutet worden waren, hatte die Hauptangeklagte nach Anklage eigens eine Lagerhalle in H. gemietet. ...

III. Tatbestandsaufbau

1. Hehlerei, § 259

Tatbestandsmäßig handelt, wer eine durch

den Diebstahl eines *anderen* erlangte Sache — oder — ein sonstiges rechtsw. Vermögensdelikt eines *anderen* erlangte Sache

- ankauft, sonst sich verschafft
- einem Dritten verschafft
- absetzt
- absetzen hilft

Subjektiver TB:
- Vorsatz bzgl. der Herkunft der Sachen,
- Absicht, sich oder Dritten zu bereichern.

2. Gewerbsmäßige Hehlerei, Bandenhehlerei, § 260

Gewerbsmäßige Hehlerei – I Nr. 1 – → = Hehlerei in der *Absicht,*
- sich durch wiederholte Tatbegehung
- eine fortlaufende Einnahmequelle
- von einigem Umfang und einiger Dauer zu verschaffen.

Bandenhehlerei – I Nr. 2 – → = Hehlerei als *Mitglied einer Bande,*
- die sich zur fortgesetzten Begehung von Raub, Diebstahl oder Hehlerei verbunden hat.

3. Gewerbsmäßige Bandenhehlerei, § 260 a

Gewerbsmäßige Bandenhehlerei → = Hehlerei
- als Mitglied einer *Bande* und zugleich
- *gewerbsmäßig* begangen.

IV. Erläuterungen zur Hehlerei, § 259

Das **Wesen der Hehlerei** ist die Aufrechterhaltung und Vertiefung der durch eine rechtswidrige Vortat geschaffenen rechtswidrigen Vermögenslage – im Einvernehmen mit dem Vortäter (BGH NJW '96, 2877).

Der Hehler enthebt den Vortäter der Sorge um die gefahrlose Verwertung seiner Beute und schafft so durch sein Vorhandensein einen ständigen Anreiz für die Begehung von Diebstählen und anderen Vermögensdelikten (BGHSt 7, 134, 142).

Als taugliche **Tatobjekte** der Hehlerei kommen nur *Sachen* (§ 90 BGB) in Betracht, und zwar:

- bewegliche (= Hauptfall) und unbewegliche (Immobilien),
- fremde (Sachen, die im Allein- oder Miteigentum eines anderen stehen) und
- herrenlose (eigentumslose Sachen, z. B. frei lebendes Wild),
- eigene Sachen (allerdings nur in seltenen Fällen).

Beispiel *für* fremde *gehehlte Sachen: Ausgangsfall.*

Beispiel *für gehehlte* herrenlose *Sachen:*

Kraftfahrer K. überfährt zu nächtlicher Stunde auf einer Landstraße ein Reh.

Um sich schadlos zu halten, transportiert er das verendete Tier zu einem ihm befreundeten Gastwirt (G.), der es ihm in Kenntnis der Sachlage abkauft. K. = Jagdwilderei, § 292; G. = Hehlerei, § 259.

Beispiel *für gehehlte* eigene *Sachen:*

Albertz, der seine Schlagbohrmaschine „Hilti" zur Reparatur gegeben hatte, nimmt das Angebot eines ihm gut bekannten Gesellen G. der Fa. an, ihm die reparierte Maschine gegen ein geringes Entgelt heimlich zurückzugeben. Das Geschäft wird gemacht, der Sachverhalt später aufgedeckt. G. = Pfandkehr, § 289; A. = Hehlerei, § 259.

Die Fa. hatte an der Maschine bis zur Bezahlung der Reparatur ein Unternehmerpfandrecht (§ 647 BGB).

Die gehehlte Sache muss aus einer rechtswidrigen **Vermögensvortat** eines **anderen** stammen. Vermögensdelikte sind insbesondere:

Diebstahl, §§ 242 – 244; Unterschlagung, § 246; Raub, §§ 249 ff.; Erpressung, §§ 253, 255; Hehlerei, §§ 259 ff.; Betrug, § 263; Untreue, § 266; Pfandkehr, § 289; Jagdwilderei, § 292.

Auf die **Verfolgbarkeit** der rechtswidrigen Vermögensvortat kommt es *nicht* an.

Die Verfolgbarkeit kann z. B. ausgeschlossen sein,

- wenn der Vortäter schuldlos gehandelt hat (§§ 19, 20),
- wenn der durch die Vortat Geschädigte keinen Strafantrag stellt (§ 247),
- wenn die Verfolgung der Vortat verjährt ist (§§ 78 ff.).

Es muss aber *zum Zeitpunkt der Hehlerei* die durch die Vortat geschaffene rechtswidrige Vermögenslage noch **andauern.** Daran fehlt es z. B.,

- wenn der Vortäter durch *Verarbeitung* der von ihm gestohlenen Sache *Eigentum* erworben hat (§ 950 BGB);[1]

  Beispiel: *Geselle G., der aus der Kunstschmiede seines Chefs Metall entwendet, begeht einen Diebstahl. Er wird* dennoch *Eigentümer des Materials, wenn er daraus zu Hause z. B. ein Geländer fertigt. Daher endet die durch den Diebstahl geschaffene rechtswidrige Vermögenslage. Wer das Geländer in Kenntnis der Herkunft des Materials erwirbt, begeht deshalb keine Hehlerei. Allerdings kann der Geschädigte nach Maßgabe des § 951 BGB Entschädigung verlangen.*

- wenn die gehehlte Sache *nicht unmittelbar* durch die rechtswidrige Vermögensvortat erlangt worden ist, so bei der *straflosen Ersatzhehlerei,* die nachfolgend dargestellt wird.

---

1) Zum Eigentumserwerb an bewegl. Sachen vgl. Sie den Exkurs Sachenrecht in Kap. B 18.3.

Straflose Ersatzhehlerei:

Fall 1: Mantu hat bei einem Einbruchsdiebstahl 550 Euro erbeutet. Für einen Teil des Geldes erwirbt er bei einem Juwelier einen Ring, den er seiner Freundin (F.) schenkt, die von der Herkunft des Geldes weiß.

Argumente: Der Ring stammt *nicht* unmittelbar aus der Vortat, dem Diebstahl. Er ist vielmehr sog. *Ersatz* des Diebesgutes. Der *Ersatz* des aus der Vortat stammenden Gutes ist aber *kein* taugliches Hehlereiobjekt.

Abgrenzung: Strafbare Hehlerei liegt allerdings für die F. vor, wenn Mantu von ihm entwendete Motorradersatzteile an einen gutgläubigen Erwerber (§ 932 BGB) veräußert und anschließend einen Teil des Erlöses, z. B. 150 Euro, seiner Freundin schenkt, die wiederum über die Einzelheiten informiert ist.

Argumente: Die 150 Euro sind zwar der Ersatz der *Diebesbeute.* Dennoch sind sie hier taugliches Hehlereiobjekt, weil das Geld unmittelbar aus einer *nachfolgenden* rechtswidrigen Vermögenstat stammt, nämlich aus dem Betrug des Mantu gegenüber dem gutgläubigen Käufer. Dieser kann trotz seines guten Glaubens gem. § 935 I BGB kein Eigentum an den gestohlenen Sachen erwerben (Näheres Exkurs Sachenrecht im Kap. B 18.3) und ist daher im Sinne des § 263 betrogen.

Fall 2: Mantu verkauft die von ihm entwendeten Motorradteile einem ihm bekannten Hehler. Einen Teil des Erlöses (150 Euro) übergibt er seiner Freundin, die über die Tatumstände informiert ist.

Argumente: Mantu begeht durch den Verkauf der von ihm entwendeten Sachen keine neue Straftat. Der Verkauf der gestohlenen Sachen stellt sich als eine (durch den Diebstahl) *mitbestrafte (oder straflose) Nachtat* dar.

Der Käufer begeht seinerseits Hehlerei, da er Gegenstände erwirbt, von denen er weiß, dass sie aus einer rechtswidrigen Vermögensvortat (eines anderen), hier aus dem Diebstahl des Mantu, stammen.

Das von der Freundin erworbene Geld ist keine unmittelbar aus dem Diebstahl stammende Sache, sondern nur eine *Ersatzsache*, die deshalb kein taugliches Hehlereiobjekt sein kann, weil sie aus keiner (neuen) rechtsw. Vermögensvortat eines anderen stammt. Denn der Verkauf der gestohlenen Sachen durch Mantu an den wissenden Hehler ist nur eine straflose Nachtat.

Die Tathandlungen im Einzelnen:

Die Handlung des Hehlers besteht darin, dass er die aus fremder rechtswidriger Vermögensvortat stammende Sache im *Einvernehmen mit dem Vorbesitzer* [1]

- ankauft,
- *sonst sich oder einem Dritten verschafft,*
- *absetzt oder*
- *absetzen hilft.*

Der Hehler hat *sich* oder einem *Dritten* eine Sache **verschafft,** wenn er selbst oder ein Dritter durch ihn die *tatsächliche* **Verfügungsgewalt** an der Sache mit Einverständnis des Vortäters erhalten hat, und zwar mit der Vorstellung, sie künftig für eigene Zwecke zu verwenden bzw. mit dem Willen, dass der Dritte sie in diesem Sinne verwenden möge.

Ob beim *Mitverzehren* gestohlener Narungs- oder Genussmittel Verfügungsgewalt erlangt wird, ist umstritten. Die h. M. lehnte bisher ein Verschaffen ab.

Das **Ankaufen** ist ein Unterfall des Verschaffens. Weil es dessen häufigste Form ist, wird das Ankaufen ausdrücklich im Gesetz genannt.

Auch durch das Ankaufen (§§ 433 ff. BGB) muss der Täter oder ein Dritter tatsächliche Verfügungsgewalt mit Einverständnis des Vortäters über die Sache erworben haben.

1) BGH NJW '96, 2877.

Versuch: Die Einigung über den Verkauf einer gestohlenen Sache wäre demgemäß Versuch der Hehlerei (§§ 259, 22) für den Kaufinteressenten.

Unter **Absetzen** versteht die h. M. und Rspr. eine *selbständige, entgeltliche und wirtschaftliche* Verwertung der Sache *für den Vortäter*, der auch Zwischenhehler sein kann. Der Hehler fungiert hier gewissermaßen als *Verkaufskommissionär* des Vortäters. Er steht im Lager des Vortäters und wird bemüht sein, für diesen einen „guten Preis" zu erzielen.

Im Gegensatz zum Ankaufen oder zu dem Sich – oder einem Dritten – Verschaffen erlangt der Absatz-Hehler also keine Verfügungsgewalt, wenn er vom Vortäter zum Zwecke des Verkaufs z. B. Diebesgut entgegennimmt (BGH NJW '97, 2611).

Fall: Mantu hat Kinski gebeten, ihm bei der Suche nach Abnehmern der von ihm bei einem Einbruchsdiebstahl entwendeten Phonoteile zu helfen. Im Erfolgsfalle sollte Kinski 20 % des Verkaufserlöses erhalten. Kinski gelingt es zunächst, zwei CD-Player und ein Autoradio zu verkaufen. Bei einem weiteren Verkaufsgespräch wurde er beobachtet und später von der Polizei festgenommen.

Argumente: Anzuwendende TB-Alternative ist hier das **Absetzen**. Es geschah als selbständige und entgeltliche Tätigkeit für den Vortäter.

Hätte Kinski den Mantu nur bei den Verkaufsanbahnungen unterstützt, die Geräte ausgehändigt u. Ä. m., wäre die Tatalternative „absetzen helfen" in Betracht gekommnen.Dazu weiter unten.

Hätte Kinski einen Teil der Beute von Mantu gegen Entgelt erworben, läge die Alternative „ankaufen" vor.

Vollendet ist das *Absetzen* bereits beim Tätigwerden zum Zwecke des Absetzens, wenn es geeignet ist, den Vortäter bei seinen Bemühungen um wirtschaftliche Verwertung der „bemakelten" Sache zu unterstützen. Die Absatzbemühungen müssen allerdings geeignet sein, die rechtswidrige Vermögenssituation aufrechtzuerhalten oder zu vertiefen (BGH NStZ '97, 493).

In einem **Fall**, in dem der Absatz-Hehler das Diebesgut einem nicht erkannten **Verdeckten Ermittler** der Polizei ausgeliefert hatte, lehnte der BGH (NStZ '97, 493; NJW '97, 2610) *vollendete* Hehlerei ab, da die Bemühungen des Täters nicht geeignet gewesen seien, den rechtswidrigen Vermögenszustand aufrechtzuerhalten oder zu vertiefen.

Da der Täter aber mit der Übergabe nach seiner Vorstellung mit der Tatausführung unmittelbar begonnen hatte, bejahte das Gericht eine Versuchshandlung (§§ 259, 22).

Absatzhilfe besteht in der *Unterstützung des Vortäters beim Absetzen* der Hehlerware. Sie ist eine dem Absetzen gleich geordnete Tatbestandsalternative, bei der der Hehler den Vortäter als Verkaufsgehilfe unterstützt. Obwohl die Absatzhilfe technisch eine Beihilfe zum Absatz darstellt, stuft der Gesetzgeber sie rechtlich als Täterschaftsform ein.

Beispiele: *Hinweise auf Absatzmöglichkeiten; Unterstützung bei Verkaufsverhandlungen; Auslieferung der Hehlerware; Bereitstellung oder Anmietung von Räumen.*

Absatzhilfe ist auch durch *Unterlassen* (Duldung) möglich, sofern eine *Rechtspflicht* besteht, gegen den Absatzvorgang einzuschreiten (Gastwirt in seinen Gasträumen; Eltern gegenüber Minderjährigen). Die Einzelheiten zum Unterlassungsdelikt sind in Kap. A 15 dargestellt.

Der Hehler muss stets im Einverständnis mit dem Vorbesitzer, das ist i. d. R. der Vortäter, handeln. Bei eigenmächtigem Handeln kommen andere Tatbestände in Betracht.

Beispiel: *Nimmt Albertz dem Mantu heimlich gestohlene Pkw-Felgen weg, um sie z. B. auf eigene Rechnung zu verkaufen, begeht er nicht Hehlerei, sondern Diebstahl.*

Subjektiver Tatbestand:

Der Hehler muss zunächst *vorsätzlich*[1] (bedingter Vorsatz genügt) handeln, soweit dies die Herkunft der Sachen betrifft. Der Hehler braucht den Vortäter nicht zu kennen. Es genügt, dass er es nach den Umständen des Einzelfalles für möglich hält, dass das Hehlgut aus einem Vermögensdelikt stammt und er diese Herkunft ggf. akzeptiert.

Beispiel: *Es genügt also, wenn der Aufkäufer eines besonders preiswerten, aber regulär teuren Autoradios damit rechnet, dass es aus einem Diebstahl stammt und er diese Geräteherkunft in Kauf nimmt, um ein Schnäppchen zu erhaschen.*

Der Hehler muss schließlich für sich oder einen Dritten einen *wirtschaftlichen* Vermögensvorteil erstreben. Dieser braucht nicht aus der gehehlten Sache selbst zu fließen, sondern kann auch in einer materiellen Belohnung bestehen, so etwa beim Absetzen oder bei der Absatzhilfe.

Absicht bedeutet hier ein Streben mit *mindestens direktem* Vorsatz.[2] Wer eine gestohlene Sache ankauft, um sie dem Geschädigten zurückzugeben oder um sie zu zerstören, handelt ohne Bereicherungsabsicht.

Wem dagegen der Gedanke, dass die Sache bemakelt sein muss, nicht kommt, weil er sich von der Argumentation des Verkäufers einwickeln lässt, begeht mangels Herkunftskenntnis und -billigung keine Hehlerei. Die Beweislage ist in solchen Fällen natürlich schwierig.

V. Fallbearbeitung zu § 259

Fall: Diebstahl von 21 Fotoapparaten aufgeklärt

Der Diebstahl von 21 MINOLTA-Fotoapparaten z. N. der Fa. Z. ist aufgeklärt. Als Täter kommen zwei arbeitslose Aachener (21 und 18 Jahre) in Betracht. Die beiden wurden von Beamten der Aachener Polizei aufgrund eines Hinweises in einer Gaststätte gefasst, nachdem sie dort bereits acht Apparate weit unter Preis an den 33-jährigen Autoschlosser X. verkauft hatten. Dem Käufer war die Herkunft der Apparate bekannt.

Aufgabe: Prüfen Sie, welcher Straftat(en) die drei Männer verdächtigt sind!

Methodische Anmerkungen	Lösungsschritte
	a) Verhalten der beiden Arbeitslosen:
	Die Männer haben eine Diebstahlshandlung je nach Lage des Falles in Mittäterschaft (§ 25 II StGB) begangen. Zur Falllösung vgl. Sie oben Kapitel B 18.4.
	b) Verhalten des 33-jährigen Autoschlossers (X.):
Anknüpfung an den Sachverhalt mit Angabe der verletzten Norm	**Tatbestandsmäßigkeit:** X. könnte durch den Ankauf der Fotoapparate den Tatbestand der Hehlerei erfüllt haben (§ 259 StGB).
Nennung der tatbestandlichen Voraussetzungen	Dann müssten die von X. aufgekauften Sachen aus einer abgeschlossenen rechtswidrigen Vermögensvortat eines anderen stammen. X. müsste außerdem in Bereicherungsabsicht gehandelt haben.

1) Im Rahmen der *kausalen* Handlungslehre ist der Vorsatz als Schuldform im Komplex der Schuld zu prüfen (Kap. A 12.4).

2) Bzgl. der unterschiedlichen Vorsatzformen wird auf Kap. A 14 hingewiesen.

Methodische Anmerkungen	**Lösungsschritte**
Anwendung (Subsumtion)	Die Fotoapparate stammen aus dem Diebstahl der beiden Arbeitslosen. Dieses Delikt wurde von beiden Männern **rechtswidrig** begangen (wie oben dargestellt). Da X. an der Tatausführung nicht als Täter oder Mittäter beteiligt war, war die Tat für ihn **fremd**. Die Vortat, der Diebstahl, war zum Zeitpunkt des Ankaufs der Apparate bereits **beendet**, da die Täter die entwendeten Sachen in Sicherheit gebracht hatten. Die aufgekauften Fotoapparate stammen auch **unmittelbar** aus dem vorausgegangenen Vermögensdelikt und waren daher **taugliches** Hehlerobjekt.
Subjektiver TB: Bereicherungsabsicht	X. handelte bei dem Ankauf (§ 433 BGB) der Geräte in Bereicherungsabsicht, da es ihm offenbar darauf ankam, einen Vermögensvorteil zu erzielen. Der Vermögensvorteil bestand für ihn darin, dass er die Apparate zu einem unter dem Marktpreis liegenden Preis erstand.
Vorsatz[1] als subjektives TBM	Nach dem Sachverhalt kann unterstellt werden, dass X. insgesamt mit dem Bewusstsein handelte, eine aus fremder Vermögensvortat stammende Sache aufzukaufen. Daher handelte er auch mit dem notwendigen Vorsatz bezüglich der übrigen Tatbestandsmerkmale.
Kurzer Hinweis, da evident	**Rechtswidrigkeit:** Das tatbestandsmäßige Verhalten war rechtswidrig, da Rechtfertigungsgründe offensichtlich nicht vorlagen.
Aufzählung der Merkmale und Unterstellung, da evident	**Schuld:** Die Schuldelemente Schuldfähigkeit, Unrechtsbewusstsein und Zumutbarkeit[2] können bei X. nach dem Sachverhalt als gegeben unterstellt werden.
Zusammenfassung/ Einordnung der Tat	**Ergebnis:** X. steht im begründeten Verdacht, eine Straftat nach § 259 StGB begangen zu haben. Die Tat ist ein Vergehen und Offizialdelikt.

VI. Erläuterungen zum TB der Gewerbsmäßigen Hehlerei und zur Bandenhehlerei, § 260

Der Tatbestandsaufbau ist aus der Skizze unter Ziff. III. zu ersehen.

Die höhere Strafandrohung bezieht ihre Berechtigung aus der Tatsache, dass die gewerbsmäßigen und die bandenmäßigen Hehler quasi die „Zuhälter der Diebe, Räuber und Erpresser" sind, ohne die im großen Stile nichts liefe. Der Einstiegsfall unter Ziff. II. oben „Sieglinde" macht dies besonders deutlich. Ein weiteres Beispiel sind die zunehmenden Fälle der organisierten Kfz-Verschiebung, die dadurch gekennzeichnet ist, dass Hehler (-banden) bestimmte Luxus-Limousinen bei auf Bestellung arbeitenden Dieben/ Diebesbanden ordern und sodann vorwiegend nach Osteuropa, in den Balkan und in arabische Länder verschieben.

1) Wer nach den Grundsätzen der kausalen Handlungslehre vorgeht, hat den Vorsatz als Schuldelement im Bereich der Schuld zu prüfen (Kap. A 12.4).
2) Fehlen von Entschuldigungsgründen (Kap. A 17.1).

Im Fall des § 260 I 2 braucht das Bandenmitglied nicht unter Mitwirkung eines anderen Bandenmitgliedes am Tatort gehandelt zu haben, wie dies § 244 I 2 für den TB des Bandendiebstahls voraussetzt. Der Verzicht hierauf, ergibt sich wohl aus der andersartigen Wesensart der Hehlerei, bei der sich die Gefährlichkeit der Tat nicht aus der Aktion am Tatort ergibt, wie dies beim Diebstahl regelmäßig der Fall ist.

Beispiel: *Drei in Köln lebende Polen haben sich darauf spezialisiert, von anderen Personen entwendete Luxuslimousinen nach Osteuropa zu überführen. Einer von ihnen wird bei seiner letzten Überführungsfahrt, die er ohne Kenntnis seiner Komplizen auf eigene Rechnung durchführen wollte, an der deutsch-polnischen Grenze festgenommen (= § 260 I 2).*

Besonderes persönliches Merkmal, § 28 II:[1]

Gewerbsmäßigkeit und Bandenmitgliedschaft sind besondere persönliche Merkmale (§ 28 II). Täter oder Teilnehmer sind daher nur dann aus § 260, § 260 a strafbar, wenn sie selbst diese Merkmale erfüllen. Fehlen ihnen diese persönlichen Eigenschaften, sind sie nach § 259 zu bestrafen, soweit nicht andere Qualifikationstatbestände in Betracht kommen.

Gewerbsmäßig i. S. v. § 260 begeht die Hehlerei, wer
- in der Absicht handelt,
- sich durch wiederholte Tatbegehung
- eine fortlaufende Einnahmequelle von einiger Dauer u. einigem Umfang zu verschaffen[2].

Liegt ein gewerbsmäßiges Gewinnstreben vor, ist schon die erste Tathandlung als gewerbsmäßig anzusehen. Problematisch ist in diesen Fällen allerdings die Beweisführung.

Die Ergänzung des § 260 um die Tatvariante der **Bandenhehlerei** erfolgte durch das sog. *OrgKG*[3] vom 15.07.1992. Sie dient der wirksameren Bekämpfung der gefährlichen Bandenhehlerei, die in der Regel dem Phänomen der OrgK zuzurechnen ist. Zum Umfang des *OrgKG* sowie zum Begriff der *OrgK* wird auf die Ausführungen in Kap. B 18.6 und B 20.5 hingewiesen.

Der Begriff **Bande** setzt den Zusammenschluss von mindestens drei Personen voraus, die sich mit dem Willen verbunden haben, künftig wenigstens für eine gewisse Dauer mehrere selbständige, im Einzelnen noch ungewisse Straftaten des im Gesetz genannten Deliktstyps zu begehen *(Bandenabrede).*[4]

Während diese Bandenabrede inhaltlich für *alle* Bandendelikte gilt, ist hinsichtlich der bandenmäßigen *Ausführung* folgende Unterscheidung zu beachten:

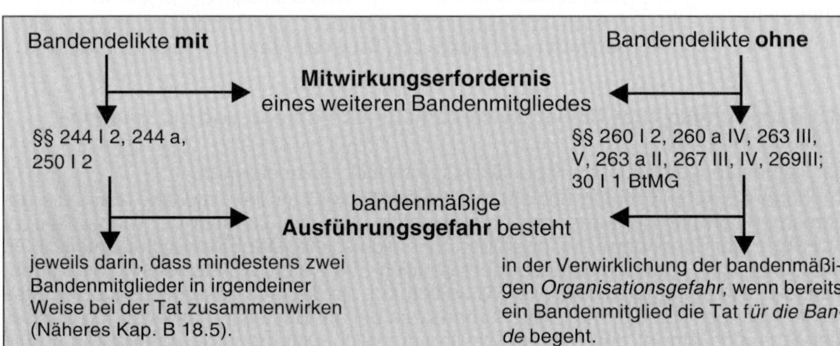

1) Zu den Strafzumessungsregeln des § 28 vgl. Sie ggf. in Kap. A 19.4.
2) BGH m. w. Hw. bei Tröndle/Fischer zu § 260.
3) Quellennachweis Fußnote unter Kap. B 18.6 zu Ziff. IV.
4) BGH-GSSt 1/00 22.3.2001, Näheres kap. B 18.5. und B 18.6.

VII. Erläuterungen zum TB der Gewerbsmäßigen Bandenhehlerei, § 260 a

Der Tatbestandsaufbau ergibt sich aus der Skizze oben unter Ziff. III. 2.

§ 260 a dient ebenfalls dem Kampf der *Organisierten Kriminalität.* Die Vorschrift summiert die Tatalternativen des § 260. § 260 a stellt damit (wie § 244 a zu § 244) eine Qualifizierung des § 260 dar.

Das setzt voraus, dass die Merkmale
- der Hehlerei, § 259,
- der Gewerbsmäßigkeit (§ 260 I 1) und
- des Handelns als Bandenmitglied (§ 260 I 2)

insgesamt gegeben sein müssen.

Die Tat ist ebenso wie die nach § 244 a ein *Verbrechen.* Das ermöglicht über § 30 „Versuch der Beteiligung" (Näheres hierzu in Kap. A 19.4) einen frühzeitigeren und damit möglicherweise wirksameren repressiven Zugriff.

Zu dem besonderen persönlichen Merkmal der Bandenmitgliedschaft (§ 28 II) wird auf die Ausführungen zu § 260 hingewiesen.[1]

Die nachfolgende Abb. veranschaulicht die gesetzgeberischen Maßnahmen zum Kampf gegen die Organisierte Kriminalität:

Zur Verdeutlichung: Bei der Hehlerei gibt es seit dem OrgKG mit den §§ 259, 260, 260 a eine den §§ 242, 243 I, 244, 244 a ähnliche Steigerungsform. Die nachfolgende Aufstellung verdeutlicht dies:

§ 242	*Diebstahl*	*§ 259*	*Hehlerei*
§ 243 I 3	**Gewerbsmäßiger Diebstahl.**	§ 260 I 1	**Gewerbsmäßige Hehlerei,** zus. EV möglich.
§ 244 I 2	**Bandendiebstahl** (Begehung als Bandenmitglied unter Mitwirkung eines weiteren B'mitgliedes), zus. VS u. EV möglich.	§ 260 I 2	**Bandenhehlerei** (Begehung [auch allein!] als B'mitglied für die Bande), zus. VS u. EV möglich.
§ 244 a	**Schwerer Bandendiebstahl** (Bandenmitgliedschaft u. Taterschwerung nach § 243 od. § 244 1 u. 3), zus. VS u. EV möglich, Verbrechen.	§ 260 a	**Gewerbsmäßge Bandenhehlerei,** zus. VS u. EV möglich, Verbrechen.

VS = Vermögensstrafe, § 43 a[2]; EV = Erweiterter Verfall, § 73 d (Näheres in Kap. A 7.2)

In dem Bestreben, gewerbsmäßiges und bandenmäßiges Handeln energischer und einheitlicher zu bestrafen, hat der Gesetzgeber mit dem **6. StrRG** in weiteren Straftatbeständen das gewerbsmäßige und das Handeln als Bandenmitglied zu schweren *Regelfällen*[3] eingestuft bzw. die gewerbsmäßige Begehung als Bandenmitglied zum *Verbrechen* qualifiziert. Die nachfolgende Aufstellung verdeutlicht dies.

gewerbsmäßiges Handeln *oder* Handeln als Bandenmitglied: – *Vergehen* –		VS, § 43 a EV, § 73 d	gewerbsmäßiges Handeln als Bandenmitglied: – *Verbrechen* –
– Betrug,	§ 263 III	VII	– § 263 V
– Computerbetrug,	§ 263 a II i. V. m. § 263 VII	II	– § 263 V
– Urkundenfälschung,	§ 267 III	gem. § 282	– § 267 IV
– Fälschung techn. Aufzeichnungen,	§ 268 V	gem. § 282	– § 268 V i. V. m. § 267 IV
– Fälschung beweiserheblicher Daten,	§ 269 III	gem. § 282	– § 269 III i. V. m. § 267 IV

1) Weitere Ausführungen zum Begriff „Bande" sind in Kap. B 18.5 und B 18.6 enthalten.
2) § 43 a ist nach einer Entscheidung des BVerfG vom 20.03.2002 verfassungswidrig und nichtig (BGBl. I 1340).
3) Zur Bedeutung vgl. Sie ggf. Kap. B 17.2 und B 18.4

20.5 Geldwäsche; Verschleierung unrechtmäßig erlangter Vermögenswerte, § 261[1]

I. Allgemeines

Rechtsfolge: FS v. 3 Mon. – 5 J. od. GS (I – III), in bes. schw. Fällen FS v. 6 Mon. – 10 J. (IV); FS – 2 J. od. GS bei leichtfertigem Handeln (V). Der Vers. ist bei vorsätzl. Handeln strafbar (III). Führungsaufsicht, § 262.

Nach § 261 bleibt straflos, wer wegen Beteiligung an der Vortat (Katalog) *strafbar* ist (IX S. 2).

Straflosigkeit bei tätiger Reue (IX); Strafmilderung oder Absehen von Strafe bei freiwilliger Kronzeugenfunktion (X);

Gegenstände der Geldwäsche können eingezogen werden (§§ 74, 74 a); bei bandenmäßiger Begehung sind *Vermögensstrafe (§ 43 a) und* Erweiterter Verfall (§ 73 d), bei gewerbsmäßiger Begehung ist Erweiterter Verfall anwendbar (VII).[2]

Deliktstyp: Vergehen, OD.

Rechtsgut staatliche Rechtspflege vor den Gefahren der OrgK und die Unversehrtheit des Wirtschaftskreislaufs.[3]

Konkurrenzen: *Tateinheit* (§ 52) ist insbesondere möglich mit Begünstigung und Hehlerei (§§ 257 – 260 a) sowie mit Betrug (§ 263) und Urkundenfälschung (§ 267).

II. Ausgangsfälle

Fall 1: Von einem Kreditinstitut in Dortmund wurden zwei deutsche „Geschäftsleute" gemeldet, die auf ihre Konten nahezu zeitgleich Bargeld eingezahlt hatten, bis jeweils ein sechsstelliger Betrag erreicht war. Über die Konten wurde sodann in Beträgen unterhalb der Schwellengrenze von 20 000 DM[4] verfügt. Mehrere Teilbeträge wurden nach Südamerika überwiesen, was letztlich zur Erstattung der Verdachtsanzeige gem. § 11 Geldwäschegesetz (GwG) beim LKA NRW führte, da die Bank den Zielort als „Rauschgift-Produktionsgebiet" eingestuft hatte. Erste Ermittlungen des LKA im Rahmen der ihm obliegenden „verfahrensunabhänigen Finanzermittlungen" bestätigten den Verdacht des Rauschgifthandels. Im Zuge der von der zuständigen StA geführten Ermittlungen erwiesen sich die beiden Deutschen als Geldwäscher einer vornehmlich im Köln-Dortmunder-Raum agierenden südamerikanischen Drogenbande.

Fall 2: Eine Bande von fünf Polen und einem Litauer hatte den durch Kfz-Verschiebung nach Polen und in die baltischen Staaten erlangten Gewinn über einen deutschen Barbesitzer bei verschiedenen Geldinstituten in Beträgen zwischen 5000 und 15000 Euro auf Girokonten eingezahlt und dann auf Privatkonten im In- und Ausland überwiesen. In mehreren Fällen hatte der Deutsche einen Geldumtausch in Schweizer Wechselstuben vorgenommen.

Fall 3: Geldwäschebeauftragter eines Aachener Geldinstituts muss sich vor Gericht verantworten. Angeklagter: „Banküblliches Routinegeschäft"

Aachen – Der Fall ist einmalig in Deutschland und fesselt derzeit das Interesse der Finanzwelt: Zum ersten Mal muss sich der „Geldwäschebeauftragte" einer Bank vor Gericht verantworten. Der Angeklagte soll versäumt haben, die im Umfang und in der Abwicklung verdächtig erscheinenden Bareinzahlungen eines Kunden bei der Polizei anzuzeigen. So konnte eine niederländische Wechselstube aus K. in 71 Fällen problemlos ihre immens hohen Umsätze in Gulden umtauschen, insgesamt rund 39 Millionen Euro, die größtenteils aus Rauschgiftgeschäften stammen sollen.

Das konnte der Angeklagte zwar nicht wissen, aber durch sein Ignorieren der verdächtigen Tatumstände habe er nach Auffassung der Staatsanwaltschaft fahrlässig gehandelt.

Schließlich seien ungewöhnlich hohe Beträge zwischen 200 000 und einer Mio. Euro vom Wechselstubenbetreiber oder einem seiner recht salopp gekleideten Boten vorgelegt worden, zudem transportiert in Plastiktüten oder Rucksäcken ...

1) Eingeführt zur Bekämpfung der *OrgK* durch das OrgKG vom 15.07.1992, Vortatenerweiterung durch das *Verbrechensbekämpfungsgesetz* vom 28.10.1994, zweite Ergänzung durch das *Gesetz zur Verbesserung der Bekämpfung der OrgK* vom 04.05.1998.
2) Einzelheiten zu diesen Begriffen in Kap. A 7.2. § 43 a – Verhängung der Vermögensstrafe – ist nach der Entscheidung des BVerfG vom 20.03.2002 verfassungswidrig und nichtig.
3) Aus der Begründung des Gesetzes zur Verbesserung der Bekämpfung der OrgK vom 04.05.1998.
4) Ursprüngliche Grenze, inzwischen auf EG-Norm 30 000 DM bzw. jetzt 15 000 Euro, erhöht.

III. Tatbestandsaufbau

Tatobjekt:
***Gegenstand*,** der aus einer rw. Katalogtat herrührt.

Tathandlung:

I:
- Verbergen oder Herkunftsverschleierung,
- Vereitelung oder Gefährdung
  - der Herkunftsermittlung,
  - der Auffindung,
  - des Verfalls, der Einziehung,
  - der Sicherstellung.

II:
- Verschaffen (sich od. Dritten) oder
- Verwahren od. Verwenden für sich oder Dritten,
  bei Kenntnis der Herkunft zum Zeitpunkt des Erlangens.

Dies gilt nach VI nicht, wenn der Gegenstand zuvor von einem Dritten ohne kriminelles Handeln erworben wurde.

Subjektiver TB:
- Vorsatz i. S. v. I – III;
- Leichtfertigkeit bzgl. des Nichterkennens der Tathandlung nach I und II (V).

Straferschwerung (IV)
- allgemein in besonders schweren Fällen,
- expressis verbis bei
  - gewerbsmäßiger *oder* bandenmäßiger Tatbegehung.

Relevante Vortaten (auch als Auslandstaten, wenn sie nach dem Tatortrecht strafbar sind [VIII]) **gem. I Nr. 1 – 5:**

- Verbrechen stets;
- Vergehen nach
  - § 373 AO in Fällen gewerbsmäßigen, gewaltsamen oder bandenmäßigen Schmuggels;
  - § 374 AO in Fällen gewerbsmäßiger Steuerhehlerei;
  - § 370 AO in Fällen gewerbsmäßiger oder bandenmäßiger Steuerhinterziehung;
  - §§ 332 I/III, 334 in Fällen der Bestechung und Bestechlichkeit;
  - Verg. nach § 29 I S 1 Nr. 1 BtMG und § 29 I Nr. 1 GrundstoffüberwachungsG.
- Vergehen nach
  - §§ 152 a, 181 a, 232 I/II, 233 I/II, 233 a, 242, 246, 253, 259, 263 – 264, 266, 267, 269, 284, 326 I, II, IV, 328 I, II, IV;
  - § 96 AufenthG[1] – Einschleusung von Ausländern;
  - § 84 AsylVfG – Verleitung zur missbräuchl. Asylantragstellung,

  sofern *diese* Taten

  gewerbsmäßig *oder* von einem Mitglied einer Bande, die sich zur fortgesetzten Begehung solcher Taten verbunden hat, begangen worden sind.
- Verg. nach §§ 129, 129 a III/V (auch i. V. m. § 129 b I);
- Vergehen, die von einem Mitglied einer kriminellen oder terroristischen Vereinigung (§§ 129, 129 a) begangen worden sind (jeweils auch i. V. m. §129 b I
  = kriminelle/terroristische Vereinigung im Ausland).

1) Vgl. Sie das *Zuwanderungsgesetz* vom 30.7.2004 zur grundlegenden Neustrukturierung des Aufenthaltsrechts, zur Neuregelung der Aufnahme und Gewährung von Bleiberechten aus humanitären Gründen, zur Beschleunigung der Durchführung der Asylanerkennungsverfahren sowie zur Ersetzung des bisherigen Ausländergesetzes durch ein Aufenthaltsgesetz (BGBl. I Nr. 41 vom 5.8.2004). Das AuenthG trat am 1.1.2005 in Kraft.

IV. Erläuterungen[1]

Geldwäsche ist die Einschleusung von illegal erworbenen Vermögenswerten in den legalen Finanz- und Wirtschaftskreislauf. Nach Schätzungen des BKA wurden 1994 durch die OrgK etwa 3,5 Mrd. DM „erwirtschaftet" und auf diese Weise *gewaschen.*

Die Aufklärung der Vorgänge der Geldwäsche soll helfen, in die Strukturen der OrgK einzudringen, sie aufzubrechen, zu zerschlagen und den Banden die finanziellen Grundlagen zu entziehen.

Gesetzliche Grundlagen hierfür sind der mit dem OrgKG 1992 u. a. eingeführte Tatbestand der **Geldwäsche** nach § 261, die gleichsam eingefügten Rechtsfolgesanktionen **Vermögensstrafe,** *§ 43 a* und **Erweiterter Verfall,** *§ 73 d* sowie das sog. **Geldwäschegesetz** – *GwG* und – neuerdings – die §§ 12 a – d des **Finanzverwaltungsgesetzes.**[2]

Das *Gesetz über das Aufspüren von Gewinnen aus schweren Straftaten* (Geldwäschegesetz – GwG) verpflichtet unter Androhung von Geldbußen bzw. Geldstrafen bestimmte Bereiche der Wirtschaft, vornehmlich Finanz- und Kreditinstitute sowie Spielbanken, Lebensversicherungen, Kreditkartenunternehmen, Steuerberater und Wirtschaftsprüfer, Vorkehrungen gegen die unbehelligte Nutzung des Finanzsystems zum Zwecke der Geldwäsche zu treffen.

Insbesondere haben diese Stellen

- ab einem sog. Schwellenbetrag von 15 000 Euro durch Identifizierung der Finanzakteure Ermittlungsansätze zu schaffen sowie
- generell in Verdachtsfällen der Geldwäsche unverzüglich die zuständige Strafverfolgungsbehörde (in NRW das LKA) zu verständigen.

Die dann folgenden *strafrechtlichen Finanzermittlungen* betreffen die Erforschung des Tatbestandes der Geldwäsche sowie die Prüfung der Anwendbarkeit der Vermögensstrafe und des Erweiterten Verfalls. Sie untergliedern sich nach dem Gem. RdErl. IM/NRW und JM/NRW vom 29.10.93 (MBl. NRW '94, S. 7) – vergleichbar den Regelungen der anderen Bundesländer – taktisch in sog. *verfahrensunabhängige und verfahrensintegrierte Finanzermittlungen.* Erstere werden in enger Absprache mit der zust. StA durch das LKA (Dez. OK, Sachgebiet Finanzermittlungen) betrieben, insbesondere dann, wenn Verdachtsanzeigen nach § 11 GwG von den Kreditinstituten etc. eingehen. Letztere werden im Zusammenhang mit bereits eingeleiteten Ermittlungsverfahren i. d. R. von der zuständigen Kriminalhauptstelle betrieben.

Die im GwG vorgesehenen Maßnahmen erfassen den Geldwäschevorgang erst im Zeitpunkt der Einschleusung von illegalen Gewinnen (nur Bargeld) in den Finanzkreislauf über die Kredit- und Finanzinstitute. Die *körperliche Verbringung* von Verbrechensgewinnen über die nationalen Grenzen (Schmuggel) wird durch das GwG aber nicht erfasst. Deshalb wurde die Verbringung von Bargeld und gleichgestellten Zahlungsmitteln (Schecks, Edelmetalle, Edelsteine) mit § 12 a I des *Finanzverwaltungsgesetzes* der zollamtlichen Überwachung unterstellt. Nach § 12 a II sind auf *Verlangen der Zollbediensteten* Bargeld und gleichgestellte Zahlungsmittel im Wert ab15 000 Euro anzuzeigen sowie deren Herkunft, der Berechtigte und der Verwendungszweck darzulegen.

Die Nichtbeachtung dieser Vorschrift ist gem. § 12 c des Gesetzes bußgeldbewehrt.[3]

Die Zollbediensteten dürfen zur Sachverhaltsaufklärung an den Außengrenzen der Gemeinschaft (inkl. See- und Flughäfen) den grenzüberschreitenden Bargeldverkehr ohne Verdacht und an den Binnengrenzen der Gemeinschaft sowie im Binnenland bei konkretem Verdacht überprüfen (§ 12 a Finanzverwaltungsgesetz i. V. m. § 10 Zollverwaltungsgesetz). Die Amtshandlungen können gem. § 12 b Finanzverwaltungsgesetz auch den Beamten des BGS übertragen werden.

1) Quelle: Begründung des Gesetzes zur Verbesserung der Bekämpfung der OrgK vom 04.05.1998; Drs. 13/8651, 13/9644.
2) Nunmehr in der Fassung des in Fußnote 1) genannten Gesetzes. Vgl. Sie zur Entwicklung die Angaben in Fußnote 1) oben unter II.
3) Maximal bis zum Wert des mitgeführten Zahlungsmittels.

Stellen die Kontrollorgane fest, dass Bargeld und ihm gleichgestellte Zahlungsmittel zum Zwecke der Geldwäsche mitgeführt werden, dürfen sie dies in befristete (bis zum Ablauf des zweiten Werktages) zollamtliche Verwahrung nehmen, um die näheren Umstände abzuklären.

Die Frist kann durch amtsrichterlichen Beschluss auf einen Montat verlängert werden.

Die Strafverfolgungsbehörden sind von der Sicherstellung zu unterrichten (§ 12 III Finanzverwaltungsgesetz).

Nach § 12 d Finanzverwaltungsgesetz haben die Zollfahndungsämter unabhängig von ihrer Zuständigkeit nach § 208 I AO die international organisierte Geldwäsche sowie die mit ihr in Zusammenhang stehenden Straftaten zu erforschen und zu verfolgen. Sie haben dabei dieselben Rechte und Pflichten wie die Behörden und Beamten des Polizeidienstes nach der StPO. Ihre Beamten sind Hilfsbeamte der StA im Sinne von § 152 GVG.

Tatobjekte der *Geldwäsche* können sein Geld, Buchgeld sowie Wertgegenstände jeglicher Art.

Als **Tathandlung** kommen alle denkbaren Aktionen in Betracht, die darauf abzielen, dem Gegenstand seinen belastenden (inkriminierten) Makel zu nehmen oder ihn dem Zugriff des Staates zu entziehen. Insofern genügt schon, wie aus der Skizze unter oben III. ersichtlich, bereits das Verbergen etc. eines solchen Wertgegenstandes.

Die Handlung *kann* in Tateinheit mit Begünstigung, Strafvereitelung und Hehlerei (Kap. B 20.1 bis B 20.4) stehen, muss dies aber nicht, da diese Tatbestände bestimmte Motive (so bei §§ 257, 258) bzw. einengende, hehlereitaugliche Gegenstände (so bei § 259) voraussetzen. § 261 ist insofern, seiner Zielsetzung entsprechend, allgemeiner gefasst.

Die **Struktur** des § 261 verlangt den Nachweis einer Beziehung zwischen Geldbeschaffungsdelikt und (vorsätzlicher oder mindestens leichtfertiger) Geldwäschehandlung. Die Herkunft der gewaschenen Gegenstände aus einem der in § 261 abschließend aufgeführten Delikte muss bewiesen werden.

Prozessuale Hilfsmittel[1] zur Zerschlagung der sich üblicherweise in hohem Maße abschottenden Banden der OrgK sind insbesondere

- die Erweiterung der Kronzeugenregelung auch auf die Bekämpfung der OrgK[2], die Erweiterung der Befugnisse des BND, bei der internationalen Fernmeldeüberwachung Erkenntnisse, die auf OrgK hindeuten, an die zuständige StA weiterleiten zu dürfen[3],
- die Vorverlegung der Weitergabepflicht von Schwellenwertidentifizierungen und Verdachtsanzeigen nach § 10 II S. 3 und § 11 V GwG an die Finanzbehörden auf den Beginn des Ermittlungsverfahrens[4]; bislang war dies erst nach rechtskräftiger Verurteilung wegen einer Tat nach § 261 zulässig,
- die Geheimhaltung der Identität gefährdeter Zeugen, §§ 68, 200 I S. 3 u. 4, 222 I S. 3 StPO,
- die Einführung der Rasterfahndung, §§ 98 a – c StPO sowie die Polizeiliche Beobachtung, § 163 e StPO,
- der Einsatz techn. Überwachungsmittel auch in Wohnungen[5], §§ 100 c – d StPO,
- der Einsatz Verdeckter Ermittler, §§ 110 a – e StPO,
- die Erweiterung der Überwachung des Telekommunikationsverkehrs, § 100 a ff. StPO, auch auf die Tatbestände des Vortatenkataloges des § 261[6],
- die Vermögensbeschlagnahme, §§ 111 o, 111 p StPO,
- die Herabsenkung der Verdachtsschwelle für die Sicherstellung von Verfalls- und Einziehungsgegenständen, § 111 b StPO, vom dringenden auf den einfachen Verdacht.[7]

1) Vgl. Sie Kap. C 14 – Besondere Fahndungs- und Kontrollmaßnahmen.
2) Eingeführt mit dem Verbrechensbekämpfungsgesetz vom 28.10.1994; Näheres in Kap. B 18.6, Ziff. IV.
3) Durch Änderung des Gesetzes zu Art. 10 GG (G 10 – Gesetz).
4)-7) Gesetz zur Verbesserung der Bekämpfung der Organisierten Kriminalität vom 04.05.1998; Drs. 13/8651, 13/9644.

V. Zum Begriff der Organisierten Kriminalität[1]

Organisierten Kriminalität ist die von *Gewinn- oder Machtstreben* bestimmte planmäßige Begehung von Straftaten, die einzeln oder in ihrer Gesamtheit von *erheblicher Bedeutung* sind, wenn *mehr als zwei Beteiligte* auf *längere* oder unbestimmte Dauer *arbeitsteilig* zusammenwirken, und zwar entweder

- **unter *Verwendung gewerblicher oder geschäftsähnlicher Strukturen***
  - durch Nutzung vorhandener Firmen
  - Speditionen, Import- u. Exportfirmen, Schrotthandel, Kfz-Handel, Kleinhandelsgeschäfte
  - durch Firmengründungen
  - in Form von Scheinfirmen in den Bereichen der Textilbranche und als Import-Export-Firmen, Baufirmen
  - durch Nutzung sog. Türkischer Vereine
- ***unter Anwendung von Gewalt oder anderer zur Einschüchterung geeigneter Mittel***
  - angedrohte Tötungen, Entführungen, brutale Schläge durch Schlägertrupps, Herbeiführen von Bombenexplosionen, Festlegung von Verhaltensregeln und Aussagen, Einsatz von „Prozessbeobachtern" aus der Szene bei Gerichtsverhandlungen, Entführungen, Anfahren mit Pkw u. a. m.
- **unter Einflussnahme auf Politik, Medien, öffentliche Verwaltung, Justiz oder Wirtschaft**
  - auf Wirtschaftprüfer
  - auf Zollbeamte, Polizeibeamte, Justizbeamte, Kommunalbeamte, Abgeordnete
    - durch Bargeldzahlung, kostenlose Bewirtung, unentgeltliche Ausführung des Geschlechtsverkehrs, kostenlose Zurverfügungstellung von Ferienhäusern etc.

Der Begriff umfasst nicht Straftaten des Terrorismus.

Kriminalitätsbereiche der OrgK sind insbesondere

- Rauschgifthandel und -schmuggel (§§ 30, 30 a BtMG)
- Waffenhandel und -schmuggel (§§ 52 a, 53 WaffG, § 36 Außenwirtschaftsgesetz, § 24 Kriegswaffenkontrollgesetz)
- Wirtschaftkriminalität
  - Betrug, Kapitalanlagenbetrug, Geldkreditbetrug, Versicherungsmissbrauch
  - Kreditkartenbetrug, EC-Betrug
  - illegale Arbeitnehmerüberlassung
- Fälschungskriminalität
  - Herstellen und Inverkehrbringen von Falschgeld
  - Fälschung von unbaren Zahlungsmitteln
  - Urkundenfälschung
- Eigentumskriminalität
  - Diebstahl aus Wohn- und Geschäftsräumen mit zentraler Beuteverwertung
  - Diebstahl / Unterschlagung / Hehlerei von Kfz und deren Verschiebung

1) Der Begriff wurde 1990 von der ‚Gemeinsamen Arbeitsgruppe Justiz/Polizei' festgelegt. Er ist Grundlage der ‚Gemeinsamen Richtlinien der Justizminister /-senatoren und Innenminister / -senatoren der Länder über die Zusammenarbeit von Staatsanwaltschaft und Polizei bei der Verfolgung der Organisierten Kriminalität', abgedruckt bei Kleinknecht/M-G als Anl. E zu den RiStBV.

- Kriminalität im Zusammenhang mit dem Nachtleben
  - Förderung der Prostitution, Zuhälterei, Menschenhandel
  - illegales Glückspiel und Falschspiel
- Gewaltkriminalität im Zusammenhang mit
  - Straftaten gegen die persönliche Freiheit
  - Raub, Erpressung, insb. Schutzgelderpressung
- Schleuserkriminalität, und zwar
  - gewerbs- oder bandenmäßiges Einschleusen von Ausländern (§§ 96, 97 AufenthG)
  - gewerbs- oder bandenmäßige Verleitung zur missbräuchlichen Asylantragstellung (§ 84 a AsylVerfG)
- Umweltkriminalität
  - illegale Abfallentsorgung und unerlaubter Umgang mit Kernbrennstoffen (§§ 326 ff.).

Beispiel:

„Zigaretten-Mafia" schlug wieder zu: zwei Vietnamesen erschossen

***Berlin** – Bei blutigen Auseinandersetzungen innerhalb der „Zigaretten-Mafia" sind in Berlin erneut zwei Vietnamesen getötet worden.*

In der Nacht zum Montag stürmten drei Täter in den belebten Innenhof eines Auländerheimes im Bezirk Lichtenberg und eröffneten sofort das Feuer. Ein 30-jähriger und ein 31-jähriger Vietnamese starben im Kugelhagel, ein weiterer wurde schwer verletzt.

Einer der mutmaßlichen Killer ist nach Ermittlungen der Polizei ein flüchtiger 20-Jähriger aus Mittelvietnam. Er wird verdächtigt, auch im Dezember einen Vietnamesen durch Schüsse schwer verletzt zu haben.

Die blutigen Fehden zwischen den rivalisierenden Banden, die den Handel mit geschmuggelten Zigaretten kontrollieren, haben in den vergangenen Monaten zugenommen. Erst am 29. März waren in einem Wohnheim im Bezirk Marzahn fünf Vietnamesen erschossen worden. Die Täter sind noch flüchtig.

Aus den Tageszeitungen Juli 2000:

Kriminelle Banden verdoppeln Gewinn

Aber Schaden geringer - Schwerpunkt Geldwäsche

Berlin - Kriminelle Organisationen haben im vergangenen Jahr nach Schätzungen der Ermittler ihre Gewinne auf zwei Milliarden Mark nahezu verdoppelt. Der angerichtete Schaden sank hingegen im Vergleich zu 1998 von 1,8 Milliarden auf 1,42 Milliarden Mark. Das Herzstück der vorwiegend international organisierten Banden ist die Geldwäsche. Dies geht aus dem am Montag in Berlin von Bundesinnenminister Otto Schily (SPD) vorgelegten Bericht „Organisierte Kriminalität 1999" hervor.

Nach Feststellung von Schily bleibt die Organisierte Kriminalität weiterhin eine ernst zu nehmende Gefahr und ihre Bekämpfung eine vordringliche Aufgabe. Durch konsequente Maßnahmen sei Deutschland jedoch weit entfernt von jenen Ländern, in denen das organisierte Verbrechen ein staats- und demokratiezersetzendes Ausmaß angenommen habe.

Von entscheidender Bedeutung sei die Geldwäsche. 1999 wurden 118 Millionen Mark sichergestellt, 28 Millionen mehr als im Vorjahr. Die Zahl der Delikte hat sich nach Angaben des Ministeriums nochmals deutlich erhöht. Bei insgesamt 114 Ermittlungsverfahren wurden in 68 Verfahren 242 Verdachtsanzeigen erstattet (1998: 38 Verfahren mit 139 Anzeigen). Der Schwerpunkt der kriminellen Aktivitäten war mit 272 Verfahren weiterhin der Rauschgifthandel.

21 Betrug und artverwandte Delikte, §§ 263 ff.

21.1 Die Systematik der Betrugsdelikte

Betrug, § 263 – Kap. B 21.2 –	Computerbetrug, § 263 a – Kap. B 21.3 –	Erschleichen v. Leistungen, § 265 a – Kap. B 21.4 –
I. Durch Täuschung bewirkte Selbstschädigung eines anderen zur Erlangung eines rw. Vermögensvorteils. Verg.,OD; II. Versuch strafbar. III. Schwere Regelfälle. IV. AD i. S. v. §§ 247, 248 a. V. Verbrechens-TB. VI/VII. FA, VS, EV.	I. Durch Computermanipulation bewirkte EDV-gesteuerte Vermögensschädigung eines anderen zur Erlangung eines rw. Vermögensvorteils. Verg., OD. II. Versuch strafbar. III. Schwere Regelfälle. IV. AD i. S. v. §§ 247, 248 a. V. Verbrechens-TB. VI/VII. FA, VS, EV.	I. Missbrauch von Leistungsautomaten, Erschleichung freien Zutritts, Beförderungserschleichung ... in der Absicht, das Entgelt nicht zu entrichten. Verg., OD. II. Versuch strafbar. III. AD i. S. v. §§ 247, 248 a.
Subventionsbetrug, § 264	**Kapitalanlagenbetrug, § 264 a**	**Kreditbetrug, § 265 b**
I. Täuschung einer zuständigen Behörde oder Stelle über subventionsrelevante Umstände. Verg., OD. II. Schwere Regelfälle. III. Verbrechens-TB. IV. Leichtfertiges Handeln. V-VIII. ... Gefährdungsdelikt; zum selbständigen TB erhobenes Versuchsdelikt im Vorfeld des Betruges.	I. Täuschung eines größeren Personenkreises im Wertpapierhandel über zeichnungsrelevante Umstände. Auf den Eintritt eines Vermögensschadens kommt es nicht an. II. – III. ... Verg., OD, abstraktes Gefährdungsdelikt; zum selbständigen TB erhobenes Versuchsdelikt im Vorfeld des Betruges.	I. Täuschung eines Betriebes/Unternehmens über kreditrelevante Umstände, um als Betrieb/Unternehmen kreditwürdiger zu erscheinen. Bei Täuschung zur Erlangung von Privatkrediten gilt § 263. II. – III. ... Verg., OD; abstraktes Gefährdungsdelikt; zum selbstständigen TB erhobenes Versuchsdelikt im Vorfeld des Betruges.

Versicherungsmissbrauch, § 265 – Kap. B 21.2 –	Untreue, § 266	Vorenthalten u. Veruntreuen von Arbeitsentgelt, § 266 a	Missbrauch von Scheck- u. Kreditkarten, § 266 b
I. Beschädigen, Beiseiteschaffen etc. einer entsprechend versicherten Sache, um sich / Dritten Versicherungsleistungen zu verschaffen. Verg., OD. II. Versuch strafbar. Vorbereitungshandlung zum Betrug; deshalb ggü. § 263 subsidiär. Vgl. Sie Kap. B 8.1.	I. Vors. Schädigung fremden Vermögens durch Missbrauch rechtsgeschäftl. Vertretungsmacht od. durch Verletzung einer aus einem besonderen Treueverhältnis erwachsenen Vermögensbetreuungspflicht. Verg., OD; II. Schwere Regelfälle analog § 263 III. AD i. S. v. §§ 247, 248 a.	I-III. Vors. Nichtzahlen von Sozialversicherungs.- u./od. Arbeitslosenversicherungsbeiträgen. Vorschrift dient insbesondere der Bekämpfung illegaler Arbeitnehmerbeschäftigung. IV-VI. ... Verg. OD.	I. Täter bewirkt vorsätzlich durch missbräuchlichen Einsatz ihm vom Kreditinstitut überlassener Scheck- od. Kreditkarten eine Zahlungsanweisung ohne absehbare Aussicht auf Kontoausgleich. Verg., OD; II. AD i. S. v. §§ 248 a.

21.2 Betrug, § 263

I. Allgemeines

Rechtsfolge: FS – 5 J. oder GS (I); in bes. schweren Regelfällen FS von 6 Mon. – 10 J. (III); im Falle des Verbrechens-TB FS von 1 -10 J. (V); FA (VI), *VS*[1] und EV (VII).

Deliktstyp: Vergehen, OD; der Versuch ist strafbar (II);
AD i. S. d. §§ 247 und 248 a (IV);
Verbrechen i. S. v. (V).

Rechtsgut: Fremdes Vermögen. Nicht staatliche Sanktionen, für die § 258 gilt.

Konkurrenzen: *Tateinheit* (§ 52) mit Vortäuschung von Straftaten (§ 145 d) und Urkundenfälschung (§ 267) ist häufig gegeben (Ausgangsfall).

Der sog. Sicherungsbetrug, bei dem der Täter die durch eine rechtswidrige Vermögensvortat geschaffene Lage durch Betrug aufrechterhält, ist *straflose* (mitbestrafte) *Nachtat,* so etwa beim Leugnen des entwendeten Diebesgutes.

Gesetzeskonkurrenz besteht

- zwischen den sich *i. d.* R. gegenseitig ausschließenden TB
  - Diebstahl, Unterschlagung, Erpressung und Betrug[2];
  - Betrug und Computerbetrug nach § 263 a[3], soweit es in Fällen der Computermanipulation an der Irrtumserregung einer Kontrollperson mangelt;
  - Betrug und Erschleichen von Leistungen nach § 265 a[4], weil letzterer gerade eine Täuschungshandlung ausschließt;
- zu den Abgabegesetzen, die als Sonderstraftatbestände vorgehen, so z. B. § 370 AO im Falle der Steuerhinterziehung[5];
- ggü. § 265, Versicherungsmissbrauch, der als strafbare Vorbereitungshandlung zum Betrug aus Gründen der Subsidiarität zurücktritt, wenn es mindestens zur Versuchshandlung nach § 263 gekommen ist.

  § 265 ist u. a. bereits dann gegeben, wenn der Täter eine gegen Diebstahl (etc.) versicherte Sache z. B. beseitigt, um sich oder einem Dritten Versicherungsleistungen zu verschaffen. Der TB hat besondere Bedeutung im Kampf geg. die internationale Kfz-Verschiebung.

II. Ausgangsfall

Bauarbeiter nannte sich Unternehmer

Würselen – Ein 42-jähriger, oft bestrafter Angeklagter aus Würselen brauchte am 5. Oktober vergangenen Jahres dringend Geld „zum Vertrinken". Das gelang ihm auch, indem er sich als Bauunternehmer vorstellte und dabei den Namen des eigenen Chefs nannte. Ohne weiteres erhielt er ein Autoradiogerät und Antenne zum Kaufpreis von 1.285 Euro. Die Empfangsquittung unterschrieb er mit dem Namen des Chefs. Mit dem Gerät eilte der Angeklagte in eine Kneipe und verkaufte das Gerät für 300 Euro an einen Arbeitskollegen.

Der Angeklagte machte den schwachen Versuch zu bestreiten. Der Verkäufer konnte ihn aber ganz sicher als den „Chef" wiedererkennen. Wegen Urkundenfälschung und Betrugs verhängte das Aachener Schöffengericht eine Freiheitsstrafe von neun Monaten und einer Woche ohne Bewährung.

Der Arbeitskollege, der das Radio gekauft hat, wird sich wegen Hehlerei verantworten müssen.

---

1) § 43 a – Verhängung der Vermögensstrafe – ist nach Entscheidung des BVerfG vom 20.03.2002 verfassungswidrig und nichtig (Kap A 7.2).

2) BGH NStZ '95, 449 für **Trickdiebstahl**, wenn im Einkaufswagen Gegenstände vor der Kassiererin verborgen werden.

3) Näheres hierzu in Kap. B 21.3.

4) So beim Automatenmissbrauch und Schwarzfahren; Näheres in Kap. B 21.4.

5) Vgl. Sie weitergehend bei Tröndle/Fischer, SchöSchr. zu §§ 263 ff.

III. Tatbestandsaufbau

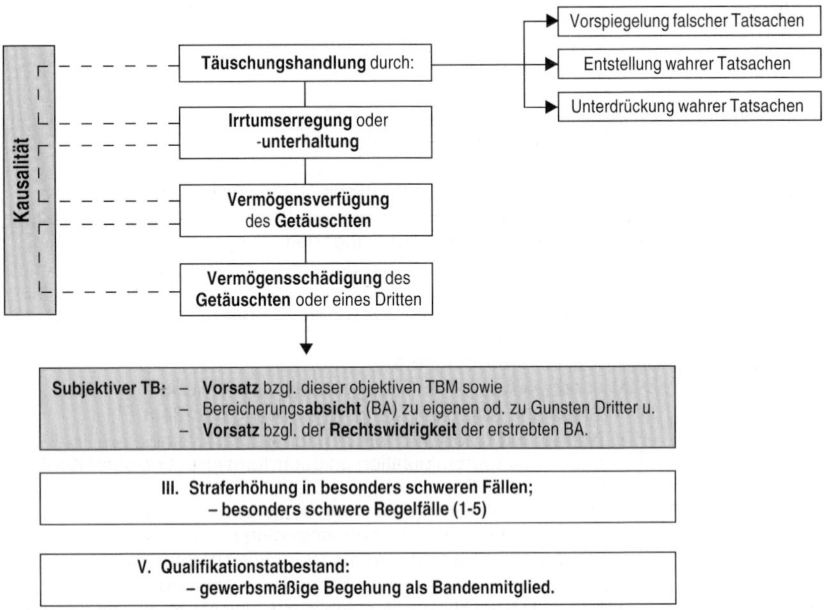

IV. Erläuterungen[1]

Betrug ist die in Bereicherungsabsicht durch Täuschung veranlasste Selbstschädigung eines anderen. Während der Täter die Bereicherung bei der *Erpressung* durch die *abgenötigte* Herausgabe einer Sache erstrebt, bewirkt er sie beim *Betrug* durch eine auf *Täuschung* beruhende *Vermögensverfügung* des Getäuschten.

Objektiver Tatbestand: Der Täter
- nimmt eine Täuschungshandlung vor,
- erregt oder unterhält *dadurch* in einem anderen einen Irrtum,
- bewirkt *dadurch*, dass der Getäuschte eine Vermögensverfügung vornimmt (= ungeschriebenes TBM),
- *wodurch* der Getäuschte sein eigenes oder das Vermögen eines anderen schädigt.

Kausalzusammenhang: Zwischen den vorstehenden Merkmalen muss ein Kausalzusammenhang in der Weise bestehen, dass jedes Merkmal jeweils die Ursache des nächsten ist. Zwischen Schaden und Vorteil muss eine sog. *Stoffgleichheit* bestehen.

Subjektiver Tatbestand: Der Täter muss
- bezüglich der Merkmale des objektiven Tatbestandes mit direktem oder bedingtem *Vorsatz*[2] handeln und dabei
- die *Absicht* haben, sich (oder einem Dritten) einen *rechtswidrigen* Vermögensvorteil zu verschaffen. Der Vorsatz muss sich dabei auch auf das TBM der *Rechtswidrigkeit* des erstrebten Vermögensvorteils erstrecken. Irrt der Täter insofern, kommt vorsatzausschließender Tatbestandsirrtum (§ 16 I) in Betracht.[3]

1) Vgl. Sie unter Ziff. V unten den **Exkurs** „Der Begriff des Rechtsgeschäfts, seine Anfechtung und deren Folgen".
2) Wer nach der *kausalen* Handlungslehre vorgeht, prüft dieses Merkmal erst im Bereich der Schuld (Kap. A 12.4).
3) Vgl. Sie zur Unterscheidung der Wirkung von Tatbestands- und Verbotsirrtum Kap. A 14.2.

Täuschungshandlung:

Täuschung ist die irreführende Einwirkung auf das Vorstellungsbild eines anderen, *um* in ihm eine Fehlvorstellung zu erregen oder zu unterhalten.

Beispiel: *Wahrheitswidriger Hinweis auf die Unfallfreiheit eines Gebrauchtfahrzeuges bzw. wahrheitswidrige Bestätigung der Auffassung des Kunden, dass das Fahrzeug doch wohl unfallfrei sei.*

Es kommt jede Form der Irreführung in Betracht, also die Schriftform, die Kommunikation durch Sprache und schlüssiges (konkludentes) Verhalten, wie Gesten, Zeichen, zustimmendes Nicken auf entsprechende Fragen/Meinungskundgabe des Opfers. Die Täuschungshandlung kann unter bestimmten Voraussetzungen auch durch Unterlassen der gebotenen Aufklärung gegenüber dem Opfer erfolgen; dazu weiter unten.

Vorspiegeln falscher Tatsachen: Gemeint ist hier das ausdrückliche oder konkludente Aufstellen einer bewusst unwahren Behauptung über eine Tatsache.[1]

Beispiel: *Im Ausgangsfall gibt sich der zahlungsunwillige Kunde erfolgreich als zahlungskräftiger Bauunternehmer aus.*

Entstellung wahrer Tatsachen: Hierbei handelt es sich um ein unwahres Verschieben richtiger Verhältnisse (= Tatsachen), also um ein Verfälschen des Gesamtbildes durch Hinzufügen oder Fortlassen einzelner Elemente.

Beispiel: *Eine ‚Kundin' vertauscht in einem Kaufhaus das Preisschild an dem von ihr begehrten Kleid gegen ein anderes. Sodann wendet sie sich mit ihrem Kaufangebot an eine Verkäuferin.*

Unterdrückung wahrer Tatsachen: Der Gesetzgeber versteht hierunter ein Handeln, durch das einer anderen Person die Kenntnis einer Tatsache entzogen wird. Hierunter ist einerseits ein heimliches Tun zu verstehen, durch das dem Opfer die Kenntnisnahme von einer bestimmten Tatsache entzogen wird.

Beispiel: *Ein Malermeister* stellt in seiner Rechnung *die nach dem Kostenvoranschlag veranschlagte Menge an Farbe/Tapeten/Zeit in Rechnung, obwohl er von allem weniger benötigt hat.*

Der häufigere Fall des Unterdrückens wahrer Tatsachen ist allerdings in der Handlungsform des *unechten Unterlassungsdeliktes*[2] i. S. v. § 13 I zu sehen. Ein derartiges Unterlassen setzt aber eine **Garantenstellung** des Täters gegenüber dem Getäuschten voraus, aus der sich seine Aufklärungspflicht ergibt. Diese Rechtspflicht zum Offenbaren der tatsächlichen Fakten ergibt sich insbesondere[3]

- *aus dem Gesetz, z. B. § 143 I AFG, § 60 SGB* I:

  Beispiel: *Ein Empfänger von Arbeitslosengeld unterlässt die Meldung an das Arbeitsamt, dass er wieder bezahlte Arbeit gefunden hat und kassiert die nächste Geldanweisung.*

- *aus einem besonderen Vertrauensverhältnis:*

  Beispiel: *Der Kunde darf einen ihm eingeräumten Überziehungskredit dann nicht in Anspruch nehmen, wenn er wegen plötzlicher hoher Verschuldung weiß, dass er ihn auf ungewisse Zeit nicht zurückzahlen kann.*

- *aus spezieller Vertragsbeziehung:*

  Beispiel: *Pflicht des wegen Diebstahls entschädigten Versicherten zur Anzeige der wiedergefundenen versicherten Sache (z. B. Rennrad).*

- *aus Treu und Glauben* (§§ 157, 242, BGB); z. B. beim Abschluss von Verträgen hinsichtlich solcher Umstände, die für die Entschließung des Vertragspartners erkennbar von Bedeutung sind[4]:

  Beispiel: *So darf z. B. der Autoverkäufer (auch ungefragt!) nicht verschweigen, dass das Kfz nach schwerem Unfallschaden wiederhergestellt worden ist. Oder: Der bauausführende Architekt darf beim Verkauf der Eigentumswohnungen nicht verschweigen, dass die Baukostendeckung nicht mehr gegeben ist, weil z. B. ein Mitgesellschafter zahlungsunfähig geworden ist.*

---

1) OLG Düsseldorf NJW '93, 2694.
2) Hierzu Näheres in Kap. A 15.
3) Weitere Beispiele bei Tröndle/Fischer u. SchöSchr. zu § 263.
4) BayObLG NJW '94, 1078; BGH NJW 100, 3013 f.

Enge auf Treu und Glauben begründete Geschäfts- oder Vertragsbeziehungen, in denen der eine Partner darauf angewiesen ist, dass ihm der andere die für die Entscheidung maßgeblichen Umstände offenbart, sind auch typisch für den Abschluss von Kredit- und Versicherungsverträgen.

– **Abgrenzung:** Bei allgemeinen Geschäften begründet das Erkennen eines bestehenden Irrtums beim Geschäftspartner noch keine Rechtspflicht zur Aufklärung.

Beispiele:

a) *Ein Bankkunde nimmt die zu viel ausgezahlten 100 Euro erfreut entgegen, ohne den Bankangestellten aufzuklären.*
Argument: Die Risiken gewöhnlicher Geschäftsführung liegen ausschließlich beim Betreiber.

b) *Der Inhaber eines Girokontos erkennt die Falschbuchung oder Fehlüberweisung in Höhe von 6 000 Euro und verfügt zu seinen Gunsten per Überweisungsauftrag.*
Argument: Selbst die Unterhaltung eines Girokontos schafft keine besondere Vertrauensbeziehung, die eine Garantenstellung begründet. Die Kontoführung und ordnungsgemäße Buchung fällt gem § 676 f. BGB allein in den Pflichtenkreis der Bank. In der Vorlage des Überweisungsauftrags sah der BGH auch keine für den Tatbestand des Betruges relevante Täuschungshandldung in der Form aktiven Tuns – etwa Fordern einer Leistung durch schlüssige Behauptung - sondern nur ein Begehren auf Durchführung einer Transaktion, ohne Eignung für eine für den Betrug konstitutiven Fehlvorstellung bei der Bank (BGH 5 StR 433/00 v. 8.11.2000).

Irrtum des Getäuschten:

Die Täuschungshandlung muss beim Getäuschten kausal zu einer Fehlvorstellung geführt haben. Es muss also ein Irrtum erregt oder unterhalten worden sein.

Beispiele:

Im Ausgangsfall irrte der Verkäufer in der Person des Kunden, den er für den Bauunternehmer hielt, und zwar aufgrund der ihm glaubwürdig erschienenen Angaben des Gauners.

Auch der Gastwirt irrt, wenn er dem zahlungsunwilligen Gast das bestellte Bier vorsetzt.

Wer sich keine Gedanken macht, irrt aber nicht. Deshalb liegt kein tatmehrheitlicher Betrug vor, wenn der Kassierer einer Bank auf die Vorlage eines vom Dieb entwendeten Sparbuches ohne Prüfung (automatisch) auszahlt (OLG Düsseldorf, NJW '89, 2003). Ebenso wenig macht sich ein Busfahrer Gedanken über einen Schwarzfahrer. Insofern aber § 265 a – Erschleichen von Leistungen – Kap. B 21.4.

Vermögensverfügung:

Die durch Täuschung und Irrtum *verursachte Folge* muss eine Vermögensverfügung des Getäuschten sein. Sie ist *ungeschriebenes* Tatbestandsmerkmal des Betruges, das die notwendige Verbindung zwischen dem seelischen Vorgang des Irrtums und dem äußeren Ereignis der Vermögensschädigung herstellt.

Die Vermögensverfügung stellt ein tatsächliches Verhalten (Handeln, Unterlassen) des Getäuschten dar, das sich *unmittelbar* auf das Vermögen des Getäuschten oder das eines Dritten auswirken muss und nur auf dem freien, durch den *Irrtum* beeinflussten Willen beruhen darf (*Kausalität).*

Beispiele:

Im Ausgangsfall (oben II.) gab der Verkäufer aufgrund der irrigen Vorstellung, der Kunde sei Bauunternehmer, Wertgegenstände gegen Empfangsquittung heraus und verfügte somit über (fremdes) Vermögen.

Erschwindeln von wertvollen Teppichen in Worms (nach einer Notiz aus dem BKA-Blatt):

Am ... gegen 14.00 Uhr, wählten ein Mann und eine Frau in einem Teppichgeschäft neun Teppiche bzw. Brücken aus, die sie zur Ansicht mit nach Hause nehmen wollten. Es gelang ihnen, die drei wertvollsten Stücke mitzunehmen. Die restlichen sechs Teppiche sollten am nächsten Tag angeliefert werden. Dabei stellte sich heraus, dass die Adresse falsch war.

Ein aktuelles Verfügungs*bewusstsein* braucht der Verfügende nicht zu haben.

Beispiele: *Dem Prokuristen einer Baufirma wird ein Schriftstück unterschoben, mit dessen Abzeichnung er eine finanzielle Forderung als erledigt beurkundet.*

Ein erbetenes Autogramm stellt die Abzeichnung eines Bestellscheines dar.

Getäuschter und Verfügender müssen identisch sein. Der Getäuschte braucht aber nicht zugleich Geschädigter zu sein.

Beispiel: *So verhielt es sich im Ausgangsfall, in dem das erschwindelte Autoradio von dem getäuschten Angestellten der Firma herausgegeben wurde.*

Problem: Die Vermögensverfügung stellt das entscheidende *Abgrenzungskriterium* zur Wegnahme beim Diebstahl dar!

1. Wenn sich das Opfer angesichts einer **vermeintlichen Zwangslage** entscheidet, kommt mangels einer freiwilligen Gewahrsamsaufgabe Diebstahl in Betracht (Fall: falscher Polizist schwindelt Beschlagnahme vor).
2. Bei dem sog. **Dreiecksbetrug**, also der Verfügung z. N. Dritter, kommt es darauf an, dass der Getäuschte rechtlich oder tatsächlich in der Lage ist, über das Vermögen des Geschädigten zu verfügen.

   Beispiel: *Mantu veranlasst einen Parkhauswächter, ihm ein bestimmtes Auto herauszusetzen, indem er ihm gekonnt vorschwindelt, im Auftrag des Halters zu handeln (Betrug gem. BGHSt 18, 221).*
3. Zur Abgrenzung von **Sachbetrug** und **Trickdiebstahl** im Selbstbedienungsladen:

   Fall: Zwei Detektive eines Supermarktes hatten beobachtet, wie ein ‚Kunde' mehrere CDs im Wert von 135 Euro in seinen Einkaufswagen legte und sie mit Werbeprospekten abdeckte. Darüber legte er verschiedene Artikel im Wert von 76 Euro. An der Kasse legte er nur diese Artikel auf das Rollband zur Bezahlung. Die Kassiererin bemerkte die verborgenen CDs nicht und ließ ihn nach Abrechnung passieren.

   Im Vorraum des Kaufhauses wurde der Täter von den Detektiven ergriffen.

Lösung: In Betracht kommen *Sachbetrug* oder *Trickdiebstahl.* Für die Abgrenzung kommt es darauf an, ob der Täter die Sachen durch Wegnahme (§ 242) oder durch Vermögensverfügung der getäuschten Kassiererin (§ 263) erlangt hat. Beide Merkmale schließen sich gegenseitig aus. Für die Annahme des Betruges kommt es darauf an, ob die Getäuschte freiwillig mit Verfügungsbewusstsein den Gewahrsam an den Sachen übertragen hat.

Das OLG Düsseldorf hatte in einem vergleichbaren Fall[1] *Betrug* mit dem Argument angenommen, dass die Erlaubnis der Kassiererin, den Kassenbereich nach der Abrechnung mit den Waren zu verlassen, sich auf die *gesamte* (auch die konkret unentdeckte) Ware bezogen habe.

Nach der *Gegenansicht* des OLG Zweibrücken[2], das den obigen Fall zu entscheiden hatte, setzt ein Verfügungsbewusstsein der Kassiererin voraus, dass sie den Gewahrsam an *konkret* erkannten Sachen übertragen wollte. Dieses Bewusstsein erstreckt sich nach Auffassung dieses Gerichts bei Kassiererinnen regelmäßig nur auf die *vorgelegten* Sachen. Es legte daher die strittige Rechtsfrage gem. § 121 II GVG dem BGH zur Entscheidung vor. Dieser schloss sich der Rechtsauffassung des OLG Zweibrücken an[3] und entschied auf (Trick-)Diebstahl, der nach der Abfertigung an der Kasse mit Verlassen des „geschlossenen Ladenbereichs auch vollendet gewesen sei, da es für den Gewahrsamsbruch auf ein endgültiges Verlassen des gesamten Ladens nicht ankomme".

4. Zur Unterscheidung zwischen vollendetem oder versuchtem Betrug und Unterschlagung beim Tanken ohne Zahlungsabsicht an SB-Tankstellen vgl. Sie Kap. B 18.3 (Beispiel 7 zum Merkmal Wegnahme).

1) OLG Düsseldorf, NJW '93, 1407.
2) OLG Zweibrücken, NStZ '95, 448.
3) BGH NStZ '95, 449.

Vermögensschaden:

Durch die Verfügung des Getäuschten muss dessen eigenes oder ein fremdes Vermögen beschädigt (gemindert) worden sein. Ob eine Vermögensminderung eingetreten ist, wird durch einen Vergleich des Vermögens vor und nach der Verfügung festgestellt.

Nach dem *wirtschaftlichen Vermögensbegriff* ist Vermögen die Gesamtheit aller geldwerten Güter einer natürlichen oder juristischen Person nach Abzug der Verbindlichkeiten, also Sachwerte wie Gegenstände und Zahlungsmittel sowie Rechte aus Verträgen wie geldwerte Forderungen, Anwartschaften, Besitzrechte, Pfandrechte u. a. m. (OLG Düsseldorf, NJW '93, 2649).

Staatliche Sanktionen wie Geldstrafen, Verwarngelder bilden als Unrechtsfolge ein Rechtsgut eigener Art, das abschließend durch § 258 geschützt ist.

Fall: Parkschein-Bluff ist kein Betrug (OLG Köln NJW '02, 527).

Umstritten war in der Vergangenheit, ob Aufwendungen finanzieller Mittel im Rahmen **rechtswidriger oder sittenwidriger Geschäfte** einen für den Tatbestand des Betruges relevanten Vermögensschaden begründen können.[1]

Fälle: Der vorbezahlte Gehilfe erscheint - wie von vornherein beabsichtigt - nicht zur Tatausführung. Der vereinbarte Dirnenlohn wird später – wie von vornherein beabsichtigt – nicht gezahlt. Erschleichen von Telefonsex (Fall LG Mannheim NJW '95, 3398) ohne Zahlungsbereitschaft. Ein Dealer liefert weniger Haschisch als vereinbart und kassiert den vollen Preis.

In der Lit. wird teilweise die Auffassung vertreten, die Widerspruchsfreiheit der Rechtsordnung gebiete, zum Vermögen nur *die* wirtschaftlichen Werte zu zählen, die einer Person unter dem Schutz der Rechtsordnung zustehen (sog. **juristisch-ökonomischer Vermögensbegriff).**

Danach wäre mangels einklagbaren Vermögensschadens kein Betrug in den vorstehenden Fällen gegeben. Das KG Berlin (NJW '01, 86; nachfolgend auch BGH NStZ '02, 33; NJW '02, 2117) favorisiert den **wirtschaftlichen Vermögensbegriff** und nimmt einen relevanten Vermögensschaden auch bei Verlust von Vermögenswerten im Rahmen sittenwidriger oder verbotener Geschäfte an. In dem vom KG zu entscheidenden Fall hatte sich der Angeklagte bereit erklärt, die Frau seines Auftraggebers zu töten. Er nahm 5 000 Euro Vorschuss, ohne jemals das Verbrechen begehen zu wollen. Als die 5 000 Euro verbraucht waren, eröffnete er den Sachverhalt der Polizei. Das KG verurteilte den Angeklagten wegen Betruges.

BGH 3 StR (NJW '02, 2117) hat in Fortentwicklung dieser Rspr. dem geprellten Drogen-Käufer (3 statt 30 kg Haschisch zum Gesamtpreis) einen Schadenersatzanspruch (auf den zuviel gezahlten Betrag)aus § 823 II BGB [2] i. V. m. § 263 I zugesprochen, dessen gewaltsame oder durch Täuschung bewirkte Durchsetzung einer Bestrafung nach §§ 249 ff. bzw. § 263 entgegenstehe, und zwar mangels *Rechtswidrigkeit* der Zueignung bzw. Bereicherung. Übrig bliebe ggfs. der Tatbestand der Nötigung, da z. B. die gewaltsame Verwirklichung eines bestehenden Anspruchs verwerflich und damit rechtswidrig i. S. d. § 240 II wäre.

Der BGH (3 StR 137/03 v. 7.8.2003) lehnt aber einen Anspruch (damit einen Vermögensschaden) des getäuschten Betäubungsmittelhändlers auf Rückgabe der verkauften Drogen oder Wertersatz mit dem Arg. ab, dass die Realisierung des Anspruchs zur Herbeiführung eines rechtswidrigen Zustandes (§ 29 BtMG) führen würde. Auch eine Entschädigung nach § 251 I BGB komme daher nicht in Betracht.

Mit dem Prostitutionsgesetz (ProstG) vom 01.01.2002 hat sich der Streit darüber erledigt, ob Prostituierte ihre Forderung nach dem zuvor vereinbarten Entgelt rechtswirksam durchsetzen können.Bislang wurden Vereinbarungen, die Prostituierte mit ihren Kunden trafen, nach überwiegender Rspr. als sittenwirdrig und damit nach § 138 BGB als nichtig angesehen. Das ProstG beseitigt die Benachteiligung von Prostituierten durch die Klarstellung, dass das Entgelt für Dienste der Prostitution wirksam vereinbart werden kann und dann eine rechtswirksame Forderung begründet. Die bisherige Rspr. zum Telefonsex (LG Mannheim NJW '95, 3398), wonach entsprechende Vereinbarungen sittenwidrig i. S. v. § 138 I BGB waren und im Falle des Erschleichens von Telefonsex kein einklagbarer Vermögensschaden vorlag, dürfte seit In-Kraft-Treten des ProstG, aber auch nach der oben zitierten Rsp. des BGH, überholt sein.

Bei der Ermittlung des Vermögensschadens ist vom *Verkehrswert* auszugehen.

Beispiel: *Wer sich eine minderwertige Sache aufschwatzen lässt, ist nicht betrogen, wenn er den verkehrsüblichen Gegenwert (und nicht erheblich mehr) gezahlt hat.*

---

1) Nachweise bei Tröndle/Fischer, SchöSchr. zu § 263.
2) Vgl. Sie hierzu die Ausführungen in Kap. A 22.2.

Trotz objektiv gleichwertiger Leistungen kann aber ein Vermögensschaden vorliegen, wenn das erworbene Gut/Recht für den Erwerber

- unbrauchbar ist (wobei dieser Umstand allerdings durch überlegenes Wissen verdeckt worden sein muss) oder
- mit nicht erkennbaren erheblichen Folgekosten verbunden ist, die der Täter bewusst unerwähnt ließ.

Fall: Beim unfallbeschädigten **Gebrauchtwagenverkauf** beurteilte das OLG Karlsruhe (NJW '80, 1762) den Vermögensschaden folgendermaßen:

„Täuscht ein Verkäufer einem Kaufinteressenten die *Unfallfreiheit* des Kfz vor, so macht er sich des Betruges schuldig, wenn der Kaufpreis höher ist als der Verkehrswert.

Erwirbt der Käufer den Gebrauchtwagen dagegen zu einem den wirklichen Marktpreis *nicht* übersteigenden Preis, so liegt ein Vermögensschaden *nur dann* vor, wenn das Kfz *nicht zu dem vertraglich vorausgesetzten Zweck oder in anderer zumutbarer Weise verwendet werden kann* (sog. persönlicher Schadenseinschlag).

Nach der **Neufassung des Schuldrechts** durch Gesetz vom 24.8.2002 hat der Verkäufer einer Sache diese frei von Sach-und Rechtsmängeln zu verschaffen (§ 433 I S. 2 BGB). Im Falle von Sach- oder Rechtsmängeln (§§ 434, 435 BGB) kann der Käufer nach maßgabe von § 437 BGB Nacherfüllung, Rücktritt, Minderung, Schadenersatz und ggf. Ersatz vergeblicher Aufwendungen i. S. v. § 284 BGB verlangen.

Abgrenzung: Wenn das Rechtsgeschäft (Fahrzeugkauf, § 433 BGB) allerdings nur dadurch zustande kam, dass der Verkäufer den Käufer **arglistig** über die Tatsache eines z. B. erheblichen Unfallschadens *getäuscht* hat, besteht i. S. v. § 123 BGB ein Anfechtungsgrund, auch dann, wenn die tatbestandlichen Voraussetzungen des § 263 nicht vorliegen. Das bedeutet, dass die getäuschte Vertragspartei innerhalb eines Jahres nach Entdeckung der Täuschung das Rechtsgeschäft anfechten kann (§ 124 BGB). Mit der Anfechtung ist das Rechtsgeschäft als von Anfang an *nichtig* anzusehen (§ 142 I BGB). Der Getäuschte hat daher einen Anspruch auf Herausgabe des gezahlten Kaufpreises (§ 812 BGB) und Schadenersatz (§ 826 BGB).[1]

Beim **Spenden- und Bettelbetrug** kann der Vermögensschaden in der sozialen Zweckverfehlung liegen. Das setzt voraus, dass der Täter über den wahren Zweck seines Spendenaufrufs täuscht, indem er einen falschen sozialen Zweck vorgibt.

Beispiel: *Angebliche Spende für eine örtliche Blindenschule.*

Gegenbeispiel: *Kein Betrug, wenn der Täter als Bettler eine persönliche Notlage vortäuscht.*[2]

Ein Vermögensschaden *kann* auch schon im Falle konkreter *Gefährdung* vermögenswerter Positionen gegeben sein. Dieser Fall des **Gefährdungsschadens** setzt voraus, dass die Rechtsposition des Vermögensinhabers so unsicher ist, dass die Gefahr eines endgültigen Verlustes nahe liegt[3], wenn z. B. nach gutgläubigem Erwerb (§§ 932 ff. BGB) einer unterschlagenen Sache konkrete Prozessgefahr oder die Gefahr der Anzeige wegen Verdachts der Hehlerei und damit bereits eine Verschlechterung der gegenwärtigen Vermögenslage besteht. Ähnliche Gesichtspunkte sind maßgeblich beim sog. **Eingehungsbetrug**, bei dem aus wirtschaftlicher Sicht der Eingehung einer rechtsgeschäftlichen Verpflichtung kein realisierbarer adäquater Anspruch gegenübersteht.[4]

Verschaffen eines rechtswidrigen Vermögensvorteils (Bereicherungsabsicht):

Der Gesetzgeber fordert ein Handeln in der *Absicht*, sich oder einem Dritten einen *rechtswidrigen* **Vermögensvorteil** zu verschaffen. Auf die Realisierung des Vermögensvorteils,

1) Vgl. Sie den **Exkurs** „Der Begriff des Rechtsgeschäfts, seine Anfechtung und deren Folgen" im Anschluss unter Ziff. V.
2) BGH NJW '90, 2395; OLG Düsseldort NJW '90, 2379.
3) BVerfG NJW '98, 2589, BGH 1 StR 212/03 v. 7.10.03; Tröndle/Fischer zu § 263.
4) Vgl. Sie ggf. zum Eingehungs- und Erfüllungsbetrug (Vergleich des Vermögensstandes vor und nach Vertragsabschluss) BGH 1 StR 576/00, WM '01, 1577.

also den Eintritt der Bereicherung, kommt es nicht an. Die Tat ist deshalb *vollendet*, wenn der Vermögensschaden eingetreten ist. Sie ist *beendet*, wenn der Täter oder ein Dritter den Vermögensvorteil erlangt hat.

Ein *Vermögensvorteil* ist mit jeder günstiger gestalteten Vermögenslage gegeben.

Beispiele: *Provisionszahlung an den Täter nach aufgeschwatzter Bestellung einer Serie angeblich limitierter handbemalter Porzellanteller. Entgegennahme des Radiogerätes im Ausgangsfall.*

Immateriellle Vorteile reichen nicht aus, z. B. die Befriedigung des Geltungsbedürfnisses oder die Schadenfreude desjenigen, der unter fremden Namen Waren bestellt und an Dritte schicken lässt.

Der Betrug ist ein **Vermögensverschiebungsdelikt.** Daraus folgt das *ungeschriebene* Erfordernis der *Stoffgleichheit* zwischen Vorteil und Schaden. Der Vorteil muss die spiegelbildliche Kehrseite des Schadens sein.

Hieran fehlt es z. B. dann, wenn der Täter das Opfer zu einer schädigenden Vermögensverfügung veranlasst, um dafür von einem Hintermann belohnt zu werden.

In diesem Fall liegt allerdings eine *unerlaubte Handlung* mit Anspruch auf Schadenersatzleistung vor (§§ 823 ff. BGB).[1]

Subjektiver Tatbestand:

Der Täter muss hinsichtlich des erstrebten Vermögensvorteils mit **Absicht**[2] handeln. Es genügt ein Handeln mit *sicherer* Erfolgsaussicht und dem *Wunsch,* den Vermögensvorteil zu erzielen.[3]

Schließlich muss der erstrebte Vermögensvorteil **rechtswidrig** sein. Das ist dann der Fall, wenn der Täter oder ein Dritter, für den er handelt, keinen sog. materiellrechtlichen Anspruch auf ihn hat. Die Durchsetzung eines bestehenden (einklagbaren) Anspruches mittels Täuschung stellt daher keinen Betrug dar.

Beispiel: *Wer seinem säumigen Schuldner durch Versprechungen (Täuschung) zur Rückzahlung eines fälligen Darlehens veranlasst, handelt daher nicht in rechtswidriger (und auch nicht in) Bereicherungsabsicht. Droht er ihm allerdings für den Fall der Nichtzahlung Prügel an, ist eine rechtswidrige (versuchte) Nötigung gegeben.*[4]

Die *Rechtswidrigkeit* der Bereicherungsabsicht ist TBM (BGH MDR '97, 182), sowie auch z. B. beim Diebstahl die Rechtswidrigkeit der Zueignungsabsicht.[5] Ein Irrtum des Täters über einen in Wahrheit nicht bestehenden Anspruch wäre daher Tatbestandsirrtum (§ 16 I)[6], der den Vorsatz und damit die Strafbarkeit nach § 263 ausschlösse, da fahrlässiges Handeln i. S. d. § 263 nicht strafbar ist.

Wie bereits zu Beginn oben unter Ziff. IV vermerkt, muss sich der mindestens einfache Vorsatz auf alle TBM mit Ausnahme der Erstrebung des Vermögensvorteils (hier wird Absicht gefordert) beziehen.

Der Versuch gem. II:

Der *Versuch* ist gemäß § 22 dann gegeben, wenn der Täter nach seiner Vorstellung von der Tat zu deren Ausführung (= Täuschungshandlung) unmittelbar angesetzt hat[7,8].

Die Tat ist *vollendet*, wenn die Merkmale des objektiven Tatbestandes erfüllt sind; auf den Eintritt der Bereicherung kommt es nicht an, wohl aber auf den Eintritt des Vermögensschadens.

Die *Beendigung* der Tat ist im Allgemeinen mit dem Eintritt der beabsichtigten Bereicherung gegeben.

---

1) Vgl. Sie hierzu den **Exkurs** „Unerlaubte Handlung" in Kap. A 22.
2) Zu den Begriffen Vorsatz und Absicht Näheres in Kap. A 14.1.
3) Nachw. bei Tröndle/Fischer, insbes. OLG Köln NJW '87, 2095 zur Abgrenzung zum nicht erwünschten Erfolg.
4) Vgl. Sie ggf. in Kap. B 19.6.
5) Näheres in Kap. B 18.3.
6) Einzelheiten zum Tatbestandsirrtum in Kap. A 14.2.
7) Zum Begriff des Versuchs umfassend Kap. A 18.
8) Zum versuchten Prozessbetrug vgl. Sie ggf. BGH MDR '97, 182.

Betrug als Antragsdelikt gem. IV:

Der Täter wird nur nach Stellung eines Strafantrages verfolgt,

- wenn sich die Tat gegen Angehörige usw. richtet (analog § 247) oder
- wenn die erstrebte Bereicherung und der eingetretene Vermögensschaden geringwertig i. S. d. § 248 a sind.[1]

Allerdings kann im Fallle der Geringwertigkeit analog § 248 a bei *besonderem* öffentlichten Interesse an der Strafverfolgung auch ohne Strafantrag verfolgt werden. Die Entscheidung trifft die StA.[2]

Besonders schwere Fälle gem. III:

Der Gesetzgeber hat mit dem **6. StrRG** die bisher nur allgemein formulierte Strafzumessungsvorschrift „in besonders schweren Fällen ist die Strafe ..." im Sinne der in der modernen Strafgesetzgebung bevorzugten *Regelbeispieltechnik* ergänzt.[3]

Nach der Rspr. des BGH, die der Gesetzgeber in der Begründung des 6. StrRG ausdrücklich anerkennt, handelt es sich bei den Regelbeispielen nicht um abschließend festgelegte Tatbestandsqualifikationen (wie nachfolgend in V), sondern um *Strafzumessungsregeln*, auf die sich allerdings auch der Tatbestandsirrtum (§ 16 I, Kap. A 14.2) erstrecken kann.[4]

Der Gesetzgeber hat (im Übrigen inhaltsgleich mit den Neufassungen in §§ 263 a, 266, 267, 268, 269) **folgende fünf Regelbeispiele für erhöhtes Tatunrecht formuliert:**
Bezieht sich die Tat auf eine geringfügige Sache, ist ein schwerer Fall ausgeschlossen (IV).[5]

Nr. 1 → **gewerbsmäßiges** Handeln:
- Näheres in Kap. B 18.4 und B 20.4 Ziff. VI

→ Handeln als Mitglied einer **Bande**, die sich zur fortgesetzten Begehung von Urkundenfälschung oder Betrug verbunden hat:
- Es genügt – anders als in § 244 I Nr. 2 –, wenn *ein* Bandenmitglied in dieser Eigenschaft gehandelt hat.

Nr. 2 → Herbeiführung eines Vermögensverlustes **großen Ausmaßes**.
Ab 50 000 Euro nach Klarstellung durch den BGH [6]

→ Handeln in der *Absicht*, durch *fortgesetzte* Begehung von *Betrug* eine **große Zahl** von Menschen in die *Gefahr* des *Verlustes* von Vermögenswerten zu bringen.

Nr. 3 → Verursachung **wirtschaftlicher Not** für einen anderen durch die Tat.

Nr. 4 → *Missbrauch* seiner Befugnisse oder seiner Stellung als **Amtsträger**:
- Amtsträger gem. Legaldefinition in § 11 I Nr. 2.
- Missbrauch bedeutet in Überschreitung der amtl. Befugnisse oder
- Ausnutzung der Stellung als Amtsträger.

Nr. 5 → Vortäuschen eines **Versicherungsfalles**,
- der Versicherung oder auch einer Strafverfolgungsbehörde
  nachdem der Täter (oder ein anderer) zu diesem Zweck eine Sache von *bedeutendem Wert*
- in Brand gesetzt oder
- durch Brandlegung ganz oder teilweise zerstört oder
- ein Schiff zum Sinken oder Stranden gebracht hat.

Der „alte" Versicherungsbetrug (§ 265 a. F.) wurde durch diesen Regelfall abgelöst. Soweit es aber noch *nicht zum Vortäuschen*, wohl aber zur Beschädigung etc. einer versicherten Sache gekommen ist, *um* sich oder einem Dritten Versicherungsleistungen zu verschaffen, gilt der insofern *subsidiäre* § 265 n. F. (vgl. Sie die Übersicht in Kap. B 21.1). § 265 n. F. soll insbes. im Bereich der *Kfz-Verschiebungen* den praktisch bedeutsamen Fall erfassen, dass der Täter die versicherte Sache einem anderen zu besagtem Zweck überlässt. Zum TB-Aufbau vgl. Sie die nachfolgende Grafik.

1) Vgl. Sie hierzu die Ausführungen in Kap. B 18.2 und B 18.4.
2) Näheres in Kap. C 1.8.
3) Eines der ersten Beispiele dieser Gesetzgebungspraxis stellte der mit dem 1. StrRG v. 25.6.69 entsprechend geänderte § 243 (Kap. B 18.4) dar. Mit dem 6. StrRG wurde die Technik auf zahlreiche weitere Vorschriften bezogen, so auf §§ 240 IV, 263 a III, § 266 II, 267 III, § 268 V, § 269 III; 292 II.
4) Nähere Ausführungen sind in Kap. B 17.2 gegeben. Zum Klausuraufbau vgl. Sie die Anmerkungen in Kap. B 18.4.
5) So ja schon in § 243 II.
6) BGH 1 StR 274/03 v. 7.10.2003..

Versicherungsmissbrauch, § 265; FS – 3 J. oder GS, Versuch strafbar, gegenüber § 263 subsidiär.	
Tathandlung:	Beschädigen, Zerstören, Beeinträchtigen, Beiseiteschaffen, Überlassen
Tatobjekt:	einer gegen Untergang, Beschädigung, Beeinträchtigung der Brauchbarkeit, Verlust oder Diebstahl versicherten (eigenen oder fremden) Sache
***Subjektiver** TB:*	Absicht, sich oder Dritten Versicherungsleistungen zu verschaffen.

Der Qualifikationstatbestand des Betruges gem. § 263 V:

Anders als III enthält V einen fest umrissenen Qualifikationstatbestand, der den Betrug nach dem Vorbild der bereits mit dem OrgKG eingeführten Straftatbestände Schwerer Bandendiebstahl (§ 244 a) und Gewerbsmäßige Bandenhehlerei (§ 260 a)[1] dann zum **Verbrechen** werden lässt, wenn er

von einem Bandenmitglied gewerbsmäßig ausgeführt wird.

Ein derartiges Handeln wird mit dem 6. StrRG nunmehr auch in §§ 263 a II, 264 III, 267 IV, 268 V und 269 III als Verbrechens-TB ausgewiesen.

Der Gesetzgeber macht in der Begründung des Entwurfs deutlich, dass die neuen Verbrechens-TB auf die Bekämpfung des „banden- und gewerbsmäßigen Handelns in großem Stil" zugeschnitten sind.[2]

Anders als z. B. in § 244 a fordert der Gesetzgeber in § 263 V nicht, dass der Täter mit einem weiteren Bandenmitglied den Betrug begeht.

Der Täter muss aber Mitglied einer Bande sein, die sich zur fortgesetzten Begehung von Betrug (§§ 263, 263 a, 264) oder (und) Urkundenfälschung (§§ 267, 268, 269) verbunden hat, und er muss auch für die Bande gehandelt haben. Damit soll nach dem Willen des Gesetzgebers das jeweils relevante kriminelle Betätigungsfeld der Bande erfasst werden.

Exkurs: Der Begriff des Rechtsgeschäfts, seine Anfechtung und deren Folgen

Betrügerische Handlungen stellen in aller Regel auch fehlerhafte Rechtsgeschäfte dar. Diese sind wiederum nicht nur vom Vorliegen einer betrügerischen Handlung abhängig, sondern können sich aus ganz unterschiedlichen Mängeln ergeben. Die Zusammenhänge werden nachfolgend dargestellt.

Der Begriff des Rechtsgeschäfts:[4]

Unter einem Rechtsgeschäft ist ein Tatbestand zu verstehen, der aus *einer* oder *mehreren* Willenserklärungen (WE) besteht, die auf die Herbeiführung eines rechtlich gewollten Erfolges gerichtet sind. Der Haupttypus des Rechtsgeschäfts ist der Vertrag (§§ 145 – 157). Sein *wesentliches Element* ist wiederum die Willenserklärung (§§ 116 – 144). Die Beziehungen zeigt die nachfolgende Übersicht.

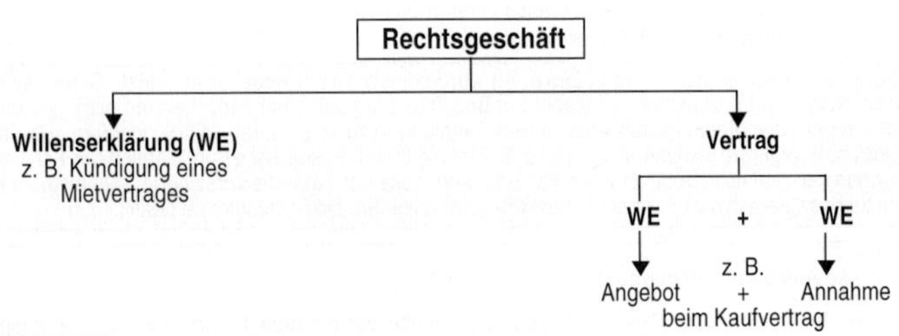

1) Vgl. Sie hierzu die Ausführungen in Kap. B 18.6 und B 20.4.
2) Bundestags-Drs. 13/8587 und 13/9064.
3) §§ ohne Gesetzesbezeichnung sind in diesem Exkurs solche des BGB.
4) Zum Begriff der Geschäftsfähigkeit vgl. Sie den Exkurs zu Kap. A 8.

Die Willenserklärung:

Eine WE ist die rechtlich wirksame Äußerung einer geschäftsfähigen Person, durch welche sie bewusst eine Rechtsfolge herbeiführen will, z. B. Kauf, Kündigung, Rücktritt von einem Vertrag.

Bei *einseitigen* Rechtsgeschäften ist lediglich die WE *einer* Partei nötig, z. B. beim Testament, bei der Kündigung eines Mietverhältnisses oder bei der Anfechtung eines abgeschlossenen Vertrages.

Einseitige Rechtsgeschäfte können *empfangsbedürftig* (so bei der Mahnung oder Kündigung) oder *nicht* empfangsbedürftig sein (so beim Testament).

Bei *zwei-* oder *mehrseitigen* Rechtsgeschäften sind WE aller Beteiligten notwendig. Die WE müssen inhaltlich *übereinstimmen* (was z. B. im Falle einer betrügerischen Handlung ja offensichtlich nicht der Fall ist), damit ein Vertrag wirksam entsteht (§ 151). Im Zweifel ist der *wirkliche* Wille im Wege der *Auslegung* zu erforschen (§ 133). Als Auslegungsperspektive ist auf die „Sicht eines verständigen Erklärungsempfängers" abzustellen.

Die ***Abgabe*** der WE kann erfolgen durch
- ausdrückliche Äußerung (mündlich oder schriftlich),
- tatsächliches Handeln (Bestellung eines Getränkes, Einsteigen in eine Straßenbahn) oder
- in Ausnahmefällen auch durch Schweigen (keine Reaktion auf von Bestellung abweichender Auftragsbestätigung).

Empfangsbedürftige WE gelten als wirksam zugegangen,
- bei Abgabe gegenüber Anwesenden
- bei Abgabe gegenüber Abwesenden, wenn sie in dessen Machtbereich (Briefkasten, Postfach; Anrufbeantworter) gelangt sind, so dass er von ihnen Kenntnis nehmen kann (§ 130 sowie §§ 131, 132).

Bindung an die WE:
- Wer einem anderen z. B. den Abschluss eines Kaufvertrages (§ 433) anträgt, ist natürlich nicht ewig an sein Angebot gebunden.
- ***Beispiel:*** *„Die Haftpflichtversicherung gilt als angenommen, wenn der Versicherer nicht binnen zweier Wochen die Annahme abgelehnt hat. Im Übrigen hält sich der Antragsteller einen Monat an diesen Antrag gebunden."*

Das BGB differenziert wie folgt:
- Ein Antrag gegenüber einem *Anwesenden* oder Telefonteilnehmer kann nur sofort angenommen werden (§ 147), sofern nicht ausdrücklich eine Frist gesetzt wird (§ 148).
- Ein Antrag gegenüber *Abwesenden* kann nur bis zu dem Zeitpunkt angenommen werden, zu dem unter regelmäßigen Umständen eine Antwort erwartet werden kann (§ 147).
- Der Anbietende kann eine Bindung an seinen Antrag von vornherein ausschließen (frei bleibendes Angebot), § 145.
- Wird der Antrag z. B. vom Käufer danach verspätet angenommen oder aber abgeändert, gilt die Annahme als neuer Antrag, der seinerseits wieder von dem ursprünglichen Anbieter angenommen werden muss (§ 150).

Die Arten der WE im Überblick:

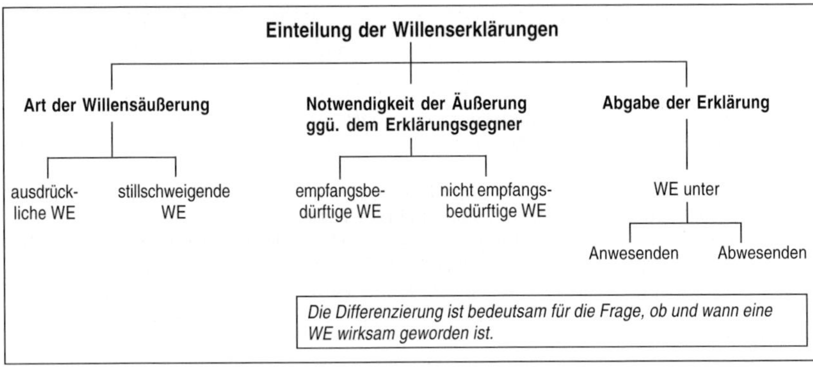

Formfreie – formbedürftige Rechtsgeschäfte:

Grundsätzlich bedürfen Rechtsgeschäfte *keiner* besonderen Form, es sei denn, dass per Vertragsvereinbarung (§ 127 – gewillkürte Schriftform) oder Gesetz (§ 126; §§ 126 a, 126 b) eine bestimmte Form vorgeschrieben ist.

Gesetzlich vorgeschrieben ist die Schriftform z. B. für
- Bürgschaften eines Privatmannes (§ 766) und die Kündigung von Mietverhältnissen (§ 568 I);
- öffentliche Beglaubigungen, z. B. für Anmeldungen zur Eintragung ins Vereinsregister (§ 77);
- notarielle Beglaubigungen, z. B. für Grundstückskaufverträge (§ 311 b).

Bei Nichtbeachtung der gewillkürten oder gesetzlich vorgeschriebenen Schriftform ist das Rechtsgeschäft i. d. R. nichtig.

Verpflichtungsgeschäfte – Verfügungsgeschäfte:

Verpflichtungsgeschäfte sind Rechtsgeschäfte, die ein Schuldverhältnis (Obligation) begründen, also mindestens einen Anspruch (§ 194 I) des einen Teils (Gläubiger) auf ein Tun oder Unterlassen des anderen Teils (Schuldner) entstehen lassen (§ 241), wie z. B. beim Abschluss eines Kaufvertrages. Verpflichtungsgeschäfte sind vorwiegend im Schuldrecht des BGB zu finden. Dabei handelt es sich in der Regel um zweiseitige Rechtsgeschäfte.

Verfügungsgeschäfte sind (dingliche) Rechtsgeschäfte, durch die unmittelbar ein Recht verändert, d. h. übertragen, inhaltlich geändert, belastet oder aufgehoben wird, z. B. durch Übereignung einer Sache nach §§ 929 ff. Verfügungsgeschäfte finden sich meist im Sachenrecht.[1]

Weitere **Beispiele**: Schulderlass (§ 397), Eigentumsaufgabe = Dereliktion als sog. Realakt (§ 959 BGB), Bestellung einer Hypothek (§ 1113).

Die Zusammenhänge zeigt die nachfolgende Grafik am Beispiel des Kaufvertrages (Sachkauf) auf. Sie zeigt, dass dem Verpflichtungsgeschäft in der Form des Kaufvertrages das Erfüllungsgeschäft (Verfügungsgeschäft) zur ordnungsgemäßen Vertragsabwicklung folgen muss (§§ 433, 929).

Fehlt einer Vertragspartei die Bereitschaft, die scheinbar eingegangene Verpflichtung zu erfüllten, ist regelmäßig der TB des Betruges gegeben. Der geheime Vorbehalt bei einer

1) Vgl. Sie hierzu den **Exkurs Sachenrecht** in Kap. B 18.3.

WE macht diese aber nicht nichtig, wie sich aus § 116 ergibt, so dass der Getäuschte auf Erfüllung klagen oder das Rechtsgeschäft wegen arglistiger Täuschung anfechten könnte (§ 123).

Antrag ←	Kaufvertrag (§ 433)	→ Annahme
Angebot – Verkäufer	*Verpflichtungsgeschäft oder schuldrechtliches Kausalgeschäft*	*Bestellung – Käufer*
Bestellung – Käufer		*Bestellungsannahme – Verkäufer*

Verpflichtung
beider Vertragspartner zur Vertragserfüllung

Leistungen des Verkäufers		Leistungen des Käufers
● *Lieferung u. Übereignung der Ware zur rechten Zeit, am richtigen Ort, in der verabredeten Art und Weise*[1] ←	*Erfüllungs- oder Verfügungsgeschäft*	→ ● *Abnahme der ordnungsgemäß gelieferten Ware*
● *Annahme des Kaufpreises*	(Einigung **u.** Übergabe begründen erst den Eigentumsübergang, § 929)	● Zahlung des vereinbarten Kaufpreises

Vernichtung von WE – Anfechtung von Rechtsgeschäften:

Die Unwirksamkeit eines Rechtsgeschäftes wird hervorgerufen, wenn gewisse Erfordernisse des Rechtsgeschäftes fehlen. Ein *gültiges* Rechtsgeschäft setzt voraus:

1. die Geschäftsfähigkeit der handelnden Personen[2];
2. eine WE, die frei von gewissen Mängeln ist, einen erlaubten Inhalt hat und in der ggf. vorgeschriebenen Form abgegeben ist;
3. bei Verträgen, die Übereinstimmung der abgegebenen WE.

Fehlt eines dieser Erfordernisse, ist das Rechtsgeschäft *fehlerhaft*, und zwar je nach der Schwere der Mängel *nichtig* oder *anfechtbar*.
Die Einzelheiten ergeben sich aus der nachfolgenden Aufstellung.

Die Unterschiede zwischen nichtigem / anfechtbarem Rechtsgeschäft:

Ein **nichtiges** Rechtsgeschäft besteht nur dem äußeren Anschein nach. Es hat von Anfang an keinerlei Rechtswirkungen. Einer Anfechtung bedarf es nicht. Eine WE bzw. ein Rechtsgeschäft ist *nichtig* bei:

- Dissens, d. h. fehlende Übereinstimmung der WE nach §§ 154, 155;
- Geschäftsunfähigkeit, §§ 104, 105 I;
- vorübergehender Störung der Geistestätigkeit, § 105 II;
- beschränkter Geschäftsfähigkeit (§ 106 BGB), falls die Zustimmung des ges. Vertreters nicht gegeben wird und keine Ausnahme nach §§ 107 ff. vorliegt (z. B. Taschengeldkauf gem. § 110);
- Scheingeschäften, d. h. bei Geschäften, die mit Einverständnis des Vertragspartners nur zum Schein abgegeben werden, um i. d. R. einem Dritten zu schaden (§ 117); dann ggf. Betrug!;
- Scherzgeschäften, d. h. bei offensichtlich nicht ernst gemeinter WE nach § 118;
- Formmängeln, falls eine gewillkürte oder gesetzliche Form vorgeschrieben ist (§ 125);
- Rechtsgeschäften, die gegen ein gesetzliches Verbot verstoßen (§ § 134 – 137);
- sittenwidrigen Geschäften (Unterfall: Wucher), § 138.

---

1) Nach der Neufassung des Schuldrechts durch Gesetz vom 24.8.2002 hat der Verkäufer einer Sache diese frei von Sach- und Rechtsmängeln zu verschaffen (§ 433 I S. 2 BGB). Im Falle von Sach- und Rechtsmängeln (§§ 434, 435 BGB) kann der Käufer nach Maßgabe von § 437 BGB Nacherfüllung, Rücktritt, Minderung, Schadenersatz oder ggf. Ersatz vergeblicher Aufwendungen i. S. v. § 284 BGB verlangen.

2) Zum Begriff der Geschäftsfähigkeit vgl. Sie den **Exkurs Rechts- und Geschäftsfähigkeit** in Kap. A 8.

Nur **anfechtbare** Rechtsgeschäfte kommen zunächst wirksam zustande. Es ist Sache der Vertragspartner, ob sie das Rechtsgeschäft anfechten und damit seine Nichtigkeit herbeiführen wollen. Der Gesetzgeber lässt allerdings nur in bestimmten Fällen – unter Wahrung von Fristen – die Anfechtung eines Rechtsgeschäftes zu. Anfechtungsgründe sind: Irrtum, Täuschung und Drohung bei / zur Abgabe der WE.

Irrtümer, §§ 119 I, 119 II, 120	**Täuschung / Drohung**, § 123
• **Erklärungsirrtum,** § *119 I 2. Alt.* – Ein Vertragspartner sagt etwas anderes als er wollte; – z. B. versprechen am Telefon, falsche Preisnotiz. • **Inhaltsirrtum,** *§ 119 I 1. Alt.* – Ein Vertragspartner sagt zwar, was er wollte, irrt dabei aber über die Bedeutung des Gesagten; – *z. B. Fehlvorstellung bei der Auswahl eines Menüs.* • **Irrtum** über die für das Rechtsgeschäft **wesentlichen Eigenschaften,** § 119 II – einer *Person* (Kreditwürdigkeit, Zuverlässigkeit, Sachkunde u. a.m); – *einer* Sache (Material, Herkunft, Alter, Brauchbarkeit, Echtheit u. a. m.); • **Übermittlungsirrtum,** § *120* – z. B. der beauftragte Bote übermittelt die falsche Nachricht oder die richtige Nachricht an den falschen Empfänger. Der sog. **Motivirrtum** (Irrtum über den Anlaß / den Grund des Rechtsgeschäfts) ist *kein* anerkannter Anfechtungsgrund. ***Beispiel:*** *Aktienkauf, weil man annahm, der Kurs würde steigen.*	Der Anfechtungsgrund setzt voraus, dass das Rechtsgeschäft nur deshalb zustande kam, weil eine Vertragspartei die andere • *arglistig getäuscht* oder • *widerrechtlich bedroht* hat. ***Beispiele:*** *Kfz-Händler verschweigt beim Fz.-Verkauf erheblichen Motorschaden und erklärt wahrheitswidrig, der Motor sei überholt worden u. in Ordnung (Betrug, § 263 StGB, wenn der Preis nicht dem Verkaufswert entspricht!).* *Mafiosi kassieren Schutzgeld in einer Pizzeria unter der Andeutung, dass der Laden andernfalls in absehbarer Zeit in Flammen aufgehen werde (Drohung mit einem empfindlichen Übel in rechtsw. Bereicherungsabsicht, deshalb Erpressung, § 253 StGB- Kap. B 19.6).*
Fristen: Die Anfechtung muss *unverzüglich* nach Entdecken des Irrtums erfolgen (spätestens innerhalb von 10 Jahren nach Abgabe der WE), § 121 II.	*Fristen:* innerhalb eines Jahres nach Entdeckung der Täuschung bzw. nach Wegfall der Zwangslage (spätestens innerhalb von 10 J. nach Abgabe der WE [§ 124]).

Die Folgen der Anfechtung

a) Unwirksamkeit

Mit der zulässigen und fristgerechten Anfechtung wird das Rechtsgeschäft *rückwirkend unwirksam.* Es gilt damit als von Anfang an nichtig (§ 142 I).

Damit sind alle Ansprüche der Beteiligten auf Vertragserfüllung nichtig, bereits erfolgte Leistungen sind wegen *ungerechtfertigter Bereicherung* nach § 812 I zurückzuerstatten.

Besonderheit: Im Falle der Anfechtung der Ehe, von Arbeitsverträgen und Gesellschaftsverträgen tritt die Nichtigkeit erst ab Datum der Anfechtung ein. Diese Regelung dient dem besonderen Schutzbedürfnis der Parteien.

b) Schadenersatzansprüche

Der wegen §§ 118, 119, 120 Anfechtende muss der anderen Partei deren Schaden, der dadurch entstanden ist, dass diese auf die Gültigkeit des Vertrages vertraute (sog. Vertrauensschutz oder negatives Interesse), gem. § 122 ersetzen (z. B. entstandene Transportkosten, entgangener Gewinn).

Besonderheit: Die Haftung ist natürlich ausgeschlossen, wenn die WE wegen arglistiger Täuschung oder widerrechtlicher Drohung (§ 123) angefochten wurde. In diesen Fällen hat der Getäuschte oder Bedrohte gegen den anderen einen Schadenersatzanspruch, allerdings nach Deliktsrecht aus § 826.[1]

Die Unwirksamkeit von Rechtsgeschäften:
Von der Nichtigkeit und der Anfechtbarkeit von Rechtsgeschäften ist deren *Unwirksamkeit* zu unterscheiden.
Schwebend unwirksam sind die Rechtsgeschäfte, die zu ihrer Gültigkeit noch der Zustimmung durch einen Dritten bedürfen.

Beispiele:
Geschäfte des beschränkt Geschäftsfähigen[2] bedürfen der Genehmigung des gesetzlichen Vertreters (§ 107).
Geschäfte des Vertreters ohne Vertretungsmacht bedürfen der Genehmigung des Vertretenen (§ 177 I).

Relativ unwirksam sind solche Rechtsgeschäfte, die nur bestimmten geschützten Personen gegenüber unwirksam, allen anderen Personen gegenüber aber wirksam sind (z. B. Geschäfte, die gegen ein behördliches Veräußerungsverbot verstoßen, § 136).

Die Aufrechterhaltung fehlerhafter Rechtsgeschäfte
Fehlerhafte Rechtsgeschäfte können unter bestimmten gesetzlichen Voraussetzungen *geheilt* werden. Die Voraussetzungen sind je nach der Art der Fehler unterschiedlich. Die nachfolgende Übersicht vermittelt einen Überblick.

1. Fehlerhafte Rechtsgeschäfte (R.)

nichtige R.
- Formwidrigkeit, § 125
- gesetzl. Verbot, § 134
- Sittenwidrigkeit, § 138

anfechtbare R.
- Irrtum, §§ 119, 120
- Täuschung/Drohg., § 123

schwebend od. relativ unwirksame R.
- z. B. fehlende Genehmigung gem. §§ 107, 177

2. Aufrechterhaltung des R. durch

- Heilung von Formmängeln, sofern das Gesetz dies zulässt; z. B. bei Schenkungen gem. § 518 II;
- Umdeutung (Konversion), wenn das nichtige R. den Erfordernissen eines anderen R. entspricht;
- erneute – richtige – Vornahme;
- Aufrechterhaltung des gültigen Teils bei Teilnichtigkeit.

- Verzicht auf Anfechtung durch Bestätigung des R., § 144.

- Erteilung der Genehmigung.

Zusätzliche Wirksamkeitsvoraussetzungen bei Rechtsgeschäften im Überblick:

- Einbeziehung sog. *Allgemeiner Geschäftsbedingungen* in den Vertrag (AGB-Gesetz). Unter Allgemeinen Geschäftsbedingungen versteht man alle für eine Vielzahl von Verträgen vorformulierten Vertragsbedingungen, die eine Vertragspartei der anderen bei Abschluss eines Vertrages stellt (§ 1 AGB – Gesetz).

  Beispiele: *Leasing-Vertäge, Factoring, Darlehens-Verträge, Verträge beim Kfz- oder Möbelkauf.*

  Die Bedeutung dieser „Ersatzrechtsordnung" im Wirtschaftsleben ist sehr groß, denn diese typisierten Vertragsbedingungen sind regelmäßiger Bestandteil schuldrechtlicher Verträge. Die AGB schränken die individuelle Vertragsfreiheit erheblich ein, weil sie dem Kunden keine Wahl lassen. Da sie keine Rechtsnormen sind, müssen sie bei

1) Vgl. Sie den **Exkurs „Die unerlaubte Handlung"**, Kap. A 22.
2) Näheres im **Exkurs „Rechts- und Geschäftsfähigkeit"**, in Kap. A 8.

Vertragsschluss in die Willenserklärungen der Vertragspartner mit einbezogen werden (§ 2 AGBG).

Beispiel: *Ein Kunde unterzeichnet einen Vertrag über den Kauf eines Kfz, in dem der Hinweis auf die AGB ausdrücklich enthalten ist. Die Möglichkeit ihrer Kenntnisnahme muss zumutbar (z. B. lesbar) sein.*

- *Bedingung und Zeitbestimmung* für die Wirksamkeit eines Rechtsgeschäfts, §§ 158 ff.
  - Die Wirksamkeit eines Rechtsgeschäftes kann vom Eintritt eines zukünftigen ungewissen Ereignisses (z. B. Erscheinen der Neuauflage eines Buches innerhalb einer bestimmten Zeit) abhängig gemacht (§ 158) oder auf einen festgelegten Zeitraum bezogen werden (§ 163).
- *Fristen und Termine* als Voraussetzung für die Rechtswirksamkeit eines Rechtsgeschäfts, §§ 186 ff.
  - Fristen beziehen sich auf Zeiträume, Termine auf Zeitpunkte.
- *Verjährung* von rechtsgeschäftlichen Ansprüchen gegenüber dem Schuldner, §§ 194 ff.
  - Fristen, Beginn, Hemmung, Unterbrechung, Wirkung.

Fallbearbeitung zum TB des § 263

Fall: Ein junges, miteinander befreundetes Paar (M. u. F.), das nach seiner Kleidung zu urteilen wenig vermögend schien, hatte in einem Restaurant Speisen und Getränke im Wert von 86 Euro verzehrt. Bei dem Bemühen, sich anschließend unbemerkt zu entfernen, wurde es vom Personal beobachtet, ergriffen und bis zum Eintreffen einer alarmierten Polizeistreife festgehalten. M. und F. erklärten, nur über eine Barschaft von 5,38 Euro zu verfügen. Die Durchsuchung von M. u. F. bestätigte, dass M. den Geldbetrag mitführte. Die Bestellung hatte der junge Mann (M.) aufgegeben. Beide gaben an, jeweils damit gerechnet zu haben, dass sie gemeinsam das fällige Verzehrgeld würden aufbringen können. M. u. F. sind arbeitslos.

Aufgabe: Prüfen Sie, welcher Straftat das Paar verdächtig ist!

Falllösung:

Methodische Anmerkungen	**Lösungsschritte**[1]
	1. Strafbarkeit des M.
Einstieg mit dem Tatnächsten.	**Tatbestandsmäßigkeit**
Täuschungshandlung:	M. könnte einen *Zechbetrug* gem. § 263 I StGB begangen haben. Täuschung ist die irreführende Einwirkung auf das Vorstellungsbild eines anderen, um in ihm eine Fehlvorstellung zu erregen oder zu unterhalten.
– Voraussetzungen	Die Irreführung kann durch jede Form menschlicher Kommunikation erfolgen. Sie kann im Vorspiegeln falscher, im Entstellen wahrer oder im Unterdrücken wahrer Tatsachen bestehen.
– Anwendung	Indem M. Speisen und Getränke beim Personal bestellte, obwohl ihm offensichtlich bewusst war, dass er nicht über die dafür notwendigen Geldmittel verfügte, brachte er schlüssig und wahrheitswidrig zum Ausdruck, dass er zur Zahlung des Verzehrs bereit und in der Lage sei. Er täuschte daher das Personal durch Vorspiegeln falscher Tatsachen.
Irrtumserregung: – Definition	Die Täuschungshandlung muss kausal zu einer Fehlvorstellung beim Getäuschten geführt haben. Dies setzt einen Widerspruch

1) Vgl. Sie zur Subsumtionstechnik Kap. A 13.5.

Methodische Anmerkungen	**Lösungsschritte**
	zwischen Vorstellung und Wirklichkeit voraus. Leichtgläubigkeit des Getäuschten bei subjektiv vollzogener Prüfung ist dabei ohne Belang.
– Anwendung	Durch seine von der üblichen Art nicht abweichende Bestellung erregte M. in der Bedienung die irrige Vorstellung, dass das Bestellte auch bezahlt werden würde. Die Ursächlichkeit ist damit gegeben. Dass die Bedienung bei etwas mehr Argwohn den Schwindel hätte erkennen können, ist für die Irrtumserregung ohne Belang.
Vermögensverfügung: – Definition	Die Vermögensverfügung ist ein auf den erregten Irrtum beruhendes (kausales) Handeln, Dulden oder Unterlassen, das sich unmittelbar vermögensmindernd auswirkt. Sie ist als ungeschriebenes TBM die notwendige Verbindung zwischen dem seelischen Vorgang des Irrtums und dem äußeren Ereignis der Vermögensschädigung. Getäuschter und Verfügender müssen identisch sein.
– Anwendung	Offensichtlich allein aufgrund der irrigen Annahme der Zahlungsfähigkeit und -bereitschaft wurde das Verlangte zum Verzehr gebracht. Es lag insofern eine freie, nur durch den Irrtum beeinflusste Vermögensverfügung der Bedienung vor.
Vermögensschaden: – Definition[1]	Die getroffene Verfügung muss unmittelbar zur Minderung des Vermögens des Getäuschten oder eines Dritten geführt haben. Die Vermögensminderung wird durch einen Vergleich des Vermögens vor und nach der Verfügung festgestellt.
– Anwendung	Die Vermögensverfügung der Bedienung, also das Servieren der Speisen und Getränke, führte zu deren Verzehr und damit zum Verlust geldwerter Güter, da die erwartete Gegenleistung, die Bezahlung, nicht erfolgte. Somit ist in Höhe des Rechungsbetrages ein Vermögensschaden – je nach interner Regelung – beim Inhaber des Restaurants (Dritter) oder bei der getäuschten und verfügenden Bedienung eingetreten.
Vorsatz[2]: – Definition	Der Täter muss i. S. d. § 263 vorsätzlich, d. h. mit Wissen und Wollen bezüglich der Verwirklichung der *objektiven* TBM handeln; bedingter Vorsatz genügt bereits.[3]
– Anwendung	Es kann unterstellt werden, dass M. angesichts seiner knappen Barmittel, seines ärmlichen Eindrucks, seiner Arbeitslosigkeit sowie des Versuchs, sich nach dem Verzehr heimlich zu entfernen, vorsätzlich in dem Sinne handelte, dass er ganz bewusst die Mittel der Täuschung und deren erwartete Folgen für sich nutzen wollte. Die Einlassung von M. und F., man habe gedacht, gemeinsam den fälligen Geldbetrag aufbringen zu können, ist angesichts der vorbenannten Umstände nicht glaubhaft. M. handelte daher vorsätzlich im Sinne der bisher geprüften objektiven TBM.

1) Eine Auseinandersetzung mit dem wirtschaftlichen und dem juristisch-ökonomischen **Vermögensbegriff** (oben unter B 21.2) ist bei der gegebenen Sachlage nicht geboten.
2) Wer nach der **kausalen** Handlungslehre prüft, hat den Vorsatz als Schuldelement erst im Bereich der Schuld zu prüfen (Näheres hierzu in Kap. A 12.4).
3) Zu den näheren Begriffsinhalten des **Vorsatzes** und der nachfolgend noch zu behandelnden **Absicht** vgl. Sie ggf. Kap. A 14.1.

Methodische Anmerkungen	Lösungsschritte
Bereicherungs-absicht: – Definition	Der Gesetzgeber fordert ein Handeln mit der Absicht, sich oder einem Dritten einen *rechtswidrigen Vermögensvorteil* zu verschaffen. Ein Vermögensvorteil ist mit jeder günstiger gestalteten Vermögenslage gegeben. Aus dem ungeschriebenen Erfordernis der *Stoffgleichheit* folgt, dass der Vorteil die spiegelbildliche Kehrseite des Schadens sein muss, denn § 263 ist ein sog. Vermögensverschiebungsdelikt. Der erstrebte Vermögensvorteil muss *rechtswidrig* sein. Das ist dann der Fall, wenn der Täter auf ihn keinen materiell-rechtlichen Anspruch hat. Schließlich muss der Täter mit *Absicht* handeln. Das setzt ein Handeln mit sicherer Erfolgsaussicht und dem Wunsch voraus, den Vermögensvorteil zu erlangen.
– Anwendung	Nach allgemeiner Lebenserfahrung muss unterstellt werden, dass es M. in seiner speziellen Situation darauf ankam, eigene Aufwendungen zu vermeiden. Ein Anspruch auf eine unentgeltliche Leistung bestand nicht. Das wird M. auch bekannt gewesen sein. Stoffgleichheit bestand insofern, als der erstrebte Vermögensvorteil durch Einsparung eigener Mittel dem Vermögensschaden des Verfügenden oder Dritten entsprach. M. handelte daher in der Absicht, sich einen rechtswidrigen Vermögensvorteil zu verschaffen.
	Rechtswidrigkeit[1]
Hinweis genügt, da offensichtlich.	Rechtfertigungsgründe für die Tatbestandserfüllung lässt der Sachverhalt nicht erkennen. Die Handlung ist daher rechtswidrig.
	Schuld[2]
Hinweis, da der SV keine Ansatzpunkte hergibt.	Schuldfähigkeit, Unrechtsbewusstsein und das Fehlen von Entschuldigungsgründen sind nach Lage des Sachverhaltes dem M. zu unterstellen.
	Zwischenergebnis
	M. steht nach diesen Feststellung in dem begründeten Verdacht, einen Zechbetrug gem. § 263 I StGB begangen zu haben. Die Tat ist ein Vergehen und Offizialdelikt.
	2. Strafbarkeit der F.
	Tatbestandsmäßigkeit
Einstieg:	F. könnte, indem sie die Speisen und Getränke mitverzehrte, einen mittäterschaftlichen Zechbetrug gem. §§ 263 I, 25 II StGB begangen haben.

1) Zum Begriff vgl. Sie ggf. Kap. A 16.
2) Zum Begriff vgl. Sie ggf. Kap. A 17.

Methodische Anmerkungen	Lösungsschritte
– Definition	Mittäter ist nach gesetzlicher Definition, wer eine Straftat gemeinschaftlich mit einem anderen begeht. Nach der Rspr. des BGH[1] sind folgende Begriffsinhalte notwendig: – gemeinsamer Tatplan, – Täterqualifikation aller Beteiligten, – gemeinsame Tatausführung nach dem Prinzip der Arbeitsteilung, – Förderung durch Rat oder Tat im Vorfeld der Tat oder während ihrer Verwirklichung, – gegenseitige Zurechnung der Gesamttat, d. h. die Identifikation mit allen Teilhandlungen der Tat.
– Anwendung	Die allgemeine Lebenserfahrung und die speziellen Umstände der persönlichen Situation von M. und F. lassen mit sehr hoher Wahrscheinlichkeit den Schluss zu, dass auch der F. bewusst war, dass man kein Geld zur Bezahlung der Zeche hatte. Wenn die mit M. befreundete F. gleichwohl die Bestellung durch M. aufgeben ließ und sich am Verzehr beteiligte, zwingt das zu der Folgerung, dass sie einem gemeinsamen Tatplan folgte. Die Aufgabe der Bestellung durch M. entsprach insofern einer abgesprochenen Arbeitsteilung. Durch die zweifellos vorangegangene Absprache und ihre Anwesenheit bei der Bestellung und dem Verzehr beteiligte sich M. an der Tatausführung. Es kann folglich auch unterstellt werden, dass F. sich mit der Handlungsweise des M. identifizierte. Deshalb ist sie auch ihr im Rahmen des mittäterschaftlichen Handelns zuzurechnen. Da § 263 kein eigenhändiges oder Sonderdelikt ist[2], besitzt F. auch die notwendigte Täterqualifikation.
	Rechtswidrigkeit und Schuld
Knapper Hinweis genügt hier.	sind auch bei der F. gegeben. Insofern wird auf die Ausführungen zu M. verwiesen.
	Ergebnis F. steht im begründeten Verdacht der mittäterschaftlichen Begehung eines Zechbetruges gem. §§ 263 I, 25 II StGB. *Anmerkungen:* Die Ausführungen können auch kürzer und im Wesentlichen problemorientiert gefasst werden. Dies hängt zum einen vom Schulungsziel, aber auch vom Umfang einer gestellten Aufgabe und der zur Verfügung stehenden Zeit ab. Insofern können keine starren Vorgaben gemacht werden. Die vorliegende Fassung wurde gewählt, um zum Abschluss des Kapitels Betrug die Begriffsinhalte umfassend anhand eines konkreten Sachverhaltes darzustellen.

1), 2) Vgl. Sie im Einzelnen in Kap. A 19.3.

Methodische Anmerkungen	Lösungsschritte
Ergänzende Hinweise	Zum Festhalterecht des Personals vgl. Sie ggf. die Ausführungen in Kap. A 16.3 – Vorläufige Festnahme durch jedermann gem. § 127 I StPO.
	Zu den getroffenen strafprozessualen Maßnahmen der Identitätsfeststellung gem. §§ 163 b, 163 c StPO, der Durchsuchung gem. §§ 102 ff. StPO und der Vernehmung gem. §§ 163, 163 a StPO vgl. Sie die Kap. C 9, C 7 und C 12.
	Die Betrugshandlung z. N. des Restaurantbesitzers stellt sich zugleich als „Unerlaubte Handlung" i. S. d. § 823 II BGB dar.[1] Der Geschädigte hat daher gem. §§ 249 ff. BGB einen Anspruch auf Schadenersatzleistung durch M. und F.
	Diesen kann er jedoch nur geltend machen, wenn ihm die Personalien der Schuldner ausgehändigt werden.
	Die Polizeibeamten waren daher nach Polizeirecht befugt, zur Gefahrenabwehr die bereits gem. §§ 163 b, c StPO erhobenen Personaldaten auf Ersuchen auszuhändigen.
	Für NRW gelten insofern: §§ 1 II, 2, 3, 4; 8 I i. V. m. 29 II 1 PolG NRW.

21.3 Computerbetrug, § 263 a

I. Allgemeines

Rechtsfolge: FS – 5 J. od. GS (I); *durch Verweisung (II) auf § 263 II – VII gilt:* in bes. schw. Fällen FS v. 6 Mon. – 10 J.; im Falle des Verbrechens-TB FS v. 1 – 10 J.; FA, *VS*[2] und EV möglich.

Im Falle von III FS – 3 J. oder GS.

Deliktstyp: Verg., OD; *durch Verweisung (II) auf § 263 II – VII gilt:* der Versuch ist strafbar; AD i. S. d. §§ 247, 248 a; Verbrechen i. S. v. § 263 V.

Rechtsgut: Individualvermögen und das wirtschaftliche Allgemeininteresse[2]

Konkurrenzen: *Gesetzeskonkurrenz* besteht gegenüber:
- § 263, der im Falle *gleichzeitiger* Täuschung eines Menschen und der Manipulation eines DVV[3] vorgeht;
- den Zueignungsdelikten §§ 242, 246[4];
- § 266 b, Missbrauch von Scheck- und Kreditkarten, der den Fall erfasst, dass der *berechtigte* Karteninhaber an einem GAA die ihm eingeräumte Kreditsumme ausschöpft, ohne absehbare Aussicht auf Kontoausgleich.

Tateinheit (§ 52) ist je nach Fallage u. a. möglich mit[5]:
- Urkundenfälschung, § 267 (Kap. B 22.2),
- Fälschung technischer Aufzeichnungen, § 268 (Kap. B 22.3),
- Fälschung beweiserheblicher Daten, § 269 (Kap. B 22.6),
- Sachbeschädigung, § 303 (Kap. B 23.2),
- Datenveränderung, § 303 a (Kap. B 23.1),
- Computersabotage, § 303 b (Kap. B 23.1).

---

1) Zu den Einzelheiten der unerlaubten Handlung vgl. Sie ggf. Kap. A 22.
2) § 43 a – Verhängung der Vermögensstrafe – ist nach der Entscheidung des BVerfG vom 20.03.02 verfassungswidrig und nichtig (Kap. A 7.2)..
3) **DVV** = Datenverarbeitungsvorgang.
4) BGH NJW '92, 445.
5) Näheres bei SchöSchr. und Tröndle/Fischer zu § 263 a.

II. Ausgangsfall

Nach einer Fahndung im Bundeskriminalblatt:

Ludwigshafen – Am 10.06. ..., gegen 17.00 Uhr, stahl ein Unbekannter aus einem auf einem Waldparkplatz bei Bad Dürkheim verschlossen abgestellten Pkw aus einer Handtasche mehrere Euroschecks und eine Euroscheckkarte mit der PIN. Zwischen dem 10.06. und dem 11.06. erfolgten Geldabhebungen an GAA über insgesamt 2400 Euro und Scheckvorlagen in Supermärkten über 1200 Euro. Tatorte lagen in Darmstadt, Griesheim und Mannheim. Das Fahrzeug war so geschickt geöffnet worden, dass der Diebstahl erst Tage später auffiel ...

III. Tatbestandsaufbau[1]

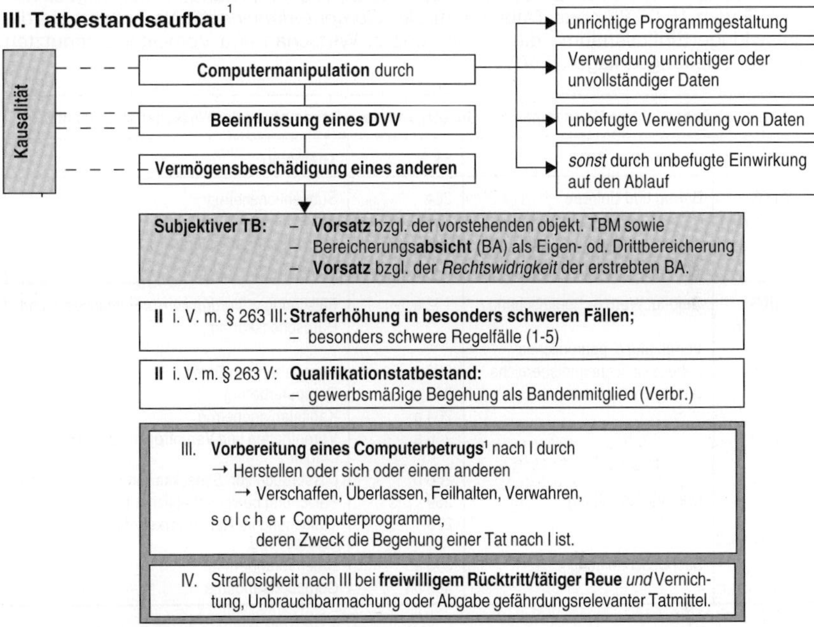

IV. Erläuterungen

Vorbemerkung zu § 263 und § 263 a:

§ 263 a – *Computerbetrug* – wurde mit dem 2. Gesetz zur Bekämpfung der Wirtschaftskriminalität (2. WiKG) vom 01.08.86 in das StGB aufgenommen. Die Vorschrift dient der Bekämpfung der *Computerkriminalität* und ergänzt zugleich den TB des Betruges, § 263, der auf diese Formen der Kriminalität nicht anwendbar ist, weil er die Täuschung eines Menschen und nicht die Manipulation an einem Computer erfasst.

Motivation und die *Folgen* des Tathandelns sind aber beiden TB *gleich*, nämlich
- das Handeln in der Absicht, sich oder einem Dritten einen rechtsw. Vermögensvorteil zu verschaffen und
- der Eintritt der Vermögensschädigung bei einem anderen.

Auch die *Tathandlungen* weisen trotz der sachnotwendigen *Unterschiede* deutliche *Parallelen* insoweit auf, als
- die Computermanipulation bei § 263 a → der Täuschungshandlung bei § 263 und
- die fälschliche Beeinflussung des DVV bei § 263 a → der Irrtumserregung bei § 263 entspricht.

1) Eingeführt mit dem 35. StrÄndG, in Kraft seit 28.12.2003.

Der **Ausgangsfall** macht in seinen beiden Varianten „Einsatz der Euroscheckkarte mit PIN an GAA = § 263 a“ bzw. „Vorlage der ausgefüllten Euroschecks beim Einkauf = § 263 u. § 267“ die Unterschiede in ihrer praktischen Auswirkung deutlich.

Zur wirksamen Bekämpfung der *Wirtschaftskriminalität* ist ähnlich wie zur Bekämpfung der *Organisierten Kriminalität*[1] ein Maßnahmebündel in das StGB aufgenommen worden.

Die Zusammenhänge und die Fundstellen zeigt die nachfolgende Aufstellung. Sie erleichtert das notwendige Globalverständnis.

Während das 1. WiKG vom 29.07.76 spezifische *Betrugstatbestände* schuf, enthielt das 2. WiKG vom 15.05.86 neue Tatbestände der *Computerkriminalität* als Antwort auf die rechtswidrige Einflussnahme der zunehmend in Wirtschaft und Verwaltung genutzten Datenverarbeitungsanlagen (DVA).

Überblick über wichtige Maßnahmen des Gesetzgebers zur Bekämpfung der Wirtschaftskriminalität[2]

WiKG	Abschnitt d. StGB	§§	Thematik
1. WiKG	Betrug und Untreue	264	Subventionsbetrug
v. 29.07.76		265 b	Kreditbetrug
	Konkursstraftaten	283 – 283 d	Konkursstraftatbestände
	Strafbarer Eigennutz	302 a	Wucher
2. WiKG	Geld- u. Wertzeichenfälschung	152 a	Fälschung v. *Vordrucken* für Euroschecks und Euroscheckkarten
v. 15.05.86	Verletzung d. persönlichen Lebens- u. Geheimnisbereichs	202 a	Ausspähen von Daten
	Betrug und Untreue	263 a	Computerbetrug
		264 a	Kapitalanlagebetrug
		266 a	Vorenthalten und Veruntreuen von Arbeitsentgelt
		266 b	Missbrauch von Scheckkarten u. Kreditkarten
	Urkundenfälschung	269	Fälschung beweiserheblicher Daten
		270	Täuschung im Rechtsverkehr bei Datenverarbeitung
	Sachbeschädigung	303 a	Datenveränderung
		303 b	Computersabotage

Zu den Tatbestandsmerkmalen des § 263 a I:

Schutzgegenstand ist das nichtmanipulierte Ergebnis eines vermögensrelevanten DVV. Hierunter sind alle automatischen Vorgänge zu verstehen, bei denen durch Datenaufnahme und -verarbeitung Arbeitsergebnisse erzielt werden.

Beispiel: *Im Ausgangsfall erfolgte diese Manipulation durch die Verwendung der zuvor entwendeten Scheckkarte und die Bedienung der Tastatur des GAA.*

§ 263 a I enthält als *Tathandlungen* (an Stelle der Täuschungshandlungen beim Betrug) vier verschiedene Computermanipulationen, die sich teilweise nicht scharf voneinander abgrenzen, aber unter der vierten Variante „sonst unbefugte Einwirkung auf den Ablauf“ zusammenfassen lassen.

Eine **unrichtige Programmgestaltung** liegt vor, wenn die Arbeitsanweisung für den Computer so verändert wird, dass sie im Widerspruch zum Willen des Systembetreibers steht. Diese Variante setzt fachspezifische Kenntnisse voraus, so dass in der Regel Fachpersonal (Operator, Datentypist, Locher) als Täter in Betracht kommt.

---

1) Nähere Ausführungen hierzu enthalten die Kap. A 7.2, B 18.6, B 20.5.
2) Die Aufstellung enthält die Kernbestimmungen. Einen Überblick über weitere, insbesondere nebenstrafrechtliche Bestimmungen geben Tröndle, SchöSchr. in den Vorbemerkungen zu § 263.

Die Handlungsmodalität **Verwendung unrichtiger oder unvollständiger Daten** bezieht sich hauptsächlich auf sachlich falsche oder lückenhafte Eingabemanipulationen. Eine solche liegt z. B. dann vor, wenn ein Sachbearbeiter beim Landesamt für Besoldung und Versorgung den persönlichen Datensatz eines Freundes so ändert, dass dieser Kindergeld für drei in Wahrheit nicht existierende Kinder erhält.

Die für die polizeiliche Praxis wichtigste Tatvariante besteht in der **unbefugten Verwendung von Daten.** Hiernach wird die unbefugte Beeinflussung eines Computerablaufs durch *nichtberechtigte* Personen erfasst, und zwar insbesondere der *Missbrauch von Geldautomaten,* wie z. B. im Ausgangsfall.

Abgrenzung: Wer seine *eigene* Kreditkarte dazu verwendet, einen Geldbetrag an einem GAA abzuheben, der den ihm eingeräumten Kredit ohne absehbare Möglichkeit der Kontoausgleichung voll ausnutzt, begeht keinen Computerbetrug nach § 263 a, da er i. S. d. Vorschrift *nicht unbefugt* handelt. Dieses Verhalten wird von dem spezielleren (und milderen) Tatbestand des Missbrauchs von Scheck- und Kreditkarten, § 266 b, erfasst.[1]

Die Tathandlung **sonst unbefugte Einwirkung auf den Ablauf** hat Auffangfunktion und gilt für unzulässige Einwirkungen auf die Hardware, aber auch für Fälle wie dem folgenden:

***Fall** nach BGH NStZ '95, 135: „Wer unter Einsatz des rechtswidrig erlangten Computerprogramms an einem Geldspielautomaten ‚spielt', wirkt unbefugt auf den Ablauf eines Datenverarbeitungsvorganges im Sinne des § 263 a I ein." Der Angeklagte hatte mit dem auf Diskette gespeicherten Programm eines bestimmten Geldspielautomaten und einem tragbaren Personalcomputer durch mehrfaches Spielen an dem Automaten das Programm des Automatenaufstellers ermittelt. Er konnte schließlich durch gezieltes Drücken der Risikotaste des Geldspielautomaten und damit unter programmwidriger Ausschaltung des Verlustrisikos den Automaten leer spielen. Die Tat stand in Tateinheit mit dem Tatbestand des unbefugten Verwertens eines Betriebsgeheimnisses i. S. v. § 17 II 2 UWG, denn das Programm eines Geldspielautomaten stellt ein Betriebsgeheimnis des Aufstellers dar.*

Die nachfolgenden Erläuterungen sind zugleich als *Fallbearbeitung* zum Ausgangsfall (oben II) gestaltet.

1. Die geschickte Entwendung der Euroschecks und der Kreditkarte aus dem Fahrzeug stellt eine Diebstahlhandlung i. S. v. § 242, 243 I 1 dar. Vgl. Sie zur Falllösung Kap. B 18.4.

2. Der unbekannte Geldabheber steht nach den bisher dargelegten Gesichtspunkten in dem Verdacht, einen Computerbetrug dadurch begangen zu haben, dass er eine zuvor entwendete Euroscheckkarte nebst PIN an GAA erfolgreich eingesetzt hat.

Als Tatvariante kommt hier in Betracht, dass er das Ergebnis eines DVV durch *unbefugte Verwendung (richtiger) Daten* beeinflusst hat.

Der Unbekannte verwendete mit dem Einsatz der Karte die auf dem Magnetstreifen der EC-Karte gespeicherte Geheimzahl und Kontonummer des Karteninhabers, also Daten, d. h. codierte, auf einen Datenträger (Karte) fixierte Informationen. Fraglich könnte sein, was unter *unbefugter* Verwendung von Daten zu verstehen ist.

Die Rspr.[2] betont die „betrugsähnliche Struktur" des § 263 a und machte die *unbefugte* Verwendung von Daten von einer ‚täuschungsähnlichen Handlung' abhängig, also von einer Handlung, die als Täuschung einer Person zu werten wäre, wenn sie in vergleichbarer Weise gegenüber einer Person vorgenommen worden wäre.

Ein Dritter, wie hier der unbekannte Geldabheber, der die von ihm mittels verbotener Eigenmacht in seinen Besitz gebrachte Codekarte und Geheimnummer an einem Bankomaten benutzt, spiegelt schlüssig seine Nutzerbefugnis vor. Denn das Geldinstitut wäre nicht bereit, das im Automaten befindliche Geld demjenigen zu übereignen, der sich rechtswidrig in den Besitz der Scheckkarte gebracht hat (so auch OLG Köln NStZ '91, 586).

1) OLG Stuttgart NJW '88, 981.
2) BGH NJW '92, 445; OLG Düsseldorf NStZ-RR '98, 137.

Keine täuschungsgleiche Handlg.[1] i. S. d. § 263 a begeht, wer mit der ihm vom Kontoinhaber überlassenen Karte und PIN
– *auftragsgemäß* Geld abhebt. Die Vertragswidrigkeit, die in der Überlassung der Karte und PIN liegt, macht die Datenverwendung im Falle der Geldabhebung nicht zu einer unbefugten.
– *absprachewidrig* z. B. einen höheren Geldbetrag abhebt, um die Differenz für sich zu behalten. Die Datenverwendung, nämlich das Einschieben der Karte und die Eingabe der PIN hält sich im Rahmen der grds. erteilten Nutzungsbefugnis; dies gilt auch im Falle mehrfacher eigenmächtiger Geldabhebung. Der Missbrauch einer eingeräumten Verfügungsbefugnis im Innenverhältnis stellt keine Täuschungshandlung im Außenverhältnis dar. Denn wer einem Dritten seine Scheckkarte und persönliche Geheimzahl überlässt, stellt diesem quasi eine Bankvollmacht aus. Die Anwendung des Untreue-Missbrauchstatbestandes (§ 266 I Alt.1) scheitert in einem derartigen Fall daran, dass nicht fremde Vermögensinteressen als übertragene Hauptpflicht zu betreuen waren (BGHSt 24, 386). Der TB der Unterschlagung wäre gegeben (§ 246 I). Das an den *Kontoinhaber* gerichtete Übereignungsangebot (§ 929 I BGB) der per GAA auszahlenden Bank gilt als nicht angenommen. Das vom Automaten ausgegebene Geld ist daher für den Täter fremd. Indem er es für eigene Zwecke mitnimmt, eignet er es sich (ohne Wegnahme!) rechtswidrig zu.

Der Tatverdächtige *verwendete* daher im **Ausgangsfall** *unbefugt Daten.*

Kausale Folge dieses Handelns muss die *Beeinflussung des Ergebnisses eines DVV* sein.

Das TBM steht für die Irrtumserregung und Vermögensverfügung beim Betrug, dessen Struktur der § 263 a nachgebildet ist. Insofern ist das Ergebnis eines DVV dann beeinflusst, wenn die eingegebenen Daten für das Ergebnis der Computerleistung ursächlich sind, das wiederum die vermögensmindernde Disposition auslöst.

Ob das Verarbeitungsergebnis das Vermögen des Systembetreibers oder das eines Dritten (Computerdreiecksbetrug) mindert, ist unerheblich.

Fraglich könnte sein, ob die Ingangsetzung der Automatenleistung dem TBM *Beeinflussung eines DVV* entspricht oder ob dies die Existenz eines bereits in Gang gesetzten DVV voraussetzt. Der BGH (NJW '92, 445) hat diese weithin kontroverse Frage dahingehend entschieden, dass die Ingangsetzung eines DVV die direkteste Form der Beeinflussung darstellte.

Der unbekannte Geldabheber hat somit das Ergebnis eines Datenverarbeitungsvorganges durch unbefugte Verwendung der auf dem Magnetstreifen der EC-Karte gespeicherten Daten beeinflusst, als er die Karte in den Bankomaten einschob und dessen Leistung in Anspruch nahm.

Durch die Auszahlung wurde das Vermögen der Bank und nicht das des Kontoinhabers gemindert. Die auszahlende Bank hat keinen Aufwendungsersatzanspruch nach §§ 670, 675 I BGB an den Kontoinhaber, da die Zahlung durch einen Unbefugten verursacht wurde (BGH NStZ '01, 316 f. m.w.Arg.)

Als Folge der Beeinflussung des DVV ist also eine *Vermögensschädigung* bei einem anderen eingetreten.

Der unbekannte Geldabheber handelte offensichtlich im Bewusstsein dieser Umstände. Eine Vorstellung innerhalb der Laiensphäre genügt hierzu, fachspezifische Argumentationen müssen nicht nachvollzogen werden (Kap. A 13.3). Vorsätzliches Handeln bzgl. dieser Tatumstände ist daher zu unterstellen sowie der zielgerichtete Wille – *die Absicht,* sich durch die Schadenszufügung einen *rechtswidrigen Vermögensvorteil* zu verschaffen.

Rechtswidrigkeit und *Schuld* können nach Falllage unterstellt werden. Somit besteht der begründete Verdacht einer Straftat i. S. v. § 263 a I.

Anmerkung: Nach Abklärung der näheren Tatumstände könnte auch ein bes. schwerer Fall bzw. ein qualifizierter Fall (die Tat wäre dann Verbrechen) i. S. d. § 263 a II vorliegen, der insoweit auf § 263 III – VII verweist (vgl. Sie Kap. B 21.2).

1) Vgl. Sie hierzu ggf. OLG Düsseldorf NStZ-RR '98, 137.

3. Die Entnahme des Geldes aus dem GAA könnte zugleich eine **Diebstahlshandlung** i. S. v. §§ 242, 243 I 2 darstellen.

Das setzt zunächst voraus, dass das mittels unbefugter Verwendung von Daten vom GAA freigegebene Geld für den Geldabheber *fremd* war. Das wäre nicht der Fall, wenn man davon auszugehen hätte, dass das Geld mit der Ausgabe wirksam i. S. v. § 929 S. 1 BGB übereignet worden wäre. Strittig ist, ob dafür eine *formal* ordnungsgemäße Bedienung des GAA ausreicht. Unterstellt man, dass die rechtsgeschäftliche Übereignung des Geldes von der *befugten* Eingabe von Daten abhängig ist, wäre das Geld für den Täter noch fremd gewesen.

Das BayObLG (NStZ '90, 595) hat die Eigentumslage mit dem Hinweis nicht entschieden, dass § 263 a ohnehin den Zueignungsdelikten §§ 242, 246 als Spezialgesetz vorgehe.

Der BGH (NJW '92, 445) hat die Eigentumsfrage ebenfalls unentschieden gelassen und darauf abgestellt, dass ein Diebstahl bei *funktionsgerechter* Bedienung des GAA mangels *Wegnahme* nicht in Betracht komme. Er führt aus, dass das durch den Einsatz einer gefälschten oder unbefugt verwendeten Codekarte erlangte Geld nicht weggenommen, sondern vielmehr mit „Hilfe des Automaten" übergeben werde.

Ein Diebstahl des Geldes ist nicht gegeben.

Die OLG[1] haben allerdings in std. Rspr. in den Fällen, in denen der Täter durch *Manipulation* eines **Warenautomaten** die Ausgabe von Geld oder anderen Waren bewirkt, *Wegnahme* mit dem Argument angenommen, dass der Gewahrsamsübergang an die Bedingung der *ordnungsgemäßen* Bedienung des Automaten geknüpft sei.

Fall: Das OLG Düsseldorf (StV '99, 154) hat eine derartige Manipulation in dem Fall angenommen, in dem mit Klebestreifen präparierte sog. Joker-Münzen in Geldspielautomaten geworfen worden waren. Die beiden Täter hatten auf diese Weise 700 reguläre Spielmarken entwendet. Das OLG verurteilte die Täter wegen Diebstahls in vier Fällen (§§ 242, 25 II, 53).

Den TB des § 263 a lehnte das Gericht zutreffend mit dem Argument ab, auf den Spielablauf sei nicht durch Datenmissbrauch oder Programmveränderung Einfluss genommen worden.

Einen besonders schweren Fall des Diebstahls i. S. v. § 243 I 2 verneinte das OLG mit dem Argument, dass die Täter bei der Entnahme der Spielmarken keine besondere Schutzvorrichtung des Automaten gegen Wegnahme überwunden, sondern sich dessen Mechanismus – wenn auch unbefugt – bedient hätten. Dieses Überlisten des Münzprüfers stelle aber keine Überwindung einer besonderen Wegnahmesicherung i. S. v. § 243 I 2 dar, – so das Gericht.

Das OLG Düsseldorf sah allerdings nach der Regeltechnik des § 243 I (Näheres in Kap. B 18.4 und B 17.2) einen *unbenannten besonders schweren Fall* des Diebstahls als gegeben.

4. Unterstellt man jedoch mit dem BGH oben, dass die Wegnahme infolge der *formal* ordnungsgemäßen Automatenbedienung nicht in Betracht kommt, könnte in der rechtswidrigen Zueignung des in den Alleingewahrsam des Abhebers gelangten Geldes eine **Unterschlagung** i. S. v. § 246 gesehen werden. Diese Folge ist jedoch seit In-Kraft-Treten des § 263 a mit dem Argument abzulehnen, dass eine bereits durch den spezielleren § 263 a vorausgegangene Zueignung nachfolgend nicht noch einmal an derselben Sache erfolgen kann. Insofern wäre eine straflose oder (wie man will) eine durch die Vortat mitbestrafte Nachtat gegeben.

Der Tatbestand der Unterschlagung ist daher auch nicht gegeben.

5. Der TB des **Erschleichens von Leistungen** (§ 265 a) in der Form des Automatenmissbrauchs ist schon deshalb nicht erfüllt, da es sich bei einem Geldautomaten nicht um einen sog. Leistungsautomaten (Kap. B 21.5), sondern um einen Warenautomaten handelt.

6. Schließlich liegt in der Verwendung der zuvor entwendeten EC-Karte auch kein **Missbrauchen von Scheck- und Kreditkarten (§ 266 b)**, da als Täter *dieser* Bestimmung nur der *berechtigte* Karteninhaber in Betracht kommt (Sonderdelikt, § 28 I), der die ihm einge-

1) OLG Celle StV '97, 79 m. w. Nachweisen.

räumte Kreditsumme abhebt, ohne Aussicht darauf, einen Kontoausgleich wenigstens auf absehbare Zeit vornehmen zu können.

§ 266 b soll das Vermögen des Scheck- bzw. Kreditkartenausstellers schützen und dabei die Lücke schließen, die dadurch entsteht, dass einerseits § 263 mangels Täuschung eines Menschen nicht anwendbar ist und andererseits durch den Kartenmissbrauch keine besondere Treuepflicht i. S. v. § 266 (Untreue) verletzt wird, so dass auch diese Bestimmung unanwendbar ist.

7. Im **Ergebnis** ist der unbekannte Geldabheber also eines *Diebstahlsdeliktes* bzgl. der Erlangung der EC-Karte (Kap. B 18) sowie des fortgesetzten *Computerbetruges* verdächtig.

Die Vorlage der gefälschten Schecks in verschiedenen Supermärkten stellt zudem eine fortgesetzte *Urkundenfälschung* i. S. v. § 267 (Näheres hierzu in Kap. B 22.2) dar.

Das Erschwindeln der dadurch erlangten Waren erfüllt den Tatbestand des fortgesetzten Betruges i. S. v. § 263 (Kap. B 21.2).

Konkurenzen: Die Delikte – Diebstahl, Computerbetrug, Urkundenfälschungen, Betrug – stehen in Tat*mehrheit* (§ 53) zueinander, da sie sich gegen verschiedene Rechtsgüter und Rechtsgutträger richten und deshalb jeweils eigengeartetes Unrecht begründen.[1]

Anmerkung: Der Ausgangssachverhalt rechtfertigt den Verdacht des gewerbsmäßigen oder / und bandenmäßigen Handelns im Sinne von

- § 243 I S. 2 Nr. 2 u. 3, § 244 I Nr. 2, § 244 a I Nr. 3
- § 263 a II i. V. m. § 263 III Nr. 1, V
- § 267 III Nr. 1 bzw. IV
- § 263 III Nr. 1 bzw. V.

Für eine definitive Beurteilung liefert der Fall indes nicht genug Informationen.

Zu § 263 a II:

An dieser Stelle wären nun die **besonders schweren Regelfälle** (i. V. m. § 263 III) und der **Qualifikationstatbestand** (i. V. m. § 263 V) darzustellen. Sie wurden mit dem 6. StrRG in das Strafgesetzbuch aufgenommen.

Die Verweisungstechnik des Gesetzgebers in §§ 263 a auf § 263 II – VII rechtfertigt es jedoch, auch hier auf die Ausführungen in Kap. B 20.4 – Hehlerei – und Kap. B 21.2 – Betrug – zu verweisen.

Zu § 263 a III und IV:

III stellt eine auf die Begehung des Computerbetruges nach I gerichtete **strafbare Vorbereitungshandlung**[2] dar.

Es wird der Nachweis geführt werden müssen, dass das Programm in erster Linie und hauptsächlich zu dem speziellen Verwendungszweck nach I hergestellt oder adaptiert worden ist.

Die Tathandlung kann nach diesem Zusammenhang nur **vorsätzlich** erfolgen.

Tätige Reue (IV) mit der Folge der Straffreiheit übt der Täter, wenn er nach Beginn der Vorbereitungshandlung, aber noch vor Beginn des Stadiums der Versuchshandlung (dann würde § 24 gelten) die Ausführung der vorbereiteten Tat aufgibt und verhindert, dass ggf. andere seinen Tatbeitrag nutzen, **und** wenn er tatrelevante Mittel vernichtet, unbrauchbar macht oder bei einer Behörde abgibt. Im Übrigen gelten § 149 II/III, auf die § 263 a IV Bezug nimmt.

---

1) Zur Abgrenzung von Tateinheit und Tatmehrheit vgl. Sie ggf. Kap. A 20.2.
2) Zum Begriff vgl. Sie Kap. A 18.1.

21.4 Erschleichen von Leistungen, § 265 a

I. Allgemeines

Rechtsfolge: FS – 1 J. oder GS.

Deliktstyp: Vergehen, Offizialdelikt; der Versuch ist strafbar. Die Tat kann analog §§ 247, 248 a Antragsdelkt sein (Kap. B 18.2).

Rechtsgut: § 265 a enthält einen Auffangtatbestand zum Betrug. Geschütztes Rechtsgut ist daher auch hier das Vermögen.

Konkurrenzen: § 265 a tritt hinter § 263 zurück *(Subsidiarität).*

II. Tatbestandsaufbau

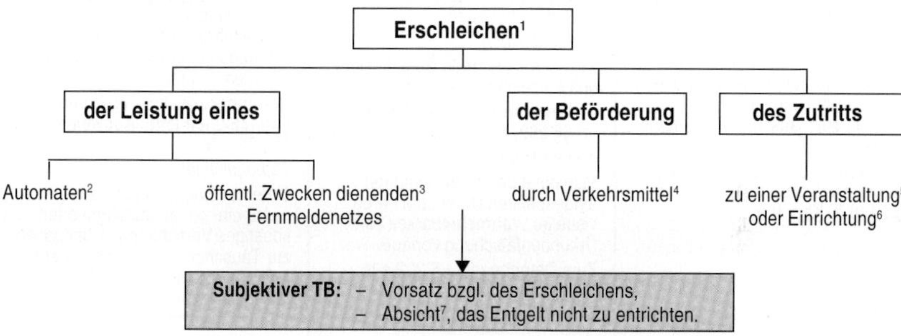

III. Erläuterung

Zweck dieser Vorschrift ist es, eine Strafbarkeitslücke in den Fällen zu schließen, in denen eine Leistungserschleichung weder als Betrug noch als Diebstahl bestraft werden kann.

Zu den einzelnen Merkmalen:

1) Unbefugtes und ordnungswidriges Erreichen der Leistung oder des Zutritts.
2) Es muss sich um *Leistungsautomaten* handeln (z. B. Münzfernsprecher, Musikautomaten). Die unbefugte Leistungsbewirkung bei einem *Warenautomaten* (z. B. Zigarettenautomat, Geldspielautomat) ist Diebstahl (Kap. B 18.3).
   Bei unbefugter Leistungsbewirkung eines GAA mittels entwendeter EC-Karte geht allerdings der speziellere TB des § 263 a vor (Kap. B 21.3).
3) Gemeint ist hier das unbefugte Einrichten von Sprechstellen.
4) Beförderung als blinder Passagier per Bahn, Bus, Schiff, Flugzeug, Lkw.
5) Konzert, Tanzabend, Vortragsveranstaltung u. Ä. m.
6) Freibad, Museum, Ausstelllung, Zoo u. Ä. m.
7) Absicht bedeutet zielgerichtetes Handeln (Kap. A 14.1). Es muss dem Täter gerade darauf ankommen, das Entgelt *nicht* zu entrichten.

Vollendet ist die Tat in dem Moment, in dem der Automat die Leistung bringt, die Beförderung beginnt, die Einrichtung betreten ist.

Versucht ist die Tat z. B. mit dem Einwurf der falschen Geldmünze in den Automaten, dem Beginn des Zutrittverschaffens.

22 Urkundenfälschung, §§ 267 ff.

22.1 Die Systematik der Fälschungsdelikte

Der strafrechtliche Schutz der Urkundendelikte erstreckt sich auf die:		
Echtheit und **Unverfälschtheit** von **Urkunden,** §§ 267, 277. Es geht um die Frage, ob der erkennbare Aussteller der Urkunde ihren Inhalt auch wirklich vertritt (Kurzformel: sind scheinbarer u. tatsächl. Aussteller identisch?). *Tathandlungen:* Herstellen unechter / Fälschen echter / Gebrauch unechter oder gefälschter Urkunden in der Absicht zur Täuschung im Rechtsverkehr. Für **Geld** und **Wertzeichen** gelten die Spezialvorschriften der §§ 146 ff. Kap. B 9.	**Echtheit** und **Unverfälschtheit** von • **technischen Aufzeichnungen,** § 268. Es geht um das Vertrauen in die Richtigkeit der durch technische Geräte selbsttätig erstellten Aufzeichnungen. *Tathandlungen:* wie links + störende Beeinflussung des Aufzeichnungsvorganges. • **beweiserheblichen Daten,** §§ 269, 270. *Tathandlung:* Manipulation von in Computer eingespeisten Daten, bei deren visueller Wahrnehmbarkeit eine Urkundenfälschung vorläge. Zum Datenbegriff = § 202 a II.	**Verhinderung der Vorbereitung der Fälschung amtl. Ausweise,** § 275. *Tathandlungen:* Herstellung, Verschaffung, Verwahren, Überlassen etc. von Drucksätzen, Negativen, sonstigen zur Tatausführung geeigneten Vorrichtungen oder entsprechend geeignetem Papier. **Verhinderung des Verschaffens von falschen amtl. Ausweisen,** §§ 276, 276 a, *Tathandlungen:* *Unternehmen (!)* falsche amtl. Ausweise ein- od. auszuführen oder sonstiges Verschaffen / Überlassen zur Täuschung im Rechtsverkehr; z. B. Versorgung von Asylanten mit falsch. Dokumenten.
Wahrheit des Inhalts v. öffentl. Urk. (§ 415 I ZPO), gem. §§ 271 – 273, 278, 279 2. Alt., 348. Die TB der Falschbeurkundung richten sich gegen inhaltlich unrichtige öffentliche Urkunden. (Die Falschbeurkundung [in eigenem Namen] in <u>nicht</u>öffentl. Urk. ist straflos). *Tathandlungen:* • Bewirken mittelbarer Falschbeurkundungen, §§ 271, 272; • Gebrauch solcher Falschbeurkundungen, § 273; • Ausstellung unrichtiger Gesundheitszeugnisse durch Ärzte ..., § 278 und deren Gebrauch, § 279.	**Unversehrtheit von Urkunden / technischen Aufzeichnungen / beweiserheblichen Daten,** gem. § 274 I Nr. 1 u. 2, an denen der Täter nicht das alleinige Beweisführungsrecht hat.[1] *Tathandlungen:* • Vernichten, Beschädigen, Unterdrücken in Bezug auf §§ 267 u. 268. • Löschen, Unterdrücken, Unbrauchbarmachen, Verändern beweiserheblicher Daten im Falle § 269. Handeln i. d. Absicht, fremde Beweisführungsrechte zu vereiteln od. zu erschweren (Nachteilszufügungsabsicht). Ohne diese Absicht gilt im Falle rw. Beschädigung v. Urkunden § 303, im Falle rw. Datenveränderung § 303 a.	**Bestimmungsgemäße Verwendung echter Urkunden, § 281.** *Tathandlungen:* Gebrauch fremder / Überlassung eigener Ausweispapiere zur Täuschung im Rechtsverkehr (=Identitätstäuschung). Ausweispapiere sind zunächst amtliche, aber auch private Identitätspapiere, so z. B.: Werksausweise, Schülerausweise, Krankenversicherungskarten. Sind die Papiere gefälscht, gilt § 267, sind sie i. S. v. § 271 falsch, gilt § 273. Fz.-Scheine und Scheckkarten gelten nicht als Ausweis i. S. v. § 281; Erstere mangels Personenbezogenheit, Letztere mangels Eignung, die Identität des Inhabers nachzuweisen.
Spezielle Einziehungsvorschrift ist § 282, der auch die „Beziehungsgegenstände" der Einziehung unterwirft, die von § 74 nicht erfasst werden. Näheres zur strafverfahrensrechtl. Sicherstellung nach § 111 b StPO in Kap. C 6.		

1) Bay ObLG NJW '97, 1592; OLG Hamm NStZ-RR '98, 331.

22.2 Urkundenfälschung, § 267

I. Allgemeines

Rechtsfolge: FS – 5 J. od. GS (I); in bes. schw. Fällen FS v. 6 Mon. – 10 J. (III); im Verbrechensfall FS v. 1 – 10 J. (IV); Einziehung, *VS*[1], EV gem. § 282.

Deliktstyp: I u. III: Vergehen, OD; der Versuch ist strafbar (II); IV: Verbrechen.

Rechtsgut: Sicherheit des Rechtsverkehrs; Interesse der Allgemeinheit, das darauf gerichtet ist, dass die im Umlauf befindlichen Urkunden echte und zuverlässige Beweismittel sind.

Konkurrenzen: **Tateinheit** (§ 52) ist u. a. möglich mit

- § 145 d (Vortäuschen einer Straftat) oder § 164 (Falsche Verdächtigung, Kap. B 8), wenn jemand z. B. unter Verwendung eines fremden Namens der Polizei wider besseres Wissen schr. Anzeige erstattet.
- § 263 (Betrug, Kap. B 21), wenn der Täter z. B. die Zeichen auf seinem Bierfilz verändert und nun einen geringeren Verzehr vortäuscht.
- § 269 (Fälschung beweiserheblicher Daten, Kap. B 22.6), wenn der Täter nicht nur die Vorderseite einer EC-Karte, sondern auch die Daten auf dem rückseitigen schwarzen Magnetstreifen fälscht.
- § 370 AO i. V. m. § 1 KraftStG und §§ 1, 6 PflVG, wenn der Täter amtl. Kennz. an einem nicht zugelassenen Kfz anbringt und damit am öffentlichen Straßenverkehr teilnimmt.
- § 268, z. B. bei Fälschung eines abgelaufenen Parkscheines eines Parkautomaten.

Tatmehrheit (§ 53) ist u. a. möglich mit

- § 242 (Diebstahl, Kap. B 18), wenn der Täter einen zuvor entwendeten Euroscheck mit von ihm gefälschter Unterschrift einer Bank zur Auszahlung vorlegt (§§ 242, 53; 267, 263, 52).
- § 21 StVG (Fahren ohne Führerschein), wenn der Täter den von ihm gefälschten Führerschein einem Polizeibeamten zur Kontrolle vorzeigt.
- § 263 a (Computerbetrug, Kap. B 21.3), wenn der Täter mit von ihm gefälschten Euroscheckkarten an GAA Geld zieht.

Gesetzeskonkurrenz besteht gegenüber

- dem *subsidiären* § 22 StVG (Kennzeichenmissbrauch, Kap. B 22.3).
- den *speziellen* TB der §§ 146 ff. (Geld- u. Wertzeichenfälschung, Kap. B 9).
- den der Bekämpfung der *Computerkriminalität* dienenden TB nach § 269 (Fälschung beweiserheblicher Daten, Kap. B 22.6) und § 303 a (Datenveränderung, Kap. B 23.1).
- § 274 I 1 (Urkundenunterdrückung, Kap. B 22.1), § 303 (Sachbeschädigung, Kap. B 23), die zurücktreten, soweit die Urkunde durch Fälschung beschädigt wird.

Die **Tatalternativen** des § 267

- gelten bei entsprechendem Gesamtvorsatz als ein Urkundsdelikt;
- stehen in Tatmehrheit (§ 53), wenn sie der Täter nach jeweiligem Einzelentschluss verwirklicht.

1) § 43 a – Verhängung der Vermögensstrafe – ist nach der Entscheidung des BVerfG vom 20.03.02 verfassungswidrig und nichtig (Kap. A 7.2).

II. Ausgangsfall

Nach einer Fahndung im Bundeskriminalblatt:

Vier (näher beschriebene) Personen traten als arbeitsteilig wirkende Tätergruppe auf, die sich auf Pkw-Aufbrüche einer Großmarktkette im Ruhrgebiet spezialisiert hatte. Die Täter bevorzugten Aufbruchvarianten, die eine schnelle Entdeckung der Erlangungstat erschwerten (Einstechen unter dem Türschloss, Verwendung von Schlingen). Nach Entnahme der Scheckmedien wurden die Taschen wieder in ihre vorherige Lage gebracht, so dass der Verlust häufig erst Tage später entdeckt und in vielen Fällen auch nicht mit dem Einkauf im Großmarkt in Verbindung gebracht wurde. Einlösungen und Abhebungen waren daher in vielen Fällen schon vor Tatentdeckung vollzogen.

Erbeutete **EC-Karten** mit PIN wurden an GAA verwendet. Entwendete **Euroschecks** wurden ausgefüllt und Banken *zur Auszahlung vorgelegt.* Auf anderen Euroschecks wurden die Kontonr. entsprechend vorhandener Euroscheckkarten (gleicher Geldinstitute) abgeändert und sodann unter Verwendung von Scheckkarte und Scheck *als Zahlungsmittel verwendet.* Fälscherutensilien, zahlreiche Blankoschecks, Euroscheckkarten und Personalpapiere wurden bei einem der inzwischen geständigen Täter gefunden.

III. Tatbestandsaufbau

Herstellung einer **unechten** | **Verfälschung** einer **echten** | **Gebrauch** einer **unechten** od. **verfälschten**

Urkunde

↓

Subjektiver TB: – **Vorsatz** bzgl. vorstehender TBM,
– **Absicht** zur Täuschung im Rechtsverkehr

III. Straferhöhung in besonders schweren Fällen;
– besonders schwere Regelfälle (1-4)

IV. Qualifikationstatbestand:
– gewerbsmäßige Begehung als Bandenmitglied.

IV. Erläuterungen

Eine **Urkunde** ist nach h. M.[1] die*:*

- **Verkörperung** einer allgemein oder wenigstens für die Beteiligten verständlichen menschlichen **Gedankenerklärung** (*sog. Perpetuierungs- d. h. Bestandsfunktion);*
  Merkmale:
  - gedanklicher Inhalt,
  - gewisse Festigkeit,
  - visuelle Wahrnehmbarkeit.
- die **geeignet** und **bestimmt** ist, eine außerhalb ihrer selbst liegende **Tatsache** im **Rechtsverkehr** zu **beweisen** (*Beweisfunktion);*
  Merkmale:
  - objektive Beweiseignung,
  - subjektive Beweisbestimmung.
- und die ihren **Aussteller** – wenigstens für die Beteiligten – **erkennen** lässt (*Garantiefunktion).*
  Merkmale:
  - Erkennbarkeit des Ausstellers,
  - Einstehen d. Ausstellers für die U. als Garant.

1) Nachweise bei Tröndle/Fischer, SchöSchr., OLG Koblenz NJW '95, 1624 m. w. Nw.

Verkörperung einer Gedankenerklärung:

Hierunter versteht man die sichtbare Erklärung menschlicher Gedanken von gewisser Dauerhaftigkeit, die durch eine stoffliche Fixierung der Erklärung mit einer körperlichen Sache bewirkt wird.

Aus EC- und Kreditkarten ergibt sich die sichtbare, verständliche und dauerhafte Erklärung des ausgebenden Geld- oder Kreditinstituts, dass der Karteninhaber dort ein Konto unterhält, über das er verfügungsberechtigt ist.

*Weitere **Beispiele:** schriftliche Verträge, Quittungen, Rechnungen, Bescheinigungen, angefertigte Klausuren,* ausgefüllte Euroschecks *u. v. a. m.*

Der **gedankliche** Inhalt unterscheidet die Urkunde von den sog. einfachen Augenscheinsobjekten, die zwar von Menschen hinterlassen wurden, aber keine Erklärungen selbst enthalten, sondern lediglich gewisse Rückschlüsse ermöglichen.

***Beispiele:** Fuß- und Blutspuren, Fingerabdrücke, die unbeschriftete mit Blut gefüllte Venüle eines alkoholisierten Kraftfahrers, Lichtbilder, Visitenkarten, TÜV-Plakette, Plakette der Kfz-Zulassungsstelle usw.*

Auch **technische Aufzeichnungen** (§ 268) sind z. B. ohne menschliche Zusätze keine Gedankenerklärungen. Die in den Tachographen eines Lkw eingelegte Diagrammscheibe wird erst durch die handschriftlichen Notizen des Fahrers im Mittelfeld zur Urkunde.

Computerausdrucke können allerdings wie menschliche Erklärungen Urkunden sein, wenn sie als solche nach dem Willen des „Ausstellers" gelten sollen.

***Beispiele:** Kontoauszüge, Steuerbescheide des Finanzamtes, Gebührenbescheide der Kommunen. Diese ADV-Auszüge tragen dann regelmäßig den Aufdruck: „Ohne Unterschrift gültiger Bescheid".*

Die Gedankenerklärung muss *visuell* **wahrnehmbar** sein. Schallplatten und Tonbandaufzeichnungen sind daher keine Urkunden. Ihre widerrechtliche Herstellung, Vervielfältigung wäre strafbar nach dem Urheberrechtsgesetz.

Die auf dem geschwärzten Magnetstreifen einer Scheckkarte gespeicherten Daten sind daher nicht Bestandteil der Urkunde Scheckkarte. Bei Fälschung der Daten käme § 269 (Kap. B 22.6), bei missbräuchlicher Verwendung § 263 a (Kap. B 21.3) in Betracht.

Schließlich muss die Gedankenerklärung **verständlich** sein, zumindest für Eingeweihte.

***Beispiele:** Die Striche und Zahlen auf dem Bierfilz in einer Gaststätte beweisen Gast u. Wirt/Kellner, wer was verzehrt und daher zu bezahlen hat. Erläuternde Vermerke oder Unterschriften sind im Allgemeinen nicht üblich und auch nicht notwendig. Die Verständlichkeit ist auch bei etikettierten Waren gegeben, solange sie jedenfalls in dem Geschäft lagern bzw. ausgestellt sind, in dem sie verkauft werden.*

Aus der Funktionsbestimmung, nämlich als zuverlässiges Beweismittel der Sicherheit des Rechtsverkehrs zu dienen, ergibt sich die Forderung nach einer gewissen **Dauerhaftigkeit** der verkörperten Erklärung. Allerdings sind die Anforderungen nicht besonders hoch, sie entsprechen damit praktischen Gesichtspunkten.

So genügt z. B. die mit *Bleistift* quittierte Zahlung eines geschuldeten Geldbetrages. Insbesondere bei den *zusammengesetzten Urkunden* (hierzu weiter unten) genügt z. B. die Klebeverbindung zwischen Preisetikett und Produkt (Flasche Whisky).

Der klassische Fall der Urkunde ist das handschriftlich ausgefertigte, unterschriebene (und gesiegelte) Schriftstück. Dieser enge Urkundsbegriff würde den zeitgemäßen Anforderungen an die Sicherheit und Zuverlässigkeit des Wirtschafts- und Rechtsverkehrs bei weitem nicht mehr genügen. Deshalb erkennt die Rspr. neben handschriftlichen Aufzeichnungen auch sog. *qualifizierte Augenscheinsobjekte* als **zusammengesetzte Urkunden** an.

Es handelt sich hierbei um Beweiszeichen, die in fester Verbindung mit einem Bezugsobjekt eine konkrete rechtlich erhebliche Aussage darstellen.

Beispiele: Eingestanzte *oder mit einem Schild* aufgenietete *Motor- bzw. Fahrgestellnr. eines Kfz; die* angeschraubten *(nicht nur lose angehängten) amtl. Kennz. am Kfz; die auf das am Fz. angebrachte amtl. Kennz.* aufgeklebte *TÜV-Plakette; das Preisetikett, das auf der verschweißten Klarsichttüte aufgeklebt ist, in der sich z. B. ein Oberhemd befindet (also nicht bei offener oder nur mit einer Nadel zugehaltenen Tüte!); das ordnungsgemäß beschriftete Etikett, das auf die mit dem Blut eines Kraftfahrers gefüllte Venüle geklebt wurde.*

Beweiseignung und -bestimmung im Rechtsverkehr:

Beide Kriterien ergeben sich aus der für die Urkunde typischen Beweisfunktion; sie sind insofern notwendige Voraussetzung.

Das *objektive* Kriterium der abstrakten **Beweiseignung** setzt voraus, dass die verkörperte Gedankenerklärung etwas im Rechtsverkehr Erhebliches beweisen kann, das über die Tatsache ihrer blossen Existenz hinausreicht. Es kann sich dabei um Rechte, Forderungen, Pflichten, Zustände jeder Art handeln, die formell-rechtlich einklagbar sind. Ob die Beweisführung letztlich gelingt, ist dabei unerheblich.

So ist z. B. eine inhaltlich falsche, aber unterschriebene Erklärung zur Beweisführung geeignet, sei es auch nur in der Form, dass eine erhobene Forderung als unbeweisbar abgewehrt werden kann.

Blanketts (z. B. nur mit Unterschrift, Datum und Ort, nicht aber mit dem Rechnungsbetrag versehener Euroscheck) sind aber nicht zum Beweis geeignet. Auch Überführungskennzeichen (§ 28 III StVO) an einem Kfz sind nicht geeignet, Beweis zu erbringen, dass ein bestimmtes *Kfz zum öffentl. Straßenverkehr zugelassen ist.*

Die Beweiseignung fehlt auch den sog. Kennzeichen an sich, also den Etiketten, Prüfstempeln, TÜV-Plaketten, Reklameaufdrucken.

Dagegen ist z. B. eine Euroscheckkarte *geeignet, neben der Kontoverbindung eine Scheckeinlösungsgarantie nachzuweisen.*

Das Element der *subjektiven* **Beweisbestimmung** setzt den *konkreten* Willen einer Person voraus, die Gedankenerklärung als Beweismittel im Rechtsverkehr einzusetzen.

I. d. R. ergibt sich die subjektiv gewollte Beweisbestimmung aus der Existenz einer verkörperten Gedankenerklärung, so z. B. bei der Euroscheckkarte. Ihre Beweisbestimnmung muss also nicht erst durch Vorlage aktualisiert werden.

Anders verhält es sich aber z. B. bei persönlichen Notizen oder bei Beurteilungs- oder sonstigen Entwürfen, soweit sie als solche gekennzeichnet sind.

Im Zusammenhang mit der Beweisbestimmung werden in der Literatur regelmäßig die Begriffe Absichtsurkunde *und* Zufallsurkunde *genannt. Erste entsteht mit der Vorstellung, sie im Rechtsverkehr einzusetzen, Letzterer fehlt zunächst die ihr dann erst später zugedachte Beweisbestimmung (Kartengruß dient später als graphologischer Beweis).*

Erkennbarkeit des Ausstellers:

Aussteller ist derjenige, von dem die Urkunde herrührt, der hinter der beurkundeten Erklärung steht und für diese eintritt. Das ist in sehr vielen Fällen der körperliche Aussteller. Nach der sog. *Geistigkeitstheorie* ist aber nicht entscheidend, wer die Urkunde *körperlich* hergestellt hat, sondern wer als *geistiger Urheber* für die Erklärung einsteht, für sie garantiert *(Garantiefunktion).*[1] Bei Behörden- und Firmenschreiben tritt der i. A. oder ppa. unterzeichnende Sachbearbeiter daher nach allgemeiner Verkehrsanschauung in den Hintergrund, so dass Aussteller die Fa. bzw. Behörde ist (BHH 5, 149; 17, 11).

Beispiel: *Auf der bereits mehrfach zitierten Euroscheckkarte ist als Aussteller das Geldinstitut durch Namensangabe und Signatur erkennbar. Es steht für Einlösungsgarantie und die Erklärung, dass der Karteninhaber ein Konto unterhält.*

Der Aussteller muss durch Unterschrift (so i. d. R. beim Vertrag), durch ein anderes auf ihn hinweisendes Zeichen (z. B. das Künstlerzeichen auf einem Bild, die Scheckkarte, der Stempel der Zulassungsstelle auf dem amtl. Kennz. am Kfz) oder durch sonstige Besonderheiten mindestens für Eingeweihte (so z. B. bei den Strichen auf dem Bierfilz in einer Gaststätte) erkennbar sein.

---

1) OLG Koblenz, NJW '95, 1624 ff. sowie SchöSchr. zu § 267 m. w. Nw.

An der Ausstellererkennbarkeit fehlt es, wenn ein Schriftstück z. B. *völlig* unleserlich unterzeichnet ist (versteckte Anonymität) oder wenn es mit einem Phantasienahmen wie Caligula, Posemuckel versehen ist (offene Anonymität).
Da der ersichtlich gemachte Aussteller erkennbar für den verkörperten Erklärungsinhalt einstehen muss, gelten Entwürfe, Abschriften, Fotokopien, Telefaxe und Fotografien grds. nicht als Urkunde. Im Einzelnen gilt:

Entwürfe sind vor Abgabe in den Rechtsverkehr keine Urkunden, da ihnen die Beweisbestimmung fehlt (BGH 3, 85). Dienen sie ausnahmsweise (später) als rechtsgeschäftliche Erklärung, rücken sie zur (Original-) Urkunde auf.

Abschriften, **Fotokopien, Telefaxe** und **Fotografien** weisen nach h. M. lediglich auf das Vorhandensein eines Originals hin. Sie enthalten nicht selbst die Erklärung des Ausstellers, daher mangelt es ihnen an der Garantiefunktion. Ihre Herstellung und Vorlage erfüllt daher nicht den TB des § 267. Geben sie aber selbst den Inhalt einer *unechten* oder *verfälschten* Urkunde wieder und werden sie zur Täuschung im Rechtsverkehr vorgelegt, liegt hierin ein (mittelbares) Gebrauchmachen der Urschrift i. S. d. § 267 I Alt.3 (BGHSt 23, 140, BayObLG NJW, '90, 3221).

Nach **BayObLG** (NJW '89, 2553) kann die Anfertigung einer Reproduktion die Herstellung einer unechten Urkunde sein, wenn sie der Originalurkunde soweit ähnlich ist, dass „die Möglichkeit der Verwechselung nicht auszuschließen ist und der Täter sie als eine vom angeblichen Aussteller herrührende Urschrift ausgeben will". Das Gericht betonte in seiner Urteilsbegründung, dass nur so der Beweisverkehr angesichts der zunehmend perfekter werdenden Reproduktionstechniken wirksam geschützt werden könne.

Fall des BayObLG: Bezirksmonatskarte der DB wurde gekauft, fotografiert und vor dem Gültigkeitszeitraum gegen Gelderstattung zurückgegeben. Die Fotografie versah der Täter mit seinem Lichtbild, fingierte ein ordnungsgemäßes Abstempeln, steckte die Reproduktion in eine Plastikhülle und hielt sie später zur Prüfung vor.

Werden Abschriften, Fotokopien oder Fotografien mit einem **Beglaubigungsvermerk** versehen, entsteht eine sog. zusammengesetzte Urkunde (BGH StV '94, 18).

Durchschriften misst der BGH (NJW '71, 1812) selbständige Beweisbestimmung bei, so dass sie als Urkunden anzusehen sind.

Nach OLG Köln NJW '02, 527 entsteht eine **Urkunde** auch dann, wenn sich eine Person oder Behörde im Voraus Erklärungen zu Eigen macht, die in Datenverarbeitungsanlagen (DVA), hier **Parkautomaten**, gefertigt sind oder ganz oder zum Teil aus selbständig arbeitenden technischen Geräten herrühren (= technische Aufzeichnungen i. S. v. § 268). Im Fall hatte jemand die Daten auf einem abgelaufenen Parkschein so geändert, dass der Eindruck entstand, die zulässige Parkzeit sei noch nicht abgelaufen und den Parkschein im Pkw erkennbar ausgelegt.

Nach Ansicht des OLG bestand kein Zweifel daran, dass der Betreiber des Parkscheinautomaten den Inhalt des ordnungsgemäß gelösten Parkscheines als seine Erklärung im Rechtsverkehr gelten lassen wollte. Da der Parkautomat in einer Kommune aufgestellt war, ergab sich aus § 6 a VI Sl 2 StVG auch die Kommune als erkennbarer Aussteller und Erklärender. Die Problematik des § 268 (Kap. B 22.3) erörterte das OLG nicht.

Sonderformen der Urkunde sind die bereits behandelten *zusammengesetzten Urkunden,* die *Gesamturkunden* und die sog. *öffentlichen Urkunden.* Gesamturkunden bestehen aus mehreren Einzelurkunden, die zu einem übergeordneten Ganzen dauerhaft zusammengefügt sind, und zwar mit einem über die Einzelurkunden hinausgehenden Gedankeninhalt (OLG Hamm NStZ-RR '98, 331).

Beispiele: *Asservatenbücher auf Polizeidienststellen, Sparkassenbücher, Personalakten etc.*

Öffentliche Urkunden (§§ 271, 272, 348), ihre Definition ergibt sich aus §§ 415 I, 417, 418 I ZPO, müssen

- von einer öffentlichen Behörde (z. B. StVA) oder
- von einer mit öffentlichem Glauben versehenen Person (z. B. Notar, Gerichtsvollzieher, Amtsarzt)
- unter Wahrung ihrer Zuständigkeit und der vorgeschriebenen Form
- für den Rechtsverkehr nach außen bestimmt sein und
- den Zweck haben, Beweis für und gegen jedermann zu erbringen (= öff. Glaube).

Beispiele: *beurkundete Auszüge aus dem Standesamtsregister, notariell beurkundetes Testament, das Grundbuch, Lohnsteuerkarten, abgestempelte Kfz-Kennzeichen am Fahrzeug (§ 23 IV S. 2 StVZO), Steuerbescheide, vom Polizeibeamten protokollierte mündlich erstattete Anzeige, Personalausweis, Führerschein, Fz.-Schein.*

Welche Angaben in einer öffentlichen Urkunde mit *„gesteigerter Beweiswirkung für und gegen jedermann"* niedergelegt sind, ist je nach Urkundentypus im Einzelfall zu ermitteln, d. h. nach Sinn und Zweck der für die Errichtung der Urkunde maßgeblichen Vorschriften (BGH NJW, ´98; BGH – GSSt 22, 201, 203; BGH 2 StR 241/04).

Beispiel: *Im Fz.-Schein unterliegen nicht die Halterdaten und die Fz.-Identifizierungsnr. dem öff. Glauben, sondern nur, dass das mit der Identifizierungsnr. bezeichnete Fz. zum öff. Verkehr zugelassen ist (BGH GA '93, 230); ähnlich der nach § 7 IntKfzVO ausgestellte internationale Fahrzeugschein.*

Die Tathandlungen:

1. Herstellen einer unechten U.	2. Verfälschen einer echten U.	3. Gebrauch einer unechten oder verfälschten U.

1. Herstellung einer unechten Urkunde (Identitätstäuschung)

Eine Urkunde ist (nur) dann *unecht*, wenn sie nicht von der natürlichen oder juristischen Person stammt, die in ihr als Aussteller vermerkt ist. Der wirkliche Aussteller und der scheinbare Aussteller sind also nicht identisch. Insofern liegt im Herstellen einer unechten Urkunde immer eine *Identitätstäuschung*. Auf die *inhaltliche* Richtigkeit kommt es also im Gegensatz zur Fälschungsvariante nicht an. Denn wer in seinem eigenen Namen die Unwahrheit erklärt, begeht eine sog. ***schriftliche Lüge***, die i. S. v. § 267 straflos ist.

Beispiel: *PK X. fasst in einem Einsatzbericht sein Einschreiten in einem Hilfeleistungsfall übertrieben unwahr so ab, dass er mit einer Belobigung rechnen kann.*

Der **Hauptfall** der Herstellung einer unechten Urkunde ist der des eigenmächtigen Zeichnens in *fremdem* Namen.

Beispiele: *Ausfüllung entwendeter Euroschecks und Unterzeichnung in fremdem Namen, um sie Banken zur Auszahlung vorzulegen (Ausgangsfall oben II.).*

Feste Anbringung amtlicher Kennzeichen (§23 IV S. 2 StVZO) an ein nicht zugelassenes Kfz, um damit widerrechtlich am öffentl. Straßenverkehr teilzunehmen. Unterzeichnung einer Empfangsquittung in falschem Namen.

Die für die Annahme einer Urkundenfälschung erforderliche Identitätstäuschung kann aber auch in der Verwendung eines zutreffenden, sonst aber nicht gebrauchten Vornamens, eines unrichtigen Geburtsdatums und einer unrichtigen Anschrift liegen (BGH NStZ '94, 486).

Fall des BGH: Der mittellose Täter, der bei einer Versandfirma keinen Kredit mehr besaß, wandelte in mehreren Bestellungen abwechselnd die Schreibweise seines Familien- und Vornamens ab und benutzte ein unrichtiges Geburtsdatum bzw. eine unrichtige Wohnanschrift. Da die Bonitätsgrenze der Kunden computermäßig erfasst wurde, fiel der Schwindel zunächst nicht auf, da der Täter jeweils als anderer Kunde erfasst wurde.

Mit Hilfe der sog. **Geistigkeitstheorie** können problematischere Fälle des Herstellens einer unechten/echten Urkunde gelöst werden. Die nachfolgende Skizze verdeutlicht dies.

Körperlicher Aussteller	*und*	*scheinbarer Erklärungsgarant*
sind zwar identisch, aber die		sind nicht identisch, dennoch
verkörperte Erklärung kann dem scheinbaren Aussteller (Erklärungsgaranten) nicht zugerechnet werden,		kann zulässiges Handeln *in* oder *unter* fremdem Namen zur Herrstellung der Urkunde legitimieren, wenn
weil der Wille, Rechtserhebliches zu erklären, nicht gegeben war.	***weil*** z. B. der i. A. unterzeichnende Sachbearbeiter nicht zur Ausfertigung befugt war.	• die rechtliche Vertretung (Vollmacht od. gesetzl.Vertretungsrecht, z. B. Vater – minderj. Sohn) zulässig ist, • der Unterzeichner den Namensträger verteten will und • der Namensträger sich verteten lassen will (BGH JZ '85, OLG Düsseldorf NJW '93, 1872).
Beispiel: erschlichene Unterschrift auf einem Briefbogen, der später ein Text zugeschrieben wird.	**Beispiel:** Sachbearbeiter X. bestätigt seinem Freund Y., der ohne Vermögen/Einkommen ist, einen Kredit.	**Beispiel:** X. ermächtigt seine Freundin Y. telefonisch, sich mittels seiner in der gemeinsamen Wohnung befindlichen Euroscheckkarte und -schecks Bargeld zu verschaffen.
weil die im Voraus erteilte Blankounterschrift nachträglich mit anderem Inhalt versehen wurde. **Beispiel:** Fälle sog. Blankettfälschung	***weil*** die Ausstellung mit unwiderstehlicher Gewalt erzwungen wurde (anders bei der Drohung mit Gewalt).	Wer *mit* Billigung d. Namensträgers z. Täuschung mit dessen Namen unterzeichn., stellt eine unechte U. her. In diesem Fall ist keine gültige rechtsgeschäftliche Vertretung gegeben (§§ 164 ff. BGB).
weil der Täter einen zwar zutreffenden, sonst aber nichtgebrauchten Vornamen, ein unrichtiges Geburtsdatum oder eine unrichtige Anschrift verwendet. **Beispiel:** Verwendung einer falschen Anschrift auf Bestellschein einer Versandfa., um als andere *kreditfähige* Person zu erscheinen (BGH NStZ '94, 486).		**Beispiel:** Scheckkarteninhaber will später behaupten, er habe die Schecks nicht unterschrieben, den Auszahlungsbetrag aber mit dem Aussteller teilen. In Betracht kommen hier neben Urkundenf. Scheckkartenmissbrauch (§ 266 b), Betrug (§ 263) und ggf. Vortäuschen von Straftaten (§ 145 d) bei vorgetäuschtem Diebstahl der Scheckkarte.

2. Fälschung einer echten Urkunde (Änderung der Beweisrichtung)

Eine echte Urkunde verfälscht, wer die ursprüngliche Gedankenerklärung des Ausstellers so ändert, dass etwas anderes ausgedrückt wird. Im Gegensatz zur Identitätstäuschung wird bei dieser Tatvariante *nachträglich* der gedankliche Inhalt der Urkunde, d. h. ihre *Beweisrichtung verändert.*

Beispiel: *Bei einer Verkehrskontrolle stellen Polizeibeamte fest, dass der Fahrer eines Golf GTI seinen Führerschein, der auf Kl. I ausgestellt war, auf die Klasse II ‚erweitert' und die Grundfarbe der auf den amtl. Kennzeichen angebrachten HU- und AU-Plaketten(§ 29 II S. 1 und § 47 a III S. 1 StVZO) mit Nagellack aktualisiert hat.*[1]

Die Fälschung kann in beliebiger Form erfolgen, so durch Textergänzungen, -streichungen oder durch Radieren, Überkleben u. ä. m. Allerdings muss die Urkundeneigenschaft erhalten bleiben. Das wäre z. B. dann nicht mehr der Fall, wenn der Aussteller unkenntlich gemacht würde. In diesem Fall wäre allerdings der TB des § 274, Urkundenunterdrückung, zu prüfen.

Ein Verfälschen liegt (auch) dann nicht vor, wenn der Urkundeninhalt in seiner Beweiserheblichkeit nicht verändert wird.

Beispiel: *Eintippen von Rechtschreibfehlern in den Bericht eines ungeliebten Kollegen.*

1) BGH NJW '85, 924 / NJW 2005, 2870.

Ein Verfälschen ist auch dann *nicht* gegeben, wenn der Inhalt der Urkunde – auch wahrheitswidrig – mit Einverständnis des Ausstellers verändert wird, sofern dieser noch ein Verfügungsrecht an der U. hat.

Beispiel: *PK X. zeigt seinem Kollegen Y. die gerade von ihm gefertigte Strafanzeige wegen Unfallflucht (§ 142). Y. erkennt, dass das Kennz. des Fluchtfahrzeuges seinem Bruder zugeteilt ist. PK X. ist auf sein Bitten hin schließlich damit einverstanden, dass er, Y., die Zahlenkombination löscht („nur" Strafvereitelung gem. §§ 258 f.).*

Nach h. M. verliert der Aussteller jedoch sein „Änderungsrecht", wenn ein anderer inzwischen an der Urkunde ein Beweisführungsrecht erworben hat (BGHSt. 13, 387).

Beispiel: *Die vorgenannte Strafanzeige liegt bereits zur Kontrolle beim Wachdienstführer.*

Das *Verfälschen* einer *un*echten Urkunde wird nicht von dieser Fälschungsvariante erfasst, sondern ist als Herstellung einer unechten U. zu qualifizieren (h. M.).

3. Gebrauch einer unechten oder verfälschten Urkunde

Das Merkmal *Gebrauchen* (natürlich auch zur Täuschung im Rechtsverkehr!) setzt voraus, dass ein Dritter in die Lage versetzt wird, vom Inhalt der Urkunde Kenntnis zu nehmen.

Das setzt z. B. im Falle des Fahrens mit einem gefälschten Führerschein voraus, dass dieser zur Kontrolle *ausgehändigt* wurde, sein Mitführen allein genügt nicht, würde aber den Tatbestand des § 276 (Verschaffen von falschen amtl. Ausweisen) erfüllen, wenn der Täter sich die Fälschung mit der Absicht zur Täuschung im Rechtsverkehr verschafft hätte.

Subjektiver Tatbestand:

1. Vorsatz[1]: Der Täter muss zunächst mit Vorsatz handeln, wie sich aus § 15 ergibt. D. h., sein Wissen und Wollen muss sich auf die *Handlungsalternativen* Herstellen einer unechten, Verfälschen einer echten, bzw. auf den Gebrauch dieser Urkunden richten sowie (zumindest aus der Sicht der Laiensphäre) auf die *Merkmale der Urkundeneigenschaft*.

2. Absicht, im Rechtsverkehr zu täuschen[2]: Der Täter muss bei der jeweiligen Handlungsvariante die *Absicht* haben, im Rechtsverkehr zu täuschen.

Dieses Merkmal beinhaltet dreierlei:

1. Die Absicht der *Irrtumserregung* über die *Echtheit* der Urkunde als Beweismittel.
2. Die Veranlassung des Getäuschten zu einem *rechtserheblichen* Verhalten. Darunter fällt jedes Verhalten, das ggf. auch einer gerichtlichen Überprüfung unterzogen werden kann.

   Die Änderung des Alters in einem Personalausweis von 58 auf 50 J. ist danach nicht tatbestandsmäßig, da diese Altersänderung keine Auswirkung auf den Rechtsverkehr hat. Die Heraufsetzung von 16 auf 19 J. wäre tbm., wenn sie erfolgt, um Rechtsgeschäfte vollwirksam abschließen zu können (§§ 106 ff. BGB).
3. Den *direkten Vorsatz* (h. M.) des Täters zur Täuschung im Rechtsverkehr.[3]

Versuch und Vollendung:

Der *Versuch* der Tat ist strafbar, wie sich aus § 267 II ergibt. Er ist gem. Definition (Kap. A 18) gegeben, wenn der Täter in entsprechender Täuschungsabsicht mit der Herstellung ..., der Verfälschung ... , dem Gebrauch ... beginnt.

Vollendet ist die Tat im Falle der Herstellung bzw. der Fälschung mit deren Fertigstellung in entsprechender Täuschungsabsicht. Im Falle des Gebrauchs ist die Vollendung gegeben, wenn der Täter die U. einem anderen, den er mit ihrer Hilfe täuschen will, zugänglich macht, so beim Vorzeigen, Versenden per Post zur Vorlage.

---

1) Wer nach der *kausalen* Handlungslehre prüft (Kap. A 12.4), hat den Vorsatz erst im Schuldkomplex zu erörtern.
2) OLG Koblenz NJW '95, 1624 ff.
3) Vgl. Sie zu den Begriffen Vorsatz / Absicht ggf. Kap. A 14.1.

Täterschaft und Teilnahme:

Wer eigenhändig fälscht, ist stets *Täter*. *Mittäterschaft* ist möglich, wenn gemeinsam gefälscht wird oder wenn abgesprochen ist, dass einer fälscht und der andere gebraucht. *Anstiftung* zur Fälschung mit nachfolgendem Gebrauch ist möglich (§§ 267, 26; 53; 267, 25 I). *Beihilfe* (§ 27) zum Fälschen bzw. Gebrauchen ist je nach Absprache, Tatherrschaft und Willensrichtung möglich.

Der praktische Fall:

Das Überkleben eines amtl. Kennzeichens mit reflektierender Folie stellt nach OLG Düsseldorf NJW '97, 1793 eine Urkundenfälschung nach § 267 I StGB, Variante 2, dar. *Argumentieren Sie!* Grenzen Sie ab zu den TB nach § 274 I 1 StGB (Kap. B 22.1) und § 22 I 3 StVG (Kap. 22.3).

Probleme:

1. Die Beweisfunktion des Kennz. erstreckt sich nur auf die Zulassung des Fz. zum öffentl. Straßenverkehr, nicht auf die Ordnungsgemäßheit der Kennz. nach der StVZO.
2. Wird die Erklärung der Zulassungsbehörde bzgl. des Zulassungsaktes verfälscht?
3. Wird über die Ausstellerperson getäuscht?
4. Gehört die Urkunde i. S. v. § 274 I 1 einem anderen im Sinne eines Beweisführungsinteresses? Wird einem anderen ein Nachteil zugefügt? Ist das staatliche Straf- und Bußgeldinteresse nicht allein durch § 258 geschützt?.[1]

Besonders schwerer Fall III:

Der Gesetzgeber hat mit dem **6. StrRG** die bisher nur allgemein formulierte Strafzumessungsvorschrift „in besonders schweren Fällen ist die Strafe ..." im Sinne der in der modernen Strafgesetzgebung bevorzugten *Regelbeispieltechnik* ergänzt (vgl. Sie in Kap. B 21.2 – Betrug).

Nach der Rspr. des BGH, die der Gesetzgeber in der Begründung des 6. StrRG ausdrücklich anerkennt, handelt es sich bei den Regelfällen nicht um abschließend festgelegte Tatbestandsqualifikationen (wie nachfolgend in IV), sondern um *Strafzumessungsregeln*, auf die sich allerdings auch der Tatbestandsirrtum (§ 16 I, Kap. A 14.2) erstrecken kann (Näheres in Kap. B 18.6 u. B 20.4).

Der Gesetzgeber hat (im Übrigen inhaltsgleich mit den Neufassungen in §§ 263, 263 a, 266, 268, 269) **folgende vier Regelbeispiele für erhöhtes Tatunrecht formuliert:**	
Nr. 1:	→ **gewerbsmäßiges** Handeln: – Näheres in Kap. B 18.4 und B 20.4 Ziff. VI → Handeln als Mitglied einer **Bande**, die sich zur fortgesetzten Begehung von Urkundenfälschung oder Betrug verbunden hat: – Es genügt – anders als in § 244 I Nr. 2 –, wenn *ein* Bandenmitglied in dieser Eigenschaft für die Bande gehandelt hat. – Vgl. Sie den Ausgangsfall unter II. oben.
Nr. 2:	→ Herbeiführung eines Vermögensverlustes **großen Ausmaßes** (etwa ab 100 TDM).
Nr. 3:	→ **erhebliche Gefährdung** der Sicherheit des Rechtsverkehrs durch eine große Zahl von unechten oder verfälschten Urkunden. – Beispiel: Ausgangsfall unter II. oben.
Nr. 4:	→ *Missbrauch* seiner Befugnisse oder seiner Stellung als **Amtsträger**: – Amtsträger gem. Legaldefinition in § 11 I Nr. 2. – Missbrauch bedeutet in Überschreitung der amtl. Befugnisse oder Ausnutzung der Stellung als Amtsträger.

1) Das BayObLG war in gleicher Sache a. A. als das OLG Düsseldorf und legte dem BGH die Sache gem. § 121 II GVG zur Entscheidung vor. Der BGH (4 StR 71/99) verneinte mit Beschluss v. 21.9.99 den TB des § 267 I Var. 2. Er ist der Auffassung, dass die Antiblitzfolie lediglich die Ablesbarkeit des Kennzeichens *unter bestimmten Voraussetzungen* beeinträchtige und die Manipulation nicht den Aussagegehalt der Urkunde verändere. Für § 274 I 1 fehlt nach h. M. die Nachteilsabsicht, da lediglich *ordnungsrechtliche* Maßnahmen verhindert werden sollen. Übrig bleibt der TB des § 22 I 3 StVG (§ 60 I S. 4 i. V. m. § 69 a StVZO tritt gem. § 21 OWiG zurück). NStZ '00, 423.

Der Qualifikationstatbestand der Urkundenfälschung gem. IV:

Anders als III enthält IV einen fest umrissenen Qualifikationstatbestand, der die Urkundenfälschung nach dem Vorbild der bereits mit dem OrgKG eingeführten Straftatbestände Schwerer Bandendiebstahl (§ 244 a) und Gewerbsmäßige Bandenhehlerei (§ 260 a)[1] dann zum **Verbrechen** werden lässt, wenn sie **von einem Bandenmitglied gewerbsmäßig ausgeführt wird.**

Anders als z. B. in § 244 a fordert der Gesetzgeber aber nicht, dass der Täter mit einem weiteren Bandenmitglied die Urkundenfälschung begeht.[2]

Der Täter muss aber Mitglied einer Bande sein, die sich zur fortgesetzten Begehung von Betrug, und er muss für diese Bande handeln. (§§ 263, 263 a, 264) oder (und) Urkundenfälschung (§§ 267, 268, 269) verbunden hat. Damit soll nach dem Willen des Gesetzgebers das jeweils relevante kriminelle Betätigungsfeld der Bande insgesamt erfasst werden.

Für minder schwere Fälle enthält IV eine besondere Strafzumessungsvorschrift, die allerdings den Deliktscharakter der Tat (Verbrechen) unverändert lässt.

Fallbearbeitung:

Für den **Ausgangsfall** unter II. Nach einer Fahndung im BKA-Blatt ergibt sich folgende Lösungsskizze:

1. arbeitsteilige Pkw-Aufbrüche:

– §§ 242, 243 I Nr. 1	Aufbruch / Eindringen in Diebstahlsabsicht,
– § 244 I Nr. 2	Begehung als Bandenmitglied unter Mitwirkung eines weiteren Bandenmitgliedes,
– § 244 a	in der Kombination von § 243 I S. 2 Nr. 1 i. V. m. § 244 I Nr. 2;

2. Verwendung der EC-Karten mit PIN an GAA:

– § 263 a I	Computerbetrug,
– § 263 a III Nr. 1	gewerbsmäßiges Handeln oder Handeln als Bandenmitglied,
– § 263 a IV	gewerbsmäßiges Handeln als Bandenmitglied;

3. Fälschung der Euroschecks:

– § 267 I	Herstellung gefälschter Urkunden,
– § 267 III Nr. 1	gewerbsmäßiges Handeln oder Handeln als Bandenmitglied,
– § 267 IV	gewerbsmäßiges Handeln als Bandenmitglied;

4. Verwendung der gefälschten Schecks als Zahlungsmittel:

– § 263 I	Betrug,
– § 263 III Nr. 1	gewerbsmäßiges Handeln oder Handeln als Bandenmitglied,
– § 263 V	gewerbsmäßiges Handeln als Bandenmitglied.

Die Lösungsskizze lässt das erfolgreiche Bemühen des Gesetzgebers erkennen, die Strafvorschriften – in diesem Falle durch das 6. StrRG – zu systematisieren.

1) Insofern inhaltsgleich mit den ebenfalls durch das 6. StrRG vorgenommenen Ergänzungen der §§ 263, 263 a, 264, 266.

2) Zur Unterscheidung der Bandendelikte mit und ohne Mitwirkungserfordernis eines weiteren Bandenmitgliedes vgl. Sie Kap. B 20.4 VI.

22.3 Kennzeichenmissbrauch, § 22 StVG

I. Allgemeines

Rechtsfolge: FS – 1 J. oder GS.

Deliktstyp: Vergehen, Offizialdelikt; der Versuch ist nicht strafbar.

Rechtsgut: Sicherheit und Zuverlässigkeit amtlicher Kennzeichen an Kfz und Kfz-Anhänger.

Konkurrenzen: *Gesetzeskonkurrenz* besteht gegenüber § 267 (Urkundenfälschung, Kap. B 22.2), der § 22 StVG als subsidiäre Vorschrift verdrängt.

Erweitert wird der durch § 22 angestrebte Schutz durch § 22 a StVG, der das „missbräuchliche Herstellen, Verbreiten oder Ausgeben von Kennzeichen" mit FS – 1 J. oder GS bedroht (Kap. B 22.4).

§ 22 a StVG *ergänzt* aber auch § 267, da die unbefugte Herstellung von Kennzeichen mangels eigener Urkundenqualität nicht den Tatbestand der Urkundenfälschung erfüllt (Kap. B 22.2).

II. Ausgangsfall:

Augsburg – Die amtlichen Kennzeichen seines *Mitsubishi Pajero* hatte ein 36-jähriger Augsburger mit ungestempelten Fremdkennzeichen, die er sich auf einem Schrottplatz heimlich besorgt hatte, abgedeckt. Als Befestigung dienten Saughalter, so dass er die Schilder in Sekundenschnelle anbringen und wieder entfernen konnte.

Mit dem so präparierten Fahrzeug war der Augsburger in zahlreichen Fällen in den Abendstunden unterwegs gewesen, um Liebespaare auf abgelegenen Parkplätzen zu beobachten.

III. Tatbestandsaufbau

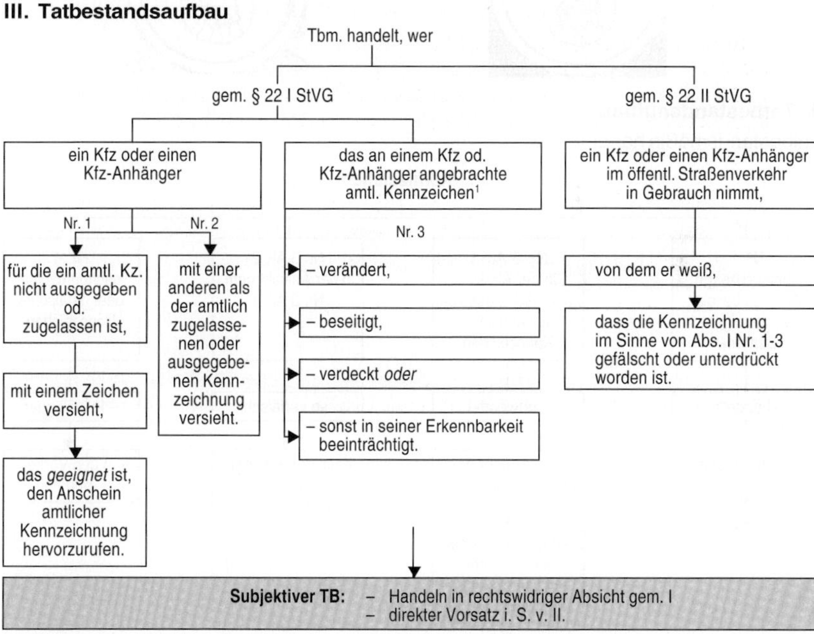

1) Die Fahrzeuge sind nach dieser Alternative zugelassen oder, falls sie zulassungsfrei sind, mit amtl. Kennzeichen versehen (18 IV StVZO). Amtl. Kennz. in diesem Sinne sind nicht die Vers.-Kennz. (§§ 29 e, g StVZO) und Namensschilder (§ 64 b StVZO).

22.4 Missbräuchliches Herstellen, Vertreiben oder Ausgeben von Kennzeichen, § 22 a StVG

I. Allgemeines

Rechtsfolge: FS – 1 J. oder GS (I); Einziehung (II).

Deliktstyp: Vergehen, Offizialdelikt; der Versuch ist nicht strafbar.

Rechtsgut: Zuverlässigkeit amtlicher Kennzeichen an Kfz und Kfz-Anhängern.

Konkurrenzen: Der Tatbestand des § 267 (Urkundenfälschung, Kap. B 22.2) scheidet aus, da nachgemachte oder verfälschte Kennzeichen als Beweiszeichen *allein* noch keine Urkunden sind.

Der Tatbestand des § 22 StVG (Kennzeichenmissbrauch, Kap. B 22.3), der bereits entsprechende Fälschungshandlungen *am* Fahrzeug voraussetzt, wird im Vorfeld durch § 22 a StVG ergänzt.

II. Ausgangsfall

Kiel – Anlässlich einer Hausdurchsuchung fanden Polizeibeamte 32 Kennzeichen, die der geständige Tatverdächtige auf Plätzen der Autoverwertung gesammelt und in seiner Werkstatt mit nachgemachten Zulassungsstempeln (Abbildung) versehen hatte.

III. Tatbestandsaufbau

Tatbestandsmäßig handelt, wer

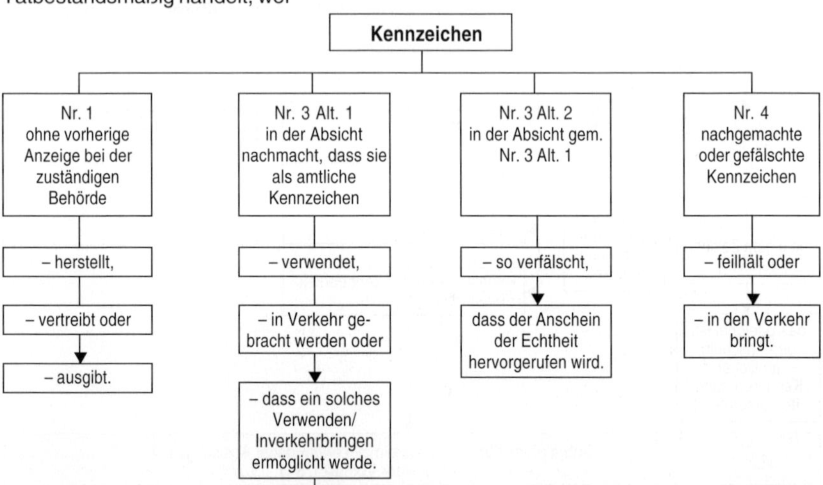

22.5 Fälschung technischer Aufzeichnungen, § 268

I. Allgemeines

Rechtsfolge: FS – 5 J. oder GS (I); *durch Verweisung (V) auf § 267 III u. IV gilt:* in bes. schw. Fällen FS v. 6 Monate – 10 J.; im Falle des Verbrechens-TB FS v. 1 – 10 J.; Einziehung, *VS*[1], EV gem. § 282.

Deliktstyp: Vergehen, OD (I); der Versuch ist strafbar (IV); Verbrechen i. S. v. § 267 IV.

Rechtsgut: Schutz des Vertrauens darauf, dass technische Aufzeichnungen ohne Manipulation in einem ordnungsgemäß arbeitenden Gerät entstanden sind.[2]

Konkurrenzen: *Tateinheit,* § 52, ist u. a. möglich mit[3]:

- § 263 (Betrug, Kap. B 21.2), so wenn der Fahrer eines Öltankfahrzeuges durch Beeinflussung des Zählwerkes über die Höhe der gelieferten Ölmenge täuscht.
- § 267 (Urkundenfälschung, Kap. B 22.2), wenn mit der Manipulation *gleichzeitig* die technische Aufzeichnung und eine Urkunde gefälscht werden, so beim Nachzeichnen der die Einschaltung eines Tachographen nachweisenden Kontrollinien und der Veränderung der handschriftlich vermerkten Uhrzeit auf der Diagrammscheibe.

Im Übrigen schließen sich § 267 und § 268 regelmäßig aus.

II. Ausgangsfälle

Kassel – Polizeiliche Ermittlungen ergaben, dass der Fahrer eines Lastzuges durch Drehen der Tachometernadel um die eigene Achse deren Vorspannung derart verändert hatte, dass die Geschwindigkeit zu niedrig angezeigt wurde. Der Fahrer wollte im Falle einer Kontrolle mit Hilfe der unrichtigen Aufzeichnungen des Gerätes über die tatsächlich gefahrene Geschwindigkeit täuschen.

Köln – Um die ordnungsgemäße Entrichtung der Parkgebühr vorzutäuschen, legte ein Pkw-Fahrer einen abgelaufenen Parkschein hinter die Windschutzscheibe, nachdem er das Datum des Parkzeitstandes mit Ziffern im Druckfeld des Parkscheines derart überklebt hatte, dass das aktuelle Datum ausgewiesen wurde.

III. Tatbestandsaufbau

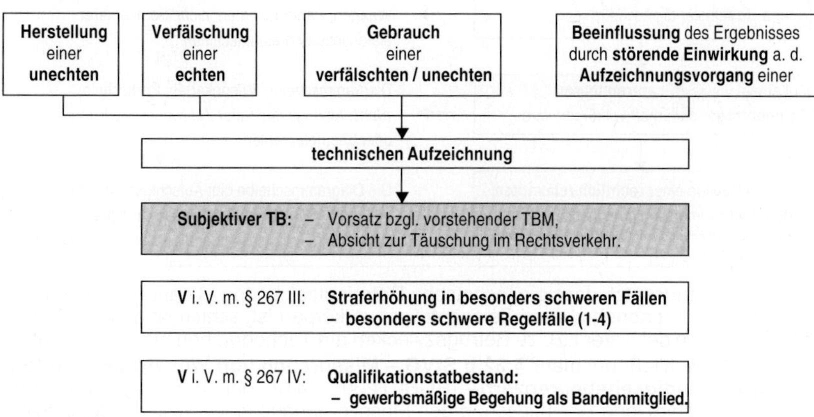

1) § 43 a – Verhängung der Vermögensstrafe – ist nach der Entscheidung des BVerfG vom 20.03.02 verfassungswidrig und nichtig (Kap. A 7.2).
2) BGH NJW '94, 743.
3) Näheres zur Konkurrenzlehre in Kap. A 20.

IV. Erläuterungen

Vorbemerkung:

Der Tatbestand des § 268 I[1] wurde 1968 in das StGB eingeführt. Er gilt wegen seiner „sachwidrigen Angleichung an den Urkundenbegriff und -tatbestand" nach h. M. als missglückt und hat zu zahlreichen Streitfragen geführt.[2]

Für die Bekämpfung der neueren *Computerkriminalität* erwies er sich als ungeeignet. Zur Eindämmung dieses Phänomens dienen die mit dem 2. WiKG (Kap. B 21.3) u. a. geschaffenen TB der Fälschung beweiserheblicher Daten (§ 269, Kap. B 22.6).

Praktische Bedeutung erlangte § 268 bisher in sog. Fahrtschreiberfällen.

Der Auffassung des AG Tiergarten (NStZ-RR 2000, 9) – wonach bei der Verwendung einer sog. *Gegenblitzanlage in* einem Pkw, die durch den Belichtungsblitz einer Radaranlage der Polizei synchron ausgelöst wird und das Beweisfoto bis zur Unkenntlichkeit überstrahlt, der TB des § 268 erfüllt sei – hat das LG Flensburg widersprochen[3]. Nach seiner Auffassung wurde nicht am Gerät manipuliert, sondern außerhalb des Gerätes eine Beweissituation herbeigeführt, die das Gerät infolge seiner technischen Grenzen nicht mehr erfassen konnte.

Der TB des § 268 unterscheidet sich von dem des § 267 (Urkundenfälschung, Kap. B 22.2) insbesondere dadurch, dass die technische Aufzeichnung *keine* Verkörperung *menschlicher Gedanken* darstellt und *nicht* den Hinweis auf einen *bestimmten Aussteller* enthalten muss.

Der Begriff der technischen Aufzeichnung:

Nach der **Legaldefinition** des § 268 II ist eine technische Aufzeichnung jede

Darstellung = Aufzeichnung von Daten, Mess- u. Rechenwerten**,** Zuständen oder Geschehensabläufen,	→	Fahrtschreiberaufzeichnung, EKG,Fotos vollautomatisch arbeitender Verkehrsüberwachungskameras. Parkschein eines Parkautomaten.
↓ die durch ein **technisches Gerät** ganz oder z. T. selbständig bewirkt,	→	Fahrtschreiber, Registerkasse, vollautomatische Waagen, Parkautomaten; *nicht:* Fotokopierer elektrische Schreibmaschinen.
↓ auf einem vom Gerät **abtrennbaren Zeichenträger** dauerhaft verkörpert wird	→	Diagrammscheibe, Wiegekarten, Parkschein; ***nicht*:** Anzeige laufender Zählwerke wie Strom- oder Kilometerzähler.*
↓ und zum **Beweis** einer **rechtlich relevanten Tatsache** bestimmt und geeignet ist.	→	Die Diagrammscheibe gibt Aufschluss über die nach §§ 3 und 18 StVO erlaubte Geschwindigkeit, der Parkschein Aufschluss über die zulässige Parkdauer.

* Da § 268 voraussetzt, dass die technische Datenaufzeichnung a) dauerhaft und b) auf einem vom Gerät abnehmbaren Zeichenträger verkörpert ist, schied seine Anwendung stets aus, wenn der Täter z.B. zu Betrugszwecken am Tachographen manipuliert hatte.

Diese Lücke schließt nunmehr **§ 22 b StVG – Missbrauch von Wegstreckenzählern und Geschwindigkeitsbegrenzern** – (BGBl. I 2005, 2412), der unabhängig von der Intention des Täters jede Beeinflussung des Messvorganges eines *Wegstreckenzählers* (I 1), jede Beeinträchtigung der Funktion eines *Geschwindigkeitsbegrenzers* (I 2) sowie

1) § 268 V wurde mit dem 6. StrRG entsprechend § 267 III und IV modifiziert bzw. ergänzt.
2) Tröndle/Fischer, Haft BT, SchöSchr. zu § 268.
3) NJW 2000, 1664.

jede *Vorbereitung* (I 3) dieser Handlungen durch Herstellen, Verschaffen oder Überlassen von Computerprogrammen mit FS bis zu 1 Jahr oder Geldstrafe bedroht. III sieht die Einziehung der Beziehungsgegenstände vor.

Der Fahrtschreiber:

Kfz mit einem zugl. GG ab 7,5 t, Zugmaschinen mit einer Motorleistung ab 40 kW (soweit sie nicht ausschließlich zu land- od. forstwirtschaftlichen Zwecken eingesetzt werden) und zur Fahrgastbeförderung bestimmte Kfz mit mehr als 8 Fahrgastplätzen müssen gem. § 57 a StVZO mit einem eichfähigen **Fahrtschreiber** ausgerüstet sein, dessen regelmäßige qualifizierte Prüfung § 57 b StVZO vorschreibt.

Die **Diagrammscheibe** ist das Kernstück des Fahrtschreibers. Sie besteht aus einem hell beschichteten Spezialpapier und wird mit Metall- bzw. Saphirstiften beschriftet. Die Schreibstifte drücken die Registrierschicht zusammen, wodurch auf dem dunklen Grundpapier die Schriftkurven sichtbar werden. Die Aufzeichnungen erfolgen zeitabhängig. Sie lassen sich ohne Beschädigung der Schicht nicht verändern.

Die Diagrammscheibe enthält zwei Arten von **Aufzeichnungen:**

- die automatische Registrierung des Fahrtverlaufs durch den Fahrtschreiber (techn. Aufzeichnung i. S. v. § 268) und
- die handschriftlichen Eintragungen des Fahrers im Mittelfeld (Urkunde i. S. v. § 267) wie: Abfahrts- und Ankunftsort, Name, Anfang und Ende des Kilometerstandes, amtl. Kennzeichen des Kfz, Datum und etwaige Fahrerwechsel.

Der **Fahrtverlauf** wird vollautomatisch registriert. Er summiert sich aus einer Vielzahl verschiedener Situationen: Geschwindigkeit, Lenkzeit, sonstige Arbeitszeiten, Pausen, Ruhezeiten. *Aus diesen Aufzeichnungen lassen sich Fahrt- und Unfallsituationen rekonstruieren.*

Das äußere Feld der Diagrammscheibe dient der *Geschwindigkeitsaufzeichnung.* Es folgt das Feld für die *Lenkzeiten* und sonstigen Zeitgruppen. Bei Stillstand des Fahrzeuges wird eine dünne Linie fortgezeichnet, während der Fahrt erscheint ein dicker Balkenaufschrieb.

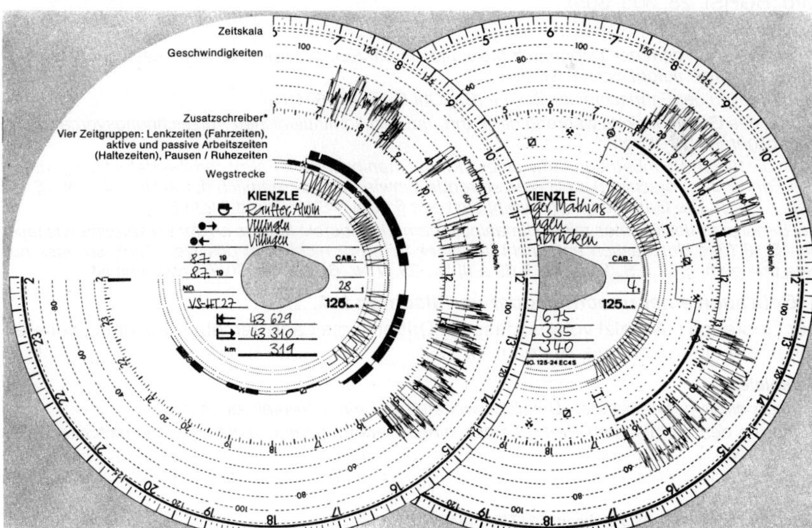

Das innere Kreisfeld dient der *Wegstreckenaufzeichnung*. Der Aufschrieb wird durch eine Herzkurve gesteuert und erfolgt deshalb in Form einer Zickzacklinie. Eine Auf- bzw. Abwärtslinie entspricht einer Fahrtstrecke von fünf Kilometern.

Die vorhergehende Abb. verdeutlicht diese Ausführungen.

Die Tathandlungen:

1. Herstellung einer unechten technischen Aufzeichnung (t. A.)

Eine unechte t. A. ist hergestellt, wenn eine neue, scheinbar echte Aufzeichnung angefertigt ist, die vortäuscht, im *ordnungsgemäßen* Arbeitsvorgang eines dafür bestimmten Gerätes hergestellt zu sein. Diese *Nachahmung* kann manuell oder maschinell geschehen.

Beispiel:

Verwendung einer für höhere Geschwindigkeitsbereiche bestimmte, also gerätefremde Tachographenscheibe in einem Fahrtschreiber eines Lkw, um eine falsche, niedrigere Geschwindigkeitsaufzeichnung zu erzielen.[1]

2. Verfälschung einer echten t. A.

Verfälscht ist die t. A., wenn ihr ursprünglicher Inhalt so geändert wird, dass er etwas anderes zum Ausdruck bringt als vorher *(Veränderung der Beweisrichtung).*

Beispiele:

Ein Fuhrunternehmer ändert die Gewichtsangabe auf der Wiegekarte einer automatisch arbeitenden Waage, um über das Gewicht des gelieferten Materials zu täuschen (Tateinheit mit § 263 bei Kundenvorlage).

Überkleben des auf einen Parkschein eines Parkautomaten ausgedruckten, bereits abgelaufenen Parkzeitstandes durch ein aktuelles Datum.[2]

3. Beeinflussung durch störende Einwirkung auf den Aufzeichnungsvorgang

Hierunter versteht man den *Eingriff in den Funktionsablauf*, also in den Mechanismus des aufzeichnenden Gerätes, so dass das Ergebnis der Aufzeichnung *inhaltlich unrichtig* wird (BGHSt. 28, 300, 305).

Beispiele:

Ausgangsfall, in dem der Täter durch Manipulation am Fahrtschreiber erreicht, dass geringere Geschwindigkeiten aufgezeichnet werden.

Zurückstellen der Fahrtschreiber-Zeituhr (BayObLG JZ '86, 604).

Öffnen des Gerätedeckels während der Fahrt, um den kontinuierlichen Aufzeichnungsvorgang des Kontrollgerätes zu stören.

Auch die bewusste Inbetriebnahme eines Lkw mit manipuliertem Fahrtschreiberdefekt (etwa durch den Fahrer der Vorschicht) stellt eine störende Einwirkung dar, nämlich durch Unterlassen (§ 13, Kap. A 15.2). Die Garantenpflicht ergibt sich aus § 57 a II StVZO und § 23 I StVO.

Bei Benutzung des Gerätes mit nichtmanipuliertem Eigendefekt fehlt es an der Entsprechensklausel des § 13 (das Unterlassen entspricht in seiner Schwere nicht dem positiven Tun), so dass nur eine Owi gem. § 57 II S. 1 i. V. m. § 69 a III Nr. 25, V Nr. 6, 6 a, 6 c StVZO gegeben ist.

4. Gebrauch einer unechten oder verfälschten t. A.

Der Gebrauch t. A. setzt voraus, dass ein Dritter in die Lage versetzt wird, ohne weiteres von ihrem Inhalt Kenntnis zu nehmen.

Beispiele:

Vorlage einer gerätefremden Diagrammscheibe bei einer Verkehrskontrolle.

Auslegen des verfälschten Parkscheines eines Parkautomaten hinter die Windschutzscheibe eines Pkw.

---

1) BGH NJW '94, 743; OLG Stuttgart, NStZ '93, 344.
2) Nah OLG Köln, NJW '02, 527 tateinheitlich Urkundenfälschung nach § 267 (Kap. B 22.5).

Zu den Begriffen:

- Handeln mit der Absicht zur Täuschung im Rechtsverkehr,
- Versuch, Vollendung,
- *besonders schwerer Regelfall und qualifizierter Fall (V)*

wird auf die insofern identischen Ausführungen zur Urkundenfälschung (Kap. B 22.2) hingewiesen.

22.6 Fälschung beweiserheblicher Daten, § 269[1]

I. Allgemeines

Rechtsfolge: FS – 5 J. oder GS (I); *durch Verweisung (III) auf § 267 III und IV gilt:* in bes. schw. Fällen FS v. 6 Mon. – 10 J.; im Falle des Verbrechens-TB FS v. 1 – 10 J.; Einziehung, *VS*[2], EV gem. § 282.

Deliktstyp: Vergehen, OD (I); der Versuch ist strafbar (II); Verbrechen i. S. v. § 267 IV.

Rechtsgut: Sicherheit und Zuverlässigkeit des Rechtsverkehrs bei der Verwendung beweiserheblicher Daten im Zusammenhang mit DV.[3]

Konkurrenzen: Fälscht der Täter mit der Absicht der späteren Ingebrauchnahme zur Täuschung im Rechtsverkehr, liegt nur eine Tat vor.[4]

Tateinheit (§ 52) ist je nach Falllage *u. a.* möglich mit:

- Betrug, § 263 (Kap. B 21.2)
- Computerbetrug, § 263 a (Kap. B 21.3)
- Urkundenunterdrückung, § 274 I Nr. 2
- Datenveränderung, § 303 a (Kap. B 23.1)
- Computersabotage, § 303 b (Kap. B 23.1).

§ 269 kommt neben dem § 263 a die zentrale Bedeutung bei der Bekämpfung der *Computerkriminalität* zu. Während § 263 a (Computerbetrug) mangels Täuschungshandlung den TB des § 263 (Betrug) ergänzt, schließt § 269 die Strafbarkeitslücke, die der TB des § 267 (Urkundenfälschung) dadurch hinterlässt, dass elektronisch oder magnetisch gespeicherte Daten mangels visueller Wahrnehmbarkeit und stofflicher Fixierung keine Urkunden sind.

II. Ausgangsfall

Köln – Die 35-jährige F. wohnt nach ihrer Scheidung mit ihren beiden Kindern in dem ihr verbliebenen Einfamilienhaus in K. Die Hypothekenzinsen und die gem. dem kommunalen Abgabenbescheid zu entrichtenden Gebühren für Grundsteuer, Abwasser und Abfallentsorgung sind so hoch, dass ihr kaum noch Mittel für die tägliche Bedarfsdeckung verbleiben.

Um ihre finanzielle Lage zu verbessern, beschließt die F., die beim Steueramt der Stadt K. beschäftigt ist, den Abgabenbescheid zu ihren Gunsten zu ändern. Zu diesem Zweck nutzt sie eine Mittagspause und ändert über die von einem anderen Kollegen betriebene EDV-Anlage die sie betreffenden Messdaten mit der Folge, dass sich der künftige Jahresmessbescheid um 1 000 Euro auf 879,50 Euro reduziert. Die Manipulation wurde noch am gleichen Tage entdeckt.

1) Nachweise bei Tröndle/Fischer, Lackner/Kühl, SchöSchr.
2) § 43 a – Verhängung der Vermögensstrafe – ist nach der Entscheidung des BVerfG vom 20.03.02 verfassungswidrig und nichtig (Kap. A 7.2).
3) DVV = Datenverarbeitungsvorgang.
4) Tröndle/Fischer zu § 269 mit Verweis auf die Rspr. zu § 267.

III. Tatbestandsaufbau

falsche Speicherung | **falsche Änderung** | **Gebrauch falsch gespeicherter od. geänderter**

↓

beweiserheblicher Daten

– derart, dass bei ihrer (gedachten) Wahrnehmung (Verkörperung durch Ausdruck) eine unechte oder verfälschte Urkunde vorliegen würde –

↓

Subjektiver TB:
- **Vorsatz** bzgl. der objektiven TBM,
- **Absicht** zur Täuschung im Rechtsverkehr
- hier als täuschungsgleicher Effekt durch fälschliche Beeinflussung der Datenverarbeitung gem. Gleichstellung durch § 270 –

III i. V. m. § 267 III: **Straferhöhung in besonders schweren Fällen**
– besonders schwere Regelfälle (1-4)

III i. V. m. § 267 IV: **Qualifikationstatbestand:**
– gewerbsmäßige Begehung als Bandenmitglied.

IV. Erläuterungen

Allgemeines:

Der Tatbestand der *Fälschung beweiserheblicher Daten* entspricht nach seiner Funktion und seinem Aufbau dem der *Urkundenfälschung.*[1]

Dies ergibt sich daraus, dass
- nur die Manipulation *beweiserheblicher Daten* tatbestandsmäßig ist,
- die Manipulation zur *Täuschung im Rechtsverkehr* erfolgen muss und
- eine vom Gesetz gewollte *urkundenadäquate Umsetzung der Datenmanipulation* ergeben muss, dass bei einem Ausdruck (stoffliche Fixierung) eine unechte oder verfälschte Urkunde vorliegen *würde.*

Fehlt eines dieser Merkmale bei der vorgenommenen Manipulation, kann jedoch der Tatbestand der „Datenveränderung" gem. § 303 a (Kap. B 23.1) gegeben sein.

Unter der Voraussetzung, dass die vorgenannten Merkmale zutreffen, entspricht § 269 der ihm zugedachten Funktion, nämlich die (computerspezifische) Strafbarkeitslücke zu schließen, die der TB der Urkundenfälschung (§ 267) dadurch hinterlässt, dass die gespeicherten Daten mangels visueller Wahrnehmbarkeit und stofflicher Fixierung keine Urkunden sind.

Die nachfolgenden Erläuterungen sind zugleich als *Fallbearbeitung* zum Ausgangsfall (oben II) gestaltet.

Indem die F. den sie betreffenden Datensatz für den Jahresabgabebescheid mittels der EDV-Anlage zu ihren Gunsten änderte, könnte sie tbm. i. S. d. § 269 I Alt. 2 gehandelt haben.

Beweiserhebliche Daten sind zunächst Informationen, die elektronisch, magnetisch oder sonst nicht unmittelbar wahrnehmbar gespeichert werden bzw. bei Tatbegehung schon entsprechend gespeichert waren.

---

1) Zur Kritik, ob die von § 269 erfassten compterspezifischen Fälschungsvorgänge am TB der Urkundenfälschung zu messen sind, dessen Struktur durch Merkmale gekennzeichnet ist, die computerisierte Arbeitsvorgänge gerade nicht aufweisen, wird auf die Ausführungen bei Tröndle und SchöSchr. hingewiesen.

Die vom Gesetz geforderte *Beweiserheblichkeit* dieser Informationen bezweckt, dass nur solche Daten relevant sind, die dazu bestimmt sind, bei einer Verwendung im Rechts-verkehr rechtlich bedeutsame Tatsachen zu beweisen.

Die von der F. in den Computer eingegebenen, geänderten Hebesätze stellen beweiserhebliche Daten dar, da sie die Höhe des künftigen Messbescheides beeinflussen.

Die hier in Betracht kommende *Datenveränderung* setzt voraus, dass die beweiserheblichen gespeicherten Daten inhaltlich so umgestaltet worden sind, dass im Falle ihrer Wahrnehmbarkeit eine gefälschte Urkunde vorliegen würde.

Durch das Eintippen geringerer Hebesätze wurden die vorhandenen Daten in ihrer Beweisrichtung verfälscht, und zwar unter Erhalt der Ausstellerangabe der ursprünglich echten Daten. Bei Ausdruck des so in seiner Beweisrichtung veränderten Datensatzes hätte eine verkörperte Gedankenerklärung über die manipulierten Steuersätze vorgelegen. Diese wäre bestimmt und geeignet gewesen, über die Höhe der künftigen Hebesätze Beweis zu erbringen.

Der *objektive* Tatbestand des § 269 I Alt. 2 ist damit gegeben.

Die F. handelte auch *vorsätzlich*, da ihr zumindest laienhaft bewusst war, dass sie echte Daten verfälschte.

Das Gesetz verlangt außerdem ein *Handeln zur Täuschung im Rechtsverkehr*. Hier wurde kein Mensch über die Echtheit der Daten getäuscht, sondern der Datenbestand geändert. Eine derartige fälschliche Beeinflussung einer Datenverarbeitung steht aber gem. § 270 einer Täuschung im Rechtsverkehr gleich. Da es der F. darauf ankam, in dieser Form zu täuschen, handelte sie auch insofern mit *Absicht* (nach h. M. genügt insoweit bereits direkter Vorsatz).

Auch der *subjektive* Tatbestand des § 269 I Alt. 2 ist somit erfüllt.

Rechtswidrigkeit und Schuld können nach Lage des Falles unterstellt werden.

Tateinheitlich ist der *Versuch des Computerbetruges* mitverwirklicht (§§ 269; 22, 263 a I, II; 52). Die F. hat unbefugt Daten in einen Computer eingegeben und dadurch das Ergebnis eines Datenverarbeitungsvorganges beeinflusst. Sie hatte beabsichtigt, den Jahresmeßbescheid so zu ihren Gunsten zu senken. Dadurch wäre der Stadt K. ein Schaden in Höhe von 1.000 Euro entstanden. F. handelte, um sich einen rechtswidrigen Vermögensvorteil zu verschaffen. Sie hatte nach ihrer Vorstellung von der Tat alle notwendigen Maßnahmen getroffen. Zur Tatvollendung kam es nicht, da der Schwindel vor Versendung des Messbescheides auffiel.[1]

Rechtswidrigkeit und Schuld sind nach Falllage zu unterstellen.

Ergebnis: Die F. hat sich wegen Fälschung beweiserheblicher Daten in Tateinheit mit versuchtem Computerbetrug strafbar gemacht.

Zu § 269 III:

An dieser Stelle wären nun die **besonders schweren Regelfälle** und der **Qualifikationstatbestand** darzustellen.

Die Verweisungstechnik des Gesetzgebers in § 269 III auf § 267 III und IV rechtfertigt es jedoch, aus Platzgründen auf die Ausführungen in Kap. B 20.4 VI/VII – gewerbsmäßige Hehlerei und gewerbsmäßige Bandenhehlerei – sowie in Kap. B 22.2 – Urkundenfälschung – zu verweisen.

1) Näheres zum Computerbetrug in Kap. B 21.3, zum Versuch in Kap. A 18.3.

23 Sachbeschädigung, §§ 303 ff.

23.1 Gesamtübersicht[1]

Sachbeschädigung, § 303
AD und PD, Versuch = strafbar; Kap. B 23.2

I. Vorsätzliche *Beschädigung* oder *Zerstörung* einer fremden Sache.
II. Vorsätzliche u. unbefugte *Veränderung des Erscheinungsbildes* einer fremden Sache – nicht nur unerheblich und nicht nur vorübergehend.

Gemeinschädliche Sachbeschädigung, § 304
OD, Versuch = strafbar; Kap. B 23.3.

I. Vorsätzliche *Beschädigung* oder *Zerstörung* einer besonders schutzwürdigen (nicht notwendig fremden) Sache.
II. Vorsätzliche u. unbefugte *Veränderung* des *Erscheinungsbildes* einer Sache nach I – nicht nur unerheblich und nicht nur vorübergehend.

Datenveränderung, § 303 a
RAD (§ 303 c)[2] Versuch = strafbar (II)

Vorsätzliche und rechtswidrige
- Löschung (z. B. einer Diskette)
- Unterdrückung
- Unbrauchbarmachung
- Veränderung (z. B. eines Datensatzes auf PC)

fremder Daten.

Daten = Informationen, die elektronisch, magnetisch oder sonst nicht unmittelbar wahrnehmbar gespeichert oder übermittelt werden (§ 202 a II → 13.1).

Für die **Vorbereitung** der Tat gilt § 202 c entsprechend (§ 303 a III).

Computersabotage, § 303 b I–V
RAD (§ 303 c), Versuch strafbar (III)

I. Erhebliche Störung einer Datenverarbeitung eines anderen von wesentlicher Bedeutung durch →
   1. eine Tat nach § 303 a I,
   2. Dateneingabe oder DÜ[3] in Nachteils-Zufügungsabsicht oder
   3. Zerstörung/Beschädigung/Unbrauchbarmachung/Beseitigung/Veränderung einer DVA[4] oder eines Datenträgers (I).
II. Straferhöhung bei Tathandlung geg. fremden Betrieb, fremdes Unternehmen od. geg. eine Behörde.
IV. Besonders schwere Regelfälle.
V. Strafbarkeit der Vorbereitungstat nach I.

Zerstörung

von Bauwerken, § 305
OD, Versuch = strafbar.

wichtiger Arbeitsmittel, § 305 a
OD, Versuch = strafbar.

→ vorsätzliche vollständige oder teilweise **Zerstörung** ←

fremder
- Gebäude, Schiffe, Eisenbahnen,
- Brücken, Dämme, Straßen,
- anderer Bauwerke.

- **fremder** technischer Arbeitsmittel von bedeutendem Wert (ab ca. 1 200 Euro), die für die Errichtung, den Betrieb od. der Entsorgung öffent. Anlagen oder Unternehmen i. S. d.§ 316 b I 1 u. 2 von wesentlicher Bedeutung sind (z. B. Zerstörung von Flugzeugen in Flughäfen);
- eines **Kfz** der *Polizei* oder der *Bundeswehr.*

1) Weitere spezielle Delikte der Sachbeschädigung enthält der 27. Abschnitt des StGB unter der Bezeichnung „Gemeingefährliche Straftaten", §§ 306 – 323 c.
2-4) Zum Begriff RAD →C 2.7. DÜ = Datenübermittlung. DVA = Datenverarbeitungsanlage.

23.2 Sachbeschädigung, § 303

I. Allgemeines

Rechtsfolge: FS – 2 J. oder GS.

Deliktstyp: Verg.; der Versuch ist strafbar; AD (§ 303 c) und zugleich PD (§ 374 StPO); sühneversuchspflichtig (§ 380 StPO) → Kap. C 2.6/2.7.

Verfolgbarkeit: Die Erhebung der öffentlichen Klage durch die StA setzt grds. öffentliches Interesse (§ 376 StPO) *und* die Stellung des Strafantrages durch den Antragsberechtigten (§ 77) voraus.

Sofern im Einzelfall aber ein *besonderes* öff. Interesse an der Strafverfolgung besteht, ist der Strafantrag des Verletzten entbehrlich (§ 303 c).

Rechtsgut: Unversehrtheit einer fremden Sache vor Verletzung ihrer Substanz, Beeinträchtigung ihrer funktionalen Brauchbarkeit (I) und Veränderung ihres Erscheinungsbildes (II).

Konkurrenzen: *Gesetzeskonkurrenz* in der Form der Konsumtion ist in den Fällen gegeben, in denen § 303 typische Begleittat ist, so z. B. bei §§ 243 I 1, 90 a II, 134, 274, 305 a, 314, 317, 318; § 145 II tritt wegen spezieller Subsidiarität zurück.

Tatbestände der vorsätzlichen Brandstiftung, § 306 – 306 b oder z.B. der gewohnheitsmäßigen Sachbeschädigung i.S.v. §§ 65 I, 66 I/II BNatG, gehen im Sinne der Spezialität vor.

Tateinheit (§ 52) ist in vielen Fällen möglich, so mit
§§ 123, 124, 125, 125 a – Hausfriedens- und Landfriedensbruch;
§ 185 – Beleidigung, z. B. bei entsprechenden Wandschmierereien;
§§ 223 ff. – Körperverletzung;
§ 17 TierSchG – Tierquälerei;
§ 168 II, im Falle der Beschädigung einer Beisetzungsstätte;
§ 304 – gemeinschädliche Sachbeschädigung;
§ 308 – Herbeiführen einer Sprengstoffexplosion;
§ 313 – Herbeiführen einer Überschwemmung;
§ 315, § 315 b – gefährliche Eingriffe in bestimmte Verkehrsarten.

Die Beschädigung der Diebesbeute durch den Dieb ist als *mitbestrafte Nachtat* straflos.

Bußgeldtatbestände, z. B. nach § 65 BNatSchG, treten gem. § 21 OWiG hinter Strafbestimmungen zurück.

II. Ausgangsfälle

1. Todesurteil für den Baum

Düren – Eine 30 m hohe Pappel mit einem Stammdurchmesser von 130 cm muss sterben, weil Unbekannte ihre Rinde rundum mit einer Axt aufgeschlitzt hatten.

2. Pkw platt gesetzt

Köln – In der Nacht zum 1. Mai haben vier Jugendliche aus fünf in der Aachener Straße abgestellten Pkw die Luft vollständig abgelassen. Die Täter wurden von einer Zivilstreife der Polizei gestellt.

3. Tierquäler stachen auf vier Kühe ein

Issum – Ein Bauer entdeckte gestern früh auf seiner Weide vier schwer verletzte Kühe. Unbekannte hatten nachts mit Messern auf die Tiere eingestochen. Eine Kuh musste notgeschlachtet werden.

4. Das Graffiti-Unwesen hat in den letzten Jahren überhand genommen

Bonn – In manchen Städten gibt es – vor allem im Bereich der öffentlichen Nahverkehrsunternehmen, der Deutschen Bahn AG, an Brücken, aber auch an sonstigen privaten oder öffentlichen Gebäuden – kaum noch Wandflächen, auf denen sich noch nicht die Sprayer ausgetobt haben. Dabei entsprechen Graffitis nicht selten dem ästhetischen Empfinden des kunstsinnigen Betrachters ...

III. Tatbestandsaufbau

I. (rechtswidrige) **Beschädigung** oder (rechtswidrige) **Zerstörung**

↓

einer **fremden Sache.**

II. **unbefugte Veränderung** des **Erscheinungsbildes** einer **fremden Sache**

↓ ↓

nicht nur unerheblich *und* **nicht nur vorübergehend**.

Subjektiver TB für I/II: Handeln mit Vorsatz:

Handeln mit Wissen und Wollen → Kap. A 14.1
- Kenntnis → der Fremdheit der Sache,
- Bewusstsein → der Beschädigung/Zerstörung (I),
  → der unbefugten Veränderung (II),
- mindestens Inkaufnahme des Handlungserfolges.

III. Die **Versuchshandlung nach** I/II ist strafbar.

IV. Erläuterungen

Der Tatbestand der Sachbeschädigung wurde nach jahrelangen Bemühungen des Gesetzgebers[1] mit der Einfügung des Abs. 2 durch das 39. StrÄndG vom 1.9.2005 um die Tatvariante *unbefugte Veränderung des Erscheinungsbildes einer Sache* erweitert.[2]

Fremde Sachen sind nunmehr vor Substandverletzung, Funktionsbeeinträchtigung und unbefugter Veränderung ihres Erscheinungsbildes geschützt.

Während zwischen Beschädigung und Zerstörung nur ein gradueller Unterschied besteht, geht es bei der Tatvariante des Abs. 2 um die früher so heftig umstrittene Verunstaltung einer Sache, vornehmlich durch das Unwesen der Graffiti-Sprayer (→ Ausgangsfall 4).

Tatobjekt ist in den Fällen von I und II eine **fremde** bewegliche oder unbewegliche **Sache**. Eine Sache ist für den Täter fremd, wenn er nicht deren *Allein*eigentümer ist und sie im Übrigen auch *nicht herrenlos* ist (→ B 18.3).

Für herrenloses jagdbares Wild, für geschützte wildlebende Tiere, Insekten oder für geschützte Pflanzen gelten die insofern speziellen Vorschriften des Bundes- bzw. Landesrechts.

Beispiele: *Bundeswald-, Landesforst-, Pflanzenschutz-, Bundesnaturschutz-, Landschafts-, Bundesjagd-, Landesjagd-, Landesfischereigesetz.*

Im **Ausgangsfall 1** wäre daher zu klären, ob der Baum im Privat- oder Kommunaleigentum stand. Als Bestandteil einer Allee oder Parkanlage käme dann ggf. auch § 304 (→ B 23.3) in Betracht. Wenn nicht, kämen für NRW §§ 61 I 2, 70 I 10 a Landschaftsgesetz NRW in Betracht (Geldbuße bis max. 50.000 Euro). Die Anwendbarkeit ergibt sich aus § 71 III S.2 LG NRW, Art. 4 V EGStGB.

---

1) Einen ersten Vorschlag des Bundesrates vom 19.3.99, einen Gesetzentwurf gegen das grassierende Graffiti-Unwesen einzubringen, lehnte der Bundestag in seiner 95. Sitzung am 23.3.00 ab.
2) Zur entsprechenden Erweiterung des § 304 → B 23.3 .

Als **Tathandlung** kommt nach **I** das **Beschädigen** oder **Zerstören** der fremden Sache in Betracht. Die TBM unterscheiden sich graduell.

Beschädigung ist die Einwirkung, die zu einer nicht unerheblichen *Substanzverletzung* oder *Funktionsbeeinträchtigung* geführt hat (BGH NJW '82, 508).

Beispiele:

- *Substanzverletzung: Ausgangsfall Nr. 3, Einwerfen von Fensterscheiben, Überkleben von Werbeplakaten.*
- *Funktionsbeeinträchtigung: Ausgangsfall Nr. 2; Löschen von Disketten; Verstopfen eines Hausbriefkastens mit Unrat; mutwilliges Betätigen eines Feuerlöschers in einem Kaufhaus.*

Die **Zerstörung** stellt eine derartige Beschädigung dar, die zur Aufhebung der Gebrauchsfähigkeit einer Sache führt und insofern eine Substanzverletzung voraussetzt.

Beispiele: *Ausgangsfälle Nr. 1 und 3, Zerschlagen einer Gartenlampe in einem Vorgarten. Teilweises Zerstören einer Sache ist Beschädigung; z.B. Zerschlagen der Windschutzscheibe eines Pkw.*

Die **Rechtswidrigkeit** der Sachbeschädigung ist kein TBM, sondern allgemeines Verbrechensmerkmal (→ A 16). Rechtfertigungsgründe (→ A 16.1) schließen insofern die Rechtswidrigkeit der Tat, nicht aber schon den Tatbestand aus.

Absatz 2 erfasst die **unbefugte Veränderung des äußeren Erscheinungsbildes** einer fremden Sache, ohne dass deren Substanz beschädigt oder deren funktionale Bestimmung als Folge der Einwirkung eingeschränkt sein muss.

Erfasst werden insbesondere die Fälle des früheren *Verunstaltens*, hier wiederum häufig die Fälle des Sprayens von Graffiti (Ausgangsfall 4). Wurden früher z.B. Brückenpfeiler oder Wandflächen mit Graffiti besprüht, war es nicht selten strittig, ob sie in ästhetischer Hinsicht beschädigt oder verschönt worden waren. Der Nachweis der Beschädigung war zudem häufig nur unter Einholung von Gutachten möglich.

Tatbestandlich ist nach **II** nur die **unbefugte** Veränderung einer fremden Sache. Die Zustimmung des Eigentümers oder Berechtigten (z.B. Mieter, Pächter), vorhandene Rechtfertigungsgründe oder öffentlich-rechtliche Befugnisnormen (→ A 16.2) beseitigen bereits den Tatbestand und nicht erst die Rechtswidrigkeit der Handlung.

Um einer Ausuferung des Tatbestandes entgegenzuwirken, muss sich die unbefugte Veränderung der fremden Sache in ihrem *Ausmaß* **nicht unerheblich**, in ihrer *Dauer* **nicht nur vorübergehend** auswirken.

Beispiele: *Das Anbringen von Spruchbändern an Fassaden während einer Demonstration, das Ankleben von Plakaten mit Tesafilm an Schaufenstern während eines Stadtfestes, je nach Ausmaß das Bemalen eines Garagentores mit Fingerfarben sind wegen Geringfügigkeit wohl noch keine tbm. Handlungen. Das vernünftige Interesse des Berechtigten am Zustand und Erscheinungsbild seiner Sache sowie Ausmaß und Dauer der Veränderung sind abzuwägen, um einer überzogenen Inkriminierung vorzubeugen.*

Die TBM *nicht unerheblich und nicht nur vorübergehend* beinhalten *unbestimmte Rechtsbegriffe*, die durch die Rechtsprechung an Einzelfällen auszulegen sein werden. Ein **Irrtum** über diese Merkmale wäre ein Tatbestandsirrtum, der den Vorsatz und damit den Tatbestand ausschlösse (→ A 14.2).

Die Tatverwirklichung setzt **Vorsatz** voraus, wie sich aus § 15 ergibt. Zu den Einzelheiten wird auf die Skizze oben unter III und auf A 14 verwiesen.

Die **fahrlässige** Sachbeschädigung ist in einigen Sondertatbeständen erfasst, z.B. §§ 306 d, 308 VI, 317 ff.

Vorsätzliche und fahrlässige (→ A 14.3) Sachbeschädigung stellen eine **unerlaubte Handlung** i.S.v. § 823 BGB dar. Zur Systematik der unerlaubten Handlung → A 22.

Auch der **Versuch** der Sachbeschädigung nach I/II ist strafbar (III). Der Nachweis kann in Einzelfällen schwierig sein. Zu den Begriffsinhalten des Versuchs → A 18.

Auf den gleichfalls mit dem 39. StRÄndG erweiterten § 304 wird hingewiesen (→ B 23.3).

23.3 Gemeinschädliche Sachbeschädigung, § 304

I. Allgemeines

Rechtsfolge: FS – 3 J. oder GS.

Deliktstyp: Verg., OD; der Versuch ist strafbar.

Rechtsgut: *öffentliches* – nicht das private – Interesse an der besonderen Zweckerfüllung bestimmter dem Gemeinwohl, dem öffentlichen Nutzen oder der allgemeinen Verschönerung dienender Sachen. Werden sie ohne Zweckeinbuße beschädigt, gilt ggf. § 303 (→ B 23.2).

Konkurrenzen: *Tateinheit* (§ 52) ist u. a. möglich mit der
- Beschädigung einer Beisetzungsstätte, § 168 II,
- Zerstörung von Bauwerken, § 305;
- Beschädigung wichtiger Anlagen, § 318 I.

Gesetzeskonkurrenz besteht zum
- TB der Sachbeschädigung, § 303, der zurücktritt (str.) sowie ggf. zu den speziellen Verbrechens-TB der §§ 306 – 306 c, 308, 313, 314

II. Ausgangsfälle

1. Öffentliche Einrichtungen zerstört

Leipzig – Bisher unbekannte Rowdys haben in der Nacht zum 1. Mai im Bereich des Friedrich-List-Platzes mehrere Ruhebänke und Papierkörbe aus ihren Halterungen gerissen und z. T. zerstört.

2. Blutbad im Flamingo-Gehege

Hamburg – Ein Blutbad haben unbekannte Täter nachts in einem Gehege für Wasservögel in Hamburg angerichtet. Sieben seltene Flamingos und ein schwarzer Schwan, die in einer Parkanlage der Stadt lebten, sind auf bestialische Weise erstochen worden.

3. Verändern von Verkehrszeichen

T., gegen den ein Bußgeldverfahren wegen Überschreitung der zulässigen Höchstgeschwindigkeit eingeleitet worden war, überklebte im Bereich der Messstelle das Streckenverbotszeichen Nr. 274 mit einer speziellen zu diesem Zweck angefertigten Folie, so dass scheinbar 50 statt 30 km/h erlaubt waren. Er fotografierte sein Fahrzeug zusammen mit dem derart veränderten Schild und legte das Foto in der Hauptverhandlung zum Beweis vor. Die Manipulation fiel durch die vom Gericht eingeholte amtliche Auskunft auf. Die Folie hatte sich ohne Substanzverletzung des überklebten Zeichens wieder entfernen lassen (Fall nach OLG Köln NJW '99, 1042).

Aus der Urteilsbegründung des Gerichts:
- § 303 I, vorsätzliche Beschädigung einer fremden Sache durch Aufhebung ihrer Funktion.
- § 304 I, gemeinschädliche Sachbeschädigung durch Beschädigung eines dem öffentl. Nutzen dienenden Gegenstandes. Eine wesentliche Funktionsbeeinträchtigung durch körperliche Einwirkung auf das Schild (50 statt 30 km/h) war gegeben.
- Nach Auffassung des OLG tritt § 303 hinter den speziellen TB des § 304 zurück.
- § 145 II Nr. 1, Beeinträchtigung von Unfallverhütungsmitteln tritt hinter § 304 zurück (Subsidiarität, A 20.2).
- § 132 2. Alt, Amtsanmaßung, da die Veränderung von Verkehrszeichen nur kraft eines öffentlichen Amtes vorgenommen werden darf.
- Zwischen § 304 und § 132 besteht Tateinheit (§ 52).
- § 267, Urkundenfälschung (→ B. 22.2) ist nicht gegeben, da insbesondere die räumliche Überschaubarkeit des Augenscheinsobjekts, auf das sich die Gedankenerklärung bezieht, fehlt. Schild und Straßenraum sind daher keine zusammengesetzte Urkunde.

III. Tatbestandsaufbau und IV. Erläuterungen

I: rechtswidrige[1] **Beschädigung** o. **Zerstörung** →
II: **unbefugte[2] Veränderung des Erscheinungsbildes** nicht nur unerheblich u. nicht nur vorübergehend →

einer besonders schutzwürdigen, *nicht* notwendig fremden Sache in einem Maße, dass ihre besondere Zweckbestimmung beeinträchtigt ist.

↓

Subjektiver TB: Handeln mit Vorsatz = Kenntnis der besonderen Eigenschaft der Sache und mindestens Inkaufnahme der Zweckbeeinträchtigung (→ A 14).

↓

Gegenständen der **Verehrung** einer im Staate bestehenden Religionsgemeinschaft

Beispiele:
Reliquien, Marienstatuen, Madonnenbilder, Votivtafeln.

Sachen, die dem Gottesdienst **gewidmet** sind

Gegenstände, die unmittelbar dazu dienen, dass an oder mit ihnen gottesdienstl. Hdlg. vorgen. werden.

Beispiele:
Abendmahlgerätschaften, Monstranzen, Kruzifixe, Altäre, Messbibel

nicht Inventar:
Opferstöcke, Gesangbücher etc.

Grabmälern

Dies sind dauernde Teile eines Grabes, die – mit oder ohne Beschriftung – nach ihrer Art den Charakter eines Erinnerungszeichens an den Toten haben.

Beispiele:
Gedenkstein, Grabkreuz

Merke:
sonstige Beschädigung einer Grabstätte = § 168 II

Beispiele:
Abladen von Unrat, Verwüsten der Bepflanzung

Naturdenkmäler

Einzelschöpfungen der Natur, die dem Andenken an Personen, Ereignisse, Zustände zu dienen bestimmt sind (z. B. die Externsteine; alte Bäume bei entsprechender Widmung).

öffentlichen **Denkmälern**

Beispiele:
Kriegerdenkmäler, Statuen, die allgemein zugänglich aufgestellt sind; ferner Kulturdenkmäler wie: Hünengräber, Burgruinen, unter Denkmalschutz gestellte Häuser.

Gegenständen der **Kunst, Wissenschaft,** des **Gewerbes,** wenn sie öffentl. aufbewahrt od. ausgestellt sind

Beispiele:
Bilder in Gemäldegalerien, Bücher in Bibliotheken; ausgestellte Plastiken, Museen; **nicht** *gewerbliche Erzeugnisse, die zum Verkauf angeboten werden.*

Gegenständen, die dem **öffentl. Nutzen*)** dienen

Beispiele:
Feuermelder, Einrichtungen der Post, Feuerwehr, Verkehrszeichen u. -einrichtungen, Litfaßsäulen. Zerschlagen der Rundumleuchte eines Feuermelders = § 304; § 145 II tritt zurück. Beim Beseitigen eines Verkehrszeichens (etwa Bild 301) = u. U. § 52 zu § 315 b StGB. Entfernung amtlicher Bekanntmachungen = u. U. § 304, § 52, § 134.

*) Fahrzeuge der Polizei sind nach BGH 1 StR 707/82 wegen fehlender *Unmittelbarkeit* des öffentl. Nutzens nicht geschützt. In Betracht kommt je nach Schadensausmaß § 303 oder § 305 a (Übersicht → Kap. B 23.1).

Gegenständen, die zur **Verschönerung öffentl.** Wege, Plätze, Anlagen dienen

Beispiele:
Blumenbeete, Sträucher, Springbrunnen, Ruhebänke; aber nicht schon das Pflücken einzelner Blumen = § 303 StGB.

Fall:

Sprayer färben Polizeiwagen rosa

Dortmund. Während eines Schichtwechsels besprühten Sprayer einen vor einer Polizeiwache abgestellten Streifenwagen mit rosa Farbe. Die gesamte Fahrerseite sei in Mitleidenschaft gezogen worden, teilte die Polizei Dortmund am Freitag mit. (dpa)

1) Allgemeines Verbrechens- und kein TBM.
2) TBM.

24 Die Systematik der Brandstiftungsdelikte, §§ 306 ff

1. Brandstiftung, § 306; Grundtatbestand[1]; FS von 1 – 10 J.

Geschützte Objekte:	*fremde* Gebäude, Hütten, Betriebsstätten, techn. Einrichtungen, Warenlager, Kfz u. andere Fz., Wälder, Heiden, Moore, land-, ernährungs- u. forstwirtschaftliche Erzeugnisse/Anlagen (Katalog 1. – 6.)
Tathandlung:	***In Brand setzen*** dergestalt, dass ein nicht unwesentlicher Bestandteil des Objektes so vom Feuer ergriffen ist, dass er auch nach Entfernen oder Erlöschen des Zündstoffes selbständig weiterbrennt (BGHSt NStZ '94, 130 f.; SchöSchr. zu § 306) = Vollendung.
	Brandlegung, die zwar kein Brennen des Objektes voraussetzt, aber durch Hitze-, Ruß-, Rauch- oder Gasentwicklung das Objekt ganz oder teilweise zerstört (Vollendung, wenn z. B. nur das Mobiliar brennt, aber die Rauchentwicklung das Gebäude unbewohnbar gemacht hat).
Subj. TB:	Vorsatz.

2. Schwere Brandstiftung, § 306 a; Qualifikations-TB; FS 1 – 15 J.

§ 306 a I = abstraktes Gefährdungsdelikt

Objekte:	*bewohnte* Gebäude etc.
(Katalog)	Kirchen u. Ä. Gebäude.
	Räume, die zeitweise dem Aufenthalt von Menschen dienen, zu einer Zeit, in der sie sich dort aufzuhalten pflegen *(fremde od. eigene Obj.!)*.
Subj. TB:	Vorsatz.

§ 306 a II = konkretes Gefährdungsdelikt.

Objekte	wie § 306 a I.
Folge:	konkrete Gefahr der Gesundheitsschädigung.
Subj.TB:	Vorsatz bzgl. Tat *u.* Folge.

3. Besonders schwere Brandstiftung, § 306 b; Erfolgsqualifikation

§ 306 b I – FS ab 2 J.

Tathdlg.:	gem. § 306 oder § 306 a.
Tatfolge:	schwere Gesundheitsschädigung *oder* Gesundheitsschädigung vieler Menschen.
Subj. TB:	Vorsatz bzgl. Hdlg. und Folge.

§ 306 b II – FS ab 5 J.

Tathdlg. :	§ 306 a.
Tatfolge:	Todesgefahr *oder* Absicht, andere Tat zu ermöglichen oder zu verdecken *oder* Verhinderung/Erschwerung der Brandlöschung.
Subj.TB:	Vorsatz.

1) Spezialfall der Sachbeschädigung. Literatur: Tröndle/Fischer, SchöSchr.

4. Brandstiftung mit Todesfolge, § 306 c; lebenslange FS od. FS ab 10 J.

Tathdlg.:	§ 306, § 306 a oder § 306 b.
Tatfolge:	„wenigstens" leichtfertige Todesverursachung (bei Vorsatz Tateinheit mit Mord / Totschlag).

5. Fahrlässige Brandstiftung, § 306 d; FS – 5 J./GS

- bei fahrl. Hdlg. nach § 306 I od. § 306 a I;
- bei fahrl. Gefahrenverursachung nach § 306 II;
- bei fahrl. Handeln u. fahrl. verurs. Folgen nach § 306 a II.

Typische Fälle sind ungewollte Inbrandsetzungsakte beim nachlässigen Umgang mit feuergefährlichen Mitteln wie z. B.: Knallkörper, Streichhölzer, brennende Kerzen, glühende Zigaretten.

6. Tätige Reue, § 306 e

- bei §§ 306 – 306 d.
- freiwillig vor erhebl. Schadenseintritt.
- Folge: Strafmilderung bzw. -ausschluss.

7. Herbeiführung einer Brand*gefahr*, § 306 f; FS – 3 J./GS.

Tatobjekt:	*fremde* feuergefährdete Betriebe ..., Anlagen der Landwirtschaft ..., Wälder, Moore ... (Katalog).
Tathdlg.:	Rauchen, offenes Feuer, Wegwerfen brennender/glimmender Gegenstände (z. B. Zigaretten).
Tatfolge	
– nach I:	konkrete Brandgefahr
– nach II:	zusätzliche konkrete Gefährdung – von Leib/Leben eines anderen Menschen oder – fremder Sachen von bedeutendem Wert. Im Fall II kommt es nicht auf die Eigentumslage an.
Subj. TB:	Vorsatz (I-II), Fahrlässigkeit (III).

25 Verkehrsdelikte

25.1 Gesamtübersicht

Konkret gefährdende *verkehrsfeindliche* **Eingriffe** in den

Bahn-, Schiffs- u. Luftverkehr – **§ 315**
- Verg., OD, Vers. bei Vorsatztat strafbar;
- Verbr. bei Handeln im Sinne von -III-;
- *Tätige Reue, § 320 II.*
- Kap. B 25.5.

Straßenverkehr – **§ 315 b**

Konkret / **Abstrakt**

verkehrsgefährdendes Verhalten als **Führer** eines

Fahrzeuges der Verkehrsarten gem. § 315 – **§ 315 a**

Fahrzeuges im *Straßen*verkehr – **§ 315 c**

§ 315 a + § 315 c: konkrete Gefährdung v. Leib od. Leben *oder* von bedeutenden Sachwerten anderer

infolge

- § 315 a: – FU[1] *od.* grob pflichtwidriger Verletzung einschlägiger Rechtsvorschriften.
  – Verg., OD, *FE-Entzug,*;
- § 315 c: – FU[2] *od.* grob verkehrswidrige und rücksichtsl. Verletzg. best. Verk'regeln.
  – Kap. B 25.3/ 25.4.

Fahrzeuges i. S. v. § 315 / Fahrzeuges im *Straßen*verkehr – **§ 316**

trotz FU infolge alkohol. Getränke od. anderer berauschender Mittel.
- Verg., OD, *FE-Entzug*
- Kap. B 25.2.

*Kraft*fahrzeuges im *Straßen*verkehr – **§ 24 a IStVG**[6]
- ab 0,25 mg/l AA[3] bzw. 0,5 ‰ BA[4]
- Rechtsfolge
  - Geldbuße bis 1 500 €
  - Fahrverbot ab 1 Mon.
  - 4 Pkte zur VZR.

§ 24 a II StVG
- unter Wirkung bestimmter berauschender Mittel,
- deren Substanz im Blut nachgewiesen wird
- Rechtsfolge wie bei § 24 a I (Kap. B 25.2).

Unerlaubtes Entfernen vom Unfallort als Unfallbeteiligter im *Straßen*verkehr; **§ 142**, Verg., OD, FE-Entzug; Kap. B 25.6.

Unterlassene Hilfeleistung, bei Unglücksfällen im Straßenverkehr; **§ 323 c**, Verg., OD, echt. UD, Kap. A 15.1.

Vollrausch, *falls* der Täter sich in einen die Schuldfähigkeit ausschließenden Rauschzustand versetzt und hierin eine *Verkehrs*straftat begeht, **§ 323 a**, Verg., OD ggf. AD; es kann auch eine Bestrafung nach den Grds. der ‚a. l. i. c.' in Betracht kommen.[5]

Sonstige Verkehrsdelikte *(= Verg., OD)*:
- Fahren o. FE bzw. FS, § 21 StVG
- Kennzeichenmissbrauch, § 22 StVG u. ggf.
- Urkundenfälschung, § 267 (Kap. B 22)
- Verkehrsnötigung, § 240 (Kap. B 17.2)
- Teilnahme am Verkehr mit *nicht*
  - versichertem Fz.: §§ 1, 6 PflVersG
  - versteuertem Fz.: § 2 KraftStG, § 370 AO.

§ 24c StVG
- Alkoholaufnahme als Kfz-Führer od.
- Fahrantritt unter Alkoholeinwirkung
  → während der Probezeit (§ 2 a StVG)
  → oder vor dem 21. Lebensjahr.

Rechtsfolgen:
- Geldbuße bis 1000 Euro
- Maßnahmen nach § 2 a StVG
- 2 Punkte VZR.

1), 2) FU = Fahruntüchtigkeit, *hier* infolge alkohol. Getränke, anderer berauschender Mittel oder geistiger bzw. körperlicher Mängel.
3), 4) AA = Atemalkohol; BA = Blutalkohol.
5) Str., vgl. Sie hierzu die gegensätzl. Auffassungen des 3. u. 4. Strafsenats des BGH in Kap. A. 17.3
6) I. d. F. des StVRÄndG 2001; Näheres in Kap. B 25.2.

25.2 Trunkenheit im Verkehr, § 316[1]

I. Allgemeines

Rechtsfolge: FS – 1 J. oder GS. I. d. R. *Entzug der Fahrerlaubnis* (FE) und Bestimmung einer *Sperrfrist* für die Neuerteilung.[2]

Der *deutsche FS* unterliegt der *Einziehnung* nach § 69 III S. 1, der außerdeutsche FS eines *EU- bzw. EWR-Angehörigen* jener nach § 69 b II S. 1, falls der Inhaber seinen ordentlichen Wohnsitz im Inland hat. In allen anderen Fällen werden außerdeutsche FS nach Eintragung der Entziehung der FE und des Sperrvermerks wieder herausgegeben, § 69 b I, II S. 2.[3]

Nach Ablauf der Sperre darf ein *außerdeutscher* Kraftfahrer im Inland wieder ein fahrerlaubnispflichtiges Kfz führen, während sich die Erteilung einer neuen *deutschen Fahrerlaubnis* durch die Verwaltungsbehörde aus § 20 Fahrerlaubnis-Verordnung (FeV) ergibt, die die §§ 4 bis 15 I StVZO (a. F.) seit dem 1.1.1999 abgelöst hat.[4]

Sofern die Entziehung der FE *ausnahmsweise* nicht in Betracht kommt, ist gem. § 44 I ein Regel*fahrverbot* von 1 – 3 Mon. anzuordnen. Nach Ablauf der entsprechenden amtl. Verwahrfrist deutscher oder *bestimmter* außerdeutscher FS (II S. 2 u. 3) wird der FS wieder herausgegeben. *Andere* außerdeutsche FS (§ 44 II S. 4)[5] erhalten einen Eintrag über die Verbotsfrist und werden sofort wieder herausgegeben.

Verurteilung, FE-Entziehung, Sperre und Fahrverbot werden eingetragen in das

- Verkehrszentralregister beim KBA in Flensburg gem. §§ 28 ff. StVG,
- Fahrerlaubnis-Zentralregister beim KBA[6] gem. §§ 48 ff. StVG und in das
- Bundeszentralregister in Berlin gem. §§ 3 ff. BZRG.

Deliktstyp: Vergehen, Offizialdelikt, der Versuch ist nicht strafbar; *abstraktes* Gefährdungsdelikt. Vorsatz (I), Fahrlässigkeit (II).

Die Tat ist ein *eigenhändiges* Delikt, so dass andere Personen als der Fahrzeugführer ggf. nur wegen Beihilfe (§ 27) oder Anstiftung (§ 26) zur Verantwortung gezogen werden können (→A 19.4). Mittelbare Täterschaft, Mittäterschaft und Nebentäterschaft sind in jedem Fall ausgeschlossen.

Rechtsgut: Sicherheit des Bahn-, Schiffs-, Luft- und Straßenverkehrs.

Konkurrenzen: Gegenüber den *konkreten* Gefährdungstatbeständen der §§ 315 a I 1, III und 315 c I 1, III tritt § 316 zurück (Subsidiarität).

Die Bußgeldtatbestände des § 24 a I und II sowie § 24 c StVG werden hingegen von § 316 verdrängt (§ 21 OWiG).

Bei Schuldunfähigkeit (§ 20) zum Tatzeitpunkt kommt – je nach Begründung – eine Bestrafung wegen fahrlässiger Begehung (II) oder nach § 323 a in Betracht.[7]

---

1) Literatur: Tröndle/Fischer, SchöSchr., Hentschel.
2) Zur Führerscheinsicherstellung, -beschlagnahme vgl. Sie im Einzelnen Kap. C 6.3 .
3) In der Fassung der Bekanntmachung im BGBl. 1998, Teil I Nr. 24 v. 30.04.1998, in Kraft ab 1.1.1999.
4) Vgl. Sie das *Gesetz zur Änderung des StVG und anderer Gesetze* vom 24.4.98 (BGBl. I, 747), in Kraft ab 1.1.1999. Das Gesetz dient der Harmonisierung des europäischen Fahrerlaubnisrechts und stellt zugleich eine umfassende Reform des innerstaatlichen Verkehrszulassungsrechts dar (§§ 2-6 StVG, §§ 44, 69 b StGB u. a.).
5) Vgl. Sie zur Neufassung Fußn. 2.
6) Die Verpflichtung zur Registereinrichtung geht auf Art. 12 III EU-Richtlinien zurück. Die Registereinrichtung dient neben anderen Maßnahmen zur Harmonisierung des Fahrerlaubnisrechts der EU-Staaten dem raschen Austausch von Informationen und ersetzt das bisher zeitaufwendige Abfragen bei den 660 örtlichen Registern der Fahrerlaubnisbehörden in Deutschland.
7) Vgl. Sie hierzu im Einzelnen die Auffassungen des 3. u. 4. Strafsenats beim BGH in Kap. A 17.3.

II. Ausgangsfälle

Fall 1: Alkohol am Steuer

Eschweiler – Die unsichere Fahrweise eines Autofahrers fiel einer Streifenwagenbesatzung am Samstagabend auf der Peter-Liesen-Straße auf. Eine Überprüfung ergab, dass der Fahrer zu viel getrunken hatte.

Fall 2: Fahrer stand unter Drogen

Aachen – Infolge Drogeneinwirkung verlor ein 19-jähriger Pkw-Fahrer am Montagabend auf der Krefelder Straße die Gewalt über sein Fahrzeug. Es geriet ins Schleudern und überschlug sich nach 60 Metern mehrfach.

Lage: Statistischen Erhebungen zufolge[1] soll es in Deutschland ca. 450 000 – 800 000 Medikamentenabhängige, mehr als 200 000 Konsumenten *harter* Drogen (Heroin, Kokain), ca. 300 000 Konsumenten sog. weicher Drogen (Haschisch, Marihuana) und 1,5 – 1,8 Millionen behandlungsbedürftiger Alkoholabhängige geben. Sehr viele von ihnen werden auch als Kraftfahrer unterwegs sein ...

III. Tatbestandsaufbau

Führen eines **Fahrzeuges** im **Verkehr** (§§ 315 – 315 d)

↓

trotz **Fahruntüchtigkeit** (FU), verursacht durch den Genuss

↓

alkoholischer Getränke – hier: relative bzw. absolute FU –	*oder*	**anderer berauschender Mittel** – hier: relative FU –

↓

Subjektiver TB:
- Vorsatz bzgl. des Führens und
- Vorsatz (I) oder Fahrlässigkeit (II) bzgl. der FU.

IV. Erläuterungen

Führen eines Fahrzeuges:

Als *Fahrzeuge* des öffentlichen Straßenverkehrs kommen in Betracht:

alle mit Motorkraft angetriebenen Fortbewegungsmittel sowie Fahrräder, Fuhrwerke, Pferdeschlitten, Krankenfahrstühle, (ab)geschleppte Kfz. *Keine* Fahrzeuge in diesem Sinne sind die in § 24 I StVO genannten Fortbewegungsmittel (z. B. Roller).

Der 4. Strafsenat des BGH formulierte in einem Beschluss vom 27.10.1988 (4 StR 239/88), dass *Fahrzeugführer* (entgegen der früheren Rspr.) nur sein kann, wer ein Fahrzeug unter bestimmungsgemäßer Anwendung seiner Antriebskräfte in eigener Allein- oder Mitverantortung gewollt in Bewegung setzt oder das Fahrzeug unter Handhabung seiner technischen Vorrichtungen während der Fahrbewegungen durch den öffentlichen Verkehrsraum ganz oder wenigstens zum Teil lenkt.

Vom Begriff des Führens werden somit nur Bewegungsvorgänge im Verkehr erfasst. Das Ansetzen zum Abfahren mit seinen vielfältigen Erscheinungsformen vom Einstekken des Zündschlüssels über das Lösen der Handbremse oder das Antreten/Starten eines Motorrades oder das Aufsitzen auf ein Fahrrad stellt kein Führen (mehr) dar. Diese Handlungen sind nach der geltenden Rspr. lediglich als Ausführungshandlungen im Sinne des Versuchs zu werten, der jedoch nach dem Willen des Gesetzgebers nicht mit Strafe bedroht ist.

1) Broschüre IM/NW „Drogen im Straßenverkehr“, 1992. ZDF-Sendung „Verkehrsgericht: Autoklau und Drogenrausch“ vom 06.06.1994. Hentschel/Born, Trunkenheit im STraßenverkehr, 7. Aufl. '97.

***Beispiele** für das Führen von Fahrzeugen:*
Fahren eines Kfz mit/ohne Motorkraft. Anschiebenlassen eines Kfz zum Zwecke des Startens. Lenken von (ab-)geschleppten Kfz. In-Bewegung-Setzen eines Pferdefuhrwerks unter Aufnahme der Zügel oder ähnlicher Maßnahmen. Abstoßen und Aufschwingen auf ein Fahrrad.

Beteiligen sich mehrere Personen an der Fortbewegung eines Fahrzeuges, so gelten sie alle als Führer, falls sie auf den Fortbewegungsvorgang wesentlich Einfluss nehmen. Dies wäre z. B. der Fall, wenn der Fahrer die Fußpedale eines Kfz bedient, während der Beifahrer lenkt und schaltet (BGH 13, 226; 36, 343).

Das *Mit*führen von Fahrrädern, Motorrädern, Handkarren an der Hand ist kein Führen i. S. v. § 316, wohl aber eine Teilnahme am Verkehr i. S. v. § 2 I FeV; das gilt auch für Skateboard-Fahrer und Inline-Skater.

Nach § 2 XV S. 2 StVG gilt der **Fahrlehrer** bei Ausbildungsfahrten zwar als Führer des Kfz im Sinne des StVG, nicht jedoch im Sinne des § 316. § 2 XV S. 2 StVG dient nach dem Sinn des Gesetzes (StVG) nur dem Schutz des *Fahrschülers* vor Haftung und Verstößen im Rahmen der Fahrausbildung. Der Fahrlehrer wird erst dann zum (Mit-)Führer, wenn und solange er eigenhändig auf die technischen Einrichtungen des Fahrzeuges zur Fortbewegung einwirkt, z.B. durch den Griff ins Lenkrad oder die Benutzung der zusätzlichen Pedaleinrichtung auf der Beifahrerseite.

Verkehrsarten (§§ 315 – 315 d):

§ 316 erfasst **alle** Verkehrsarten, so den
- Schienenverkehr, incl. Drahtseilbahnen und U-Bahnen (EVO, EBO)
- Schwebebahnverkehr, incl. Berglifte außer Schlepplifte,
- berufs- und freizeitmäßigen motorisierten wie nicht motorisierten See- und Binnenschiffsverkehr (BiSchStrO, SeeSchStrO, RheinSchO),
- berufs- und freizeitmäßigen motorisierten wie nicht motorisierten Luftverkehr (LuftVG),
- öffentlichen Straßenverkehr (§ 1 StVG) incl. Straßenbahnverkehr (§ 315 d).

Der Begriff des **öffentlichen Straßenverkehrs** ist identisch mit dem aus § 1 StVO. Öffentlich ist demnach – ungeachtet ihrer förmlichen Widmung oder privatrechtlichen Eigentumsverhältnisse – jede Verkehrsfläche, die einem nicht näher bestimmten und persönlich nicht begrenzten Personenkreis *tatsächlich* zugänglich ist.

***Beispiele:** BAB, Landstraßen, Parkplätze, Gaststätten-Parkplätze, Zufahrten geöffneter Tankstellen, geöffnete Parkhäuser usw.*

***Gegenbeispiele:** Reservierte Parkplätze für Übernachtungsgäste einer Gaststätte; kontrollierte Werks- oder Kasernengelände mit individuell erteilter Erlaubnis zum Befahren des Geländes, z. B. durch entsprechende Beschilderung, Einfriedung oder Einlasskontrolle.*

Fahruntüchtigkeit (FU):

Die Fahruntüchtigkeit ist ein Zustand, in dem die Leistungsfähigkeit eines Fahrzeugführers so weit herabgesetzt ist, dass er nicht mehr in der Lage ist, sein Fahrzeug so zu führen, dass er den Anforderungen der jeweiligen Verkehrsart und -lage wie ein durchschnittlicher Fahrzeugführer gerecht wird (OLG Hamm in NJW '81, 639).

Für die Wirkungen des Alkohols ist es typisch, dass einerseits das subjektive Leistungsgefühl und die Wagnisbereitschaft gesteigert werden, die psychotechnische Leistungsfähigkeit andererseits aber abnimmt, nämlich Aufmerksamkeit, Auffassungsfähigkeit, Konzentration, Reaktion und Geschicklichkeit[1].

Fahruntüchtigkeit infolge alkoholischer Getränke:

Es ist zu unterscheiden zwischen **absoluter** und **relativer FU**.

Absolute FU ist gegeben, wenn jemand ein **Kfz** (also incl. *Mofa 25*) bei einer BAK von 1,1 ‰ oder mehr führt.[2]

1) Zur Einschätzung und zum Nachweis alkoholischer bzw. drogenbedingter Beeinflussung vgl. Sie auch Kap. C 3.1 IV Ziff. 7.
2) BGH NJW '90, 2393; BVerfG NJW '95, 125.

Der BGH geht von folgender Formel aus:

Grundwert unwiderlegbarer alkoholbedingter FU = 1,0 ‰ + Sicherheitszuschlag von 0,1 ‰ zum Ausgleich von Messungenauigkeiten = absolute FU = 1,1 ‰ oder mehr.

Um Messungenauigkeiten weitgehend auszuschließen, darf nur nach drei zugelassenen Verfahren, dem *Widmarkverfahren*, dem *ADH-Verfahren* und dem noch exakteren *gaschromatografischen Verfahren* gemessen werden. Es müssen mindestens zwei Analysen nach unterschiedlichen Verfahren durchgeführt werden. Der Mittelwert dieser Ergebnisse ist dann entscheidend.

Da es auf die BAK zur Tatzeit ankommt, ist in vielen Fällen eine *Rückrechnung* nötig. Dabei wird nach *Trinkende* (dessen Feststellung ist wichtig bei der polizeil. Ermittlungstätigkeit!) eine *Resorptionsphase* von zwei Stunden angesetzt. Erst für jede nachfolgende Stunde wird jeweils 0,1 ‰ zu dem festgestellten Mittelwert zugerechnet.

Während der *Anflutungsphase* ist die alkoholische Beeinflussung am stärksten. Deshalb nimmt die Rspr. beim sog. **Sturztrunk** (behaupteter Alkoholgenuss kurz vor der Tat) absolute FU auch dann an, wenn die BAK zur Tatzeit zwar geringfügig unter 1,1 liegt, später aber dieser Wert oder mehr erreicht wird.

Diese Regelung ist für Alkoholfahrten i. S. v. § 24 a StVG gesetzlich festgeschrieben. Näheres hierzu unten in diesem Kap.

Führer eines mit Abschlepp*seil* abgeschleppten betriebsunfähigen Pkw sind analog der Rspr. des BGH[1] ebenfalls ab einer BAK von 1,1 ‰ absolut fahruntüchtig. Die Tatsache der erhöten Beanspruchung der psycho-physischen Leistungskomponenten wie Aufmerksamkeit, Konzentrations- und Reaktionsvermögen erfordert diese Bewertung. Nach der Argumentation des BGH ist davon auszugehen, dass dieser Beweisgrenzwert auch für den Führer eines mit einer Abschlepp*stange* (ab-)geschleppten Kfz. gilt.[2]

Radfahrer sind ab einer BAK von 1,6 ‰ absolut fahruntüchtig.[3] Auch dieser BAK-Wert enthält einen Sicherheitszuschlag von 0,1 ‰.

Bei **Soziusfahrern** wurde *Verkehrsuntüchtigkeit* (§ 2 I FeV) in einem Fall bei 1,66 ‰ (OLG Stuttgart), in einem anderen Fall bei 1,8 ‰ (OLG Karlsruhe) festgestellt.

Für **Fuhrwerkslenker** und Führer von Krankenfahrstühlen hat die Rspr. bisher keinen *absoluten* Beweisgrenzwert festgelegt.

Anders als im öffentlichen Straßenverkehr ist für Kfz-Führer anderer Verkehrsarten bislang kein absoluter Wert der Fahruntücktigkeit anerkannt.

Das OLG Karlsruhe (VRS 100, 348) beurteilte in einem Falle den **Führer** eines **Motorbootes** auf dem Bodensee bei 1,3 ‰ als absolut fahruntüchtig.

Relative Fahruntüchtigkeit liegt vor, wenn eine BAK unterhalb der oben genannten absoluten Grenzwerte festgestellt ist und sich aus weiteren Beweiszeichen (sog. *Ausfallerscheinungen*) dennoch die Unfähigkeit des sicheren Führens nachweisen lässt. Relative FU setzt allerdings eine BAK von mindestens 0,3 ‰ voraus.[4]

Ausfallerscheinungen sind ungewöhnliche Fahr- oder Verhaltensfehler, z. B.:

- leichtsinnige Fahrweise,
- überhöhte Geschwindigkeit,
- grundloses Wechseln der Fahrstreifen,
- angetrunkener Eindruck beim Verlassen des Fahrzeuges,
- Fahren in Schlangenlinien,
- Überholen trotz unklarer Verkehrslage.

> Je niedriger der BAK-Wert zur Tatzeit ist, umso eindeutigere Ausfallerscheinungen fordert die Rspr. für die Feststellung der relativen FU.[5]

1) BGH NZV '90, 157.
2) So schon BayObLG NJW '84, 878.
3) OLG Hamm NZV '92, 198; OLG Celle NJW '92, 2169; OLG Karlsruhe ausführlich in DAR '97, 456.
4) BGH VRS 49, 429.
5) OLG Düsseldorf NJW '97. 1383 f.

Fall: Bei Übermüdung wirkt Alkohol viel stärker – hier als relative FU:
Alkoholgenuss auch in geringen Mengen in Verbindung mit Übermüdung kann den Autofahrer relativ fahruntüchtig werden lassen. Ein Fahrer war bei Nacht von der Autobahn abgekommen und deshalb zu einer Geldstrafe verurteilt worden. Mit einem Promillegehalt von 0,5 war der müde Lenker eingeschlafen.
Dies wäre dann nicht passiert, so das Oberlandesgericht Köln, wenn nicht zu der Übermüdung noch die alkoholische Beeinflussung gekommen wäre. Man könne hier den starken Müdigkeitsgrad und die Wirkung des Alkohols nicht voneinander trennen (VRS 51,33).

Fahruntüchtigkeit infolge anderer berauschender Mittel:
Als andere berauschende Mittel kommen u. a. in Betracht:
- Rauschdrogen, wie
  - Cannabisprodukte (Marihuana, Haschisch, Haschischkonzentrat),
  - Heroin, Kokain, Amphetamine, Lysergsäurediethylamid (LSD),
  - Designer-Drogen wie Ecstasy und Speed;
- Medikamente, wie z. B.
  - Dolviran, Valium, Mandrax.

Die Auswirkungen des Drogen- und Medikamentenkonsums auf den Verkehrsteilneh- mer können verheerend sein und zu totaler Verkehrsuntüchtigkeit führen.
Feststellbar sind häufig: starke Halluzinationen, unwiderstehliche Müdigkeit, hochgra- dige Sinnestäuschung, Horrortrip (extrem intensivierte Gefühlslage).
Die Wirkung ist im Einzelfall abhängig von körperlicher Konstitution, Gewöhnung, Art und Menge des inhalierten Drogenstoffes, aber auch von der Kombination mit Alkohol oder Medikamenten.

Einen *absoluten* Grenzwert wie beim Alkoholgenuss gibt es nach wissenschaftlichen Erkenntnissen (noch) nicht. Feststellbar ist lediglich eine relative FU aufgrund von Beweisanzeichen im Einzelfall (BGH NJW '99, 226).

Die *relative* Fahruntüchtigkeit i. S. v. § 316 bestimmt sich aus
- dem wissenschaftlichen Nachweis von Art und Menge der konsumierten Stoffe (Urinprobe zur Indentifizierung der Wirkstoffe; Blutprobe zur Bestimmung des Grades, ggf. auch, aber komplizierter, zur Wirkstoffbestimmung)[2] *und*
- den drogenbedingten Auffälligkeiten, aus denen sachverständige Rückschlüsse auf den konkreten Fall gezogen werden müssen.

Verhaltensauffälligkeiten können insbesondere sein: Orientierungslosigkeit, unangemessene euphorische Stimmung, Aggressivität, extrem verlangsamte oder beschleunigte Bewegungsabläufe, scheinbare Trunkenheitssymptome. Die Feststellung eines Fahrfehlers ist nicht zwingende Voraussetzung, Zustand und Verhalten des Fahrers bei einer Polizeikontrolle unmittelbar im Anschluss an die Fahrt können bereits zuverlässige Rückschlüsse auf die FU ergeben (BayObLG NJW '97, 1381).

Besonderheiten:

1. § 24 a I StVG – 0,5 Promille-Grenze: Soweit einem **Kraft**fahrer die relative FU mangels entsprechender Ausfallerscheinung und die absolute FU mangels einer BAK von mindestens 1,1 ‰ nicht nachzuweisen ist, er aber *mindestens* eine Konzentration von – 0,5 ‰ Blutalkohol oder 0,25 mg/l Atemalkohol im Körper hat – ist *lediglich* der Tatbestand einer Trunkenheitsfahrt im Sinne des **§ 24 a I StVG** gegeben.
Es genügt nach dem Gesetz zum Zeitpunkt der Messung schon eine Alkoholmenge im Körper, die zu einer der genannten Atem- oder Blutalkoholkonzentrationen führt.

1) Zum Ablauf der Messverfahren vgl. Sie Ihre einschlägigen Erlasse; für NRW gilt der GemRdErl. IM, JM, MWMEV, KM vom 15. 8. 2000.
2) Zum Nachweis von Drogen und Medikamenten vgl. Sie Kap. C 3.1 IV.

Der Gesetzgeber entspricht mit dieser Regelung der Tatsache, dass die alkoholische Beeinflussung in der Anflutungsphase größer ist als in der Abbauphase. Vgl. Sie die vorstehenden Ausführungen zur *absoluten* FU.

Der Atemwert basiert auf dem Gutachten des Bundesgesundheitsamtes über die Beweissicherheit der *Atemalkoholanalyse* (Bundestags-Drs. 13/8917 zur Änderung der §§ 24 a, 25 StVG).

Die *forensisch* beweissichere Gewinnung der Atemalkoholanalyse machte die Festlegung eigener Alkoholwerte für die Atemalkohol-Konzentration (Alveolarluft) notwendig.

Die Einführung des *Atemalkoholmessverfahrens*, das nicht mit dem früheren *Alcotest* verwechselt werden darf, dient der Verfahrensvereinfachung und soll die Nachteile möglichst ausschließen, die für den Betroffenen mit der Blutentnahme verbunden waren. Das Messprinzip des neuen Gerätetyps „Alkoholtest 7110 Evidential" der Fa. Dräger beruht darauf, dass der in der *Atemluft* befindliche Alkohol die Eigenschaft hat, Infrarotlicht einer bestimmten Wellenlänge zu absorbieren.

Der BGH stellte aufgrund eines Vorlagebeschlusses des OLG Hamm fest, dass die gewonnenen Messwerte aus Atemalkoholmessungen *ohne* Sicherheitsabschlag für etwaige Messungenauigkeiten verwendet werden dürfen. Voraussetzung sei aber, dass das Messgerät amtlich zugelassen und fristgemäß geeicht sei; sodann müsse der Messvorgang ordnungsgemäß vorgenommen worden sein (BGH NJW '01, 1952)[1]

Verweigert der Betroffene den Atemalkoholtest oder besteht der Verdacht des Nachtrunks, ist auch zum Nachweis dieser Tat die Blutentnahme mit den üblichen Tests nach § 81 a StPO anzuordnen. Der Alcotest alter Art dient auch weiterhin der Klärung, ob eine Atemalkoholmessung anzubieten oder eine Blutentnahme anzuordnen ist.

Rechtsfolgen nach §§ 24 a I,III, IV, 25 I StVG, § 3 I BKatVO:

– Geldbuße:	250 – 750 Euro
– Fahrverbot	1 – 3 Mon.
– Strafpunkte im VZR	vier

Zu den Einzelheiten der Festlegung der Bußgeldhöhe und der Bemessung der Punktzahl vgl. Sie ggf. die BKatV zu §§ 24, 24 a StVG u. d. Anlage 13 Nr. 4 zu § 40 FeV.

2. Absolutes Alkoholverbot

Im Obus-, Linien-, Taxen- und Mietwagenverkehr besteht absolutes Alkoholverbot sowie Verbot der Einnahme anderer die dienstliche Tätigkeit beeinträchtigender Mittel. Verstöße sind OWi gem. §§ 8 III–V, 45 II Nr. 1 a, 2 a, 3 a **BOKraft** i. V. m. § 61 I Nr. 4 PBefG.

3. Ordnungswidrig handelt nach **§ 24 c StVG**, wer (vorsätzlich oder fahrlässig)

- innerhalb der **Probezeit** (§ 2 a StVG) oder
- vor Vollendung des **21. Lebensjahres**

als Kfz-Führer im öffentl. Straßenverkehr → alkoholische Getränke zu sich nimmt oder die Fahrt antritt, obwohl er unter ihrer Wirkung steht.

Polizeiliche Maßnahmen zu 1–3

Mangels prozessualer Ermächtigung darf die Polizei in den vorgenannten Fällen den Führerschein allenfalls zur **Gefahrenabwehr** sicherstellen (z. B. nach §§ 43 ff. PolG NRW), wenn dies geeignet und erforderlich ist, die Weiterfahrt zu verhindern.

Die Polizei ist gem. § 36 V StVO berechtigt, **Verdachtskontrollen** auf Fahrtüchtigkeit vorzunehmen. Die Vorschrift ist gem. § 49 III 1 StVO i. V. m. § 24 StVG bußgeldbewehrt.

Eine aktive Mitwirkungspflicht der Kraftfahrer bei der Durchführung der Atemalkoholkontrolle besteht nicht. Im Weigerungsfalle kommt je nach Falllage die Entnahme einer Blutprobe in Betracht (Kap. C 3.1 und D 2.2.1.1).

4. § 24 a II/III StVG – Kfz-Führung unter Wirkung anderer berauschender Mittel

Wenn relative Fahruntüchtigkeit i. S. v. § 316 dem unter Einfluss *bestimmter* anderer berauschender Mittel stehenden **Kfz** – Führer nicht nachzuweisen ist, kommt ggf. eine Ahndung nach § 24 a II/III StVG in Betracht.

Hiernach handelt ordnungswidrig,

- wer im öffentlichen Straßenverkehr ein **Kfz** führt,
- obwohl er unter der Wirkung bestimmter (Anlage) berauschender Mittel steht,
- deren Substanz im Blut nachgewiesen wird.
- Ordnungswidrig handelt, wer die Tat vorsätzlich oder fahrlässig begeht.

Die tatrelevanten Mittel/Substanzen ergeben sich aus der Anlage zu § 24 a II StVG. Es sind dies derzeit:

- Mittel: *Cannabis, Heroin, Kokain, Morphin, Amphetamin, Disigner-Amphetamin;*
- Substanzen: THC Morphin, Benzoylecgonin, Amphetamin, MDE, MDMA.

Die Liste kann bei Bedarf durch RechtsVO ergänzt werden (§ 24 a V StVG).

Eine entsprechende Substanz muss im Blut nachweisbar sein. Auf ihre *Wirkung* beim Kfz-Führer kommt es nicht an.[1]

Rechtsfolgen: Geldbuße bis 1 500 Euro.

Der TB des § 24 a II S.1 ist nach S. 2 aber *nicht* erfüllt, wenn die Substanz aus der *korrekten* Einnahme eines für den *konkreten* Krankheitsfall *verordneten* Medikaments herrührt.

Subjektiver Tatbestand nach § 316:[2]

Bezüglich des *Führens* eines Fz. muss der Tatverdächtige in jedem Fall mit *Vorsatz* gehandelt haben (Finaltätigkeit, die nur vorsätzlich denkbar ist).

Hinsichtlich des Befahrens eines öffentl. Verkehrsraums und der FU können Vorsatz (I) *oder* Fahrlässigkeit (II) vorliegen.

Beim Vorsatz muss der Fahrer seine Verkehrsteilnahme und seine FU gekannt oder mit ihr gerechnet haben.[3]

Fahrlässiges Handeln (II) bzgl. der Vekehrsteilnahme und der FU setzt eine objektive Sorgfaltspflichtverletzung voraus (zum Begriff Kap. A 14.3), deren Nachweis im objektiven TB zu führen ist.

Der Frage nach der subjektiven Vorwerfbarkeit des objektiven Sorgfaltspflichtverstoßes ist unter dem Begriff der *Fahrlässigkeitsschuld* im Komplex der Schuld nachzugehen. Die Differenzierung ergibt sich daraus, dass es bei fahrlässigem Handeln keinen subjektiven TB gibt.[4]

Teilnahme an der Tat nach § 316:

Da § 316 ein so genanntes *eigenhändiges* Delikt ist, können *Nicht-Führer* allenfalls wegen Anstiftung (§ 26) oder Beihilfe (§ 27) zu § 316 zur Verantwortung gezogen werden.

Beispiele: *Wer einen erkennbar Fahruntüchtigen auffordert oder überredet, ihn mit dem Pkw nach Hause zu bringen, begeht Anstiftung zur Trunkenheit im Verkehr, wenn der Fahrer tatsächlich fahruntüchtig ist. Wer einem Betrunkenen und damit offensichtlich Fahruntüchtigen die Fahrzeugschlüssel aushändigt, die dieser ihm zuvor zur Aufbewahrung anvertraut hatte, begeht Beihilfe zur Trunkenheit im Verkehr. Der Gastwirt ist aus Garantenstellung (Kap. A 15.2) verpflichtet, einen erkennbar betrunkenen Gast am Führen seines Fahrzeuges zu hindern. Die bewusste Unterlassung dieser Maßnahme wäre Beihilfe zu § 316.*

---

1) Als Vortest wendet die Polizei in NRW gem. RdErl. IM NRW v. 25.4.03 – 44.2-2743/41.3 den Drogenschnelltest „Drugwipe" der Fa Securetec an. Bei positivem Vortestergebnis ist zum forensischen Nachweis die körperliche Untersuchung inkl. Blutentnahme anzuordnen.
2) Zur Stellung des Vorsatzes/der Fahrlässigkeit im Verbrechensaufbau vgl. Sie ggf. Kap. A 12.4.
3) OLG Frankfurt a. M. mit zahlreichen Hinw. auf die Rspr. ZfS '95, 232; OLG Dresden NZV '95, 236.
4) Ein anderer Klausuraufbau kann sich nach Maßgabe der Ausführungen in Kap. A 12.4 ergeben.

Tatfolgen nach § 316: Da § 316 ein abstraktes *Gefährdungsdelikt* ist, kommt es auf den Eintritt einer Tatfolge (Gefährdung oder Schädigung anderer) nicht an. Soweit eine solche Tatfolge im Einzelfall aber eingetreten ist, muss der Tatbestand des § 315 c I 1 (Kap. B 25.3) geprüft werden.

Rechtsfolgen nach § 316: Vgl. Sie oben unter I sowie Kap. C 6.3.

Fahrerlaubnisentziehung durch die Verwaltungsbehörde

Ist im Einzelfall eine drogenbedingte *relative* FU *nicht* nachweisbar, besteht aber andererseits der auf aussagekräftige Anzeichen gestützte Verdacht der regelmäßigen oder gewohnheitsmäßigen Drogeneinnahme, kann die **Verwaltungsbehörde** die Beibringung geeigneter Gutachten anordnen §§ 11, 13, 14 FeV, z. B. eine medizinisch-psychologische Untersuchung (MPU) gem. § 20 III FeV. In Betracht kommen dafür u. a. die Haaranalyse zum Nachweis der Langzeiteinnahme und die Urinprobe zum Nachweis aktuellen Drogenkonsums.

Bestätigt die MPU den Verdacht oder kommt der Betroffene der Anordnung nicht nach (Obliegenheitsverletzung), gilt er als ungeeignet mit der Folge, dass die Verwaltungsbehörde die FE entziehen muss (§ 3 StVG).

Ergänzend wird auf die Ausführungen in Kap. D 1.9 hingewiesen.

25.3 Gefährdung des Straßenverkehrs, § 315 c I Nr. 1

I. Allgemeines

Rechtsfolge: bei Vorsatz FS – 5 J. od. GS; bei Fahrlässigkeit FS – 2 J. od. GS. Entzug der FE (§ 69 II), differenzierter in Kap. B 25.2 unter I.

Deliktstyp: Verg., OD, der Versuch ist bei Vorsatz strafbar (II); konkretes Gefährdungsdelikt, d. h. im Einzelfall muss eine derart kritische Situation bestanden haben, dass es letztlich nur noch vom Zufall abhing, ob das Rechtsgut verletzt wurde oder nicht (BGH NStZ '85, 263).

Rechtsgut: Sicherheit des Straßenverkehrs und des einzelnen Menschen (Beifahrer, anderer Verkehrsteilnehmer, auch Nicht-Verkehrsteilnehmer sowie deren Sachwerte).

Fahrer und dessen Fahrzeug (= tatnotwendiges Mittel) sowie Tatteilnehmer (Anstifter oder Gehilfen der Fahrt) sind durch § 315 c *nicht* geschützt; wohl aber der *nicht tatbeteiligte* Beifahrer, selbst wenn er sich in Kenntnis der möglichen FU zur Mitfahrt entschlossen hat (BGH NStZ '89, 73 f.).

Konkurrenzen: *Tateinheit* (§ 52) ist insbesondere möglich mit § 315 b (Gefährliche Eingriffe in den Straßenverkehr), § 222 (Fahrlässige Tötung), § 229 (Fahrlässige Körperverletzung), § 142 (Unerlaubtes Entfernen vom Unfallort), § 21 StVG (Fahren ohne Fahrerlaubnis).

Gesetzeskonkurrenz besteht zu

§ 316, der von Abs. 1 Nr. 1 verdrängt wird;

§ 323 a (Rauschtat, Kap. A 17.3), der § 315 c verdrängt (oben zu § 316).

Spezialvorschrift im Falle der Gefährdung des Schienenbahn-, Schwebebahn-, Schiffs- oder Luftverkehrs ist § 315 a I 1.

II. Ausgangsfall

Gegen Baum und parkende Pkws – Mit Alkohol – Ohne Führerschein

Düren – Erheblicher Sachschaden entstand in der Nacht zum Mittwoch bei einem Unfall in der Brückenstraße. Ein 29-Jähriger aus Düren befuhr die Brückenstraße stadtauswärts und geriet mit seinem Wagen in Höhe des Hauses Nr. 119 ins Schleudern.

Der Pkw schleuderte zunächst gegen einen Baum und dann gegen zwei parkende Autos, die beschädigt wurden. Der 29-Jährige entfernte sich unerlaubt von der Unfallstelle, wurde aber von der Polizei gestellt.

Da er unter Alkohol stand, wurde eine Blutprobe entnommen.

III. Tatbestandsaufbau

IV. Erläuterungen

Führen eines Fahrzeuges:

Zu diesen Begriffen wird auf die Ausführungen in § 316 (Kap. B 25.2) verwiesen.

Im öffentlichen Straßenverkehr:

Zum Begriff des öffentlichen Straßenverkehrs Näheres in Kap. B 25.2 zu § 316. Im *Unterschied* zu § 316 erfasst § 315 c aber *nur* Tathandlungen im öffentlichen *Straßenverkehr.*

Im Zustand der Fahruntüchtigkeit (FU):

Zum Begriff der FU gelten die Ausführungen oben zu § 316. Im *Unterschied* zu § 316 kann die FU i. S. d. § 315 c I 1 aber auch durch das Vorhandensein *anderer geistiger oder körperlicher Mängel* hervorgerufen worden sein.

Beispiele: *Sehschwäche, Schwerhörigkeit, fehlende Gliedmaßen, Schwindelanfälle, Fieber, Übermüdung, starke Schmerzzustände, Epilepsie.*

Herbeiführen einer konkreten Gefahr:

§ 315 c ist im Unterschied zu § 316 ein *konkretes* Gefährungsdelikt. Das bedeutet, dass zur Tatvollendung der *kausale* Eintritt einer *Folge* gehört, nämlich eine *konkrete* Gefahr für *andere Menschen* oder für *fremde Sachen von bedeutendem* Wert, gleichgültig, ob sie sich im oder außerhalb des öffentl. Verkehrsraums befanden.

Eine konkrete Gefahr für Leib oder Leben mitfahrender *Teilnehmer* (§§ 25 II, 26, 27) ist nach h. M. nicht ausreichend, da das Gesetz eine Gefahr für „andere", also für nicht tatbeteiligte Personen voraussetzt.[1]

Auch das vom Täter geführte (wenn auch fremde!) Fahrzeug scheidet als Gefährdungsobjekt aus. Rspr. und Lit. folgern dies daraus, dass das Fahrzeug als „tatnotwendiges Mittel", von dem die Gefahr ausgeht, nicht zugleich Schutzobjekt i. S. d. des § 315 c sein kann.[2]

1) BGH MDR '91, 360.
2) BGHSt 27, 40.

Im Übrigen sind fremde Sachen (z. B. Ladegut) sowie andere Personen (auch Verwandte) taugliche Gefährdungsobjekte, selbst dann, wenn ein Mitfahrer in eine mögliche konkrete Gefährung eingewilligt hat, denn das durch § 315 c geschützte Rechtsgut ist nicht disponibel.[1]

Eine **konkrete Gefahr** ist nach dem für Verkehrsstrafsachen zuständigen 4. Senat des BGH[2] i. S. d. §§ 315 b und c dann gegeben, „*wenn die Tathandlung über die ihr innewohnende latente Gefährlichkeit hinaus im Hinblick auf einen bestimmten Vorgang in eine kritische Situation geführt hat; in dieser Situation muss – was nach der allgemeinen Lebenserfahrung aufgrund einer objektiv nachträglichen Prognose zu beurteilen ist – die Sicherheit einer bestimmten Person oder Sache so stark beeinträchtigt worden sein, dass es nur noch vom Zufall abhing, ob das Rechtsgut verletzt wurde oder nicht. Erforderlich ist ein „Beinahe-Unfall“, also ein Geschehen, bei dem ein unbeteiligter Beobachter zu der Einschätzung gelangt, dass „das noch einmal gut gegangen sei“.*

Zur Annahme einer konkreten Gefahr für den *Beifahrer* genügt es nicht, wenn der betrunkene Fahrer lediglich einen folgenlosen Fahrfehler (z. B. Fahren in Schlangenlinien oder auf die *leere* Gegenfahrbahn) begeht. Nur wenn die körperlichen Mängel eines Fahrers einen *derartigen* Grad erreicht haben, dass er *nicht mehr* in der Lage ist, *kontrollierte Fahrmanöver* auszuführen, sind etwaige *Insassen* des von ihm geführten Fahrzeuges bereits *konkret* gefährdet.[3]

Der vorzitierte 4. Senat des BGH (Fußn. 3) gab damit seine frühere, vielfach kritisierte[4] Rspr. auf, nach der bei hoher alkoholischer Beeinflussung des Fahrers bereits auf eine konkrete Gefährdung des Beifahrers zu schließen war (z. B. BGH DAR ’85, 63; NStZ ’89, 73). Er hält dies nunmehr nur noch ausnahmsweise im vorstehenden Sinne für vertretbar.

Ob eine **Sache** von **bedeutendem Wert** ist, entscheidet sich nach ihrem *Verkehrswert,* nicht nach dem Wiederherstellungsaufwand. Das Gefährdungsausmaß braucht mit der Schadenshöhe nicht identisch zu sein. Es genügt nicht, wenn eine Sache von bedeutendem Wert in nur geringfügiger Weise gefährdet worden ist (etwa beim vorsichtigen Einparken); der drohende Schaden muss ein bedeutender gewesen sein (BayObLG DAR ’85, 241).

Die Mindestgrenze für einen bedeutenden Sachwert liegt nach der Rspr. bei *etwa* 1800 DM.[5]

Kausalität zwischen FU und Gefährdung:

Die FU muss die *Ursache* für die konkrete Gefährdung anderer Personen bzw. fremder Sachen gewesen sein (Gefahrenzusammenhang), so wie dies im Ausgangsfall oben zu II festzustellen war.

Die FU ist *dann nicht* die Ursache für die konkret eingetretene Gefahr, wenn diese *allein* durch *andere* Faktoren bewirkt wurde.

Beispiele: *Dem fahruntüchtigen Kraftfahrer läuft völlig unerwartet ein Fußgänger vor das Fahrzeug.*

Ein technischer Defekt (z. B. ein geplatzter Reifen) bewirkt, dass der Fahrzeugführer über die Fahrbahnmitte gerät und den Gegenverkehr gefährdet.

In solchen Fällen bleibt allerdings der Tatvorwurf nach § 316 bzw. § 24 a StVG bestehen. (Kap. B 25.2).

1) BGH 23, 261.
2) BGH 4StR MDR ’96, 88.
3) BGH 4StR MDR ’95, 798.
4) So z. B. durch OLG Köln NJW ’91, 3291 und BayObLG NJW ’90, 133.
5) Tröndle, SchöSchr. m. w. Nw.

Subjektiver Tatbestand[1]**:**

Vorsätzlich handelt, wer sich seiner FU bewusst ist, dennoch ein Fahrzeug führt und eine Gefährdung anderer bzw. fremder Sachen mindestens in Kauf nimmt.

Vorsätzlich-fahrlässig handelt, wer seine FU erkennt, aber darauf vertraut, dass er niemanden gefährden werde.

Fahrlässig handelt, wer nicht erkennt, dass er fahruntüchtig ist (unbewusste F.) oder wer glaubt, noch fahrtüchtig zu sein, und wer darauf vertraut, dass es nicht zur Gefährdung anderer bzw. fremder Sachen kommen werde (bewusste F.), bzw. wem der Gedanke an eine mögliche Gefährdung gar nicht gekommen ist (unbewusste F.).

Wichtig: Ist auch nur ein TBM nicht vom Vorsatz erfasst, kommt eine Bestrafung nur wegen Fahrlässigkeit in Betracht.

Für den exakten **Klausuraufbau** ist zu beachten:

1. Aspekte des Vorsatzes gehören in den subjektiven TB.
2. Bei der Fahrlässigkeitstat gibt es keinen subjektiven TB (Kap. A 14.3, A 12.4);
   - die *objektive* Komponente der Fahrlässigkeit, die Außerachtlassung der im Verkehr gebotenen Sorgfalt, ist im objektiven TB zu prüfen,
   - die *subjektive* Seite der Fahrlässigkeit, also die Frage nach der individuellen Fähigkeit, die objektive Sorgfaltspflicht zu erfüllen oder nicht, ist als sog. Fahrlässigkeitsschuld im Komplex der Schuld zu prüfen.[2]

Teilnahme: Näheres hierzu in den Ausführungen zu Kap. B 25.2.

Versuch: Der Versuch ist im Falle des Abs. I Nr. 1 mit Strafe bedroht. Der Nachweis des Versuchs wird in der Praxis indes kaum zu führen sein. Das setzte nämlich das Führen (oder zumindest den Versuch des Führens) im Zustand der FU voraus sowie den Nachweis, dass der Täter zu diesem Zeitpunkt bereit war, eine entsprechende konkrete Gefahr für andere in Kauf zu nehmen.

Der praktische Fall:

Fahrer nickte ein: Gegen Lastwagen

Einruhr – Schwere Verletzungen erlitt ein Bäcker aus dem Schleidener Raum beim Brötchenausfahren am Samstagmorgen gegen 7 Uhr. Er befuhr die Wiesenstraße in Einruhr aus Richtung Römerstraße kommend. Nach eigenen Angaben war er während der Fahrt kurz eingenickt. Deswegen kollidierte er mit einem geparkten Lastwagen.

Durch die Wucht des Aufpralls wurde der Fahrerraum seines Autos stark zerdrückt, der Mann dabei schwer verletzt.

Mit dem Unfallwagen wurde er ins Simmerather Krankenhaus gebracht, wo er stationär verblieb. Sein Auto musste abgeschleppt werden, der Schaden wird auf 18 000 Euro geschätzt.

Wie würden Sie entscheiden?

25.4 Gefährdung des Straßenverkehrs, § 315 c I Nr. 2

I. Allgemeines

Rechtsfolge: entsprechend § 315 c I Nr. 1, Kap. B 25.3.

Deliktstyp: wie vor, doch der Versuch ist nicht strafbar.

Rechtsgut: entsprechend § 315 c I Nr. 1.

Kunkurrenzen: *Tateinheit* (§ 52) entsprechend § 315 c I Nr. 1 möglich.
Spezialvorschrift im Falle der Gefährdung des Schienenbahn-, Schwebebahn-, Schiffs- und Luftverkehrs ist § 315 a I 2.

1) Zur Stellung von Vorsatz und Fahrlässigkeit im Verbrechensaufbau vgl. Sie Kap. A 12.4 und A 14.
2) Ein anderer Klausuraufbau kann sich nach Maßgabe der Ausführungen in Kap. A 12.4 ergeben.

II. Ausgangsfall

Jagd auf Opelfahrer – Drei Streifenwagen Schrott

Regensburg – Szenen wie im Krimi: Gestern früh, 2 Uhr, lieferte sich die Regensburger Polizei eine waghalsige Jagd mit einem Opel Ascona. Dessen Fahrer (22) sollte kontrolliert werden. Als er die Beamten sah, ergriff er die Flucht. Die Verfolgung begann: Es ging mit 150 durch die Innenstadt, rote Ampeln wurden missachtet, Gehwege überfahren, mehrere unbeteiligte Kraftfahrer mussten Notbremsungen vornehmen. Zum Schluss keilten drei Streifen der Polizei den Raser ein. Er besaß keinen Führerschein. Das Fahrzeug hatte er entwendet.

III. Tatbestandsaufbau

Tatbestandsmäßig handelt, wer beim

Führen eines **Fahrzeuges** im **öffentlichen Straßenverkehr**

grob verkehrswidrig **und** **rücksichtslos**

a	die Vorfahrt (hier als Vorrang) nicht beachtet *oder*
b	falsch überholt oder sonst beim Überholvorgang falsch fährt *oder*
c	an Fußgängerüberwegen falsch fährt *oder*
d	an unübersichtlichen Stellen, an Straßenkreuzungen, an Straßeneinmündungen oder an Bahnübergängen zu schnell fährt *oder*
e	an unübersichtlichen Stellen nicht die rechte Seite der Fahrbahn einhält *oder*
f	auf Autobahnen oder Kraftfahrstraßen wendet, rückwärts oder entgegen der Fahrtrichtung fährt oder dies versucht *oder*
g	haltende oder liegen gebliebenen Fahrzeuge nicht auf ausreichnde Entfernung kenntlich macht, obwohl dies zur Sicherung des Verkehrs erforderlich ist

und

dadurch (= kausal) eine **konkrete Gefahr** herbeiführt für

Leib oder **Leben** eines anderen — oder — **fremde** Sachen von **bedeutendem** Wert

Subjekt. TB: Vorsatz – Fahrlässigkeits – Kombinationen:
I: Vorsatz bzgl. *aller* TBM;
II 1 : Vorsätzl. Handeln bei *fahrlässiger* Verursachung der Tatfolge;
III 2: Fahrlässiges Handeln bzgl. aller TBM.

IV. Erläuterungen

§ 315 c I Nr. 2 erfasst die schwersten Fälle der Verletzung (= grob verkehrswidrig und rücksichtslos!) jener Verkehrsvorschriften (= 7 Todsünden!), die erfahrungsgemäß besonders häufig zu schweren Verkehrsunfällen führen.

Führung eines Fahrzeuges im öffentlichen Straßenverkehr:

Hierzu wird auf die Ausführungen oben zu § 316 (Kap. B 25.2) hingewiesen. Im *Unterschied* zu § 316 erfasst § 315 c aber nur Tathandlungen im öffentlichen *Straßenverkehr*.

Verstoß gegen eine der in Buchst. a – g genannten Verkehrsregeln:[1]

Tatbestandsmäßig ist nur die Verletzung einer der in Buchst. a-g genannten Verkehrsregeln. Andere Fehlverhaltensweisen sind nach den Bestimmungen der StVO zu beurteilen, auch dann, wenn sie zu einer konkreten Individualgefahr geführt haben. In der Praxis sind die Verstöße gegen a) und b) besonders bedeutsam.

Buchst. a) Nichtbeachten der Vorfahrt:

Ein Vorfahrtfall ist ein Verkehrsvorgang, bei dem sich die Fahrlinien zweier Fahrzeuge schneiden oder so stark nähern, dass ein reibungsloser Verkehrsablauf nur dadurch gewährleistet ist, dass ein Verkehrsteilnehmer verpflichtet wird, den anderen bevorrechtigt vorbeifahren zu lassen (BGH 11, 219). Der Vorfahrtsbegriff ist allerdings nicht nur im Sinne der §§ 8 u. 18 III StVO zu sehen, sondern in den Dimensionen des weitergefassten *Vorrangs*.

Als Vorrang gewährende Vorschriften i. S. d. § 315 c kommen folgende §§ der StVO in Betracht:

§ 6	Vorrang des Gegenverkehrs beim Vorbeifahren an Engstellen.
§ 8	Vorfahrt im eigentliche Sinne.
§ 9 III S. 1-2	Vorrang des Gegenverkehrs beim Linksabbiegen.
§ 9 III S. 3	Vorrang des Fußgängers.
§ 10	Vorrecht gegenüber Fahrzeugführern, die von einem Grundstück usw. auf die Straße oder vom Fahrbahnrand anfahren wollen (OLG Köln NZV '95, 159).
§ 18 III	Vorfahrt auf die Autobahnen und Kraftfahrstraßen.
§ 19	Vorrang auf Bahnübergängen.
§§ 35, 38 I	Pflicht, freie Bahn zu schaffen.
§§ 36, 37, 41, 42	Missachtung von Zeichen (OLG Jena NZV '95, 237); Ausgangsfall.

Buchst. b) Falsches Verhalten beim Überholen:

Ein Überholvorgang ist eine Verkehrsituation, bei der von mindestens zwei in *gleicher Richtung* fahrenden VT *einer* infolge höherer Geschwindigkeit *an dem anderen vorbeifährt* (§ 5 StVO). Ein Überholvorgang liegt aber *auch dann* vor, wenn an einem Fahrzeug vorbeigefahren wird, das verkehrsbedingt kurzfristig angehalten wurde; z. B. an einer LZA oder Bahnschranke oder an einem Hindernis, das die Fahrspur versperrt.

Beispiele:

Überholen bei Gegenverkehr ohne den erforderlichen Sicherheitsabstand.
Schneiden des Überholten beim Wiedereinordnen.
Überholen bei Nichteinhalten des erforderlichen Sicherheitsabstandes.
Rechtsüberholen (außer in den Fällen nach § 5 VII und § 7 StVO).
Rechtsüberholen unter Benutzung des Standstreifens auf der BAB (BVerfG NJW '95, 315).

Buchst. c) Falsches Fahren an Fußgängerüberwegen:

Die Vorschrift erfasst nur grob verkehrswidriges und rücksichtsloses Verhalten an Fußgängerüberwegen i. S. d. § 26 StVO, Z. 293, 350, setzt also einen sog. Zebrastreifen voraus. Eine Anwendung der Bestimmung auf *Fußgängerfurten* wäre verbotene Analogie zu Ungunsten des Täters und daher unzulässig.[2]

---

1) Nachweise bei Tröndle, SchöSchr., Jagusch/Hentschel; BVerfG NJW '95, 315.
2) OLG Hamm, VRS 91 (1996), 117.

Der allgemeine Fußgängervorrang beim Abbiegen oder im Bereich von LSA-geregelten Fußgängerfurten kann durch Ziff. a) bzw. d) geschützt sein.[1]

Buchst. d) Zu schnelles Fahren an unübersichtlichen Stellen, an Straßenkreuzungen und -einmündungen und an Bahnübergängen:

Ein zu schnelles Fahren ist stets dann gegeben, wenn es der jeweiligen Verkehrssituation nicht angemessen ist (§ 3 I StVO).

Unübersichtlich ist eine Straßenstelle, wenn die Fahrbahn durch die örtlichen Verhältnisse (Kuppen, Häuser, Bäume) oder durch sonstige Gegebenheiten dauernder (schlechte Beleuchtung) oder vorübergehender Art (Nebel, Baustelle, Dunkelheit, parkende Fahrzeuge) nicht vollständig überblickt werden kann und der VT Hindernisse infolgedessen nicht rechtzeitig bemerken und ihnen nicht sicher ausweichen kann.

Das TBM „Unübersichtlichkeit" bezieht sich nicht auf Kreuzungen, Einmündungen und Bahnübergänge.

Buchst. e) Verletzung des Rechtsfahrgebots an unübersichtlichen Stellen:

Es gilt die Rechtsfahrregel des § 2 II StVO; allerdings mit der Ergänzung / Einschränkung, dass die rechte Fahrbahnhälfte teilweise nach links überfahren worden sein muss (BGH VRS 44, 422) und dass nur solche Verstöße erfasst werden, die an unübersichtlichen Stellen (Bergkuppen, Kurven usw.) begangen wurden.

Buchst. f) Wenden, Rückwärtsfahren und Fahren entgegen der Fahrtrichtung auf BAB oder Kraftfahrstraßen, einschließlich des Versuchs hierzu:

Zum Bereich der BAB gehören auch die Auf- und Abfahrten sowie Parkplätze. Das *Unternehmen* des Wendens beginnt damit, dass der Fahrer auf den Mittelstreifen oder einen auf diesem befindlichen Notübergang einzubiegen sich anschickt. Schon das Herabsetzen der Geschwindigkeit unmittelbar vor dem Einbiegen fällt unter diesen Verstoß. Grundtatbestände sind hier: §§ 2 I, 18 VII (Z. 330, 331) StVO.

Beispiel: *Geisterfahrer.*

Buchst. g) Nichtkenntlichmachung haltender oder liegen gebliebener Fz.:

Die Tat ist ein Unterlassungsdelikt (§ 13). *Täter* kann nur sein, wer zur Kenntlichmachung verpflichtet ist, insbesondere der Fahrer, aber auch der Halter des haltenden oder liegen gebliebenen Fahrzeuges, aber auch der, der durch vorausgegangenes Tun an einem Unfall beteiligt war, auf den das Liegenbleiben eines Fahrzeuges zurückzuführen ist. Auf ein Verschulden kommt es bei der Unfallverursachung nicht an. Die Hilfspflicht gegenüber Verletzen kann vorgehen. Für Unfallbeteiligte kann eine Pflicht zur Kenntlichmachung nach § 323 c (Kap. A 15) bestehen.

Grundtatbestände sind zu Ziff. g: §§ 14 II, 15, 17 IV StVO.

Grob verkehrswidrig und rücksichtslos:

Tatbestandsmäßig ist *nicht schon jeder* im Einzelfall zu einer Individualgefahr führende Verstoß gegen die in Buchst. a – g genannten Verkehrsregeln, sondern nur der *typischerweise besonders gefährliche.*

Die grobe Verkehrswidrigkeit bezeichnet dabei die *objektiv besonders* verkehrsgefährdende Verhaltensweise.

Die Rücksichtslosigkeit beschreibt ihrerseits einen *besonderen* Grad *subjektiver* Pflichtwidrigkeit (OLG Stuttgart NJW 1967, 1766).

Beide Merkmale müssen stets *gleichzeitig* nebeneinander vorliegen. Dabei darf nicht automatisch von dem einen auf das andere Merkmal geschlossen werden.

Für den **Klausuraufbau** ist hier bereits anzumerken, dass das TBM *rücksichtslos* – ebenso wie der *Vorsatz* – zum *subjektiven TB* gehört.

---

1) KG Berlin VRS 37, 445.

Grob verkehrswidrig ist der besonders schwerwiegende Verstoß gegen die Verkehrsvorschriften.

Beispiele:

Missachtung der Vorfahrt anderer bei hoher *Geschwindigkeit, so im Ausgangsfall.*
Erhebliche *Überschreitung der zulässigen Geschwindigkeit an unübersichtlichen Stellen usw.*
Überholen bei außerordentlich *schlechter Sicht.*
Schnelles *Zufahren auf Fußgänger an Überwegen.*
Kolonnenspringen bei starkem *Gegenverkehr.*

Rücksichtslosigkeit: Hierzu unten zum *subjektiven* TB.

Konkrete Gefährdung anderer:

Die hier zu gebenden Ausführungen sind identisch mit der Handlungsweise zu § 315 c I Nr. 1. Es wird daher auf Kap. B 25.3 hingewiesen.

Kausalität zwischen Verstoß und konkreter Gefährdung:

Erforderlich ist schließlich der Nachweis der Kausalität (= Ursächlichkeit) zwischen dem Verkehrsverstoß und der eingetretenen konkreten Gefahr (*Gefahrenzusammenhang).*
In den Fällen der *Nr. 2* ist erforderlich, dass die Gefahr auf einem dort *genannten Verkehrsverstoß* beruht. Dies ist z. B. bei Nr. 2 Buchst. c) dann nicht der Fall, wenn ein Fußgänger völlig überraschend den Fußgängerüberweg wieder betritt, obwohl er auf ihm gerade erst die Fahrbahn überquert hatte. So reicht auch zu schnelles Fahren an einer Kreuzung nicht aus, wenn die Gefährdung wesentlich auf das Fehlverhalten eines Wartepflichtigen zurückzuführen ist.

Subjektiver Tatbestand:[1]

Der Täter muss vorsätzlich bzgl. der vorstehenden TBM gehandelt haben. Der objektiv zu wertende grob verkehrswidrige Verkehrsverstoß muss zudem subjektiv rücksichtslos erfolgt sein.

Vorsätzlich handelt, wer sich seines grob verkehrswidrigen Verkehrsverstoßes (Buchst. a-g) *bewusst* ist *und*
eine eventuell konkrete Gefährdung anderer als Folge seines Verhaltens (mindestens) billigend *in Kauf nimmt.*

Rücksichtslos handelt,

- wer sich im Bewusstsein seiner Verkehrspflicht aus eigensüchtigen Gründen über seine Pflichten anderen VT gegenüber hinwegsetzt (= Vorsatz!) oder
- wer aus Gleichgültigkeit erst gar keine Bedenken gegen seine Fahrweise aufkommen lässt und unbekümmert drauflosfährt (= Fahrlässigkeit!).

Das Merkmal beinhaltet eine gesteigerte subjektive Vorwerfbarkeit, d. h. eine *extrem verwerfliche Verkehrsgesinnung* (BGH VRS 13, 28 und VRS 23, 292).
Ein verständliches Motiv, etwa die Vermeidung nachteiliger Verspätung, schließt die Rücksichtslosigkeit nicht aus. Andererseits genügt grobe Nachlässigkeit *allein* nicht. Vielmehr spielen die Verkehrslage und die spezielle Motivation des Täters, seine Einstellung zur konkreten Verkehrssituation, eine wesentliche Rolle (OLG Köln Verk-Mitt. 72, 35, OLG Düsseldorf VRS 75, 351).

Beispiele:

Hineinfahren in eine unübersichtliche Kurve mit hoher Geschwindigkeit, um sein Fahrgeschick zu testen.
Überholen einer aufgeschlossenen Kolonne bei Gegenverkehr um den Preis des schnelleren Voran-kommens.
Schnelles Zufahren auf einen Fußgängerüberweg, der bereits von Fußgängern betreten worden ist, mit der Einstellung, dass sich Fußgänger einem Kraftfahrer unterzuordnen hätten.
Auch im Ausgangsfall lassen die Gesamtumstände eine rücksichtslose Gesinnung des Täters erkennen.

---

1) Zur Stellung von Vorsatz und Fahrlässigkeit im Verbrechensaufbau vgl. Sie Kap. A 12.4 und A 14.

Anmerkung: Da die Gerichte nicht von der leichter zu beschreibenden und nachzuweisenden groben Verkehrswidrigkeit auch auf die Rücksichtslosigkeit schließen dürfen, muss der Polizeibeamte danach trachten, die Einstellung des Täters zur konkreten Fahrsituation zu erfahren.

In diese Richtung weisende Äußerungen hat er aktenkundig zu machen. Die Befragung von Personen zur Sache stellt eine Vernehmung dar, so dass eine entsprechende Belehrung vorher erfolgen muss (NJW 1981, 803; Kap. C 12 Vernehmung).

Fahrlässig handelt,

- wer sich zwar seines grob verkehrswidrigen und rücksichtslosen Fahrverstoßes bewusst ist, jedoch an eine mögliche Gefährdung anderer nicht denkt oder darauf vertraut, dass sie ausbleiben werde, *oder*
- wer sich hinsichtlich seiner Fahrweise und der konkreten Gefährdung anderer gar keine Gedanken macht, obwohl er dazu in der Lage ist.

Für den exakten **Klausuraufbau**[1] ist zu beachten:

1. Aspekte des Vorsatzes und der Rücksichtslosigkeit gehören zum *subjektiven* TB.
2. Bei der Fahrlässigkeit gibt es keinen subjektiven TB (Kap. A 14.3, A 12.4);
   - die objektive Komponente der Fahrlässigkeit, die Außerachtlassung der im Verkehr gebotenen Sorgfalt, ist im objektiven TB zu erörtern,
   - die *subjektive* Seite der Fahrlässigkeit, also die Frage nach der individuellen Fähigkeit, die objektiv gebotene Sorgfaltspflicht zu erfüllen, ist als sog. *Fahrlässigkeitsschuld* im Komplex der Schuld zu prüfen.

Teilnahme: Hierzu kann auf die Ausführungen zu B 25.2 und B 25.3 I verwiesen werden. Bezüglich eines Verstoßes gemäß Buchst. g) gelten die dort festgelegten Besonderheiten.

Der **Versuch** der in Nr. 2 Buchst. a – g beschriebenen Tathandlungen ist *nicht* strafbar.

Rechtsfolgen: Vgl. Sie hierzu in Kap. B 25.2 unter I.

Fallbearbeitung:

Aretz befuhr mit ca. 120 km/h den linken Fahrstreifen der BAB 54, gefolgt von Kinski, der ihn durch Lichtzeichen wiederholt zum Einscheren nach rechts aufgefordert hatte. Aretz blieb links, weil er einen ca. 300 m vorausfahrenden Lkw überholen wollte.

Ca. 80 m hinter dem Lkw überholte Kinski den Aretz auf dem rechten Fahrstreifen und bog derart hart wieder auf den linken Fahrstreifen ein, dass Aretz sein Fahrzeug scharf abbremsen musste, um einen folgenschweren VU zu verhindern.

Der Vorfall wurde von mitfahrenden Arbeitskollegen des Aretz bestätigt. Kinski gab vor der Polizei an, aus Verärgerung gehandelt zu haben. Über mögliche Folgen habe er sich keine Gedanken gemacht.

Aufgabe: Prüfen Sie, welcher Straftat(en) Kinski verdächtig ist!

Hinweise zur Fallbearbeitung:

I. Tatbestandsmäßigkeit:

Kinski könnte ein Verkehrsvergehen gemäß § 315 c I Nr. 2 Buchst. b i. V. m. III 1 StGB begangen haben.

Das setzt voraus, dass er als Fahrzeug-Führer im öffentlichen Straßenverkehr grob verkehrswidrig und rücksichtslos beim Überholen falsch gefahren ist und dabei fahrlässig eine konkrete Gefahr für fremde Sachen von bedeutendem Wert oder für Leib oder Leben eines anderen herbeigeführt hat.

---

1) Ein anderer Klausuraufbau kann sich nach Maßgabe der Ausführungen in Kap. A 12.4 ergeben.

- Objektiver TB:
  - Fahrzeug-Führer im öffentlichen Straßenverkehr,
  - falsches Verhalten beim Überholvorgang (§ 5 StVO),
  - grob verkehrswidrig,
  - kausale Herbeiführung einer konkreten Gefahr, und zwar objektiv sorgfaltspflichtwidrig;

  jeweils definieren und nachweisen!
- Subjektiver TB:
  - Vorsatz bzgl. der grob verkehrswidrigen und rücksichtslosen Fahrweise.

II. Rechtswidrigkeit

III. Schuld

- Fahrlässigkeitsschuld
  - individueller Vorwurf der objektiv sorgfaltspflichtwidrigen Verursachung der konkreten Gefahr z. N. Aretz.

Ergebnis:

Kinski steht in begründetem Verdacht, eine Straftat nach § 315 c I Nr. 2 Buchst. b) i. V. m. III Nr.1 StGB begangen zu haben. Die Tat ist ein Vergehen und OD. Neben einer Geld- oder Freiheitsstrafe wird das Gericht als Maßregel der Besserung und Sicherung die Entziehung der Fahrerlaubnis nach § 69 StGB anordnen.[1]

Im **Ausgangsfall** ergibt sich die Tatbestandskombination §§ 242, 243, 53, 315 c I 2 StGB, § 21 StVG, § 113, 52 StBG. Das Gericht wird gem. § 69 a I S. 3 StGB im Urteil eine sog. ‚isolierte' Sperre anordnen, innerhalb derer der Opelfahrer keine Fahrerlaubnis erwerben kann.[2]

1) Zu den Konsequenzen im Vorfeld vgl. Sie Kap. B 25.2 Ziff. I.
2) Vgl. Sie auch hierzu unter Fußn. 1.

25.5 Gefährliche Eingriffe in den Straßenverkehr, § 315 b

I. Allgemeines

Rechtsfolge: FS – 5 J. od. GS bei Vorsatz bzgl. Tathandlung und -folge (I).
FS ab 1 J. im Qualifikationsfall (III).
FS – 3 J. od. GS bei fahrlässiger Herbeiführung der Gefahr (IV).
Entzug der FE gem. § 69 I möglich, wenn das vom Täter geführte Fz. als Tatwaffe eingesetzt wurde. In diesem Fall unterliegt das Fahrzeug auch als Tatwerkzeug der Einziehung (§ 74).
FS – 2 J. od. GS bei Fahrlässigkeit bzgl. Tathandlung u. -folge (V).
Im Falle „Tätiger Reue" kann das Gericht die Strafe mildern oder ganz von einer Bestrafung nach § 315 b absehen, wenn der Täter freiwillig die Gefahr abgewehrt hat, bevor ein erheblicher Schaden entstehen konnte (§ 320 II Nr. 2).

Deliktstyp: Verg., OD; der Versuch ist strafbar (II);
Verbr. i. S. d. III, der auf § 315 III verweist;
konkretes Gefährdungsdelikt.

Rechtsgut: Sicherheit des öffentlichen Straßenverkehrs (§ 1 StVO).

Konkurrenzen: *Idealkonkurrenz* (§ 52) ist u. a. möglich mit
- Mord oder Totschlag, §§ 211, 212 (Kap. B 14);
- Körperverletzung, §§ 223 ff. (Kap. B 16);
- Gefährdung des Straßenverkehrs, § 315 c (Kap. B 25.3, B 25.4);
- Widerstand gegen Vollstreckungsbeamte, § 113 (Kap. B 2).

Realkonkurrenz (§ 53) kommt u. a. in Betracht mit „Unerlaubtem Entfernen vom Unfallort", § 142 (Kap. B 25.6).
Spezialvorschrift im Falle gefährlicher Eingriffe in die Sicherheit des Bahn-, Schiffs- und Luftverkehrs ist § 315 (Kap. B 25.1).

Verhältnis § 315 b/§ 315 c: § 315 b erfasst grds. nur von *außen* kommende *verkehrsfremde* Eingriffe. Etwas anderes gilt aber insbesondere, wenn ein Fz-Führer sein Fahrzeug als Tatwaffe und damit zweckentfremdet, mit verkehrsfeindlicher Motivation und mit Schädigungsvorsatz[1], einsetzt, so ggf. im Ausgangsfall 2. Allein fehlerhafte Verkehrsteilnahme wird von § 315 c bzw. von der StVO erfasst, auch wenn sie von einem Gefährdungsvorsatz umfasst war.

II. Ausgangsfälle

1. Steinwerfer traf Windschutzscheibe
Zusmarshausen – Ein faustgroßer Stein wurde am Montagabend von einer Autobahnbrücke im Landkreis Augsburg auf einen Personenwagen geworfen. Dabei zersplitterte nach Angaben der Polizei vom Dienstag die Windschutzscheibe. Trotz hoher Geschwindigkeit gelang es dem Fahrer, seinen Wagen zum Stehen zu bringen. Der Vorfall ereignete sich in der Nähe von Zusmarshausen auf der Autobahn Ulm-Augsburg. Die beiden Insassen wurden nicht verletzt. Sie beobachteten drei Jugendliche, die kurz nach dem Anschlag mit Mofas fluchtartig die Brücke verließen.

2. Belgier ignorierte Polizeikontrolle
Aachen – Nur noch mit einem Sprung in den Straßengraben konnte sich ein Polizeibeamter vor einem Verkehrsrowdy in Sicherheit bringen, der nachts eine Kontrolle der Polizei vermeiden wollte.

Zunächst bremste der Fahrer vor der Verkehrskontrolle auf der Raerener Straße, im Einmündungsbereich zur Kesselstraße, ab, beschleunigte jedoch wieder und fuhr mit Vollgas auf den kontrollierenden Beamten zu.

Am belgischen Grenzübergang konnte der Fahrer, ein Belgier, in Zusammenarbeit mit der belgischen Polizei gestellt werden.

1) BGH 4 StR 228/02 v. 20.02.03.

III. Tatbestandsaufbau

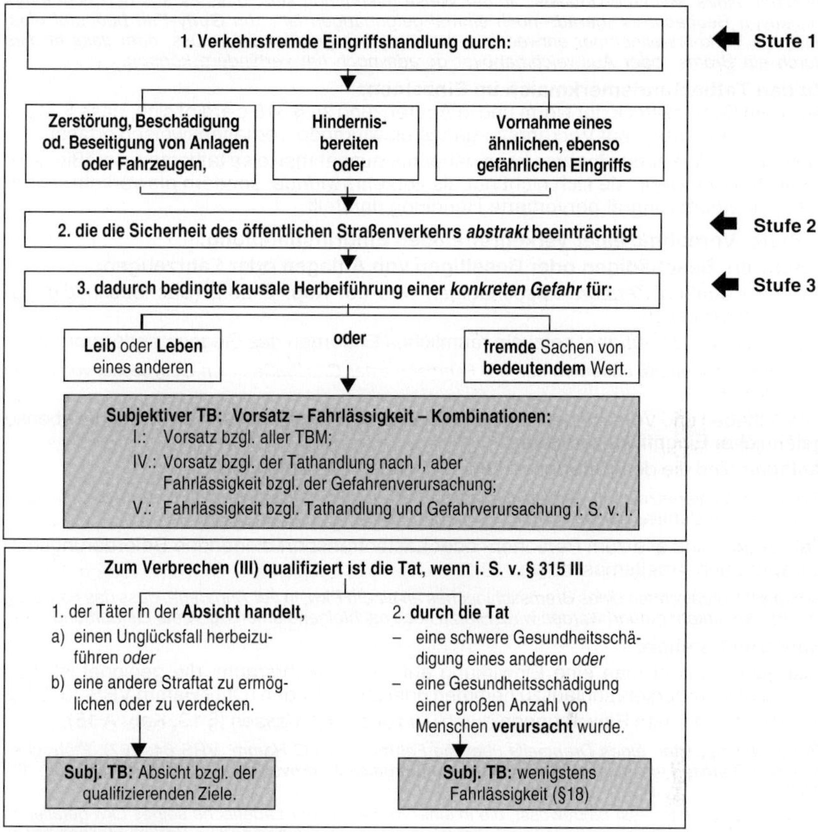

IV. Erläuterungen

Der Tatbestandsaufbau im Überblick:

Der Tatbestand des § 315 b ist dreistufig aufgebaut. Erforderlich ist danach,

- eine Eingriffshandlung nach I Nr. 1 - 3 (1. Stufe),
- die abstrakt die Sicherheit des Straßenverkehrs gefährdet (2. Stufe), und
- die sich zu einer konkreten verkehrsspezifischen Gefahr für eines der genannten Schutzobjekte verdichtet (3. Stufe).

Stufe 2 und 3 können auch zeitlich zusammenfallen (Ausgangsfall 1).

1. Stufe: Vornahme einer bestimmten verkehrsfremden Eingriffshandlung.

Beispiel: *Jugendliche entfernen einen Gullydeckel aus einer Ortsstraße, um einen erhofften Verkehrsunfall beobachten zu können.*

2. Stufe: Bewirkung einer abstrakten Gefahr für die Sicherheit des Straßenverkehrs.

Beispiel: *Das ungesicherte Gullyloch stellt ein erhöhtes Unfallrisiko für Verkehrsteilnehmer dar.*

3. Stufe: Verdichtung dieser abstrakten Verkehrsgefahr zu einer konkreten verkehrsspezifischen Gefahr für eines der genannten Schutzgüter.

Beispiel: *Nach BGH NJW '95, 3131 f. muss es mindestens zu einer kritischen Verkehrssituation im Sinne eines „Beinahe-Unfalles" in der Weise gekommen sein, dass es aus der Sicht eines objektiven Beobachters „gerade noch einmal gutgegangen ist". Im* ***Gully-Fall*** *bedeutet dies, dass ein Verkehrsteilnehmer entweder in das Gullyloch geraten sein muss, oder dass er dies durch ein Brems- oder Ausweichmanöver gerade noch hat verhindern können.*

Zu den Tatbestandsmerkmalen im Einzelnen:
Aus dem Schutzzweck der Norm und in Abgrenzung zu § 315 c ergibt sich, dass § 315 b *grds.* nur von *außen* auf Verkehrsvorgänge einwirkende Verhaltensweisen erfasst.

Fehlerhafte Verkehrsteilnahme kann daher nur ausnahmsweise tatbestandsmäßig sein, nämlich dann, wenn sie sich nicht nur als verkehrs*widrige*, sondern als verkehr*sfeindliche*, zu einem Eingriff pervertierte Handlung darstellt.

1. Stufe: Vornahme einer verkehrsfremden Eingriffshandlung:

Zerstören, Beschädigen oder Beseitigen von Anlagen oder Fahrzeugen:

Zu den Begriffen *Zerstören/Beschädigen* wird auf Kap. B 23.2 (Sachbeschädigung, § 303) hingewiesen.

Das Merkmal *„Beseitigen"* setzt ein räumliches Entfernen des Gegenstandes voraus.

Beispiel: *Unbekannte* entfernen *aus der Fahrbahn einer Ortsstraße einen Gullydeckel von 80 cm Durchmesser.*

Das Anheben und Verschieben des Gullydeckels wäre infolgedessen als ‚ähnlicher ebenso gefährlicher Eingriff' zu verstehen.

Anlagen sind die dem Straßenverkehr dienenden Einrichtungen.

Beispiele: *Verkehrszeichen, Lichtzeichenanlagen, Fahrbahnmarkierungen, Absperrungen, die Fahrbahn oder der Gehweg selbst.*

Fahrzeuge sind alle zum Personen- oder Lastentransport dienenden Beförderungsmittel, aber auch Arbeitsmaschinen.

Beispiel: *Durchtrennen eines Bremsschlauches an einem Pkw, in der Annahme, dass das Fahrzeug im Straßenverkehr geführt werden wird. Hierzu noch nachfolgend unter ‚Konkrete Gefährdung ...'.*

Hindernisbereiten:
Hierunter versteht man eine Einwirkung auf den Verkehrsraum, die geeignet ist, den reibungslosen Verkehrsablauf zu hemmen oder zu gefährden (OLG Hamm VRS 30, 356).

In Betracht kommen Einwirkungen durch *Tun* oder *Unterlassen* (§ 13, Kap. A 15).

Beispiele: *Spannen eines Drahtseils über die Fahrbahn (OLG Hamm, VRS 64, 267). Plötzliches scharfes Bremsen vor einer LZA, um einen Auffahrunfall zu provozieren (BGH NStZ '85, 267; '92, 182).*

Ein Kfz-Fahrer unterlässt es bewusst, die in einer Kurve von der Ladefläche seines Lkw gefallenen Bretter von der Fahrbahn zu beseitigen. Ihm ist es gleichgültig, wenn andere Verkehrsteilnehmer zu Schaden kommen.

Anmerkung: Ein Hindernisbereiten durch *Tun* kann im letzten Beispiel nicht vorliegen, da die unsachgemäße Verstauung der Ladung (Tun) von den §§ 1, 22, 23 StVO erfasst wird. Das bewusste Nichtentfernen des Ladegutes stellt sich erst als verkehrsfremder Eingriff in der Form des Hindernisbereitens durch *Unterlassen* (§ 13) dar, wenn der Täter mit mindestens bedingtem Schädigungsvorsatz handelt (BGH 4 StR 228/02 v. 20.2.2003).

Vornahme eines ähnlichen, ebenso gefährlichen Eingriffs:
Diese Umschreibung ist als *Generalklausel* zu verstehen, die sämtliche Verhaltensweisen erfassen soll, die unmittelbar auf Verkehrsvorgänge einwirken und den Eingriffen nach Nr. 1 und 2 in ihrer Art und Intensität entsprechen.

Beispiele: *Ausgangsfall „Steinwerfer ..." Eingreifen in das Lenkrad als Beifahrer, um einen Unfall zu verursachen. Ausgangsfall „Belgier ignorierte Polizeikontrolle". Versetzen eines Einbahnstraßenschildes in entgegengesetzter Richtung. Abgabe falscher Zeichen oder Signale als verkehrsfremder Außeneingriff.*

Verkehrsteilnahme kann ausnahmsweise „einen ähnlichen ebenso gefährlichen Eingriff" beinhalten. Das setzte aber nach der Rspr. des BGH (z.B. BGH NStZ-RR 2000, 343) bisher schon voraus, dass ein Fahrzeug in verkehrsfeindlicher Einstellung bewusst zweckwidrig – quasi als Tatwaffe – eingesetzt worden war und der Verkehrsvorgang somit zu einem groben Eingriff „pervertierte".

Fallgruppen *dieser Art waren:*

- Gezielter Fahrzeugeinsatz, um fremde Rechtsgüter zu beschädigen (z. B. Autobumser-Fall).
- Handeln mit Nötigungsabsicht:
  - Zufahren auf eine Person, um die Freigabe des Weges zu erzwingen (Parklücken-Fall oder scharfes Zufahren auf den querenden Fußgänger).
  - Abdrängen eines Fahrzeuges, um das Überholtwerden zu verhindern (sog. Polizeiflucht).
  - Abruptes Abbremsen des Fahrzeuges, um den Nachfolgenden zur Vollbremsung zu zwingen.

BGH 4 StR 228/02 v. 20.2.2002 engt die Voraussetzungen noch weiter in dem Sinne ein, dass der Täter in der Absicht gehandelt haben muss, durch die Verkehrsteilnahme in die Sicherheit des Straßenverkehrs einzugreifen, und zwar mit **mindestens bedingtem Schädigungsvorsatz.**

Eine Pervertierung in diesem Sinne ist danach nicht mehr gegeben, wenn der Täter sein Fahrzeug z.B. als Fluchtfahrzeug, somit zu Verkehrszwecken" verwendet, auch wenn er dabei zum Zwecke des Fortkommens mit Gefährdungsvorsatz handelt.

Beispiel: *Im Ausgangsfall 2 wäre daher der Nachweis zu führen, ob der Fahrer mit bedingtem Schädigungsvorsatz auf den Polizeibeamten zufuhr. Falls der Nachweis nicht gelingt, scheidet der Tatbestand des § 315 b I aus und mit ihm natürlich auch die Qualifikation nach III.*
Den Tatbestand des versuchten Mordes oder Totschlags – für Handlungen wie im Ausgangsfall 2 – hatte der BGH schon früher (DAR '92, 347) einengend kritisch gewertet. Er vertrat die Auffassung, dass es den Polizeibeamten meist gelinge, sich aus der Gefahrensituation zu bringen und die Täter im Allgemeinen mit einer derartigen Reaktion rechnen. Sie nähmen zwar um ihres Zieles willen eine Gefährdung in Kauf, i.d.R. aber nicht die Tötung. Vor dem Tötungsvorsatz stehe eine viel höhere Hemmschranke. Daraus ergäben sich besondere Anforderungen an die Feststellung des inneren Tatbestandes.
Gelingen die geforderten Nachweise nicht, bleibt i.d.R. nur der Tatvorwurf i.S.v. § 113 I, II Nr. 2 (Kap. B 2).

2. Stufe: Beeinträchtigung der Sicherheit des öffentlichen[1] Straßenverkehrs

Die tatbestandliche Eingriffshandlung muss die Sicherheit des Straßenverkehrs beeinträchtigt haben. Dies ist der Fall, wenn durch die Tathandlung die normale abstrakte Verkehrsgefahr so gesteigert worden ist, dass konkrete Gefahren deutlich werden.

Beispiel: *Jugendliche entfernen das Zeichen 220 (Einbahnstraße), um das Fahrverhalten der Kraftfahrer zu beobachten. Die alarmierte Polizei konnte vor Eintritt einer konkretne Unfallsituation eingreifen (§ 315 b I, II).*
Gegenbeispiel: *Um sich zu revanchieren, fuhr ein Pkw-Fahrer langsam an den Pkw seines abwesenden Widersachers heran und drückte dessen Fahrertür großflächig ein. Danach setzte er zurück und entfernte sich. Der BGH (4 StR 233/01 v. 15.11.01) sah durch das vorsichtige Heranfahren an den Pkw die Sicherheit des öffentlichen Straßvenverkehrs nicht beeinträchtigt. Damit fehlte die notwendige Zwischenstufe zwischen Eingriff und konkreter Gefahr für fremde Sachen von bedeutendem Wert. Erschöpft sich der Eingriff (Anfahren des Pkw) in der konkreten Gefährdung oder Schädigung (Beschädigung des Pkw), scheidet der Tatbestand des § 315 b also aus (BGH NStZ-RR '98, 187). Im Gegenbeispiel erkannte der BGH auf § 303, die Frage der Unfallflucht (§ 142) klammerte er gem. § 154 a II StPO aus.*

Die hier vorliegende deliktische Handlung der Sachbeschädigung barg keine verkehrstypischen oder -spezifischen Gefahren des Straßenverkehrs in sich. Eine Auswirkung auf das *allgemeine* Verkehrsrisiko war nicht gegeben.

Andererseits ist eine *zeitliche* Differenz (Stufe 2) zwischen Eingriffshandlung (Stufe 1) und konkreter Gefahr oder Schädigung (Stufe 3) für die Annahme einer vollendeten Tat nicht geboten. § 315 b I Nr. 3 ist daher auch dann erfüllt, wenn die Tathandlung *unmittelbar*

1) Kap. B 25.2 IV.

zu einer entsprechenden Gefährdung führt und dieser Erfolg sich als Steigerung der durch die Tathandlung bewirkten abstrakten Gefahr für die Sicherheit des Straßenverkehrs darstellt (BGH 4 StR 103/02 v. 4.12.2002).

Beispiel: *Ausgangsfall 1.*

3. Stufe: Konkrete Gefährdung anderer:
Da § 315 b ein *konkretes* Gefährdungsdelikt ist, muss es zum Eintritt einer Gefahr für Leib oder Leben anderer oder fremder Sachen von bedeutendem Wert gekommen sein (ab ca. 1 000,- Euro). Ähnlich wie beim TB des § 315 c fordert die Rspr. auch hier, *„dass die Tathandlung über die ihr innewohnende latente Gefährlichkeit hinaus im Hinblick auf einen bestimmten Verkehrsvorgang in eine kritische Situation geführt hat.*[1]

Die bloße Inbetriebnahme eines Fahrzeuges, dessen Bremsanlage der Täter beschädigt hat, kann für die Annahme einer solchen Gefahr nicht ausreichen.[2]

Dem BGH lag ein **Fall** zugrunde, in dem jemand an dem Pkw einer Frau den zum rechten Hinterrad führenden Bremsschlauch durchtrennt hatte, um dieser einen ‚gehörigen Schrecken' einzujagen. Als die Frau nach ca. 500 m Fahrt an einer Rotlicht zeigenden LZA bei einer Geschwindigkeit von ca. 40 km/h anhalten wollte, funktionierte die Bremse nicht. Instinktiv ergriff sie die Handbremse und brachte den Pkw, in dem sich auch ihre Tochter befand, auf Höhe der Fußgängerfurt, in der sich kein Fußgänger befand, zum Stillstand.

Der BGH erkannte in dem **Bremsschlauch-Fall** daher nur auf „versuchten gefährlichen Eingriff in den Straßenverkehr in Tateinheit mit Sachbeschädigung" (§§ 315 b I 1, II, 22; 52, 303). Der Verbrechenstatbestand nach § 315 b III schied aus, da dem Täter nicht die *Absicht* nachzuweisen war, dass er einen Unglücksfall herbeiführen wollte.

Kausalität zwischen Eingriff und Gefahr:
Erforderlich ist, dass die Tathandlung eine abstrakte Gefahr für die Sicherheit des öffentlichen Straßenverkehrs bewirkt, die sich zu einer konkreten Gefahr für die genannten Schutzobjekte verdichtet. Derart verkehrsspezifische Gefahren müssen in einer inneren Verbindung mit der Dynamik des Straßenverkehrs stehen (BGH NJW '02, 626 f.).Der Eintritt der konkreten Gefahr darf nicht ausschließlich auf andere Ursachen zurückzuführen sein (zur Kausalität Näheres in Kap. A 13.7).

Beispiel: *Bevor sich die Wirkung des böswillig gelösten Bremsschlauches kritisch auswirken kann, fährt der Fahrer aus Unachtsamkeit – ohne zu bremsen – auf einen Vordermann auf (§§ 315 b I, II, 22, 23; 52, 303).*

Subjektiver Tatbestand:[3]
Die Vorsatz – Fahrlässigkeit – Kombinationen ergeben sich oben aus der Tatbestandsskizze.

Der **Versuch** des gefährlichen Eingriffs in den Straßenverkehr ist nur strafbar, wenn der Vorsatz des Täters in den Fällen I und III auf die Verwirklichung *aller* TBM gerichtet ist.

Verbrechenstatbestand: *Beabsichtigt* (= direkter Vorsatz! Zum Begriff Näheres in Kap. A 14.1) der Täter mit seinem gefährlichen Eingriff, einen Unglücksfall (= plötzlicher Eintritt eines erheblichen Personen- oder Sachschadens) herbeizuführen *oder* eine andere Straftat zu ermöglichen oder zu verdecken, so ist die Tat ein *Verbrechen.*

Beispiele:
Ausgangsfall „Steinwerfer", wenn die Täter einen erheblichen Personen- oder Sachschaden verursachen wollten. Hierauf wird die Polizei ihre Ermittlungstätigkeit mit besonderer Sorgfalt richten müssen.
Ausgangsfall „Belgier ignoriert Polizeikontrolle", wenn der Täter die Aufklärung einer Straftat (z. B. Diebstahl des von ihm gelenkten Fahrzeuges §§ 242, 243), Trunkenheit im Verkehr (§ 316) oder Fahren ohne Fahrerlaubnis (§ 21 StVG) verhindern wollte *(§ 315 b I, III, § 52, § 113 I, II) und i. S. v. I schon mit mindestens bedingtem Schädigungsgrundstz handelte.*

1) BGH 4StR MDR '95, 786.
2) BGH 4StR MDR '96, 88, ebenso BGH NStZ-RR '98, 187 oder BGH 4 StR 233/01 v. 15.11.01.
3) Zur Stellung von Vorsatz und Fahrlässigkeit im Verbrechensaufbau vgl. Sie Kap. A 12.4 und A 13.6, zum Aufbau der Fahrlässigkeitstat Kap. A 14.3.

Das gilt auch dann, wenn der Täter vorsätzlich i. S. v. I gehandelt hat und dadurch eine schwere Gesundheitsschädigung anderer Menschen *oder* eine Gesundheitsschädigung einer großen Menschenzahl i. S. v. § 18 wenigstens fahrlässig verursachte.

Fall: Täter entfernen einen Gully aus der Fahrbahn und beobachten die Ausweichmanöver der Kraftfahrer. Dabei ereignet sich ein Auffahrunfall, bei dem eine Person schwer oder eine Vielzahl von Menschen verletzt wird (Massenunfall).

25.6 Unerlaubtes Entfernen vom Unfallort, § 142

I. Allgemeines

Rechtsfolge: FS – 3 J. od. GS.; i. d. R. Entzug der FE, § 69 I, II, § 69 b; ersatzweise Verhängung eines Fahrverbotes, § 44[1]; Einziehung des Fluchtfahrzeuges, § 74.[2]
Obligatorische Strafmilderung bzw. fakultatives Absehen von Strafe bei VU mit nicht bedeutendem Sachschaden im ruhenden Verkehr, wenn der UB innerhalb von 24 Std. Feststellungen nach III nachträglich ermöglicht (IV).

Deliktstyp: Vergehen, OD; der Versuch ist *nicht* strafbar.
Echtes UD i. S. d. Verletzung der Nachholpflicht (II, III).
Die Tathandlung erfordert Vorsatz.

Rechtsgut: Feststellungs- und Beweisinteresse der Unfallbeteiligten und -geschädigten zwecks Sicherung berechtigter und Abwehr unberechtigter Schadenersatzansprüche, die sich i. d. R. aus § 823 BGB ergeben.[3]

Konkurrenzen: Je nach Handlungsablauf, Zeitpunkt und Art des Tatentschlusses kommen *Tateinheit (§ 52)* oder *Tatmehrheit (§ 53)* insbes. in Betracht mit:
- fahrlässiger Tötung bzw. Körperverletzung, §§ 222, 229 (B 14.1, B 16);
- Aussetzung, Unterlassener Hilfeleistung, §§ 221, 323 c (B 15, A 15);
- Trunkenheit im Verkehr, Gefährdung des Straßenverkehrs, §§ 316, 315 c (B 25. 2 – B 25.4);
- gefährlichem Eingriff in den Straßenverkehr, § 315 b (B 25.5);
- Widerstand gegen Vollstreckungsbeamten, § 113 (B 2).

Soweit durch die Tatverwirklichung des § 142 auch der TB des § 34 StVO erfüllt ist (Gegenüberstellung am Ende dieses Kap.), tritt dieser gem. § 21 OWiG zurück.

II. Ausgangsfälle

Fall 1: Gefasst nach Unfallflucht

Stolberg – Ein Unfallflüchtiger konnte durch rasches Handeln der Polizei kurz nach seiner Tat gefasst werden. In der Pfingstnacht war er auf der Straße Krewinkel nach links von der Fahrbahn abgekommen und gegen einen Mauerpfeiler geprallt, der unter der Wucht des Anstoßes umstürzte. Der Fahrer hatte seine Fahrt unbekümmert fortgesetzt. Da sich aber am Mauerpfeiler Lackspuren seines Fahrzeuges befanden, konnte die Polizei das Fahrzeug schnell finden und kurz danach auch den Fahrer. Der stand unter Alkohol, so dass ihm eine Blutprobe entnommen wurde.

Fall 2: Älteres Ehepaar bei Stoß aus einem Bus verletzt. Täterin nach Flucht ergriffen.

Berlin – In einem Linienbus der Berliner Verkehrsbetriebe war es zwischen einem Rentnerehepaar und einer Frau A zu einem Streitgespräch gekommen. Als die drei Personen an der nächsten Haltestelle ausstiegen, versetzte die A dem Mann einen Stoß, so dass er mit seiner Frau aus dem Bus stürzte und sich beide auf dem Gehweg verletzten. A sprang über die beiden hinweg und rannte davon. Ein Fahrgast rannte ihr nach und ergriff Sie zwecks Identitätsfeststellung ...

---

1) Differenzierter in Kap. B 25.2.
2) Zur Beschlagnahme des Führerscheines vgl. Sie Kap. C 6.3, zur Beschlagnahme des Tatfahrzeuges als Beweismittel Kap. C 6.2, des Fluchtfahrzeuges als Einziehungsgegenstand Kap. C 6.4.
3) Vgl. Sie hierzu die Ausführungen in Kap. A 22.

III. Tatbestandsaufbau

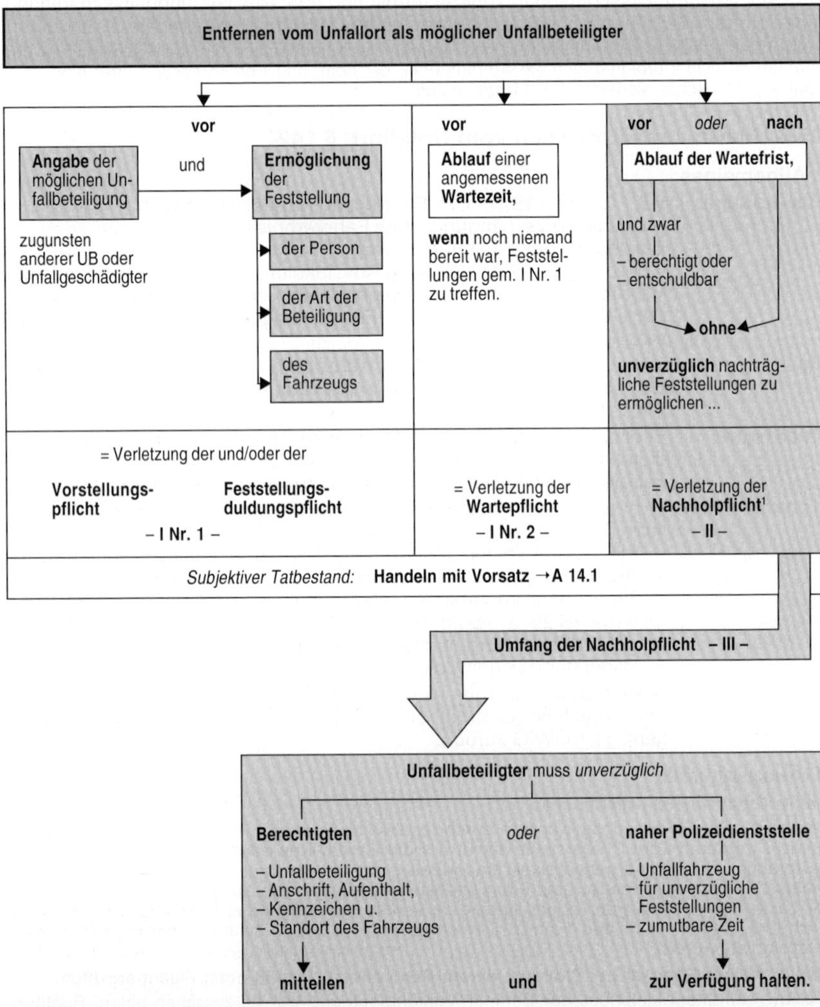

→Für den UB, der seine Pflicht aus I Nr. 1 erfüllt hat, ist die Nachholpflicht (II, III) nicht verbindlich. Die Nachholpflicht ist auch für den UB bedeutungslos, der seine Pflicht aus I Nr. 1 oder I Nr. 2 bereits rechtswidrig und schuldhaft verletzt hat; ihre spätere Erfüllung könnte allenfalls strafmildernd wirken.

Eine neue Verpflichtung – die Nachholpflicht, II, III – entsteht also *nur für den* UB, der sich (straflos) vor oder aber nach Einhaltung der Wartepflicht entfernt hat. Nur er *muss* nachfolgend tätig werden.

IV. Erläuterungen[1]

Unfall im Straßenverkehr ist ein plötzliches Ereignis, das mit den typischen Gefahren des öffentlichen Straßenverkehrs (§ 1 StVO) in *ursächlichem* Zusammenhang steht und zu einer nicht ganz unerheblichen Verletzung von Menschen oder zu einem nicht ganz belanglosen Sachschaden geführt hat. Die Mindesthöhe des Sachschadens liegt nach der insofern nicht einheitlichen Rspr. gegenwärtig bei ca. 25 Euro.

Das Unfallereignis beruht nur dann auf den typischen Gefahren des Straßenverkehrs, wenn es die *direkte* Folge eines Verkehrsvorganges ist. In dem Schaden muss sich zumindest dem äußeren Erscheinungsbild nach ein für den Straßenverkehr typisches Unfallrisiko realisiert haben ..., auch wenn der Unfall von einem der Verkehrsteilnehmer vorsätzlich herbeigeführt wurde, z. B. in dem Fall, dass ein Unfallfahrer bei seiner riskanten Fahrweise, die eventuelle Beschädigung eines anderen Fahrzeuges oder Gegenstandes am Fahrbahnrand in Kauf genommen hat.

Im **Ausgangsfall 2** oben hatte das Kammergericht (1 Ss 180/06) zu entscheiden, ob A (u.a.) den Tatbestand des § 142 erfüllt hatte. Es stellte fest, dass die Auseinandersetzung innerhalb des Busses mangels Zusammenhanges mit den Gefahren des öffentlichen Straßenverkehrs keinen Unfall i. S. v. § 142 darstelle und deshalb auch keine strafbewehrte Verhaltenspflicht zur Ermöglichung einer Aufklärung des Geschehens ausgelöst habe. Das KG hatte u. a. noch zu entscheiden, ob die A den TB der Körperverletzung vorsätzlich oder fahrlässig erfüllt hatte.

Die Rspr. verneint einen VU i. S. v. § 142, wenn der Täter ein Kfz allein aufgrund deliktischer Planung in verkehrsatypischer Weise *ausschließlich* als *Tatwerkzeug* benutzt.

Argument: In derartigen Fällen wird nicht das von § 142 erfasste verkehrstypische Unfallrisiko, sondern das allgemeine Lebensrisiko verwirklicht (z. B. OLG Hamm 4 Ss 130/07).

Beispiele: *Der straßenverkehrsspezifische Gefahrenzusammenhang ist noch bejaht worden beim Schlag eines sich bedrängt fühlenden und verärgerten Fußgängers gegen die Windschutzscheibe eines Pkw, die dabei riss; auch beim Anstoßen mit einem Einkaufswagen an einen im öffentl. Verkehrsraum (Parkplatz eines Einkaufscenters) geparkten Pkw oder beim Anstoßen eines geparktem Fahrzeugs mit einem ungeschickt hantierten Mülleimer (NStZ '07, 100).*

Der typische Gefahrenzusammenhang wurde hingegen nicht gesehen im Werfen von Gegenständen aus einem fahrenden Fahrzeug auf geparkte Fahrzeuge (§ 303).

Unbedeutend ist auch der Ort des Schadenseintritts, z. B. überfahrene Laterne in einem Vorgarten.

Wurde das Fahrzeug hingegen nur im nichtöffentlichen Gelände gesteuert (Kasernen- oder kontrolliertes Werksgelände), kommt ein Unfall i. S. d. § 142 nicht in Betracht. Rechtsfolgen ergeben sich natürlich auch hier aus §§ 823 ff. →A 22.

Unfallbeteiliger (UB) ist nach der *Legaldefinition* des § 142 V jeder, dessen Verhalten *nach den Umständen* zur Verursachung des VU beigetragen haben *kann.*

Beispiel: *Ein Fußgänger veranlasst einen Fahrzeugführer (A.) zu einem Ausweichmanöver, wodurch ein Dritter (B.) mit seinem Fahrzeug von der Fahrbahn abgedrängt wird und gegen ein auf einem Parkstreifen abgestelltes Kleinkraftrad (C.) stößt.*

UB sind in diesem Fall der Fußgänger sowie die Fahrzeugführer A. und B.

Das **OLG Düsseldorf** (NVZ '92, 157) definiert die UB folgendermaßen:

„Erforderlich für die Annahme der Unfallbeteiligung ist nicht, dass jemand den Unfall tatsächlich (mit-) verursacht oder gar (mit-) verschuldet hat. Ausreichend hierfür und für die Begründung seiner Wartepflicht ist, dass er dem äußeren Anschein nach den Unfall (mit-) verursacht haben *kann.* Die Wartepflicht trifft deshalb jeden zur Unfallzeit am Unfallort Anwesenden, gegen den nach den Umständen der nicht ganz unbegründete Verdacht einer irgendwie gearteten Mitverursachung des Unfalls erhoben werden kann. Wenn sich der Wartepflichtige keiner Schuld an dem Zustandekommen des Unfalls bewusst ist, und deshalb keine Veranlassung zum Warten gesehen hat, hat er sich nicht in einem Tatbestandsirrtum, sondern lediglich in einem Verbotsirrtum i. S. d. § 17 StGB befunden."

1) Nachweise bei Tröndle/Fischer, SchöSchr., Hentschel.

Anm. zur Irrtumslage: Während der Tatbestandsirrtum nur den Vorsatz ausschließt, aber Bestrafung wegen Fahrlässigkeit zulässt, die § 142 allerdings nicht vorsieht, bewirkt der Verbotsirrtum als Schuldelement Straflosigkeit, allerdings nur dann, wenn er für den Täter unüberwindbar war, ansonsten kann er nur mit einer *Strafmilderung* rechnen. Näheres zu dieser Problematik in Kap. A 14.2 und A 17.5.

Sichentfernen vom Unfallort:
Unfallort ist die Stelle, an der sich der VU ereignet hat bzw. die beteiligten Fahrzeuge zum Stillstand gekommen sind, samt deren *unmittelbare* Umgebung (z. B. Gehweg oder naher Parkplatz, auf den sich der UB begeben darf, um nicht durch den Verkehr gefährdet zu sein).

Sichentfernen vom Unfallort setzt eine *gewollte Ortsveränderung* voraus, und zwar ausschließlich vom Unfallort und nicht von einem anderen Ort, z. B. Krankenhaus.

Eine nicht vom Willen des Unfallbeteiligten getragene Entfernung erfüllt den TB weder nach Abs. I noch nach Abs. II.

Beispiel: *Abtransport eines UB vom Unfallort in bewusstlosem Zustand.*

Eine Ortsveränderung ist dann gegeben, wenn sich der Täter so weit entfernt hat, dass er seine Pflicht, einem Berechtigten seine Unfallbeteiligung zu offenbaren, nicht mehr erfüllen kann oder wenn er den Bereich verlassen hat, in dem eine feststellungsbereite Person unter den gegebenen Umständen den Wartepflichtigen vermuten oder durch Befragen ermitteln würde.

Maßgeblich sind für die Beurteilung des Sichentfernens letztlich die Umstände des Einzelfalles, unabhängig von der zurückgelegten Distanz in Metern.

Beispiel: *Mitbeteiligter Fußgänger begibt sich in die Menge Schaulustiger = Flucht.*

Pflicht, Feststellungen am Unfallort zu ermöglichen, I Nr. 1:
Diese Pflicht ist dann verletzt, wenn ein UB sich vom Unfallort entfernt, bevor dem Feststellungsinteresse des/der anderen UB bzw. Geschädigten objektiv in vollem Umfang Genüge getan ist; so im **Ausgangsfall 1**.

Als Feststellungsinteressent kommt jeder in Betracht, der sich am Unfallort befindet oder dorthin kommt, insbesondere der andere Unfallbeteiligte oder Geschädigte *(Feststellungsberechtigte).*

Feststellungsbereit ist aber nur die Person, die fähig und willens ist, zugunsten des Unfallgeschädigten Feststellungen zu treffen und weiter zu geben.

Der Feststellungsberechtigte kann die Anwesenheit des UB bis zum Eintreffen der Polizei grundsätzlich auch dann verlangen, wenn er alle für etwaige Schadenersatzansprüche bedeutsamen Feststellungen selbst treffen könnte.

Dies gilt auch dann, wenn der UB namentlich bekannt ist oder seine Schuld schriftlich pauschal anerkennt.

Auf die Höhe des Unfallschadens kommt es dabei grundsätzlich nicht an, so dass die Anwesenheitspflicht auch bei Kleinunfällen (unter 1 500 Euro) besteht.

Vorstellungspflicht, I Nr. 1:
Der UB muss dem/den Feststellungsberechtigten erklären, dass sein Verhalten zur Unfallverursachung beigetragen haben *könnte.* Insofern trifft ihn eine (begrenzte) aktive Mitwirkungspflicht. Eine weiterreichende aktive Aufklärungspflicht über das *Wie* seiner Unfallbeteiligung besteht nicht.

Der UB braucht daher z. B. nicht zu erklären,
- ob er als Fußgänger, Radfahrer, Beifahrer oder Fahrzeugführer beteiligt war,
- welches Fahrzeug er geführt hat,
- wie er sich unmittelbar vor oder während des Unfallgeschehens verhalten hat,
- welche Schäden entstanden sind.

Allerdings ergibt sich aus der Vorstellungspflicht, dass der UB auf den Unfall hinweisen muss, wenn z. B. der *hinzukommende Geschädigte* den Unfallschaden an seinem geparkten Fahrzeug nicht bemerkt und sich anschickt davonzufahren.
Seine Vorstellungspflicht verletzt, wer zwar wartet, aber auf Befragung eines Feststellungsberechtigten seine Unfallbeteiligung leugnet.

Eintreffen am Tatort *nach* dem Unfall

„Kommt der Lenker eines Kfz, das falsch geparkt war und dadurch einen Unfall mitverursacht hatte, nachträglich zum Unfallort, so wird damit noch keine Pflicht begründet, Feststellungen nach § 142 StGB zu ermöglichen; er darf sich umgehend wieder entfernen. Denn wer von vornherein nicht zum Kreis der von Gesetzes wegen Unterlassungs- und Duldungspflichtigen gehört, kann nicht nachträglich infolge freiwilligen Handelns diesem Kreis zugerechnet werden" (OLG Stuttgart, NZV '92, 327).

§ 142 setzt die Anwesenheit des UB zum Zeitpunkt des VU am Unfallort voraus.

Feststellungsduldungspflicht, I Nr. 1:

Neben seiner oben beschriebenen aktiven Vorstellungspflicht trifft den UB eine *passive Anwesenheitspflicht* an der Unfallstelle, bis alle notwendigen Feststellungen getroffen sind (*Festellungsduldungspflicht*).
Der Feststellungsberechtigte soll durch diese Verpflichtung des UB in die Lage versetzt werden, alle zur Schadensregulierung relevanten Umstände selbst (oder durch die Polizei) festzustellen.
Dabei trifft den UB keine Mitwirkungspflicht.
Der UB darf sich (mit Einverständnis des Feststellungsberechtigten) aber erst dann entfernen, wenn er die Feststellung

- seiner Person (Name, Wohnort, Wohnung),
- seines Fahrzeuges (Art, Kennzeichen, Zustand) u. die
- Art seiner Beteiligung (Art der Verkehrsteilnahme, nähere Umstände über das Zustandekommen des Unfalles, Verkehrstüchtigkeit – Alkohol)

durch seine Anwesenheit ermöglicht hat.

Fordert ein UB oder Geschädigter dies, muss das Eintreffen der Polizei abgewartet werden.

Die Verpflichtung des UB, weiter am Unfallort zu verbleiben, entfällt, wenn alle für das Beweisinteresse der UB belangreichen Feststellungen getroffen worden sind.

Die Klärung der Frage des Alkoholgenusses dient regelmäßig nicht nur rein Strafverfolgungsinteressen, sondern auch dem durch § 142 geschützten Beweisinteresse der/des anderen UB. Entzieht sich der UB der Klärung dieser Frage, begeht er Unfallflucht.

Wer durch *falsche* Angaben zur Person, seines Fahrzeuges oder seiner Beteiligung vom Feststellungsberechtigten das Einverständnis zum Sichentfernen *erschleicht*, verletzt seine Feststellungsduldungspflicht!

Wer sich wahrheitswidrig der Polizei als UB vorstellt, um die Inanspruchnahme des tatsächlichen UB zu vereiteln, begeht eine versuchte bzw. vollendete *Strafvereitelung* (§ 258, Kap. B 20.3).

Wartepflicht, I Nr. 2:

Die Wartepflicht ergibt sich *dann* für den UB, wenn unmittelbar nach dem Unfallgeschehen kein Feststellungsberechtigter oder Feststellungsinteressent zur Stelle ist.
***Beispiel**: Ausgangsfall 1.*

Als Zeitraum ist die Wartezeit anzusehen, während der der Wartepflichtige am Unfallort anwesend war und für Feststellungen zur Verfügung stand. Der Zweck seiner Anwesenheit ist dabei unbeachtlich.

Der UB muss auch dann an der Unfallstelle warten, wenn mit dem *alsbaldigen* Erscheinen von Feststellungsinteressenten *nicht* zu rechnen ist.

Allerdings braucht der UB nur eine den Umständen nach *angemessene* Zeit zu warten.

Was angemessen ist, bestimmt sich nach den
- Umständen des Einzelfalles (Zeit, Ort, Verkehrsdichte, Aufklärungschancen) und
- Maßstäben der Zumutbarkeit (Kälte, Witterung, Wahrnehmung eigener wichtiger Pflichten, Höhe des Schadens, vom UB ergriffene andere Maßnahmen zur Sicherung der Feststellungen, z. B. Hinterlassen eines Zettels) bei Kleinschäden.

Nach diesen vorstehenden Merkmalen haben die OLG in vielen Einzelentscheidungen festgelegt, was unter einer angemessenen Wartezeit zu verstehen ist. Eine *generelle* Aussage lässt sich daher nicht machen.

In Betracht kommen unter Berücksichtigung der Umstände des jeweiligen Einzelfalles Wartezeiten zwischen 10 Minuten und einer Stunde oder gar mehr.

Wer nicht gewartet *hat, wird nicht dadurch straffrei, dass er Feststellungen unverzüglich nachträglich ermöglicht, denn die* Sicherung *zivilrechtlicher Ansprüche macht i. d. R.* ***Feststellungen am Unfallort notwendig****.*

Auch bei **Bagatellunfällen** im **ruhenden Verkehr** besteht grds. eine Wartepflicht nach § 142 I 2.

Nach § 142 IV *mildert* das Gericht die Strafe nach den Grundsätzen des § 49 I, oder es *sieht ganz von Strafe nach* § 142 ab, wenn
- es sich um einen Unfall mit *nicht bedeutendem Sachschaden* handelt (bis ca.1000 Euro),
- sich der Unfall *außerhalb des fließenden* Verkehrs ereignet hat (Parkunfälle) und
- der UB *innerhalb von 24 Std.* nach dem Unfallzeitpunkt
- *freiwillig* die Feststellungen i. S. v. III nachträglich *ermöglicht.*

Erfüllt der UB die Nachholpflicht (III) nicht, muss er auch bei Bagatellunfällen mit Strafe rechnen.

Die Vorschrift enthält einen persönlichen Strafmilderungsgrund.

Seine Anwendung setzt nach dem Wesen der Tätigen Reue grds. voraus, dass der Täter aktiv geworden ist, bevor er erkannt hat, dass seine Flucht entdeckt worden ist.

Sollte eine Anzeige bereits vorliegen, wird man wohl analog der allgemeinen (§ 49) und speziellen (u. a. §§ 306 e III, 314 IV, 320 IV) Regeln das freiwillige und ernsthafte Bemühen des Unfallflüchtigen gelten lassen müssen.

Nachholpflicht, II:

Die Pflicht, *nachträglich* unverzüglich die Feststellungen nach I Nr. 1 (oben) zu ermöglichen, trifft *den* UB, der sich

vor Ablauf der Wartepflicht (I Nr. 2) von der Unfallstelle entfernt hat, und zwar
- *berechtigt,* z. B.
  - *im Rahmen der Hilfeleistung für Verletzte, § 34 / § 323 c;*
  - *bei Einwilligung des Geschädigten;*
  - *bei Pflichtenkollision, so wenn bei einem Lebensmitteltransporter das Kühlaggregat aus gefallen ist und die Lebensmittel bereits kurzfristig zu verderben drohen.*

oder
- *entschuldbar, z. B.*
  - *im Falle des § 35 StGB, so wenn der UB von Passanten ernsthaft bedroht wird, weil er ein Kind tödlich überfahren hat;*
  - *bei vorübergehender Schuldunfähigkeit (§ 20) infolge Schocks oder zur Versorgung eigener Verletzungen;*

Die Nachholpflicht gilt aber auch für *den* UB, der sich ***nach*** *angemessener Wartezeit entfernt* hat.

Die Verletzung der Nachholpflicht stellt ein *echtes* Unterlassungsdelikt dar. Der UB handelt dann tbm., wenn er es unterlässt, die o. g. Feststellungen nachträglich zu ermöglichen.

Der Umfang der zu ermöglichenden Feststellung ergibt sich oben aus dem Schaubild „Tatbestandsaufbau" oben III.

Nachholpflicht auch bei unvorsätzlichem Sich-Entfernen?

Der BGH hat in früherer Rspr. das unvorsätzliche dem berechtigten bzw. entschuldigten Sich-Entfernen gleichgestellt, *wenn* zwischen nachträglicher Kenntniserlangung und dem Unfallgeschehen noch ein zeitlicher und räumlicher Zusammenhang bestand (BGH 28, 129, 135). Argumentiert wurde, der Gesetzgeber habe alle Fälle straflosen Sich-Entfernens erfassen wollen, um die zivilrechtlichen Ansprüche der UB untereinander zu sichern.

In großen Teilen der Lit. wurde hierin eine nach Art. 103 II GG **unzulässige Analogie** gesehen (u. a. Tröndle/Fischer, SchöSchr.). Das BVerfG (2 BvR 2273/06) bestätigte diese Auffassung und erklärte die Gleichsetzung des unvorsätzlichen mit dem gerechtfertigten / entschuldigten Sich-Entfernens als Verstoß gegen das Analogieverbot im materiellen Strafrecht für verfassungswidrig und damit unzulässig. Es stellte fest, dass nach dem Gesetz nur denjenigen, der sich ausnahmsweise entfernen dürfe, eine bestimmte gesetzliche Nachholpflicht träfe. Wer sich mangels Kenntnis des Unfallgeschehens entfernt habe, entferne sich nicht tatbestandsmäßig i. S. v. I, so dass ihn auch keine Nachholpflicht treffen könne.

Anm.: Wollte man der Auffassung des BGH weiter folgen, müsste das Gesetz geändert werden. Der Weg der analogen Auslegung ist durch die Entscheidung des BVerfG künftig verschlossen.

Unverzüglichkeitsgebot des III:

III bestimmt nicht abschließend, welchen Weg der UB einzuschlagen hat, um nachträgliche Feststellungen zu ermöglichen. In Betracht kommen insbesondere:

- die Benachrichtigung des Geschädigten oder
- einer nahe gelegenen Polizeidienststelle oder eines Polizeibeamten,
- die Beauftragung eines verlässlichen Dritten,
- Rückkehr zum Unfallort.

Entscheidend ist allerdings, dass der eingeschlagene Weg dem Unverzüglichkeitsgebot gerecht wird. Ist *nur* durch die Benachrichtigung der *Polizei* diesem Gebot zu entsprechen, trifft den UB insofern ein Zwang zur Selbstanzeige.

Die Unverzüglichkeit bemisst sich – ebenso wie die Dauer der Wartepflicht, oben – nach den Umständen des Einzelfalles. Wesentlich ist, dass die gebotenen Feststellungen ohne zusätzlichen Ermittlungsaufwand vollständig und zuverlässig getroffen werden können.

Faustformel: Je höher der Schaden und je unklarer die Rechtslage, umso geringer die zur Verfügung stehende Zeitspanne.

Beispiel: *Ein Kraftfahrer, der am Abend mit seinem Pkw eine Leitplanke beschädigt (Sachschaden ca. 1 000 Euro), genügt bei eindeutiger Haftungslage dem Unverzüglichkeitsgebot, wenn er die Feststellungen am nächsten Morgen ermöglicht (BayObLG, VRS 58, 408).*

Subjektiver Tatbestand:

Der Täter muss mindestens mit Eventualvorsatz (→A 14.1) gehandelt haben.

Der Vorsatz muss sich in seiner *Wissenskomponente* auf alle im Einzelfall in Betracht kommenden Tatmodalitäten erstrecken und den *Willensaspekt* enthalten, die gebotenen Feststellungen zu erschweren oder zu verhindern. Die Inkaufnahme dieser Folge genügt bereits.

Eine Pflicht zur Vorstellung und zur Duldung der Feststellungen entfällt, wenn der Unfallgegner darauf verzichtet hat. Glaubt der Täter hingegen irrig, der Unfallgegner habe kein Feststellungsinteresse, *fehlt ihm der Vorsatz* zur Verwirklichung des Tatbestandes (OLG Düsseldorf NZV 1992, 246).

Anm.: Der Tatbestandsirrtum (§ 16 I →A 14.2) schließt den Vorsatz und damit den TB des § 142 aus.

Entfernt sich ein Unfallverursacher *vor* Ablauf einer angemessenen Wartezeit von der Unfallstelle, *um* den tatsächlichen oder vermeintlichen Geschädigten aufzusuchen und so *die Feststellungen* i. S. d. § 142 I Nr. 1 *zu ermöglichen*, *kann* es am Tatvorsatz der Unfallflucht fehlen ... jedenfalls dann, wenn, anders als bei einer Kollision im fließenden Verkehr, ein Mitverschulden des Geschädigten von vornherein nicht in Betracht kommt. (OLG Koblenz NVZ '96, 324).

Teilnahme:

Täter und *Mittäter* kann nur sein, wer UB ist. § 142 ist ein *eigenhändiges Delikt.*

Anstifter (§ 26) kann jeder sein, der vorsätzlich in dem UB den Entschluss zur Flucht hervorruft z. B. als Beifahrer. Flieht der UB nicht, bleibt der Anstifter mangels Haupttat straflos (§§ 26, 30).

Beihilfe (§ 27) begeht derjenige, der dem UB vorsätzlich mit Rat oder Tat zur Verfügung steht. Auch der Gehilfe bleibt mangels Haupttat straflos, wenn der UB sich schließlich doch nicht entfernt oder nicht entfernen kann, weil er z. B. festgehalten wird, oder sein beschädigtes, vom Gehilfen angeschobenes Kfz nach wenigen Metern stehen bleibt.

Tatvollendung ist gegeben
- mit *sofortigem* Verlassen des Unfallortes (I),
- mit Verlassen des Unfallortes nach *Bestreiten* der UB oder *Angabe falscher* Daten etc.(I),
- mit *Verletzung* der Wartepflicht (I Nr. 2),
- mit *Missachtung* der Zeitspanne des Unverzüglichkeitsgebots bzw. Manipulation am Fz., um Spuren zu verdecken (II, III).

Gegenüberstellung der sich aus § 142 StGB und § 34 StVO ergebenden Pflichten

§ 142 StGB	§ 34 StVO
• Unfallbeteiligter (§ 142 V)	• Unfallbeteiligter (§ 34 II)
• Verbleiben an der Unfallstelle	• unverzüglich anhalten, I Nr. 1 *) • Verkehr sichern, I Nr. 2 *) • bei geringfügigem Schaden unverzüglich beiseite fahren, I Nr. 2 *) • Vergewisserung über Unfallfolgen, I Nr. 3 • Verletzten Erste Hilfe leisten (i. S. v. § 323 c StGB), I Nr. 4.
• Feststellungsberechtigten (= UB und Geschädigte) mögliche Unfallbeteiligung angeben	• anwesenden Beteiligten und Geschädigten • mögliche Beteiligung angeben I 5 a *) und • auf Verlangen – Name und Anschrift angeben – Führer- u. Kfz-Schein vorweisen – Angaben über Haftpflichtversicherung machen, I 5 b.
• wie nebenstehend	• Verbleiben am Unfallort, bis UB zugunsten anderer Beteiligter oder der Geschädigten die Feststellung – seiner Person und seines Fahrzeuges sowie – der Art seiner der Beteiligung durch seine Anwesenheit ermöglicht hat, I 6 a.
• wie nebenstehend	• UB muss eine den Umständen entsprechende Zeit warten, wenn noch niemand bereit war, Feststellungen zu treffen, I 6 b.*)
• entfällt	• UB muss vor dem Sichentfernen am Unfallort Namen und Anschrift hinterlassen, I 6 b.*)
Unverzügliche **Nachholpflicht** (§ 142 II, III StGB bzw. § 34 I Nr. 7 StVO) bei berechtigtem oder entschuldbarem Entfernen **vor** Ablauf der Wartepflicht *oder* bei Entfernung **nach** Ablauf der Wartepflicht!	
• entfällt	• Verbot, Unfallspuren zu beseitigen, bevor die notwendigen Feststellungen getroffen wurden, III.*)
• **Vergehen, OD, Verletzung *jeder* Pflicht ist mit Strafe bedroht.** • Nur die vorsätzliche Begehung ist strafbar (§ 15). • Der Entzug der Fahrerlaubnis durch die Gerichte ist nach Maßgabe des §§ 69 I/II, 69 b zulässig.	• **Als OWi mit Bußgeld bedroht ist die Verletzung der *mit* gekennzeichneten Pflichten (§ 49 I Nr. 29 StVO).** • Die Verstöße können vorsätzlich oder fahrlässig erfolgen (§ 24 StVG). • Die Erteilung eines Fahrverbotes durch die Verwaltungsbehörde ist nach Maßgabe des § 25 I StVG zulässig.

26 Die Systematik der Umweltstraftaten[1], §§ 324 ff.

Verunreinigung eines Gewässers, § 324, Verg.
- WHG: § 41.

Gefährdung (besonders) schutzbedürftiger Gebiete, § 329, Verg.
„Landschaftseingriff"
- NatSchG: §§ 12, 14; BImSchG: § 49; *WHG: §§ 41, 19.*

Geschütztes Rechtsgut ist die **Umwelt** vor vors. bzw. fahrl. **Gefährdung** und **Schädigung.** Die TB sind als abstrakte bzw. konkrete Gefährdungsdelikte ausgestaltet; § 324 ist Verletzungsdelikt.
Alle Del. sind Verg., OD; in den Fällen der §§ 324, 325, 326, 330 ist der Versuch strafbar.
- Soweit die schädlichen Umwelteinwirkungen nicht die in den TB geforderte Intensität erreichen, gelten die entsprechenden übrigen Gesetze, die Owi-TB enthalten.

Luftverunreinigung u. Lärm durch Betreiben von Anlagen, § 325, Verg.
- BImSchG: §§ 3, 62; StVZO: §§ 30, 47, 49, 55; StVO: § 41; OWiG: § 117; WHG: § 19.

Unerlaubter Umgang mit gefährlichen Abfällen, § 326 (Verg.).
- *AbfG, § 18; AtomG: § 46; WHG: § 41; TierKBG: §§ 5, 19.*

Schwere Umweltgefährdung, § 330
I.: Besonders schw. Regelfälle (Katalog 1 – 4) zu §§ 324 – 329; Verg., OD;
II.: Qualifikations-TB (Katalog 1-2) zu §§ 324 – 329; Verbrechen.
III.: abgestufte Strafmilderung in minder schweren Fällen.

Schwere Gefährdung durch *Freisetzen von Giften*, § 330 a, Verbr.
Qualifikations-TB zu §§ 324, 325, 326;
I.: Verursachung: Todesgefahr od. Gefahr bestimmter Gesundheitsschädigung;
II.: Todesverursachung;
III.: Strafmilderung;
IV u. V.: leichtfertiges/fahrlässiges Handeln (Verg.).

Unerlaubtes Betreiben, § 327, Verg.
- kerntechnische Anlagen
- genehmigungsbedürftiger Anlagen nach dem BimSchG
- einer Abfallbeseitigungsanlage
- *AtomG, BImSchG, AbfG.*

Unerlaubter Umgang mit Kernbrennstoffen ..., § 328
- AtomG: §§ 3, 4, 5, 9, 41.

Fall: Behörden deckten Umweltverstöße auf

Nürnberg – Die in den bayerischen Giftmüllskandal verstrickte Nürnberger Fa. P. & Co (Name geändert) wird vorläufig stillgelegt. Nach der illegalen Entsorgung von rund 40 Fässern mit hochgiftigem Blausäuresalz wurden bei dem Betrieb weitere Umweltverstöße entdeckt.

Die Stadt Nürnberg ordnete deshalb die Betriebsstillegung an.

Auf dem Firmengelände war die Beizanlage mit Salpetersäure ohne Genehmigung betrieben worden ... Bereits in den letzten Jahren waren häufig die Abwasser- und Luftgrenzwerte überschritten worden ...

1) Begriffsbestimmung hierzu in: § 330 b: Tätige Reue, § 330 c: Einziehung, § 330 d: Begriffsbestimmungen.

27 Straftaten im Amte – Teilübersicht, §§ 331 ff.

Geschütztes Rechtsgut aller Amtsdelikte ist das Vertrauen der Allgemeinheit in die Sachlichkeit der Amtsführung!

I. Bestechungsdelikte
Kennzeichen: Unrechtsvereinbarung über die Käuflichkeit der Diensthandlung.
Subjektiver TB: Vorsatz

Vorteilsgewährung, § 333 I/II, Verg., OD,
in Beziehung auf eine *nicht* pflichtwidrige bisherige oder künftige Dienstausübung zugunsten des Amtsträgers oder eines Dritten.
Beispiel: Bauunternehmer bietet Verkehrssachbearbeiter der Pol.-Inspektion für (bisherige) und *künftige* gute Zusammenarbeit ein wertvolles Schreibset.

Vorteilsannahme, § 331 I/II, Verg., OD,
für sich oder einen anderen in Beziehung auf die bisherige oder künftige *nicht* pflichtwidrige Dienstausübung.
Beispiel: Der Verkehrssachbearbeiter akzeptiert das „gut gemeinte" Angebot des Bauunternehmers und lässt seine Hofeinfahrt zum Sondertarif pflastern.

Bestechung, § 334 I – III, Verg., OD,
als Vorteilsgewährung für eine vorgenommene oder noch vorzunehmende Dienstpflichtverletzung.

Bestechlichkeit, § 332 I – III, Verg., OD, Qualifikation zu § 331
als Vorteilsannahme für eine vorgenommene oder noch vorzunehmende Dienstpflichtverletzung.

Fälle:

Bestechung beim Bauamt

D. – Im Bestechungsskandal rund um das Stadtbahn-Bauamt in D. sind seit Ende 1991 insgesamt 55 Ermittlungsverfahren eingeleitet worden. Sie richten sich gegen städtische Bedienstete und Mitarbeiter von Baufirmen aus Köln, Düsseldorf, Mülheim und Essen, teilte die Staatsanwaltschaft am Freitag mit.

Im Zusammenhang mit dem Bau der U-Bahn in D. waren angeblich öffentliche Aufträge gegen „Geschenke" vergeben worden.

Kostenloser Sex für Polizisten

Kr. – Vier Polizisten aus V. müssen demnächst vor Gericht, weil sie sich offenbar durch kostenlosen Sex in einem Bordell bestechen ließen. Zwei Bordellbetreiber sollen den Beamten jahrelang Sex und Alkohol spendiert haben, damit diese beide Augen zudrückten, berichtete die zuständige Staatsanwaltschaft am Dienstag. In dem illegalen Freudenhaus hätten vorwiegend osteuropäische Frauen ohne Aufenthaltsgenehmigung angeschafft. Hinweise aus dem Rotlichtmilieu hatten die Polizisten und das als Bar getarnte Bordell auffliegen lassen.

Anmerkungen:

Täter der *echten* Amtsdelikte (z. B. §§ 331, 332, 343, 344, 353 b, 357) können nur Amtsträger oder für den öffentlichen Dienst besonders Verpflichtete (§ 11 I-IV) oder Soldaten der Bundeswehr sein; für andere Teilnehmer ist die Strafe gem. § 28 I zu mildern. Bei den *unechten* Amtsdelikten (z. B. §§ 340, 258 a) ergibt sich die Bestrafung der Teilnehmer, die nicht Amtsträger ... sind, gem. § 28 II aus dem Allgemeindelikt (z. B. §§ 223 ff., 258).

Vorteil ist jede materielle oder immaterielle Besserstellung, auf die der Amtsträger ... oder der Dritte, für den der Amtsträger sich „kaufen ließ", keinen Anspruch hat.

Nach §§ 331 und 333 reicht für die Beziehung zwischen Vorteil und Dienstausübung aus, dass der Vorteil von Vorteilsgeber und Vorteilsnehmer allgemein im Sinne eines Gegenseitigkeitsverhältnisses mit der Dienstausübung des Amtsträgers verknüpft wird. Unter dem Gesichtspunkt der *Sozialadäquanz* können allenfalls *geringwertige* Aufmerksamkeiten ausgenommen sein, z.B. Erfrischungen anlässlich einer Verkehrsbesprechung bei einem Busunternehmen mit Vertretern der Polizei.[1]

In §§ 332 und 334 wird ein konkretes Gegenleistungsverhältnis zwischen Vorteil und bestimmter Diensthandlung vorausgesetzt.

1) BGH 5 StR NStZ '05, 334.

Tathandlung gem. §§ 333, 334: anbieten, versprechen, gewähren.

Tathandlung gem.: §§ 331, 332: fordern, annehmen, sich oder Dritten versprechen lassen.

Unterlassen der Diensthandlung gem. §§ 331 – 334 steht der Vornahme gleich (§ 336).

Tatvollendung: mit Abschluss der Unrechtsvereinbarung.

Besonders **schwere Regelfälle** der Unrechtsvereinbarung enthält § 335 (Verg.).

Rechtsfolgen sind neben der *Strafe* der *Verfall* (§ 73) der als Vorteil empfangenen Sachen sowie die *Aberkennung der Fähigkeit zur Bekleidung öffentlicher Ämter* (§§ 358, 45 II).

Im Falle gewerbsmäßiger oder bandenmäßiger Begehung von § 332 od. § 334 (§ 335 II Nr. 3) können nach Maßgabe des § 338 Vermögensstrafe (§ 43 a) und Erweiterter Verfall (§ 73 d) angeordnet werden.

Die TB finden ihre Ergänzung in den Bestimmungen der §§ 298 – 302, die mit dem Gesetz zur Bekämpfung der Korruption vom 13.08.1997 eingeführt wurden.

II. Sonstige Amtsdelikte – Auswahl

Kennzeichen: Im Amt begangene sonstige Verfahrensfehler!

Subjektiver TB: Vorsatz

Körperverletzung im Amte, § 340, d. h. während der Dienstausübung oder in Beziehung auf den Dienst.
- **§ 340 I** (§ 223), Verg., OD;
- **§ 340 II** Versuch ist strafbar;
- **§ 340 III** §§ 224 – 229 gelten entsprechend.

Beispiel: Ein DGL lässt zu, dass ein Streifenbeamter einem Sittlichkeitsverbrecher den Schlagstock wuchtig ins Gesicht stößt.

Täter: Amtsträger, § 11 I 2, § 48 I WstG.

Tathandlung aktiv gem. § 25, 26, 27 oder durch pflichtwidriges Zulassen der Tat.

Aussageerpressung, § 343, Verbr.
Beispiel: Polizeibeamter nötigt durch Androhung von Prügel einem drogenabhängigen Seriendieb ein Geständnis ab.

Strafvereitelung im Amt, § 258 a, Verg., OD (Kap. B 20.3).
Beispiel: Streifenbeamter unterlässt Strafanzeige gegen seinen offensichtlich fahruntüchtigen (§ 316) Bruder.

Verletzung des Dienstgeheimnisses ..., § 353 b, Verg., OD.
Beispiel: Mitteilung über polizeiliche Personenschutzakten an einen Journalisten durch einen befreundeten Polizeibeamten.

Verfolgung Unschuldiger, § 344, Verbr.
Beispiel: Polizeibeamter erstellt wissentlich gegen einen Unschuldigen Strafanzeige wegen Hehlerei (§ 259).

Verleitung eines Untergebenen zu einer Straftat, § 357,
Deliktsart richtet sich nach der vom Untergebenen begangenen rechtsw. Tat.

Vorgesetzter / Aufsichtsbeamter
↓
verleitet / unternimmt es, zu verleiten / lässt geschehen
↓
einen / dass ein Untergebener
↓
eine rechtswidrige Tat im Amte begeht.

Beispiel: DGL lässt es geschehen, dass ein empörter Streifenbeamter einem Sittenstrolch mehrfach ohne dienstlichen Grund ins Gesicht schlägt.

Teilnahmeformen nach §§ 26, 27, 30 werden verdrängt.

Täterschaft (§ 25 II) des Vorgesetzten ... verdrängt § 357.

Teil C
Strafverfahrensrecht

1 Einführung

1.1 Begriff, Aufgabe, Quellen des Strafverfahrensrechts

Begriff des Strafverfahrensrechts:

Das Strafrecht ist der Teil des *öffentlichen Rechts* (Kap. A 1, A 3), der
- die Merkmale der einzelnen Straftatbestände beschreibt,
- die an die Tatbegehung geknüpften Rechtsfolgen (Sanktionen) festlegt,
- den für die Ermittlung und Verfolgung des Straftäters rechtlich geordneten Rahmen bestimmt und
- die Vollstreckung der gerichtlich verhängten Sanktionen sichert.

Das *Strafrecht* gliedert sich somit in einen sog. *materiellen* und *formellen Teil.*
Die grundsätzlichen Unterschiede veranschaulicht die nachfolgende Abb. Einzelheiten zum materiellen Teil sind in Kap. A 3 dargestellt.

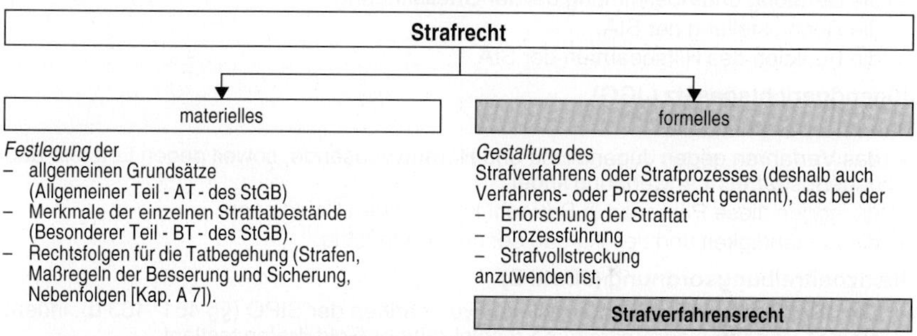

Aufgaben und Ziel des Strafverfahrensrechts:

Die Strafrechtspflege ist Aufgabe des Staates. Ihm allein obliegt es, die elementaren Voraussetzungen für ein friedliches Zusammenleben der Menschen zu schaffen und zu gewährleisten.
Die Wahrnehmung dieser schwierigen Aufgabe führt dabei besonders im Strafrecht zu einem unausweichlichen Konflikt zwischen den Interessen der Gemeinschaft und denen des Einzelnen, dessen Bestrafung die wohl empfindlichste Maßnahme des Staates überhaupt darstellt, da sie seinen persönlich garantierten Freiheitsraum in nachhaltigster Form beeinträchtigt. Diese Konfliktlösung ist Aufgabe und Ziel des Strafverfahrensrechts.[1] Es soll die Gemeinschaft gegenüber dem Rechtsbrecher verteidigen, allerdings unter Festlegung und Wahrung rechtsstaatlicher Formen, die Inhalt und Grenzen des Eingriffsrechts der Strafverfolgungsbehörden, den notwendigen Vorgang der Klageerhebung sowie den Ablauf der Gerichtsverhandlung und die Art der Strafvollstreckung bestimmen.

1) Vgl. Sie zum Strafzweck und zu den Straftheorien Kap. A 6.

Quellen des Strafverfahrensrechts:

1. Kerngesetze

Strafprozessordnung (StPO)

Die StPO regelt u. a.:
- die sachliche Zuständigkeit der StA und der Polizei,
- den Gang des Strafverfahrens von der ersten konkreten Ermittlungshandlung über den Ablauf der Gerichtsverhandlung bis zur Strafvollstreckung,
- die Aufgaben und Befugnisse der StA und der Polizei bei der Erforschung von Straftaten und der Verfolgung von Straftätern,
- die Rechte des Beschuldigten/Angeklagten/Verteidigers,
- die im Strafverfahren zulässigen Rechtsmittel,
- die Stellung des Zeugen/Sachverständigen,
- die Strafvollstreckung (§§ 449-463 d) und Verfahrenskosten.

Gerichtsverfassungsgesetz (GVG)

Das GVG regelt u. a.:
- die sachliche Zuständigkeit und Organisation der Ordentlichen Gerichtsbarkeit (Straf- u. Zivilgerichtsbarkeit),
- die Berufung der Laienrichter (Schöffen),
- die Beratung und Abstimmung bei der Urteilsfindung,
- die Rechtsstellung der StA,
- die Funktion des Hilfsbeamten der StA.

Jugendgerichtsgesetz (JGG)

Das JGG bestimmt u. a.:
- das Verfahren gegen Jugendliche und Heranwachsende, soweit gegen Letztere das Jugendstrafrecht Anwendung findet,
- die gegen diese Personen in Betracht kommenden Sanktionen,
- die Zuständigkeit und den Aufbau der Jugendgerichte.

Justizbeitreibungsordnung (JBeitrO)

- Die JBeitrO ergänzt die Vollstreckungsvorschriften der StPO (§§ 451–463 d), indem sie das Verfahren zur Beitreibung rechtskräftiger Geldstrafen festlegt.

Strafvollzugsgesetz (StVollzG)

Das StVollzG ordnet
- den Vollzug von Freiheitsstrafen und freiheitsentziehenden Maßregeln.

2. Ergänzende Bestimmungen (Auswahl)

- Die **Menschenrechtskonvention (EMRK)** von Rom enthält strafprozessuale Mindestgarantien, z. B.:
  - Garantien bei Freiheitsentziehung,
  - Forderung nach Rechtsstaatlichkeit des Strafverfahrens,
  - Grundsatz der Unschuldsvermutung beim Angeklagten bis zum Nachweis seiner Schuld,
  - Verbot der Diskriminierung.
- Das **Grundgesetz (GG)** enthält prozessuale Fundamentalforderungen in
  - Art. 1-19: Grundrechte,
  - Art. 46: Immunität der Abgeordneten,
  - Art. 92 ff.: Ausübung der rechtsprechenden Gewalt,

  - Art. 93 I 4 a: Recht auf Erhebung von Verfassungsbeschwerden vor dem BVerfG,
  - Art. 97: richterliche Unabhängigkeit,
  - Art. 101: niemand darf seinem gesetzl. Richter entzogen werden,
  - Art. 103 I: Anspruch auf rechtliches Gehör,
  - Art. 103 II: Verbot rückwirkender Strafgesetze,
  - Art. 104: Schutz vor willkürlicher Festnahme.
- Das **Deutsche Richtergesetz (DRiG)** konkretisiert die Rechtsstellung der Berufs- und Laienrichter über die schon genannten Verfassungsbestimmungen hinaus.
- Die **Bundesrechtsanwaltsordnung (BRAO)** legt den Status, die Aufgaben und Rechte der Rechtsanwälte sowie die Einrichtung einer Ehrengerichtsbarkeit fest.
- Das **Strafgesetzbuch (StGB)** enthält einzelne Verfahrensvorschriften mit seiner Regelung
  - des Strafantragsrechts (§§ 77 ff.)
  - der Verfolgungs- und Vollstreckungsverjährung (§§ 78 – 79 b),
  - der Verfolgungsermächtigung (§§ 90 IV, 104 a).
- Die **Abgabenordnung (AO)** regelt das Verfahren bei Steuerzuwiderhandlungen, insbesondere hierbei auch das Verhältnis **Finanzbehörde – Polizei – Staatsanwaltschaft** (§§ 116, 385 f., 395, 397).
- Das **Ordnungswidrigkeitengesetz (OWiG)** regelt u. a.:
  - die Aufgaben und Rechte der Verfolgungsbehörden,
  - den Ablauf des Bußgeldverfahrens,
  - die Verbindung von Bußgeld- und Strafsachen (§§ 40 ff., 63 f., 71 ff., 81 ff.).
  Näheres hierzu in Teil D dieses Lehrbuches.
- Das **Gerichtskostengesetz (GKG)** bestimmt im Einzelnen die Festsetzung, Höhe und Eintreibung der vor Gericht entstandenen Kosten (Gebühren und Auslagen).

  Es ergänzt damit die Bestimmungen der §§ 464 – 473 StPO, die festlegen, *wer* die Verfahrenskosten im Einzelfall zu tragen hat. Interessant sind in diesem Zusammenhang die §§ 470 und 471 II StPO, wonach bei Zurücknahme des Strafantrages dem Antragsteller bzw. bei Abweisung der Privatklage dem Privatkläger die Kosten auferlegt werden können.
- Das **Gesetz über die internationale Rechtshilfe in Strafsachen (IRG)** bestimmt die Zulässigkeit, Leistung und Grenzen der Rechtshilfe *zugunsten ausländischer Staaten* in Straf- und Bußgeldsachen, insbesondere die Voraussetzungen der Auslieferungshaft, der vorläufigen Festnahme, der Durchsuchung und Beschlagnahme sowie sonstige Ermittlungshandlungen wie etwa Vernehmungen (Kap. C 10.8.5).

  Prüfungs- und Bewilligungsbehörden sind i. d. R. die Leitenden Oberstaatsanwälte bei den Landgerichten, in einigen Fällen die Generalstaatsanwälte bei den Oberlandesgerichten.
- Das **NATO-Truppenstatut (NTS)** mit Zusatzabkommen und Ausführungsgesetz beschreibt die Rechtsstellung der in der BRD stationierten Truppen sowie des zivilen Gefolges und bestimmt die Zuständigkeit für die Strafgerichtsbarkeit (Näheres in Kap. C 3.1 IV Nr. 20).
- **Schengener Durchführungsübereinkommen (SDÜ)**

  Das SDÜ vom 22.12.1994 (Kap. C 10.8) enthält sog. Ausgleichsmaßnahmen zur Minimierung des angesichts des Wegfalls der Binnengrenzkontrollen zwischen den SDÜ-Staaten befürchteten Sicherheitsdefizits (Kap. C 10.8. C).

- **Europäisches Polizeiamt (EUROPOL) Den Haag**
  - EUROPOL unterhält als Zentralstelle der Mitgliedsstaaten ein Informationssystem, erarbeitet Kriminalitätsanalysen zur grenzüberschreitenden Kriminalität und erstellt auf Antrag Arbeits- und Recherchedateien für Ermittlungen in den Mitgliedsstaaten.
- **Richtlinien für das Straf- und Bußgeldverfahren (RiStBV)**
  Die Richtlinien wurden vom BJM im Einvernehmen mit den LJM/LJS erlassen. Sie sind für die StA verbindlich, wirken sich aber auch gestaltend auf die polizeiliche Ermittlungstätigkeit aus.
- **Bundeszentralregister (BZR)** des GBA in Berlin gem. BZRG.
  - Es enthält gem. §§ 3 ff. BZRG u. a. Eintragungen über *rechtskräftige* Verurteilungen durch deutsche Strafgerichte.
  - Die Eintragungen unterliegen einem differenz. Tilgungssystem (§§ 45 ff. BZRG).
- **Länderübergreifendes Verfahrensregister** der StA, geführt beim BZR (§§ 492 ff. StPO).
  - Es enthält Eintragungen über eingeleitete Strafermittlungsverfahren der StA (Personaldaten, Aktenzeichen, Tatzeiten, und -vorwürfe). Alle StA sind meldepflichtig.
  - Die Erkenntnisse dienen der Vermeidung von Doppelverfahren, Bildung von Sammelverfahren, der Verfahrensbeschleunigung i. S. v. §§ 154 ff., der verbesserten Prüfung der Haftvoraussetzungen, insbesondere bei Wiederholungsgefahr, sowie der zuverlässigeren Verschaffung von Erkenntnissen für Verfahrenseinstellungen nach §§ 153 ff.
- **Verkehrszentralregister (VZR)** beim KBA in Flensburg (§§ 28 ff. StVG, §§ 59 ff. Fahrerlaubnis-VO [FeV])
  - Das Register enthält sog. Negativdaten, nämlich *rechtskräftige* Verurteilungen der Gerichte bzw. Bußgeldbescheide der Verw.-Beh. wegen Verkehrsstraftaten bzw. -OWi ab 40 Euro sowie Entscheidungen über Fahrverbote und FE-Entziehungen. Die Eintragungen unterliegen einem differenz. Tilgungssystem (10, 5, 2 J.).
- **Zentrales Fahrerlaubnis-Register** beim KBA (§§ 48 ff. StVG, §§ 49 ff. FeV)
  - Es enthält Positivdaten darüber, wer wann in welchen Klassen mit welchen Bedingungen/Auflagen eine FE erworben hat (Die Daten waren bisher nur in den ca. 600 örtlichen FE-Registern der Zulassungsbeh. registriert.). Die *örtlichen* FE-Register enthalten außerdem Daten, die für die Beurteilung der Eignung und Befähigung von Kfz-Führern bzw. -Bewerbern (§§ 2 VII, § 3 I StVG, §§ 22, 46 FeV) nötig sind.
- **Zentrales Fahrzeug-Register** beim KBA (§ 31 ff. StVG und Fahrzeugregister-VO)
  - Die Zulassungsbehörden führen örtliche Fz-Register (§ 31 I StVG).
  - Die Register enthalten Daten über Halter und deren Fahrzeuge sowie über Eigentums- und Besitzerverhältnisse, über die Fahrzeugversicherung und -besteuerung.
  - Registerzweck ist nach § 32 u. a. die Feststellung/Bestimmung von Halter- bzw. Fahrzeugdaten und damit die Unterstützung der Bekämpfung der Fahrzeugkriminalität.

1.2 Rechtsstaatliche Prinzipien des Verfahrensrechts im Überblick

Verfahrenseinleitung	Verfahrensdurchführung	Beweisführungsgrundsätze
Offizialprinzip – § 152 I – Nur der Staat ist zur Anklageerhebung berufen. Ausnahme: Privat- und Nebenklage gem. §§ 374 ff. und §§ 395 ff. (Kap. C 1.10). **Akkusationsprinzip oder Anklagegrundsatz** – §§ 151, 155, 264 – Das Strafgericht wird nur nach Klageerhebung tätig. **Legalitätsprinzip (LP)** – §§ 152 II, 163 – Verfolgungszwang für StA und Polizei, wenn „zureichende tatsächliche Anhaltspunkte“ vorliegen (Kap. C 1.8 u. C 2.3); eingeschränkt durch das Opportunitätsprinzip (OP) gem. §§ 153 ff. (Kap. C 1.11). **Klageerzwingungsverfahren** – §§ 172 ff. – durch den Verletzten bei ablehnendem Bescheid der StA (§ 171), die öff. Klage zu erheben (Kap. C 1.10). Es sichert das LP. **Verbot bestimmter Vernehmungsmethoden** – § 136 a – (Kap. C 12). **Verbot *solcher* Ermittlungshandlungen, denen datenschutzrechtliche Regeln entgegenstehen** – §§ 160 IV, 161 II – (Kap. C 1.8). **Strafrechtliche Sicherungen:** **Strafvereitelung im Amt** – § 258 a StGB – (Kap. B 20.3). **Verbot der Verfolgung Unschuldiger** – § 344 StGB – (Kap. B 27). **Aussageerpressung** – § 343 StGB – (Kap. B 27).	**Grundsatz des gesetzlichen Richters** – Art. 101 I 2 GG, § 16 GVG – Niemand darf seinem gesetzlichen Richter entzogen werden. Ausnahmegerichte sind unzulässig (Art. 101 I 1 GG). **Grundsatz des rechtlichen Gehörs** – Art. 103 I GG, Art. 6 III c MRK– Der Angeklagte hat das Recht auf Verteidigung und Anhörung. **Schweigerecht des Beschuldigten** – §§ 243 IV, 163 a IV/136 I 2 – Niemand ist verpflichtet, sich selbst zu belasten (Nemo-tenetur-Grundsatz). **Grundsatz der Öffentlichkeit der Hauptverhandlung** – § 169 GVG – Sinn: Hebung des Vertrauens in die Rechtspflege und Stärkung der Verantwortung der Rechtspflegeorgane. In bestimmten Fällen ist der Ausschluss der Öffentlichkeit zulässig (§§ 170 ff. GVG), § 48 I JGG. **Konzentrations- oder Beschleunigungsprinzip** – § 229 – Die Hauptverhandlung soll ohne vermeidbare Unterbrechungen durchgeführt werden. **Gebot eines fairen Verfahrens („fair trial“), konkretisiert im** – Prinzip der gerichtlichen Fairness, das sich aus einer Reihe von Belehrungs-, Frage- und Schutzpflichten ergibt (Fürsorgepflicht) und im – Prinzip der Waffengleichheit von Anklage und Verteidigung in der Hauptverhandlung. – Art. 6 III c EMRK – **Rechtsbeugung** – § 336 – Adressat sind insbesondere amtl. und ehrenamtl. Richter. Schutz der Rechtspflege vor vors. falscher Rechtsanwendung. **Instruktionsprinzip (Ermittlungsgrundsatz)** – §§ 155, 244 II –	Pflicht des Strafrichters, von Amts wegen die Wahrheit durch Verwendung aller erreichbaren Beweismittel zu erforschen. **Grundsatz umfassender Beweiswürdigung** § 261 verpflichtet das Gericht, *alle* in der Hauptverhandlung erhobenen Beweise zu *würdigen* und dem Urteil zu Grunde zu legen. **Mündlichkeit der Hauptverhandlung** – abgeleitet aus §§ 261, 264 II und 249 – Urteilsgrundlagen dürfen nur die Tatsachen und Beweismittel sein, die in der Hauptverhandlung zur Sprache gekommen, d. h. mündlich vorgetragen worden sind. **Grundsatz der Unmittelbarkeit der Beweiserhebung** – abgeleitet aus § 250 – Das erkennende Gericht muss die Beweiserhebung selbst vornehmen. **Grundsatz der freien Beweiswürdigung** Über das Ergebnis der Beweisaufnahme entscheidet das Gericht nach seiner *freien*, aus dem Inbegriff der Verhandlung geschöpften Überzeugung (§ 261). **Grundsatz der Unschuldvermutung und „in dubio pro reo“** – Art. 6 II MRK – Bis zum gesetzlichen Nachweis seiner Schuld wird vermutet, dass der Angeklagte unschuldig ist. Im Zweifel muss der für ihn günstigere Tatbestand der Urteilsfindung zu Grunde gelegt werden. Beispiel: fahrlässige Tötung (§ 222 StGB) statt Totschlag (§ 212 StGB).

1.3 Die Verfahrensabschnitte im Strafprozess

I. Erkenntnisverfahren

Erkenntnisverfahren, betrieben als:

- Offizialverfahren durch die StA gem. §§ 151 ff. *(Hauptfall)*
- Privatklageverfahren durch den Privatkläger gem. §§ 374 ff., Kap. C 1.12
- Strafbefehlsverfahren auf Antrag der StA durch RiAG[1] ohne Hauptverhandlung gem. §§ 407 ff.
- „Beschleunigtes Verfahren" auf Antrag d. StA am AG bei einfachen Fällen od. klarer Beweislage, §§ 417 ff.

Stufen (Hauptfall):

Ermittlungs- oder Vorverfahren (§§ 158 ff.)

Dieses Verfahren wird ausschließlich von der StA geleitet. Es besteht in Ermittlungen, die der StA entweder selbst oder (i. d. R.!) durch die Polizei betreiben lässt (§§ 160, 161, 163). Es endet mit der Erhebung der Klage oder der Einstellung des Verfahrens (z. B. wegen Geringfügigkeit); Näheres in Kap. C 1.11.

Zwischenverfahren (§§ 199 ff.)

Im Zwischenverfahren (Eröffnungsverfahren) entscheidet das für die Hauptverhandlung zuständige *Gericht* darüber, ob die vom StA (§ 207) oder Privatkläger (§ 383 I) beantragte Klage zugelassen wird.

Hauptverfahren (§§ 213 ff.)

Das Hauptverfahren beginnt mit dem Erlass des Eröffnungsbeschlusses (§ 206). Es endet mit der Urteilsverkündung (§ 268); Näheres in Kap. C 1.4.

Rechtskraft des Urteils/Strafbefehls

- Die Rechtskraft tritt eine Woche nach Verkündung des Urteils ein und zwei Wochen nach Zustellung des Strafbefehls (§§ 316, 342, 410) bzw. bei Rücknahme eines Rechtsmittels oder Annahme des Urteils (§ 302).
- Die fristgemäße Einlegung eines *Rechtsmittels* hindert den Eintritt der Rechtskraft und damit die Vollstreckbarkeit (§ 449).

  Berufung (§§ 312 ff.) gegen Urteile des AG führt zur Neuverhandlung in tatsächlicher und rechtlicher Hinsicht beim LG (2. Instanz).

  Revision (§§ 333 ff.) gegen Urteile des LG (1. od. 2. Instanz) oder OLG (1. Instanz) führt zur Neuverhandlung in (nur) rechtlicher Hinsicht beim OLG bzw. BGH.

  Sprungrevision (§§ 335, 336) ist unter Überspringung der Berufung zulässig gegen Urteile des AG.

  Einspruch (§§ 407 – 412) gegen einen Strafbefehl des RiAG führt zur Aufhebung desselben und zur Hauptverhandlung vor dem AG, das ihn erlassen hat.

II. Vollstreckungsverfahren (§§ 449 ff.)

Strafvollstreckung ist die Einleitung und Überwachung der Durchsetzung des *rechtskräftigen* Urteils. Vollstreckungsbehörde ist die StA (§ 451); bei Jugendlichen und bei Heranwachsenden (sofern bei diesen Jugendstrafrecht angewandt wurde – § 105 JGG) ist der Jugendrichter Vollstreckungsleiter §§ 82 f., 110 JGG).[2]

Strafvollzug

Der Strafvollzug, d. h. der Vollzug von *Freiheitsstrafen* und *freiheitsentziehenden* Maßregeln der Besserung und Sicherung, gehört nicht zu dem von der StA betriebenen Vollstreckungsverfahren. Vollzugsbehörden sind die Justizvollzugsanstalten (JVAen). Sie unterstehen der Aufsicht der jeweiligen Landesjustizverwaltung, deren oberster Dienstvorgesetzter der Landesjustizminister bzw. -senator ist (StVollzG).

1) RiAG = Richter beim Amtsgericht
2) Näheres in Kap. C 1.8 und A 8.

1.4 Der Ablauf der Hauptverhandlung im Überblick

I. Eröffnung

Aufruf der Sache (§ 243 I 1).
Feststellung der Anwesenheit des Angeklagten und d. Verteidigers, Zeugen, Sachverständigen und Beweismittel (§ 243 I 2).
Zeugenbelehrung und Hinausweisung (§ 243 II 1).
Vernehmung des Angeklagten zur Person (§ 243 II 2).

II. Verlesung der Anklage durch den Staatsanwalt

Es wird nur der kurzgefasste Anklagesatz, nicht aber die gesamte (u. U. umfangreiche) Anklageschrift verlesen (§ 243 III 1).

III. Vernehmung des Angeklagten zur Sache (§ 243 IV)

Belehrung des Angeklagten über seine Aussagefreiheit.
Vernehmung des Angeklagten zur Sache, wenn er bereit ist auszusagen.
Das Gericht muss dem Angeklagten Gelegenheit geben, die gegen ihn sprechenden Verdachtsgründe zu beseitigen und die zu seinen Gunsten sprechenden Tatsachen geltend zu machen (§ 136 II). Feststellung von Vorstrafen, soweit von Bedeutung.

IV. Beweisaufnahme (§§ 244–257 a)

Das Gericht hat zur Erforschung der Wahrheit die Beweisaufnahme *von Amts wegen* auf alle Tatsachen und Beweismittel zu erstrecken, die für die Entscheidung von Bedeutung sind.
Zeugenvernehmung und Anhörung von Sachverständigen.
Urkundenverlesung und Augenscheinnahme – Verlesung von Protokollen.
Stellung von Beweisanträgen durch die StA und den Verteidiger.
Gelegenheit zur Stellung von Zusatzfragen.
Entfernung des Angeklagten (§ 247).
Vorführung von Bild-Ton-Aufzeichnungen (§ 265).

V. Schlussvorträge (§ 258)

Plädoyer des *Staatsanwaltes.*
Plädoyer des *Verteidigers.*
„Letztes Wort" des *Angeklagten.*

VI. Urteil (§ 260)

Geheime *Urteilsberatung* des Gerichts(§§ 260–267)
Urteilsverkündung (§ 268) mit
Verlesung der Urteilsformel und
Eröffnung der Urteilsgründe.

VII. Rechtsmittelbelehrung (§ 35 a)

über zulässige Berufung
oder Revision[1], einzulegen
innerhalb einer Woche
nach Verkündung.

1) Zu den Rechtsmitteln vgl. Sie Kap. C 1.7

1.5 Der Rechtsanwalt als Organ der Rechtspflege

Der Rechtsanwalt ist der berufene unabhängige Berater und Vertreter (Beistand) in allen Rechtsangelegenheiten (§ 3 Bundesrechtsanwaltsordnung – BRAO). Er übt als Organ der Rechtspflege einen freien Beruf und kein Gewerbe aus (§§ 1, 2 BRAO).

Zulassung:

Zur Rechtsanwaltschaft kann zugelassen werden, wer die Befähigung zum Richteramt hat (§ 4 BRAO). Mit der Zulassung zur Rechtsanwaltschaft ist die Zulassung bei einem bestimmten Gericht der ordentlichen Gerichtsbarkeit verbunden (§§ 18 ff. BRAO), i. d. R. bei einem Landgericht. Die Zulassung bei einem Oberlandesgericht setzt eine fünfjährige Anwaltstätigkeit voraus (§ 20 I 4 BRAO). Die Zulassung beim Bundesgerichtshof setzt die Vollendung des 35. Lebensjahres und (ebenfalls) eine fünfjährige Anwaltspraxis voraus. Anders als bei den übrigen Gerichten wird nur eine beschränkte Zahl von Rechtsanwälten zugelassen (§§ 162 ff., 168 II BRAO). Der BGH-Anwalt darf auch an den übrigen obersten Bundesgerichten auftreten (BVerfG., BVerwG etc.) sowie an internationalen und bilateralen Gerichten.

Der Rechtsanwalt wird bei dem Gericht, bei dem er zugelassen ist, in öffentlicher Sitzung *vereidigt* (§ 26 BRAO).

Gesetzlicher Zusammenschluss:

Die Rechtsanwälte eines Oberlandesgerichtsbezirkes sind in einer Rechtsanwaltskammer zusammengeschlossen. Die Mitgliedschaft ist gesetzlich vorgeschrieben.

Die Kammer ist eine *Anstalt des öffentlichen Rechts* und steht unter der Aufsicht der jeweiligen Landesjustizverwaltung (§§ 60 ff. BRAO). Die BGH-Anwälte sind in der Rechtsanwaltskammer des BGH zusammengeschlossen. Die Rechtsanwaltskammern sind wiederum zur Bundesrechtsanwaltskammer zusammengeschlossen (§ 175 BRAO).

Aufgaben der Kammern:

Die Rechtsanwaltskammern üben die Standesvertretung und die Standesaufsicht über ihre Mitglieder aus. Die Bundesrechtsanwaltskammer erlässt zusätzlich Richtlinien des anwaltlichen Standesrechts (§ 117 II 2 BRAO), die die in der BRAO genannten Pflichten ergänzen. Standesrechliche Pflichtverletzungen können vom Vorstand der zuständigen Anwaltskammer oder im ehrengerichtlichen Verfahren geahndet werden, u. a. durch Abmahnungen, Rügen, Geldbußen und Ausschluss aus der Kammer.

Der **Rechtsanwaltsvertrag** ist als solcher nicht speziell geregelt, so dass z. B. im Bereich der prozessualen Vertretung des Mandanten in konkreten Rechtsangelegenheiten ein Dienstvertrag i. S. v. § 611 BGB mit Geschäftsbesorgungscharakter i. S. v. § 675 BGB gegeben ist. Die Form der Beauftragung ist nicht vorgeschrieben. In der Praxis hat sich hierfür allerdings die schriftliche Vollmachtserklärung herausgebildet. Für den Nachweis des Verteidigerverhältnisses genügt aber auch die Anzeige des Verteidigers, mit der er etwa in Angelegenheit einer Verkehrsordnungswidrigkeit um Akteneinsicht (§ 147) bei der zuständigen Polizeibehörde nachsucht.

Der Rechtsanwalt haftet seinem Auftraggeber für schuldhafte Vertragsverletzung, z. B.

- bei Verkennung der Rechtslage infolge mangelnder Kenntnis von Gesetzen oder der höchstrichterlichen Rechtsprechung oder
- bei Nichtbeachtung von Fristen im Prozess, z. B. für die Folgen verspätet eingelegter Rechtsmittel.

Etwaige Schadenersatzansprüche verjähren drei Jahre nach Mandatsbeendigung (§ 51 BRAO).

Rechtsanwaltsvergütung:

Die Abrechnung der anwaltlichen Vergütung erfolgt entweder nach dem Rechtsanwalts-Vergütungsgesetz (RVG) vom 5.5.2004 oder aufgrund von Honorarvereinbarungen.

Bei außergerichtlicher und gerichtlicher **Vertretung** ergeben sich die Vergütungssätze aus dem RVG und dem als Anlage hierzu ergangenen Vergütungsverzeichnis (VV).

Für die gerichtliche Vertretung dürfen die gesetzlichen Gebühren nicht unterschritten, höhere Gebühren aber vereinbart werden.

Für den Bereich der außergerichtlichen **Beratung** (Auskunft, Sondierungsgespräch, Gutachten etc.) sind seit dem 1.7.2006 keine gesetzlichen Gebühren mehr vorgesehen.

§ 34 RVG sieht vor, dass der Anwalt in solchen Fällen auf eine Gebührenvereinbarung hinwirken soll. Wurde keine Vereinbarung getroffen, erhält der Anwalt Gebühren nach den Vorschriften des BGB, also insbesondere nach § 612 BGB.

1.6 Der Rechtsanwalt als Strafverteidiger

Der **Strafverteidiger** ist ein unabhängiges, dem Gericht und der StA gleich geordnetes Organ der Rechtspflege (BVerfGE 80, 1677). Sein gesetzlicher Auftrag (§ 1 BRAO) liegt in der *einseitigen* Wahrnehmung der Interessen des Beschuldigten gegenüber der Anklagebehörde und dem Gericht, aber auch darin, einer *rechtsstaatlichen* Strafrechtspflege zu entsprechen. Der Strafverteidiger ist deshalb nicht Gegner, sondern Mitwirkender einer funktionierenden Strafrechtspflege, die seine Mitwirkung in bestimmten Fällen als notwendig voraussetzt (z. B. § 140).

BGH *NStZ '93, 79: „Ein Strafverteidiger ist verpflichtet, seinen Mandanten bestmöglich zu verteidigen. Ihm vorliegende oder zugängliche Beweismittel zugunsten seines Mandanten muss er einbringen. In diesem Rahmen ist er zwar verpflichtet, darauf zu achten, dass er nicht gefälschte oder sonst als unrichtig erkannte Beweismittel vorlegt. Hat er aber insoweit lediglich Zweifel an der Echtheit, ist er deshalb nicht befugt, ein Beweismittel zurückzuhalten. Andernfalls würde er in Kauf nehmen, ein möglicherweise echtes, entlastendes Beweismittel zu unterdrücken."*

Bestellung	Ausschließung	Rechte
§ 137 I: Recht auf maximal *drei Wahlverteidiger;* **§ 138 I:** Voraussetzung für die wirksame Bestellung ist die *Zulassung als RA* bei einem dtsch. Gericht oder als Rechtslehrer an einer dtsch. Hochschule. **§ 140:** *Pflichtverteidigung,* z. B. bei – einer HV vor dem LG oder OLG; – Anklage wegen eines Verbrechens; – einer notwendigen Entscheidung über ein Sicherungsverfahren nach §§ 63, 64, 66 StGB. **§ 146:** *Begrenzung* der Verteidigung auf *einen* Beschuldigten in demselben Verfahren.	**§ 138 a:** Ausschließungsgründe, z. B.: – bei Tatbeteiligung i. S. v. §§ 25 ff. StGB; – bei Tatverdacht i. S. v. §§ 257, 258, 259 StGB. **§ 138 b:** Ausschluss bei Staatsschutzdelikten.	**§ 147:** *Akteneinsicht;* – des Verteidigers (I), – Versagungsgründe (II), – Auskunftsrecht des Beschuldigten (VII); **§ 148:** mdl. u. schriftlicher Verkehr mit dem inhaftierten Beschuldigten; bei einem Tatverdacht nach § 129 a StGB (Terrorismus) wird dieses Recht durch bestimmte Maßnahmen eingeschränkt. *Anwesenheitsrecht* bei der – richterlichen Vernehmung gem. **§ 168 c;** – richterliche Inaugenscheinnahme gem. **§ 168 d;** – staatsanwaltschaftlichen Vernehmung gem. § 163 a II 2 i. V. m. **§ 168 c.** *Benachrichtigung* über beabsichtigte/n richterl. Vernehmung/ Augenscheinnahme (§§ 224, 225). Beweisantragsrecht, **§§ 244 ff.** Kreuzverhör, **§ 239.** Plädoyer, **§ 258.**

Wahrheitspflicht: Als Organ der Rechtspflege ist der Strafverteidiger zur *Justizförmigkeit* des Verfahrens verpflichtet. Er darf nicht lügen, Beweismittel verfälschen, Sachverhalte verdunkeln, zur Flucht raten. Die strafbewehrte Grenze im Rahmen dieser nicht seltenen *Gratwanderung* ergibt sich aus § 258 StGB (Kap. B 20.3).

Beistandspflicht: Allseitige Wahrnehmung der Rechte seines Mandanten mit den *strafprozessual zulässigen* Mitteln; Verpflichtung zur *Einseitigkeit*, im Gegensatz zur Anklagebehörde (§ 160 II) und zum Gericht (§§ 155 II, 244 II). Der Strafverteidiger darf keine

Absprachen mit der StA oder dem Gericht treffen, die die Interessen seines Mandanten verletzen könnten. Pflichtverletzung kann Parteiverrat (§ 356 StGB) sein.

Schweigepflicht/-recht besteht für den Strafverteidiger bzgl. aller ihm gegenüber geäußerten Angaben zum Tatgeschehen gem. § 53 I Nr. 2. Bei Verletzung kommt § 203 I StGB, Verletzung von Privatgeheimnissen, in Betracht. Dies gilt allerdings nicht für die Verpflichtung zur Anzeige bestimmter bevorstehender Straftaten i. S. v. § 138, 139 III 2 StGB.

1.7 Die ordentliche Gerichtsbarkeit

Das GVG regelt den Bereich der sog. „ordentlichen" Gerichtsbarkeit. Darunter versteht man die *Straf-* und die *Zivilgerichtsbarkeit.* Sie wird ausgeübt von den AG, LG, OLG und dem BGH (§§ 12, 13 GVG).

1.7.1 Die Strafgerichtsbarkeit

I. Die nachfolgende Abb. vermittelt einen Überblick über die Organisation und die Aufgaben der **Strafgerichte.**

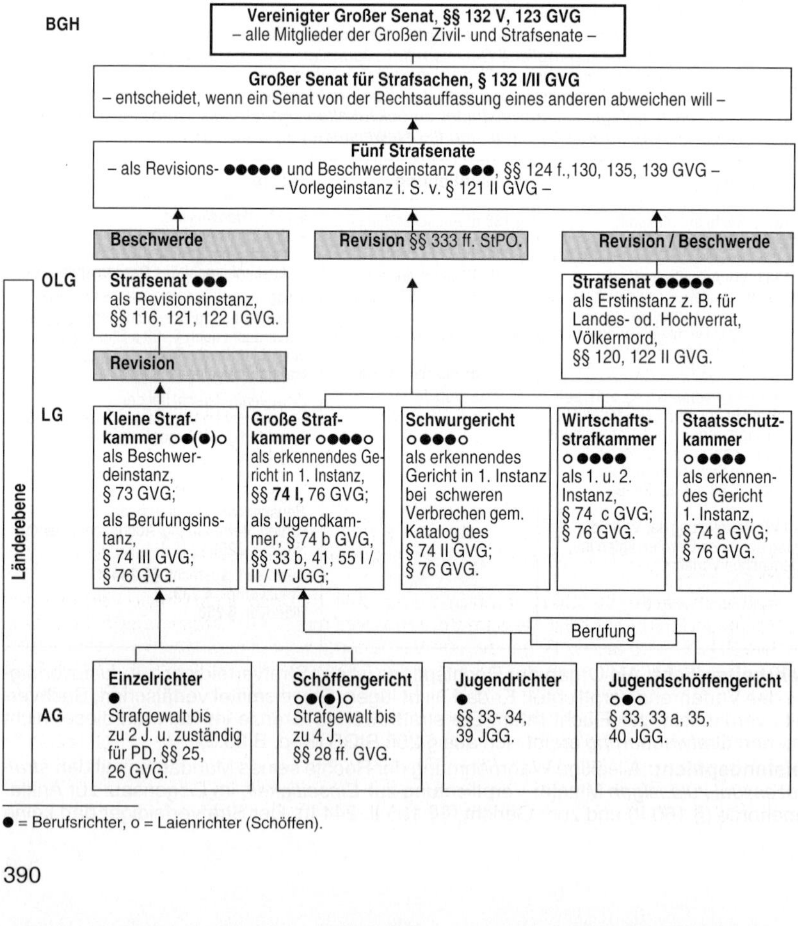

● = Berufsrichter, o = Laienrichter (Schöffen).

II. Erläuterungen zur Strafgerichtsbarkeit

Neben dem **BGH** bestehen als *oberste Gerichtshöfe des Bundes* das Bundesverwaltungsgericht (BVG) in Leipzig, der Bundesfinanzhof (BFH) in München, das Bundesarbeitsgericht (BAG) in Erfurt und das Bundessozialgericht (BSG) in Kassel.

Eine Sonderstellung nimmt das Bundesverfassungsgericht (BVerfG) mit Sitz in Karlsruhe ein. Es überprüft u.a. im Rahmen der Normenkontrollklage Gesetze und im Rahmen der Verfassungsbeschwerde Gerichtsentscheidungen oder Grundrechtseingriffe der Exekutive auf ihre Verfassungsmäßigkeit.

Der **BGH** mit Sitz in Karlsruhe ist bis auf wenige Ausnahmen *Revisionsgericht.*

Ihm obliegt damit vornehmlich die *Sicherung der Rechtseinheit* und die *Fortbildung des Rechts*. Er beschränkt sich deshalb grundsätzlich auf die Nachprüfung der *rechtlichen* Beurteilung eines Falles durch die Vorinstanzen, wobei er in der Regel an deren *tatsächliche* Feststellungen gebunden ist, weshalb auch in aller Regel keine Beweisaufnahmen beim BGH stattfinden.

Den **fünf Strafsenaten** des BGH sind Revisionen in Strafsachen aus bestimmten Oberlandesgerichtsbezirken zugewiesen.

Darüber hinaus sind als Spezialmaterien zugewiesen dem

1. Strafsenat → Militärstrafsachen und Vergehen gegen die Landesverteidigung,
3. Strafsenat → Staatsschutzdelikte,
4. Strafsenat → Verkehrsstrafsachen,
5. Strafsenat → Steuer- und Zollstrafsachen (Sitz: Leipzig).

Die Anzahl der Gerichte in den Bundesländern ist bedarfsorientiert und wird durch die Gesetzgebung der Länder festgelegt (§§ 1 ff. EGGVG). Bayern hat bislang als einziges Bundesland von der Befugnis nach § 9 EGGVG Gebrauch gemacht und ein Oberstes Landesgericht eingerichtet, das BayObLG.

Mit Ausnahme der in § 120 GVG festgelegten Zuständigkeit im ersten Rechtszug sind auch die **OLG** Beschwerde- und Revisionsgerichte.

Die OLG nehmen auch Aufgaben der Justizverwaltung und damit die Dienstaufsicht über die im Bezirk tätigen Justizbeamten wahr. Daneben obliegt ihnen die Aufsicht über die Notare, die Bearbeitung von Gesuchen um Akteneinsicht und die Aufsicht über die ihnen angeschlossenen Justizprüfungsämter.

Die Gerichtsorganisation unterhalb der OLG ergibt sich aus der vorstehenden Grafik.

Die **LG** sind als erste Instanz zuständig, wenn eine **Freiheitsstrafe** von mehr als vier Jahren oder die **Unterbringung** in einem psychiatrischen Krankenhaus oder **Sicherungsverwahrung** zu erwarten ist. Außerdem sind sie als erste Instanz für eine Reihe schwerer **Verbrechen** (§ 74 II GVG) zuständig.

Die **AG** sind in allen anderen Strafsachen zuständig. Die Strafgewalt des Einzelrichters ist auf zwei, die des Schöffengerichts auf vier Jahre begrenzt (§§ 24 ff. GVG).

Schöffen sind den „Spruchkörpern" der AG und LG zugeordnete ehrenamtliche Laienrichter, die mit vollem Stimmrecht über die Schuld- und Straffrage mitentscheiden (§§ 30 ff. GVG und §§ 44, 45 DRiG).

Rechtsmittel sind die *Beschwerde*, die *Berufung* und die *Revision*; als Rechtsbehelfe kennt die StPO die *Wiedereinsetzung in den vorigen Stand* und das *Wiederaufnahmeverfahren.*

Mit der **Beschwerde** (§§ 304 ff.) können nur gerichtliche *Beschlüsse* sowie *Verfügungen* des Vorsitzenden und des Richters im Vorverfahren, nicht aber Urteile angefochten werden. Die B. kann sich also z. B. gegen eine Verhaftung, vorläufige Entziehung der Fahrerlaubnis, Beschränkungen des Verteidigers im Verkehr mit seinem Mandanten (§ 148) oder gegen die Nichtzulassung als Nebenkläger (§§ 396 ff.) richten. Die mit der B. angefochtene Entscheidung ist in tatsächlicher und rechtlicher Hinsicht überprüfbar.

Das Rechtsmittel der **Berufung** (§§ 312 ff.) kann gegen Urteile des AG eingelegt werden. Sie ist schriftlich oder zur Niederschrift der Geschäftsstelle des AG einzulegen, und zwar innerhalb einer Woche nach Verkündung des Urteils. Einer Begründung der Berufung bedarf es nicht. In den Fällen der Bagatellkriminalität muss die Berufung vom LG ausdrücklich angenommen werden (§§ 313 I, 322 a). Die B. hemmt die Rechtskraft des Urteils (§ 316). Berufungsinstanz ist die *Kleine Strafkammer* beim LG. Es findet eine Neuverhandlung auf der Grundlage des Eröffnungsbeschlusses des AG in *tatsächlicher und rechtlicher* Hinsicht statt.

Die **Revision** (§§ 333 ff.) ist gegen erstinstanzliche Urteile des LG und OLG sowie gegen Berufungsurteile des LG zulässig. Außerdem gibt es sie als sog. *Sprungrevision* gegen Urteile des AG, wenn es lediglich um die Klärung einer *Rechtsfrage* geht (§ 335). Die Berufungsinstanz wird mit ihr in diesem Falle übersprungen.

Auch die Revision muss binnen einer Woche nach Urteilsverkündung der Vorinstanz eingelegt werden. Sie hemmt ebenfalls die Rechtskraft des bisher ergangenen Urteils (§ 343). Die schriftlich zu begründende Revision ist an bestimmte Voraussetzungen gebunden (Revisionsgründe, §§ 337, 338). Sie führt lediglich zu einer Überprüfung in *rechtlicher* Hinsicht mit dem Ziel, festzu- stellen, ob das Urteil auf einer Gesetzesverletzung beruht (§ 337). Das Revisionsgericht ist dabei an die Tatsachenfeststellung der Vorinstanz gebunden.

Revisionsinstanz können je nach der Vorinstanz das OLG oder der BGH sein (Abb. oben unter I).

Der Rechtsbehelf **Wiedereinsetzung in den vorigen Stand** (§§ 44 ff.) führt auf Antrag zur Fortsetzung des Verfahrens, wenn Rechtsmittelfristen *unverschuldet* versäumt wurden.

Mit dem Rechtsbehelf **Wiederaufnahme** (§§ 359 ff.) kann unter bestimmten Voraussetzungen die Neuverhandlung eines bereits *rechtskräftig abgeschlossenen* Verfahrens erreicht werden.

1.7.2 Die Zivilgerichtsbarkeit

1 Die Zweige der Gerichtsbarkeit

ordentliche Gerichtsbarkeit:	besondere Gerichtsbarkeit:
– **Zivilgerichtsbarkeit:** – streitige Gerichtsbarkeit, – freiwillige Gerichtsbarkeit. – **Strafgerichtsbarkeit:** – vgl. Sie Kap. C 1.7 oben.	– Verfassungsgerichtsbarkeit, – Verwaltungsgerichtsbarkeit, – Sozialgerichtsbarkeit, – Arbeitsgerichtsbarkeit, – Finanzgerichtsbarkeit.

Die Gesamtheit der Gerichte spiegelt die Gerichtsbarkeit wider. Der *Rechtsprechung* und der *Rechtsberatung* obliegt die *Rechtspflege.*

Organe der Rechtspflege sind im Bereich der

Rechtsberatung:	Rechtsprechung:	
insbes. die Gerichte, Notare, Steuerberater, Wirtschaftsprüfer, Patentanwälte, Rechtsanwälte.	**Gerichte** – Richter, – Rechtspfleger, – Gerichtsvollzieher, – Urkundsbeamte.	**Anklage- u. Ermittlungsbehörden** *im Straf- und bußgeldverfahren,* – Staatsanwälte, – Amtsanwälte, aber nur bei den AG.

2 Rechtsquellen und Begriff der Zivilgerichtsbarkeit

Rechtsquellen:
- Grundgesetz (GG), Art. 92 ff.,
- Gerichtsverfassungsgesetz (GVG),
- Gesetz über die Angelegenheiten der freiwilligen Gerichtsbarkeit (FGG),
- Zivilprozessordnung (ZPO),
- Rechtspflegergesetz (RPflG).

Begriff: Die Zivilgerichtsbarkeit ist die Gerichtsbarkeit in *privatrechtlichen Streitigkeiten* (Übersicht in Kap. A 2). Sie obliegt den **ordentlichen Gerichten,** die – wie oben dargelegt – auch für Strafsachen zuständig sind (§ 13 GVG). Daraus erklärt sich die Einheitlichkeit des Gerichtsaufbaus.

Die Zivilgerichtsbarkeit gliedert sich in die sog. **streitige Gerichtsbarkeit** und in die **freiwillige Gerichtsbarkeit**.

Das Verfahren nach der *streitigen* Gerichtsbarkeit setzt die Erhebung der Klage vor dem zuständigen Gericht voraus.

Das Verfahren endet i. d. R. mit einem *Urteil* in der Rechtssache.

Die Aufgabe der *freiwilligen* Gerichtsbarkeit besteht darin, durch rechtzeitige Ordnung von Rechtsverhältnissen Rechtsstreitigkeiten zu vermeiden. Der Regelungsbereich ergibt sich insbesondere aus dem Gesetz über die Angelegenheiten der freiwilligen Gerichtsbarkeit (FGG).

Die Entscheidungen tragen den Begriff *Beschluss* oder *Verfügung.* Ein Urteil wird nicht gefällt.

3 Die streitige Gerichtsbarkeit

Bei der *streitigen Gerichtsbarkeit* stehen sich in einem Zivilprozess zwei Parteien – *Kläger* und *Beklagter* – gewissermaßen im Streit über unterschiedliche Ansprüche aus materiell-rechtlichen Positionen des Privatrechts (zum Begriff Näheres im Kap. A 2) gegenüber.

Beispiele:

Streit um die Höhe einer geforderten Schadenersatzleistung aus unerlaubter Handlung (Kap. A 22).
Räumungsklage gegen einen Mieter unter Geltendmachung von Eigenbedarf.
Abwehr einer Kaufpreisforderung wegen verspäteter Lieferung oder Mängel der Kaufsache.
Streitigkeiten über Ansprüche aus dem ehelichen Güterrecht.

3.1 Die Gliederung des Zivilprozesses

Erkenntnisverfahren

Dieses Entscheidungs- und Urteilsverfahren dient der gerichtlichen Überprüfung des mit der Klage vorgebrachten Streitgegenstandes und schließt mit einem Urteil ab, das der siegreichen Partei einen sog. *vollstreckbaren Titel* verschafft. Das Erkenntnisverfahren ist in den ersten „Sieben Büchern" der ZPO geregelt.[1]

Das **Amtsgericht** entscheidet gem. § 22 I GVG stets durch den *Einzelrichter.*

Die **Zuständigkeit** des AG in Zivilsachen erstreckt sich gem. §§ 23, 23 a GVG u. a. auf:
- Streitigkeiten über *vermögensrechtliche Angelegenheiten* bis zu einem Streitwert von 5 000 Euro,[2]
- *Mietstreitigkeiten* über Wohnraum,
- *Mahnverfahren* (§ 689 ZPO), – Ehesachen, – Güterrechtssachen.

Beim AG bestehen **Abteilungen**, wie z. B. das *Familiengericht, Vollstreckungsgericht, Vormundschaftsgericht, Nachlassgericht, Registergericht* sowie die Abt. für *Mahnverfahren.*

---

1) Einen Überblick vermittelt der Exkurs in Kap. A 2.
2) Vor Zulassung der Klage ist der Nachweis einer erfolglos durchgeführten *außergerichtlichen Streitschlichtung* in NRW seit dem 1.10.2000 obligatorisch. Sie obliegt den von der Landesjustizverwaltung anerkannten Gütestellen z. B. den Schiedsämtern, die zuvor schon als Vergleichsbehörde i. S. v. § 380 (Kap. C 1.12) fungierten. Die außergerichtliche Streitschlichtung kommt *grundsätzlich* in Betracht bei:
– Vermögensrechtlichen Streitigkeiten, deren Wert 600 Euro nicht übersteigt,
– Ansprüchen aus dem Nachbarschaftsrecht,
– Ansprüchen wegen Verletzung der persönlichen Ehre.

Zwangsvollstreckungsverfahren

Dieses Verfahren regelt auf Antrag der siegreichen Partei (Gläubiger) die ggf. notwendige *zwangsweise* Durchsetzung des im Urteil bekundeten Anspruchs gegen den Schuldner. Vollstreckungsorgan ist i. d. R. der *Gerichtsvollzieher* (§ 154 GVG), in bestimmten Fällen das *Vollstreckungsgericht* (§§ 764, 766, 828, 899 ff. GVG; § 1 ZVG).

Das Verfahren ist im 8. Buch der ZPO niedergelegt.

Voraussetzungen für das *Zwangsvollstreckungsverfahren* sind:
- ein *Antrag* des Gläubigers an das zuständige Vollstreckungsorgan, z. B. Gerichtsvollzieher,
- ein *Vollstreckungstitel*, i. d. R. ein Endurteil, aus dem sich der vollstreckbare Anspruch ergibt,
- eine *Vollstreckungsklausel* als amtlicher Vermerk auf dem vollstreckbaren Titel (vollstreckbare Ausfertigung),
- die Zustellung des vollstreckbaren Titels an den Schuldner,
- das *Fehlen von Vollstreckungshindernissen*, z. B. einer Vollstreckungsgegenklage.

Vollstreckbare Titel können lauten auf:
- Geldforderungen,
- Herausgabe von Sachen,
- Vornahme, Unterlassung und Duldung von Handlungen,
- Abgabe von Willenserklärungen.

Die *Unterstützungspflicht* des Gerichtsvollziehers durch die **Polizei** ergibt sich aus §§ 758 ZPO (wenn Widerstand zu erwarten ist) und aus 759 ZPO (wenn Polizeibeamte als Zeugen hinzuzuziehen sind).

Arrestverfahren und Verfahren der einstweiligen Verfügung

Hierbei handelt es sich um *vorgezogene Eilverfahren*, die der *sofortigen* Sicherung von Rechten und Rechtsverhältnissen dienen. Wer z. B. im Rahmen der erlaubten Selbsthilfe nach § 229 BGB eine Sache wegnimmt oder einen anderen festnimmt, hat gem. § 230 BGB den dinglichen Arrest bzw. den Sicherheitsarrest beim Amtsgericht zu beantragen.

Die Einzelheiten des Verfahrens sind im 8. Buch der ZPO (§§ 916 ff.), in dem Zwangsvollstreckungsgesetz (ZVG) für die Vollstreckung in Grundstücke und in der Konkursordnung (KO) bei der Verwertung des Gesamtvermögens geregelt.

3.2 Verhandlungsgrundsätze im streitigen Verfahren

In der *streitigen Gerichtsbarkeit* gilt der *Verhandlungsgrundsatz* oder der *Parteibetrieb*.

Das bedeutet, dass die Parteien selbst die Beweise beizubringen haben, die die Klage stützen oder entkräften (§ 137 ZPO). Was von den Parteien nicht vorgetragen oder beantragt wird, darf das Gericht auch nicht berücksichtigen. Für den Tatsachenvortrag der Parteien besteht die Pflicht zur Wahrheit und Vollständigkeit (§ 138 I ZPO).

Die Parteien müssen gegenseitig zu ihren Behauptungen Stellung beziehen (§ 138 II ZPO). Was dabei nicht bestritten wird, gilt für das Gericht als zugestanden (§ 138 III ZPO).

Das *Gericht* ist seinerseits verpflichtet, auf eine sachgerechte Entscheidung des Rechtsstreites hinzuwirken, z. B. durch:
- Einführung in den Sach- und Streitgegenstand (Tatbestand), § 278 I ZPO,
- Hinwirkung auf eine erschöpfende Erörterung der streitigen Sache, §§ 136 III, 139 I ZPO,
- persönliche Anhörung der erschienenen Parteien, § 278 I S. 2 ZPO,
- Hinwirkung auf eine gütliche Beilegung des Rechtsstreites durch Prozessvergleich, § 279 ZPO,
- Eintritt in die Beweisaufnahme (§ 278 II ZPO): durch die Vernehmung etwaiger Zeugen (§§ 373 ff. ZPO), die Prüfung vorgelegter Urkunden (§§ 415 ff. ZPO), Parteivernehmung (§§ 445 ff. ZPO), Augenscheinseinnahme (§§ 371 ff. ZPO) u. a. m.

Falls der Rechtsstreit danach *entscheidungsreif* ist, wird die mündliche Verhandlung geschlossen (§ 136 IV ZPO), das Urteil sodann beraten (§ 309 ZPO) und – abgesehen von ganz einfachen Fällen – ein *Verkündungstermin* anberaumt (§ 310 I ZPO).

Das Verhandlungsprotokoll dient bis dahin der Abfassung des vollständigen Urteils. Form und Inhalt ergeben sich aus §§ 315 II, 310, 313 ZPO.

Den Parteien wird eine vollständige Ausfertigung des Urteils von Amts wegen zugestellt (§§ 317 I, 270 I ZPO).

Die Zustellung bewirkt den Lauf der Rechtsmittelfristen (§§ 516, 552 ZPO). Gegen Urteile der 1. Instanz ist Berufung, gegen Berufungsurteile ist Revision beim Zivilsenat des OLG bzw. BGH zulässig (vgl. Sie die nachfolgende Ziff. 6).

Nach ungenutztem Ablauf der Rechtsmittelfristen (ein Monat) bzw. nach Ausschöpfung des gegebenen Instanzenzuges ist das Urteil *formell rechtskräftig* und nicht mehr angreifbar (sofern nicht Verfassungsbeschwerde erfolgreich eingelegt werden kann, §§ 90 ff., 95 BVerfGG).

4 Die freiwillige Gerichtsbarkeit

Die *freiwillige Gerichtsbarkeit* dient nicht dem Schutz *bestehender* materiell-rechtlicher Ansprüche, sondern der *vorbeugenden* Ordnung von Rechtsverhältnissen, um Streitigkeiten privatrechtlicher Natur erst gar nicht entstehen zu lassen. Der Regelungsbereich dieser Gerichtsbarkeit ist im Wesentlichen durch das *Gesetz über die Angelegenheiten der freiwilligen Gerichtsbarkeit (FGG)*[1] bestimmt.

Aufgabenbereiche der freiwilligen Gerichtsbarkeit sind danach u. a.
- Vormundschafts- und Familiensachen,
- Vereinssachen (u. a. Führen des Vereinsregisters),
- Betreuungssachen, z. B. Pflegerbestellung,
- Handelssachen (u. a. Führen des Handelsregisters),
- Unterbringungssachen, z. B. Unterbringung psychisch Kranker, §§ 70 ff. FGG,
- Führen von Güterrechtsregistern,
- Führen der Grundbücher,
- Personenstandssachen,
- Eidesstattliche Versicherung, Pfandverkauf,
- Nachlass- und Teilungssachen,
- Beurkundungen und Beglaubigungen.

Zu den **Organen** der freiwilligen Gerichtsbarkeit gehören die Amtsgerichte (Einzelrichter, Rechtspfleger), die Notariate, die Kommunen mit ihren Standesämtern für die Führung der Geburten- und Sterberegister, mit ihren Grundbuchämtern sowie mit ihren Jugendämtern (§§ 49, 49 a FGG).

Findet das **Verfahren** vor dem Amtsgericht statt, so wird i. d. R. ohne mündliche Verhandlung aufgrund schriftlich gestellter Anträge der *Beteiligten* (nicht Kläger und Beklagter) nach Einholung schriftlicher Stellungnahmen und Anhörungen entschieden. Im Bedarfsfall findet aber auch die mündliche (nicht öffentliche) Verhandlung statt. Für die Beweisführung gelten dann die Vorschriften der ZPO *entsprechend* (§ 15 FGG). Im Gegensatz zur streitigen Gerichtsbarkeit hat der Richter von Amts wegen den vorgetragenen Sachverhalt zu ermitteln und ggf. weitere Beweise heranzuschaffen (§ 12 FGG, Untersuchungsgrundsatz).

Die Entscheidung des Gerichts ergeht nicht als Urteil, sondern als *Beschluss*. Beschlüsse des Gerichts (AG, LG, OLG) können mit dem Rechtsmittel der *Beschwerde* (§ 19 FGG) oder dem der *weiteren Beschwerde* (§§ 27, 28 FGG) angefochten werden.

Zur *Durchsetzung* gerichtlicher Verfügungen (Vorlage von Urkunden, Herausgabe des Kindes an das Jugendamt) können Zwangsgeld und unmittelbarer Zwang angeordnet werden (§ 33 I FGG). Der Vollstreckungsbeamte ist befugt, ggf. **polizeiliche** Unterstützung anzufordern (§ 33 II FGG).

---

1) FGG vom 20.05.1898 (RGBl. S. 771) mit zahlreich ergangenen Änderungen i. d. F. vom 28.10.1994 (BGBl. III 315-1).

5 Beispiel für die Organisation eines Amtsgerichts

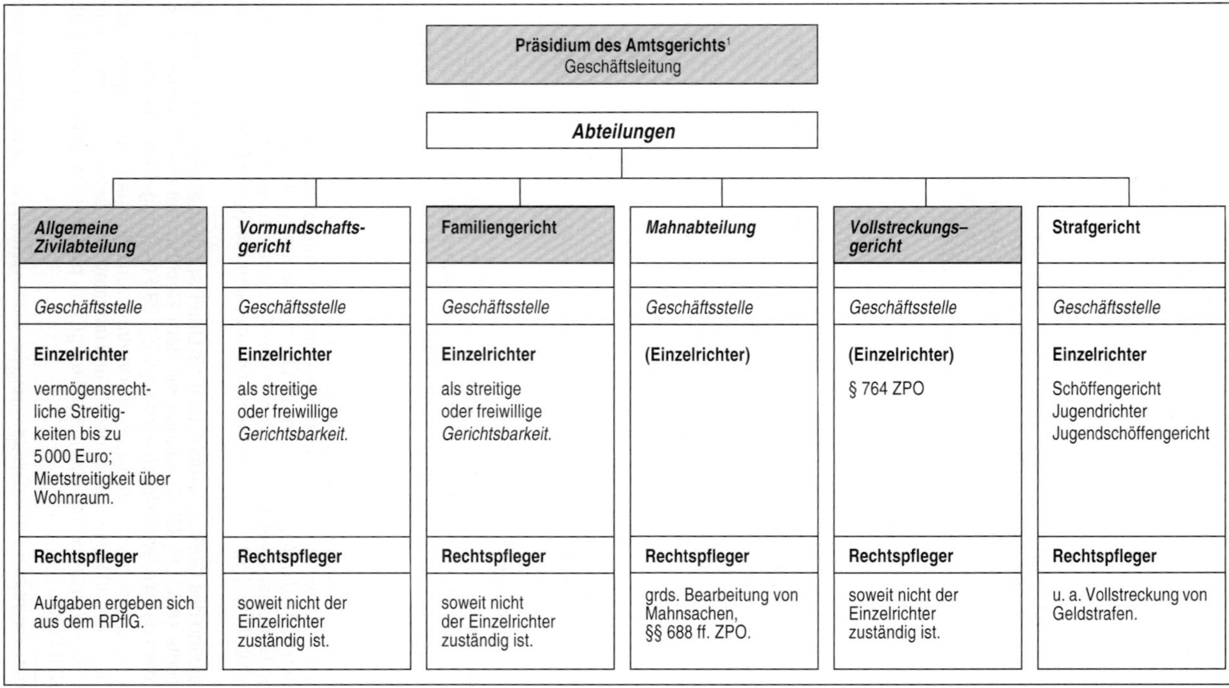

1) Nach § 21 a GVG ist bei jedem Gericht ein Präsidium zu bilden. Zur Dienstaufsicht vgl. Sie ggf. §§ 25, f. DRiG.

Der **Rechtspfleger** ist Beamter des gehobenen Dienstes, der die im Rechtspflegergesetz bezeichneten Aufgaben der Rechtspflege wahrnimmt, dabei selbständig entscheidet und nur dem Gesetz unterworfen ist (§ 9 RPflG).

Trotz dieser Zuständigkeit hat der Rechtspfleger eine Sache dem Richter vorzulegen, wenn er z. B. von der Stellungnahme des Richters abweichen will oder wenn die Sache besonders schwierig ist (§ 5 RPflG). Über Rechtsmittel gegen Entscheidungen des Rechtspflegers *(Erinnerung)* entscheidet der Richter.

6 Der Instanzenzug in Zivilsachen

6.1 Streitige Gerichtsbarkeit

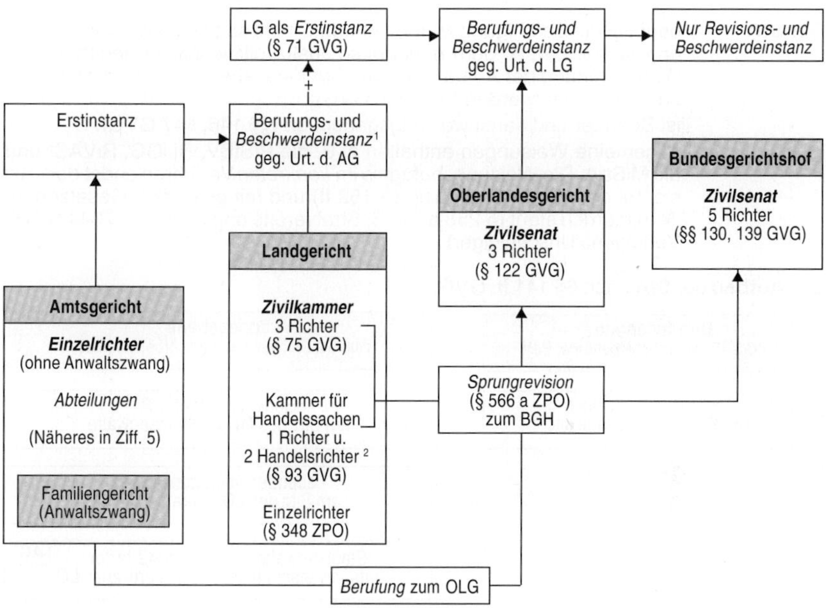

6.2 Freiwillige Gerichtsbarkeit

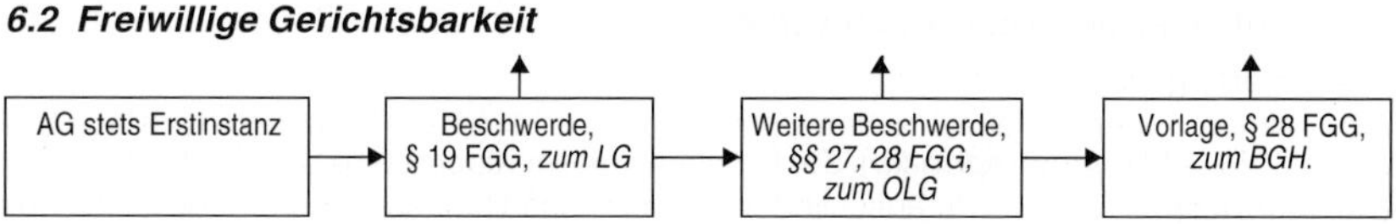

1) Jeweils gegenüber Beschlüssen, Verfügungen der Vorinstanz.
2) Ehrenamtliche Richter.

1.8 Die Staatsanwaltschaft, §§ 152, 158 ff.; §§ 141 ff. GVG

I. Allgemeines

Die StA

- ist eine hierarchisch organisierte Justizbehörde, die weder der Exekutive noch der Judikative zuzurechnen ist;
- ist ein den Strafgerichten zugeordnetes, selbständiges Organ der Strafrechtspflege (§ 150 GVG);
- ist bei jedem Strafgericht (BGH, OLG, LG) eingerichtet (§ 141 GVG). Beim AG nimmt die staatsanwaltschaftlichen Aufgaben die beim örtlich zuständigen LG eingerichtete StA durch einzelne StA oder Amtsanwälte wahr (§ 142 GVG);
- ist Anklage- (§ 152 I) und Vollstreckungsbehörde (§§ 449 ff.) des Staates in Strafsachen.

Der StA

- benötigt die Befähigung zum Richteramt, nicht so der am AG tätige Amtsanwalt, der i. d. R. dem *gehobenen* Justizvollzugsdienst angehört. Die Wahrnehmung der Aufgaben eines StA kann aber auch einem Referendar übertragen werden (§ 142 III GVG);
- ist Beamter und damit weisungsgebunden (§§ 146, 147 GVG).

  Allgemeine Weisungen enthalten z. B. die RiStBV, RiJGG, RiVASt und die MiStrA. Die Weisungsbefugnis im *konkreten* Verfahren endet dort, wo sie mit dem Legalitätsprinzip (§ 152 II) und mit geltenden Gesetzen im Widerspruch steht (§ 258 a StGB, Strafvereitelung im Amte; § 344 StGB, Verfolgung Unschuldiger).

Der **Aufbau** der **StA** nach §§ 141 ff. GVG:

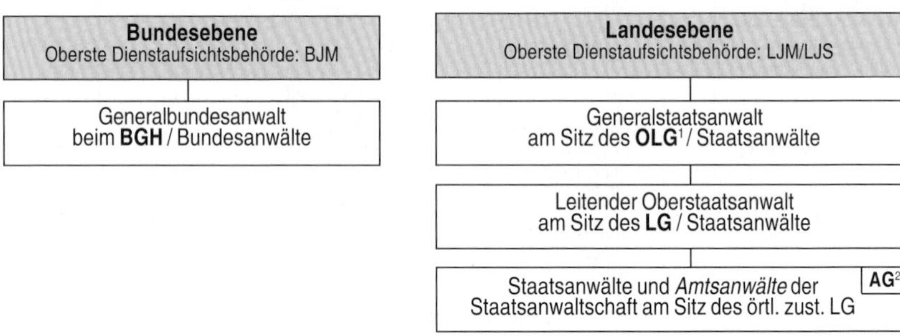

II. Die Aufgaben der Staatsanwaltschaft

1 Strafverfolgung

Die Eröffnung einer strafgerichtlichen Untersuchung ist durch die Erhebung der Klage bedingt (§ 151, **Akkusationsprinzip**). Zur Erhebung dieser Klage ist die StA berufen (§ 152 I, **Offizialprinzip** →C1.10). Die anschließende grichtliche Untersuchung erstreckt sich sodann nur auf die in der Klage bezeichnete Tat und die beschuldigten Personen (§ 115 I).

1) Die Anzahl der OLG und LG ist je nach der Bevölkerungsdichte des betreffenden Landes verschieden.
In Berlin heißt das dem OLG entsprechende Gericht *Kammergericht*.
In Bayern ist neben den OLG auch ein Oberstes Landesgericht eingerichtet, das *BayObLG* (§§ 8 ff. EGGVG).
2) Bei den AG können auch eigenständig organisierte StA eingerichtet werden.

Die StA hat „wegen aller verfolgbaren Straftaten einzuschreiten, sofern zureichende tatsächliche Anhaltspunkte bestehen“ (§ 152 II, **Legalitätsprinzip**).

Der StA obliegt als Anklagebehörde auch die **Leitung** des Ermittlungs- oder Vorverfahrens, das sie allein, i. d. R. aber mit anderen Behörden (Näheres in Kap. C 1.13), insbesondere den Polizeibehörden, betreibt (§§ 161, 163).

Im Ermittlungsverfahren hat die StA den jeweiligen Sachverhalt daraufhin zu erforschen, ob öffentliche Klage erhoben werden muss (§ 160 I). Dabei hat sie sowohl be- als auch entlastende Umstände zu ermitteln sowie die erforderlichen Beweise zu sichern. Auch die Umstände hat sie zu berücksichtigen, die für die Bestimmung der Rechtsfolge der Tat bedeutsam sind (§ 160 II, III).

Verfolgungsmaßnahmen jedweder Art, denen bundes- oder landesgesetzliche **datenschutzrechtliche Verwendungsregeln** entgegenstehen (z. B. getilgte Entscheidungen aus dem BZRG oder Verwendungsregeln aus dem § 30 AO, § 35 SGB I, §§ 67 ff. SGB X, aus den Kommunalabgabeordnungen), darf die StA nicht treffen und auch nicht treffen lassen (§ 160 IV).

Ermittlungsmaßnahmen sind nach § 160 IV unzulässig, soweit bundes- und landesrechtliche Verwendungsregelungen entgegenstehen. Das gilt auch für die Polizei, die im von der StA beherrschten Ermittlungsverfahren tätig wird →§§ 161 I, 163 I.

Verwendungseinschränkungen für gewonnene pbD ergeben sich auch aus § 161 II und III.

§ 160 II bezieht sich auf pbD, die nach der StPO nur bei Verdacht *bestimmter* Straftaten gewonnen werden dürfen. Liegen diese Daten aus anderen Maßnahmen vor, dürfen sie zur Tataufklärung nur verwendet werden, wenn die Maßnahmen auch zu diesem Zweck nach der StPO hätten angeordnet werden dürfen.

Beispiele:

Personenbezogene Daten/Erkenntnisse aus polizeirechtlicher Längerfristiger Observation zur Abwehr erheblicher Straftaten dürfen im Strafverfahren verwendet werden, wenn sie auch durch eine Maßnahme nach § 163 f hätten gewonnen werden dürfen (§ 161 II S. 1).

Personenbezogene Daten aus polizeirechtlicher Wohnraumüberwachung dürfen zur Aufklärung einer Katalogtat nach nach § 100 c verwendet werden (§ 161 II S.2/§ 100 d V Nr. 3).

§ 160 III enthält einen Verwendungsvorbehalt für pbD, die im Zuge verdeckter Ermittlungen nach *Polizeirecht* im Rahmen des Einsatzes technischer Mittel zur Eigensicherung in oder aus einer Wohnung erlangt wurden, insoweit als das örtlich zuständige Amtsgericht die Rechtmäßigkeit der polizeirechtlichen Maßnahme feststellen muss.

Auf gleichlautende Regelungen in § 16 III BKAG, § 9 II BVerfSchG und § 5 MAD-Gesetz wird hingewiesen. Ihre verfasssungsrechtliche Basis haben sie in Art. 13 V GG.

Ermittlungsgeneralklausel der StA, § 161 I S. 1	

Zu den in § 160 I - III genannten Zwecken kann die **StA**
– von allen *Behörden* Auskunft *verlangen* und
– *Ermittlungen* jedweder Art
  – selbst *vornehmen* oder
  – durch die Beamten und Behörden des Polizeidienstes *vornehmen lassen.*
	Spezialermächtigungen. gehen vor, z. B. § 163 f.

Die Leitungs- und Weisungsbefugnis der StA ggü. der Polizei umfasst auch die Anordnung zur Anwendung unmittelbaren Zwanges.	Näheres in Anlage A der RiStBV.
Die **Polizeibehörden und -beamten** sind – *verpflichtet,* dem Auskunftsersuchen oder dem Ermittlungsauftrag der StA zu genügen, und – in diesem Falle *befugt,* von allen *Behörden* Auskunft zu *verlangen* (wenn sie indes aus eigenem Recht tätig werden, gilt § 163 I S. 2!).	*Zur Ermittlungsgeneralklausel* der Polizei vgl. Sie Kap. C 2.1.

Die Ermittlungen der StA bestehen i. d. R. aus Aktenstudium, Registeranfragen, Auskunftsersuchen an jedwede Landes- bzw. Bundesbehörde sowie aus Ermittlungsersuchen an die Polizei- bzw. andere Strafverfolgungs*behörden* (Kap. C 1.13).

Die Ermittlungspersonen der StA (§ 152 GVG) sind in dieser Eigenschaft sogar unmittelbar verpflichtet, den an sie gerichteten Anordnungen der StA Folge zu leisten.

Beispiele: *Anordnung an den Leiter eines Verkehrskommissariates, in einer konkreten Unfallsache einen Sachverständigen beizuziehen. Anweisungen an den Leiter einer eingerichteten Mordkommission. Anordnung von Nacherhebungen an den Betrugssachbearbeiter in einer konkreten Ermittlungssache.*

Im Übrigen wird die StA ihre Auskunfts- oder Ermittlungsersuchen in der Form der Aktenversendung an die jeweilige *Behörde* richten.

Die StA darf im Rahmen ihrer Ermittlungstätigkeit zahlreiche Grundrechtseingriffe anordnen, teils nur bei Gefahr im Verzug – Gebäudedurchsuchung gem. §§ 103 I S. 2, 105 I S. 2 – teils auch ohne dieses zeitliche Dringlichkeitskriterium, z. B. Anordnung der Vorführung von Zeugen und Sachverständigen (§ 161 a I, II) oder von Beschuldigten (§ 163 a III) zur Vernehmung.

Erachtet der StA die Vornahme einer *richterlichen* Untersuchungshandlung für geboten (Näheres Kap. C 1.9), kann sie diese beim zuständigen AG beantragen (§ 162). Der Richter wird dem Ersuchen Folge leisten, wenn es gesetzlich zulässig ist (§ 162 I, III).

Im Rahmen der ***Gefahrenabwehr*** hat die StA hingegen keine Zuständigkeit und deshalb auch keine Weisungsbefugnis. Das kann in besonderen Lagen, etwa bei Geiselnahmen (§ 239 b StGB), problematisch werden. Die Problematik behandelt die Anlage A Abschnitt B III der RiStBV. Zum **Verhältnis StA – Polizei** und andere Behörden wird ergänzend auf Kap. C 1.13 hingewiesen.

Bieten die Ermittlungen *genügend Anlass* zur Erhebung der öffentlichen Klage, erhebt die StA sie durch „Einreichung der Anklageschrift", § 170 I, andernfalls stellt sie das Verfahren ein (§ 170 II). Hiervon setzt sie den ‚*Beschuldigten*' nach Maßgabe des § 170 II in Kenntnis.

Der *Antragsteller*, der einen Antrag auf Erhebung der öffentlichen Klage gestellt hat, bekommt einen mit Gründen versehenen *Einstellungsbescheid* (§ 171).

Das **Klageerzwingungsverfahren** (§§ 172 ff.) sichert das Legalitätsprinzip (§ 152 II) zugunsten des durch die Straftat *Verletzten*, der Strafanzeige (§ 158) erstattet hat, aber wegen des Anklagemonopols der StA (§ 152 I) selbst kein Strafverfahren in Gang setzen darf. Gegen den ablehnenden Bescheid der StA kann *er*, der Verletzte, unter Fristwahrung Beschwerde einlegen (§ 172 II S. 1), über die ggf. die vorgesetzte StA beim OLG entscheidet. Auch diese Entscheidung kann angefochten werden durch Anrufung des zuständigen OLG (§§ 172 III S. 1, 175).

Ein zur Aufnahme von Ermittlungen ausreichender Anfangsverdacht i.S.d. § 152 II liegt dann vor, wenn aufgrund *tatsächlicher* Anhaltspunkte die Möglichkeit einer verfolgbaren Straftat besteht. Der Zweifelssatz 'in dubio pro reo' findet bei der Beurteilung der Verdachtslage keine Anwendung.

Vorermittlungen zu Klärung, ob ein Anfangsverdacht vorliegt, sind selbst bei nur geringen Ermittlungsansätzen durch das Legalitätsprinzip geboten, soweit die rechtlichen Möglichkeiten dies zulassen.[2]

2 Anklageerhebung

Die *gerichtliche* Untersuchung setzt die Erhebung einer Klage voraus, § 151 – **Akkusationsprinzip**.

Zur Erhebung der öffentlichen Klage ist die StA berufen, § 152 I. Dieses *Offizialprinzip* macht die Strafverfolgung zur Angelegenheit des Staates. Es wird im Wesentlichen nur

1) Zu den Verfahrensarten vgl. Sie ggf. Kap. C 1.10.
2) OLG Karlsruhe - 1 Ws 85/02 vom 16.12.2002.

durch das *Privatklageverfahren* (§§ 374 ff.) und das Strafbefehlsverfahren der Finanzbehörden (§ 400 AO)[1] durchbrochen. Letzteres stellt in Wahrheit nur eine *Verlagerung* des Verfahrens auf *andere* staatliche Organe dar.
Zur Anklageerhebung gehört auch ggf. die Einlegung von Rechtsmitteln, und zwar sowohl zu ungunsten des Beschuldigten als auch zu seinen Gunsten (§ 296). Die Einlegung eines Rechtsmittels entscheidet sich nicht nach dem Legalitätsprinzip, sondern erfolgt nach pflichtgemäßem Ermessen (Nr. 147 RiStBV).

3 Strafvollstreckung

Der StA beim LG (beim OLG, falls dieses im 1. Rechtszug tätig wurde) obliegt als Vollstreckungsbehörde (VollstrB) die Einleitung und Überwachung der Vollstreckung des rechtskräftigen Urteils. Zu diesem Zweck erhält sie eine beglaubigte Abschrift des Urteils sowie eine Bescheinigung über dessen Vollstreckbarkeit vom Urkundsbeamten der Geschäftsstelle des Gerichts (§ 451, § 463).

Die Vollstreckungsgeschäfte selbst sind nach § 31 II S. 1 Rechtspflegegesetz (RPflG) dem *Rechtspfleger* übertragen. Rechtspfleger sind Beamte des *geh. Dienstes.* Das RPflG weist ihnen zahlreiche weitere Aufgaben im Bereich des *bürgerlichen Rechts* zu.[1]

Zur Strafvollstreckung gehören insbesondere:

- die Ladung zum Strafantritt,
- erforderlichenfalls die Anordnung der Verhaftung oder die Vorführung des Verurteilten (§ 457),
- die Vollstreckung von Geldstrafen (§§ 459 ff.) nach der Justizbeitreibung-Ordnung (JBeitrO),
- die Vollstreckung von Maßregeln der Besserung und Sicherung (§§ 463 ff.).

Bei den LG sind sog. **Vollstreckungskammern** eingerichtet (§§ 462 a, 463). Sie sind insbesondere zuständig für Entscheidungen über

- den Widerruf der *Strafaussetzung* auf Bewährung (§ 453),
- die Aussetzung des *Strafrestes* (§ 454) und
- Einwendungen gegen die Zulässigkeit der Strafvollstreckung (§§ 462, 458).

Zum *Strafvollzug* wird auf die Ausführungen in Kap. C 1.3 hingewiesen.

4 Verfolgung von Ordnungswidrigkeiten (§§ 40 ff., 69 OWiG)

a) nach Maßgabe der §§ 40 ff. OWiG,
   - wenn die bis dahin zuständige VerwBeh. die Sache an die StA abgibt, weil Anhaltspunkte dafür bestehen, dass die Tat eine Straftat ist (§ 40 I OWiG):

     Beispiel: *Die VerwBeh. sieht in einem Fall der Ablagerung erheblicher Mengen Fäkalschlamms in einem Bachlauf an einer Feldweggabelung ein schwerwiegendes Ausmaß unzulässiger Abfallbeseitigung (§§ 27 I, 61 I Nr. 2 KrW/AbfG, §§ 324, 326 StGB).*
   - wenn die StA von sich aus die Verfolgung einer OWi übernimmt, weil sie im Zusammenhang mit einer von ihr verfolgten Straftat steht (§ 42 I OWiG);

     Beispiel: *Führung eines nicht zugelassenen Kfz im Zustand der Fahruntüchtigkeit (§ 316 StGB, §§ 18, 69 a StVZO).*

b) nach Maßgabe des § 69 III, IV OWiG,
   - bei Übersendung der Akten durch die VerwBeh., wenn diese einem gegen den Bußgeldbescheid wirksam eingelegten Einspruch nicht entsprechen (abhelfen) will.

1) Näheres hierzu im Exkurs Zivilprozess, Kap. C 1.7.

1.9 Das Ermittlungsgericht, §§ 162 ff.

Der StA obliegt die Leitung des Ermittlungsverfahrens, wie im vorstehenden Kap. dargelegt. Sie ist als selbständiges *Rechtspflegeorgan* dem Staat und damit der Gemeinschaft u. a. für die ordnungsgemäße Abwicklung des Vorverfahrens (Kap. C 1.3) verantwortlich. Es ist ihr aber versagt, eine Reihe *besonders schwerwiegender* Maßnahmen, die im Ermittlungsverfahren notwendig werden können, selbst anzuordnen.

Aus *rechtsstaatlichen* Gründen ist die *Anordnung* solcher Maßnahmen dem *Ermittlungsgericht* vorbehalten.

Das Ermittlungsgericht nimmt der StA damit nicht die Leitung des Ermittlungsverfahrens, entscheidet aber in diesem Verfahrensabschnitt *auf Antrag* der StA darüber, ob und in welchem Umfang bestimmte strafprozessuale Maßnahmen mit Eingriffscharakter zu treffen sind.

Ermittlungsgerichte[1] sind die AG, die OLG und der BGH.

Die StA richtet ihren Antrag auf gerichtliche Anordnung einer Maßnahme grundsätzlich an das örtliche zuständige AG, § 162. Die Zuständigkeit der OLG und des BGH regelt § 169.

Das Ermittlungsgericht wird tätig,

- **auf Antrag der StA** (§ 162)
  - zur Unterbrechung der Verjährung, § 78 c StGB;
  - zur Sicherung von Beweismitteln durch die *richterliche* Vernehmung, da diese Vernehmungsniederschriften auch bei Widerruf des Beschuldigten oder Zeugen vor Gericht als Beweis verwertet werden dürfen, §§ 251, 254;
  - zur *eidlichen* Vernehmung von Zeugen, Sachverständigen, §§ 161 a, 65;
  - zur Anordnung unmittelbaren Zwanges im Falle der Zeugenuntersuchung, § 81 c VI;
  - zur Anordnung *molekulargenetischer* Untersuchungen gem. §§ 81 e. 81 f I;
  - zum *vorläufigen Entzug* der Fahrerlaubnis, § 111 a;
  - zur Erzwingung der Herausgabe von Beweismitteln bei Nichtbeschuldigten, § 95 II;
  - zur Anordnung der *U-Haft* und der *einstweiligen Unterbringung*, §§ 114, 115 a, 128 II, 126 a;
  - zur Anordnung der *Hauptverhandlungshaft*, § 127 b;
  - zur Anordnung zahlreicher anderer Eingriffsmaßnahmen, *wenn Gefahr im Verzug nicht besteht*:

    körperliche Untersuchung, § 81 a II, § 81 c V Beschlagnahme, § 98 I; Durchsuchung, § 105 I; Einsatz Verdeckter Ermittler, § 110 b II; Einsatz technischer Mittel, § 100 d I; Datenspeicherung, § 163 d II, Fahndungen gem. §§ 130-131 c, Observation i. S. v. § 163 f u. a. m.
- **aus eigener Initiative** (§ 165)
  - als *Notstaatsanwalt*, wenn die StA aus Zeitgründen nicht rechtzeitig den Antrag auf richterliche Anordnung einer Untersuchungshandlung stellen kann und insofern Gefahr im Verzuge ist.

    Bei der derzeitigen Organisation der StA spielt dieser Fall in der Praxis (im Gegensatz zu vergangenen Jahrzehnten) keine wesentliche Rolle mehr.

    Im gleichen Lichte ist § 163 II zu sehen, der die Polizei verpflichtet, ihre Verhandlungen dem AG und nicht der StA zuzusenden, wenn die schleunige Vornahme richterlicher Untersuchungshandlungen erforderlich erscheint.

    Eine *ähnliche* Regelung sieht § 128 II vor, wenn ein vorläufig Festgenommener durch die Polizei – dem *örtlich zuständigen Richter* vorgeführt worden ist und ein StA für die Antragstellung auf Erlass eines Haftbefehls *nicht erreichbar* ist.

---

1) Seine Erreichbarkeit bei den AG ist durch die Einrichtung eines Eil- oder Notdienstes zu sichern, bei Tage (§ 104 III) sogar uneingeschränkt (BVerfG NJW '07, 1444).

1.10 Das Offizialprinzip und seine Ausnahmen

Zu den wesentlichen **Prozessmaximen** (insgesamt in Kap. C 1.2) des Strafverfahrens gehört das **Offizialprinzip** (§ 152 I). Es besagt, dass der durch die Tatbegehung entstandene *Strafanspruch* allein dem Staat zusteht und grds. ohne Rücksicht auf den Willen des Verletzten von Amts wegen durchgesetzt wird (Kap. C 1.8).

Beispiel: *Wer seinem Vater unter Anwendung von Gewalt Geld wegnimmt oder einen anderen im Straßenverkehr genötigt hat, ist auch dann wegen Raubes bzw. Nötigung zu bestrafen, wenn der Geschädigte dies gar nicht wünscht. Andererseits könnte auch nur die StA wegen dieser Delikte Strafklage erheben.*

Bei der Durchsetzung des Strafanspruchs gilt der Grundsatz, dass ohne vorherige Klageerhebung eine gerichtliche Untersuchung nicht stattfindet (*Akkusationsprinzip, § 151).* Mit der notwendigen Klageerhebung hat der Gesetzgeber die StA beauftragt. Sie hat damit als staatliche Anklagebehörde das *Anklagemonopol (§ 152 I)* und die Anklagepflicht (*Legalitätsprinzip, § 152 II, § 170 I).*

Das *Offizialprinzip* gilt aber nicht unterschiedslos für alle Straftaten.

> Einschränkungen erfährt es bei den *Antrags-* und *Ermächtigungsdelikten*, durchbrochen wird es bei den sog. *Privatklagedelikten.* Eine gewisse Lockerung ergibt sich aus dem *Opportunitätsprinzip, 153 ff.*, das seinerseits eine Durchbrechung des Legalitätsprinzips (§§ 152 II, 160 I) darstellt.

1.: Bei den **Antragsdelikten (AD)** ist die Stellung des Strafantrages des Verletzten oder sonstigen Antragsberechtigten (§§ 77, 77 a StGB) notwendige Prozessvoraussetzung.

Bei den AD will der Staat nicht von Amts wegen verfolgen, sondern die Verfolgung vom Willen des Verletzten abhängig machen. AD sind nicht so schwerwiegend, dass ihre Begehung die Allgemeinheit beunruhigen würde. Ihre Verfolgung v.A.w. würde in zahlreichen Fällen intime Angelegenheiten des Verletzten ins Blickfeld der Öffentlichkeit geraten lassen.

Beispiele *für AD: Unbefugter Gebrauch eines Fahrzeuges, § 248 b;*
Verletzung der Vertraulichkeit des Wortes, § 201 I, II;
Verletzung von Privatgeheimnissen, § 203.[1]

2.: Neben den AD gibt es bestimmte Delikte, bei denen die Strafverfolgung von der **Ermächtigung** durch Verfassungsorgane oder dem **Strafverlangen** einer ausländischen Regierung abhängig ist (§ 77 e StGB). Politische Interessen gehen insofern vor (Nr. 6 V, 209 ff. RiStBV).

Beispiele: *§§ 90 IV, 90 b II, 97 III, 102 – 104 a, 353 a II, 353 b IV StGB.*

3.: Der Gesetzgeber hat in § 374 bestimmte *leichte Vergehen*, die sog. **Privatklagedelikte (PD)**, von der automatischen Verfolgung durch die StA insoweit ausgenommen als diese nur in Einzelfällen, nämlich in Fällen *öffentlichen Interesses* (§ 376, § 377), öffentliche Klage erheben darf.

Dem Verletzten wird allerdings gestattet, diese Delikte selbst im Wege der sog. ***Privatklage*** zu verfolgen (§ 374 I, § 381), i. d. R. nach vorheriger, erfolgloser Anrufung einer Schiedsperson (Sühneversuch, § 380).[2]

4. Das **Opportunitätsprinzip** (§§ 153 ff.) besagt, dass die StA unter bestimmten Voraussetzungen nach pflichtgemäßem Ermessen von der Klageerhebung absehen und ein Verfahren vorläufig oder endgültig einstellen kann. Das Opportunitätsprinzip stellt damit eine Durchbrechung des Legalitätsprinzips (§§ 152 II, 160 I) dar. Das *Offizialprinzip* wird insofern *nicht* eingeschränkt, als die Entscheidung ja von Amts wegen (ex officio), also in Wahrnehmung des staatlichen Verfolgungsanspruchs getroffen wird. Verfolgung oder Nichtverfolgung sind damit Entscheidungen, die sich aus dem Offizialprinzip ergeben.

1) Vgl. Sie Kap. B 13.1.
2) Einzelheiten hierzu in Kap. C. 1.12.

Auf einen Blick:

Entscheidungsmöglichkeiten der StA nach Abschluss der Ermittlungen

Verfahrenseinstellung		**Verfahrensfortführung**	
in allgemeinen Fällen	in besonderen Fällen	durch Anklageerhebung	
– mangels hinreichenden Tatverdachts, § 170 II: – mangels – Straftatbestand – Schuld – Tatbeweis – fehlend. Strafantr. – wegen Verjährung; – wegen Geringfügigkeit (Bagatelle), § 153 I; – unter Beachtung einer Weisung oder Auflage, § 153 a; insbes. nach erfolgreichem **Täter-Opfer-Ausgleich**, § 153 a I 5 (§§ 155 a, b); §§ 46 II 2, 46 a, 56 II S. 2 StGB; § 45 I, II 2 JGG.[1] – wegen Verneinung des öff. Interesses bei PD, § 376; – Abgabe an die Verw.-Beh. bei Owi, § 43 OWiG.	– Absehen von der Klage in gesetzl. genannten Fällen (z. B. bei § 113 IV StGB) gem. § 153 b; – bei Auslandstaten, § 153 c; – bei politischen Straftaten, gem. §§ 153 d, e; – in bestimmten Fällen bei Taten nach §§ 6 - 14 Völkerstrafgesetzbuch i.V.m. § 153 c I 1 u. 2; – als Teilverzicht zur Verfahrensbeschleunigung, §§ 154, a; – bei Auslieferung, Ausweisung, § 154 b; – wenn Täter Opfer einer Nötigung/ Erpressung ist, § 154 c.	– im **regulären** Strafverfahren, §§ 170 I, 199 ff., d. h. mit Zwischenverfahren und Hauptverhandlung (Kap. C 1.4). – im **Sicherungsverfahren**, §§ 413 ff., zur Verhängung v. Maßregeln der Besserung u. Sicherung (§§ 61 ff., 71 StGB, Kap. A 9) gegen den schuldunfähigen (§ 20 StGB) oder verhandlungsunfähigen (längere Krankheit) erwachsenen (oder jugendl., §§ 2, 7, 105 JGG) Täter. Zweck: Sicherung der Allgemeinheit vor gefährlichen, aber schuldunfähigen Tätern.	– im **Strafbefehlsverfahren,** §§ 407 ff., *ohne* Hauptverhandlung (HV) auf schriftl. Antrag der StA – bei einfacher Sach- und Rechtslage, wenn der Täter geständig ist; – Rechtsfolgen: GS, FS – 1 J. auf Bewährung; keine Maßr. d. B. u. S., außer Entzug d. FE = § 407 II; – bei *Einspruch* des Beschuldigten (2 Wo.) kommt es zur *HV* (§ 410). – im **beschleunigten Verfahren,** §§ 417 ff., *mit* HV: – *Verpflichtung* der StA, wenn Sache sich zu sofortiger Verhandlung eignet (= einf. SV od. klare Beweislage); – kurzfristig anberaumte *HV* auf Antrag d. StA; – *mdl.* Klageerhebung; – vereinfachte Beweisaufnahme (§ 420); – GS; FS bis 1 J., keine Maßr. d. B. u. S., außer Entzug d. FE (§ 419I); – ggf. Hauptverhandlungshaft gem. § 127 b.

1.11 Teilnahme des Verletzten am Offizialverfahren

Die Nebenklage, §§ 395 ff.

Hat die StA *öffentliche Klage* gem. § 170 I erhoben, können sich der durch eine bestimmte Katalogtat Verletzte oder der Verletzte, der das Klageerzwingungsverfahren (§ 172, Kap. C 1.8) durchgesetzt hat (hier ohne Rücksicht auf die Art der Tat), sowie im Falle des Todes des Verletzten dessen Ehegatte, Lebenspartner, Eltern, Kinder oder Geschwister als sog. *Nebenkläger* anschließen (§ 395).

Die schriftliche Anschlusserklärung ist bei dem zuständigen Gericht einzureichen. Das Gericht entscheidet über die Zulassung des Anschlusses nach Anhörung der StA (§ 396). Der Beschluss ist unanfechtbar.

1) Vgl. Sie zum T-O-A die ministeriellen Weisungen Ihres Landes. Die Polizei regt in geeigneten Fällen den T-O-A bei der StA an und händigt ein Merkblatt über den T-O-A den Beteiligten aus. Vgl. Sie auch Kap. A 8.

Die *Funktion* des Nebenklägers ist die eines Anklägers *neben* der StA; er ist ein mit aktiven Rechten ausgestatteter Verfahrensbeteiligter (§ 397). Er kann selbständig Beweisanträge stellen, ein Plädoyer halten und auch Rechtsmittel einlegen (§ 401).

Dem Nebenkläger ist auf Antrag nach Maßgabe des § 397 a I ein *Opferanwalt* zu bestellen; liegen die Voraussetzungen hierfür nicht vor, ist ihm nach Maßgabe des § 397 a II auf Antrag *Prozesskostenhilfe* zu gewähren.

Das **Ziel** der **Nebenklage** besteht darin, *persönliche Genugtuung* für erlittenes Unrecht durch die Bestrafung des Täters zu erlangen, nicht dagegen, materiellen Ersatz zu erhalten.

Das Anschluss- oder Adhäsionsverfahren, §§ 403 ff.:

Das Ziel der Offizialklage (§ 152) besteht darin, den wahren Sachverhalt *von Amts wegen* zu erforschen und den Täter, falls er überführt wird, der gerechten Bestrafung zuzuführen.

Obwohl die Verübung von Straftaten häufig zur Schädigung anderer führt (z. B. bei §§ 226, 242, 263, 249 StGB), begnügt sich der Staat mit der Bestrafung des Täters, in der er *Schuldausgleich, Sühne, Abschreckung* und *Erfüllung* seines *Strafanspruchs* zugleich sieht. Seine Ansprüche auf Wiedergutmachung und Schadenersatz kann der durch die Straftat Geschädigte entweder im sog. *Anschluss- oder Adhäsionsverfahren* oder aber in einem gesonderten *Zivilverfahren* (→ Kap. 1.7 Exkurs) geltend machen.

Das *Anschluss-* oder *Adhäsionsverfahren* ermöglicht dem Verletzten oder seinem Erben, den ihm aus der Straftat erwachsenen *vermögensrechtlichen Anspruch* auf Schmerzensgeld, auf Herausgabe einer Sache, auf Wiederherstellung eines Zustandes oder auf Entschädigung, geltend zu machen, ohne ein mit zeitlichem Aufwand und finanziellem Risiko verbundenes Zivilverfahren nach der ZPO betreiben zu müssen.

Die Besonderheiten des Adhäsionsverfahrens ergeben sich aus den §§ 403 ff.

Opferrechtsreform im Strafverfahren

Der frühere rein rechtsstaatlich orientierte Strafprozess sah in dem Opfer vornehmlich seine Rolle als Zeuge und damit als ein prozessuales Beweismittel.

Die Durchführung eines Strafverfahrens kann sich aber für den Opferzeugen als große Belastung erweisen, z. B. bei Sittlichkeits-, Körperverletzungs-, Tötungs-, Raub- oder Freiheitsentziehungsdelikten, insbesondere solchen z.N. von Kindern und Frauen.

Der *moderne* Gesetzgeber sieht die Aufgabe des *sozialen* Rechtsstaates deshalb nicht allein darin, Straftaten aufzuklären und über die Schuld des Täters in einem rechtsstaatlichen Verfahren zu befinden. Er hält es für ebenso wichtig, die berechtigten Interessen des Opfers im Strafverfahren angemessen zu berücksichtigen.

Die mit den Opferschutzgesetzen von 1986 und 1998 begonnene und mit dem **Opferrechtsreformgesetz** (OpferRRG) vom 24.6.2004 fortgesetzte Verbesserung der Opferrechte verfolgt dieses Ziel mit einer Vielzahl geänderter Vorschriften im Ersten, Zweiten u. Fünften Buch der StPO zur

- Stärkung der Verfahrensrechte des Opfers durch Vermeidung mehrfacher Vernehmungen,
- Verbesserung der Verletztenrechte bei der Nebenklage und dem Einsatz eines Opferanwaltes,
- effizienteren Durchsetzung von Schadenersatz- und Schmerzensgeldansprüchen,
- Verbesserung der Information des Verletzten über seine Rechte und den Ablauf des Strafverfahrens,
- Stärkung des Adhäsionsverfahrens in der Praxis der Amtsgerichte.

Opferentschädigungsgesetz – OEG –

Das OEG v. 16.5.76 i. d. F. v. 6.12.2000 (BGBl. I 1676) gewährt staatliche Hilfen für gesundheitliche und wirtschaftliche Folgen dem Opfer von Gewalttaten (= vorsätzlicher, rechtswidriger Angriff auf die Person des Verletzten). Die Ansprüche müssen bei den Versorgungsämtern der Länder geltend gemacht werden.

Opferanspruchssicherungsgesetz – OASG –

Das OASG v. 8.5.98 (BGBl. I '98, S. 905) ergänzt das Opferentschädigungsrecht in der Weise, dass es dem Opfer einer Straftat ein gesetzliches Pfandrecht (§ 6 OASG i. V. m. §§ 1281 ff. BGB) an solchen geldwerten Ansprüchen sichert, die der Täter aus öffentlicher Darstellung seiner Tat (z. B. einer Illustrierten) gegenüber Dritten erwirbt. Auch Umgehungsgeschäfte, wie etwa in der Art, dass der Täter seine entstehenden Ansprüche einer ihm vertrauten Person abtritt, sind von dem Pfandrecht erfasst (§ 7 OASG).

Die Regelung ist insbesondere in den Fällen bedeutsam, in denen der Täter selbst über keine finanziellen Mittel verfügt, um die entstandenen Ansprüche seines Opfers zu befriedigen.

Die Regelung läuft nicht etwa dadurch ins Leere, dass der Täter auf Publikationen verzichtet, denn die Ansprüche des Opfers sind auf das Ausmaß des ihm entstandenen Schadens begrenzt. Sofern ein höheres Honorar zu erwarten ist, kann die Vermarktung für den Täter immer noch lukrativ sein – und dem Opfer wäre auch geholfen.

Die zivilrechtlichen Entschädigungsansprüche, etwa aus unerlaubter Handlung, § 823 BGB (Exkurs Kap. A 22) oder die Sicherung von Schadenersatzansprüchen durch die Beantragung und Vollziehung eines dinglichen Arrestes (§ 928 ZPO) erwiesen sich infolge des mit ihnen verbundenen Zeitaufwandes allzu oft als stumpfe Waffen.

1.12 Das Privatklageverfahren, §§ 374 ff.

In Kap. C. 1.10 wurde bereits dargelegt, dass das *Offizialprinzip* (§ 152 I), wonach die Strafverfolgung grds. dem Staat obliegt, bei den **Privatklagedelikten** – PD – (§§ 374) durchbrochen wird.

Privatklage ist **Strafklage**, sie kann mit dem Adhäsionsverfahren (§§ 403 ff.; Kap. 1.11) verbunden werden (§ 395). Die Privatklage kommt nur bei bestimmten leichten Vergehen (Katalog des § 374) in Betracht, an deren Verfolgung der Staat *grds.* kein Interesse hat. Bejaht die StA im Einzelfall aber *öffentliches Interesse*, wird sie öffentliche Klage erheben (§ 376).

Fall 1 nach einer auf der PHW der PI 3 der KPB Aachen protokollierten Anzeige:
„Meine Freundin und ich wohnen in einem Fünffamilienhaus. Die Benutzung der Waschküche ist genau geregelt. Am Freitag waren wir nutzungsberechtigt. Als meine Freundin die Maschine ein drittes Mal anstellen wollte, kam das Ehepaar Meier in die Waschküche und forderte ultimativ, die Maschine freizugeben. Als meine Freundin dies mit dem Hinweis auf die Nutzungsordnung ablehnte, öffnete Herr Meier die Maschine und riss die Wäsche derart heraus, dass eine Bluse zerriss. Als meine Freundin protestierte, sagte Frau Meier zu ihr: ‚Halt dein dummes Maul; du wäscht doch sonst auch nie.' Dabei stieß sie meiner Freundin so heftig gegen die Brust, dass diese zu Boden stürzte und sich am rechten Ellenbogen eine schmerzhafte Prellung zuzog ..."

Öffentliches Interesse liegt gem. Nr. 86 II, 233 der RiStBV i. d. R. vor, wenn der Rechtsfrieden über den Lebenskreis des Verletzen hinaus gestört (Allgemeinheit würde Anstoß nehmen) und die Strafverfolgung ein gegenwärtiges Anliegen der Allgemeinheit ist.

Beispiele: *Erhebliches Ausmaß der Rechtsgutverletzung, Rohheit oder Gefährlichkeit der Tat, besonders niedere Beweggründe des Täters, einschlägig vorbestrafter Täter, Körperverletzungen im Zusammenhang mit Verkehrsverstößen, besondere Stellung des Geschädigten im öffentlichen Leben.*

Im vorstehenden Fall 1 würde die StA keine öffentliche Klage erheben, sondern auf den Privatklageweg verweisen, dem in diesem Fall (§§ 223, 185, ggf. § 303 StGB) ein Sühnetermin bei einer Schiedsfrau / einem Schiedsmann noch vorzulagern wäre (§ 380).

Fall 2: Frau zusammengeschlagen

Aachen – Ahnungslos stand eine Frau vor dem Schaufenster eines Geschäfts in der Adalbertstraße, als sie urplötzlich einen Faustschlag in den Rücken erhielt. Sie stürzte nach vorn und schlug mit dem Kopf gegen die Schaufensterscheibe. Als sie den ca. 20-jährigen Täter zur Rede stellen wollte, schlug dieser abermals mit kräftigen Fausthieben auf die wehrlose Frau ein, bevor er sich mit gemeinen beleidigenden Äußerungen davonmachte und offenbar einem Bekannten nacheilte, der das Geschehen von der anderen Straßenseite aus beobachtet hatte.

Erhebt die StA die öffentliche Klage, kann der Privatkläger seinen Anschluss als **Nebenkläger** erklären (§ 396 I), sofern er die Nebenklageberechtigung nach § 395 hat. Da die

meisten PD zugleich auch AD sind (Ausn. z. B. § 241 StGB), setzt die Erhebung der *Privatklage* die Stellung eines Strafantrages voraus, der jedoch in der Erhebung der Privatklage gesehen wird. Diese muss nur innerhalb der Antragsfrist erhoben worden sein. Das Antragserfordernis bei einem PD, das zugleich auch AD ist (z. B. Hausfriedensbruch, § 123; Beleidigung, § 185), bindet auch die StA insofern, als sie trotz öffentlichen Interesses (§ 376) die öffentliche Klage ohne den Strafantrag des Verletzen nicht wirksam erheben könnte. Bei den AD geht grds. das Interesse des Verletzten dem öffentlichen Interesse vor.
Anders verhält es sich bei *den* PD/AD, bei denen der Gesetzgeber eine Verfolgung durch die StA ausnahmsweise auch *ohne* Strafantrag vorsieht, wenn nämlich ***besonderes*** öffentl. Interesse vorliegt (Nr. 234, 235 II, 243 III RiStBV).

Beispiele: *Sachbeschädigung, §§ 303, 303 c StGB; einfache vorsätzliche und fahrlässige Körperverletzung gem. §§ 223, 229; 230; Nachstellung, § 238 I StGB.*

Im vorstehenden Fall 2 würde die StA öffentliches Interesse erkennen. Die Körperverletzung könnte sie sogar ohne Strafantrag verfolgen, wenn sie insofern *besonderes* öffentliches Interesse bejaht (§ 230 I StGB).

Privatklageberechtigt ist der Verletzte. Ist er minderjährig, muss sein gesetzlicher Vertreter die Privatklage für ihn erheben. Nach dem Tode des Verletzten sind die gem. § 77 StGB antragsberechtigten Personen auch zur Privatklage berechtigt (§ 374 II, III).

Gegen **Jugendliche** kann Privatklage nicht erhoben werden (§ 80 I S. 1 JGG). In entsprechenden Fällen vertritt die StA die Anklage.

Besonderheiten der Privatklage

- Die Erhebung der Privatklage kann zu Protokoll der Geschäftsstelle oder durch Einreichung einer Anklageschrift beim zuständigen Amtsgericht erfolgen (§ 381).
- Der Privatkläger muss allerdings volljährig sein. Ist der Geschädigte minderjährig (jünger als 18 Jahre), so ist sein gesetzlicher Vertreter zur Erhebung der Privatklage berechtigt. Gegen einen jugendlichen Privatkläger ist Widerklage zulässig (§ 80 II S. 1 JGG).
- Privatklage kann nur solange erhoben werden, wie das in Frage stehende Delikt noch nicht verjährt ist (Näheres Kap. A 21).
- Die Zurücknahme der Privatklage ist zulässig; nach Vernehmung des Angeklagten in der Hauptverhandlung jedoch nur mit dessen Zustimmung (§ 391).
- Die Kosten des Verfahrens trägt in diesem Fall der Privatkläger (§ 471). Dies gilt auch dann, wenn der Angeklagte freigesprochen wird oder das Gericht die Eröffnung des Hauptverfahrens ablehnt (§ 383).

Sühneversuch, § 380

- Voraussetzungen für die Zulässigkeit der Klageerhebung ist allerdings bei den Privatklagedelikten gemäß
  – §§ 123, 185 – 187 a, 189, 202, 223, 229, 241, 303 StGB –
  ein Sühneversuch bei einer Schiedsperson. Das Amt der Schiedsperson ist ein Ehrenamt. Örtlich zuständig ist die Schiedsperson, in deren Bezirk der *Beschuldigte* seinen Wohnsitz hat.
  Die Aufgabe der Schiedsperson (SchiedsmannsO der Länder) besteht darin, die streitenden Parteien zu einem Termin zu laden und möglichst eine Versöhnung herbeizuführen (z. B. durch Entschuldigung, Gegendarstellung in der Presse, Leistung von Schadenersatz durch den Beschuldigten).
- Kommt es nicht zu einer Einigung, stellt die Schiedsperson dem Antragstellter eine entsprechende Bescheinigung aus, mit der er nunmehr Privatklage erheben kann.
- Der Grund für dieses der Klageerhebung vorgelagerte Verfahren liegt in der Notwendigkeit, die Strafgerichte von der Bagatellkriminalität möglichst zu entlasten, und in der Erwartung, dass eine Einigung der Betroffenen durch einen Vergleich der Wiederherstellung des Rechtsfriedens dienlicher sein kann als im Strafprozess.

1.13 Verhältnis StA – übrige Strafverfolgungsbehörden

Der StA obliegt gem. §§ 152, 160, 170 die Lenkung des Ermittlungsverfahrens. Sie ist Herrin dieses Verfahrensabschnitts und als Anklagebehörde des Staates für die Ordnungsgemäßheit des Verfahrens verantwortlich.

Da sie jedoch über keine eigenen ausführenden Organe verfügt, hat der Gesetzgeber ihr für den Bereich der Strafverfolgung verschiedene Behörden *funktional*, nicht organisatorisch, unterstellt. Von diesen Behörden nehmen die Polizei- und Finanzbehörden eine *herausragende* Stellung ein. Während die Polizeibehörden das Ermittlungsverfahren *stets* nur für die StA betreiben, haben das Hauptzollamt, das Finanzamt und das Bundeszentralamt für Steuern das Recht, Ermittlungsverfahren selbständig zu führen. Sie haben dann die Rechte und Stellung der StA (§§ 386 ff., 399 I AO).

Die StA hat das Recht, sich jederzeit in das von der Polizei (für sie) betriebene Ermittlungsverfahren einzuschalten. Sie kann auch jederzeit von den Finanzbehörden ermittelte Steuerstrafsachen an sich ziehen und auch wieder abgeben (§ 386 IV AO).

Übersicht über die der StA funktional unterstehenden Behörden

Bundeskriminalamt

Rechtsgrundlagen:
Art. 73 Nr. 10, 87 I GG; BKAG; RiStBV Nr. 28-32; StPO, GVG.

Rechtsnatur:
Einrichtung des Bundes zur Zusammenarbeit in kriminalpolizeilichen Angelegenheiten

Aufgaben:
- Strafverfolgung in den Fällen des § 4 BKAG;
- Koordinierung der Strafverfolgungsbefugnis, § 18 BKAG;
- Vornahme von Amtshandlungen in den Fällen §§ 4 I, II, 18 I gem. § 19 BKAG;
- Schutzaufgaben gem. §§ 5 u. 6 BKAG;
- Zentrale Nachrichtensammlung und -auswertung, § 2 BKAG;
- Errichtg. eines nation. Zentralbüros für Interpol u. eines „N SIS" im Rahmen des SDÜ → C 10.8, § 3 BKAG; (*Befugnisse* des BKA, §§ 7 ff. BKAG), (*Datenschutz*, §§ 27 ff. BKAG).

Länderpolizeien

Rechtsgrundlagen:
Art. 30, 70-75 GG; Polizeigesetze der Länder, StPO, GVG.

Rechtsnatur:
Polizei des Landes als LKA u. KPB.

Aufgaben:
- Strafverfolgung gem. §§ 163, 161.
- Verfolgung von OWi gem. § 53 OWiG bzw. gem. § 46 II OWiG i. V. m. § 161 I auf Ersuchen der zust. Verwaltungsbehörde

Bundespolizei

Rechtsgrundlagen:
Art. 73 Nr. 5, 87 I GG; 35 II/III, 91, 115 f I 1 GG, BPolG, StPO, GVG.

Rechtsnatur:
Bundespolizei mit u. a. grenzpolizeilichen Aufgaben, Luftsicherheitsaufgaben an deutschen Großflughäfen sowie bahnpolizeilichen Aufgaben.

Aufgaben:
- Strafverfolgung gem. § 12 I BPolG i. V. m. §§ 161, 163 StPO
  - bei Verdacht eines Vergehens im Bereich
    - grenzpolizeilicher,
    - bahnpolizeilicher und
    - seepolizeilicher Aufgaben.
  - bei Verdacht eines Verbrechens
    - i. S. v. § 12 I 2, 6 BPolG u.
    - § 315 III 1 StGB
  - bei Verwendungen zur Unterstützung anderer Bundesbehörden, § 9 BPolG, oder von Landesbehörden, § 11 BPolG;
  - bei allen anderen Straftaten im Rahmen der Eilkompetenz gem. § 12 III BPolG
- Verfolgung von OWi gem. § 13 BPolG.

Zollkriminalamt (ZKA) und Zollfahndungsämter (ZFÄ)

Rechtsgrundlagen: Art. 73 Nr. 5 GG, Zollfahndungsdienstgesetz (ZFdG), BPolG, StPO. **Rechtsnatur:** Das ZKA ist eine Bundesmittelbehörde, die dem BFM untersteht, die ZFÄ sind nachgeordnete örtliche Behörden der Zollverwaltung.

Organisation: 8 OFD ← **BFM** → 1 ZKA

8 OFD → HZÄ → ZÄ, ZK

1 ZKA → 8 ZFÄ

Aufgaben:
- des **ZKA**: Zentralstelle für den Zollfahndungsdienst, Auskunfts- und Nachrichtensammelstelle, §§ 2, 3, 11 ZFdG;
- Übernahme der Strafverfolgung, § 4 ZFdG; Befugnisse: § 16 ZFdG;
- der **ZFÄ**: Verhütung, Erforschung und Verfolgung von Steuerstraftaten u. -Owi gem. § 24 ZFdG sowie nach Spezialgesetzen wie AO, AWG, MOG.

Legalitätsprinzip: § 26 ZFdGi.V.m. § 163 StPO; Ermittlungsbeamte des ZKA und der ZFÄ sind Ermittlungspersonen der StA (§ 152 GVG; § 404 AO).

2 Aufgaben und Befugnisse der Behörden und Beamten des Polizeidienstes im Strafverfahren

2.1 Aufgabensystematik nach §§ 161, 163

Die StPO verpflichtet die Polizeibehörden[1] und -beamten *(nachfolgend Polizei)* in zweifacher Weise zur Mitwirkung im Strafverfahren, und zwar gemäß § 161 I und 163.

§ 161 I S. 2 verpflichtet die Polizei auf Ersuchen der StA

zur Auskunftserteilung
allgemein oder aus von der Polizei unterhaltenen Dateien wie INPOL, PIKAS NRW etc.
Die StA hat einen eigenen Online-Lesezugriff auf die Personenfahndungsdateien, die Haftdatei sowie die DNA-Analysedatei des BKA gem. § 11 IV BKAG. [2]

zur Vornahme von Ermittlungen
Vernehmungen (§ 163 a), Fahndungen (§§ 131-131 b); KTU, AE, Vollstreckung von Haft- und Vorführbefehlen (§§ 457, 134, 163 a III); Auskunftsverlangen an andere Behörden; Vollstreckung richterlicher Entscheidungen (§ 36 i. V. m. § 161 I).

§ 163 I S. 1 beinhaltet das Legalitätsprinzip (LP) für die Polizei

Das **LP verpflichtet** → vors. Missachtung löst Tatverdacht gem. §§ 258 a, 332, 335 StGB aus

↓

Polizeibehörden und -beamte → - übertragener gesetz. Auftrag im Falle von § 161 I S. 2

↓

alle im Einzelfall erforderlichen → pflichtgemäße Vornahme der notwendigen taktischen Verfolgungs- oder Ermittlungsmaßnahme/n

↓

und rechtlich zulässigen → Maßnahmen mit *Eingriffsqualität bedürfen*
- der Ermächtigung per Ermittlungsgeneralklausel, § 163 I S. 2 bzw.
- der Spezialermächtigung, z. B. gem. §§ 81 a, 163 b, 163 f, 127 II

↓

Strafverfolgungsmaßnahmen zu treffen, um die Verdunkelung der Sache zu verhüten.

Die Ermittlungsgeneralklausel (§ 163 I S. 2) ermächtigt die Polizei

- zur Vornahme der im Einzelfall erforderlichen Ermittlungshandlungen, soweit diese nicht durch Spezialermächtigungen besonders gesetzlich geregelt sind (Kap. C 2.5).
  Beispiele*: kurzfristige Observation eines TV = § 163 I S. 2; längerfristige Observation eines TV = § 163 f.*
- zu Ermittlungszwecken alle Landes- oder Bundesbehörden um Auskunft zu ersuchen und bei G. i. V. diese Auskunft zu verlangen.
  Beispiele*: Erkenntnisanfrage über einen tatverd. Jugendl. beim Jugendamt; Auskunftsersuchen an ein Finanzamt zur Aufklärung des Tatbestandes der Geldwäsche (Kap. B. 20.5).*

§ 163 II verpflichtet die Polizei sodann zur Weiterleitung ihrer Verhandlungen

- ohne Verzug an die StA (Anzeigen, Niederschriften, Beweisstücke, EG, VG etc.), und zwar unabhängig von Ausgang der politzeilichen Ermittlungen;
- in Eilfällen an den Ermittlungsrichter beim AG (Näheres Kap. C 1.9).

---

1) Die Polizeibehörden haben die materiellen, persönlichen und organisatorischen Voraussetzungen für eine effizient funktionierende Strafverfolgung zu schaffen und zu überwachen.
2) Gem. Gesetz zur effektiven Nutzung von Dateien im Bereich der StA vom 10.09.2004, in Kraft ab 1.3.2005.

2.2 Die Ermittlungsgeneralklausel der Polizei, § 163 I S. 2

Der bereits in Kap. C 2.1 systematisch dargestellte **Strafverfolgungsauftrag** an die Polizei lautet (§ 163 I S. 1):

> „Die Behörden und Beamten des Polizeidienstes **haben** Straftaten zu erforschen und alle keinen Aufschub gestattenden Anordnungen zu treffen, um die Verdunkelung der Sache zu verhüten."

Mit der Neufassung des § 161 I S. 1 (für die StA) und des § 163 I S. 2 durch das StÄG '99 (seit 01.11.00 in Kraft) wurde eine bislang in der StPO fehlende **Ermittlungsgeneralklausel** mit folgendem Wortlaut eingeführt:

> „ Zu diesem Zweck (dem aus § 163 I S.1) sind sie **befugt**,
> - alle Behörden um Auskunft zu ersuchen, bei Gefahr im Verzug auch, die Auskunft zu verlangen,
> - sowie Ermittlungen jeder Art vorzunehmen, *soweit nicht andere gesetzliche Vorschriften ihre Befugnisse besonders regeln."*

Diese strafprozessuale Ermittlungsbefugnis stellt eine gesetzliche **Ermächtigung** für *solche* mit der Vornahme von **Ermittlungshandlungen** verbundene Grundrechtseingriffe dar, die unterhalb der Intensität der *speziellen Eingriffsermächtigungen* (z. B. Identitätsfeststellung nach §§ 163 b, c) liegen, aber dennoch nach dem Verständnis des BVerfG seit seinem Volkszählungsurteil von 1983 bereits die persönliche Freiheit der in Anspruch genommenen Person beeinträchtigten.

B*eispiele:*

- *Anhalten und Befragen eines Passanten durch eine Fustkw-Besatzung, ob er den vor wenigen Minuten verübten Handtaschenraub z. N. einer älteren Dame beobachtet habe, ob er die Fluchtrichtung bemerkt habe. Aufforderung, stehen zu bleiben, bis die Befragung abgeschlossen ist.*
  Eine Antwortpflicht begründet § 163 I S. 2 aber nicht. Auch eine etwaige Identitätsfeststellung kann nur auf §§ 163 b, c , nicht aber auf § 163 I S. 2 gestützt werden. Dies ergibt sich aus dem letzten Halbsatz: '... *soweit nicht andere gesetzliche Vorschriften ihre Befugnisse besonders regeln.*' Gemeint sind hiermit die strafprozessualen Spezialermächtigungen.
- *Vorladung von Zeugen und Beschuldigten zur Vernehmung (§ 163 a).*
  Bislang wurde diese Befugnis hilfsweise aus § 163 a gefolgert (Kap. C 12.1).
  Eine Erscheinungspflicht oder gar eine Aussagepflicht begründet § 163 I S. 2 allerdings nicht.
- *Einholung von Erkundigungen im Umfeld einer gesuchten Person bei einer Fahrer- oder sonstigen Täterermittlung,bei der ein Lichtbild gezeigt, eine Personenbeschreibung mitgeteilt oder nach Lebensgewohnheiten gefragt wird (Fragerecht – nicht Antwortpflicht !).*
  In einem solchen Fall werden personenbezogene Informationen preisgegeben, worin ein Eingriff in das Recht des Betroffenen auf informationelle Selbstbestimmung zu sehen ist (Art. 2 I i. V. m. 1 I GG).
- *Kurzfristige Überwachung (Observation) eines verdächtigen Dealers oder Einbrechers.* Beim Einsatz technischer Mittel gilt ggf. § 100 f → C 14.9. *Die längerfristige Observation* (§ 163 f, → C 14.6) stellt einen qualifizierteren Rechtseingriff dar, der speziell geregelt ist und nicht auf § 163 I S.2 gestützt werden darf. Vgl. Sie abermals § 163 I S. 2: *„... soweit nicht andere gesetztliche Vorschriften ihre Befugnisse besonders regeln".*
  Werden bei der kurzfristigen Observation allerdings technische Mittel eingesetzt (Kamera, Nachtsichtgerät, Abhörgerät etc.), gilt der Vorbehalt, dass die Voraussetzungen der Spezialermächtigung nach § 100 f gegeben sein müssen (Näheres hierzu in Kap. C 14.9).
- Fertigung von Beobachtungs- und Feststellungsberichten über Personen, Fahrzeuge, die in einem Gebiet zu einbruchsrelevanten Zeiten gesichtet wurden.
- Einsatz von Scheinaufkäufern zur Aufklärung von BtM-Straftaten.
- Führung einer V-Person.
- Anordnung der molekulargenetischen Untersuchung beim Verstorbenen, § 88.
- Anfertigung von Tatort - und VU -Aufnahmen zur Beweisführung.

– Nicht offen erhobene Ermittlungen zur Abklärung eines Anfangsverdachts.

Belehrungspflichten sind allerdings zu beachten (Kap. C 12). Der Einsatz Verdeckter Ermittler richtet sich nach §§ 110 a - e (Kap. 14.9).

– *offenes Fotografieren, Videografieren von Personen, Objekten.*

Beispiel: *Fotografieren eines mutmaßlich zur Verkehrsunfallflucht (§ 142 StGB, Kap. B 25.6) benutzten und beschädigten Pkw, der auf einem Großkundenparkplatz abgestellt ist. Der hinzukommende Pkw-Besitzer beschwert sich über die Maßnahme und verlangt den Film.*

Sofern seine IF in Betracht kommt, wäre wiederum die Spezialermächtigung nach §§ 163 b, c (Kap. C 9) zu prüfen. Werden deren Voraussetzungen nicht für gegeben erachtet, darf nicht zur Lückenfüllung auf die Ermittlungsgeneralklausel zurückgegriffen werden.

Der Polizei wird mit § 163 I S. 2 auch ein *spezielles* **Fragerecht** eingeräumt. Sie darf zu Ermittlungszwecken Landes- und Bundes***behörden*** um Auskunft *ersuchen.* Sie darf die Auskunft aber anders als die StA nur bei GiV *verlangen,* es sei denn, sie handelt in konkretem Auftrag der StA (§ 161 I S. 2). Kann sie insofern die Auskunft verlangen, besteht für die ersuchte Behörde eine Verpflichtung zur Auskunftserteilung.

Beispiel: *Erkenntnisanfrage über einen tatverdächtigen Jugendlichen beim Jugendamt seines mutmaßlichen Wohnortes.*

Der Verwertungsregeln nach § 160 IV und § 161 II/III (→C 1.8) gelten auch für polizeiliche Ermittlungshandlungen.

Eine Maßnahme nach § 163 I S. 2 ist gem. § 160 IV immer dann unzulässig, wenn die Datenerhebung bzw. -nutzung gegen bundes- oder landesgesetzliche Regelungen verstößt. In Betracht kommen das Steuer- und Sozialgeheimnis, die Nutzung bereits getilgter Vorstrafen aus dem BZR, Kommunalabgabenordnungen etc.

Ein Fragerecht an Behörden ergibt sich also aus § 163 I S. 2, eine Pflicht zur Auskunftserteilung kann sich für die ersuchte Behörde *auch* aus Spezialgesetz ergeben, z. B. aus § 2 b III PAuswG oder § 22 II PassG, § 31 I u. III MeldeG *NRW.* Wird einem berechtigten Auskunftsverlangen nicht entsprochen, ist ggf. die Aufsichtsbehörde um Entscheidung zu ersuchen.

Das **Fragerecht** an **Behörden** erstreckt sich natürlich auch auf andere *Polizei*behörden.

Nach § 474 I (→Kap. C 2.11) erhalten auch die strafverfolgend tätig werdenden Polizeibehörden Akteneinsicht bzw. -auskunft. § 474 I ergänzt insofern das Recht aus § 163 I S. 2.

Aus § 474 I folgt auch, dass die geforderte Aktenauskunft oder -einsicht dem Grundsatz der Erforderlichkeit unterliegt.

§ 478 I S. 5 stellt fest, dass eine Aktenauskunft bzw. -einsicht und eine entsprechende Übermittlung personenbezogener Informationen zwischen Polizeibehörden ohne Entscheidung der StA zulässig ist.

§ 481 I regelt, unter welchen Voraussetzungen die Polizeibehörden pbI aus Strafverfahren für *Zwecke der Gefahrenabwehr* verwenden dürfen. Ein Ersuchen in diesem Sinne wäre nach Polizeirecht und nicht nach § 163 I S. 2 zu stellen.

Für Ermittlungshandlungen im Bußgeldverfahren sind die datenschutzrechtlichen Regelungen der §§ 49 bis 49 d OWiG (Kap. D 2.13) zu beachten, die im Wesentlichen auf den Regelungsgehalt der §§ 477 ff. (Kap. C 2.11) Bezug nehmen.

Die **Ermittlungspersonen der StA** (EP/StA) sind einerseits verpflichtet, den Anordnungen der zuständigen StA Folge zu leisten (§ 152 I GVG). Andererseits haben sie besondere Rechte insofern, als sie bei *Gefahr im Verzug* bestimmte Grundrechtseingriffe anordnen dürfen (→Kap. C 2.8) bzw. mit der *Durchführung besonders sensibler Anordnungen* beauftragt werden dürfen, z.B. i.S.v. § 110 I oder 111 f I.

Die Bestellung zur EP/StA erfolgt durch

– Gesetz: § 19 BKAG, § 12 V BGSG, § 404 AO, § 25 II BJagdG u.a.

– RechtsVO der Länder gem. § 152 II GVG.

Exkurs: Polizeiliche Gefahrenabwehr [1]

In ihrer traditionellen Doppelfunktion obliegen den Polizeibehörden die Aufgaben

Polizei i.S.d. PolG NRW sind die KPB, das LKA und das Landesamt für Ausbildung, Fortbildung und Personalangelegenheiten. Die §§ 10–14 POG regeln, welche dieser Behörden *sachlich* zuständig ist. Regelungen der *örtlichen* Zuständigkeit ergeben sich aus §§ 7–10 POG.)

Gefahrenabwehr		Verfolgung von Straftaten und Owi
Rechtsgrundlagen: § 1 PolG NRW	**und**	Rechtsgrundlagen: §§ 161 I, 163 (→C 2.2); §§ 53, 46 I OWiG (→D 2.1.3)

Gefahr ist ein Zustand, der den Eintritt eines Schadens erwarten lässt. Der Begriff umfasst in diesem Sinne die *abstrakte*, die *Anscheins-* und die *konkrete* Gefahr für die öffentliche Sicherheit.[2]

Schutzgüter der öffentlichen Sicherheit sind: die Rechtsordnung, die Funktionalität staatlicher Einrichtungen/Organe und die Individualrechtsgüter.

Gefahrenabwehr bedeutet Verhinderung / Beendung von Geschehensabläufen, die einen Schadenseintritt erwarten / andauern lassen. Der Schaden kann auch in der Begehung einer formalen Gesetzesverletzung bestehen. Auch die Störung ist eine Gefahr, sofern sie andauert.

Beispiele: *Aufgriff eines Kleinkindes, das sich auf einem Trödelmarkt verlaufen hat. Verhinderung einer Trunkenheitsfahrt i. S. v. § 316 StGB durch Abnahme der Fz.-Schlüssel. Warnung des Verkehrs vor ausgelaufenem Öl.*

Aufgabenzuweisung nach § 1 PolG NRW:

I 1: Gefahrenabwehr als *(teilweise) nichtoriginäre* Aufgabe (sog. Eilzuständigkeit) **falls:**
- eine Gefahr für die öffentliche *Sicherheit* besteht und
- die originär zust. örtl. OB, die KreisOB oder die SonderOB nicht rechtzeitig tätig werden kann, und zwar mangels Befugnis, Mittel, Sachkenntnis oder Zeit.

Beispiele: *Maßnahmen des ersten Zugriffs können sich in diesem Sinne in allen gestörten Lebensbereichen ergeben (z. B. drohender Einsturz eines Gebäudes; Aufgriff eines obdachlosen 16-Jährigen), häufig auch als Abwehr bevorstehender/andauernder Owi. Aber auch die Störung der Funktionsfähigkeit der Polizei fällt unter I 1; ebenso der Schluss v. d. Ermächtigung auf die Zuständigkeit, z. B. Rückführung Minderjähriger, § 35 II PolG NRW.*

I 2: Verhütung bevorstehender, Beendung andauernder Straftaten:

Beispiele: *Verstärkte Präsenz an Kriminalitätsbrennpunkten. Schlichtung einer Rauferei.*

Vorsorge zur Verfolgung künftiger Straftaten:

Beispiele: *Anlage u. Nutzung pol. Datenbestände.*
DE bei öffentl. Ansammlungen u. Veranstaltungen (§ 15 PolG NRW).

Vorbereitung für künftige Hilfeleistung und Handeln in Gefahrfällen:

Beispiel: *DE, Dsp. von Risikopersonen und Polizeihelfern.*

I 2 weist der Polizei *originäre* Aufgaben zu. Vorsorgemaßnahmen rechtfertigen *Rechtseingriffe* aber nur nach dem Abschnitt DV (§§ 9 - 33), § 1 V S. 2 PolG.

I 3: Unterrichtung der zuständigen örtlichen, Kreis-, Landes- oder SonderOB über Vorgänge, die deren nachfolgendes Eingreifen erfordern (§§ 1, 3, 5 I-II; 14 ff. OBG NRW):

Beispiel: *Bei der Rückführung eines aufgegriffenen Kleinkindes stellen die Beamten einen verwahrlosten Zustand der elterlichen Wohnung fest. Sie unterrichten darüber das zuständige Jugend- und das Ordnungsamt.*

1) Dargestellt am PolG **NRW**. Vgl. Sie ggf. die einzelnen Aspekte mit Ihrem Polizeigesetz bzw. § 1 II-VII BPolG.
2) In NRW ist die 'öffentliche Ordnung' kein *polizeiliches* Schutzgut (mehr).

II: **Schutz privater Rechte,** *sofern* gerichtl. Schutz nicht rechtzeitig zu erlangen ist u. ohne polizeiliches Einschreiten die Verwirklichung des Rechts wesentlich erschwert wäre:
Beispiel: *I. d. R. nur Personalienfeststellung eines Schädigers für den Geschädigten.*

III: **Leistung von Vollzugshilfe,** §§ 47 ff. PolG; § 2 OBG:
Vollstreckung fremder Verfügungen (VA) durch unmittelbaren Zwang.
Beispiel: *Zwangsentstempelung eines Kfz auf Ersuchen des StVA geg. den sich wehrenden Halter.*

IV: **Aufgabenzuweisung durch andere Rechtsvorschriften:**
Beispiele: *Amtshilfe, Art. 35 I GG, § 47 III PolG i. V. m. §§ 4 - 8 VwVfG; Unterstützg. des Gerichtsvollz., § 758 III ZPO, des Vollziehungsbeamten, § 287 III AO, der Vollzugsdienstkraft, §§ 14 II. 65 II VerwVfG NRW, des Vollstreckungsbeamten, § 33 II FGG; Ermittlungsaufträge nach § 161 StPO; § 163 StPO, § 53 OWiG; Verkehrszuständigkeit nach § 44 II S. 1 u. 2 StVO; § 44 II WPflG, § 23 a ZDG; Zuständigkeiten i. V. m. §§ 11 ff. POG NRW (Verkehrsüberwachung, Waffen- u. Versammlungswesen); Jugendschutz gem. §§ 1 ff. JÖSchG/ZustVO; ED-Bhdlg. nach § 19 II AsylVerfG.*

V: Die **Aufgabenübertragung** beinhaltet auch das Recht und die Pflicht zur **Aufgabenwahrnehmung**.
Ist mit der Aufgabenwahrnehmung jedoch ein **Grundrechtseingriff** verbunden, muss die Polizei zu seiner Vornahme *zusätzlich* durch ein formelles Gesetz ermächtigt sein (§ 1 V S. 1 PolG). Dieser Vorbehalt des Gesetzes ergibt sich aus Art. 20 III GG.

Eingriffsbefugnisse (Ermächtigungen)

Die Eingriffsbefungnisse sind nach Rangfolge zu unterscheiden in:

- *Standardermächtigungen* (§§ 9 ff. PolG) als bes. geregelte Maßnahmen für häufige Fälle der Gefahrenabwehr;
- *Generalermächtigung* (§ 8 PolG), die nur anwendbar ist, wenn keine Standardermächtigung greift.

Gefahrentatbestand und zulässige Rechtsfolge

Der Gesetzgeber knüpft die Ermächtigungen an die Feststellung eines bestimmten Gefahrengrades, der umso bedeutsamer nach dem befürchteten zeitlichen Schadenseintritt bzw. dem Schadensausmaß sein muss, je intensiver die Rechtsposition des Bürgers betroffen ist (Verhältnismäßigkeitsprinzip).

Beispiele: *Im Einzelfall bevorstehende konkrete Gefahr beim Platzverweis, § 34 PolG NRW.*
Sicherstellung eines in einem Pkw mitgeführten betriebsfähigen Radarwarngerätes zur Abwehr einer gegenwärtigen Gefahr, § 42 PolG NRW.
Ingewahrsamnahme einer Person zum Schutz vor einer konkrete Gefahr für Leib oder Leben, § 35 I 1 PolG NRW.

Das relativ grobe Raster der Gefahrengrade hat der Gesetzgeber in einzelnen Ermächtigungen zusätzlich präzisiert

Beispiele: *Rasterfahndung, § 31 und längefristige Observation, § 16 PolG NRW.*

In anderen Fällen verzichtet der Gesetzgeber auf die Festlegung eines *konkreten* Gefahrengrades, wenn dies die Wahrnehmung einer nach § 1 übertragenen Aufgabe unnötig behindern würde. Er benennt dann i. d. R. andere tatbestandliche Voraussetzungen.

Beispiele: *IF von Personen an gefährlichen Orten, § 12 I 2 PolG NRW.*
Kurzfristige Observation von Personen, § 16 IV PolG NRW.
DE bei öffentl. Veranstaltungen und Ansammlungen, § 15 PolG NRW.
DE durch den Einsatz optisch-technischer Mittel an öffentlich zugänglichen Kriminalitätsbrennpunkten, § 15 a PolG NRW.
DE in Polizeifahrzeugen zur Eigensicherung bei Kontrollvorgängen, § 15 b PolG NRW.
Datenabgleich, § 25 I PolG NRW.

Die Gefahrenarten und -grade im Überblick:

Konkrete Gefahr: Im Einzelfall bestehende Gefahr; Schadenseintritt ist wahrscheinlich und zeitlich naheliegend; Ort u. Ausmaß sind i. d. R. erkennbar.	**Anscheinsgefahr:** [1] Nach pflichtgem. Einschätzung vorhandener Erkenntnisse scheint eine bestimmte Gefahr vorzuliegen. Maßnahmen sind zulässig bis zur Klarstellung des Gegenteils. Bei **Gefahrenverdacht** ist ein behutsamer, aber notwendiger Gefahrerforschungseingriff zulässig (BVerwGE 39, 139).	**Abstrakte Gefahr:** Bekämpfung durch Gesetz, z. B. WaffG; durch RechtsVO, z. B. StVO; Satzung der OB, z. B. Streupflicht. **Polizeiliche Maßnahmen im *Vorfeld* der *konkreten* Gefahr:** Verhütung von Straftaten und Gefahrenvorsorge (§ 1 I) z.B.: - IF u. Personendurchsuchung i.S.v. §§ 12 I 2, 3; 39 I 5 an gefährlichen / gefährdeten Orten; - DE an Kriminalitätsbrennpunkten, § 15 a; - DE zur Vorbereitung für Hilfeleistung in Gefahrfällen, § 11; - DE zur Eigensicherung bei Kontrollen, § 15 b; - Datenabgleich und Datenübermittlung, §§ 25, 27 PolG NRW.

Im Einzelfall bestehende konkrete Gefahr: z. B. Generalermächtigung, § 8; Befragungs- u. Anhalterecht, § 9; Identitätsfeststellg., § 12 I 1; Platzverweis, § 34. Der **Gefahrenverdacht** rechtfertigt Maßnahmen zur notwendigen Abklärung der Lage, z. B.: Befragung, § 9; Betreten einer Wohnung, § 41.	**Gegenwärtige Gefahr:** z. B.: Sicherstellung, § 43 Nr. 1; Absehen von der Androhung unmittelbaren Zwanges, § 61 I.	**Gegenwärtige erhebliche Gefahr:** z. B. Inanspruchnahme von Nichtstörern § 6 I. **Gegenwärtige Gefahr für Leib /Leben:** z. B. Observation i. S. v. § 16 I; Betr./Durchs. von Wohnungen, § 41 I 4. **Konkrete Gef. f. L./L.:** z. B. Gewahrsam i. S. v. § 35 I 1.	**Gemeine Gefahr:** Art. 13 IV, VII GG. **Dringende Gefahr:** § 41 III; Art. 13 IV, VII GG jederzeitige Wohnungsdurchsuchung **Störung:** z. B. Ingewahrsamnahme entwichener Häftlinge, § 35 III PolG NRW.

Neben den anlassbezogenen Voraussetzungen **(Gefahrentatbestand)** enthalten die Ermächtigungen (teilweise auch in den Folge-Paragraphen) zwingende oder/und einfache **Formvorschriften** (z. B. Ed-Behandlung, § 14 II, III; Gewahrsam, §§ 35 - 38) sowie ggf. besondere **Anordnungskompetenzen**.

Beispiele: *Behördenleiter im Falle der DE durch den Einsatz Verdeckter Ermittler, § 20 IV; Richter im Falle der Rasterfahndung, § 31 IV oder im Falle der Wohnungsdurchsuchung, wenn keine Gefahr im Verzug ist, § 42 I. Wird keine Einschränkung gemacht, ist jeder Polizeivollzugsbeamte anordnungsbefugt, z. B. im Falle der Sicherstellung, §§ 43-46 PolG NRW.*

Entschließungs- und Auswahlermessen

Nach § 3 I PolG trifft die Polizei ihre Maßmahmen nach *pflichtgemäßem* Ermessen (OP).
Beispiel: *Die Polizei* **kann** *zur Abwehr einer konkreten Gefahr (§ 8 I) einen Platzverweis erteilen (§ 34 PolG).*

Bei der **Ermessensausübung** trifft der Amtswalter die Entscheidung, **ob** er überhaupt und wenn ja **wie,** d. h. gegen **welchen** Adressaten er mit **welcher** Maßnahme (z. B. Verfügung, § 8, Platzverweis, § 34 od. Gewahrsam, § 35) tätig werden soll. Je nach Gefahrenkonstellation kann das Ermessen im Einzelfall auch auf Null reduziert sein.

Das Ermessen ist pflichtgemäß, d. h. rechtmäßig ausgeübt, wenn der Amtswalter es entsprechend dem *Zweck* der Ermächtigung ausübt und die *gesetzl. Grenzen* des Ermessens beachtet (§ 40 VwVG). Ermessensfehler könnnen sein: E'nichtgebrauch, E'fehlgebrauch, E'überschreitung.

Bei einer etwaigen gerichtlichen Überprüfung von E'entscheidungen prüft das Verwaltungsgericht gem. § 114 VwGO, ob Fehler in diesem Sinne vorliegen.

Hat sich der Amtswalter entschlossen, Maßnahmen zu treffen, hat er ein gleichfalls geeignetes und von dem Betroffenen angebotenes Mittel zu akzeptieren (Austauschbarkeit der Mittel § 3 II).

1) Die sog. Putativgefahr oder *Schein*gefahr rechtfertigt keine Maßnahmen, da sie im Gegensatz zur *Anscheins*gefahr auf vorwerfbarer Fehleinschätzung beruht. Es droht in solchen Fällen Amtswalterhaftung!

Adressatenregelung im Polizeirecht *(Polizeipflicht)*
Gegen wen sich polizeirechtliche Eingriffsmaßnahmen richten dürfen, ist nicht immer einfach zu entscheiden. Soweit das Gesetz den Adressaten nicht nennt, etwa im obigen Beispiel Platzverweis, § 34, kommt seine Bestimmung nach §§ 4 - 6 in Betracht. Vorrangig gilt damit die Haftung aus eigenem Verhalten oder als Eigentümer oder Besitzer einer Sache (Handlungs- bzw. Zustandshaftung gem. §§ 4, 5). Gegen unbeteiligte Dritte (sog. Nichtstörer gem. § 6) können nur subsidiär Maßnahmen unter dem Aspekt der Notstandslage getroffen werden mit anschließender Entschädigung des Dritten und Inregressnahme des nach §§ 4, 5 Pflichtigen.

Soweit spezialgesetzliche Bestimmungen die Adressatenlage regeln, z. B. § 39 I, Durchsuchung von Personen, § 43 Nr. 3 PolG NRW oder § 32 I 4 StVO (= Verantwortlicher für Verkehrshindernisse) gehen diese den §§ 4 - 6 vor.

Bei mehreren richtigen Adressaten hat die Polizei ein Auswahlrecht nach den Grundsätzen des Übermaßverbotes (Auswahlkriterien: Eignung, Zweckmäßigkeit, Zumutbarkeit, Erforderlichkeit).

Abgesehen von der gesetzlichen Spezialregelung gilt die Rangfolge: 1. Verhaltens- oder Zustandshaftung, 2. Selbst- oder Fremdvornahme im Rahmen der Ersatzvornahme (falls möglich und sinnvoll) 3. Inanspruchnahme nicht Verantwortlicher, falls zumutbar und erforderlich zur Abwehr einer *gegenwärtigen erheblichen* Gefahr.

Verhaltenshafter, § 4 I- III	Zustandshafter, § 5 I - III	Selbstvornahme, § 6 I 3	Nichtverantwortliche , § 6 I, II
Aber Vorrang für gesetzliche / vertragliche Spezialregelung: §§ 4 IV, 5 IV, 6 III. ***Beispiele:*** IF gem. § 12 I 2; Durchsuchung von Sachen, § 40 I 3; § 36 StVO; § 27 FSHG; § 323 c StGB; gesetzlich vorgesehene vertragliche Vereinbarung über Zustandshaftung, z. B. § 18 II OBG (NRW).			

Grundsatz der Verhälnismäßigkeit
Der Grundsatz hat Verfassungsrang. Er ist aus Gründen der Klarstellung in § 2 umschrieben und setzt allgemein voraus, dass durch die Maßnahme kein Nachteil entstehen darf, der zu dem angestrebten Erfolg (Gefahrenabwehr) *erkennbar* außer Verhältnis steht.

Im Einzelnen müssen nach dem Grundsatz der Verhältnismäßigkeit folgende Kriterien gegeben sein: **Geeignetheit + Erforderlichkeit + Angemessenheit.**

Anfechtbarkeit polizeirechtlicher Maßnahmen (Rechtsschutz), Haftung

Art. 19 IV GG garantiert das Grundrecht auf effektiven und lückenlosen richterlichen Rechtsschutz gegen rechtswidrige Akte der öffentlichen Gewalt. Bei öffentlich-rechtlichen Streitigkeiten nicht verfassungsrechtlicher Art, z. B. nach polizeirechtlichen Maßnahmen, ist der Verwaltungsrechtsweg nach §§ 40 I ff. VwGO eröffnet.[1]

Je nach dem Begehren des Klägers kommt als *Klage* in Betracht:

- *Anfechtungsklage* mit dem Klageziel, einen verpflichtenden VA aufzuheben (§ 42 I, 113 I VwGO), z. B. erteilte Auflagen nach dem VersammlG;
- *Verpflichtungsklage* auf Erlass eines rechtswidrig abgelehnten VA (sog. Vornahmeklage) oder eines pflichtwidrig unterlassenen VA (sog. Untätigkeitsklage), § 42 I VwGO);
- *Allgemeine Feststellungsklage* zur Feststellung des Bestehens oder Nichtbestehens eines bestimmten Rechtsverhältnisses oder zur Feststellung der Nichtigkeit eines VA, (§§ 43 I, 113 I VwGO);
- *Allgemeine Leistungsklage*, z. B. zur Rückzahlung von Abschleppkosten (§§ 43 II/ 113 IV VwGO) oder zur Herausgabe einer sichergestellten Sache (§ 46 I PolG NRW);

1) Wird die Polizei zur Strafverfolgung tätig, ist die öffentlich-rechtliche Streitigkeit nach § 23 EGGVG den *ordentlichen Gerichten* (→ Kap. C 1.7) zugewiesen.

- *Fortsetzungsfeststellungsklage* gegen einen bereits abgeschlossenen, aber rechtswidrigen und den Kläger diskriminierenden VA oder bei Wiederholungsgefahr (§ 113 I S. 4 VwGO); z. B. Feststellung der Rechtswidrigkeit einer erfolgten polizeirechtlichen Wohnungsdurchsuchung.

Das Verwaltungsgericht wird dem Kläger Recht geben, wenn die von ihm begehrte Klage **zulässig** und **begründet** ist. In diesem Fall wird es den angefochtenen VA und den i. d. R. ergangenen Widerspruchsbescheid aufheben (§ 113 I S. 1 VwGO).

Die Klage ist **zulässig**, wenn die jeweiligen Sachurteilsvoraussetzungen der gewählten Klageart vorliegen. Das bedeutet z. B. für die Anfechtungsklage (§ 42 I VwGO) u. a.:

- das vorgeschriebene Widerspruchsverfahren (§§ 68 ff. VwGO) muss für den Kläger erfolglos geblieben sein und
- der Kläger muss geltend machen können, in *seinen Rechten* verletzt worden zu sein (Klagebefugnis, § 42 II).

Die Klage ist **begründet**, wenn der Kläger rechtswidrig in seinen Rechten verletzt worden ist.

Hierzu prüft das Gericht, ob die angefochtene Maßnahme den Rechtmäßigkeitskriterien entspricht, d. h., ob die Behörde (für die deren Amtswalter gehandelt hat)

- zuständig und ermächtigt war,
- wesentliche Formvorschriften beachtet,
- ermessensfehlerfrei gehandelt,
- den richtigen Adressaten in Anspruch genommen hat und schließlich, ob
- die Maßnahme den Grundsätzen der Verhältnismäßigkeit entsprach.

Hier schließt sich der Kreis. Es wird deutlich, welch hohes Maß an 'juristischer Treffsicherheit' von dem jeweiligen Amtswalter in seiner Entscheidungssituation erwartet wird. Dies ist notwendig, um das elementare Verfassungsgebot der **Kontrolle der Exekutive** zu gewährleisten.

Neben den auf Erlass oder Aufhebung eines VA gerichteten **förmlichen** Rechtsbehelfen der VwGO gibt es noch aus Art. 17 GG resultierende *nichtförmliche* Rechtsbehelfe. Sie sind an keine verfahrensrechtliche Formen gebunden und bewirken auch nicht unmittelbar und zwingend die Aufhebung oder den Erlass eines VA.

In Betracht kommen hier die Gegenvorstellung, die Aufsichtsbeschwerde sowie die-Dienstaufsichtsbeschwerde.

Immerhin kann der Bürger seine Kritik am Verwaltungshandeln punktuell vortragen und damit verwaltungsinterne Reaktionen in Gang setzen. Ausserdem kann ihm eine Stellungnahme der Verwaltungsbehörde Genugtuung verschaffen.

Haftung

Für eine rechtswidrige und schuldhafte Amtspflichtverletzung, durch die ein Schutzgut des Bürgers i.S.d. § 823 BGB (→Kap. A 22) verletzt worden ist, **haftet** zunächst der Dienstherr des Amtswalters gem. Art. 34 I S. 1 GG, § 839 I S. 2, III BGB. Im Innenverhältnis haftet der Amtswalter seinem Dienstherrn, wenn er *grob* fahrlässig oder vorsätzlich gehandelt hat (§ 78 I BBG, § 46 I BRRG sowie z. B. § 84 LBG NRW [Regress]).

Soweit Straftatbestände verwirklicht sind, kommt eine Verantwortlichkeit bereits bei einfacher Fahrlässigkeit in Betracht, sofern das verletzte Gesetz die Bestrafung wegen fahrlässiger Begehung vorsieht.

Systematik des Gefahrenabwehrrechts

1. Gefahrenabwehrbehörden in den Ländern	
Polizeibehörden[1] in NRW die KPB, LKA – teilweise originäre Aufgaben – im Übrigen Aufgaben des ersten Zugriffs	**Ordnungsbehörden**[1] **Sonder OB** – bereichsspezifisch, z. B.: BergA, AuslA, ForstA **Allgemeine OB** – alle übrigen Aufgaben – örtl. OB, KreisOB, LandesOB
2. Organisationsmodell NRW	
Polizeiorganisationsgesetz (POG) – Organisation, -Dienst- u. Fachaufsicht – örtl. / sachl. Zust. **Polizeigesetz (PolG NRW)** – Aufgaben, Befugnisse – Vollzugshilfe – Zwang	**Landesorganisationsgesetz (LOG)** – Organisation der Landesbehörden – Dienst- u. Fachaufsicht – Aufgaben, Befugnisse **Ordnungsbehördengesetz (OBG)** – Aufgaben, Befugnisse – örtl. / sachl. Zust. – Geltung des PolG NRW
3. polizeiliche Relevanz ▸	**verwaltungsrechtliche Verfahrensgesetze**
Geltung für die **Polizei,** sofern nicht insbes. die Polizeigesetze/das BPolG inhaltsgleiche oder entgegenstehende Bestimmungen enthalten. Es gelten *insbes.* die Ausführungen über – den VA, §§ 35, 36 – die inhaltliche Bestimmtheit, Form des VA, § 37 – die Bekanntgabe des VA, § 41 – das rechtliche Gehör, § 28 – die Wirksamkeit des VA, § 43; – die Amtshilfe(§§ 4- 8) ergänzend z. B. zu § 47 III PolG **NRW.**	**Verwaltungsverfahrensgesetz** *(VwVfG Bd/Ld)* Regelung des *Verwaltungsverfahrens* in der Form der nach außen wirkenden Tätigkeit der Behörden durch: – öffentlich-rechtliche Verträge – Planfeststellungsverfahren – **Verwaltungsakte** Auch pol. Maßn. zur Gefahrenabwehr sind VA (z. B. Sicherstellung eines Pkw zur Eigentumssicherung nach VU), gegen die grds. die Rechtsbehelfe nach der VwGO gegeben sind (vgl. Sie weiter unter VwGO unten).
Soweit in Ausübung des VerwZwanges *unmittelbarer* Zwang anzuwenden ist, leistet die **Polizei** auf Ersuchen Amts- bzw. Vollzugshilfe, § 47 PolG NRW.	**Verwaltungsvollstreckungsgesetz** *(VwVG) Bd/Ld* Insbes. Vollstreckung von VA als Verwaltungszwang zur Erzwingung von Handlungen, Duldungen oder Unterlassungen, §§ 55 ff., durch – Ersatzvornahme, § 59, – Zwangsgeld, §§ 60, 61 oder – unmittelbaren Zwang, §§ 62 ff.
Klagearten: – Anfechtungsklage (gegen einen VA) – Verpflichtungsklage (auf Erlass eines VA) – Untätigkeitsklage (Behörde entscheidet nicht über einen beantragten VA) – allgemeine Leistungsklage – Fortsetzungsfeststellungsklage (geg. erledigten, aber rechtswidrigen u. diskriminierenden VA) **Rechtsmittel:** Beschwerde, Berufung, Revision §§ 124 ff.	**Verwaltungsgerichtsordnung** *(VwGO) Bd.* Regelung des verwaltungs*gerichtlichen* Verfahrens vor den VG, OVG, dem BVG, §§ 40 ff., Häufigste Klagearten sind die Anfechtungs- u. Verpflichtungsklage, §§ 42 ff. *Voraussetzungen:* 1. Kläger muss in *seinen Rechten* verletzt sein, § 42 II 2. abgeschlossenes, aber erfolgloses Vorverfahren (=Widerspruchsverfahren, §§ 68 ff.) Widerspruch hat grds. aufschiebende Wirkung, § 80 I. *Ausn.:* – unaufschiebbare Anordnungen eines PVB, § 80 II 2, – Anordnung der sofortigen Vollziehung, § 80 II1, 4
Die Wirksamkeit eines VA setzt seine ordnungsgemäße Zustellung voraus (§ 43 VwVfG NRW/Bd.). Für die **Polizei** wichtig bei Erlass schriftl. VA im Bereich des Waffen- und Versammlungswesens.	Für das **amtliche Zustllungsverfahren** gelten gem. § 56 II VwGO die §§ 208 ff. ZPO: – Grundfälle: Einschreiben, Postzustellungsurkunde, durch Behörde gegen Empfangsbekenntnis; – Besonderheiten: ...

1) Vgl. Sie ggf. Ihre landesrechtl. Organisationsform. Das Trennungssystem besteht in Bay, Bbg, NRW, Thür. Alle übrigen Länder haben das allgem. Ordnungs- und das Polizeirecht in *einem* Gesetz zusammengefasst.

2.3 Das Legalitätsprinzip, § 163 I S. 1[1]

Das **Legalitätsprinzip** gilt grundsätzlich für die Erforschung aller Straftaten und *stets* ohne Ansehen der Person des Tatverdächtigen. Da polizeiliche Ermittlungen der Vorbereitung staatsanwaltschaftlicher Entscheidungen dienen, die Polizei also nur als verlängerter Arm der StA tätig wird, hat sie auch die entlastenden Umstände zu erheben und aktenkundig zu machen (analog § 160 II).

Der **Verfolgungszwang** – die Pflicht zur Verfolgung von Amts wegen – setzt ein, wenn sich nach pflichtgemäßer Prüfung der jeweiligen Sachlage **zureichende tatsächliche Anhaltspunkte**[2] für das Vorliegen einer Straftat ergeben.

Der Polizeibeamte, der seine Verfolgungspflicht vorsätzlich verletzt, macht sich der Strafvereitelung im Amte (§ 258 a StGB) schuldig.

Dies gilt selbst dann, wenn der Tatverdächtige ein naher Verwandter von ihm ist.

Beispiel: *Bei einer nächtlichen Verkehrskontrolle stellt ein Polizeibeamter fest, dass der offensichtlich unter Alkoholeinfluss stehende Pkw-Fahrer sein Bruder ist.*

Der Polizeibeamte muss in solchen Fällen entweder selbst die notwendige Verfolgungsmaßnahme (Anzeige, körperliche Untersuchung [§ 81 a], Führerscheinbeschlagnahme [§ 94 III]) treffen oder ihre Vornahme durch einen Kollegen sicherstellen.

Erstattet ein Polizeibeamter *wissentlich* Strafanzeige gegen einen offensichtlich *Unschuldigen*, verstößt er gegen § 344 StGB. Diese Tat ist ein Verbrechen.

Andererseits muss der Polizeibeamte (entsprechend behutsam) schon im Einzelfall noch unklaren Anhaltspunkten nachgehen, wenn sich aus ihnen nach pflichtgemäßer Prüfung der Sachlage die *Möglichkeit* der Täterschaft ergibt.

Beispiel: *Der Kellner eines Nachtlokals in Köln teilt der ELSt fernmündlich mit, dass der betrunkene (ortsansässige) Bauunternehmer Albertz das Etablissement vor wenigen Minuten verlassen habe und möglicherweise mit seinem vor dem Haus geparkten Mercedes, amtliches Kennzeichen K-..., davongefahren sei. Ob Albertz das Lokal allein oder in Begleitung verlassen habe, wisse er nicht. Er habe sich vorher jedoch mit zwei männlichen Personen unterhalten. Der Mercedes befinde sich nicht mehr vor dem Lokal.*

2.4 Das Legalitätsprinzip in Konkurrenz zur Gefahrenabwehr

In der polizeilichen Praxis lassen sich die Aufgaben der Strafverfolgung und Gefahrenabwehr häufig nicht voneinander trennen. Beide können sich mit gleicher zeitlicher Dringlichkeit ergeben. Wenn die Aufgaben im Einzelfall nicht zur gleichen Zeit wahrgenommen werden können, wird die Polizei zunächst die Aufgabe erfüllen, die weniger Aufschub duldet (Pflichtenkollision[3]).

Beispiel: *Erste Hilfe dem Schwerverletzten vor Aufnahme der Verfolgung des flüchtigen Straftäters nach Raubüberfall, selbst wenn sich die Chancen seiner Habhaftwerdung auf null reduzieren.*

Aus der Doppelfunktionalität der polizeilichen Aufgaben sich ergebende Pflichten- oder Aufgabenkollisionen vermitteln der Polizei ein Wahlrecht nach dem Prinzip der Güterabwägung, wenn die gleichzeitige angemessene Aufgabenerfüllung nicht möglich ist (in diesem Sinne: BVerwGE 47, 265; OLG Lüneburg DVBl. '84, 57, OVG Münster NJW '80, 855).

2.5 Gefahrenabwehrpflicht und Strafverfolgungszwang bei außerdienstlicher Kenntniserlangung

Der BGH (NJW '93, 544) hatte diese Frage in einem Fall zu entscheiden, in dem zwei Polizeibeamte in ihrer Freizeit mehrfach eine Bar besucht hatten, in der die Besitzerin über einen längeren Zeitraum, auch für die Polizeibeamten erkennbar, die Prostitution i. S. v. § 180 a StGB (Kap. B 11.3) gefördert hatte.

Die Beamten waren wegen Beihilfe zur Förderung der Prostitution angeklagt (§§ 180 a I 2, 27, 13 StGB).

---

1) Vgl. Sie auch Kap. C 2.1 u. C 2.5.
2) Analog der Verpflichtung der StA nach § 152 II (Kap. C 1.8).
3) Anlage A der RiStBV, abgedruckt bei M-G mit Hinweisen auf die einschlägigen Ländererlasse.

Fraglich war die rechtliche Verpflichtung der Beamten, gegen den Bordellbetrieb einzuschreiten (§ 13 StGB).

Der BGH führte dazu u. a. aus: „Den Polizeibeamten oblag nach ihrem *Polizeigesetz* die Aufgabe, Gefahren für die öffentliche Sicherheit zum Nachteil Einzelner oder der Allgemeinheit abzuwehren... Die Aufgabe, den einzelnen Bürger vor Straftaten zu schützen, ist wesentlicher Bestandteil der Berufspflicht des Polizeibeamten... Als Träger subjektiver Rechte gegen den Staat hat der Bürger einen Anspruch darauf, dass die Polizei zum Schutz seiner Rechtsgüter eingreift...

Da sich die Garantenstellung eines Polizeibeamten aus dessen Beruf herleitet, ergeben sich für seine Verpflichtung zur *Verhinderung von Straftaten* Einschränkungen. Er muss *örtlich* und *sachlich zuständig*, d. h. für das zu schützende Rechtsgut verantwortlich sein; ein spezieller Auftrag ist nicht nötig. Außerdem trifft ihn eine Garantenstellung nur im Rahmen seiner *Dienstausübung*. Wird der Beamte in seiner Freizeit Zeuge einer Straftat, haftet er wie jeder Bürger nur im Rahmen echter Unterlassungsdelikte, etwa § 323 c StGB...

Ihm ist im Rahmen seines allgemeinen *Persönlichkeitsrechts* aus Art. 1, 2 GG ein geschützter Bereich menschlicher Beziehungen zuzubilligen, wie dies für das Delikt der Strafvereitelung im Amt (§ 258 a StGB) bereits anerkannt ist.

Besonderheiten können sich ergeben, wenn ein Polizeibeamter *außerdienstlich Kenntnis* von Straftaten erlangt, die – wie Dauerdelikte – während der Dienstausübung *fortwirken*. Dabei bedarf es aber der Abwägung im Einzelfall, ob das öffentliche Ineresse privaten Belangen des Beamten vorgeht."

Im obigen Fall waren die Polizeibeamten zwar allgemein zur Gefahrenabwehr zuständige Beamte. Eine strafrechtliche Garantenpflicht traf sie hier aber deshalb nicht, weil sie von dem Delikt außerdienstlich Kenntnis genommen hatten *und* dieses während ihrer Dienstausübung fortwirkende Delikt (§ 180 a StGB) nicht besonders schwer wog.

Zu prüfen war außerdem, ob die Polizeibeamten den Tatbestand der Strafvereitelung im Amt durch Unterlassen erfüllt hatten (§§ 258 a, 13 StGB), da sie es unterlassen hatten, gegen die Barbesitzern ein Ermittlungsverfahren nach § 180 a StGB einzuleiten. Dazu müssten sie zur Mitwirkung bei *dem* Strafverfahren berufen gewesen sein (§ 258 a StGB). Das erscheint hier bereits *fraglich*, da nach OLG Karlsruhe (NStZ '88, 504) die Erforschungspflicht nur den konkret mit der Sache befassten Polizeibeamten und dessen Vorgesetzten betrifft.[1]

Der BGH[2] hat bei außerdienstlich zur Kenntnis genommenen Straftaten eine *Verfolgungspflicht gem. § 163 I* nur bei *schweren* Straftaten bejaht, die nach Art und Umfang die Belange der Öffentlichkeit in *besonderem Maße* berühren. Da dies im vorliegenden Fall nicht der Fall war, waren die Polizeibeamten in beiderlei Hinsicht freizusprechen.

Der BGH hat seine Auffassung bisher in der Form konkretisiert, dass die eine Verfolgungspflicht auslösenden schweren Straftaten nicht auf den Katalog des § 138 StGB beschränkt seien, sondern dass z. B. je nach den Umständen auch schwere Körperverletzungen, erhebliche Straftaten gegen die Umwelt, Delikte mit hohem wirtschaftlichen Schaden, schwerwiegende Verstöße gegen das Waffengesetz, nicht nur auf den Einzelfall beschränkter Handel mit harten Drogen, Schutzgelderpressung oder Straftaten im Bereich der Organisierten Kriminalität in Betracht kämen (zu Fußn. 2).

2.6 Die Deliktsarten im Strafverfahren: OD, AD, PD

In Kap. C 1.10 wurde dargelegt, dass die StA unter bestimmten Voraussetzungen von der Strafverfolgung absehen darf. Dies ergibt sich aus ihrer Stellung im Ermittlungsverfahren, für dessen ordnungsgemäße und justizförmige Gestaltung sie allein die Verantwortung trägt (Näheres in Kap. C 1.8). Dieser Aufgabe kann sie nur gerecht werden, wenn die Polizei ihr ihre Verhandlungen unverzüglich vorlegt (§ 163 II).

Die StA prüft sodann im Einzelfall, ob

1) Weitere Nw. bei Tröndle zu § 258 a StGB.
2) BGH NJW '89, 914 ff., NJW '93, 545; OLG Koblenz NStZ-RR '98, 332; BGH NStZ '00, 147.

- das Opportunitätsprinzip gem. §§ 153 ff. anzuwenden ist,
- bei Antragsdelikten der Strafantragsberechtigte um die Stellung des Antrages zu ersuchen ist (Nr. 6 RiStBV),
- bei den sog. relativen Antragsdelikten *besonderes* öffentliches Interesse gegeben ist, das die Stellung des Strafantrages erübrigt (Nr. 233, 234, 243 RiStBV),
- bei Privatklagedelikten (§ 374) öffentliches Interesse gegeben ist, das sie zur Übernahme des Verfahrens berechtigt und verpflichtet (§§ 376, 377); ggf. verweist sie auf den Privatklageweg (Nr. 87 RiStBV).

Aus diesen Vorgaben wird ersichtlich, dass die Polizei ihrerseits *nicht* von der Einleitung des Ermittlungsverfahrens absehen darf. Sie darf allerdings in den Fällen, in denen nach ihrer Einschätzung ein staatsanwaltschaftliches Ermittlungsverfahren nicht zu erwarten ist, ihre „Akten“, d. h. die Strafanzeige, ohne weitere Ermittlungen der StA vorlegen.[1] Diese wird sodann nach den vorgenannten Kriterien entscheiden.

Die Kenntnis der unterschiedlichen Voraussetzungen für die öffentliche Klageerhebung bei den einzelnen Deliktsarten ist bereits im polizeilichen Ermittlungsverfahrens von Bedeutung, da der StA ja „zuzuarbeiten“ ist.

Folgende Deliktsarten sind in diesem Sinne zu unterscheiden:

Offizialdelikte (OD) sind im Gesetz nicht positiv gekennzeichnet. OD sind weder Antrags- noch Privatklagedelikte. Sie führen grds. zur Erhebung der öffentlichen Klage (§§ 152 II, 170 I), es sei denn, dass eine Einstellung im Sinne des Opportunitätsprinzips gem. §§ 153 ff. erfolgt.

Beispiele: *§§ 113, 142, 240, 242, 304, 316 StGB.*

Besonderheit: Es gibt OD, die bei besonderer *Täter – Opfer – Beziehung* oder *geringer Schadenshöhe* nur auf Antrag verfolgt werden. Der Staat will sich hier also nicht grds. v. A. w. einschalten. In Betracht kommen bestimmte Delikte, bei denen das Opfer Angehöriger (§ 11 StGB), Vormund, Betreuer oder Hausgenosse des Täters ist (§ 247 StGB) oder leichte Vermögensdelikte, bei denen der Schaden nicht mehr als etwa 50 DM beträgt (§ 248 a StGB).

Beispiele: *§§ 257 IV, 259 II, 263 IV, 263 a II, 265 a III, 266 III entweder i. V. m. § 247 (Täter-Opfer-Beziehung) oder mit § 248 a StGB (Schadenshöhe).*

Antragsdelikte (AD) sind im Gesetz als solche durch die Formel gekennzeichnet: „Die Tat wird nur auf Antrag verfolgt.“

Beispiele: *Verletzung von Privatgeheimnissen, § 203; Unbefugter Gebrauch eines Fahrzeuges, § 248 b; Entziehung elektrischer Energie, § 248 c; Jagd- und Fischwilderei (§§ 292 I, 293) sind nur unter den näheren Voraussetzungen des 294 StGB AD.*

Antragsberechtigt sind gem. §§ 77, 77 a StGB u. a.:
- der Verletzte, sofern er bereits das 18. Lebensjahr vollendet hat,
- der gesetzliche Vertreter von Minderjährigen oder von unter Betreuung gestellten Personen (§§ 1896 ff. BGB),
- der Dienstvorgesetzte für seine ihm unterstellten Beamten (§ 194 III StGB).

Zur **Entgegennahme** des Strafantrages sind zuständig (§ 158):
- die StA, die Behörden und Beamten des Polizeidienstes und die Amtsgerichte.

Die **Form** des Strafantrages (§ 158 II): Der Strafantrag kann bei der StA oder einem Gericht schriftlich oder zu Protokoll, bei anderen Behörden (insbes. bei der Polizei) schriftlich gestellt werden.

Die **Antragsfrist** (§ 77 b StGB) beträgt drei Monate ab Bekanntwerden von Tat *und* Täter.

1) M-G m. w. Mw. zu §§ 153, 163.

Die **Zurücknahme** des Strafantrages (§ 77 d StGB) kann bis zum rechtskräftigen Abschluss des Strafverfahrens erfolgen. Die bis dahin entstandenen Kosten trägt der Antragsteller nach Maßgabe des § 470.

Besonderheit: Es gibt AD, deren Verfolgung bei *besonderem* öffentlichen Interesse auch *ohne* Strafantrag von Amts wegen vorgesehen ist.

Beispiele: *Diebstahl und Unterschlagung geringwertiger Sachen (§ 248 a) sowie die auf ihn verweisenden Tatbestände der Begünstigung, des Betruges, Computerbetruges, der Erschleichung von Leistungen, der Untreue (§§ 257, 259, 263 , 263 a, 265 a, 266 StGB); Datenveränderung und Computersabotage (§§ 303 a, 303 b, 303 c StGB).*

Besonderes öffentl. Interesse liegt i. d. R. vor bei Rückfalltätern, roher oder besonders leichtfertiger Handlungsweise, erheblichen Handlungsfolgen, bei Ladendieben etc.

Privatklagedelikte (PD)

Die PD sind abschließend in § 374 aufgeführt. Es handelt sich um *leichte* Vergehen, deren Begehung die Allgemeinheit i. d. R. weniger berührt.

Beispiele: *Hausfriedensbruch, § 123; Beleidigung, §§ 185 ff.; Körperverletzung gem. §§ 223, 229; Bedrohung, § 241; Sachbeschädigung, § 303 – jeweils auch i. V. m. § 323 a (Rauschtat → Kap. A 17.3).*

§ 374 sieht vor, dass der Verletzte diese Delikte grds. selbst, also ohne Anrufung der StA, verfolgt. Privatklage ist *Strafklage*, die wie die öffentliche Klage zur Bestrafung des schuldig befundenen Täters führt. Der verletzte Privatkläger kann mit der Privatklage auch die Durchsetzung seiner bürgerlich-rechtlichen Ersatzansprüche im Rahmen des sog. Adhäsionsverfahrens (§§ 403 ff. u. Kap. C 1.11) verbinden.

Gegen **Jugendliche** (Kap. A 8) ist die Erhebung der Privatklage nicht zulässig. In entsprechenden Fällen entscheidet die StA über die Erhebung der öffentlichen Klage (§ 80 I JGG).

Die StA wird nur dann öffentliche Klage erheben, wenn dies im *öffentlichen Interesse* liegt (§§ 376, 377). Der Verletzte kann sich in diesem Falle als Nebenkläger anschließen. Nähere Ausführungen enthalten Kap. C 1.11 u. C 1.12.

Öffentl. Interesse liegt i. d. R. *nicht* vor bei: unwesentlicher Ehrenkränkung, Wirtshausstreitigkeiten (bzgl. Beleidigung), Hausklatsch, KV im Bereich von Familie und Hausgemeinschaft (Nr. 229 RiStBV).

Bei KV ist öff. Interesse i. d. R. zu *bejahen* bei: einschlägig vorbestraften Tätern, roher, gefährlicher Tatbegehung, erheblicher Misshandlung oder Verletzung, Kindesmisshandlung i. S. v. § 223 (§ 225 ist OD), Nr. 233, 234 RiStBV; das gilt auch für fahrl. KV im Straßenverkehr, wenn der Täter alkoholisiert oder einschlägig vorbestraft ist, leichtfertig gehandelt oder nicht unerhebliche Schäden für andere verursacht hat (Nr. 243 RiStBV).

Besteht im Einzelfall *kein* öffentliches Interesse, darf die StA den Verletzten auf den Privatklageweg *ver*weisen (Nr. 87 RiStBV). Die Polizei darf in NRW gem. Erl. IM/JM vom 26.11.1980 – 4130 – III A. 4 – in einem solchen Fall auf den Privatklageweg *hin*weisen. Gibt sich der Verletzte damit nicht zufrieden, muss sie Anzeige aufnehmen, die sie sodann ohne weitere Ermittlungen an die StA weiterleiten wird.

Besonderheit: Die meisten PD (§ 374) sind zugleich auch AD. Das bedeutet für die StA, dass sie diese Delikte bei erkanntem öffentlichen Interesse grds. nur verfolgen kann, wenn *zugleich* auch der Strafantrag des Berechtigten gestellt worden ist.

Bei einigen dieser *gemischten Delikte* sind allerdings auch wiederum Ausnahmen vorgesehen. Danach ist ein Strafantrag keine Prozessvoraussetzung, wenn *besonderes* öffentliches Interesse an der Strafverfolgung besteht.

Beispiele: *Einfache vorsätzliche und fahrlässige Körperverletzung, §§ 223, 229, 230 StGB; Sachbeschädigung, §§ 303, 303 c StGB.*

Einen Überblick über die Vielschichtigkeit dieser Beziehungen vermittelt die nachfolgende Grafik.

2.7 Gesamtübersicht zum Strafverfolgungszwang unter Berücksichtigung der unterschiedlichen Deliktsarten

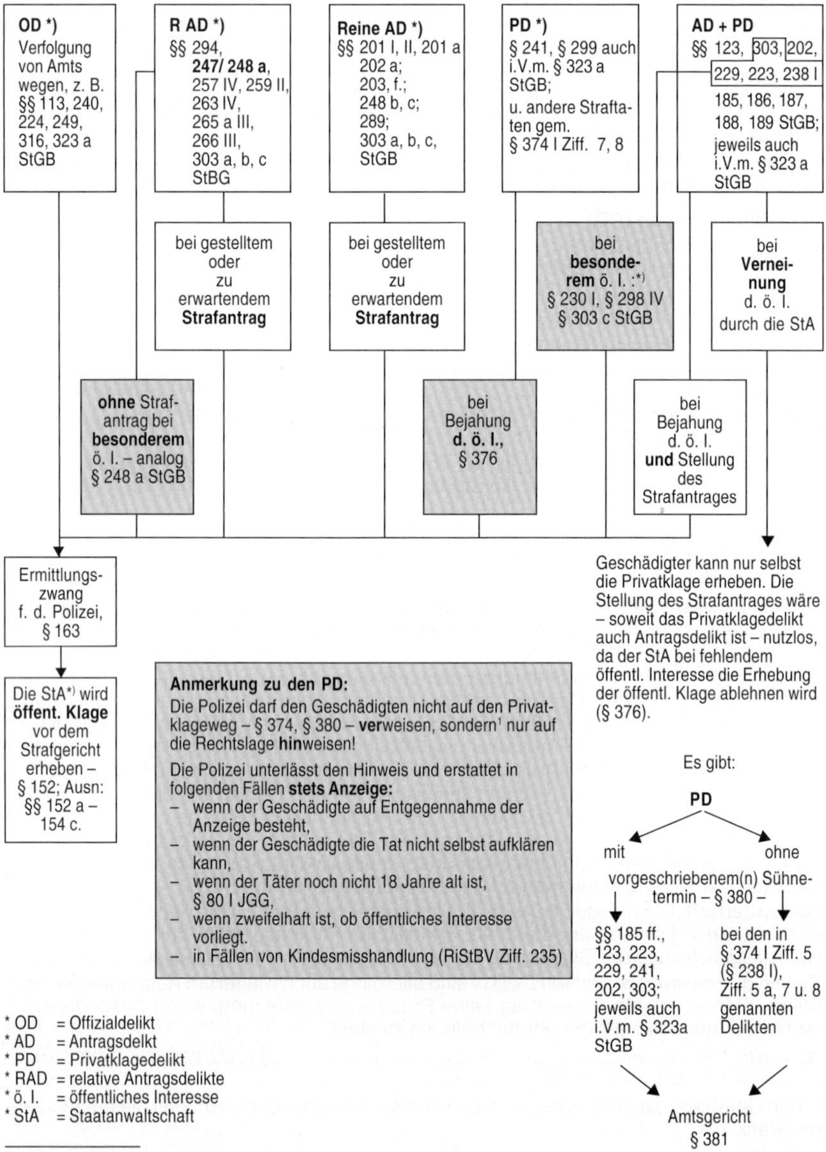

* OD = Offizialdelikt
* AD = Antragsdelkt
* PD = Privatklagedelikt
* RAD = relative Antragsdelikte
* ö. I. = öffentliches Interesse
* StA = Staatanwaltschaft

1) Erl. JM/NRW – 4130 – III A. 4 – v. 26.11.1980, der Nr. 87 I RiStBV entsprechend interpretiert.

2.8 Zusammenfassung: Aufgaben der StA und der Polizei im Strafverfahren

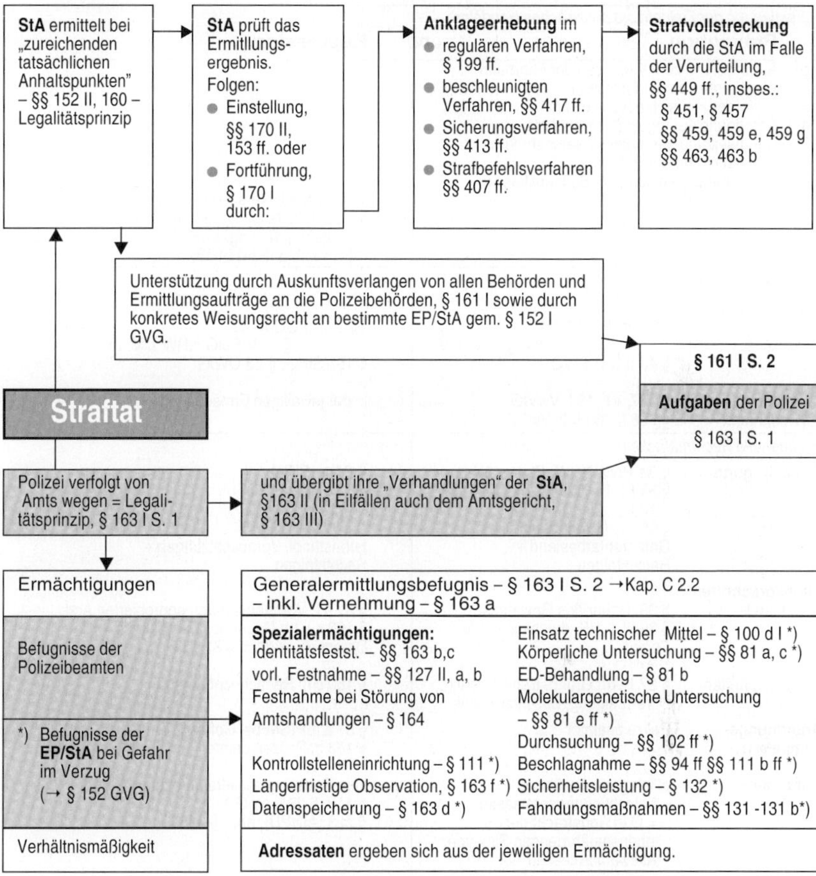

2.9 Systematik der Fallbearbeitung bei gemischten Lagen

Fall: Am 22.11. ..., gegen 21.30 Uhr, erhält die Fustkw-Besatzung Robert 14/28 den Einsatzbefehl: „Fahren Sie Dammstraße! In Höhe Shell-Tankstelle befindet sich eine hilflose Person auf der Fahrbahn!"

Vor Ort erblicken die Beamten einen ca. 30-jährigen Mann auf der Fahrbahn sitzend. In der linken Hand hält er eine fast leere Flasche Korn. Als sie den Mann auffordern, von der Fahrbahn zu kommen, wirft er die Flasche unwillig an den Straßenrand. Schließlich lässt er sich widerstrebend zum Straßenrand führen. Ausweispapiere führt er angeblich nicht mit. Namen und Adresse nennt er nicht.

Als der Mann sich torkelnd entfernen will, eröffnen ihm die Beamten, dass sie ihn zur Ausnüchterung ins Polizeigewahrsam bringen werden. Das Ansinnen weist er in grölender Lautstärke von sich. Als die Beamten ihn mit sanfter Gewalt in den Fustkw drücken, tritt er nach hinten aus und trifft einen Kollegen äußerst schmerzhaft.

Aufgabe: Prüfen Sie die Rechtmäßigkeit der getroffenen bzw. noch zu treffenden polizeirechtlichen/ strafprozessualen Maßnahmen!

Lösungsskizze:

	Prävention *und*	Repression
1. Festlegung der Zielrichtung polizeilichen Handelns:		
1.1	Aufforderung zum Verlassen der Fahrbahn	
1.2	Wegführen von der Fahrbahn	
1.3	Aufforderung, sich auszuweisen	
1.4	Anordnung der Ingewahrsamnahme	
1.5	Durchsetzung der Ingewahrsamnahme	
1.6	Durchsuchung der Person	
1.7	Mitnahme/Beseitigung der Schnapsflasche	
1.8		körperliche Untersuchung, § 81 a
1.9		Identitätsfeststellung, §§ 163 b, c
1.10		Anzeigenerstattung: § 163 I (§§ 113, 223 (224) StGB)
2. Formelle Rechtmäßigkeit:		
Zuständigkeit		
– örtliche	§§ 7 ff. POG/NRW	§§ 7 ff. POG/NRW
– sachliche	§ 1 I oder § 1 IV i. V. m. § 44 II S. 1 StVO	§ 1 IV PolG NRW i. V. m. § 163 StPO, § 53 OWiG
– Verfahrens-vorschriften:	§§ 37, 41, 43 I VwVfG; §§ 68 ff., 80 II 2 VwGO	in der jeweiligen Ermächtigung
3. Materielle Rechtmäßigkeit:		
Ermächtigung	§ 34 PolG NRW, Platzverweis § 39 I 1, II, Durchsuchg. d. Pers. § 12 I 1, IF § 35 I 1, Gewahrsam Gefahrentatbestand + Rechtsfolgen	§ 81 a StPO §§ 163 b, c StPO tatbestandl. Voraussetzungen + Rechtsfolgen
Formvorschriften		
- zwingende	§ 38, Dauer des Gewahrsams § 39 III 1. HS, durchsuchende Person;	§ 81 a I: Vornahme durch approbierten Arzt; § 163 c I, III: Dauer des Festhaltens; Datenschutz gem. § 81 a III;
- Sollvorschriften	§ 37 I - III, Grund, Benachrichtig., Unterbringung, Beschränkungen	§ 163 c II: Benachrichtigung.
Anordnungs-kompetenz:	Polizeibeamter	§ 81 a: EP/StA bei Gefahr i. V. § 163 b: Polizeibeamter
Ermessen	pflichtgem. Ausübung – Entschließungsermessen = O in Anbetracht der lebensgefährdenden Situation; – Auswahlermessen	kein Ermessensspielraum bzgl. § 113, § 224, da OD; § 223 (AD/PD), aber § 376
Adressat	Handlungshaftung, § 4 PolG, bzgl. Platzverweis und IF; ansonsten aus den Ermächtigungen nach §§ 35, 39 PolG	Verdächtiger, Beschuldigter, genannt in der Ermächtigung (auch dort zu prüfen !)
Verhältnis-mäßigkeit:	in § 2 PolG näher konkretisiert	bzgl. § 81 a gem. Verfassung, bzgl. § 163 b aus der Norm selbst
4. Materielle Rechtmäßigkeit der Zwangsanwendung:		
Zwang *(Näheres Kap. C 2.10)*	Verwaltungszwang zur Durchsetzung der VA Platzverweis, § 34 PolG u. der Ingewahrsamnahme, § 35 PolG jeweils i. V. m §§ 50 ff. PolG NRW bzw. UZwG Bd.	ggf. unmittelbarer Zwang zur Durchsetzung der körperlichen Untersuchung nach § 81 a i. V. m. §§ 55 ff. PolG NRW bzw. UZwG Bd.

2.10 Die Anwendung umittelbaren Zwanges im Strafverfahren [1]

Fall: Aachen - Flüchtender biss einen Polizisten

Zwei Polizeibeamte hatten einen 35-Jährigen nach einem Fahrzeugaufbruch verfolgt und schließlich am Arm festhalten können. „Ihr kriegt mich nicht“, schrie der immer wieder, biss einen Beamten in den rechten Daumen und trat um sich. Nach Einsatz des Schlagstockes konnte der Übeltäter schließlich in Handschellen abgeführt werden.

Erläuterungen:

Strafprozessuale Maßnahmen sind im Sinne von §§ 23 ff. EGGVG sog. *Justiz*verwaltungsakte. Sie dienen der Stafrechtspflege, für die die Polizei in **NRW** gem.
§ 1 IV PolG NRW i. V. m. § 161 I und § 163 I zuständig ist. [2]

Die Befugnis zur Anwendung unmittelbaren Zwanges zur Durchsetzung rechtmäßig angeordneter strafprozessualer Eingriffsmaßnahmen ergibt sich – anders als im Polizeirecht – nach ganz h. M. aus der jeweiligen Ermächtigung (z. B. § 163 b). Dies gilt auch für die Verfolgung von OWi (z. B. nach § 24 a StVG), denn § 46 I, III, IV OWiG erlaubt die Anwendnung strafprozessualer Maßnahmen, soweit sie nicht ausdrücklich für das Bußgeldverfahren ausgeschlossen sind (Näheres in Kap. D 2.1.2).

Da die *Art* und *Weise* der Ausübung des unmittelbaren Zwanges in der StPO aber nicht geregelt ist, gelten insofern ergänzend die Polizeigesetze.[3]

Für **NRW** [4] gilt mit § 57 I i. V. m. §§ 58 - 66 PolG NRW folgende Systematik:

§ 57 I stellt die **Verbindung** zwischen der Befugnisnorm, z. B. § 163 b StPO, und den ergänzenden Ausführungsnormen des PolG NRW dar.

§ 58 enthält **Legaldefinitionen** zu den zugelassenen Zwangsmitteln: *unmmittelbarer Zwang, körperliche Gewalt, Hilfsmittel der körperlichen Gewalt, Waffen, bes. Waffen* (der Bundespolizei).

§ 59 Handeln **auf Anordnung** (eines Vorgesetzten; der zust. StA = RiStBV/A).

§ 61 schreibt die **Androhung** unm. Zwanges im Grundsatz zwingend vor, lässt aber in I (unm. Zwang) und II (Schusswaffengebrauch) differenzierte Ausnahmen zu. Gegenüber einer Menschenmenge gelten die Besonderheiten des III.[5]

§ 62 lässt die **Fesselung** von Personen unter bestimmten Voraussetzungen zu.

§ 63 enthält allgemeine Voraussetzungen für den **Schusswaffengebrauch**:
- sein Gebrauch ist ultima ratio, sein Ziel die Angriffs- oder Fluchtunfähigkeit; geeigneter Schusswaffengebrauch gegen Sachen geht vor;
- gegenüber Kindern dürfen Schusswaffen nur zur erforderlichen Abwehr einer gegenwärtigen Leibes- oder Lebensgefahr gebraucht werden;
- Schusswaffengebrauch ist unzulässig, wenn erkennbar Unbeteiligte mit hoher Wahrscheinlichkeit gefährdet werden, es sei denn, die Abwehr einer gegenwärtigen *Lebens*gefahr ist geboten.

§ 64 erlaubt *enumerativ* den Schusswaffengebrauch gegen **Einzelpersonen** (In Extremlagen lässt § 64 I 1 den sog. finalen Todesschuss zu).

§ 65 betrifft den Schusswaffengebrauch gegen **Personen in einer Menschenmenge.**

§ 66 regelt den Einsatz bes. Waffen der BPol. sowie den Sprengmitteleinsatz.

§ 57 I fordert bei der Anwendung unmittelbaren Zwanges die Beachtung
- der Verhältnismäßigkeit der Mittel, § 2,
- der Grundsätze des Entschließungs- und Auswahlermessens, § 3 u.
- der richtigen Adressenauswahl, § 4, sofern sich nicht aus der StPO-Norm selbst der Adressat ergibt, z. B. der Beschuldigte in § 81 a.

1) Zur Durchsetzung des Verwaltungszwanges vgl. Sie den nachfolgenden Exkurs.
2) Vgl. Sie ggf. Ihre Zuständigkeitsregelung.
3) Str.; aber in diesem Sinne BGH NJW '99, 2533; BayObLG NStZ '88, 519; LR u. M-G zu § 127.
4) Im Wesentlichen gleich lautend mit den anderen Polizeigesetzen bzw. dem UZwG.
5) § 61 ist wesentliche Förmlichkeit für die Rechtmäßigkeit der Amtsausübung (OLG Dresden NJW '01, 3646).

Exkurs: Die Systematik des Verwaltungszwanges [1]

Die Bekämpfung *polizeilicher Gefahren* erfolgt im Rahmen der Aufgabenübertragung nach den Polizeigesetzen (Zuständigkeit). Soweit in Wahrnehmung dieser Zuständigkeit ein Grundrechtseingriff vorzunehmen ist, muss sich der Amtswalter auf eine gesetzliche Bestimmung stützen können, die ihn hierzu ermächtigt (Ermächtigung = Gefahrentatbestand und Rechtsfolge).

Die Handhabung der sich im Einzelfall ergebenden Rechtsfolge wird i. d. R. durch *Formvorschriften* (zwingende und/oder Sollvorschriften) begrenzt. Sie dienen neben der richtigen *Adressatenwahl*, der richtigen Ermessensausübung und der Beachtung des Grundsatzes der *Verhältnismäßigkeit* dem Schutz des von der polizeilichen Maßnahme Betroffenen (Näheres in Kap. C 2.1 - Exkurs).

Umgesetzt werden die Maßnahmen i. d. R. mit der konkreten oder, wenn der Adressat nicht anwesend oder ansprechbar ist, mit der fiktiven **polizeilichen Verfügung.** Diese wird sich i. d. R. auf eine Spezialermächtigung (§§ 9 ff.) gründen oder – hilfsweise – auf die Generalermächtigung (z. B. in NRW § 8 PolG).

Beispiele: *Setzen Sie Ihr Fahrzeug zurück! Sie gefährden den Verkehr! (§ 8, Generalermächtigung). Kommen Sie mit! Sie sind in Gewahrsam genommen, da Sie nicht aufhören wollen, Ihre Frau zu bedrohen (§ 35 I 2, Ingewahrsamnahme)!*

Die **polizeiliche Verfügung** ist zugleich ein **Verwaltungsakt** (§ 35 VwVfG), der mündlich, schriftlich oder durch Zeichen erlassen werden kann (§ 37 II VwVfG). Der VA *muss* hinreichend bestimmt und eindeutig adressiert sein (§§ 37 I, 41 VwVfG).

Ergeht die polizeiliche Verfügung im Einzelfall schriftlich, ist sie gem. § 39 I VwVfG auch schriftlich zu begründen.

Beispiele: *Vorladung zur Durchführung von ED-Maßnahmen nach § 10 I 2, II PolG NRW; Erteilung von Auflagen nach dem VersammlG; Versagung einer Erlaubnis nach dem WaffG.*

Wird eine polizeiliche Verfügung (Grund-VA) nicht beachtet, kommt ihre **zwangsweise Durchsetzung** in Betracht. Die Durchsetzung des vorausgegangenen oder fiktiven VA stellt einen weiteren, verschärften Folgeeingriff (Verwaltungsvollstreckungs-VA) dar, dessen Rechtmäßigkeitsprofil nachfolgend skizziert wird.

Beide VAe. müssen vollziehbar in dem Sinne sein, dass Widerspruch (§ 68 I VwGO) und Anfechtungsklage (§ 42 I VwGO) nach § 80 I/II VwGO keine aufschiebende Wirkung haben. Hierzu Näheres im Exkurs Kap. C 2.2 sowie zur systematischen Anwendung Kap. C 5, Ed-Behandlung gem. § 81 b Alt. 2.

Für die polizeiliche Praxis sind die Zwangsmittel **Ersatzvornahme** und **unmittelbarer Zwang** von besonderer Bedeutung.

Die **Ersatzvornahme** (§ 52 I PolG NRW) kommt nur bei sog. *vertretbaren Handlungen* in Betracht, also bei solchen, die auch von einem anderen als dem Pflichtigen vorgenommen werden können. Allerdings muss der *Adressat rechtlich verpflichtet* sein, diese Maßnahme selbst vorzunehmen. Ob er das ist, ergibt die Prüfung des Grund-VA (Kap. C 2.2 - Exkurs), der konkret ergangen ist oder aber hätte ergehen können. Er unterbleibt, wenn der Polizeipflichtige nicht leisten kann oder will oder wenn die Leistung nicht zugemutet werden kann.

Die *Androhung* der Ersatzvornahme ist zwingende Formvorschrift (§ 56 PolG NRW). Sie kann unterbleiben, wenn sie untunlich wäre.

Die Ersatzvornahme ist (im Gegensatz zum unmittelbaren Zwang in NRW) *kostenpflichtig (§ 52 I PolG NRW, § 77 VwVG NRW i. V. m.* § 1 II S. 2 Nr. 7 KostO NRW). Sie ergeht als *Fremdvornahme* durch einen von der Polizei nach bürgerlichem Recht Beauftragten oder durch *Selbstvornahme* der Amtswalter.

---

1) Der Darstellung liegt das **PolG NRW** zugrunde. Die Systematik entspricht auch den anderen Polizeigesetzen.

Beispiel für eine E. mit vorausgegangenem VA, § 50 I:
Tel. Aufforderung an den Fz.- Halter: Fahren Sie umgehend Ihr Fz. von der Einmündung ... weg! Sie gefährden den Verkehr. Als der Fahrer nicht innerhalb einer ihm gesetzten Frist reagiert, wird das Fz. – wie für diesen Fall angedroht – von einem Abschleppuntnehmen aus der Gefahrenzone entfernt.

Beispiel für eine E. ohne ergangenen VA, § 50 II:
Ein Krad versperrt eine private Garageneinfahrt. Der Berechtigte weist dem herbeigerufenen Polizeibeamten nach, dass er mit seinem Pkw einen wichtigen Termin wahrzunehmen hat. Der Krad-Halter bzw. -Führer ist nicht erreichbar. Der Beamte versetzt das Fz. eigenhändig um einige Meter.

Der **unmittelbare Zwang** kommt dann in Betracht, wenn mildere Formen des Verwaltungszwanges, nämlich Zwangsgeld und Ersatzvornahme, aus tatsächlichen oder rechtlichen Gründen ausscheiden (§ 55 I 1).

Unmittelbarer Zwang kann im Rahmen eines mehraktigen Vollstreckungsverfahrens (also *mit* vorausgegangenem VA) oder als sofortiger Vollzug des fiktiven VA von Vollzugsbeamten angewendet werden. Er besteht in der Einwirkung auf die Person des Pflichtigen oder ihr gehörende Sachen und kann erfolgen mittels einfacher körperlicher Gewalt, Hilfsmittel der körperlichen Gewalt oder durch Waffeneinsatz (§ 58).

Unmittelbarer Zwang ist vor seiner Anwendung zwingend **anzudrohen**, wenn die Umstände dies zulassen (§ 61 I).

Beispiel für den unm. Zwang mit vorausgegangenem VA, § 50 I:
Bei einem Rundstreckenrennen der Radprofis: „Treten Sie sofort von der Fahrbahn zurück! Sehen Sie nicht, dass die Fahrer kommen? Sofort, sonst hole ich Sie zurück!" Da der Angesprochene nicht reagiert und das Spitzenfeld herannaht, reißt der eingesetzte Polizeibeamte den Mann am Arm kräftig zurück.

Beispiel für den unm. Zwang ohne vorausgegangenen VA, § 50 II:
Wie vorstehend, wenn der Störer wegen des Lärmes der Zuschauer den Beamten nicht hören würde und dieser ihn von hinten in den Kreis der übrigen Zuschauer zurückreißt.

Nach **§ 50 I PolG NRW** kann der **ergangene VA** mit Verwaltungszwang durchgesetzt werden, wenn (sog. gestrecktes Verfahren)

– er unanfechtbar ist

  I. d. R. nach erfolglosem Widerspruchs- und ggf. nachfolgendem Klageverfahren. Dieser Fall ist für die Polizei nur dann bedeutsam , wenn sie zuständige Verwaltungsbehörde ist, wie im Waffen- und Versammlungsrecht.

  oder wenn

– Rechtsmittel (Widerspruch gem. §§ 68 ff. VwGO) keine aufschiebende Wirkung haben.

  Das ist typischer Weise bei *unaufschiebbaren* (!) Anordnungen und Maßnahmen (= VA) der Polizeivollzugsbeamten zur Gefahrenabwehr der Fall (§ 80 II 2 VwGO).

  I. d. R. handelt es sich bei diesem *gestreckten* Verfahren um ein dreistufiges Verfahren: Androhung (1. VA), Festsetzung des Zwangsmnittels (2. VA), Anwendung des Zwangsmittels (3. VA).

Nach **§ 50 II PolG NRW** kann der Verwaltungszwang **ohne vorausgegangenen VA** angewendet werden *(sofortiger Zwang oder Sofortvollzug)*, wenn

1. dies zur Abwehr einer *gegenwärtigen Gefahr notwendig* ist,

– *insbes.* weil Maßnahmen (§§ 8 ff. = Eingriffsermächtigungen) gegen polizeipflichtige Personen (§§ 4 – 5; seltener gegen Nichtstörer, § 6) nicht möglich oder geeignet sind...

  Z. B. wegen Verletzung, Trunkenheit, Unzumutbarkeit, Zeitverzögerung; Maßnahmen im gestreckten Verfahren dürfen also nicht möglich sein; die Einwirkung des schädigenden Ereignisses muss schon begonnen haben oder unmittelbar oder in allernächster Zeit mit an Sicherheit grenzender Wahrscheinlichkeit bevorstehen.

  ... und

2. die Polizei innerhalb ihrer *gesetzlichen Befugnisse* (§§ 8 ff.) handelt.

  Dies ist immer dann der Fall, wenn der fiktive VA, wäre er erlassen worden, nach den Kriterien Zuständigkeit, Ermächtigung, Formvorschriften, Ermessen, Adressat, Verhältnismäßigkeit zulässig gewesen wäre.

Zusammenfassung:

Die Durchsetzung des Verwaltungszwanges

nach ergangenem VA, § 50 I | **ohne vorausgegangenen VA, § 50 II**

↓

verfügbare Zwangsmittel, § 51

Zwangsgeld, § 53
als Beugemittel;
atypisch für pol.
Sofortlagen;
anders im Versammlungs- u.
Waffenrecht.[1]
Ersatzzwangshaft § 54;
Androhung, § 56.

Ersatzvornahme, § 52
- vertretbare Handlung;
- Verpflichtung zur Vornahme wird nicht erfüllt;
- Selbstvornahme durch Polizei oder von ihr Beauftragten;
- auf Kosten des Pflichtigen;
- Verfahren, § 52 II;
- Androhung, § 56.

unmittelb. Zwang, § 55
- Subsidiarität;
- Ausweispflicht, sofern ...
- **die Art und Weise der Zwangsanwendung richtet sich nach §§ 57 ff.**
- Notwehr u. Notstand bleiben unberührt.

↓

unm. Zwang (§ 58) ist die Einwirkung auf Personen / Sachen durch:
* körperliche Gewalt   * Hilfsmittel der körperlichen Gewalt   *Waffen

↓

Androhung unmittelbaren Zwanges, § 61

**allgemein* Absehen nur, sofern zur Abwehr einer ggw. *Gefahr* notwendig od. die Umstände sonst sie nicht zulassen;

*beim *Schuss*waffengebrauch Absehen nur, sofern zur Abwehr einer ggw. *Leibesgefahr* notwendig; Androhung auch als Abgabe eines Warnschusses.

↓

besondere Formen des unmittelbaren Zwanges
deren Voraussetzungen ggf. *zusätzlich* vorliegen müssen

Fesselung rechtmäßig Festgehaltener, § 62

z. B.:
- zur Abwehr eines drohenden Angriffs od. Widerstandes,
- zur Verhinderung der Flucht, zur Abwehr einer Selbstgefährdung, wenn Tatsachen hierfür sprechen.

***allgemeine Voraussetzungen des Schusswaffengebrauchs, § 63**

- es gilt der Grundsatz der Subsidiarität,
- ultima ratio = Gebrauch gegen Sachen nicht geeignet,
- Ziel: Angriffs- od. Fluchtunfähigkeit, im Extremfall auch mittels finaler Tötung,
- geg. Kinder nur zur Abwehr ggw. Leibesgefahr,
- Verbot, wenn Unbeteiligte erkennbar mit hoher Wahrscheinlichkeit gefährdet werden, außer bei Abwehr einer ggw. Leibesgefahr.

↓

***spezielle Voraussetzungen des Schusswaffengebrauchs** [2]

geg. Personen, § 64; *z.* B.:
- zur Abwehr einer ggw. Gefahr für Leib oder Leben;
- auf den fliehenden unbekannten Verbrecher (§ 12 I PolG)
- ... (abschließende Aufzählung im Gesetz).

↓

Die Grundsätze der richtigen **Adressatenwahl** (§§ 4-6), des **Ermessens** (§ 3) und der **Verhältnismäßigkeit** (§ 2) sind auch bei der Zwangsanwendung zu beachten (§ 57).

↓

Hilfeleistungspflicht für Verletzte, § 60

---

1) Die Androhung eines Zwangsgeld kann auch in Betracht kommen zur Durchsetzung einer Wohnungsverweisung und eines Rückkehrverbots zum Schutz vor häuslicher Gewalt *(z.B. §§ 34 a, 53, 56 PolG NRW).*

2) Auf weitere Formen (gegen Personen in einer Menschenmenge; bes. Waffen der BPol, Sprengmittel, §§ 65, 66) wird hingewiesen.

2.11 Die Systematik des Datenschutzes im Strafverfahren, §§ 474 ff. [1]

Allgemeine DE:	DE in bestimmten Fällen:	Formen verdeckter DE:	Spezielle Formen der DNutzung:
§ 163 I S. 2: Ermittlungsgeneralklausel, C 2.2; §§ 163 b, c: IF, C 9;	§ 81 b : ED-Behandlung, C 5; § 81 e: molekulargen. Untersuchung, C 4; § 81 a : körperliche Untersuchung, C 3.1; § 81 c: ... Nichtbeschuldigter, C 3.2; § 111: Kontrollstelleneinrichtung, C 14.2;	§ 163 e: Pol. Beobachtung, C14.5; §§ 110 a.b: Überwachung der TK, C 14.7; §§ 100 c: ff. Einsatz techn. Mittel, C 14.8; §§ 110 a: ff. Einsatz VErmittler, C 14.9; § 163 f.: Längerfristige Observation, C 14.6;	§ 98 c: Datenabgleich, C 2.11; §§ 98 a, b: Rasterfahndung, C 14.4; § 163 d: Netzfahndung, C 14.3.

Gewährung von Akteneinsicht, Erteilung von Auskünften:	Verwendung/Übermittlung pbl:	Dateiregelungen:
§ 474 I/II: Aktenauskunft und -einsicht zwischen Justizbehörden, inkl. Polizei (§ 23 EGGVG) und an andere amtliche Stellen erfolgt nur unter dem Aspekt der *Erforderlichkeit.* Ziel ist die Information über *verfahrensexterne* Zwecke, und zwar jeweils für ein bestimmtes anderes Straf- oder Bußgeldverfahren. Gewährung durch StA oder Gericht, § 478 I (§ 49 a I OWiG). Die Datenübermittlung u. Akteneinsicht zwischen Pol.-Beh. ist ohne Entscheidung der StA zulässig, § 478 I S. 5. Die Aktenvorlage od. -auskunft an im Verfahren mitwirkende Stellen ergibt sich aus speziellen Regelungen, etwa: §§ 163 I S. 2, II, 320, 321. § 475 regelt die Informationsgewährung an private Personen oder Stellen (z. B. Krankenkassen) für laufende wie abgeschlossene Verfahren (z. B. für die Vorprüfung eventueller Geltendmachung zivilrechtlicher Ansprüche). Gewährung durch StA, Gericht und im Einzelfall ermächtigte Polizei, § 478 I S. 3 (§ 49 a I S. 1 HS. 2 OWiG). Für verfahrensbeteiligte Personen/Stellen (Beschuldigter, Privatkläger, RA) gelten spezielle Bestimmungen, z. B.: §§ 147 I, VII, 385, III, 397 I, 406 e (§ 49 OWiG).. § 479 I lässt die Spontanauskunft einer Strafverfolgungsbehörde oder eines Strafgerichts an andere in *anderen* Strafverfahren tätige Behörden zu. Die Kenntnis muss aus Sicht der übermittelnden Stelle erforderlich sein. (§ 49 a IV S. 1 u. 2; § 49 a I OWiG).	§ 481: Generalklausel für die Polizeibehörden zur Übermittlung / Verwendung pbl aus *Strafverfahren* für Zwecke der *Gefahrenabwehr* nach Maßgabe der Polizeigesetze an Polizeibehörden, außer, die Polizei handelt *allein* zum Schutz *privater* Rechte. Dann gilt nur Polizeirecht. (§ 49 a V S. 1, § 49 b I OWiG). § 481 wird durch § 488 II – Dateiauskunft – ergänzt. § 482 begründet eine Nachberichtspflicht der StA über den Verfahrensausgang und das Az. an die zuvor ermittelnde Polizeibehörde. (§ 49 a V S. 3 OWiG). § 160 IV/§ 161 II/III: Verwendungsverbote, -einschränkungen, -vorbehalte →C 1.8.	§ 483: *Generalklausel* für die DSp., DVeränd. und DNutzg. durch Strafverfolgungs- und -vollstreckungsbeh. und Gerichte aus laufenden Verfahren für Zwecke desselben oder eines anderen Verfahrens ... § 484: Umfang und Voraussetzung der DSp. etc. für Zwecke *künftiger* Strafverfahren. § 485: DSp., etc. für Zweke der *Vorgangsverwaltung.* § 487: Zulässigkeit und Grenzen der *Übermittlung* gespeicherter Daten. § 488: Einrichtung *automatisierter* Abrufverfahren. § 489: Berichtigungs-, Löschungs-, Benachrichtigungspflichten. § 490: Errichtungsanordnungen. § 491: Auskunftsanspruch des Betroffenen. § 493 I: Zugriff im automatisierten Abrufverfahren, inkl. Online-Lesezugriff, der Polizei auf das Zentrale Staatsanwaltschaftliche Verfahrensregister (§ 492).[2] § 21 a BZRG: Zugriffsrecht der Polizei auf das BZR im automatisierten Abrufverfahren.

1) Für das **Bußgeldverfahren** gelten die §§ 49 bis 49 d OWiG. Im Wesentlichen wird auf §§ 474 ff. StPO Bezug genommen. Der Gesetzgeber wollte der Bedeutung des Ordnungsunrechts gegenüber dem Kriminalrecht mit einer *bereichsspezifischen* Regelung Rechnung tragen, sonst hätte die Generalverweisung des § 46 I OWiG gegolten. Die Datenschutzbestimmungen sind Folge des sog. Volkszählungsurteils (BVerGE 65, 1). Sie begrenzen den Umgang mit rechtmäßig erhobenen pbD.
2) In der Gesetzesfassung vom 21.12.2007.

Exkurs: Datenschutz im Polizeirecht, dargestellt am PolG NRW[1]

Allgemeine Regeln der DE[2]

§ 8 Allgemeine Befugnisse; jene nach §§ 9-46 gehen vor.
§ 9 Befragungs- und Anhalterecht zur Erfüllung einer best. pol. Aufgabe; Umfang der Auskunftspflicht; Adressat/Art/Zweck der Befragung;
§ 10 Vorladung

DE in bestimmten Fällen

§ 11 DE zur Vorbereitung auf die Hilfeleistung u.d. Handeln in Gefahrfällen
§ 12 Identitätsfeststellung
§ 13 Prüfung v. Berechtigungsscheinen
§ 14 Ed-Behandlung
§ 15 DE bei ö. Veranst./Ansammlungen
§ 15 a DE durch offenen Einsatz optisch-technischer Mittel

Formen verdeckter DE

§ 16 DE durch Observation
§ 17 DE durch Einsatz techn. Geräte
§ 18 DE durch Einsatz techn. Geräte
§ 19 DE durch Einsatz von V-Personen
§ 20 DE durch Einsatz verdeckter Ermittler
§ 21 Polizeiliche Beobachtung

= operativer Einsatz zur Abwehr
→ von Straftaten von erhebl. Bedeutung, § 8 III
→ von Gefahren für L/L/F

Allgemeine Regeln über die Dauer d. Datensp. – § 22 –

- Beschränkung auf das erforderlicher Maß (= Zweck und Anlass)
- Festleg. v. Prüfungsterminen für suchf. gesp. pb D automat. Dateien und v. Aufbewahrungsfristen f. nicht autom. Dat./Akten
- Aufbewahrungsfrist für Kinder max. 2 Jahre

Zweckbindung bei der DSp., DVerän., DNutz. – § 23 –

- Grundsatz: Zweckbindung
  Ausnahme: Nutzung etc. für andere Zwecke, wenn sie auch hierfür erhoben werden dürften
- strenge Zweckbindung bei pb D i. S. V. § 11
- wertende Angaben über Personen

DSp., DVerän., DNutz. – § 24 –

- stets nur soweit erforderlich
- für zeitl. befr. Dokumentation
- für Vorgangsverwaltung
- auch Übernahme pb D aus Strafermittlg./suchfähige Sp. in Dateien/Akten nur, wenn ErmVerf. eingeleitet
- Löschung bei Fortfall des Tatverdachts bzgl. suchfähig gesp. Daten
- Prüfungstermin i. S. v. § 22

Datenabgleich – § 25 –

- bei Störern – §§ 4, 5 –
- bei anderen Personen nur, wenn aufgrund von Tatsachen zur Erfüllung bestimmter Aufgabe erforderlich
- Abgleich rechtmäßig erworbener pb D mit dem Fahndungsbestand
- Anhalterecht für die Dauer des Datenabgleichs

Allgem. Regeln d. DÜ – § 26 –

- Zweckbindung
- Amtsgeheimnis
- Verantwortung f. Rechtm. d. DÜ
- Verantwortung des Empfängers f. d. Rechtmäßigkeit der DNutzung

DÜ durch d. Polizei §§ 27 ff.

- z. allgm. Aufgabenwahrnehmung zulässig zw. Pol'behörden
  – Zweckbindung
  – an ö. Stellen/ausl. ö. Stellen
  – an zwischenstaatl. Stellen
  – an Pers./St. außerh. d. ö. Ber.

DÜ an die Polizei – § 30 –

– durch ö. St. von sich aus
– durch ö. St. auf Ersuchen d. Polizei
– durch ausländische öffentliche Stellen auf Ersuchen

Rasterfahndung – § 31 –

– DÜ von öffentlichen Stellen und Stellen außerhalb des öffentlichen Bereichs zum automatisierten Abgleich

Berichtigung/Löschung/Sperrung v. Daten – § 32 –

Sicherung des Datenschutzes – § 33 –

1) Vgl. Sie die inhaltlich gleich lautenden Bestimmungen Ihres Polizeigesetzes.
2) DE = Datenerhebung; DÜ = Datenübermittlung; DSp. = Datenspeicherung; DVerän. = Datenveränderung; DNutz = Datennutzung

2.12 Datenabgleich, § 98 c

I. Ausgangsfall

Im Ermittlungsverfahren gegen den der Urkundenfälschung (falsche Kennz. am Kfz), der Hehlerei und des Diebstahls verdächtigen Mantu veranlasst

- die einschreitende FuStkw-Besatzung eine Datenabfrage zur Haltereigenschaft, zur Führerscheinüberprüfung, zur Überprüfung der Wohnungsanschrift und zur Personen- und Sachfahndung,
- der Sachbearbeiter des zuständigen KK eine Datenabfrage beim Verkehrszentralregister, eine INPOL-Abfrage Sachfahndung zur Identifizierung von in dem von Mantu gesteuerten Kfz aufgefundenen Wertgegenständen,
- der zuständige Staatsanwalt bei Vorlage der Ermittlungsakte (§ 163 II S. 1) eine Abfrage beim „Länderübergreifenden staatsanwaltschaftlichen Verfahrensregister" und beim BZR.

II. Gesetzliche Voraussetzungen

Anlass

Aufklärung (irgend)einer Straftat

Aufenthaltsermittlung einer Person, nach der für Verfahrenszwecke gefahndet wird.

Befugnis

maschineller Abgleich von

im konkreten Verfahren verfügbarer personenbezogener Daten (pb. D.) z.B. aus Feststellungen der Einsatzbeamten, aus Vernehmungen, Beschlagnahmen → mit anderen zur Strafverfolgung, zur Strafvollstreckung oder zur Gefahrenabwehr gespeicherten pb. D. des INPOL-Systems mit seinen verschiedenen Anwendungen

Anordnungskompetenz

Keine besonderen Einschränkungen

Formvorschriften

bundes- oder landesrechtliche Datenverwendungsregeln dürfen dem Datenabgleich nicht entgegenstehen (z. B. § 30 I AO, § 5 PostG, § 35 SGB I, §§ ff. SGB X; §§ 52 ff., 96, 97, 136 a, 148 StPO).

III. Erläuterungen

Allgemeines: Die Vorschrift regelt den gezielten maschinellen Abgleich von in einem konkreten Ermittlungsverfahren gewonnenen pb. D. mit bereits vorhandenen Daten. Diese in Dateien gespeicherten Daten können sowohl zu Zwecken der Gefahrenabwehr als auch zu solchen der Strafverfolgung erhoben worden sein.

In Betracht kommen insbesondere das INPOL-System, das ZEVIS, EMA- und StVA-Dateien, das BZR, das AZR und das Länderübergreifende staatsanwaltschaftliche Verfahrensregister gem. §§ 474 ff.

Als **Anlasstat** kommt *jede* Straftat in Betracht, mit Bezug auf § 46 I – III OWiG auch jede OWi.

Die **Anordnung** der Maßnahme unterliegt keiner besonderen Beschränkung.

Aus dem Grundsatz der *Verhältnismäßigkeit,* der – obwohl nicht ausdrücklich genannt – auch hier gilt, ist allerdings zu folgern, dass der Datenabgleich insbesondere erforderlich und geeignet sein muss.

Es stellt sich – auch in dem Fall oben – die Frage: Was kann mit dem einzelnen Abfrageergebnis bewiesen werden, und ist ein Beweis überhaupt noch notwendig?!

Im **Ausgangsfall** waren die Abgleiche der Beamten der Funkstreife und des Sachbearbeiters des KK zur Sachaufklärung geeignet und auch erforderlich, jedenfalls aber hilfreich.

Die Abfrage des StA diente dagegen mehr dem verfahrenstechnischen Verlauf. Die Abfrage beim BZR (§§ 31 ff. BZRG) ist notwendig zur Festlegung des in der Anklageschrift zu fordernden Strafmaßes. Die Anfrage beim Verfahrensregister nach §§ 474 ff. diente der Feststellung, ob bereits andere Verfahren anhängig waren, um ggf. Doppelverfahren zu vermeiden und Sammelverfahren zu bilden. Die Abfragen der StA stützen sich auf § 98 c, i. V. m. §§ 31 ff. BZRG und §§ 492-495.

Soweit es um die Aufenthaltsermittlung von Personen geht, die für das konkrete Verfahren gesucht werden, darf sich der maschinelle Datenabgleich auch auf Zeugen und Sachverständige beziehen.

Abgrenzung: § 98 c regelt nur den *maschinellen* Datenabgleich. Der „handverlesene" Abgleich, also der Vergleich der Daten mit Karteien oder Strafakten und die Übermittlung der Erkenntnisse per Telefon, Funk oder Schriftsatz an eine andere Polizeidienststelle oder -behörde sowie die Akteneinsicht ist gem. § 478 I S. 5[1] zulässig. Einer Entscheidung der StA bedarf es hierfür - anders als nach § 478 I S. 1-3 - nicht. Im *konkreten Ermittlungsverfahren* ergibt sich die Befugnis zur Anfrage, Einsicht und Datenübermittlung auch aus § 163 I S. 2 (Kap. C 2.11).

§ 481 I[2] gestattet generalklauselartig die Verwendung und Übermittlung pbl aus Strafverfahren für Zwecke der Gefahrenabwehr, und zwar nach Maßgabe der Polizeigesetze. Damit ist auch die vorbeugende Verbrechensbekämpfung umfasst. § 481 I war als sog. *Öffnungsklausel* vor dem Hintergrund der verfassungsgerichtlichen Rsp. erforderlich, weil Informationen, die ausschließlich für Zwecke des Strafverfahrens erhoben wurden, bei einer Nutzung für Präventivzwecke eine Zweckänderung erfahren, auch wenn die Polizeibehörde bereits im Besitz der fraglichen Infodaten ist.

§ 98 c, aber auch § 478 I S. 5 oder § 481 verleihen nur die Befugnis zum Datenabgleich und zur Datenübermittlung, nicht aber zur Datenerhebung, für die u. a. §§ 163 b, c gelten. Vgl. Sie ggf. hierzu Kap. C 2.11 Datenschutz im Strafverfahren und im Polizeirecht.

Abgrenzung zum **Polizeirecht:**

Die Länderpolizeigesetze (z. B. § 25 PolG NRW) und das Bundespolizeigesetz (§ 34 BPolG) regeln den Datenabgleich im Rahmen präventiver Tätigkeit. Der Abgleich ist danach zulässig.

a) bei Verhaltens- oder Zustandsstörern,
b) bei anderen Personen, soweit dies zur Wahrnehmung einer bestimmten polizeilichen Aufgabe notwendig ist,
   – Person an einem observierten Drogenumschlagsplatz erweist sich *nach* dem Abgleich als harmloser Passant –
c) zum Abgleich mit dem verfügbaren Fahndungsbestand
   – INPOL Bund und Land, Schengener Informationssystem, Grenzfahndungsdatei, KAN, AZR, ZEVIS –
d) zur Kontrolle des grenzüberschreitenden Verkehrs durch die Bundespolizei.

Anders als **§ 98 c** beinhalten die *polizeirechtlichen* Ermächtigungen zum Datenabgleich ein bis zum Abschluss des Abgleichs währendes **Anhalterecht**. Dies ist wichtig, wenn z. B. die Identitätsfeststellung oder Fahrzeugüberprüfung schon abgeschlossen ist und sich der Betroffene sonst entfernen könnte.

In allen Fällen gilt, dass die für den Abgleich bestimmten pb.D. *rechtmäßig erhoben* worden sind. Das setzt also eine entsprechende Datenerhebungsnorm voraus, die § 98 c bzw. § 25 PolG NRW oder § 34 BPolG nicht darstellen.

In Betracht kommen Kontroll-, Befragungs-, Identitätsfeststellungs- und Festnahmerechte, z. B. nach § 35 V StVO, §§ 9 ff. PolG NRW, §§ 21 ff. BPolG, § 81 b (Kap. C 5), § 127 I (Kap. A 16.3), § 127 II (Kap. C 10), § 127 b (Kap. C 10.7), §§ 110 a – e (Kap. C 14.9), §§ 100 c – f (Kap. C 14.8), § 111 (Kap. C 14.2), §§ 163 b, c (Kap. C 9).

1) und 2) in der Fassung des StÄG '99.

3 Die körperliche Untersuchung

3.1 beim Beschuldigten gem. § 81 a[1]

I. Ausgangsfall

Keiner wollte gefahren sein

Stolberg – In einer Rechtskurve der Aachener Str. in Richtung Brand kam in der Nacht zum Dienstag gegen ein Uhr ein Pkw von der Fahrbahn ab und prallte gegen eine Leitplanke und ein Verkehrszeichen. Es entstand erheblicher Sachschaden.

Eine Funkstreife stellte in der Nähe des Unfallortes zwei junge Männer, die sich bei ihrem Herannahen entfernt hatten. Beide standen unter Alkoholeinfluss. Da nicht festzustellen war, wer von ihnen das Fahrzeug geführt hatte, wurde beiden eine Blutprobe entnommen. Ein Führerschein und das Fahrzeug wurden sichergestellt.

II. Gesetzliche Voraussetzungen[2]

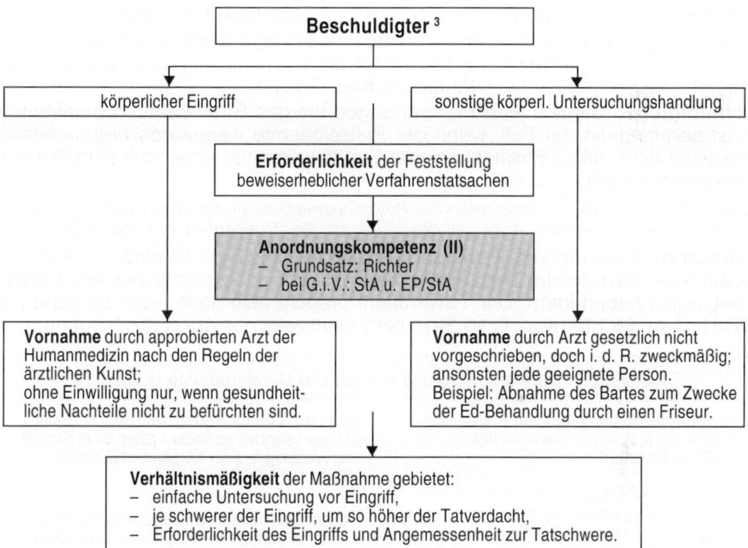

Zweckbindung (III): entnommene Körperzellen dürfen nur für Zwecke des zugrundeliegenden oder eines anderen anhängigen Strafverfahrens oder Bußgeldverfahrens (§ 46 IV S. 1 OWiG) verwendet werden.

Vernichtung des Materials, sobald seine Verwendung nicht mehr erforderlich ist (III 2. HS.).

Verbot der **Verletzung des Schamgefühls**, § 81 d.

Anwendung **unmittelbaren Zwanges** zur Durchsetzung der Maßnahme ist gem. § 81 a zulässig.[4] Art und Weise seiner Durchsetzung richten sich nach den PolG (z. B. § 57 I i. V. m. §§ 58 bis 66 PolG NRW). Das Erfordernis der Androhung unm. Zwanges vor seiner Anwendung – wie es die PolG vorsehen (z. B. § 61 PolG NRW) – ist Ausdruck des verfassungsrechtlichen Verhältnismäßigkeitsgrundsatzes und daher wesentliche Förmlichkeit für die Rechtmäßigkeit der gesamten Maßnahme (OLG Dresden NJW '01, 3643).

---

1) Es folgen die körperl. Unters. Tatunverdächtiger in Kap. C 3.2 sowie die molekulargenetische Untersuchung in Kap. C 4.
2) Vgl. Sie auch die einschlägigen Ländererlasse.
3) Beim Betroffenen einer Owi, z. B. nach § 24 a StVG, vgl. Sie Kap. D 2.2.
4) OLG Celle, NJW '97, 2464; vgl. Sie auch in Kap. C 2.10.

III. Erläuterungen

Grundrechtsschutz:

Die *körperliche Untersuchung* einer Person greift in das Grundrecht auf körperliche Unversehrtheit ein (Art. 2 II S. 1 GG), soweit sie mit einem *Eingriff* verbunden ist.

Die mit der Durchführung der Maßnahme verbundene Freiheitsbeschränkung greift in das Recht auf Unverletzlichkeit der Freiheit der Person ein (Art. 2 II S. 2 GG). Soweit die Maßnahme darauf abzielt, pbl zu gewinnen, ist auch das Grundrecht auf informationelle Selbstbestimmung betroffen (Art. 2 I, 1 I GG).

In diese Grundrechte darf nur auf Grund eines (förmlichen) Gesetzes eingegriffen werden (Art. 2 II S. 3 GG) unter Beachtung der darin vorgeschriebenen Formen (Art. 104 I GG). Ein solches Gesetz ist § 81 a StPO.

Die danach zulässige körperliche Untersuchung muss weiterhin dem Verfassungsgrundsatz der *Verhältnismäßigkeit* und dem Gebot der *Unantastbarkeit der Menschenwürde* entsprechen (Art. 1 III GG).

Die körperliche Untersuchung gem. § 81 a ist nur beim **Beschuldigten** zulässig.

Die Beschuldigteneigenschaft eines Tatverdächtigen wird durch den Willensakt der zuständigen Strafverfolgungsbehörde begründet, die dies nach der Stärke des Tatverdachts pflichtgemäß zu beurteilen hat (Näheres in Kap. C 12.1).

Beschuldigter ist danach jede Person, gegen die das Strafverfahren betrieben wird. Dies ist bereits dann der Fall, wenn der Polizeibeamte wegen des *begründeten Verdachts* einer *bestimmten* Straftat konkrete Ermittlungsmaßnahmen mit dem Ziel der Anzeigenerstattung trifft.

Beispiel: *Im Ausgangsfall ermittelteten die Polizeibeamten aufgrund vorhandener Anhaltspunkte gegen die aufgegriffenen Männer wegen des Verdachts der Trunkenheit im Verkehr (§ 316 StGB).*

Es können zunächst mehrere Personen als Beschuldigte einer Straftat in Betracht kommen, auch wenn zu diesem Zeitpunkt bereits feststeht, dass letztlich nur eine Person die Tat begangen haben kann. Der Tatverdacht braucht also noch nicht dringend i. S. v. § 127 II i. V. m. §§ 112 (Kap. C 10.3) zu sein. Dies zeigt der *Ausgangsfall* oben.

Körperliche *Untersuchung* und körperliche *Durch*suchung (Kap. C 7)

Körperliche Untersuchung	Körperliche Durchsuchung
Die körperl. **Untersuchung** dient der Feststellung der inneren und äußeren Seiensweise des menschlichen Körpers durch: • Feststellung seiner Beschaffenheit; – Begutachtung von Verletzungen, – operative Bergung von Fremdkörpern zur Beweissicherung, – Entnahme von Blutproben u.a.m. – Röntgenuntersuchungen u. Verabreichen eines Abführmittels zur Gewinnung eines Beweismittels (Kokain-Beutel), • Feststellung der Funktions- und Verhaltensweise; – Schrift-, Geh- und Fingerprobe, – Beurteilung des psychischen od. eines Rauschzustandes. • Feststellung körperlich bedingter Reaktionen auf bestimmte Einflüsse; – Pupillenreaktion, – Drehnystagmus u. a.m. *Abgrenzung:* *Die bloße Beobachtung des Geisteszustandes zur Vorbereitung eines Gutachtens fällt unter § 81.*	Die körperl. **Durchsuchung** dient dem Auffinden von Gegenständen und/oder Spuren einer Straftat in der Kleidung, auf der Körperoberfläche oder im Mund des Betroffenen. – Suche nach einem im Mund des Verdächtigen vermuteten gestohlenen Ring oder einem „Crack“. – Feststellung von Verletzungen auf der Brust des Tatverdächtigen, wenn dieser solche nach den Angaben des vergewaltigten Opfers aufweisen müßte *Abgrenzung:* Die *medizinische* Begutachtung der vorgefundenen Verletzungen zum Zwecke ihrer Datierung etc. wäre eine körperliche *Unter*suchung. **Ziel** der *Durch*suchung ist nicht die Beurteilung des menschlichen Körpers, sondern das Auffinden von Tatspuren od. -gegenständen.

Unterscheidung

körperlicher **Eingriff** ⬅ **Unterscheidung** ➡ **eingrifflose** Untersuchung

körperlicher Eingriff

Hierunter sind Handlungen zu verstehen, die zu einer Verletzung führen können.[1]

Beispiele:

- Entnahme einer Blutprobe zur Feststellung der Blutalkoholkonzentration (BAK) zwecks Bestimmung der *Fahrtüchtigkeit* oder/und der *Schuldfähigkeit* (Ausgangsfall).
- Entnahme von Gewebeteilen/Bluttropfen zum Vergleich mit am Tatort vorgefundenen Hautresten/Blutspuren. Im Falle ihrer molekulargenetischen Untersuchung gelten §§ 81 e, f (Näheres in Kap. C 4).
- Magenspülung oder endoskopische Maßnahmen zur Auffindung verschluckter Gegenstände, z. B.: *„Heroin im Magen: 24 Gramm Heroin – wasserdicht verpackt – hatte ein Iraker in seinem Magen nach Berlin geschmuggelt. Das gefährliche Zeug wurde (auch zum Zwecke der Beweisführung) durch Verabreichung eines Brechmittels*[2] *entfernt“ (dpa).*[3,4]
- Computer-Tomographie oder Röntgenaufnahmen zur Feststellung innerer Verletzungen (bei Körperverletzungshandlungen) oder verschluckter Beweisgegenstände (entwendeter Schmuck).

Vornahme:

Nur durch einen approbierten Arzt der Humanmedizin nach den Regeln der ärztlichen Kunst.

Gegen den Willen des Beschuldigten nur, wenn kein Nachteil für seine Gesundheit zu befürchten ist.

Zweckbindung und Vernichtung entnommener Körperzellen gem. Skizze oben unter II.

eingrifflose Untersuchung

Maßnahmen zur Beurteilung des menschlichen Körpers, bei denen die Merkmale des Eingriffs nicht gegeben sind.

Beispiele:

- Geh-, Finger- und Schriftprobe zur Überprüfung der Fahrtüchtigkeit.
- Harnprobe bei Verdacht auf Drogen- oder Medikamenteneinfluss.
- Speichelprobe zur Feststellung des Spurenlegers bei zurückgelassenen Zigarettenkippen am Einbruchstatort.
- Begutachtung von Verletzungen zur Rekonstruktion des Tatablaufs bei Körperverletzungen.
- Abschneiden der Haar- und Barttracht zum Zwecke der Gegenüberstellung des Beschuldigten mit Zeugen/Opfern, wenn der Beschuldigte zur Tatzeit ein anderes Aussehen hatte.
- Begutachtung des psychischen Zustandes eines Beschuldigten, wenn dieser hochgradig erregt ist (Affekthandlungen) oder in erheblichem Maße depressiv scheint (§ 21 StGB).
- Untersuchung der natürlichen Körperöffnungen (Mund, After, Scheide).
- Identifizierungsgegenüberstellung des Beschuldigten mit anderen Personen.[5]

Vornahme:

Nach dem Gesetz darf eine sonstige körperliche Untersuchung auch von einem Laien vorgenommen werden (z. B. Abnahme des Bartes durch einen Friseur, Beobachtung der Pupillenraktion). Häufig ist die Vornahme durch den Laien *nicht zweckmäßig*, da ihr nicht die notwendige Beweiskraft beigelegt wird.

---

1) Kleinknecht / M-G. zu § 81 a m.w.Nw.; OLG Celle NJW '97, 2464.

2) Die Verabreichung von Brech- oder Abführmitteln zur Exkorporation verschluckter Gegenstände verstößt nach Auffassung des OLG Frankfurt (Az.: 1 Ss 28/96) – ein Marokkaner spuckte danach 20 Kokain-Bömbchen – gegen die Menschenwürde und (damit) gegen den Grundsatz der Verhältnismäßigkeit. Die Frankfurter Polizei setzte seit 1994 im Kampf gegen Rauschgifthändler Brechmittel ein. In NRW ist die Maßnahme gem. RdErl. IM v. 26.6.96 (MBl. NRW. S. 1170) ausdrücklich für zulässig erklärt worden.

Das KG Berlin (28.03.00 - 1 Ss 87/98) hat den **Brechmitteleinsatz** in einem *gleich gelagerten Fall* unter dem Aspekt der *Verhältnismäßigkeit* und der zu beachtenden *Unverletzlichkeit der Menschenwürde* anerkannt. Danach war der Eingriff *erforderlich* und auch *geeignet*, weil die Polizei zum Erreichen des Zieles auf kein gleich wirksames, die Rechte des Betroffenen weniger einschränkendes Mittel zurückgreifen konnte ... Die Maßnahme hielt es auch *unter Abwägung* des Grundrechts des Beschuldigten auf körperliche Unversehrtheit mit dem öffentlichen Interesse an einer funktionierenden Strafrechtspflege für *angemessen*, insbesondere auch, weil das verabreichte Brechmittel ungefährlich war.
Der Einsatz von Brechmittel verstößt nach Auffassung des KG auch nicht gegen die durch Art. 1 I GG *geschützte Menschenwürde* und den in Art 2 I i. V. m. Art. 1 I GG *enthaltenen Grundsatz* der Selbstbelastungsfreiheit. ... Nach Art. 2 II S. 3 GG hängt die Zulässigkeit von Eingriffen in diese Grundrechte davon ab, dass sie auf gesetzlicher Grundlage beruhen. Das BVerfG hat bereits mehrfach entschieden, dass § 81 a StPO als formelles Gesetz dieser Forderung genügt ... Darüber hinaus hat es insbesondere anerkannt, dass auch der auf diese Vorschrift gestützte Einsatz von Brechmitteln grundsätzlichen verfassungsrechtlichen Bedenken nicht begegnet (BVerfG NStZ '00,96). Der Senat teilt die Gegenansicht des OLG Frankfurt auch deshalb nicht, weil das Recht des Beschuldigten auf *Passivität* nicht dadurch berührt wird, dass der Beschuldigte einen Eingriff zu erdulden hat, der lediglich „unwillkürliche Körperreaktionen auslöst“.

3) Derselbe Senat des KG hat in einer erneuten Entscheidung (1 Ss 180/99 v. 8.5.2000) dargelegt, dass das zwangsweise Einflößen von Brechmitteln mittels Magensonde gegen einen sich zur Wehr setzenden Beschuldigten zu riskant und daher unverhältnismäßig ist.

4) Zur Rechtmäßigkeit einer Röntgenuntersuchung und der Verabreichung von Abführmitteln zur Gewinnung eines Beweismittels (Kokain-Beutel) vgl. OLG Karlsruhe NStZ ´05, 399.

5) Strittig; Rechtsgrundlage ist nach h.M. § 81 a, nach BGH 1 StR 653/70 ergibt sich die Rechtspflicht für den Beschuldigten aus § 58 II, eine Mindermeinung stützt die Maßnahme auf § 81 b (Nachw. bei Kleinknecht/M.-G. u. LR zu § 58).

Erforderlichkeit der Untersuchung zur Feststellung beweiserheblicher Tatsachen (I S.1).

Der die Untersuchung anordnende Polizeibeamte hat nach *pflichtgemäßem* Ermessen zu prüfen, ob die Maßnahme zur Feststellung beweiserheblicher Tatsachen *notwendig* ist.

Die Notwendigkeit der Maßnahmen ist z B. dann gegeben, wenn durch sie ausschließlich oder in wesentlichem Maße bewiesen werden kann:

- die Straftat, z. B. Fahruntüchtigkeit bei Verdacht nach § 316, § 315 c I 1 a StGB im Ausgangsfall oben II,
- die Täterschaft, z. B. bei Sittlichkeitsdelikten durch Vergleich von Blutspuren, durch Untersuchung von Blut oder Spermaspuren wie im Ausgangsfall unten C 3.2.
- die Schuld (§§ 20, 21 StGB) bei alkoholischer oder rauschbedingter Beeinflussung des Täters.

Zur **Verhältnismäßigkeit** Näheres unter IV Ziff. 11.

<table>
<tr><th colspan="2">Anordnungsbefugnis, § 81 a II:</th></tr>
<tr><td>

Regelzuständigkeit

Grundsätzlich steht die *Anordnung* der Maßnahme dem *Richter* zu.

Obwohl der Richtervorbehalt in § 81 a II keinen Verfassungsrang besitzt, ist er in seiner vom BVerfG (NStZ '01, 337 ff.) betonten grundrechtssichernden Funktion eng auszulegen.

Ist die Einholung der Entscheidung des Ermittlungsrichters (Kap. C 1.9) – i. d. R. über die Eildienst-StA – danach im konkreten Fall ohne Gefährdung des Untersuchungserfolges (Beweismittelverlust) nicht möglich, gilt hilfsweise die **Eilzuständigkeit** der StA und ihrer Ermittlungspersonen: ⟶

</td><td>

Bei **Gefahr im Verzug** ist/sind auch die *StA* und *deren Ermittlungspersonen* zur Anordnung befugt. Die Entscheidung trifft der anordnende Beamte nach pflichtgemäßer Abwägung aller ihm z. Z. der Amtshandlung bekannten Umstände.

Gefahr im Verzug liegt z. B. vor,

- wenn der Beschuldigte sich ohne sofortige Anordnung der Maßnahme entfernen könnte, weil er auch nicht nach anderen Vorschriften (§§ 81 b, 163 b, 127 II) festgehalten werden kann, bis die Anordnung des Richters vorliegt und daher zu befürchten ist, dass er zu einem späteren Zeitpunkt nicht mehr greifbar sein wird;
- wenn bei einem längeren Warten auf die richterliche Anordnung befürchtet werden muss, dass der Untersuchungsbefund verfälscht wird; das kann z. B. dadurch bewirkt werden, dass
  - der Erregungszustand (bei Affekthandlungen) oder
  - der Rauschzustand (bei Drogen- oder Medikamenteneinfluss) oder
  - die alkoholbedingten Verhaltensfaktoren (bei Trunkenheit)

  durch Zeitablauf derart abklingen, dass zu befürchten ist, dass eine zu einem späteren Zeitpunkt vorgenommene Untersuchung zu unrichtigen, eben verfälschten, Ergebnissen führt.

In Anlehnung an die Rspr. des BVerfG zur Wohnungsdurchsuchung und zur vorläufigen Festnahme (NStZ '01, 337, DVBl. '02, 1265) sind die Umstände, die die StA bzw. die EP/StA zur Anordnung bewogen haben, zeitnah in den Ermittlungsakten zu dokumentieren.[1]

</td></tr>
</table>

Unmittelbarer Zwang: Wenn die rechtmäßig angeordnete körperliche Untersuchung wegen des vom Beschuldigten geleisteten Widerstandes nicht vollzogen werden kann, darf unmittelbarer Zwang angewendet werden.

Fall: Zur Blutprobe sogar in Fesseln

Steht ein Kraftfahrer im dringenden Verdacht, ein Kfz im Zustand alkoholbedingter Fahruntüchtigkeit geführt zu haben, können Polizeibeamte die Entnahme einer Blutprobe anordnen und diese bei Widerstand des Kraftfahrers erzwingen.

Zu diesem Zweck können sie den Kraftfahrer vorübergehend festnehmen und seinen Widerstand mit Gewalt, notfalls mit Fesselung und Schlägen mit dem Schlagstock brechen (OLG Koblenz – 2 Ss 574/77).

Die **Ausübung** des unmittelbaren Zwanges hat nach den Vorschriften der UZwG bzw. PolG zu erfolgen und ist insbesondere an den Grundsätzen der **Erforderlichkeit**, des **geringstmöglichen Eingriffs** und der **Verhältnismäßigkeit** zu orientieren.[2]

Der verfassungsrechtliche Verhältnismäßigkeitsgrundsatz gebietet im Regelfall die Androhung des unm. Zwanges vor seiner Anwendung (OLG Dresden NJW '01, 3643).

1) OLG Karlsruhe NStZ '05, 399.
2) Vgl. Sie Kap. C 2.10: Die Anwendung unm. Zwanges im Strafverfahren.

IV. Checkliste zur körperlichen Untersuchung des Beschuldigten

1. § 81 a deckt die notwendige Freiheitsbeschränkung mit ab. Einer Festnahme gemäß § 127 II bedarf es daher nicht. Die Entfernung des Beschuldigten begründet auch keine Verdunkelungsgefahr.
2. Zur zwangsweisen Durchführung einer körperlichen Untersuchung darf die Wohnung des Beschuldigten oder eines Unverdächtigen auch gegen deren Willen betreten und durchsucht werden. Im Falle des § 102 müssen eben Vermutungen, im Falle des § 103 I S. 1 Tatsachen dafür sprechen, dass der Beschuldigte ergriffen werden wird. (Näheres in Kap. C 7).
   Der Beschuldigte, der zwecks Durchführung der körperlichen Untersuchung zur Dienststelle gebracht werden soll, darf nach den Grundsätzen des § 39 II, III PolG NRW zur Gefahrenabwehr nach Waffen, anderen gefährlichen Werkzeugen und Explosivmitteln durchsucht werden.
3. § 81 a rechtfertigt auch die Abnahme/Veränderung der Haar- und Barttracht[1] zum Zwecke der Identifizierungsgegenüberstellung (§ 58 II). Diese Maßnahme kommt zum Wiedererkennen des Beschuldigten dann in Betracht, wenn ihm ein Aussehen gegeben werden soll, das demjenigen entspricht, das er zu einem früheren Zeitpunkt frei gewählt hatte.[2]

Fall: Der Bart muss ab

Düsseldorf – Der Bart muss ab! Im Prozess gegen den mutmaßlichen Terroristen Rolf H. (33) entschied das Düsseldorfer Oberlandesgericht:

H., Mitglied der „Rote Armee-Fraktion", muss zum Friseur. Das Gericht will damit erreichen, dass der Angeklagte bei einer Gegenüberstellung so aussieht, wie bei seiner Festnahme.

H. soll 1978 in Kerkrade (Niederlande) zwei holländische Zöllner erschossen haben.

4. § 81 a enthält nur die Verpflichtung zur Duldung der Maßnahme. Zur aktiven Mitwirkung (Geh- oder Schriftprobe oder Beantwortung von Fragen) ist der Beschuldigte nicht verpflichtet.
   Was nicht erzwingbar ist, darf nur mit Einwilligung des Beschuldigten angestrebt werden. Lehnt ein Pkw-Fahrer, der im Verdacht der alkoholbedingten Fahruntüchtigkeit steht, die Durchführung des Alcotests[3] ab, bleibt nur die Anordnung der körperlichen Untersuchung übrig.

   Fall: Alkotest abgelehnt: Blutprobe entnommen

   Jülich – Die unsichere Fahrweise eines 38-jährigen Pkw-Fahrers aus Horbach fiel am Freitag gegen 0.20 Uhr der Besatzung eines Dienstfahrzeuges der Bahnpolizei auf. Der 38-Jährige war auf der Landstraße 253 von Düren in Richtung Jülich unterwegs. Die Beamten der Bahnpolizei benachrichtigten sofort die zuständige Polizeiwache in Jülich. Dieser gelang es nach kurzer Zeit, den Pkw zu stoppen. Da der Fahrer einen Alkotest ablehnte, wurde er zur Polizeiwache Jülich gebracht, wo ihm eine Blutprobe entnommen wurde. Als der 38-Jährige auch gegen die Sicherstellung des Führerscheins Einspruch erhob, wurde dieser beschlagnahmt.
5. Die bei der Blutentnahme üblicherweise vorgenommenen **Befragungen** und Tests des Beschuldigten sind Bestandteil der nach § 81 a gesetzlich zugelassenen körperlichen Untersuchung (OLG Köln, NJW 62, 692). Die Maßnahme ist also erst mit Beschluss der Befragung und der Tests beendet!
   Dies ist wichtig, wenn sich der Beschuldigte vorher entfernen will. Er darf festgehalten werden, bis er entsprechend befragt werden konnte. Allerdings braucht er zur Sache nicht auszusagen.
6. Fragen zum Protokoll gelten als **Vernehmung** (OLG Hamm 68, 292), eine entsprechende Belehrung hat daher zu erfolgen (§§ 163 a, 136), bei Ordnungswidrigkeiten gemäß § 55 OWiG.[4]

1) BVerfG 47, 239, 246 (bei Abnahme ist die körperliche Unversehrtheit betroffen !)
2) Str. ist die Rechtsgrundlage der Identifizierungsgegenüberstellung. Nach wohl zutreffender Ansicht von KMR und LR ist dies § 81 a. Eine Mindermeinung hält § 81 b für zutreffend, während M-G und KK § 58 II für einschlägig halten (der allerdings keine Zwangsanwendung rechtfertigt !) Nachweise jeweils zu § 58.
3) Zum Atemalkoholmessverfahren vgl. Sie die Ausführungen in Kap. B 25. 2.
4) Näheres zu Vernehmung in Kap. C 12.

7. Bei **Hinweisen** auf eine **zentralnervöse Beeinflussung** durch Medikamente und/oder Drogen ist – *nach negativem Alcotest* – in NRW[1] der **Drogenvortest „Drugwipe“** der Fa. Securetec anzuwenden. Führt dieser (freiwillige) Schnelltest zu einem positiven Ergebnis, ist zum forensischen Nachweis die körperliche Untersuchung anzu-ordnen. Bei *negativem Drogenvortest* deuten diese Auffälligkeiten letztlich auf die einnahme von **Medikamenten** hin, so dass eine ärztliche Untersuchung mit einer ggf. zwangsweise zu entnehmenden Blutprobe anzuordnen ist. Auf eine freiwillig zu leistende **Urinprobe** ist zusätzlich hinzuwirken.

   Folgende Symptome deuten auf eine zentralnervöse Störung ähnlich der beim Alkoholisierten hin: ungeordnetes Orientierungsvermögen, Auffälligkeiten beim Sprechen, Schweißausbrüche, gestörte Bewegungsabläufe, Auffälligkeiten der Augen und/oder des Blickes, vermindertes Auffassungsvermögen, auffällige Verhaltensweise, z. B. Redseligkeit, Schläfrigkeit.

   Den größeren medizinisch-forensischen Beweiswert haben Untersuchungsergebnisse aus Blutproben. Die im Urin messbaren Konzentrationen sind für sich allein nur begrenzt aussagefähig, andererseits sind bestimmte Mittel – etwa Cannabisprodukte wie Haschisch und Marihuana – nur im Urin positiv nachweisbar.

   In welchem Maße schließlich Medikamente oder Drogen für sich allein oder in Verbindung mit genossenem Alkohol eine die Schuldfähigkeit bzw. Fahrtüchtigkeit reduzierende berauschende Wirkung entfalten, ist von der Art des Wirkstoffes, seiner Dosierung und der Indikationsstellung abhängig.[2]

   Die Feststellung rauschbedingter Fahruntüchtigkeit nach Haschischkonsum allein aufgrund einer bestimmten THC-Konzentration im Blut (absolute Fahruntüchtigkeit) scheidet mangels wissenschaftlich begründbaren absoluten Grenzwertes aus. Erforderlich für die Verurteilung nach § 316 StGB in einem solchen Fall ist vielmehr, dass neben dem Haschischkonsum im Einzelfall Ausfallerscheinungen bei dem Fahrzeugführer festgestellt werden, die den Schluss auf rauschbedingte Fahruntüchtigkeit zulassen (relative Fahruntüchtigkeit). OLG Düsseldorf, Beschl. v. 2.5.1994 – 5 Ss 358/93 – 105/93 I.[3]

   Haarproben kommen in Betracht, wenn eine *länger dauernde* Zufuhr von Medikamenten oder Drogen in Frage steht. Die Maßnahme stellt gem. Rd. Erl. **NRW** (Zlff. 12) zwar eine körperliche Untersuchung, aber keinen Eingriff dar. Für die Anordnung gilt § 81 a II. Die Haarprobe kann von Angehörigen des Polizeidienstes entnommen werden. Die Probe sollte aus einem mindestens bleistiftdicken Strang bestehen und möglichst direkt über der Kopfhaut abgeschnitten werden. Nähere Einzelheiten ergeben sich für NRW aus dem unter Ziff 12 genannten Erlass.

8. Der von einem *Nicht*arzt vorgenommene Eingriff ist *rechtswidrig,* es sei denn, er wurde vom Beschuldigten erlaubt. Die von dem Nicht-Arzt (z. B. Arzt im Praktikum, Krankenschwester) gewonnene Blutprobe ist im Strafprozess jedoch *verwertbar.* Der Arztvorbehalt dient nicht der Qualität der Untersuchungsergebnisse, sondern dem Schutz des Beschuldigten vor gesundheitlichen Gefahren.[4]

   Etwas anderes gilt aus dem Gedanken des § 136 a bei bewusster Täuschung des Beschuldigten über die Arzteigenschaft. Verwertbar ist nach der in Fußn. 2) angemerkten Rspr. auch eine Blutprobe, die zu anderen Zwecken (z. B. Operation) gewonnen wurde, wenn sie nach Lage des Falles auch im Nachhinein noch hätte entnommen werden dürfen.[5]

9. Die in der BRD anerkannten **Alkoholnachweisverfahren** sind: das ältere **Widmark**-Verfahren, die Alkoholdehydrogenase-Methode (ADH) und das jüngere gaschromatographische Verfahren (GC-). Um Fehler auszuschließen, sind mehrere Einzelanalysen durchzuführen, und zwar 3 x Widmark und 2 x ADH **oder** 2 x ADH und 2 x GC. **Fahruntüchtigkeit:** Vgl. Sie hierzu die Ausführungen in Kap. B 25.2.

---

1) Erl. IM NRW v. 25.04.03 - 44.2-2743/41.3.
2) Auf die Ausführungen in Kap. B 25.2 wird ergänzend hingewiesen.
3) Bestätigend BGH NJW '99, 226.
4) BGHSt 24, 125; OLG Celle JZ '89, 906; OLG Zweibrücken NJW '94, 810.
5) Den Fall regelt § 81 a III n. F. nun expressis verbis.

10. **Gentechnischer Fingerabdruck (DNA-Analyse)**
Neben der herkömmlichen Untersuchung von Blut-, Sperma-, Haar- und Speichelproben, die allesamt ihre Rechtsgrundlage in § 81 a finden, ist in den letzten Jahren eine neue Untersuchungsmethode entwickelt worden, die *Genomanalyse,* besser bekannt unter der Bezeichnung *Genetischer Fingerabdruck*.
Die DNA-Analyse war bereits nach den §§ 81 a, 81 c a.F. zulässig (BVerfG NJW '96, 771). Im Hinblick auf die Rspr. des BVerfG zur informellen Selbstbestimmung (Volkszählungsurteil) sowie zur Sicherung einer sachgerechten Verwendung des Untersuchungsmaterials hat der Gesetzgeber mit dem StVÄG vom 17.03.97 neue Befugnis- und Begrenzungsnormen für die *molekulargenetische Untersuchung* geschaffen. Die Normen wurden mehrfach geändert und erweitert. Seit dem 1.11.2005 gilt die mit dem „Gesetz zur Novellierung der forensischen DNA-Analyse" (BGBl. I, 2360) in den §§ 81 e – h fixierte Rechtslage.
Einzelheiten sind in Kap. C 4 dargestellt.

11. Der **Verhältnismäßigkeitsgrundsatz**,
dem nach der std. Rspr. des BVerfG (NJW '96, 3071 f.) Verfassungsrang zukommt, gebietet, dass eine grundrechtseinschränkende Maßnahme unter Würdigung aller persönlichen und tatsächlichen Umstände des Einzelfalles zur Erreichung des angestrebten Zwecks *geeignet* und *erforderlich* ist, und dass der mit der Maßnahme verbundene Eingriff nicht außer Verhältnis zur Bedeutung der Sache und zur Stärke des bestehenden Tatverdachts steht (*Angemessenheit).*
Der Verhältnismäßigkeitsgrundsatz gebietet im Regelfall auch die **Androhung des unm. Zwanges** vor seiner Anwendung (OLG Dresden NJW '01, 3643).

> Für schwere Eingriffe (z. B.: Encephalographie, Lumbalpunktion) scheidet die Anordnungskompetenz der Ermittlungsperson der StA aus, bei besonders schweren sogar die der StA (BVerfG in NJW '63, 1597).

12. Nach dem Gem. RdErl. d. IM, JM ... NRW i. d. F. v. 15.8.2000 bezüglich der „Feststellung von Alkohol-, Medikamenten- und Drogeneinfluss bei Straftaten und Ordnungswidrigkeiten; Sicherstellung und Beschlagnahme von Führerscheinen"[1] sollen die körperliche Untersuchung sowie die Blutentnahme *i. d. R.* unterbleiben:
   a) bei den Privatklagedelikten gemäß §§ 123, 185 – 187 a, 189, 303 StGB;
   b) bei Ordnungswidrigkeiten und leichten Vergehen (soweit nicht ein Tatverdacht nach §§ 316, 315 c I 1 StGB oder § 24 a StVG gerechtfertigt ist), es sei denn, dass Anhaltspunkte dafür bestehen, dass der Täter wegen Trunkenheit schuldunfähig oder vermindert schuldfähig sein könnte (§§ 20, 21, 323 a StGB, §§ 12 II, 122 OWiG).
13. **Anwesenheitspflicht** bei Entnahme der Blutprobe:
Nur der Polizeibeamte hat das Recht, Zwang anzuwenden. Daraus folgt seine Pflicht zur Anwesenheit; dies auch wegen späterer Zeugenschaft hinsichtlich der richtigen Kennzeichnung des entnommenen Blutes. Der Polizeibeamte kann seine Anwesenheit außerhalb des Dienstgebäudes jedoch nicht erzwingen – ggf. ist ein Arztwechsel vorzunehmen!
14. § 81 a gilt nicht für die körperliche Untersuchung einer **Leiche**, da diese nicht mehr Beschuldigter sein kann. In Betracht kommt eine Sicherstellung gemäß § 94. Gefahr im Verzug zur Durchsetzung einer Beschlagnahme – §§ 94 II, 98 I – wird i. d. R. dann zu begründen sein, wenn zu befürchten ist, dass die Leiche zu einem späteren Zeitpunkt nicht mehr greifbar sein wird.

---

1) Die Verwaltungsvorschrift ist am 1. 11. 2000 im gesamten Bundesgebiet in Ktaft getreten.

15. Zur Bedeutung des durch **Rückrechnung** ermittelten Blutalkoholwertes bei Zweifeln über die **Schuldfähigkeit** führte der 1. Strafsenat des BGH aus (NStZ 90, 121): „Je weiter der Zeitpunkt der Blutentnahme von der Tatzeit entfernt ist, desto geringer wird die Aussagekraft der errechneten Blutalkoholkonzentration und desto mehr gewinnen andere Beweiszeichen für die Beurteilung der Schuldfähigkeit an Bedeutung ... Kommt der Richter zu der Überzeugung, dass die übrigen Beweisanzeichen stärker sind als der BAK-Wert, so sind diese maßgebend ..."

    Es ist deshalb wichtig, dass der Polizeibeamte das *Erscheinungsbild* des Beschuldigten möglichst genau erfasst und zu den Akten nimmt.

16. **Zur Entnahme einer zweiten Blutprobe:**

    Der BGH 4 StR 130/73 hat als Leitsätze für die Behandlung und Beurteilung von Fällen des *Fahrens unter Alkoholeinwirkung* herausgestellt, dass

    a) die *zweite* Blutprobe nach wissenschaftlich gesicherter Auffassung in fast keinem Fall geeignet ist, beweiserhebliche Erkenntnisse zu vermitteln;

    b) die *Resorptionszeit* 2 Stunden beträgt und erst danach eine Rückrechnung zulässig ist (für die polizeiliche Praxis ist es daher wichtig, das genaue Trinkende festzustellen!);

    c) ein bei jedermann gleichmäßiger *Abbauwert* von 0,1 ‰ je Stunde für die Rückrechnung zugrunde gelegt werden muss und

    d) für die absolute Fahruntüchtigkeit ausreichend ist, dass der Beweisgrenzwert von 1,1 ‰ zu einem Zeitpunkt nach der Fahrt erreicht wird (analog § 24 a StVG).

    Zu a) In der Rechtsmedizin wird ihr Wert für die Überprüfung von *Nachtrunkbehauptungen* als relativ gering eingeschätzt. Für den Nachweis behaupteten *Sturztrunks* soll sie dagegen geeignet sein (Iffland m. w. Nw. in NZV '96, 129 f.).

    Nach dem (bundeseinheitlichen) Gem.RdErl. des IM, JM, MSV u. MWF/**NRW** i. d. F. v. 1.11.2000 kommt aus Gründen der Verhältnismäßigkeit *(hier: Erforderlichkeit)* die zweite Blutprobe (frühestens 30 Minuten nach der ersten) in Betracht

    – bei Alkoholaufnahme innerhalb einer Stunde vor der ersten Blutentnahme,
    – bei Nachtrunkbehauptungen oder Anhaltspunkten dafür.[1]

17. Die **heimliche Mitnahme** der Blutprobe durch den Beschuldigten erfüllt den Tatbestand des § 133 StGB (Verwahrungsbruch) und gegebenenfalls den des § 242 StGB. Das Vernichten der mit Blut gefüllten Venüle stellt neben § 133 StGB auch einen Verstoß gegen § 303 StGB dar.

    Die **etikettierte** mit dem Blut des Beschuldigten gefüllte Venüle ist eine (zusammengesetzte) Urkunde i. S. d. § 267 StGB, deren vorsätzliche Vernichtung den Tatbestand der Urkundenvernichtung erfüllen kann (§ 274 StGB). Näheres hierzu in Kap. B 22.

18. Im **Bußgeldverfahren** darf die körperliche Untersuchung (Blutentnahme und andere geringfügige Eingriffe) zur Verfolgung von Ordnungswidrigkeiten, insbes. nach § 24 a I + II StVG, angeordnet werden (§§ 46 I -IV, 53 II OWiG). Näheres hierzu in Teil D.

    Fall: Fußgänger mitten auf der Straße

    Düren – Auf der Dürener Str. wurde ein Fußgänger, der mitten auf der Fahrbahn ging, von einem Wagen erfasst, der in Richtung Frankenplatz fuhr. Der Fußgänger erlitt lebensgefährliche Verletzungen. Da er unter Alkoholeinwirkung stand, wurde ihm eine Blutprobe entnommen. Er wurde vom Notarztwagen ins Aachener Klinikum gebracht.

19. **Abgeordnete**[2] dürfen strafrechtlich zur Verantwortung gezogen werden, wenn sie bei Begehung der Tat oder bis zum Ende des darauf folgenden Tages *festgenommen* (§§ 163 b, 27 II) wurden (Art. 46 II GG).

---

1) Angesichts der in Ziff. 16, a) zitietren Rechtsprechung des BGH ist auch unter diesen Einschränkungen die Erforderlichkeit und damit die Rechtmäßigkeit der 2. Blutprobe äußerst fraglich. Zum Problem vgl. Sie ggf. DIE POLIZEI, Hefte 10 u. 12 '99. Statt der 2. Blutprobe ist die Asservierung einer Harnprobe danach eher geeignet, den Nachtrunk zu klären.

2) Zu den Ziff. 19 – 22 vgl. Sie Ihre einschlägigen Ländererlasse.

Im gleichen Zeitraum dürfen auch *Beschlagnahmen* (§§ 94 ff., 111 b ff.), *Durchsuchungen* (§§ 102 ff.) oder Maßnahmen zur *körperlichen Untersuchung* (§ 81 a) bzw. *Ed-Behandlung* (§ 81 b) getroffen werden.

Strafprozessulale Maßnahmen, die sich *nicht gegen* den Abgeordneten als Tatverdächtigen richten, sind stets zulässig, z. B. Durchsuchung gemäß § 103, Zeugenuntersuchung gemäß § 81 c.

Die Anwendung *unmittelbaren Zwanges* unterliegt keiner besonderen Beschränkung.

Maßnahmen zur Verfolgung von *Ordnungswidrigkeiten* sind stets *zulässig.* Auch polizeirechtliche Maßnahmen zur Gefahrenabwehr werden von der Einschränkung des Art. 46 II GG nicht erfasst.

Über das Verfahren gegenüber Abgeordneten gilt im Übrigen das RdSchr. BMI vom 10.01.1993 (GMBl. S. 37), Art. II Nrn. 1, 6 b. Den Personen sind die deutschen Abgeordneten des Europäischen Parlaments gleichgestellt.

20. **Maßnahmen gegen Angehörige der NATO-Truppen**

Gegen Beschuldigte, für die das *NATO-Truppenstatut* gilt,
- Mitglieder der Truppe (Soldaten),
- Mitglieder des zivilen Gefolges (ausl. Zivilpersonen),
- Angehörige der vorstehenden Mitglieder (Ehegatten, Kinder),

sind Strafverfolgungsmaßnahmen zulässig, wenn die deutsche Gerichtsbarkeit gilt (NATO-Truppenstatut [NTS], Art VII und Zusatzabkommen [ZA] sowie Ländererlasse). In **NRW** gilt der in Ziffer 12 genannte RdErl. Maßnahmen nach §§ 81 a, 81 c sind grds. zulässig, soweit die Tat
- ausschließlich nach deutschem Recht strafbar ist oder
- sowohl nach deutschem als auch nach dem Recht des Entsendestaates, wenn zusätzlich
  - die Tat nicht in Ausübung des Dienstes begangen worden ist und
  - sie sich nicht lediglich gegen das Vermögen oder die Sicherheit des Entsendestaates oder eines seiner Mitglieder richtet und
  - die deutschen Behörden nicht auf die Ausübung der Gerichtsbarkeit verzichten.

Aufgaben der Polizei bei Zuwiderhandlungen nach deutschem Recht:
- Anzeigenaufnahme – Beweissicherung – Unterrichtung der StA – Unterrichtung der Truppe.

Zulässige Maßnahmen:
- Freiheitsentziehung (§§ 163 b, 127 II).
- Durchsuchung des Beschuldigten sowie seiner Sachen und Wohnung (§§ 102 ff.).
- Anlagen der Truppen dürfen nur mit Genehmigung betreten werden.
- Beschlagnahme von Beweismitteln, Einziehungs- und Verfallsgegenständen (§§ 94 ff., 111 b ff.).
- Dienstwaffen und -fahrzeuge sind der Truppe zu übergeben.
- Körperliche Untersuchung (§ 81 a).
  In **NR**W ist die britische bzw. niederländische Militärpolizei nach Möglichkeit vorher zu unterrichten.
- Ed-Behandlung (§ 81 b).
- Maßnahmen zur Gefahrenabwehr.
- Unmittelbarer Zwang.

Geltung des Verkehrsrechts
- Deutsche Verkehrsregeln gelten, soweit nicht militärische Erfordernisse dem entgegenstehen.
- Verwarnungen, Anzeigen und Maßnahmen nach dem OWiG sind zulässig.

21. **Maßnahmen gegen Exterritoriale**

    Gegen exterritoriale Personen sind Strafverfolgungsmaßnahmen *stets unzulässig* (§§ 18, 19, 20 GVG sowie Nr. 193 – 199 der RiStBV, da sie der deutschen Gerichtsbarkeit insgesamt nicht unterliegen.

    Maßnahmen zur *Gefahrenabwehr* dürfen nach den Erfordernissen des Einzelfalles getroffen werden.

    Einzelheiten der Vefahrensweise regeln die einschlägigen Ländererlasse.

22. **Maßnahmen gegen Konsularbeamte und deren technisches und Verwaltungspersonal**

    Repressive Maßnahmen gegen diese Personen kommen nur dann in Betracht, wenn die Tathandlung nicht in engem Sachzusammenhang mit der Wahrnehmung konsularischer Aufgaben steht. Danach kann z. B. bei einer Privatfahrt unter Alkoholeinfluss eine Blutprobe und eine Beschlagnahme des privaten Führerscheines zur Eintragung des Sperrvermerks (§ 69 b StGB) erfolgen.

V. Fallbearbeitung

Sachverhalt: Sie fahren als POK mit PK Schmitz im Bereich der Polizeiwache Jülich Funkstreife. Gegen 21.00 Uhr folgen Sie auf der Kölner Straße in Jülich einem Opel-Manta, dessen Fahrer ohne ersichtlichen Grund mehrfach die Mitte der Fahrbahn benutzt hat.

Bevor Sie einschreiten können, fährt der von Ihnen verfolgte Fahrer mit ca. 60 km/h bei Rotlicht in die Kreuzung Kölner Straße/B 1 hinein, streift dort einen von rechts (auf der B 1) in den Kreuzungsbereich einfahrenden Mercedesfahrer und setzt seine Fahrt fort.

Etwa 400 m hinter der Kreuzung können Sie den Fahrer des Opel anhalten. Ein wegen des Verdachts der Trunkenheit beim Fahrer an Ort und Stelle durchgeführter Alcotest ergibt die Digitalanzeige 1,1 ‰.

Aus dem ausgehändigten Kfz- und Führerschein ergibt sich, dass der 21-jährige Opelfahrer in Düren wohnt und die Fahrerlaubnis der Klasse 3 besitzt. Am Mercedes scheint nach vorläufiger Schätzung ein Schaden in Höhe von ca. 3 000 Euro entstanden zu sein. Beide Fahrzeuge sind fahrbereit. Personen wurden durch den Unfall nicht verletzt.

Aufgaben:

1. Stellen Sie ohne Begründung fest, welcher Straftat(en) der Fahrer des Opel verdächtig ist.
2. Prüfen und erläutern Sie die Rechmäßigkeit der von Ihnen gegen den Opelfahrer zu treffenden strafprozessualen Maßnahmen.

Lösung:

Zu 1.: Der Opelfahrer ist einer vorsätzlichen oder fahrlässigen Straßenverkehrsgefährdung in Tatmehrheit mit Verkehrsunfallflucht verdächtig (§§ 315 c I Nr. 1 a (III), 142 I, 53 StGB). Beide Taten sind Vergehen und Offizialdelikte.[1]

Zu 2.: Als Maßnahmen kommen in Betracht:

- Identitätsfeststellung, §§ 163 b, c (Kap. C 9),
- Sicherstellung bzw. Beschlagnahme des Führerscheins, §§ 94, 98 StPO i. V. m. § 69 II StGB (Kap. C 6.3),
- Beschlagnahme des Fluchtfahrzeuges als Einziehungsgegenstand, §§ 111 b ff. und als Beweismittel, §§ 94, 98 (Kap. C 6.2 und 6.4),
- körperliche Untersuchung, § 81 a,
- Vernehmung des Beschuldigten, Anhörung des Zeugen (Kap. C 12),
- Unfallaufnahme.

1) Zu den Einzelheiten vgl. Sie Kap. B 25.3 und 25.4.

Zur körperlichen Untersuchung beim Beschuldigten, § 81 a:

Die Maßnahme ist bei dem *Beschuldigten* zulässig, wenn sie zur Feststellung *beweiserheblicher* Verfahrenstatsachen *notwendig* ist.

Der Fahrer des Opel steht nach den vor Ort getroffenen Feststellungen in dem begründeten Anfangsverdacht, Straftaten gem. §§ 315 c I 1 a, 142 I 1 StGB begangen zu haben. Da aufgrund dieser Verdachtslage gegen ihn konkrete Ermittlungsmaßnahmen mit dem Ziel der Anzeigenerstattung eingeleitet werden müssen, ist er *Beschuldigter.*

Im Untersuchungsverfahren muss bei dem unter Alkoholeinfluss (Digitalanzeige 1,1 ‰) stehenden Opelfahrer festgestellt werden, ob er bezüglich des Tatverdachts gemäß § 315 c StGB fahruntüchtig bzw. bzgl. §§ 315 c, 142 StGB schuldfähig ist. Dies kann nur durch eine körperliche Untersuchung erfolgen, die in diesem Fall aus der Blutentnahme und speziellen Tests bestehen muss. Die Maßnahme ist daher *notwendig.*

Der mit der körperlichen Untersuchung verbundene *Eingriff* muss von einem Arzt der Humanmedizin nach den *Regeln der ärztlichen Kunst* vorgenommen werden. Er hätte zu unterbleiben, wenn durch seine Vornahme ein Nachteil für die Gesundheit des Beschuldigten zu befrüchten wäre. Diese speziellen *anordungsbegrenzenden* Voraussetzungen dürften im vorliegenden Fall beachtet worden sein.

Die *Anordnung* der körperlichen Untersuchung darf bei G. i. V. auch eine Ermittlungsperson der StA erteilen (§ 81 a II).

Als POK bzw. PK sind wir Ermittlungspersonen der StA i. S. v. § 152 GVG.

Obwohl der *Richtervorbehalt* in § 81 a II keinen Verfassungsrang besitzt, ist er in seiner vom BVerfG (NStZ '01, 337 ff.) betonten grundrechtssichernden Funktion *eng* auszulegen.

Ist die Einholung der Entscheidung des Ermittlungsrichters (Kap. C 1.9) – i. d. R. über die Eildienst-StA – danach im konkreten Fall ohne Gefährdung des Untersuchungszwecks nicht möglich, gilt hilfsweise die Eilkompetenz der EP/StA.

Im vorliegenden Fall müsste geklärt werden, ob kurzfristig über die Leitstelle und Eildienst-StA eine richterliche Anordnung der Maßnahme eingeholt werden kann. Diese müsste spätestens bis zum Ende der ggf. am Aufgriffort durchgeführten Identitätsfeststellung (Kap. C 9) sowie einem ggf. negativem Datenabgleich (z. B. nach § 25 I S. 2, II PolG NRW) vorliegen, da nach anderen Vorschriften kein weitergehendes Festhalterecht mehr bestünde und der Opel-Fahrer sich daher ohne sofortige Anordnung der körperlichen Untersuchung mit unbekanntem Ziel entfernen könnte. Dann aber wäre der Untersuchungszweck, nämlich die Überprüfung der Fahrtüchtigkeit bzw. Schuldfähigkeit, nicht mehr gewährleistet und deshalb die Eilkompetenz gegeben.

In Anlehnung an die Rspr. des BVerfG zur Wohnungsdurchsuchung und zur vorläufigen Festnahme (NStZ '01, 337 ff., DVBl '02, 1265) sollten die Umstände, die zur Anordnung bewogen haben, zeitnah in den Ermittlungsakten dokumentiert werden. Das OLG Karlsruhe hält eine Dokumentation auch in anderen Fällen der Eilkompetenz für zwingend geboten, um die volle gerichtliche Kontrolle zu gewährleisten.[1]

Formvorschriften: Die in § 81 a III enthaltenen Bestimmungen zur Zweckbindung und Vernichtung des mit der Blutprobe entnommenen Materials berühren die Rechtmäßigkeit der *aktuellen* Maßnahme nicht.

Nach § 81 a II wäre ggf. auch die zwangsweise Durchsetzung der Maßnahme zulässig gewesen. Die Art und Weise der Anwendung des unmittelbaren Zwanges hätte sich dabei nach den PolG richten müssen (z. B. §§ 57 ff. PolG NRW).[2]

Verhältnismäßigkeit: Die Maßnahme war zur Strafverfolgung geeignet und erforderlich. Ein Missverhältnis zwischen ihrem Anlass und ihrer Auswirkung auf den Beschuldigten bestand nicht.

Die Anordnung der körperlichen Untersuchung war daher *rechtmäßig.*

1) OLG Karlsruhe NStZ ´05, 399.
2) Näheres in Kap. C 2.10 sowie in diesem Kap. oben unter II.

Der praktische Fall:

Arzt barg Geldscheine mit einer Pinzette

Frankfurt – Mehrere Stunden lang hielt eine 25-jährige Afrikanerin aus Tansania Polizeibeamte und das Institut für Rechtsmedizin in Frankfurt in Atem. Während eines Streites wegen einer von ihr zu begleichenden Rechnung bei einer Autofirma hatte sie 2400 Euro des bereits hingeblätterten Geldbetrages wieder an sich gebracht. Noch vor dem Eintreffen der Polizei steckte sie die Scheine zunächst in den Mund. Als die Beamten erschienen, rückte sie 1500 Euro wieder heraus.

Sie wurde dann zunächst auf das 13. Revier gebracht. Dort rückte sie einen weiteren Betrag heraus, verbarg aber die restlichen 850 Euro im Intimbereich ihres Körpers. Ein Arzt vom Institut für Rechtsmedizin konnte nur mit Hilfe einer Pinzette diese Scheine von ihrem Ort entfernen.

Doch die Angelegenheit war damit noch nicht zu Ende: Die 25-Jährige kratzte nunmehr, biss und trat um sich, wollte aus dem Fenster springen und verrichtete schließlich im Wachlokal ihre Notdurft ...

Für Fortgeschrittene:

Prüfen Sie, ob die eingeschrittenen Beamten rechtmäßig gehandelt haben.

Beurteilen Sie dabei zunächst den Einsatzanlass.

Argumentieren Sie dort, wo der Sachverhalt nicht definitiv ist, alternativ.

Berücksichtigen Sie auch polizeirechtliche Aspekte.

3.2 Körperliche Untersuchung bei nichtbeschuldigten Personen, § 81 c[1]

I. Ausgangsfall

Die ehemalige Freundin (32 J.) des mehrfach vorbestraften Mantey wird nach Verlassen einer Abendgaststätte von einer männlichen Person niedergeschlagen, in eine Garage gezerrt und dort bis zum Samenerguss vergewaltigt. Als Täter glaubt sie Mantey erkannt zu haben. Der bestreitet die Tat. Ein Alibi kann der als gewalttätig bekannte Mantey nicht vorweisen. Darf die Geschädigte ggf. auch gegen ihren Willen untersucht werden?

II. Gesetzliche Voraussetzungen (I)[2]

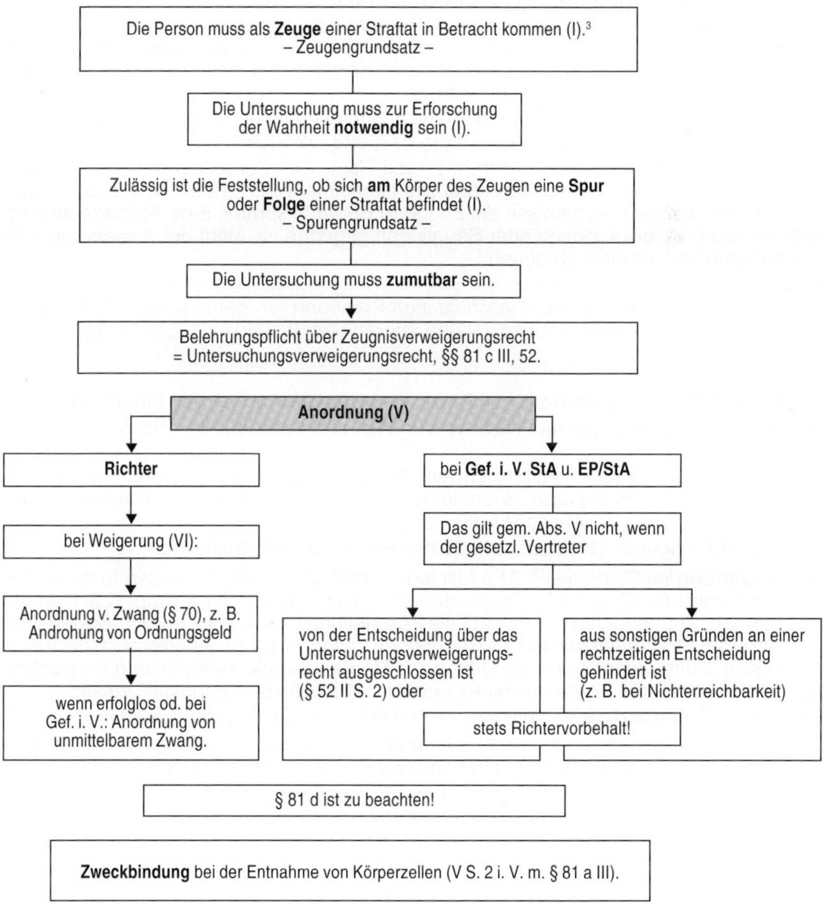

---

1) Vgl. Sie auch Kap. C 3.1 zur körperl. Untersuchung Beschuldigter und Kap. C 4 zur molekulargenetischen Untersuchung des nach § 81 a oder § 81 c gesicherten Materials.
2) Zum Grundrechtseingriff vgl. Sie Kap. C 3.1 III.
3) Zur körperl. Untersuchung im Bußgeldverfahren vgl. Sie Kap. D 2.2.

III. Erläuterungen

Grundrechtsschutz

Die körperliche Untersuchung nichtbeschuldigter Personen greift in den Schutzbereich des Art. 2 II S. 2 GG ein, der die körperliche Bewegungsfreiheit des Menschen schützt. Soweit die Untersuchung mit der Preisgabe personenbezogener Daten verbunden ist, greift sie auch in den Schutzbereich der Art. 2 I i.V.m. Art. 1 I GG ein. In diese Rechte darf nur auf Grund eines Gesetzes eingegriffen werden (Art. 2 II S. 3 GG), und zwar unter Beachtung der darin vorgeschriebenen Formen (Art. 104 I GG). § 81 c StPO ist dieses Gesetz.

Der Zeugen- und Spurengrundsatz nach § 81 c I:

Die Untersuchung von *nichtbeschuldigten* Personen darf angeordnet werden, wenn sie in einem Strafverfahren als Zeugen in Betracht kommen *(Zeugengrundsatz)* und Anhaltspunkte dafür bestehen, dass sich *an* ihrem Körper eine bestimmte Spur oder Folge einer Straftat befindet *(Spurengrundsatz)*.

Im **Ausgangsfall** kommt die Exfreundin danach als Zeugin und Opfer einer Vergewaltigung und Körperverletzung in Betracht (§§ 177, 223, 52 StGB).

Der Zeugengrundsatz verlangt nach h. L. und Rspr. nicht, dass der betroffene Zeuge tatsächlich eine Aussage machen kann. Es ist vielmehr nur erforderlich, dass er aufgrund tatbezogener Erkenntnisse als Zeuge *in Betracht kommt*. Eine Aussageunfähigkeit, wie sie bei Bewusstlosen oder Säuglingen gegeben ist, steht der Anwendung des Zeugengrundsatzes nicht entgegen.[1]

> Zeugen sind daher alle *nichtbeschuldigten* Personen, an deren Körper sich nach Beurteilung des jeweiligen Sachstandes Spuren oder Folgen einer Straftat befinden können.

Typische Fälle aus der polizeilichen Praxis sind Untersuchungen von Zeugen als Opfer

- einer Körperverletzung zum Nachweis von Art und Intensität der zugefügten Verletzungen;
- eines Sittlichkeitsdelikts zum Nachweis der Gewaltanwendung oder/und des erfolgten Beischlafes (Blutspuren, Spermienreste, vom Täter stammende Hautpartikel unter den Fingernägeln; Ausgangsfall);
- einer übertragenen Geschlechtskrankheit oder einer Aids-Infektion.

Untersuchung im Sinne des § 81 c I ist jede Ermittlungstätigkeit, die den (unbekleideten) menschlichen Körper zum Gegenstand hat. Gegenüber § 81 a (Kap. C 3.1) ist die Befugnis zur Zeugenuntersuchung auf die Feststellung beschränkt, ob sich *Folgen* oder *Spuren* einer Straftat *am* Körper des Betroffenen befinden. Dazu gehören auch die natürlichen Körperöffnungen. So ist das Öffnen des Mundes zwecks Besichtigung eingeschlagener Zähne oder die Vornahme eines Scheidenabstrichs (Ausgangsfall) zulässig.

Die Untersuchung darf nach I allerdings *nicht* auf körperliche *Eingriffe* ausgedehnt werden.

So ist bei Verdacht eines versuchten Giftmordes der Eingriff der Magenaushebung zu Untersuchungszwecken ohne Zustimmung des Zeugen nicht zulässig.

Auch darf dem unter Alkoholeinfluss stehenden wichtigen Zeugen eines schweren Verkehrsunfalles gegen seinen Willen keine Blutprobe zu dem Zwecke entnommen werden, seine Glaubwürdigkeit oder Orientierungsfähigkeit festzustellen.[2] Ebenso ist eine Untersuchung auf Merkfähigkeit oder auf wahrheitsgemäße Angaben unzulässig.

Allerdings könnte bei seiner *richterlichen* Vernehmung ein Sachverständiger hinzugezogen werden, um über dessen Urteil Aufschluss über die Glaubwürdigkeit des Zeugen zu bekommen.

---

1) Kleinknecht/M-G zu § 81 c m. w. Nachw.
2) BGH in JR 60, S. 225

Die Beantwortung der zu diesem Zweck vom Sachverständigen gestellten Fragen ist Teil der Zeugenpflicht, zu deren Erzwingung dem *Richter* die in § 70 genannten Zwangsmittel zur Verfügung stünden, sofern die Untersuchung nicht verweigert werden darf (§ 81 c III S. 1).

Exkurs: Der Sachverständige (§§ 72 ff.) ist neben dem Zeugen (§§ 48 ff.) ein weiteres *persönliches* Beweismittel der StPO. Sachverständige werden i. d. R. vom Gericht oder der StA bestellt, um über Tatsachen oder Erfahrungsgrundsätze Auskunft zu erlangen oder einen bestimmten Sachverhalt zu beurteilen, weil dem Gericht die dazu notwendige Sachkunde fehlt.

Beispiele: *Vornahme von Handlungen, wie z. B. Pkw-Begutachtung nach Verkehrsunfällen, Erläuterung der Wirkungsweise bestimmter Medikamente, Handschriftenanalyse etc.*

Notwendigkeit:

Die Untersuchung muss zur Wahrheitsfindung außerdem notwendig sein. Das ist dann stets der Fall, wenn andere Beweismittel nicht vorhanden sind oder keinen sicheren Beweis ermöglichen, insbesondere, wenn nicht ausgeschlossen werden kann, dass z. B. Geständnisse oder Zeugenaussagen widerrufen werden.
Im Ausgangsfall ist die Untersuchung der Frau notwendig, da die Tat bestritten wird.
Die Untersuchung des Tatverdächtigen Mantey richtet sich nach § 81 a (Kap. C 3.1). Die molekulargenetische Untersuchung des gewonnenen Materials erfolgt nach §§ 81 e, f, auf Anordnung des Richters (Kap. C 4).

Mitwirkungspflicht: Der Zeuge ist auf Anordnung des Gerichts oder der StA verpflichtet, zur Untersuchung zu erscheinen, sich ggf. zu entkleiden und die für die Untersuchung notwendige Körperhaltung einzunehmen. Darüber hinaus ist er nicht zur aktiven Mitwirkung verpflichtet.

Zumutbarkeit (§ 81 c IV):[1]

Die Zumutbarkeit der Untersuchung ist abhängig von:

- der Schwere der Straftat,
- den persönlichen Verhältnissen des Zeugen (Alter, Geschlecht, Gesundheitszustand),
- der Art der Untersuchung (welche Tatfolge an welcher Körperstelle),
- der Bedeutung der Untersuchung (Bedeutung der Beweisführung).

Die Zumutbarkeit ist an den Grundsätzen der Verhältnismäßigkeit zu messen.[2]

Im **Ausgangsfall** ist danach die Untersuchung der Frau zulässig.

Anordnung: Bei Gefahr im Verzug ist auch der Hilfsbeamte der Staatsanwaltschaft berechtigt, die Untersuchung anzuordnen.

Zwang: Bei Weigerung des zu Untersuchenden (oder seines gesetzlichen Vertreters) ist der *Richter* befugt, *Zwang* i. S. v. § 70 anzuordnen. *Unmittelbaren Zwang* darf *er* jedoch nur unter den besonderen Voraussetzungen des § 81 c IV anordnen (Skizze oben zu II.).

Zeugnisverweigerungsrecht = Untersuchungsverweigerungsrecht:

Die Untersuchung darf aus den gleichen Gründen verweigert werden wie das Zeugnis (im Einzelnen unter IV. und V.).

Befragungsverfahren, Belehrungspflicht:

Mit Einwilligung ist die körperliche Untersuchung auch ohne Anordnung zulässig. Voraussetzung ist allerdings, dass sie für das Verfahren von Bedeutung sein kann und nicht gegen die guten Sitten verstößt.

Die Einwilligung kann jederzeit widerrufen werden. Die bis dahin gewonnenen Ergebnisse bleiben jedoch verwertbar, sofern die Person kein Zeugnisverweigerungsrecht hat und von einem *Richter* belehrt wurde.[3]

1) Kleinknecht/M-G zu § 81 c m. w. Nachw.
2) Näheres zu diesem Begriff in Kap. C 3.1 IV Ziff. 11.
3) Kleinknecht/M-G m.w.Nw.

Als Exfreundin hatte die Geschädigte im **Ausgangsfall** kein Verweigerungsrecht. Näheres hierzu unten zu V. und VI.

Bei der Befragung ist die zu untersuchende Person zu unterrichten

- über Art und Umfang der Untersuchung,
- ob die Untersuchung gegebenenfalls angeordnet werden kann,
- über ein ggf. vorhandenes Zeugnis- und Untersuchungsverweigerungsrecht (§ 81 c III i. V. m. § 52 II, III).

Belehrungspflicht bei verstandesunreifen Zeugen:

Grundsätzlich sind auch diese Personen zu befragen und zu belehren. Zeigt sich dabei, dass sie die zum Verständnis ihres Verweigerungsrechts erforderliche geistige Reife *nicht* besitzen (Kleinkinder) dürfen sie nur untersucht werden, wenn ihr gesetzlicher Vertreter einwilligt (§ 81 c III).

Wenn allerdings der gesetzliche Vertreter (beide Eltern oder ein Elternteil) selbst Beschuldigter ist (etwa bei Verdacht auf § 225 StGB), muss ein Pfleger nach § 1909 I S. 1 BGB bestellt werden.

Vor seiner Bestellung kann auf *besondere richterliche* Anordnung die Beweisführung erfolgen. Die Verwertbarkeit der gewonnenen Beweise hängt allerdings von der späteren Einwilligung des bestellten Pflegers ab (§ 81 c III letzter Satz).

Fehlt einem *Erwachsenen*, für den eine Pflegschaft oder Betreuung nicht bestellt ist, die erforderliche Vorstellung von der Bedeutung des Untersuchungsergebnisses (Unfallschock, schwere Verletzungen, hohes Alter), wird ein Betreuer gem. § 1896 I BGB zu bestellen sein, der entsprechend den vorstehenden Ausführungen mitwirkt.[1]

Zeugenuntersuchung im Bußgeldverfahren:

Aus § 46 OWiG ergibt sich, dass Maßnahmen nach § 81 c grundsätzlich auch im Bußgeldverfahren zulässig sind. Allerdings werden sie nur selten in Betracht kommen (vgl. Sie Teil D).

§ 81 d: Kann die Untersuchung das Schamgefühl einer Person verletzen, so ist sie von einer Person gleichen Geschlechts oder von einem Arzt vorzunehmen.

Bei berechtigtem Interesse *soll* dem Wunsch, die Untersuchung einer Person oder einem Arzt bestimmten Geschlechts zu übertragen, entsprochen werden.

Auf Verlangen des/der zu Untersuchenden *soll* eine Vertrauensperson zugelassen werden.

Die betroffene Person *ist* auf diese Regelungen hinzuweisen.

§ 81d I gilt nach II auch dann, wenn die betroffene Person in die Untersuchung einwilligt.

Hinweis: Die Gewinnnung weiterer Sachbeweise kann erfolgen durch

- den richterlichen Augenschein (§ 86), z. B. Besichtigung des Tatortes oder
- die sog. Leichenschau und Leichenöffnung inkl. deren Exhumierung (§§ 87-91) zur Ermittlung von Todeseintritt und -ursache. Die Anordnungsbefugnis hierfür liegt bei G. i. V. auch bei der StA.

Der Aufklärungsgrundsatz, § 81 c II:

Unabhängig vom Spurengrundsatz erlaubt § 81 c II bei anderen Personen als Beschuldigten:

- die körperliche Untersuchung zur Feststellung der Abstammung und
- die Entnahme von Blutproben.

***Beispiele:** Klärung der Täterschaft beim Tatbestand des § 173 StGB (Beischlaf zwischen Verwandten) bzw. der Vaterschaft im Falle des § 170 StGB (Verletzung der Unterhaltspflicht). Blutenhame zum Nachweis der Identifizierung mit Krankheitserregern.*[2]

1) Sachlich zuständig ist das Vormundschaftsgericht des örtlichen AG.
2) LR, KK, SK-StPO zu § 81 c.

Die Maßnahmen müssen zur Wahrheitserforschung unerlässlich und zumutbar sein. Gesundheitsnachteile dürfen nicht zu befürchten sein, und die Untersuchungen dürfen ausnahmslos nur von einem Arzt vorgenommen werden. Belehrungspflichten, Weigerungsrechte, Anordnungs- und Zwangsandrohungsbefugnisse gelten entsprechend § 81 c I (oben).

Nach h.M.[1] soll für § 81 c II auch der Zeugengrundsatz nicht gelten. Danach wäre etwa die Reihenuntersuchung (Speicheltest) der männlichen Bevölkerung eines Dorfes zur Aufklärung eines Sexualverbrechens an einem Kind mit nachfolgender molekulargenetischer Untersuchung nach §§ 81 e – g (Kap. C 4) auch ohne Einverständnis des Einzelnen zulässig. Ob der Gesetzgeber an eine derart weite Auslegung der Vorschrift gedacht hat, erscheint fraglich. Deshalb wäre eine gesetzliche Klarstellung – wie sie inzwischen für die molekulargenetische Untersuchung durch §§ 81 e-g erfolgt ist – zweckmäßig.

Zur **Zweckbindung** entnommener Körperzellen (§ 81 c V S. 2) vgl. Sie Kap. C 3.1 II.

IV. Fallbearbeitung

Fall:

Lörrach – Nach der Misshandlung ihrer beiden drei- und fünfjährigen Töchter durch ihren 32-jährigen Ehemann hat eine Mutter in G. bei Lörrach ihren Kindern selbst die Platzwunden notdürftig zusammengenäht.

Die Frau wollte damit verhindern, dass die Polizei von dem Vorfall erfährt. Der Vater ist nach Angaben der Polizei wegen Kindesmisshandlung bereits mehrfach vorbestraft.

Lösung:

Der Vater steht im Verdacht, Straftaten gemäß §§ 224, 225, 52 StGB begangen zu haben. Je nach dem Ausmaß der zugefügten Wunden kommt sogar der Verdacht einer schweren Körperverletzung gemäß § 226 StGB in Betracht.

Zur genauen Ermittlung des Sachverhalts kommt u. a. die körperliche Untersuchung der beiden Töchter gemäß § 81 c I in Betracht.

Die Untersuchung der geschädigten Kinder ist erforderlich, um das *Ausmaß* der Tatspuren bzw. -folgen an ihnen beweissicher feststellen zu können.

Die beiden Töchter haben aber wegen ihres Zeugnisverweigerungsrechts (§ 52) auch das Recht, die Untersuchung zu verweigern (§ 81 c III S. 1). Grundsätzlich sind auch Kinder über diese Rechtslage zu unterrichten.

Haben sie wegen mangelnder Verstandesreife von der Bedeutung ihres Weigerungsrechts keine hinreichende Vorstellung (hier fraglos zu unterstellen), was zunächst die einschreitenden Polizeibeamten nach pflichtgemäßem Ermessen zu beurteilen und zu entscheiden haben, muss ein gesetzlicher Vertreter die Entscheidung treffen (§ 81 c III S. 2).

Der Vater der beiden Mädchen ist als Beschuldigter von dieser Entscheidung ausgeschlossen. Dies gilt auch für die Mutter, um sie nicht einem Interessenkonflikt auszusetzen (§ 81 c III S. 3 i. V. m. § 52 II S. 2).

In Betracht käme nunmehr die Befragung eines zuvor vom Vormundschaftsgericht gemäß § 1909 BGB zu bestellenden Pflegers.

Da die Eilbedürftigkeit der körperlichen Untersuchung der geschädigten Mädchen auf der Hand liegt und die vormundschaftliche Bestellung eines Pflegers als Ersatzvertreter (§ 52 III) nicht abgewartet werden kann, kommt die *vorläufige Beweissicherung* auf *besondere Anordnung des Richters* in Betracht (§ 81 c III). Die spätere *Verwertbarkeit* der so gewonnenen Beweise hängt jedoch davon ab, ob der noch zu bestellende Pfleger in die Verwertung einwilligt (§ 81 c III S. 5).

Anmerkung:

Je nach Einschätzung der für die Geschädigten gegebenen Gefahrenlage wäre eine Ingewahrsamnahme des Vaters z. B. gem. §§ 35 I Ziff. 2, 36 I S.1, II, 37, 38 PolG NRW[2] bzw. seine vorläufige Festnahme gemäß § 127 II i. V. m. § 112 a StPO (Wiederholungsgefahr) in Betracht gekommen.

---

1) M-G, LR, KMR jeweils zu § 81 c.
2) Vgl. Sie die entsprechenden landesrechtlichen Vorschriften bzw. §§ 39 ff. BPolG oder Exkurs in C 10.2.

V. Das Zeugnis- und Untersuchungsverweigerungsrecht, § 52, § 81 c III S. 1[1]

Bestimmte durch Verwandtschaft oder Schwägerschaft mit dem Beschuldigten verbundene Personen haben im Verfahren gegen diesen ein *Zeugnis- und Untersuchungsverweigerungsrecht* gem. § 52 bzw. § 81 c III. Vernehmungsaussagen dieser Personen ohne vorherige Belehrung über ihr Verweigerungsrecht sind im weiteren Verfahren unverwertbar. Verweigerungsberechtigte brauchen auch Beweismittel nicht herauszugeben. Der zwar gegen sie bestehende staatliche Anspruch darf nämlich gem. § 95 II S. 2 nicht mit Ordnungs- oder Zwangsmitteln durchgesetzt werden.

Das Zeugnisverweigerungsrecht wird durch § 97 ergänzt und gesichert, der ein differenziertes Beschlagnahmeverbot für bestimmte schriftliche Mitteilungen, Aufzeichnungen und andere Gegenstände enthält (Näheres in Kap. C 6.2).

Zeugen werden nur **vereidigt**, wenn das Gericht dies im konkreten Fall zur Wahrheitsfindung für geboten hält (§ 59). Die in § 52 I genannten Angehörigen des Beschuldigten sind über ihr Recht zu belehren, dass sie die Beeidigung ihres Zeugnisses verweigern dürfen (§ 61).

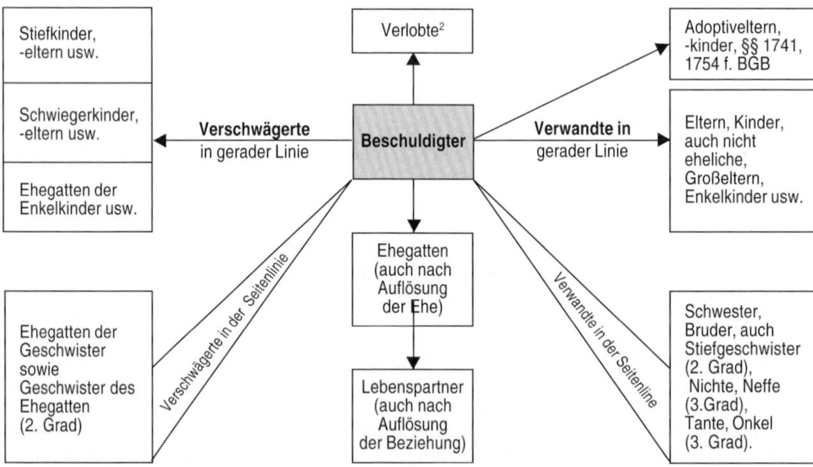

Verwandtschaft im 1. Grad der Seitenlinie gibt es begrifflich nicht. Der in § 52 I 3 vorausgesetzte Grad der Verwandtschaft / Schwägerschaft in der Seitenlinie ergibt sich gem. §§ 1589, 1590 BGB aus der „Zahl der sie vermittelnden Geburten".

Beispiele: *Kusine / Vetter haben gegenüber dem Beschuldigten kein Zeugnisverweigerungsrecht, da sie im 4. Grad stehen: Beschuldigter zum Vater (1. Grad) – zum Opa (2. Grad) – zum Onkel (3. Grad) – zu dessen Tochter/Sohn (4. Grad). Onkel/Tante des Ehepartners stünden danach im 3. Grad der Seitenlinie der Schwägerschaft, den § 52 auch nicht mehr erfasst.*

Wer gegenüber dem Beschuldigten *nicht* zur Verweigerung des Zeugnisses berechtigt ist, hat gleichwohl ein sog. **Auskunftsverweigerungsrecht** aus § 55, der vorsieht, dass der Zeuge die Auskunft auf *solche* Fragen verweigern darf, deren Beantwortung ihn selbst oder einen der in § 52 I bezeichneten Angehörigen der Gefahr aussetzen würde, wegen einer Straftat oder Ordnungswidrigkeit verfolgt zu werden. Die Auskunftsverweigerung muss der Zeuge jeweils erklären; er darf sie nicht einfach nur praktizieren.

1) Zur Zeugenvernehmung vgl. Sie Kap. C 12.2.
2) Ein Gesetzentwurf des Bundesrates – Drs. 203/05 – aktualisiert mit Drs. 867/05 – sieht die Abschaffung des Zeugnisverweigerungsrechts für Verlobte vor. Die §§ 52 I 1 StPO, 157 I, 258 VI StGB, 383 I S. 1 Nr. 1 ZPO und 101 I S. 1, 103 S. 1 AO sollen entsprechend geändert bzw. aufgehoben werden.

VI. Das Zeugnisverweigerungsrecht der Berufsgeheimnisträger und ihrer Helfer, §§ 53, 53 a, § 81 c III S. 1

Das *Berufsgeheimnis* gibt bestimmten Personen gegenüber dem Beschuldigten ein *Zeugnisverweigerungsrecht* über das, was ihnen in ihrer beruflichen Eigenschaft anvertraut oder bekannt geworden ist; *§§ 53, 53 a.* Soweit dies im Einzelfall praktisch relevant wird, gilt dies auch für die Verweigerung der körperlichen Untersuchung; § 81 c III S. 1.

Die Verweigerungsberechtigten können – außer Seelsorger – durch den Beschuldigten von ihrer Verschwiegenheitspflicht entbunden werden. Dann besteht für sie Aussagepflicht mit der Folge, dass der Richter im Weigerungsfalle Ordnungs- und Zwangsmittel gem. § 70 anwenden darf.
Wer aussagt, obwohl er von seiner Schweigepflicht *nicht* entbunden ist, handelt tatbestandsmässig i. S. v. § 203 StGB (Kap. B 13). Die Tat könnte aber nach § 34 StGB gerechtfertigt oder ggf. nach § 35 StGB entschuldbar sein (Kap.A 16.3 / A 17.6).

Das Verweigerungsrecht der in § 53 a genannten Gehilfen ist von den in § 53 genannten Personen abgeleitet, so dass diese im Einzelfall die Aussage- bzw. Untersuchungserlaubnis zu erteilen hätten, vorausgesetzt, sie dürften auch selbst aussagen (§ 53 a II).
Soweit eine Aussage in Betracht kommt, ist der Zeuge über sein Aussageverweigerungsrecht nach § 55 zu belehren (Näheres oben V.).

Die in §§ 53, 53 a genannten Personen sind im Umkehrschluss zu § 61 nicht zur Verweigerung der Eidesleistung berechtigt.

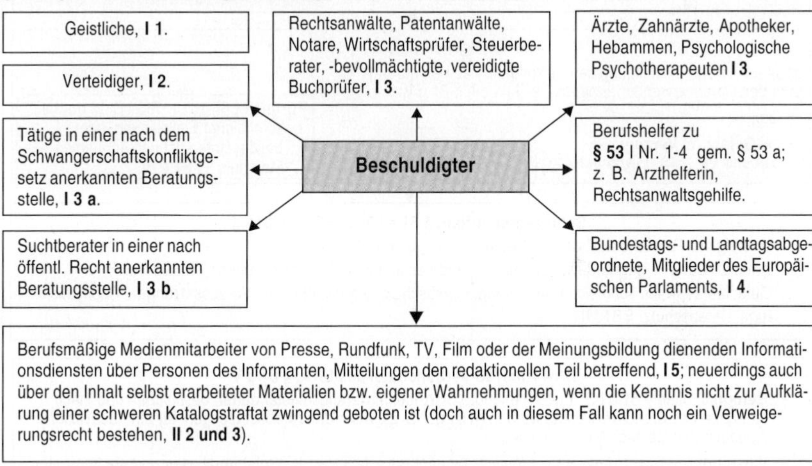

Ermittlungsrechtliche Kosequenzen gem. § 160 a:

Ermittlungsmaßnahmen gegen Personen nach § 53 I S. 1 Nr. 1, 2 und Nr. 4 sind unzulässig. Dennoch erlangte Erkenntnisse sind unverwertbar und unter Herkunftsangabe aktenkundig zu vernichten.

Das ZVR der in § 53 I S. 1 Nr. 3, 3a, 3b und 5 genannten Personen ist relativ. Es ist unter dem Gesichtspunkt der *Verhältnismäßigkeit* abzuwägen. Betrifft das Verfahren eine Straftat von **erheblicher Bedeutung,** ist *in der Regel* von einem überwiegenden Strafverfolgungsinteresse auszugehen.

Die Einschränkungen gelten nicht, wenn die zur Zeugnisverweigerung berechtigten Personen auf Grund bestimmter Tatsachen selbst als Täter/Teilnehmer →A 19.1 an der Tat beteiligt sind.

4 Das Recht der forensischen DNA -Analyse, §§ 81 e - h[1, 2]

Fall: Angeklagter muss sich einer DNA-Analyse unterziehen

Hamburg – Der Angeklagte hatte eine Joggerin überfallen, sie besinnungslos geschlagen und vergewaltigt. Im Slip des Opfers wurden Spermaspuren sichergestellt. Da sich der Verdacht gegen den Angeklagten verdichtet hatte, ordnete das Gericht (§ 244 II) bei ihm eine Entnahme einer Speichel- und für den Fall seiner Weigerung eine Blutprobe an zum Zwecke einer DNA-Analyse zur Feststellung seines DNA-Identifizierungsmusters...

I. Gewinnung molekulargenetischer Identifizierungsmuster für das laufende Ermittlungsverfahren, §§ 81 e, f

Von **Beschuldigten[3] nach** § 81 a I erlangtes Material **- § 81 e I S.1 -**

Von **Tatunverdächtigen** nach § 81 c erlangtes Material **- § 81 e I S. 2 -**

Aufgefundenes, sichergestelltes oder beschlagnahmtes Spurenmaterial **- § 81 e II -**

↓

darf molekulargenetisch untersucht werden, soweit dies *erforderlich* ist zur:

→ Feststellung der Abstammung *oder* → Feststellung der Tatsache, ob aufgefundenes Spurenmaterial vom Beschuldigen oder Verletzten stammt.

→ Hierbei darf auch das Geschlecht der Person bestimmt werden, § 81 e I.

↓

Anordnungskompetenz, § 81 f I

ohne schriftliche Einwilligung des Betroffenen nach Belehrung über den Datenverwendungszweck (→ § 81 e I, § 81 g V):

→ Gericht

→ bei **Gefahr im Verzug:** StA und EP / StA (Eilkompetenz)

Formlos (§§ 161 I, 163 I S. 2) nur bei:
- schriftlicher Einwilligung oder
- bei der Untersuchung anonymen Materials (§ 81 e II).

↓

Schutzvorschriften: § 81 e I S. 3; II S.2; § 81 f II
- Umfang der Tatsachenfeststellung begrenzt auf § 81 e I S. 1, 3;
- Zweckbindung → zugrunde liegendes oder anderes anhängiges Strafverfahren; § 81 e II S.2
- Gutachterauswahl, schriftliche Anordnung, technische u. organisatorische Voraussetzungen, Anonymisierung, Datenschutz, § 81 f II.

DNA-Analyse-Verbunddatei des BKA, § 81 g V
- **Befugnis**: nach § 81 e I S. 1 und II erlangte DNA-Identifizierungsmuster dürfen *gespeichert* und nach Maßgabe des BKAG *verwendet* werden (§ 81 g V S. 2), wenn die Voraussetzungen für eine *qualifizierte Negativprognose* nach § 81 g I vorliegen;
- **Verwendungsbeschränkung** auf Zwecke eines Strafverfahrens, der Gefahrenabwehr und der internationalen Rechtshilfe (enger als §§ 10, 14 BKAG).

---

1) In der Fassung des Gesetzes zur Novellierung der forensischen DNA-Analyse, BGBl. I, 2360; in Kraft seit dem 1.11.2005.

2) **Grundrechtsschutz**: Die Vorschriften erlauben den Eingriff in das „Recht auf körperliche Unversehrtheit, Art. 2 II S. 1 GG", „Recht auf Unverletzlichkeit der Freiheit der Person, Art. 2 II S. 2 GG" sowie „Recht auf informationelle Selbstbestimmung, Art. 2 I i.V.m. Art. 1 I GG".

3) Zur Identifizierung und Feststellung des Geschlechts einer **unbekannten Leiche** gilt § 88. Danach soll vor einer Leichenöffnung die Identität des Verstorbenen festgestellt werden. Zu diesem Zweck sind Befragungen und erkennungsdienstliche Maßnahmen zulässig. Soweit notwendig, kann auch die Entnahme von Körperzellen und deren molekulargenetische Untersuchung erfolgen. Für das Verfahren gilt § 81 f II entsprechend. Die *Anordnung* der Entnahme und der Untersuchung des Materials unterliegt keinen besonderen Beschränkungen.

II. DNA-Analyse zur Identitätsfeststellung in künftigen Strafverfahren, § 81 g[1]

Fall: Polizei erwischt Einbrecher auf frischer Tat

Krefeld – Beim nächtlichen Versuch eines Einbruchsdiebstahls in eine Gärtnerei nahmen Polizeibeamte einer Funkstreife zwei männliche Personen fest. Die Tatverdächtigen führten geladene Schreckschusspistolen mit. Im Pkw des Duos fanden die Beamten Hämmer, Schraubendreher, Stricke, Säcke und Klebebänder. Die arbeitslosen Täter stammen aus Krefeld, sind erkennungsdienstlich, aber bisher nicht nach §§ 81 e ff. behandelt worden...

§ 81 g I: Zum Zwecke der Identitätsfeststellung in *künftigen* Strafverfahren dürfen dem

Beschuldigten – § 81 g I S. 1 – ↓

Verurteilten oder mangels Schuld (§ 20 StGB) bzw. Verantwortlichkeit (§ 3 JGG) **Nichtverurteilten,** sofern die Eintragung im BZR bzw. ER noch nicht getilgt ist – § 81 g IV – ↓

– einer *Straftat von erheblicher* Bedeutung:
  - mindestens eine Straftat der mittleren Kriminalität,
  - Rechtsfrieden empfindlich gestört,
  - Eignung, Gefühl der Rechtssicherheit der Menschen erheblich zu beeinträchtigen;

– einer *Straftat* gegen die sexuelle Selbstbestimmung → Kap. B 11

Körperzellen entnommen und **molekulargenetisch untersucht** werden → zum Zwecke der Feststellung eines DNA-Identifizierungsmusters sowie → des Geschlechts,

wenn nach Einschätzung von Art/Ausführung der Tat/der Beschuldigtenpersönlichkeit/sonstiger Erkenntnisse die Gefahr besteht (*qualifizierte* Negativprognose),

dass gegen ihn **künftig** wegen *einer* Straftat von *erheblicher* Bedeutung / oder wegen *wiederholter* Begehung *sonstiger* Straftaten ermittelt werden muss *(Erheblichkeitsschwelle).*

Anordnungskompetenz, § 81 g III S. 1

für die *Entnahme* von Körperzellen: ↓

für die molekulargenetische *Untersuchung:* ↓

***ohne schriftliche* Einwilligung des Betroffenen nach Belehrung über den Datenzweck (= § 81 g I, 1 g V)**

Entnahme:
→ Gericht
→ bei **Gefahr im Verzug:** StA und EP / StA (Eilkompetenz)

Untersuchung:
→ nur das **Gericht** (da Beweismittelverlust nicht zu befürchten ist)

↓

Schutzvorschriften, § 81 g II, III S. 4 u. 5, IV
- Verwendungszweck, Vernichtungsgebot, Untersuchungsumfang (§ 81 g II);
- Gutachterauswahl, technische/organisatorische Voraussetzungen, Anonymisierung, Datenschutz (§ 81 g III S. 4);
- Darlegung der Gefahrenprognose nach Maßgabe von § 81 g III S. 5 in der schriftlichen Anordnung des Gerichts.

↓

DNA-Analyse-Verbunddatei des BKA, § 81 g V

Befugnis zur Speicherung und Verwendung nach § 81 g I und IV, § 81 e I S. 1 und § 81 e II gewonnener Identifizierungsmuster nach Maßgabe des BKAG.

Beschuldigte nach § 81 e I sind von der **Umwidmung** zu benachrichtigen und auf den gegebenen Rechtsschutz i.S.v. § 98 II S. 2 hinzuweisen.

Verwendungsbeschränkung auf Zwecke eines Strafverfahrens, der Gefahrenabwehr und der internationalen Rechtshilfe (enger als §§ 10, 14 BKAG).

1) Die Maßnahme dient der Beweisführung in künftigen Strafverfahren und ist deshalb nicht der Gefahrenabwehr zuzuordnen (BVerfGE 103, 21, 30 f.).

III. Reihengentest, § 81 h

Massenscreening als freiwillige Maßnahme mit Ausnahmecharakter

Fall: Sexualstraftat: 56 Aachener zum DNA-Test

Aachen - Bei der Fahndung nach einem Sexualverbrecher hat die Aachener Polizei jetzt 56 Männer zwischen 20 und 36 Jahren zu einem Speicheltest zwecks Entnahme einer DNA-Probe aufgefordert. Es handele sich um alle Männer mit Wohnsitz im größeren Umfeld des Tatortes, die zwischen 2002 und 2004 im Zusammenhang mit einem Sexualdelikt in Erscheinung getreten seien, hieß es. Der Test sei freiwillig, die Ergebnisse würden nicht gespeichert...

§ 81 h I: Bei auf *bestimmte* Tatsachen begründetem Verdacht eines *Verbrechens* gegen
- das Leben,
- die körperliche Unversehrtheit,
- die persönliche Freiheit oder
- die sexuelle Selbstbestimmung

dürfen Personen mit bestimmten auf den Täter vermutlich zutreffenden Prüfungsmerkmerkmalen *(= Eingrenzungsmerkmale*: Alter, Geschlecht, Haar- u. Augenfarbe, Größe, Haltereigenschaft, Fall oben etc.*)* ***und** mit ihrer schriftlichen Einwilligung*[1]

→ *Körperzellen (i.d.R. Speichelproben,) zum Zwecke ihrer molekulargenetischen Untersuchung entnommen werden*
  - *zur Feststellung eines DNA-Identifizierungsmusters und des Geschlechts*
  - *zum (automatischen) Abgleich des gewonnenen <> vorhandenen Spurenmaterials*

→ soweit zur Feststellung *erforderlich* ist, ob das vorhandene Spurenmaterial von diesen Personen stammt und

→ die Maßnahme im Hinblick auf Anzahl der Betroffenen und Schwere der Tat *verhältnismäßig* ist (= Ausnahmecharakter).

↓

Anordnungskompetenz, § 81 h II
- schriftlich durch das **Gericht** mit Begründung der Maßnahme
  - unter Bezeichnung der betroffenen Personen anhand bestimmter Prüfungsmerkmale

↓

Schutzvorschriften, § 81 h III
- entsprechend § 81 f II → Gutachterauswahl, technische/organisatorische Untersuchungsvoraussetzungen, Anonymisierung, Datenschutz;
- und § 81 g II → Untersuchungszweck, Vernichtungsgebot, Untersuchungsumfang;
- Verpflichtung zur schriftlich zu dokumentierenden Löschung der DNA-Identifizierungsmuster solcher Personen, die als Spurenleger ausscheiden.

↓

Schriftliche Belehrung, § 81 h IV

→ Notwendigkeit der Einwilligung in die Maßnahme;

→ Begrenzung des Verwendungszwecks auf Untersuchungen nach I;

→ unverzügliche Vernichtung des DNA-Identifizierungsmusters nach Fortfall der Erforderlichkeit der Datennutzung (= nach negativem Abgleich);

→ Unzulässigkeit der Datenspeicherung.

---

1) Im Weigerungsfalle können *zusätzliche* Kriterien einen Anfangsverdacht nach § 152 II, § 163 I S. 1 rechtfertigen, der dann zu Maßnahmen nach §§ 81 e, f führen kann.

IV. Der nachfolgende Beschluss veranschaulicht die praktische Handhabung der §§ 81e ff.

41 Gs ....
602 Js ....StA .....

AMTSGERICHT AACHEN
BESCHLUSS

In dem Ermittlungsverfahren
g e g e n

Herrn ....,
geboren am .... in ....,
wohnahft: ...., 52134 Herzogenrath,

wegen des Verdachts des sexuellen Missbrauchs von Kindern gemäß § 176 Abs. 3 Nr. 1 StGB u.a.
wird auf Antrag der Staatsanwaltschaft gemäß §§ 81 a, 81 f StPO angeordnet, dass dem Beschuldigten eine Speichel- oder im Weigerungsfalle eine Blutprobe zum Zwecke einer DNA-Analyse zur Feststellung seines DNA-Identifizierungsmusters entnommen werden darf.

Die DNA-Untersuchung ist vom Landeskriminalamt NRW, Abt.. 5 Herrn Dr. .... oder Vertreter im Amt, durchzuführen. Dabei ist dem Sachverständigen das Untersuchungsmaterial ohne Mitteilung des Namens, der Anschrift und des Geburtstages oder -monats des Beschuldigten zu übergeben.

Gründe:

Der Beschuldigte ist dringend verdächtig, am .... gegen 18.30 Uhr auf einem Spielplatz in der ....straße in Mönchengladbach vor zwei 7 und 11 Jahre alten Mädchen seine Hosen heruntergelassen und sodann an seinem Glied manipuliert zu haben, wobei er die Kinder dazu aufforderte, näher zu kommen und zuzusehen.

Der Beschuldigte ist bereits mehrfach einschlägig vorbestraft. Zuletzt wurde er am .... wegen sexuellen Missbrauchs von Kindern vom Landgericht Aachen im Verfahren – .... – rechtskräftig zu einer Freiheitsstrafe von 2 Jahren mit Strafaussetzung zur Bewährung verurteilt. Der Beschuldigte hatte die kleine Tochter seiner aus Fernost stammenden Ehefrau mehrfach dadurch missbraucht, dass er an dem Mädchen den Oralverkehr ausgeübt hatte. In diesem Verfahren befand er sich längere Zeit bis Dezember 2000 in Untersuchungshaft und musste nach Haftsverschonung eine Therapie zur Behandlung von Sexualstraftätern durchführen, die offenbar erfolglos geblieben ist.

An seiner neuerlichen Strafbarkeit besteht kein Zweifel, da ihm sowohl eines der geschädigten Kinder als auch der Zeuge .... bei einer Wahllichtbildvorlage mit Sicherheit wiedererkannt haben und auch die Beschreibung des vom Täter benutzten Pkw mit dem Kennzeichen AC-..... .... auf das Fahrzeug des Beschuldigten zutrifft.

Im Hinblick auf die pädophile Neigung des Beschuldigten, der sich weder durch die einschlägige Vorverurteilung noch durch das gegen ihn anhängige Strafverfahren wegen gleichartiger Taten, in dem er lediglich haftverschont war, von der neuerlichen Tatbegehung abhalten ließ, besteht eine erhebliche Wiederholungsgefahr.

Die angeordneten Maßnahmen sind erforderlich, um sein DNA-Indentifizierungsmuster in der so genannten Gen-Datei speichern zu können.

52034 Aachen, den ....
Amtsgericht, Abt. 41
....
Richter am Amtsgericht

Ausgefertigt:
Justizangestellte als
Urkundsbeamter der Geschäftsstelle
AMTSGERICHT AACHEN

5 Die erkennungsdienstliche Behandlung des Beschuldigten, § 81 b

I. Systematik der gesetzlich zugelassenen Ed-Maßnahmen

Der Gesetzgeber hat in verschiedenen Gesetzen die Ed-Behandlung von Personen zugelassen bzw. vorgeschrieben. Die Vorschriften unterscheiden sich jeweils nach Inhalt und Zielrichtung.

Die Maßnahmen greifen in das allgemeine Persönlichkeitsrecht des Betroffenen und (kurzfristig) in sein Recht auf Freiheit der Person ein (Art. 2 I, Art 1 I; Art. 2 II; Art. 104 II GG).[1]

Die Ed-Behandlung ist zulässig bei[2]

Verdächtigen/Unverdächtigen § 163 b I und II

Ziel: Feststellung der Identität der Person (IF).

Ausländern, § 49 AufenthG

Ziel: Identitäts- und Nationalitätsfeststellung; Verfahren, Nutzung, Verrichtung = §§ 86 ff. AufenthG.

Asylbewerbern, §§ 15 II 7, 16, 18, 19 AsylVfG

Ziel: eindeutige Identifizierung, aber auch zur Erkennung gestellter Doppelanträge.

Ed-Maßnahmen werden auf Ersuchen der zust. Ausländerbehörde durch die zust. KPB durchgeführt.

Beschuldigten, § 81 b

Alt. 1

Ziel: Durchführung des Strafverfahrens:
- IF der Täterperson,
- Nachweis der Täterschaft (Beweissicherung).

Alt. 2

Ziel: Gewinnung/ Speicherung von Vergleichsmaterial für Zwecke des Erkennungsdienstes.

Personen, die von der Bundespolizei im Rahmen seiner Aufgabenerfüllung betroffen wurden, § 24 BPol, § 81 b

Ziel im Rahmen des § 24 BPolG: **IF**
- im Rahmen *allgemeiner* Gefahrenabwehr, § 23 I, II BPolG
- zur Verhütung der *Katalogstraftaten* i. S. v. § 12 I BPolG, deren Verfolgung dem BPolG übertragen ist.

Zur *Verfolgung* der Katalogstraftaten gem. § 12 I BPolG und der Owi nach § 13 BPolG ergibt sich die Befugnis der Bundespolizei zur Ed-Behandlung aus § 81 b bzw. -OWi- aus § 46 I OWiG i. V. m. § 81 b.

sonstigen Personen, § 14 I Ziff. 1 u. 2 PolG NRW [2]

Ziff. 1
Ziel: IF zum Zwecke allgemeiner Gefahrenabwehr (§ 12 PolG NRW).

Ziff. 2
Ziel: Gewinnung von Ed-Material bei *Verdächtigen.*

Ziff. 2 tritt hinter § 81 b Alt. 2 zurück, wenn der Verdächtige bereits die Eigenschaft eines Beschuldigten hat (Art. 31 GG).

Strafgefangenen, § 86 StVollzG

Ziel: Vorsorge für die Wiederergreifung entflohener Strafgefangener.

Ausweisbewerbern, § 5 V PauswG NRW..., [3] **§ 6 III Passgesetz**

Ziel: Identitätsfeststellung des Aus-weisbewerbers auf Veranlassung der Personalausweisbehörde durch die örtl. Polizeibehörde

II. Ausgangsfall

Aachen – Eine männliche Person hatte ein 7-jähriges Mädchen mit dem Versprechen aus dem Vorraum einer Schwimmhalle gelockt, es könne sich Geld für ein Eis verdienen. Draußen zerrte der Mann das Kind in ein Gebüsch und befahl ihm unter Androhung von Prügel, sein inzwischen entblößtes Glied anzufassen (§ 177 I StGB und zur Abgrenzung § 176 I StGB → B 11).

Das Mädchen konnte sich danach losreißen. Polizeibeamten berichtete es später, der Mann sei ca. 20 Jahre alt gewesen und habe braune Stiefeletten, einen schäbigen braunen Pullover und einen Schnauzbart getragen.

Der Polizei gelang es noch am gleichen Tag, eine derart beschriebene Person zu ergreifen, die den Tatvorwurf zwar bestritt, andererseits aber kein Alibi vorweisen konnte.

1) Zur Systematik vgl. Sie Kap. C 3.1 III oder C 3.2 III.
2) Zur molekunargenetischen Untersuchung für Zwecke künftiger Täterermittlung vgl. Sie Kap. C 4 II.
3) Vgl. Sie das jeweilige Landesgesetz zur Ausführung des Bundespersonalausweisgesetzes.

III. Gesetzliche Voraussetzungen für Ed-Maßnahmen nach § 81 b beim Beschuldigten[1]

Alt. 1: Maßnahme zur Durchführung des **Strafverfahrens** (= repressive Maßnahme).	**Alt. 2:** Maßnahme für Zwecke des **Erkennungsdienstes**
Ziele: – Feststellung der Identität der Täterperson – Nachweis der Täterschaft	**Ziel:** Gewinnung (und Speicherung, §§ 483 ff.) von Vergleichsmaterial für die Aufklärung anderer bereits begangener oder/und künftiger Straftaten.

Maßnahmen:
- Fingerabdrücke
- Lichtbilder
- Messungen
- ähnliche Maßnahmen, z. B.: Feststellung besonderer Körpermerkmale (Tätowierungen/Narben), Fußabdrücke, Ankleben eines Bartes, Aufsetzen einer Perücke etc.; Videoaufnahmen.

Voraussetzung der Maßnahme ist stets ihre **Notwendigkeit**. Sie ist abhängig von:

der gegebenen *Beweislage* im konkreten Strafverfahren (was ist bewiesen – was muss noch bewiesen werden?) – Alt. 1 –	der *Wahrscheinlichkeit* künftiger oder weiterer Tatbegehung und der *Nützlichkeit* der gewonnenen Unterlagen (Beurteilung von Täterpersonen und Tat) – Alt. 2 –

Anordnung
unterliegt keinen Förmlichkeiten

Die Anwendung **unmittelbaren Zwanges** ist zulässig; für die Art und Weise seiner Durchführung gelten die einschlägigen Bestimmungen der Polizeigesetze → C 2.10.

§ 81 d ist analog zu beachten!

Verhältnismäßigkeit

IV. Erläuterungen[2]

Allgemeines:

Die Wahrnehmung der polizeilichen Aufgaben, Erforschung und Verhütung von Straftaten, erfordert in zahlreichen Fällen Maßnahmen der Personenerkennung bei Beschuldigten. Die dazu notwendige *erkennungsdienstliche Behandlung* umfasst i. d. R. die unter oben III. skizzierten Maßnahmen.

Die Durchführung der ed. Maßnahmen obliegt den *Erkennungsdiensten* der jeweiligen Ermittlungsbehörden.

Die Erkenntnisse werden als Beweismittel zur **Strafakte** genommen (Alt. 1) oder/und für Zwecke des Erkennungsdienstes in die **KpS und Dateien** (Alt. 2) der Polizei. Den LKÄ und dem BKA obliegt die Aufgabe, das i. S. v. Alt. 2 übermittelte Material zu sammeln, auszuwerten und die Erkenntnisse den berechtigten Behörden zugänglich zu machen (z. B. Polizei, BGS, Zoll, StA).

Grundrechtsschutz: § 81 b ist im Sinne von Art. 2 II S. 3 und § 104 I GG das Gesetz, das die Einschränkung des Rechts auf informelle Selbstbestimmung (Art. 2 I, 1 I GG), die mit der Maßnahme verbundene Freiheits*beschränkung* (Art. 2 II S. 2 GG) sowie geringfügige körperliche Eingriffe (Art. 2 II 1 GG) bei gebotener zwangsweiser Durchführung unter Wahrung des Verfassungsgrundsatzes der Verhältnismäßigkeit erlaubt.

Datenschutzrechtlich bildet § 81 b die gesetzliche Grundlage für die Erhebung, Speicherung und Nutzung der pbD. innerhalb des jeweiligen Verwendungszwecks. Andere

1) Zur molekulargenetischen Untersuchung Beschuldigter für Zwecke künftiger Tätererermittlung vgl. Sie in Kap. C 4 II.
2) Nachweise bei M-G, SK StPO, KMR.

Formen der Datenverarbeitung, -nutzung, -übermittlung, die Datendigitalisierung, -löschung, -sperrung sowie die Datennutzung für polizeirechtliche Zwecke ergeben sich aus §§ 481 ff. und ergänzend aus den Polizeigesetzen (Näheres hierzu in Kap. C 2.11).

Die **praktische Handhabung** regeln ministerielle Weisungen, z.B.: ed. Richtlinien, KpS- und KA-Richtlinien, Einrichtung von KTU- und NSSt, Führung KAN-Land und -Bund.

Doppelnatur des § 81 b: Die Vorschrift bildet die gesetzliche Grundlage für die erkennungsdienstliche Behandlung beim **Beschuldigten.** Sie dient damit einerseits der *Strafverfolgung* im **konkreten** Falle, also der Identifizierung des Beschuldigten als Täter oder seiner Überführung als Täter durch Spurenvergleich (Alt. 1) oder der Vorsorge für künftige Strafverfolgung. Sie ist dann eine Maßnahme des **Erkennungsdienstes,** die künftige Tätererkennung oder -überführung ermöglichen soll (Alt. 2). Vielfach werden mit der ed.Behandlung beide Ziele verfolgt.

Ed-Behandlung nach Alt. 1:

Die für die Druchführung des Strafverfahrens zu treffende ed.Behandlung setzt voraus:
- den hinreichenden *Verdacht* einer *Straftat,*
- einen Tatverdächtigen, gegen den das Strafverfahren betrieben wird *(= Beschuldigter),*
- die *Notwendigkeit* der Maßnahme zur Tataufklärung sowie ihre
- Verhältnismäßigkeit als angemessene Reaktion.

Zur Verdeutlichung mag der Ausgangsfall (oben III.) dienen. Nachfolgend einige Argumente zum Fall.

Für die Anordnung und Durchführung erkennungsdienstlicher Maßnahmen an der ergriffenen Person sprechen folgende Überlegungen:
- Der Bericht des Kindes rechtfertigt den **Verdacht einer Straftat** gemäß § 177 I bzw. § 176 I StGB (Näheres in Kap. B 11.1).
- Die von dem geschädigten Kind abgegebene Personenbeschreibung und das Fehlen eines Alibis begründen den Verdacht der Täterschaft gegen die ergriffene Person. Da mit dieser Erkenntnis das Ermittlungsverfahren gegen den verdächtigen Mann betrieben wird, ist er auch **Beschuldigter**.
- Die ed.Behandlung des Beschuldigten ist **notwendig**, um ihn als Täter zu identifizieren.
- In Betracht kommt hier insbesondere die Anfertigung von Lichtbildern (Gesamt- und Detailaufnahmen), die dem geschädigten Kind vorzulegen sein werden.
- Die **Anordnung** der Maßnahme, die an keine Förmlichkeiten gebunden ist, darf von den einschreitenden Polizeibeamten getroffen werden. Der Beschuldigte durfte ggf. zwangsweise zur Dienststelle gebracht werden und dort bis zum Abschluss der Maßnahmen festgehalten werden. Das notwendige Festhalten stellt keine Freiheitsentziehung i. S. v. Art. 104 II S. 1 GG und keine vorläufige Festnahme i. S. v. § 127 II dar, sondern eine Freiheitsbeschränkung i. S. v. Art. 104 I GG, die § 81 b mit abdeckt.
- Der Grundsatz der **Verhältnismäßigkeit** war unter den vorstehenden Voraussetzungen offensichtlich gewahrt.

Beschuldigter im Sinne von **Alt. 1** ist jede Person, gegen die ein *Strafverfahren betrieben* wird. Dieses beginnt mit der Einleitung der ersten gezielten Strafverfolgungsmaßnahme und endet nach überwiegender Ansicht (→ SK StPO zu § 81 b) erst mit Abschluss des Strafvollstreckungsverfahrens (§§ 449 ff.) oder nach Durchführung eines Sicherungsverfahrens (§§ 413 ff.) bzw. mit Freispruch oder Verfahrenseinstellung (§§ 153 ff., 170 II, 206 a).

Die Beschuldigteneigenschaft setzt die Annahme voraus, dass die tatverdächtige Person schuldfähig sein wird. Da Kinder nicht schuldfähig sind (§ 19 StGB), kann ein Strafverfahren gegen sie nicht betrieben werden. Daher sind Maßnahmen gem. Alt. 1 bei ihnen auch unzulässig. Gleiches gilt wohl auch für bekanntermaßen wegen ihres krankhaften Geisteszustandes schuldunfähige Personen nach § 20 StGB. Identifizierungsmaßnahmen bei diesen Personen können aber nach § 163 b II (Kap. C 9) oder nach Polizeirecht, z. B. § 14 I 2 PolG NRW, zulässig sein.

Die **zulässigen Maßnahmen** ergeben sich aus der grafischen Darstellung oben zu III. Bei Identifizierungsgegenüberstellungen (§ 58 II) dürfen auch gegen den Willen des Beschuldigten Video-Aufnahmen angefertigt werden.[1] Tonaufzeichnungen mit Zustimmung des Beschuldigten dürfen später auch gegen seinen Willen ausgewertet werden.

Der BGH führte hierzu aus:

„Durch § 81 b StPO wird nicht nur die Befugnis zur Fertigung der Lichtbilder verliehen, sondern auch das Recht, den Beschuldigten notfalls mit Zwang in einen solchen Zustand zu bringen, dass zu Vergleichszwecken geeignete Lichtbilder aufgenommen werden können. Zu derartigen vorbereitenden Maßnahmen gehört auch, dass dem Beschuldigten eine (durchsichtige) Strumpfmaske übergezogen und er in bestimmten Positionen (frontal oder seitlich zur Kamera) mit bestimmter Kopf- und Armhaltung entsprechend den Täteraufnahmen vor die Kamera gebracht wird. Dies bedeutet noch keinen Verstoß gegen den Grundsatz, dass der Beschuldigte nicht verpflichtet ist, zur eigenen Überführung tätig zu werden und an einer Untersuchungshandlung eines Strafverfolgungsorgans oder eines Sachverständigen mitzuwirken." → BGH NStZ '93, 47.

Abgrenzung: Das *Kürzen* oder *Entfernen* der Haar- oder Barttracht ist nach Auffassung des BVerfG (NJW '78, 1149) als körperliche Untersuchung nur nach § 81 a statthaft. Die Identifizierung von Toten richtet sich nicht nach § 81 b, sondern nach § 88.

Die **Anordnung** der ed.Behandlung unterliegt keinen förmlichen Beschränkungen. Als typisch polizeiliche Maßnahme darf sie von jedem Polizeibeamten angeordnet werden, ohne dass Gefahr im Verzug bestehen muss.

Aus der gesetzlichen Wendung „auch gegen seinen Willen" folgt, dass die angeordneten ed. Maßnahmen auch **zwangsweise** durchgeführt werden dürfen. Die Art und Weise der Zwangsanwendung richtet sich in Ermangelung einer eigenen Regelung in der StPO nach den Polizeigesetzen. Insbesondere bestimmt sich hiernach, in wieweit eine **Androhung** des unmittelbaren Zwanges zu erfolgen hat (Näheres in Kap. C 2.10).Die aus dem Gesetz folgende *passive* **Duldungspflicht** begrenzt auch das Zwangsanwendungsrecht. Letzteres erlaubt, den Beschuldigten zu ergreifen, zur Dienststelle zu verbringen, dort festzuhalten, ihn in die notwendige Körperhaltung zu bringen und ggf. die Hand oder Finger zu strecken, nicht aber, ihn unter Druck zu setzen, um seinerseits den Ablauf der Prozedur aktiv zu unterstützen. Soweit die Ergreifung des Beschuldigten eine **Hausdurchsuchung** notwendig macht, richtet sich diese nach §§ 102, 103 ff., da insofern ein andersartiger Rechtseingriff (eben nach Art. 13 GG) vorliegt, der einer speziellen Ermächtigung bedarf.

Anordnung und Durchführung der ed. Maßnahme sind stets nur unter Beachtung des Verfassungsgrundsatzes der **Verhältnismäßigkeit** zulässig (Näheres in Kap.C 3.1 IV).

Die Befugnis zur **Aufbewahrung** des ed. Materials nach Alt. 1 ergibt sich einerseits aus § 81 b selbst, nämlich für Zwecke *des* Anlassstrafverfahrens. Insofern verbleibt das Material bei der Strafakte und wird erst mit dieser vernichtet. Die Befugnis der Polizei, ed. Material nach Alt. 1 für Zwecke des Erkennungsdienstes, also zur **Prävention** aufzubewahren und zu nutzen, folgt aus § 81 b i. V. m. § 481 *(Zweckänderung).* Die gleiche Regelung ergibt sich aus §§ 8 II/VI, 20 BKAG. § 483 I gestattet die **Speicherung und Nutzung** des *digitalisierten* ed. Materials in Dateien für Zwecke *des* Strafverfahrens durch Gerichte und Strafverfolgungsbehörden. § 483 II erweitert die Nutzung für die StA, § 485 generell für die Vorgangsbearbeitung. § 484 I-III regeln die D-Speicherung, -Nutzung, -Veränderung für *künftige* Strafverfahren. Soweit allein Präventivzwecke verfolgt werden, gilt nach § 484 IV *Polizeirecht* (Übersicht in Kap. C 2.11). Die Strafverfolgungsbehörden dürfen pbl aus Strafverfahren und damit auch ed. Material gem. § 481 I 2 an Polizeibehörden **übermitteln.** Für die Übermittlung *gespeicherter* Daten gelten §§ 487, 488.

1) BVerfGE NStZ '83, 84. Als Rechtsgrundlage wird auch § 81 a herangezogen. Vgl. Sie die Nachw. in Kap C 3.1 IV 3.

Die **Löschungspflichten** ergeben sich gem. § 481 I S. 1 aus Polizeirecht, bzw. bei digitalisierten Daten für Zwecke künftiger Strafverfahren aus §§ 484 II 2, 489 II 1.

Rechtsschutz kann der Beschuldigte gegen Anordnungen der Polizei (u. StA) in entsprechender Anwendung des § 98 II durch Anrufung des zuständigen Ermittlungsrichters (Kap. C 1.9) erreichen. Aufschiebende Wirkung hat dieses Rechtsmittel allerdings nicht. Soweit sich die Aufbewahrung oder Speicherung des ed. Materials nach Strafverfahrensrecht richtet (§ 484 I, IV), ist im Falle der **Anfechtung** der Rechtsweg nach §§ 23 ff. EGGVG gegeben. Erfolgt die Aufbewahrung oder Speicherung dagegen nach Polizeirecht, wie im Falle der §§ 481 I 1, 483 III, 484 IV, ist der **Verwaltungsrechtsweg** nach §§ 68 ff. VwGO gegeben → SK StPO zu § 81 b.

Ed-Behandlung als präventive Maßnahme (Alt. 2):

Ausgangsfall:

Gegen Mantey wird zum wiederholten Male wegen Ladendiebstahls ermittelt. Die Tathandlung ist aufgeklärt, Mantey, schon seit längerer Zeit arbeitslos, ist geständig. Der die Ermittlungen führende Beamte hält eine ed.Behandlung für notwendig. Er will Fotos für die Lichtbild-Vorzeigekartei von Mantey fertigen lassen. Als er Mantey zu diesem Zweck vorlädt, protestiert dieser gegen die angeordnete Maßnahme.

Für **Zwecke des Erkennungsdienstes** sind ed. Maßnahmen zulässig, wenn sie **notwendig** sind, weil der **Beschuldigte** wegen
- der Art der Tatausführung,
- seiner Persönlichkeit oder
- sonstiger kriminalistischer Erfahrungen

Grund zu der Annahme gibt, dass gegen ihn künftig erneut Strafverfahren zu führen sein werden, zu deren Aufklärung das Material nützlich sein wird. Diese *Negativprognose* wird bei Serien- oder Milieutätern leicht zu stellen sein. Im Übrigen ist die sachorientierte Beurteilung des Einzelfalles entscheidend.

Das Problem: Seit jeher umstritten ist die Frage, ob § 81 b Alt. 2 mit seiner Zielrichtung „für die Zwecke des Erkennungsdienstes“ dem Strafverfahrensrecht oder dem materiellen Polizeirecht zuzuordnen ist.[1]

Die Anwort ist nicht nur von theoretischer Bedeutung, sondern – wie nachfolgend aufgezeigt wird – von erheblicher praktischer Auswirkung. Denn es geht darum, ob die ed. Maßnahme, die *ausschließlich* der Vorsorge für künftige Strafverfolgung dient, nach Verfahrensrecht angeordnet und ggf. zwangsweise vorgenommen werden darf oder ob die Durchsetzung der Maßnahme wegen ihres (auch) präventivpolizeilichen Charakters nach zeitraubendem und umständlichem Verwaltungsrecht zu erfolgen hat (Vgl. Sie insofern den nachfolgenden Exkurs). *Abgrenzung:* Sofern mit der nach Alt. 1 vorgenommen ed. Behandlung *zugleich* auch Zwecke des Erkennungsdienstes verfolgt werden (was nicht selten der Fall ist), gelten die oben unter Alt. 1 dargelegten Ausführungen, einschließlich Aufbewahrung. Speicherung, Löschung, Rechtsschutz ohnehin schon.

Das Problem wird dadurch eher noch verschärft, dass Rspr. und Lit.[2] zwar überwiegend einhellig die Auffassung vertreten, dass § 81 b Alt. 2 trotz seines materiell polizeirechtlichen Regelungsgehaltes als bundesrechtliche Regelung gem. Art. 31 GG [Art. 72 II, 74 I 1 GG] die landesrechtlichen Vorschriften in den Polizeigesetzen (z. B. § 14 I 2 PolG NRW) verdrängt. Daraus ergibt sich also: § 81 b Alt. 2 ist als (vorrangiges) Bundesrecht Strafverfahrensrecht, dessen Durchsetzung und Anfechtung jedoch nach Verwaltungsrecht zu erfolgen hat. Diese Auffassung stützt sich darauf, dass die Vorsorge für eine spätere Wiedererkennung des Beschuldigten und damit für die künftige Strafverfolgung dem Gebiet der Gefahrenabwehr zuzurechnen sei.

Seit Einführung des **§ 81 g und des DNA-Identifizierungsgesetzes**,[1] *die das mo-*

1) SK StPO Kleinknecht/M-G, LR, KK zu § 81 b m. Nw.
2) Nachweise bei SK StPO und Kleinknecht/M-G zu § 81 b.

lekulargenetische Gegenstück zum § 81 b Alt. 2 bilden, indem sie zur Erhebung und Speicherung ed. Erkenntnisse von dem verurteilten oder wegen mangelnder Schuld nicht verurteilten Täter bestimmter (Katalog-)Straftaten für alleinige Zwecke des Erkennungsdienstes ermächtigen - kann das Argument jedenfalls nicht mehr unangefochten bleiben.[2]
Denn soweit das BVerfG (NJW '01, 879 ff.) zu § 81 g und § 2 DNA-IdFeststG festgestellt hat, dass Vorschriften, die der Beweisbeschaffung in zukünftigen Strafverfahren dienen, dem Strafverfahrensrecht zuzuordnen seien, muss dies auch für die ed.Behandlung nach § 81 b Alt. 2 gelten.[3] Wenn § 81 b Alt. 2 danach Strafverfahrensrecht enthält, müssen für die Verbindlichkeit der Anordnung und die Systematik der Durchführung der Maßnahmen die Grundsätze der StPO gelten. **Das heißt:** Anordnungskompetenz (hier) für jeden Polizeibeamten, Zwangsanwendungsbefugnis aufgrund der Anordnungskompetenz, Anwendung des Zwanges mangels einer StPO-Regelung nach den Polizeigesetzen, Rechtsschutz gegen Anordnungen und Durchführungen sowie Anfechtung der Aufbewahrung und Ablehnung des Antrages auf Vernichtung der Unterlagen der Polizei analog § 98 II.

Beschuldigter ist auch im Sinne der Alt. 2 eine Person, gegen die ein Strafverfahren betrieben wird oder wurde. Die Notwendigkeit der ed. Behandlung muss sich während der Anhängigkeit des Strafverfahrens erwiesen haben, auch wenn zum Zeitpunkt der Maßnahme das Strafverfahren bereits gem. §§ 153 ff. oder § 170 II eingestellt oder der Beschuldigte freigesprochen sein sollte.[4] Der Beschuldigtenbegriff umfasst auch schuldunfähige Personen (§ 20 StGB),[5] nicht aber Kinder (§ 19 StGB).

Tatverdächtige Kinder oder andere tatverdächtige Personen, gegen die das Strafverfahren mangels entsprechender Beweise nicht geführt werden konnte und die deshalb auch nicht als Beschuldigte gelten konnten, können jedoch ggf. nach Polizeirecht ed. behandelt werden.
So erlaubt z. B. § 14 I Nr. 2 PolG NRW eine ed. Behandlung, wenn „das zur vorbeugenden Bekämpfung von Straftaten erforderlich ist, weil der *Betroffene* verdächtig ist, eine Tat begangen zu haben, die mit Strafe bedroht ist, und wegen der Art und Ausführung der Tat die Gefahr der Wiederholung besteht." Fall: Kinderbanden.

Exkurs

Die nachfolgenden Ausführungen zu § 81 b Alt. 2 berücksichtigen die bisher vorherrschende Rechtsauffassung.[6] Nach Kleinknecht/M-G gilt danach:

- § 81b Alt. 2 enthält als Fremdkörper der StPO materielles Polizeirecht (Rn. 3),
- gleichwohl ist die Anwendung unmittelbaren Zwanges zulässig (Rn.15),
- Aufbewahrung des ed. Materials nunmehr nach §§ 481, 483 ff. (Rn. 17),
- Anfechtung der Anordnung der Maßnahme (inkonsequent) auf dem Verwaltungsrechtsweg (Rn. 22),
- Ablehnung des Antrags auf Vernichtung gespeicherter Daten ebenfalls auf dem Verwaltungsrechtsweg (Rn.22).

Die **Anordnung/Durchsetzung** einer ed. Behandlung für Zwecke des Erkennungsdienstes stellt einen **Verwaltungsakt** (VA) im Sinne von § 35 VwVfG NRW dar. Für die Durchsetzung dieser Maßnahmen gelten somit die Bestimmungen des allgemeinen Verwaltungsrechts.[7] Vgl. Sie oben Kap. C 2.2 - Exkurs u. C 2.10 - Exkurs.

Der Beschuldigte kann sich also grds. durch Widerspruch (§ 68 VwGO) und Anfechtungsklage (§ 42 VwGO) gegen die Maßnahme zur Wehr setzen.[1] Beiden Rechtsmitteln kommt

1) Zu § 81 g in der Fassung des Gesetzes zur Novellierung der forensischen DNA-Analyse und dem damit entfallenem DNA-Identifizierungsgesetz vgl. Sie Kap. C 4.
2) So SK StPO zu § 81 b m.w.Arg.
3) So auch BGH StV '99, 303 zu §§ 484 ff.
4) BVerwG NJW '83, 772 ff.
5) Kleinknecht/M-G zu § 81 b m. w. z. T. gegensätzl. Auffassungen.
6) Kleinknecht/M-G, LR, KK, KMR zu § 81 b.
7) Str., mit umfassenden Nachweisen und Argumenten SK StPO zu § 81 b.

gem. § 80 I VwGO aufschiebende Wirkung zu (Suspensiveffekt), d. h., dass zunächst der Ausgang des Widerspruchsverfahrens und danach ggf. die verwaltungsgerichtliche Entscheidung abzuwarten wären, bis die Maßnahme schließlich durchgesetzt werden dürfte.

Allerdings entfällt nach § 80 II S. 1 VwGO die aufschiebende Wirkung des Rechtsbehelfs u. a.

- „bei unaufschiebbaren Anordnungen und Maßnahmen von Polizeivollzugsbeamten" (Nr. 2) sowie
- „in den Fällen, in denen die sofortige Vollziehung im öffentlichen Interesse ... besonders angeordnet wird". (Nr. 4).

Von der Regelung des § 80 II S. 1 Nr. 2 VwGO werden ausschließlich Maßnahmen der Polizei im institutionellen Sinne erfasst, und zwar im Rahmen der Gefahrenabwehr. Ob die von der Vollzugspolizei getroffene Anordnung oder Maßnahme unaufschiebbar ist, ist Tat- und Rechtsfrage, die im konkreten Einzelfall zu beantworten ist. Das BVerfG (NJW '03, 3618) betont, dass die *Anordnung der sofortigen Vollziehung* im Vergleich zum Grund-VA eine zusätzliche Belastung für den Betroffenen beinhaltet, die ihrerseits auch nach dem Grundsatz der Verhältnismäßigkeit (Eignung, Erforderlichkeit, Angemessenheit) gerechtfertigt sein muss. Die Anordnung/Maßnahme wird dann unaufschiebbar sein, wenn die Entscheidung der Widerspruchsbehörde oder des Verwaltungsgerichts nicht abgewartet werden kann, ohne dass der bezweckte Erfolg vereitelt oder doch wesentlich gefährdet würde und sich die sofortige Vollziehung als angemessenes Mittel darstellt.

Beispiele:

Weisungen der Polizeibeamten im Straßenverkehr, wie etwa die Anordnung an einen Fahrzeugführer, seinen verkehrsbehindernd abgestellten Pkw sofort wegzufahren.

Die Anordnung eines Kriminalbeamten an einen des mehrfachen Diebstahls Beschuldigten, auf der Dienststelle zu verbleiben und sich der Ed-Behandlung zu unterziehen, wird nur dann unaufschiebbar im Sinne der Nr. 2 sein, wenn damit zu rechnen ist, dass der Beschuldigte den Rechtsweg (Widerspruch, Anfechtungsklage) ausschöpfen wird, bis zu dessen Abwicklung so viel Zeit vergehen wird, dass bei der Einschätzung des Beschuldigten (Vorleben, Äußerungen, bisherige Straftaten, künftiger Aufenthaltsort) davon ausgegangen werden muss, dass er zwischenzeitlich weitere Diebstähle begehen wird, für deren Aufklärung das ed. Material von großem Nutzen sein könnte.

§ 80 II 4 VwGO enthält dagegen eine Regelung, die die *Verwaltungsbehörden* in die Lage versetzt, ausnahmsweise, d. h. nach besonderer Interessenabwägung die sofortige Vollziehung eines VA durchzusetzen. Das ist nach Auffassung des BVerwG[2] der Fall, wenn die Klärung der Rechtswirksamkeit des VA im normalen Verfahren (Widerspruchsverfahren und verwaltungsgerichtliche Klage) unter Berücksichtigung des Individualinteresses nicht hingenommen werden kann. In Betracht kommen Fälle wie

- sofortige Schließung einer Gaststätte durch das Ordnungsamt wegen gravierender Unzuverlässigkeit (etwa Duldung des Rauschgifthandels) des Konzessionsinhabers,
- sofortige Entziehung der Fahrerlaubnis durch die Verwaltungsbehörde wegen erheblicher körperlicher Mängel eines Führerscheininhabers,
- sofortige Stilllegung einer Baustelle wegen Einsturzgefahr durch das Bauordnungsamt.

Die Anordnung nach Nr. 2 hat gegenüber der nach Nr. 4 einen praktischen Vorteil in der Weise, dass die nach § 80 III VwGO vorgesehene schriftliche *Begründung* nicht zu erfolgen braucht. Nach § 37 II VwVfG NRW[3] ist lediglich der mündlich ergangene Verwaltungsakt schriftlich zu *bestätigen*, wenn hieran ein berechtigtes Interesse besteht *und* der Betroffene dies *unverzüglich* verlangt. Auf das Recht der Antragsstellung im Sinne von § 80 V VwGO braucht der Beschuldigte nicht hingewiesen zu werden. Der Antrag hätte ohnehin keine aufschiebende Wirkung.

1) KMR; Roxin jeweils zu § 81 b; BGH 28, 209; BVerwG NJW '83, 1338; BVerwG NJW '83, 772.
2) BVerwG 1, 11; auch Göhler zu § 80.
3) Vgl. Sie die einschlägigen landesrechtlichen Bestimmungen.

Die Regelung des § 80 V VwGO deckt sich im Übrigen mit der des § 23 I EGGVG, wonach auf die Zuständigkeit der ordentlichen Gerichte für die Überprüfung der Rechtmäßigkeit getroffener Maßnahmen auf dem Gebiet der Strafrechtspflege (z. B. die vorläufige Festnahme gem. § 127 II StPO) auch nicht aufmerksam gemacht zu werden braucht.

Eine Rechtsmittelbelehrung gem. § 58 VwGO muss allerdings in den Fällen erfolgen, in denen der Beschuldigte unter Verzicht auf die Anwendung des § 80 II VwGO vorgeladen wird. Die Rechtsmittelbelehrung würde die Frist für die Einlegung eines Rechtsbehelfs beschränken und die Unanfechtbarkeit des Verwaltungsaktes ggf. nach Ablauf eines Monats herbeiführen.

Ist die Anordnung der ed. Behandlung i. S. d. obigen Ausführungen vollziehbar, darf sie auch ggf. mit unmittelbarem Zwang durchgesezt werden. Die Art und Weise der Zwangsanwendung richtet sich nach den Bestimmungen der Polizeigesetze, z. B. §§ 57 ff. PolG NRW).[1]

Macht die Ergreifung des Beschuldigten aber eine **Wohnungsdurchsuchung** notwendig, muss ein amtsrichterlicher Durchsuchungsbeschluss beantragt werden[2], da insofern ein weiterer Rechtseingriff (Art. 13 GG) vorläge, den § 81 b nicht mit abdeckt. Die §§ 102, 103 ff. dürften als Ermächtigung ausscheiden, da die Ergreifung des Beschuldigten zum Zwecke der Durchführung von *Maßnahmen des Erkennungsdienstes* nicht der konkreten Strafverfolgung dient. Andererseits ist zweifelhaft, ob die polizeilichen Befugnisnormen[3] als Folge aus Art. 72 I u. 31 GG anwendbar sind.

Die im Falle der 2. Alt. des § 81 b getroffene Differenzierung zwischen strafprozessualer Anwendungs- und verwaltungsrechtlicher Durchsetzungsnorm muss leider in der Praxis zwangläufig zu Missverständnissen und Fehlhandlungen führen, die durch eine längst überfällige Harmonisierung des Rechts leicht vermeidbar wären. Bis dahin könnte die oben zitierte Auffassung des BVerfG zu § 81 g und § 2 DNA-IdFeststG, wonach Vorschriften, die der Beweisführung in zukünftigen Strafverfahren dienen,[4] dem Strafverfahrensrecht zuzuordnen seien, auch für § 81 b Alt. 2 gelten und damit der Praxis die notwendige Anwendersicherheit geben.

Verhältnismäßigkeit der Maßnahmen nach Alt. 1 und 2:

Der bei allen Grundrechtseingriffen geltende Grundatz der Verhältnismäßigkeit gebietet,

– dass die Maßnahme geignet und erforderlich ist und
– dass zwischen ihrem Anlass (Bedeutung und Schwere der Tat sowie das öffentliche Interesse an der Gewinnung und Aufbewahrung des Ed-Materials) und der Auswirkung der Maßnahme auf die Beeinträchtigung des Rechts auf informelle Selbstbestimmung (Art. 1 I u. 2 I GG) kein Missverhältnis besteht.

Ed. Behandlung im Bußgeldverfahren

Aus § 46 OWiG ergibt sich, dass Ed. Maßnahmen auch im Bußgeldverfahren zulässig sind. Aus Gründen der Notwendigkeit und Verhältnismäßigkeit dürfte **Alt. 2** jedoch *nur in Ausnahmefällen* in Betracht kommen.

Die Notwendigkeit der Ed. Behandlung nach Alt. 2 könnte sich je nach Einschätzung der Sachlage z. B. ergeben bei Verdacht einer OWi nach

- § 116 OWiG, Öffentliche Aufforderung zu Ordnungswidrigkeiten,
- § 120 OWiG, Verbotene Ausübung der Prostitution,
- § 128 OWiG, Verbreiten von papiergeldähnlichen Drucksachen oder Abbildungen,
- § 29 I Nr. 1, 4, 5 VersammlG. Nach Nr. 1 handelt z. B. ordnungswidrig, wer an einer öffentlichen Versammlung oder einem Aufzug teilnimmt, obwohl deren Durchführung rechtskräftig untersagt ist.

1) Vgl. Sie zur Systematik Kap. C 2.10.
2) Kleinknecht/M-G zu § 81 b m. w. Nw
3) Zum Beispiel § 10 III PolG NRW, zwangsweise Vorladung von Personen und § 41 I Nr. 1 PolG NRW, Betreten und Durchsuchen.
4) BVerfG NJW '01, 879 f.; BGH StV '99, 303 zu §§ 483 ff.

6 Die Sicherstellung und Beschlagnahme, § 94 ff., §§ 111 b ff.

6.1 Gesamtübersicht[1]

Maßnahmen zur *Verfahrenssicherung* durch Verhinderung des Beweismittelverlustes.

Maßnahmen zur Vollstreckungssicherung *sowie* zur Schadloshaltung des durch die Tat Verletzten.

Sicherstellung/Beschlagnahme gem. §§ 94 ff. von

Beschlagnahme gem. §§ 111 b ff. von

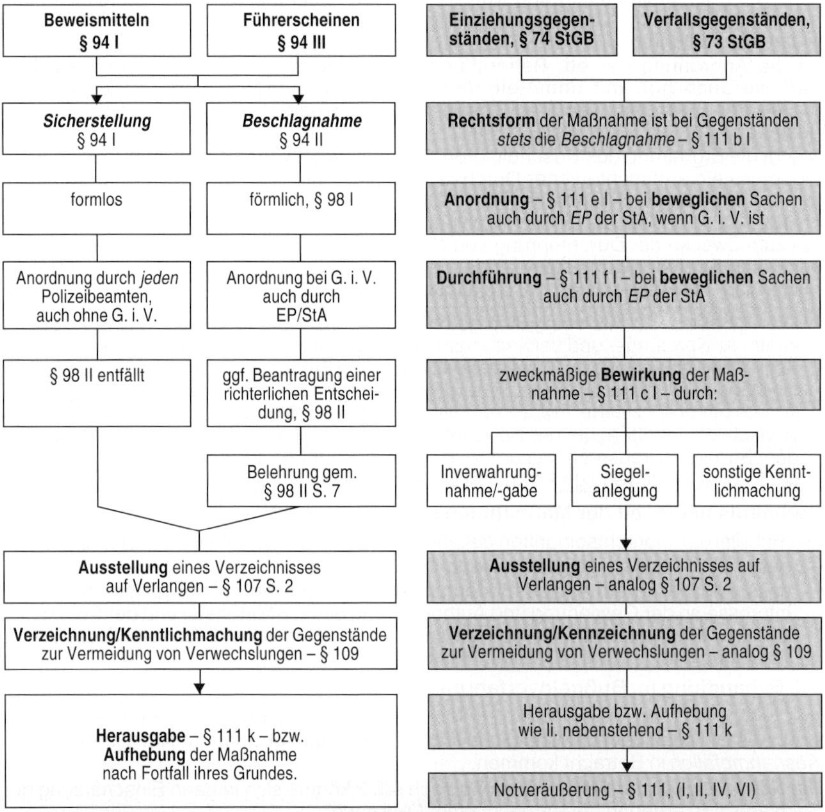

Grundrechtsbezug
Die Maßnahmen nach § 94 II und § 111 b greifen in die Handlungsfreiheit des Betroffenen (Art. 2 I GG) und durch Einschränkung des Gebrauchs seiner Sache in sein Recht auf Eigentum ein (Art. 14 I GG).[2] Der Zugriff auf die Verbindungsdaten eines beschlagnahmten Mobiltelefons betrifft nicht den Kommunikations-Übertragungsvorgang und deshalb nicht den Schutzbereich des Art. 10 I GG. Die Feststellung, wer zu welchem Zeitpunkt und mit wem telefoniert hat, berührt aber das Selbstbestimmungsrecht des Einzelnen an seinen persönlichen Lebensumständen und damit die informationelle Selbstbestimmung im Sinne von Art. 2 I, 1 I GG (BVerfG NJW '06, 976, 978). Die Grundrechte lassen die Einschränkung auf Grund eines Gesetzes zu. Dabei ist der Verfassungsrang beanspruchende Grundsatz der Verhältnismäßigkeit zu beachten.

1) Zur Sicherstellung/Beschlagnahme im Bußgeldverfahren → D 2.2, zur Beschlagnahme im Rahmen der Sicherheitsleistung → C 11.
2) Zum Inhalt des Eigentums und zum Besitzrecht → Exkurs Sachenrecht in B 18.3 .

Exkurs: Die Sicherstellung zur Gefahrenabwehr, dargestellt am PolG NRW

Sicherstellung – § 43 –

Voraussetzungen:

1. zur Abwehr einer ggw. Gefahr;
2. zum Schutz priv. Rechte des Eigentümers oder tats. Inhabers der Sache;
3. von Gegenständen, die eine rechtmäßig festgehaltene Person mitführt, *wenn* der Gegenstand verwandt werden kann,
   a) sich zu verletzen,
   b) die Gesundheit anderer zu schädigen,
   c) fremde Sachen zu beschädigen *oder*
   d) zur Flucht.

Adressat zu

1.: je nach Lage Störer od. Nichtstörer;
2.: Inhaber der tats. Gewalt;
3.: Festgehaltener.

Verhältnismäßigkeit

Anordnung
unterliegt keiner weiteren Beschränkung.

Besonderheiten:
Für die Sicherstellung von
- Fz. gilt ergänzend der entspr. RdErl. IMNW;
- Sachen von in Gewahrsam genommenen Personen gilt die Polizeigewahrsamsordnung NRW (VVPolG NRW zu § 43).

Verwahrung – § 44 –

Verfahren:

I:. Inverwahrungnahme *oder* andere geeignete Aufbewahrung (bei Dritten) od. Sicherung (durch Siegel).
II.: Ausstellung einer Bescheinigung über Sache, Anlass (NRW 10); Unterrichtung des Eigentümers od. rechtm. Inhabers.
III. S.1: Verhinderung von Wertminderungen.
IV. Verzeichnis, Kennzeichnung.

Herausgabe – § 46 –

Voraussetzungen:

I.: nach Fortfall der Sicherstellungsgründe,
- an rechtm. Inhaber der tats. Gewalt
- ggf. an sonstigen Berechtigten;

Sicherstellungsgründe dürfen nicht erneut vorliegen.

Verfahrensvorschriften:

II.: bei Verwertung Herausgabe des Erlöses; ggf. Hinterlegung des Erlöses (BGB).
III.:Kostentragungspflicht; Herausgabeverweigerungsrecht; Abzug der Verwertungskosten; Versteigerung; Beitreibung der Kosten.

Verwertung, Vernichtung – § 45 –

I. Verwertung:

1. wenn Verderb oder wesentliche Wertminderung droht;
2. bei unverhältnismäßig hohen Kosten od. Schwierigkeiten;
3. zur Gefahrenbeseitigung;
4. wenn Herausgabe aus Gefahrengründen innerhalb eines Jahres nicht in Betracht kommt;
5. bei Nichtabholung nach Fristsetzung.

Verfahrensvorschriften:

II. vorherige Anhörung des Berechtigten; Mitteilung von Ort/Zeit der Verwertung;
III. Verwertung durch öff. Versteigerung od. freihändigen Verkauf;
IV. Unbrauchbarmachung/Vernichtung,
- falls Sicherstellungsgründe fortbestehen oder erneut entstehen würden;
- falls Verwertung aus anderen Gründen nicht möglich ist.

Fall: Sicherstellung und Unbrauchbarmachung eines Radarwarngeräts

VG München, M 17 s 97/7767; BayVGH 24 ZS 98/1688

Die polizeiliche Sicherstellung eines Radarwarngerätes aus einem Pkw ist zulässig, da der Zweck der Gerätemitführung nur sein kann, Geschwindigkeitsbeschränkungen folgenlos zu missachten.

Allein *das Mitführen des Gerätes begründet deshalb schon eine gegenwärtige Gefahr für die öffentliche Sicherheit.*

Die Sicherstellung ist *verhältnismäßig.*

Da eine spätere Herausgabe des Gerätes die Gefahr erneut aufleben ließe, ist auch die *Androhung der Unbrauchbarmachung* zulässig.

§ 23 I **b** StVO (35. ÄndVStVR) untersagt nunmehr dem Kfz-Führer, ein technisches Gerät betriebsbereit mitzuführen, *das dazu bestimmt ist,* Verkehrsüberwachungsmaßnahmen anzuzeigen und zu stören.

Rechtsfolge: 75 Euro und 4 Punkte im VZR. Polizeiliche Maßnahmen: Sicherstellung/Beschlagnahme als BM bzw. EG gem. §§ 94, 98 bzw. §§ 111 b ff. jeweils i. V. m. § 46 OWiG; hilfsweise auch als polizeirechtliche Maßnahme (Zielrichtung!).

6.2 Die Sicherstellung/Beschlagnahme von Beweismitteln, §§ 94 ff.[1]

I. Ausgangsfälle

Diebe warfen Beute weg

Stolberg – Unbekannte Täter brachen in der Nacht zum Mittwoch in ein Bürogebäude in der H-Straße ein und entwendeten ein Handy, zwei Laptops, mehrere DVDs sowie eine Rechenmaschine. Die Rechenmaschine sowie drei DVDs wurden ca. 30 m vom Tatort von der Polizei gefunden...

Frisiertes FmH beschlagnahmt

Polizeibeamte stellten mit Radarmessfoto fest, dass ein 17-Jähriger sein FmH auf ebener Fahrbahn mit einer Geschwindigkeit von 60 km/h fuhr. Das Fahrzeug wurde gegen den Willen des 17-jährigen zur Beweissicherung beschlagnahmt.

II. Gesetzliche Voraussetzungen

§ 94 I	Gegenstände, die nach dem jeweiligen Verfahrensstand als BM von Bedeutung sein *können*, **sind**

sicherzustellen, – wenn der Gegenstand freiwillig herausgegeben wird *oder* – wenn er gewahrsamslos ist, § 94 I.	**zu beschlagnahmen,** – wenn der Gegenstand nicht freiwillig herausgegeben wird *oder* – wenn der Gewahrsamsinhaber nicht anwesend ist, § 94 II.
Anordnung: formlos, d. h. durch jeden Polizeibeamten.	§ 98 I – **Anordnung:** grds. durch das Gericht; bei G. i. V. auch durch den EP/StA.

Formvorschriften

§ 98 II S. 1	Beantragung der **gerichtlichen Bestätigung** binnen drei Tagen in bestimmten Fällen;
§ 98 II S. 7	**Belehrung** des Betroffenen über sein Recht auf gerichtliche Entscheidung

§ 107 S. 2	**Aushändigung** eines Verzeichnisses über die beschlagn./sichergest. Gegenstände.
§ 109	Die Gegenstände sind zur Vermeidung von Verwechslungen zu **kennzeichnen** und zu verzeichnen.
§§ 96/97, 98 IV, 110, 99	**Besonderheiten** gelten für die Beschlagnahme von Schriftstücken in Ämtern / wenn der Gewahrsamsinhaber ein Zeugnisverweigerungsrecht hat / bei der Beschlagnahme in einem Dienstgebäude der Bundeswehr / bei der Beschlagnahme von Papieren/Datenträgern/Postsendungen etc. →C 6.4 V.
§ 111 k	Zuständig für die **Herausgabe** einer sichergest./beschlagn. Sache ist im *Ermittlungsverfahren* die StA. Die Herausgabe erfolgt an den Verletzten, wenn ihm der Gegenstand durch die Straftat entzogen wurde und Ansprüche Dritter nicht erhoben werden (§ 111 k), in allen anderen Fällen an den letzten Gewahrsamsinhaber, sofern nicht Verfall, Einziehung oder Unbrauchbarmachung in Betracht kommen (OLG Düsseldorf NJW '90, 723). Wurde die Sache unrechtsmäßig erlangt und lässt sich der Verletzte nicht ermitteln, kommt ihre öffentliche Versteigerung in Betracht (§ 983 BGB; Ziff. 75 V RiStBV).

III. Erläuterungen

Die Sicherstellung/Beschlagnahme von Beweismitteln dient der *Verfahrenssicherung* durch Verhinderung des Beweismittelverlustes. Die Beweismittel sollen für die gerichtliche Beweisaufnahme zur Verfügung stehen, und ihr Aussagewert soll nicht (etwa durch Manipulation) beeinträchtigt werden.

1 Sicherstellung/Beschlagnahme von Führerscheinen →C 6.2;
Beschlagnahme von Einziehungs- und Verfallsgegenständen →C 6.3;
Sonderregelungen zu Beschlagnahme →C 6.4 V.

Beweismittel sind bewegliche oder unbewegliche Gegenstände, mit denen Tatzusammenhänge geklärt werden können. Zu diesen Gegenständen zählen auch Datenträger wie Mobiltelefone, Personalcomputer, bei denen es lediglich darum geht, die in ihnen gespeicherten Verbindungsdaten zu lesen (§ 110 !) oder die Datenbestände zu kopieren (BVerfG NJW '05, 1917; '06, 976). Näheres →C 7.7 g.

Beispiel: *Durchsuchung beim Boss einer Hehlerbande zur Auffindung von Mobiltelefonen und PCs, deren Datenbestände auf vergangene und künftige Aktionen sowie Bandenmitgliedschaften ausgewertet werden sollen. Die Kenntnisnahme* nach *Eingang der Speicherdaten berührt nicht mehr den Schutzbereich des Art. 10 I GG, so dass der Eingriff auf §§ 102 ff. (Durchsuchung) und §§ 94 ff. (Beschlagnahme) gestützt werden kann.*

Die nachfolgenden Abb.[1] zeigen einige konventionelle Beispiele für Beweismittel:

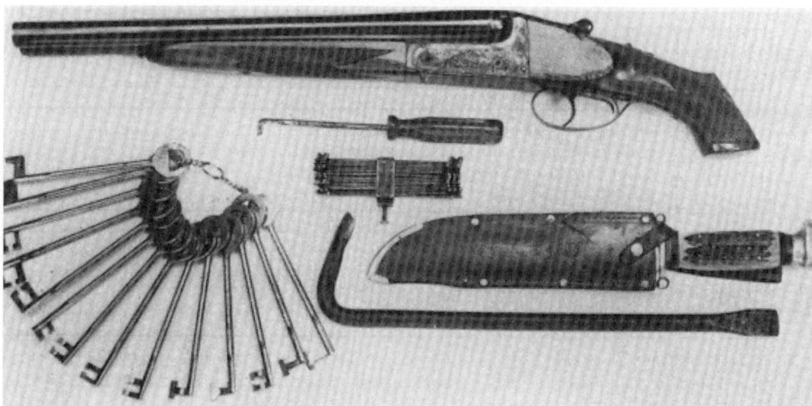

Bei Straftaten benutzte Gegenstände (= BM u. EG)

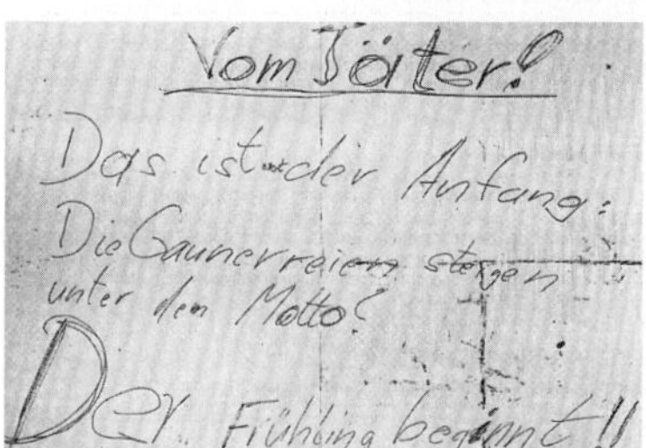

Vom Einbrecher in einer Schaufensterauslage zurückgelassenes Schreiben (BM).

Gestohlene Bronzeplastik (BM u. VG)

Tatverdacht:

Grundvoraussetzung ist stets, dass nach dem jeweiligen Ermittlungsstand *konkrete* Anhaltspunkte für eine *bestimmte* Straftat gegeben sind (= Tatverdacht, der kein dringender zu sein braucht!).

1) BM = Beweismittel, EG = Einziehungsgegenstand, VG = Verfallsgegenstand.

Fall (nach einer Fahndung aus dem BKBl.):
Am ..., gegen 2.26 Uhr, wurden an der deutsch-dänischen Grenze, Grenzübergang .., drei in der BRD wohnhafte Türken überprüft. In ihrem Pkw, BMW, amtl. Kennz ..., wurden unter den Vordersitzen in Pappschachteln 8 526 DM, überwiegend 5- und 2-DM-Stücke, gefunden. Angeblich handelte es sich um Ersparnisse.
Da eine Straftat nicht nachzuweisen war *(Anm.:* Vermutlich waren Handlungen nach §§ 242, 243 und 284, 284 a nicht konkret erkennbar, und Erkenntnisse aus der Personen- und Sachfahndung lagen offenbar nicht vor.), wurden die Personen nach ihrer Ed-Behandlung entlassen.
Das Geld wurde ihnen wieder ausgehändigt.

Anmerkung: Es bestand zwar nach kriminalistischen Erfahrungswerten der Verdacht einer Straftat, des Diebstahls aus Automaten, doch war dieser mangels näherer Anhaltspunkte (Ort, Zeit, Art und Weise) *nicht konkretisierbar*. Die Ed-Behandlung nach Prozessrecht (§ 81 b, Kap. C 5) war nicht zulässig, da es unter diesen Voraussetzungen an der Beschuldigteneigenschaft fehlte.
Andererseits lag der Verdacht einer der Art nach vorstellbaren Straftat nach den gegebenen Umständen vor. Auch lag die Vermutung nahe, dass die „Betroffenen" an dieser Tat beteiligt waren und an weiter zu erwartenden Taten dieser Art beteiligt sein würden. Ihre Ed-Behandlung diente daher der *Gefahrenabwehr* und war nach Polizeirecht, z. B. nach § 14 I 2 PolG NRW, zulässig.

Liegen zwar konkrete Anhaltspunkte für eine bestimmte Straftat vor, besteht aber zugleich ein **nichtbehebbares Verfahrenshindernis,** sind strafprozessuale Eingriffe unzulässig. Dies gilt insbesondere bei Straftaten

- *exterritorialer Personen* (z. B. VU mit Trunkenheit);
- von *Abgeordneten*, soweit Maßnahmen nicht bis zum Ende des der Tat folgenden Tages getroffen werden können (z. B. Durchsuchung etc. nach Unfallflucht), es sei denn, die Immunität wäre zwischenzeitlich vom Parlament aufgehoben (Art. 46 II GG);
- von Personen für die das *NATO-Truppenstatut* gilt (z. B. Verursachung eines VU mit Personenschaden anlässlich einer Dienstfahrt [Näheres in Kap. C 3.1]);
- die nur auf *Antrag* (Kap. C 1.10) verfolgt werden (z. B. Haus- u. Familiendiebstahl nach § 247 StGB), wenn der Antragsberechtigte erklärt, keinen Strafantrag stellen zu wollen.

Ein gesetzliches Forderungs- und **Beschlagnahmeverbot** besteht außerdem gem.

- § 96 für Akten/Schriftstücke, die sich in amtl. Verwahrung befinden, wenn die oberste Dienstbehörde ihre *Sperre erklärt* (Näheres Kap. C 12.3);
- § 97 für sog. *beschlagnahmefreie Gegenstände*; das sind:
  - schriftliche Mitteilungen zw. Beschuldigten und Zeugnisverweigerungsberechtigten (Z.) i. S. v. §§ 52, 53 I 1 - 3, 53 a (Näheres in Kap. C 3.2 V/VI),
  - Aufzeichnungen von Z. über vom Beschuldigten anvertraute Mitteilungen/ Umstände,
  - andere Gegenstände, auf die sich das Zeugnisverweigerungsrecht (ZVR.) bezieht,
  - Datenträger berufsmässiger Medienmitarbeiter i.S.v. § 53 I S. 2 Nr. 5 (Kap. C 3.2 VI), *sofern*
    - sich die Gegenstände im Gewahrsam der Z., ihrer Redaktionen etc. befinden,
    - die Z. nicht selbst i. S. v. §§ 25 II, 26, 27, 257-260 a StGB verdächtigt werden,
    - es sich bei den Gegenständen nicht zugleich um Einziehungsgegenstände handelt, z. B. Tatwerkzeuge oder gefälschte Urkunden.

Beispiel: Die ermittelnden Kriminalbeamten erfahren aus verlässlicher Quelle, dass der wegen mehrfachen „Handels mit Betäubungsmitteln in nicht geringer Menge" beschuldigte Mantu (§ 29 a BtMG – Verbr.), seinem Rechtsanwalt gegenüber die Tat schriftlich zugegeben hat. Nach dem Schriftstück darf bei dem Rechtsanwalt gem. § 103 I nicht gesucht werden, da es gem. § 97 I 1 nicht der Beschlagnahme unterliegt. Etwas anderes würde nur gelten, wenn der Rechtsanwalt in dem begründeten Verdacht stünde, an der Tat beteiligt zu sein. Dann wäre er selbst Verdächtiger, bei dem nach § 102 durchsucht werden dürfte, und die gesuchten Schriftstücke oder digitalen Datenträger wären nicht mehr beschlagnahmefrei.[1]

1) Zu den Voraussetzungen der Beschlagnahme von Datenträgern und zur Anfertigung von Kopien der Datenbestände in einer **Anwaltskanzlei**, gegen die – einschließlich einiger ihrer Mandanten – die StA wegen des Verdachts der Steuerhinterziehung ermittelt hatte, vgl. Sie BVerfG 2 BvR 1027/02 NJW 05, 1917, das aus dem Grundsatz der Verhältnismäßigkeit einen **besonderen** Anforderungskatalog entwickelte.

Potentielle Beweiseignung:

Es genügt, wenn sich aus dem jeweiligen Sachstand ergibt, dass ein Gegenstand als Beweismittel von Bedeutung sein *kann.*

Ob er später nach Auswertung aller Erkenntnisse (noch) zur Tataufklärung benötigt wird oder zur Tat in tatsächlicher Beziehung steht, ist ohne Belang.

Die Entscheidung zum Zeitpunkt der Sicherstellung/Beschlagnahme trifft der anordnende Beamte nach *pflichtgemäßem Ermessen.*

Beispiel: *Bei der Wohnungsdurchsuchung einer Person, die im Verdacht stand, mehrere Einbrüche in Radio- und Phonogeschäfte verübt zu haben, beschlagnahmen die Beamten gegen den Protest des Tatverdächtigen u. a. zwei neuwertige teure Lautprecherboxen, bei denen sich später herausstellte, dass sie vom Verdächtigen rechtmäßig erworben worden waren.*

Beweissicherungspflicht:

Aus § 94 I ergibt sich eine *Pflicht* zur Beweissicherung. Das bedeutet, dass der einschreitende Beamte in dem Moment, in dem er die *Beweiseignung* eines Gegenstandes erkennt, nicht nur das Recht, sondern die Pflicht zur Sicherstellung bzw. Beschlagnahme hat.

Sicherstellung, § 94 I:

Dieser Begriff kennzeichnet die *Rechtsnatur* der Maßnahme. Die Sicherstellung wird durchgeführt, wenn sich die Notwendigkeit hierzu wegen seiner potentiellen Beweiseignung ergibt.

Die Maßnahme stellt *keinen Rechtseingriff* dar, denn sie kommt nur in Betracht,

- wenn der Gegenstand gewahrsamslos ist *oder*
- wenn der Gewahrsamsinhaber, der nicht auch Eigentümer zu sein braucht, den Gegenstand freiwillig herausgibt.

Durchführung:

Die Sicherstellung wird nach dem Gesichtspunkt der Zweckmäßigkeit *i. d. R.* durchgeführt als

- *Inverwahrungnahme* (Asservierung auf der Dienststelle, z. B. Tatwaffe),
- *Inverwahrunggabe* (Unterstellung bei einer Vertragsfirma, z. B. Unfallfluchtfahrzeug) oder
- *Siegelanlegung* (Versperrung eines Raumes, z. B. Tatortzimmer).

Beschlagnahme, §§ 94 II, 98 I:

Dieser Begriff kennzeichnet die „Sicherstellung“ (Oberbegriff) als *förmliche* Maßnahme, als Grundrechtseingriff (Art. 2 II, weniger Art. 14 GG, da die Eigentumslage nicht berührt wird).

Die an strengere Formen gebundene Beschlagnahme hat zu erfolgen, wenn

- der Gewahrsamsinhaber nicht anwesend ist oder

> Die Polizei darf im Interesse der Rechtssicherheit nicht sein Einverständnis unterstellen, es muss vielmehr im Einzelfall wörtlich oder durch entsprechende Gesten erklärt werden.

- der Gewahrsamsinhaber den Gegenstand *nicht freiwillig herausgeben* will. Bestehen an der Freiwilligkeit Zweifel, ist die Maßnahme stets als Beschlagnahme zu treffen.

> Freiwilligkeit setzt innere Bereitschaft voraus. Es reicht insofern nicht, wenn der Täter sich lediglich in sein Schicksal fügt, weil er keinen Ausweg sieht.

Abgrenzung: Gem. § 95 sind Beweismittel (§ 94) auf Anforderung zum Zwecke der Beschlagnahme/Sicherstellung herauszugeben. Diese Pflicht besteht jedoch nicht für Tatverdächtige, weil niemand verpflichtet ist, sich aktiv selbst zu belasten.

Für *andere Persone* gilt die Herausgabepflicht dann, wenn sie kein Zeugnisverweigerungsrecht haben (Aufstellung in Kap. C 3.2 V/VI).

Bei unberechtigter Verweigerung der Herausgabe wird die Polizei nach dem Gegenstand suchen (§§ 103 ff.) und ihn ggf. nach §§ 94/98 beschlagnahmen. Wird er nicht gefunden, kann das Gericht ggf. Zwang nach § 70 anwenden.

Bei der **Anordnung** der **Beschlagnahme (§ 98 I)** ist wie folgt zu unterscheiden:

Grundsätzlich steht dem Richter die Anordnung zu.

In den Fällen aber, in denen die i.d.R. über die Eildienst – StA einzuholende richterliche Anordnung der Beschlagnahme zu spät einträfe und der Untersuchungserfolg daher durch Verzögerung gefährdet wäre, muss im Sinne der *Eilzuständigkeit* verfahren werden:

Bei *G. i. V.* sind neben dem StA auch die EP/StA zur Anordnung befugt (sogen. Eilfall).

G. i. V. liegt vor, wenn im Falle eines Abwartens der richterlichen Anordnung die Gefahr besteht, dass der zu beschlagnahmende Gegenstand zwischenzeitlich *beseitigt* oder in seiner *Beweisrichtung verändert* worden sein *könnte.*

Beispiele:

- *Tatverdächtiger könnte den ihn belastenden Schlagring fortwerfen.*
- *Unfallverursacher könnte die an seinem Fluchtfahrzeug befindlichen Unfallspuren beseitigen.*

Die Entscheidung trifft der anordnende Beamte nach pflichtgemäßer Abwägung aller ihm z. Z. der Amtshandlung bekannten Umstände.
In Anlehnung an die Rspr. des BVerfG zur Wohungsdurchsuchung und zur vorläufigen Festnahme (NStZ '01, 337 ff., DVBl '02, 1265) hat er die Umstände, auf die sich die Gefahr des Beweismittelverlustes stützt, zeitnah in den Ermittlungsakten zu dokumentieren.[1]

Anwendung unmittelbaren Zwanges:

Wenn die rechtmäßig angeordnete Beschlagnahme wegen des vom Beschuldigten geleisteten Widerstandes nicht vollzogen werden kann, darf unmittelbarer Zwang angewendet werden.

Fall: Ein der gef. Körperverletzung (§ 224 StGB) verdächtigter Mann hielt den in der Schlagfaust verborgenen Kieselstein fest umschlossen, so dass die einschreitenden Beamten seine Faust gewaltsam öffnen mussten.

Die Art und Weise der Zwangsanwendung richtet sich nach den Polizeigesetzen, in NRW nach §§ 57 ff. PolG NRW (Kap. C 2.10).

Verhältnismäßigkeit:

Wie alle Grundrechtseingriffe muss auch die Beschlagnahme – insbesondere, wenn sie mit unmittelbarem Zwang durchzusetzen ist – mit dem Grundsatz der *Verhältnismäßigkeit* zu vereinbaren sein.

Die Maßnahme muss deshalb zur Tataufklärung *geeignet* und als mildestes Mittel *erforderlich* sein.

Außerdem darf zwischen der *Anlasstat*, der *potentiellen Beweisbedeutung* des Gegenstandes und der *Auswirkung* des Eingriffs kein Missverhältnis bestehen *(Angemessenheit).*

Formvorschriften, Rechtsschutz:

1. Beantragung der richterlichen Bestätigung, Belehrung, § 98 II

Durch die Aufnahme eines *Aktenvermerks* stellt der die Beschlagnahme anordnende Beamte sicher, dass (innerhalb einer Frist von drei Tagen) eine richterliche Entscheidung über die Aufrechterhaltung der Maßnahme beantragt werden kann, *wenn*

- der von der Maßnahme Betroffene (oder sein hinzugezogener Vertreter) ausdrücklich Widerspruch erhoben hat *oder* wenn
- *weder* der Betroffene *noch* ein erwachsener Angehöriger (Vertreter) *anwesend* war.

Der Betroffene ist über sein Recht, jederzeit eine richterliche Entscheidung über die Beschlagnahme beantragen zu können, zu belehren.

1) Auch das OLG Karlsruhe (2 Ws 77/04; NStZ '05, 399) unterstreicht die *grundrechtssichernde* Bedeutung des Richtervorbehalts und die uneingeschränkte Überprüfbarkeit der Tatsachen, die im Einzelfall zur Begründung der Eilzuständigkeit herangezogen worden sind.

2. Mitteilung, § 107 S. 2

Über die Sicherstellung/Beschlagnahme von Gegenständen ist dem Betroffenen *auf Verlangen* eine Bescheinigung auszustellen (in NRW i. d. R. durch die NRW 10). Die Vorschrift dient der Rechtsposition des von der Maßnahme Betroffenen, der damit einen Beweis für die (polizeiliche) Aktion erhält.

§ 107 enthält als wesentliche Förmlichkeit zwingendes Recht, von dessen Beachtung die Rechtmäßigkeit der Maßnahme abhängt (BGH StB 18/06 v. 31.1.2007)!

3. Verzeichnis, § 109

Die sichergestellten/beschlagnahmten Gegenstände sind schließlich *kenntlich* zu machen (durch entsprechende Schildchen, die Anlass, Ort, Zeitpunkt erkennen lassen) und amtlich zu verzeichnen (Aktenvermerk über Asservierung), um Verwechslungen zu vermeiden und einem Verlust vorzubeugen.

Die Einzelheiten der Kennzeichnung und Verwahrung sichergestellter/beschlagnahmter Gegenstände regeln die einschlägigen Erlasse (in NRW z. B. der RdErl. d. IM zur Behandlung von Verwahrstücken im Bereich der Polizei).

4. Herausgabe sichergestellter / beschlagnahmter Sachen, § 111 k

Die sichergestellten/beschlagnahmten Gegenstände sollen dem *Verletzten*, dem sie durch die Straftat entzogen wurden, zurückgegeben werden, wenn

- sie für das Strafverfahren nicht mehr benötigt werden,
- er bekannt ist und
- Ansprüche Dritter (einschließlich Täter) nicht erhoben werden.

In anderen Fällen sind die nicht mehr benötigten Gegenstände an den letzten Gewahrsamsinhaber (RiStBV Nr. 75 I – III) herauszugeben, sofern nicht Verfall, Einziehung oder Unbrauchbarmachung in Betracht kommen. Zuständig ist grds. die StA im Ermittlungsverfahren.

Die Herausgabe kommt besonders häufig bei Beutestücken (§§ 242, 249, 263 StGB) in Betracht, wenn an ihnen keine Spuren (mehr) zu sichern sind und der Geschädigte bekannt ist. Die Übergabe der Gegenstände ist zu quittieren.

5. Rechtsschutz

Bei den strafprozessualen Ermittlungsmaßnahmen, die in die Rechte anderer eingreifen, handelt es sich um **Justizverwaltungsakte** (z.B. § 127 II). Sie unterfallen nicht der Jurisdiktion der Verwaltungsgerichte, sondern der der ordentlichen Gerichte (§ 23 I / III [§§ 98 II, 304 StPO] EGGVG).

Gegen die richterlich angeordnete Sicherstellung/Beschlagnahme ist das Rechtsmittel der Beschwerde gem. §§ 304 ff. beim Landgericht gegeben (§ 73 GVG).

Gegen die von der StA oder ihren Ermittlungspersonen (§ 152 GVG) gem. § 98 I angeordnete Beschlagnahme bzw. gegen die erfolgte Sicherstellung (§ 94) von Gegenständen (z. B. bei Hergabe des Führerscheins nach einer Trunkenheitsfahrt unter Verzicht seiner sofortigen Wiederaushändigung) kann der Betroffene die Entscheidung des Amtsgerichts gem. § 98 II S. 2 beantragen.

IV. Fallbearbeitung

Fall: Während einer Funkstreifenfahrt werden Sie (PK) und PK Jung zur Gaststätte „Lindenhof" beordert. Der Wirt, der sich ein Handtuch vor eine stark blutende Platzwunde am Kinn hält, erklärt Ihnen, dass der stark angetrunkene Mann, er zeigt auf eine am Ecktisch sitzende Person, seine Gäste angepöbelt habe. Als er den Mann daraufhin aus der Gaststätte habe weisen wollen, habe dieser ihn mit einem Schlagring niedergeschlagen. Als Sie den Mann ansprechen, verweigert er Ihnen seine Personalien und behauptet, gar keinen Schlagring zu besitzen.

Sie durchsuchen die Taschen des Verdächtigen und finden einen Schlagring!

Argumente zur Beschlagnahme des Schlagringes

Der Schlagring *ist* gemäß § 94 sicherzustellen bzw. zu beschlagnahmen, wenn er als Beweismittel für die Untersuchung der vorliegenden Straftat von Bedeutung sein *kann*.

Der Unbekannte steht aufgrund der glaubhaften Zeugenaussage in dem Verdacht der gefährlichen Körperverletzung und der Ausübung der tatsächlichen Gewalt über einen verbotenen Gegenstand (§§ 223, 224 StGB, §§ 37 I 6 i. V. m. 53 III 3 WaffG).

Beweismittel sind Gegenstände, mit denen dem Täter die begangene Tat nachgewiesen werden kann oder mit denen doch Tatzusammenhänge aufgeklärt werden können.

Der als Tatwerkzeug benutzte Schlagring kommt hier als Beweismittel in Betracht, da seine Existenz und Beschaffenheit den Nachweis der *gefährlichen* Körperverletzung sowie des Besitzes eines *verbotenen* Gegenstandes ermöglichen.

Wenn der Verdächtige den Schlagring nicht freiwillig herausgibt, hiervon ist nach Lage des Falles auszugehen, ist er gem. § 94 II zu beschlagnahmen.

Ich (PK) durfte als Ermittlungsperson der StA die Beschlagnahme anordnen, wenn Gefahr im Verzug vorlag (§ 98 I).

Würde hier die Anordnung des Richters abgewartet, bestünde die Gefahr, dass der Verdächtige die Tatwaffe zwischenzeitlich unbemerkt beseitigt. Somit liegt Gefahr im Verzug vor.

Soweit der Tatverdächtige gegen die Beschlagnahme *ausdrücklich* Widerspruch erhebt (der Sachverhalt lässt dies nicht erkennen), ist eine entsprechende Aktennotiz vorzunehmen, damit innerhalb von drei Tagen die richterliche Bestätigung beantragt werden kann (§ 98 II).

Der Verdächtige ist darüber zu belehren, dass er eine richterliche Entscheidung über die Beschlagnahme beantragen kann (§ 98 II).

Auf Verlangen ist dem Verdächtigen die Beschlagnahme des Gegenstandes schriftlich zu bescheinigen (§ 107 S. 2).

Der Schlagring ist zur Vermeidung von Verwechslungen entsprechend zu kennzeichnen (§ 109).

Auch wenn unter den gegebenen Voraussetzungen die Verpflichtung zur Beschlagnahme bestand, muss sie doch – wie jeder Grundrechtseingriff – *verhältnismäßig* sein. Hieran kann jedoch nach Lage des Falles kein Zweifel bestehen.[1]

Anmerkung: Daneben ist der Schlagring auch *Einziehungsgegenstand* gem. § 74 StGB, da er zur Begehung eines vorsätzlichen Vergehens gebraucht wurde. Außerdem kommt der Schlagring als *verbotener Gegenstand* auch gem. § 56 WaffG als Einziehungsgegenstand in Betracht.

Als Einziehungsgegenstand konnte der Schlagring auch gem. §§ 111 b/c/e beschlagnahmt werden, da *dringende* Gründe für die zu erwartende gerichtliche Einziehung vorlagen.

> Wenn auch die Tätigkeit der Polizei *primär* auf die Verfahrenssicherung durch Verhinderung des Beweismittelverlustes ausgerichtet ist, sollte die Beschlagnahme in solchen Fällen auch nach §§ 111 b/c/e aktenkundig gemacht werden, da ihr insofern die Wirkung eines Veräußerungsverbotes (§ 136 BGB) zukommt (§ 111 c V).
> Zur *Fallösung* Näheres in Kap. C 6.4 IV.

1) Zum Begriffsinhalt der Verhältnismäßigkeit vgl. Sie ggf. oben unter Ziff. III.

6.3 Die Sicherstellung/Beschlagnahme eines Führerscheins, §§ 94, 98, 111a; § 69, § 69 b StGB[1]

I. Ausgangsfall

Motor lief und Fahrer schlief

Siegen – Hinter dem Steuer seines Wagens – der Motor lief noch – ist am Samstag mitten auf einer Straße in Siegen-Geiswald ein Autofahrer eingeschlafen. Polizisten weckten den Schlummernden, veranlassten einen Alcotest, bei dem es der 23-Jährige auf immerhin 2,6 ‰ brachte, veranlassten eine Blutprobe, beschlagnahmten den Führerschein und brachten den Trunkenbold anschließend nach Hause.

Statt sich aber ins Bett zu legen, genehmigte er sich noch ein paar Gläschen Korn, um dann nach einem Fußmarsch seinen Wagen abzuholen. Auf dem Heimweg ereilte den Sünder erneutes Pech – er schleuderte von der Straße und krachte mit seinem Pkw gegen einen Steinhaufen. Die Prozedur der Blutentahme wiederholte sich, der Pkw wurde auf Kosten des Fahrers sichergestellt.

Vorbemerkung:

1. Für die Führerscheinbeschlagnahme kommen stets nur die §§ 94, 98 in Betracht, gleichgültig, ob der Führerschein (FS) als BM, etwa zum Nachweis einer Fälschung, beschlagnahmt werden soll oder als EG. Dabei kann der FS der Einziehung sowohl nach § 282 StGB (als gefälschte Urkunde) als auch nach § 69 StGB (bei Verdacht der Ungeeignetheit zum Führen eines Kfz) unterliegen. In keinem Falle darf § 111 b als Ermächtigung herangezogen werden (§ 111 b I S. 2).
2. *Außerdeutsche* Führerscheine von Angehörigen eines EU-Staates oder eines Vertragsstaates nach dem Abkommen über den Europäischen Wirtschaftsraum[2] unterliegen gem. § 69 b II S. 1 StGB der Einziehung, wenn der Inhaber seinen ordentlichen Wohnsitz im Inland hat.
3. Für *außerdeutsche* FS, die *nicht* der Einziehung unterliegen (§ 69 b II S. 2), weil ihr Inhaber
   - entweder nicht Angehöriger eines Vertragsstaates i. S. v. § 69 b II S. 1 StGB ist (z. B. US-Amerikaner, Pole) oder
   - zwar Angehöriger eines Vertragsstaates ist, aber im Inland nicht seinen ordentlichen Wohnsitz hat,

   gilt als Beschlagnahmeermächtigung § 111 a VI i. V. m. §§ 94 III, 98 zum Zwecke der Eintragung der FE-Entziehung u. des Sperrvermerks (§ 69 II S. 2). Danach wird dieser FS wieder ausgehändigt.

   Auf die ergänzenden Ausführungen unten unter Ziff. III wird hingewiesen.
4. Der FS kann auch zu *präventiven Zwecken* sichergestellt werden, falls diese Maßnahme im Einzelfall geeignet ist, eine erst bevorstehende Trunkenheitsfahrt zu verhindern (Abwehr einer gegenwärtigen Gefahr). Wirksamer dürfte allerdings in solchen Fällen die Sicherstellung der Fz.-Schlüssel oder des Fahrzeuges selbst sein (Ausgangsfall!).

   Diese Maßnahmen richten sich nach Polizeirecht, in NRW nach §§ 43 ff. PolG NRW. Sie sind spätestens dann aufzuheben, wenn die Gefahr (der Trunkenheitsfahrt) nicht mehr besteht.

   Zu den Einzelheiten der polizeirechtlichen Sicherstellung vergleichen Sie die Ausführungen im Exkurs zu Kap. C 6.1 oben.

---

1) Vgl. Sie auch zu dieser Thematik die jeweiligen Erlasse. Für **NRW** gilt der Gem. RdErl. des IM ... vom 15. 8. 2000: „Feststellung von Alkohol-, Medikamenten- und Drogeneinfluss bei Straftaten und Ordnungswidrigkeiten; Sicherstellung und Beschlagnahme von Führerscheinen".

2) EU- bzw. EWR-Führerscheine; vgl. Sie §§ 28 ff. FeV.

II. Gesetzliche Voraussetzungen

§ 94 III: Der **FS**[1] muss der **Einziehung** gem. § 69 I, II / § 69 b I/II StGB unterliegen! Analog § 111 a I müssen zum Zeitpunkt der pol. Prognose **dringende Gründe** hierfür gegeben sein. Voraussetzungen:

Ungeeignetheit zum **Führen** eines **Kfz** durch:

Begehung einer *rechtswidrigen Tat* (§ 69 I StGB)

bei oder im Zusammenhang mit dem Führen eines Kfz — oder — unter Verletzung der Pflichten eines Kfz-Führers

Regelfälle der **Ungeeignetheit** (§ 69 II StGB) stellen die rechtswidrigen Handlungen gem. §§ 316, 315 c, 142[2], 323 a[3] StGB dar!.

Folgen der Ungeeignetheit:

§ 69 III:	– **Entzug** der FE durch Urteil und **Einziehung** des *deutschen* Führerscheines;
§ 69 a I:	– Festlegung einer Sperre für die Erteilung einer neuen deutschen FE;
§ 69 b I:	– **Entzug** der *ausländischen FE* als Aberkennung des Rechts, von der FE im Inland Gebrauch zu machen, sowie Vermerk einer Sperre (§ 69 b II S. 2 StGB); Wiederaushändigung;
§ 69 b I:	– **Entzug** der EU- bzw. EWR-FE, wenn der Inhaber in Deutschland seinen ordentlichen Wohnsitz hat u. Rücksendung an die ausstellende Behörde im Falle des § 69 b II S. 1 StGB.

§ 94 III: FS darf bei dieser Prognose analog § 94 I/II sichergestellt oder beschlagnahmt werden.

§ 98 I: **Anordnungsbefugnis** im Falle der Beschlagnahme:
bei **G. i. V.** auch durch die EP/StA
└── Bezugspunkt → § 111 a!

§ 98 II: An die Stelle der richterlichen Bestätigung tritt die Entscheidung nach § 111 a III!

III. Erläuterungen

Problematisch ist der Nachweis der Ungeeignetheit zum Führen eines Kfz im Sinne von **§ 69 I** StGB, während der Gesetzgeber in § 69 II StGB die *Regel*fälle der Ungeeignetheit vorgegeben hat.

Nach früherer Rechtsprechung wurde die *charakterliche* Ungeeignetheit i.S.v. § 69 I StGB bereits dann bejaht, wenn der Täter in Fällen wiederholter oder schwerer Begehung von Straftaten der allgemeinen Kriminalität ein Kfz geführt hatte (BGH StV '04, 129).

Beispiele: *Ein reisender Betrüger benutzte ein Kfz, um von Tatort zu Tatort zu gelangen.*

Abtransport der Diebes- oder Raubbeute mit einem Kfz.

Erstattung einer falschen Diebstahlsanzeige gegen „unbekannt" zur Vertuschung eines während der Fahrt verursachten Unfalls (OLG Hamm 2 Ss 2893/78).

Kraftfahrer, der dem Lenker eines anderen Kfz im Zusammenhang mit einem Parkvorgang Faustschläge versetzt hat (OLG Karlsruhe MDDR ,80, 246).

1) Zur **Mofa-Prüfbescheinigung** führte der VGH München aus (NVZ '93, 199): „Die Mofa-Prüfbescheinigung nach § 4 a I StVZO (jetzt § 5 FeV) ist kein Führerschein. Mangels gesetzlicher Regelung kann sie nicht entzogen, beschlagnahmt oder in amtl. Verwahrung genommen werden. Sie ist eine amtl. Urkunde, mit der lediglich bescheinigt wird, dass die darin bezeichnete Person die in § 4 a I S. 2 Nr. 1 u. 2 StVZO (jetzt § 5 FeV) angeführten Kenntnisse nachgewiesen hat. Sie ist nicht Ausweis einer erteilten Fahrerlaubnis i. S. d. § 2 I StVG, § 4 I S. 1 StVZO (jetzt §§ 2, 2 a StVG)."

2) Wenn der Täter wusste oder wissen musste, dass bei dem Verkehrsunfall ein Mensch nicht unerheblich verletzt worden oder an fremden Sachen bedeutender Sachschaden entstanden ist.

3) Der Vollrausch muss sich auf eine Tat nach § 315 c, § 316 oder § 142 StGB beziehen.

Der „Zusammenhang mit dem Führen eines Kfz" oder „die Verletzung der Pflichten eines Kfz-Führers" setzten dabei weder eine Steigerung der Betriebsgefahr des Fahrzeuges noch ein *verkehrsspezifisches* Fehlverhalten des Täters voraus.

Der **Große Senat für Strafsachen** (BGHGSSt)[1] stellte nunmehr in einem Verfahren nach § 132 II und IV GVG fest, dass § 69 I StGB entsprechend seiner Zweckbestimmung einschränkend auszulegen ist.

In seinem *Leitsatz* stellte der BGHGSSt klar:

„§ 69 StGB bezweckt den Schutz der Sicherheit des Straßenverkehrs.

Die strafgerichtliche Entziehung der Fahrerlaubnis wegen charakterlicher Ungeeig-net-heit bei Taten im Zusammenhang mit dem Führen eines Kfz (§ 69 I S. 1 Var. 2 StGB) setzt daher voraus, dass die Anlasstat tragfähige Rückschlüsse darauf zulässt, dass der Täter bereit ist, die Sicherheit des Straßenverkehrs seinen eigenen kriminellen Interessen unterzuordnen."

Der BGHGSSt stellte fest, dass die Auslegung des Begriffs der Ungeeignetheit in § 69 StGB sich an § 3 I S.1 StVG zu orientieren habe. Dieser lautet:

„Erweist sich jemand als ungeeignet oder nicht befähigt zum Führen von Kraftfahrzeugen, so **hat** ihm die Fahrerlaubnisbehörde die Fahrerlaubnis zu entziehen."

Allein aus der Nutzung des Kfz durch den reisenden Betrüger oder zur Observierung eines Tatortes, zum Abtransport der Tatbeute oder aus den falschen Angaben über einen fiktiven Verkehrsunfall kann daher noch nicht auf die Gefährlichkeit des Kraftfahrers für den öffentlichen Straßenverkehr geschlossen werden.

Straftaten, die auf eine niedrige Frustationstoleranz oder ein erhöhtes Aggressionspotential des Täters hindeuten (so der BGHGSSt), können – unabhängig von der Schwere der Tat – geeignet sein, die Zuverlässigkeit des Täters in Bezug auf die Verkehrssicherheit in Zweifel zu ziehen, soweit dies in der Anlasstat hinreichend Ausdruck gefunden hat. Denn § 69 I StGB fordert: *„wenn sich aus der Tat ergibt, dass er zum Führen von Kfz ungeeignet ist."*

Als Fälle der charakterlichen Ungeeignetheit kommen danach in Betracht:

- Nutzung des Kfz, um Verkehrsunfälle, z.B. Auffahrunfälle, zu provozieren (BGH StV,92, 64).
- Verwendung eines Kfz zum Zwecke der Entführung, Nötigung, Freiheitsberaubung, Vergewaltigung eines Opfers.
- Verkehrsgefährdende Fahrweise eines Täters auf der Flucht nach einem Einbruchsdiebstahl.

Anm.: Ist die Ungeeignetheit in der Hauptverhandlung nicht erwiesen, bleibt dem Gericht die Verhängung der Nebenstrafe „Fahrverbot", § 44 StGB (Kap. A 7.1), von ein bis drei Monaten. Der FS würde für die Dauer des Verbots amtlich verwahrt und danach wieder herausgegeben.

Gesetzliche Regelfälle der Ungeeignetheit

§ 69 II StGB enthält *Regelfälle der Ungeeignetheit*, die für die polizeiliche Praxis von besonderer Bedeutung sind. Es sind dies:

- Trunkenheit im Verkehr, § 316 StGB;
- Gefährdung des Straßenverkehrs, § 315 c StGB;
- Unerlaubtes Entfernen vom Unfallort, § 142 StGB, wenn der Täter wusste oder wissen konnte, dass *erheblicher* Personenschaden oder *bedeutender* Schaden (ab ca. 1000 Euro) an fremden Sachen entstanden ist;
- Vollrausch, § 323 a StGB, soweit sich die Tat auf eine der vorstehenden Handlungen bezieht.

1) BGHGSSt 2/04 NStZ '05, 503

Liegt ein solcher Regelfall vor, ist von der Ungeeignetheit des Kraftfahrers auszugehen, so z. B. im Ausgangsfall oben. Ausnahmen bedürfen im Urteil der besonderen richterlichen Begründung.

Zur Bedeutung der Ungeeignetheit

Die vom Gericht festgestellte Ungeeignetheit führt zum Entzug der FE mit der Folge, dass ein *deutscher* FS im Urteil einzuziehen ist. Der FS gilt nach dieser prognostischen Betrachtung durch den einschreitenden Polizeibeamten bereits als *Einziehungsgegenstand*, den er gem. § 94 III sicherzustellen (§ 94 I) oder zu beschlagnahmen (§§ 94 II, 98) hat.

Zur Begründung der Gefahr im Verzug bei der FS-Beschlagnahme

a) *bei Gefahr der Einziehungsvereitelung:*

Diese Gefahr setzt voraus, dass der Täter äußert, er werde seinen FS auch auf gerichtliche Anordnung nicht abgeben.

Es bestünde damit die Gefahr, dass der Täter trotz gerichtlich angeordneter Entziehung der FE (= Aufhebung des Verwaltungsaktes der Erteilung der FE) weiterhin ein Kfz im Straßenverkehr führen würde, weil er seine (scheinbare) Berechtigung hierzu mit der Vorlage des nicht herausgegebenen FS dokumentieren könnte.

Anm.: Diese Begründung ist in der Praxis selten verwendbar, da kaum jemand so unvorsichtig sein wird, vor der Polizei derartige Äußerungen zu machen.

b) *bei Gefahr der weiteren Teilnahme am Straßenverkehr als ungeeigneter Kfz-Führer:*

Zwischen Tatbegehung und Gerichtsverhandlung liegt bekanntlich ein mehr oder weniger großer Zeitraum. Damit der mit der gerichtlichen Entziehung der FE verbundene Schutz der Allgemeinheit vor ungeeigneten Kfz-Führern schon möglichst bald nach Tatbegehung erreicht wird, hat der Gesetzgeber das

Institut der **vorläufigen Entziehung** der FE gem. § 111 a geschaffen.

↓

§ 111 a ermächtigt den örtlich zuständigen Amtsrichter, die FE durch Beschluss *vorläufig* zu entziehen und den FS *vorläufig* einzuziehen, wenn **dringende Gründe** dafür sprechen, dass die FE im später zu erwartenden Urteil entzogen werden wird.

Für die *polizeiliche* Führerscheinbeschlagnahme ergibt sich die **Gefahr im Verzug** nun aus der Überlegung, dass der *ungeeignete* Kfz-Führer ohne die sofortige Beschlagnahme des FS das Recht hätte, bis zur Wirksamkeit der *vorläufigen Entziehung* seiner FE weiterhin als Kfz-Führer am Straßenverkehr teilzunehmen.

Dieser Gefahr kann nur mit der sofortigen Beschlagnahme des FS begegnet werden, die gem. § 21 II 2 StVG zu dem Verbot führt, weiterhin führerscheinpflichtige Kfz im öffentl. Straßenverkehr zu führen.

Anm.: Nach BGHSt 22, 385 wird auch (kürzer) damit argumtentiert, dass die Gefahr darin besteht, der Tatverdächtige werde ohne die Abnahme des FS weitere Trunkenheitsfahrten unternehmen oder sonst Verkehrsvorschriften in schwerwiegender Weise verletzen.

Diese Begründung, in der der Nachweis einer Wiederholungs- oder Fortsetzungsgefahr liegt, vermag m.E. nicht recht zu überzeugen. Die Gefahr ließe sich z. B. bei den erstmals als Unfallfluchttäter i. S. v. § 142 StGB oder als Trunkenheitstäter i. S. v. § 316 StGB in Erscheinung getretenen Kfz-Führern kaum begründen; gleichwohl gehört die FS-Beschlagnahme in diesen Fällen zur ständig geübten Praxis.

Zu den Voraussetzungen der Beschlagnahme eines *außerdeutschen Fahrausweises*

Für die Entziehung *außerdeutscher* FE im Inland gilt § 69 b StGB.[1]

Die Einschränkung, dass die Entziehung nur zulässig sei, wenn die Tat gegen *Verkehrs*vorschriften verstoßen habe, ist mit dem 32. Strafrechtsänderungsgesetz vom 01.06.1995 aufgegeben worden.

Inhaber außerdeutscher FE sind daher nicht mehr gegenüber deutschen FE-Inhabern privilegiert. Die wirksamere Bekämpfung einer zunehmend mobilen und grenzüberschreitenden Kriminalität machte nach zutreffender Auffassung des Gesetzgebers diese Änderung notwendig.

Ausländische FS eines *EU-Staates* oder eines *Vertragsstaates des Abkommens über den Europäischen Wirtschaftsraum* unterliegen nach § 69 b II S. 1 StGB der Einziehung, *wenn* der Inhaber im Inland seinen ordentlichen Wohnsitz hat. Die vorläufige Entziehung der FE wirkt auch bei diesen FS als Bestätigung oder Anordnung ihrer Beschlagnahme (§ 111 a III). Der FS wird im Urteil eingezogen und an die ausstellende Behörde zurückgesandt (§ 69 b II S. 1 StGB).

Da *sonstige* ausländische Führerscheine – z. B. der eines US-Amerikaners, oder der eines EU- bzw. EWR-Angehörigen, der in Deutschland keinen ordentlichen Wohnsitz hat – *nicht* der Einziehung unterliegen, sondern nach Eintragung des Verbots, im Inland für eine bestimmte Zeit ein Kfz zu führen, wieder herauszugeben sind (§ 69 b II S. 2 StGB), gilt für ihre Beschlagnahme nicht *unmittelbar* § 94 III, sondern § 111 a VI, der bis zur Eintragung des Vermerks die Beschlagnahme *analog* § 94 III, § 98 zulässt.

<table>
<tr><td colspan="2">Wird die Polizei von der StA oder der Verw.-Beh. ersucht, den Führerschein einer bestimmten Person zu beschlagnahmen, wird sie tätig als Ausführungsorgan der:</td></tr>
<tr><td>StA gem. §§ 161[2], 36 II
Fälle:
– § 111 a III/IV
– § 463 b I/II[3]

Die gerichtliche Anordnung der FS-Beschlagnahme impliziert die erforderliche Wohnungsdurchsuchung beim Betroffenen (Kleinknecht/M-G zu §§ 105 u. 453 b).</td><td>Verwaltungsbehörde gem. § 46 II [§ 92] OWiG i. V. m. § 161.
Fall:
§ 25 II/III StVG
Durchsetzung des Fahrverbotes nach § 25 I/II StVG.

AG Leipzig NJW '99, 2053 u. AG Tiergarten NZV '96, 506 halten entgegen Göhler zu § 90 OWiG die Wohnungsdurchsuchung zum Zwecke der FS-Beschlagnahme zur Durchsetzung einer Maßnahme nach § 25 II/III StVG nicht für zulässig.
Dem ist zuzustimmen. Aus Art. 13 II GG, wonach Durchsuchungen nur durch den Richter ... angeordnet werden dürfen, folgt nicht, dass eine gesetzliche Ermächtigung überflüssig wäre.
Der im Rechtsstaatsprinzip des Art. 20 III verankerte Vorbehalt des Gesetzes fordert für jeden Rechtseingriff ein formelles Gesetz, das dem Zitiergebot des Art. 19 I 2 GG entsprechen muss.
§ 25 II S. 4 StVG bestimmt nur, dass im Falle nicht freiwilliger Herausgabe die Beschlagnahme des FS zulässig und geboten ist. §§ 94 ff. (i. V. m. § 46 I OWiG) stellen für die Vollstreckung eines Fahrverbots keine gesetzl. Grundlage dar.</td></tr>
<tr><td colspan="2">Wird der FS im Falle des § 463 b nicht gefunden oder im Falle des § 25 StVG nicht herausgegeben, kann die jeweilige Vollstreckungsbehörde beim AG eine eidesstattliche Versicherung beantragen (§ 463 b III; § 25 IV StVG). Wird sie wahrheitswidrig abgegeben, ist der TB der Falschen Versicherung an Eides statt, § 156 StGB[4], erfüllt.</td></tr>
</table>

1) Neufassung, in Kraft seit dem 01.01.1999.
2) § 161 gilt nicht nur für das Ermittlungs-, sondern bis hin zum Vollstreckungsverfahren.
3) Durchsetzung des Fahrverbotes nach § 44 II StGB.
4) Näheres zu diesem Tatbestand in Kap. B 10.

IV. Fallbearbeitung

Fall:

Anlässlich einer Funkstreifenfahrt beobachten PK Jung und POM Otten einen Golf-Fahrer, der in Schlangenlinien den Adalbertsteinweg in Aachen befährt.

Sie halten den Fahrer an und erkennen, dass er unter Alkoholeinfluss steht. Der Alcotest ergibt einen Wert von 1,0 ‰. Der Golf-Fahrer gibt den Führerschein nur unfreiwillig heraus.

Lösung:[1]

Der Führerschein **ist** als *Einziehungsgegenstand* zu beschlagnahmen, wenn er nicht freiwillig herausgegeben wird (§§ 94 III, 94 II, 98 I StPO). Aus § 111 a I StPO ergibt sich, dass **dringende** Gründe für die spätere gerichtliche Einziehung vorliegen müssen.

Der Golf-Fahrer steht im *dringenden Verdacht*, einen Verstoß gegen § 316 StGB begangen zu haben (Vortestergebnis, Ausfallerscheinung).

Bei Vorliegen eines Vergehens der Trunkenheit im Verkehr (§ 316 StGB) ist der Täter i. d. R. als ungeeignet zum Führen eines Kfz anzusehen (§ 69 II StGB).

Im vorliegenden Fall trifft dies auf den Golf-Fahrer zu. Es ist deshalb *dringend* zu erwarten, dass ihm das Gericht die Fahrerlaubnis im Urteil entziehen wird. Der von einer deutschen Behörde ausgestellte Führerschein ist dann im **Urteil einzuziehen** (§ 69 III StGB).

Der Führerschein des Golf-Fahrers, der (Annahme) vom StVA Aachen-Land ausgestellt ist, unterliegt somit der **Einziehung.** Er ist als Einziehungsgegenstand gem. § 94 II, § 98 I StPO zu beschlagnahmen, da er im vorliegenden Fall nicht freiwillig herausgegeben wird.

Der Führerschein und die Akten (Anzeige, Blutprobenprotokoll) werden über die StA (§ 163 II) dem Richter übergeben (bei ausdrücklichem Widerspruch innerhalb von 3 Tagen – § 98 II), der gem. § 111 a StPO über die *vorläufige Entziehung der Fahrerlaubnis* entscheidet (§ 111 a I) und damit zugleich über die Aufrechterhaltung der polizeilichen Maßnahme (§ 111 a III/IV).

Da der Richter in diesem Fall (02.00 Uhr) nicht bis zum Ende der nach § 81 a zu treffenden Maßnahmen zu erreichen sein wird, würde die Wirkung des mit § 111 a erstrebten Verfahrens verzögert. In dieser Verzögerung läge die Gefahr, dass der als ungeeignet anzusehende Golf-Fahrer ohne sofortige Beschlagnahme des Führerscheins weiterhin als Kraftfahrer am Straßenverkehr teilnimmt und zum Nachweis seiner Berechtigung hierzu den Führerschein vorzeigt.

Dies begründet die Gefahr im Verzug gem. § 98 I und somit für PK Jung, der (wie im Übrigen auch POM Otten) Ermittlungsperson der StA ist, die Berechtigung zur Anordnung der Maßnahme.

Der Golf-Fahrer ist darüber zu belehren, dass er jederzeit die richterliche Entscheidung beantragen kann (§ 98 II). Auf Verlangen ist ihm analog § 107 S. 2 eine Bescheinigung über die Beschlagnahme auszuhändigen.

1) Vgl. Sie ggf. auch die Fallbearbeitung zur körperlichen Untersuchung in Kap. C 3.1.

***Beispiel** für einen amtsrichterlichen Beschluss der vorläufigen Entziehung der FE (datenschutzrelevante Angaben wurden geändert):*

41 Gs 41../86

11 Js 12../86 StA Aachen

AMTSGERICHT AACHEN

BESCHLUSS

In dem Ermittlungsverfahren

g e g e n

Herrn Manfred Meier, geboren am 1.4.1940 in Köln, wohnhaft Liptauer Str.37, 5100 Aachen, Kraftfahrer, Deutscher,

wegen Verdachts eines Verkehrsvergehens

wird dem Beschuldigten gemäß § 111 a StPO die Fahrerlaubnis vorläufig entzogen. Der Führerschein des Beschuldigten ist zu beschlagnahmen.

G r ü n d e :

Der Beschuldigte steht im dringenden Verdacht, sich einer Unfallflucht im Sinne des § 142 StGB schuldig gemacht zu haben.

Nach dem bisherigen Ermittlungsergebnis fuhr der Beschuldigte am 30.5.1986 gegen 20.30 mit einem Lastzug, amtliches Kennzeichen AC - IB 255, in Aachen u.a. die Kneisslallee in Richtung Luisenplatz. Hierbei streifte der Beschuldigte mit dem von ihm geführten Lastzug einen am Straßenrand geparkten Pkw mit dem amtlichen Kennzeichen NE - OF 23, dessen Fahrer gerade die Fahrertür geöffnet hatte. An dem Pkw entstand ein Sachschaden von DM 2.520,-. Obwohl der Beschuldigte den Unfall wahrgenommen hatte, setzte er seine Fahrt fort, ohne sich um die Regulierung des Unfalles zu kümmern.

Bei dieser Sachlage liegen dringende Gründe für die Annahme vor, daß dem Beschuldigten wegen fehlender Eignung zum Führen von Kraftfahrzeugen die Fahrerlaubnis entzogen werden wird, § 69 StGB.

5100 Aachen, 12.Februar 1987
Amtsgericht, Abteilung 41

Müller
Richter am Amtsgericht

Siegel

6.4 Die Beschlagnahme von Einziehungs- und Verfallsgegenständen, §§ 111 b ff.

I. Ausgangsfälle

Beschlagnahme eines BMW 523 i nach VU-Flucht mit schwerem Personenschaden (§ 74 StGB).
Beschlagnahme einer Smith & Wesson, deren Eigentümer keinen Waffenschein besaß (§ 54 WaffG).
Beschlagnahme von 15 000 Euro, die ein Dealer durch Verkauf von Heroin erworben hatte (§ 73 StGB).

II. Gesetzliche Voraussetzungen

§ 111 b I Nach jeweiligem Verfahrensstand müssen **Gründe** für die gerichtliche Einziehung/den Verfall vorliegen.

Einziehungsgegenstände

gem. **§ 74 StGB:**

- Instrumente oder Produkte der Tat;
- soweit sie *nicht* Tat-Beziehungsgegenstände sind u.
- soweit sie dem Täter gehören oder ..., vgl. Sie II Ziff. 2 u. § 74 a StGB.

spezielle Einziehungsvorschriften:

Beispiele:
- § 69 III StGB,
- § 21 III StVG,
- § 54 Waff G,
- § 33 BtMG,
- § 30 VersammlG

hier: sog. Tat-Beziehungsgegenstände; vgl. Sie auch § 74 a StGB.

Verfallsgegenstände, § 73 StGB

Vermögenswerte als erworbene Sachen, Rechte oder gewährte Nutzungen

- *für* die Tat, z. B. der Gehilfenlohn;
- *aus* der Tat, z. B. Zuhälterverdienst oder Beute (Ansprüche Verletzter gehen vor gem. § 73 I 2 StGB);
- *durch* die Tat, z. B. die von gestohlenem Geld gekaufte Uhr oder der durch die Nutzung eines gestohlenen Pkw eingesparte Geldbetrag.

§ 111 b I	**Rechtsform** der Sicherstellung von EG/VG ist stets die **Beschlagnahme**.
§ 111 e I	**Anordnungskompetenz** hat bei beweglichen Sachen bei G. i. V. auch die EP/StA.
§ 111 f I	**Durchführungskompetenz** hat bei beweglichen Sachen die EP/StA.
§ 111 c I	**Bewirkung** der Beschlagnahme beweglicher Sachen entweder durch ... oder ... Inverwahrungnahme/-gabe, Siegelanlegung, sonstige Kenntlichmachung.
§ 111 b IV	**Formvorschriften** – über § 111 c I hinaus – i. V. m.:
– § 107	*Aushändigung* eines Verzeichnisses, *Bekanntgabe* des Beschlagnahmegrundes und der zugrunde liegenden Tat;
– § 98 II S. 7	*Belehrung* über Antragsrecht auf richterliche Entscheidung analog;
– § 109	*Kennzeichnung* der Gegenstände zur Vermeidung von Verwechselungen;
– § 110	Durchsicht von Papieren nur auf Anordnung der StA (→ C 7.6 g);
– § 111 b III	richterliche Aufhebung der Maßnahme nach spätestens sechs Monaten, wenn bis dahin keine *dringenden* Gründe für die (spätere) gerichtliche Einziehung / oder den Verfall vorliegen.
– § 111 f I S. 2	*Besonderheiten* gelten für die Beschlagnahme in Räumen der Bundeswehr (§ 98 IV);
– § 111 l	*Notveräußerung* bei Verderblichkeit oder Pflegebedürftigkeit.
§ 111 b V	§ 111 b I gilt auch für Maßnahmen der *Rückgewinnungshilfe* im Falle des § 73 I S. 2 StGB.

III. Erläuterungen

1 Vorbemerkung

Die Beschlagnahme von *Einziehungs-* und *Verfallsgegenständen* (§§ 74, 73 StGB) dient der Sicherung staatlicher Ansprüche auf die Verwirklichung der Einziehung und des Verfalls, deren gerichtliche Anordnung im Urteil zu erwarten ist.

Die **Einziehung** kann die *Wirkung* von Strafe haben, soweit sie den Täter trifft (§ 74 II Nr. 1 StGB). Sie ist in den übrigen Fällen des II Nr. 2 und III *Sicherungsmaßnahme.*

Beim **Verfall** handelt es sich um eine Maßnahme staatlicher *Gewinnabschöpfung*, für die Fälle, in denen der Täter aus seiner rechtswidrigen Tat Vorteile erlangt hat. Die Geldstrafe wäre hierfür nicht ausreichend, da sie sich nach der Schwere von Unrecht und Schuld bemisst (§§ 46 ff. StGB).

Da dem Verfall jedoch die Befriedigung der *Ansprüche* der/des durch die Tat *Verletzten* vorgeht (§ 73 I S. 2 StGB), die Beschlagnahme des Verfallsgegenstandes in diesen Fällen aber gem. § 111 b IV gleichwohl möglich ist, dient die Maßnahme insofern auch der Schadloshaltung bzw. als *Rückgewinnungshilfe.*

2 Einziehungsgegenstände (EG)

2.1 Einziehungsgegenstände gem. § 74 I StGB

Hierunter fallen insbesondere *Gegenstände*, und zwar solche, die durch eine *vorsätzliche* rechtswidrige Tat **hervorgebracht** wurden (*producta sceleris).*

Aus der Wendung „dem Täter gehören oder *zustehen*" (§ 74 II 1 StGB) sowie aus § 74 a StGB ergibt sich, dass *auch Rechte* (z. B. eine Hypothek) eingezogen werden können. Hierauf wird aber nicht weiter eingegangen, da ihre Beschlagnahme durch den HiBeStA nicht angeordnet werden darf.

Beispiele *für einziehbare* Gegenstände:

Falschgeld, gefälschte Urkunden, Rauschgift. Inzwischen gelten für zahlreiche Gegenstände spezielle Einziehungsvorschriften, z. B. §§ 149 II, 282, 286 StGB, § 33 II BtMG, die bzgl. der Verfahrensvorschriften aber regelmäßig auf §§ 74 ff. StGB verweisen (§ 74 IV StGB). Dazu weiter unter Ziff. 2.2.

Unter § 74 I StGB fallen auch Gegenstände, die zur *Begehung* oder *Vorbereitung* einer vorsätzlichen rechtswidrigen Tat **gebraucht** wurden oder **bestimmt** waren (*instrumenta sceleris).*

Beispiele: *zum Abtransport der Beute bereitgestelltes oder zur Unfallflucht benutztes Kfz; im Übrigen Tatwaffen und Tatwerkzeuge.*

Gem. § 74 II Nr. 1 StGB können EG jedoch *nur dann* vom Gericht im Urteil eingezogen werden, wenn sie dem Täter oder Teilnehmer (Gehilfe, Anstifter) zum Zeitpunkt der *Urteilsfindung* gehören. Dies ergibt sich daraus, dass die Einziehung die Wirkung einer Nebenstrafe hat, die grds. den Täter treffen soll. Für die polizeil. Beschlagnahme kommt es darauf an, dass der Gegenstand zu *diesem* Zeitpunkt dem Täter/Teilnehmer gehört. Wurde ein EG nicht beschlagnahmt und hat ihn der Täter/Teilnehmer bis zur Urteilsfindung veräußert, kann das Gericht gem. § 74 c StGB auf Einziehung des *Wertersatzes* erkennen.

Auf die *Eigentumsverhältnisse* kommt es gem. § 74 II Nr. 2 StGB dann *nicht* an, wenn

- ein EG nach Art seiner Beschaffenheit die Allgemeinheit gefährden könnte, z. B. Gifte, Rauschgifte, Betäubungsmittel, Säuren, Sprengstoffe, vergiftete Lebensmittel;
- die Gefahr besteht, dass ein EG nach seiner typischen Beschaffenheit weiterhin der Begehung rechtswidriger Taten dienen wird, z. B. spezielles Diebeswerkzeug.

Es handelt sich im Falle des § 74 II Nr. 2 StGB um die sog. *unterschiedslose* Einziehung, der in erster Linie der Gedanke der Sicherung der Allgemeinheit zugrunde liegt.

2.2 Einziehungsgegenstände, deren Einziehung spezialgesetzlich geregelt ist

Wie oben dargelegt, können nach § 74 StGB Produkte oder Instrumente der Tat eingezogen werden. Die Rspr. hat dazu die Bedingung entwickelt, dass diese Gegenstände aber nicht sog. *tatnotwendige Mittel,* d. h. *Beziehungsgegenstände* der Tat sein dürfen. Daraus ergibt sich, dass der Anwendungsbereich des § 74 relativ eng ist.

Tatnotwendiges Mittel (Beziehungsgegenstand) ist z. B. das ohne FE im öffentlichen Straßenverkehr geführte Kfz (§ 21StVG), denn ohne Kfz keine Straftat nach § 21 StVG. Ebenso verhält es sich, wenn der Täter nach § 1 PflVersG ein Kfz ohne Pflichtversicherung im Straßenverkehr führt, denn ohne Kfz kein Verstoß gegen das Pflichtversicherungsgesetz.

In diesen Fällen ist also § 74 StGB nicht anwendbar. Da diese tatnotwendigen oder Beziehungsgegenstände auch kaum als Beweismittel herangezogen werden können, wäre demnach eine Beschlagnahme bzw. Sicherstellung nach §§ 94 ff. bzw. §§ 111 b ff. unzulässig.

Ähnlich verhält es sich beim FS des Fahruntüchtigen, der mit seinem Pkw am Straßenverkehr teilgenommen hat. Mit dem FS ist weder die Straftat (§ 316 StGB) zu beweisen, noch ist der FS Instrument der Tat.

Es ist daher zu prüfen, ob im Einzelfall eine *spezialgesetzliche* Regelung die Einziehung über § 74 StGB hinaus zulässt oder gar vorschreibt.

Spezialgesetzliche Einziehungsvorschriften sind im StGB (u. a. §§ 69, 92 b, 101 a, 109 k, 150, 219 c III, 261 VII, 282, 285 b, 286, 295) und im Strafnebenrecht enthalten (u. a. §§ 6 III PflVersG, 21 III StVG, 30 VersammlG, 40 und 41 a BJagdG, 54 WaffG, 33 BtMG, 55 LebensmG).

2.3 Voraussetzungen der Beschlagnahme nach § 111 b

In der *Anfangsphase* des Ermittlungsverfahrens genügt ein **Anfangsverdacht** i. S. v. § 152 II (zureichende tatsächliche Anhaltspunkte) dafür, dass die Voraussetzungen der späteren gerichtlichen Einziehung vorliegen (§ 111 b I).

Ob es letztlich zur Einziehung im Urteil kommt, hängt von einer Reihe weiterer Faktoren ab, die das Gericht im Einzelfall zu prüfen hat (§§ 74 a, b, c, d, e, f, 75, 76, 76 a StGB).

Hervorzuheben ist hiervon der Grundsatz der **Verhältnismäßigkeit** nach § 74 b StGB, der insofern schon für die nach § 111 b zu treffende Maßnahme Wirkung entfaltet.

Zu den übrigen Voraussetzungen vgl. Sie oben unter II.

Die vor In-kraft-treten des *Gesetzes zur Verbesserung der Bekämpfung der OrgK*[1] geltende engere Voraussetzung der **dringenden Gründe** wurde wegen ihrer Ineffektivität aufgegeben. In der Anfangsphase eines Ermittlungsverfahrens ist es häufig nicht möglich, dem Ermittlungsrichter genügend Erkenntnisse für diese Verdachtsschwelle zu präsentieren. Das hatte häufig zur Folge, dass die später, ggf. erst in der Hauptverhandlung getroffene Anordnung von Verfall/Einziehung ins Leere ging, da sich der Täter/Angeklagte der VG/EG inzwischen entledigt oder sie unauffindsam verborgen hatte.

Als *Ausgleichsfunktion* wirkt hier aber § 111 b III, wonach die richterliche Aufhebung der Maßnahme nach spätestens sechs Monaten erfolgen muss, wenn bis dahin keine dringenden Gründen für die (spätere) gerichtliche Einziehung oder den Verfall vorliegen.

2.4 Wirkung der Einziehung

Die wirksame Anordnung der Beschlagnahme eines EG hat bereits ein Veräußerungsverbot i. S. v. § 136 BGB zur Folge, was sich aus § 111 c V ergibt.

EG gehen mit Rechtskraft des Urteils in das Eigentum des Staates über (§ 74 e StGB). Sie werden je nach Beschaffenheit versteigert oder vernichtet.

2.5 Verfahren bei Beweismitteln

Gegenstände, die lediglich Beweismittel sind, werden zurückgegeben, wenn ihre Beweiskraft ausgeschöpft ist, z. B. Kleidungsstücke des Täters oder Opfers, Unfallfahrzeuge im

1) Gesetz vom 05.03.1998, Gesetzesmaterialien hierzu Drs. 13/8651, 13/9644.

Falle des § 315 c StGB. Kommen sie zugleich als Verfallsgegenstände in Betracht, wie etwa Beutestücke, kommt eine Rückgabe an den Verletzten im Rahmen der oben erwähnten Rückgewinnungshilfe in Betracht (§ 73 I S. 2 StGB, § 111 b V StPO). Über die Rückgabe entscheidet im Ermittlungsverfahren die StA; wenn der Gegenstand der StA noch nicht vorgelegt worden ist (§163 II), der die Maßnahme anordnende HiBeStA.

3 Verfallsgegenstände (VG), §§ 73 – 73 e, ferner §§ 76 – 76 a StGB

3.1 Begriffsbestimmung

Der **Verfall** ist eine Maßnahme zur Abschöpfung der durch eine *rechtswidrige* Tat erlangten Vermögenswerte. Sie ist aber auch eine Maßnahme zur Wiederherstellung verletzten Rechts, da die Schadloshaltung des Verletzten dem Verfall des Wertes zugunsten des Staates vorgeht (§ 73 I S. 2 StGB). In diesem Fall sieht § 111 b V die Beschlagnahme des VG als *Rückgewinnungshilfe* für den Verletzten vor.

Beispiel: *Beschlagnahme des von einem Hehler gezahlten Betrages für ein gestohlenes Autoradio.*

Der Verfall richtet sich grds. gegen den Täter oder Teilnehmer, nach Maßgabe des § 73 III/IV StGB aber auch gegen bösgläubige Hintermänner.

3.2 Voraussetzung des Verfalls

Der Verfall erstreckt sich auf solche *Gegenstände* oder *Vermögenswerte* (= jeder wirtschaftlich messbare Bruttovorteil, wie Sache, Recht, Einsparung durch Nutzung einer Sache), die

- **unmittelbar für** die Tat bezogen wurden (§ 73 I StGB);

  Beispiele: *Entgelt für gedungenen Schläger oder für Gehilfentätigkeit oder der Bestechungslohn.*
- **unmittelbar aus** der Tat bezogen wurden (§ 73 I StGB);

  z. B. aus Betrug, Diebstahl, Zuhälterei; allerdings gehen Rechte der Geschädigten gem. § 73 I, S. 2 StGB vor.
- **mittelbar durch** die Tat bezogen wurden (§ 73 II StGB).

  Beispiele: *Die durch die Tat gezogenen Nutzungen, wie der Erlös für den Verkauf der Beute, der vom Gehilfenlohn gekaufte Gegenstand oder Einsparungen durch die (längere) Nutzung eines gestohlenen Pkw.*

Mit dem **OrgKG** vom 15.7.1992 wurde der sog. **Erweiterte Verfall** gem. § 73 d StGB eingefügt. Nach dieser Vorschrift genügt für die *gerichtliche* Anordnung des Verfalls, dass *Umstände die Annahme rechtfertigen*, dass Gegenstände oder sonstige Vermögenswerte dem Verfall unterliegen. Einschränkend gilt das allerdings nur für *solche* rechtswidrigen *Tatbestände*, in denen ausdrücklich auf § 73 d verwiesen wird, u. a. §§ 244 a III, 261 VII, 263 VII, 263 a VII, 282 StGB (Näheres in Kap. A 7.2). Die Tatbestände machen bereits deutlich, dass die Maßnahme im Kampf gegen die **Organisierte Kriminalität** dem Ziel dient, den Tätern/Banden ihre finanzielle Basis zu entziehen.

So kommt die Anwendung des § 73 d StGB z. B. in Betracht, wenn Kuriere ergriffen werden, die neben dem Rauschgift erhebliche Geldmengen mit sich führen, deren legale Herkunft nicht nachgewiesen werden kann.

3.3 Voraussetzungen der Beschlagnahme nach § 111 b

Die Herkunft der Gegenstände oder sonstigen Vermögenswerte muss im vorstehenden Sinne nachweisbar sein, andernfalls scheidet die gerichtliche Anordnung des Verfalls später aus. Für ihre Beschlagnahme im Ermittlungsverfahren genügt allerdings ein **Anfangsverdacht** i. S. v. § 152 II, wie sich aus § 111 b I ergibt. Das wird durch § 111 b III ausgeglichen, wie oben unter Ziff. 2.3 näher dargelegt.

Zu den übrigen Voraussetzungen vgl. Sie oben unter II.

3.4 Wirkung des Verfalls

Die Verfallsgegenstände bzw. Vermögenswerte gehen mit Rechtskraft des Urteils in das Eigentum des Staates über (§ 73 e StGB). Die wirksame Anordnung der Beschlagnahme eines VG hat bereits ein Veräußerungsverbot i. S. v. § 136 BGB zur Folge (§ 111 c V).

Fall zur Bedeutung der Beschlagnahme von VG:

In einer Kölner Disco war ein Dealer beim Verkauf von Heroin durch Polizeibeamte beobachtet worden (§ 29 I Nr. 1 BtMG). Die Beamten durchsuchten die Kleidung des Tatverdächtigen und beschlagnahmten mehrere Tüten mit insgesamt 20 Gramm Heroin sowie einen Geldbetrag von 8.500 Euro als *Beweismittel* gemäß §§ 94, 98.

Noch am gleichen Tag wurde der Tatverdächtige mit einem Rechtsanwalt darüber einig, dass dieser ihn für die Summe von 8.500 Euro verteidigen sollte. Eine schriftliche Abtretungserklärung übergab der Tatverdächtige dem Anwalt.

Dieser war damit gemäß § 931 BGB Eigentümer des *nur* als BM beschlagnahmten Geldes geworden. Als er von der Polizei die Herausgabe (§ 111 k) des Geldes forderte, machte diese zunächst geltend, sie werde das Geld nun auch gemäß §§ 111 b ff. beschlagnahmen.[1]

Dies war aber gar nicht zulässig, weil die Voraussetzungen des Verfalls durch den Eigentumsübergang auf den Anwalt nicht mehr vorlagen.

Das OLG Köln entschied schließlich, dass das Geld an den Anwalt herauszugeben sei (§ 985 BGB).

Erkenntnis: Der Tatverdächtige hätte nicht die Früchte seiner Tat (Geld aus strafbarem Verkauf von Betäubungsmitteln) zu seiner Verteidigung nutzen können, wenn die eingeschrittenen Beamten das Geld *sogleich auch* nach §§ 111 b ff. beschlagnahmt und dies aktenkundig gemacht hätten.

4 Grundsätzliche Unterschiede der beiden Beschlagnahmearten (§§ 94 ff. / 111 b ff.)

Abweichend von § 94 kommt bei VG und EG als *rechtliche* Form der Maßnahme nur die *(förmliche)* Beschlagnahme in Betracht (§ 111 b I) sowie die des dinglichen Arrestes (§§ 111 b II, 111 d).

Die Beschlagnahme von EG/VG ist zulässig, wenn **Gründe** (tatsächliche Anhaltspunkte, die *noch keine dringenden* zu sein brauchen) für die Annahme vorhanden sind, dass die Voraussetzungen für den Verfall (bei EG für die Einziehung) gegeben sind. (Besonderheiten gelten für den sog. *Erweiterten Verfall* gem. § 73 d StGB, wie unter Ziff. 3 dargestellt).

§ 94 setzt bei *Beweismitteln* stets nur voraus, dass diese für die Untersuchung von Bedeutung sein *können.* Dabei ist bezüglich des rechtlichen Verpflichtungsgrades der Verfolgungsorgane (StA, Polizei) die Beschlagnahme nach § 94 obligatorisch (zwingend), die nach § 111 b prinzipiell fakultativ (dem pflichtgemäßen Ermessen anheim gestellt).

Ein *Beschlagnahmeverbot* sieht § 97 allein für bestimmte *Beweismittel* vor. Für die Beschlagnahme von Verfalls- und Einziehungsobjekten gibt es ein derartiges Privileg nicht.

Anders als bei Beweismitteln (§ 94) darf die Beschlagnahme von VG und EG *nur dann* bei Gefahr im Verzuge von einer *Ermittlungsperson der StA* angeordnet werden, wenn es sich um *bewegliche* Sachen handelt (§ 111 e I).

Mit der *Durchführung* der Beschlagnahme von VG/EG dürfen anders als bei der Durchführung einer Beschlagnahme von Beweismitteln (§ 94) nur *EP/StA* betraut werden (§ 111 f).

Die richterliche Bestätigung für die Beweismittelbeschlagnahme (§ 94) soll bei Abwesenheit oder Widerspruch des Betroffenen binnen 3 Tagen nachgesucht werden (§ 98 II). Für die Beschlagnahme zur Vollstreckungssicherung (§§ 111 b/c) ist dagegen ein solcher Antrag innerhalb einer Woche und nur bei *Immobilien* zu stellen (§ 111 e II).

Die Beschlagnahme eines VG oder EG (§ 111 c) hat die Wirkung eines sog. relativen *Veräußerungverbotes* im Sinne der §§ 135, 136 BGB.[2]

---

1) Zum rechtsgeschäftlichen Eigentumserwerb vgl. Sie den **Exkurs** in Kap. B 18.3.
2) OLG Düsseldorf NJW '95, 2239.

Das Verbot umfasst auch andere Verfügungen über den Gegenstand bzw. sein Nutzung (§ 111 c V).

Konsequenz: Kommt ein Gegenstand sowohl als Beweismittel (§ 94) als auch als VG/EG (§§ 73, 74 StGB) in Betracht, sollte die Beschlagnahme auch (neben §§ 94/98) nach den §§ 111 b, c, erfolgen, da dann jede Verfügung – etwa durch Verkauf (§ 433 BGB) bewirkter Eigentumsübergang (§§ 929 ff. BGB) – über diesen Gegenstand unwirksam wäre.

Soweit der Verfall eines bestimmten VG nicht möglich ist, kann das Gericht den Verfall eines entsprechenden Geldbetrages anordnen (§ 73 a StGB). Die Höhe des Betrages kann auch durch Schätzung festgelegt werden (§ 73 b StGB).

Die tief greifenden Unterschiede der beiden Sicherstellungsverfahren → §§ 94 ff. = Verfahrens- (Beweismittel-)sicherung sowie → §§ 111 b ff. = Vollstreckungs- (Einziehungs- u. Verfalls-)sicherung – in Voraussetzungen und Folgen gebieten es, die Zweckbestimmung der jeweils getroffenen Maßnahme in der Beschlagnahmeanordnung unzweifelhaft klarzustellen und *aktenkundig* (z. B. NRW 10) zu machen.

Soll die ursprünglich nur zum Zweck der Beweismittelsicherung erfolgte Beschlagnahme *nachträglich* auf den Zweck der Vollstreckungssicherung erweitert werden, bedarf es einer *erneuten* förmlichen Beschlagnahmeanordnung unter Beachtung der Ermächtigungs- und Formvorschriften! Denn von der Zielrichtung und Wirkung her liegt ein neuer Rechtseingriff vor.

IV. Fallbearbeitung

Sachverhalt:

Mantu und Kroll haben beschlossen, ein Rind auf der Weide des Landwirts Arend zu schlachten und das Fleisch zu verkaufen.

Mit einem *VW-Kombi* fahren sie gegen 20.30 Uhr zur Weide des Landwirts Arend. Dort durchschneiden sie mit einer *Drahtschere* den elektrischen Sicherungsdraht. Mit einem *Metzgermesser* töten sie ein Rind, laden es in den *Kombi* und fahren davon.

Ein Zeuge hat diesen Vorfall beobachtet und verständigt die Polizei. Da er eine genaue Beschreibung des Täterfahrzeuges abgibt, können Sie (PK) mit einem Kollegen Mantu und Kroll nach kurzer Zeit anhalten.

Als Sie den *Tierkadaver* auf der Ladefläche des Fahrzeuges entdecken, geben die Männer auf Vorhalt den vorbeschriebenen Sachverhalt zu. Im Handschuhfach des VW-Kombi finden Sie eine geladene *Pistole,* Kal. 7,65 mm.

Die von den Verdächtigen benutzten Hilfsmittel *gehören Mantu.* Kroll war bekannt, dass Mantu die Pistole mitführte.

Aufgaben:

1. Stellen Sie ohne Begründung fest, welcher Straftat(en) Mantu und Kroll verdächtig sind!
2. Nennen Sie die getroffenen bzw. noch zu treffenden strafprozessualen Maßnahmen gegen Mantu und Kroll!
3. Begründen Sie die Rechtmäßigkeit der hier in Betracht zu ziehenden strafprozessualen Beschlagnahme gem. §§ 111 b ff. StPO!

Hinweis: Mantu und Kroll sind mit Ihren Maßnahmen nicht einverstanden, dulden sie aber.

Zur Aufgabe 1:

1.1 Diebstahl mit Waffen z. N. von Arend, § 244 I 1 a) StGB.

1.2 Sachbeschädigung z. N. des Landwirts, § 303 StGB.

1.3 Mittäterschaftliche Begehung, § 25 I/II StGB.

1.4 Erwerb und Führen einer halbautomatischen Waffe sowie verbotener Erwerb von Munition durch Mantu; § 52 III WaffG.

1.5 Rechtswidrigkeit, Schuld, Deliktstyp.

Zur Aufgabe 2:

2.1 Identitätsfeststellung von Mantu und Kroll, § 163 b I, § 163 c; Näheres im Kap. C 9.

2.2 Durchsuchung des Mantu und Kroll sowie des Kfz zur Auffindung vom BM/EG/ Spuren der Tat, § 102, § 105 I, § 107; Näheres im Kap. C 7.

2.3 Beschlagnahme der Waffe und Drahtschere, des Metzgermessers, Fahrzeuges und Kadavers als Beweismittel, § 94, I/II, § 98 I/II, § 109, § 111 k (Tierkadaver).

2.4 Beschlagnahme der Waffe und Drahtschere, des Messers und Fahrzeuges als Einziehungsgegenstände, § 111 b I, § 111 c I, § 111 e I, § 111 f I, § 111 c V.

2.5 ED-Behandlung des Mantu und Kroll, soweit erforderlich, § 81 b, 2. Alt.; Näheres in Kapitel C 5.

Zur Aufgabe 3:

Methodische Anmerkungen	**Begründung der Maßnahmen**
Nennung der Maßnahme:	Beschlagnahme – der Waffe, – der Drahtschere, – des Metzgermessers und – des Fahrzeuges als *Einziehungsgegenstände* (§ 74 StGB) gemäß §§ 111 b ff. StPO.
Grundvoraussetzung nach § 111 b I, III:	Die genannten Gegenstände können nach § 111 b I sichergestellt werden, wenn Gründe (tatsächliche Anhaltspunkte, die in diesem Zeitpunkt noch keine dringenden zu sein brauchen, wie sich aus § 111 b III ergibt) für ihre (spätere) gerichtliche Einziehung vorliegen. Diese Gründe könnten sich aus § 74 StGB ergeben.
Voraussetzung der Einziehung gem. § 74 StGB:	Danach sind Einziehungsgegenstände (EG) u. a. solche Gegenstände, mit denen die Tat ausgeführt wurde (*Instrumente* der Tat). Dass die oben genannten Gegenstände im vorliegenden Fall zur Ausführung der Diebstahlshandlung verwendet wurden, ist hier unzweifelhaft. Die Gegenstände sind auch keine sog. Beziehungsgegenstände der Tat nach § 244 I 1 a StGB, weil diese sich nicht gerade auf sie erstreckte und die Gegenstände auch nicht zur Tatausführung notwendig waren. Die Gegenstände gehören einem der Täter zum Zeitpunkt der Maßnahme.
Waffe und Munition unterliegen als Beziehungsgegenstände auch nach § 56 WaffG der Einziehung.	Bzgl. des Verstoßes gegen § 52 III WaffG kommt (auch) § 54 I WaffG als Einziehungsvorschrift in Betracht. Es liegen somit Gründe für die Annahme vor, dass das Gericht die Einziehung der genannten Gegenstände im Urteil anordnen werden wird.
Rechtsform der Maßnahme:	Die Sicherstellung der EG ist gem. § 111 b I in der Rechtsform der Beschlagnahme vorzunehmen.
Anordnung der Maßnahme:	Bei G. i. V. dürfen auch EP/StA (hier PK) die Beschlagnahme beweglicher EG anordnen (§ 111 e I).
Rechtswirkung:	Es besteht hier G. i. V., da Mantu die Zeitspanne bis zur richterlichen Anordnung nutzen könnte, die Gegenstände gem. § 931 BGB

Methodische Anmerkungen	**Begründung der Maßnahmen**
	zu veräußern (Exkurs im Kap. B 21.2). Da dieser Verfügung die Maßnahmen nach §§ 94 ff. StPO rechtlich nicht entgegenstünden, wäre die Verwirklichung der staatlichen Ansprüche auf Einziehung gefährdet. Die Beschlagnahme hat gem. § 111 c V ein relatives Veräußerungsverbot i. S. v. § 136 BGB zur Folge. Durch die Beschlagnahme entsteht ein öffentlich-rechtliches Verwahrungsverhältnis i. S. d. § 688 BGB. Dies begründet eine Haftungsfunktion gem. § 839 BGB i. V. m. Art. 34 GG.
Durchführungskompetenz:	Die Maßnahme begründet nach außen einen Strafschutz gem. §§ 136 I, II StGB.
Formvorschriften: – Bewirkung der Maßnahme:	Als EP/StA durfte ich (PK) die Beschlagnahme der beweglichen EG auch durchführen (§ 111 f I).
– Verzeichnis, – Belehrung:	Die Beschlagnahme wird bis auf das Kfz, das aus Zweckmäßigkeitsgründen bei einer Vertragsfirma abzustellen ist, durch Inverwahrungnahme bewirkt (§ 111 c I).
– Kennzeichnung, § 109:	§ 107 gilt auch bei Maßnahmen nach §§ 111 b ff., so dass dem betroffenen Mantu auf Verlangen ein Verzeichnis über die beschlagnahmten Gegenstände auszuhändigen ist. Der Beschlagnahmegrund ist ihm mitzuteilen (§ 111 b III).
Verhältnismäßigkeit:	Die EG sind zum Schutz vor Verwechselungen zu kennzeichnen (§ 111 b III). Die Maßnahme war geeignet und erforderlich, den staatlichen Anspruch zu sichern. Zwischen ihrem Anlass (§ 244 I 1 a StGB) und ihrer Auswirkung auf den Grundrechtsadressaten Mantu bestand ersichtlich kein Missverhältnis.
Ergebnis:	Die Maßnahme war daher auch rechtmäßig.
Ergänzende Anmerkung:	Der Tierkadaver hätte als Verfallsgegenstand (§ 73 StGB) ebenfalls nach §§ 111 b ff. StPO beschlagnahmt werden dürfen, und zwar hier im Rahmen der sog. Rückgewinnungshilfe (§ 73 I S. 2 StGB, § 111 b IV StPO). Allerdings war die Maßnahme hier nicht notwendig, da – eine entwendete Sache nicht wirksam veräußert werden kann (§ 935 I BGB), – der Kadaver auch nicht anderweitig beseitigt werden konnte, da er sich aufgrund seiner Beschlagnahme als Beweismittel bereits in amtl. Verwahrung befand und – der Kadaver nach den Grundsätzen des § 111 k ohnehin an den Verletzten herauszugeben war.

V. Sonderregelungen zur Beschlagnahme

Postbeschlagnahme, §§ 99, 100

§ 99 erfasst

- die Beschlagnahme der an den Beschuldigten gerichteten Postsendungen und Telegramme, die sich im Gewahrsam von Personen (z.B. Zusteller) oder Unternehmen (z.B. Parcel Service) befinden, die geschäftsmäßig Post- und Telekommunikation erbringen;

– die Beschlagnahme von Postsendungen und Telegrammen – hier unabhängig von der Gewahrsamslage - wenn Tatsachen vorliegen, dass sie vom Beschuldigten herrühren oder für ihn bestimmt sind und der Inhalt untersuchungsrelevant ist.

Nach § 100
– erfolgt die **Anordnung** durch das Gericht, bei G.i.V. durch die StA, aber mit dem Vorbehalt gerichtlicher Bestätigung binnen drei Tagen (I/II);
– ist das Gericht zur **Öffnung** der ausgelieferten Postsendungen zuständig, es kann seine Befugnis zu Sicherung des Untersuchungserfolges auf die StA übertragen (III);
– IV – VI werden Zuständigkeit des Gerichts bei von der StA verfügten Maßnahmen; Weiterleitung bei nicht angeordneter Öffnung; abschriftliche Mitteilung an den Empfänger geregelt.

Beschlagnahme von Presseerzeugnissen:

Die *beweissichernde* Beschlagnahme (§ 94) von dem Zeugnisverweigerungsrecht (§ 53 I 5) der *periodischen* Presse unterliegenden Schriftstücken bei Tatverstrickung i. S. v. § 97 V 2 i. V. m. II 3 darf nur durch den *Richter* angeordnet werden, wenn sie *in* den Redaktions-, Verlags- oder Produktionsräumen vorgenommen werden soll.

Außerhalb dieser Räume sowie unabhängig vom Ort der Beschlagnahme stets dann, wenn der Presseangehörige selbst *Beschuldigter* ist, gilt für die Anordnung die allgemeine Notkompetenz der StA und ihrer Ermittlungspersonen gem. § 98 I S. 2.

Die Anordnung der *vollstreckungssichernden* Beschlagnahme (§§ 111 b ff.) *periodischer* Druckwerke und ihrer Herstellungsmittel (§ 74 d 2 StGB) ist dagegen allein dem Richter vorbehalten (§ 111 n I 1).

Für die Anordnung der *beweissichernden* Beschlagnahme (§ 94) bei der dem Zeugnisverweigerungsrecht und Beschlagnahmeprivileg nach § 53 I Nr. 5, § 97 V I nicht unterliegenden *nichtperiodischen*[1] Presse gilt ausnahmslos die allgemeine Dringlichkeitskompetenz der StA und ihrer Ermittlungspersonen (§ 98 I 2, II).

Die Anordnung der *vollstreckungssichernden* Beschlagnahme darf im Unterschied zur periodischen Presse hier auch die StA bei G. i. V. treffen (§ 111 n I 2).

Beschlagnahme im Bereich des Rundfunks:

Da der Rundfunk unter dem Schutz von Zeugnisverweigerungsrecht und Beschlagnahmeverbot nach §§ 53 I 5, 97 V 1 steht, ist die Anordnung zur Beweismittelbeschlagnahme nach § 97 V 2 dem Richter vorbehalten, sofern die Maßnahme in der Redaktion oder Rundfunkanstalt erfolgt.

Erfolgt die Maßnahme hingegen außerhalb dieser Räume oder gegenüber beschuldigten Rundfunkangehörigen, ist die Anordnung bei G. i. V. der StA und ihren Ermittlungspersonen gestattet.

Für die *vollstreckungssichernde* Beschlagnahme gilt die allgemeine Anordnungskompetenz der StA und ihrer Ermittlungspersonen nach § 111 e I.

Anordnung des dinglichen Arrestes, Vermögensbeschlagnahme, §§ 111 o f.

Die mit dem OrgKG vom 15.07.1992 eingeführten §§ 111 o – p enthalten das strafprozessuale Instrumentarium zur Durchsetzung der *Vermögensstrafe*[2] (§ 43 a StGB) im Ermittlungsverfahren. Liegen danach Gründe für die Verhängung der Vermögensstrafe vor, kann zu deren Sicherung der dingliche Arrest angeordnet werden (§ 111 o I). Sofern die spätere Vollstreckung der Vermögensstrafe mit dieser Maßnahme nicht gesichert erscheint (das Verfahren des Arrestes vollzieht sich nach der ZPO), kann das Vermögen des Beschuldigten ganz oder teilweise beschlagnahmt werden (§ 111 p I), mit der Wirkung, dass es dem rechtsgeschäftlichen Zugriff des Inhabers entzogen ist.

1) Zur Telekommunikationsüberwachung nach § 100 a vgl. Sie Kap. C 14.7.
Publikationen, die nicht in ständiger Folge oder die im Abstand von mehr als 6 Mon. erscheinen.
2) Näheres zu den Begriffen in Kap. A. 7.2.

Die Maßnahme erfolgt auf entsprechenden Antrag der StA durch *Anordnung* des Gerichts, bei G. i. V. durch die der StA, die sodann die gerichtliche Bestätigung innerhalb einer Woche zu beantragen hat (§ 111 o III).

Mit der *Durchführung* des angeordneten Arrestes bzw. der Beschlagnahme des Vermögens in *bewegliche* Sache dürfen auch Hilfsbeamte der StA beauftragt werden (§ 111 o IV).

Die Maßnahme stellt eine wesentliche Verbesserung der gesetzlichen Möglichkeiten der *Gewinnabschöpfung* dar und soll im Zusammenwirken mit anderen Bestimmungen des OrgKG[1] eine spürbare Eindämmung der gewinnorientierten (organisierten) Kriminalität bewirken.

Im Gegensatz zum *Geldstrafensystem*, das schuldabhängig ist,[2] und dem Verfall[3], der sich stets auf eine bestimmte Straftat zu beziehen hat, eröffnet § 43 a StGB den Zugriff auf Vermögenswerte des Beschuldigten schlechthin. Vermögenswerte, deren kriminelle Herkunft zwar nahe liegt, die sich jedoch nicht konkret fassbaren Straftaten zuordnen lassen.

7 Die Durchsuchung in Strafsachen, §§ 102 ff.

7.1 Gesamtübersicht

Voraussetzungen der Durchsuchung (D.) beim **Verdächtigen – § 102 –**

Voraussetzugen der Durchsuchung (D.) beim **Unverdächtigen – § 103 I** S. 1 u. **II –**

Verdacht einer bestimmten Straftat:
Nach dem jeweiligen Stand der Ermittlungen deuten konkrete Anhaltspunkte auf eine bestimmte verfolgbare Straftat hin.

Verdacht der Täterschaft ... § 102:
von der D. betroffene Person steht im Verdacht der Täterschaft, Teilnahme, Begünstigung, Strafvereitelung oder Hehlerei;

Unverdächtiger § 103:
von der D. betroffene Person wird selbst **nicht** verdächtigt;

zulässige **Durchsuchungsobjekte:**
- Verdächtige/Unverdächtige
- ihnen gehörende Sachen
- ihre Wohnungen
- andere ihnen gehörende Räume

zulässiger **Durchsuchungszweck:**
Ergreifung des Verdächtigen/Beschuldigten u./od. **Auffindung** v. Spuren/Beschlagnahmegegenständen;

Erfolgsaussicht, § 102:
Vermutung, dass die D. zur Ergreifung des Verdächtigen oder/und zur Auffindung von Spuren, BM, EG, VG führen wird;

Erfolgsaussicht, § 103 I:
Schluss aus **Tatsachen** , dass **bestimmte** Spuren, BM, EG, VG oder der Beschuldigte selbst gefunden werden;

Besonderheit, § 103 II!
Sofern der Beschuldigte die Räume Unverdächtiger während seiner Verfolgung betreten hat oder in ihnen ergriffen worden ist, gilt für die D. der Räume **§ 102!**

1) Vgl. Sie hierzu Kap. B 18.6 und B 20.5.
2) Vgl. Sie §§ 40 ff. StGB und Kap. A 6 und 7.
3) Vgl. Sie §§ 73 ff. StGB und Kap. C 6.4.

Fortsetzung der Gesamtübersicht:

↓

Nachtzeitschranke – § 104 I –

Die D. von **Räumlichkeiten** zur Nachtzeit (§ 104 III) ist nur zulässig bei:

- **Gefahr im Verzug,**
- **Verfolgung auf frischer Tat** oder
- **Wiederergreifung eines Entwichenen.**

↓

Fortfall der Nachtzeitschranke – § 104 II –

Bei der D. der nachfolgenden Räume brauchen nur die Voraussetzungen der §§ 102 od. 103 vorzuliegen:

- Räume, die zur Nachtzeit jedermann zugänglich sind (z. B. Bars)
- Räume, die der Polizei bekannt sind als
  - Herbergen/Versammlungsorte vorbestrafter Personen,
  - Niederlagen von Sachen, die mittels Straftaten erlangt sind,
  - Schlupfwinkel des Glücksspiels, des unerlaubten Betäubungsmittel-/Waffenhandels, der Prostitution.

↓

Durchsuchungsanordnung – § 105 I S. 1 –

Die Anordung erteilt grds. der Richter, bei G. i. V. auch der StA und die EP/StA.

↓

beim **Verdächtigen** ← **Formvorschriften, §§ 105 II -110** → beim **Unverdächtigen**

beim Verdächtigen	beim Unverdächtigen
– **§ 105 II:** Pflicht, nach Möglichkeit **Zeugen** hinzuzuziehen, wenn Räumlichkeiten ohne Beisein d. Richters od. d. StA durchsucht werden sollen.	– **§ 105 II:** wie beim Verdächtigen.
– **§ 106 I:** Betroffener hat Recht auf Anwesenheit. Pflicht, bei dessen Abwesenheit nach Möglichkeit Vertreter hinzuzuziehen.	– **§ 106 I:** wie beim Verdächtigen.
– **§ 106 II:** Bekanntgabe des D.-Zwecks ist nicht *vor* deren Beendigung erforderlich.	– **§ 106 II:** Bekanntgabe hat **vor** Beginn der D. zu erfolgen – außer im Falle des § 104 II.
– **§ 107:** Aushändigung einer schrift. Mitteilung auf Verlangen über **Grund** der D., **Tatverdacht** und **Verzeichnis** der ggf. beschlagnahmten Gegenstände od. darüber, dass nichts gefunden wurde (in NRW durch NRW 10).	– **§ 107:** wie beim Verdächtigen; allerdings braucht die Straftat nicht bezeichnet zu werden.

↓

Besonderheiten der Durchsuchung

- § 108: Beschlagnahme von Zufallsfunden anläßsslich einer D.
- § 110: Durchsicht von Papieren.
- § 97: D. muss sich auf beschlagnahmefähige Gegenstände beziehen.
- § 103 I S. 2: Gebäudedurchsuchung (Kap.C 7.8).

↓

Verhältnismäßigkeit

– Geeignetheit – Erforderlichkeit – Angemessenheit –

Grundrechtsschutz

Maßnahmen nach §§ 102 ff., 105 I beschränken die allgemeine Handlungsfreiheit des Betroffenen (Art. 2 I GG). Die *körperliche* D. schränkt auch das Grundrecht der Freiheit der Person (Art. 2 II S. 2 GG [Art. 104 I GG]) ein. Die *Wohnungsdurchsuchung* greift in das Recht auf Unverletzlichkeit der Wohnung ein (Art. 13 I GG).

Soweit personenbezogene Daten bei einer D. gesichtet werden, ist auch das allgemeine Persönlichkeitsrecht aus Art. 2 I i. V. m. Art. 1 I GG betroffen (→ Kap. C 7.6 g).

In alle Rechte darf auf Grund dieses Gesetzes (§§ 102 ff.) unter Wahrung des Verfassungsgrundsatzes der Verhältnismäßigkeit sowie der Beachtung der zwingenden Formvorschriften und der jeweils festgelegten Anordnungskompetenz eingegriffen werden.

Die **Wohnungsdurchsuchung** darf als besonders schwerwiegender Eingriff nur ausnahmsweise von der StA oder ihren Ermittlungspersonen angeordnet werden (BVerfG 2 BvR 1444/00 NStZ '00, 337; BVerfG 2 BvR 1619/00 NStZ '02, 372).

Exkurs: Die Durchsuchung zur Gefahrenabwehr, dargestellt am PolG NRW[1]

Durchsuchung von Personen, § 39:	Durchsuchung von Sachen, § 40:	Betreten und Durchsuchen von Wohnungen, §§ 41, 42:

– Person wird rechtmäßig festgehalten (Eigensicherung u. Schutz, § 39 I 1, II);
– Annahme ist gerechtfertigt, dass sicherzustellende Sachen gefunden werden, § 43;
– Person befindet sich in hilfloser Lage;
– Person hält sich an *gefährlichem* Ort auf, § 12 I 2;
– Person hält sich an *gefährdetem* Objekt, § 12 I 3, auf, an dem Straftaten begangen werden, durch die Objekt/Personen gefährdet werden;
– zum Zwecke der IF können *Personen* auch nach § 12 II durchsucht werden;
	– von einer Person mitgeführt, die nach § 39 durchsucht werden darf;
	– Annahme durch Tatsachen gerechtfertigt, dass sich in der Sache
	  – eine Person befindet, die in Gewahrsam genommen werden darf, § 35 *oder* widerrechtlich festgehalten wird *oder* hilflos ist;
	  – eine Sache befindet, die sichergestellt werden darf, § 43;
	– Sache befindet sich an *gefährlichem* Ort, § 12 I 2;
	– Sache befindet sich an *gefährdetem* Ort, § 12 I 3;
	– zum Zwecke der IF vom Betroffenen mitgeführte Sachen, § 12 II;
		– zur Ingewahrsamnahme oder Vorführung von Pers., § 35, § 10 III; § 41 I 1;
		– zur Sicherstellung von Sachen, § 43 I 1; § 41 I 2;
		– zur Abwehr von Immissionen, § 41 I 3;
		– zur Abwehr ggw. Gefahren f. L/L oder für Sachen v. bedeutendem Wert, § 41 I 4;
		– Nachtzeitschranke, § 41 II;
		– jederzeitiges Betreten zur Abwehr *dringender* Gefahren, § 41 III;
		– Betreten v. Geschäftsräumen etc. u. öff. zugänglichen Räumen im Rahmen einfacher Gefahrenabwehr (§ 1 I) während der Öffnungszeiten, § 41 IV;

– Adressat: ergibt sich aus I u. II; – Anordnungskompetenz: jeder Polizeibeamte; – Verhältnismäßigkeit; – Formvorschriften, § 39 III; – D. v. Person gleichen Geschlechts oder Arzt;	– Adressat: Inhaber/Eigentümer; – keine besondere Anordnungskompetenz; – Verhältnismäßigkeit; – Formvorschriften, § 40 II. – Anwesenheitsrecht, – Vertreter, Zeuge, Bescheinigung.	– Adressat: Inhaber / Eigentümer; – Anordn'kompetenz: bei G.i.V. jeder Polizeibeamte, § 42 I; – Verhältnismäßigkeit; – Anwesenheitsrechte, § 42 II; – Formvorschriften, § 42 III-VI, – Niederschr., Belehrung;

Fall:

Aachen – Hausbewohner hatten die Polizei am Freitagabend alarmiert, weil sie befürchteten, dass der „gesundheitlich angeschlagenen" alten Dame, die in dem Sechsfamilienhaus in einer kleinen Souterrainwohnung lebe, etwas passiert sei. Immerhin habe sich die 83-Jährige seit nunmehr zwei Tagen nicht mehr sehen und hören lassen ...

Die eingesetzten Polizeibeamten ermittelten vor Ort, dass die Rolläden besagter Wohnung seit „mehreren Tagen" nicht mehr hochgezogen worden waren. Auf Rufe und Klopfzeichen reagierte die Frau auch jetzt nicht. Die Beamten ließen daraufhin durch einen Schlüsseldienst die Wohnungstür öffnen. Sie fanden die alte Dame jedoch friedlich schlafend in ihrem Bett. Sie erklärte, es sei ihr ein paar Tage nicht gut gewesen. Deshalb habe sie sich schlafen gelegt...

Hinweise: Bzgl. der Aufgabenzuweisung vgl. Sie den Exkurs in Kap.C 2.2; zur Anwendung des Verwaltungszwanges Kap. 2.10-Exkurs. Die Betrachtung des Anscheinstörers erfolgt aus 'Ex-anté-Sicht, die Festlegung der Kostenpflicht aus 'Ex-post'-Sicht.

Zweifelhaft könnte sein, ob Gefahr im Verzuge bestand. Hier bestand eine Lebensgefahr (als Anscheinsgefahr aus nachträglicher Betrachtung). Da der aktuelle Zustand der alten Dame nicht bekannt war, musste sofort gehandelt werden. Aber es bestand ggf. nach Anforderung des Schlüsseldienstes in der Wartephase die Gelegenheit, einen Richter über die Leitstelle einzuschalten (§ 42 I PolG NRW).

1) Weitgehend inhaltsgleich mit den übrigen Landespolizeigesetzen und §§ 43–46 BPolG.
Weitere Zutrittsrechte ergeben sich aus den Feuerschutzhilfegesetzen, z. B. § 31 II, III FSHG NRW.
Betretungs- u. Durchsuchungsrechte für Polizeibeamte enthalten auch § 44 WPflG und § 23 a ZDG.

7.2 Die Durchsuchung beim Verdächtigen, § 102[1]

I. Ausgangsfall

Mit Pkw überschlagen

Düren – Auf der L 12 zwischen Langerwehe und Schevenhütte geriet am Sonntagnachmittag ein 23-jähriger Pkw-Fahrer in Höhe des Kilometersteins 1,6 ins Schleudern. Wie die Polizei mitteilt, kam der Pkw von der Fahrbahn ab, überschlug sich und blieb auf einer Wiese, die etwa 1,50 m unter Fahrbahnniveau liegt, stehen.

Ein Weidezaun wurde beschädigt. Der Fahrer entfernte sich, ohne sich um den Schaden zu kümmern. Im Zuge einer Fahndung wurde er in seiner Wohnung angetroffen. Da der Mann unter Alkoholeinwirkung stand, wurde eine Blutprobe veranlasst, der Führerschein wurde sichergestellt.

II. Gesetzliche Voraussetzungen

Verdacht der Täterschaft bzgl. einer der Art nach bestimmten Straftat

Durchsuchungsobjekte
Person des Verdächtigen/ihm gehörende Sachen/seine Wohnung/andere ihm gehörende Räume

Durchsuchungszweck
Ergreifung des Verdächtigen / Auffindung von BM, EG, VG

Erfolgsaussicht
Vermutung, dass die Durchsuchung erfolgreich verlaufen werde

Anordnungskompetenz →C. 7.5
Formvorschriften →C. 7.6

III. Erläuterungen

Die Durchsuchung in Strafsachen ist die *planmäßige* Suche nach Personen, Sachen oder Spuren. Sie kann das Ziel haben, eine Person, i. d. R. den Tatverdächtigen, zu ergreifen oder Beweismittel, Einziehungs- oder Verfallsgegenstände oder Spuren der Tat aufzufinden.

Die §§ 102 ff. regeln die *offen* durchgeführte Durchsuchung, gleichgültig ob der Betroffene zugegen ist oder nicht. Mit technischen Hilfsmitteln *verdeckt* durchgeführte Ermittlungsmaßnahmen sind nur im Rahmen spezieller Befugnisnormen zulässig →C 14. Sie setzen eine bestimmte Anlasstat voraus und enthalten hohe Eingriffsschranken für die Anordnung und Durchführung.Für die verdeckte *Online-Durchsuchung,* bei der es um den heimlichen Datenzugriff auf Speichermedien wie PCs / Laptops mittels spezieller Programme geht, können mangels Normenklarheit und Tatbestandsbestimmtheit die §§ 102 ff. und §§ 100 a ff. nicht herangezogen werden (BGH StB 18/06 v. 31.1.07).

Der Gesetzgeber *unterscheidet* zwischen der D. beim Verdächtigen und der beim Unverdächtigen, zwischen der D. zur Tageszeit und der zur Nachtzeit, zwischen Anordnungskompetenz und Formvorschriften.

In diesem Kap. werden die Voraussetzungen der D. beim *Verdächtigen* dargestellt.

Tatverdacht:

Zureichende tatsächliche Anhaltspunkte müssen nach BVerfG NJW '91, 690 dafür vorliegen, dass eine der Art nach bestimmbare Straftat vorliegt.

Beispiele: *Diebstahlshandlung, Körperverletzungshandlung, Raubhandlung.*

1) Zur Durchsuchung in Owi-Sachen vgl. Sie Teil D!

Die Straftat muss auch *verfolgbar* sein. Ein zum Zeitpunkt des Einschreitens noch fehlender Strafantrag (bei Antragsdelikten) stellt aber kein Hindernis für erste notwendige Verfolgungsmaßnahmen dar, solange davon ausgegangen werden kann, dass der Strafantrag gestellt werden wird (analog § 127 III). Immunität und Exterritorialität stellen aber Verfolgungshindernisse dar, ebenso ein *offensichtlicher* Rechtfertigungsgrund des Täters oder das Kindesalter der Täterperson (§ 19 StGB).

Fall: Ein Augenzeuge rief die Polizei

Nicht viel Glück bei einem nächtlichen Raubzug hatten drei Männer in der Nacht zum Freitag. Sie wurden von der Polizei angetrunken und mit Einbruchswerkzeug in der Tasche erwischt, noch bevor sie überhaupt Beute machen konnten. Gegen 23.30 Uhr hatte ein Augenzeuge im Polizeipräsidium telefonisch mitgeteilt, dass drei Männer sich recht verdächtig in einem Haus an der Schützenstraße aufgehalten und es wieder verlassen hätten.

Noch in der Nähe des angegebenen Tatortes hatten Polizeibeamte schließlich das verdächtige Trio anhalten können (Textfortsetzung am Ende dieses Kapitels).

Berufliches Erfahrungswissen (Kenntnis von Vergleichsfällen) und kriminalistische Lagebeurteilung rechtfertigten hier bereits den Verdacht einer bestimmten Straftat (Hausfriedensbruch, § 123 StGB bzw. versuchter oder vollendeter Diebstahl, §§ 242, 22; 242 StGB).

Verdacht der Täterschaft:

Konkrete Anhaltspunkte müssen nach sachlicher Lagebeurteilung auf eine *mögliche* Täterschaft bestimmter Personen, deren Identität noch nicht festzustehen braucht, hinweisen.

Im Ausgangsfall „Mit Pkw überschlagen" ergeben sich die konkreten Anhaltspunkte für eine mögliche Täterschaft des Pkw-Halters aus der Überlegung, dass ein Privatfahrzeug dieser Art gewöhnlich von dem Halter gelenkt wird.

Im vorstehenden Fall „Ein Augenzeuge rief die Polizei" ergaben sich die konkreten Anhaltspunkte für die mögliche Täterschaft des Trios aus der Zeugenaussage und der Einschätzung des Zeugen sowie der angetroffenen Personen.

Abgrenzung: Als **Beschuldigter** ist eine Person anzusehen, gegen die aufgrund *gesteigerter* Verdachtsmomente Ermittlungshandlungen eingeleitet wurden bzw. eingeleitet werden müssen, und zwar mit dem Ziel der Anzeigenerstattung.

Der *Durchsuchungserfolg* bestätigte und verstärkte in den vorgenannten Fällen den Anfangsverdacht derart, dass die Personen *nunmehr* als *Beschuldigte* galten, gegen die das Strafverfahren zu betreiben war.

Andererseits hätte die Durchsuchung auch zu dem Ergebnis führen können, dass die Personen als Täter nicht in Betracht kamen.

In diesem Fall wären natürlich weitere Maßnahmen gegen sie unzulässig gewesen.

Die vorstehenden Fälle machen deutlich, dass der von der Durchsuchung Betroffene noch nicht Beschuldigter zu sein braucht; andererseits müssen aber *Anhaltspunkte* vorliegen, die es *rechtfertigen*, zur Tataufklärung *gerade gegen ihn* erste Maßnahmen zu treffen (Verdächtiger).

Kinder oder andere tatverdächtige Personen, gegen die das Strafverfahren nicht betrieben werden kann (z. B. wegen eines offenkundigen Rechtfertigungsgrundes, eines Schuldausschließungsgrundes oder wegen eines Verfahrenshindernisses Kapitel A 17.7), dürfen nicht mit dem Ziel durchsucht werden, sie zu ergreifen oder Belastungsmaterial gegen sie zu finden. Insofern scheidet eine Durchsuchung nach § 102 bei ihnen aus, denn sie setzt den Verdacht der Täterschaft oder Teilnahme einer Straftat voraus, die auch verfolgbar sein muss.[1] Zulässig ist die Durchsuchung nach § 102 bei Kindern aber dann, wenn die Suche dazu dient, Verfalls- oder Einziehungsgegenstände (VG/EG) zu finden und zu beschlagnahmen. Denn gem. § 76 a StGB kann auf Verfall und Einziehung selbständig entschieden werden, d. h. also auch dann, wenn das Strafverfahren

1) BVerfGE 20, 162, 185; Kleinknecht/M-G, § 102; Löwe-R., § 102 sowie Anmerkungen zu OLG Bamberg NStZ '89, 40.

gegen den Tatverdächtigen nicht betrieben werden kann. Da § 111 b II auf die §§ 102 – 110 entsprechend verweist, ist deshalb die Durchsuchung bei einem tatverdächtigen Kind gem. § 102 zulässig, wenn im Übrigen die Vermutung besteht, dass entsprechende VG/EG gefunden werden.

Dient die Durchsuchung *ausschließlich* dazu, Belastungsmaterial gegen *andere* (verfolgbare) Tatverdächtige zu finden, ist die Maßnahme auf § 103 zu gründen. Die näheren Voraussetzungen werden in Kap. C 7.3 dargestellt.

Sobald die Erziehungsberechtigten in dem Verdacht stehen, z. B. Diebstähle ihrer minderjährigen Söhne durch Unterlassen bewusst gefördert zu haben (§§ 242 ff., 27, 13 StGB), kann gegen *sie* als Verdächtige ermittelt werden.

Fall: Elf Räder im Keller

Vor der Polizei flüchteten zwei Jungen, die sich auf der Blumenstraße an Autos zu schaffen gemacht hatten. In ihren Taschen fanden die Beamten eine Vielzahl von Pkw-Typenabzeichen. Die waren von Wagen abmontiert worden.

Bei der Übergabe der beiden 13-Jährigen an deren Eltern fand die Polizei in den Wohnungen weitere Typenschilder und in einem Keller elf ausgeschlachtete Fahrräder.

Argumentieren Sie!

Durchsuchungsobjekte:

a) Person des Verdächtigen

Hierzu gehören die *Kleidung* des Tatverdächtigen, die *Körperoberfläche* sowie die ohne medizinische Hilfsmittel einsehbaren *natürlichen* Körperhöhlen. Die Durchsuchung stellt dabei ein *Nachforschen nach Spuren* (z. B. Kampfspuren auf der Haut bei Körperverletzungsdelikten) und/*oder Gegenständen* (z. B. Beute, Tatwerkzeuge in der Kleidung) dar.

Sie *unterscheidet* sich damit von der körperlichen Untersuchung (§ 81 a), die die Ergründung der Funktion oder Beschaffenheit des menschlichen Körpers zum Gegenstand hat (Einzelheiten hierzu in der Gegenüberstellung Kap. C 3.1).

b) Sachen, Wohnung, Geschäftsräume, befriedetes Besitztum[1]

Diese Objekte dürfen nach § 102 durchsucht werden, wenn sie dem Verdächtigen *gehören* d. h. wenn er die *tatsächliche* Verfügungsgewalt (ohne Rücksicht auf die Eigentumslage) über sie innehat.

Beispiele: *Taschen, Koffer, Fahrzeuge, die der Tatverdächtige mitführt, auch wenn er nicht deren Eigentümer ist; Hotelzimmer, angemietete Büroräume, Hofräume.*

Das elterliche Wohnhaus des Tatverdächtigen darf nach § 102 durchsucht werden, weil davon auszugehen ist, dass er die Räume nach eigener Entscheidung betreten/nutzen darf.

Das Wohnhaus, in dem der tatverdächtige *Untermieter* wohnt, darf nach § 102 betreten werden, sofern dies zur Durchsuchung *der* Räume notwendig ist, die der Untermieter *tatsächlich* benutzen darf (also auch ggf. Abstellräume, Flure, Kellerräume außerhalb seiner eigentlichen Wohnräume).

Bewegliche Sachen wie Kfz und deren Anhänger gehören grds. nicht zu den Geschäftsräumen (wohl aber Bau- oder Marktbuden) und schon gar nicht zum befriedeten (eingehegten) Besitztum (h. M.).

Wohnmobile und Wohnwagen als Wochenendhäuser genutzt bzw. als Ferienquartiere (dann auch wohl während der Fahrt) sind dagegen als Wohnungen i. S. v. § 123 StGB und § 102 zu qualifizieren. Die Unterscheidung bei Fahrzeugen zwischen Sachen und Wohnungen ist im Sinne von § 104 – Durchsuchung von Räumen zur Nachtzeit – stets bedeutsam, im Sinne von § 102 jedoch nur in Bezug auf den zu wahrenden Grundsatz der Verhältnismäßigkeit, da die Unverletzlichkeit der Wohnung (Art. 13 GG) einen höheren Schutzwert hat als die zumeist kurzfristige Einsichtnahme von z. B. beweglichen Sachen.

1) Zu diesen Begriffen Näheres in Kapitel B 3.

Durchsuchungszweck:

Die sog. *Ergreifungsdurchsuchung* erfasst alle auf eine Freiheitsbeschränkung bzw. -entziehung gerichteten Folgemaßnahmen.

In Betracht kommen also namentlich das Auffinden des Verdächtigen zum Zwecke seiner Identitätsfeststellung (C 9), vorläufigen Festnahme (C 10), Verhaftung (C 8), seiner *körperlichen* Durchsuchung (C 7), Inaugenscheinnahme, körperliche Untersuchung (C 3), Ed-Behandlung [Alt. 1] (C 5).

Die sog. *Ermittlungsdurchsuchung* dient dagegen dem Zweck, Spuren und/oder Beschlagnahmegegenstände aufzufinden. Das umfasst auch das Fertigen von Fotos in einer Wohnung zur späteren Spurenauswertung oder um sie Zeugen vorzulegen, z. B. zur Tatortwiedererkennung nach sexuellem Missbrauch eines Minderjährigen (OLG Hamm 5 Ws 230/00 v. 9.11.2000).

Wird nach Spuren oder Beweismitteln gesucht, genügt die *Möglichkeit* (§ 94 I), dass sie für das Verfahren von Bedeutung sein werden.

Wenn hingegen nach Einziehungs- oder Verfallsgegenständen gesucht werden soll, müssen bereits *dringende Gründe* (111 b I) dafür vorliegen, dass die Voraussetzung der Einziehung/des Verfalls gegeben sind.

Dass auch die Suche nach EG/VG gem. § 102 zulässig ist, ergibt sich als Umkehrschluss aus § 103 I sowie aus § 111 b IV.

Die Ermittlungsdurchsuchung ist *unzulässig*, wenn sie sich allein auf das Auffinden *beschlagnahmefreier* Gegenstände bezieht (§ 97 und entsprechende Ausführungen oben zu C 6).

Das **Zeugnisverweigerungsrecht** (§ 52), das z. B. Eltern hinsichtlich ihres tatverdächtigen Sohnes zusteht, hindert nicht die Durchsuchung z. B. ihrer Wohnung, wenn die Vermutung besteht, dass dabei belastendes Material gefunden wird.

Erfolgsaussicht:

Die Durchsuchung ist nur zulässig, wenn die *Vermutung* besteht, dass sie zur Ergreifung des Verdächtigen oder/und zur Auffindung von Spuren oder/und beschlagnahmefähiger BM, EG oder VG führen wird. Die Vermutung darf sich dabei nicht auf die abstraktgedankliche Vorstellung beschränken, dass man evtl. erfolgreich sein könne.

Vermutung ist daher eine Erfolgsaussicht, die sich aus
- pflichtgemäßer Prüfung *tatsächlicher* Anhaltspunkte oder/und
- sachlicher Wertung allgemein kriminalistischer Erkenntnisse ergibt.

Im obigen *Ausgangsfall* **„Mit Pkw überschlagen"** ergibt sich zum einen, dass es *geradezu unklug* ist, nach einer Verkehrsflucht (§ 142 StGB) nach Hause zu fahren, da man damit rechnen muss, dass die Polizei nach erfolgter Halterfeststellung bald erscheinen wird.

Andererseits gibt es eine Fülle ähnlich gelagerter Fälle, in denen die Tatverdächtigen ihre Wohnung aufgesucht haben. Daher ist auch hier die sachliche Schlussfolgerung gerechtfertigt, dass dieser Täter sich auch so verhalten hat und zu Hause angetroffen werden kann.

Tatsächlich bewies ja auch der Durchsuchungserfolg, dass sich der Tatverdächtige erwartungsgemäß verhalten hatte.

Aber selbst dann, wenn die Durchsuchung erfolglos verlaufen wäre, hätte das nicht die Rechtmäßigkeit der Maßnahme berührt, da es nicht auf ihren tatsächlichen Erfolg, sondern auf die Rechtfertigung der Prognose (Vermutung) ankommt.

Auch im obigen Fall **„Augenzeuge rief die Polizei"** war bei der bestehenden Verdachtslage (Diebstahl) die Annahme gerechtfertigt, dass man bei den Tatverdächtigen Diebesbeute oder/und Tatwerkzeuge finden werde.

Der Fall nahm übrigens folgenden Verlauf:

... bei einem 46-jährigen Mann wurden die Beamten fündig: Er hatte Einbruchswerkzeug bei sich. In dem angegebenen Haus konnte die Polizei die Spuren nächtlicher Tätigkeit besichtigen: Das Schlossblech der Eingangstür war aus der Halterung gebrochen und lag im Hausflur.

Bei dem 46-Jährigen befanden sich ein 55-jähriger und ein 41-jähriger Mann. Weil alle drei unter Alkoholeinfluss standen, wurden ihnen Blutproben entnommen. Alle drei waren der Polizei keine Unbekannten mehr. Sie waren bereits einschlägig in Erscheinung getreten. Beute hatten sie nicht gemacht. Offensichtlich waren sie gestört worden.

Anordnung, Formvorschriften, Verhältnismäßigkeit:

Auf die Ausführungen in den Kap. C 7.5 – C 7.7 wird hingewiesen.

Es folgen zunächst die Kap. C 7.3 Durchsuchung beim Unverdächtigen und Kap. C 7.4 Durchsuchung zur Nachtzeit.

7.3 Die Durchsuchung beim Unverdächtigen gem. § 103 I S. 1, II[1]

I. Ausgangsfall

Ein junges Paar hält gegen 20.20 Uhr einen FuStkw an, deutet auf eine zerbrochene Schaufensterscheibe eines Aniquitätengeschäfts und erklärt den Beamten, es habe gerade in der Dämmerung zwei männliche Personen mit nicht näher identifizierten Gegenständen aus dem Geschäft kommen und auf das *nebenanliegende* Villengrundstück laufen sehen. Das Paar macht auf die Beamten einen glaubwürdigen Eindruck. Ein Blick auf den Tatort bestätigte seine Angaben. Die Beamten erfragen Namen und Anschrift des Mannes und begeben sich unverzüglich auf das Grundstück. Der LSt machen sie über Funk Meldung.

II. Gesetzliche Voraussetzungen

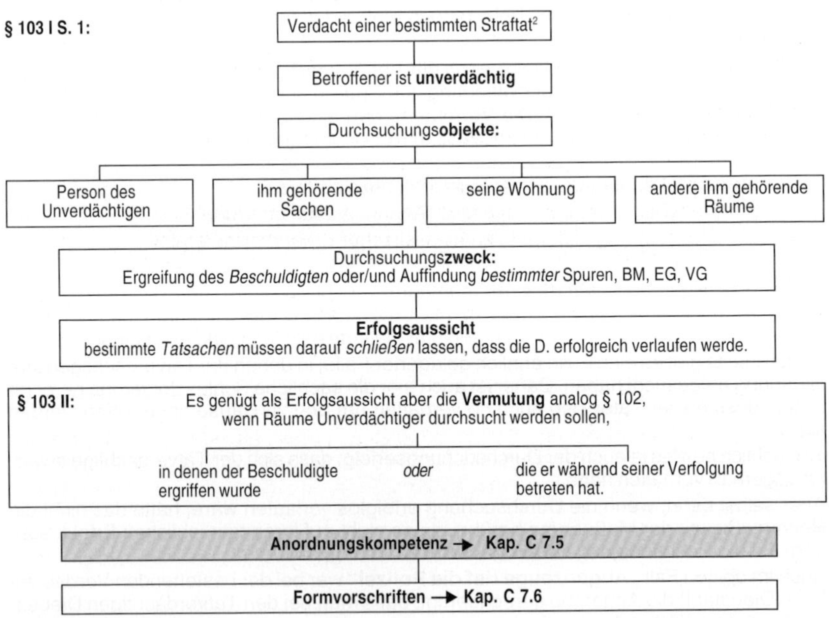

1) Zur Gebäudedurchsuchung nach § 103 I S. 2 vgl. Sie Kap. C 7.8.
2) Zur Durchsuchung in Owi-Sachen vgl. Sie Kap. D 2.

III. Erläuterungen

a) Zu § 103 I S. 1:

Tatverdacht:

Hier gelten die Ausführungen oben zu § 102.

Unverdächtiger:

Die Durchsuchung gemäß § 103 betrifft Personen, die selbst *nicht* verdächtig sind, Täter oder Teilnehmer einer Straftat zu sein.

Zu diesen Personen zählen auch verdächtige, strafunmündige Kinder, da ein Strafverfahren gegen sie nicht betrieben werden darf (Näheres oben zu § 102).

Durchsuchungsobjekte:

Aus dem Sachzusammenhang mit § 102 ergibt sich nach einhelliger Auffassung, dass die Durchsuchungsobjekte mit denen des § 102 identisch sind.

Das gilt selbst für die körperliche Durchsuchung eines Unverdächtigen (wenngleich diese selten in Betracht kommen dürfte).

Durchsuchungszweck:

Hier kommen ebenso wie bei der D. beim Verdächtigen, Kap. C 7.2, die *Ergreifungs-* und die *Ermittlungsdurchsuchung* in Betracht.

Einschränkend gegenüber § 102 gilt für die Ermittlungs-D. beim Unverdächtigen jedoch, dass die zu ergreifende Person nach dem Ermittlungsstand bereits *Beschuldigter* und nicht nur Verdächtiger sein muss.

Die Verdachtslage muss bereits derart konkret sein, dass mit dem Ziel der Anzeigenerstattung vorgegangen werden kann. Ob dies der Fall ist, bestimmt der einschreitende Beamte nach sachlicher Lageeinschätzung.

Einschränkend gilt gegenüber § 102 im Falle der *Ermittlungs-D.* sodann auch, dass das Gesuchte – Spur, Beweismittel, Einziehungsgegenstand, Verfallsgegenstand – in seiner Art/Gattung *bestimmt* sein muss.

Der Beamte muss wissen, wonach er forschen will.

Nach der Rspr. des BGH müssen die Beweismittel etc. soweit konkretisiert sein, dass weder bei dem Betroffenen noch bei den durchsuchenen Beamten Zweifel über die zu suchenden und zu beschlagnahmenden Gegenstände entstehen können. [1]

Im obigen **Ausgangsfall** diente die Durchsuchung des Villengrundstückes der Ergreifung der Personen, die hier bereits als Beschuldigte zu betrachten waren, sowie der Auffindung bestimmter Beweismittel, nämlich der mutmaßlich entwendeten Antiquitäten.

Abgrenzung: Durchsuchungen dürfen nicht mit dem Ziel vorgenommen werden, Gegenstände zu finden, die dem *Beschlagnahmeverbot* des § 97 unterliegen. Näheres hierzu in Kap. C 6.2.

Erfolgsaussicht:

Im Gegensatz zu § 102 genügt im Falle des § 103 I S. 1 nicht die Vermutung, d. h. die allgemeine Ansicht, irgendwelche relevanten BM etc., zu finden.[2]

Es müssen vielmehr *bestimmte Tatsachen* vorliegen, deren *folgerichtige Auswertung* zu der Erkenntnis (= Schluss) führen muss, dass das Gesuchte gefunden werden wird.

Tatsachen sind alle objektiv nachvollziehbaren Faktoren. Daher ist auch die Unwahrheit einer Aussage eine Tatsache.

Entscheidend kann also in § 103 I S. 1 nicht die Tatsache allein sein, sondern die sich aus ihrer Beurteilung ergebende Wahrscheinlichkeit des Erfolges, die in § 103 I deutlich größer sein muss als in § 102.

---

1) u. 2.) BGH NStZ '02, 215 f.

Die nachfolgende Abb. verdeutlicht dies:

Beispiel: *Im* ***Ausgangsfall*** *oben ergab sich aus der* Bewertung der Tatsachen *„glaubhafte Zeugenaussage" und der „eigenen Feststellungen" für den Fall* unverzüglicher Verfolgung *(Durchsuchung des Grundstückes) die hohe Wahrscheinlichkeit, dass man die Täter, ihre Spuren oder Beutestücke finden werde.*

Die Zulässigkeit der Durchsuchung ist *nicht* vom Erfolg, sondern von der Logik der prognostizierten Erfolgserwartung abhängig.

„Die Argumente zählen! Der Erfolg ist ihre Krönung, nicht aber ihre Bedingung!"

b) Zu § 103 II:

§ 103 II regelt die Voraussetzungen für die Durchsuchung sogen. *verdächtiger Räume*, die allerdings Unverdächtigen gehören (sonst gälte § 102).

Die einengenden Voraussetzungen des § 103 I S. 1 werden in den Fällen des § 103 II gewissermaßen wieder aufgehoben und damit dem § 102 angepasst.

Die Zulässigkeit der Durchsuchung von Räumen (Wohnung, Gewerberäume, befriedetes Besitztum) unverdächtiger Personen richtet sich nach § 102, *wenn*

– *der Beschuldigte in ihnen ergriffen wurde;*

Beispiel: Ausgangsfall mit der Abwandlung, *dass nicht bemerkt worden war, ob die Täter sich mit Beute entfernten.*

Für den Fall, dass es nun gelungen wäre, die Täter auf dem Grundstück zu stellen, wäre eine weitere Suche nach § 102 zulässig gewesen, da die Möglichkeit *(= Vermutung) bestanden hätte, dass die Täter sich doch mit Beute entfernt hatten.*

oder wenn

– *der Beschuldigte sie während seiner Verfolgung betreten hat.*

Beispiel: *Fallabwandlung wie vor mit der Besonderheit, dass die Täter erst außerhalb des Grundstücks gestellt werden können und keine Beute bei ihnen gefunden wird.*

7.4 Die Durchsuchung von Räumen zur Nachtzeit, § 104

Allgemeines:

Die Nachtzeit stellt einen besonders schutzwürdigen Zeitraum dar. Sollen zur Nachtzeit *Räume* durchsucht werden, müssen daher über § 102 oder § 103 hinaus *auch* die zusätzlichen Voraussetzungen des § 104 I vorliegen. Andernfalls müsste mit der Durchsuchung bis zum Tagesanbruch gewartet werden.

Ob eine Durchsuchung zur Nachtzeit stattfindet, richtet sich grds. nach ihrem Beginn. Wird allerdings kurz vor Beginn der Nachtzeit mit der Durchsuchung begonnen, die erkennbar bis *weit* in die Nacht hineinreichen wird, gebietet das Rechtsstaatsprinzip die Beachtung des § 104.

Die Einzelheiten zeigt die nachfolgende Abb. zu § 104 I:

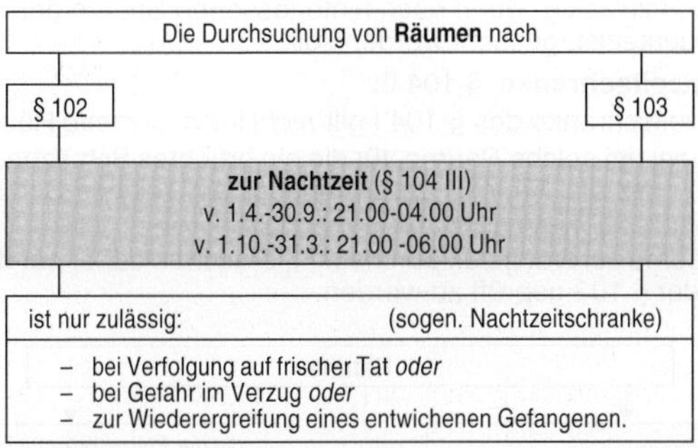

Verfolgung auf frischer Tat:

Das Merkmal setzt voraus, dass zwischen der Tatbegehung und der Aufnahme der Verfolgung des Täters ein enger örtlicher und zeitlicher Zusammenhang besteht.

Die Verfolgung muss also unmittelbar nach Tatbegehung (Versuch oder Vollendung) aufgrund eines – wenn auch nur lockeren – Sinneskontaktes mit dem fliehenden Täter (Gehör, Sicht, Spur) aufgenommen werden (analog § 127 I, oben Kap. A 16.3).

Der Verfolgte braucht die Tat nicht entdeckt zu haben. So genügt es, wenn ein Augenzeuge einen Polizeibeamten informiert und dieser die Verfolgung des Täters aufnimmt.

Beispiel: *Ein Passant berichtet einer nächtlichen Funkstreife, dass ein Unbekannter soeben die Scheibe eines Pkw eingeschlagen und sich mit einem nicht näher erkannten Gegenstand entfernt habe. Die Beamten überzeugen sich von dem Schaden und setzen dem sich entfernenden Täter nach. Als dieser durch eine Toreinfahrt auf den Hof eines Privatgrundstückes läuft, folgen sie ihm dorthin.*

Gefahr im Verzug:

Gefahr im Verzug im Sinne *dieser* Vorschrift (anders in § 105 I!) besteht, wenn sich aus sachlich orientierter Lagebeurteilung die Befürchtung ergibt, dass nicht bis zum Ablauf der Nachtzeit gewartet werden kann, ohne den Erfolg der Dursuchung ernsthaft zu gefährden.

Es muss also zu befürchten sein, dass z. B.

- der Beschuldigte nicht mehr angetroffen werden wird oder
- im Falle des Trunkenheitsverdachts (§ 316 StGB) die Fahruntüchtigkeit nicht mehr feststellbar sein wird oder
- Spuren, die der Täter auf einem Grundstück hinterlassen hat, nicht mehr feststellbar sein werden (Witterung, Vernichtung durch anwesende Personen etc.) oder
- Gegenstände (BM, EG, VG) gar nicht oder nicht unversehrt gefunden werden.

Beispiele: *Ausgangsfall oben zu § 102 „Mit Pkw überschlagen" (Kap. C 7.2) und Ausgangsfall oben zu § 103 I (Kap. C 7.3), in dem die Täter auf ein Villengrundstück geflohen waren.*

Wiederergreifung eines entwichenen Gefangenen:

Gefangener im Sinne dieser Vorschrift ist derjenige, dem aufgrund amtlicher Anordnung die Freiheit entzogen wurde; z. B. aufgrund folgender Vorschriften:

- § 163 b (Identitätsfeststellung),
- § 127 II (vorl. Festnahme),
- §§ (36, 161) 114, 125, 126 a, 457, 134, 230, 236, 387 III (Verhaftung, Vorführung),
- § 81 a (körperliche Untersuchung),
- § 81 b Alt. 1 (Ed-Behandlung).

Beispiel: *Ein vorläufig Festgenommener (§ 127 II) reißt sich von dem Beamten los und hechtet über einen eineinhalb Meter hohen Zaun auf ein Werksgelände. Der Beamte setzt ihm nach.*

Die D. ist auch dann zulässig, wenn nach hinterlassenen Spuren des Entwichenen, der bereits weiter geflüchtet ist, gesucht werden soll.

Fortfall der Nachtzeitschranke, § 104 II:

Die sogen. Nachtzeitschranke des § 104 I gilt *nicht* für *bestimmte* Räume.

Es handelt sich dabei um solche Räume, für die ein erhöhtes Schutzbedürfnis zur Nachtzeit nicht besteht, oder um Räume, deren Inhaber ein solches Schutzbedürfnis nicht zugestanden wird.

Werden solche Räume zur Nachtzeit durchsucht, brauchen daher nur die Voraussetzungen nach § 102 oder § 103 geprüft zu werden.

Gemeint sind **Räume**

die zur Nachtzeit *jedermann zugänglich* sind.

Beispiele: Bars, Gaststätten, Bahnhofshallen, Kinos – solange diese Räume tatsächlich für jedermann geöffnet sind.

oder

die der Polizei bekannt sind als:

- Herbergen/Versammlungsorte *bestrafter* Personen,
- Niederlagen von Sachen, die *mittels Straftaten* erlangt wurden,
- *Schlupfwinkel* des Glücksspiels, des unerlaubten Betäubungsmittel-/ Waffenhandels, der Prostitution.

7.5 Die Anordnungskompetenz, § 105 I S. 1

Sofern der Betroffene (Verdächtiger/Unverdächtiger) nicht freiwillig in die Durchsuchung einwilligt, stellt diese sich als Grundrechtseingriff nach Art. 2 I bzw. 13 I GG dar (Kap. C 7.1). D-Anordnungen der Strafverfolgungsbehörden sind als Justizverwaltungsakte Akte der öffentlichen Gewalt im Sinne der gerichtlichen Rechtsschutzgewährung des Art. 19 IV GG (Kap. C 7.6 i) zu qualifizieren. Zuständig sind gem. § 23 I/III EGGVG die ordentlichen Gerichte (→ C 1.7).

Die Gerichte haben bei der ansonsten unbeschränkten Kontrolle des Merkmals „Gefahr im Vorzug" dem jeweiligen Beurteilungs- und Handlungsdruck, aber auch den situationsbedingten Grenzen von Erkenntnismöglichkeiten Rechnung zu tragen sowie deren mögliche Unvollständigkeit und vorläufige Natur (BVerfG, 2 BvR 14440/00 v. 20.2.2001 / NStZ '01, 337 ff.).

Die *bloß fehlerhafte* Anordnung einer D. führt nicht schon zu einem Verwertungsverbot gewonnener Beweismittel. Etwas anderes gilt aber, wenn die Anordnung unter *bewusster Missachtung* oder einer *gleichwichtig groben Verkennung* des Richtervorbehalts ergangen ist (BGH 5 StR 546/06).

Zur **Anordnung** dieses Grundrechtseingriffs sind befugt:

Richter

Grundsätzlich steht die schriftliche oder mündliche Anordnung der D. dem **Richter** zu (§ 105 I). Wird sie schriftlich verfasst, sind Straftat, Ziel, Zweck und Umfang der D. möglichst genau zu bezeichen (BVerfGE 20, 223, 227).

Soweit die Anordnung des Ermittlungsrichters (Kap. C 1.9) im Einzelfall nicht schnell genug eingeholt werden kann, ohne den D-Zweck ernsthaft zu gefährden, können StA und EP/StA im Rahmen ihrer Eilkompetenz die D. anordnen.

Die Anordnung durch EP/StA wird i. d. R. bei körperlichen D. oder D. von Kfz oder anderen Sachen in Betracht kommen.

Dem Gewicht des Eingriffs und der verfassungsrechtlichen Bedeutung des Schutzes der räumlichen Privatsphäre entspricht es, den Art. 13 II 1. HS. GG so auszulegen, dass die *nicht*richterliche Anordnung der **Wohnungs-D**. die Ausnahme ist (BVerfG, 2 BvR 1444/00).

G. i. V. ist ein verfassungsrechtl. Begriff (Art. 13 II GG). Als solcher unterliegt er der Nachprüfbarkeit des BVerfG NStZ '03, 319.

StA – **EP/StA**[1]: bei **Gefahr im Verzug**

Gefahr im Verzug besteht, wenn sich aus sachorientierter Lagebeurteilung ergibt, dass auf den richterlichen D-Befehl nicht gewartet werden kann, ohne den D-Zweck ernsthaft zu gefährden oder gar zu vereiteln (Eilfall).

Die Anordnung der D. ist auch hier an keine bestimmte Form gebunden. Sind der Betroffene oder sein Vertreter anwesend, sind Straftat, Ziel, Zweck und Umfang der D. zu bezeichnen, soweit dies nach der konkreten Lage möglich und zweckmäßig ist (BVerfGE 20, 223, 227; BGH NStZ '00, 427).

Die Bedeutung des Grundrechts Art 13 I (Art. 19 IV) GG gebietet es, den Begriff der G. i. V. **eng** auszulegen. Die G. i. V. muss mit einzelfallbezogenen **Tatsachen** begründet werden, die zur wirksamen richterlichen Kontrolle in unmittelbarem zeitlichen Zusammenhang mit der D-Maßnahme **aktenkundig** zu machen sind.

Justiz- und Polizeibehörden haben zudem Vorkehrungen zu treffen, damit die Regelzuständigkeit des Richters praktisch gewahrt bleibt (BVerfG, 2 BvR 1444/00 [Leitsätze], BVerfG NJW '07, 1345, 1444).

Argumente zur G. i. V. bei einer Wohnungsdurchsuchung:

a) Ausgangsfall zu § 102 in Kap. C 7.2 „Mit Pkw Überschlagen“

Seit dem oben näher zitierten Urteil des BVerfG, 2 BvR 1444/00 genügt z. B. nicht mehr die hypothetische Erwägung oder die lediglich auf kriminalistische Alltagserfahrung gestützte, fallunabhängige Vermutung, dass „es nach praktischer Erfahrung sehr ungewiss sei, bis zu welchem Zeitpunkt an einem Sonntagnachmittag eine richterliche D-Anordnung vorliege und deshalb im Hinblick auf den D-Zweck nicht gewartet werden könne“.

Das BVerfG fordert, dass im konkreten Einzelfall festgestellt wird, ob der Ermittlungsrichter (§ 162) ohne Gefährdung des D-Zwecks erreicht werden kann. I. d. R. wird die Anfrage über die Eildienst-StA erfolgen.

Erst danach hätte im Fall schlüssig gefolgert werden können, ob es bei der gegebenen Verdachtslage geboten war, sich ohne richterliche D-Anordnung davon zu überzeugen, ob der flüchtige Pkw-Fahrer unter Alkoholeinfluss stand. Wobei zu bedenken war, dass mit dem Zeitablauf insbesondere das Ausmaß der alkoholischen Beeinflussung, die alkoholbedingten Verhaltensmuster, auf deren Feststellung es nämlich neben der Blutprobenentnahme ankam (Näheres in Kap. C 3.1 IV 15), sich verändern und damit den Untersuchungsbefund unerwünscht beeinflussen konnten.

b) Ausgangsfall zu § 103 I in Kap. C 7.3 „Junges Paar bemerkte fliehende Einbrecher“

Die Betrachtung dieses Falles macht hingegen deutlich, dass die Tatverdächtigen das Villengrundstück offenbar mit der Absicht betreten hatten, sich etwaigen Verfolgern mit unbekanntem Ziel sofort zu entziehen. Es war auf Grund dieser Lageeinschätzung geboten, ihnen ohne jeden Zeitverzug nachzusetzen.

1) Kap. C 1.8: Begriff und Funktion der Ermittlungsperson der StA.

Durchsuchungsanordnung anlässlich der Vornahme einer Verhaftung (§§ 457, 114; 36 II , 161 I S. 1):

Findet eine Durchsuchung beim Verdächtigen zur Durchführung der Verhaftung (§ 457, § 114 StPO) statt, impliziert im ersteren Fall die Verurteilung, im zweiten die höherrangige Rechtsgütereinschränkung die Anordnung im Sinne des § 105 I (OLG Frankfurt in NJW 64/785 f, Löwe-Rosenberg, Kleinknecht/M-G, Eb. Schmidt zu § 105 I).

Für Durchsuchungen im Bereich der Bundeswehr gelten die Besonderheiten des § 105 III:

Die vorgesetzte Dienststelle der Bundeswehr ist um die Durchführung der Durchsuchung zu ersuchen, die ersuchende Stelle ist zur Mitwirkung berechtigt.

Unmittelbarer Zwang:

Die rechtmäßig angeordnete Durchsuchung darf – soweit erforderlich – auch mit unmittelbarem Zwang durchgesetzt werden, denn strafprozessuale Anordnungsnormen sind auch Durchsetzungsnormen.

Die Art und Weise der Ausübung des unmittelbaren Zwanges richtet sich nach den Polizeigesetzen, in NRW z. B. nach § 57 I, §§ 58 ff. PolG. Zur Systematik vgl. Sie Kap. C 2.10.

7.6 Formvorschriften, Rechtsschutz

Die in den §§ 105 II – 110 näher bezeichneten Formvorschriften dienen der Rechtssicherheit der von der D-Aktion betroffenen Personen. Ihre Beachtung ist daher ein Gebot der Rechtsstaatlichkeit. Zu unterscheiden ist nach der Bedeutung:

Formvorschriften	
zwingende	**Sollvorschriften**
• § 105 II Zeugenhinzuziehung • § 106 I S. 1 Anwesenheitsrecht des Inhabers • § 106 I S. 2 Zuziehung eines Vertreters • § 106 II S. 1 Mitteilung d. D-Zwecks im Falle von § 103 I vor D-Beginn • § 107 schriftliche D-Mitteilung/Verzeichnis • § 110 Durchsicht von Papieren	• § 108 Zufallsfunde • § 109 Verzeichnis in Beschlag oder in Verwahrung genommener Gegenstände
wesentliche Förmlichkeiten = zwingendes Recht, Rechtswidrigkeit bei Nichtbeachtung; BGH StB 18/06 v. 31.1.2007.	Ordnungsvorschriften, bei Verletzung Antrag auf gerichtliche Entscheidung analog § 98 II S. 2 zulässig; BGH 5 StR NJW '99, 730.

a) Zuziehung von Zeugen, § 105 II:

Die Zuziehung von Zeugen
→ ein Gemeindebeamter oder
→ zwei Mitglieder der Gemeinde

ist erforderlich bei der Durchsuchung von *Wohnungen, Geschäftsräumen und befriedeten Besitztümern,*
- wenn sie *ohne Anwesenheit* des Richters / der StA erfolgt
- und die *Möglichkeit* der Zuziehung besteht.

Die zugezogenen Personen dürfen weder Polizeibeamte noch Ermittlungspersonen der StA sein (§ 105 II S. 2).

Die Zeugenzuziehung ist unter vorstehenden Voraussetzungen *zwingend (... so sind ...)!*

Die *Möglichkeit* der Zeugenzuziehung ist abhängig
- vom Zeitfaktor,
- von der Eignung und Bereitschaft vorhandener Personen,
- von dem Gefährdungsgrad zugezogener Personen.

Die Entscheidung trifft der anordnende Beamte nach pflichtgemäßem Ermessen.

Beispiele:
*Im Ausgangsfall zu § 102 **„Mit Pkw überschlagen“** hätte geprüft werden müssen, ob geeignete Zeugen (z. B. Nachbarn, Passanten) ohne größeren Zeitverlust verfügbar waren.*
Im Ausgangsfall zu § 103 hätte man aus Zeitgründen allenfalls das junge Paar befragen können, ob es der Durchsuchung beiwohnen wolle.

Wird die Zuziehung von Zeugen *nicht erwogen*, ist die D. *rechtswidrig*, wenn die Möglichkeit der Zuziehung objektiv bestanden hätte. Der bewusste Verstoß gegen § 105 II gibt dem von der Durchsuchung Betroffenen das Recht zur Notwehr und zum Widerstand.[1]

Andererseits handelt ein Polizeibeamter auch dann rechtmäßig, wenn er nach gewissenhafter Beurteilung der *tatsächlichen* Situation zu dem falschen Ergebnis gelangt, dass die Zeugenhinzuziehung nicht möglich ist.

Ein **Verzicht** des Betroffenen auf Hinzuziehung von Zeugen, etwa um Aufsehen zu vermeiden, ist nach der hier vertretenen Auffassung unzulässig; es sei denn, man kann den Verzicht so interpretieren, dass der Betroffene freiwillig in die Durchsuchungsaktion einwilligt. Dann aber läge kein Rechtseingriff vor.

Es wird allerdings in der Lit. und Rspr.[2] unterschiedlich beurteilt, ob auf die Zeugenzuziehung verzichtet werden darf, wenn der Betroffene dies ausdrücklich wünscht. BGH und OLG Celle a. a. O. vertreten die Ansicht, § 105 II diene in erster Linie den Interessen des Betroffenen, so dass dessen Wunsch, auf die Hinzuziehung von Zeugen zu verzichten, als „berechtigtes Anliegen“ (so der BGH) definiert wird, dem „zwanglos Rechnung getragen werden darf“. Der BGH stellt seine Ansicht jedoch nicht verbindlich fest, sondern formuliert weiter „wenn man das Gesetz, wie hier geschehen, auslegt ...“ (BGH NJW '63, 1461).

Gegen diese Auffassung wenden sich nicht unwesentliche Stimmen in der Literatur (Nachw. unter Fußnote[1], denen hier mit dem Argument zuzustimmen ist, dass der Gesetzgeber ohne Einschränkung formuliert hat „... so sind, wenn möglich, ...“. Es widerspricht zudem dem Sinn dieser Vorschrift, wenn ihre Berücksichtigung einerseits für zwingend erachtet wird, andererseits aber ein Abrücken von ihr von der situativen Entscheidung des Betroffenen abhängen soll.

b) Anwesenheitsrecht / Zuziehung des Inhabers bzw. seines Vertreters, § 106 I:

Der Inhaber der zu durchsuchenden Räume oder Gegenstände hat ein Recht darauf, der D. beizuwohnen. Seine Zuziehung, im Falle seiner Abwesenheit die eines geeigneten Vertreters, ist nach dem Gesetz zwingend (... ist ...), sofern die Möglichkeit hierzu besteht.[3]

Die zugezogenen Personen dürfen parteiisch sein, da sie im Gegensatz zu den Zeugen (§ 105 II) *allein* die Rechte des von der D. Betroffenen wahrnehmen sollen.

Der Inhaber kann im Falle seiner Abwesenheit auf die Hinzuziehung eines Vertreters verzichten. Beschuldigte, die nicht zugleich Inhaber der Räume / Sachen sind, haben kein Anwesenheitsrecht.

Inhaber ist derjenige, der die tatsächliche Gewalt über die Räume / Sachen ausübt.

Bei vermieteten Hotelzimmern sind dies der Gast und der Hotelier. Bei vermieteten Räumen nur der Mieter, bei untervermieteten Wohnungen der Untermieter und der Vermieter.

Im Falle nachhaltiger **Amtsstörungen** können die hinzugezogenen Personen (Inhaber, Vertreter, Zeugen) entfernt bzw. bis zur Beendigung der D., jedoch nicht über den nachfolgenden Tag hinaus, festgehalten werden (§ 164). Soweit möglich, sollten sie ersetzt werden.

1-3) Nachweise bei M-G zu den einschlägigen Vorschriften.

c) Bekanntgabe des Durchsuchungszwecks, § 106 II:
Die Bekanntgabe des D.-Zwecks *vor* Beginn der D. stellt bei *Unverdächtigen* im Sinne von § 103 I eine *zwingende* Formvorschrift dar. Ihre Nichtbeachtung führt jedenfalls dann zu einer rechtswidrigen Tat im Sinne des § 123 StGB (Kap. B 3), wenn der Betroffene seine Zustimmung zum Betreten der Räume von der Angabe des D.-Grundes abhängig gemacht hat.

Die Vorschrift gilt nicht für Räume, in denen der Beschuldigte ergriffen worden ist oder die er während seiner Verfolgung betreten hat. Sie gilt auch nicht für die in § 104 II genannten Räume und auch nicht bei einer D. beim Verdächtigen.

d) Durchsuchungsmitteilung, Dokumentation, Verzeichnis, § 107:
Die *schriftliche* Mitteilung über den D.-Grund, im Falle des § 102 auch über die ursächliche Straftat, sowie über den Ausgang einer jeden D. ist nur auf Verlangen zu machen.

Im Falle der Weigerung kann der Betroffene einen Antrag auf gerichtliche Entscheidung analog § 98 II S. 2 stellen.

Nach den einschlägigen Erlassen sind Durchsuchungsprotokolle nach Formblatt (in NRW die NRW 10) stets auszufüllen und auszuhändigen.

Eine wirksame gerichtliche Nachprüfung der Annahme von Gefahr im Verzug bei Wohnungsdurchsuchungen setzt voraus, dass sowohl das Ergebnis als auch die Grundlagen der Entscheidung in unmittelbarem zeitlichen Zusammenhang mit der Durchsuchungsmaßnahme in den Ermittlungsakten dargelegt werden (BVerfG - 2 BvR 1444/00).

e) Kennzeichnung, § 109:
Die Ordnungsvorschrift dient dem Interesse des von der Sicherstellung oder Beschlagnahme Betroffenen. Durch die Verzeichnung und Kenntlichmachung der Gegenstände soll eine korrekte Aufbewahrung gewährleistet werden. Durch die Sicherstellung/Beschlagnahme entsteht ein öffentlich-rechtliches Verwahrungsverhältnis i. S. v. § 688 BGB. Die *Haftungsfunktion* des Staates ergibt sich aus § 839 BGB i. V. m. Art. 34 GG.

Der *Strafschutz* vor Beschädigung, Unbrauchbarmachung oder Entziehung sichergestellter Sachen ergibt sich aus § 136 StGB (Verstrickungsbruch, Siegelbruch).

f) Zufallsfunde, § 108 I:
Es kann vorkommen, dass anlässlich einer D. Gegenstände (BM; EG, VG, § 111 b III) gefunden werden, die auf die Verübung einer *anderen* Straftat hindeuten. Diese Gegenstände können formlos, d. h. ohne Heranziehung der §§ 94 ff. *einstweilen in Beschlag* genommen werden. Die StA ist von dieser Maßnahme unverzüglich zu unterrichten. Gibt sie den Gegenstand nicht wieder heraus, hat sie die Beschlagnahme nach §§ 94 ff. herbeizuführen. § 108 I gilt nicht

- im Falle einer sog. *Gebäudedurchsuchung* nach § 103 I S. 2, die ausschließlich der Ergreifung des Beschuldigten dient (Näheres in Kap. C 7.8); hier kommt aber ggf. eine Beschlagnahme nach §§ 94, 98 bzw. §§ 111 b ff. in Betracht; sowie
- für Gegenstände, die bei einem Arzt gefunden werden und die auf eine Straftat einer Patientin nach § 218 StGB hindeuten (§ 108 II).

Die Anwendung des § 108 I setzt keine Gefahr im Verzug und auch nicht die Eigenschaft eines HiBeStA voraus.

Beispiel: *Anlässlich einer wegen des Verdachts eines Notzuchtsverbrechens vorgenommenen Wohnungsdurchsuchung bei dem Elektriker K. in A., Krs. Kehlheim, wurden 21 Perserteppiche einstweilig beschlagnahmt. Die Herkunft der Teppiche konnte bisher nicht geklärt werden. Es besteht der Verdacht, dass die Gegenstände durch Eigentumsdelikte abhanden gekommen sind (nach einer Fahndungsmeldung im BKA-Blatt).*

Anm.: Die StA muss in angemessener Frist ein neues Verfahren gegen K. einleiten und die endgültige Beschlagnahme der Teppiche beim Ermittlungsrichter beantragen. Gelingt der Nachweis einer Straftat nicht, sind die Gegenstände an K. wieder herauszugeben.

g) Durchsicht von Papieren, § 110:

Papiere sind privates und geschäftliches Schriftgut sowie analog dazu auch Tonträger, Filme, Disketten, DVDs, Lochkarten, PC-Rechner, Handys oder anderer elektronische Speichermedien. Entscheidend ist die *tatsächliche* Sachherrschaft des von der Durchsuchung Betroffenen über die *Papiere,* nicht der Nachweis der Eigentümerschaft.

Die Durchsicht, d. h. die *inhaltliche* Prüfung, steht der StA, auf ihre Anordnung auch ihren Ermittlungspersonen zu (§ 110 I). Soweit weder die Anordnung der StA noch die Genehmigung des Inhabers vorliegt, haben Polizeibeamte „Papiere", deren Durchsicht sie (nach grober Sichtung) für geboten erachten, in einem Umschlag, der in Gegenwart des Inhabers mit einem Amtssiegel zu versehen ist, an die StA abzuliefern (§ 110 II).

Auf *Papiere*, die der Polizei von Dritten zugänglich gemacht worden sind, erstreckt sich das Verbot der „eigenmächtigen" Durchsicht nicht.

§ 110 III erlaubt die Durchsicht elektronischer Datenträger (*offene Online-Durchsuchung*) des von der Durchsuchung Betroffenen (§§ 102, 103), über die dieser das Recht der Zugriffsgewährung hat, um festzustellen, ob beweisrelevante Daten gespeichert sind, die ggf. entsprechend gesichert werden dürfen. Datenzugangsgerät und Speichermedium brauchen dabei aus Effizienzgründen räumlich keine Einheit zu bilden. Rechtsschutz besteht analog § 98 II. Zur Anordnung und Durchführung gelten die Ausführungen oben.

h) Verbot der Verletzung des Schamgefühls, § 81 d:

§ 81 d gilt auch bei der körperlichen *Durch*suchung von Personen, wenn das Schamgefühl verletzt werden kann. In diesem Fall dürfen Durchsuchungen nur von Personen gleichen Geschlechts (oder von einem Arzt) vorgenommen werden.

Dies gilt nicht, wenn die sofortige D. zum Schutz gegen eine Gefahr für Leib oder Leben erforderlich ist (§ 43 IV BGSG, § 39 III PolG NRW und andere Polizeigesetze).

i) Rechtsschutz

Gegen die richterlich angeordnete Durchsuchung ist das Rechtsmittel der Beschwerde gem. §§ 304 ff. beim Landgericht (§ 73 GVG) gegeben.

Gegen die von der StA oder ihren Ermittlungspersonen (§ 152 GVG) gem. § 105 I angeordnete D. kann der Betroffene die Entscheidung des AG analog § 98 II S. 2 beantragen.

Das gilt auch für die *Art und Weise der Durchführung* einer richterlich angeordneten Durchsuchung (BGH 5 StR NJW '99, 730), sofern die richterliche Anordnung insofern Handlungsspielraum ließ.

Im Interesse eines lückenlosen Rechtsschutzes (Art. 19 IV GG) kann der Betroffene auch nach Abschluss der Maßnahme die gerichtl. Entscheidung nach § 98 II S. 2 beantragen[1]. Über seine Rechte ist er zu belehren.

7.7 Verhältnismäßigkeit

Die Durchsuchung muss – wie jeder Rechtseingriff – verhältnismäßig sein. Das setzt voraus, dass die Maßnahme *geeignet* und *erforderlich* ist und dass zwischen ihrem *Anlass* (Stärke des Verdachts) und der *Belastung* des Grundrechtsadressaten kein Missverhältnis besteht.

Beispiel: *Die Erforderlichkeit einer ansonsten zulässigen Wohnungsdurchsuchung ist nach BVerfG (NJW '07, 1444) z. B. dann nicht mehr gegeben, wenn kein sachlicher Grund für den Einsatz eines Drogenspürhundes bestand (im Fall Suche nach der Tatwaffe einer Messerstecherei).*

Beim Verdächtigen ist auf der Basis der Rspr. des BVerfG 2 BvR 1619/00[2] zu prüfen, ob die Angabe von Anlass und Zweck der D. ihr erforderliches Ausmaß wesentlich reduzieren kann oder ob aus taktischen Gründen derartige Angaben vor der D. unterbleiben müssen.

Beim *Unverdächtigen* muss unter Abwägung aller Faktoren geprüft werden, ob seine Inanspruchnahme im Einzelfall erforderlich und angemessen ist.

1) BGH NJW '99, 3499; BVerfG NJW '07, 1345 f.
2) Beschl. v. 6.3.2002, NStZ '02, 372 f.

7.8 Die Gebäudedurchsuchung, § 103 I S. 2

I. Ausgangsfall:

Polizeiliche Ermittlungen ergaben, dass Mitglieder einer terroristischen Vereinigung in einem Wohnhochhaus eine Anlaufstelle eingerichtet hatten. Trotz entsprechender Observationen hatte man nicht feststellen können, *in welcher* Wohnung sich die gesuchten Personen trafen. Aus der Erkenntnis, dass diese Personen häufig ihre Verstecke wechseln, ergab sich am ... die Notwendigkeit eines Zugreifens ...

II. Gesetzliche Voraussetzungen

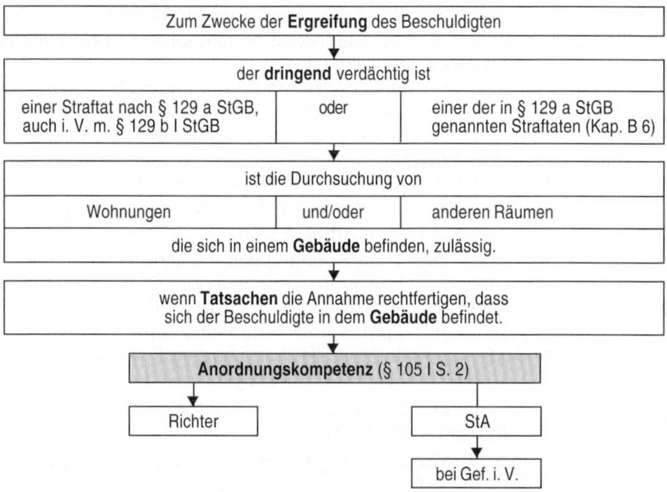

III. Erläuterungen

Die Gebäudedurchsuchung nach § 103 I S. 2 dient der Bekämpfung der *Gewaltkriminalität* sowie der Verfolgung terroristischer Straftäter. Die Bestimmung trat als sog. *Antiterrorgesetz* neben anderen Vorschriften (Kap. C 13.5) am 19.04.1978 in Kraft.

Sie wurden zwischenzeitlich mit dem sog. **OrgKG** vom 15.07.92, das der effektiveren Bekämpfung der *Organisierten Kriminalität* (Kap. B 20.5) dient, ergänzt. Das hierzu ergangene strafprozessuale Instrumentarium ist in Kap. C 13 „Besondere Fahndungs- und Überwachungsmaßnahmen" dargestellt.

Die Wendung „auch zulässig" bedeutet, dass die Neuregelung gem. § 103 I S. 2 über § 102 bzw. § 103 I S. 1 hinausgeht. Sofern Letztere anwendbar sind, braucht § 103 I S. 2 nicht geprüft zu werden, zumal die Polizei zur Anordnung der Durchsuchung gem. § 103 I S. 2 nicht befugt ist.

§ 103 I S. 2 dient der Durchsuchung von *Gebäuden*, in denen einerseits Unbeteiligte der Tat wohnen, sich aufhalten oder die zumindest Unbeteiligten gehören, wenn andererseits aufgrund einer Tatsachenbewertung anzunehmen ist (darauf geschlossen werden muss), dass sich der Beschuldigte darin befindet (Ausgangsfall).

Nach § 102 sowie § 103 I S. 1 ist es nicht zulässig, ein Mehrfamilienhaus zu durchsuchen, auch wenn Tatsachen dafür vorliegen, dass sich der dringend Tatverdächtige in *irgendeiner* der Wohnungen oder in einem der vorhandenen anderen Räume befindet (Ausgangsfall).

Diese Lücke schließt § 103 I S. 2, um eine erfolgreichere Verfolgung terroristischer Straftäter zu gewährleisten.

Wegen der mit dieser Maßnahme verbundenen weitreichenden Inanspruchnahme Unbeteiligter hat der Gesetzgeber die *Anordnungsbefugnis* auf den Richter bzw. die Staatsanwaltschaft (nur bei G. i. V.) beschränkt (§ 105 I S. 2).

Zur Bedeutung des § 103 II:
Wurde der Täter schließlich in einer bestimmten Wohnung oder einer sonstigen bestimmten Raumeinheit (z. B. Geschäftsräume einer Firma) innerhalb eines Gebäudes ergriffen oder steht fest, dass er sie während seiner Verfolgung betreten hat, können diese Räume *auch* nach weiteren Spuren oder Personen durchsucht werden, wenn lediglich eine *Erfolgsvermutung* gegeben ist. Insofern gilt für diese Räume dann auch die Lockerung des § 103 II.

Ist aber aufgrund von Tatsachen lediglich davon auszugehen, dass der Täter sich in *einer von mehreren* Wohnungen/Raumeinheiten eines Gebäudes befindet, so ist § 103 II nicht anwendbar, da dieser Fall gerade von § 103 I S. 2 geregelt wird.

Auch die Regelung in § 108 I S. 1, wonach für Zufallsfunde anlässlich einer Durchsuchung (in anderer Sache) eine besondere Anordnungskompetenz entfällt, gilt nicht anläßslich einer Durchsuchung gem. § 103 I S. 2, wie in § 108 I S. 3 festgestellt wird.

Auch diese Rgelung kennzeichnet das Bestreben des Gesetzgebers, den Eingriff in die Rechtssphäre des Unbeteiligten auf das unbedingt notwendige Maß zu beschränken.

7.9 Fallbearbeitung zu § 102 und § 103 I Satz 1, §§ 104 ff.

Sachverhalt:

Aachen – Sie, PK, fahren mit einem Kollegen in der PI 1 Aachen Funkstreife. Gegen 23.00 Uhr werden Sie von einem Passanten angehalten, der Ihnen folgendes mitteilt:

„Soeben habe ich beobachtet, wie 2 Männer mit prallen Aktentaschen das Phonogeschäft dort durch die zertrümmerte Scheibe der Eingangstür verließen und hastig auf das Grundstück der gegenüberliegenden Speditionsfirma Henze flüchteten!“

Sie können die Verdächtigen nach kurzer Suche auf dem durch ein offenes Tor zugänglichen Hof der Speditionsfirma stellen.

In den von den Tatverdächtigen mitgeführten Aktentaschen finden Sie sechs Handys, fünf Discman sowie 22 CDs.

Einer der Verdächtigen führt einen Personalausweis mit, der ihn als Alfons Mantu, wohnhaft in Stuttgart, ausweist. Der andere – Bert Kinski – behauptet, ebenfalls aus Stuttgart zu stammen, ohne sich indes ausweisen zu können. Beide erklären weiterhin, dass sie nach Duisburg wollen, um dort bei einer Werft Arbeit aufzunehmen.

Bei Mantu finden Sie außerdem ein Fallmesser.

Aufgaben:

1. Stellen Sie ohne Begründung fest, welcher Straftat(en) die Männer verdächtig sind!
2. Prüfen Sie, ob Sie das Gelände der Speditionsfirma betreten durften!
3. Welche weiteren strafprozessualen Maßnahmen sind zu treffen? Geben Sie hierzu nur allgemeine Erläuterungen aus der Sicht Ihres Strafverfolgungsauftrages!

Vermerk: Gehen Sie davon aus, dass die Verdächtigen Ihre Maßnahmen wohl dulden, aber nicht freiwillig akzeptieren.

Lösung:

Zu Aufgabe 1:

Die Aufgegriffenen sind der mittäterschaftlichen Begehung eines vollendeten Diebstahls mit Waffen nach §§ 244 I 1 a, 25 II StGB in tateinheitlicher (§ 52 StGB) Begehung mit Hausfriedensbruch nach § 123 StGB verdächtig.[1] Die Tat ist ein Offizialdelikt und ein Vergehen. Der ebenfalls vollendete Diebstahl in einem besonders schweren Fall gemäß §§ 242, 243 I 1 StGB – Einbruchsdiebstahl – wird von § 244 StGB verdrängt.

1) Näheres hierzu in Kap. B 3 und B 18.5.

Mantu ist darüber hinaus einer vollendeten Straftat nach §§ 53 III 3 i. V. m. 37 I 5 WaffG – Führen verbotener Gegenstände – verdächtig.

Die Tat ist ebenfalls ein Offizialdelikt und ein Vergehen. Sie steht in Tateinheit (§ 52 StGB)[1] zu § 244 und § 123 StGB (Hausfriedensbruch durch Betreten des Speditionsgeländes).

Zu Aufgabe 2:
Das Gelände der Speditionsfirma darf betreten und nach den Tatverdächtigen durchsucht werden, wenn ich zuständig und ermächtigt bin und die zu berücksichtigenden Formvorschriften beachtet werden. Die Zuständigkeit wird als gegeben unterstellt.

Ermächtigung:
Ein Betreten der Speditionsfirma könnte nach §§ 103 I ff. gerechtfertigt sein.
Eine Straftat liegt – wie oben unter 1. dargelegt – vor. Da sich der Tatverdacht nicht gegen den Inhaber der Speditionsfirma richtet, handelt es sich beim Betreten seines Firmengeländes (= befriedetes Besitztum) um die Durchsuchung beim Unverdächtigen.

Durchsuchungszweck ist die Ergreifung der Beschuldigten, die zu der Feststellung führen soll, welche weiteren notwendigen Verfolgungsmaßnahmen (Durchsuchung, Beschlagnahme, Festnahme) getroffen werden müssen.

Die Durchsuchung bei Unverdächtigen ist gem. § 103 I S. 1 zulässig, wenn *Tatsachen* vorliegen, aus denen zu schließen ist, dass (u. a.) der *Beschuldigte* gefunden wird.

Tatsache ist hier die Zeugenaussage, aus der sich ergibt, dass zwei eines Einbruchdiebstahls verdächtige männliche Personen *gerade* auf den Hof der Speditionsfirma gelaufen sind.

Die *Glaubwürdigkeit* dieser Aussage ergibt sich daraus, dass wir von dem Passanten aus freien Stücken angehalten wurden und die zertrümmerte Eingangstür des bezeichneten Tatobjektes erkennbar ist. Eine Zeitberechnung muss unter diesen Umständen zu dem Schluss führen, dass die Tatverdächtigen noch nicht weit sein können und im Falle ihrer *sofortigen* Verfolgung ihre Ergreifung auf dem Firmengelände *sehr wahrscheinlich* ist. Die beiden verdächtigen Männer kommen als Beschuldigte in Betracht, da aufgrund der vorliegenden Erkenntnisse ihre Verfolgung bereits mit dem Ziel der Anzeigenerstattung aufzunehmen ist.

Die Voraussetzungen des *§ 103 I S. 1* sind somit gegeben.

Abgrenzung: Die Anwendung des § 103 II, wonach als Erfolgsaussicht auch die *Vermutung* genügt, ist wohl abzulehen, da die Flüchtigen das Grundsück schon *vor* Aufnahme ihrer Verfolgung betreten hatten.

Da die Durchsuchung des befriedeten Besitztums gegen 23.00 Uhr beginnt, aber ab 21.00 Uhr stets *strafprozessuale Nachtzeit* besteht (§ 104 III), ist § 104 I zu beachten.

Gemäß § 104 I ist die Durchsuchung eines befriedeten Besitztums – als solches kommt das Speditionsgelände in Betracht, auch wenn das Tor unverschlossen ist – zur Nachtzeit zulässig, wenn z. B. Gefahr im Verzug besteht.

Gefahr im Verzug bedeutet im Sinne dieser Vorschrift, dass nicht bis zum Anbruch des Tages gewartet werden kann, ohne den Erfolg der beabsichtigten Maßnahme – hier Ergreifung der Tatverdächtigen – ernsthaft zu gefährden.

Im vorliegenden Fall ist davon auszugehen, dass die Tatverdächtigen das Grundstück der Speditionsfirma nur durchqueren wollen, um sich in unbestimmter Richtung weiter abzusetzen.

Daher ist die *sofortige* Durchsuchung und damit die Durchsuchung zur *Nachtzeit* i. S. v. § 104 I notwendig und zulässig.

Hinweis: Die Zulässigkeit der Durchsuchung zur Nachtzeit kann auch mit dem Merkmal „Verfolgung auf frischer Tat" begründet werden.

1) Hierzu Kap. A 20.2.

Durchsuchungsanordnung:
Als Ermittlungsperson der Staatsanwaltschaft (PK) darf ich die Durchsuchung anordnen, wenn Gefahr im Verzug besteht (§ 105 I).
Wegen der bereits oben dargelegten zeitlichen Dringlichkeit kann auch die mit der Einholung der richterlichen Anordnung der Durchsuchung verbundene Verzögerung nicht hingenommen werden, ohne das Ziel der Maßnahme, die Ergreifung der Tatverdächtigen, ernsthaft zu gefährden. In meiner Eigenschaft als Ermittlungsperson der Staatsanwaltschaft darf ich daher die Durchsuchung anordnen.

Formvorschriften:
Der Passant muss befragt werden, ob er bereit ist, als Zeuge an der Durchsuchungsaktion teilzunehmen, da die Durchsuchung ohne Beisein des Richters bzw. Staatsanwaltes stattfindet (§ 105 II). Eine Pflicht zur Hinzuziehung weiterer Zeugen besteht im konkreten Fall aus Gründen der dargelegten zeitlichen Dringlichkeit der Maßnahme nicht.
Aus dem gleichen Grunde kann auch der Inhaber der Speditionsfirma nicht hinzugezogen werden (§ 106 I).
Ihm ist später der Grund der Durchsuchung – falls dann gewünscht, auch schriftlich – mitzuteilen (§ 107).

Verhältnismäßigkeit:
Die Durchsuchung war zur Ergreifung der Beschuldigten geeignet und erforderlich.
Zwischen der Anlasstat und der Belastung des Grundrechtsadressaten (Grundstückseigentümer) bestand kein Missverhältnis.

Ergebnis: Die Durchsuchung des Firmengeländes war rechtmäßig.

Zu Aufgabe 3:
An weiteren strafprozessualen Maßnahmen kommen in Betracht:
- die Identitätsfeststellung bei den Verdächtigen gem. §§ 163 b, c
- die Durchsuchung der Verdächtigen gemäß §§ 102, 105 I,
- die Beschlagnahme des Diebesgutes gemäß §§ 94, 98,
- die Beschlagnahme des Fallmessers gemäß §§ 94, 98 sowie §§ 111 b ff.,
- die vorläufige Festnahme gemäß § 127 II,
- die weitere Durchsuchung des Firmangrundstückes gem. § 103 II und
- die Veranlassung erkennungsdienstlicher Maßnahmen gem. § 81 b durch den Erkennungsdienst,
- die Identitätsfeststellung des Zeugen gem. §§ 163 II, c.

Kurzerläuterungen aus *taktischer Sicht* im Rahmen des Strafverfolgungsauftrages gem. § 163:
- Die Identitätsfeststellung der Tatverdächtigen ist notwendig, da festgestellt werden muss, gegen wen das Strafverfahren einzuleiten ist. Zur Fallbearbeitung vgl. Sie Kap. C 9.
- Die Durchsuchung der Verdächtigen muss erfolgen, da nicht auszuschließen ist, dass die Verdächtigen Diebesbeute oder Einbruchswerkzeug bei sich tragen (Kap. C 7.2).
- Die Erforderlichkeit der Beschlagnahme der aufgefundenen Diebesbeute und des Fallmessers ergibt sich aus der Beweissicherungspflicht im Interesse einer restlosen Tataufklärung. Zur Fallbearbeitung vgl. Sie Kap. C 6.2.
- Die Rückgabe der Diebesbeute – das Einverständnis des Tatverdächtigen vorausgesetzt – an den Geschädigten wird nach genauer aktenkundiger Erfassung auf der Dienststelle gegen Quittung erfolgen (§ 111 k), da ihr eine über die schriftliche Erfassung hinausgehende Beweiskraft nicht zukommt (Kap. C 6.2).
- Die vorläufige Festnahme gemäß § 127 II muss erfolgen, da Tatsachen für den Haftgrund Fluchtgefahr bei *beiden* Tätern offensichtlich sind. Zur Fallbearbeitung vgl. Sie Kap. C 10.9.
- Die weitere Durchsuchung des Grundstücks der Speditionsfirma nach Beweismitteln (fortgeworfene Beutestücke) kann nach § 103 II erfolgen, soweit die *Vermutung* be-

steht, dass sie erfolgreich sein kann. Ob dies der Fall ist, muss im Einzelfall nach pflichtgemäßer Prüfung entschieden werden.

- Maßnahmen des Erkennungsdienstes, § 81 b, werden durch den Erkennungsdienst oder den KDD zu veranlassen sein.

  Sie können zur Identifizierung der Tatverdächtigen erfolgen und damit als repressive Maßnahme im sogen. anhängigen Strafverfahren. Andererseits können sie als präventive Maßnahmen zu Zwecken künftiger Täterermittlung erfolgen, sofern die Annahme gerechtfertigt ist, dass die aufgegriffenen Täter künftig wieder als Straftäter in Erscheinung treten werden oder für andere noch nicht aufgeklärte Straftaten in Betracht kommen.

  Im vorliegenden Fall ist nach polizeilicher Erfahrung diese Ananhme gerechtfertigt. Sofern keine erkennungsdienstlichen Daten aus jüngster Zeit vorliegen, was K zu prüfen hat, wird die Maßnahme auch notwendig sein (zur Fallbearbeitung vgl. Sie Kap. C 5).

- Schließlich kommt auch eine Personalienfeststellung des Passanten als Zeugen in Betracht.

  Die Ermächtigung dazu ergibt sich aus § 163 b (Näheres in Kap. C 9).

Sachverhalt für Fortgeschrittene:

Köln – Sie (POK) fahren mit PK Jahn Funkstreife in der PI 2 in Köln. Gegen 20.20 Uhr werden Sie über Funk zur Gaststätte „Gelber Drachen" beordert.

Dort erklärt Ihnen ein etwa 50-jähriger Mann, dass ihm vor wenigen Minuten von einem inzwischen flüchtigen Mann die Geldbrieftasche (Inhalt 460 Euro sowie Ausweispapiere) entrissen worden sei.

Der Täter habe ihm, als er seine Brieftasche vor der Theke in den Händen hielt, um seine Zeche zu begleichen, einen heftigen Schlag gegen die Brust versetzt und ihm dabei die Brieftasche entrissen.

Die Angaben des Geschädigten werden von dem Ihnen gut bekannten Gastwirt und einem Zeugen bestätigt.

Der Zeuge Meier berichtet Ihnen sodann, dass er in dem Täter mit einiger Wahrscheinlichkeit den bei seinen Eltern in Köln, Schulstraße 5, wohnenden ca. 25-jährigen Mantu erkannt zu haben glaube.

Sie treffen gegen 20.50 Uhr vor dem angegebenen Haus ein. Frau Mantu teilt Ihnen auf Befragen mit, dass ihr 23-jähriger Sohn, auf den im Übrigen die von dem Zeugen abgegebene Beschreibung passt, wieder einmal seit Tagen nicht mehr zu Hause gewesen sei. Er sei mit seinem roten Motorrad unterwegs. Zu allem Übel sei ihr Sohn auch wieder einmal ohne Stellung.

Ohne Angabe entsprechender Erklärungen beginnen Sie nunmehr, das Haus zu durchsuchen.

Im Zimmer des Mantu entdecken Sie auf dem Schreibtisch einen an Mantu gerichteten, noch verschlossenen Brief, den Sie trotz des schwachen Protestes der Frau Mantu lesen. Sie wissen nunmehr, dass die Briefschreiberin, Marion U., Mantus Freundin ist und in Köln, Amselstraße 7 eine Eigentumswohnung bewohnt.

10 Minuten später finden Sie ein rotes Kleinkraftrad in unmittelbarer Nähe des Hauses Amselstraße 7 vor. Sie entschließen sich daher, auch die Wohnung der Marion U. zu durchsuchen, obwohl diese Ihnen vor ihrer Wohnungstür versichert, dass Mantu nicht bei ihr ist.

Tatsächlich finden Sie Mantu Augenblicke später im Badezimmer der Wohnung. Sie durchsuchen Mantu und finden dabei die vom Geschädigten beschriebene Brieftasche.

Aufgaben:

1. Stellen Sie mit Begründung fest, welcher Straftaten Mantu verdächtig ist und inwiefern Strafverfolgungszwang besteht (vgl. Sie ggf. Kap. B 19.2 und C 2.7!
2. Untersuchen Sie, ob die Durchsuchung
   a) der elterlichen Wohnung,
   b) des Zimmers von Mantu und
   c) der Wohnung der Marion U. rechtmäßig war!
3. Prüfen Sie, ob der an Mantu gerichtete Brief von Ihnen geöffnet und gelesen werden durfte! (Vgl. Sie Kap. B 13 u. Kap. C 7.6 g).
   Waren die daraus gewonnenen Erkenntnisse für die weiteren Ermittlungen verwertbar? Vgl. Sie hierzu Kap. C 12.1.

8 Übersicht über die strafprozessualen Befugnisse zur Freiheitsentziehung / Freiheitsbeschränkung

Identitätsfeststellung, §§ 163 b, c – Maßnahme mit kurzfristiger Freiheitsbeschränkung/-entziehung zur Identitätsfeststellung von Verdächtigen und auch Unverdächtigen durch die StA und durch Beamte des Polizeidienstes (Kap. C 9).

Vorläufige Festnahme durch jedermann, § 127 I – bei Betreffen/Verfolgen auf frischer Tat (Kap. A 16.3).

Vorläufige Festnahme, § 127 II – Maßnahme mit (gewöhnlich) längerer Freiheitsentziehung, wenn die Voraussetzungen des Haft- oder Unterbringungsbefehls (§§ 112, 112 a, 113, 126 a) vorliegen – durch StA und Polizei bei Gefahr im Verzuge (Kap. C 10.3).

Haftbefehl, §§ 112, 112 a, 113 (114, 114 a, b) – mit ihm ergeht die schriftliche Anordnung der U-Haft, und zwar

- auf Antrag der StA durch den zuständigen Richter, § 125 I,
- nach Erhebung der öffentlichen Klage durch das erkennende Gericht, § 125 II,
- in der Voruntersuchung durch den Ermittlungsrichter, § 162 (Kap. C 1.9).

Hauptverhandlungshaft, §§ 127 b, 128 II S. 2 – vorläufige Festnahme bei Betreffen oder Verfolgen auf frischer Tat durch StA und Polizeibeamte zur Sicherung der Hauptverhandlung im *Beschleunigten Verfahren* gem §§ 417 ff. (C 10.7).

Vollstreckungshaftbefehl, § 457 – Erlass durch die StA als Vollstreckungsbehörde, wenn sich der *Verurteilte* zum Strafantritt nicht stellt, oder wenn er flüchtig ist.

Vorführungshaftbefehl, § 134 – Mittelweg zwischen der Anordnung der U-Haft und der richterlichen Vernehmung des Beschuldigten, wenn Gründe vorliegen, die den Erlass eines Haftbefehls rechtfertigen würden.

Vorführungsbefehl, § 163 a III – durch die StA zum Zwecke staatsanwaltschaftlicher Vernehmung, wenn der auf freiem Fuß befindliche Beschuldigte der Ladung zur Vernehmung nicht Folge geleistet hat und ihm die Vorführung für diesen Fall angedroht worden war (§ 163 a III S. 2 i. V. m. §§ 133 II, 134 II).

Vorführungsbefehl des Richters/StA, um den säumigen Zeugen zu sistieren (§§ 51 I 3, 161 a II).

Vorführungsbefehl des Gerichts, §§ 230 II, 236, 329 IV 1, 412 S. 1 – ergeht gegen den Angeklagten, der der Ladung zur Hauptverhandlung nicht Folge geleistet hat.

Die Vollstreckung der Vorführungs- und Haftbefehle erfolgt i. d. R. auf Veranlassung des Gerichts/Richters über die StA (§ 36 II) durch die Polizei, § 161.

Festnahme bei Amtsstörungen, § 164 – amtliches Selbsthilferecht der Polizei, StA und des Untersuchungsrichters vor Ort (für ihn gilt auch § 180 GVG) bei Störung strafprozessualer Amtshandlungen, längstens bis zu deren Beendigung (Kap. C 10.8.2).

Kontrollstelleneinrichtung, § 111 – Maßnahme mit kurzfristiger Freiheitsbeschränkung, die auf Anordnung des Richters, bei Gef.i.V. auch auf Anordnung der StA und deren Hilfsbeamte ergeht. Sie dient der Bekämpfung der Schwerkriminalität und des Terrorismus (§ 129 a StGB) und verpflichtet jedermann an der Kontrollstelle, seine Identität feststellen und sich sowie seine mitgeführten Sachen durchsuchen zu lassen (Kap. C 13.2).

9 Die Identitätsfeststellung, §§ 163 b, c

I. Ausgangsfall

Spielhölle ausgehoben

Köln – So sehr in das Glücksspiel „Barbut“ vertieft waren die 12 Ausländer in der Gaststätte Ostwall, dass sie die Polizei trotz der Warnrufe des Geschäftsführers erst bemerkten, als die Beamten schon hinter ihnen standen. Das geschah gestern in den späten Vormittagssstunden.

Die zwölf Ausländer, Türken, Griechen, Jordanier und Jugoslawen wurden festgenommen[1] und nach Feststellung der Identität wieder freigesetzt. Das Spielgerät und das Geld wurden beschlagnahmt.[2]

II. Gesetzliche Voraussetzungen

Polizei und StA können (= dürfen)

beim **Verdächtigen** (stets!) die zur Feststellung seiner Identität *erforderlichen* Maßnahmen treffen (I).	beim **Unverdächtigen** die Identität feststellen, wenn dies zur Tataufklärung *geboten* ist (nur dann!) (II).

Belehrungspflicht [3]

beim **Verdächtigen** über die ihm zur Last gelegte Tat (I 2. HS. i. V. m. § 163 a IV S. 1).	beim **Unverdächtigen** über die Art der Tat *und* die Person des Verdächtigen (II 2. HS i. V. m. § 69 I S. 2).

Soweit die *IF* sonst **nicht** oder nur unter **erheblichen** Schwierigkeiten möglich wäre, sind zulässig:

beim **Verdächtigen**: – *Festhalten* der Person, – *Durchsuchung* der Person/mitgeführten Sachen, – *ED-Behandlung* der Person.	beim **Unverdächtigen**: – *Festhalten* der Person, soweit *verhältnismäßig*[4], – Durchsuchung nur mit Einwilligung, – ED-Behandlung nur mit Einwilligung.

Anordnungskompetenz — Polizeibeamte, Beamte der StA.

Formvorschriften, 163 c

- **Dauer** des Festhaltens Verdächtiger / Unverdächtiger (zwingende FV !):
  - nur soweit zur IF unerlässlich (I S. 1), maximal 12 Stunden (III);
  - Verpflichtung zur unverzüglichen Vorführung beim örtl. zuständigen Amtsrichter, es sei denn, die Vorführung würde mehr Zeit beanspruchen als die IF selbst (I 2. HS);
- **sonstige** (nicht zwingende FV):
  - Recht auf unverzügl. Benachrichtigung einer Vertrauensperson (II S.1);
  - Recht auf Gestattung eigener Benachrichtigung, es sei denn, Person ist Verdächtiger *und* Untersuchungszweck wäre gefährdet (II S. 2);
- bei der IF des Unverdächtigen angefallene *Unterlagen* sind zu vernichten.

Verhältnismäßigkeit[5]

---

1) Zur vorläufigen Festnahme nach § 127 I vgl. sie Kap. A 16.3.5.

2) Vgl. Sie zum Fall §§ 284, 284 a StGB sowie §§ 111 b ff. StPO i. V. m. § 285 b StGB.

3) Zulässigkeitskriterium und nicht (nur) zwingende Formvorschrift. Rechtswirkung ist gleich, Unterschiede liegen in der Methodik.

4) u. 5) Es gilt nach der Rspr. des BVerfG (NJW '86, 767, 769) , dass bei *jedem* Rechtseingriff die Verhältnismäßigkeit zu wahren ist, denn der Verhältnismäßigkeitsgrundsatz hat Verfassungsrang. Neuere Gesetze beinhalten bereits expressis verbis die Verpflichtung zur Beachtung des Verfassungsgrundsatzes.

Exkurs: Die Identitätsfeststellung zur Gefahrenabwehr, dargestellt am § 12 PolG NRW[1]

1. Die Polizei kann die Identität einer Person feststellen (I):

1. zur Abwehr einer *konkreten* Gefahr

2. die sich an einem *beliebigen* Ort aufhält,

3. die sich an /in unmittelbarer Nähe *besonders gefährdeten(r)* Objekte(n) aufhält,

wenn Tatsachen die Annahme rechtfertigen, dass

- (zu 2.)
  - Personen dort erhebliche Straftaten (§ 8 III)
    - verabreden,
    - vorbereiten,
    - verüben;
  - Personen sich dort treffen, die gegen aufenthaltsrechtliche *Straf*vorschriften verstoßen;
  - sich dort gesuchte *Straf*täter verbergen.
- (zu 3.)
  - in/an diesen Objekten
    - Verkehrs- od. Versorgungsanlagen,
    - öffentliche Verkehrsmittel,
    - Amtsgebäude oder
    - andere bes. gef. Objekte
  - Straftaten begangen werden,
    - durch die Personen oder
    - die Objekte gefährdet sind
  - und die IF erforderlich ist aufgrund
    - konkreter Gefährdungslage oder
    - personenbezogener Anhaltspunkte.

4. an einer *Kontrollstelle*, die eingerichtet wurde:

zur Verhütung einer Straftat nach

- § 129 a StGB,
- § 250 I 1/ 2 StGB,
- §§ 255, 250 StGB,
- § 27 VersammlG.

Anordnung:
- IM oder beauftragte Stelle (Reg.-Präs.);
- bei G.i.V. örtl. zust. KPB.

2. zulässige Maßnahmen (II):

- Anhalten (Befragen, Verlangen der Angaben zur IF, Aushändigung von Ausweispapieren),
- Festhalten/Mitnahme zur Dienststelle, falls erforderlich,
- Durchsuchung der Personen/mitgeführter Sachen, sofern erforderlich,
- ED-Behandlung unter den Voraussetzungen des § 14.

3. sonstige Vorschriften:

- Adressat: nach Ziff. 1 gem. §§ 4 – 6, sonst jedermann (Ortshaftung);
- Formvorschriften im Falle des Festhaltens gem.
  - § 36: richterliche Entscheidung, § 37: Behandlung, § 38: Dauer max. 12 Std.
- Befugnis zum Datenabgleich und zu dem dazu notwendigen Festhalten, § 25.
- Ermessen, Wahl der Mittel, § 3.
- Verhältnismäßigkeit, § 2.

Im Übrigen vgl. Sie[2]:

- § 9 I, II: Anhalterecht, Befragungsrecht, Auskunftspflicht,
  - wenn Tatsachen die Annahme rechtfertigen, dass die Person
  - sachdienliche Angaben machen kann,
  - die zur Erfüllung einer bestimmten polizeilichen Aufgabe (§ 1 I-IV PolG NRW – Kap. C 2.2 Exkurs) erforderlich sind.[3]
- § 11 : Erhebung von Personaldaten zur Hilfeleistung und für Gefahrenfälle.
- § 13 : Recht auf Aushändigung und Prüfung von Berechtigungsscheinen, die mitzuführen sind.
- § 15 : Datenerhebung bei öff. Veranstaltungen und Ansammlungen (bei öff. Versammlungen gelten §§ 12a, 13a VersammlG.).
- § 15a: Datenerhebung durch den *offenen* Einsatz optisch-technischer Mittel.

---

1 u. 2) Vgl. Sie ggf. die weitgehend inhaltsgleichen Bestimmungen Ihres Polizeigesetzes.
3) Zu den besonderen Fällen der Datenerhebung vgl. Sie den Exkurs in Kap. C 2.11.

III. Erläuterungen

Grundrechtsschutz:

Maßnahmen nach §§ 163 b, c greifen in das *allgemeine Persönlichkeitsrecht* aus Art. 2 I i.V.m. Art. 1 I GG ein, soweit personenbezogene Daten erfragt oder ed-mäßig ermittelt werden. Sie *schränken die körperliche Bewegungsfreiheit der Person* i.S.v. Art. 2 II S. 2 und Art. 104 I 1 GG *ein*, soweit Personen angehalten, durchsucht oder festgenommen werden.

Art. 104 I GG erhebt die Verpflichtung zur Beachtung der Formvorschriften des ermächtigenden Gesetzes zum *Verfassungsgebot.* Inhalt und Reichweite der Formvorschriften sind von den Gerichten so auszulegen, dass sie eine der Bedeutung der Sache angemessene Wirkung entfalten (BVerfG NJW '02, 3161 f.). Soweit die IF im Einzelfall nach Art und Dauer die Dimension einer Freiheitsentziehung erreicht, gelten zusätzlich die Verfahrensgarantien aus Art. 104 III GG.

Eine **Freiheitsbeschränkung** liegt nach dem zitierten Entscheid des BVerfG vor, wenn jemand durch die öffentliche Gewalt gegen seinen Willen daran gehindert wird, einen Ort, der ihm tatsächlich und rechtlich zugänglich ist, aufzusuchen oder sich dort aufzuhalten.

Beispiele: *Festnahme zur IF auf der Dienststelle (§§ 163 b, c); ed-Behandlung gem. § 81 b.*

Der Tatbestand der **Freiheitsentziehung** kommt nach Auffassung des BVerfG nur in Betracht, wenn die – tatsächlich und rechtlich an sich gegebene – körperliche Bewegungsfreiheit nach *jeder* Richtung aufgehoben wird. Die Abgrenzung richtet sich damit nach der Intensität des Eingriffs. § 2 I FEntzG ist daher zu eng.

Beispiele: *Ingewahrsamnahme (z. B. § 35 PolG NRW), vorläufige Festnahme (§ 127 II).*

Allgemeines:

Der Gesetzgeber unterscheidet zwischen dem Festnahmerecht als Rechtfertigungsgrund für jedermann (§ 127 I – Kap. A 16.3 –) und dem Identitätsfeststellungsrecht der StA und Polizei gem. §§ 163 b, c.

Das bedeutet, dass die Beamten der StA und der Polizei bei einer Personenfeststellung im Rahmen der Strafverfolgung nicht auf den für die Praxis unzulänglichen § 127 I zurückgreifen müssen, sondern dass sie aufgrund *spezifischer* Rechtsgrundlagen bei der IF von Verdächtigen und Unverdächtigen (Zeugen, Opfer) tätig werden können.

Aus dem Wortlaut des § 127 I S. 2 ist nach h. M. allerdings der Schluss zu ziehen, dass die vorläufige Festnahme gem. § 127 I S. 1 durch die StA und die Polizei wegen *Fluchtverdachts* auch zulässig ist.[1]

§ 163 b beschreibt die Maßnahmen, die zur Feststellung der Identität einer Person zum Zwecke des Strafverfahrens zulässig sind. Die Identitätsfeststellung kommt sowohl bei Tatverdächtigen (I) als auch bei Unverdächtigen (II) in Betracht. Datenschutzrechtlich gesehen ist § 163 b eine Daten*erhebungsnorm*, während der **maschinelle Abgleich** der erhobenen Daten (§ 98 c, Kap. C 2.12) eine Daten*nutzungsnorm* ist.

Maßnahmen gegenüber Tatverdächtigen, § 163 b I:

Der **Tatverdacht** i. S. v. § 163 b setzt voraus, dass tatsächliche Anhaltspunkte für das Vorliegen einer Straftat bestehen und die zu überprüfende Person nach dem jeweiligen Ermittlungsstand als Täter / Teilnehmer in Betracht kommt *(Ausgangsfall).*

Entscheidend ist die sachorientierte Lagebeurteilung, die folgerichtig auf die Möglichkeit der Täterschaft/Teilnahme hinweisen muss.

Beispiel: *Polizeibeamte stellen vor einer Gaststätte die Personalien einer Gruppe von acht Jugendlichen fest, aus deren Mitte nach Zeugenaussagen zwei Personen auf einen Passanten eingeschlagen haben.*

Tatverdächtige können auch schuldunfähige Personen (§ 20 StGB), nicht jedoch erkennbar Strafunmündige (§ 19 StGB) sein. Die IF von Kindern kann jedoch nach § 163 b II

1) Zu deren Voraussetzungen vgl. Sie Kap. A 16.3.5.

erfolgen (dazu später noch), im Übrigen aber auch unter dem Gesichtspunkt der Gefahrenabwehr nach Polizeirecht (z. B. § 23 BGSG; §§ 9, 12 PolG NRW, Exkurs oben).

Ziel der Maßnahme nach § 163 b ist stets nur die *Feststellung der Identität* (IF) einer insofern unbekannten Person zum Zwecke der Strafverfolgung.

Die *Identität* einer Person gilt als *festgestellt*, wenn Name, Vorname, Geburtsname, Geburtsdatum, -ort, Wohnort, Wohnung in einer vernünftige Zweifel auschließenden Weise festgestellt sind.[1] Dies setzt in der Regel voraus, dass die angehaltene Person sich mit einem gültigen Bundespersonalausweis oder mit einem Pass ausweist.

Werden andere Ausweispapiere vorgezeigt (z. B. Führerschein, Schülerausweis, Werksausweis, Rentenausweis, Fahrausweis öffentlicher Verkehrsbetriebe), hat der kontrollierende Beamte nach pflichtgemäßem Ermessen zu entscheiden, ob mit ihnen in Verbindung mit einer Befragung der Person und einem maschinellen **Datenabgleich** nach **§ 98 c** (Kap. C 2.12) die Identität als im obigen Sinne festgestellt gelten kann.

Belehrungspflicht: Bei *Beginn* der Maßnahmen zur IF ist dem Verdächtigen zu eröffnen, welcher Straftat er verdächtigt wird.

Es kann dahingestellt bleiben, ob dieses Kriterium Zulässigkeitsvoraussetzung, wovon hier ausgegangen wird, oder *zwingende* Formvorschrift ist. Die Belehrung ist jedenfalls zwingendes Erfordernis für die Rechtmäßigkeit der Maßnahme. Sie muss erfolgen, sobald die Verfolgungsmaßnahmen sie zulassen und nicht erst gegen deren Ende.[2]

Sie darf zunächst unterbleiben, wenn sie faktisch nicht möglich ist, ohne den Maßnahmezweck zu gefährden (z. B. Flucht, Angriff) oder wenn ihr Grund aus der Sicht des Betroffenen offensichtlich ist (z. B. Ergreifen nach Verfolgung auf frischer Tat).[3]

Es dürfen nur die **erforderlichen Maßnahmen** zur IF getroffen werden. In dieser gesetzlichen Einschränkung steckt bereits ein Aspekt des *Verhältnismäßigkeitsgrundsatzes*, wonach nur die den Verdächtigen im Einzelfall am wenigsten beeinträchtigenden, aber dennoch geeigneten Maßnahmen in Betracht kommen.

In Betracht kommen je nach Fallage, z.B.:
- das Ansprechen der Person, die Aufforderung stehen zu bleiben, das Erfragen der Personalien, die Aufforderung, sich auszuweisen;
- das Festhalten zur Überprüfung der gemachten Angaben über Funk, Telefon;[4]
- die Durchsuchung des Verdächtigen und ggf. der von ihm mitgeführten Sachen nach Legitimationspapieren;
- die Mitnahme der Person zur Dienststelle zwecks Überprüfung gemachter Angaben;
- die ED-Behandlung des Verdächtigen bei sonst fehlender Identifizierungsmöglichkeit;
- die Vorführung zum örtlich zuständigen Amtsrichter.

Der Gesetzgeber begrenzt in I S. 2 die unter dem Aspekt der Erforderlichkeit (I S.1) statthaften Maßnahmen, indem er voraussetzt, dass
- ein Festhalten des Verdächtigen,
- seine Durchsuchung und
- schließlich seine ED-Behandlung

nur zulässig ist, wenn die IF sonst *nicht* oder nur unter *erheblichen* Schwierigkeiten möglich wäre.

Beispiele: *Die erheblichen Schwierigkeiten am Überprüfungsort können sich aus ungünstiger Witterung, Unruhen z. B. im Zusammenhang von Demonstrationen, Weigerung der Personalienangabe, Vorlage unzulänglicher Ausweispapiere etc. ergeben.*

Ein **Festhalten der Person** kommt in Betracht, wenn die Kontrolle an Ort und Stelle nicht schon bald zur IF führt und der zu Überprüfende daher aufgefordert werden muss, den Kontrollort nicht zu verlassen oder – sofern wiederum notwendig – zu einem anderen Ort zu folgen. Das Festhalten der Person ist bereits, anders als das Anhalten zur

1) Nach § 111 OWiG sind die Personen auch verpflichtet, Beruf und Staatsangehörigkeit anzugeben (Kap. D 3.1).
2) OLG Düsseldorf (Urt. v. 29.08.'79, NPA 515).
3) KG NJW '02, 3789 u. Kap. B 2 „Rechtmäßigkeit der Vollstreckungshandlung".
4) Zum Datenabgleich vgl. Sie Kap. C 2.12.

Befragung zur IF, *Freiheitsentziehung* i. S. v. Art. 104 II GG. Folgerichtig sieht der Gesetzgeber in § 163 c I S. 2 auch vor, dass die Person unverzüglich dem Richter vorzuführen ist, falls diese Maßnahme nicht mehr Zeit in Anspruch nehmen würde als die IF selbst.

Die **Durchsuchung** des Tatverdächtigen, die nach § 163 b auch nur auf die IF gerichtet sein darf, kommt namentlich in Betracht, wenn vorgegeben wird, keine Ausweispapiere mitzuführen.[1]

Kann das Schamgefühl verletzt werden, gilt analog § 81 d mit der Folge, dass Personen nur von Personen gleichen Geschlechts oder von Ärzten durchsucht werden dürfen.

Bei der D. ggf. mitgeführter Sachen (Tasche, Fahrzeug) kommt es nicht darauf an, ob diese dem Tatverdächtigen gehören, sondern nur darauf, ob er über sie die tatsächliche Sachherrschaft ausübt.

Soweit sich die Suche *auch* auf das Auffinden von Beweismitteln, Einziehungs- oder Verfallsgegenständen erstreckt, müssen *auch* die Voraussetzungen gem. §§ 102 ff. (Kap. C 7) gegeben sein.

Bei der Durchsuchung nach § 163 b **zufällig** gefundene Gegenstände der vorbeschriebenen Art wären nach §§ 94 ff. oder §§ 111 b ff. zu beschlagnahmen.

Unter dem Gesichtspunkt notwendiger Eigensicherung dürfen nach § 163 b festgehaltene Personen nach Polizeirecht durchsucht werden (z. B. §§ 43 I / 23 III S. 5, § 43 II BGSG; § 39 I 1, II PolG NRW); Exkurs (in Kap C 7.1).

Die **ED-Behandlung** kommt als das in die Rechtsposition des Verdächtigen am weitesten eingreifende Mittel der IF nur in Betracht, wenn das angestrebte Ziel durch andere mildere Maßnahmen nicht erreicht werden kann, also gerade die ED-Behandlung *erforderlich* ist. Die ED-Behandlung besteht darin, durch Fingerabdrücke, Personenbeschreibung, Fotoaufnahmen, Messungen und ggf. Feststellung vorhandener besonderer Merkmale (Tätowierungen etc.) die Person des Tatverdächtigen zu identifizieren.

Kommt der Tatverdächtige aber aufgrund vorhandener Erkenntnisse bereits als Beschuldigter in Betracht, richtet sich seine ED-Behandlung nicht nach § 163 b, sondern nach § 81 b.

Die unterschiedlichen Voraussetzungen und Zielrichtungen der gesetzlich zugelassenen ED-Maßnahmen sind in Kap. C 5 I dargestellt.

Maßnahmen gegenüber Unverdächtigen, § 163 b II:

Unverdächtiger ist jede Person,
- gegen die sich ein Tatverdacht nicht richtet,
- die zwar tatbestandsmäßig, aber (offensichtlich) nicht rechtswidrig gehandelt hat oder
- gegen die ein Strafverfahren nicht betrieben werden kann (Kinder).

Die IF beim Unverdächtigen ist *nur* zulässig, wenn und soweit dies zur *Aufklärung* einer Straftat *geboten* ist!

Dies ist der Fall, wenn konkrete Anhaltspunkte dafür bestehen, dass der Unverdächtige als → Zeuge oder → Augenscheinobjekt § 86) benötigt wird.

Beispiele: *Der einzige Zeuge eines schweren Verkehrsunfalles zwischen zwei Fahrzeugführern will sich ohne Angabe seiner Personalien entfernen.*

Eine von Polizeibeamten aufgegriffene, offensichtlich schwer misshandelte weibliche Person möchte ihren Namen und ihre Adresse nicht nennen.

Zulässig sind auch gegenüber Unverdächtigen nur die *erforderlichen* Maßnahmen zur Identifizierung.

So kann es überflüssig sein, freiwillig gemachte Angaben zur Person auf der Dienststelle zu überprüfen. Das gilt auch, wenn eine sich ausweisende Person erklärt, den Zeugen zu kennen, und dessen mündlich gemachte Angaben (Name, Wohnung) bestätigt.

Einschränkend gilt, dass ein *Festhalten* nur dann zulässig ist, wenn die IF nicht zur Bedeutung der Straftat außer Verhältnis steht.

Das bedeutet, dass bei geringfügigen Straftaten (z. B. Entwendung eines Comic-Heftes in einem Kaufhaus, §§ 242, 248 a StGB) zwar die Identität eines als Zeugen in Betracht

1) Zum Begriff der Durchsuchung vgl. Sie ggf. unter Kap. C 3.1.

kommenden Kunden auch gegen dessen Willen erfragt werden darf, ein Festhalten des Zeugen zur Überprüfung seiner mündlich gemachten Angaben zu seiner Person jedoch als unverhältnismäßig (unangemessen) und damit rechtwidrig zu bewerten wäre.

Wenn ein Zeuge seine Personalien entgegen § 111 OWiG nicht angeben will, wird er insoweit zum Betroffenen, so dass wiederum § 163 b I i. V. m. § 46 I OWiG für die IF gilt.

Ohne Einwilligung ist eine *Durchsuchung des Unverdächtigen* sowie seiner mitgeführten Sachen sowie eine *ED-Behandlung* beim Unverdächtigen stets unzulässig. Das ergibt sich aus § 163 b II S. 2.

Bußgeldverfahren: Das sich aus §§ 163 b, c ergebende Identitätsfeststellungsrecht gilt sinngemäß auch für die Verfolgung von Owi (§ 46 I OWiG; Teil D).

Formvorschriften, § 163 c:
Dauer des Festhaltens Verdächtiger/Unverdächtiger:
Nur soweit unerlässlich, darf das Festhalten einer Person gegen ihren Willen andauern. Das bedeutet, dass Maßnahmen zur Identitätsfeststellung

- ohne sachlich vermeidbaren Zeitverzug getroffen werden müssen und
- der Festgehaltene wieder auf freien Fuß zu setzen ist, sobald seine I. hinreichend festgestellt ist.

Die Dauer des Festhaltens ist auf *maximal 12 Stunden* begrenzt. Diese Frist gilt auch für den Richter, soweit er sich nicht entschließt, gegen einen vorgeführten Verdächtigen einen Haft- oder Unterbringungsbefehl zu erlassen.
Von der zwingend vorgeschriebenen Verpflichtung, den Festgehaltenen dem *Richter/AG vorzuführen,* ist abzusehen, wenn die Vorführung mehr Zeit in Anspruch nehmen würde als die IF durch die Polizei.
Die Vorführung besteht in der Verbringung des Festgehaltenen zum AG, nicht zur JVA (wie im Falle der § 127 II, 128).
Wenn nach vorstehenden Ausführungen die Vorführung erfolgen muss, hat sie *unverzüglich* zu erfolgen. Das heißt, dass jede sachlich vermeidbare Verzögerung unterbleiben muss.
Solange kein Richter entscheidungsbereit ist, weil bei einem AG z. B. kein Bereitschaftdienst vorhanden ist, ist der Aufschub der Vorführung gerechtfertigt (BVerfG NJW '74, 808, 810).
Die vorführende Polizeibehörde muss dem Richter die Festhaltungsgründe darlegen, im Falle einer Vorführung gem. § 128 ist dies Aufgabe der StA, die auch den Haftbefehl beantragen muss (Ausnahme: § 128 II S. 2).

Benachrichtigung:
Das Recht auf Verständigung einer Vertrauensperson ist verzichtbar. Sofern eine Benachrichtigung durch den festgehaltenen Verdächtigen nicht in Betracht kommt, weil der Untersuchungszweck gefährdet wäre, ergibt sich aus dem Recht auf Benachrichtigung (II S. 1), dass diese nun von Amts wegen erfolgen muss.[1]
Diese Vorschrift dient zweifellos der Rechtstaatlichkeit. Ihr Vorbild hat sie in Art. 104 IV GG, der eine Verständigung der Angehörigen durch den Richter vorschreibt, sofern der Vorgeführte nicht wieder auf freien Fuß gesetzt wird.

Behandlung der Unterlagen:
Fallen bei der *Verdächtigen*überprüfung Identifizierungsunterlagen an, werden diese zu den Strafakten genommen. Unter den Voraussetzungen des § 81 b Alt. 2 können diese Unterlagen auch zu den Kriminalakten (KpS) genommen werden.

Der Betroffene kann die Entfernung verlangen. Sie muss erfolgen, wenn die Notwendigkeit ihrer Aufbewahrung nicht mehr begründet werden kann. Die Beurteilung dieser Frage richtet sich nach der kriminalistischen Erfahrung und dem Übermaßverbot.[2]

Im Fall der Überprüfung eines *Unverdächtigen* müssen etwaig angefallene Unterlagen von Amts wegen vernichtet werden (§ 163 c IV).

1) Kleinknecht/M-G zu § 163 c.
2) Vgl. Sie im Übrigen zur Aufbewahrung und zum Anspruch auf Vernichtung Kap. C 5 zu § 81 b.

IV. Fallbearbeitung

1. Klausurhinweis:

Klausurtechnisch ist § 163 b *vor* § 127 II zu prüfen – es sei denn, dass die Voraussetzungen der vorläufigen Festnahme gem. § 127 II zu Beginn des Einschreitens deutlich erkennbar vorliegen!

2. Fall: „Harmlose Passanten“ entpuppten sich als Einbrecher

Düsseldorf – „Von einer Zeugin wurden in der Nacht zum Samstag, kurz nach Mitternacht, drei junge Männer beobachtet, die sich in verdächtiger Weise in dem etwas zurückliegenden Eingang eines Geschäftes an der Bahnhofstraße aufhielten. Die Zeugin hatte bemerkt, dass einer von ihnen in gebückter Haltung mit einem Gegenstand am Türschloss hantierte, während die beiden anderen versuchten, diesen durch ihre Körper zu verdecken.

Die Zeugin verständigte die Polizei, die auch sofort mit zwei Funkstreifenwagen anrückte. Obwohl die Männer beim Eintreffen der Polizei versuchten, den Eindruck harmloser Straßenpassanten zu erwecken, wurden sie von den Beamten nach Diebeswerkzeug durchsucht. Die Maßnahme erwies sich als Volltreffer, denn einer der Verdächtigen führte eine Tasche mit diversem Einbruchswerkzeug mit.

Die Tatverdächtigen wurden mit zur Dienststelle genommen.

Dort stellte sich heraus, dass die drei Männer, 18, 22 und 40 Jahre alt, aus Krefeld angereist waren. Trotz der eindeutigen Zeugenaussage und des bei einem von ihnen gefundenen Werkzeuges bestritten sie eine Täterschaft. Lediglich der 18-Jährige, der auch als Fahrer fungiert hatte, war geständig ... Da er bisher noch nicht kriminell in Erscheinung getreten war, wurde er entlassen. Seine beiden Komplizen – der Polizei keine Unbekannten – wurden dem Untersuchungsrichter vorgeführt, der gegen sie Haftbefehl erließ.“

Anmerkung: Hier kam am Ort des Ergreifens natürlich erst eine Maßnahme nach § 163 b in Betracht. Die Voraussetzungen des Haftbefehls (speziell der Haftgrund) dürften erst auf der Wache festgestellt worden sein, so dass erst zu diesem Zeitpunkt eine „Umwandlung“ der Maßnahme in eine solche nach § 127 II in Betracht kam.

3. Aufgaben:

3.1. Prüfen Sie, welcher Straftat(en) die drei Personen verdächtig sind!

3.2. Begründen Sie die Rechtmäßigkeit der getroffenen bzw. noch zu treffenden strafprozessualen Maßnahmen!

4. Lösung:

Zu 3.1.:

Verdacht des versuchten gemeinschaftlichen Diebstahls in einem besonders schweren Falle, §§ 242, 243 I 1, 22, 23, 25 StGB.

Zu 3.2.:

Durchsuchung der Tatverdächtigen nach BM gem. §§ 102, 105.

Beschlagnahme des aufgefundenen Einbruchswerkzeuges und ggf. des Täterfahrzeuges als BM/EG gem. §§ 94 ff., §§ 111 b ff.

Identitätsfeststellung der Tatverdächtigen und der Zeugin gem. §§ 163 b I, II, 163 c.

Zur Rechtmäßigkeit der IF bei den Tatverdächtigen, gem. §§ 163 b I, 163 c:

Voraussetzungen:

Voraussetzung der IF bei Verdächtigen ist, dass konkrete Anhaltspunkte auf eine Straftat hindeuten und sich der Tatverdacht gegen Personen richtet, die der Polizei noch nicht bekannt sind.

Hinreichende konkrete Anhaltspunkte für das Vorliegen eines versuchten Einbruchsdiebstahls ergaben sich aus der detaillierten Zeugenaussage, sofern die Zeugin – was hier unterstellt wird – bereit war, ihre Aussage mit der Angabe ihrer Personalien zu „erhärten“.

Der Tatverdacht richtete sich in diesem Moment gegen die drei unbekannten Personen, da die Möglichkeit ihrer Täterschaft unter diesen Umständen nahe lag.

Zur Abklärung dieser Verdachtslage kam zunächst die Durchsuchung der Männer nach Beweismitteln in Betracht (§§ 102, 105). Zu diesem Zweck konnten die Verdächtigen aufgefordert werden, stehen zu bleiben und sich durchsuchen zu lassen. Die Durchsuchung durfte dabei auch unter dem Gesichtspunkt der *Eigensicherung* nach Polizeirecht (z. B. § 39 I 1 PolG NRW, § 43 I 1 BGSG) erfolgen.[1]
Zugleich war die Identität der Tatverdächtigen festzustellen. Hierzu durften die *erforderlichen* Maßnahmen getroffen werden.
Zuvor war den Verdächtigen mitzuteilen, welche Tat ihnen zur Last gelegt wurde.
Was erforderlich ist, bestimmt sich danach, wann Name, Vorname, Geburtsnahme, -ort, -tag, Wohnort und Wohnung in einer nennenswerte Zweifel ausschließenden Weise festgestellt sind.[2]
Soweit die Verdächtigen keine gültigen Legitimationspapiere vorweisen wollten oder vorgaben, keine mitzuführen, durften sie nach ihnen durchsucht werden und im Falle des negativen Verlaufs auch zur IF festgehalten und mit auf die Dienststelle verbracht werden, da anderenfalls die IF nicht möglich gewesen wäre.
Unter dem gleichen Aspekt hätte letztlich auch ihre ED-Behandlung angeordnet werden dürfen.

Anordnungskompetenz:
Die Anordnung der IF durfte von den einschreitenden Polizeibeamten unter diesen Voraussetzungen getroffen werden.

Formvorschriften, § 163 c:
Die IF war zügig, d. h. ohne sachfremde Verzögerung, vorzunehmen. Die Tatverdächtigen durften maximal 12 Std. festgehalten werden.
Diese Frist galt jedoch im vorliegenden Falle für den 22- und 40-jährigen Tatverdächtigen nicht, da sich für sie nach den Recherchen auf der Dienststelle die Voraussetzungen der vorläufigen Festnahme als zutreffend erwiesen, was eben eine Überleitung der Maßnahme nach § 172 II notwendig machte, mit der Folge, dass die nunmehr dringend Tatverdächtigen unverzüglich, spätestens bis zum Ende des der Festnahme folgenden Tages dem Haftrichter vorzuführen waren (§ 128 I; Art. 104 III GG).Zur Falllösung vgl. Sie Kap C 10.10.
Den Personen war Gelegenheit zu geben, eine Person ihres Vertrauens zu verständigen. Soweit eine Gefahr für das Verfahren bestand, was hier zumindest nicht auszuschließen war, war die Verständigung von den Beamten vorzunehmen.

Verhältnismäßigkeit:
Die IF war geeignet und erforderlich zur Einleitung eines Strafverfahrens gegen die drei Tatverdächtigen. Zwischen ihrem Anlass (Straftat) und ihrer Auswirkung (Belastung des Grundrechtsadressaten) bestand kein Missverhältnis.

Ergebnis:
Unter den gegebenen Voraussetzungen waren die Maßnahmen zur IF rechtmäßig.

Zur Rechtmäßigkeit der IF bei der Zeugin, §§ 163 b II, 163 c:

Voraussetzungen:
Die Identität eines Unverdächtigen darf nur festgestellt werden, wenn dies zur Tataufklärung *geboten* ist.
Im vorliegenden Fall ließe sich im Wesentlichen *nur* durch die *Zeugenaussage* die Täterschft beweisen.
Falls die Tatverdächtigen weiterhin die Tat bestreiten (oder Geständnisse widerrufen) und am Tatobjekt keine eindeutigen Spuren zu entdecken sind, ließe sich aus der Existenz der BM allein kein konkreter Versuch einer Diebstahlshandlung nachweisen.

1) Vgl. Sie Kap. C 2.10 zur Anwendung unmittelbaren Zwanges bei der Durchsetzung von StPO-Maßnahmen.
2) Gem. § 111 OWiG kam auch die Berufsangabe zur IF in Betracht (BayObLG NJW '79, 1054).

Die IF der Zeugin war daher geboten (erforderlich). Die Straftat und die Person der Verdächtigen waren der Zeugin *vor* der IF mitzuteilen. Im vorliegenden Fall dürfte sich dies erübrigt haben.

Anordnungskompetenz:
Sofern die Anordnung erforderlich war, durfte sie von den Polizeibeamten getroffen werden. In diesem Fall lag der Schluss näher, dass die Zeugin freiwillig ihre Personalien zur Verfügung stellte. Daher konnte die IF als schlicht hoheitliches Handeln, das keinen Grundrechtseingriff darstellt, allein auf die Aufgabenzuweisung des § 163 I S. 1 gestützt werden.

Formvorschriften, § 163 c:
Es gelten die Bestimmungen wie oben zu a). Allerdings gilt die Einschränkung, dass Zeugen gegen ihren Willen zur IF niemals durchsucht oder ed-behandelt werden dürfen. Ein Festhalten zur IF darf unter dem besonderen Gesichtspunkt der Verhältnismäßigkeit erfolgen.

Ergebnis: Auch die IF der Zeugin war rechtmäßig.

10 Die vorläufige Festnahme gem. § 127 II i. V. m. §§ 112 ff., 126 a; 127 b

10.1 Allgemeines

I. Ausgangsfälle

Fall 1: Raubüberfall aufgeklärt

Düren – Einen 28-jährigen Arbeitslosen aus Remscheid ermittelte die Polizei in den letzten Tagen als den Täter, der am vergangenen Wochenende in einer Dürener Gaststätte einen 50 Jahre alten Mann niedergeschlagen und ausgeraubt hatte. Der Dürener Haftrichter erließ gegen den Remscheider, der sich seit einigen Tagen in unserer Stadt aufhielt, Haftbefehl wegen *Fluchtgefahr.*

Bei dem Überfall in der Toilette der Gaststätte waren dem Täter zwei Hundertmarkscheine und für zehn Euro Kleingeld in die Hände gefallen. Er hatte sich als Mitspieler in eine Knobelrunde geschlichen und war nach Abschluss eines „Spielchens“ dem 50-Jährigen auf die Toilette gefolgt, wo er den Mann von hinten niederschlug.

Fall 2: Bedienstete des Finanzamtes verhaftet – Fingierte Anträge bearbeitet

Düsseldorf – Drei Bedienstete des Finanzamtes Düsseldorf Mitte – ein Beamter und zwei Angestellte –, die mit der Bearbeitung von Ausländeranträgen auf Lohnsteuerjahresausgleich betraut waren, sind bereits am 20. März dieses Jahres verhaftet worden. Wie das NRW-Justizministerium erst jetzt auf Anfrage mitteilte, erließ der Haftrichter beim Amtsgericht Düsseldorf Haftbefehl wegen *Verdunkelungsgefahr.*

Zur Aufklärung der näheren Tatumstände ist eine Sonderkommission des nordrhein-westfälischen Landeskriminalamts eingesetzt worden. Nach Angaben des Ministeriums besteht der Verdacht, dass die Finanzbediensteten „in zahlreichen Fällen“ fingierten Anträgen von Ausländern ohne Belege stattgegeben haben und „am Gewinn beteiligt“ gewesen sein sollen.

Fall 3: Laufend Werkzeug „gekauft“ und dann an Hehler versilbert

Aachen – In Zusammenhang mit den Aachener Kollegen nahm die Polizei in S. einen 25-jährigen Mann aus Aachen fest, der beim Fachhandel in Aachen, Eschweiler, Stolberg und Würselen Werkzeug und Werkzeugmaschinen teils auf seinen Namen, teils auf den Namen eines Aachener Luftsportvereins eingekauft hatte, ohne die Ware zu bezahlen. Die gegen Lieferscheine ausgehändigten Werkzeugmaschinen und Werkzeuge versilberte der junge Mann zu einem für die Hehler günstigen Preis. Da die Tatfolge immer häufiger wurde und *Wiederholungsgefahr* gegeben war, machten die Polizeibeamten Nägel mit Köpfen und erwirkten einen Haftbefehl. Der Festgenommene gibt zu, in 24 Fällen in betrügerischer Absicht Werkzeug und Werkzeugmaschinen mitgenommen und an Hehler weitergegeben zu haben. Für rund 10 000 Euro konnte ausgelieferte Ware bei Wiederverkäufern sichergestellt werden ...

II. Begriff und Funktion der Untersuchungshaft u. d. vorläufigen Festnahme

Es gibt Situationen, in denen ein Tatverdächtiger nach Feststellung seiner Identität (§§ 163 b, c) nicht wieder freigelassen werden darf, weil zu befürchten ist, dass er seine Freiheit dazu missbrauchen wird, durch weitere Aktivitäten

- den ordnungsgemäßen Ablauf des bevorstehenden Stafverfahrens zu gefährden,
  - durch Flucht, Fall 1 oben *oder*
  - durch Verdunkelungshandlungen, Fall 2 oben *oder*
- neue Straftaten zu begehen,
  - durch Wiederholung gleicher Straftaten, Fall 3 oben.

In diesen Fällen ist der *Richter* ermächtigt, durch einen schriftlichen *Haftbefehl* die *U-Haft* nach §§ 112, 113 bzw. die (subsidiäre) *Sicherungshaft* nach § 112 a gegen den Tatverdächtigen anzuordnen (Art. 104 – besonders III GG; §§ 114, 125).

Untersuchungshaft und *Sicherungshaft* dürfen nicht mit der *Haftstrafe* verwechselt werden. Die U-Haft dient der Sicherung des *bevorstehenden* Strafverfahrens (§ 112 II, III), die Sicherungshaft der Verhinderung weiterer Straftaten bis zur Gerichtsverhandlung (§ 112 a). Die *Strafhaft* ist die Verbüßung der durch Gerichtsurteil verhängten rechtskräftigen Freiheitsstrafe. Der *Richter* darf *U-Haft* oder *Sicherungshaft* anordnen, wenn die Voraussetzungen des Haftbefehls (HB) vorliegen (§§ 112, 112 a, 113).

Die Voraussetzungen des Haftbefehls (HB) sind:
dringender Tatverdacht + ein Haftgrund + Verhältnismäßigkeit.

Für die Fälle, in denen ein richterlicher HB in der Praxis zu spät kommen würde, weil der Richter – insbesondere zur Abwendung der Flucht und der Fluchtgefahr – nicht schnell genug erreicht werden kann, hat der Gesetzgeber die *Polizei und die StA* ermächtigt, einen Tatverdächtigen *vorläufig* festzunehmen, wenn

– die Voraussetzungen des HB[1] vorliegen *und*
– Gefahr im Verzug besteht (§ 127 II).

Die vorläufige Festnahme gem. § 127 II ist daher eine Maßnahme mit		
– **Aushilfscharakter**	→	Der zuständige Richter ist nicht rechtzeitig zu erreichen;
+		es besteht daher Gefahr im Verzug.
– **vorläufiger Wirksamkeit**	→	Die Richtervorführung muss unverzüglich erfolgen, § 128, Art. 104 III GG.

Grundrechtsschutz: Festnahmen sind nach dem spezifischen Zweck des § 127 II regelmäßig auf **Freiheitsentziehung** [2] angelegt und greifen daher in besonderem Maße in das Recht auf *Unverletzlichkeit der Freiheit der Person* (Art. 2 II S. 2 GG) ein.

Art. 2 II S. 3 GG lässt den Eingriff in dieses Grundrecht auf Grund eines Gesetzes zu, allerdings nur unter Beachtung der formellen Verfahrensgarantien des Art. 104 I, II S. 2, III - IV GG.

Verletzungen dieser Garantien, die in §§ 128, 114 ff. aufgenommen sind, kann der Betroffene mit der Verfassungsbeschwerde (§ 90 BVerfGG) anfechten.

Zur strengen praktischen Realisierung des verfassungsmäßigen Gebots aus Art. 104 II-IV hat das BVerfG den Gesetzgeber aufgefordert (NJW '02, 3162), organisatorische Vorkehrungen zu treffen, die die **Erreichbarkeit eines Richters** „jedenfalls zur Tageszeit" (= Begriff aus § 104 III) gewährleisten.

1) Auf die Voraussetzungen des *Unterbringungsbefehls* (§ 126 a) wird in Kap. C 10.6, auf die Besonderheit der *Hauptverhandlungshaft* nach § 127 b in Kap. C 10.7 eingegangen.
2) Zum Begriff und zur Abgrenzung zur Freiheitsbeschränkung vgl. Sie Kap. C 9 III.

Zur Unterscheidung von U-Haft und vorläufiger Festnahme gem. § 127 II:[1]

Der *Richter* ordnet *U-Haft/Sicherungshaft* mit Erlass eines schriftlichen Haftbefehls (§ 114) an, wenn:	Die ***Polizei*** (u. StA) darf einen Beschuldigten gem. § 127 II *vorläufig festnehmen,* wenn:
1. dringender Tatverdacht besteht + 2. ein Haftgrund gegeben ist + 3. die Maßnahme verhältnismäßig ist.	1. dringender Tatverdacht besteht + 2. ein Haftgrund gegeben ist + 3. die Maßnahme verhältnismäßig ist + 4. *Gefahr im Verzug ist.*
Die *Verhaftung* ist die Vollstreckung des vom Richter erlassenen HB. Die Verantwortung für die Rechtmäßigkeit (oben Ziff. 1-3) trägt der den HB erlassende Richter (§ 125). Die *Vollstreckung* eines Haftbefehls (= Verhaftung) ist gem. § 36 II Aufgabe der StA. Aus personellen u. organisatorischen Gründen bedient sie sich gem. § 161 I S. 2 der Polizei. Der *verhaftende* Polizeibeamte trägt die Verantwortung *dafür,* dass er auch tatsächlich die im HB bezeichnete Person verhaftet. Zweifel hat er vorher zu klären. Gem. § 114 a hat der verhaftende Polizeibeamte dem Beschuldigten den HB *bekannt zu geben* (Aushändigung einer Abschrift oder – falls nicht verfügbar – vorläufige Mitteilung der zur Last gelegten Tat). Der Verhaftete ist unverzüglich dem zuständigen (§ 125 I, II) Richter vorzuführen; §§ 115 I, 115 a I. Der Richter hat den Beschuldigten spätestens am Tag nach seiner Vorführung zu vernehmen und ihm dabei Gelegenheit zu geben, die Verdachts- und Haftgründe zu entkräften (§§ 115 II/III, 115 a). Die Benachrichtigung einer Vertrauensperson ist Sache des Richters, § 114 b (Art. 104 IV GG).	Die vorläufige *Festnahme* erfolgt in Eigeninitiative der Polizei/StA, und zwar im Hinblick auf das *Vorliegen der Voraussetzungen* des HB. Die Verantwortung für die Rechtmäßigkeit der *vorläufigen Festnahme* trägt ausschließlich der sie anordnende Polizeibeamte oder StA. Obwohl die Mitteilung der Gründe für die vorläufige Festnahme gem. § 127 II nicht vorgeschrieben ist, sollten sie analog § 163 b dem Festzunehmenden genannt werden. Die Polizei wird die zuständige StA unter Vorlage des Vorgangs unterrichten, da diese im Fall des § 127 II den Haft- oder Unterbringungsbefehl beim AG zu beantragen hat. Der Antrag ist Voraussetzung für den Erlass des Haftbefehls, es sei denn, dass die StA nicht erreichbar war (§ 128 II S. 2, § 125 I). Der vorläufig Festgenommene ist **unverzüglich** dem Richter vorzuführen (§ 128). Vorher wird er i. d. R. polizeilich vernommen (BGH NJW '90, 195). Das Unverzüglichkeitsgebot folgt auch aus Art. 104 I S. 2 GG, der durch III ergänzend spezialisiert wird – mit der Pflicht zur Vorführung, – der Gewährung rechtlichen Gehörs und dem – Gebot des schriftl. HB oder der unverzüglichen Freilassung. Die Benachrichtigung einer Vertrauensperson durch die *Polizei* ist nicht vorgeschrieben, sollte aber analog § 163 c erfolgen.

Die **Vorführung** erfolgt dadurch, dass der Beschuldigte dem zuständigen oder nächsten Amtsgericht (AG) überstellt wird, und zwar durch Übergabe an die Justizvollzugsanstalt (JVA).[2] Die Übergabe kann grds. zu jeder Zeit erfolgen. In der Praxis liegen aber sog. Vorführtermine fest. Bis dahin wird der Verhaftete/Festgenommene dem Polizeigewahrsam zugeführt. Der sog. Vorführrichter vernimmt den vorgeführten Beschuldigten gem. § 115/§128 I. Dabei hat er den StA und den Verteidiger nach Maßgabe des § 168 c hinzuzuziehen.

U-Haft darf bei **Jugendlichen** wegen der besonderen Belastungen des Vollzugs nur verhängt werden, wenn weniger einschneidende Maßnahmen wie z. B. die einstweilige Unterbringung nach § 71 II JGG, nicht zum Erfolg führen (§ 72 I JGG).[3]

In **Privatklageverfahren** (§ 374) ist U-Haft unzulässig. Das Gericht ist wohl befugt, den Angeklagten vorführen zu lassen (§ 387 III). Hat die StA im Einzelfall wegen öffentlichen Interesses die Verfolgung eines Privatklagedeliktes übernommen (§§ 376, 377 und Kap. C 1.12), ist auch der Erlass eines Haftbefehls zulässig.

1) Zur vorläufigen Festnahme zur Sicherung der Hauptverhandlung im beschleunigten Verfahren (Hauptverhandlungshaft) vgl. Sie Kap. C 10.7.
2) § 86 der bundeseinheitlichen Untersuchungshaft-Vollzugsordnung (UVollzO).
3) Zu den Grundzügen des Jugendstrafrechts vgl. Sie Kap. A 8.

Die vorläufige Festnahme gem. § 127 II ist auch zulässig, wenn die Straftat nur auf **Antrag** verfolgt werden kann (§ 127 III, § 130).
Die U-Haft darf nach § 112 I S. 2 nur angeordnet werden, „wenn sie zu der Bedeutung der Sache und der zu erwartenden Strafe, Maßregel der Besserung oder Sicherung **nicht außer Verhältnis steht**". Nach dem BVerfG (NJW '80, 1448) muss die U-Haft im „überwiegenden Interesse des Gemeinwohls" liegen. Sie muss als „unabwendbares Bedürfnis einer wirksamen Verbrechensbekämpfung zwingend geboten sein".
Soweit erforderlich, enthält § 127 II auch die *Befugnis* zur Anwendung **unmittelbaren Zwanges.** Die *Art und Weise* der Zwangsanwendung richtet sich nach den *Polizeigesetzen*, z. B. §§ 57 ff. PolG NRW sowie – für Vollzugsbeamte des Bundes – nach dem *UZwG*.
Zur Systematik der Zwangsanwendung zur Durchsetzung strafprozessualer Maßnahmen vgl. Sie Kap. C 2.10.

10.2 Die Voraussetzungen der vorläufigen Festnahme gem. § 127 II[1] im Überblick

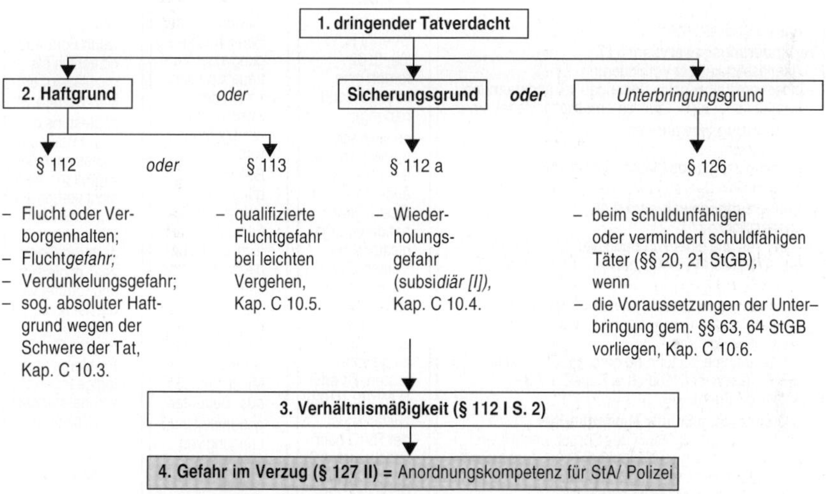

Der Begriff **Gefahr im Verzug** signalisiert den Richtervorbehalt aus Art. 104 II S. 1, 2 GG, der seinerseits der verstärkten Sicherung des Grundrechtes aus Art. 2 II S. 2 GG dient (BVerfG NJW '02, 3116) und durch Art. 104 III GG im Falle der vorläufigen Festnahme um weitere Verfahrensgarantien ergänzt wird.

5. Verfahrensvorschriften

Der Beschuldigte ist, wenn er nicht wieder freigelassen wird, unverzüglich dem zuständigen Amtsrichter vorzuführen. Dieser gewährt ihm rechtliches Gehör und erlässt unverzüglich einen mit Gründen versehenen schriftlichen HB, wenn nicht seine Freilassung anzuordnen ist. Erlässt der Richter einen HB, hat er unverzüglich eine Vertrauensperson des Beschuldigten zu verständigen (§ 128; Art. 104 III, IV GG).

1) Zur vorläufigen Festnahmebefugnis nach § 127 b, die der Sicherung der Hauptverhandlung im *beschleunigten Verfahren* dient, vgl. Sie Kap. C 10.7.

Exkurs:

Die Ingewahrsamnahme von Personen zur Gefahrenabwehr

Rechtsnatur: freiheits*entziehende* Maßnahme, die nur auf Grund eines förmlichen Gesetzes unter Beachtung der darin vorgeschriebenen Formen zulässig ist, Art. 104 I/IIGG; §§ 35 ff. PolG **NRW**.

1. Begriff u. Voraussetzungen

Gewahrsam, § 35: selbstzweckbezogene vorübergehende Entziehung der Bewegungsfreiheit[1] einer Person geg. od. ohne deren Einwilligung i. d. R. an einem eng begrenzten Ort (entscheidend sind jedoch Intensität u. Intention der Maßnahme) als:[2]

Schutzgewahrsam (I 1)
- Erforderlichkeit zur Abwehr einer Gefahr für Leib/Leben
  - insbes. bei hilfloser Lage
- Adressat: Gefährdeter.

Verhinderungsgewahrsam (I 2)
- Unerlässlichkeit zur Verhinderung
- einer unmittelbar bevorstehenden od. andauernden Straftat / oder einer Owi von *erheblicher* Bedeutung.

Durchsetzungsgewahrsam (I 3)
- unerlässlich zur
- Durchsetzung eines Platzverweises nach § 34 PolG NRW.

Durchsetzungsgewahrsam (I 4)
- unerlässlich zur
- Durchsetzung einer Wohnungsverweisung bzw. eines Rückkehrverbotes nach § 34 a PolG NRW:

Gewahrsam zum Schutz privater Rechte (I 5)
- unerlässlich zur Durchsetzung zivilrechtlicher Ansprüche *sofern*
- die Festnahme/Vorführung gem. §§ 229, 230 III BGB zulässig ist (Näheres in Kap. C 1.7.2 – Arrestverfahren).

Gewahrsam zum Schutz Minderjähriger (II)
- bei Entzug aus der Obhut des Sorgeberechtigten,
- zwecks Zuführung zu diesem oder zum Jugendamt;
- Übermaßverbot fordert wohl zusätzl. ein konkretes Schutzbedürfnis des Minderjährigen.

Ingewahrsamnahme Entwichener (III)
- entwichen aus U-Haft, Haft od. freiheitsentziehender M.d.B.u.S. oder
- bei sonstigem unerlaubten Aufenthalt außerhalb der JVA.
  Bundesrecht gem. § 87 StVollzG, § 127 II, §§ 457, 161 StPO geht vor.

2. Verfahren zur Wahrung der eingegangenen Fürsorgepflichten

Richterliche Entscheidung, § 36
- unverzügliche Herbeiführung über Zulässigkeit und Fortdauer (das BVerfG NJW '02, 3162 fordert eine strenge Handhabung);
- es sei denn, die Maßnahme ist vorher beendet (der Gesetzgeber hat durch organisatorische Vorkehrungen die Erreichbarkeit des Richters mindestens zur Tageszeit zu gewährleisten, BVerfG NJW '02, 3162);
- zuständig ist der RiAG beim örtlich zust. AG;
- für das weitere Verfahren gilt das Gesetz für das gerichtliche Verfahren bei Freiheitsentziehungen (FEntzG).

Behandlung festgehaltener Personen, § 37
- unverzügliche Bekanntgabe des Grundes;
- unverzügliche Gewährung der Benachrichtigung einer Vertrauensperson, sofern der Zweck der FE nicht gefährdet wird;
- Benachrichtigung durch Polizei, wenn Festgehaltener nicht selbst benachrichtigen kann/darf;
- Benachrichtigung des Sorgeberechtigten bei Minderjährigen oder Betreuten;
- getrennte Unterbringung von Männern und Frauen;
- sowie von Strafgefangenen od. U-Häftlingen;
- Auferlegung von Beschränkungen nur im gebotenen Rahmen des Gewahrsamzwecks (z. B. Zeitung belassen).

Dauer der FE, § 38

Entlassung
- sobald der Grund der Maßnahme entfallen ist:;
- wenn Fortdauer richterlich als unzulässig, erklärt worden ist;
- spätestens bis zum Ende des Tages nach dem Ergreifen[3], wenn nicht vorher die Fortdauer auf Grund eines anderen Gesetzes[4] richterlich angeordnet worden ist (z. B. § 1 JÖSchG, § 11 PsychKG NRW). Problem : mehrtägige Ingewahrsamnahme nach allgemeinem Polizeirecht (Beispiel: „Chaos-Tage").
- Dauer der Freiheitsentziehung zur IF aber max. 12 Std., § 38 II.

3. Gebot der Verhältnismäßigkeit

3. Gebot der Verhältnismäßigkeit der jeweiligen Maßnahme unter Beachtung von *Eignung, Erforderlichkeit und Angemessenheit.*

---

1) Freiheitsbeschränkungen dagegen i. d. R. bei Verfolgung eines Fremdzwecks wie bei Festnahmen zur IF auf der Wache, ED-Maßnahme. Zur Definition der Freiheitsentziehung durch das BVerfG vgl. Sie Kap. C 9 III.
2) Zum str. Verbringungsgewahrsam als Minusmaßnahme zu I 2 vgl. Sie – bejahend – LG Hamburg, Urt. v. 24.9.98 (710 Ns 56/97 und – ablehnend – BayVerfGH NVwZ '91.
3)-4) Die PolG der Länder und des Bundes weichen in Einzelaspekten voneinander ab.

10.3 Die vorläufige Festnahme gem. § 127 II i. V. m. § 112

I. Gesetzliche Voraussetzungen

1. dringender Tatverdacht, § 112 I 1

Tatsachen müssen mit großer Wahrscheinlichkeit dafür sprechen, dass der Beschuldigte eine bestimmte Straftat (schuldhaft) begangen hat.

2. ein Haftgrund nach

§ 112 II 1-3

Flucht

Täter ist nach vorliegenden Tatsachen flüchtig oder hält sich verborgen, II Nr. 1.

Fluchtgefahr

Bestimmte Tatsachen begründen nach Abwägung aller Umstände des Einzelfalles die Gefahr, der Besch. werde sich dem Strafverfahren durch Flucht entziehen, II Nr. 2.

Fluchtgefahr begründende Tatsachen können sein: Person
- o. f. W.;
- nicht identifizierbar;
- bedingungslos:
  - ohne Arbeit,
  - hohe Schulden,
  - ohne Familie,
  - zerrüttete Familie;
- Verhalten in früheren Fällen,
- hohe Strafe,
- Auslandsbeziehungen.

Die Tatsachen können im Umkehrschluss auch gegen die Fluchtgefahr sprechen.

Verdunkelungsgefahr

Bestimmte Tatsachen/ müssen nach dem gezeigten Verhalten des Beschuldigten/den dringenden Verdacht begründen/ er werde durch aktive Handlungen/in unlauterer Weise auf Personen einwirken/oder er werde Beweismittel beseitigen usw./Gefahr, dass die Ermittlung der Wahrheit erschwert wird, II Nr. 3.

Nicht schon: Verweigerung der Aussage, Bestreiten der Tat, falsche Aussage, Verschweigen der Mittäter, die Weigerung, Beweismittel herauszugeben!

Aber: versuchte Zeugenbeeinflussung, Spurenbeseitigung, eindeutige Äußerungen, Verhalten in früheren Fällen, Lebenszuschnitt, besonders bei Banden, Spionen, Hehlern, Zuhältern.

Bedingung ist stets, dass überhaupt noch die Ermittlung der Wahrheit erschwert werden *kann*!

§ 112 III

Schwere Tat

Ein spez. Haftgrund nach II ist nicht erforderlich, wenn der Beschuldigte einer Straftat der Schwerstkriminalität i. S. v.
- §§ 211, 212, Mord/Totschlag;
- § 6 I 1 VölkerStGB;
- § 129 a, Bildung terroristischer Vereinigungen, auch i.V.m. § 129 b I;
- § 226, Schwere KV;
- §§ 306 b -c, Bes. schw. Brandstiftung u. ... mit Todesfolge;
- § 308 I-III, Herbeiführen einer Sprengstoffexplosion,

verdächtig ist, III.

Die verfassungskonforme Auslegung gebietet aber auch hier, dass Flucht- oder Verdunkelungsgefahr nach Lage des Falles *möglich* ist (BVerfG NJW '66, 243 f., 772). Es wird nicht der Nachweis *dringender* Gründe verlangt, die aber bei Tätern dieser Kriminalität i. d. R. nahe liegen dürften.
Der Haftgrund ist ggü. § 112 II subsidiär!

3. Verhältnismäßigkeit, § 112 I 2

Zwischen Freiheitsentziehung und Anlass darf kein erkennbares Missverhältnis bestehen! Die Maßnahme muss zudem zur Verfahrenssicherung geeignet und erforderlich sein.

4. Gefahr im Verzug, § 127 II

Ein richterlicher Haftbefehl kann nicht rechtzeitig eingeholt werden, ohne den beabsichtigten Zweck, der sich jeweils aus dem vorliegenden Haftgrund ergibt, zu gefährden.

5. weiteres Verfahren, § 128 (Art. 104 III, IV GG)

Der Beschuldigte ist, wenn er nicht wieder freigelassen wird, unverzüglich dem zuständigen Amtsrichter vorzuführen. Dieser gewährt ihm rechtliches Gehör und erlässt unverzüglich einen mit Gründen versehenen schriftlichen HB, wenn nicht seine Freilassung anzuordnen ist. Erlässt der Richter einen HB, hat er unverzüglich eine Vertrauensperson des Beschuldigten zu verständigen.

II. Erläuterungen

a) Beschuldigter, § 112 I

Der Gesetzgeber stellt fest, dass die Untersuchungshaft u. a. nur dann zulässig ist, wenn ein *Beschuldigter* einer Tat *dringend* verdächtig ist.

Die Formulierung Beschuldigter hat sprachlich-methodische Funktion. Zum einen handelt es sich beim Beschuldigten um eine Person, gegen die das Strafverfahren betrieben wird (im Gegensatz zu Zeugen, Opfern), zum anderen kennzeichnet die Verwendung dieses Begriffs den *Verfahrensstand.*

So ist ein **Beschuldigter** jede Person, gegen die wegen des begründeten Verdachts einer Straftat konkrete Ermittlungsmaßnahmen mit dem Ziel der Anzeigenerstattung eingeleitet werden. Die Beschuldigteneigenschaft eines Tatverdächtigen wird daher durch einen Willensakt der zuständigen Strafverfolgungsbehörde begründet, die dies nach der Stärke des Tatverdachts pflichtgemäß zu entscheiden hat (BGH NStZ '87, 83, BGH NJW '97, 1591).

Mit Erhebung der öffentlichen Klage durch die StA bezeichnet man die Person, gegen die das Strafverfahren betrieben wird, als **Angeschuldigten** (§ 157).

Angeklagter ist schließlich der Angeschuldigte (oder Beschuldigte, § 382), gegen den die Eröffnung des Hauptverfahrens beschlossen ist (§ 157).

Fall: Jungen als Wegelagerer

Aachen. – Wie Wegelagerer benahmen sich zwei Jungen von 12 und 13 Jahren. Hinter Allkauf zwangen sie den neunjährigen Leo, vom Rad zu steigen. Die beiden Kostümierten hielten dem Jüngeren Spielzeugpistolen vor und drohten, ihm damit ins Auge zu schießen.

Als sich der Neunjährige trotzdem weigerte, sein Geld herauszugeben, griff ihm einer der Räuber in die Tasche und bediente sich. Beute: 4,50 Euro Einkaufsgeld.

Die alarmierte Polizei konnte schon bald nach der Tat die Räuber ermitteln.

Kinder (Personen, die das 14. Lebensjahr noch nicht vollendet haben) sind schuldunfähig (§ 19 StGB). Ein Strafverfahren darf daher gegen sie nicht betrieben werden. Deshalb ist auch ihre vorläufige Festnahme unzulässig. Soweit dies zur Aufklärung einer Straftat geboten ist, darf die Identität von Kindern jedoch nach § 163 b II festgestellt werden (Kap. C 9), wenn das Verfahren zugleich gegen *verfolgbare* Täter betrieben wird. In Betracht kommt bei Kindern die Überstellung an die Eltern bzw. das Jugendamt. Zu diesem Zweck sowie zur Anspruchssicherung Geschädigter und zur Verhinderung wiederholter Tatbegehung dürfen die IF, Durchsuchung, Sicherstellung und Ingewahrsamnahme nach Polizeirecht getroffen werden.

b) Dringender Tatverdacht, § 112 I

Dringender Tatverdacht gegen den Beschuldigten besteht dann, wenn nach dem gegenwärtigen Verfahrensstand aufgrund *bestimmter Tatsachen* die *Wahrscheinlichkeit* groß ist, dass er eine Straftat als Täter oder Teilnehmer (§§ 25, 26, 27, 30 StGB) rechtswidrig und schuldhaft begangen hat.

Beispiele für Tatsachen:

Eigene Feststellungen des Polizeibeamten am Tatort; Zeugenaussagen, Geständnis des Tatverdächtigen; aufgefundene Beweismittel beim Tatverdächtigen (Tatwaffe, Beute, Fluchtfahrzeug, Blutspuren an der Kleidung usw.).

Die vorgefundenen Tatsachen bedürfen einer *sachlich orientierten Überprüfung,* aus der sich sodann *folgerichtig* ein großer Grad an Wahrscheinlichkeit (Gewissheit wird nicht gefordert) für den Tatverdacht ergeben muss.

Eine *Zeugenaussage* ist z. B. für sich gesehen eine Tatsache. Ob sie aber geeignet ist, einen *dringenden* Tatverdacht gegen eine Person zu begründen, bedarf der pflichtgemäßen, sachlich orientierten Überprüfung durch den einschreitenden Polizeibeamten (z. B. Genauigkeit der Angaben, Glaubwürdigkeit des Aussagenden). Sofern der Tatverdacht danach nur „einfach" ist, muss ggf. weiter recherchiert werden.

Am Tatort vorgefundene Spuren, Werkzeuge, Kleidungsstücke sind nur dann als Tatsachen von Relevanz, wenn sie bei logischer Schlussfolgerung auf eine bestimmte Tat und Täterperson hinweisen.

Die Wahrscheinlichkeit, dass Rechtfertigungs-, Schuld- oder Strafausschließungsgründe vorliegen, beseitigt den *dringenden* Tatverdacht.[1] Die Pflicht zur Tataufklärung (§ 163) rechtfertigt aber die IF.

Fall: Automatenknacker von der Polizei beobachtet

Aachen – Im Rahmen der Sondermaßnahmen zur Bekämpfung der Kriminalität beobachtete die Besatzung einer Zivilstreife zwei junge Männer, die auf dem Adalbertsteinweg in verdächtiger Weise Automaten begutachteten. Wegen eines anderen Einsatzes mussten die Beamten die Beobachtung abbrechen.

Als kurze Zeit später ein Zeuge der Polizei einen Automateneinbruch im Adalbertsteinweg meldete, wussten die Beamten, welche Personen sie zu suchen hatten. Noch in Tatortnähe konnten die beiden Verdächtigen gestellt werden. Bei ihrer Durchsuchung kamen 21 Packungen Zigaretten zum Vorschein.

Argumente zum dringenden Tatverdacht:

Die konkreten Anhaltspunkte (Tatsachen) – Beobachtungen der Beamten, Einschätzung der angetroffenen Personen – rechtfertigten nach den praktischen Erfahrungen zunächst den *einfachen* Tatverdacht i. S. der §§ 163 b, 102.

Daher waren bereits die Identitätsfeststellung (§ 163 b, Kap. C 9) und die Durchsuchung (§ 102, Kap. C 7.2) der Personen gerechtfertigt.

Das Auffinden der Zigarettenpackungen ergab schließlich den *dringenden* Tatverdacht, da nunmehr von der *großen* Wahrscheinlichkeit auszugehen war, dass die Personen einen bestimmten Diebstahl rechtswidrig und schuldhaft begangen hatten.

c) Der Haftgrund Flucht und Verborgenhalten, § 112 I Nr. 1

Fall: K war als Täter einer schweren Körperverletzung nach § 226 StGB ermittelt worden.

Nachdem K seiner polizeilichen Vorladung zur Vernehmung nicht Folge geleistet hatte, wurde ermittelt, dass der allein stehende K sein möbliertes Zimmer kurzfristig gekündigt und sich mit unbekanntem Ziel abgesetzt hatte.

Über die StA wurde ein richterlicher Haftbefehl für die Fahndung nach dem Täter beantragt.

Flüchtig ist, wer auf Grund *bestimmter Tatsachen* seine Wohnung verlassen hat und postalisch nicht erreichbar sein will, um sich dem Strafverfahren zu entziehen.

Ein Ausländer, der nach der Tat (z. B. Ladendiebstahl; Gefährdung des Straßenverkehrs, § 315 c StGB) in sein Heimatland zurückgekehrt ist, ist in diesem Sinne nicht flüchtig, wenn die Heimkehr unabhängig von der Tat geplant war.

Anders liegt der Fall, wenn ein Ausländer in dem Verdacht steht, über die (nahe) Grenze zur Verübung von Diebstählen eingereist und nach der Tat durch erneuten Grenzübertritt wieder ausgereist zu sein.

Verborgen hält sich *der* Beschuldigte, der auf Grund *bestimmter Tatsachen* seinen Aufenthalt den Behörden vorenthält, insbesondere, wenn er unangemeldet oder unter falschem Namen lebt, *um* sich dem Strafverfahren, wenn auch nur auf Zeit, zu entziehen.

Das *Sich-Entziehen* setzt eine auf Verfahrensvereitelung oder -erschwerung gerichtete Tätigkeit voraus, wobei dieser Erfolg beabsichtigt oder in Kauf genommen sein muss.

Bei Feststellung des Haftgrundes „Flucht oder Verborgenhalten“ wird die ermittelnde Polizeidienststelle die StA ersuchen, beim Richter des zuständigen AG (§ 125 I) einen Haftbefehl (§ 114) zu beantragen.

d) Der Haftgrund Fluchtgefahr, § 112 II Nr. 2

Ausgangsfall: Vgl. Sie oben Kap. C 10.1 „Raubüberfall aufgeklärt“.

Dem Haftgrund Fluchtgefahr kommt für die polizeiliche Festnahmepraxis die mit Abstand größte Bedeutung zu.

Der Haftgrund Fluchtgefahr besteht nach der *Legaldefinition* des § 112 II 2, wenn

- nach Würdigung der Umstände des Einzelfalles
- bestimmte Tatsachen die Gefahr begründen,
- der Beschuldigte werde sich dem Strafverfahren entziehen.

1) Vgl. Sie hierzu und nachfolgend Kleinknecht/M-G zu § 112.

Der Haftgrund Fluchtgefahr darf auch nur aus Tatsachen abgeleitet werden.

Bei der Beurteilung der Tatsachen müssen alle bekannten Umstände des Einzelfalles berücksichtigt werden. Die Umstände haben sich auf die *persönlichen, sozialen, wirtschaftlichen Verhältnisse* des Beschuldigten zu beziehen.

Die Beurteilung, die vom beruflichen Erfahrungswissen bestimmt sein soll, muss mehr Wahrscheinlichkeit für die Erwartung ergeben, der Beschuldigte werde sich dem Verfahren zu entziehen suchen, als für die Erwartung, er werde sich ihm stellen.

Es ist also eine Abwägung des Für und Wider vorzunehmen.

Tatsachen, die *für sich allein oder erst in Kombination* mit anderen nach den Erfahrungen des polizeilichen Alltags für eine Flucht sprechen, sind insbesondere:

- Person ist ohne festen Wohnsitz,
- Person ist nicht zu identifizieren,
- Flucht in früheren Fällen,
- hohe Straferwartung,
- Auslandsbeziehungen,
- ausländische Staatsangehörigkeit,
- auffälliger Wohnungs- u./od. Arbeitsplatzwechsel,
- Verwendung falscher Namen, Papiere,
- Zugehörigkeit zu einer überörtlich agierenden Bande,
- persönliche Bindungslosigkeit infolge
  - fehlender Familienbande,
  - Arbeitslosigkeit oder
  - hoher Verschuldung.

In entsprechender Umkehrung können diese Fakten natürlich auch gegen eine Flucht sprechen; andererseits aber auch ein hohes Alter oder eine die Flucht wesentlich behindernde Krankheit.

Zur Fluchtgefahr bei Verdacht eines **Verbrechens**

Das OLG Karlsruhe hat festgestellt, dass eine besonders hohe Straferwartung ohne Hinzutreten weiterer Umstände die Fluchtgefahr begründen *kann.*[1] Einen Erfahrungssatz, dass bei einer Straferwartung von mindestens einem Jahr *stets* Fluchtgefahr besteht, gibt es aber nach der Rspr. nicht.

Bei Verbrechenstatbeständen, z. B. Straßenraub, § 249 StGB, wird die *Polizei* i. d. R. von Fluchtgefahr ausgehen dürfen. Ob die Höhe der im Einzelfall zu erwartende Strafe im konkreten Fall (allein oder zusammen mit anderen Aspekten) die Fluchtgefahr mit hinreichender Wahrscheinlichkeit erwarten lassen, hat sodann der Ermittlungsrichter (§ 125 I, 128 I) unter Beiziehung vorhandener Akten, Erkenntnisse aus dem staatsanwaltschaftlichen Verfahrensregister (§§ 474 ff.) zu entscheiden.

Auch kommt es auf die Art des Verbrechens und die näheren Tatumstände an. So besteht ein Unterschied, ob ein Täter bei einer Wirtshausschlägerei einem anderen fahrlässig eine schwere Folge zugefügt hat (§ 226 StGB), einem Thekenkumpel mit Gewalt eine Zigarette weggenommen hat (§ 249) oder ob ein Täter z. B. einen Handtaschenraub geplant oder spontan durchgeführt hat.

Zudem wird der festgenommene Beschuldigte in der Praxis dem zuständigen Kommissariat oder (außerhalb der Bürozeiten) der Kriminalwache/dem Kriminaldauerdienst überstellt. Die Fachdienststellen sind weit eher als der die *Vorentscheidung* treffende und festnehmende Streifenbeamte in der Lage, die im Einzelfall gegebenen Tatsachen für und gegen den Haftgrund Fluchtgefahr abschließend abzuwägen.

e) Verhältnismäßigkeit der U-Haft

Die U-Haft als das einschneidenste Mittel der Verfahrenssicherung darf nur angeordnet und aufrechterhalten werden, wenn überwiegende Interessen des Gemeinwohls dies zwingend gebieten.[2]

Die U-Haft muss danach zunächst zur Verfahrenssicherung *geeignet* sein. Sie muss sich sodann als angemessenes Mittel darstellen, was unter Berücksichtigung von Tätersituation, Tatschwere und Rechtsfolgeerwartung zu beurteilen ist.

In besonderem Maße setzt die Komponente der *Erforderlichkeit* voraus, dass der legitime Anspruch der staatlichen Gemeinschaft auf vollständige Tataufklärung und rasche Be-

1) OLG Karlsruhe NJW '78, 333; OLG Düsseldorf NStZ '86, 212 m.w. Hinw. auf die Rspr.
2) OLG Köln NStZ '99, 71 mit weiteren Ausführungen.

strafung des Täters nicht anders als durch die vorläufige Inhaftierung des Beschuldigten gesichert werden kann.[1]

Eine konkrete Ausgestaltung des V-Grundsatzes ergibt sich aus § 116, wonach der *Vollzug* des HB wegen Flucht-, Verdunkelungs- oder Wiederholungsgefahr dann auszusetzen *ist*, wenn der Zweck der U-Haft durch bestimmte weniger einschneidende Maßnahmen erreicht werden kann.

Die dezidierte Prüfung dieser Aspekte ist in entscheidendem Maße von dem **Vorführungsrichter** vorzunehmen. Der **Polizeibeamte** wird sie bei seinen Sofortmaßnahmen i. d. R. nicht umfassend würdigen können.

Anordnungskompetenz:[2]

Bei Gefahr im Verzug dürfen *Polizeibeamte* unter den zutreffenden Voraussetzungen des § 112 die vorläufige Festnahme des Beschuldigten anordnen und durchführen (§ 127 II).

Gefahr im Verzug bedeutet im Falle des § 112 II 1 u. 2, dass zu befürchten sein muss, der Täter werde ohne seine sofortige Festnahme genügend Zeit erhalten, sich dem späteren Zugriff zu entziehen.

f) Der Haftgrund Verdunkelungsgefahr, § 112 II 3

Ausgangsfall: Vgl. Sie oben Kap. C 10.1 „Bedienstete des Finanzamtes verhaftet".

Der Haftgrund **Verdunkelungsgefahr** ist für polizeiliche *Sofortlagen* annähernd bedeutungslos. Die Voraussetzungen des Haftgrundes sind so präzis und eng umschrieben, dass der Beurteilungsspielraum des die Entscheidung über die Festnahme treffenden Beamten extrem eingeengt ist. Dies erschwert den *Nachweis* der Verdunkelungsgefahr erheblich, wenn er überhaupt *vor* der Ausführungshandlung gelingt. Der Nachweis des Haftgrundes setzt Detailwissen über den Täter voraus, das i. d. R. nur durch intensive Ermittlungsarbeit erlangt werden kann. Bedingung ist schließlich, dass aufgrund der erwarteten Verdunkelungshandlung nach dem jeweiligen Erkenntnisstand die Ermittlung der Wahrheit (wesentlich) erschwert werden kann.

Das OLG München[3] hat sich mit der Problematik auseinander gesetzt und unter Hinweis auf Rspr. und Lit. u. a. herausgestellt:

- Aus der Art des Delikts allein kann im Allgemeinen nicht auf Verdunkelungsgefahr geschlossen werden. Es müssen vielmehr im konkreten Einzelfall besondere Umstände feststellbar sein, die den Verdacht stützen.

  Anmerkung: Man wird allerdings bei Personen, deren Lebenszuschnitt auf Täuschung, Drohung, Gewalt, Terror ausgerichtet ist, sowie bei gefährlicher Bandenkriminalität keine wesentlichen zusätzlichen Anhaltspunkte benötigen. Es wäre lebensfremd und sachwidrig, wenn auch in diesen Fällen in Ermangelung weiterer Tatsachen „abgewartet werden müsste, bis das Kind in den Brunnen gefallen ist". In den genannten Fällen wird auch vielfach der Haftgrund Fluchtgefahr in Betracht kommen.
- Widersprüchliche Aussagen von Mittätern und die zu vermutende Existenz eines bisher noch nicht ermittelten Mittäters mögen zwar belegen, dass im derzeitigen Ermittlungsstand für den Beschuldigten noch die Möglichkeit besteht, Verdunkelungshandlungen zu begehen. Eine günstige Ausgangslage für Verdunkelungshandlungen genügt für die Annahme von Verdunkelungsgefahr jedoch nicht, hinzukommen muss die *tatsachengestützte* Mutmaßung, der Beschuldigte werde die Gelegenheit auch wahrnehmen.
- Der Umstand, dass noch weitere umfangreiche Ermittlungen notwendig sind, reicht für sich allein ebenfalls nicht aus, Verdunkelungsgefahr zu begründen.

Die nachfolgende Skizze verdeutlicht die Konstruktion des Haftgrundes Verdunkelungsgefahr.

1) OLG Köln wie vor.
2) Vgl. Sie ergänzend in Kap. C 10.2.
3) OLG München NStZ '96, 403.

Bestimmte *Tatsachen* müssen nach dem Verhalten des Beschuldigten ... = Bereits getroffene Anstalten, Verhalten in früheren Fällen, Erfahrungstatsachen bzgl. Lebenszuschnitt, Milieu des Täters.

↓

den *dringenden* Verdacht begründen, er werde durch *aktive* Handlungen ... = Große Wahrscheinlichkeit der Vornahme von Verdunkelungshandlungen.

Verdunkelungshandlungen

in *unlauterer* Weise[1] auf Mitschuldige, Zeugen, Sachverständige einwirken

oder

Beweismittel vernichten, verändern, beseitigen, unterdrücken, fälschen

oder

andere Personen[1] zu solchem Verhalten veranlassen.

Beispiele:
Einwirkung
- zur Erlangung *falscher* Zeugenaussagen;
- als *Aufforderung* an Mittäter, zur Flucht oder Beseitigung der Beute, Tatmittel;
- zur Aufforderung, sich der Zeugenpflicht zu entziehen.

Beispiele:
Vorbereitung zur Fortschaffung von Diebesbeute, Tatwerkzeugen, -waffen.
Achtung! Hier kommt es nicht auf das Merkmal der Unlauterkeit an!

Beispiel:
Anstiftung des einflussreichen Freundes, dass dieser auf Zeugen unlauter einwirke.

\+ Gefahr der Erschwerung der Wahrheitsermittlung.

Verhältnismäßigkeit der U-Haft, § 112 I 2.

↓

Festnahmebefugnis für Polizeibeamte und die StA nach § 127 II

g) Der Haftgrund „Schwere der Tat", § 112 III

Ausgangsfall:

Taxifahrer getötet

Nürnberg – Ein 37-jähriger Nürnberger Taxifahrer ist offenbar von einem 19-jährigen Fahrgast erschossen worden. Wie die Polizei am Mittwoch mitteilte, hatte der Taxifahrer seine Kollegen noch um Hilfe gerufen, starb aber, bevor Beamte das Taxi erreichten. Die Polizei nahm wenig später einen 19-Jährigen fest, dessen Kleidung stark mit Blut verschmiert war. Er soll die Tat inzwischen gestanden haben.

In Fällen bestimmter Schwerkriminalität lässt § 112 III die U-Haft auch zu, wenn keine Flucht- oder Verdunkelungsgefahr nach II vorliegt.[2]

Es würde jedoch der **Funktion der H-Haft** widersprechen, wenn *allein ein Tatverdacht* zu ihrer Anordnung führen dürfte. Denn die Rechtfertigung der U-Haft besteht gerade darin, dass nur im Falle ihrer Anordnung ein ordnungsgemäßer Strafprozess zu gewährleisten ist. Der Tatverdacht allein stellt aber noch keine Gefährdung eines ordnungsgemäßen Prozessverlaufs dar. Deshalb müssen entgegen dem Wortlaut des § 112 III neben

1) I. d. R. beinhalten diese Handlungen neue Straftatbestände wie Nötigung, Erpressung, Bedrohung, ggf. auch Bestechung (§ 334 StGB, Näheres in Kap. B 27).
2) Der Haftgrund der Wiederholungsgefahr gem. § 112 a (Kap. C 10.4) bleibt wegen seiner subsidiären Bedeutung bei dieser Betrachtung zunächst unberücksichtigt.

dem entsprechenden Tatverdacht auch stets *Umstände für den Verdacht der Flucht oder Verdunkelung* sprechen. Allerdings hat das BVerfG1[1] festgestellt, dass diese Umstände nicht mit *bestimmten* Tatsachen belegt zu werden brauchen, sondern dass es genügt, wenn sich aus der Lagebeurteilung der *nahe liegende Verdacht* der Flucht oder Verdunkelung ergibt.

Dieser Verdacht wird sich aber wegen der enorm hohen Strafandrohung bzw. -erwartung regelmäßig als sachlogisch unterstellen lassen (so im Ausgangsfall oben), so dass die „Einschränkung" des BVerfG wohl eher eine optische Maßnahme im Hinblick auf die Verfassungsgemäßheit des Haftgrundes darstellt als seine Beschränkung in der Praxis.[2]

Die Konstruktion des Haftgrundes zeigt die nachfolgende Abb.

1. dringender Tatverdacht (§ 112 I S. 1)

2. gem. einer der nachfolgenden Katalogtaten (§ 112 III)

- Mord, Totschlag, §§ 211, 212; Völkermord, § 6 I 1 VStGB;
- Gründung, Unterstützung ... einer terroristischen Vereinigung, § 129 a I StGB, auch in Verbindung mit § 129 b I StGB;
- Schwere Körperverletzung, § 226 StGB;
- Schwere Brandstiftung und ... mit Todesfolge, §§ 306 b, c StGB;
- Herbeiführung einer Sprengstoffexplosion mit konkreter Gefährdung von Leib oder Leben eines anderen, § 308 I – III StGB.

3. Verhältnismäßigkeit (§ 112 I S. 2).

10.4 Die vorläufige Festnahme gem. § 127 II i. V. m. § 112 a (Wiederholungsgefahr)

I. Vorbemerkungen

Während die in Kap. C 10.3 beschriebenen *Haftgründe* der Sicherung der geordneten Durchführung des *Erkenntnisverfahrens* dienen, indem der Täter daran gehindert wird, sich dem Verfahren zu entziehen oder die Beweisaufnahme fälschlich zu beeinträchtigen, dient die **Sicherungshaft** (nicht U-Haft!) **nach § 112 a** dem *Schutz der Allgemeinheit* vor **Tatwiederholung** durch vorbeugende Verwahrung des gefährlich erscheinenden Verdächtigen einer bestimmten (schweren) Katalogtat. Die Maßnahme kann bis zur Gerichtsverhandlung dauern, längstens jedoch ein Jahr (§ 122 a).[3]

Mit der *Sicherungshaft* verfolgt der Gesetzgeber *präventiv-polizeiliche* Zwecke. Wegen des engen Sachzusammenhanges mit einem Strafverfahren ist die Rechtsgrundlage hierfür in die StPO und nicht in die Polizeigesetze aufgenommen worden.[4]

Wegen ihrer *quasi Systemwidrigkeit* kommt der Sicherungshaft gegenüber der U-Haft nach § 112 jedoch nur *subsidiäre* Bedeutung zu (§ 112 a II).

Daraus ergibt sich für die Praxis:
Wird erwogen, einen Beschuldigten vorläufig festzunehmen, muss zunächst geprüft werden, ob ein Haftgrund aus § 112 vorliegt. Die Tatsachen, die ggf. einen solchen Haftgrund rechtfertigen, sind in der Festnahmeanzeige aktenkundig zu machen. Wird festgestellt, dass neben einem Haftgrund aus § 112 auch die Voraussetzungen der Sicherungshaft nach § 112 a vorliegen, sind auch deren Tatsachen festzustellen.

1) BVerfGE NJW '66, 243 f., 772.
2) Das OLG Köln (NStZ '96, 403) entschied in einem Fall, in dem ein Haftbefehl wegen des Verdachts des Totschlags nach § 112 III ergangen war, dass der Erlass eines HB oder dessen Vollzug verfehlt sei, wenn die Flucht des Tatverdächtigen „ganz fern liege oder der Tatwiederholung durch mildere Maßnahmen begegnet werden könne". Der Grundsatz der Verhältnismäßigkeit „gebiete auch in Fällen der Schwerkriminalität die Prüfung, ob der Zweck der U-Haft durch mildere Maßnahmen erreicht werden könne".
3) In den Fällen des § 112 kann die U-Haft bis zur Verkündung eines auf Freiheitsentziehung lautenden Urteils dauern. Zur Fortdauer über 6 Mon. vgl. Sie im Einzelnen § 121.
4) M-G zu § 112 a m. w. Nw.

Der Vorführrichter (Haftrichter, § 128) wird die Sicherungshaft allerdings nur dann anordnen, wenn die Voraussetzungen nach § 112 *nicht* vorliegen *oder* zwar vorliegen, aber der Vollzug der U-Haft wegen Flucht- oder Verdunkelungsgefahr gem. § 116 I/II auszusetzen ist.

Allerdings hat er *auch* vor Anordnung der Sicherungshaft abzuwägen, ob nicht der Zweck der Haft durch andere, mildere Maßnahmen erreicht werden kann (§ 116 III).

Auch die Anordnung der Sicherungshaft muss den Grundsätzen der **Verhältnismäßigkeit** entsprechen. Diese sind jedoch bereits weitgehend in § 112 a berücksichtigt, insofern nämlich, als die Sicherungshaft

- subsidiären Charakter hat (II),
- erforderlich sein muss (I)
- und für die Fälle nach I Nr. 2 eine Freiheitsstrafe von mehr als einem Jahr zu erwarten sein muss (Angemessenheit). In den Fällen der Nr. 1 ist dies zum Entscheidungszeitpunkt ohnehin zu erwarten.

II. Gesetzliche Voraussetzungen

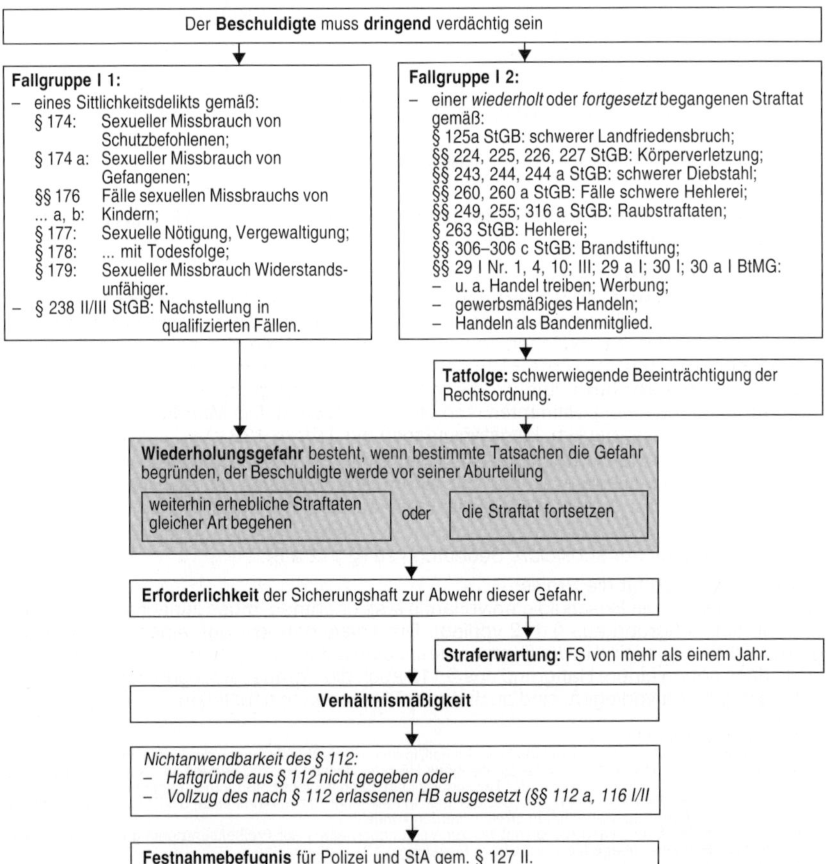

III. Erläuterungen

a) Fallgruppe 1

Dringender Verdacht eines bestimmten Sittlichkeitsdelikts bzw. schweren Falles der Nachstellung:

Das besondere Schutzbedürfnis vor Sexualverbrechen und gefährlichen Stalkern hat den Gesetzgeber bewogen, den Verdacht *einer* entsprechenden Anlasstat bereits genügen zu lassen, *wenn* Tatsachen die Gefahr der Tatwiederholung rechtfertigen.

Die Beurteilung der **Wiederholungsgefahr** ist allerdings um so einfacher, je häufiger der Täter als Sittlichkeitsverbrecher oder Stalker[1] in Erscheinung getreten ist. Wie aber kann man Wiederholungsgefahr prognostizieren, wenn lediglich der Verdacht *einer* Anlasstat besteht?

Die Betrachtungsweise muss zunächst unter Berücksichtigung der generellen Erkenntnistatsache erfolgen, dass Personen, die schwere Sittlichkeitsverbrechen begehen, gewöhnlich einen Persönlichkeits- oder Triebdefekt aufweisen, der sie unberechenbar und daher auch so gefährlich macht.

Tatsachen, die die Wiederholungsgefahr im *Einzelfall* begründen, können sein:

- im Falle des Stalkings die Beharrlichkeit und Intensität des Tätervorgehens,
- geringschätzige Äußerugnen des Täters zur Opfersituation,
- die Brutalität bei der Tatausführung, wie im nachfolgenden Fall.

Fall: Sittenstrolch schnell gefasst

Lich-Elsdorf – Ein 15-jähriges Mädchen aus Lich wurde am Samstagabend in E. Opfer eines brutalen Sittlichkeitsdeliktes. Das Mädchen hatte das Grab seines Vaters in E. besucht und wollte per Anhalter in seinen fünf Kilometer entfernten Heimatort zurück. Der zwischenzeitlich gefasste Täter nahm das Mädchen in seinen Pkw auf, brachte es jedoch nicht nach L., sondern vergewaltigte es unterwegs auf einem Waldweg. Da das Mädchen sich heftig wehrte, brachte der Täter seinem Opfer mit einem Messer noch zusätzlich Verletzungen am Hals und im Gesicht bei und warf es in ein Baggerloch nahe einer Zuckerfabrik. Ein Passant fand das Mädchen und veranlasste seine Einlieferung ins Krankenhaus. ...

Andererseits gibt es Fälle, in denen der Täter die (plötzliche) Gegenwehr seines Partners nicht ernst nimmt und glaubt, auch „dosierte Gewalt" anwenden zu dürfen (§ 177 StGB), oder in denen sich ein ansonsten beherrschter Mann durch außergewöhnlich verlockendes, raffiniertes Verhalten seines kindlichen Opfers zu sexuellen Berührungen hinreißen lässt (etwa Lehrer – Schülerin, § 176, § 176 a I 1). Auch in diesen Fällen wird der jeweilige Straftatbestand erfüllt, ohne dass zugleich die Gefahr einer Tatwiederholung nahe liegt. Zu den Sexualdelikten vgl. Sie ggf. Kap. B 11.

Erforderlichkeit der Haft:

Ist die Wiederholungsgefahr zu bejahen, besteht aus *polizeilicher* Sicht auch die Erforderlichkeit der Anordnung der Sicherungshaft und damit bei Gef. im Verzug (§ 127 II) die Befugnis zur vorläufigen Festnahme des Beschuldigten. Alternativen prüft der Haftrichter (§ 128) gem. § 116 III, wonach er den Vollzug des zu erlassenen Haftbefehls aussetzen kann, wenn die Erwartung hinreichend begründet erscheint, dass der Zweck der Haft auch durch Auferlegung bestimmter Weisungen erreicht werden kann.

Verhältnismäßigkeit:

Die Ausgewogenheit der Maßnahme in Hinblick auf ihren Anlass wird regelmäßig zu bejahen sein. Das entscheidende Merkmal der *Erforderlichkeit* ist bereits gesetzliche Voraussetzung der Haft.

Anordnungskompetenz: →Fallgruppe 2.

1) Zu den Besonderheiten der Tatausführung →B 17.2 II.

b) Fallgruppe 2
Dringender Verdacht einer wiederholt oder fortgesetzt begangenen Katalogtat anderer Art:
Die für diese Fallgruppe in Betracht kommenden Tatbestände hat der Gesetzgeber ebenfalls *abschließend* aufgezählt. Es handelt sich um Straftaten, die erfahrungsgemäß besonders häufig von Mehrfachtätern begangen werden.
Die Struktur des Haftgrundes zeigt die nachfolgende Abb.

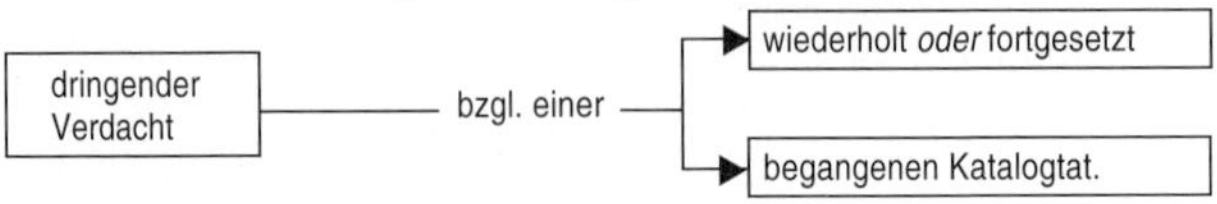

Wiederholgungsgefahr ist danach ausgeschlossen,
- wenn sich der dringende Tatverdacht nur auf die *einmalige* Verübung einer Katalogtat stützt *oder*
- wenn sich der dringende Tatverdacht auf Begehung *verschiedener* Katalogtaten bezieht, die miteinander rechtsethisch nicht vergleichbar sind.

***Beispiele** für vergleichbare Taten: §§ 243, 244, 253, 260, 249 StGB.*
***Gegenbeispiele:** § 244, § 224, 306, 125 a StGB.*

Eine **wiederholte** Tatbegehung ist gegeben, wenn der Täter nach *jeweiligem Einzelentschluss* mindestens zwei zur gleichen Deliktsgruppe gehörende Straftaten begangen hat. Neben der dem Haftgrund zugrunde liegendenden aktuellen Anlasstat kommt als zurückliegende Bezugstat nach h. M auch eine rechtskräftig abgeurteilte oder bereits verbüßte Straftat in Betracht.[1]

Eine **fortgesetzte** Tatbegehung liegt vor, wenn der Täter nach einem *einmal gefassten* Entschluss (Gesamtvorsatz) mindestens zwei zu einer Deliktsgruppe gehörende Handlungen begangen hat.

Im *Gegensatz* zur Fallgruppe 1 oben muss hier der Nachweis geführt werden, dass durch die Tatgehung die **Rechtsordnung schwerwiegend** beeinträchtigt worden ist.

Diese besondere Tatfolge dürfte wohl nur in den Tällen der §§ 224, 243, 253 I, 263 I StGB zusätzlich zu prüfen sein. In den übrigen Fällen ergibt sie sich in aller Regel aus dem Tatvorwurf selbst.

Die **Wiederholungsgefahr,** die auch wieder auf bestimmte Tatsachen zu gründen ist, wird sich i. d. R. ergeben aus
- den näheren Umständen der wiederholt oder fortgesetzt begangenen Taten und
- aus der Einschätzung der Täterperson/en (Lebensstil, Milieu).

Der nachfolgende Fall mag dafür ein Beispiel sein.

Fall: Fünf Ganoven aus einem Haus machten die Heimatstadt unsicher
Linnich – In den frühen Morgenstunden des vergangenen Samstags beobachteten Polizeibeamte drei junge Burschen, die einen Pkw aufbrachen. Zwei der Täter, einen 24- und einen 19-Jährigen, konnten die Beamten kurz darauf vor ihrer Wohnung festnehmen. Die weiteren Ermittlungen ergaben, dass die drei Täter und dazu noch ein 27- und ein 21-Jähriger in den letzten drei Monaten mindestens 30 Ein- und Aufbruchsdiebstähle rund um Linnich begangen hatten. Bevorzugt wurden Gaststätten, Geschäftshäuser und teure Autos. Alle fünf Täter wohnen im gleichen Gebäudekomplex in Linnich. Gegen die beiden erstgenannten *Haupttäter* wurde vom Haftrichter in Düren Haftbefehl erlassen. Die anderen drei wurden nach Vernehmung wieder auf freien Fuß gesetzt.

Freiheitsstrafe von mehr als einem Jahr muss bei den Straftaten dieser Kataloggruppe zu erwarten sein. In der *polizeilichen Praxis* kann bei der Art des geforderten Tatverdachts von einer entsprechenden Straferwartung ausgegangen werden.

Der *Richter,* dem die Festgenommen nach § 128 vorzuführen sind, hat die Vorgeführten zu vernehmen. Danach wird er über den Erlass eines Haftbefehls (auch über die Aussetzung seines Vollzuges, § 116 III) oder die Freilassung der Vorgeführten entscheiden.

1) OLG Schleswig NStZ '02, 276.

Verhältnismäßigkeit:
Die *Ausgewogenheit* der Maßnahme in Hinblick auf ihren Anlass wird bei einer zu erwartenden Freiheitsstrafe von mehr als einem Jahr regelmäßig zu bejahen sein. Das entscheidende Merkmal der *Erforderlichkeit* ist bereits gesetzliche Voraussetzung der Haft (§ 112 a I S. 1).
Anordnungskompetenz:[1]
Bei Gefahr im Verzug dürfen Polizeibeamte unter den zutreffenden Voraussetzungen des § 112 a die vorläufige Festnahme des Beschuldigten anordnen und durchführen (§ 127 II).
Gefahr im Verzug bedeutet im Falle der Wiederholungsgefahr, dass zu befürchten sein muss, der Täter werde ohne seine sofortige Festnahme genügend Zeit erhalten, die Straftat zu wiederholen oder fortzusetzen, bevor ein richterlicher Haftbefehl erlassen und vollstreckt werden kann.

10.5 Die vorläufige Festnahme gem. § 127 II i. V. m. § 113

I. Gesetzliche Voraussetzungen

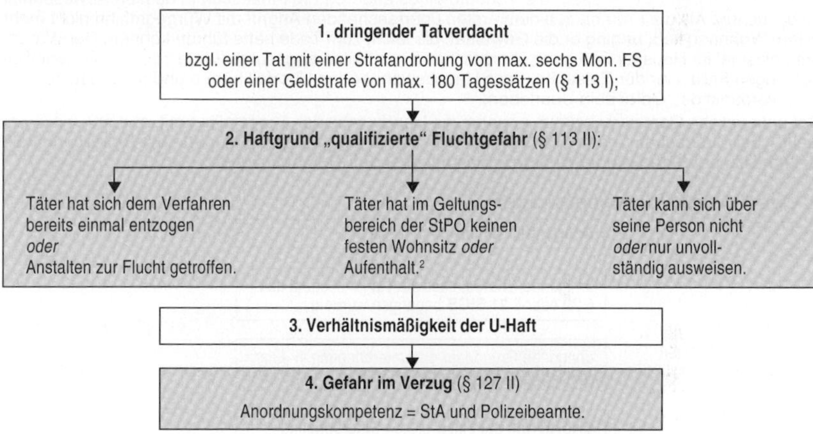

II. Erläuterungen

Für die Anwendung dieses Haftgrundes kommen z. B. folgende Straftaten des StGB in Betracht:
Bannkreisverletzung, § 106 a; Fälschung von Wahlunterlagen, § 107 b; Verleitung zur Falschaussage, § 160; Ausübung verbotener Prostitution, § 184 a; Beteiligung an unerlaubtem Glücksspiel, § 285.
Weitere Tatbestände mit geringer Strafandrohung sind im Strafnebenrecht zu finden, z. B. § 25 VersammlG: „Abweichende Durchführung von Versammlungen und Aufzügen".
Bei Straftaten mit derart geringfügiger Strafandrohung wird die öffentliche Klage i. d. R. durch das *Strafbefehlsverfahren* oder im *Beschleunigten Verfahren* erhoben.[3]

1) Vgl. Sie hierzu ergänzend in Kap C 10.2.
2) Näheres hierzu in Kap. C 9.
3) Vgl. Sie hierzu Kap. C 1.10.

Dem Grundsatz der Verhältnismäßigkeit wird im Wesentlichen bereits dadurch Rechnung getragen, dass als Haftgrund eine gegenüber § 112 II 2 *qualifizierte Fluchtgefahr* gefordert wird. Allerdings ist auch dem Grundsatz der Erforderlichkeit Rechnung zu tragen. Verdunkelungs- und Wiederholungsgefahr scheiden im Falle des § 113 gänzlich aus. Größere praktische Bedeutung kommt der an die Durchführung des *beschleunigten Verfahrens* gekoppelten *Hauptverhandlungshaft* nach § 127 b zu.[1]

10.6 Die vorläufige Festnahme gem. § 127 II i. V. m. § 126 a

I. Ausgangsfall:

Schuldfähig nicht, aber gefährlich!

Aachen – Mit einem Freispruch und der Einweisung in ein Landeskrankenhaus endete der Schwurgerichtsprozess gegen einen 26-jährigen Arbeiter aus Düren. Der Angeklagte war durch den medizinischen Sachverständigen für nicht schuldfähig, aber gefährlich erklärt worden. Er hatte im Zustand der Schuldunfähigkeit am 23. April dieses Jahres eine 31-jährige Verwaltungsangestellte aus Düren gewürgt und lebensgefährlich durch Schläge verletzt.

Der Angeklagte, der schon früher als gefährlich angesehen wurde – seine eigene Mutter warnte die Angestellte vor ihm –, hatte die letzten fünf Jahre im Dürener Landeskrankenhaus verbracht. Dort war er aber nicht in der geschlossenen Abteilung untergebracht, sondern hatte viel Freiheit und Freizeit.

Diese Freizeit benutzte er dazu, die Verlobte eines anderen LKH-Insassen in dessen Abwesenheit zu besuchen. Als die Frau nach einem ersten überraschenden Angriff mit Würgegriff ihn nicht mehr in ihre Wohnung ließ, beging er die Gewalttat, die leicht zum Tode hätte führen können. Der Würgegriff, diesmal im Hausflur und ganz überraschend von hinten angesetzt, führte zur Bewusstlosigkeit der jungen Frau. Nur der Tatsache, dass Hausbewohner den Überfall hörten und eine Frau zu Hilfe kam, verdankt das Opfer sein Überleben.

Der unheimliche Gast verschwand, er nahm die Handtasche der Angestellten mit, ehe er – mit ihrem Geld – per Bundesbahn nach Köln fuhr. Dort wurde er einige Tage später von der Polizei ermittelt. Seither sitzt der Mann wieder in Düren, diesmal aber auf „Nummer sicher".

II. Gesetzliche Voraussetzungen

III. Erläuterungen

Die **einstweilige Unterbringung** dient dem *sofortigen* Schutz vor *gefährlichen Straftätern*, die schuldunfähig (§ 20 StGB) oder vermindert schuldfähig (§ 21 StGB) sind. Ihre Anordnung setzt voraus, dass bereits dringende Gründe für die Anordnung von Sicherungsmaßregeln gegeben sind.

1) Vgl. Sie Kap. C 10.7.

Liegen die Voraussetzungen des § 126 a nicht vor, kann die Unterbringung **psychisch Kranker** ggf. aus Gründen der Gefahrenabwehr, in NRW z. B. nach den §§ 10, 17 PsychKG NRW, erfolgen. Die sog. *sofortige Unterbringung* kann die örtliche Ordnungsbehörde nach Einholung eines ärztlichen Befundes anordnen, wenn die Person infolge einer **Psychose** oder **Suchtkrankheit** oder infolge **Schwachsinns** für sich oder andere eine nicht anders abwendbare Gefahr darstellt.

Beispiele:

Tobsüchtiger, der seine ihm schutzlos ausgelieferte Familie ernsthaft bedroht.

Schwachsinniger, der bei kalter Witterung aufgegriffen wird.

Sofern verantwortliche Personen (Eltern, Vormund, Betreuer) die Kranken in ihre Obhut nehmen, unterbleibt die Unterbringung.

Die **Polizei** kann anstelle der nicht erreichbaren örtlichen Ordnungsbehörde im Rahmen ihrer **Eilzuständigkeit** (z. B. § 1 I S. 1, 3 PolG NRW) Kranke in Gewahrsam nehmen (z. B. § 35 I 1, 2 PolG NRW). Als Unterbringungsort käme dann auch das psychiatrische Krankenhaus in Betracht (z. B. Gewahrsamsordnung NRW). Die Polizei hätte in diesem Fall unverzüglich die Entscheidung des zuständigen Amtsrichters herbeizuführen (z. B. § 36 I PolG NRW) und gem. § 1 I S. 4 PolG NRW die zuständige Ordnungsbehörde von der Maßnahme zu unterrichten, die dann wiederum gem. § 17 PsychKG NRW die Formalitäten der Unterbringung zu erledigen hätte. In der Regel wird jedoch ein Bereitschaftsbeamter der Ordnungsbehörde erreichbar sein, so dass er – nach kurzer Ingewahrsamnahme des Betroffenen durch die Polizei – die Maßnahmen für die sofortige Unterbringung veranlassen kann.

10.7 Die vorläufige Festnahme zur Sicherung der Hauptverhandlungshaft gem. § 127 b[1]

I. Ausgangsfall

Am ... war in Aachen von rechtsextremer Seite zu einem „Festival gegen Links" aufgerufen worden. Die Versammlung, die auf dem Marktplatz in Aachen stattfinden sollte, wurde vom PP verboten. Dennoch erschienen auf dem Marktplatz ca. 35, dem rechtsextremen Spektrum zuzuordnende, überwiegend junge Leute, die vereinzelt Haßssparolen gegen Linke hören ließen. Um einer drohenden Konfrontation mit in lockerem Zusammenhang anwesenden Personen des linken Spektrums zuvorzukommen, wurden fünf sich heftig widersetzende Rechtsextreme vorübergehend in Gewahrsam genommen (§ 35 I 2 PolG NRW). Der Rest konnte sich absetzen.

Als bekannt wurde, dass die ihre Ingewahrsamnahme anhaltend kritisierenden Personen aus dem Ruhrgebiet und z.T. aus Hessen und Rheinland-Pfalz angereist waren, ordnete der Einsatzleiter ihre Festnahme nach § 127 b an ...

II. Vorbemerkung

Durch das *Verbrechensbekämpfungsgesetz* v. 28.10.94 wurde das *Beschleunigte Verfahren (B. V.)* gem. §§ 417 ff. StPO unter der Zielsetzung, StA und AG zur stärkeren Nutzung[2] dieser Verfahrensart zu veranlassen und damit in tatsächlich oder rechtlich einfach gelagerten Fällen eine der Tat möglichst auf dem Fuße folgende Aburteilung zu ermöglichen, *verbindlich* vorgeschrieben.

Das bisherige Festnahme- und Haftrecht hinderte die Gerichte jedoch, das *beschleunigte Verfahren* innerhalb weniger Tage durchzuführen, wenn die Voraussetzungen für einen Haftbefehl fehlten und der zunächst vorläufig festgenommene mutmaßliche Täter wieder freigelassen werden musste und damit Gelegenheit erhielt, sich der späteren Hauptvehandlung zu entziehen.[3]

1) BGBl. Teil I '97 Nr. 50 S.1822.
2) Bisher geschah dies in kaum nennenswertem Umfang (1990 in den alten Bundesländern 4 % lt. BT-Drs. 12/6853, S. 34).
3) So die Begründung zum Gesetzentwurf in der Drs. 13/5743.

Um dem *beschleunigten Verfahren* gerade bei sog. „reisenden Tätern“, wie insbes. gewalttätigen Demonstranten, Hooligans etc. in der Praxis mehr Geltung zu verschaffen, war es nach Auffassung des Gesetzgebers notwendig,

- ein neues vorläufiges Festnahmerecht für Polizei und StA und
- einen neuartigen Haftgrund zur Sicherung der Hauptverhandlung

einzuführen.[1]

III. Voraussetzungen

1. des Festnahmerechts für StA und Polizeibeamte gem. § 127 b I:
- Betreffen oder Verfolgen eines Tatverdächtigen auf frischer Tat;
- Wahrscheinlichkeit der unverzüglichen Entscheidung im *B. V.* (§§ 417 ff.);
- auf bestimmte Tatsachen begründete Befürchtung, dass der Festgenommene der HV fernbleiben wird.

2. für den Erlass des Haftbefehls gem. § 127 b II:
- Durchführung der HV gegen den dringend Tatverdächtigen muss binnen einer Woche zu erwarten sein;
- max. Dauer des HB eine Woche ab dem Tag der Festnahme.

3. zuständiger Richter für den Erlass des HB gem. § 127 b III:
- *ist* anders als in § 128 I *der* Richter, der für die Durchführung des *B. V.* zuständig sein wird (Sollvorschrift).

IV. Besonderheiten des Beschleunigten Verfahrens gem. §§ 417 ff. StPO[2]

- *Verpflichtung* der StA zur Verfahrensfortführung im *B. V.*, wenn sich die Sache zur sofortigen Verhandlung *eignet* (einfacher Sachverhalt / klare Beweislage);
- *kurzfristige* Anberaumung der HV auf Antrag der StA beim Strafrichter oder beim Schöffengericht;
- *mündliche* Klageerhebung ist zulässig;
- *vereinfachte* Beweisaufnahme (§ 420):
  - Vernehmungsniederschriften sowie behördliche Erklärungen und Untersuchungsergebnisse dürfen über § 256 hinaus verlesen werden, *allerdings* nur mit Einverständnis der Verfahrensbeteiligten (§ 420 III);
  - *nicht erforderliche* Beweisanträge dürfen über die sonst geltenden Einschränkungen (§ 244 III-V) hinaus vom Strafrichter – nicht vom Schöffengericht! – abgelehnt werden (§ 420 IV);
- *begrenzte Rechtsfolgen:* FS – 1 J., keine Maßregeln der Besserung und Sicherung (§ 61 StGB), wohl Entzug der Fahrerlaubnis (§ 419);
- *Bestellung* eines *Verteidigers,* wenn FS ab 6 Mon. zu erwarten ist (§ 418 IV);
- *Berufung* und Revision gegen Urteile im *B. V.* sind zulässig;
- gegen *Jugendliche* ist das *B. V.* nicht zulässig (§ 79 II JGG); für sie gilt ggf. das „vereinfachte Jugendverfahren“ nach §§ 76 ff. JGG.

Fall: Trunkenheit am Lenker

Geseke – Seit Freitag sitzt ein Radfahrer in Soest in Westfalen wegen Trunkenheit am Lenker in Untersuchungshaft. Wie die Polizei mitteilte, wurde der 36 Jahre alte Mann mit 2,6 Promille Alkohol im Blut auf einer Landstraße im westfälischen Geseke erwischt. Der zuständige Richter hat für den Radler ohne festen Wohnsitz die „sofortige“ Hauptverhandlung für Mittwoch terminiert.

1) So die Begründung zum Gesetzentwurf in der Drs. 13/5743.
2) Vgl. Sie zur Abgrenzung das Strafbefehlsverfahren in Kap. C 1.10.

10.8 Besonderheiten bei der vorläufigen Festnahme

10.8.1 Festnahme Entwichener

Gefangene in dem hier gemeinten Sinne sind Personen, gegen die U-Haft, Strafhaft oder eine freiheitsentziehende Maßregel der Besserung und Sicherung verhängt worden ist.

Entweicht der Gefangene aus der Vollzugsanstalt oder hält er sich ohne Erlaubnis außerhalb der Anstalt auf, darf er von der Vollzugsbehörde oder auf ihre Veranlassung hin festgenommen werden (§ 87 StVollzG).

Die Festnahme darf auf **Ersuchen der Vollzugsbehörde** auch im Wege der Amtshilfe (hier in der Form der Vollzugshilfe) durch die Polizei erfolgen (VV zu § 87 StVollzG).

Führt die unmittelbare Verfolgung oder die von der Vollzugsanstalt veranlasste Fahndung nicht alsbald zur Wiederergreifung des Gefangenen, bedarf es zu seiner Festnahme eines Vollstreckungshaftbefehls der StA als Vollstreckungsbehörde (VV zu § 87 StVollzG).

Zur Durchführung dieses HB (§ 457) ist die Polizei befugt, weil er zugleich ein entsprechendes Ersuchen der StA an die Polizei darstellt (§ 161).

Stellen Polizeibeamte fest, dass sie im Rahmen einer Kontrollmaßnahme einen entwichenen Gefangenen ergriffen haben, *dessen Abwesenheit noch nicht bemerkt worden ist,* sind sie nach Polizeirecht befugt, die Person in Gewahrsam zu nehmen und der Anstalt zuzuführen (z. B. § 35 III PolG NRW).

10.8.2 Festnahme bei Störung einer Amtshandlung, § 164

Hierbei handelt es sich um ein behördliches Selbsthilferecht, auf das dann zurückgegriffen werden darf, wenn eine

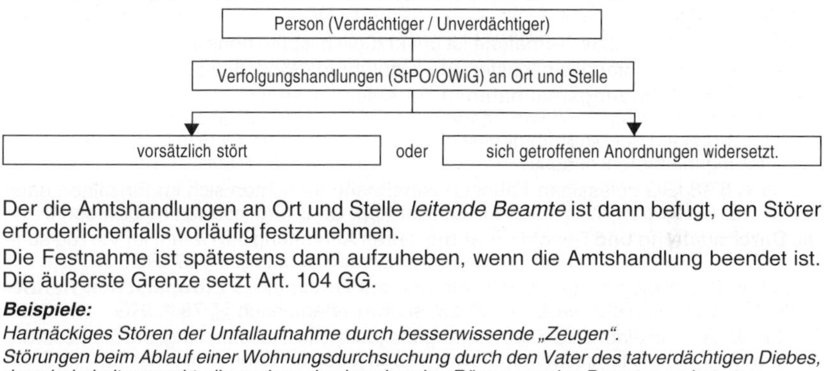

Der die Amtshandlungen an Ort und Stelle *leitende Beamte* ist dann befugt, den Störer erforderlichenfalls vorläufig festzunehmen.

Die Festnahme ist spätestens dann aufzuheben, wenn die Amtshandlung beendet ist. Die äußerste Grenze setzt Art. 104 GG.

Beispiele:

Hartnäckiges Stören der Unfallaufnahme durch besserwissende „Zeugen".

Störungen beim Ablauf einer Wohnungsdurchsuchung durch den Vater des tatverdächtigen Diebes, der wiederholt versucht, die noch zu durchsuchenden Räume vor den Beamten zu betreten.

Maßnahmen: Belehrung – Weisung – Aussperrung – Einschließen.

Der Grundsatz der **Verhältnismäßigkeit** gebietet auch für § 164, dass die jeweilige Maßnahme *geeignet* und *erforderlich* ist und sich als *angemessene* Reaktion darstellt.

Abgrenzung: Maßnahmen nach Polizeirecht (z. B. Platzverweis, § 34 PolG NRW) treten hinter § 164 zurück.

10.8.3 Maßnahmen gegen Abgeordnete, NATO-Angehörige, Exterritoriale

Näheres hierzu in Kap. C 3.1 – Checkliste.

10.8.4 Festnahmebefugnis außerhalb der Landesgrenzen

- **Nacheile, § 167 GVG**
  Flüchtige Straftäter dürfen auf das Gebiet eines anderen Bundeslandes verfolgt und dort festgenommen werden. Der Ergriffene ist der örtlichen Polizeibehörde oder dem nächsten Gericht zuzuführen.
- **gemäß Länderabkommen**
  Zur Sicherstellung eines ungestörten Ermittlungsablaufs haben die Bundesländer durch Abkommen festgelegt, dass Polizeibeamte, die mit der Strafverfolgung betraut sind, Amtshandlungen auch im Bereich eines anderen Bundeslandes vornehmen dürfen, wenn einheitliche Ermittlungen dies notwendig erscheinen lassen. Die Beamten sind dann örtlich und sachlich zuständig.
  Außer bei G. i. V. sollten die Maßnahmen nur im Benehmen mit der zuständigen Behörde getroffen werden.
- **BKA-Gesetz**
  Vollzugsbeamte des Bundes und der Länder, die gem. §§ 4 I, II, 18 I BKAG (Kap. C 1.13) tätig werden, sind in den betreffenden Bundesländern gem. § 19 BKAG örtlich und sachlich zuständig.

10.8.5 Die vorläufige Festnahme gem. § 19 IRG

Nach § 19 des Gesetzes über die internationale Rechtshilfe in Strafsachen (IRG) sind StA und Polizeibeamte zur vorläufigen Festnahme befugt,

- wenn die *Voraussetzungen* eines Auslieferungshaftbefehls (§§ 15, 16, 17 IRG) *vorliegen*
- oder wenn ein *Auslieferungshaftbefehl vorliegt* (Verhaftung, § 21 II IRG).

Der Grund der Ergreifung ist mitzuteilen, eine Abschrift des Haftbefehls ggf. auszuhändigen, § 20 I/II IRG.

Der Festgenommene bzw. Verhaftete ist unverzüglich, spätestens am Tag nach seiner Ergreifung, dem Richter des nächsten AG zuzuführen (§§ 21 II, 22 I IRG).

§ 18 IRG lässt **Fahndungsmaßnahmen** zur Aufenthaltsermittlung und Festnahme des Verfolgten zu, wenn ein Auslieferungsersuchen (§§ 15 I, 16 I IRG) vorliegt. Zuständig für die Ausschreibung der Maßnahmen ist die StA beim örtl. zust. OLG, das gem. § 17 I den Auslieferungshaftbefehl erlässt.

Die nach § 18 IRG zulässigen Fahndungsmaßnahmen richten sich im Einzelnen nach den §§ 131 – 131 b StPO (§ 18 S.4 IRG). Auf Kap. C 13 wird insoweit hingewiesen.

Die **Durchsuchung und Beschlagnahme**, deren Anordnung bei Gefahr im Verzug auch durch Ermittlungspersonen der StA getroffen werden darf, regelt § 67 IRG.

Verhaftung, Auslieferung und Durchlieferung auf Grund eines **Europäischen Haftbefehls** (EuHB) richten sich ergänzend bzw. stellvertretend nach §§ 78 ff. IRG.

Der EuHB ist die in einem EU-Staat ergangene justizielle Entscheidung, die die Festnahme und Übergabe einer gesuchten Person durch jeden anderen *Mitgliedsstaat* zur Strafverfolgung, Vollstreckung einer Freiheitsstrafe oder einer freiheitsentziehenden Maßregel der Sicherung oder Besserung bezweckt.

10.8.6 Polizeiliche Ermächtigungen nach EU-Recht

Allgemeines:

Rechtsgrundlagen:
- Schengener Übereinkommen vom 14.06.1985,
- Schengener Durchführungsübereinkommen (SDÜ) vom 19.06.1990 mit dem Schengener Informationssystem (SIS) von 1995,
- Amsterdamer Vertrag vom 02.10.1997,
- Verordnung (EG) Nr. 562/2006 des Europäischen Parlaments und Rates vom 15.03.2006 (Schengener Grenzkodex).

Der sogen. *Schengenbesitzstand* wurde mit dem **Amsterdamer Vertrag** mit Wirkung vom 01.05.1999 der politischen und gerichtlichen Kontrolle der EU unterstellt, mit der Maßgabe, dass seither EU-Organe für die Fortentwicklung des Schengenrechts zuständig sind. Künftige Mitgliedsstaaten müssen das Schengenrecht anwenden.

Einige bedeutsame Regelungen des *Schengenrechts* aus polizeilicher Sicht im Überblick:
– Verpflichtung der Vertragsparteien zur *polizeilichen Rechtshilfe* (Zusammenarbeit) im Bereich der Prävention und Repression nach Maßgabe des nationalen Rechts (Art. 39 SDÜ). Für die Polizei in NRW gilt als Rechtsgrundlage im Bereich der Gefahrenabwehr § 28 I, IV PolG NRW. Für eine polizeiliche Rechtshilfe zur Strafverfolgung fehlen in Deutschland bislang noch gesetzliche Grundlagen. Insbesondere bedarf es einer Abgrenzung zwischen polizeilicher und justizieller Rechtshilfe, da Letztere gem. Art. 39 SDÜ vorrangig ist. – Allgemeiner, kein besonderes Ersuchen voraussetzender *Informationsaustausch* zwischen den Polizeibehörden der Vertragsparteien nach Maßgabe des nationalen Rechts (Art. 46 SDÜ). Für die Polizei in NRW gilt hier § 27 I, II PolG NRW mit der dazu ergangenen RechtsVO des IM NRW v. 22.10.1994. – Schaffung direkter *Kommunikationswege* zur Erleichterung der Zusammenarbeit der Polizei- und Zollbehörden, insbes. in den Grenzregionen (Art. 44 SDÜ). – *Austausch* von *Verbindungsbeamten* nach bilateraler Absprache (Art. 47 SDÜ). – Einrichtung des ***Schengener Informationssystems (SIS)***, eines computergestützten Abfrage- und Erfassungssystems zur Personen- und Sachfahndung in den Vertragsstaaten, bestehend aus dem Zentralrechner in Straßburg (C.SIS) und den nationalen Schengener Informationssystemen (N.SIS), (Art. 92 ff. SDÜ). – *Grenzüberschreitende Observation* im Rahmen eines Ermittlungsverfahrens (Art. 40 SDÜ). – *Grenzüberschreitende Nacheile* im Rahmen eines Ermittlungsverfahrens (Art. 41 SDÜ).
– Durchführung der Kontrollen an den Außengrenzen (Art. 3 f. SDÜ). – Harmonisierung der Ausländerpolitik (Art. 19 ff. SDÜ). – Einführung einer Hotelmeldepflicht für Ausländer (Art. 45 SDÜ). – Beschleunigung und Erleichterung der internationalen Rechtshilfe (Art. 48 ff. SDÜ). – Auslieferung (Art. 59 SDÜ). – Bekämpfung der BtM-Kriminalität (Art. 70 ff. SDÜ). – Erwerb, Besitz, Erfassung etc. von Feuerwaffen und Munition (Art. 77 ff. SDÜ). – Transport und Warenverkehr (Art. 126 ff. SDÜ). – Datenschutz (Art. 126 ff. SDÜ).

Die EU verfolgt das Ziel, den Schengenbesitzstand zu wahren und u.a. die polizeiliche und justizielle Zusammenarbeit durch die Angleichung der Rechts- und Verwaltungsvorschriften zu verbessern (Rechtsharmonisierung). Handlungsinstrument sind die sog. *Rahmenbeschlüsse*, die die Mitgliedstaaten in nationales Recht umsetzen müssen (Art. 34 II S. 2 EU).

Beispiel:

- *Rahmenbeschluss 2002/584/JI v. 13.6.2002 des Rates der EU zur Schaffung eines Europäischen Haftbefehls (EuHB) und Regelung des Übergabeverfahrens zwischen den Mitgliedstaaten.*
- *Änderung des IRG, dessen 8. Teil nunmehr Voraussetzungen und Durchführung der Verhaftung, Auslieferung und Durchlieferung auf Grund eines EuHB regelt.*

Die auf Repression angelegten Ermächtigungen zur Grenzüberschreitenden **Observation** (Art. 40 SDÜ) und **Nacheile** (Art. 41 SDÜ) werden nachfolgend im Überblick dargestellt.

Grenzüberschreitende Observation und Nacheile:

Die in Art. 40 und 41 SDÜ als materielle Voraussetzung genannten Anlasstaten sind entweder die sog. *auslieferungsfähige Tat* im Sinne von § 3 des Gesetzes über die Gewährung internationaler Rechtshilfe in Strafsachen (IRG) bzw. die *Katalogtaten* gem. Art. 40 IV a und Art. 41 IV a SDÜ.

Auslieferungsfähig ist eine Tat, die nach deutschem Recht im Höchstmaß mit mindes-tens einem Jahr Freiheitsstrafe bedroht ist oder bei sinngemäßer Umstellung des Sachverhaltes nach deutschem Recht mit einer solchen Strafe bedroht wäre (Näheres in § 3 IRG).

Grenzüberschreitende Observation, Art. 40 SDÜ:

Regelfall (I):	– Observation einer Person im Rahmen eines Erm'verfahrens im Inland,
	– *Befugnis zur grenzüberschreitenden Fortsetzung:*
	  – bei Verdacht der T/T an auslieferungsfähiger Straftat (§ 3 IRG),
	  – Vorlage eines justiziellen Rechtshilfeersuchens u.
	  – Zustimmung der Vertragspartei (V.), Auflagen möglich,
	  – Übergabe d. Observierten auf Verlangen der Vertragspartei an deren Bea.

Eilfall (II):	– Observation einer Person im Rahmen eines Erm'verfahrens im Inland
	– *Befugnis zur grenzüberschreitenden Fortsetzung ohne vorherige Zustimmung der Vertragspartei:*
	  – bei Verdacht der T/T an einer schw. Katalogtat (VII a) u.
	  – besonderer Dringlichkeit;
	aber:
	– *unverzügl. Mitteilung d. Grenzübertritts noch während der Observation,*
	– *unverzügl. Nachreichen d. Rechtsh'ers. mit Begründung d. Eilfalles,*
	  – Einstellung der Observation auf Verlangen der Vertragspartei, spätestens 5 Std. nach Grenzübertritt, wenn keine Zustimmung der ZS[1] vorliegt.

Allgem. Voraussetzungen, Art. 40 III SDÜ:

1. Bindung an die Bestimmungen des Vertragsstaates (z. B. Sonderrechte),
2. *Befolgungspflicht behördlicher Anordnungen des Vertragsstaates,*
3. Mitführung des akzeptierten Dokuments im „Regelfall“,
4. *Nachweisfähigkeit der amtlichen Funktion,*
5. Mitführung der Dienstwaffe zulässig, Gebrauch nur in Notwehr,
6. Betreten von Wohnungen u. nichtöffentl. Grundstücken ist unzulässig,
7. kein Anhalte- oder Festnahmerecht,
8. *Berichtspflicht/persönliches Erscheinen auf Ersuchen des Vertragsstaates,*
9. Unterstützungspflicht der Vertragspartei bei Folgeermittlungen.

Art. 40 IV, V definieren die in den Mitgliedstaaten legitimierten Beamten und Behörden.

Art. 40 VII enthält die Auflistung der Straftaten, die Grundvoraussetzung einer Eilfallobservation sind.

Grenzüberschreitende Nacheile, Art. 41 SDÜ:

Fall Pkw-Fahrer über Grenze hinweg verfolgt:

Herzogenrath/Aachen. – Über die Grenze hinweg ging gestern eine Verfolgungsfahrt der niederländischen Polizei. Gegen 00.50 Uhr meldete deren Leitstelle der Leitstelle „Robert“ im Aachener Polizeipräsidium, dass zwei niederländische Funkstreifenwagen ein Fahrzeug verfolgten, dessen Fahrer nach einem Verkehrsunfall und einigen Verkehrsstraftaten in Herzogenrath-Straß die Grenze nach Deutschland passiert hätte...

1) ZS = Zentralstellen gem. Art. 40 V; für Deutschland nimmt diese Funktion das BKA wahr.

Eine Fustkw-Besatzung von der PI 1 der KPB Aachen konnte den flüchtigen BMW-Fahrer auf der Roermonder Str. in Aachen ca. 15 Minuten später stellen. Nach Feststellung seiner Identität erklärte sich der 23-jährige Niederländer bereit, den niederländischen Kollegen zwecks Abklärung des Falles zur Dienststelle in Kerkrade/NL zu folgen

Verfolgung einer Person im **Inland**

nach Betreffen auf frischer Tat (IV) *oder* nach Flucht aus U-Haft, Strafhaft

grenzüberschreitende Fortsetzung *ohne* Zustimmung der Vertragspartei, wenn diese wegen der besonderen Dringlichkeit

nicht unterrichtet werden konnte *oder* *nicht* rechtzeitig zur Stelle ist.

Kontaktaufnahme spätestens bei Grenzübertritt!
Sofortige *Einstellung* der Maßnahme auf Ersuchen der Behörde des Vertragsstaates!
Aber auf Ersuchen der nacheilenden Beamten haben *dann* die Bea. des Vertragsstaates im Ergreifungsfall die IF od. Festnahme durchzuführen (II).

Allgemeine Voraussetzungen der Nacheile (V, VI):

1. Bindung an das SDÜ und das Recht des Vertragsstaates (z. B. Sonderrechte).
2. Betreten von Wohnungen u. nichtöffentlichen Grundstücken ist unzulässig.
3. Befolgungspflicht der Anordnung der zuständigen Behörden.
4. Nacheile nur über die Landgrenzen hinweg.
5. Erkennbarkeit durch Uniform bzw. Fahrzeug.
6. Fähigkeit des Nachweises der amtlichen Funktion.
7. Recht zum Mitführen der Dienstwaffe, Gebrauch nur in Notwehr.
8. Sicherheitsdurchsuchung bei Festhalterecht, Befugnis zum Anlegen von Handfesseln während der Beförderung vor die örtl. zust. Behörden, mitgeführte Gegenstände dürfen sichergestellt werden.
9. Meldepflicht nach Einschreiten bei zust. Behörde und Berichtspflicht.
10. Unterstützungspflicht der nacheilenden Bea. bei nachträglichen Ermittlungen der Vertragspartei inkl. bei nachfolgenden Gerichtsverhandlungen (V).
11. Festnahmerecht der örtl. zuständigen Behörde zum Zwecke der Vernehmung, *sofern nationales Recht nicht entgegensteht (VI).*
12. Freilassung der aufgegriffenen Person, die nicht die Staatsangehörigkeit des örtlich zuständigen Vertragsstaates hat, nach sechs Stunden, es sei denn, es ergeht Rechtshilfeersuchen in Form der vorläufigen Festnahme zum Zwecke der Auslieferung. Die Zeit zwischen Mitternacht und 9.00 Uhr zählt nicht (VI).

Art. 42: Gleichstellung mit Beamten des Vertragsstaates in Bezug auf die Begehung von Straftaten während der Observation oder der Nacheile.

Art. 43: Haftung des Staates der nacheilenden/oberservierenden Beamten gegenüber dem betroffenen Vertragsstaat.

Die Erklärungen der Vertragsstaaten zu § 41 IX SDÜ zu II u. III gem. IX schufen unterschiedliche Modalitäten zur Abwicklung der Nacheile bzgl. zeitlicher/räumlicher Begrenzung, Anlasstaten, Festhalterechte.

Die Schengen-Verträge, inzwischen EU-Recht, sehen über das Maß der 1990 erzielbaren Vereinbarungen hinaus vor, die *Ausgleichsmaßnahmen* durch ergänzende Verträge zu verbessern und den Erfordernissen anzupassen. Dies geschieht durch die oben beschriebenen *Rahmenbeschlüsse* des Rates der EU, aber auch durch bilaterale Vereinbarungen.

Beispiele:

- *Rahmenbeschluss 2002/584/JI v. 13.6.2002 zum EuHB(→C 10.8.5) führte zur Änderung des nationalen Rechts: hier des IRG, dessen 8. Teil den Beschluss umsetzt;*
- *deutsch – schweizerischer Polizeivertrag 2001;*
- *deutsch – niederländischer Staatsvertrag von 2006;*
- *Umsetzung der „Richtlinie 2006/24/EG" mit dem Gesetz zur Neuregelung der Telekommunikationsüberwachung und anderer verdeckter Ermittlungsmaßnahmen (→C 14), BGBl. I Nr. 70 vom 31.12.2007.*

Das europäische Haftrecht bezweckt die zügigere Abwicklung der Aus- und Durchlieferung an ein anderes Mitgliedsland der Europäischen Union.

Bilaterale Vertragswerke dehnen die gegenseitigen Befugnisse und Aktionen erheblich aus auf z.B.: gemeinsame Streifen, Kontrollstellen, Ermittlungsgruppen; Erweiterung der Möglichkeiten der grenzüberschreitenden Nacheile und Observation, Einsatz verdeckter Ermittler, Übermittlung und Abgleich von DNA-Identifizierungsmustern sowie anderem Ed-Material, Hilfeleistung bei Großeinsätzen; Leistung polizeilicher Hilfe auf dem polizeilichen Geschäftsweg, wenn die zust. Justizbehörden nicht rechtzeitig benachrichtigt werden können (Vornahme von Spurensicherungen, Durchsuchungen, körperlichen Untersuchungen, Beschlagnahmen etc.), vorläufige grenzüberschreitende Maßnahmen zur Abwehr gegenwärtiger Gefahren für Leib oder Leben.

Für die **praktische Handhabung** der komplizierten grenzüberschreitenden Zusammenarbeit gelten die Zuständigkeitsvereinbarung zwischen der Bundesregierung und den Landesregierungen zum IRG sowie in besonderem Maße die einschlägigen Erlasse der IM/IS und die Dienstanweisungen der Behördenchefs.

Fallbearbeitung zur vorläufigen Festnahme

Fall: „Pfarrer packte Dieb an Kopf und Kragen"

Bochum – Der Unerschrockenheit eines 46-jährigen evangelischen Pfarrers aus Bochum verdankt die Polizei die Festnahme eines 19-jährigen Einbrechers aus Essen, dem 16 „rechtswidrige Hausbesuche" nachgewiesen werden konnten.

Wie die Essener Polizei mitteilte, wollte der junge Mann offenbar gerade im Pfarrhaus „an die Arbeit" gehen. Als ihn der Pfarrer im Treppenhaus traf und ansprach, zog der Eindringling eine Gaspistole und wollte den Rückzug antreten. Der mutige Pastor entriss dem Burschen jedoch die Pistole, packte ihn an „Kopf und Kragen" und hielt ihn so lange fest, bis alarmierte Beamte der Bochumer Polizei eintrafen.

Von seiner Beute bezahlte er in München, Braunschweig, Frankfurt, Köln und Düsseldorf die Hotelrechnungen.

Aufgaben:

1. Stellen Sie fest, welcher Straftat(en) der junge Mann verdächtig ist!
2. Prüfen Sie, ob die vorläufige Festnahme des Tatverdächtigen durch den Pfarrer und durch die Polizei gerechtfertigt war!

Lösung:

Zu Aufgabe 1:

Der Festgenommene steht in dem Verdacht, einen versuchten Diebstahl mit Waffen und Wohnungseinbruchdiebstahl in Tatmehrheit mit versuchter Nötigung begangen zu haben (§§ 244 I Nr. 1 a und Nr. 3, II, 22; 53, 240 I, III, 22 StGB).

Beide Straftaten sind Vergehen und Offizialdelikte. §§ 242, 243 I Nr. 1 u. 3 StGB werden von § 244 I StGB verdrängt; § 123 ist vollendet (insoweit qualifizierter Versuch). § 241 StGB tritt hinter §§ 240, 22 StGB zurück.[1]

1) Vgl. Sie ggf. die genannten Bestimmungen in den Teilen A und B dieses Lehrbuches.

Zu Aufgabe 2:

a) Zur vorläufigen Festnahme durch den Pfarrer

Als Ermächtigung für diese Festnahme kommt § 127 I (Kap. A 16.3) in Betracht. Demnach ist die Festnahme durch *jedermann*, also auch durch den Pfarrer, zulässig, wenn der Täter u. a. auf frischer Tat betroffen wurde. Dies war hier der Fall, da der Verdächtige während der Tatausführung, das Versuchsstadium war schon gegeben, am Tatort ergriffen wurde. Die Umstände des Falles ließen keinen Zweifel daran bestehen, dass der Ergriffene einen Diebstahl begehen wollte.

Des Weiteren musste entweder Fluchtverdacht bestehen oder die Identität des Festgenommenen durfte nicht hinreichend sicher feststellbar sein.

Hier lag Fluchtverdacht vor, da nach allgemeiner Lebenserfahrung die Annahme gerechtfertigt ist, dass sich ein unbekannter Straftäter dem Strafverfahren entziehen wird, wenn er Gelegenheit erhält, sich vor Feststellung seiner Person vom Tatort zu entfernen.

Der Fluchtverdacht *kann* aber entfallen, wenn die Persönlichkeit festgestellt wurde. Vermutlich hat der Pfarrer aber erst gar nicht versucht, entsprechende Feststellungen zu treffen. Er mag sich – durchaus berechtigt – gesagt haben, dass es bei seinen Möglichkeiten (bestenfalls also Einsichtnahme in den Personalausweis des Ergriffenen) sehr fragwürdig sein musste, die Person eines ihm unbekannten Menschen, den er bei der Begehung eines dreisten Diebstahls betroffen hatte, derart glaubwürdig festzustellen, dass ein Fortdauern des Fluchtverdachtes gerade die unwahrscheinlichere Annahme gewesen wäre.

Unter diesen Umständen war der Pfarrer berechtigt, auf eine Personalienfeststellung zu verzichten und den Ergriffenen bis zum Eintreffen der Polizei festzuhalten.

Eine solchermaßen gewöhnlich kurzfristig andauernde Freiheitsbeschränkung steht auch nicht erkennbar im Missverhältnis zur Schwere der Straftat und zu dem Grad des staatlichen Strafverfolgungsanspruchs.

Letzlich bleibt festzustellen, dass der Pfarrer, indem er die Polizei verständigte, auch aus dem Sicherungszweck der Norm des § 127 I handelte.

Ergebnis: Die Festnahme durch den Pfarrer war gem. § 127 I gerechtfertigt.

b) Zur vorläufigen Festnahme durch die einschreitenden Polizeibeamten

Gem. § 163 b durfte der verdächtige Unbekannte zur **Feststellung seiner Identität** von den Polizeibeamten festgehalten, zur Dienststelle geführt und auch nötigenfalls durchsucht werden (um etwa seinen Ausweis zu finden). Die Anordnung durfte gem. § 163 b jeder zuständige Polizeibeamte treffen. Es bestand dabei die Pflicht, dem Verdächtigen die ihm zur Last gelegte Tat mitzuteilen. Die zur Identitätsfeststellung getroffenen Ermittlungen (Personenfeststellung, Personenfahndung, Kriminalakten, Aussagen z. B.) führten jedoch zu der Erkenntnis, dass eine Freilassung des Tatverdächtigen ausschied.

Es war daher zu prüfen, ob eine vorläufige Festnahme *gem. § 127 II* zulässig war. Diese Maßnahme ist rechtmäßig, wenn

- dringender Tatverdacht gegeben ist,
- ein Haftgrund aus §§ 112, 112 a oder 113 vorliegt,
- die Verhältnismäßigkeit gewahrt ist und
- Gefahr im Verzuge besteht.

Mit den glaubhaften Aussagen des Pfarrers (Zeuge) und den Feststellungen der Beamten am Tatort lagen Tatsachen vor, die mit großer Wahrscheinlichkeit auf den Festgenommenen als Täter hinwiesen.

Da die Beamten vom Moment dieser Erkenntnis an gegen den Festgenommenen mit dem Ziel der Anzeigenerstattung ermitteln mussten, galt er auch als Beschuldigter im Sinne des § 112 I.

Als Haftgrund kam die *Fluchtgefahr* in Betracht, wenn bestimmte Tatsachen nach Abwägung aller Umstände des Einzelfalles die Gefahr begründeten, der Beschuldigte werde sich dem zu erwartenden Strafverfahren durch die Flucht entziehen.

Aus der Feststellung, dass der Beschuldigte in der zurückliegenden Zeit in verschiedenen Großstädten der BRD als Hotelgast gelebt hatte, ergab sich, dass er

- ohne festen Wohnsitz war,
- offenbar keiner geregelten Arbeit nachging, was auch die übrigen 16 „Hausbesuche" erkennen ließen,
- offensichtlich bindungslos war.

Sein kriminelles Verhalten insgesamt ließ außerdem eine hohe Strafe erwarten.

Diesen Tatsachen, deren sachlich orientierte Bewertung die Gefahr begründete, dass sich der Beschuldigte dem Verfahren entziehen werde, standen keine Tatsachen gegenüber, die diese Befürchtung mindern oder gar beseitigen konnten. Es bestand somit Fluchtgefahr.

Neben diesem Haftgrund kam auch der Haftgrund *Wiederholungsgefahr*, § 112 a, in Betracht.

Der Beschuldigte war aufgrund der Ermittlungen dringend verdächtig, in der zurück-liegenden Zeit mindestens schon 16 Diebstähle im Sinne der §§ 242, 243, 244 StGB begangen zu haben.

Durch die hohe Anzahl dieser wiederholt begangenen Straftaten dürfte die Rechtsordnung schwerwiegend beinträchtigt worden sein, zumal sogar „schwere" Vergehen gem. § 244 I 1 und 2 StGB verübt wurden.

Außerdem ließ die mehrfache Tatbegehung auf ein so hohes Maß an krimineller Energie beim Täter schließen, dass zu befürchten war, er werde ohne die Anordnung der Sicherungshaft bis zu seiner Verurteilung weitere Straftaten dieser Art begehen.

Die Verhängung einer Freiheitsstrafe von mehr als einem Jahr war bei der gegebenen Verdachtslage zu erwarten.

Eine Alternative zur Abwendung dieser Wiederholungsgefahr bestand aus der Sicht der anordnenden Polizeibeamten nicht.

Allerdings gewinnt der Haftgrund Wiederholungsgefahr *neben* dem ebenfalls vorliegenden Haftgrund Fluchtgefahr keine *eigenständige Bedeutung,* da er nach dem Willen des Gesetzgebers nur aushilfsweise herangezogen werden darf.

Somit bleibt festzustellen, dass der hier *anzuwendende Haftgrund* die Fluchtgefahr aus § 112 II war.

Verhältnismäßigkeit:

Die Anordnung der U-Haft war auch nicht unverhältnismäßig, da anders die ordnungsgemäße Durchführung des Strafverfahrens nicht gesichert erschien (Erforderlichkeit) und im Übrigen die Schwere der strafwürdigen Verfehlungen ein Missverhältnis zwischen dem Anlass und der Maßnahme ausschloss (Angemessenheit).

Gefahr im Verzug bestand zum Zeitpunkt des Erkennens des Haftgrundes Fluchtgefahr auch, denn ein Abwarten bis zum Vorliegen des richterlichen Haftbefehls hätte dem Beschuldigten Gelegenheit gegeben, sich abzusetzen (vorausgesetzt, dass andere Maßnahmen, etwa solche nach § 81 b StPO[1], bereits abgeschlossen waren).

Ergebnis:[2]

Die vorläufige Festnahme gemäß § 127 II war gerechtfertigt. Die Vorführung beim Richter hatte in der in § 128 I genannten Form, gewöhnlich unter Einschaltung der StA, § 128 II, zu erfolgen. Soweit dies nicht schon im Rahmen der Identitätsfeststellung erfolgte, war dem Beschuldigten analog § 163 c Gelegenheit zu geben, eine Person seines Vertrauens zu verständigen.

1) Vgl. Sie hierzu ggf. Kap. C 5.
2) Je nach Aufgabenumfang und verfügbarer Zeit kann die Falllösung auch kürzer, problemorientierter, ausfallen. Hier sollte die Argumentation zugleich auch also Wiederholung des vorausgegangenen Stoffes dienen.

11 Absehen von der Festnahme, Sicherheitsleistung, §§ 127 a, 132

I. Gesetzliche Voraussetzungen:

Absehen von der Festnahme, § 127 a | **Sicherheitsleistung,[1] § 132[2]**

1. Täter steht in dringendem Verdacht, eine Straftat begangen zu haben.

2. Täter hat keinen festen Wohnsitz[3] oder Aufenthalt[4] im Geltungsbereich der StPO.

Absehen von der Festnahme, § 127 a

3. Die Voraussetzungen eines Haftbefehls liegen *nur* wegen *Fluchtgefahr* vor.
4. Es *kann* von der Anordnung oder Aufrechterhaltung der vorl. Festnahme (§ 127 II) abgesehen werden, w e n n:
   a) eine Freiheitsstrafe oder eine freiheitsentziehende Maßregelung der Sicherung und Besserung *nicht* zu erwarten ist *und*
   b) der Beschuldigte eine angemessene Sicherheit (Kaution) für die zu erwartende Geldstrafe – einschl. der Verfahrenskosten – leistet und
   c) eine zustellungsbevollmächtigte Person, die im zuständigen AG-Bezirk wohnt, benennt.

Beispiele:
Tatbestände nach § 21 StVG, §§ 113, 142, 224, 242, 246, 304, 315 c, 316 StGB

Erfüllt der Beschuldigte die Voraussetzungen nach b) und c) *nicht*, so ist er gem. § 127 II vorläufig festzunehmen.

Die **Anordnung** der vorl. Festnahme steht auch hier *jedem* Polizeibeamten zu.

Für die Vorführung gilt § 128:
Wird der Festgenommene nicht wieder freigelassen, ist er unverzüglich, spätestens am Tag nach der Festnahme, dem Richter vorzuführen. In der Praxis bedeutet das: Überstellung ins Polizeigewahrsam und von dort entsprechende Vorführung.

Sicherheitsleistung, § 132

3. Die Voraussetzungen eines Haftbefehls, insbesondere ein Haftgrund – liegen *nicht* vor, so dass die vorläufige Festnahme *in jedem* Falle ausscheidet.
4. Es *kann* aber zur Sicherstellung der Durchführung des Strafverfahrens *angeordnet* werden, dass der Beschuldigte
   a) eine *angemessene* Sicherheit (Kaution) für die zu erwartende Geldstrafe und die Kosten des Verfahrens leistet und
   b) eine zustellungsbevollmächtigte Person, die im zuständigen AG-Bezirk wohnt, benennt.

Beispiele:
Es kommen die links stehenden TB in Betracht, ohne dass im Einzelfall Fluchtgefahr besteht. Vgl. Sie hierzu die nachfolgenden Ausführungen unter II.

5. **Anordnung**
   a) durch Richter/AG oder
   b) bei Gefahr im Verzug durch die StA oder ihre Ermittlungspersonen (§ 152 GVG).
6. Bei *Nichtbefolgung* der Anordnung können Beförderungsmittel oder andere Sachen, die der Beschuldigte mitführt und die *ihm gehören*, nach den Vorschriften der *§§ 94/98* beschlagnahmt werden.

Der Wert der beschlagnahmten Gegenstände sollte aus Gründen der Verhältnismäßigkeit nicht mehr als 200 % der zu erwartenden Gesamtkosten ausmachen.

7. Die Zulässigkeit der Durchsuchung nach Beschlagnahmegegenständen ergibt sich aus § 132 III u. analoger Anwendung des § 102.

Art der zu leistenden Sicherheit: Schecks, Wertpapiere, Pfandbestellung, Bargeld, Bürgschaft durch geeignete Personen oder durch Konsulate, Banken, Kfz-Verbände.[5]

1) Bei Ordnungswidrigkeiten i. V. m. § 46 OWiG.
2) Vgl. Sie den jeweiligen RdErl. IM/IS in Ihrem Land.
3) Tatsächlicher dauernder Lebensmittelpunkt.
4) Ort tatsächlicher Anwesenheit, etwa ab 3 Monate.
5) Liste liegt auf jeder Polizeidienststelle aus. Das Verfahren wird unter Ausfüllung des Vordrucks „Niederschrift über eine Sicherheitsleistung" abgewickelt.

II. Zur Problematik der Anwendung der §§ 127 a, 132 in der Praxis

Durchreisende oder sonst kurzfristig eingereiste *Ausländer*, die leichtere Straftaten begangen haben, sollen die Möglichkeit erhalten, ihre Festnahme durch *Sicherheitsleistung* abzuwenden (so im Falle des § 127 a) bzw., wenn ihre Festnahme ohnehin *nicht* in Betracht kommt (so im Falle des § 132), auf Anordnung und ggf. durch Beschlagnahme einen „Vorschuss" auf die zu erwartende Geldstrafe leisten. Den Vollstreckungsbehörden sollen damit die Probleme erspart werden, die bei der Eintreibung der Geldstrafe im Ausland im Wege des Rechtshilfeersuchens auftreten können.

Die Sicherheitsleistung wird auf die zu erwartende Geldstrafe entsprechend verrechnet. Dem zu benennenden Zustellungsbevollmächtigten werden Schriftsätze, der Strafbefehl und ggf. die Ladung zur Hauptverhandlung zugestellt. Sie gelten damit rechtlich als zugegangen. Soweit die erhobene Sicherheit zur Abdeckung der Geldstrafe und der Verfahrenskosten nicht ausreicht, wird die zuständige ausländische Stelle durch die StA im Wege der Rechtshilfe um Beitreibung ersucht.

a) Zu § 127 a

In Betracht kommen einfache Tatbestände, bei denen eine Freiheitsstrafe oder eine freiheitsentziehende Maßregel der Besserung und Sicherung (Kap. A 9.1) nicht zu erwarten ist. Dennoch muss der Haftgrund *Fluchtgefahr* gegeben sein, dessen Bejahung in vielen Fällen *problematisch* ist.

Man denke z. B. an den Iren, Schweden, Spanier, der sich zu einem sechstägigen Besuch in München oder Berlin aufhält, dessen Heimreise also terminiert ist. Für den ausländischen Berufspendler ist es gerade typisch, täglich oder wöchentlich nach Hause zurückzukehren.

Fluchtgefahr setzt voraus, dass der Beschuldigte sich (ins Ausland) absetzen will, um sich dem *Zugriff der Ermittlungsbehörden zu entziehen*, was dann der Fall ist, wenn der Beschuldigte für Ladungen zu Vernehmungen etc. oder zur Vollstreckung von (Geld-) Strafen nicht zur Verfügung stehen will (OLG Düsseldorf NJW '86, 2204 f.).

Das OLG Saarbrücken „wistra" '91, 358 bringt die Problematik auf den Punkt: „Ein Ausländer, der sich in sein Heimatland zurückbegibt, ohne dass die Rückkehr mit seiner Straftat im Zusammenhang steht, ist *nicht* flüchtig."[1]

Beispiele: *Ein belgischer Berufspendler begeht auf der A 4 zwischen Köln und der Grenze eine Verkehrsgefährdung mit Unfallflucht (§§ 315 c, 142 StGB). Sechs Kilometer vor der Grenze wird er gestellt.*

Eine niederländische Hausfrau aus Maastricht wird in einem Kaufhaus in Aachen beim Diebstahl einer Bluse im Wert von 280 Euro ertappt. Sie hatte die Bluse nach der Anprobe unter ihrem Mantel anbehalten und strebte eilig dem Ausgang zu. Ein Detektiv hielt sie fest und verständigte die Polizei.

Gegenbeispiel: *Fluchtgefahr i. S. d. § 127 a wird dagegen zu bejahen sein, wenn ein Ausländer zur Begehung von Diebstählen einreist, um nach der Tat sogleich wieder in den Schutz seines Heimatlandes zurückzukehren.*

b) Zu § 132

Größere praktische Bedeutung kommt dem § 132 zu. Allerdings ermöglicht er, sofern eine Sicherheitsleistung *nicht* erbracht wird, nicht ersatzweise die vorläufige Festnahme (wie eben § 127 a), dafür allerdings die Suche nach und ggf. die Beschlagnahme von Beförderungsgegenständen und anderen Sachen, die dem Beschuldigten gehören. Für die Anordnung der Durchsuchung und der Beschlagnahme ist allerdings analog §§ 94 ff., 102 ff. die Eigenschaft des Hilfsbeamten der StA Voraussetzung.

Für die Anwendung der Verfahren empfehlen sich Absprachen mit der örtl. StA. Im Übrigen wird das Verfahren durch Erlasse in den Bundesländern geregelt.

1) Neuerdings auch OLG Stuttgart, NStZ '98, 427 f.: „Bei einem ausländischen Tatverdächtigten, der sich ohne Fluchtwillen an seinen Wohnsitz in seinem Heimatstaat zurückbegeben hat, besteht der Haftgrund der Fluchtgefahr, wenn er glaubhaft erklärt, dass er sich dem in Deutschland gegen ihn betriebenen Strafverfahren **nicht** stellen werde.

12 Die polizeiliche Vernehmung

12.1 Die Vernehmung des Beschuldigten

I. Rechtsgrundlagen

Die Polizei hat die Aufgabe, Straftaten und OWi zu erforschen und alle notwendigen (und gesetzlich zulässigen) Maßnahmen zur Tataufklärung zu treffen (§ 163 StPO, § 53 OWiG). Die Tataufklärung macht die Gewinnung von *Sach- und Personalbeweisen* notwendig.

Die Führung eines Personalbeweises setzt die Vernehmung von Personen voraus.

Die *Rechtsgrundlage* für die polizeiliche Vernehmung ergibt sich aus §§ 163 I 2[1] i. V. m. § 163 a IV für Beschuldigte und § 163 a V für Zeugen und Sachverständige. Bei der Erforschung von OWi gelten diese Vorschriften i. V. m. §§ 46 I u. 55 OWiG. Außerdem ist die Polizei zur Vernehmung verpflichtet, wenn sie darum von der StA (§ 161 I S. 2) oder der Verwaltungsbehörde (§ 46 I, II OWiG) ersucht wird.[2]

II. Allgemeine Vorbemerkungen

Die Vernehmung hat sich auf be- und entlastende Momente zu erstrecken (§§ 160 II, 163). Beschuldigte, Betroffene und Zeugen *müssen* zur *Person* im Rahmen des § 111 OWiG Angaben machen; Angaben zur Sache dürfen Beschuldigte und Betroffene stets, Zeugen nur vor der Polizei verweigern.

Falls der zu Vernehmende (Beschuldigter, Betroffener, Zeuge) wider besseres Wissen eine andere Person belastet, kann der Tatbestand des § 164 StGB, Falsche Verdächtigung, erfüllt sein (Kap. B 8.2).

Sofern er lediglich eine andere Straftat vortäuscht (etwa den fiktiven Unfallflüchtigen), besteht ein Tatverdacht gem § 145 d StGB, Vortäuschen einer Straftat (Kap. B 8.1).

Wegen Begünstigung (§ 257 StGB, Kap. B 20.2) können schließlich die an der Vortat unbeteiligten Personen zur Verantwortung gezogen werden, die ihre Aussagen bewusst falsch abfassen, *um* dem Vortäter die Vorteile seiner Tat zu sichern.

An der Vortat nicht beteiligte Personen, die als Zeugen bei ihrer polizeilichen Anhörung falsche Angaben machen, *um* den Tatverdächtigen vor der Strafverfolgung zu schützen, können wegen Strafvereitelung zur Verantwortung gezogen werden, sofern sie die Tat nicht zugunsten eines Angehörigen begangen haben (§ 258 I/VI StGB, Kap. B 20.3).

Soweit die Tatbestände der §§ 145 d, 164, 257 oder 258 StGB nicht erfüllt werden, kann es dem Beschuldigten / Zeugen nicht angelastet werden, wenn er bei seiner *polizeilichen* Vernehmung / Anhörung die Unwahrheit sagt.

Abgrenzung: Zeugen und Sachverständige sind allerdings, sofern sie kein gesetzliches Zeugnis- oder Aussageverweigerungsrecht geltend machen können (§§ 52 ff., Kap. C 3.2), verpflichtet, vor dem Richter (§§ 57, 70, 75, 76) und vor dem Staatsanwalt (§ 161 a I, II) die Wahrheit zu sagen.

Die wahrheitswidrige Aussage von Zeugen und Sachverständigen vor dem *Richter* oder dem *Gericht* kann als falsche uneindliche Aussage oder gar als Meineid geahndet werden (§§ 153 bis 163 StGB, Kap. B 10).

Widerruft ein Angeklager/Betroffener vor Gericht sein *polizeilich* protokolliertes Geständnis, darf die Vernehmungsniederschrift nicht als Beweisurkunde (§ 254) verlesen werden. Allerdings darf ihm das Gericht seine Aussage vor der Polizei vorhalten (BGH, MDR '83, 624).

Schweigt der Angeklagte/Betroffenen dazu, muss der Polizeibeamte, der ihn vernommen hat, als Zeuge gehört werden (BGH, 1, 8; 14, 312).

Je nach Beweislage, insbesondere bei Verdacht einer erheblichen Straftat, sollte die *richterliche* Vernehmung des Beschuldigten über die StA (§ 162 I) angestrebt werden, da

1) Vgl. Sie Kap. C 2.2.
2) Vgl. Sie auch die RiStBV (Nr. 19 ff., 44 ff., 64 ff.) sowie die einschlägigen Erlasse IM/IS.

richterliche Vernehmungsprotokolle gem. § 254 I als Beweis in die Hauptverhandlung eingebracht werden dürfen, auch wenn der Angeklagte alle früheren Aussagen bestreitet.

III. Vorladung zur Vernehmung

Die *Polizei* hat vor In-Kraft-Treten des StVÄG '99 am 01. 11. 00 ihr Recht auf *Vorladung* des Beschuldigten zum Zwecke seiner Vernehmung aus § 163 a IV hergeleitet.

Nunmehr kann sie die Vorladung auf die Ermittlungsgeneralklausel des § 163 I 2 stützen (Näheres in Kap. C 2.2). Erzwingen kann die Polizei ein Erscheinen nicht.

Der Beschuldigte ist allerdings verpflichtet, auf Ladung vor der StA (§ 163 a III) oder dem Richter (§§ 133 – 135) zu erscheinen. Im Weigerungsfalle kann ein Vorführungsbefehl erlassen werden (→ C 8).

Verteidiger haben kein Anwesenheitsrecht bei *polizeilichen* Vernehmungen. Das ergibt sich aus § 168 c, der ein solches Recht nur für richterliche Vernehmungen vorsieht.

Allerdings pflegen Verteidiger in der Praxis auch nicht mit ihrem Klienten zur polizeilichen Vernehmung zu erscheinen, sondern Schriftsätze – nach Akteneinsicht, über die wiederum die StA entscheidet (§ 147) – vorzulegen.

IV. Bei der Vernehmung zu beachtende Bestimmungen, deren Verletzung die Beweisgewinnung rechtswidrig und ggf. unverwertbar werden lässt

a) Zu § 163 a IV S. 1:

Eröffnung der zur Last gelegten Tat bei Beginn der ersten Vernehmung:

Tatvorwurf und der zugrunde liegende Sachverhalt müssen dem Beschuldigten soweit zur Kenntnis gegeben werden, dass er sich verteidigen kann.

b) Zu § 163 a IV S. 2 i. V. m. § 136 I S. 2:

Belehrung des *Beschuldigten* über die gesetzlich bestehende **Aussagefreiheit (Schweigerecht)** zur Sache. Der BGH[1] hat selbst für den Fall der *fahrlässig* unterlassenen Belehrung ein Verwertungsverbot bejaht. Er folgert dies daraus, dass § 136 I S. 2 keine bloße Ordnungsvorschrift ist, sondern wesentlich dem Schutz des Beschuldigten dient.

Vollständiges Schweigen des B. darf nicht als Schuldindiz gewertet werden. Bei einer Teileinlassung dürfen vom Gericht Schlüsse gezogen werden, da sich der B. insofern freiwillig zum Beweismittel gemacht hat (BGH 1 StR NStZ '00, 494).

Begriff und Grenzen der informatorischen Befragung:[2]

In vielen Situationen ist für die am Tatort eintreffenden Polizeibeamten oft nicht ersichtlich, wer erst nach der Tat hinzugetreten ist, wer Zeuge war, oder gar, wer die Tat begangen hat. In diesem Stadium ist es nicht möglich, Belehrungen gem. § 163 a I, IV auszusprechen, da die Adressaten noch nicht bekannt sind. In solchen Situationen muss informatorisch vorab geklärt werden, **ob** eine Straftat vorliegt, und **wer** zu dieser Tat irgendwelche Angaben machen kann.

Sobald sich dabei Personen zur Sache einlassen, egal ob Zeuge oder Tatverdächtiger, muss die Belehrung erfolgen, da die Aussagen sonst nicht verwertbar sind. Polizeibeamte dürften über das Gehörte nicht vernommen werden.

Beschuldigteneigenschaft:

Die unterschiedlichen Rechtspositionen im Strafprozess gebieten es, zwischen dem Zeugnisverweigerungsrecht (§§ 52 – 54) und dem Auskunftsverweigerungsrecht von Zeugen (§ 55) sowie der Aussagefreiheit des Beschuldigten (§§ 136 und 163 a) zur Sache frühzeitig zu unterscheiden und die Belehrung entsprechend vorzunehmen.

Während die StPO die Begriffe *Angeschuldigter* und *Angeklagter* definiert hat (§ 157), blieb es der Rspr. überlassen, den Begriff des *Beschuldigten* zu klären.

---

1) BGH NJW '92, 1463.
2) BGH NJW 1981, 803, BayObLG (1 St RR 101/04) StV '05, 543.

Der BGH (NJW '97, 1591; '07, 2706) hat den Begriff nach der sog. *subjektiv-objektiven Beschuldigtentheorie* wie folgt umschrieben:

> Die **Beschuldigteneigenschaft** eines Tatverdächtigen wird grds. durch einen *Willensakt* der zuständigen Strafverfolgungsbehörde begründet, die dies nach der Stärke des Tatverdachts pflichtgemäß zu beurteilen hat ... Wenn sie trotz starken Tatverdachts nicht von der Zeugen- zur Beschuldigtenvernehmung übergeht und auf diese Weise die Beschuldigtenrechte umgeht, überschreitet sie die Grenzen des Beurteilungsspielraumes ...
> Darüber hinaus ist ein Verfolgungswille *auch dann* anzunehmen, wenn eine Strafverfolgungsbehörde einen Verdächtigen zwar nicht ausdrücklich zum Beschuldigten erklärt, aber faktische Maßnahmen gegen ihn ergreift, die erkennbar darauf abzielen, gegen ihn wegen einer Straftat vorzugehen.

Der Beschuldigtenbegriff beinhaltet damit de facto eine subjektive (Verfolgungswille) und eine objektive (Willensbetätigung) Komponente.

Eine Strafanzeige braucht zur Anwendung des Begriffs noch nicht vorzuliegen; es genügt, wenn mit dem Ziel der Anzeigenerstattung ermittelt wird.

Der Begriff ist im Übrigen auch bedeutsam für bestimmte andere prozessuale Maßnahmen, so u. a. nach §§ 81 a, 81 b, 81 c, 81 e, f, g,103 I, 112 ff.

c) Zu § 163 a IV S. 2 i. V. m. § 136 I S. 2:

Belehrungspflicht über das Recht zur **Konsultation** eines selbst gewählten **Verteidigers** *vor* der Aussage zur Sache.

Nach § 137 I S. 1 hat der Beschuldigte das Recht, sich in jeder Lage des Verfahrens eines Verteidigers als Beistand zu bedienen. Er erhält damit Gelegenheit, sich anwaltlich u. a. darüber beraten zu lassen, ob er sich durch seine Aussage selbst zum Beweismittel im Strafprozess machen soll oder nicht.

Die *Versagung* der Verteidigerkonsultation führt nach std. Rspr. des BGH[1] zum Verwertungsverbot der so gewonnenen Aussage. Der Verfahrensverstoß gilt angesichts des hohen Ranges der Verteidigung für ein *faires Verfahren* als besonders schwerwiegend.[2]

Er stellt die Verletzung eines der wichtigsten Rechte des Beschuldigten im Strafprozess dar. Dieses Recht gilt schon dann als beeinträchtigt, wenn der Wunsch, vor der Vernehmung einen Verteidiger zu befragen, „wirksam unterlaufen wird".[3]

Um sein Recht auf Verteidigerkonsultation durchsetzen zu können, ist der Beschuldigte deshalb aktiv und effektiv zu beraten, wie er anwaltlichen Beistand erhalten kann. Denn nicht die fehlende Rechtskenntnis, sondern Mängel der Rechtsdurchsetzung begründen den Verfahrensverstoß.

Die Polizei wird aus nahe liegenden Gründen möglichst keinen *bestimmten* Verteidiger benennen. Die geeignetste Maßnahme ist die Mitteilung der Telefonnummer des *anwaltlichen Notdienstes*. Bei Sprachschwierigkeiten kann es geboten sein, das Telefonat für den Beschuldigten zu führen.

Erklärt der Beschuldigte jedoch nach Belehrung (und gescheitertem Versuch, einen Anwalt zu erreichen), Aussagen machen zu wollen, kann das Gericht diese Angaben später auch gegen den Beschuldigten verwerten.[4]

Abgrenzung: Ist der Beschuldigte bei seiner polizeilichen Vernehmung nicht auf sein Recht der freien Verteidigerkonsultation hingewiesen worden, dürfen Angaben, die er in freier Entscheidung ohne Verteidiger gemacht hat *dann* verwertet werden, wenn ihm sein Recht auch ohne Belehrung aktuell bewusst war (BGH NJW '02, 975).

1) BGH StR 5 NJW '93, 338.
2) BGH StR 1 NJW '96, 2242 hält dagegen im Einzelfall am „Abwägungserfordernis ohne Einschränkung" fest.
3) BGH StV '96, 187 ff. mit Hinweisen auf die std. Rspr.
4) BGH StR 1 NJW '96, 2242.

Recht auf Akteneinsicht durch den Beschuldigten?

Aus § 147 in seiner Fassung vor dem StVÄG '99 wurde allgemein gefolgert, dass nur dem RA (Näheres in Kap. C 1.6) das Recht auf Akteneinsicht zustehe.

Dagegen folgerte der EGMR aus Art. 6 III b EMRK, dass dem Beschuldigten, der ohne Anwalt ist, unter dem Gesichtspunkt der *Waffengleichheit* [1] ein eigenes Akteneinsichtsrecht zustehe (NStZ '98, 429).

Mit der Neufassung des § 147 durch das StVÄG '99 ist das Problem weitgehend gelöst. § 147 VII gewährt dem Beschuldigten, der keinen Verteidiger hat, einen Anspruch auf ermessensfehlerfreie Prüfung der Erteilung von Auskünften oder Abschriften (VII). Die Versagungsentscheidung kann der Beschuldigte anfechten (VII/V). Auf die datenschutzrechtliche Zweckbindung der erteilten Auskunft ist der Beschuldigte hinzuweisen (§ 147 VII, § 477 V).

Auskünfte/Abschriften dürfen nicht erteilt werden, wenn der Untersuchungszweck gefährdet werden könnte bzw. überwiegende schutzwürdige Interessen Dritter entgegenstehen (VII).

Die ermittelnde Polizeibehörde kann von der zuständigen StA ermächtigt werden, Aktenauskunft zu erteilen bzw. Aktenabschriften anzufertigen (§§ 478 I, 475). Näheres hierzu in Kap. C 2.11.

d) Zu § 163 a IV S. 2 i. V. m. § 136 I S. 3:

Belehrungspflicht darüber, dass der Beschuldigte zur eigenen Entlastung Beweiserhebungen beantragen kann.

e) Zu § 163 a IV S. 2 i. V. m. § 136 I S. 4:

Hinweispflicht auf schriftliche Äußerung in geeigneten Fällen. Ob dies im Einzelfall sinnvoll ist, richtet sich nach der Persönlichkeit des Beschuldigten und der Art des Falles.

f) Zu § 163 a IV S. 2 i. V. m. § 136 II:

Der Beschuldigte soll Gelegenheit erhalten, zu seinen Gunsten sprechende Tatsachen geltend zu machen und gegen ihn vorliegende Verdachtsmomente zu beseitigen.

Die Angaben müssen entgegengenommen werden.

Belehrungsformel:

Zu Beginn meiner Vernehmung zur Sache ist mir eröffnet worden, welche Tat mir zur Last gelegt wird.

Ich bin darauf hingewiesen worden, dass es mir nach dem Gesetz freisteht, mich zu der Beschuldigung zu äußern oder nicht zur Sache auszusagen und jederzeit, auch schon vor meiner Vernehmung, einen von mir zu wählenden Verteidiger zu befragen.

Ich bin ferner darüber belehrt worden, dass ich zu meiner Entlastung einzelne Beweiserhebungen beantragen kann.

Ich will / will nicht aussagen.

....

(Unterschrift)

g) Zu § 163 a IV S. 2 i. V. m. § 136 III:

Die erste Vernehmung des Beschuldigten ist zugleich auf die Ermittlung seiner *persönlichen Verhältnisse* auszurichten.

h) Zu § 163 a IV S. 2 i. V. m. § 136 a StPO Verbotene Vernehmungsmittel und -methoden:

Die Verbote sind nicht abschließend aufgeführt. Sie gelten ohne Rücksicht auf eine evtl. spätere Einwilligung (§ 136 a III). Sie wirken daher als *absolute* Verwertungsverbote.

Das heißt, dass die so gewonnene Aussage des Beschuldigten durch das Gericht nicht verwertet werden darf.

---

1) Zu den rechtsstaatlichen Prinzipien des Strafverfahrens vgl. Sie ggf. Kap C 1.2.

§ 136 a I, II verbietet die Beeinträchtigung der Willensentschließung und -betätigung des Beschuldigten, wenn sie insbesondere erfolgt durch:
- Misshandlung, *Ermüdung*, körperlichen Eingriff;
- Verabreichung von Mitteln, Quälerei, *Täuschung*, Hypnose;
- Maßnahmen zur Beeinträchtigung des Erinnerungsvermögens oder der Einsichtsfähigkeit;
- Anwendung nach der StPO nicht zugelassenen Zwanges;
- *Drohung mit nach der StPO nicht zugelassenen Maßnahmen;*
- *Versprechen gesetzlich nicht vorgesehener Vorteile.*

Anm.: Die *kursiv* hervorgehobenen Verbote sind besonders zu beachten, da sie in der Abgrenzung *noch* zulässig / *bereits* unzulässig problematisch sein können. Die Verpflichtung zum rechtsstaatlichen Handeln fordert im Zweifel ein Handeln zugunsten des Beschuldigten.

Bei anderen, nicht in § 136 a genannten Fällen rechtswidriger Beweisgewinnung ist im Einzelfall durch Wertung zu ermitteln, ob ein Verwertungsverbot anzunehmen ist.[1]

Beispiel: *Ein Kriminalbeamter beschlagnahmt bei einer Wohnungsdurchsuchung bei der Verlobten eines Tatverdächtigen einen von diesem an seine Verlobte gerichteten Brief, in dem der gesuchte Tatverdächtige seine Mittäterschaft an einem Banküberfall gesteht.*

Die Beschlagnahme (§§ 94, 98) war gem. § 97 *unzulässig*, die Beweisgewinnung daher rechtswidrig, der Brief an die Verlobte wieder herauszugeben (vgl. Sie Kap. C 3.2 V).

Fraglich ist, ob die Erkenntnisse aus dem Brief durch Vernehmung des Beamten in das Verfahren eingeführt werden dürfen. Ein Beweisverwertungsverbot ergibt sich nach der Rspr. in Anwendung der geltenden *Rechtskreistheorie,* wenn
- der Schutzzweck der verletzten Norm im Wesentlichen den Rechtskreis des Beschuldigten berührt oder
- eine Verletzung des unantastbaren Kernbereichs von Grundrechten gegeben ist oder
- wenn ein schwerer Verstoß gegen den Grundsatz der Verhältnismäßigkeit vorliegt.

§ 97 schützt u. a. die besondere Beziehung, das Vertrauensverhältnis des Beschuldigten zu bestimmten ihm nahe stehenden Personen (und nicht etwa in erster Linie diese selbst). Der Schutzzweck der verletzten Norm berührt daher den Rechtskreis des Beschuldigten. Der bekannt gewordene Inhalt des Briefes darf weder als Niederschrift noch als richterliche Vernehmung des Beamten in das Verfahren eingeführt werden.

Fraglich ist, ob *mittelbar* gewonnene Erkenntnisse aus dem Brief, z. B. Tatwerkzeuge und Gegenstände der Vermummung der Täter, Hinweise auf die Mittäter, aus dem so bekannt gewordenen Versteck als Beweis verwertet werden dürfen.

Die h.M. lehnt eine sog. **Fernwirkung** des Beweisverwertungsverbotes aus § 136 a insbesondere aus kriminalpolitischen Gründen und der Notwendigkeit, materielle Gerechtigkeit herzustellen, ab.[2]

Die Mittelmeinung[3] stimmt dem mit der Einschränkung zu, dass im Einzelfall abzuwägen ist, ob angesichts der Schwere des Verfahrensverstoßes und des Gewichts der aufzuklärenden Straftat eine Verwertbarkeit geboten ist.

Rechtswidrige Beweisgewinnung durch Privatpersonen:

Der § 136 a findet seine Ergänzung in § 343 StGB, der dem Amtsträger, der eine Aussage *erpresst,* eine Freiheitsstrafe von 1 Jahr bis zu 10 Jahren androht. Die Tat ist ein Verbrechen, die Entfernung aus dem Dienst die Folge!

Da die Beweisgewinnungsverbote des § 136 a nur an die Strafverfolgungsorgane gerichtet sind, sind von Privatpersonen rechtswidrig gewonnene Beweismittel (entwendete Urkun-

1) BGH NJW '99, 961.
2) BGH StV '90, 337, 339; Kleinknecht/M-G zu § 136 a m. w. Nw.
3) Löwe/Rosenberg, 25. Aufl. § 136 a Rn. 66; LG Frankfurt/M. StV '03, 325.

den oder eigenmächtige Wohnungsdurchsuchung, abgenötigtes Geständnis) deshalb nicht ebenfalls schon unverwertbar.[1] Eine Unverwertbarkeit wird allerdings ange-nommen, wenn Art. 1 GG verletzt wurde, so bei heimlichen Tonbandaufnahmen oder der Entwendung eines Tagebuches, die höchstpersönliche Aufzeichnungen des Beschuldigten enthalten. In der Verwertung wird eine Verletzung des allgemeinen Persönlichkeitsrechts aus Art. 2 I GG und der Menschenwürde (Art. 1 I GG) gesehen.[2]

Allerdings wird in Fällen aufzuklärender *Schwerstkriminalität* eine Verwertbarkeit für möglich gehalten.[3] Auch in Fällen, in denen Briefe oder Tonbandaufzeichnungen des Beschuldigten (nur) Geschäftsvorgänge oder die Tatplanung enthalten, ist die Verwertbarkeit gegeben (BVerfG NStZ '90, 89; BGH 19, 331).

Inwieweit Verstöße gegen Beweisgewinnungsverbote außerhalb des § 136 a zu einem Beweisverwertungsverbot führen, haben die Gerichte – ausgehend von der vom BGH zu § 55 entwickelten „Rechtskreistheorie" (NStZ '83, 354) – im Einzelfall nach folgenden Kriterien entschieden[4]:

- Regelungszweck der bei der Beweiserhebung verletzten Norm,
- Wertigkeit der widerstreitenden Interessen (effektive Strafrechtspflege/Gewährleistung eines rechtsstaatlich-fairen Verfahrens),
- Verhältnismäßigkeit zwischen der Verletzung der Verfahrensvorschrift und der Schwere der aufzuklärenden Tat.

Beispiel: *Unterliegen im Falle einer polizeilich veranlassten gezielten (telefonischen) Befragung eines wegen schweren Raubes Tatverdächtigen durch eine V-Person die Angaben (Geständnis) des nichtbelehrten Tatverdächtigen dem Verwertungsverbot (sog.* ***Hörfalle)?***

BGH 1 StR (NStZ '95, 557) verneinte dies u. a. mit dem Arg. „dass keine Vernehmung im *formellen* Sinne vorgelegen habe und jeder Beschuldigte im Übrigen wisse, dass er sich gegenüber Privatpersonen nicht zu äußern brauche, somit auch eine Täuschung in vernehmungsähnlicher Lage nicht vorgelegen habe."

BGH 5 StR (NStZ '96, 200) war gegensätzlicher Meinung und legte die Sache gem. § 132 III GVG dem Großen Senat für Strafsachen zur Entscheidung vor.

Dieser entschied, dass der Inhalt des Gesprächs im Zeugenbeweis jedenfalls dann verwertet werden könne, wenn es (wie hier) um die Aufklärung einer Straftat von *erheblicher* Bedeutung gegangen sei *und* die Erforschung des Sachverhaltes unter Einsatz anderer Ermittlungsmethoden erheblich weniger erfolgversprechend oder wensentlich erschwert gewesen sei (BGH GSSt NStZ '96, 502).

Anm.: Der Große Senat stellte einerseits klar, dass in dem geschilderten Verhalten keine Vernehmung in formellem Sinne zu sehen sei und deshalb weder eine Verletzung der Belehrungspflicht noch eine Täuschung i. S. v. § 136 a vorgelegen habe. Andererseits unterstrich er die Problematik, die sich für derartige Fälle aus dem Rechtsstaatsprinzip und dem daraus abgeleiteten Grundsatz des fairen Verfahrens ergäben. Er anerkennt die Verwertbarkeit daher auch nur unter Anlegung strenger Verhältnismäßigkeitsaspekte.

12.2 Die Vernehmung von Zeugen und Sachverständigen

I. Begriff, Rechtsgrundlagen

Die Zeugenpflicht (§§ 48 ff.) trifft alle Deutschen sowie alle Staatenlose und Ausländer im Inland; Exterritoriale sind von der Zeugenpflicht befreit (§§ 18, 19 GVG).

1) BGH '89, 2780.
2) BGH JZ '88, 316; BayObLG MDR '90, 269.
3) So schon BayObLG MDR '92, 993, BGH NJW '99, 959.
4) BGH NJW '93, 339; BGH NStZ '84, 464; BGH NStZ '99, 203.

Der Zeuge soll über Tatsachen, die der Vergangenheit angehören, berichten.

Der Sachverständige (§§ 72 ff.) soll aus Tatsachen aufgrund seiner besonderen Sachkunde Schlüsse ziehen, die dem Gericht die richterliche Auswertung ermöglichen.

Den „idealen Zeugen" gibt es nicht! Die Zuverlässigkeit der gewonnenen Zeugenaussage ist stets abhängig von der

	→	Wahrnehmungsfähigkeit,
Aussagetüchtigkeit	→	Erinnerungsvermögen,
	→	Wiedergabefähigkeit;
+		
Aussageehrlichkeit	→	Parteinahme,
	→	psychologische Situation (Schock, Beklemmung).

Die richtige Bewertung der Zeugenaussage setzt daher auch eine zutreffende Einschätzung des Zeugen voraus.

II. Die Zeugenpflicht umfasst

- Erscheinungspflicht vor dem Richter (§ 51) u. dem StA (§ 161 a I);
  – erzwingbar gem. § 51 bzw. § 161 a II i. V. m. § 51 –
- Aussagepflicht vor dem Richter (§ 70) u. dem StA (§ 161 a I), Ausnahme §§ 52 ff.;
  – erzwingbar durch Ordnungsgeld u. -haft bzw. nur Ordnungsgeld (StA, § 161 a II) –
- Eidespflicht nach Maßgabe der §§ 59-67.

Mit der Zeugenpflicht sind gewisse Nebenpflichten verbunden, wie Duldung der Gegenüberstellung (§ 58 II), Teilnahme am richterlichen Augenschein (§ 86). § 81 c StPO stellt eine Erweiterung der Zeugenpflicht dar. Auf richterliche oder staatsanwaltliche Anordnung kann der Zeuge angewiesen werden, an einer Gegenüberstellung bei der Polizei teilzunehmen. Die Anordnung von Zwangsmitteln steht aber nur der StA bzw. dem Ermittlungsrichter zu.

Das Gutachterverweigerungsrecht (§ 76) ergibt sich wie das Zeugnisverweigerungsrecht aus §§ 52, 53, 55, 56. Näheres hierzu in Kap. C 3.2 V/VI.

Die Polizei darf Zeugen/Sachverständige zum Zwecke ihrer Vernehmung vorladen (§ 163 I S. 2/§ 163 V). Ein Recht zur Zwangsandrohung oder gar -anwendung hat sie aber nicht.

III. Einsatz der Videotechnik bei der Zeugenvernehmung

§ 58 a[1] enthält die gesetzliche Grundlage für den Einsatz der Videotechnologie bei der Vernehmung von *Zeugen*. Die **Aufzeichnung** der Vernehmung auf Bild-Ton-Träger als eine besondere Art der Protokollierung i. S. v. § 168 b II stellt nach Auffassung des Gesetzgebers[2] einen Eingriff in das Persönlichkeitsrecht des Zeugen dar, so dass eine gesetzliche Ermächtigung notwendig war. Die technische Aufzeichnung ist nunmehr grds. auch gegen den Willen des zu vernehmenden Zeugen zulässig.

Dies ist bedeutsam für staatsanwaltschaftliche und richterliche Zeugenvernehmungen. Da vor der Polizei keine Aussagepflicht besteht, ist der Einsatz der Videotechnologie letztlich vom Einverständnis des Zeugen abhängig.

Nach § 58 a I S. 2 **soll** die Zeugenvernehmung auf Bild-Ton-Träger **aufgezeichnet** werden,

- wenn der verletzte Zeuge noch nicht 16 Jahre alt ist, *oder*
- wenn zu besorgen ist, dass der Zeuge in der Hauptverhandlung (HV) nicht vernommen werden kann *und* die Aufzeichnung zur Wahrheitserforschung erforderlich ist.

***Beispiele** hierfür können sein: Altersschwäche, Krankheit, Fälle OrgK, Rückkehr ins Ausland, Zeuge als Verbrechensopfer.*

1) Eingeführt mit dem Opfer- und Zeugenschutzgesetz vom 30.04.1998, in Kraft ab 1.12.1998.
2) Drs.13/8990 v. 12.11.1997.

In anderen Fällen „kann“ (§ 58 a I S. 1) die Zeugenvernehmung technisch aufgezeichnet werden, wird aber in Anbetracht des mit ihr verbundenen Grundrechtseingriffs stets das Einverständnis des Zeugen voraussetzen.

§ 58 a II S. 1 stellt klar, dass die **Verwendung** der Ton-Bild-Aufzeichnungen **in der Hauptverhandlung** nur zulässig ist, wenn dies zur Erforschung der Wahrheit erforderlich ist.

§ 58 a II S. 2 enthält datenschutzrechtliche Elemente, wie Zweckbestimmung und Löschungspflichten.

Die mit dem *Opfer- und Zeugenschutzgesetz* verbundene **Zielsetzung** (→ Kap. C 1.11) besteht darin, den Anspruch des Zeugen auf Schutz, Fürsorge und Beistand angemessen zu verwirklichen. Wenn die Rechtspflege den Bürger als Zeugen (dem wichtigsten strafprozessualen Beweismittel) zur Mitwirkung am Verfahren zwingt, dann sollen sich die für ihn daraus ergebenden Lasten in fairen Grenzen halten (Drs. 13/7165).

IV. Beiordnung eines Rechtsanwaltes für die Dauer der Zeugenvernehmung

Der Sechste Abschnitt des Ersten Buches der StPO (§§ 48 ff.), der sich mit der Stellung des Zeugen im Strafverfahren befasst, regelte bis zur Verabschiedung des Opferschutz- und Zeugenschutzgesetzes vom 30.04.1998 *nicht* die Hinzuziehung eines Beistandes.

Seit der Entscheidung des BVerfG vom 08.10.1974 (NJW ’75, 103) ist jedoch unstrittig, dass sich der Zeuge bei seiner Vernehmung eines anwaltlichen Beistandes bedienen darf. Diese Befugnis leitet das Gericht aus Art. 2 I GG i. V. m. dem Rechtsstaatsprinzip ab: „Wegen des Gebots des fairen Verfahrens sei auch dem Zeugen grds. das Recht zuzubilligen, einen Rechtsbeistand seines Vertrauens zu der Vernehmung hinzuzuziehen, wenn er dies für erforderlich hält.“

Der mit dem Opferschutz- und Zeugenschutzgesetz eingefügte § 68 b regelt nunmehr die Beiordnung eines Anwaltes *von Amts wegen und auf Staatskosten* in folgender Weise:

- Beiordnung eines anwaltlichen Beistandes mit *Zustimmung der StA*, wenn sich der Zeuge einer tatsächlich und rechtlich schwierigen Situation gegenübersieht und die Gefahr besteht, dass er ohne anwaltlichen Beistand seine prozessualen Rechte nicht sachgerecht wahrnehmen kann (§ 68 b S. 1);
- *Verpflichtung der Beiordnung auf Antrag* des Zeugen unter den Voraussetzungen von S. 1, wenn *zusätzlich* eine der folgenden besonders qualifizierten Straftaten den Gegenstand der Vernehmung bildet (§ 68 b S. 2):
  - Verbrechen; Vergehen nach §§ 174 – 174 c, 178 I-III, 180, 180 b, 182, 225 I, II StGB;
  - Vergehen von erheblicher Bedeutung, das gewerbs- oder gewohnheitsmäßig, von einem Bandenmitglied oder in anderer Weise organisiert begangen worden ist.

Die Regelung gilt für polizeiliche, staatsanwaltschaftl. und richterliche Vernehmungen.

V. Bei der Vernehmung des Zeugen zu beachtende Bestimmungen

§ 163 a V i. V. m. § 52 III:

Die in § 52 I bezeichneten Personen (→ Kap. C 3.2 V) sind vor *jeder* Vernehmung über ihr Recht zur Verweigerung des Zeugnisses zu belehren. Ein geleisteter Verzicht auf ein bestehendes Zeugnisverweigerungsrecht ist jederzeit widerrufbar. Die bis dahin gemachten Angaben sind dann unverwertbar.

Belehrungsformel: „Ich bin über das Zeugnisverweigerungsrecht gem. § 52 StPO belehrt worden. Ich will – nicht – aussagen.“

Haben Zeugen infolge eingeschränkter oder fehlender Verstandesreife oder -kraft von der Bedeutung ihres Weigerungsrechtes *keine genügende* Vorstellung (z. B. wegen Minderjährigkeit oder wegen psychischer, geistiger oder seelischer Behinderung), muss – falls sie selbst aber zur Aussage bereit sind – *auch* ihr gesetzlicher Vertreter der Vernehmung zustimmen (§ 52 II S.1 StPO). Das sind bei Minderjährigen i. d. R. Vater *und* Mutter. Es genügt, wenn einer unter Zustimmung des anderen die Einwilligung erteilt.

Ist der gesetzliche Vertreter selbst Betroffener (z. B. Vater oder Mutter oder beide), steht ihm diese Entscheidung nicht zu (§ 52 II S. 2). In diesem Fall oder wenn der gesetzliche Vertreter nicht erreichbar ist, muss gem. § 1909 I S. 1 BGB ein Ergänzungspfleger bestellt werden. Für die Bestellung ist das Vormundschaftsgericht zuständig. Den Antrag können die StA, der Untersuchungsrichter oder das Gericht stellen.[1]

Nach der mit dem *Zeugenschutzgesetz* vom 30.04.1998 geänderten Fassung der StPO kommt ab dem 1.12.1998 in solchen Fällen auch die Beiordnung eines anwaltlichen Beistandes nach § 68 b S. 1 – wie oben näher dargelegt – in Betracht.

Die **unterlassene Belehrung** über ein bestehendes Zeugnisverweigerungsrecht führt zur *Unverwertbarkeit* der gewonnenen Aussage.[2] Auch § 52 III ist nach Auffassung des BGH keine bloße Ordnungsvorschrift. Der Rechtskreis des Beschuldigten wird nach seiner Auffassung unmittelbar berührt, wenn sich der Zeuge infolge Rechtsunkenntnis nicht richtig entscheiden kann.

Ein *Verwertungsverbot* entfällt danach nur, wenn feststeht, dass der nicht belehrte Zeuge sein Recht gekannt hat und auch nach Belehrung ausgesagt hätte.[3]

Der Zeuge vom „Hörensagen"

Das **Problem:** In der polizeilichen Praxis sind Zeugenaussagen häufig nur zu erlangen, wenn zuvor vertrauliche Behandlung zugesichert wird. In den Fällen, in denen die Angaben von *V-Personen* (vgl. Sie auch Kap. C 14.9) gemacht werden, hat die Polizei sogar ein starkes Interesse daran, dass der Gewährsmann ungenannt bleibt. Hieraus ergibt sich ein *rechtliches* Problem, dessen Lösung kompliziert ist (vgl. Sie hierzu im Ganzen unten unter Ziff. 12.3).

Das Recht des Angeklagten auf ein faires rechtsstaatliches Strafverfahren (Art. 2 I i. V. m. Art. 20 III GG) gebietet die Pflicht zur Heranziehung des *tatnächsten* Beweismittels. Das Gericht hat daher in der Hauptverhandlung den Zeugen grds. *zu vernehmen.* Es darf die Vernehmung nicht durch die Verlesung eines Vernehmungsprotokolls oder anderer schriftlicher Erklärungen ersetzen (§ 250).

Wegen der nur begrenzten Zuverlässigkeit des *Zeugnisses vom Hörensagen* sind in der Hauptverhandlung besondere Anforderungen an diese Form der Beweisführung zu stellen, wenn sie nach Lage des Falles in Betracht kommt.

Der Zweite Senat des **BVerfG** hat hierzu folgende Grundsätze aufgestellt[4]**:**

- Bei der Bewertung der Aussagen eines Zeugen vom Hörensagen ist nach std. Rspr. des BGH besondere Vorsicht geboten.
- Der Beweiswert des weniger sachnahen Beweismittels ist vom Tatrichter sorgsam zu prüfen. Das gilt besonders, wenn eine Polizeibehörde die Identität eines Polizeifahnders oder Gewährsmannes nicht preisgibt oder keine Aussagegenehmigung erteilt wurde. Damit fehlt den übrigen Verfahrensbeteiligten die Möglichkeit, die persönliche Glaubwürdigkeit des im Dunkeln bleibenden Fahnders oder Gewährsmannes zu prüfen (so schon BGH NJW '85, 1789).
- Die von einem Vernehmungsbeamten wiedergegebenen Aussagen „seines" Zeugen müssen deshalb besonders kritisch geprüft werden.
- Auf sie darf die Entscheidung nur gestützt werden, wenn die Angaben durch andere *wichtige* Beweismittel bestätigt werden (so auch BGH NJW '89, 3291).

Der Senat hat in seinem Beschluss aber auch darauf hingewiesen, dass es der std. Rspr. des BVerfG entspricht, „dass die Strafverfolgungsbehörden bei der Bekämpfung *besonders gefährlicher Kriminalität,* wie etwa der Bandenkriminalität oder des Rauschgifthandels, wenn sie ihrem Auftrag der rechtsstaatlich gebotenen Verfolgung überhaupt gerecht werden wollen, ohne den Einsatz sog. **V-Leute**, deren Identität auch nach dem Einsatz

---

1) Zur umfassenden Auseinandersetzung mit dem Zeugnis- und dem Untersuchungsverweigerungsrecht: BGH NJW '95, 1501.
2) BGH 11, 213, 216; LR-Meyer zu § 52.
3) LR-Meyer zu § 52 m. w. Nachw..
4) BVerfG, Beschl. vom 19.07.1995, NJW '96, 448 f.

gewahrt werden muss, nicht auskommen. Auch dagegen, die Angaben eines Verdeckten Ermittlers durch die Vernehmung von Polizeibeamten als Zeugen vom Hörensagen in den Strafprozess einzuführen, bestehen von Verfassungs wegen generell keine Bedenken. Der Zeuge vom Hörensagen ist – als eine Form des ‚mittelbaren Beweises' – ein nach der StPO zulässiges Beweismittel, dessen Heranziehung und Bewertung nach den §§ 244 II, 261 zu beurteilen ist".

In der dem Beschl. zugrunde liegenden Verfassungsbeschwerde hatte das BVerfG die Verurteilung des Angeklagten durch das LG und das Revisionsurteil des BGH aufgehoben und die Sache zur Neuverhandlung an das LG zurückverwiesen. Es führte u. a. aus, „die Beweisführung (wegen Handeltreibens mit Heroin) hierzu besteht nur aus der Feststellung, dass der Verdeckte Ermittler A dem Zeugen H (einem Kriminalbeamten) mitgeteilt habe, der Beschwerdeführer habe ein Folgegeschäft von 5 kg Heroin zugesichert, ohne dass dargelegt würde, aus welchen Gründen diese Mitteilung Glauben verdient".

§ 163 a V i. V. m. §§ 53, 53 a:

Das sich aus §§ 53, 53 a ergebende Zeugnisverweigerungsrecht aus *beruflichen* Gründen (→ Kap. C 3.2 VI) muss der Zeuge *selbst* geltend machen (BGH GA 69, 92).

§ 163 a V i. V. m. § 55 (Auskunftsverweigerungsrecht):

Der Zeuge ist *auch* darüber zu belehren, dass er die Auskunft auf jene Fragen verweigern darf, durch deren Beantwortung er sich oder einen in § 52 I bezeichneten Angehörigen der Gefahr der Verfolgung wegen einer Straftat oder OWi aussetzen würde.

Ausgehend von der Rechtskreistheorie verneint der BGH (NJW '92, 2304 f.) ein Verwertungsverbot bei unterbliebener Belehrung, soweit die Aussage gegen den *Beschuldigten* verwertet wird. Sie ist hingegen unverwertbar, wenn sie in einem Verfahren gegen den *Zeugen* verwendet werden soll.

Belehrungsformel: „Ich bin über das Auskunftsverweigerungsrecht gem. § 55 StPO belehrt worden. Ich will aussagen / nicht aussagen."

§ 163 a V i. V. m. § 81 c III S. 2:

Diese gesetzliche Bestimmung betrifft Personen, die nicht über die *geistige Reife* verfügen, um die Bedeutung des Weigerungsrechtes zu erkennen. Hier gilt das oben zu § 163 a V i. V. m. § 52 II Gesagte entsprechend. Auf die Fallbearbeitung in Kap. C 3.2 wird hingewiesen.

§ 163 a V i. V. m. § 136 a:

Verbotene Vernehmungsmittel und -methoden, absolutes Verwertungsverbot. Vgl. Sie hierzu unter C 12.1 IV oben.

VI. Besonderheiten bei der Vernehmung Verletzter

Ist der Zeuge *zugleich* Verletzter, aber nicht Nebenklageberechtigter (§ 395 I z. B. in Fällen von Nötigung, Diebstahl, Raub, Erpressung, Brandstiftung), denn dessen Rechte ergeben sich aus §§ 397 ff., kann er schon bei seiner *polizeilichen* Vernehmung beantragen, einer Person seines Vertrauens die Anwesenheit zu gestatten. Darauf soll er hingewiesen werden (§ 406 h).

§ 406 f I: „Der Verletzte *kann* sich im Strafverfahren des Beistandes eines Rechtsanwaltes bedienen oder sich durch einen solchen vertreten lassen."

Bei der Vernehmung des (nicht zur Nebenklage berechtigten) Verletzten durch das *Gericht* oder die *StA* hat der Verletzte indes ein uneingeschränktes Recht auf Hinzuziehung eines Rechtsanwaltes (§§ 406 f II).

Nach Maßgabe der mit dem Opfer- und Zeugenschutzgesetz vom 30.4.98 geänderten § 397 a und § 406 g ist auf Antrag sowohl dem Nebenkläger als auch dem nicht zur Nebenklage berechtigten Verletzten auf *Staatskosten* ein Rechtsanwalt als Beistand zu bestellen; hilfsweise sind Prozesskosten zu bewilligen.

VII. Richterliche Zeugenvernehmung auf Bild-Ton-Träger

Fall: In einem Verfahren gegen das BtMG hat das LG seine Feststellungen u.a. auf die Angaben einer VP und zweier VE (Kap. C 14..9 III) gestützt. Diese waren zur Abwendung der sonst drohenden Sperrerklärung (Kap.C 12.3) nach § 247 a I vernommen worden. Das Gericht hatte den Zeugen gestattet, unter ihren Decknamen auszusagen und Angaben zu ihrer Person gem. § 68 III zu verweigern.
Die Übertragung der Vernehmung wurde in der Weise modifiziert, dass über eine Linse der im Vernehmungszimmer eingesetzten Kamera eine Plastikfolie gelegt und die Übertragung der Stimmen der Zeugen durch technische Maßnahmen in Höhe und Tiefe begrenzt wurden.[1]

Die nachfolgende Skizze gibt einen Überblick über die mit dem Opfer- und Zeugenschutzgesetz eingetretene Verfahrenslage.

Richterliche Zeugenvernehmung auf Bild-Ton-Träger unter Beschränkung des Anwesenheitsrechts von StA, Verteidiger, Beschuldigtem/Angeklagtem

im Vorverfahren (§ 168 e) | in der Hauptverhandlung (§ 247 a I S.1)

bei dringender Gefahr schwerwiegender Nachteile für das Wohl des Zeugen, die durch Entfernung der Anwesenheitsberechtigten / der Öffentlichkeit nicht abgewendet werden kann (Subsidiarität)

zeitgleiche Ton-Bild-Übertragung für die Anwesenheitsberechtigten (§ 247 a I S. 3)

in einen Nebenraum. | in den Gerichtssaal.

Aufzeichnung der Übertragung, wenn zu besorgen ist, dass der Zeuge in der HV nicht vernommen werden kann (§ 168 e S. 4);
Aufzeichnung darf in der HV „verlesen" werden § 255 a I; nach II ohne erneute Vernehmung des Z.

Macht der Z. erst in der HV von seinem ZVR Gebrauch, darf die Videoaufzeichnung seiner früheren richterlichen Vernehmung ebenso wenig vorgeführt werden, wie die Verlesung einer Vernehmungs niederschrift in Betracht käme (§§ 252/255 I); allerdings wäre das (weniger zuverlässige) Beweismittel einer *Vernehmung des Richters als Zeuge* nach der Rspr. des BGH (3 StR 185/03 v. 12.2.2004) zulässig.

Aufzeichnung, wenn zu besorgen ist, dass der Zeuge in einer *weiteren* HV nicht vernommen werden kann (§ 247 a I S. 4).

12.3 Kommissarischen Zeugenvernehmung; Zulässigkeit der Verlesung eines polizeilichen Vernehmungsprotokolls in der Hauptverhandlung (HV); die Versagung der Aussagegenehmigung durch die oberste Dienstbehörde

Rechtsstaatlich-faire Beweiserhebungsmethoden in der Hauptverhandlung gebieten die Beachtung nachfolgender Verfahrensgarantien:
- Prinzip der Mündlichkeit und Unmittelbarkeit der HV (§§ 261, 264).
- Pflicht zur Heranziehung des tatnächsten Beweismittels (§ 250). Das bedeutet Vernehmung in der HV statt kommissarische Vernehmung, und Letztere wiederum vor Verlesung polizeilicher Protokolle.
- Aufklärungspflicht des Gerichts von Amts wegen (§ 244 II).

1) Der BGH 1 StR 111/02 (NJW '03, 74) hält die Maßnahme zur optischen und aktustischen Abschirmung der Zeugen entgegen BGH/GSSt 32, 115, 124, NStZ '84, 36 ff. im Hinblick auf die mit der Einführung der §§ 68 III und 247 a insoweit neuen Gesetzeslage für zulässig. Wegen der grundsätzlichen Bedeutung der Sache hat der erkennende Senat die Frage dem Großen Senat gem. § 132 IV GVG vorgelegt.

Die Grenzen einer uneingeschränkten tatrichterlichen Sachaufklärung ergeben sich aus:			
§§ 52, 53	**§§ 252**	**§ 54 StPO/§ 39 III BRR/§ 62 I BBG/§§ 64 I, 65 I LBG/NRW**	**§§ 96, 110 b III**
Zeugnisverweigerungsrecht aus privaten oder beruflichen Gründen.	**Beweisverbot** für nichtrichterliche Protokolle bei Berufung auf das Zeugnisverweigerungsrecht in der HV.	Versagung der Aussagegenehmigung durch den Dienstvorgesetzten bei – Lebensgefahr für den Zeugen oder – bei Gef. eines Nachteils für den Bund oder ein dtsch. Land od. – Gefährdung oder Erschwerung der Erfüllung öffentl. Aufgaben. – Die gerichtliche Pflicht zur Prüfung der behördl. Gründe im Falle der Sperrerklärung bzw. der Versagung der Aussagegenehmigung ergibt sich aus § 244 II. – Fehlt eine ausreich. Begründung, ist sie von der Behörde zu verlangen. Die Behörde hat ihre Gründe soweit mitzuteilen, wie die geheim zu haltenen Vorgänge dies zulassen (BGH/GSSt).[1] – gegen die Versagung der Aussagegenehmigung ist der Verwaltungsrechtsweg gegeben (§ 40 I S. 1 VwGO). – Eine Änderung der Behördenentscheidung kann das Gericht nicht erzwingen; das ergibt sich schon aus dem Gewaltenteilungsprinzip (Art. 20 GG), BGH MDR '89, 755.	Weigerung der obersten Dienstbehörde, die Identität eines behördl. geheim gehaltenen Zeugen (Informant, V-Pers., Verdeckter Ermittler) bekannt zu geben = sog. **Sperrerklärung;** insbes. bei Gefahr für Leib, Leben, Freiheit dieser Person oder bei Gefährdung ihres weiteren – notwendigen – Einsatzes (Näheres hierzu in Kap. C 13.9). Die Sperrerklärung kann im Verwaltungsrechtsweg angefochten werden.[2]

Entscheidungsmöglichkeiten der Behörde[3]

Freigabe des Zeugen mit Einschränkung:

Einschränkungen können sein:
- Ausschluss der Öffentlichkeit von der HV (§ 172 GVG);
- Verpflichtung der Anwesenden zur Geheimhaltung (§ 174 III GVG);
- Abtretenlassen des Angeklagten während der Vernehmung des Zeugen (§ 247 S. 1 u. BGH 1 StR 138/83);
- Anerkennung der sich aus § 68 I-III (Zeugenschutz) ergebenden Geheimhaltungsgründe (so auch §§ 200 I S. 3. u. 4, 222 I S. 3);
- ggf. Vorführung einer Bild-Ton-Aufzeichnung nach § 255a, als Vernehmungsersatz in der HV und unter Ausschluss des Angeklagten (§ 247).
- Behördliche Auflagen müssen nach dem Gesetz zulässig sein. Optische od. akustische Abschirmung des Zeugen ist (abgesehen von der Z-Vernehmung durch Bild-Ton-Aufzeichnung u. -Wiedergabe) unzulässig.[4]

Sperrung des Zeugen für die HV gem. § 96 od. § 54 I i. V. m. § 39 BRRG:

Da der Zeuge nunmehr für die HV i. S. des § 244 III unerreichbar ist, muss das Gericht die *kommissarische Zeugenvernehmung* anstreben (§ 223 I).

Bedeutung: Das richterliche Vernehmungsprotokoll darf in der HV als Beweismittel verlesen werden, wenn die folgenden zwingenden Formvorschriften beachtet wurden (§ 224 u. GSSt):
1. Verteidiger, Angeklagter und StA haben ein Recht auf Anwesenheit.
2. Zweck und Termin der Vernehmung sind ihnen mitzuteilen.
3. Die Benachrichtigung darf nur bei Gefährdung des Untersuchungserfolges unterbleiben; das Anwesenheitsrecht bleibt unberührt!
4. Die Gefährdung muss sich aus besonderen Umständen ergeben.
5. Nur bei einer Gefahr für Leib, Leben oder Freiheit des Zeugen oder einer anderen Person darf ihm gestattet werden, Angaben zu seiner Person nicht zu machen. Die Unterlagen, die eine Identitätsfeststellung ermöglichen, werden bei der StA verwahrt (§ 68 III).

Gibt die oberste Dienstbehörde den Zeugen auch für die kommissarische Vernehmung *nicht* frei und ist die Entscheidung rechtlich nicht zu beanstanden, darf die Niederschrift über die frühere *polizeiliche Vernehmung* des Zeugen in der HV zur Beweisaufnahme verlesen werden (§ 251 II). Außerdem darf das Gericht die Verhörsperson als *„Zeugen vom Hörensagen"* über ihre Wahrnehmungen (während der Vernehmung) vernehmen.

Dies gilt wohl nach der Rechtsauffassung des GSSt nicht, wenn der Gewährsmann der Verhörsperson namentlich nicht bekannt ist. Das Wissen eines selbst der Behörde anonym gebliebenen V-Mannes darf nicht (mehr) in den Strafprozess eingeführt werden (a.M. noch BGHSt 17, 382).

1) Großer Senat für Strafsachen beim BGH NStZ '84, 36 ff..
2) BGH NJW '98, 3577 mit ausdrücklicher Ablehnung des Verfahrens nach §§ 23 ff. EGGVG, weil die Sperrerklärung primär der Gefahrenabwehr diene.
3) Vgl. Sie zu diesem Thema auch die Ausführungen in Kap. C 14.9.
4) BGH, Entscheidung des Großen Senats für Strafsachen NStZ '84, 36 ff. Anderer Ansicht nunmehr BGH 1 StR. Näheres in Fußnote 1) der Vorseite.

Fallbearbeitung zur Vernehmung

1. Fall:

PK X hat den Angestellten Kinski, gegen den Anzeige wegen Verkehrsgefährdung – § 315 c StGB – erstattet worden war, „erfolgreich" vernommen. Nachdem der nicht zimperliche X ihm lautstark eröffnet hatte, dass er ohne Geständnis nicht freikommen werde, gab Kinski die gegen ihn erhobenen Vorwürfe zu.

Kinskis Anwalt protestiert am nächsten Tag gegen die Vernehmung seines Klienten.

2. Aufgaben/Fragen:

1. Beurteilen Sie das Verhalten des PK X.
2. Begründen Sie, ob das Vernehmungsprotokoll vor Gericht verwertbar ist.
3. Was sagt Ihnen der Begriff: „absolutes Beweisverwertungsverbot"?
4. Erläutern Sie Begriff und Funktion des Zeugen, Sachverständigen.
5. Nennen Sie die Belehrungsformel für die Beschuldigtenvernehmung.
6. Wieweit reicht die Aussagepflicht des Beschuldigten?
7. Wer darf einen Verdächtigen ggf. durch Vorführungsbefehl zur Vernehmung zitieren?
8. Hat der hinzugezogenen Verteidiger das Recht, bei der durch Polizeibeamte angeordneten Blutentnahme anwesend zu sein?
9. Welche rechtliche Bedeutung hat die Hinderung des Beschuldigten, vor seiner Vernehmung Rücksprache mit einem Verteidiger zu nehmen? Hat die Polizei ihm bei der Kontaktaufnahme mit einem Verteidiger behilflich zu sein?
10. Darf die Polizei den 11-jährigen Zeugen eines schweren Verkehrsunfalls ohne Befragung der Eltern anhören, wenn er selbst aussagebereit ist?
11. Darf der Inhalt eines von der Polizei beschlagnahmten Tagebuches des Beschuldigten vor Gericht verwertet werden?
12. Erläutern Sie die Problematik der Verwertung der Aussagen eines Zeugen vom Hörensagen.
13. Welche (verfassungs-)rechtliche Problemstellung ergibt sich bei der Beurteilung der Verwertbarkeit der durch eine sog. **Hörfalle** gewonnenen Erkenntnisse?
14. Unter welchen Voraussetzungen darf die polizeiliche Zeugenvernehmung auf Ton-Bild-Träger aufgenommen werden?
15. Darf auch die Beschuldigtenvernehmung mit Ton-Bild-Träger aufgezeichnet werden?
16. In welchen Fällen hat der Zeuge Anspruch auf staatliche Beiordnung eines anwaltlichen Beistandes?
17. Welche Zielsetzung verbindet der Gesetzgeber mit der Verwendung der Videotechnik bei richterlichen Zeugenvernehmungen?

3. Begründen Sie Ihre Auffassung!

13 Allgemeine Fahndungsmaßnahmen im Ermittlungsverfahren[1]

13.1 Vorbemerkungen und Systematik

Mit dem **StVÄG '99** [2] wurden u. a. für die *allgemeinen* Fahndungsmaßnahmen im Ermittlungsverfahren konkrete Rechtsgrundlagen geschaffen. Der Bundesgesetzgeber erfüllte damit eine Forderung des BVerfG aus seinem Urteil zum sog. *Volkszählungsgesetz* vom 15.12.1983 (BVerfGE 65,1).

Bis zum In-Kraft-Treten des StVÄG '99 am 01.11.2000 beschränkte sich die gesetzgeberische Vorgabe für allgemeine Fahndungsmaßnahmen auf § 131 *a. F.* Die Vorschrift ermächtigte Richter und StA zum Erlaß eines *Steckbriefes*, wenn ein Beschuldigter, gegen den ein Haft- oder Unterbringungsbefehl (HB/UB) vorlag, flüchtig war oder sich verborgen hielt. Auch die Polizeibehörden durften einen Steckbrief erlassen, wenn ihnen ein Festgenommener entwichen war. Der Verfolgte war im Falle seiner Ergreifung dem zuständigen oder nächsterreichbaren Richter vorzuführen (§§ 115, 115 a).

Weitere Voraussetzungen für die Fahndung nach Beschuldigten und Zeugen sowie die Inanspruchnahme öffentlicher Publikationsorgane waren in den RiStBV, einer Verwaltungsvorschrift, niedergelegt.

Nach dem o.g. Urteil des BVerfG beinhaltet das allgemeine Persönlichkeitsrecht aus Art. 2 I i. V. m. Art. 1 I GG auch den *Schutz vor unbegrenzter Erhebung und Verwendung personenbezogener Daten.* Das Grundrecht gewährleistet die Befugnis des Einzelnen, grds. selbst über die Preisgabe und Verwendung seiner persönlichen Daten zu bestimmen. Infolgedessen bedurften Beschränkungen (Eingriffe), wie z. B. Fahndungsmaßnahmen der hier zu behandelnden Art, einer gesetzlichen Grundlage. Aus ihr haben sich Voraussetzungen und Umfang (Bestimmtheitsgebot) zu ergeben (Art. 2 II S. 2, 19 I GG).

In diesem Sinne ermächtigen die §§ 131 – 131 c n. F. die Gerichte und Strafverfolgungsbehörden zu den folgenden hier als Gesamtübersicht dargestellten Fahndungsmaßnahmen.

Anordnungen der Ermittlungspersonen der StA (EP/StA) i. S. v. § 152 GVG sind nur bei Gefahr im Verzug zulässig und unterliegen überwiegend zeitlichen Beschränkungen und der Notwendigkeit ihrer Bestätigung durch den Richter bzw. die StA.

Anfechtung: Fahndungsanordnungen der StA und ihrer Ermittlungspersonen können entsprechend § 98 II beim örtlich zuständigen AG angefochten werden.

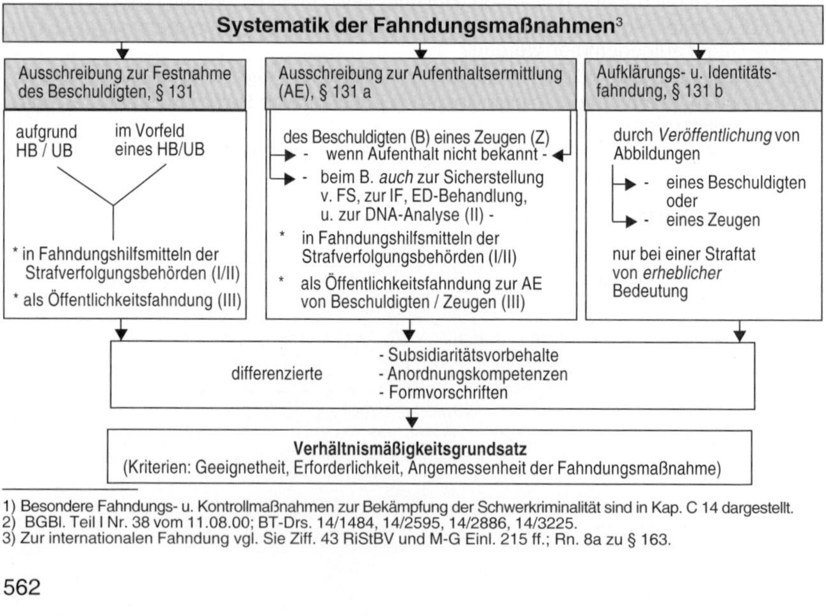

1) Besondere Fahndungs- u. Kontrollmaßnahmen zur Bekämpfung der Schwerkriminalität sind in Kap. C 14 dargestellt.
2) BGBl. Teil I Nr. 38 vom 11.08.00; BT-Drs. 14/1484, 14/2595, 14/2886, 14/3225.
3) Zur internationalen Fahndung vgl. Sie Ziff. 43 RiStBV und M-G Einl. 215 ff.; Rn. 8a zu § 163.

13.2 Ausschreibung zur Festnahme des Beschuldigten, § 131

I. Ausgangsfälle

Gegen Kinski liegt ein auf Ersatzfreiheitsstrafe lautender HB wegen „Schwarzfahrens" nach § 265 a StGB vor. Kinski wird zu Hause wiederholt nicht angetroffen. Darf seine Ausschreibung durch einen EP/StA erfolgen?

Gegen den mit HB gesuchten gewalttätigen Sittlichkeitsverbrecher Mantu wird nach erneuter Tat i. S. v. § 177 I/II/IV StGB am Samstag, ..., geg. 22.30 Uhr, die Öffentlichkeitsfahndung über Rundfunk und Fernsehen betrieben. Die Anordnung dazu erteilte gegen 23.45 Uhr der Leiter der örtl. zuständigen K-Wache. Zu Recht?

II. Gesetzliche Voraussetzungen

Ausschreibung in Fahndungshilfsmitteln der Strafverfolgungsbehörden (I/II)
- Inpol-Dateien, DFB, BKA-/LKA-Bl., Intranet -

aufgrund eines HB / UB (I)	*Voraussetzungen* des HB / UB liegen vor, Erlass kann aber nicht ohne Gefährdung d. Fahndungserfolges (der sich aus dem jeweiligen Haftgrund ergibt) abgewartet werden (II)
Anordnungskompetenz: - Ri. und StA - EP/StA (§ 152 GVG) nur bei GiV.	*Anordnungskompetenz:* - StA und EP/StA - sofern zur vorl. Festnahme erforderlich; - Entscheidung über HB/UB ist unverzügl., spätestens binnen 1 Woche herbeizuführen.

Veranlassung von I/II als Öffentlichkeitsfahndung - ÖF- (III)
– TV, Rundfunk, Internet, Printmedien –

aufgrund oder im Vorfeld eines HB / UB, wenn eine Straftat von erheblicher Bedeutung vorliegt

Subsidiaritätsvorbehalt:
AE wäre sonst erheblich weniger erfolgversprechend od. wesentlich erschwert.

Anordnungskompetenz:

- Richter und StA
- EP/StA bei GiV. *und*
  - Nichterreichbarkeit von Ri. oder StA, aber
    - dann unverzügliche Herbeiführung der StA-Entscheidung und
    - Aufhebung der Maßnahme, falls Bestätigung nicht binnen 24 Std. erfolgt.

Formvorschriften (IV/V)

- Pflicht zur genauen Bezeichnung des Beschuldigten mit erforderlicher Beschreibung;
- Beifügung von Abbildungen sowie Angabe fahndungsrelevanter Umstände ist zulässig;
- Vorführung zum zuständigen / nächsterreichbaren Richter (§§ 115, 115 a) im Falle des Ergreifens;
- Fahndungsanordnungen der EP/StA treten - abgesehen von § 131 III - außer Kraft, wenn sie nicht binnen 1 Wo. von der StA *bestätigt* worden sind, § 131 c II S. 2.

Verhältnismäßigkeit

Kriterien: Eignung / Erforderlichkeit / Angemessenheit.
Insbesondere die ÖF muss sich angesichts ihrer hohen Eingriffsintensität als angemessenes Fahndungsmittel darstellen.

13.3 Ausschreibung zur Aufenthaltsermittlung, § 131 a

I. Ausgangsfall

Aus einer Fahndungsnotiz des *BKABl.* Nr. ...:

„Am ... wurde die totalgefälschte Visa-Kreditkarte Nr. ... im Großraum Hannover sechsmal betrügerisch eingesetzt. In einem Vorlegefall wurde die gefälschte Karte kopiert. Der Kartenvorleger wies sich mit dem Namen ... aus. Das Lichtbild zeigt den Kartenvorleger. Beschreibung ... Wo Abgebildeter bekannt ? PP ..."

II. Gesetzliche Voraussetzungen

Ausschreibung des

Beschuldigten **_Zeugen_**

zur Feststellung des nicht bekannten Aufenthaltes (I)

zur Sicherstellung eines FS , § 94, § 463 b
zur Ed-Behandlung, § 81 b
zur IF, § 163 b
zur Anfertigung einer DNA-Analyse, § 81 c
– soweit jeweils erforderlich (II)

Form (V): in allen Fahndungshilfsmitteln der Strafverfolgungsbehörden
– insbes. BKA-Blatt, DFB, INPOL-Dateien, SIS, AZR, BZR, RiStBV, Ziff. 40 –

Öffentlichkeitsfahndung – ÖF – (III) aufgrund einer Ausschreibung zur AE nach **I:**
- insbes. durch TV, Rundfunk, Internet, Printmedien -

- Straftat von erheblicher Bedeutung
- dringender Tatverdacht
- Subsidiaritätsvorbehalt:

AE auf andere Weise wäre erheblich weniger erfolgversprechend oder wesentlich erschwert

Anordnungskompetenz, § 131 c

bei Fahndungen nach § 131 a I u. II:
- StA
- bei Gefahr im Verzug EP/StA
- Bestätigung durch StA binnen 1Woche gem. § 131 c II S. 2

im Falle der ÖF nach § 131 a III:
- Richter
- bei Gefahr im Verzug StA u. EP/StA, c I 1
  - Bestätigung d. StA binnen 1 Woche
  - Bestätigung d. Richter im Falle c II S. 1

Formvorschriften (IV)

- Verweis auf § 131 IV:
  - Pflicht zur genauen Bezeichnung des Beschuldigten / Zeugen
  - Angabe weiterer fahndungsrelevanter Umstände ist zulässig
- Pflicht zur Klarstellung, dass Zeuge nicht Beschuldigter ist
- ÖF nach Zeugen nur, wenn keine überwiegenden schutzwürdigen Interessen entgegen stehen
- *spezielle* Subsidiarität:
  Abb. von Zeugen sind nur zulässig, wenn AE sonst aussichtslos od. wesentlich erschwert wäre.

Verhältnismäßigkeit

Kriterien: Eignung - Erforderlichkeit - Angemessenheit.

Erforderlich ist die Ausschreibung, wenn mildere Maßnahmen, wie Anfragen bei Meldebehörden, nicht zum Ziel führen. Beim Element der Angemessenheit ist zu bedenken, dass die Ausschreibung in amtl. Fahndungshilfsmitteln weniger belastend sein kann als z. B. die Nachfrage im Wohnumfeld oder am Arbeitsplatz, andererseits ist die ÖF von hoher Eingriffsintensität.

13.4 Aufklärungs- und Identitätsfahndung, § 131 b

I. Ausgangsfälle

1. Ausgangsfall zu Kap. C 13.3 mit der Modalität, dass die Fahndung mittels ausgehängter Plakate erfolgt.
2. Darstellung eines ungeklärten Mordfalles auf Betreiben der zuständigen StA/Mordkommission mittels der TV-Sendung „Aktenzeichen-XY ungelöst" unter Ausstrahlung von Fotos dreier tatverdächtiger Personen.

II. Gesetzliche Voraussetzungen

Veröffentlichung von Abbildungen
– Presse, TV, Printmedien, Internet –

eines **Beschuldigten**, der einer Straftat von *erheblicher* Bedeutung verdächtig ist (I)	eines **Zeugen** einer Straftat von erheblicher Bedeutung mit Hinweisen auf das zugrunde liegende Verfahren (II)

⬇ **Subsidiaritätsvorbehalt** ⬇

Tataufklärung, insbes. IF des unbekannten **Täters** ist auf andere Weise erheblich *weniger erfolgversprechend* oder *wesentlich erschwert*	Tataufklärung, insbesondere Identitätsfeststellung (IF) des **Zeugen** ist auf andere Weise (z. B. Nutzung *interner* Fahndungsmittel) *aussichtslos* oder *wesentlich erschwert.*

⬇

Anordnungskompetenz, § 131 c I

- Richter; bei GiV. auch *StA* u. *EP/StA*
  - *Bestätigung durch StA* binnen 1 Woche erforderlich bei Anordnung durch EP/StA (II S. 2),
  - *Bestätigug durch Richter* bei *andauernder* Veröffentlichung in elektronischen Medien od. bei wiederholter Veröffentlichung im TV od. in period. Druckwerken (II S. 1).

Formvorschriften (§ 131 b II S. 2, III)

- Die Veröffentlichung des Zeugen muss erkennbar machen, dass er nicht Beschuldigter ist (§ 131 b II S. 2).
- Beschuldigter / Zeuge sind möglichst genau zu bezeichnen und, soweit erforderlich, zu beschreiben; Angabe fahndungsrelevanter Umstände über Tat, -zeit, -ort etc. ist zulässig (§ 131 b III).

Verhältnismäßigkeit

Kriterien: Eignung – Erforderlichkeit – Angemessenheit.

Der Grundsatz der *Erforderlichkeit* wird im Wesentlichen schon durch den Subsidiaritätsvorbehalt erfasst.

Die Maßnahme muss sich trotz ihrer hohen Eingriffsintensität nach Tatschwere und Art der Veröffentlichung als *angesessenes* Mittel erweisen.

14 Besondere Fahndungs- und Kontrollmaßnahmen[1]

14.1 Vorbemerkung und Systematik

In den Kap. C 14.2 bis C 14.10 werden Befugnisnormen erörtert, die als *Fahndungs- und Überwachungsmaßnahmen zur Bekämpfung der Schwerkriminalität* bezeichnet werden können und regelmäßig auch eine Vielzahl Unbeteiligter in Mitleidenschaft ziehen. Aus diesem Grunde unterliegen sie in besonderem Maße der richterlichen Kontrolle. Außerdem unterliegen die Normen ausnahmslos dem *Subsidiaritätsgrundsatz,* der sie nur dann zulässt, wenn die Sachverhaltserforschung oder die Aufenthaltsermittlung des Täters sonst aussichtslos oder wesentlich erschwert sein würde. In dieser Einschränkung liegt gleichzeitig die spezielle Ausformung des sich aus dem Verhältnismäßigkeitsgrundsatz ergebenden Gesichtspunktes der *Erforderlichkeit.* Da bei diesen Maßnahmen i. d. R. eine große Anzahl personenbezogener Daten anfällt, hat der Gesetzgeber eine Vielzahl datenschutzrechtlicher Bestimmungen zur Speicherung, Auswertung, Übermittlung und Nutzung eingebaut. Die nachfolgende Abb. vermittelt einen Überblick über die angesprochenen Eingriffsmaßnahmen:

Kontrollstelleneinrichtung – § 111 – Kap. C 14.2 –	**Polizeiliche Beobachtung** – § 163 e - Kap. C 14.5 –	**Akustische Wohnraumüberwachung** – §§ 100 c - e – Kap. C 14.8 –
Bei bestimmten Katalogtaten mit weitgehenden Befugnissen. In Kraft gesetzt durch das sog. Antiterrorgesetz vom 19.04.1974. Anordnung: Gericht, bei G.i.V. StA/EPStA.	Planmäßige u. heimliche Beobachtung einer Person oder eines Objektes zur Gewinnung eines vollständigen Bewegungsbildes, das Aufschluss über Tatbeziehungen bringen soll. Zul. nur bei Straftaten v. erheblicher Bedeutung. Eingeführt mit dem *OrgKG* vom 15.07.92. Anordnung: Gericht; StA bei G.i.V.	Abhören und Aufzeichnen des nichtöffentlich gesprochenen Wortes in der Wohnung des Beschuldigten auch ohne Wissen des Betroffenen; Anlass muss eine bestimmte Katalogtat sein. Die Anordnung trifft auf Antrag der StA die zust. Kammer des LG, bei Gefahr im Verzuge deren Vorsitzender.
Netzfahndung – § 163 d – Kap. C 14.3 –	**Längerfristige Observation** – § 163 f – Kap. C 14.6 –	**Akustische Überwachung außerhalb von Wohnungen; Einsatz technischer Mittel** – §§ 100 f, h – Kap. C 14.9 –
Computergestützte Fahndungsmaßnahme bei bestimmten Massenkontrollen, z. B. nach § 111. In Kraft seit 1.4.87 als Folge des BVerfG-Urteils zum Volkszählungsgesetz, NJW '84, 419. Anordnung: Gericht, StA/ EPStA bei G.i.V.	Eingeführt mit dem StVÄG '99,- planmäßig angelegte Beobachtung von Beschuldigten und deren Kontaktpersonen durchgehend länger als 24 Std. oder an mehr als zwei Tagen zur Aufklärung von Straftaten von erheblicher Bedeutung. Die *kurz*fristige O. gründet sich auf § 163 I S. 2 bzw. § 161 I S. 1. (Kap. C 2.2).	Abhören/Aufzeichen des nicht-öffentlich gesprochenen Wortes – ohne Wissen des Betroffenen – außerhalb von Wohnungen. Bildaufnahmen, Einsatz besonderer für Observationszwecke dienender technischer Mittel. Anordnungskompetenzen: differenziert
Rasterfahndung – §§ 98 a, b – Kap. C 14.4 –	**Überwachung der Telekommunikation** – §§ 100 a, b – Kap. C 14.7 –	**Einsatz Verdeckter Ermittler** – §§ 110 a – c – Kap. C 14.10 –
Maschinell-automatisierter Datenabgleich von Datenbeständen außerhalb der Verfolgungsbehörden nach bestimmten, auf den vermutlichen Täter hinweisenden Rastern (Merkmalen); bei bestimmten Katalogtaten; eingeführt mit dem *OrgKG.* Anordnung: Gericht/StA bei G.i.V.	Eingriff in das Grundrecht des Post- und Fernmeldegeheimnissess bei bestimmter Katalogtat; Anordnung auf Antrag der StA durch das Gericht; bei G.i.V. durch die StA, aber Aufhebung, wenn die Maßnahme nicht binnen drei Tagen gerichtlich bestätigt wird.	Eingeführt durch das *OrgKG*; nur zul. bei bestimmter Katalogtat; legalisiert verdeckte, auf Täuschung ausgerichtete Ermittlungen und schließt Konflikt mit Täuschungsverboten u. Belehrungspflichten aus (§§ 136 a, 163 a IV, V). Gilt in differenz. Form für V-Personen u. Informanten. Grds. erst mit Zustimmung der StA zulässig.

1) I.d.F des Gesetzes zur Neuregelung der Telekommunikationsüberwachung und anderer verdeckter Ermittlungsmaßnahmen sowie zur Umsetzung der Richtlinie 2006/24/EG vom 21.12.2007.

14.2 Kontrollstelleneinrichtung, § 111

I. Ausgangsfall

Der **Ermittlungsrichter** beim **BGH** hatte auf Antrag des GBA durch Beschluss vom 20.05.88 (BGs 701/88) „gemäß § 111 StPO die Einrichtung von Kontrollstellen täglich bis zu 24 Std. für die Zeit vom 24.05.88 bis 30.06.88 auf öffentlichen Straßen und Plätzen und anderen öffentlichen Orten in der BR Deutschland – einschließlich Westberlin und der Grenzen" angeordnet. Die Maßnahme war anschließend verlängert worden. Insgesamt dauerte die Maßnahme, die die gesamte Bundesrepublik mit Kontrollstellen überzog und nicht ohne Kritik blieb, 132 Tage und Nächte.
Die Kontrollen sollten im Vorfeld der Tagung des Internationalen Währungsfonds am 22. – 27. 9.88 in Berlin ein engmaschiges Fahndungsnetz bilden, in der Erwartung, angelockte **Terroristen** dingfest machen zu können. Tatsächlich führten Kontrollen an der deutsch-niederländischen Grenze zur Festnahme eines RAF-Kuriers.

II. Gesetzliche Voraussetzungen

Anlass (I)
Auf bestimmte Tatsachen begründeter Verdacht einer

- Straftat gem. § 129 a StGB, auch i. V. m. § 129 b StGB
- in § 129 a StGB genannten Tat[1]
- Straftat gem. §§ 249, 252, 255 i. V. m. 250 I 1 StGB.

Befugnis (I)
Kontrollstelleneinrichtung auf öffentlichen Straßen, Plätzen oder öffentl. zugänglichen anderen Orten, falls *Tatsachen die Annahme rechtfertigen*, dass diese Maßnahme führen kann zur

- **Ergreifung des Täters**
- oder
- **Sicherstellung von BM,** die der Tataufklärung dienen können.

Rechtswirkung (I S. 2)
Verpflichtung für jedermann *an* der Kontrollstelle,
seine *Identität* **feststellen** und seine *Person* sowie mitgeführte *Sachen* **durchsuchen** zu lassen.

Anordnung (II)
grds. durch den **Richter** ↔ bei **G. i. V.** durch StA u. EP/StA.

Formvorschriften (III)
Für die Durchführung der Maßnahmen *an* der Kontrollstelle gelten *entsprechend:*

§ 106 II S.1:	Bekanntgabe des Grundes vor Beginn der IF bzw. Durchs.	**§ 107 S. 2 1. HS:**	Ausstellung eines Verzeichnisses über sichergestellte Gegenstände.
§ 108:	einstweilige Inbeschlagnahme von Zufallsfunden ist zulässig.	**§ 109:**	Verzeichnung und Kennzeichnung sichergestellter Sachen.
§§ 163 b,c:	Identitätsfeststellung beim Ver-/Unverdächtigen (Kap. C 9).	**§ 110:**	Durchsicht von Papieren (Kap. C 7.6).

1) Die Katalogtaten sind in Kap. C 13.3 aufgeführt.

III. Erläuterungen

Die Vorschrift trat mit dem sog. *Antiterrorgesetz* am 19.04.1974 in Kraft. Hieraus ergibt sich auch die Zielsetzung, nämlich in erster Linie die Terroristenbekämpfung zu optimieren.

Anlasstaten sind infolgedessen die Mitgliedschaft in einer terroristischen Vereinigung gem. § 129 a StGB sowie die in dieser Vorschrift genannten – häufig von Terroristen begangenen – Straftaten, denen § 111 noch die i. S. v. § 250 I 1 StGB qualifizierten Raubhandlungen (§§ 249, 252, 255, 316 a StGB) hinzufügt.

§ 111 regelt die Einrichtung von Kontrollstellen zum Zwecke der *verbesserten Fahndung* nach diesen gefährlichen Straftätern. Die Vorschrift eröffnet insofern ohne konkrete Verdachtsmomente im Einzelfall die Identitätsfeststellung und Durchsuchung jeder an der Kontrollstelle angetroffenen Person.

Erfolgserwartung: Die Maßnahme muss nach Einschätzung der vorhandenen Erkenntnisse zur Ergreifung des Täters bzw. zur Sicherstellung von zur Tataufklärung geeigneten Beweismitteln am konkreten Ort und zur konkreten Zeit führen *können*. Ob diese Erwartung im Einzelfall gerechtfertigt ist, muss sich insbesondere aus den verfügbaren Suchkriterien und aus Erkenntnissen ergeben, dass sich die gesuchten Personen in dem jeweiligen Raum aufhalten werden (Kleinknecht/M-G mit zahlreichenden z. T. divergierenden Nw.). Keinesfalls dürfen die Kontrollstellen wahllos über einen größeren Zeitraum und zu beliebigen Zeiten eingerichtet werden. Dies ergibt sich aus dem nachfolgend zitierten Beschluss des BGH (NJW '89, 81 ff.).

Im **Ausgangsfall** hatte ein Pkw-Fahrer, der am 8.6.88 in Gelsenkirchen angehalten und durchsucht worden war, Beschwerde eingelegt, die der 3. Senat des BGH als „Antrag auf gerichtliche Entscheidung" umdeutete, über die in diesem Fall der Ermittlungsrichter des BGH (§ 169 I 2) zu befinden hatte. Dabei wies der Senat darauf hin, „dass gegen die Rechtmäßigkeit der richterlichen Anordnung Bedenken bestünden. Danach sei es mit dem Gesetzeszweck nicht zu vereinbaren, wenn der Richter die Polizei ermächtige, für einen längeren Zeitraum nach ihrem eigenen Ermessen zu jeder Tages- und Nachtzeit an jedem öffentlich zugänglichen Ort der Bundesrepublik Kontrollstellen einzurichten. Das durch § 111 geschaffene Fahndungsmittel sei auch bei der Verfolgung überörtlich auftretender terroristischer Gewalttäter nicht dadurch ineffektiv, dass der Richter die nach Sachlage möglichen und notwendigen Begrenzungen in dem Anordnungsbeschluss selbst festlege. Bei neuen Erkenntnissen und G. i. V. könnten die StA und deren Ermittlungspersonen die Einrichtung weiterer Kontrollstellen aus eigenem Recht anordnen".

Die **Kontrollstellen** dürfen nur an tatsächlich oder rechtlich **öffentlichen** Straßen, Plätzen oder anderen Stellen errichtet werden. Neben Straßen und Plätzen in diesem Sinne kommen daher auch Flughäfen, Bahnhöfe oder Großparkplätze in Betracht, nicht aber Kaufhäuser, Gaststätten, Eisenbahnzüge.

Die **Anordnung** der Maßnahme wird grds. der zuständige Ermittlungsrichter (§§ 162, 169) auf Ersuchen der StA erteilen. Bei **G. i. V.** sind allerdings auch die StA und Ermittlungspersonen der StA anordnungsbefugt. Abgesehen von ganz besonderen Eilfällen wird die StA wegen ihrer Verantwortlichkeit für das Ermittlungsverfahren die Entscheidung über eine so weitreichende Anordnung zu treffen haben.

Rechtswirkung: Das Gesetz verpflichtet jeden, der in die Kontrollstelle gerät, seine *Identität feststellen* und seine Person sowie mitgeführte Sachen (Taschen, Fahrzeuge) nach *Beweismitteln durchsuchen* zu lassen.

Umgekehrt ergibt sich für die Kontrollpersonen aus § 111 die **Befugnis** zu diesen Maßnahmen, ohne dass auf andere Ermächtigungen zurückgegriffen werden müsste.

Formvorschriften: § 111 III enthält den verpflichtenden Hinweis, dass bei der IF und Durchsuchung an der Kontrollstelle einige weitere Bestimmungen *entsprechend* anzuwenden sind (Abb. unter oben II).

Umstritten ist in diesem Zusammenhang in der Literatur, ob die noch unverdächtigen Personen an der Kontrollstelle auch zur IF durchsucht und ggf. ed-behandelt werden dürfen. Kleinknecht/M-G bejaht dies mit dem Hinweis, dass § 111 wegen der besonderen Speziallage eine derartige Befugnis – anders als § 163 b – enthalte.

Weiter gehende Maßnahmen – wie die Beschlagnahme oder vorläufige Festnahme – sind nach den einschlägigen Bestimmungen zu begründen.

Verhältnismäßigkeit: Die Errichtung der Kontrollstelle und der Umfang der Kontrollmaßnahmen müssen erforderlich und geeignet sein sowie in einem angemessenen Verhältnis zur Bedeutung des Fahndungsanlasses stehen. Die Lage der Kontrollorte, Kontrollzeitpunkte, die Kontrolldauer sowie insbesondere die Stärke des Tatverdachts und die Qualität verfügbarer Suchkriterien können hier entscheidend sein. Auf die obigen Ausführungen des BGH zum Ausgangsfall wird hingewiesen.

Grundsätzlich kann die Kontrollstelleneinrichtung nach § 111 auch zur Fahndung nach Tätern eines Raubüberfalles erfolgen, sofern die Maßnahme hierzu im Einzelfall geeignet ist.

Fall: Am ..., gegen 15.30 Uhr, geht bei der Leitstelle der örtlichen KPB die Meldung von der Hauptstelle der Sparkasse ein: „Raubüberfall auf unsere Hauptstelle durch drei mit Pistolen bewaffnete maskierte Männer im Alter von ca. 30 Jahren, bekleidet mit Jeans und dunklen Lederjacken. Ein Bankkunde wurde bei dem Versuch, die Hauptstelle zu verlassen, niedergeschossen und schwer verletzt. Die Täter entkamen mit ca. 80000 Euro Papiergeld. Sie flüchteten mit einem hellfarbenen Pkw größerer Bauart. Im Fahrzeug befand sich eine weitere Person."

Der Leiter der Leitstelle ordnet u. a. die sofortige Einrichtung von Kontrollstellen an vier Ausfallstraßen an.

In diesem Fall lagen genügend Suchkriterien vor. Es war anzunehmen, dass sich die vier auffälligen Täter mit dem erkannten oder (bald schon) einem anderen Fahrzeug entfernen würden, so dass eine unverzügliche Kontrollstelleneinrichtung zu ihrer Ergreifung führen konnte.

Allerdings ist in der Praxis in solchen Fällen die Auslösung der ***Ringalarmfahndung***[1] *regelmäßiger Standard, da die Einrichtung einzelner Kontrollstellen i. S. v. § 111 einerseits mit einer hohen Belastung Unbeteiligter und andererseits mit nur geringen Erfolgsaussichten verbunden ist. Damit wird deutlich, dass § 111 mehr der Aufgreifung bereits gesuchter Katalogtäter dient, die mit ihrer plötzlichen Kontrolle nicht rechnen und nach vorhandenen Suchkriterien erkannt werden können.*

Abgrenzung: *Kontrollstellen* können nach **Polizeirecht** (z. B. § 12 I Nr. 4 PolG NRW oder § 23 II Nr. 3 BGSG) auch zur *Verhütung* der o. g. Katalogtaten (in NRW um den TB des § 250 I 2 StGB und die TB des § 27 VersammlG erweitert, für den BGS auf Straftaten von erheblicher Bedeutung und die TB des § 27 VersammlG bezogen) eingerichtet werden. Die Einrichtung darf in NRW nur mit Zustimmung der örtlich zuständigen Bezirksregierung, bei G. i. V. auch ohne Zustimmung durch die zuständigen KPB erfolgen. Es sind nach diesen Bestimmungen nur Maßnahmen zur IF zulässig, ggf. mit Durchsuchung der Personen und ihrer mitgeführten Sachen. Soweit im *Einzelfall* entsprechende Anhaltspunkte gegeben sind, können weitere polizeirechtliche oder strafprozessuale Maßnahmen folgen.

Fall: Am 16.03.1996 wurden bundesweit Kontrollstellen eingerichtet, um die Anreise gewaltbereiter Teilnehmer an einer durch das Verwaltungsgericht Gelsenkirchen verbotenen Kurdendemonstration in Dortmund zu verhindern und Waffen sowie gefährliche Gegenstände frühzeitig sicherzustellen.

Tatsächlich kam es an vielen Orten, u. a. an dem deutsch-belgischen Grenzübergang auf der A 44, zu gewalttätigen Ausschreitungen, als ca. 2000 mit Bussen einreisenden Anhängern der verbotenen PKK die Einreise verweigert wurde.

---

1) Einzelheiten ergeben sich für NRW aus der bundesweit abgestimmten PDV 384.1 (VS-NfD).

14.3 Netzfahndung, § 163 d
(Datenspeicherung und -auswertung)

I. Ausgangsfall

Gem. Kap. C 14.2 – Kontrollstelleneinrichtung

II. Gesetzliche Voraussetzungen

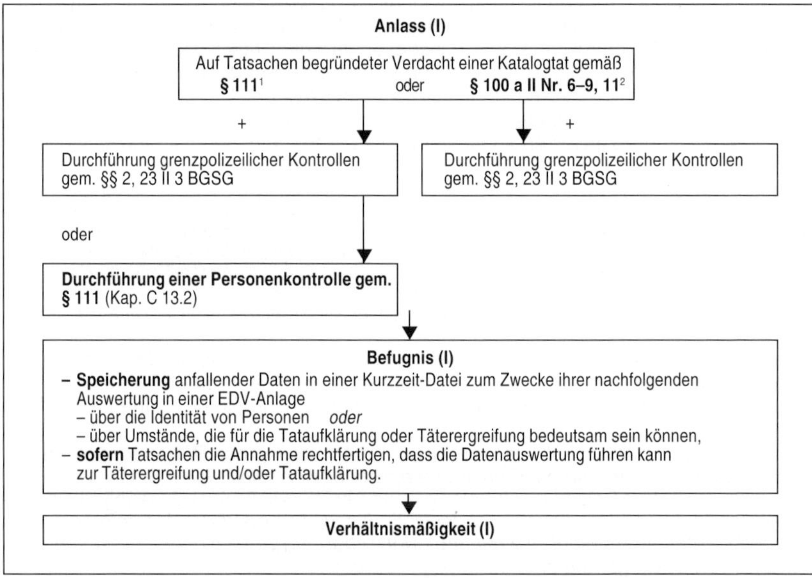

1) Bildung, Mitgliedschaft in einer terroristischen Vereinigung, § 129 a; Mord, Totschlag, Völkermord, §§ 211, 212, 220 a StGB; Raubhandlungen unter Mitführung von Schusswaffen gem. § 250 I 1 StGB; erpresserischer Menschenraub, Geiselnahme, §§ 239 a, 239 b StGB; Zerstörung wichtiger Arbeitsmittel, § 305 a StGB; gemeingefährliche Straftaten gem.:

§§ 306 – 306 c	StGB	–	vorsätzliche Brandstiftung,
§ 307 I-III	StGB	–	Herbeiführen einer Explosion durch Kernenergie,
§ 308 I-IV	StGB	–	Herbeiführen einer Sprenstoffexplosion,
§ 309 I-V	StGB	–	Missbrauch ionisierender Strahlen,
§ 313	StGB	–	Herbeiführen einer Überschwemmung,
§ 314	StGB	–	Gemeingefährliche Vergiftung,
§ 315 I/III/IV	StGB	–	Gefährliche Eingriffe in den Bahn-, Schiffs- und Luftverkehr,
§ 316 b I/III	StGB	–	Störung öffentlicher Betriebe,
§ 316 c I-III	StGB	–	Angriff auf den Luftverkehr.

2) Herstellung, Bearbeitung, Einführung, Erwerb, Überlassung
– vollautomatischer oder halbautomatischer Waffen gem. § 51 I–III *WaffG;*
– von Schusswaffen oder Munition gem. § 52 I Nr. 1, 2 c, d, V, VI *WaffG.*
Straftaten nach § 34 I-IV *Außenwirtschaftsgesetz* sowie nach §§ 19 I-III, 20 I/II, 20a I–III i.V.m. 21 *Kriegswaffenkontrollgesetz.*
Besonders schwere Fälle des Handeltreibens etc. mit Betäubungsmitteln i. S. v. § 29 III S. 2 Nr. 1 sowie Verbrechenstatbestände i. S. v. §§ 29 a, 30 I Nr. 1, 2, 4 u. 30 a, 30 b *BtMG.*
Straftaten nach § 35 I–VI Außenwirtschaftsgesetz.

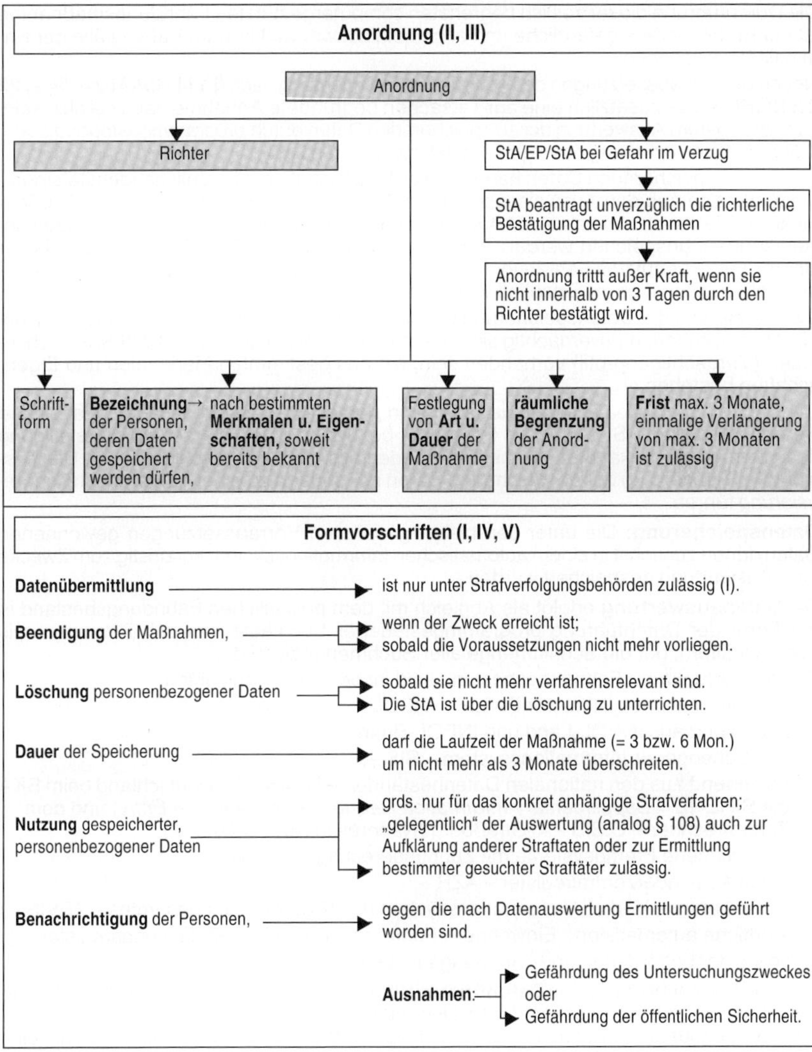

III. Erläuterungen

§ 163 d enthält die Befugnis zur Errichtung von *Kurzzeit-Dateien* zur Auswertung der anfallenden Daten bei *Massenkontrollstellen* (Abb. oben II).

Datenschutzrechtlich gesehen stellen die Befugnisnormen zur Errichtung der Kontrollstellen, z. B. § 111, Daten*erhebungsnormen* dar, während es sich bei § 163 d um eine Daten*verarbeitungsnorm* handelt.

Die Durchführung dieser zeitlich begrenzten computergestützten Fahndungsmaßnahme ist nur für besonders gefährliche und allgemein schwer aufklärbare Katalogfälle der Kriminalität vorgesehen.

Neben den Voraussetzungen der Kontrollstelleneinrichtung nach § 111 StPO bzw. §§ 2, 23 II 3 BGSG muss zusätzlich eine auf Tatsachen begründete Annahme nachweislich sein, dass die spätere Auswertung der zu speichernden Daten durch *programmgesteuerte Suchläufe* zur Tätergreifung oder zur Tataufklärung führen kann.

Bei den zu speichernden Daten handelt es sich zunächst um persönliche Identitätsmerkmale, die sich aus den Ausweispapieren der kontrollierten Personen ergeben. Darüber hinaus dürfen auch Umstände, die für die Tataufklärung oder Tätergreifung bedeutsam sein können, gespeichert werden. In Betracht kommen: Ort, Zeit, Anlass, Ergebnis der Überprüfung, benutztes Fahrzeug, Fahrzeuginsassen, mitgeführte Gegenstände, Fahrtrichtung und sonstige im Einzelfall verdachterregende Umstände.

Die Maßnahme der Datenspeicherung und -auswertung richtet sich gegen Personen, die nicht von vornherein *un*verdächtig sind. Es müssen nämlich gem. § 163 d III S. 2 Suchkriterien (Verdächtigenprofil) vorhanden sein, die aus bestimmten Merkmalen und Eigenschaften bestehen.

Der Sache nach sollen also nur die Daten von *potentiellen* Tatverdächtigen gespeichert werden. Das sind i. S. v. § 163 d Personen, bei denen eine Täterschaft/Tatbeteiligung nach den jeweils bekannten Suchkriterien jedenfalls nicht ausgeschlossen ist. Die Auswertung (Recherche) der gespeicherten Daten soll sodann zu einer Tatverdachtskon*kretisierung* führen.

Datenspeicherung: Die unter den bisher genannten Vorraussetzungen gewonnenen Daten dürfen zunächst in einem automatischen Informationssystem kurzfristig zum Zwecke ihrer Auswertung gespeichert werden.

Die **Datenauswertung** erfolgt als Abgleich mit dem polizeilichen Fahndungsbestand in der Form der Durchführung programmgesteuerter Suchläufe, um den Personenkreis herauszufiltern, der die Schnittmenge aller Suchmerkmale bildet.

Zu dem verfügbaren Fahndungsbestand sind insbesondere zu zählen:
- das Informationssystem der Polizei – INPOL –, bestehend aus INPOL-Land und INPOL-Bund;
- das Schengener Informationssystem – SIS –, bestehend aus den nationalen Datenbeständen – N.SIS – (in Deutschland beim BKA die SIRENE = *Supplimentary Information Request at the National Entry*) und dem Zentralrechner – C.SIS – in Straßburg (Näheres in Kap. C 10.8 IV);
- verschiedene Fremdsysteme mit Zugriffsberechtigung, z. B.:
  - das Ausländerzentralregister – AZR –,
  - das Zentrale Verkehrsinformationssystem des Kraftfahrt-Bundesamtes – ZEVIS –,
  - örtliche automatisierte Einwohner-, Führerschein- und Kfz-Zulassungsregister;
- sowie der behördeneigene Fahndungsbestand.

§ 163 I d ermächtigt nur zur **Datenübermittlung** innerhalb der Strafverfolgungsbehörden, und zwar nur zu Zwecken der Strafverfolgung. Der Hinweis im Gesetz (I), dass die Speicherungsbefugnis auch für maschinenlesbare Pässe/Personalausweise gilt, hat eine methodisch-klarstellende Funktion, da § 3 a II PersAuswG und § 17 II PassG verbieten, die Daten maschinenlesbarer Ausweise zu speichern, sofern nicht im Einzelfall eine gesetzliche Befugnis (wie eben § 163 d) besteht.

Die **Anordnungskompetenz** entspricht grds. der des § 111, enthält aber einschränkende Modalitäten zum Schutz der betroffenen Personen vor Datenausforschung (Abb. oben II).

Obwohl der Grundsatz der **Verhältnismäßigkeit** als Bestandteil des Verfassungsrechts (BVerfGE NJW '70, 505 ff.) für alle Ermächtigungen unmittelbar gilt, hat ihn der Gesetzgeber – einer jüngeren Tradition folgend, z. B. § 163 b, § 111, als Mahnung und letztlich entscheidende Begrenzung auch in § 163 d I expressis verbis verankert.

Danach muss die Datenspeicherung und -auswertung im Einzelfall folgenden Kriterien standhalten:

- **Geeignetheit**: Es müssen so viele Suchkriterien vorhanden sein, dass beim Datenabgleich Erkenntnisse für die Tataufklärung oder Ergreifung des Täters überhaupt gewonnen werden können.
- **Erforderlichkeit**: Sie ist gegeben, wenn im Falle eines Verzichts auf die Maßnahme die Ergreifung des Täters bzw. die Tataufklärung erheblich gefährdet oder aussichtslos wäre.
- **Angemessenheit**: Zwischen Anlass (Anzahl, Schwere der Tat) und der Auswirkung der Maßnahme auf die Rechtsposition der Einzelnen (Dauer der Maßnahme und räumliche Ausdehnung) darf kein Missverständnis bestehen.

14.4 Rasterfahndung, §§ 98 a, b

I. Ausgangsfälle

1. Die Kripo Berlin ermittelte gegen eine Bande von mindestens 6 Personen, die im Verdacht standen, die Rotlichtszene in und um Berlin mit Prostituierten zu versorgen. Zu diesem Zweck wurden offenbar in Polen, Rumänien und Bulgarien junge Frauen für angeblich solide Servicefunktionen im Gaststätten- und Hotelgewerbe angeworben, als Touristinnen getarnt in den Berliner Raum gebracht und dort an Bar- und Bordellbesitzer verkauft. Bisherige Ermittlungen führten zu keinem durchschlagenden Erfolg. Der Nachschub junger Frauen hielt an.

Nach vorliegenden Erkenntnissen sprachen mehrere der Tatverdächtigen Berliner Dialekt. Einer der Tatverdächtigen soll Angaben verschiedener V-Personen zufolge auffallend grüne Augen haben, ca. 30 Jahre alt sein und ungefähr 1,70 m groß; an seiner linken Hand soll der Zeigefinger fehlen. Ein Abgleich mit dem polizeilichen Fahndungsbestand verlief negativ.

Die zuständige StA erwirkte auf Anregung der Kripo Berlin beim Ermittlungsrichter die Anordnung zum maschinellen Abgleich mit den Registern der EMA's und der Krankenkassen (zunächst) in Berlin.

2. Anfang Oktober 2001 waren im Zusammenhang mit den Terroranschlägen in den USA in verschiedenen Bundesländern Rasterfahndungen nach **Polizeirecht** angeordnet worden. Meldebehörden, Universitäten, Hochschulen und Ausländer-Zentralregister sollten pbD von allen zwischen dem 1.10.60 und dem 1.10.83 geborenen männlichen Personen, die Student oder Ex-Student waren und aus einem Land mit überwiegend islamischer Bevölkerung stammten, an die Polizei – in NRW z. B. an das für die Koordination von Rasterfahndungen nach Polizeirecht zuständige PP Düsseldorf – zum Rasterabgleich weiterleiten. In mehreren Bundesländern hatten betroffene Personen hiergegen geklagt.

Diese Form der Rasterfahndung nach sog. Schläfern im Anschluss an die Anschläge vom 11. September 2001 war nach Auffassung des BVerfG (1 BvR 518/02 v. 4.4.06) verfassungswidrig. Das Bundesverfassungsgericht ist der Auffassung, dass eine mit dem Instrument der Rasterfahndung einhergehende massenhafte Datenerfassung und -auswertung nur bei einer *konkreten* Gefahr für hochrangige Rechtsgüter erlaubt ist, nicht aber bei einer nur allgemeinen Bedrohung.

II. Gesetzliche Voraussetzungen

Anlass (§ 98 a I)

Vorliegen *zureichender* tatsächlicher Anhaltspunkte für eine Straftat von *erheblicher Bedeutung*

- auf dem Gebiet des unerlaubten BtM- oder Waffenverkehrs
- auf dem Gebiet der Geld- oder Wertzeichenfälschung
- auf dem Gebiet d. Staatsschutzes gem. Katalog in §§ 74 a, 120 GVG
- auf dem Gebiet gemeingefährl. Straftaten (Kap. C 13.3 II)
- gegen Leib, Leben, sexuelle Selbstbestimmung, persönl. Freiheit
- gewerbs- od. gewohnheitsmäßig, von einem Bandenmitglied oder sonst organisiert begangen.

Befugnis (§ 98 a I)

(Bei den Strafverfolgungsbehörden) *vorhandene*, pb.D.[1] die auf den Täter vermutlich zutreffende Prüfungsmerkmale (Raster) erfüllen, dürfen mit anderen öffentl. od. privaten Datenbeständen maschinell abgeglichen werden.

Ziel: Ausschluss Nichtverdächtiger und bzw. oder *Herausfiltern von Personen, die das festgelegte Verdächtigenprofil erfüllen.*

Subsidiarität (§ 98 a I)

Sachverhaltserforschung oder Aufenthaltsermittlung des Täters wäre sonst erheblich weniger erfolgversprechend oder wesentlich erschwert.

Verpflichtung (§ 98 a II)

der priv. bzw. öffentl. Dateninhaber zur Übermittlung der benötigten Daten an die ersuchende Verfolgungsbehörde (II, III) sowie Unterstützung beim Datenabgleich auf Anforderung der StA (IV). Die Mitwirkung kann nach Maßgabe der §§ 95 II, 70 erzwungen werden (V).

Anordnung (§ 98 b I, II)

Gericht (§§ 162, 169).

- Anordnung ergeht schriftlich
  - Bezeichnung des Dateninhabers
  - Beschränkung auf benötigte Daten.

StA bei Gefahr im Verzug.

- Antrag auf richterl. Bestätigung.
- Aufhebung der Maßnahme, wenn nicht binnen drei Tagen bestätigt.

- Anordnung darf sich nicht auf gesperrte oder beschlagnahmefreie Daten beziehen (I S. 6 u. 7).
- Ordnungs- und Zwangsmittel darf bei G. i. V. auch die StA anordnen, die Haftfestsetzung nur das Gericht (II).

Formvorschriften (§ 98 b III, IV, 101 I, III, IV–VIII)

- Unverzügliche Rückgabe der Datenträger nach erfolgtem Abgleich (§ 98 b III).
- Löschung angelegter Datenträger, sobald sie für das Verfahren nicht mehr nötig sind (§§ 98 b III/101 VIII).
- Pflicht zur Kennzeichnung der erhobenen pbD (101 III).
- Benachrichtigung der betroffenen Person, gegen die nach Abgleich ermittelt wird, sobald dies ohne Gefährdung möglich ist (§ 101 IV–VII).
- Unterrichtung der Datenschutzbehörde nach Abschluss des Datenabgleichs (§ 98 b IV).

1) Personenbezogene Daten (pb. D.).

III. Erläuterungen

Vorbemerkung: Die Rasterfahndung wurde als Teil eines Maßnahmepakets mit dem **OrgKG** vom 15.07.1992 in den Bereich der Strafverfolgung eingeführt.[1] Mit der Rasterfahndung werden die Vorteile der elektronischen Datenverarbeitung genutzt.

Die Vorschrift stellt eine Daten*verwertungs*norm dar. Sie besteht darin, Datenbestände außerhalb der Strafverfolgungsbehörden (private oder sonst öffentliche) nach bestimmten Prüfungsmerkmalen (sog. Rastern), die dem bereits gewonnenen Verdächtigenprofil entsprechen, maschinell abzugleichen. Auf diese Weise ist es möglich, aus einer Vielzahl von Personen diejenigen herauszufiltern, die zunächst mit dem gesuchten Täter gemeinsame Merkmale aufweisen. Sodann wird auf herkömmliche Weise gegen diesen eingegrenzten „Täterkreis" weiter ermittelt.

Die Raster können aus äußeren Merkmalen wie im Einstiegsfall bestehen, aber auch darin, dass man nach bestimmten Lebensgewohnheiten der mutmaßlichen Täter vorgeht, z. B.: unverheiratet, Untermieter, keine Daueraufträge bei Banken, keine selbst angemeldeten Kfz etc.

Abgrenzung: Im Unterschied zur Rasterfahndung wird beim *Datenabgleich nach § 98 c* (Kap. C 2.11)

- bereits nach *bestimmten* Personen gefahndet *und nicht* erst ein Personenkreis eingegrenzt, gegen den erst dann weitere Erhebungen zur Tataufklärung oder Aufenthaltsermittlung erfolgen können,
- nur auf *interne* Datenbestände (INPOL-System sowie Daten der Meldebehörden gem. § 18 MRRG) zurückgegriffen, die mit Daten aus einem kronkreten Ermittlungsverfahren maschinell abgeglichen werden,
- keine *besondere* Anlasstat oder *Anordnungsbefugnis* gefordert (die Daten sind ja bereits verfügbar!).
- Der **Datenabgleich** nach § 98 c ist dann *unzulässig*, wenn Landes- oder Bundesdatenschutzregelungen nach dem Steuer-, Fernmelde-, Post- oder Sozialgeheimnis (§§ 30 I AO, 35 SGB I, 67 ff. SGB X, 51 BZRG) entgegenstehen,

während die **Rasterfahndung** nach §§ 98 a, b darüber hinaus auch dann unzulässig ist, wenn

- die Sperrerklärung einer Behörde gem. § 96 vorliegt oder
- die Dateien i. S. v. § 97 beschlagnahmefrei sind.

Der **handverlesene Datenabgleich** durch Übermittlung pbD zwischen Polizeibehörden oder durch Akteneinsicht ist gem. § 478 I S. 5 ohne Entscheidung der StA zulässig.

Im konkreten Verfahren ergibt sich die Befugnis zur Anforderung der Erkenntnisse auch aus § 163 I S. 2. (Vgl. Sie auch die Ausführungen in Kap. C 2.11.[2])

Anlasstat: Die Rasterfahndung ist ebenso wie die in den Kap. C 14. 2,3,5 und C 14-10 beschriebenen besonderen Fahndungsmaßnahmen vom Vorliegen einer speziellen Anlasstat abhängig. Die Übersichtlichkeit leidet allerdings darunter, dass die (i. d. R.) Katalogtaten jeweils mehr oder weniger deutliche Abweichungen voneinander aufweisen.

Die Katalogtaten für die Rasterfahndung ergeben sich aus der Abb. unter oben II. Allerdings fordert der Gesetzgeber, dass es sich jeweils um eine Katalogtat von ***erheblicher Bedeutung*** handeln muss. Diese Einschränkung ist z. B. für fahrlässige Handlungen oder für solche „auf dem Gebiet gemeingefährlicher Straftaten", zu denen auch u. a. die Trunkenheit im Verkehr, § 316 StGB, zählt, bedeutsam.

Die **Subsidiaritätsklausel** in § 98 a I grenzt das Gewicht der Anlasstat außerdem insofern ein, als andere Ermittlungen erheblich weniger erfolgversprechend oder wesentlich erschwert sein müssen.

1) Näheres in Kap. C 14.5 III.
2) Die genannten Bestimmungen traten mit dem StVÄG '99 in Kraft.

Im *Ausgangsfall* liegen mit dem Verdacht von Straftaten u. a. nach §§ 180 a ff. StGB (Kap. B 11.2) und §§ 234, 239 StGB (Kap. B 17) hinreichend gewichtige Katalogtaten vor. Zudem zeigt der Ermittlungsstand, dass andere Maßnahmen offensichtlich nicht zur Tataufklärung führen.

Die **Befugnis** zum maschinellen Abgleich der angeforderten Daten, die ggf. erzwingbare **Verpflichtung** des Dateninhabers zur Mitwirkung sowie die Berechtigung zur **Anordnung** der Maßnahme und die zu beachtenden **Formvorschriften** ergeben sich aus der Abb. oben unter II., auf die hier verwiesen werden kann.

Die Maßnahme konnte danach im *Ausgangsfall* 1 angeordnet werden. Sie berücksichtigte auch den Grundsatz der **Verhältnismäßigkeit**, da sie u. a. zunächst auf die Register in Berlin beschränkt war. Eine Ausweitung auf andere Bereiche und Register wäre ggf. im weiteren Verlauf auch zulässig gewesen.

Abgrenzung zum **Polizeirecht:**

Auch unter polizeirechtlichen Gesichtspunkten kann eine Rasterfahndung erfolgen. Dann wäre die Zielrichtung allerdings **Gefahrenabwehr**, d. h. die Verhinderung (der Fortsetzung) bestimmter Straftaten.

Voraussetzung wäre das Zutreffen einer bestimmten *Gefahrenprognose*. Nach § 31 PolG NRW[1] muss die Maßnahme

- zur Abwehr einer *gegenwärtigen* Gefahr für den Bestand oder die Sicherheit des Bundes oder eines Landes oder für Leib, Leben oder Freiheit einer Person *erforderlich* sein.

Verfahrensgang und Formvorschriften sind denen in §§ 98 a, b ähnlich.

Die Anordnung der polizeirechtlichen Rasterfahndung erfolgt auf Antrag des zuständigen Behördenleiters durch den örtlich zuständigen Amtsrichter.

Gegenüber privaten Stellen kann die Anordnung im Wege des Verwaltungszwanges nach §§ 50 ff. PolG NRW[2] durchgesetzt werden. Die Verpflichtung öffentlicher Stellen zur Mitwirkung ergibt sich aus sog. bereichsspezifischen Regelungen oder aus § 30 PolG NRW (Datenübermittlung an die Polizei). Die Einzelheiten sind durch ministerielle Erlasse geregelt.

Zum Ausgangsfall 2:

Soweit die Beschwerdeführer *deutscher* Staatsangehörigkeit waren, wurde die Rasterfahndung von den angerufenen Gerichten in Berlin, Frankfurt und Düsseldorf wegen Verstoßes gegen das *Übermaßverbot* für rechtswidrig erklärt. Das Argument war, dass nur bei Staatsangehörigen eines verdächtigen Landes oder bei Muslimen, nicht aber bei Deutschen nach den gegebenen Erkenntnissen „die erforderliche Nähe zur Gefahrensituation" bestand.

Nach Auffassung des LG Berlin (84 T 278/01) und des OLG Frankfurt war zudem die Voraussetzung der **gegenwärtigen Gefahr** nicht gegeben, während das OLG Düsseldorf die Gegenwärtigkeit der Gefahr bejaht hatte (NVwZ '02, 629).

Das OLG Düsseldorf: „Die gegenwärtige Gefahr erfordert ein größeres Maß an zeitlicher Nähe, mit der zugleich eine Steigerung der Wahrscheinlichkeit des Schadenseintritts verbunden ist. *Ist allerdings der zu erwartende Schaden **sehr groß**, sind in die Wahrscheinlichkeit des Schadeneintritts nur geringe Anforderungen zu stellen; hinreichend wahrscheinlich ist die Gefahr eines besonders großen Schadens bereits dann, wenn nur eine **entfernte Möglichkeit** eines Schadeneintritts besteht."*

Das Bundesverfassungsgericht hat in dem Meinungsstreit inzwischen entschieden, dass eine *konkrete Gefahr* nicht vorgelegen habe und die Rasterfahndung für verfassungswidrig erklärt (Näheres oben unter I. Fall 2).

1) Die Länderpolizeigesetze enthalten entsprechende Regelungen.
2) Zur Systematik vgl. Sie Kap. C 2.10 - Exkurs.

14.5 Polizeiliche Beobachtung, § 163 e

I. Ausgangsfall

Die Kripo Dortmund ermittelte in einer Diebstahlsserie. Nach Angaben einer verlässlichen V-Person konzentrierten sich die Erhebungen bald auf sechs z.T. einschlägig vorbestrafte Personen, darunter zwei Frauen. Die Verdächtigen benutzten mindestens fünf verschiedene Pkw, deren Kennzeichen z.T. bekannt waren. Die mutmaßliche Bande arbeitete anscheinend gezielt und verfügte offenbar über gesicherte Informationen und geordnete Absatzmöglichkeiten für ihre in großer Menge entwendeten Diebesgüter. Da die Einbruchsserie nicht abriss, beantragte der Leiter der eingesetzten Kommission bei der StA Dortmund die Ausschreibung zur polizeilichen Beobachtung. Der Ermittlungsrichter beim AG Dortmund entsprach dem Antrag der StA und ordnete die Maßnahme für zunächst drei Monate im Großraum Dortmund an.

II. Gesetzliche Voraussetzungen

Anlass (I)
Vorliegen *zureichender* tatsächlicher Anhaltspunkte für eine Straftat von *erheblicher* Bedeutung.

Befugnis (I)
Ausschreibung zur Beobachtung anlässlich polizeilicher Kontrollen, die die Personalienfeststellung zulassen

- des Beschuldigten
- seiner Kontaktperson
- auf diese Personen zugelassener oder von ihnen bzw. Unbekannten benutzter Kfz.

Subsidiarität (I)
Sachverhaltserforschung oder Aufenthaltsermittlung des Täters wäre sonst erheblich weniger erfolgversprechend oder wesentlich erschwert.

Im Antrefffall dürfen personenbezogene Informationen der

- ausgeschriebenen Person
- ihres Begleiters sowie
- des Führers eines ausgeschriebenen Kfz gemeldet werden (III).

Anordnung (IV)

Richter
Dauer maximal 1 J., Verlängerung um jeweils 3 Mon. zulässig.

StA bei G. i. V.
Antrag auf richterl. Bestätigung
Einstellung, wenn nicht binnen drei Tagen bestätigt

Die Maßnahme darf gem. § 463 a II auch auf Personen ausgedehnt werden, die der **Führungsaufsicht** (§§ 68 ff. StGB) unterstehen.
Die Anordnung trifft der Leiter der zuständigen Führungsaufsichtsstelle.

III. Erläuterungen

Allgemeines: Von der in Kap. C 14.3 beschriebenen *Netzfahndung*, die die Befugnis zur Errichtung von Kurzzeit-Dateien zur Auswertung von *offen* festgestellten Daten an *Massenkontrollstellen* enthält, ist die **Polizeiliche Beobachtung** zu unterscheiden, die in der planmäßig angelegten, *heimlichen Beobachtung* einer Person oder eines Kfz besteht, um ein möglichst vollständiges „Bewegungsbild" zu erhalten, das dazu führen soll, Querverbindungen zu anderen, vielleicht noch unbekannten Personen aufzuzeigen, um schließlich kriminelle Strukturen insbesondere der *Organisierten Kriminalität* aufdecken zu können.

Es soll also abgeklärt werden, welche Personen mit welchen Fahrzeugen zu welchen Zeiten an welchen Orten mit welchen anderen Personen in Kontakt getreten sind und mit welchen Straftaten – vornehmlich der Organisierten Kriminalität – in Zusammenhang gebracht werden können.

Zum Begriff der „Organisierten Kriminalität" wird auf die Ausführungen in Kap. B 20.6 hingewiesen. Ein Merkmal dieses besonders gefährlichen Phänomens besteht gerade darin, dass gefestigte und nur den Hintermännern bekannte Strukturen bestehen, deren Aufdeckung und Zerschlagung sich als besonders schwierig erwiesen hat.

Die Polizeiliche Beobachtung wurde ebenso wie die Netzfahndung (Kap. C 14.3), die Rasterfahndung (Kap. C 14.4), die Ergänzung des Katalogs zur Überwachung der Telekommunikation (Kap. C 14.7), der Einsatz technischer Mittel (Kap. C 14.8) und der Einsatz Verdeckter Ermittler (Kap. C 14.9) mit dem **OrgKG** vom 15.07.1992 in die StPO aufgenommen.

Das Maßnahmepaket, zu dem auch Bestimmungen des *materiellen* Rechts gehören, soll nach dem Willen des Gesetzgebers eine wirksamere Bekämpfung der Schwerst-, Banden- und Organisierten Kriminalität ermöglichen.

Vor In-Kraft-Treten des § 163 e wurde die Polizeiliche Beobachtung auf die allgemeine Aufgabenzuweisung der §§ 161, 163 gestützt. Spätestens seit dem BVerfGE 65, NJW '84, 411, der einen Wendepunkt in der Zulässigkeit des Umgangs mit fremden *personenbezogenen Daten* enthielt und das Recht auf informationelle Selbstbestimmung zu einem wesentlichen Bestandteil des so bis dahin nicht verstandenen Freiheitsrechts nach Art. 2 I, 1 I GG erhob, war eine spezielle Ermächtigungsgrundlage erforderlich geworden, die Voraussetzungen, Ziele und Grenzen der Polizeilichen Beobachtung gesetzlich genau festlegt. (Bestimmtheitsgebot nach Art. 2 II S. 2, 19 I GG).

Anlasstat: Die Polizeiliche Beobachtung setzt ebenso wie

- die Rasterfahndung, § 98 a,
- der Einsatz Verdeckter Ermittler, § 110 a,
- die Netzfahndung, § 163 d,
- die Überwachung des Telekommunikationsverkehrs, § 100 a,
- der Einsatz technischer Mittel, §§ 100 c, 100 f.

eine bestimmte Anlasstat voraus. Anders als diese §§ enthält § 163 e aber keinen Katalog bestimmter Straftaten, sondern setzt lediglich voraus, dass eine Straftat von **erheblicher Bedeutung** vorliegt, wobei bereits *zureichende* tatsächliche Anhaltspunkte ausreichen.[1]

Es kommen daher über die Katalogtaten der vorgenannten Ermächtigungen hinaus alle Straftaten in Betracht, wenn sie im Einzelfall den Rechtsfrieden empfindlich stören und geeignet sind, das Gefühl der Rechtssicherheit der Allgemeinheit erheblich zu beeinträchtigen.[2] Die **Subsidiaritätsklausel** (I) grenzt das Gewicht der Anlasstat noch insofern ein, als andere Ermittlungen erheblich weniger erfolgversprechend oder wesentlich erschwert sein müssen.

1) Insofern auch nach § 163 f (Längerfristige Observation, Kap. C 14.6).

2) Vgl. Sie zu dem Begriff der Straftat von erheblicher Bedeutung die Ausführungen in Kap. C 14.8.

Die Abwägung wird in der Praxis mit der zuständigen StA erfolgen, da diese als Herrin des Ermittlungsverfahrens schließlich auch den Antrag auf Anordnung der Maßnahme beim Ermittlungsrichter zu stellen hat.

Wenn eine Anlasstat in diesem Sinne bejaht wird, genügen allerdings als Verdachtsstufe sog. *zureichende* tatsächliche Anhaltspunkte. Der Begriff setzt lediglich einen Anfangsverdacht voraus (nach § 152 II verpflichtet er die StA allgemein zum Einschreiten) und nicht bereits den dringenden. Insgesamt gesehen ist die Hürde damit nicht sonderlich hoch.

Im **Ausgangsfall** lagen nach diesen Ausführungen die Voraussetzungen für die geforderte Anlasstat vor.

Befugnis: Anders als § 111 (Kontrollstelleneinrichtung, Kap. C 14.2) sieht § 163 e nicht die Einrichtung von Kontrollstellen vor, sondern macht die Datenerhebung von der Zulässigkeit *anderer polizeilicher Kontrollen* abhängig, die ihrerseits die Befugnis zur Personalienfeststellung enthalten. In Betracht kommen Kontrollen nach Prozess- und Polizeirecht.

Beispiele: *§§ 163 b, 111 StPO; § 36 V StVO; §§ 9, 12 PolG NRW*[1]*; §§ 22, 23 BGSG.*

Anlässlich solcher Kontrollen dürfen nach § 163 e I im Antrefffall Daten der ausgeschriebenen Personen und Kfz sowie mitgeführter Sachen, Ort, Zeitpunkt, Fahrtrichtung etc. festgehalten und der ausschreibenden Behörde gemeldet werden. Die ausschreibende Behörde wird diese Daten aufzeichnen und auswerten.

Es lässt sich denken, dass bei einer Vielzahl eingehender Meldungen über einen längeren Zeitraum Erkenntnisse anfallen können, die eine Tatzuweisung, das Aufspüren von Informanten und Absatzmärkten erleichtern oder überhaupt erst ermöglichen, so auch im vorliegenden Einstiegsfall.

Die **Anordnung** trifft grds. der zuständige Ermittlungsrichter (§§ 162, 169) auf Antrag der StA. In der Anordnung, die aus praktischen Gründen schon schriftlich ergehen muss, sind die ausgeschriebenen Personen und Sachen so genau wie möglich zu verzeichnen, da sonst die Trefferquote zu gering und die Maßnahme schließlich auch nicht geeignet wäre. Die Anordnung wird darüber hinaus die Dauer der Maßnahme und ihre räumliche Wirksamkeit bezeichnen.

Die Besonderheiten staatsanwaltschaftlicher Anordnung ergeben sich aus der Übersicht unter II. oben.

Hinsichtlich der **Verhältnismäßigkeit** gelten die Ausführungen zur Netzfahndung (Kap. C 14.3) entsprechend.

Abgrenzung zum **Polizeirecht:**

Auch unter polizeirechtlichen Gesichtspunkten hätte im Ausgangsfall eine Ausschreibung zur Polizeilichen Beobachtung erfolgen können. Dann wäre die *Zielrichtung* allerdings *Gefahrenabwehr* gewesen, d.h. die Verhinderung der Fortsetzung der im Einstiegsfall begangenen Straftaten.

Voraussetzung wäre das Zutreffen einer gesetzlich normierten *Gefahrenprognose*. Nach § 21 PolG NRW[2] müsste die

- Gesamtwürdigung der (ausgeschriebenen) Person nach den von ihr bisher begangenen Straftaten erwarten lassen, dass sie auch künftig Straftaten von erheblicher Bedeutung begehen werde, oder
- es müssten Tatsachen die Annahme rechtfertigen, dass die Person Straftaten von erheblicher Bedeutung begehen wird, u n d
- die Ausschreibung zur vorbeugenden Bekämpfung dieser Straftaten erforderlich ist.

Auch in diesem Fall wären die im Einzelfall festgestellten Erkenntnisse der ausschreibenden Behörde mitzuteilen.

1) Die anderen Länderpolizeigesetze enthalten ähnliche Ermächtigungen zur Befragung und Identitätsfeststellung von Personen.
2) Für die Bundespolizei gelten die §§ 30, 31 BPolG.

Die sich aus der Ausschreibung ergebenen Daten werden nach Suchkriterien in die INPOL-Dateien eingegeben und können bei einem *Datenabgleich* nach § 25 PolG NRW festgestellt werden.

Die bei der Polizeilichen Beobachtungen nach Polizeirecht gewonnenen Erkenntnisse dürfen auch in einem Strafverfahren genutzt werden (§ 24 II PolG NRW, BGH NJW '91, 2651 f.).

Auch die Beobachtung nach Polizeireicht erfolgt für den Betroffenen *heimlich.*

Die **Anordnung** der Polizeilichen Beobachtung nach Polizeirecht trifft der Richter auf schriftlichen Antrag des Leiters der örtlich zuständigen Polizeibehörde.

Anders als § 163 e enthalten die polizeirechtlichen Ermächtigungen zur Polizeilichen Beobachtung auch Vorschriften über die *Löschung* der Daten und die *Unterrichtung* des Betroffenen über die Datenerhebung.

Für den Bereich des Strafverfahrensrechts sind diese Regelungen in §§ 490, 492 verankert.[1]

Von der vorstehend skizzierten polizeirechtlichen „Ausschreibung zur Polizeilichen Beobachtung" ist die **Datenerhebung durch Observation** (z.B. § 16 PolG NRW oder § 28 II Nr. 1 BGSG) zu unterscheiden. Sie stellt die

- planmäßig angelegte Beobachtung einer *bestimmten* Person (§§ 4, 5 od. 6 PolG NRW) dar, und zwar
- zur Abwehr einer gegenwärtigen Gefahr für Leib, Leben oder Freiheit einer Person oder
- die Beobachtung einer Person (einschl. ihrer Kontakt- oder Begleitpersonen), bei der Tatsachen die Annahme rechtfertigen, dass sie Straftaten von erheblicher Bedeutung begehen wird.

Die *längerfristige* Observation darf gem. § 16 II PolG NRW nur der Behördenleiter, nach § 28 III BGSG – außer bei Gefahr im Verzug – nur der Leiter des zuständigen Grenzschutzpräsidiums anordnen.

Im **Ausgangsfall** hätte danach auch eine gezielte längerfristige Observation der Personen durch den Behördenleiter angeordnet werden können. Diese Maßnahme hätte gem. VV PolG NRW zu § 16 mit der StA abgesprochen werden müssen, da Belange der Strafverfolgung berührt gewesen wären. Mit der Einführung des § 163 f (Längerfristige Observation) durch das StVÄG '99 (Näheres in Kap. C 14.6) hätte die Maßnahme auch strafprozessual durchgeführt werden können, vorausgesetzt, die gesuchten Personen kamen nach dem Ermittlungsstand bereits als Beschuldigte in Betracht.

Ob die O. geeignetes Mittel gewesen wäre, hätte im Übrigen davon abgehangen, ob Erkenntnisse für die Beschattung bestimmter Personen vorlagen.

Die Netzfahndung ist gerade dann erfolgversprechender, wenn bei einer Vielzahl von Kontrollen die Tatverdächtigen aufgrund vorliegender Identifizierungsmerkmale möglicherweise gesichtet und zur näheren Auswahl gemeldet werden.

Zum Einsatz technischer Mittel (§§ 100 c, d StPO) und dem Einsatz Verdeckter Ermittler (§§ 110 a – e StPO) vgl. Sie die Kap. C 14.8 und C 14.9.

Die praktische Handhabung der Polizeilichen Beobachtung zur Gefahrenabwehr und Strafverfolgung ergibt sich aus der bundesweit abgestimmten PDV 384.2 – VS-NfD.

1) Eingefügt mit dem StVÄG '99 (vgl. Sie ggf. Kap. C 13.1)

14.6 Längerfristige Observation, § 163 f[1]

I. Ausgangsfall

Diebesbande nach mehrtägiger Observation gefasst

Herzogenrath – Mindestens 14 Kfz-Aufbrüche und -Diebstähle im Bereich des MEDIA-Marktes in H'-Straß konnte die Polizei nun nach intensiven Ermittlungen aufklären. Nach Zeugenaussagen und eigenen Recherchen hatte sich der Verdacht der Polizei endlich auf drei einschlägig vorbelastete junge Männer aus Alsdorf konzentriert. Nachweisen konnte man ihnen ihre kriminellen Umtriebe erst, als es gelang, zwei von ihnen nach mehrtägiger Observation am vergangenen Wochenende auf frischer Tat zu ertappen. Die geständigen Täter wurden am Montag dem Haftrichter vorgeführt. Nach ihrem Komplizen wird noch gefahndet ... [2]

II. Gesetzliche Voraussetzungen

Anlass: nach zureichenden tatsächlichen Anhaltspunkten ist eine Straftat von erheblicher Bedeutung begangen worden

Befugnis: *planmäßig angelegte Beobachtung*

- durchgehend länger als 24 Std.
  oder
- an mehr als zwei Tagen

des *Beschuldigten (B)* od./u. von *Kontaktpersonen des B.* (I S. 3), wenn
- aufgrund bestimmter Tatsachen anzunehmen ist,
- dass sie mit dem Täter in Verbindung stehen oder
- Verbindung mit ihm herstellen werden und
- dass die Maßnahme zur SE/AE[3] führen wird;
- spezieller Subsidiaritätsvorbehalt

Die Maßnahme ist auch zulässig, wenn *Dritte* unvermeidbar betroffen werden (II).

Subsidiaritätsvorbehalt (I): SE / AE des Täters muss sonst erheblich weniger erfolgversprechend oder wesentlich erschwert sein.

Anordnungskompetenz (III):
- **Gericht**
- bei **G. i. V. StA und EP/StA** (§ 152 GVG)
  - aber unverzügl. Beantragung der gerichtlichen Entscheidung
  - Die Maßnahme tritt außer Kraft, wenn sie nicht binnen drei Werktagen gerichtlich bestätigt wird.

Form- und Verfahrensvorschriften (IV i.V.m. § 100 b I S. 4 u. 5, II S. 1):

- Die Anordnung ergeht schriftlich.
- Dauer der Maßnahme höchstens drei Monate.
- Verlängerung jeweils um max. drei Monate zulässig.

---

1) In der Fassung des StVÄG vom 21.12.2007.
2) Zu den Fahndungsmaßnahmen vgl. Sie ggf. Kap. C 13.
3) SE = Sachverhaltsermittlung, AE = Aufenthaltsermittlung des Täters

III. Erläuterungen

Allgemeines: Mit dem StVÄG '99[1] wurde neben der Einführung eines umfassenden Datenschutzes im Strafverfahren (Kap. C 2.10), der Neuordnung des Fahndungsrechts (Kap. C 13) und der Schaffung einer sog. Ermittlungsgeneralklausel für die StA und Polizei im Strafverfahren (Kap. C 1.8 und C 2.2) auch die „Längerfristige Observation" für Zwecke des Strafverfahrens neu geregelt. Der Gesetzgeber erfüllte damit eine Forderung des BVerfG aus seinem sog. Volkszählungsurteil vom 15.12.1983.

Nach diesem Urteil beinhaltet das allgemeine Persönlichkeitsrecht aus Art. 2 I i. V. m. Art. 1 I GG auch den *Schutz vor unbegrenzter Erhebung* und Verwendung personenbezogener Daten (pbD.). Mit der Einführung des § 163 f legte der Gesetzgeber die Voraussetzungen und Grenzen der längerfristigen Observation von Personen in einer Spezialermächtigung fest und entsprach damit dem verfassungsmäßigen Bestimmtheitsgebot aus Art. 2 II S. 2 und 19 I GG. Die Anordnungs- und Verfahrensvorschriften in III wurden mit Änderungsgesetz vom 21.12.2007 dem übrigen Recht der verdeckten Ermittlungsmaßnahmen angepasst.

In der Begründung des § 163 f wies der Gesetzgeber darauf hin, dass die weniger weitreichende **kurzfristige Observation** von Personen ihre Rechtsgrundlage in den Ermittlungsgeneralklauseln nach § 161 I S. 1 und § 163 I S. 2 findet.[2]

Der *Verwendungsumfang* der bei Observationen gewonnenen Daten ist u. a. in den §§ 481 ff. festgelegt (Kap. C 2.11).

Im **präventiv-polizeilichen Bereich** ist die längerfristige Observation ebenfalls spezialgesetzlich geregelt; so z. B. in § 23 II Nr. 1 BKAG, § 28 II Nr. 1 BPolG sowie in den Länderpolizeigesetzen.

Sie kommt z. B. nach § 16 I PolG NRW zur Abwehr einer gegenwärtigen Gefahr für Leib/Leben/Freiheit einer Person und auch zur Abwehr erheblicher (§ 8 III PolG NRW) Straftaten in Betracht. Adressaten können sein: Polizeipflichtige (§§ 4 – 6 PolG NRW), potentielle Straftäter, Kontakt- und Begleitpersonen sowie unbeteiligte Dritte.

NRW hat in § 16 IV PolG NRW auch die *kurfristige* Observation in der Weise geregelt, dass sie für Zwecke der allgemeinen Gefahrenabwehr nach § 1 I, und zwar zur vorbeugenden Bekämpfung von Straftaten oder zur Bekämpfung anderer Gefahren, *erforderlich* sein muss, weil sonst die Aufgabenerfüllung (eben die nach § 1 I →C 2.2 Exkurs) gefährdet wäre. Sie darf sich dann gegen Störer, aber auch andere Personen richten.

Abgrenzung: Soweit bei der Durchführung der Observationsmaßnahme heimlich technische Mittel zum Abhören und Aufzeichnen des nichtöffentlich gesprochenen Wortes eingesetzt werden (etwa Richtmikrophone), gilt insofern die speziellere Ermächtigung nach § 100 c I Nr. 2 bzw. 3 (Kap. C 14.8). Die Zulässigkeit der Maßnahme ist wegen ihres weiter reichenden Grundrechtseingriffs an engere Voraussetzungen geknüpft. Das gilt im Übrigen auch für die polizeirechtlichen Ermächtigungen dieser Art.

Werden bei der längerfristigen Observation hingegen *sichtverbessernde* technische Mittel eingesetzt oder *Lichtbild- oder Filmaufnahmen* hergestellt, gilt § 100 c I Nr. 1 a bzw. 1 b. Variante 1 b fordert – ebenso wie § 163 f – eine Straftat von *erheblicher* Bedeutung, Variante 1 a lässt *jede* Straftat genügen. Die Anordnung darf in beiden Fällen von jedem Polizeibeamten erteilt werden. Subsidiaritätsklausel und Adressatenlage entsprechen dem § 163 f.

Die Voraussetzungen nach § 100 c I Nr. 1 a und 1 b wirken aber bei einer auf § 163 I S. 2 (Ermittlungsgeneralklausel) gestützten *kurzfristigen* Observation als einengende Zulässigkeitskriterien, die dann besonders zu beachten sind.

Längerfristige Observation: *Observation* im Sinne von § 163 f ist die *planmäßig erfolgende Beobachtung anderer Personen ohne qualifizierende technische Hilfsmittel.* Die Maßnahme ist ihrer Natur nach zumindest für die „Zielperson/en" auf Verdeckung angelegt.

---

1) Quellenangaben hierzu in Kap. C 13.1.

2) Vgl. Sie im Kap. C 2.2.

Die Observation ist *längerfristig*, wenn die Beobachtungszeit von vornherein ohne nennenswerte Unterbrechungszeit, also durchgehend, auf mehr als 24 Std. angelegt ist oder wenn sie voraussichtlich an mehr als zwei Tagen stattfinden soll. Im letzteren Fall kommt es *nicht* auf die *zusammenhängende* Stundenzahl an, so dass – wie im Ausgangsfall vermutlich geschehen – zu den tatrelevanten Zeiten, z. B. in den Nachmittags- und Abendstunden, etwa von Donnerstag bis Samstag, beobachtet werden konnte.

Eine unzulässige Umgehung der Vorschrift hätte dann vorgelegen, wenn der Einsatzleiter im *Ausgangsfall* die Beobachtung mit der Vorstellung jeweils für sechs bis acht Std. festgelegt hätte, sie erforderlichenfalls beliebig oft zu wiederholen.

Kurzfristig und dann durch § 163 I S. 2 legitimiert ist die Observation also nur, wenn sie von vornherein unterhalb der in § 163 f genannten zeitlichen oder organisatorischen Schwelle liegt.

Die **Zulässigkeit** der längerfristigen Observation ist an keinen besonderen Deliktskatalog geknüpft, sondern nur daran, dass „zureichende tatsächliche Anhaltspunkte" dafür vorliegen müssen, dass eine **Straftat von erheblicher Bedeutung** begangen worden ist.

Der Gesetzgeber wollte damit den Bedürfnissen der Strafrechtspflege und ihrer Pflicht zur effektiven Bekämpfung aller Kriminalitätsformen entsprechen, durch die der Rechtsfrieden empfindlich gestört wird und die geeignet sind, das Gefühl der Rechtssicherheit der Bevölkerung erheblich zu beeinträchtigen. Aus der Begründung des Gesetzentwurfes[1] ergibt sich, dass der Gesetzgeber unter dem vorgenannten Aspekt insbesondere an die Bekämpfung der Vermögens- und Eigentumskriminalität, an den Bereich der Straftaten gegen die sexuelle Selbstbestimmung, an die Bekämpfung der BtM-Delikte, aber auch an alle serien- und bandenmäßig begangenen Straftaten gedacht hat.

Der Gesetzgeber geht ausdrücklich davon aus, dass sich allein mit den herkömmlichen Ermittlungsmethoden in diesen Bereichen der Kriminalität nicht in dem gebotenen Maße Aufklärung erzielen lässt und das Mittel der längerfristigen Beobachtung daher unverzichtbar ist.

Den **Wahrscheinlichkeitsgrad** beschreibt der Gesetzgeber mit „zureichende tatsächliche Anhaltspunkte". Die Formulierung ist identisch mit der in § 152 II, wonach für die StA die Verpflichtung zum Einschreiten gegeben ist (Legalitätsprinzip).[2]

Im *Ausgangsfall* lagen im vorstehenden Sinne Straftaten von erheblicher Bedeutung vor.

Als **Adressat** der längerfristigen Observation kommen in Betracht:

- der **Beschuldigte**, das ist der, gegen den aufgrund der Verdachtslage mit dem Ziel der Anzeigenerstattung ermittelt wird (Kap. C 12.1 IV b);

  Im *Ausgangsfall* könnte man die Auffassung vertreten, dass die drei einschlägig Vorbestraften noch nicht als Beschuldigte anzusehen waren. Dann wäre ihre Observation bei der geschilderten Gefahrenlage nach Polizeirecht, z. B. nach § 16 I 1 PolG NRW, in Betracht gekommen. Als potentiell eingeschätzte Täter wären sie als Verhaltenshafter (§ 4 I PolG NRW) bis zur Abklärung der Gefahrenlage in Betracht gekommen.

- **Kontaktpersonen** des Beschuldigten,

  allerdings nur, wenn aufgrund von Tatsachen anzunehmen ist, dass sie mit dem Beschuldigten in Verbindung stehen oder aber diese herstellen werden

  Im *Ausgangsfall* könnte das die Freundin des flüchtigen dritten Komplizen sein.

  und wenn nach diesen Tatsachen anzunehmen ist, dass die Observation der Kontaktperson zur Aufklärung des Sachverhaltes oder zur Aufenthaltsermittlung des Täters führen wird

  Im *Ausgangsfall* hätte es für diese Annahme nähere Erkenntnisse geben müssen. Kontaktpersonen im Sinne des § 163 f sind Personen, die nicht Beschuldigte sind, die aber in enger persönlicher Beziehung zu einem bekannten oder noch nicht namentlich bekannten oder zu einem sich verborgenen haltenden Täter stehen, so dass von ihrer Beobachtung zu erwarten ist, dass wichtige Hinweise zur Tataufklärung gewonnen werden können.

---

1) BT-Drs. 14/184 zum StVÄG '99
2) Näheres zu diesem Begriff in Kap. C 2.3.

und schließlich, wenn im Sinne der hier geforderten speziellen Subsidiarität ohne die Observation der Kontaktperson die Ermittlungen erheblich weniger Erfolg versprochen hätten oder wesentlich erschwert worden wären (Dieser letzte Punkt ist nach sachlicher Einschätzung des Ermittlungsstandes pflichtgemäß zu entscheiden).

- sog. **Dritte**, das sind in diesem Sinne Personen, gegen die sich die Maßnahme zwar nicht richtet, die aber aufgrund der Maßnahme unvermeidbar mit betroffen (observiert) werden.

  Im *Ausgangsfall* waren das alle übrigen Personen (z. B. Kunden des MEDIA-Marktes), die von den observierenden Beamten wahrgenommen und eingeschätzt wurden.

Die Regelung der **Anordnungskompetenz** ergibt sich oben aus dem Schaubild unter II.

Entscheidend ist, dass der StA und ihren Ermittlungspersonen (§ 152 GVG) eine Eilkompetenz eingeräumt worden ist. Damit wird die Situation vermieden, dass eine Oberservation mangels momentaner Anordnungsbereitschaft des Gerichts zunächst als kurzfristige Maßnahme (§ 163 I S. 2) eingeleitet werden muss, obwohl ihre Längerfristigkeit nach Lage der Dinge bereits erkennbar ist.

Im **Ausgangsfall** war abzuwägen, ob zum Zeitpunkt der notwendigen Entscheidung über die O. eine gerichtliche Entscheidung eingeholt werden konnte. Sofern eine solche Maßnahme nicht aus der Situation heraus unverzüglich beginnen muss, wird es nötig sein, über den Eildienst der StA die gerichtliche Anordnung einzuholen.

Für NRW gilt § 16 II PolG NRW, wonach allein der Behördenleiter die längerfristige O. anordnen darf.

Spezielle **Form- und Verfahrensvorschriften** ergeben sich aus der Aufstellung oben unter II.

Eine **Unterrichtung** der von der Maßnahme betroffenen Personen sieht § 163 f nicht vor. Allerdings kann dem Betroffenen gem. § 491 Auskunft erteilt werden, wenn weder eine Gefährdung des Untersuchungszwecks noch die Preisgabe überwiegender schutzwürdigre Interessen Dritter entgegen stehen.

Wenngleich nicht expressis verbis genannt, muss die O. schließlich auch dem Grundsatz der **Verhältnismäßigkeit**, dem Verfassungsrang zukommt, entsprechen.

14.7 Überwachung der Telekommunikation, §§ 100 a, b; § 101; Erhebung von Verkehrsdaten, § 100 g; Auskunft über Telekommunikationsverbindungen, § 100 i

I. Ausgangsfall

Kripo belauschte Entführungspläne

Nach einem Pressebericht:

Rotlicht-Milieu. Sie hatten wochenlang und höchst konspirativ Rauschgiftgeschäfte größeren Stils abgewickelt. Den Abhörspezialisten der Kripo in A ging es um den Nachweis dieser Geschäfte. Zu dem Zweck hatten sie die Telefonate eines Verdächtigen in A und seines Komplizen aus N mitgeschnitten.

Plötzlich bekamen die Fahnder heiße Ohren. Es ging nicht mehr um Rauschgiftdeals, sondern darum, dass die Ganoven eine Person gewaltsam entführen und dann Lösegeld erpressen wollten. Als Opfer hatten sie sich einen Insider ausgesucht, der ihnen in ihre Rauschgiftgeschäfte gefuscht hatte. Am Wochenende kamen die Mithörer der Kripo zu dem Schluss, dass die Aktion gestartet werden sollte. Dazu kam es aber nicht mehr, da der Haftrichter wegen des Verdachts der „Verabredung eines Verbrechens"[1] Haftbefehl erließ. Die verhinderten Entführer wurden verhaftet und in U-Haft verbracht.

---

1) Vgl. Sie ggf. Kap. A 19.4 zu diesem Begriff.

II. Gesetzliche Voraussetzungen

Anlass (§ 100 a I/II 1–11)

Auf bestimmte Tatsachen begründeter Verdacht der Täterschaft/Teilnahme an einer bestimmten, auch im Einzelfall schwerwiegenden vollendeten, versuchten oder durch eine Straftat vorbereiteten *Katalogtat* nach dem

StGB AO AsylVerfG AufenthG BtMG WaffG KriegswKontrG
AußenwirtschG VölkerStGB ArzneimG GrundstoffüberwG

Befugnis (§ 100 a I/III)

Überwachung/Aufzeichnung der Telekommunikation auch ohne Wissen des Betroffenen beim/bei:

- Beschuldigten
- Personen, deren Anschluss der Beschuldigte benutzt
- Personen, die nach bestimmten Tatsachen im Verdacht stehen, Mitteilungen für den Beschuldigten entgegen zu nehmen/an ihn weiterzuleiten.

Subsidiarität (§ 100 a I 3)

Sachverhalts-/Aufenthaltsermittlung des Beschuldigten wäre sonst aussichtslos/wesentlich erschwert.

Schutzgebot aus Art. 1 I GG (§ 100 a IV)

Unzulässigkeit der Maßnahme, wenn nach vorhandenen Anhaltspunkten allein Erkenntnisse aus dem Kernbereich privater Lebensgestaltung erlangt würden;
Unverwertbarkeit solcher Erkenntnisse und aktenkundige *Löschungsverpflichtung.*

Anordnung (§ 100 b I/II)

auf Antrag der StA durch das **Gericht**

- Anordnung ergeht schriftlich:
  - Bezeichnung des Betroffenen;
  - Bezeichnung des Anschlusses;
  - Bestimmung von Art, Umfang, Dauer, Ende;
  - Befristung auf max. 3 Mon., Verlängerung um max. 3 Mon. zulässig

StA bei Gefahr im Verzug

- Aufhebung der Maßnahme, wenn sie nicht binnen 3 Tagen gerichtlich bestätigt wird.

Verpflichtung (§ 100 b III)

Betreiber geschäftsmäßiger Telekommunikationsdienste sind verpflichtet, dem Gericht, der StA und ihren im Polizeidienst tätigen EP (§ 152 GVG) die Überwachung/Aufzeichnung zu ermöglichen und die erforderlichen Auskünfte zu erteilen. Bei Weigerung kann Zwang angeordnet werden (§ 95 II).

Formvorschriften (§§ 100b IV/V, 101)

- Unverzügliche Beendung der Maßnahme, sobald ihre Voraussetzungen entfallen sind (§ 100 b IV).
- Mitteilung der Ergebnisse an das anordnende Gericht nach Beendung der Maßnahmen (§ 100 b IV).
- Berichtspflichten an das BJM (§ 100 b V/VI).
- Löschung der pbD bei Fortfall ihrer Erforderlichkeit (§ 101 VIII).
- Benachrichtigung der Beteiligten, sobald dies ohne Gefährdung für die Untersuchung, die öffentliche Sicherheit von Leib/Leben einer Person oder die weitere Verwendung eingesetzter Ermittler möglich ist (§ 101 I, IV).

III. Erläuterungen

Allgemeines: Art. 10 GG garantiert den Schutz des Brief- und Postgeheimnisses, lässt aber Beschränkungen auf Grund eines Gesetzes zu. § 100 a regelt abschließend die Überwachung und Aufzeichnung des Telekommunikationsverkehrs durch die *Strafverfolgungsbehörden.*

Das **Gesetz zu Art. 10 GG** (G 10) berechtigt die Verfassungsschutzbehörden der Länder und des Bundes, den Militärischen Abschirmdienst (MAD) und den Bundesnachrichtendienst (BND) zu dieser Maßnahme bei bestimmten Anlasstaten.

Das **Telekommunikationsgesetz** (TKG) vom 21.12.2007 enthält

- die Umsetzung europäischen und nationalen Rechts im Telekommunikationsbereich mit dem Ziel einer technologieneutralen Regulierung aller Kommunikationsmittel (Festnetz, Mobilfunk, Kabel etc.) und Zugangsberechtigungssysteme und ersetzt das TKG von 1996 sowie dazu ergangene Vorschriften;
- in § 3 TKG eine Vielzahl spezifischer Legaldefinitionen zur Telekommunikation (TK);
- wettbewerbsrechtliche und datenschutzrechtliche Regelungen für das geschäftsmäßige Betreiben von TK;
- die Feststellung, dass die Regulierung der Telekommunikation eine hoheitliche Aufgabe des Bundes ist, § 2 TKG;
- Aufgaben und Befugnisse der **Regulierungsbehörde** für TK und Post als Bundesoberbehörde im Aufsichtsbereich des Bundesministeriums für Wirtschaft und Arbeit gegenüber TK-Anbietern: Auskunftsverlangen, Ermittlungsbefugnisse, Beschlagnahmebefugnis, Befugnis zur Einleitung von Verfahren gegenüber TK-Anbietern;
- die Verpflichtung von Anbietern geschäftsmäßiger TKD, Rufnummer, Name, Anschrift, Vertragsbeginn, Anschlussdaten von Teilnehmern/Nutzern der TK zu erheben und zu speichern;
- Daten nach §§ 95, 111 TKG für Auskünfte der Sicherheitsbehörden (Verfassungsschutzbehörden Bund/Länder, BND, MAD, Bundes- und Landespolizeibehörden) bereitzuhalten und auf Ersuchen zu repressiven und präventivpolizeilichen Zwecken zu übermitteln (§§ 111 – 113 TKG);
- Straf- und Bußgeldvorschriften, §§ 148, 149 TKG.

Aus § 100 b III StPO und § 110 TKG ergibt sich, dass nur der *geschäftsmäßig betriebene* Telekommunikationsverkehr (TKV) von der Überwachungsmaßnahme erfasst wird.

Für die Überwachung und Aufzeichnung des *behördeninternen* und privaten *betriebsinternen* TKV enthält die StPO keine spezielle Ermächtigung.

Die Überwachung des *behördeninternen* TKV kann im Rahmen der Amtshilfe gem. Art. 35 I GG und § 161 (Auskunfts- und Ermittlungsersuchen) in Betracht kommen.

Sonstige *betriebsinterne* TKA können ggf. im Rahmen des Einsatzes technischer Mittel gem. §§ 100 f – h (→C 14.9) abgehört und aufgezeichnet werden.

Der TKV erfaßt die Übermittlung und den Empfang von Nachrichten, Zeichen, Bildern oder Tönen auf Fernsprech-, Telegrafen- und Funkanlagen. Über § 100 b III erfasst er nach Kleinknecht/M-G auch den Fernschreibverkehr und die Übermittlung durch Telefax.

In Ergänzung der §§ 100 a, 100 b gestatten die §§ 100 g und 100 i den Strafverfolgungsbehörden, von den geschäftsmäßigen Telekommunikationsanbietern Auskunft über Telekommunikations*verbindungen* zu verlangen. Adressatenkreis, Anordnungsbefugnis und Datennutzung sind harmonisiert mit §§ 100a, b. Eine Legaldefinition über Verkehrsdaten enthalten §§ 96 I, 113 a TKG. Anlasstat kann eine Straftat von erheblicher Bedeutung sein, oder – bei Nutzung einer sog. Endeinrichtung (Telefon, Computer) zur Tatbegehung – jede Tat, sofern nicht Gründe der Verhältnismäßigkeit entgegenstehen.

Fälle: beleidigende Belästigungen per Telefon; Hacker-Angriffe im Internet.

---

1) Die Verlängerung der Befristung bis zum 1.1.2008 sieht die BT-Drs. 15/3349 vor.

Wegen der unterschiedlichen technischen Voraussetzungen – Festnetz / Mobilfunknetz – war eine Ergänzung des § 100 a notwendig. **§ 100 g** ermächtigt nun seinerseits

1. zur Vorbereitung einer Maßnahme der Telekommunikationsüberwachung nach § 100 a die Geräte- und Kartennummer des Handys zu ermitteln sowie
2. zum Zwecke der Aufenthaltsermittlung des Beschuldigten den Standort des aktiv geschalteten Mobilfunkgerätes festzustellen.

Anlasstaten nach § 100a: Die einen wesentlichen Grundrechtseingriff darstellende TKÜ ist nur bei Vorliegen einer gesetzlichen **Katalogtat** zulässig.

Dieser Straftatenkatalog wurde mit dem Gesetz vom 21.12.2007 erheblich erweitert.

Der auch in § 100 a I normierte Grundsatz der **Subsidiarität** besagt einschränkend, dass die TKÜ trotz Vorliegens einer Katalogtat nur dann angeordnet werden darf, wenn die Sachverhaltserforschung oder Aufenthaltsermittlung des Täters sonst aussichtslos oder wesentlich erschwert sein würde.

Tatverdacht: Zwar müssen nach dem Gesetzeswortlaut *bestimmte Tatsachen* den Verdacht der Täterschaft oder Teilnahme (Kap. A 19) an einer vollendeten oder versuchten oder durch eine Straftat vorbereiteten Katalogtat begründen, doch brauchen die Verdachtsmomente, die sich aus konkretenBeweisen oder kriminalistischen Rückschlüssen ergeben können, nicht dringend im Sinne des § 127 II zu sein (→ M-G zu § 100 a).

Sofern die Maßnahme *lediglich* der *Aufenthaltsermittlung* des Verdächtigen dient, muss dieser nach dem Willen des Gesetzgebers die Eigenschaft des *Beschuldigten* (Person, gegen die sich das Ermittlungsverfahren richtet) haben. Der Begriff umfasst in diesem Sinne auch den des Angeschuldigten und Angeklagten (§ 157), der flüchtig ist oder sich verborgen hält.

Befugnis: Die Anordnung zur Abhörung und Aufzeichnung – auch ohne Wissen des Betroffenen – richtet sich gegen den *Beschuldigten* oder gegen solche Anschlussinhaber, deren Telefon etc. der Beschuldigte mit oder ohne ihr Einverständnis benutzt, bzw. gegen den Anschlussinhaber, der als Nachrichtenübermittler (bös- oder gutgläubig) fungiert.

Anordnung, Verpflichtung des Betreibers und **Formvorschriften** ergeben sich aus der Abb. oben unter II. Der Grundsatz der **Verhältnismäßigkeit** ist zu wahren.

Der BGH (StV '95, 226) fordert angesichts der Schwere des mit der Telefonüberwachung verbundenen Eingriffs sowie des Umstandes, dass eine Beschwerde gegen die Maßnahme wegen ihrer Heimlichkeit faktisch nicht möglich ist, eine gründliche und umfassende Überprüfung der Anordnung gem. § 100 a, also insbesondere der Voraussetzungen, aus denen sich der Tatverdacht und die Beachtung des Subsidiaritätsgrundsatzes ergeben. Dabei gesteht der BGH dem Anordnenden einen Beurteilungsspielraum zu. Danach sei, so der BGH, die angeordnete Telefonüberwachung nur dann rechtswidrig – und deren Ergebnis unverwertbar –, wenn die Entscheidung nicht mehr vertretbar sei. Dies sei insbesondere bei Willkür und grober Fehlbeurteilung der Fall.

Die praktische **Durchführung** der Maßnahme erfolgt in der Weise, dass die StA (§ 36 II) die Anordnung der Maßnahme dem Betreiber der TKA mitteilt und die Polizeibehörde anweist (§ 161 I S. 2), wo sie die Abhörstelle einzurichten hat. Der Betreiber der TKA ist nach § 110 TKG verpflichtet, die technischen Einrichtungen zur Umsetzung der Überwachungsmaßnahme vorzuhalten und die notwendigen Schaltungen vorzunehmen. Die zur Überwachung und Aufzeichnung eingeteilten Polizeibeamten müssen nach § 100 b III Ermittlungspersonen der StA sein (§ 152 GVG).

Besonderheiten: Aus § 148 folgert die h. M., dass die TKÜ zwischen dem Beschuldigten und seinem *Verteidiger* nicht stattfinden darf. Wird der Telefonanschluss des Beschuldigten überwacht, darf die Aufzeichnung nicht fortgesetzt werden, wenn ersichtlich wird, dass der Beschuldigte mit seinem Verteidiger spricht. Bis dahin gewonnene Aufzeichungen dürfen nicht verwertet werden (M-G zu § 100 a).

Steht dem Gesprächsteilnehmer dagegen (nur) ein *Zeugnisverweigerungsrecht* (§ 52) zu, ist die Aufzeichnung zulässig und verwertbar (BGH NStZ '88, 562).

Die Telefonüberwachung *ohne* ordnungsgemäße *gerichtliche* bzw. staatsanwaltschaftliche (bei G. i. V.) *Anordnung* ist rechtswidrig; die Ergebnisse sind unverwertbar (BGH MDR '83, 590 f.).

Zufallserkenntnisse über Nichtkatalogtaten sind **nur verwertbar,** wenn ein enger Bezug zu der in der Anordnung aufgeführten Katalogtat besteht. Das ist dann der Fall, wenn beide Delikte in Tateinheit (§ 52 StGB) begangen worden sind oder wenn die Delikte zu derselben Tat i. S. v. § 264 gehören (BGH 5 StR NStZ '98, 426).

14.8 Akustische Wohnraumüberwachung, §§ 100 c, d, e, 101[1]

I. Ausgangsfall – hier als Lagebild

Nach einem Bericht der *Bundesregierung* aus dem Jahr 2005 war im Jahre 2002 in 31, im Jahre 2003 in 37 Ermittlungsverfahren die akustische Wohnraumüberwachung angeordnet worden.

2004 wurde die Maßnahme in 11 Fällen angeordnet. Betroffen waren 12 Überwachungsobjekte in 6 Bundesländern, darunter 8 Privatwohnungen. In 5 Fällen waren die Wohnungsinhaber nicht beschuldigt. In 6 der 11 Verfahren wurden verfahrensrelevante Ergebnisse erzielt. In 4 Verfahren bestand ein Bezug zur Organisierten Kriminalität. Die Überwachung diente in den übrigen Fällen ganz überwiegend der Verfolgung von Mord, Totschlag und Völkermord.

2005 ist bundesweit in 7 Fällen die akustische Wohnraumüberwachung angeordnet worden. In 6 Fällen fand ein Abhören tatsächlich statt. Den Rückgang führte das Justizministerium in einer Presseverlautbarung von September 2006 auf die seit Juli 2005 geltende Gesetzeslage zurück, die die Forderungen des BVerfG nach einem verstärkten Schutz der Intimsphäre berücksichtigt.

1) Zur akustischen Überwachung außerhalb von Wohnungen →Kap. C 14.9.

II. Gesetzliche Voraussetzungen

Anlass, § 100 c I Nr. 1, 2, 3

- Auf bestimmte Tatsachen begründeter Verdacht der Täterschaft/Teilnahme an einer besonders schweren, vollendeten oder versuchten *Katalogstraftat* nach II,
- die auch im Einzelfall besonders schwer *wiegt*;

und

- auf tatsächliche Anhaltspunkte begründete Annahme,
- dass durch die Überwachung Äußerungen des Beschuldigten erfasst werden, die für die SE oder AE eines Mitbeschuldigten *von Bedeutung* sind (I Nr. 3).

↓

Befugnis, I Nr. 1, III

- Abhören und Aufzeichnen – des nichtöffentlich gesprochenen Wortes
- in der Wohnung des Beschuldigten – mit technischen Mitteln – auch ohne Wissen des Betroffenen.

↓

Subsidiaritätsklausel, I Nr. 4

SE oder AE eines Mitbeschuldigten ist sonst unverhältnismäßig erschwert oder aussichtslos.

Adressatenklarstellung, III

Die Maßnahme darf sich nur gegen den *Beschuldigten* in seinen Wohnungen richten.
In Wohnungen *anderer* Personen ist die Maßnahme nur zulässig, wenn auf Grund bestimmter Tatsachen anzunehmen ist:

- dass sich der in der Anordnung nach § 100 d II bezeichnete Beschuldigte dort aufhält **und**
- die Maßnahme in Wohnungen des Beschuldigten nicht zur SE oder AE eines Mitschuldigen führen wird.

Maßnahmen nach I/III sind auch bei unvermeidbarer Betroffenheit anderer Personen zulässig (S.2).

Negative Kernbereichsprognose, IV

Tatsächliche Anhaltspunkte müssen erwarten lassen, dass durch die Überwachung Äußerungen, die dem **Kernbereich privater Lebensgestaltung** zuzurechnen sind, nicht erfasst werden (= Abgrenzung insbesondere nach Art der Räumlichkeiten und der Personen zueinander). Gespräche in Betriebs- oder Geschäftsräumen sowie über begangene oder noch zu begehende Straftaten gehören nach gesetzlicher Regelannahme nicht zum Kernbereich.

Unterbrechung und Fortsetzung der Maßnahme, V

Ergeben sich während der Überwachung Anhaltspunkte dafür, dass Äußerungen dem Kernbereich zuzurechnen sind, gilt:

- unverzügliche Unterbrechung der Maßnahme,
- unverzügliche Löschung bereits vorhandener Aufzeichnungen,
- Unverwertbarkeit der Erkenntnisse,
- Pflicht zur Dokumentation der Tatsache der Datenerfassung und ihrer Löschung;
- die unterbrochene Maßnahme darf unter den Voraussetzung in IV fortgeführt werden;
- im Zweifel über die Unterbrechung / Fortführung der Maßnahme ist unverzüglich die Entscheidung des Gerichts herbeizuführen.

Abhör- und Aufzeichnungsverbot, VI; § 160 a IV

- bei Berufsgeheimnisträgern nach § 53 (→ C 3.2 V/VI);
- bei anderen zeugnisverweigerungsberechtigten Personen nach §§ 52, 53, und zwar unter *besonderer* Abwägung des Verhältnismäßigkeitsgrundsatzes;
- soweit sie nicht selbst Beschuldigte der Anlasstat sind oder in sie verstrickt sind (VI S. 3; § 160 a IV).

Gebot der unverzüglichen Herbeiführung der Entscheidung des Gerichts über ein etwaiges **Verwertungsverbot** nach V durch die StA, VII.

Anordnungskompetenzen, § 100 d I

- → auf Antrag der StA durch die nach § 74 a IV GVG zuständige Kammer des LG;
  - bei *Gefahr im Verzuge* auch durch den Vorsitzenden der Kammer, dessen Anordnung binnen 3 Tagen der Bestätigung durch die Kammer bedarf;
- → für die Dauer von max. 3 Mon., Verlängerungen von jeweils 1 Mon. sind zulässig;
- → über Verlängerungen von mehr als 6 Monaten entscheidet das OLG.

Inhalt und Begründung der schriftlich zu ergehenden Anordnung, II, III

- Name/Anschrift des Beschuldigten soweit möglich,
- Tatvorwurf,
- zu überwachende Wohnung/Wohnräume,
- Art, Umfang, Dauer der Maßnahme,
- Art der zu erhebenden Informationen und ihre Verfahrensbedeutung (II);
- Darlegung der für die Anordnung/Verlängerung maßgeblichen wesentlichen Abwägungsgesichtspunkte, insbesondere:
  - die den Verdacht begründenden bestimmten Tatsachen,
  - die wesentlichen Erwägungen zur Erforderlichkeit und Verhältnismäßigkeit,
  - die tatsächlichen Anhaltspunkte zur negativen Kernbereichsprognose (§ 100 c IV).

Weitere Verfahrensvorschriften und Rechtsschutz, IV/V

- *Unterrichtung* des anordnenden Gerichts über Verlauf/Ergebnisse der Maßnahme (IV);
- Entscheidung des anordnenden Gerichts über den *Abbruch* der Maßnahme (IV);
- unverzügliche Löschung pbD. nach Fortfall ihrer Erforderlichkeit (§ 101 VIII);
- Verwendbarkeit der gewonnenen Daten in anderen Fällen der Strafverfolgung und im Rahmen der *Gefahrenabwehr* (V);
- Pflicht zur Kennzeichnung der nach § 100 c erhobenen Daten (§ 101 III);
- Modalitäten der Benachrichtigung des(r) Betroffenen durch die StA unter Hinweis auch auf nachträglichen *Rechtsschutz* (§ 101 V).

Berichtspflichten und parlamentarische Kontrolle, § 100 e

Die StA'en berichten den Landesjustizministern/-senatoren, die der Bundesregierung und diese jährlich dem Bundestag über die beantragten Überwachungsmaßnahmen. Der Inhalt des Berichts richtet sich nach § 100 e II (Anzahl der Verfahren, zugrunde liegende Anlassstraftaten, Anzahl der überwachten Personen/Objekte, Dauer, Unterbrechungen etc.).

III. Erläuterungen

Verfassungsrechtliche Grundlagen und Entstehungsgeschichte:[1]

Die verfassungsrechtlichen Grundlagen für die akustische Wohnraumüberwachung zu Strafverfolgungszwecken ergeben sich aus Art. 13 III GG, während Art. 13 IV GG die Grundlagen für die akustische und optische Wohnraumüberwachung zu Zwecken der Gefahrenabwehr enthält.

Die einfachgesetzlichen Voraussetzungen der *akustischen Wohnraumüberwachung* nach §§ 100 c, d, e, f, 101 a.F. (bis zur 23. Aufl. dieses Lehrbuches) wurden mit Wirkung vom 1. Juli 2005 durch das „Gesetz zur Umsetzung des Urteils des Bundesverfassungsgerichts vom 3.3.2004 (BGBl. I S. 1841)" in den §§ 100 c, d, e umfassend neu formuliert (sog. Großer Lauschangriff) und mit Gesetz vom 21. 12. 2007 modifiziert.

Der bislang gleichfalls in § 100 c ff. (a.F.) geregelte „Kleine Lauschangriff" wurde in § 100 f II (→ C 14.9) verankert.

Ebenfalls mit Gesetz vom 21.12.2007 wurde der „Kleine Lauschangriff", die akustische Überwachung außerhalb von Wohnungen, in § 100 f separiert und der Einsatz technischer Mittel für Bildaufnahmen und Observationszwecke in § 100 h geregelt.

1) Zur umfassenden Chronologie vgl. Sie M-G zu § 100 c.

Während der *Große Lauschangriff* unter bestimmten Voraussetzungen die Möglichkeit eröffnet, mit technischen Mitteln das *in* einer Wohnung nicht öffentlich gesprochene Wort abzuhören und aufzuzeichnen, betrifft der *Kleine Lauschangriff* den Einsatz technischer Mittel *außerhalb* von Wohnungen.

Das BVerfG hatte die Durchführung der akustischen Wohnraumüberwachung verfassungsrechtlich beanstandet und den Gesetzgeber beauftragt, zur Wahrung der Menschenwürde den „absolut geschützten Kernbereich privater Lebensgestaltung" vor Abhörmaßnahmen zu schützen. Diesen Vorgaben hat der Gesetzgeber mit der Neufassung der §§ 100 c, d, e mit Gesetz vom 21.12.2007 entsprochen.

Im Einzelnen:

Als **Anlass** verlangt § 100 c I eine *besonders schwere Katalogstraftat* (II), die sich auch im konkreten Fall als besonders schwerwiegend darstellt. Der von der Maßnahme Betroffene muss auf Grund bestimmter Tatsachen in dem Verdacht der Täterschaft/Teilnahme an einer begangenen/versuchten **Katalogtat** stehen.

Aufgrund tatsächlicher Anhaltspunkte muss zudem zu erwarten sein, dass die Überwachung Äußerungen des Beschuldigten erfassen wird, die für die Sachverhaltsermittlung/Aufenthaltsermittlung eines Mitbeschuldigten von Bedeutung sind.

Unter diesen Voraussetzungen darf die Maßnahme *auch ohne Wissen* des von ihr Betroffenen durchgeführt werden.

§ 100 c I verleiht die **Befugnis,** technische Mittel zur *akustischen* Überwachung (Abhören und Aufzeichnen) von Wohnungen einzusetzen. Die Wohnungsüberwachung mit anderen technischen Mitteln in der Wohnung (z.B. Videoüberwachung) ist, anders als im Polizeirecht (→ Exkurs in C 14.9), nicht zulässig.

Im Grundsatz darf die Maßnahme nur in der Wohnung des *Beschuldigte*n durchgeführt werden, nach Maßgabe von III **(Adressatenklarstellung)** aber auch in anderen Wohnungen. Stets muss sich aber die Maßnahme gegen den Beschuldigten/ Mitbeschuldigten richten.

Zur **Wohnung** im Sinne von Art. 13 GG und § 100 c I zählen nicht allgemein zugängliche Räume, die als Stätte des Aufenthaltes oder des Wirkens von Menschen dienen. Die Unverletzlichkeit der Wohnung realisiert den Anspruch auf räumliche Privatsphäre und den Schutz vor staatlicher Behelligung. Nach der gebotenen weiten Auslegung (BVerfGE NJW '71, 2299) umfasst der Wohnungsbegriff auch nicht allgemein zugängliche Arbeits-, Betriebs- und Geschäftsräume, Wohnwagen, -mobile, -zelte, Hotel- und Krankenzimmer sowie eingehegte Gärten von Einfamilienhäusern (BGH StV '97, 195).

Die **Subsidiaritätsklausel** des I Nr. 4 stellt sicher, dass die Maßnahme stets nur *ultima ratio* sein darf.

Nach IV darf die Maßnahme – der Hauptforderung des BVerfG entsprechend – nur angeordnet werden, wenn aufgrund tatsächlicher Anhaltspunkte anzunehmen ist, dass durch die Überwachung keine Äußerungen erfasst werden, die dem **Kernbereich privater Lebensgestaltung** zuzurechnen sind. →Näheres in der Skizze unter oben II.

Ergeben sich erst während der Aufzeichnung Anhaltspunkte dafür, dass Äußerungen allein dem privaten Kernbereich zuzuordnen sind, ist die Maßnahme nach V unverzüglich zu unterbrechen. Die entsprechenden Aufzeichnungen sind zu löschen. Die Erkenntnisse unterliegen einem Verwertungsverbot.

Beispiel: *Der Beschuldigte befindet sich mit seiner Lebensgefährtin in der Küche, als zwischen beiden ein Streit über häusliche Aufgaben ausbricht.*

Findet eine Echtzeitüberwachung statt, darf diese fortgesetzt werden, sobald eine Kernbereichserfassung nicht mehr gegeben ist. Im Zweifel ist die Entscheidung des Gerichts anzurufen.

Ein **Abhör-, Aufzeichnungs- und Verwertungsverbot** besteht nach VI auch, wenn Berufsgeheimnisträger (§ 53) betroffen sind. Für Personen nach § 53 a und 52 (→ C 3.2 V/VI) dürfen bereits gewonnene Erkenntnisse unter besonderer Berücksichtigung des Verhältnismäßigkeitsgrundsatzes verwertet werden.

Aus dem Hinweis auf § 160 a IV ergibt sich aber, dass das Verbot aus VI dann nicht besteht, wenn bestimmte Tatsachen den Verdacht begründen, dass die zeugnisverweigerungsberechtigten Personen an der Tat *beteiligt* (→A 19.1) sind.

Die **Anordnung** der Maßnahme erfolgt auf Antrag der StA durch die nach § 74 a IV GVG zuständige Kammer des Landgerichts, die mit *drei* Richtern besetzt ist. Nur bei Gefahr im Verzuge darf der *Vorsitzende* der Kammer die Anordnung erteilen (§ 100 d I). Sie bedarf dann aber binnen dreier Tage der Bestätigung durch die Kammer. Inhalt und Begründung der schriftlichen Anordnung sind nach § 100 d II und III detailliert abzufassen.

Verfahrensvorschriften/Rechtsschutz →II.

Die **parlamentarische Kontrolle** wird schließlich durch die in § 100 e vorgeschriebenen Berichtspflichten gewährleistet.

14.9 Akustische Überwachung außerhalb von Wohnungen, § 100 f Einsatz technischer Mittel, § 100 h

I. Ausgangsfälle

1. Fall: In einem Ermittlungsverfahren wegen des Verdachts des Rauschgifthandels ordnete der Ermittlungsrichter auf Antrag der StA den Einbau einer Anlage zur Positionsbestimmung und zum Abhören und Aufzeichnen des nichtöffentlich gesprochenen Wortes in dem Pkw des Hauptverdächtigen an.

2. Fall nach BGH 1 StR 511/97, StV,98, 169: Die Polizei hatte von einem Nachbargrundstück aus mit einer Videokamera den Eingang eines Wohnhauses und den davor liegenden Gehweg ca. eineinhalb Monate überwacht. Im Haus wohnte ein Mitglied einer Bande, die in dem Verdacht stand, eine Serie von Einbruchsdiebstählen begangen zu haben. Ziel der Aktion war die Feststellung von Kontaktpersonen und Mittätern sowie der Abwesenheitszeiten des tatverdächtigen Wohnungsinhabers. Andere Maßnahmen hatten bisher keinen Erfolg gebracht...

II. Gesetzliche Voraussetzungen

§ 100 f: *akustische Überwachung*		§ 100 h: *Einsatz technischer Mittel*
I: auf bestimmte Tatsachen begründeter Verdacht einer auch im Einzelfall schwerwiegenden vollendeten/versuchten *Katalogtat* nach § 100 a II →C 14.7;	**Anlass**	I 1: beliebige Straftaten I 2: Straftat von erheblicher Bedeutung
verdecktes Abhören/Aufzeichnen des nicht öffentlichen gesprochenen Wortes mit technischen Mitteln *außerhalb von Wohnungen* (I);	**Befugnis**	verdecktes – Herstellen von Bildaufnahmen (I 1) – Einsatz spezieller Observationsmittel (I 2) *außerhalb von Wohnungen;*
aussichtslos/wesentlich erschwert (I);	**Subsidiarität** **SE/AE** eines Beschuldigten ist auf andere Weise	weniger Erfolg versprechend/erschwert (I);

Anordnungskompetenzen	
§ 100 f IV i.V.m. → auf Antrag der StA durch das Gericht, § 100 b I; → bei Gefahr im Verzug durch die StA, unter dem Vorbehalt gerichtlicher Bestätigung binnen drei Tagen, § 100 b I; ● Dauer 3 Mon./Verlängerung jeweils max. 3 Mon.; ● Beendung der Maßnahme, § 100 b IV; ● Form der Anordnung analog § 100 d II →C 14.8; ● Entscheidungen/sonstige Unterlagen werden bei der StA verwahrt, § 101 II.	**§ 100 h** → Gericht / StA → Polizeivollzugsbeamte

Adressaten

- Die Maßnahmen dürfen sich grundsätzlich nur gegen den **Beschuldigten** richten (§ 100 f II / § 100 h II).
- Gegen **andere Personen** sind die Maßnahmen nach

§ 100 f II zulässig, wenn auf Grund bestimmter Tatschen anzunehmen ist, – dass sie mit dem Beschuldigten in Verbindung stehen oder dass diese hergestellt wird und – die Maßnahme zur SE/AE eines Beschuldigten führen wird und dies auf andere Weise aussichtslos/wesentlich erschwert wäre.	**§ 100 h I 1** zulässig, wenn die SE/AE des Beschuldigten sonst erheblich weniger Erfolg versprechend oder wesentlich erschwert wäre; **§ 100 h I 2** wie →§ 100 f II.

- Die Maßnahmen sind auch bei unvermeidbarer Betroffenheit anderer Personen zulässig (§§ 100 f III/100 g III).

Verwendung/Benachrichtigung/Dokumentation § 100 f IV i.V.m. § 101

- Kennzeichnungspflicht für verdeckt erhobene pbD (§ 101 I /III);
- Verfahren der Benachrichtigung der Zielperson sowie der erheblich mitbetroffenen Personen;
- Hinweispflicht auf die Möglichkeit nachträglichen Rechtsschutzes, § 101 IV;
- Benachrichtigung der Zielperson sowie erheblich mitbetroffener Personen, § 101 I/IV Nr. 5 und 7 im Falle von § 100 f und § 100 h I Nr. 2;
- Benachrichtigung, sobald ohne Untersuchungsgefährdung/ohne Gefährdung von Leib/Leben, der körperlich Unversehrtheit/Freiheit der Person möglich; weiteres Verfahren (§ 101 IV – VII);
- Löschungsverpflichtung/Verfahren (§ 101 VIII);
- Entscheidungen / sonstige Unterlagen über Maßnahmen nach § 100 f und § 100 h I Nr. 2 verwahrt die StA (§ 101 I/II).

III. Erläuterungen

Die Vorschriften, die den verdeckten Einsatz technischer Observationsmittel außerhalb von Wohnungen regeln, greifen in das Recht auf informationelle Selbstbestimmung ein, das als allgemeines Persönlichkeitsrecht nach Art. 2 I i.V.m. Art. 1 I GG verfassungsrechtlich geschützt ist.[1]

Die in §§ 100 f und 100 h geregelten Befugnisse verdeckter Ermittlungsmaßnahmen wurden zuvor von § 100 f (a.F.) in einer Norm erfasst. Das Gesetz zur „Neuregelung der Telekommunikationsüberwachung und anderer verdeckter Ermittlungsmaßnahmen" vom 21.12.2007 trennt die Regelungsbereiche entsprechend ihrer unterschiedlichen Tragweite.

Je nach Intensität des Eingriffs wird in § 100 f und § 100 h in mehrfacher Weise unterschieden, und zwar hinsichtlich der Anlasstat, des einsetzbaren technischen Mittels, der Anordnungsvoraussetzungen, des Adressaten (Beschuldigte, andere Personen, Zufallsbetroffene), der Ultima-Ratio-Anforderungen, der Verwendbarkeit der gewonnenen Daten sowie der Benachrichtigungs- und Dokumentationspflichten. Einen Überblick vermittelt die Darstellung unter II oben.

1) Zum Schutz des persönlichen Geheimnisbereichs vgl. Kap. B 13.

Einsatz technischer Mittel, § 100 h

§ 100 h I 1 regelt die Herstellung von **Bildaufnahmen** (Foto, Video, Film) im Rahmen der *Observation.* Dies ergibt sich aus dem Zusammenhang mit I Nr. 2 und der Eingangsformulierung: „ohne Wissen des Betroffenen".

Bei *längerfristigen* Observationen ist zusätzlich § 163 f (→ C 14.6) zu beachten.

Beispiel: *Ausgangsfall 2 oben.*

Abgrenzung: Die Anfertigung von Tatortaufnahmen ist als *offene* Maßnahme der Sachverhaltserforschung nach § 163 I S. 2 (→ C 2.2) zulässig.

Die Benutzung allgemeiner Hilfsmittel zur *kurzfristigen* Observation, wie Fernglas und Sprechfunkgerät, ist im Rahmen von § 163 I zulässig, so z.B. bei der Beobachtung eines Rauschgiftdeals auf einem Bahnhof oder eines Pkw-Aufbruchs auf einem Großparkplatz.

Als **Anlasstat** genügt für **§ 100 h I Nr. 1** zwar jede Straftat, doch nach der **Subsidiaritätsklausel** des I muss die SE oder AE eines Beschuldigten ansonsten weniger erfolgversprechend oder erschwert sein. Diese besondere Notwendigkeit im Rahmen des Verhältnismäßigkeitsgrundsatzes ist Ausgleich dafür, dass die Maßnahme verdeckt durchgeführt wird.

§ 100 h I Nr. 2 regelt die Verwendung „besonderer für Observationszwecke bestimmter technischer Mittel". Es handelt sich insofern um *spezielle* auf verdeckte Beobachtung gerichtete *technische* Mittel, mit Ausnahme jener, deren Verwendung in § 100 f geregelt ist.

Beispiele: *Nachtsichtgeräte, Peilsender und insbesondere das satellitengestützte Navigationssystem „GPS", durch das Fahrzeugbewegungen verfolgt werden können. Ausgangsfall 1 oben unter II.*

Der Einsatz dieser schwerwiegenderen Mittel ist daran geknüpft, dass eine **Straftat** von **erheblicher Bedeutung** vorliegt, was nach allgemeiner Ansicht mindestens eine Straftat der mittleren Kriminalität voraussetzt.

Im Ausgangsfall 1 oben unter II ist das Öffnen des Fahrzeuges, ggf. sein kurzfristiges Verbringen in eine Werkstatt, was die Vorschrift selbst nicht regelt, im Wege der sog. Annexkompetenz unter Beachtung des Verhältnismäßigkeitsgrundsatzes nach der Rechtsprechung des BGH (StV,01, 218) zulässig.

Besondere **Anordnungsvoraussetzungen** sind bei Maßnahmen nach § 100 h I Nr.1 und 2 nicht gegeben.

Die nach § 100 h I Nr. 1 und 2 differenzierte **Adressatenlage** ergibt sich oben aus der Grafik unter II. Die Maßnahme nach § 100 h III richtet sich nicht gegen Dritte, sondern lässt sie auch zu, wenn diese unvermeidbar mitbetroffen werden (z.B. im Hintergrund abgebildete Passanten bei der Lichtbilderstellung der Beschuldigten).

Maßnahmen nach § 100 h I 1 und 2 unterliegen der speziellen **Dokumentationspflicht** nach § 100 I. Von Maßnahmen nach § 100 h I 2 ist der Betroffene nach Maßgabe des § 101 I zu **benachrichtigen.**

Akustische Überwachung außerhalb von Wohnungen, § 100 f

Maßnahmen nach **§ 100 f** betreffen das Abhören des nichtöffentlich gesprochenen Wortes mit technischen Mitteln, und zwar im Gegensatz zu § 100c (→ C 14.8) außerhalb von Wohnungen. Zum Wohnungsbegriff wird auf C 14.8 verwiesen.

Beispiel: *Ausgangsfall 1 oben unter II, soweit er das heimliche Anbringen der Anlage zum Mithören und Aufzeichnen betrifft. Das nicht ausdrücklich geregelte Anbringen solcher Mithöranlagen (Öffnen des verschlossen abgestellten Fahrzeuges, Betreten des Privatgrundstückes auf dem das Fahrzeug steht) soll im Rahmen der Annexkompetenz zulässig sein (BGH NStZ,01, 387). Besser wäre eine gesetzliche Klarstellung.*

§ 100 f greift intensiver in die oben beschriebene Grundrechtsposition des Betroffenen ein. Deshalb fordert das Gesetz als **Anlasstat** eine Strafrat aus dem Katalog des § 100 a (Überwachung der Telekommunikation → C 14.7). Der Verdacht auf eine solche Straftat darf sich nicht allein auf Mutmaßungen, Erfahrung in ähnlich gelagerten Fällen stützen, sondern muss von Tatsachen abgeleitet werden können, die sich aus dem vorliegenden Fall ergeben. Eine hohe Wahrscheinlichkeit der Täterschaft wie in § 112 (→ C 10.3) wird nicht gefordert, ein einfacher Tatverdacht wie ihn § 102 (→ C 7) ausreichen lässt, würde dagegen nicht genügen.

Die **Subsidiaritätsklausel** ist entsprechend der Intensität dieses Eingriffs enger gefasst als in § 100 h I (Skizze oben zu II).

Die **Anordnung** der Maßnahme nach § 100 f obliegt bei *Gefahr im Verzuge* auch der StA, allerdings unter Festlegung eines bestimmten Verfahrens, wie sich aus der Grafik oben zu II. ergibt.

Adressat einer Maßnahme nach § 100 f ist grundsätzlich der Beschuldigte. Unter den Voraussetzungen von II (Grafik oben) darf sie sich aber auch gegen andere Personen richten. Im Falle von § 100 f III richtet sich die Maßnahme nicht gegen Dritte, darf aber durchgeführt werden, wenn diese unvermeidbar mitbetroffen sind (z.B. die akustische Aufzeichnung in einer Bahnhofshalle erfasst auch Gespräche völlig unbeteiligter Personen, die sich vorübergehend in der Nähe der Beschuldigten aufhalten).

Die **Verwertbarkeit** der gewonnenen Daten, **Benachrichtigungspflichten** und Dokumentation der Maßnahmen ergeben sich aus §§ 100 f IV, 101 (Grafik oben).

Exkurs: Abgrenzung zum Polizeirecht:

Die Polizeigesetze der Länder (z. B. §§ 17, 18 PolGNW)[1] und (§§ 27, 28 II Nr. 2 BPolG) sehen die verdeckte Datenerhebung mit technischen Mitteln zur *Gefahrenabwehr* vor.

In Betracht kommen die heimliche Bildaufnahme (Foto), Bildaufzeichnung (Video, Film) (§ 17 PolG NRW) sowie das Abhören und Aufzeichnen des nicht öffentlich gesprochenen Wortes (§ 18 PolG NRW).

Als **Adressat** der Maßnahmen kommen zur Abwehr von Gefahren für Leib, Leben, Freiheit Verhaltens- und Zustandsstörer (nach §§ 17, 18 PolG NRW auch Nichtstörer) in Betracht sowie andere Personen, wenn Tatsachen die Annahme rechtfertigen, dass sie Straftaten von *erheblicher* Bedeutung (§ 8 III PolG NRW, § 28 I Nr. 2 u. 3 BPolG) begehen wollen.

Nach Art. 13 IV GG dürfen technische Mittel (akustische und optische!) zur Überwachung von *Wohnungen* eingesetzt werden:

1. zur Abwehr (nicht nur zur Verhütung!) *dringender* Gefahren für die öffentliche Sicherheit, *insbesondere* einer gemeinen Gefahr oder einer Lebensgefahr.

   Die dringende Gefahr setzt nach dieser Formulierung stets die drohende Beeinträchtigung hochrangiger Rechtsgüter voraus.
2. bei grundsätzlicher richterlicher Anordnung.

   Bei G. i. V. kann die Anordnung durch eine andere im (Polizei-) Gesetz bestimmte Stelle erteilt werden. Die richterliche Anordnung ist dann aber unverzüglich nachzuholen.

Nach Art. 13 V GG kann die Anordnung der Verwendung technischer Mittel, die *ausschließlich* zum Schutze der bei einem Einsatz in Wohnungen tätigen Personen vorgesehen sind, durch eine *gesetzlich bestimmte Stelle* erteilt werden (z. B. im PolG durch Behördenleiter).

Die Verwertung der hierbei erlangten Erkenntnisse ist nur zum Zwecke der Strafverfolgung oder der Gefahrenabwehr zulässig, aber nur dann, wenn zuvor die Rechtmäßigkeit der Maßnahme (Gesamtaktion) richterlich festgestellt worden ist. Die richterliche Entscheidung ist im Falle sofortiger Verwertung wegen G. i. V. unverzüglich nachzuholen (§ 161 II.).

Im Bereich der **Gefahrenabwehr** (§ 1 I PolG NRW) wird der *Einsatz technischer Mittel* (§§ 17, 18 PolG NRW) regelmäßig mit der Anordnung von *längerfristigen Observationsmaßnahmen* (in NRW gem. § 16 I-III PolG) einhergehen. Die Anlassgefahren sind gleichwertig.

Die *kurzfristige* O. ist dagegen schon zur allgemeinen Gefahrenabwehr (§ 1 I PolG NRW) zulässig, soweit sie hierzu erforderlich ist und die Erfüllung der polizeilichen Aufgabe ohne sie gefährdet wäre (§ 16 IV PolG NRW).

1) Die Polizeigesetze der anderen Bundesländer enthalten gleichlautende Bestimmungen.

§ 15 PolG NRW erlaubt die offene Datenerhebung durch den Einsatz technischer Mittel zur Anfertigung von Bild- und Tonaufzeichnungen bei *öffentlichen Veranstaltungen und Ansammlungen* im Vorfeld der *konkreten* Gefahr. Statt einer konkreten Gefahr werden Tatsachen gefordert, die die Annahmen rechtfertigen, dass Straftaten/Ordnungswidrigkeiten begangen werden.

§ 15 a PolG NRW ermächtigt zur offenen Datenerhebung mittels Bildübertragung an öffentlich zugänglichen *Kriminalitätsbrennpunkten* im Vorfeld konkreter Gefahren, sofern Tatsachen die Annahmen rechtfertigen, dass an diesen Orten weitere *Straftaten* begangen werden.

§ 15 b PolG NRW gestattet offene Bildaufnahmen und -aufzeichnungen durch den Einsatz optisch-technischer Mittel *in* Fahrzeugen der Polizei zum *Zwecke der Eigensicherung* bei Personen- oder Fahrzeugkontrollen. Die Maßnahme muss zwar der Gefahrenabwehr (§ 1 I PolG NRW) dienen, doch braucht die Gefahr auch hier naturgemäß nicht konkret zu sein.

Die im Rahmen der Gefahrenabwehr erhobenen Daten dürfen auch zur Strafverfolgung genutzt werden. Dies ergibt sich für NRW z. B. aus §§ 15, 15 a, 15 b, 17 V S. 2, 18 V S. 2 PolG NRW sowie aus § 481 (Kap. C 2.11).

Offene Datenerhebung mit technischen Mitteln der Bild- und Tonaufzeichnung

– Fotografieren, Videografieren, Filmen, Bildübertragung auf Monitoren ohne Aufzeichnung, Anfertigung von Übersichtsaufnahmen, falls einzelne Personen individualisierbar sind –

nach Polizeirecht:

- bei öff. Veranstaltungen
- bei Ansammlungen

- § 15 PolG NRW[1]
- § 26 I BGSG.
- § 15 a PolG NRW: Videoüberwachung an Kriminalitätsbrennpunkten.
- § 15b PolG NRW: Datenerhebung zum Zwecke der Eigensicherung bei Personen- u. Fz.-Kontrollen.

Ton- u. Bildaufzeichnungen, die pb Daten enthalten, stellen einen Eingriff in das allgem. Persönlichkeitsrecht aus Art. 2 I / 1 I GG dar. Das Recht am eigenen Bild ist durch § 22 KunstUrhG, das Recht auf „informationelle Selbstbestimmung“ durch BVerfGE (Volkszählungsurteil) geschützt. Eingriffe bedürfen einer gesetzl. Ermächtigung.

nach Versammlungsrecht (Art. 8 GG):

- in geschl. Räumen und unter freiem Himmel gem. §§ 12 a, 19 a VersammlG.

nach Prozessrecht:

- als ed-Maßnahme gem. § 81 b beim Beschuldigten
- als IF-Maßnahme nach § 163 b beim Verdächtigen
- als Ermittlungsmaßnahme nach § 163 I S. 2
- als Fahndungsmaßnahme nach §§ 131 ff.

14.10 Einsatz Verdeckter Ermittler, §§ 110 a – e[2],

I. Ausgangsfall

Ein belgischer Staatsangehöriger hatte am 6.9.1989 rund 100 g Kokain und am 14.12.1989 650 g Kokain von Belgien nach Stuttgart verbracht. Bei der Übergabe der zweiten Lieferung, für die der Verdächtige 59.000 DM verlangt hatte, wurde er festgenommen.

Die Überführung war durch den Einsatz eines Verdeckten Ermittlers sowie unter Mitwirkung einer V-Person gelungen. Der Belgier wurde vom LG Stuttgart wegen unerlaubter Einfuhr von BtM in nicht geringer Menge in Tateinheit mit unerlaubtem Handeltreiben mit BtM zu einer FS von 5 J. u. 5 Mon. verurteilt.

Die StrK des LG hatte sich in der Hauptverhandlung auf die Aussagen eines als „Zeuge vom Hörensagen“ vernommenen Kriminalbeamten gestützt, wonach eine V-Person beim ersten Deal die Übergabe der 8.000 DM beobachtet und ein Verdeckter Ermittler beim zweiten Deal die Forderung zur Übergabe der 59.000 DM gehört hatte (nach einem Fall des BVerfG NJW ’91, 445).

1) Vergleichbare Bestimmungen enthalten die anderen Länderpolizeigesetze.
2) In der Fassung des Gesetzes vom 21.12.2007.

II. Gesetzliche Voraussetzungen

Anlass (110 a I S. 1 u. 2)

zureichende tatsächliche Anhaltspunkte für eine Straftat von erheblicher Bedeutung:

auf dem Gebiet des unerlaubten BtM- oder Waffenverkehrs	auf dem Gebiet der Geld- oder Wertzeichenfälschung	auf dem Gebiet des Staatsschutzes gem. §§ 74 a, 120 GVG	gewerbs- oder gewohnheitsmäßig begangen	von einem Bandenmitglied oder in anderer Weise organisiert	als Verbrechen mit Wiederholungsgefahr (S. 2)

Subsidiarität (§ 110 a I S. 3 u. 4)

- Tataufklärung sonst aussichtslos oder wesentlich erschwert (S. 3).
- Bei Verbrechen mit besonderer Bedeutung auch, wenn die Aufklärung sonst aussichtslos ist (S. 4).

Befugnisse (§ 110 a II, III, § 110 c)

Teilnahme am Rechtsverkehr unter einer Legende.	Herstellung, Gebrauch ... von Urkunden, soweit für Aufbau/Erhaltung d. Legende unerlässl.	Betretungsrecht von Wohnungen unter Nutzung der Legende mit Einverständnis des Berechtigten.	Anwendung polizeil. u. prozessualer Befugnisse; repressive Maßn. dürfen aus takt. Sicht zurückgestellt werden.

Zustimmungsgebot (§ 110 b I, II)

durch die **StA**
- vor dem Einsatz des VE
  - schriftlich u. befristet; Verlängerung möglich
- bei **G. i. V.** ist die Zustimmung unverzügl. nachzuholen;
  - ggf. Maßnahmeende nach maximal 3 Werktagen.

durch **das Gericht**
- bei Einsatz geg. einen *bestimmten* Beschuldigten od.
- falls VE nicht allgem. zugängl. *Wohnungen betreten* wollen;
- bei **G. i. V.** genügt die Zustimmung der **StA**
  - sie ist ggf. unverzügl. nachzuholen; Maßnahmeende nach max. 3 Werktagen, wenn der Richter nicht zustimmt.

Geheimhaltung (§ 110 b III)

- Die Identität des Verdeckten Ermittlers (VE) kann auch nach dem Einsatz geheim gehalten werden.
- Zustimmungsberechtigte – Gericht/StA – können Offenbarung der Identität des VE verlangen.
- Die KPB kann nach Maßgabe des § 96 die Identität des VE ansonsten geheim halten, und zwar insbesondere bei bestimmten Gefahren.

Formvorschriften (§ 101 I)

- **Schriftform** für die Zustimmung und Befristung durch Gericht/StA (§ 110 b I S. 3/II).
- **Benachrichtigung** der Zielperson, erheblich mitbetroffener Personen sowie solcher Personen, deren nicht allgemein zugängliche Wohnung der Verdeckte Ermittler betreten hat (§ 101 IV). Das Verfahren richtet sich nach § 101 IV – VIII.
- **Verwahrung** von Entscheidungen / sonstigen Unterlagen über die Maßnahme bei der StA (§ 101 II).
- **Kennzeichnungspflicht** für pbD, die durch die verdeckte Ermittlung gewonnen wurden (§ 101 III).
- **Datenschutz** und **Datennutzung** in anderen Verfahren (§§ 161 II, 474 ff.).

III. Erläuterungen

Allgemeines: Die Vorschrift dient der Verbesserung des Ermittlungsinstrumentariums zur intensiven Verfolgung der *Schwerkriminalität*, der *Staatsschutzdelikte*, des *illegalen Rauschgift-* und *Waffenhandels* und der sonstigen *Organisierten Kriminalität*. Zu deren wirksamen Bekämpfung haben sich die herkömmlichen Ermittlungsmethoden als weitgehend wirkungslos erwiesen. Es waren daher adäquate Befugnisnormen zu schaffen, die es erlauben, in das Innere krimineller Organisationen einzudringen. Ein wesentliches Instrument hierzu ist der **Verdeckte Ermittler** (VE). Mit dem **OrgKG** ist eine gesetzliche Ermächtigung geschaffen, die den rechtsstaatlichen Einsatz von Polizeibeamten unter einer Legende gestattet und der gebotenen Fürsorge gegenüber den eingesetzten Beamten Rechnung trägt.[1]

Die Fahndungsintensität kann je nach Falllage durch die Anordnung weiterer spezieller Fahndungsmaßnahmen – z. B. durch den Einsatz technischer Überwachungsgeräte – Kap. C 14.9 – erhöht werden.[2]

Neben dem Einsatz des VE kommt auch nach wie vor der Einsatz von V-Personen sowie die Inanspruchnahme von Informanten in Betracht, und zwar sowohl nach *Prozessrecht* als auch im Bereich der Gefahrenabwehr nach *Polizeirecht*. Die nachfolgende **Übersicht** verdeutlicht dies:

Rechtsgebiet / **Funktion**	Einsatz **Verdeckter Ermittler** (VE):[3]	Einsatz von **V-Personen:**	Inanspruchnahme von **Informanten:**
Definition	Polizeibeamte mit auf Dauer angelegter *veränderter Identität* im operativen Einsatz. VE unterliegt dem LP; gesetzl. Eingriffsbefugnisse u. bes. Rechte als VE stehen ihm zu. Besonderer Zeugenschutz gem. §§ 110 b III S. 3, 96.	Privatpersonen, die bereit sind, die Verfolg'behörde bei der Tataufklärung auf *längere Zeit* vertraulich zu unterstützen und deren Identität grds. geheim gehalten wird. Zeugenschutz nach § 68 u. Sperre analog § 96.[4]	Privatpersonen, die bereit sind, im *Einzelfall* der Verfolg' behörde gegen Zusicherung der Vertraulichkeit Informationen zu geben. Zeugenschutz nach § 68 bzw. Sperre gem. § 96.
Prozessrecht	§§ 110 a – e StPO, Anl. D zu RiStBV; Ländererl. u. PDV. Zustimmungsgebot d. StA; ggf. Richtervorbehalt	§§ 161 I S. 1, 163 I S. 2 (std. Rspr. u. Anl. D der RiStBV); Ländererl. Zustimmungsgebot der StA nach Anl. D der RiStBV. Sekundäre Bedeutung wegen des Grundsatzes der *Unmittelbarkeit* der Beweisaufnahme im Strafverfahren (§ 250).	§§ 161 I S. 1, 163 I S. 2 ; Anlage D I zu den RiStBV; std. Rspr.[5]
Polizeirecht	Polizeigesetze der Länder, z. B. § 20 PolG NRW; Ländererl. u. PDV. (Im BPolG *nicht* geregelt). Anordnung durch den Behördenleiter.	z.T. in den Polizeigesetzen d. Länder geregelt, z. B. § 19 PolG NRW, Ländererl. u. PDV. § 28 II Nr. 3 BPolG. Anordnung durch den Behördenleiter.	Polizeigesetze der Länder, z. B. § 9 PolG NRW; Ländererlasse, § 21 III S. 2 BPolG.

1) Zustimmungsgebot und Formvorschriften wurden mit Gesetz vom 21.12.2007 modifiziert und mit den übrigen verdeckten Einsatzmaßnahmen harmonisiert.
2) Zu den übrigen speziellen Fahndungsmaßnahmen vgl. Sie die Übersicht in Kap. C 14.1.
3) Die Ermittlungstätigkeit sonstiger nicht offen ermittelnder Polizeibeamter richtet sich nach den allgem. Bestimmungen. Sie stehen grds. im Strafverfahren als Zeugen zur Verfügung.
4) BGH StV '88, 137, BGH StV '89, 284; '95, 225.
5) BGH StV '94, 169; BGH NJW '95, 2237 m. w. Hw.

Nach der **Legaldefinition** des § 110 a II sind **Verdeckte Ermittler** (VE): „... Beamte des Polizeidienstes, die unter einer ihnen verliehenen, auf Dauer angelegten, veränderten Identität (Legende) ermitteln".

Die Definition gilt auch für den zur *Gefahrenabwehr* nach den PolG der Länder vorgesehenen VE (z. B. nach § 20 PolG NRW). Im präventiv-polizeilichen Bereich der Sonderpolizei BGS ist sein Einsatz hingegen nicht vorgesehen.

Seinen Ursprung hat der Begriff des VE in den „Gemeinsamen Richtlinien der Innen- und Justizressortchefs der Länder von 1986". Die Richtlinien (Anlage D zu den RiStBV) haben den Rechtscharakter einer Verwaltungsvorschrift. Sie gelten als Ergänzung der nunmehr vorliegenden gesetzlichen Vorschriften fort.

VE sind nach Anlage D der RiStBV besonders ausgewählte und ausgestattete Polizeivollzugsbeamte, die unter einer **Legende** Kontakte zur kriminellen Szene aufnehmen, um Anhaltspunkte für Maßnahmen der Strafverfolgung zu gewinnen.

Die Einzelheiten der praktischen Durchführung sind durch Ländererlasse und behördliche Verfügungen geregelt. Eine besondere Bedeutung kommt dabei dem Kontaktbeamten des VE zu. Ihn hat der VE über alle Schritte und Erkenntnisse Bericht zu erstatten. Der Kontaktbeamte tritt auch in der späteren Gerichtsverhandlung als sog. „Zeuge vom Hörensagen" auf, dessen Aussagen in die Beweisaufnahme einfließen. Denn der VE wird in aller Regel aus ermittlungstechnischen Gründen und um ihn nicht zu gefährden, als Zeuge gesperrt sein.[1]

Die Eigenschaft der „auf **Dauer angelegten**, veränderten Identität" des VE setzt nach der Rspr. seinen *längeren operativen Einsatz* zum Zeitpunkt seiner Beauftragung voraus. Dabei kommt es nicht auf einen bestimmten Mindestzeitraum an. Andererseits scheiden Einzelaktionen, wie z. B. das gelegentliche Auftreten als Scheinaufkäufer von Rauschgift, aus, auch wenn der Polizeibeamte dabei unter einem falschen Namen auftritt. Für die Beurteilung der Rechtmäßigkeit derartiger Aktionen gelten die allgemeinen Bestimmungen.[2]

Die amtliche Tätigkeit des VE ist darauf ausgerichtet, heimliche und **auf Täuschung ausgerichtete Ermittlungen** in *verwertbarer* Form in ein Strafverfahren einfließen zu lassen, ohne in einen Konflikt mit den sonst bestehenden Täuschungsverboten und Belehrungspflichten (§§ 136 a, 163 a IV, V) zu geraten.

Die damit verbundene Gratwanderung an der **Grenze eines rechtsstaatlich-fairen Verfahrens** hat den Gesetzgeber bewogen, den Einsatz des VE nur zuzulassen, wenn „zureichende tatsächliche Anhaltspunkte" dafür vorliegen, dass eine *Katalogtat von erheblicher Bedeutung* vorliegt und andere (allgemeine) Ermittlungsmethoden aussichtslos sind oder die Tataufklärung wesentlich erschweren *(Subsidiaritätsgrundsatz)*.

„Zureichend" bedeutet aber noch keinen dringenden Tatverdacht, sondern einen auf konkrete Anhaltspunkte gestützten, logisch nachvollziehbaren Anfangsverdacht.[3]

Der VE unterliegt auch während seiner Tätigkeit dem **Legalitätsprinzip**. Repressive Maßnahmen darf er allerdings aus taktischen Gründen zu einem späteren (geeigneten) Zeitpunkt treffen, um seinen operativen Einsatz oder sich selbst nicht zu gefährden. Auch zu Maßnahmen der **Gefahrenabwehr** ist er als Polizeibeamter in dringenden Fällen verpflichtet. Das kann im Extremfall auch dazu führen, dass er seine Legende preisgeben muss, z. B. in Fällen sofortiger Abwehr von erheblichen Leibes- oder von Lebensgefahren.

Die **Begehung von Straftaten**, auch *milieutypischer*, ist dem VE nicht erlaubt, selbst dann nicht, wenn ihn dies um die „Früchte" seines operativen Einsatzes bringt. Allgemeine **Rechtfertigungsgründe** dürfen auch vom VE im Einzelfall in Anspruch genommen werden, allerdings dürfen sie nicht prinzipiell zur Umgehung fehlender gesetzlicher Befugnisse genutzt werden.

1) Näheres hierzu in Kap. C 12.3.
2) BGH NStZ '97, 448 (BGH '96, 2100); ferner: NJW '95, 2237 f.; NJW '96, 2108; NJW '97, 1516.
3) Nachweise bei Kleinknecht/M-G zu § 100 a und § 152.

In seiner Eigenschaft als VE hat der Beamte **zusätzliche Befugnisse**, die sich aus §§ 110 a II, III, 110 c ergeben. Die Einzelheiten sind aus der Abb. unter oben II. ersichtlich. Anderen Personen stehen diese Befugnisse nicht zu, auch nicht den sog. V-Personen, auf die noch einzugehen sein wird.

Die **Teilnahme am Rechtsverkehr unter einer Legende** bedeutet, dass der VE unter seinem Decknamen alle Rechtshandlungen (z. B. Vertragsabschluss) vornehmen darf, ohne dabei die Tatbestände der Urkundenfälschung (Übersicht in Kap. B 12) zu verletzen.

Das **Betretungsrecht** von *nichtöffentlich zugänglichen Wohnungen* gilt nur soweit, als ihm aufgrund seiner Legende *erlaubt* wird, eine Wohnung aufzusuchen. Einem sonst inkognito auftretenden Beamten wäre es nicht erlaubt, eine Wohnung unter einem derart erschlichenen Einverständnis zu betreten. Für ihn würden die Voraussetzungen der §§ 102 ff. gelten, die nur eine *offene* Amtshandlung zulassen, ggf. in Abwesenheit des Betroffenen, dann aber nach Möglichkeit unter Hinzuziehung von Zeugen und einem Vertreter (Übersicht in Kap. C 7.1).

Der VE ist ggf. nach §§ 102 ff., nicht aber nach § 110 c berechtigt, die mit Erlaubnis betretene Wohnung zu *durchsuchen*, indem er etwa ein kurze Abwesenheit des Berechtigten entsprechend ausnutzt.[1]

Der Einsatz des VE ist grds. von der **Zustimmung der StA**[2] bzw. – in besonders genannten Fällen (oben II.) – von der des Gerichts abhängig. Die Zustimmung kann in Eilfällen auch nachgeholt werden, was in der Praxis indes selten vorkommen dürfte. Denn die Vorbereitungsmaßnahmen zum operativen Einsatz eines VE erfordern Zeit, wenn der Einsatz gründlich und im Interesse des VE unter halbwegs kalkulierbarem Risiko erfolgen soll.

In der Praxis wichtiger ist die Regelung, dass der Einsatz gegen einen *bestimmten* Beschuldigten oder das Betreten von Wohnungen unter Nutzung der Legende in *Eilfällen* zunächst auch ohne Zustimmung des Gerichts oder gar der StA erfolgen darf.

In Betracht kommen Fälle, in denen allgemein ein bestimmter Rauschgiftumschlagsplatz aufgehellt werden muss, ohne dass bereits gegen bestimmte Beschuldigte ermittelt wird, oder Fälle, in denen zunächst nach Polizeireicht VE eingesetzt worden sind und sich plötzlich gezielte Maßnahmen gegen bestimmte Beschuldigte aufdrängen.

Beispiel: *Der Behördenleiter der KPB Dortmund hatte sich entschlossen, den Einsatz von zwei VE gem. § 20 PolG NRW zuzulassen bzw. (wie das Gesetz formuliert) anzuordnen, da durchgesickert war, dass in mindestens zwei von mehreren unter einheitlicher Leitung stehenden Nachtbars Waffen und Betäubungsmittel gehandelt werden sollten. Die Verhandlungen sollten nach den Erkenntnissen unter strengen Sicherheitsvorkehrungen in Nebenräumen der Barbetriebe getroffen worden. Die VE hatten den Auftrag, sich als Kaufinteressenten ins Geschäft zu bringen.*

§ 20 I Nr. 2 **PolG NRW** lässt den Einsatz des VE zu

- zur Abwehr einer gegenwärtigen Gefahr für Leib, Leben oder Freiheit einer Person oder
- wenn Tatsachen die Annahme rechtfertigen, dass Straftaten von erheblicher Bedeutung (§ 8 III PolG NRW) begangen werden sollen, und
- wenn die Maßnahme zur Prävention erforderlich ist.

Die gewonnenen Erkenntnisse sind auch im Strafverfahren verwertbar, wie sich aus § 20 V PolG NRW ergibt.

Das gilt selbst für den Fall, dass der Einsatz des VE nunmehr nach § 110 a gegen einen *bestimmten* Beschuldigten fortgesetzt wird und eine nachträgliche richterliche Zustimmung gem. § 110 b II S. 4 nicht erteilt wird.[3]

---

1) Mit dieser Rechtsfrage setzte sich der BGH (NStZ '97, 448) auseinander, ohne zu einer definitiven Entscheidung zu gelangen.
2) Der Gesetzgeber verwendet nicht den Begriff der Anordnung, da die Maßnahme stets die Bereitschaft den Beamten voraussetzt.
3) BGH NJW '95, 2237.

Die **Identität des VE** kann über seine operative Einsatzzeit hinaus **geheim gehalten** werden (§ 110 b III S.1). Das ist insbesondere dann notwendig, wenn weitere Ermittlungen anstehen und die Legende weiter genutzt werden soll.

Dass dem für die Zustimmung zuständigen Richter oder Staatsanwalt ein Recht auf Offenbarung der wahren Identität des VE zusteht, bedeutet insofern keine Einschränkung (§ 110 b III S. 2).

Der Gesetzgeber spezifiziert die Befugnis zur Geheimhaltung in § 110 b III S. 3 in der Weise, dass die Identität des VE auch im anstehenden Strafverfahren geheimgehalten werden darf, und zwar *insbesondere* dann, wenn die Offenbarung

- Leib, Leben oder Freiheit des VE oder einer anderen Person (z. B. Verwandte, V-Leute, Informanten) oder
- die Möglichkeit seiner weiteren (notwendigen) Verwendung als VE

gefährden würde.

Erscheint die Geheimhaltung der Identität des VE danach notwendig, sagt dieser unter einer Legende aus. Er darf also seinen Namen, Wohn- und Dienstort verschweigen.

Wird die Identität des VE *nicht geheimgehalten*, ergeben sich seine Schutzrechte als Zeuge aus § 68, wonach es ihm erlaubt werden kann, seinen Dienstort statt seinen Wohnort zu benennen. Bei Gefahr für Leib, Leben oder Freiheit kann die Namensangabe entfallen. Unterlagen darüber werden in diesem Falle bei der StA verwahrt.

Sperrt die oberste Dienstbehörde den VE gem. §§ 110 b III, 96, steht dieser für die Hauptverhandlung nicht zu Verfügung. Er gilt dann als „unerreichbares Beweismittel" i. S. v. § 244 III S. 2.

In Betracht kommt nunmehr die sog. **kommissarische Vernehmung** des VE gem. § 223. Das darüber gefertigte Vernehmungsprotokoll würde dann in der späteren Hauptverhandlung gem. § 251 I verlesen und in die Beweisaufnahme aufgenommen. Da aber der Beschuldigte und sein Verteidiger auch bei dieser Vernehmung ein Anwesenheitsrecht haben (§§ 224, 168 c II, 168 d I), kann die *vollständige Sperrung* des VE erklärt werden.

In diesem Fall kommt als *mittelbarer Beweis* die Vernehmung der Kontaktperson des VE als sog. **„Zeuge vom Hörensagen"** in Betracht (BVerfG NStZ '91, 445).[1]

Für den Einsatz von **V-Personen** und die Inanspruchnahme von **Informanten** gilt im Grunde nichts anderes. Ihr Einsatz ist – anders als nach Polizeirecht, z. B. § 19 PolG NRW, § 28 II Nr. 3 BPolG, die den Einsatz von V-Personen festlegen – in der StPO nicht speziell geregelt; er stützt sich somit auf §§ 161 I S. 1, 163 I S. 2. Nach std. Rspr.[2] dürfen V-Personen und Informanten zur Verfolgung der besonders gefährlichen und schwer aufklärbaren Kriminalität eingesetzt werden.

Ein Zustimmungsgebot des Ermittlungsrichters ist aus §§ 110 a – e nicht herzuleiten.[3]

Aus der Tatsache, dass V-Personen und Informanten (Begriff oben unter III.) regelmäßig Vertraulichkeit und Geheimhaltung ihrer Identität zugebilligt werden muss, sie also für die Hauptverhandlung nicht als Beweismittel unmittelbar zur Verfügung stehen (§ 250), folgt:

- Pflicht zur Abwägung der Erfordernisse *vollständige Sachverhaltserforschung einerseits* und *Unmittelbarkeit der Beweisaufnahme andererseits,*
- Einsatz nur zur Aufklärung schwerer Delikte, analog § 110 a,
- Geltung des Subsidiaritätsprinzips,
- Zusicherung der Vertraulichkeit und Geheimhaltung nur mit Einwilligung der StA,
  - Gültigkeit nur, soweit die Personen sich nicht strafbar machen,
  - ihre Informationen nicht wissentlich oder leichtfertig falsch geben,

1) Vgl. Sie zu diesem Problemkreis Kap. C 12.3.
2) BGH GSSt NStZ '96, 502.
3) BGH NJW '95, 2236 m.w.Hw.; BGH NJW '96, 2518.

- von gegebenen Weisungen nicht vorsätzlich abweichen,
- sich nicht als unzuverlässig erweisen;

- Verpflichtung d. V-Person zur Amtsverschwiegenheit nach dem Verpflichtungsgesetz.[1]

Die Einzelheiten des Einsatzes einer **V-Person** oder eines **Informanten** zum Zwecke der Strafverfolgung sind in der Anlage D I Nr. 1 – 5 zu den RiStBV[2] detailliert festgeschrieben.

Der praktische Einsatz ist zudem durch Ländererlasse und behördliche Dienstanweisungen geregelt. So ist u. a. per Dienstanweisung festgelegt, welche Beamten einer Behörde eine V-Person oder einen Informanten ‚führen' dürfen.

Zur **Gewichtung der Aussagen** geheim gehaltender Personen führte der BGH (NJW '95, 237) aus[3]:

„Während als VE nur besonders ausgewählte und erfahrene Polizeibeamte in Betracht kommen, die von Berufs wegen an die genaue Einhaltung der gesetzlichen Vorschriften sowie der Weisungen des polizeilichen Einsatzleiters und der StA gebunden sind, stammen V-Personen oft selbst aus dem kriminellen Milieu, in dem sie eingesetzt werden; jedenfalls weisen sie nicht dieselbe professionelle Zuverlässigkeit wie Angehörige der Polizei auf. Diesem Nachteil wird bei der Inanspruchnahme von V-Personen dadurch Rechnung getragen, dass bei der Bewertung ihrer Berichte gegenüber ihrem polizeilichen Führer besondere Vorsicht geboten ist und auf die Aussagen eines V-Mann-Führers als eines ‚Zeugen vom Hörensagen' Feststellungen nur gestützt werden dürfen, wenn dessen Angaben durch andere wichtige Beweiszeichen bestätigt werden."

1) Gesetz v. 2.3.1974, BGBl. I, 469, 547.
2) Z. B. bei Kleinknecht/M-G, Anhang 14.
3) Auf die Kommentierung zu § 250 „Grundsatz der persönlichen Vernehmung in der Hauptverhandlung" bei Kleinknecht/M-G wird hingewiesen.

Teil D
Ordnungswidrigkeitenrecht

1 Allgemeiner Teil des OWiG

1.1 Unterscheidung Strafrecht – OWi-Recht

Die bisherigen **Teile A - C** haben sich mit dem Phänomen der Straftat sowie der Verfolgung des Straftäters befasst.

Im Mittelpunkt des **Teils D** steht der Bußgeldtatbestand mit den Besonderheiten, die an die Verfolgung des Handelnden (Betroffenen) geknüpft sind.

Schon bald wird der Leser erkennnen, dass die Rechtsgebiete **Strafrecht** und **Ordnungswidrigkeitenrecht** sehr viel *Gemeinsames* aufweisen.

In beiden Bereichen werden z. B. folgende Begriffe synonym verwendet:

- Handlung, Rechtswidrigkeit,
- Versuch, Vollendung,
- Tateinheit, Tatmehrheit,
- Vorsatz, Fahrlässigkeit,
- Einziehung, Verfall, Verjährung,
- Tatbestands- und Verbotsirrtum.

Die **Polizei** ist für die Verfolgung von Straftaten *und* Ordnungswidrigkeiten (OWi) zuständig. Sie hat bei der Verfolgung von OWi annähernd die gleichen Rechte wie bei der Verfolgung von Straftaten (Kap. D 2).

Andererseits gibt es *Unterschiede* zwischen beiden Rechtsgebieten, die z. T. sehr gravierend sind[1]:

- Die Rechtsfolge der OWi ist nicht die Strafe, sondern die *Geldbuße.*
  Sie wird im Falle ihrer Uneinbringlichkeit auch nicht in eine Ersatzfreiheitsstrafe (wie im Falle der Nichtzahlung einer Geldstrafe, § 43 StGB) umgewandelt. Der Zahlungsunwillige wird vielmehr auf Antrag der Vollstreckungsbehörde (§§ 90 – 92) durch das AG in Erzwingungs-, d. h. Beugehaft genommen (§§ 95 ff.).
- Der Handelnde ist nicht Verdächtiger, Beschuldigter oder Angeklagter, sondern immer nur *Betroffener.*
- Für die Verfolgung des Betroffenen gilt nicht das Legalitätsprinzip (§ 163 StPO), *sondern das Opportunitätsprinzip* (§ 53 I).
- *Bestimmte* Verfolgungsmaßnahmen sind im OWi -Verfahren *unzulässig*, z. B. die vorläufige Festnahme gemäß § 127 II StPO (§ 46 III).
- Die *Ahndung* einer OWi erfolgt grundsätzlich durch die zuständige *Verwaltungsbehörde* mittels Zustellung eines Bußgeldbescheids. Nur bei Einlegung eines Rechtsmittels entscheidet das örtlich zuständige Amtsgericht (Kap. D 1.12).
- Das *Unwerturteil* über den „Täter“ gipfelt im OWi-Recht nicht in dem Ausspruch der stets mit sittlichem Makel behafteten Schuld, sondern in der sittlich wertneutralen Feststellung der *Vorwerfbarkeit.*
- Der Betroffene soll für seine Handlung *nicht sühnen,* sondern gemahnt werden (Pflichtappell); er gilt auch *nicht als vorbestraft.*

1) Vgl. Sie auch die Aufstellung in Kap. A 10.

Diese Unterschiede ergeben sich aus der dem Owi-Recht zugrunde liegenden Zielsetzung. Das Owi-Recht dient nämlich nicht der Bekämpfung des kriminellen Unrechts, sondern der des Ordnungs- oder Verwaltungsunrechts.

Dem Ordnungsunrecht hat der Gesetzgeber Handlungsweisen zugeordnet, die die verbindliche Ordnung der menschlichen Gesellschaft zwar stören und die deshalb durch Ermahnung (Bußgeldbescheid) des Betroffenen bekämpft werden müssen, die sich andererseits aber im Einzelfall noch nicht als so schwerwiegend erweisen, dass der Gesetzgeber mit Kriminalstrafen reagieren müsste.

Die sachlich notwendige Unterscheidung erforderte eine systematische Regelung des gesamten Owi-Rechts.

1.2 Die gesetzlichen Grundlagen des OWi-Rechts

OWiG – Teil 1: Allgemeine Vorschriften

- Begriffsbestimmung,
- Handlung, Vorsatz, Fahrlässigkeit,
- Irrtum, Verantwortlichkeit,
- Versuch, Beteiligung,
- Rechtswidrigkeit, Vorwerfbarkeit,
- Geldbuße, Verfall, Einziehung,
- Konkurrenzen, Verjährung u. a. m.

OWiG – Teil 2: Verfahrensvorschriften

- Ablauf des Bußgeldverfahrens, Rechtsmittel,
- Zuständigkeit,
- Aufgaben und Befugnisse der Verwaltungsbehörde, der Polizei, der StA, der Gerichte,
- Vollstreckung u. a. m.

OWiG – Teil 3: Einzelne Ordnungswidrigkeiten

- §§ 111 ff.
- Weitere Bußgeldtatbestände sind in ca. 1000 Bundes- und Landesgesetzen enthalten[1], u. a. im StVG, BImSchG, NatschG, AbfG, WHG, TierSchG und in der GewO.

OWiG – Teil 4: Schlussvorschriften

- Einschränkung von Grundrechten u. a. m.

1) Näheres hierzu bei Göhler, Anhang B.

1.3 Der Bußgeldtatbestand, § 1

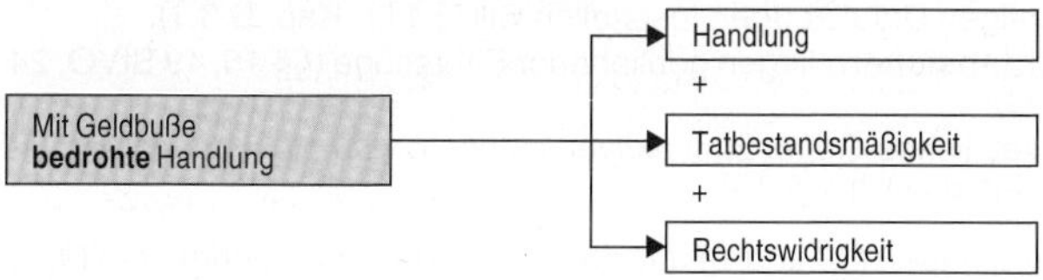

Vergleichbar im StR mit der rechtswidrigen Tat (§ 11 I 5 StGB).

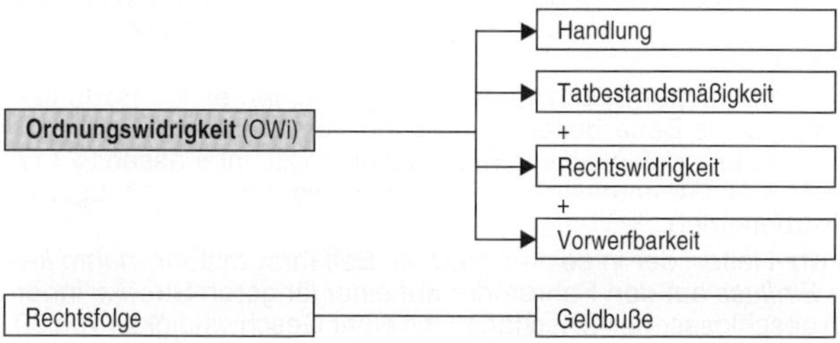

Vergleichbar im StR mit der Straftat.

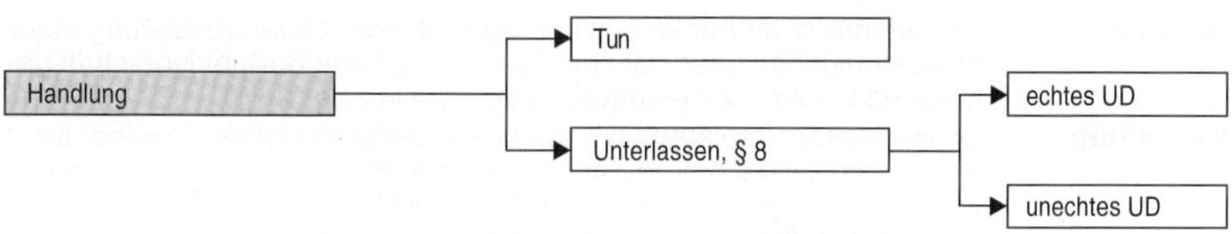

Der **Handlungsbegriff** ist identisch mit dem des Strafrechts (Näheres im Kap. A 12.3). Einige Beispiele für tatbestandsmäßiges **Handeln** nach dem OWiG:

Tun:

- **Ablagerung** von Abfällen außerhalb einer dafür zugelassenen Beseitigungsanlage – z. B. Hausmüll im Straßengraben (§ 18 I 2 AbfG).
- **Angabe** falscher Personalien gegenüber einem zuständigen Amtsträger, z. B. einem Polizeibeamten (§ 111).
- **Anordnung** der Inbetriebnahme eines nicht zugelassenen, aber noch versicherten und versteuerten Kraftrades als Halter (§§ 31, 18, 69 a StVZO, 24 StVG).

Merkmal: Ein gesetzliches *Verbot* wird durch *aktives* Verhalten verletzt.

Unterlassen als echtes UD:

- **Nichtentfernen** aus einer öffentlichen Ansammlung trotz dreimaliger rechtmäßiger Aufforderung durch einen Polizeibeamten, auseinander zu gehen, z. B. an Neugierige, die die Fahrbahn nach einem schweren VU blockieren (§ 113, Kap. D 3.2).

- **Verweigerung** der Namensangabe gegenüber einem zuständigen Amtsträger, z. B. einem Polizeibeamten, der die Personalien eines wichtigen Unfallzeugen feststellen will (§ 111, Kap. D 3.1).
- **Nichtabsichern** liegen gebliebener Fahrzeuge (§§ 15, 49 StVO, 24 StVG).

Merkmal: Ein gesetzliches *Gebot* zum aktiven Handeln wird nicht beachtet (Näheres hierzu in Kap. A 15).

Unterlassen als unechtes UD: § 8 (identisch mit § 13 StGB)

- Zwei Knaben (10 und 11 Jahre) belästigten zum wiederholten Male Kundinnen eines Supermarktes, indem sie ihnen einen Gummipenis vorhielten; die Eltern waren über das Treiben ihrer Zöglinge informiert worden, hatten aber offensichtlich *nicht* erwartungsgemäß *reagiert* (§§ 8, 118, Kap. D 3.5). Garantenstellung durch Gesetz, § 1626 BGB.
- Trotz berechtigter Beschwerdeführung *unterließ* es ein Bauunternehmer, seine Bauarbeiter *anzuweisen*, vermeidbaren Lärm durch unnötiges Laufenlassen von Baumaschinen zu unterlassen (§ 117, Kap. D 3.4). Garantenstellung aus Verantwortung für den eigenen Gewerbebetrieb.
- Ein Kfz-Halter, der in seinem Pkw als Beifahrer mitfuhr, *nahm keinen Einfluss* auf den Fahrer, der auf einer längeren Strecke innerhalb geschlosssener Ortschaften mit einer Geschwindigkeit von 80, statt der zulässigen 50 km/h fuhr, obwohl er den Fahrstil innerlich ablehnte (§§ 3, 49 StVO, 24 StVG). Garantenstellung aus Haltereigenschaft.

Merkmal: Betroffener kann nur sein, wer aufgrund einer *Garantenstellung* dafür einzustehen hat, dass der zum Tatbestand einer Bußgeldvorschrift gehörende Erfolg nicht eintritt (Einzelheiten in Kap. A 15).

Kausalität: Da die weitaus meisten OWi abstrakte *Gefährdungsdelikte* sind, stellt sich die Frage nach dem Kausalzusammenhang nur selten. Soweit es sich aber im Einzelfall um ein Erfolgsdelikt handelt, z. B. § 117 Erregung vermeidbaren Lärms, der geeignet ist ... (Kap. D 3.4), ist die Kausalität wie im Strafrecht zu prüfen (Näheres in Kap. A 13.7).

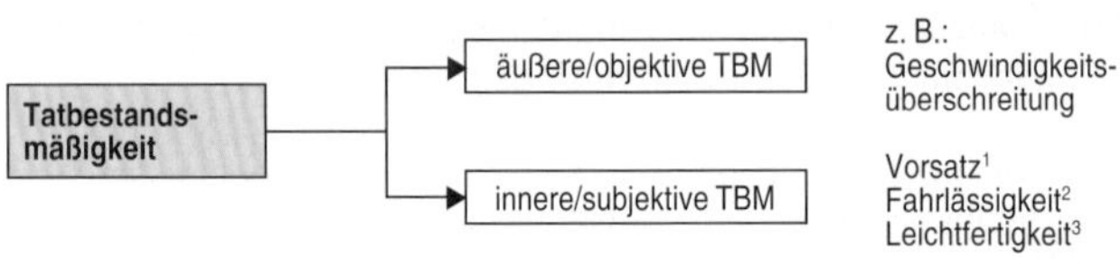

Auch die vorstehenden Merkmale sind identisch mit denen des Strafrechts (Kap. A 14).

Gem. § 10 ist *fahrlässiges* Handeln nur dann verfolgbar, wenn es ausdrücklich mit Geldbuße bedroht ist (z. B. § 24 I StVG).

Parallelvorschrift zum Strafrecht ist § 15 StGB.

Ebenfalls nach dem Vorbild des Strafrechts ist *Leichtfertigkeit* als besonders grobe Pflichtverletzung nur dort zu prüfen, wo der gesetzliche Tatbestand dies fordert (z. B. §§ 4 – 6 WiStG).

---

1)-3) Sofern nach der kausalen Handlungslehre geprüft wird, sind diese Begriffe der Vorwerfbarkeit (im Strafrecht der Schuld) zuzuordnen (Näheres in Kap. A 12.4)

Tatbestandsirrtum, § 11 I (entspr. § 16 StGB, Kap. A 14.2)

Ausschluss der Ahndung wegen **vorsätzlichen** Handelns,
falls dem Betroffenen bei Begehung der Handlung
ein Umstand des gesetzlichen Tatbestandes nicht bekannt war. ***Beispiel:*** *Irrtum des Hausbesitzers über die Intensität des nach außen dringenden nächtlichen Partylärms, wenn ihm nicht bekannt war, dass ein Gast zum Garten gelegene Fenster geöffnet hatte.*

Die Möglichkeit der Ahndung wegen Fahrlässigkeit bleibt unberührt, sofern das Gesetz sie vorsieht (z. B. § 24 StVG, § 111).

1.4 Die Rechtswidrigkeit der Handlung, § 1

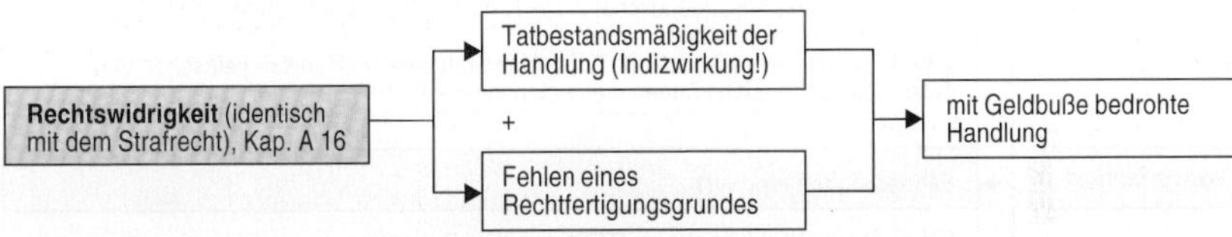

Einzelne Rechtfertigungsgründe:

Notwehr, § 15 (entspr. § 32 StGB, Kap. A 16.3): Fälle, in denen die Verletzung eines Bußgeldtatbestandes durch Notwehr gerechtfertigt ist, dürften nur sehr selten vorkommen.

Rechtfertigender Notstand, § 16 (§ 34 StGB): Konfliktlage, in der ein weniger wertvolles Rechtsgut zur Rettung eines höherwertigen geopfert werden muss (Näheres in Kap. A 16.3).

Beispiel: Überschreiten der Fahrbahn bei Rotlicht, um sich der Einwirkung eines unmittelbar folgenden Angreifers zu entziehen.

Rechtmäßige Amtsausübung: Im Verkehrsrecht kommen hier die Sonderrechte für Polizei, Feuerwehr, Bundeswehr usw. gem. § 35 StVO in Betracht. Weitere Rechtfertigungen ergeben sich aus polizeirechtlichen und strafprozessualen Ermächtigungen.

Sonstige Rechtfertigungsgründe: Obwohl das OWiG nur auf die §§ 15, 16 verweist, kommen auch noch – wenngleich selten – gewohnheits- und zivilrechtliche R-Gründe in Betracht (Übersicht in Kap. A 16.2).

1.5 Die Vorwerfbarkeit der Handlung, §§ 11, 12, 15

Die OWi wird nur geahndet, wenn der Betroffene auch vorwerfbar (im StR schuldhaft, §§ 17, 19, 20 StGB u. Kap. A 17.) gehandelt hat!

Die Wahl des Begriffs „vorwerfbar" soll ein äußeres Zeichen dafür sein, dass es im OWi-Recht nicht um Schuld und Sühne (Einleitung oben), sondern nur um die rechtsstaatliche Zulässigkeit einer hoheitlich ausgesprochenen Mahnung wegen begangenen Ordnungsunrechts geht.

Die nachfolgende Skizze macht deutlich, welche Elemente die Vorwerfbarkeit ggf. ausschließen.

Vorwerfbarkeit[1]

Verantwortlichkeit

§ 12 I: Betroffener muss z. Z. d. T. 14 Jahre alt sein (so auch nach § 19 StGB). Betroffener muss als Jugendlicher z.Z.d.T. die in § 3 JGG geforderte sittliche und geistige Reife besitzen.
§ 12 II: Betroffener muss z. Z. d. T. das Unerlaubte seiner Handlung einsehen und entsprechend handeln können (so auch nach § 20[2] StGB).

Fahrlässigkeitsvorwurf

Die objektive Pflichtverletzung (TB) muss dem Betroffenen *subjektiv* vorzuwerfen sein.[3]

Unrechtsbewusstsein

§ 11 II: Nichtbestehen eines Verbotsirrtums (analog § 17 StGB).

Zumutbarkeit

§ 15 III: Notwehrüberschreitung aus Verwirrung, Furcht, Schrecken schließt die Vorwerfbarkeit und damit die Ahndung aus (analog § 33 StGB).

---

1) Im Rahmen der kausalen Handlungslehre wären Vorsatz und Fahrlässigkeit als Elemente der Vorwerfbarkeit zu werten (Näheres in Kap. A 12.4).

2) Eine etwaige *verminderte* Verantwortlichkeit kann bei der Zumessung der Geldbuße berücksichtigt werden. Eine Milderungsvorschrift wie in § 21 StGB war deshalb entbehrlich. Die Möglichkeit, die Geldbuße bis zum Mindestmaß (10 Euro) zu mildern, reicht für diesen Zweck aus. Im Übrigen gibt das Opportunitätsprinzip die Möglichkeit, das Verfahren einzustellen.

3) Vgl. Sie hierzu Kap. A 14.3.

1.6 Der Versuch, § 13

Vgl. Sie hierzu im StR §§ 22 – 24 StGB und Kap. A 18.

Wie im StR enthält auch das Owi-Recht die **Versuchshandlung**. Der Versuch wird nur geahndet, wenn das jeweilige Gesetz dies *ausdrücklich* bestimmt *und* die Handlung vorsätzlich begangen wurde.

Tritt der Handelnde *freiwillig zurück* oder verhindert er die Vollendung der Handlung, wird der Versuch nicht geahndet.

Das gilt auch, wenn der Handelnde sich freiwillig und ernsthaft bemüht hat, die Vollendung aber aus anderen Gründen nicht eintritt.

Sind *mehrere* an der Handlung *beteiligt*, gelten die Vorschriften sinngemäß für denjenigen,

- der freiwillig die Vollendung verhindert oder
- dies freiwillig und ernsthaft versucht hat, wenn die Handlung aus anderen Gründen nicht vollendet wurde, oder
- dessen ursprünglicher Beitrag für die spätere Vollendung der Handlung nicht mehr ursächlich war.

Für die überwiegende polizeiliche Praxis ist die Versuchsregelung im OWi-Recht nicht bedeutsam. Der Versuch einer *Verkehrs*-OWi kann nicht geahndet werden.

1.7 Die Beteiligung, § 14

Vgl. Sie hierzu im StR §§ 25 – 31 StGB und Kap. A 19.

Einheitlicher Täterbegriff

Während man im StR exakt zwischen

- Täterschaft, Mittäterschaft, mittelbarer Täterschaft
- Teilnahme (Beihilfe, Anstiftung) und
- versuchter Beteiligung

unterscheidet, verwendet der Gesetzgeber im OWi-Recht pauschal den Begriff der **Beteiligung,** wenn mehrere Personen an derselben OWi teilnehmen.

Entscheidend ist in solchen Fällen also nur der Nachweis der Beteiligung. Um ihn führen zu können, wird man zwar die Begriffsinhalte der strafrechtlichen Beteiligung als „Messlatte anlegen", doch bleibt das juristische *Ergebnis* stets nur die lapidare Feststellung, dass der Betroffene an einer bestimmten OWi beteiligt war.

> Der einheitliche Täterbegriff soll die Rechtsanwendung erleichtern und damit vereinfachen. Unterschiede in der Bedeutung des Tatbeitrages werden bei der Bemessung der Höhe der Geldbuße berücksichtigt (§ 17).

1.8 Handeln für einen anderen, § 9

Vgl. Sie hierzu im StR § 14 StGB.

Mit dieser Vorschrift wird eine Gesetzeslücke geschlossen, die darin bestehen würde, dass die Ahndung bestimmter Handlungen nicht möglich wäre, weil

- der Normadressat (z. B. Halter eines Fahrzeuges, Inhaber eines Betriebes) nicht gehandelt hat und
- der Handelnde (z. B. Geschäftsführer) nicht der Normadressat ist.

Beispiel: *Der Inhaber einer Spedition hat mit der ordnungsgemäßen Wartung seines Fuhrparks, einschließlich der Wahrnehmung der sich aus der StVO/StVZO ergebenden Pflichten, einen Fahrzeugmeister bestellt.*

Die Halterpflichten treffen nunmehr grundsätzlich den beauftragten Fahrzeugmeister und nicht den Spediteur.

Der Fahrzeugmeister handelt daher ordnungswidrig, wenn er z. B. Fahrzeuge in unvorschriftsmäßigem Zustand in Betrieb nehmen läßt.

Den Halter trifft eine Verantwortung aber dann, wenn er von der Zuwiderhandlung im konkreten Fall Kenntnis hat und nichts unternimmt.

Die Vorschrift hat ihre besondere Bedeutung bei den Bußgeldtatbeständen des sogenannten Nebenstrafrechts (Näheres bei Göhler).

1.9 Die Rechtsfolgen der OWi; §§ 17 ff.

Im Unterschied zum StR, das nach Anlasstat und Zweck der staatlichen Reaktion ein *differenziertes* Rechtsfolgensystem aufweist (Übersicht in Kap. A 7.1), sind als Rechtsfolgen der OWi lediglich vorgesehen:

– die **Geldbuße**, §§ 17, 18, 30;
– als **Nebenfolgen** die Einziehung, §§ 22 – 29; das Fahrverbot, § 25 StVG; der Verfall von Vermögenswerten, § 29 a.

Geldbuße, § 17:

Die Geldbuße beträgt mindestens 5 Euro und, wenn das Gesetz nichts anderes bestimmt, höchstens 1 000 Euro (§ 17 I).

Beispiele: *§§ 114, 115, 118.*

Fahrlässiges Handeln darf nur bis zur Hälfte des für vorsätzliches Handeln angedrohten Höchstbetrages geahndet werden, wenn das Gesetz nichts anderes bestimmt (§ 17 II).

Beispiel: *Für fahrlässiges Betreten militärischer Anlagen (§ 114 OWiG) beträgt das Höchstmaß mithin 500 Euro.*

Der generelle Bußgeldrahmen des § 17 I gilt nur, wenn in der anzuwendenden gesetzlichen Bestimmung nichts anderes bestimmt ist.

Beispiele:

Verstöße gem. § 29 VersammlungsG, Geldbuße bis 500 bzw. 2 500 Euro.

Feilhalten nicht genehmigter Fahrzeugteile (§ 23 StVG), Geldbuße bis 5 000 Euro.

Verstöße gemäß § 10 IV des Gesetzes über die Beförderung gefährlicher Güter, Geldbuße bis 50 000 Euro.

Grundlagen der Bußgeldzumessung innerhalb der gesetzlich vorgegebenen Rahmen sind gem. § 17 III:

– die Bedeutung der OWi,
– der dem Betroffenen zu machende Vorwurf,
– die wirtschaftlichen Verhältnisse des Betroffenen; bei geringfügigen OWi (bis 35 Euro Verwarngeld) bleibt die Vermögenslage jedoch i. d. R. unberücksichtigt.

Die zu verhängende Geldbuße soll (abgesehen von bestehenden Bußgeldkatalogen) den wirtschaftlichen Vorteil, den der Betroffene aus seiner Handlung gezogen hat, *übertreffen.* Reicht das gesetzliche Höchstmaß nicht aus, kann es überschritten werden (§ 17 IV).

Beispiel: *Gewinn aus dem Feilbieten nicht genehmigter Fahrzeugteile: 10 000 Euro. Bußgeldandrohung gemäß § 23 II StVG bis 5 000 Euro. Zu verhängende Geldbuße mehr als 5 000 bis 10 000 Euro.*

Im Interesse einer bundeseinheitlichen Verfahrensweise gelten für die Ahndung von **Verkehrsverstößen** die in der Bußgeldkatalog-VO festgelegten Geldbeträge. Zur Verfahrensweise vgl. Sie §§ 1 – 4 dieser VO.

Zahlungserleichterung: (vgl. Sie § 18).

Einziehung, §§ 22 – 29:
Während der § 74 StGB eine *allgemeine* Einziehungsvorschrift darstellt, auf die das Strafgericht die Einziehung und die Polizei die Beschlagnahme i. V. m. §§ 111 b ff. StPO stützen kann,

– ***Beispiel:*** *Pkw des Notzuchtsverbrechers* –

regelt das OWiG in § 22 die Zulässigkeit der Einziehung nur als *Rahmenvorschrift.* Danach ist die Einziehung nur zulässig, wenn dies in dem *anzuwendenden* Gesetz ausdrücklich vorgesehen ist.

Beispiele: *§§ 123, 129 OWiG; § 40 BJagdG, § 19 TierSchG, § 43 SprengstG, § 56 WaffG, § 33 BtMG, § 30 VersammlG, §§ 22 a, 23 III StVG.*

§ 22 allein kann also – im Gegensatz zu § 74 StGB – niemals Einziehungsvorschrift sein.

Allerdings enthält § 22 (ähnlich wie § 74 StGB) Grundsätze, die bei der Anwendung einer speziellen Einziehungsvorschrift zu beachten sind.

Der Einziehungsgegenstand muss danach
- dem Betroffenen gehören oder zustehen oder
- nach seiner Art und den Umständen die Allgemeinheit gefährden (§ 23 III StVG, Besitz nichtgenehmigter Fahrzeugteile) oder
- die Gefahr begründen, dass er zur Begehung weiterer mit Strafe oder Geldbuße bedrohter Handlungen dienen wird (z. B. in § 119, Besitz anstößiger Schriften zur Anbietung sexueller Handlungen).

Verfall, § 29 a:
Zum Begriff des Verfalls kann auf Kap. C 6.4 hingewiesen werden.

Im Bußgeldverfahren kommt die Anordnung des Verfalls nur dann in Betracht, wenn eine Geldbuße nicht festgesetzt wird, gleichwohl aber durch eine mit Geldbuße bedrohte Handlung ein Vermögensvorteil erworben worden ist.

Beispiel: *Jemand hat nachweislich nicht genehmigte Fahrzeugteile i. S. v. § 23 StVG verkauft. Da der Nachweis der vorsätzlichen oder fahrlässigen Handlungsweise nicht geführt werden kann, wird das Verfahren eingestellt. Der erzielte Gewinn kann durch die Anordnung des Verfalls dennoch entzogen werden.*

Fahrverbot, § 25 StVG:
Voraussetzungen gem. § 25 I StVG:

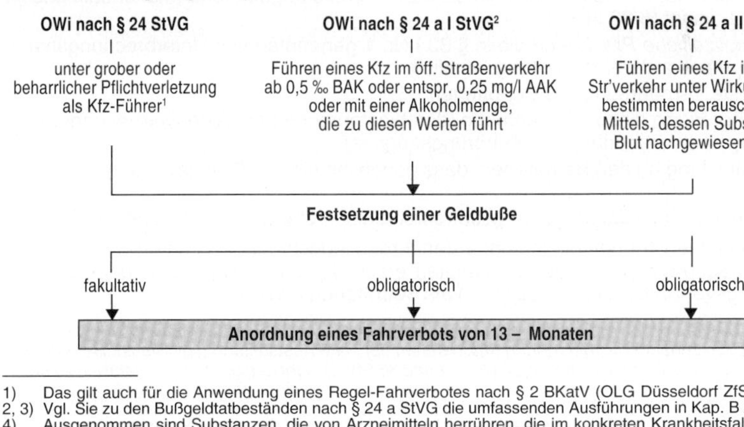

1) Das gilt auch für die Anwendung eines Regel-Fahrverbotes nach § 2 BKatV (OLG Düsseldorf ZfS '98, 442).
2, 3) Vgl. Sie zu den Bußgeldtatbeständen nach § 24 a StVG die umfassenden Ausführungen in Kap. B 25.2.
4) Ausgenommen sind Substanzen, die von Arzneimitteln herrühren, die im konkreten Krankheitsfall verordnet wurden. In NRW wird der Drogenvortest „Drugwipe“ zur Erkennung der Drogeneinnahme angewendet. Bei positivem Testergebnis folgt die körperliche Untersuchung nach § 81 a StPO.

Anmerkung: Es erfolgt zusätzlich eine Eintragung in das Verkehrszentralregister (§ 28 StVG) und in das zentrale Fahrerlaubnisregister (§§ 48 ff. StVG, §§ 49 ff. FeV) beim KBA[1] sowie die Festsetzung einer Punktzahl nach § 4 StVG u. §§ 40 ff. FeV.[2]

Das Punktesystem sieht je nach Art der Verkehrsstraftat oder -ordnungswidrigkeit (bei Letzteren ab 40 Euro Bußgeldfestsetzung) eine Vergabe von 1 – 7 Punkte vor.

Praktisch bedeutsam ist das Punktesystem für die *örtliche Fahrerlaubnisbehörde*, die danach bestimmte Maßnahmen zu treffen hat (§ 4 III StVG):

- ab 8 Punkte Information, *Verwarnung* u. Hinweis auf freiwilliges Aufbauseminar; Punktabzug (4 bzw. 2 Pkte.) nach Teilnahme an einem *freiwilligen* Aufbauseminar;
- ab 14 Punkte grds. obligatorisches Aufbauseminar; bei zusätzlicher freiwilliger Teilnahme an einer verkehrspsychologischen Beratung Erlass von 2 Punkten; Hinweis auf Entzug der FE bei 18 Punkten;
- ab 18 Punkten Entzug der Fahrerlaubnis; Neuerteilung frühestens nach sechs Monaten, i. d. R. nach medizinisch-psychologischer Begutachtung (MPU); § 20 III FeV.

Das Bonussystem ergibt sich aus § 4 IV StVG. Für Probeführerschein-Inhaber gelten die Besonderheiten des § 2 a StVG. Bei mehreren Zuwiderhandlungen in Tateinheit wird nur die mit der höchsten Punktzahl berücksichtigt.
Bei Entzug der FE (§ 3 StVG, § 69 StGB) oder bei Anordnung einer Sperre (§ 69 a I S. 3 StGB) werden alle früheren Punkte gelöscht (Ausnahme § 4 II letzter Satz StVG). Weitere Einzelheiten ergeben sich aus § 4 V-XI StVG und §§ 32 ff. FeV.

1.10 Die Verjährung von OWi, §§ 31 – 34

Vgl. Sie hierzu die Übersicht in Kap. A 21.

Durch die Verjährung werden die Verfolgung von OWi und die Anordnung von Nebenfolgen ausgeschlossen (§ 31 I).

Die Verjährungsfrist ist grds. abhängig von der Höhe des *angedrohten* Bußgeldes; sie beträgt danach sechs Mon. bis drei Jahre (§ 31 II). Hervorzuheben ist, dass die Verfolgung von *Verkehrs*-OWi bereits nach *drei* Monaten verjährt (§ 26 III StVG i. V. m. § 31 II, III OWiG).

Bestimmte Handlungen der Verfolgungsorgane können den Lauf der Verjährung *unterbrechen.* Das hat zur Folge, dass die bis dahin bereits abgelaufene Frist entfällt und ihr Lauf neu beginnt (§ 33 III S. 1).

Für die *polizeiliche Praxis* sind die in § 33 I Nr. 1 genannten vier Unterbrechungshandlungen von besonderer Bedeutung, nämlich

- die erste Vernehmung des Betroffenen,
- die Anordnung dieser Vernehmung (durch entsprechenden Aktenvermerk oder Ausfüllung und Versendung des Anhörungsbogens),
- die Mitteilung an den Betroffenen, dass gegen ihn ein Ermittlungsverfahren eingeleitet ist,
- die Anordnung dieser Bekanntgabe (durch entsprechenden Aktenvermerk).

Die Maßnahmen können die laufende Verjährung jedoch nur dann unterbrechen, wenn sie sich gegen eine individuell *bestimmte* Person (§ 33 1 Nr.1: „... dass gegen ihn ein Ermittlungsverfahren eingeleitet ist ...") als Betroffenen richten.[3]

Beispiel: *Bei* Kennzeichenanzeigen *oder bei Anzeigen mit nicht zur Fahreridentifizierung geeigneten Fotos sind die zunächst vorgelagerten Maßnahmen der Halterfeststellung (vgl. Sie zur Befugnis der Datenabfrage und Datenübermittlung §§ 30, 31 und 35 StVG) nicht geeignet, die Verjährung zu unterbrechen.*

---

1) und 2) Gesetz zur Änderung des Straßenverkehrsgesetzes und anderer Gesetze vom 24.4.98 (BGBl. I, 747), in Kraft ab 1.1.1999. Vgl. Sie hierzu ggf. Kap. B 25.2 und Kap. C 6.3.
3) OLG Schleswig SchlHA '80, 179; BGHSt 24, 321, 325.

Auch die Versendung des Anhörungsbogens an den festgestellten Halter ist noch keine die Verjährung unterbrechende Handlung, da der Betroffene mit der Halterfeststellung noch nicht hinreichend verdächtig ist, das Fahrzeug geführt zu haben. Ihm wird ja im zugesandten Anhörungsbogen alternativ *angeboten, sich als Fahrer zu bekennen, nicht zur Sache auszusagen oder eine andere Person als verantwortlichen Fahrer zu benennen.*

Wird der Halter als Zeuge *gehört, bewirkt nur die* richterliche *Anordnung seiner Vernehmung eine Verjährungsunterbrechung (§ 33 I Nr. 2).*

1.11 Konkurrenzen im OWi-Recht, §§ 19 – 21[1]

Sind mehrere gesetzliche Tatbestände verletzt worden, muss entschieden werden, nach welcher Vorschrift die Ahndung der Verstöße zu erfolgen hat. Die Entscheidung ist nach folgenden Bewertungsfaktoren vorzunehmen:

– Tateinheit (Idealkonkurrenz)	§ 19
– Tatmehrheit (Realkonkurrenz)	§ 20
– Zusammentreffen von Straftat und OWi	§ 21
– Gesetzeskonkurrenz als – Spezialität, Subsidiarität, Konsumtion	(Rspr .u. Lit.)

Bedeutung für den Polizeibeamten:

Für die Verfolgung von Verkehrs-OWi durch den einschreitenden Polizeibeamten ist die genaue Kenntnis des § 19 dann nicht von Bedeutung, wenn der Verstoß nicht mehr geringfügig ist und er daher eine Bußgeldanzeige zu fertigen hat.

Von Bedeutung ist diese Kenntnis aber, wenn er eine Verwarnung mit Verwarnungsgeld erteilen will, denn nun muss er wissen, ob eine oder mehrere Verwarnungen auszusprechen sind.[2]

Problem: Schwierig ist z. T. die Feststellung, *wann eine* Handlung im Sinne des § 19 vorliegt. Ist der Verstoß auf *eine* Willensbetätigung zurückzuführen, ist die Feststellung noch klar. Sind indes mehrere Handlungsweisen gegeben, fragt sich, ob sie eine natürliche oder rechtliche Handlungseinheit darstellen oder ob sie als Handlungsmehrheit (§ 20) einzustufen sind.[3]

Tateinheit / Tatmehrheit:

Fall: Der Betroffene hatte nach Auswertung der von der Polizei sichergestellten Diagrammscheiben an mehreren Tagen in insgesamt 31 Fällen die für sein Fz. zul. Höchstgeschwindigkeit überschritten. Er wurde zu insgesamt 31 Geldbußen in unterschiedlicher Höhe verurteilt.

Zur Frage der Tateinheit/Tatmehrheit bei mehreren Geschwindigkeitsüberschreitungen an verschiedenen Tagen hat das OLG Düsseldorf-Ss (OWi) 247/93 – 46/93 – folgende Grundsätze aufgestellt (bekräftigt):

„... unter Berücksichtigung normaler Verhältnisse im Straßenverkehr ist ein Verkehrsvorgang ... mit dem Abstellen des Fahrzeuges beendet ... Die an sechs verschiedenen Tagen festgestellten mehrfachen Überschreitungen der zul. Höchstgeschwindigkeit stellen keinen einheitlichen Vorgang dar, da sie nicht als untrennbares historisches Ereignis zu betrachten sind. Aber auch an einem einzelnen Tag ist ein einheitlicher historischer Vorgang ... nur dann anzunehmen, wenn wegen einer *engen räumlichen und zeitlichen Nähe* der Verstöße zueinander auf einen einheitlichen Geschehensablauf geschlossen werden kann ..."

1) Vgl. Sie im StR §§ 52 – 54 StGB sowie Kap. A 20.
2) Vgl. Sie hierzu §§ 2, 3 Bußgeldkatalog-Verordnung (BKatV).
3) Zur Abgrenzung zwischen Tateinheit und Handlungsmehrheit Näheres bei Göhler vor § 19 und Rebmann/Rot Hermann, Kommentar zum OWiG vor § 19, Kohlhammer-Verlag.

Danach kommt also Tateinheit in Betracht, wenn jemand während einer Fahrtstrecke in zeitlich und räumlich dichter Folge mit einheitlichem Tatvorsatz mehrfach die zul. Geschwindigkeit überschreitet, weil er z. B. einen Termin einhalten will. Geschieht dies auf der gleichen Strecke, aber infolge jeweiliger spontaner Intuition, sind diese Verstöße in Tatmehrheit zu sehen.[1]

Andere Verkehrsverstöße sind ähnlich zu beurteilen, z. B. die tägliche Nutzung eines Fz. nach Fälligkeit der nach § 29 StVZO vorgeschriebenen techn. Untersuchung stellt jeweils eine neue OWi dar, die nach den Grundsätzen der Tatmehrheit zu beurteilen wäre.

Zusammentreffen von Straftat und OWi, § 21:

Voraussetzungen:

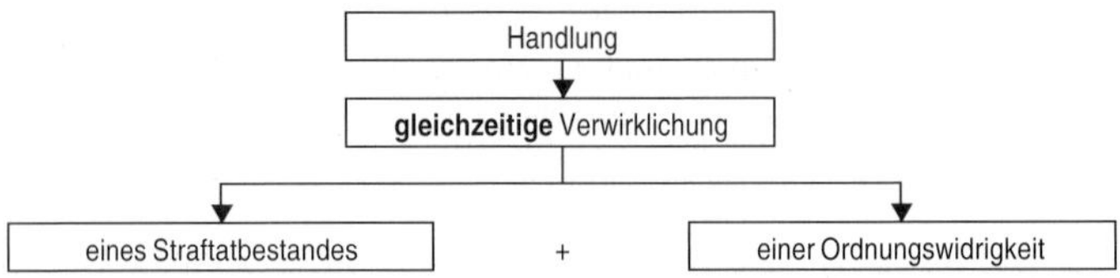

Gem. § 21 I wird nur das Strafgesetz angewendet. Auf die in einem anderen Gesetz angedrohte Nebenfolge (Fahrverbot gem. § 25 StVG) kann erkannt werden.

Im Falle des I kann die Handlung jedoch als OWi geahndet werden, wenn eine Strafe nicht verhängt wird (II).

Beispiel: *Ein Kraftfahrer wird angezeigt, weil er auf der BAB durch dichtes Aufschließen unter ständiger Abgabe von Lichtzeichen einen vorausfahrenden Pkw-Fahrer zum Abbruch eines Überholvorganges genötigt hat.*

Argumente: Der aufnehmende Beamte wird eine Anzeige wegen des Verdachts der Nötigung (§ 240 StGB) erstatten, dabei allerdings die verletzten Bußgeldtatbestände mit anführen. Sofern es nicht zur Verurteilung des Fahrers wegen Nötigung kommt, kann eine Ahndung der Verkehrs-OWi erfolgen und – bei festgestellter grober Pflichtverletzung – ein Fahrverbot nach § 25 StVG verhängt werden.

Gesetzeskonkurrenz:

Die Gesetzeskonkurrenz[2] ist im Gesetz selbst nicht geregelt, sondern durch Rechtsprechung und Literatur entwickelt worden. Sie enthält Grundsätze, die dogmatisch vorgeben, welche Vorschrift zur Ahndung des Verhaltens heranzuziehen ist.

Gesetzeskonkurrenz besteht dann, wenn eine Handlung dem Wortlaut nach mehrere gesetzliche Tatbestände verwirklicht, von denen jedoch nur einer angewendet werden darf, während die anderen *zurücktreten*.

Welcher gesetzlichen Vorschrift der Vorrang gebührt, ist nach folgenden Gesichtspunkten zu beurteilen:

- **Spezialität:**

Hiernach geht die spezielle Vorschrift der generellen vor.

Beispiel: *§ 3 II StVO – Behinderung durch Langsamfahren – geht dem generellen § 1 II – Verbot der vermeidbaren Behinderung – vor.*

1) Vgl. Sie in diesem Sinne auch BayObLG, Beschl. v. 8.9.97 (2 OB OWi 485/97) mit Anm. Janiszewski in NJW '98, 293 sowie BayObLG NStZ '02, 155.
2) Vgl. Sie Kap. A 20.

- **Subsidiarität:**

Dieser Begriff kennzeichnet eine Vorschrift, die nur *aushilfsweise* angewendet wird, nämlich dann, wenn andere Vorschriften nicht anwendbar sind.

Beispiele: *Vergleichen Sie die Anfangtatbestände „Unzulässiger Lärm", § 117 I / II und „Belästigung der Allgemeinheit", § 118 I / II in Kap. D 3.4 und D 3.5.*

Die Subsidiarität ist erkennbar an der gesetzlichen Formulierung: „ ..., wenn die Handlung nicht nach anderen Vorschriften geahndet werden kann..."

- **Konsumtion:**

In diesem Fall wird einem Tatbestand der Vorrang gegeben, der seinem Wesen nach einen anderen gesetzlichen Tatbestand in sich aufnimmt, ohne dass dieser nur subsidiär gilt.

Beispiel: *§ 119 I Nr. 2 konsumiert den § 120 I Nr. 2.*

Zur Veranschaulichung der Gesetzeskonkurrenz mag folgender Fall dienen:

Fall: Polizeibeamte werden auf einen Taxifahrer aufmerksam gemacht, der den Motor seines Dieselfahrzeuges in einer bewohnten Straße zur Nachtzeit (23.30 Uhr) längere Zeit im Stand laufen ließ. Der Fahrer gibt an, auf einen Kunden zu warten. Wegen der kalten Witterung habe er den Motor nicht abgestellt.

Argumente: Die Handlung erfüllt zunächst den Tatbestand des § 117 I – Unzulässiger Lärm. Allerdings macht der Gesetzgeber in II deutlich, dass die Vorschrift nur aushilfsweise gilt (Subsidiarität).

In Betracht käme § 9 I LImSchGNRW – Schutz der Nachtruhe. Doch bestimmt IV, dass spezielle Vorschriften des Verkehrsrechts vorgehen (Subsidiarität).

Auch § 38 BImSchG, der den Betrieb von Kfz regelt und im Sinne des § 62 I Nr. 7 BImSchG bußgeldbewehrt ist, wird von den speziellen Vorschriften des Verkehrsrechts verdrängt (Spezialität).

Anzuwendende – spezielle – Vorschiften wären § 30 I und § 1 II StVO.

1.12 Der Ablauf des OWi-Verfahrens

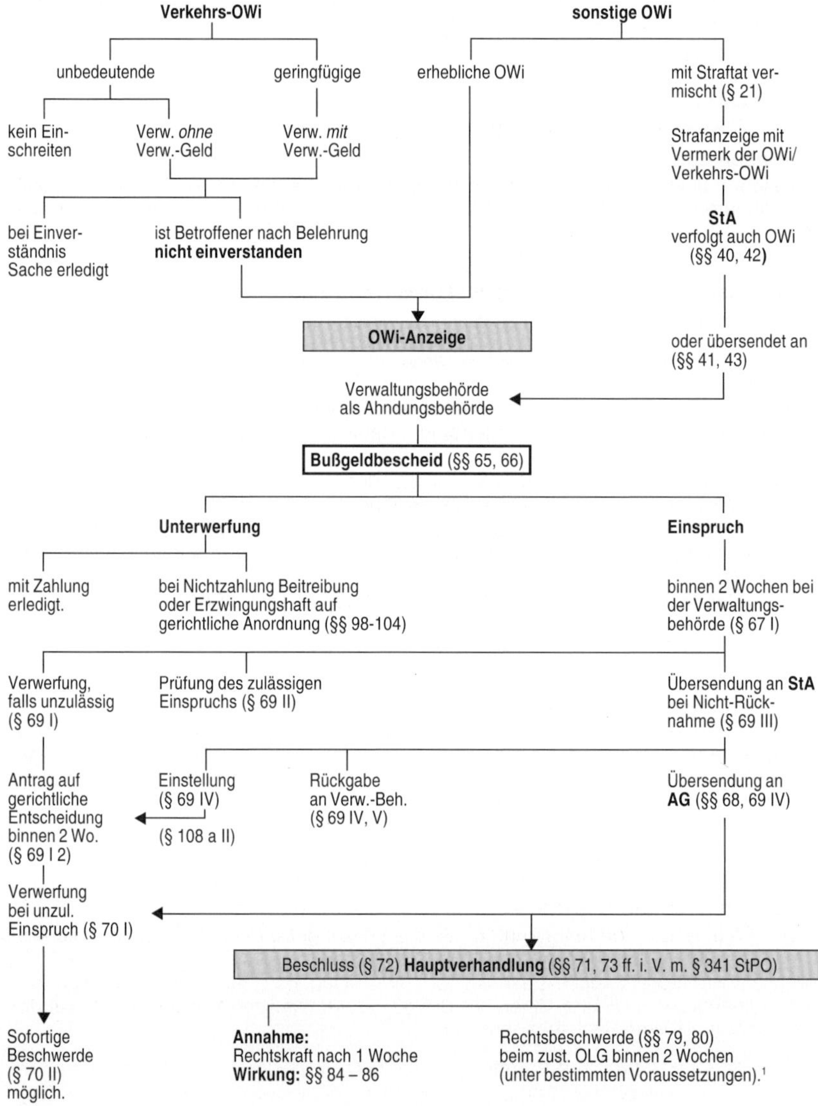

1) Schließlich kommen auch noch die Vorlage beim BGH analog § 121 II GVG und die Verfassungsbeschwerde (Art. 93 GG) in Betracht.

2 Verfahrensvorschriften

2.1 Verfolgung von Ordnungswidrigkeiten

2.1.1 Begriffsbestimmungen

2.1.1.1 Verwaltungsbehörde (VB)

Verwaltungsbehörde im Sinne des OWiG ist die Behörde, welche die Befugnis zur Verfolgung *und* Ahndung von OWi hat (§ 35).

Gerichte und Staatsanwaltschaften sind nur dann zuständig, wenn das OWiG dies im Einzelfall bestimmt (§§ 68, 39 – 42, 45, 69, 71 ff.).

Welche Behörde *sachlich* zuständige Verwaltungsbehörde ist, bestimmt § 36 I:

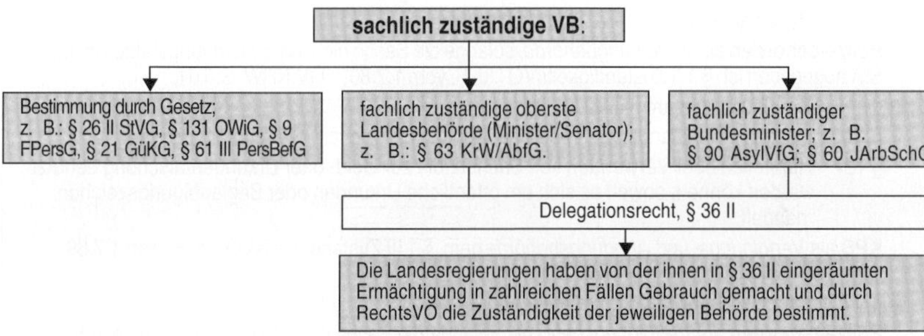

So ist in NRW gem. § 1 der „VO zur Bestimmung der für die Verfolgung und Ahndung von Verkehrsordnungswidrigkeiten (§§ 24, 24 a StVG) zuständigen Verwaltungsbehörden“ den Kreisen und kreisfreien Städten die Verfolgung *und* Ahndung dieser OWi übertragen worden.

2.1.1.2 Die Polizei als Verfolgungsbehörde

Der Status der Verfolgungsbehörde schließt zwar im Gegensatz zur Eigenschaft der Verwaltungsbehörde die Befugnis zur *Ahndung* (per Bußgeldbescheid) der OWi *aus*, eröffnet aber andererseits besondere Rechte (§ 46 II).

Soweit die Polizeibehörden zur Verfolgungsbehörde bestimmt sind, obliegt ihnen die *Leitung der Ermittlungen,* d. h. insbesondere die Entscheidung über

- die Einleitung/Einstellung des Ermittlungsverfahrens,
- deren Fortgang und den Abschluss des Ermittlungsverfahrens,
- die Art und den Umfang der Aufklärung des Sachverhalts,
- den Fortbestand von Maßnahmen, die die Polizei getroffen hat (etwa über die Aufrechterhaltung einer Pkw-Beschlagnahme zum Zwecke der Beweissicherung).

Die Leitungsbefugnis endet mit der Abgabe der Ermittlungsakten an die zuständige Verwaltungsbehörde, in NRW z. B. an die Bußgeldstelle des Kreises nach Abschluss der Ermittlungen in einem Sachschadensunfall.

2.1.1.3 Die Polizei als Ermittlungsorgan der zuständigen Verwaltungsbehörde

Die Polizei wird bei der Verfolgung von OWi als *Ermittlungsorgan* der zuständigen Verwaltungsbehörde tätig,

- soweit sie nicht im Einzelfall selbst Verwaltungsbehörde i. S. v. § 36 ist oder
- sofern sie nicht im Einzelfall Verfolgungsbehörde ist.

In **Nordrhein-Westfalen** sind die **Kreispolizeibehörden** zuständige Verfolgungs- und zum Teil auch Verwaltungsbehörde bei Zuwiderhandlungen u.a. nach:

- **§§ 24, 24 a StVG – Polizeibehörden** als *Verfolgungsbehörde* –, soweit sie die Akten nicht schon an die Verwaltungsbehörde oder StA abgegeben haben. RdErl. IM/NRW v. 9.8.2006 MBl. NRW S. 416.
- § 111 – Falsche Namensangabe.
  § 117 – Unzulässiger Lärm.
  § 118 – Belästigung der Allgemeinheit.
  § 119 – Grob anstößige und belästigende Handlungen.
  § 120 – Verbotene Ausübung der Prostitution; Werbung für Prostitution.
  § 121 – Halten gefährlicher Tiere.
  Polizeibehörden als *Verfolgungbehörde*, solange die Sache nicht an die Ordnungsbehörde oder StA abgegeben ist. § 1 II ZuständigkeitsVO i. d. F. vom 1.7.80, GV.NRW. S. 701.
- § 113 – Unerlaubte Ansammlung.
  § 115 – Verkehr mit Gefangenen, soweit sie sich in polizeilichem Gewahrsam befinden.
  § 127 – Herstellen oder Verwenden von Sachen, die zur Geld- oder Urkundenfälschung benutzt werden können, soweit es sich um öffentliche Urkunden oder Beglaubigungszeichen handelt.
  KPB als *Verfolgungs-* und *Ahndungsbehörde* gem. § 1 III ZuständigkeitsVO i. d. F. vom 1.7.89, GV.NRW. S. 701.
- **§ 9 I Gesetz zur Beförderung gefährlicher Güter**
  Polizeibehörden als *Verfolgungsbehörde*, solange die Sache nicht an die Verwaltungsbehörde oder StÅ abgegeben ist, gem. § 5 II ZuständigkeitsVO i. d. F.vom 19.3.96, GV.NRW. S. 141.
- **§§ 55 WaffG – KPB** als *Verfolgungs- und Ahndungsbehörde* gem. ZuständigkeitsVO zur Durchführung des Waffengesetzes i. d. F. v. 28.5.82, GV.NRW. S. 250.
- **§ 29 VersammlG – KPB** als *Verfolgungs- und Ahndungsbehörde* gem. ZuständigkeitsVO zum VersammlG. i. d. F. vom 2.2.87, GV.NRW. S. 62.
- **§ 23 VO zum VereinsG – KPB** als *Verfolgungs- und Ahndungsbehörde* gem. ZuständigkeitsVO i. d. F. vom 1.2.72, GV.NRW. 21.

2.1.2 Geltung der Bestimmungen für das Strafverfahren

Gem. § 46 I gelten für das Bußgeldverfahren (Verfolgung und Ahndung) *sinngemäß* die Vorschriften der StPO, des GVG und des JGG, soweit das OWiG nicht ausdrücklich etwas anderes bestimmt (§ 46 II – VII). Ausgenommen sind insbesondere:
- die vorläufige Festnahme, § 127 II StPO,
- die Beschlagnahme von Postsendungen, § 99 StPO,
- die körperliche Untersuchung nach § 81 a StPO, sofern es sich nicht um eine Entnahme von Blutproben oder um andere geringfügige Eingriffe handelt,
- die molekulargenetische Unersuchung, § 81 e StPO.

Andere nicht ausdrücklich ausgenommene Maßnahmen verbieten sich gegebenenfalls aus dem Grundsatz der *Verhältnismäßigkeit* (→ D 2.2), wie z.B. die Identitätsfeststellung durch Veröffentlichung von Lichtbildern, wie sie im Strafverfahren nach Maßgabe des § 131 b I StPO (→ C 13.4) möglich wäre.

2.1.3 Aufgaben der Polizei

Gemäß § 53 I S.1 haben die Behörden und Beamten des Polizeidienstes nach pflichtgemäßem Ermessen (= Opportunitätsprinzip im Gegensatz zu dem sich aus § 163 I S.1 StPO ergebenden Legalitätsprinzip für die Strafverfolgung; Kap. C 2.2) die zur Aufklärung von OWi notwendigen und unaufschiebbaren Maßnahmen zu treffen, um die Verdunklung der Sache zu verhindern.

Soweit das OWiG nichts anderes bestimmt, hat die Polizei zur Erforschung von OWi die gleichen Rechte wie bei der Verfolgung von Straftaten (§ 53 I S. 2).
Wird die Polizei als Verfolgungs- oder gar Ahndungsbehörde tätig, bestimmen sich ihre Rechte aus § 46 II, wird sie als Ermittlungsorgan der zuständigen Verwaltungsbehörde tätig, ergeben sich ihre Befugnisse aus § 53 I S. 2 und II.

Ermittlungsgeneralklausel, § 53 I 2 OWiG i. V. m. § 163 I S. 2 StPO

Zu Ermittlungszwecken sind die Polizeibeamten/-behörden **befugt**,
- alle Behörden um Auskunft zu ersuchen, bei Gefahr im Verzug auch, die Auskunft zu verlangen,
- sowie Ermittlungen jeder Art vorzunehmen, soweit nicht andere gesetzliche Vorschriften ihre Befugnisse besonders regeln.

Auf die ausführlichen Bemerkungen in Kap. C 2.2 wird hingewiesen.

Datenschutz

§ 53 I 2 bzw. § 46 I jeweils i.V.m. § 163 I S. 2 StPO stellen wie die in Kapitel D 2.2 beschriebenen Einzelermächtigungen **Datenerhebungsnormen** dar. Die **Datenschutzbestimmungen** nach §§ 49 – 49 d begrenzen dagegen den Umgang mit diesen rechtmäßig erhobenen pbD und legen den Rahmen fest, in dem verfahrensübergreifende, d. h. verfahrensexterne Zwecke eine Datenübermittlung rechtfertigen. Einen Überblick vermittelt Kap. C 2.11.

Der Opportunitätsgrundsatz besagt, dass nach pflichtgemäßem Ermessen (§ 47 I), d. h. nach *sachlich orientierter Beurteilung* im Einzelfall, zu entscheiden ist,
- ob überhaupt (= Bedeutung des Verstoßes),
- wenn ja, in welchem Umfang (= bei mehreren Handlungen z. B. Beschränkung auf die Verfolgung wesentlicher Verstöße) und
- mit welchen Mitteln (= Maßnahmen)

zu verfolgen ist.
Der Opportunitätsgrundsatz ergibt sich aus der Bedeutung der Ordnungsverstöße, die die Rechtsordnung weniger gefährden und einen geringeren Unrechtsgehalt aufweisen als Straftaten.
Der Unrechtsgehalt kann so gering und eine Gefährdung so entfernt sein (manche Verstöße gegen die StVO oder nach dem Abfallgesetz), dass eine Ahndung nicht mehr angemessen oder notwendig erscheint oder der Zweck in anderer Weise (z. B. Verwarnung mit oder ohne Verwarnungsgeld) erreicht werden kann.
Das pflichtgemäße Ermessen ist allerdings bei der Verfolgung von Verkehrsordnungswidrigkeiten im Interesse einer notwendigen Rechtsanwendungsgleichheit mit der Bußgeldkatalog-Verordnung (BKatV) eingeschränkt worden.

Danach sollen die Beamten des Polizeidienstes nur in sachlich gerechtfertigten Einzelfällen von diesen mittels Rechtsverordnung vorgegebenen Richtlinien abweichen. Zu weiteren Einzelheiten vgl. Sie ggf. §§ 2, 3 BKatV.

> Dem Ersuchen der Verwaltungsbehörde (in ihrer Eigenschaft als Herrin des Verfahrens) um Vornahme von Ermittlungen hat die Polizei zu entsprechen (§§ 35, 36, 46 I OWiG i. V. m. § 161 S. 2 StPO). Die polizeiliche Tätigkeit stellt sich dann *nicht* als Amtshilfe i. S. d. VwVfG dar. Die Polizei handelt in solchen Fällen als verlängerter Arm der Verwaltungsbehörde. Das Rechtsverhältnis entspricht dem zur StA bei der Verfolgung von Straftaten (vgl. Sie Kap. C 1.13).

Nach Abschluss der Ermittlungen übersendet die Polizei die entstandenen Akten der zuständigen Verwaltungsbehörde (z. B. bei Verkehrs-OWi der Bußgeldstelle beim Kreis), sofern sie nicht selbst Ahndungsbehörde ist (z. B. bei Owi-Verstößen nach dem WaffG). Falls die OWi mit einer Straftat zusammenhängt (z. B. Trunkenheitsfahrt mit Überschreitung des Termins zur Hauptuntersuchung, § 29 StVZO), sind die entstandenen Akten der zuständigen StA zuzuleiten (§ 53 I S 3 [§§ 21, 42]).

2.2 Eingriffsbefugnisse

2.2.1 Der Grundsatz der Verhältnismäßigkeit

Der Grundsatz der Verhältnismäßigkeit, dem nach der Rechtsprechung ds BVerfG[1] Verfassungsrang zukommt, ist im Bußgeldverfahren besonders zu beachten.

Verhältnismäßig ist eine Maßnahme dann, wenn sie

- geeignet und erforderlich ist und
- ein Missverhältnis zwischen ihrem Anlass (Bedeutung des Tatvorwurfs) und ihre Auswirkung (Belastung des Grundrechtsadressaten) nicht besteht.

Der Grundsatz der Verhältnismäßigkeit gebietet im OWi-Recht vor jedem Eingriff in die Rechtssphäre des Einzelnen in besonderem Maße die Prüfung, ob

Mittel, Zweck und Schwere des Eingriffs → geeignet, erforderlich und *angemessen* sind → im Hinblick auf die Bedeutung der Sache.

Der Grundsatz der Verhältnismäßigkeit verbietet

ein Übermaß an Eingriffen (Anordnung u. Durchsetzung) → und untersagt damit ggf. → Maßnahmen, die jedenfalls bei der Verfolgung von Straftaten statthaft wären.[2]

Beispiel: *Am Stadtpark berichtet ein älteres Ehepaar einer Fustkw-Besatzung, dass es gerade beobachtet habe, wie ein Mann unbestimmten Alters mehrere offenbar leere Waschmittel- und Farbeimer aus dem Kofferraum seines Pkw Audi A 6 ins nahe Gebüsch geworfen und sich sodann in Richtung Stadtmitte entfernt habe.*

Die Beamten notieren Namen und Anschrift der Personen, sichten den Abfall und fahren nach Halterabfrage zu der in der Hartmannstr. 13 gelegenen Wohnung des Jakob Menten. Vor dem Haus Nr. 13 steht das beschriebene Fahrzeug; die Motorhaube ist warm. Das Klingelschild weist aus, dass der festgestellte Halter in dem 6-Familien-Haus wohnt. Frau Menten erklärt den Beamten an der nur einen Spalt weit geöffneten Wohnungstür, dass ihr Mann und ihr Sohn, die den Pkw im Allgemeinen führen, nicht zu Hause seien.

Die Beamten müssen entscheiden, ob sie die Wohnung gegen den Willen von Frau Menten (ggf. mit Zwang durch sanftes Aufdrücken der Tür) betreten dürfen, um den in Frage kommenden Betroffenen definitiv zu ermitteln.

Anmerkungen:

1. Es besteht der Verdacht der verbotenen Abfallbeseitigung gem. §§ 27, 61 I Nr. 2 KrW/AbfG (OWi).
2. Die Beamten haben die OWi nach pflichtgemäßem Ermessen i. S. v. § 53 I S. 1 zu erforschen und alle unaufschiebbaren Anordnungen zu treffen, um die Verdunkelung der Sache zu verhüten.
3. Sie haben bei der Ermittlung der Sache die gleichen Rechte und Pflichten wie bei der Verfolgung von Straftaten (§ 53 I S. 2). Als Ermittlungspersonen der StA können sie auch nach den für sie geltenden Vorschriften der StPO prozessuale Maßnahmen treffen (§ 53 II), soweit diese nicht für das OWi-Verfahren durch § 46 III – VII ausgeschlossen sind.
4. In Betracht kommen:
   a) die Zeugenanhörung der Frau Menten nach Belehrung (§ 53 I S. 2 OWiG i. V. m. § 163 a V StPO); diese Maßnahme hatte sich als nicht sehr ergiebig erwiesen.
   b) das Betreten der Wohnung zur Identitätsfeststellung und Befragung (Vernehmung) des mutmaßlichen Betroffenen zum Sachverhalt gem. § 53 II OWiG i. V. m. §§ 102 ff. und §§ 163 b, c StPO)
5. Fraglich ist die **Verhältnismäßigkeit** des Betretens der Wohnung.

   Die Maßnahme wäre *geeignet*, Vater und Sohn oder einen von beiden in der Wohnung anzutreffen.

---

1) BVerfG NJW 1970, S. 505 f.
2) BVerfGE 22, 114, 123. Weitere Nachw. bei Göhler zu § 46. Vgl. Sie auch die Ausführungen zu D 2.1.2 oben.

Sie könnten nach Belehrung (§ 55 OWiG i. V. m. § 163 a I StPO) zum Sachverhalt befragt werden.

Vater und Sohn könnten natürlich die Tat bestreiten, die Aussage verweigern und sich im Übrigen auf ihr Zeugnisverweigerungsrecht berufen.

Die Maßnahme müsste auch *erforderlich* sein.

Ohne die *definitive* Feststellung des Betroffenen kann ein Bußgeldbescheid nicht rechtswirksam erlassen werden.

Andere (mildere) Möglichkeiten der Sachverhaltsklärung dürfen nicht gegeben sein.

- Die Zeugen können keine näheren Hinweise geben.
- Hausbewohner oder Nachbarn könnten befragt werden, ob sie den Halter oder seinen Sohn mit den Kartons beobachtet haben(§ 53 I 2 OWiG i. V. m. § 163 I S. 2 StPO). Wenn sich von ihnen niemand erinnert, *bleibt* die Frage, war es der Vater oder der Sohn. Ihre Befragung könnte weiterführen. Dazu wäre das Aufsuchen der Wohnung erforderlich.

Es bleibt nunmehr zu klären, ob das Betreten der Wohnung auch ein *angemessenes* Mittel zur Aufklärung der Tat ist. Das setzt eine Gewichtung von Bedeutung des Verstoßes und Schwere des Eingriffs voraus.

Ein kurzfristiges Betreten der Wohnung stünde hier einem schon erheblichen „Landschaftseingriff" durch sachwidrige Beseitigung erheblicher Mengen Abfalls gegenüber. Danach wäre die Wohnungsdurchsuchung auch angemessen und insgesamt rechtmäßig gewesen[1].

2.2.1.1 Die körperliche Untersuchung des Betroffenen (Kap. C 3.1)

Nur die Blutentnahme und andere geringfügige Eingriffe sind zulässig. Molekulargenetische Untersuchungen i.S.v. § 81 e StPO (Kap. C 4) sind gem. § 46 IV unzulässig.

Rechtsgrundlage:	§ 46 I, II, IV i. V. m. § 81 a StPO.
Anordnungsbefugnis:	§ 81 a II StPO i. V. m. § 46 II bzw. i. V. m. § 53 II, wenn die Polizei nur Ermittlungsbehörde ist.[1]

> Die körperliche Untersuchung wird – abgesehen u. U. von einem Verdacht nach § 24 a StVG – aus Gründen der Verhältnismäßigkeit nur ausnahmsweise in Betracht kommen.

Beispiele:

1. Fußgänger mitten auf der Straße

Eschweiler – *Ein schwerer Verkehrsunfall ereignete sich am Samstagabend gegen 21.15 Uhr auf der Dürener Straße, wobei ein Fußgänger lebensgefährliche Verletzungen davontrug. In Höhe des Hauses 464 c wurde der Fußgänger, der mitten auf der Fahrbahn ging, von einem Wagen erfasst, der in Richtung Frankenplatz fuhr. Der Fußgänger wurde auf die Fahrbahn geschleudert und blieb mit lebensgefährlichen Verletzungen liegen. Da er unter Alkoholeinwirkung stand, wurde ihm eine Blutprobe entnommen. Er wurde vom Notarztwagen ins Aachener Klinikum gebracht.*

2. Angetrunkener belästigt Passanten

Aachen – *In einer belebten Einkaufsstraße begeht ein Angetrunknener grob ungehörige Handlungen, die die Allgemeinheit belästigen. Die k. U. ist im Hinblick auf § 122 entbehrlich. Eine angemessene Geldbuße kann entweder nach § 118 oder nach § 122 – Vollrausch – verhängt werden.*

3. Blutprobe beim Mofafahrer

Bei einem Fahrer eines Mofa 25 zeigt die Atemalkoholmessung *0,35 mg/l. Ausfallerscheinungen wurden nicht festgestellt. Der Verdacht einer Zuwiderhandlung nach § 24 a I Nr. 2 StVG ist gerechtfertigt.*

---

1) Kommt man im vorliegenden Fall zu der Auffassung, dass ein *angemessenes* Verhältnis zwischen Tatschwere und Grundrechtseingriff *nicht* besteht, müsste die Durchsuchung am Übermaßverbot scheitern.
Das LG Zweibrücken (Beschl. v. 22.12.98 – 1 Qs 168/98) hat die Durchsuchung der Wohnung des Betroffenen, der einer *nicht* schwerwiegenden Verkehrsordnungswidrigkeit (Überschreiten der zulässigen Höchstgeschwindigkeit a. g. O. um 33 km/h) verdächtig war, als unangemessen und damit rechtswidrig bezeichnet. Ziel der Durchsuchung war gewesen, den Terminkalender des Betroffenen, der die Tat bestritten hatte, zu finden und zur weiteren Einsichtnahme als Beweismittel zu beschlagnahmen.

Die k.U. in Form der Blutentnahme wäre nur unentbehrlich und dann auch verhältnismäßig, wenn sich der Betroffene geweigert hätte, das Testverfahren ordnungsgemäß (und freiwillig) durchzuführen. Vgl. Sie hierzu die umfassenden Ausführungen in Kap. B 25.2.

2.2.1.2 Die körperliche Untersuchung bei nichtbeschuldigten Personen (Kap. C 3.2)

Die Maßnahme ist grundsätzlich zulässig, doch für die polizeiliche Praxis ohne Bedeutung.

Rechtsgrundlage: § 46 I, II, IV i. V. m. § 81 c StPO.
Anordnungsbefugnis: § 81 c V StPO i. V. m. § 46 II bzw. § 53 II, wenn die Polizei nur Ermittlungsbehörde ist.

2.2.1.3 Die Sicherstellung und Beschlagnahme von Beweismitteln (Kap. C 6.2)

Rechtsgrundlage: § 46 I, II i. V. m. §§ 94 ff. StPO.
Anordnungsbefugnis: § 98 I StPO i. V. m. § 46 II bzw. i. V. m. § 53 II, wenn die Polizei nur Ermittlungsbehörde ist.

Beispiele:

Beschlagnahme eines Kfz als Beweismittel für die Aufklärung eines VU mit erheblichem Sachschaden, wenn technische Mängel die Ursache gewesen sein können.

Beschlagnahme des Schaublattes des Fahrschreibers zum Nachweis der Geschwindigkeitsüberschreitung.

Beschlagnahme eines überladenen Lkw zum Zwecke der Wägung, falls der Fz.-Führer oder -Halter seiner Verpflichtung aus § 31 c StVZO, das Fahrzeug wiegen zu lassen, nicht nachkommt (OLG Hamm in VRS 43, 394).

> Zur **Führerscheinbeschlagnahme** aus eigener Initiative ist die Polizei im Owi-Recht nicht befugt, da als Rechtsfolge einer OWi wohl ein Fahrverbot – § 25 StVG –, nicht aber die Entziehung der Fahrerlaubnis in Betracht kommt. Erst nach rechtskräftiger Verhängung eines Fahrverbotes durch die Verwaltungsbehörde ist der Führerschein amtlich zu verwahren und ggf. auf Ersuchen der VB zu diesem Zweck zu beschlagnahmen.

2.2.1.4 Die Beschlagnahme von (beweglichen) Einziehungsgegenständen (Kap. C 6.4)

Die Einziehung durch die Verwaltungsbehörde kommt nur in Betracht, wenn dies im Gesetz *ausdrücklich* erwähnt ist (§ 22).

Rechtsgrundlage: § 46 I, II i. V. m. §§ 111 ff. StPO u. §§ 22 ff.
Anordnungsbefugnis: § 111 e I StPO i. V. m. § 46 II bzw. i. V. m. § 53 II, wenn die Polizei nur Ermittlungsbehörde ist.

Gesetze, die die Einziehung ausdrücklich zulassen, sind u.a.:

- §§ 123, 129;
- § 23 StVG; §§ 56 II, III WaffG, 33 BtMG, 43 SprengstG;
- §§ 30 VersammlG, 40 BJagdG, 19 TierSchG.

2.2.1.5 Die Durchsuchung von Personen, Sachen und Räumen (Kap. C 7)

Die Maßnahme ist sowohl bei Betroffenen einer OWi als auch bei anderen Personen zulässig. Der Grundsatz der Verhältnismäßigkeit gebietet bei Hausdurchsuchungen Zurückhaltung.

Rechtsgrundlage: § 46 I, II i. V. m. §§ 102 ff. StPO.
Anordnungsbefugnis: § 105 I StPO i. V. m. § 46 II bzw. i. V. m. § 53 II, wenn die Polizei nur Ermittlungsbehörde ist.

Für die Durchsicht von Papieren gilt § 110 StPO (Kap. C 7.6). Als *Verfolgungsbehörde* ist die Polizei auch ohne Anordnung der StA zur Durchsicht berechtigt (Näheres oben in Kap. D 2.1).

Beispiel: *amtsrichterlicher Durchsuchungsbeschluss ...*

41 Gs 2820/93 Landeswappen

AMTSGERICHT AACHEN

BESCHLUSS

In dem Ermittlungsverfahren gegen „unbekannt" wegen Verdachts einer Verkehrsordnungswidrigkeit wird gem. § 103 I StPO die Durchsuchung des Geschäftshauses der Fa. ... in 52070 Aachen angeordnet.

Aufgrund einer Radarkontrolle der Polizei besteht der Verdacht, dass ein Mitarbeiter der Fa. mit einem auf diese zugel. Pkw, amtl. Kennz. ..., am ..., gegen ... Uhr, auf der BAB A 4 (Aachen-Köln) die zul. Höchstgeschwindigkeit von 100 km/h um mindestens 60 km/h überschritten hat.

Anläßlich des Verstoßes ist ein Radarmessfoto gefertigt worden, auf dem der Fahrer erkennbar ist.

Da der Geschäftsführer der Fa. sich weigert, den Namen des Fahrers zu benennen, ist die Durchsuchung erforderlich und angesichts des Gewichts des Verstoßes auch angemessen.

Die Durchsuchung dient der Auffindung der Unterlagen, aus denen sich ergibt, wer das Fahrzeug zur fraglichen Zeit benutzt hat.

Aachen, ...
Amtsgericht, Abt. 41

Unterschrift ...
Richter am Amtsgericht

Ausgefertigt, Siegel
Unterschrift ...
Justizangest. als
Urkundsbeamtin(er)
der Geschäftsstelle

2.2.1.6 Die Sicherheitsleistung (Kap. C 11)

Diese Maßnahme ist für die polizeiliche Praxis von *besonderer Bedeutung.* Die Sicherheitsleistung kommt insbesondere gegenüber durchreisenden Ausländern in Betracht, wenn diese Verkehrs-OWi begangen haben und nach ihrer sofortigen Anhörung ein Verwarngeld nicht zahlen wollen oder wenn wegen der Bedeutung der Sache eine Bußgeldanzeige zu fertigen ist.

Rechtsgrundlage: § 46 I, II i. V. m. § 132 StPO.

Anordnungsbefugnis: § 132 II StPO i. V. m. § 46 II bzw. i. V. m. § 53 II, wenn die Polizei nur Ermittlungsbehörde ist.

2.2.1.7 Die Identitätsfeststellung (Kap. C 9)

Identitätsfeststellung beim Betroffenen oder bei anderen Personen.

Rechtsgrundlage: § 46 I, II i. V. m. §§ 163 b, c StPO

Anordnungsbefugnis: § 163 b StPO i. V. m. § 46 II bzw. i. V. m. § 53 I, wenn die Polizei nur Ermittlungsbehörde ist.

Beispiele:

Der Betroffene einer OWi gem. § 118 – Belästigung der Allgemeinheit – will sich nicht ausweisen (§ 111).

Der einzige Zeuge eines schweren VU wird von Polizeibeamten aufgefordert, *sich auszuweisen, nachdem er die* Bitte *um Angabe seiner Personaldaten ignoriert hatte.*

2.2.1.8 Die Festnahme von Störern einer Amtshandlung (Kap. C 10.8.2)

Rechtsgrundlage: § 46 I, II i. V. m. § 164 StPO.

Anordnungsbefugnis: § 164 StPO I. V. m. § 46 II bzw. § 53 I, wenn die Polizei nur Ermittlungsbehörde ist.

Beispiel: *Vorübergehendes Festhalten oder Zurückdrängen eines Unfallzeugen, der den einschreitenden Beamten bei der Unfallaufnahme im Wege steht und hartnäckig auf die Unfallbeteiligten einredet, um ihnen seine Auffassung vom Unfallhergang aufzuschwatzen.*

2.2.1.9 Die erkennungsdienstliche Behandlung (Kap. C 5)

Die Maßnahme, die in ihrer ersten Alternative der Täterüberführung und in der zweiten Alternative der Gewinnung von Ed-Material für die künftige Täterermittlung dient, dürfte im Owi-Recht nur in Ausnahmefällen zu treffen sein.

Rechtsgrundlage: § 46 I, II i. V. m. § 81 b StPO.

Anordnungsbefugnis: § 81 b StPO i. V. m. § 46 II bzw. § 53 I, wenn die Polizei nur Ermittlungsbehörde ist.

Beispiele:

Polizeibeamte fotografieren Teilnehmer einer öffentlichen Versammlung, die sich nicht unverzüglich nach ihrer Ausschließung aus ihr entfernen (§ 29 I 5 VersammlG – Owi). Erkenntnisse liegen vor, dass diese Personen schon in früheren Fällen als Störergruppe aufgetreten sind.

Ed-Behandlung einer weiblichen Person, die bei der Ausübung der verbotenen Prostitution angetroffen wurde (§ 120). Äußerungen dieser Person lassen darauf schließen, dass sie ihrem Gewerbe auch künftig in dieser Form nachgehen wird.

2.2.1.10 Die Notveräußerung (Kap. C 6)

Die Maßnahme ist auch im OWi-Recht zulässig bei Gegenständen, die der Einziehung unterliegen (oben Kap. D 1.9).

Rechtsgrundlage: § 46 I, II i. V. m. § 111 I StPO.

Anordnungsbefugnis: § 111 I II StPO i. V. m. § 46 II bzw. i. V. m. § 53 II, wenn die Polizei nur Ermittlungsbehörde ist.

Die für die Anordnungskompetenz geforderte Gefahr im Verzug setzt die Befürchtung voraus, dass der Gegenstand zu verderben droht oder dass eine Wertminderung eintritt, bevor die Entscheidung der Verwaltungsbehörde eingeholt werden kann.

2.2.1.11 Zusammenfassung von Kap. D 2

1. Das Owi-Verfahren wird im Gegensatz zum Strafverfahren, in dem das *Legalitätsprinzip* gilt, vom **Opportunitätsprinzip** geprägt (§ 53 I). Das bedeutet, dass nach pflichtgemäßem Ermessen über das Ob und Wie der Verfolgung zu entscheiden ist.
2. Sofern im OWiG nicht ausdrücklich bestimmte strafprozessuale Maßnahmen für unanwendbar erklärt sind, gilt bei der Verfolgung von OWi der **Maßnahmenkatalog der StPO** (§ 46). Der gegenüber Straftaten relativ geringe Unrechtsgehalt des Handlungsvorwurfs fordert in **besonderem Maße** die Berücksichtigung des Grundsatzes der **Verhältnismäßigkeit.**
3. Soweit ein Polizeibeamter eine Maßnahme auf einem Gebiet trifft, für das „seine" Behörde **Verfolgungsbehörde** (D 2.1.1) ist, gilt als Ermächtigungsgrundlage der § 46 II i. V. m. der jeweiligen Bestimmung der StPO (etwa § 132 StPO). Es gilt dann die Besonderheit, dass der anordnende Beamte **nicht** Ermittlungsperson der StA zu sein braucht.
4. Trifft der Polizeibeamte die Maßnahme allerdings auf einem Gebiet, für das „seine" Behörde nur **Ermittlungsbehörde** (D 2.1.1) ist, gilt für ihn als Ermächtigungsgrundlage der § 53 I bzw. II, und zwar mit der Maßgabe, dass er nach der StPO-Bestimmung ggf. EP/StA sein muss.

2.3 Maßnahmen ohne Eingriffscharakter

2.3.1 Die Anhörung (Kap. C 12)

Rechtsgrundlagen: §§ 55, 46 I und II; § 53 I S. 1 u. 2; §§ 163 a, 136, 136 a StPO.

Der *Zweck* der Anhörung besteht darin,

- dem Betroffenen Gelegenheit zu geben, sich zu entlasten und seine finanziellen Verhältnisse darzulegen, soweit dies für die Geldbuße relevant ist,
- den Sachverhalt aufzuklären und Beweise zu sichern.

Im Einzelnen zu beachtende Bestimmungen:

Der Betroffene ist vor Abschluss der Ermittlungen anzuhören – es sei denn, dass das Verfahren zur Einstellung führt (§ 163 a I StPO). Es genügt aber, wenn ihm Gelegenheit gegeben wird, sich zur Sache zu äußern (§ 55 I), i. d. R. durch Zusendung eines Anhörungsbogens.

Dem Betroffenen ist zu Beginn der Vernehmung (bzw. im Anhörungsbogen) zu eröffnen, welcher Sachverhalt ihm zur Last gelegt wird (§ 163 a III S. 2, IV StPO).

Er ist darauf hinzuweisen, dass es ihm freisteht, sich zur Sache zu äußern oder nicht auszusagen (§ 136 I S. 2; § 163 a IV StPO). Unterbleibt diese Belehrung, dürfen Aussagen des Betroffenen, die ihn belasten, nicht verwertet werden. Der Betroffene ist nur verpflichtet, Angaben zu seiner Person zu machen. Das ergibt sich aus § 111 (Kap. D 3.1).

Der Betroffenen braucht anders als der Beschuldigte im Strafverfahren nicht darauf hingewiesen zu werden, dass er schon vor seiner Vernehmung einen von ihm zu wählenden Verteidiger hinzuziehen kann (§ 55 II S. 1).

Eine Belehrung darüber, dass der Betroffene die Erhebung von Entlastungsbeweisen beantragen kann, ist nicht vorgeschrieben (§ 55 II S. 2). Stellt er jedoch Beweisanträge, ist ihnen zu entsprechen (§ 163 a II StPO).

Die Ermittlung der finanziellen Verhältnisse (Einkommen, Verpflichtungen) soll erfolgen, soweit dies für die Bemessung einer Geldbuße relevant erscheint (§ 136 III StPO). Bei geringfügigen OWi ist dies i. d. R. nicht erforderlich (§ 17 III).

Sofern die Polizei als Verfolgungsbehörde (D 2.1.1) den Betroffenen vorlädt, ist dieser verpflichtet zu erscheinen (§ 163 a III S. 1 StPO i. V. m. § 46 II).[1] Die Anordnung der **Vorführung** ist aber dem Richter vorbehalten (§ 46 V).

Hört die Polizei den Betroffenen als Verfolgungsbehörde an, hat sie die Anwesenheit des Verteidigers zu gestatten (§§ 168 c I, 163 a III StPO i. V. m. § 46, I, II).

In ihrer Eigenschaft als Verfolgungsbehörde hat die Polizei dem Verteidiger auf Antrag Akteneinsicht zu gewähren (§ 46 I, II i. V. m. § 147 I, V StPO).

Die nach § 136 a StPO verbotenen Vernehmungsmethoden sind auch hier nicht erlaubt.

Bei der Vernehmung von **Zeugen** gelten gem. § 163 a V StPO noch folgende *Besonderheiten*:

Vor der ersten Vernehmung des Zeugen ist festzustellen, ob ihm ein Zeugnisverweigerungsrecht aus *persönlichen Gründen* (§ 52 I, II StPO) zusteht. Sofern dies der Fall ist, ist der Zeuge vor jeder Vernehmung über sein Recht zu belehren. Einen Verzicht auf dieses Recht kann er jederzeit widerrufen (§ 52 III StPO).

Personen, denen lediglich aus *beruflichen Gründen* ein Zeugnisverweigerungsrecht zusteht (§§ 53, 53 a StPO), brauchen auf ihr Recht nicht aufmerksam gemacht zu werden. Eine Belehrung ist aber angebracht, wenn dem Vernommenen sein Verweigerungsrecht ganz offensichtlich nicht bekannt ist.

1) Dies gilt auch für Zeugen und Sachverständige, die sie gemäß § 46 I, II i. V. m. § 161 a StPO vorladen darf.

Jeder Zeuge (also auch die in den §§ 53, 53 a StPO genannten Personen) ist vor seiner Vernehmung darüber zu belehren, dass er weder sich noch einen Angehörigen (§ 52 I StPO) durch seine Aussage der Gefahr der Verfolgung auszusetzen braucht (§ 55 StPO, Auskunftsverweigerungsrecht).

Haben Zeugen infolge eingeschränkter oder fehlender Verstandesreife oder -kraft von der Bedeutung ihres Weigerungsrechtes *keine genügende* Vorstellung, – z. B. wegen Minderjährigkeit oder wegen psychischer, geistiger oder seelischer Behinderung – muss – falls sie zur Aussage bereit sind – *auch* ihr gesetzlicher Vertreter der Vernehmung zustimmen (§ 52 II S. 1 StPO). Das sind bei Minderjährigen i. d. R. Vater *und* Mutter. Es genügt, wenn einer unter Zustimmung des anderen die Einwilligung erteilt.

Ist der gesetzliche Vertreter selbst Betroffener (z. B. Vater oder Mutter oder beide), steht ihm diese Entscheidung nicht zu (§ 52 II S. 2). In diesem Fall oder wenn der gesetzliche Vertreter nicht erreichbar ist, muss gem. § 1909 I. S. 1 BGB ein Ergänzungspfleger bestellt werden.[1] Für die Bestellung ist das Vormundschaftsgericht zuständig. Den Antrag können die StA, der Untersuchungsrichter oder das Gericht stellen.[2]

Zur Aussage verpflichtete Zeugen können nur durch vom Richter angeordnete Maßregeln zur Aussage gezwungen werden (§ 70 StPO und § 48 II OWiG).

Datennutzung durch Preisgabe an Dritte

Im Gegensatz zu den Polizeigesetzen (z. B. § 9 PolG NRW) enthielten die StPO und das OWiG **vor** dem StVÄG '99 keine speziellen Ermächtigungen der Datennutzung durch Preisgabe an *Dritte.* Insofern musste auf §§ 46 I, II bzw. § 53 I OWiG i. V. m. § 163 a V StPO (Vernehmung von Zeugen) zurückgegriffen werden. Sofern allerdings *nur* die *Identitätsfeststellung* von Zeugen (Dritten) in Betracht kam, galten §§ 163 b, c StPO.

Fall: Liegt ein Fahrerfoto anlässlich eines mit Bußgeld bedrohten Geschwindigkeitsverstoßes vor, das eine Identifizierung des Fahrers ermöglicht, kommt aus Gründen der Verhältnismäßigkeit *vor* einem **Lichtbildabgleich** nach § 2 b II S. 2 Nr. 3, III PauswG oder § 22 II, III PassG eine zumutbare Datenerhebung beim Betroffenen in Betracht.

Sie kann durch Anhörung des Halters als Zeugen oder Betroffenen erfolgen.

Führt dies zu keinem Erfolg, kommt der Lichtbildabgleich in Betracht. Verläuft dieser negativ, kommt die Befragung anderer geeigneter Personen im Arbeits- oder Wohnumfeld des mutmaßlich Betroffenen als Vernehmung in Betracht.

Letztere Maßnahme war vor dem SVÄG '99 rechtlich nicht unproblematisch. Sie bestand ja nicht nur in der Inanspruchnahme des zu Vernehmenden, sondern *auch in der Vorlage des Fotos und damit in der Preisgabe personenbezogener Daten gegenüber Dritten.* Es lag darin ein Eingriff in das Recht auf informationelle Selbstbestimmung des Fahrers i. S. v. Art. 1 I, 2 I GG gem. Volkszählungsurteil des BVerfG NJW '84, 419, für den als spezielle Norm der mit dem StVÄG '99 eingefügte § 163 I S. 2 StPO[3] i. V. m. § 46 I bzw. 53 I S. 2 OWiG nunmehr die Rechtsgrundlage bietet.

Zum Datenschutz im Bußgeldverfahren vgl. Sie ggf. Kap. C 2.11.

2.3.2 Die Verwarnung durch Beamte des Polizeidienstes

Rechtsgrundlagen: §§ 56 – 58; § 26 a StVG i.V.m. der BKatV; Ländererlasse.

2.3.2.1 Voraussetzungen

§ 57 II:
- Persönliche Ermächtigung zur Erteilung von Verwarnungen;
- Verfolgung der OWi im ersten Zugriff *oder* Entdecken der OWi;
- Ausweispflicht des Beamten durch Dienstkleidung oder Dienstausweis.

1) Näheres in Kap. C 12.2.
2) Zur umfassenden Auseinandersetzung mit dem Untersuchungs- und dem Zeugnisverweigerungsrecht: BGH NJW '95, 1501.
3) Vgl. Sie hierzu die Ausführungen in Kap. C 2.2.

§ 56:
- Geringfügigkeit der OWi;
- das Verwarngeld beträgt 5 Euro bis max. 35 Euro;
- die Verwarnung ohne Verwarngeld muss unzureichend sein;
- da die Verwarnung ein zustimmungsbedürftiger VA ist, muss über das Weigerungsrecht belehrt werde;
- notwendig ist außerdem das Einverständnis
  - zur sofortigen Zahlung oder
  - zur Zahlung innerhalb einer Woche
    - bar oder durch Postanweisung bei der bezeichneten Stelle.
    - Eine Frist soll bewilligt werden, wenn
      - der Betrag nicht sofort gezahlt werden kann oder
      - der Betrag höher als 10 Euro ist.
- Ausstellung einer Bescheinigung über die Höhe des Verwarngeldes.

§ 58 I: Die oberste Dienstbehörde entscheidet, bei welchen OWi die Ermächtigung zur Verwarnung erteilt werden soll.

§ 58 II: Sollbestimmung zur **Katalogisierung** gleichartiger und häufig vorkommender OWi zur Gewährleistung einer Gleichbehandlung:[1]

Befugnis der Polizeivollzugsbeamten in *NRW* zur Erteilung von Verwarnungen bei[2]

Verfolgung von Verkehrsverstößen:	Verfolgung von OWi im Bereich des Umweltschutzes (Auswahl):
§§ 24, 24 a StVG, §§ 8, 8 a FPersG, § 10 Gefahrgutverordnung Straße u. Eisenbahn (GGVSE), § 19 f. GüKG, § 61 PBefG.	§§ 117 I, 118 I OWiG, § 70 I 2, 7-10, 12 Landschaftsgesetz NRW (LG), § 70 I 1-3 a, 10; II 2-6 Landesforstgesetz NRW (LFoG), § 17 I c-e; II a, LImschG, § 61 I 1, 2; II 8 KrW-AbfG § 41 I 9 Wasserhaushaltsgesetz (WHG)

2.3.2.2 Rechtswirkung der Verwarnung, § 56

Die Verwarnung ist ein mitwirkungs- und zustimmungsbedürftiger Verwaltungsakt (VA). Ohne entsprechende Belehrung und ohne erklärtes Einverständnis wird sie daher nicht wirksam (§ 56 II).

Die Handlung darf unter den Aspekten, unter denen die Verwarnung rechtswirksam erteilt worden ist, nicht mehr verfolgt werden (§ 56 IV). Sie ist zuungunsten des Betroffenen auch nicht mehr zurücknehmbar.

Werden allerdings wesentlich anders geartete Bußgeldtatbestände oder Straftatbestände (tateinheitliche Gesetzesverstöße) bekannt, ist die Verfolgung zulässig bzw. geboten.

Beispiel: *Zeugen berichten glaubhaft von einer Vorfahrtverletzung, der Beamte hatte nur ein Einbiegen ohne Fahrtrichtungsanzeige registriert.*

2.3.2.3 Verspätete Zahlung

Bei verspätet eingehender Zahlung ist die Verwarnung *nicht wirksam* (§ 56 II), soweit das Versäumnis vom Betroffenen zu vertreten ist. Hat der Betroffenen das Verwarnungsgeld nicht innerhalb von 14 Tagen gezahlt, ist ohne weitere Anhörung Anzeige zu fertigen.

1) Vgl. Sie z. B. die Bußgeldkatalog-VO auf Grund von § 26 a StVG oder die landesrechtlichen Verwarngeldkataloge für Verstöße gegen den Umweltschutz.
2) Vgl. Sie die entsprechenden Ländererlasse sowie deren Einzelheiten zum Ablauf des Verfahrens.

2.3.2.4 Anfechtung der Verwarnung

Die Anfechtung der Verwarnung ist nur zulässig, wenn geltend gemacht werden kann, dass
- die Belehrung über das Weigerungsrecht nicht erfolgt ist oder
- das Einverständnis nicht vorgelegen hat oder
- der Beamte nicht zur Verwarnung (auf diesem Sektor) ermächtigt gewesen ist.

Die Anfechtung kann sich nicht gegen den sachlichen Anlass oder die Höhe des Verwarnungsgeldes richten, da insoweit das Einverständnis wirksam bleibt (Göhler zu § 56).

2.3.2.5 Besonderheiten

Die *schriftliche* Verwarnung kommt in Betracht
- wenn der Betroffene nicht anwesend ist (geparkter Pkw),
- gegebenenfalls bei Anzeige einer OWi bei der Polizei,
- bei Abänderung einer Bußgeldanzeige in eine Verwarnung.

Eine Verwarnung *ohne* Verwarngeld kommt bei unbedeutenden OWi nach § 24 StVG in Betracht (§ 2 II BKatV).

Zur Verwarnung *bestimmter* Personengruppen:

Personen	Verwarnung	
	nicht zulässig	zulässig
Kinder	*	
Exterritoriale	*	
Jugendliche		* soweit sie das nötige Verständnis haben
Heranwachsende		*
Abgeordnete		*
NATO-Streitkräfte		* Näheres in Kap. C 3 IV Ziff. 19 – 22.

3 Einzelne Bußgeldtatbestände

3.1 Falsche Namensangabe, § 111

I. Allgemeines

Rechtsfolge: Geldbuße bis zu 1 000 Euro bei Vorsatz (I);
Geldbuße bis zu 500 Euro bei Fahrlässigkeit (II).

Ahndungsbehörde: ist in NRW auch die örtlich zuständige Ordnungsbehörde (D 2.1.1).

Verfolgungsbehörde: ist in NRW die örtlich zuständige Polizeibehörde (D 2.1.1).

Rechtsgut: ist das staatliche Interesse an der Identitätsfeststellung von Personen zum Zwecke der ordnungsgemäßen Wahrnehmung hoheitlicher Aufgaben. Die Vorschrift ist daher *nicht* anwendbar, wenn
- der Fragende die Personalien bereits kennt[1];
- ein Polizeibeamter ohne sachlichen Grund Personalien feststellen will (Göhler, § 111);
- das Auskunftsbegehren des Amtsträgers zwar *formell* rechtmäßig (analog § 113 StGB), aber *materiell* rechtswidrig war[2];

1) Göhler zu § 111 mit Hinweisen auf die OLG – Rspr.
2) BVerfG NJW '95, 3110.

– ein falscher Name im *privaten Verkehr* angegeben oder die Nennung des Namens verweigert wird.

Konkurrenzen: § 111 enthält eine *Subsidiaritätsklausel.* Die Vorschrift greift daher nur, wenn die Handlung nicht nach speziellen Vorschriften geahndet werden kann.

Als solche kommen u. a. in Betracht:

– landesrechtliche Meldegesetze;
– § 93 II 2 Ausländergesetz: Sich entziehen der polizeilichen Kontrolle beim grenzüberschreittenden Verkehr (§ 59 I AuslG);
– § 5 I 2 PAuswG: Nichtvorlage eines Ausweises auf Verlangen einer zuständigen Stelle;
– § 25 II 1 PassG: Bewirkung der Ausstellung eines weiteren Passes durch unrichtige Angaben.

Tateinheit kann bestehen mit § 4 II S. 2 und § 24 S. 2 StVZO i. V. m. § 69 a StVZO, § 24 StVG: Nichtvorzeigen von Führer- und Fahrzeugschein.

II. Ausgangsfälle

Fall 1: Eine an einer Gaststättenschlägerei beteiligte männliche Person gibt gegenüber den Auskunft verlangenden Polizeibeamten einen falschen Zunamen und eine unrichtige Wohnung an.

Fall 2: Bei einer zur Bekämpfung der örtlichen Rauschgiftszene durchgeführten Razzia verweigerte ein Gaststättenbesucher die Angabe seiner Personalien.

III. Tatbestandsaufbau

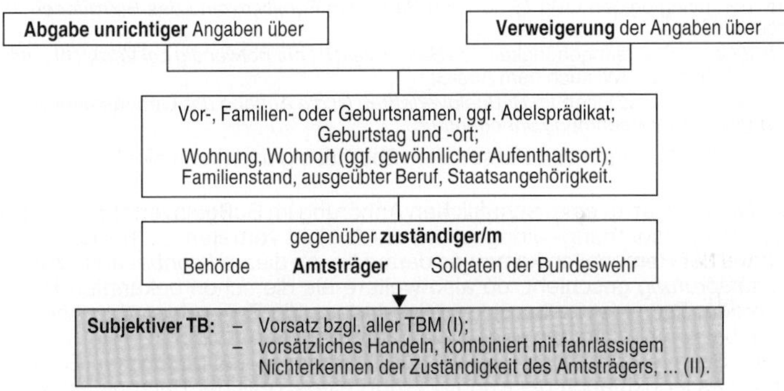

IV. Erläuterungen

1. Zuständigkeit

Nach § 111 handelt ordnungswidrig, wer gegenüber einem *zuständigen* Amtsträger ... seine Personalien verweigert bzw. unrichtig angibt.

§ 111 begründet selbst aber keine Auskunftspflicht, sondern setzt eine solche auf Grund einer Rechtsvorschrift (Ermächtigung) voraus. Die Funktion des § 111 besteht darin, dem materiell berechtigten Auskunftsverlangen Nachdruck zu verleihen.[1]

Die Zuständigkeit der erfragenden Stelle oder Person ist nach einheitlicher Rechtsauffassung *Tatbestandsmerkmal.*

1) BVerfG NJW '95, 3110.

Die *Zuständigkeit* der ersuchenden Stelle oder Person ergibt sich *nicht allein schon* aus der **örtlichen und sachlichen Zuständigkeit** zur Gefahrenabwehr, Strafverfolgung, Verfolgung von Ordnungswidrigkeiten (oder aus der Übertragung von Wach- und Sicherheitsaufgaben im Bereich der Bundeswehr), einer speziellen **Ermächtigung** zur Identitätsfeststellung sowie der **Beachtung der wesentlichen Förmlichkeiten** (sog. formeller Rechtmäßigkeitsbegriff des Strafrechts, § 113 StGB), sondern insgesamt erst daraus, ob innerhalb des zugewiesenen Zuständigkeitsbereichs im *konkreten Einzelfall der jeweilige* **Umfang der Befragung** *zur Identitätsfeststellung* **materiell geboten** *ist.*[1]

> Die **Zuständigkeit** ergibt sich aus der Wahrnehmung übertragener Aufgaben, einer speziellen Ermächtigung, der Beachtung wesentlicher Förmlichkeiten *und* der *Erforderlichkeit* der im Einzelfall zu erfragenden Details!

Die Zuständigkeit ist das wesentliche Problem des § 111. Auf die zahlreich vorhandene Rspr. wird hingewiesen.[2]

Fälle aus Rspr.:

Das *BayObIG* hat ausgeführt[3], dass der Befragende i. d. R. konkret angeben muss, *welche* Personalien beantwortet werden sollen. Fordert der Amtsträger *nur allgemein* dazu auf, die Personalien anzugeben, so wird der Tatbestand nur dann verwirklicht, wenn der Amtsträger den Befragten *nicht kennt* und dieser *jegliche* Angaben zur Person verweigert. Dies ergibt sich aus dem Zweck der Vorschrift, nämlich dem Interesse an der Feststellung von Personalien zur Erfüllung staatlicher Aufgaben. Soweit die Personalien bekannt sind oder *nicht benötigt werden,*

Beispiele: bei geringfügigen OWi *(§ 56) sind Beruf und Familienstand des Betroffenen in diesem Sinne unbedeutetend;*

die Feststellung der Staatsangehörigkeit *des Betroffenen ist nur notwendig bei Verdacht einer* Straftat *oder bei Verdacht einer* OWi nach dem AuslG;

bei einem erwachsenen Zeugen *im Bußgeldverfahren ist die Angabe des* Geburtsdatums und -ortes *für die Vorladung zur Vernehmung unbedeutend.*

ist das (formelle) Abfragen von Personalien überflüssig und damit nicht mehr gerechtfertigt.

Das *OLG Hamm*[4] hat zu einer schriftlichen Anhörung im Bußgeldverfahren (Anhörungsbogen bei Verkehrsordnungswidrigkeiten) die Ansicht vertreten, „... bei dem Verlangen nach Angabe der Personalien kommt es darauf an, ob dies *erkennbar* auch zum Zwecke der *Identitätsprüfung* geschieht, ob also weitere als die schon bekannten Personalien erfragt werden. Dabei ist zu berücksichtigen, dass die Zusendung des Anhörungsbogens (etwa bei Kennzeichenanzeigen zur Fahrerermittlung) zwar in erster Linie zur Aufklärung des Sachverhalts (§ 53 I) sowie zur Gewährung des rechtlichen Gehörs (§ 55) erfolgt, dass es jedoch auch bei Kenntnis (nur) eines Teils der Personalien erforderlich sein kann, nähere Feststellungen zur Person zu treffen.

Ergibt sich aus dem Anhörungsbogen, dass die Personalien des Betr. nicht richtig oder nur unvollständig angegeben sind (z. B. fehlender Geburtsort oder falsches Geburtsdatum), so folgt daraus für den Betr., dass der Ermittlungsbehörde *diese* Angaben nicht bekannt sind; deshalb ist der Betr. *insoweit* verpflichtet, die erfragten Angaben, soweit sie für das Bußgeldverfahren von Bedeutung sein können, zu berichtigen oder zu ergänzen. Darauf sollte der Betr. in dem Anhörungsbogen hingewiesen werden ..."

2. Tathandlung

Unrichtige Angaben können mündlich oder schriftlich gemacht werden.

Unrichtig sind die Angaben auch, wenn sie unvollständig gemacht werden.

1) BVerfG NJW '95, 3110.
2) Nachweise bei Göhler oder Rebmann/Roth/Hermann zu § 111.
3) Beschl. v. 9.5.1988 (3 Ob OWi 60/88).
4) NJW 1988, 274.

Beispiel: *Weglassen eines Teils des Namens bei Doppelnamen; Maier, statt Maier-Krause.*

Der Tatbestand des *Verweigerns* ist erfüllt, wenn

– der Betreffende seinen endgültigen Entschluss erkennen lässt, mindestens einen Teil der geforderten Angaben nicht zu machen (entsprechende Erklärung, Schweigen, Entfernung);
– der Betreffende Schwierigkeiten bei der Feststellung der Personalien macht, so dass die Polizeibeamten die Befragung aufgeben müssen.

Beispiel: *Der Zeuge eines VU mit Fahrerflucht zögert, Angaben zu machen, indem er hartnäckig zeitraubende Zwischenfragen stellt. Die Beamten verzichten auf eine weitere Befragung und nehmen die Verfolgung des Flüchtigen auf.*

Ein tbm. Verweigern liegt *nicht* vor, wenn eine Person zwar Angaben macht, aber nicht bereit ist, ihren Ausweis vorzuzeigen.

Beispiel: *Ein wichtiger Zeuge eines schweren Verkehrsunfalles (oder eines versuchten Einsteigediebstahls) macht zwar Angaben im Sinne des § 111 OWiG, ist aber nicht bereit, seinen Personalausweis vorzuzeigen.*

Argument: Kein Verstoß gegen § 111. Der Zeuge bleibt Unverdächtiger. Wenn die Angaben zur Person zweifelhaft erscheinen, was der befragende Beamte nach pflichtgemäßem Ermessen zu entscheiden hat, kommt ein Festhalten der Person und gegebenenfalls ihre Verbringung zur Dienststelle in Betracht, wo die gemachten Angaben überprüft werden können (§ 163 b II StPO; § 46 II bzw. § 53 I S. 2).

3. Subjektiver Tatbestand

§ 111 I verlangt hinsichtlich *aller* TBM vorsätzliches Handeln; bedingter Vorsatz genügt.[1]

Irrt der Betroffene über eines der TBM – *mit Ausnahme der Zuständigkeit des Amtsträgers etc.* – ist ein tbm. Handeln *nicht* gegeben.

§ 111 II betrifft nur den Fall, dass der Betroffene über das TBM *Zuständigkeit* des Amtsträgers etc. irrt, und droht für diesen Fall Bußgeld bis zur Hälfte des Falles nach I an.

Es handelt sich bei II also um keine *reine* Fahrlässigkeitstat, sondern um eine Mischform. Der Gesetzgeber hat die Irrtumsrichtung unterschiedlich bewertet.

Beispiel: *Polizeibeamte wollen die Personalien von zwei Zeugen eines VU mit Todesfolge feststellen. Ein Zeuge verweigert die Angabe mit dem Hinweis, der andere Zeuge stünde ja zur Verfügung, weshalb die Feststellung seiner Personalien nicht erforderlich sei, und die Beamten also insofern nicht zuständig seien (Fall des § 111 II).*

4. Rechtswidrigkeit

Rechtswidriges Handeln i. S. d. § 111 setzt die ausreichende Unterrichtung über den Grund der Identitätsfeststellung voraus. Das Erfragen der Personalien stellt eine Identifizierungsmaßnahme dar, die bei Polizeibeamten zulässig sein kann gemäß:

– § 163 b I/II StPO – bei der Erforschung von Straftaten;
– § 163 b I/II StPO i. V. m. § 46 II bzw. § 53 I S. 2 OWiG – bei der Erforschung von Owi;
– §§ 9 ff. PolG/NRW (bzw. entsprechende Bestimmungen der Länderpolizeigesetze sowie §§ 21 ff. BGSG).

Entscheidend ist daher, dass die betreffenden Personen *entsprechend dieser Bestimmungen* über den Grund der Maßnahme belehrt worden sind (OLG Düsseldorf, Urt. v. 29.8.1979, NPA 379, Bl. 3). Unterbleibt diese Belehrung, ist die *Aufforderung* zur *Angabe* der Personalien bzw. *Herausgabe* eines Ausweises (Pass, Führerschein, Fahrzeugschein) *rechtswidrig.*

Verweigert die betreffende Person ein solches rechtswidriges Verlangen, handelt sie zwar tbm. i. S. v. §§ 4 II S. 1, 24 I S. 2 StVZO, § 111, jedoch nicht rechtswidrig.[2]

---

1) Näheres hierzu in Kap. A 14.2.
2) BGH St 25, 13 ff., 17.

Die Pflicht der Unterrichtung entfällt nicht schon dadurch, dass der Betroffene den Anlass der Maßnahme zutreffend vermutet. Dies gilt besonders im Bereich der Verkehrsüberwachung (oben OLG Düsseldorf).

Nach Auffassung des OLG Karlsruhe[1] kann jedoch eine Unterrichtung über den Grund der Identitätsfeststellung *dann* entfallen, wenn die betroffene Person durch ihr eigenes Vorgehen keinen Zweifel am Erlass der Personenkontrolle haben kann.

Beispiel: *Polizeibeamte fordern den Führerschein eines Pkw-Fahrers, der auf ein parkendes Fahrzeug aufgefahren ist.*

3.2 Unerlaubte Ansammlung, § 113

I. Allgemeines

Rechtsfolge: Geldbuße bis zu 1 000 Euro bei Vorsatz;
Geldbuße bis zu 500 Euro bei Fahrlässigkeit.

Ahndungsbehörde: ist in **NRW** die örtlich zuständige Kreispolizeibehörde (Kap. D 2.1.1).

Rechtsgut: ist die öffentliche Sicherheit und Ordnung vor einer Gefährdung, die durch eine Ansammlung entstehen kann, z. B.
- durch eine Behinderung des Straßenverkehrs oder von Rettungsmaßnahmen bei Unglücksfällen oder von Ermittlungsmaßnahmen bei Straftaten.

Konkurrenzen: Der Tatbestand tritt gemäß § 21 zurück, wenn er mit Straftatbeständen (z. B. § 113, 124, 125 StBG [Kap. B 2, 4 u. 5]) zusammentrifft.
Tateinheit (§ 19, Kap. D 1.11) ist z. B. möglich mit § 29 I Nr. 1 und 2 VersammlG (str.), z. B. beim
- Nichtentfernen aus einem Aufzug, der durch vollziehbares Verbot untersagt ist;
- Nichtentfernen aus einer öffentlichen Versammlung oder einem Aufzug trotz Auflösung durch die zuständige Behörde.

II. Ausgangsfall

Nach einer Schlägerei auf der Dürener Annakirmes, bei der mehrere Personen z. T. schwere Verletzungen erlitten haben, behindern ca. 40 Schaulustige die notwendigen Ermittlungs- und Rettungsmaßnahmen der Polizei und Feuerwehr. Die dreimalige Aufforderung über Gigaphon, zurückzuweichen und den Rettungsweg freizumachen, wird nur von Einzelnen beachtet. Andere Personen streben – neugierig geworden – hinzu.

III. Tatbestandsaufbau

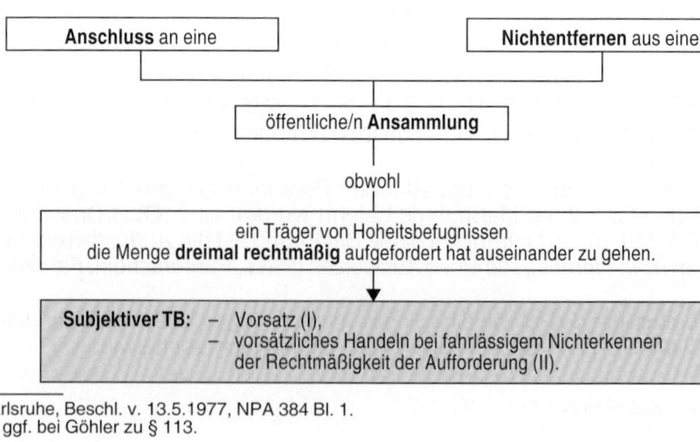

1) OLG Karlsruhe, Beschl. v. 13.5.1977, NPA 384 Bl. 1.
2) Vgl. Sie ggf. bei Göhler zu § 113.

IV. Erläuterungen

Öffentliche Ansammlung:

Eine *Ansammlung* im Sinne dieses Gesetzes ist gegeben, wenn sich eine Personenmehrheit zusammengefunden hat, die so groß ist, dass es nicht mehr darauf ankommt, ob ein Einzelner hinzukommt oder sich entfernt (Göhler zu § 113 m. w. Nw.).

Eine generelle Festlegung der Mindestanzahl ist nicht möglich und wohl auch nicht im Sinn der Vorschrift. Entscheidend sind die Umstände des Einzelfalles. Ca. zehn Personen können schon ausreichen. Bei weniger Personen wird eine Störung oder Gefahr, der § 113 begegnen will, i. d. R. auch nicht vorliegen.

Platzverweise, gegebenenfalls unter Anwendung von Zwang, werden je nach Lage des Falles auch schon bei wenigen Personen zulässig sein (z. B. § 34 PolG NRW, § 38 BGSG).

Auf die *Usache* der Ansammlung und darauf, ob sie friedlich oder unfriedlich ist, kommt es grundsätzlich nicht an.

Genießt eine Ansammlung jedoch den Schutz des Art. 8 GG – Versammlung zur Erörterung, Demonstration politischer Angelegenheiten –, ist eine Auflösung nur unter den Besonderheiten des VersammlG (§§ 13, 15) zulässig.

Öffentlich ist die Ansammlung dann,

- wenn sich ihr ohne Rücksicht auf den Ort,
- beliebig viele Menschen anschließen können.

Beispiele: *Ansammlungen in Großbetrieben, bei Theaterveranstaltungen, bei Verkehrsunfällen.*

Als Träger von Hoheitsbefugnissen (§ 11 I Nr. 2 StGB) kommen u.a. in Betracht: Polizeibeamte der Länder und des BGS, Soldaten der Bundeswehr, Beamte der Gewerbeaufsichtsämter, Beamte der örtlichen Ordnungsbehörden, Leiter der Feuerwehren.

Die **Rechtmäßigkeit** der **Aufforderung** ist *Tatbestandsmerkmal.* Ein Irrtum hierüber eröffnet die Möglichkeit der Ahndung wegen fahrlässiger Begehung (II).

Die Rechtmäßigkeit der Aufforderung setzt voraus, dass der Amtsträger örtlich und sachlich zuständig und ermächtigt ist und die Maßnahme im Einzelfall verhältnismäßig ist.

Die Ermächtigung setzt bei *Versammlungen* – einschließlich der sog. Spontan- und Eilversammlungen – voraus, dass die Gründe für ihre Auflösung oder den Ausschluss Einzelner nach §§ 13, 15 II, III VersammlG gegeben sind.

Bei *Ansammlungen,* die nicht dem Schutz des Art. 8 GG unterliegen, ist die Rechtmäßigkeit der Aufforderung nach **Polizeirecht** zu beurteilen.

Im Übrigen wird die Aufforderung nach pflichtgemäßem **Ermessen** (z. B. § 34 PolG NRW oder § 38 BGSG – Platzverweis) unter Abwägung der widerstreitenden Interessen vorzunehmen sein. Die Grundsätze der **Verhältnismäßigkeit**, insbesondere die Angemessenheit und Erforderlichkeit, sind dabei zu beachten.

Entscheidend ist, ob der Amtsträger nach pflichtgemäßer Abwägung der Umstände des Einzelfalles die Anordnung zum Zeitpunkt seiner Entscheidung für nötig und sachlich gerechtfertigt halten durfte.

Die ordnungswidrige Handlung kann darin bestehen, dass sich Einzelne oder mehrere Personen in Kenntnis der dreimal ergangenen *Aufforderung* auseinander zu gehen, der Menge anschließen oder sich nicht entfernen (Ausgangsfall).

Die Aufforderungen müssen zeitlich so bemessen sein, dass die Möglichkeit zum Sichentfernen gegeben ist.

Subjektiver Tatbestand:

§ 113 I setzt vorsätzliches Handeln bzgl. aller TBM voraus, II lässt lediglich fahrlässiges Nichterkennen der Rechtmäßigkeit der Aufforderung genügen, setzt im Übrigen aber auch Kenntnis der tatrelevanten Umstände voraus.

Vorsätzliches und damit tbm. Handeln ist danach *nicht* gegeben, wenn der Betroffene die Aufforderung nicht verstanden hat und auch aus den ihm ersichtlichen Umständen keine Aufforderung abzuleiten war, oder wenn er irrtümlich annahm, sich nicht entfernen zu können.

3.3 Öffentliche Aufforderung zu OWi, § 116

I. Allgemeines

Rechtsfolge: Geldbuße, deren Höchstmaß sich nach der OWi bestimmt, zu der aufgefordert wurde.

Ahndungsbehörde: ist in **NRW** die örtliche Ordnungsbehörde.

Verfolgungsbehörde: ist in **NRW** auch die örtlich zuständige Polizeibehörde (Kap. D 2.1.1).

Rechtsgut: Es ergibt sich einerseits aus dem Bußgeldtatbestand, zu dessen Begehung aufgefordert wurde, andererseits ist der allgemeine Frieden Schutzgut.

Konkurrenzen: § 116 ist ein Auffangtatbestand, der dann *nicht* eingreift, wenn die Voraussetzungen der Beteiligung im Sinne von § 14 (D 1.7) vorliegen.

Parallelvorschrift: § 111 StGB – Öffentliche Aufforderung zu Straftaten – (Kap. B 1).

II. Ausgangsfall

Nach Auflösungsverfügung an einen unfriedlich verlaufenen Aufzug (§ 15 II VersammlG) spricht ein Teilnehmer die Menge über Gigaphon an, dennoch weiterzumarschieren (OWi gemäß § 29 I 2 VersammlG).

III. Tatbestandsaufbau

Odnungswidrig handelt, wer

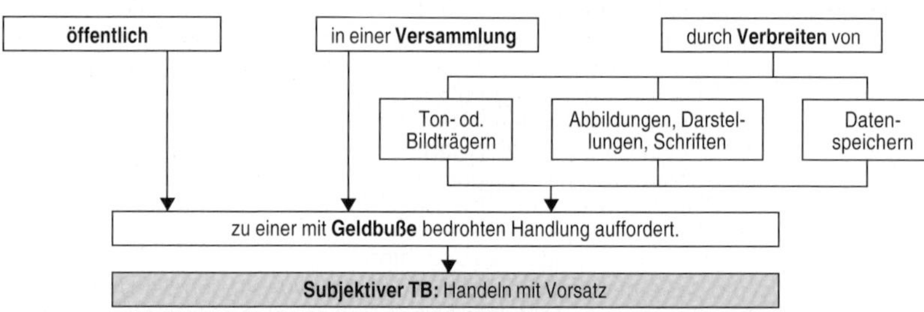

IV. Erläuterungen

Die **Aufforderung** ist eine Erklärung, durch die in anderen Personen der Entschluss zur Begehung einer konkreten Handlung hervorgerufen werden soll, die mit Geldbuße bedroht ist. Ort, Zeitpunkt und nähere Umstände brauchen nicht angegeben zu sein.

Zur Begehung der angesonnenen Handlung braucht es nicht gekommen zu sein.

Die Aufforderung muss an eine unbestimmte Zahl von Personen gerichtet sein und wenigstens eine von ihnen erreichen (Göhler m. w. Nw. zu § 116).

Dies kann geschehen:

- **öffentlich,** d. h. so, dass die Aufforderung von einem unbestimmten Personenkreis wahrgenommen werden kann (z. B. Plakatträger in der Stadt, Lautsprecherdurchsagen);
- **in einer Versammlung,** d.h. vor oder in einem größeren Personenkreis, der sich zu einem (wenn auch anderen) gemeinsamen Zweck zusammengefunden hat. Die Merkmale „Versammlung" und „öffentlich" können sich überschneiden.
- **durch Verbreiten von ...,** d. h. dadurch, dass die Aufforderung in anderer Weise unbestimmt vielen Personen zugänglich gemacht wird (z. B. Flugblätter etc.).

Subjektiver Tatbestand:

Der Betroffenen muss *vorsätzlich* handeln. Er muss die Aufforderung wollen und dabei mindestens in Kauf nehmen, dass andere sie befolgen werden.

Maßnahmen:

Die Einziehung der Schriften etc. sieht § 123 nicht vor. Da eine generelle Einziehungsvorschrift (anders als im Strafrecht) fehlt (§ 21 I, Kap. D 1.9) kommt die Sicherstellung / Beschlagnahme einzelner Stücke nur zur Beweissicherung in Betracht (§§ 94 ff. StPO i. V. m. § 46 II bzw. § 53 I S. 2, II).

3.4 Unzulässiger Lärm, § 117

I. Allgemeines

Rechtsfolge: Geldbuße bis zu 5 000 Euro.

Ahndungsbehörde: in **NRW** die örtliche Ordnungsbehörde.

Verfolgungsbehörde: ist in **NRW** auch die örtlich zuständige Polizeibehörde (D 2.1.1).

Rechtsgut: Allgemeinheit und Nachbarschaft vor Lärmbelästigung; Einzelne vor möglicher Gesundheitsschädigung.

Konkurrenzen: § 117 ist *Auffangtatbestand* für sämtliche Arten der Lärmerregung. Gegenüber speziellen Vorschriften tritt er daher zurück (Subsidiarität).

Als *spezielle* Vorschrift kommen u. a. in Betracht die Bestimmungen

- über den **Verkehrslärm** §§ 1 II, 22 I, 30 I StVO; §§ 30 I, 49, 55 StVZO;
- des **LImSchG/NRW:**
  - § 9 I/II: Verbot von Handlungen, die geeignet sind, die Nachtruhe (22 – 6 Uhr) zu stören;
  - § 10 I/II: Verbot der Störung anderer Personen durch Inbetriebnahme von Tonträgern sowie Verbot der Inbetriebnahme in der Öffentlichkeit;
  - § 12: Tiere sind so zu halten, dass niemand durch den von ihnen erzeugten Lärm mehr als geringfügig gestört wird (Hundegebell).
- des **BImSchG:**
  - § 62 enthält zahlreiche Bußgeldtatbestände zur Bekämpfung schädlicher Umwelteinwirkungen aus verbotswidrigem Inverkehrbringen, Herstellen oder Betreiben von Anlagen, Brennstoffen, Erzeugnissen etc.

II. Ausgangsfälle

Fall 1: Anwohner beschweren sich darüber, dass ein Nachbar einen Mörtelmischer benutzt, der infolge defekter Zahnräder erheblichen Lärm verursacht.

Fall 2: Polizeibeamten wird angezeigt, dass ein junger Mann zum wiederholten Male mit seinem Kleinkraftrad, von dem der Schalldämpfer entfernt wurde, auf einem Privatgrundstück Fahrversuche gemacht habe, wobei ein ohrenbetäubender Lärm entstanden sei.

III. Tatbestandsaufbau

Ordnungswidrig handelt, wer

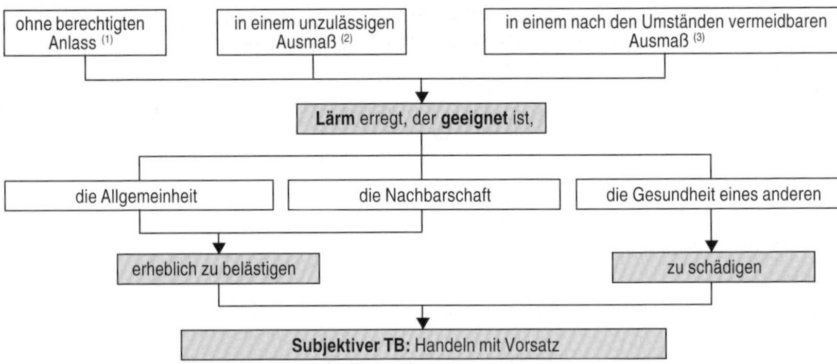

IV. Erläuterungen

Handlungsvariante 1:

Lärm wird ohne berechtigten Anlass erregt, wenn dies ohne vernünftige, anzuerkennende Gründe (Göhler zu § 117) geschieht. Die Beurteilung dieses Merkmals muss nach pflichtgemäßem Ermessen erfolgen. Der Zeitpunkt der Lärmerregung kann eine wesentliche Rolle spielen.

Beispiele: *Lautes Hämmern oder Schleifen mit einer Schleifhexe an einer Autokarosserie in einer Garageneinfahrt.*

Anhaltendes Grölen angetrunkener Personen in einer Wohnstraße gegen 20.00 Uhr.

Lärm kann auch durch Unterlassen (§ 8, Kap. D 1.3) verursacht werden, wenn der Betroffene eine Handlungspflicht hat, den Lärm zu verhindern.

Beispiele: *Gastwirt verhindert nicht den Lärm seiner Gäste. Eltern unternehmen nichts, um das laut anhaltende Geschrei ihrer Kinder zu unterbinden.*

Handlungsvariante 2 und 3:

In einem unzulässigen oder vermeidbaren Ausmaß wird der Lärm dann erregt, wenn zwar ein berechtigter Anlass zu bejahen ist, aber die Grenzen des Zulässigen überschritten sind (Göhler zu § 117).

Was unzulässig oder den Umständen nach vermeidbar ist, kann gesetzlich, behördlich oder nach der Verkehrssitte festgelegt sein.

Vermeidbar ist der Lärm, der sich nach den Umständen des Einzelfalles in seiner Intensität oder Dauer beschränken ließe.

Beispiele für unzulässigen Lärm: *Ruhestörender Lärm in einer Discothek durch laute Musik bei* geöffneten *Fenstern. Benutzung* schadhafter *und deshalb überlauter Maschinen (Ausgangsfall 1).*

Geeignetheit des Lärms:

Es genügt, wenn der Lärm *geeignet* ist, die Allgemeinheit oder die Nachbarschaft zu belästigen bzw. die Gesundheit eines anderen zu schädigen (abstraktes Gefährdungsdelikt!).

Der *Nachweis der Eignung* wird in der Praxis oft schwierig sein, da Phonmessgeräte zumeist nicht sofort verfügbar sind. Es kommt daher darauf an, die Lärmquelle genau zu beschreiben, Zeugen festzustellen und gegebenenfalls das lärmverursachende Objekt zum Zwecke seiner Begutachtung zu beschlagnahmen, soweit dies verhältnismäßig erscheint. Im Übrigen bestimmt das Opportunitätsprinzip das Ob und Wie des Vorgehens.

Unter *Allgemeinheit* ist eine unbestimmte Mehrheit von Personen zu verstehen, die nicht ohne weiteres individuell abgrenzbar ist (Göhler zu § 117 m. w. Nw.).

Die *Nachbarschaft* stellt einen kleineren Teil der Allgemeinheit dar. Zu ihr gehören Mitbewohner eines Miethauses bzw. von Nachbarhäusern.

Einzelpersonen sind aber *nur* geschützt, wenn der Lärm geeignet ist, ihre Gesundheit zu schädigen.

Subjektiver Tatbestand:

Der Betroffene muss *vorsätzlich* handeln, d. h. im Bewusstsein der Lärmerregung und der (mindestens) Inkaufnahme ihrer Eignung zur Belästigung bzw. Gesundheitsschädigung.

V. Fallbearbeitung[1]

Fall nach OLG Düsseldorf, NVwZ '91, 815:

Gegen 04.30 Uhr erhielt die örtliche Polizeidienststelle den Anruf einer Frau. Sie beschwerte sich über den aus einer nahe gelegenen Gaststätte dringenden anhaltend lauten Lärm und forderte ein Einschreiten der Polizei, da sie sich in ihrer Nachtruhe empfindlich gestört fühlte. Anrufe ihrerseits in der Gaststätte hatten keinen Erfolg gezeigt.

Die Beamten der beauftragten Funkstreife vernahmen bereits beim Einbiegen in die Wohnstraße, in der sich die Gaststätte befand, laut herausdringende Musik und Gesang.

Der Gaststätteninhaber war erst nach mehrmaliger Aufforderung bereit, den Beamten Zutritt zu gewähren. Außerdem mussten die Beamten ihn wiederholt auffordern, die Musik leiser zu stellen, da eine Unterhaltung nicht möglich war.

Der Forderung der Beamten, ihnen die Konzession auszuhändigen, kam der Gaststätteninhaber nicht nach.

Er zeigte ihnen schließlich nur ein Schreiben der Stadtverwaltung, aus dem sich ergab, dass die Sperrzeit auf 05.00 Uhr festgesetzt war.

Schließlich bedurfte es wiederum mehrfacher Aufforderungen der Beamten, bis der Inhaber der Gaststätte bereit war, Angaben zu seiner Person zu machen ...

OWi nach §§ 22, 28 I 11 GaststG; §§ 9 I, 10 I, 17 I d u. e LImschG NRW; §§ 117, 19 OWiG?

Lösungsbemerkungen:

I. Tatbestände

1. OWi gem. §§ 22, 28 I 11 GaststG?

   § 22 GaststG verpflichtet den Inhaber einer Gaststätte, den für die Durchführung des GaststG und den dazu ergangenen RechtsVO *zuständigen* Behörden und deren Beauftragten
   - das Betreten der Gasträume zu gestatten,
   - Auskünfte zu erteilen und
   - Einsicht in die Geschäftsunterlagen zu gewähren.

   Gem. § 1 I GaststVO **NRW** ist die örtliche Ordnungsbehörde *zuständige* Verfolgungs- und Ahndungsbehörde i. S. v. §§ 22, 28 I 11 GaststG.

1) Bzgl. der angegebenen *landesrechtlichen* Vorschriften sind die entsprechenden eigenen gesetzlichen Bestimmungen heranzuziehen.

Die Polizei ist (in NRW) danach nur Ermittlungsorgan i. S. v. § 53 I OWiG. Da eine Beauftragung i. S. v. § 22 II GaststG nicht vorgelegen hat, war sie nicht zuständige Behörde gem. § 22 GaststG. Ein Verstoß gegen diese Bestimmung lag daher nicht vor.

2. § 111 OWiG?

   Der Tatbestand einer OWi nach § 111 ist ebenfalls nicht erfüllt, da der Betroffene, wenn auch erst nach mehrmaliger Aufforderung, seine Personalien den *zuständigen (!)* Amtsträgern noch vor Abschluss der Amtshandlungen vor Ort angegeben hat (Kap. D 3.1).

3. Störung der Nachtruhe gem. § 9 I LImschG NRW?

   Aus den Feststellungen ergab sich eine Geräuschverursachung während der geschützten Nachtzeit (22 bis 6 Uhr). Sie war i. S. d. Vorschrift wegen ihrer Intensität und Dauer geeignet, die Nachtruhe (empfindlich) zu stören.

   Infolge des vorausgegangenen Anrufs kann *vorsätzliche* Begehung unterstellt werden.

4. Unzulässiges Benutzen von Tongeräten gem. § 10 I LImschG?

   Musikgeräte dürfen danach nur in solcher Lautstärke benutzt werden, dass unbeteiligte Personen nicht erheblich belästigt werden.

   Dies war hier nach den Feststellungen der Fall, da sich eine Person in ihrem Schlafbedürfnis empfindlich gestört sah.

   Infolge des vorausgegangenen Anrufs kann *vorsätzliche* Begehung unterstellt werden.

5. Erregung unzulässigen Lärms gem. § 117 OWiG?

   Der Lärm wurde ohne berechtigten Anlass und auch in einem unzulässigen Ausmaß vorsätzlich erregt. Er war nach den getroffenen Feststellungen auch geeignet, die Nachbarschaft erheblich zu belästigen.

   Der TB ist somit erfüllt; die Handlung ist rechtswidrig und vorwerfbar.

   Wegen seiner eingeschränkten, d. h. *subsidiären* Bedeutung tritt § 117 OWiG jedoch hinter § 9 I und § 10 I LImschG zurück.

Ergebnis:

Der Gaststätteninhaber ist der vorsätzlichen Begehnung zweier in Tateinheit (§ 19 OWiG) zueinander stehender Bußgeldtatbestände i. S. v. §§ 9 I, 10 I LImschG NRW verdächtig. Ahndungsvorschrift ist § 17 I Ziff. d und e LImschG NRW.

II. Maßnahmen

1. Ein Recht zum Betreten der Gaststätte ergab sich, soweit es um die *Verfolgung* der OWi-Tatbestände ging, aus §§ 102, 104 I, II, 105 I ff. StPO i. V. m. §§ 46 I, 53 I, II OWiG.

2. Soweit man zunächst auf Maßnahmen der Gefahrenabwehr abstellt, ergab sich das Betretungsrecht für die Polizeibeamten aus § 41 IV PolG NRW.[1]

   Danach darf die Polizei u. a. Geschäftsräume, die der Öffentlichkeit zugänglich sind, zum Zwecke der allgemeinen Gefahrenabwehr (§ 1 I S. 1 u. 3 PolG NRW) *betreten*. Einer speziellen Anordnung bedarf es hiernach nicht.[2]

   Die Anordnung an den Gaststätteninhaber und die Gäste, den Lärm (Musik, Gesang) auf ein erträgliches Maß zu reduzieren, stellt eine selbständige Verfügung dar, die ihre Rechtsgrundlage in NRW in der Generalklausel des § 8 PolG NRW findet.

1) Vgl. Sie nachfolgend die jeweils einschlägigen Landespolizeigesetze.
2) Vgl. Sie den Exkurs zu Kap. C 7.1.

Voraussetzungen der Rechtmäßigkeit sind insgesamt:

- die Zuständigkeit
  - örtliche, hier durch § 7 I POG NRW gegeben;
  - sachliche gem. § 1 I PolG NRW, hier als subsidiäre Z., da die originär zuständige Ordnungsbehörde nicht rechtzeitig einschreiten konnte (hier unterstellt);
- eine Ermächtigungsgrundlage, hier gem. § 8 I PolG NRW (Generalklausel):
  - eine im Einzelfall bestehende Gefahr für die öffentliche Sicherheit lag vor mit dem anhaltenden Gesetzesverstoß und der damit auch andauernden Störung der Nachtruhe;
  - eine spezielle Ermächtigung war für die Verfügung nicht gegeben;
- richtige Adressatenwahl, hier gem. 4 I PolG NRW Gastwirt und Gäste;
- Verhältnismäßigkeit der Maßnahme (Geeignetheit, Notwendigkeit, Angemessenheit) gem. § 2 PolG NRW, im vorliegenden Fall unproblematisch;
- hinreichende Bestimmtheit der nach § 8 I PolG NRW erlassenen Verfügung, die ihrerseits einen Verwaltungsakt (VA) darstellt (§§ 35, 37 VwVfG NRW);
- richtige Handhabung des Entschließungs- und Auswahlermessens i. S. v. § 3 PolG NRW und § 40 VwVfG NRW; die Beamten haben sich zum Einschreiten entschlossen, ihre Maßnahme durften sie gegen die Störer Gastwirt und Gäste richten.

3.5 Belästigung der Allgemeinheit, § 118

I. Allgemeines

Rechtsfolge: Geldbuße bis zu 1 000 Euro (§ 17 I).

Ahndungsbehörde: ist in **NRW** die örtliche Ordnungsbehörde.

Verfolgungsbehörde: ist in **NRW** auch die örtlich zuständige Polizeibehörde (Kap. D 2.1.1).

Rechtsgut: ist der äußere Bestand der öffentlichen Ordnung (Göhler zu § 118).

Konkurrenzen: § 118 tritt gegenüber speziellen Bußgeldvorschriften – z. B. § 117 – zurück (Subsidiarität).
Wird durch die Belästigung *gleichzeitig* ein Straftatbestand verwirklicht, ist gem. § 21 nur das Strafgesetz anzuwenden (D 1.11).

Beispiele:

- *Beschmieren von Brückenpfeilern mit Farbe (je nach Ausmaß Sachbeschädigung, gem. § 303 I oder II StGB), Näheres dazu in Kap. B 23.*
- *§ 304 StGB, Beschädigung von Grabmälern durch Umstürzen von Grabsteinen.*
- *§ 168 II StGB, Beschädigung der Bepflanzung einer Beisetzungsstätte.*
- *§ 183 a StGB, Erregung öffentlichen Ärgernisses durch Entblößung in einer belebten Einkaufsstraße, um andere Personen zu verärgern.*
- *§ 183 StGB, exhibitionistische Handlungen durch z.B. Vorzeigen des entblößten Gliedes gegenüber einer anderen Person ohne deren Einverständnis, um sich sexuell zu erregen.*

II. Ausgangsfall

Köln – Polizeibeamte verfolgen einen Pkw, aus dessen Kofferraum der blutige Unterarm eines Menschen herauszuhängen scheint. Bei näherer Überprüfung stellt sich heraus, dass es sich um den Arm einer Puppe handelt, den der Kraftfahrer und sein Beifahrer mit roter Ölfarbe bestrichen hatten, offenbar um andere Verkehrsteilnehmer zu schockieren.

III. Tatbestandsaufbau

Vornahme einer grob ungehörigen Handlung

die **geeignet** ist,

die Allgemeinheit zu belästigen oder zu gefährden *und* die öffentliche Ordnung zu beeinträchtigen

Subjektiver TB: Handeln mit Vorsatz

IV. Erläuterungen

Grob ungehörige Handlungen:

Die Handlung muss in einem *deutlichen,* das heißt *groben* Widerspruch zur Gemeinschaftsordnung stehen (Göhler zu § 118).

Im Ton vergriffen

Bonn – Weil er mit einem Plakat vor dem Bauch, das mit einem überdimensionalen Foto die Aufschrift verdeutlicht: „Ich scheiße auf die Schulpolitik" mehrfach durch die Bonner Innenstadt marschiert ist, muss ein 35-jähriger arbeitsloser Lehrer 150 Euro Geldbuße bezahlen.

Das Bonner Amtsgericht bestätigte einen Bußgeldbescheid des Ordnungsamtes, gegen den der Lehrer Einspruch eingelegt hatte. Das Gericht betonte, ahndungswürdig sei nicht die Kritik, sondern die Art und Weise, in der sie geübt worden sei.

Eignung zur Belästigung oder Gefährdung der Allgemeinheit:

Auf den *Eintritt* der Belästigung oder Gefährdung kommt es nicht an.

Beispiele:

Urinieren inmitten einer Fußgängerzone außerhalb der Einkaufszeit.

Böswilliges Alarmieren eines Fustkw der Polizei oder eines Einsatzwagens der Feuerwehr über einen gewöhnlichen Telefonanschluss (zur Abgrenzung zu § 145 StGB Kap. B 7).

Laut vernehmliche diskriminierende Äußerung eines Würstchenverkäufers auf einem Stadtfest: Neger und Asylanten kriegen hier nichts. Der TB der Beleidigung ginge gem. § 21 vor, soweit der Vorsatz zur Ehrenkränkung gegeben ist (Kap. B 12.2).

Absingen obszöner Lieder in einer Einkaufsstraße. Werfen von Stinkbomben in das Foyer eines Lichtspieltheaters. Umdrehen von Wegweisern in der Mainacht.

Zurschaustellen des eigenen nackten Körpers auf öffentlichen Wegen und Plätzen als „Interaktionskunst".[1]

Handlungen gegen *Einzelpersonen* kommen in Betracht, wenn sie auch von der Allgemeinheit wahrgenommen werden könnten und diese Anstoß nehmen würde; so in den vorstehenden Fällen sowie im Ausgangsfall unter II.

Eignung zur Beeinträchtigung der öffentlichen Ordnung:

Die Handlung muss *gleichzeitig* geeignet sein, die öffentliche Ordnung zu beeinträchtigen (Gefährdungsdelikt). Sie muss damit die Regeln und Einrichtungen verletzen *können,* die sich die menschliche Gemeinschaft zur Wahrung der *schutzwürdigen Interessen* des Einzelnen gegeben hat (Freiheitsrechte, Sicherheitsgefühl, Recht auf ungestörte Religionsausübung, Recht auf Unverletzlichkeit des Schamgefühls, der Pietät, Funktion öffentlicher Einrichtungen u. a. m.).

Die Abgrenzung kann im Einzelfall schwierig sein, wie das nachfolgende **Beispiel** zeigt:

Weimar *– Unbekannte haben in der Nacht zum 1. Mai das Goethe-Standbild im Stadtgarten mit einem Büstenhalter behangen. Ein Polizeibeamter entfernt das unpassenden Accessoir noch vor Tagesanbruch.*

1) Das OVG Münster (NJW '97, 1180) sah in den Nacktauftritten *keine* Äußerung i. S. d. Grundrechts auf Kunstfreiheit gem. Art. 5 III 1 GG.

Subjektiver Tatbestand:
Der Betroffene muss vorsätzlich handeln. D. h. er muss das Bewusstsein haben, entsprechende Handlungen zu begehen, und deren Eignung zur Belästigung/Gefährdung mindestens in Kauf nehmen.

3.6 Grob anstößige und belästigende Handlungen, § 119

I. Allgemeines

Rechtsfolge im Fall des Abs. I Nr. 1 Geldbuße bis 1 000 Euro; sonst Geldbuße bis 10 000 Euro.
Einziehung und Unbrauchbarmachung können nach Maßgabe des § 123 angeordnet werden.

Ahndungsbehörde: ist in **NRW** die örtliche Ordnungsbehörde.

Verfolgungsbehörde: ist in **NRW** auch die örtlich zuständige Polizeibehörde (Kap. D 2.1.1).

Rechtsgut: Schutz des Einzelnen und der Allgemeinheit vor anstößiger und belästigender Konfrontation mit Erscheinungsformen sexueller Art.

Konkurrenzen: § 119 I 2 verdrängt § 120 I 2 (Werbung für Prostitution), da dieser nur Geldbuße bis 1 000 Euro androht. Andererseits ist § 120 I 2 anzuwendende Vorschrift, wenn die Werbung nicht in grob anstößiger Weise geschieht.
Als Straftatbestände, die gem. § 21 den Bußgeldtatbestand verdrängen, kommen u. a. in Betracht:
- § 21 GjS: z. B. Überlassung jugendgefährdender Schriften an Kinder;
- § 184 StGB: Verbreitung, Anbietung pornographischer Schriften unter bestimmten Voraussetzungen;
  Pornographische Darstellungen sind durch ihre aufdringlich vergröberte, anreißerische, verzerrte und unrealistische Darstellung gekennzeichnet.
  Werden in diesem Zusammenhang
  - Gewaltätigkeiten,
  - sexueller Missbrauch von Kindern,
  - sexuelle Handlungen an Tieren

  dargestellt, handelt es sich um sog. harte Pornographie, deren *öffentliche* Ausstellung stets *strafbar* ist.

II. Ausgangsfälle

Vgl. Sie unter IV. Erläuterungen.

III. Tatbestandsaufbau

Ordnungswidrig handelt nach I und II, wer

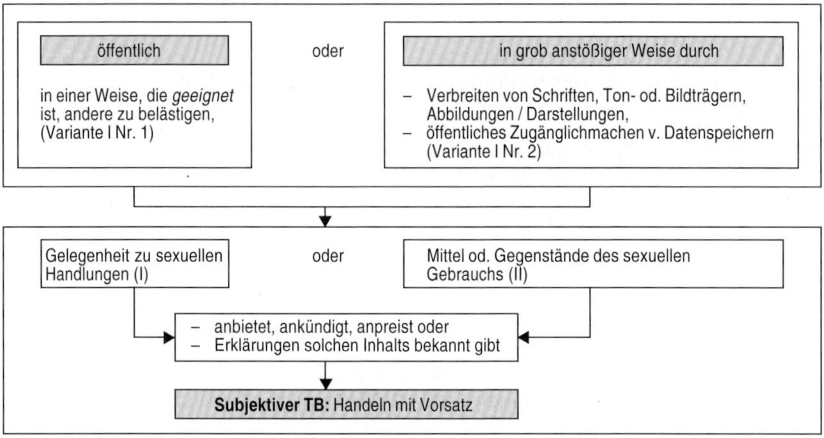

Ordnungswidrig handelt nach III auch, wer

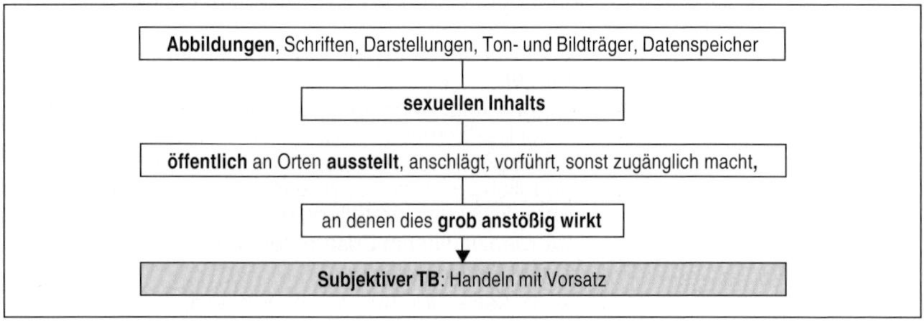

IV. Erläuterungen

Sexuelle Handlungen:

Sexuell ist eine Handlung, die am eigenen oder fremden Körper vorgenommen wird oder werden soll und das Geschlechtliche im Menschen unmittelbar zum Gegenstand hat (Tröndle zu § 174 StGB).

Beispiele: *Geschlechtsverkehr, Ersatzhandlungen (masochistische/sadistische), Onanieren, Masturbieren.*

Striptease-Vorführungen gelten nicht als *sexuelle* Handlungen.

§ 119 unterscheidet drei Fallgruppen:

1. Angebote zu sexuellen Handlungen

Beispiel: *Eine Frau bietet sich in einer belebten Einkaufsstraße einer Stadt durch Aufmachung und Körperhaltung in aufdringlicher Weise zum Geschlechtsverkehr an.*

2. Angebote von Mitteln und Gegenständen, die dem sexuellen Gebrauch dienen

Beispiel: *Auslagen von Masturbationsgeräten, Reizpräservativen, Gliedstützen, masochistischen oder sadistischen Geräten im Schaufenster eines Sex-Shops.*

3. Öffentliches Ausstellen von Schriften pp. sexuellen Inhalts

Beispiel: *Anbringen von Plakaten an Anschlagsäulen, auf denen um junge Pärchen zur Mitwirkung an privatem Gruppensex geworben wird.*

Die Form des Angebotes ist das entscheidende Kriterium für die Tatbestandsverwirklichung. Ob ein Angebot öffentlich belästigend oder in grob anstößiger Weise erfolgt, hängt stets von den Umständen des Einzelfalles ab. In dem Prozess sich stetig wandelnder gesellschaftlicher Wertungen muss die Tathandlung aufdringlich und nicht mehr zumutbar sein.

Zu berücksichtigen sind:

Ort, Zeit und Zielgruppe, Aufdringlichkeit, Zumutbarkeit, öffentliche Wahrnehmbarkeit.

Beispiele:

Partnersuche in bestimmten Pressererzeugnissen, wenn das Geschlechtliche im Vordergrund steht und die menschliche Beziehung offenbar ganz zurücktritt.

Aufstellung von Außenautomaten für Präservative.

Nicht schon: Angebote in *Sex-Shops (Göhler zu § 119).*

Abstrakter Gefährdungstatbestand:

Auf den *Eintritt* der Belästigung oder der Verletzung von Empfindungen kommt es nicht an. Ob im Einzelfall die Eignung der öffentlichen Belästigung bzw. eine grob anstößige Wirkung gegeben ist, kann zweifelhaft sein. Entscheidend ist, ob die jeweilige Handlungsweise bei der Mehrheit der Bevölkerung „tief verwurzelte Empfindungen" verletzen würde.[1]

Subjektiver Tatbestand:

Die Handlung ist nur dann tbm., wenn der Betroffene hinsichtlich aller TBM vorsätzlich gehandelt hat, bedingter Vorsatz genügt.

Wenn der Betroffene sein Handeln nicht als grob anstößig empfindet, kann ggf. ein Verbotsirrtum (nicht Tatbestandsirrtum) vorliegen, der nur dann die Vorwerfbarkeit und damit die Ahndung ausschließt, wenn er für den Handelnden unüberwindbar war.

3.7 Verbotene Ausübung der Prostitution, Werbung für Prostitution, § 120[2]

I. Allgemeines

Rechtsfolge:	Geldbuße bis zu 1 000 Euro (§ 17 I); Einziehung und Unbrauchbarmachung können nach Maßgabe des § 123 (§ 22) angeordnet werden.
Ahndungsbehörde:	ist in **NRW** die örtliche Ordnungsbehörde.
Verfolgungsbehörde:	ist in **NRW** auch die örtl. zuständige Polizeibehörde (Kap. D 2.1.1).
Rechtsgut:	Allgemeinheit vor den mit der Prostitution verbundenen Belästigungen und Gefahren, namentlich die Jugendlichen (BayObLG NJW '81, 2766).
Konkurrenzen:	Zum Verhältnis zu § 119 I (Kap. D 3.6). § 120 erfasst nur Formalverstöße. Auf eine tatsächliche Belästigung oder Gefährdung kommt es nicht an.

1) Begründung des Gesetzgebers EStrRG 4 zu Art. 2 des Gesetzentwurfs.
2) Vgl. Sie auch Kap. B 11, Sexualdelikte.

Strafbestimmungen haben gem. § 21 Vorrang. Als solche kommen insbesondere in Betracht:

- § 183 a StGB: Erregung öffentlichen Ärgernisses;

  Beispiel: *Vollziehung des Beischlafs in einem öffentlichen Park an einsehbarer Stelle.*
- § 184 a StGB: *Beharrliche* Ausübung der Prostitution an bestimmten Orten oder zu bestimmten Zeiten;
- § 184 b StGB: Jugendgefährdende Prostitution;

  Beispiel: *In der Nähe von Schulen, Kindergärten oder in Häusern, in denen Personen unter 18 Jahren wohnen.*
- ferner – § 180 StGB: Förderung sexueller Handlungen Minderjähriger;
  - § 180 a StGB: Förderung der Prostitution;
  - § 181 a StGB: Zuhälterei.

II. Ausgangsfälle

1. Polizeibeamte beobachten eine Frau im sog. „Sperrgebiet", die nach ihrer Kleidung und ihrem Benehmen ganz offensichtlich darauf bedacht ist, „Freier zu angeln."

2. Zeitungsnotiz:

„Wir, Moni und Angelique, erfüllen Ihnen jeden Wunsch. Besuchen Sie uns bald in unserem behaglich eingerichteten Salon X."

III. Tatbestandsaufbau

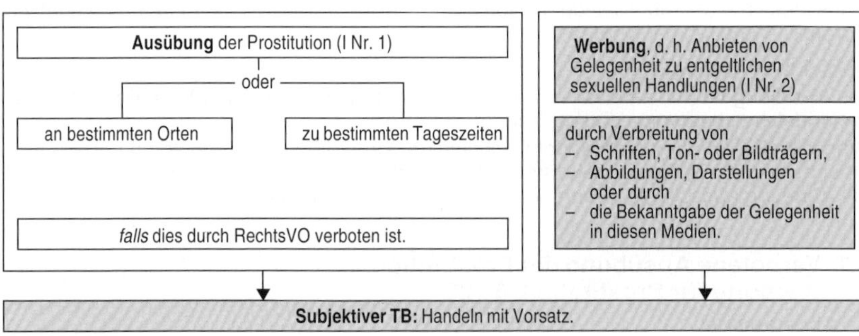

IV. Erläuterungen[1]

Prostitution im Sinne von I Nr. 1 ist die

- sexuelle Betätigung (gleich welcher Art),
- vor oder mit wechselnden Partnern (Männer oder Frauen),
- gegen Entgelt zu Erwerbszwecken.

Der Ausübung der Prostitution (im Sperrbezirk) entspricht bereits:

- das Bereitstehen im Straßenstrich,
- das Führen von Anbahnungsgesprächen, auch über Telefon,
- das Aufsuchen von Kontaktpersonen zur Ausübung der Prostitution.

Striptease-Vorführungen gelten nicht als sexuelle Betätigung.

1) Nachweise bei Göhler zu § 120.

Ausübung der Prostitution:

§ 120 I Nr. 1 greift nur, sofern die Ausübung der Prostitution im Einzelfall durch RechtsVO verboten ist. Gem. Art. 297 I S. 1 Nr. 1, 2 EGStGB kann dieses Verbot die Landesregierung oder die von ihr ermächtigte Behörde erlassen.

Das Verbot kann auf das gesamte Gebiet einer Gemeinde oder auf Teilgebiete bzw. einzelne Straßen (Sperrbezirke) bezogen sein.

Das Verbot der Ausübung der Prostitution kann aber auch auf bestimmte Tageszeiten beschränkt sein (z. B. Zeiten des Schulweges).

Maßnahmen:

Werden Prosituierte (Frauen, Männer) im Sperrbezirk aufgegriffen, kommt ihre Ed-Behandlung für Zwecke künftiger Ermittlung (§ 81 b Alt. 2 StPO i. V. m. § 46 II[1]) in Betracht.

Sofern festgestellt wird, dass sie diese Tätigkeit beharrlich (d. h. mit dem Vorsatz beliebiger Wiederholung) ausüben, ist der Straftatbestand des § 184 a StGB erfüllt.

Werbung für Prostitution:

Die Werbung für die Prostitutionsausübung (I Nr. 2) ist stets ordnungswidrig, gleichgültig, ob sie in anstößiger oder geschäftsmäßig sachlicher Weise (anders bei § 119) erfolgt.

Das Verbot gilt insbesondere dem Jugendschutz. Deshalb ist auch die seriös aufgemachte Werbung verboten.

Beispiel: *Ausgangsfall 2 oben.*

Solche und ähnliche Anzeigen sind darauf angelegt, für den nicht ganz wirklichkeitsfremden Menschen als eindeutige Angebote zu *entgeltlichen sexuellen* Handlungen verstanden zu werden. Der regelmäßig fehlende Hinweis darauf, dass die Angebote auch ihren Preis haben, kann daran nichts ändern.

Ob die Prostitutionswerbung in *Zeitungen* konsequent unterbunden oder unter dem Gesichtspunkt des Opportunitätsprinzips hingenommen werden sollte, ist unter Berücksichtigung des notwendigen Jugendschutzes, der relativ geringen Belästigung der Leserschaft und den sonst ggf. praktizierten Werbeformen abzuwägen.

Dem Verbreiten von Schriften etc. steht das öffentliche Ausstellen, Anschlagen oder sonstige Zugänglichmachen (z. B. durch Abruf von Bildschirmtexten) gleich.

Subjektiver Tatbestand:

Beide Formen der Tatbegehung setzen *Vorsatz* voraus. Der Betroffene muss die Tatumstände kennen und ihre Verwirklichung mindestens in Kauf nehmen.[2]

Ein Irrtum über TBM würde den *Vorsatz* und damit die Tatbestandserfüllung *ausschließen.*

Abgrenzung: Im Falle eines sog. Subsumtionsirrtums käme allenfalls ein die *Vorwerfbarkeit ausschließender* Verbotsirrtum in Betracht, falls er unvermeidbar für den Betroffenen war.[3]

1) Vgl. Sie ggf. Kap. C 5 und Kap. D 2.2.1.9.
2) Zum Begriff des Vorsatzes vgl. Sie ggf. Kap. A 14.1.
3) Näheres zu diesem Begriff in Kap. A 17.5.

3.8 Vollrausch, § 122

I. Allgemeines

Rechtsfolge: Geldbuße, deren Höhe sich nach der im Rausch begangenen OWi richtet.

Ahndungsbehörde: ist in **NRW** die örtliche Ordnungsbehörde.

Verfolgungsbehörde: ist in **NRW** auch die örtlich zuständige Polizeibehörde (D 2.1.1).

Rechtsgut: Schutz der Allgemeinheit vor Gefahren, die von Menschen ausgehen, die sich in einen die Zurechnungsfähigkeit ausschließenden Rausch versetzt haben.

Konkurrenzen: Die im Rausch begangenen Bußgeldtatbestände treten zurück. Sie sind wegen der mangelnden Vorwerfbarkeit des Betroffenen nicht anwendbar.

Parallelvorschrift: ist im Bereich des Strafrechts § 323 a StGB (Kap. A 17.3).

II. Ausgangsfälle

1. Polizeibeamte nehmen nachts drei offensichtlich Betrunkene in Gewahrsam, die sich nicht zur Ordnung rufen lassen, sondern hartnäckig durch lautes Grölen die Nachtruhe der Anwohner stören.
2. Ein betrunkener Fußgänger verursacht einen VU mit erheblichem Sachschaden.

III. Tatbestandsaufbau

Versetzen in einen die Vorwerfbarkeit ausschließenden **Rausch**
durch
alkoholische Getränke oder andere berauschende Mittel

↓

Begehung einer mit **Geldbuße** bedrohten Handlung in diesem Zustand.

↓

Subjektiver TB: vorsätzliches oder fahrlässiges Versetzen in den Rausch.

IV. Erläuterungen

Das System des Rauschtatbestandes entspricht dem des § 323 a StGB. Deshalb kann im Wesentlichen auf die Darstellung in Kap. A 17.3 verwiesen werden.

Nicht vorwerfbar handelt der Betroffene i. S. d. § 12 II dann, wenn er infolge des Rausches nicht in der Lage war, das Unerlaubte der Handlung einzusehen *oder* nach dieser Einsicht zu handeln.

Bedingung der Ahndung nach § 122 ist stets, dass der Betroffene im Rausch eine mit Geldbuße bedrohte Handlung begangen hat, und zwar vorsätzlich oder fahrlässig, falls die verletzte Norm auch fahrlässiges Handeln mit Geldbuße bedroht.

Anders als bei § 323 a StGB, der eine Höchststrafe (5 J. FS oder GS) vorsieht und damit den Täter insbesondere bei Begehung eines Verbrechens günstiger stellt[1], ist in § 122 festgelegt, dass sich die Geldbuße stets nach dem im *Rausch begangenen* Bußgeldtatbestand richtet.

1) Ein Gesetzentwurf des Bundesrates zur Änderung des § 323 a StGB (Drs. 13/9349) sieht für solche Fälle ein Strafmaß von bis zu 10 Jahren vor.

§ 122 ist auch dann anzuwenden, wenn offen bleibt, ob Zurechnungsunfähigkeit, verminderte Zurechnungsfähigkeit oder aber auch volle Zurechnungsfähigkeit gegeben war.[1]

Aus dieser Überlegung folgt auch der Schluss, dass bzgl. der Anordnung einer Blutprobe (§ 81 a StPO, § 46) Zurückhaltung geübt werden sollte (Kap. D 2.2.1.2).

Im *Ausgangsfall 2.* wäre demnach auch ohne Nachweis der *fehlenden oder eingeschränkten Vorwerfbarkeit infolge alkoholischer Getränke* § 122 anwendbar.

Die im Rausch (oder im nicht auszuschließenden Rausch) begangenen mit Geldbuße bedrohten Handlungen waren

– die Verübung unzulässigen Lärms, § 117 (Geldbuße bis max. 10 000 Euro) und
– die Belästigung der Allgemeinheit, § 118 (Geldbuße bis 1 000 Euro [§ 17 I).

Die Geldbuße wäre aus der Norm mit der höchsten Androhung, also aus § 117 II zu verhängen.

Bei der Bemessung der Höhe der Geldbuße wären die Bedeutung der OWi, der Tatvorwurf und die wirtschaftlichen Verhältnisse des Betroffenen zu berücksichtigen (§ 17 III).

Subjektiver Tatbestand:

Der Betroffene muss einerseits vorsätzlich oder fahrlässig bzgl. der *Herbeiführung* des die Vorwerfbarkeit z. Z. der Tat ausschließenden Rausches gehandelt haben.

Die im Rausch begangene mit Geldbuße bedrohte Handlung braucht dagegen nicht für ihn vorhersehbar gewesen zu sein. Sie ist nur Bedingung der Ahndung nach § 122.

Fahrlässig handelt, wer die Herbeiführung des *Rausches* erkennen konnte und sich hätte Einhalt gebieten können.

Bei einem im Rausch begangenen Fahrlässigkeitsdelikt genügt es, wenn der Täter nüchtern in der Lage gewesen wäre, die Tatbestandsverwirklichung zu erkennen und zu vermeiden.

Bzgl. der im Rausch begangenen Handlung reicht der sog. *natürliche Vorsatz* aus. Das setzt voraus, dass der Betroffene – wenn auch wertfrei – in der Lage war, das Tatgeschehen in seinem Sinn zu erfassen (Wahrnehmungsvermögen), und zwar mit der physischen Fähigkeit zu handeln (Handlungsfähigkeit).

Der Fall der *bereits im Strafrecht umstrittenen Actio libera in causa*[2] ist konstruierbar, doch in der Praxis ohne Bedeutung.

1) Göhler zu § 122 m. w. Nw.
2) Vgl. Sie Kap. A 17.3.

3.9 Übersicht über die sonstigen Bußgeldtatbestände des OWiG

Bußgeldvorschrift: (gem. § 21 OWiG gehen Straftatbestände vor)	**Verwandte Tatbestände des StGB**
§ 112 **Verletzung der Hausordnung eines Gesetzgebungsorgans** Formalverstöße gegen Anordnung über das Betreten, Verweilen sowie die Sicherheit und Ordnung	§ 123 StGB Hausfriedensbruch § 106 b StGB Störung der Tätigkeit eines Gesetzgebungsorgans
§ 114 **Betreten militärischer Einrichtungen, Anlagen, Örtlichkeiten**	§ 123 StGB Hausfriedensbruch
§ 115 **Verkehr mit Gefangenen** – Übermitteln von Nachrichten, Sachen – Verständigung durch Worte, Zeichen von außen	§ 120 StGB Gefangenenbefreiung
§ 121 **Halten gefährlicher Tiere**	§ 143 StGB Unerlaubter Umgang mit grfährlichen Hunden
§ 124 **Unbefugtes Benutzen von Wappen und Dienstflaggen** „Schutz der Staatssymbole vor missbräuchlicher Verwendung"	./.
§ 125 **Benutzen des Roten Kreuzes oder des Schweizer Wappens**	./.
§ 126 **Missbrauch bestimmter Berufstrachten oder Berufsabzeichen**	§ 132 a StGB Missbrauch von Titeln, Berufsbezeichnungen u. Abzeichen
§ 127 **Herstellen oder Verwenden von Sachen, die zur Geld- oder Urkundenfälschung benutzt werden können.** § 128 **Herstellen oder Verbreiten von papiergeldähnlichen Drucksachen oder Abbildungen**	§ 146 StGB Geldfälschung § 147 Inverkehrbringen von Falschgeld § 148 StGB Wertzeichenfälschung § 149 StGB Vorbereitung der Fälschung von Geld u. Wertzeichen
§ 130 **Verletzung der Aufsichtspflicht in Betrieben und Unternehmen**	./.

Sachregister